SEGUNDA EDIÇÃO

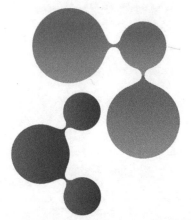

CORONAVÍRUS
E RESPONSABILIDADE CIVIL
IMPACTOS CONTRATUAIS E EXTRACONTRATUAIS

COORDENADORES

CARLOS EDISON DO
RÊGO MONTEIRO FILHO

NELSON
ROSENVALD

ROBERTA
DENSA

INTRODUÇÃO DE
MAFALDA MIRANDA BARBOSA

Dados Internacionais de Catalogação na Publicação (CIP) (Câmara Brasileira do Livro, SP, Brasil)

C822
    Coronavirus e responsabilidade civil: impactos contratuais e extracontratuais / Adriano Marteleto Godinho...[et al.] ; coordenado por Carlos Edison do Rêgo Monteiro Filho, Nelson Rosenvald, Roberta Densa. - 2. ed. - Indaiatuba, SP : Editora Foco, 2021.

    528 p. ; 17cm x 24cm.

    Inclui índice e bibliografia.

    ISBN: 978-65-5515-262-3

    1. Direito. 2. Direito civil. 3. Responsabilidade civil. 4. Coronavirus. 5. Contratos. I. Godinho, Adriano Marteleto. II. Bonna, Alexandre Pereira. III. Salim, Alexandre. IV. Molina, André Araújo. V. Silva, André Luis Souza da. VI. Rizzardo, Arnaldo. VII. Lobo, Arthur Mendes. VIII. Correia, Atalá. IX. Carrá, Bruno Leonardo Câmara. X. Pires, Caio. XI. Oliveira, Carlos E. Elias de. XII. Monteiro Filho, Carlos Edison do Rêgo. XIII. Reis, Clayton. XIV. Bucar, Daniel. XV. Carnaúba, Daniel. XVI. Dias, Daniel. XVII. Castro, Diana Loureiro Paiva de. XVIII. Poppe, Diana. XIX. André, Diego Brainer de Souza. XX. Dantas, Eduardo. XXI. Venturi, Elton. XXII. Barletta, Fabiana Rodrigues. XXIII. Braga Netto, Felipe. XXIV. Siqueira, Frederico Moreira Alcântara De. XXV. Schulman, Gabriel. XXVI. Silva, Gabriela Buarque Pereira. XXVII. Clemente, Graziella. XXVIII. Reis, Guilherme Alberge XXIX. Reinig, Guilherme Henrique Lima. XXX. Barboza, Heloisa Helena. XXXI. Souza, Henrique Freire de Oliveira. XXXII. Campos, Igor Zanella Andrade. XXXIII. Campos, Ingrid Zanella Andrade. XXXIV. Faleiros Júnior, José Luiz de Moura. XXXV. Lemos, Lívia Oliveira XXXVI. Dadalto, Luciana. XXXVII. Milagres, Marcelo de Oliveira. XXXVIII. Ehrhardt Júnior, Marcos. XXXIX. Rosenvald, Nelson. XL. Frota, Pablo Malheiros da Cunha. XLI. Nogaroli, Rafaella. XLII. Salles, Raquel Bellini de Oliveira. XLIII. Multedo, Renata Vilela. XLIV. Densa, Roberta. XLV. Cardoso, Roberta Teles. XLVI. Nogueira, Roberto Henrique Pôrto. XLVII. Storino, Rodrigo Antônio Ribeiro. XLVIII. Silva, Rodrigo da Guia. XLIX. Mata, Rodrigo da. L. Távora, Rodrigo de Almeida. LI. Freitas, Rodrigo. LII. Resedá, Salomão. LIII. Venosa, Sílvio de Salvo. LIV. Venturi, Thais G. Pascoaloto. LV. Almeida, Vitor. LVI. Guimarães, Vynicius Pereira. LVII. Dias, Wagner Inácio. LVIII. Polido, Walter A. LIX. Coelho, William Garcia Pinto. LX. Schaefer, Fernanda. LXI. Barbosa, Mafalda Miranda. LXII. Título.

2021-755   CDD 342   CDU 347

Elaborado por Odilio Hilario Moreira Junior - CRB-8/9949

Índices para Catálogo Sistemático:

1. Direito civil 342   2. Direito civil 347

SEGUNDA EDIÇÃO

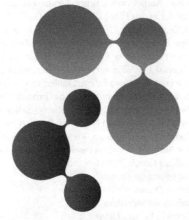

CORONAVÍRUS
E RESPONSABILIDADE CIVIL
IMPACTOS CONTRATUAIS E EXTRACONTRATUAIS

COORDENADORES

CARLOS EDISON DO
RÊGO MONTEIRO FILHO

NELSON
ROSENVALD

ROBERTA
DENSA

INTRODUÇÃO DE
MAFALDA MIRANDA BARBOSA

2021 © Editora Foco

Coordenação: Nelson Rosenvald, Carlos Edison do Rêgo Monteiro Filho e Roberta Densa

Autores: Adriano Marteleto Godinho, Alexandre Pereira Bonna, Alexandre Salim, André Araújo Molina, André Luis Souza da Silva, Arnaldo Rizzardo, Arthur Mendes Lobo, Atalá Correia, Bruno Leonardo Câmara Carrá, Caio Pires, Carlos E. Elias de Oliveira, Carlos Edison do Rêgo Monteiro Filho, Clayton Reis, Daniel Bucar, Daniel Carnaúba, Daniel Dias, Diana Loureiro Paiva de Castro, Diana Poppe, Diego Brainer de Souza André, Eduardo Dantas, Elton Venturi, Fabiana Rodrigues Barletta, Felipe Braga Netto, Fernanda Schaefer, Frederico Moreira Alcântara de Siqueira, Gabriel Schulman, Gabriela Buarque Pereira Silva, Graziella Clemente, Guilherme Alberge Reis, Guilherme Henrique Lima Reinig, Heloisa Helena Barboza, Henrique Freire de Oliveira Souza, Igor Zanella Andrade Campos, Ingrid Zanella Andrade Campos, José Luiz de Moura Faleiros Júnior, Lívia Oliveira Lemos, Luciana Dadalto, Mafalda Miranda Barbosa, Marcelo de Oliveira Milagres, Marcos Ehrhardt Júnior, Nelson Rosenvald, Pablo Malheiros da Cunha Frota, Rafaella Nogaroli, Raquel Bellini de Oliveira Salles, Renata Vilela Multedo, Roberta Densa, Roberta Teles Cardoso, Roberto Henrique Pôrto Nogueira, Rodrigo Antônio Ribeiro Storino, Rodrigo da Guia Silva, Rodrigo da Mata, Rodrigo de Almeida Távora, Rodrigo Freitas, Salomão Resedá, Sílvio de Salvo Venosa, Thais G. Pascoaloto Venturi, Vitor Almeida, Vynicius Pereira Guimarães, Wagner Inácio Dias, Walter A. Polido e William Garcia Pinto Coelho

Diretor Acadêmico: Leonardo Pereira
Editor: Roberta Densa
Assistente Editorial: Paula Morishita
Revisora Sênior: Georgia Renata Dias
Capa Criação: Leonardo Hermano
Diagramação: Ladislau Lima e Aparecida Lima
Impressão: FORMA CERTA

DIREITOS AUTORAIS: É proibida a reprodução parcial ou total desta publicação, por qualquer forma ou meio, sem a prévia autorização da Editora FOCO, com exceção do teor das questões de concursos públicos que, por serem atos oficiais, não são protegidas como Direitos Autorais, na forma do Artigo 8º, IV, da Lei 9.610/1998. Referida vedação se estende às características gráficas da obra e sua editoração. A punição para a violação dos Direitos Autorais é crime previsto no Artigo 184 do Código Penal e as sanções civis às violações dos Direitos Autorais estão previstas nos Artigos 101 a 110 da Lei 9.610/1998. Os comentários das questões são de responsabilidade dos autores.

NOTAS DA EDITORA:

Atualizações e erratas: A presente obra é vendida como está, atualizada até a data do seu fechamento, informação que consta na página II do livro. Havendo a publicação de legislação de suma relevância, a editora, de forma discricionária, se empenhará em disponibilizar atualização futura.

Erratas: A Editora se compromete a disponibilizar no site www.editorafoco.com.br, na seção Atualizações, eventuais erratas por razões de erros técnicos ou de conteúdo. Solicitamos, outrossim, que o leitor faça a gentileza de colaborar com a perfeição da obra, comunicando eventual erro encontrado por meio de mensagem para contato@editorafoco.com.br. O acesso será disponibilizado durante a vigência da edição da obra.

Impresso no Brasil (03.2021) – Data de Fechamento (03.2021)

2021

Todos os direitos reservados à
Editora Foco Jurídico Ltda.

Rua Nove de Julho, 1779 – Vila Areal
CEP 13333-070 – Indaiatuba – SP

E-mail: contato@editorafoco.com.br
www.editorafoco.com.br

SUMÁRIO

APRESENTAÇÃO
Nelson Rosenvald, Carlos Edison do Rêgo Monteiro Filho e Roberta Densa XI

INTRODUÇÃO – CORONAVÍRUS: A RESPONSABILIDADE NA EXPERIÊNCIA EUROPEIA. O CASO PORTUGUÊS
Mafalda Miranda Barbosa XXV

PARTE I
RESPONSABILIDADE CONTRATUAL

O CORONAVÍRUS E A RESPONSABILIDADE NOS CONTRATOS INTERNACIONAIS
Nelson Rosenvald.. 3

CORONAVÍRUS E FORÇA MAIOR: CONFIGURAÇÃO E LIMITES
Carlos Edison do Rêgo Monteiro Filho.. 25

MORA EM TEMPOS DE PANDEMIA
Sílvio de Salvo Venosa e Roberta Densa 45

OS EFEITOS DO CORONAVÍRUS (COVID-19) E A IRREVERSIBILIDADE NÃO IMPUTÁVEL DO INCUMPRIMENTO CONTRATUAL
Marcelo de Oliveira Milagres 55

O CORONAVÍRUS E A IMPOSSIBILIDADE DE CUMPRIMENTO DAS OBRIGAÇÕES NAS RELAÇÕES DE CONSUMO
Daniel Carnaúba, Daniel Dias e Guilherme Henrique Lima Reinig 65

CORONAVÍRUS, RESPONSABILIDADE CIVIL E HONORÁRIOS SUCUMBENCIAIS: UM ESPAÇO PARA A DÚVIDA JURÍDICA RAZOÁVEL
Carlos E. Elias de Oliveira... 75

CORONAVÍRUS E ENRIQUECIMENTO SEM CAUSA
Rodrigo da Guia Silva.. 83

A REVISÃO CONTRATUAL NO CÓDIGO CIVIL, NO CÓDIGO DE DEFESA DO CONSUMIDOR E A PANDEMIA DO CONORAVÍRUS (COVID-19)
Fabiana Rodrigues Barletta 95

CORONAVÍRUS E CONTRATOS BANCÁRIOS
    Arnaldo Rizzardo 107

COVID-19 E CONTRATO DE FRANQUIA: INEXECUÇÃO E RESPONSABILIDADE
    Vynicius Pereira Guimarães 117

PANDEMIA E LOCAÇÃO COMERCIAL
    Arthur Mendes Lobo, Wagner Inácio Dias 127

CORONAVÍRUS E O CONTRATO DE SEGURO
    Walter A. Polido 139

A RESPONSABILIDADE CIVIL DAS OPERADORAS E A PANDEMIA COVID-19, O QUE MUDA?
    Henrique Freire de Oliveira Souza 161

RESPONSABILIDADE CIVIL NO ÂMBITO MARÍTIMO E PORTUÁRIO PELO DESCUMPRIMENTO DAS NORMAS DE ENFRETAMENTO À COVID-19
    Ingrid Zanella Andrade Campos, Frederico Moreira Alcântara de Siqueira e Igor Zanella Andrade Campos 183

REFLEXÕES INICIAIS SOBRE OS IMPACTOS JURÍDICOS DA PANDEMIA DO NOVO CORONAVÍRUS NAS RELAÇÕES ENTRE LOJISTAS E EMPREENDEDORES EM *SHOPPING CENTERS*
    Rodrigo Freitas e Diana Loureiro Paiva de Castro 193

A RESPONSABILIDADE CIVIL DO EMPREGADOR PELA CONTAMINAÇÃO DOS TRABALHADORES PELO CORONAVÍRUS
    André Araújo Molina 207

TODOS QUEREM APERTAR O BOTÃO VERMELHO DO ART. 393 DO CÓDIGO CIVIL PARA SE EJETAR DO CONTRATO EM RAZÃO DA COVID-19, MAS A PERGUNTA QUE SE FAZ É: TODOS POSSUEM ESSE DIREITO?
    Salomão Resedá 221

PARTE II
RESPONSABILIDADE EXTRACONTRATUAL

EM BUSCA DAS VIRTUDES PERDIDAS EM TEMPOS DE PANDEMIA: REFLEXOS JURÍDICO E ÉTICO NO DISTANCIAMENTO SOCIAL, CONFINAMENTO E QUARENTENA DOMICILIAR
    Eduardo Dantas e Rafaella Nogaroli 235

DIREITO PENAL EM TEMPOS DE CORONAVÍRUS
    Alexandre Salim 245

CORONAVÍRUS E DEVERES ESTATAIS: O PERFIL DOS NOVOS TEMPOS
    Felipe Braga Netto 257

DIREITO DE DANOS, POLÍTICAS PÚBLICAS E A COVID-19: A PANDEMIA QUE EXIGE UM NOVO CONCEITO DE RESPONSABILIDADE CIVIL
    Alexandre Pereira Bonna 273

REGULAÇÃO ECONÔMICA, PANDEMIA E SUSTENTABILIDADE
    Rodrigo de Almeida Távora 287

AUSÊNCIA OU INADEQUAÇÃO DE EQUIPAMENTOS DE PROTEÇÃO (EPIS) EM TEMPOS DE PANDEMIA: RESPONSABILIDADE DO ESTADO E REFLEXOS JURÍDICOS PELA RECUSA NO ATENDIMENTO A PACIENTES
    Eduardo Dantas, Graziella Clemente e Rafaella Nogaroli 295

RESPONSABILIDADE CIVIL DO MÉDICO NA PRESCRIÇÃO *OFF LABEL* DE MEDICAMENTOS PARA A COVID-19
    Roberto Henrique Pôrto Nogueira 307

UTILIZAÇÃO DA INTELIGÊNCIA ARTIFICIAL NA ANÁLISE DIAGNÓSTICA DA COVID-19: BENEFÍCIOS, RISCOS E REPERCUSSÕES SOBRE A RESPONSABILIDADE CIVIL DO MÉDICO
    Rodrigo da Guia Silva e Rafaella Nogaroli 319

BREVES NOTAS SOBRE A PRIVACIDADE E PROTEÇÃO DE DADOS PESSOAIS DURANTE A PANDEMIA DA COVID-19: MOMENTO DE REFLETIRMOS SOBRE A FUNÇÃO PREVENTIVA DA RESPONSABILIDADE CIVIL
    Marcos Ehrhardt Júnior e Gabriela Buarque Pereira Silva 327

DIREITO À SAÚDE E DANOS EXTRAPATRIMONIAIS: REFLEXÕES EM TEMPOS DE COVID-19
    Bruno Leonardo Câmara Carrá e Lívia Oliveira Lemos 339

ENFRENTAMENTO À COVID-19, LEI DE ACESSO À INFORMAÇÃO E A RESPONSABILIDADE CIVIL DE QUEM DESCUMPRE A LAI: REFLEXÃO A PARTIR DA DECISÃO QUE PROVEU A LIMINAR NA MCADI N.º 6.351
    Pablo Malheiros da Cunha Frota e André Luis Souza da Silva 359

TECNOLOGIAS DE TELEMEDICINA, RESPONSABILIDADE CIVIL E DADOS SENSÍVEIS. O PRINCÍPIO ATIVO DA PROTEÇÃO DE DADOS PESSOAIS DO PACIENTE E OS EFEITOS COLATERAIS DO CORONAVÍRUS
 Gabriel Schulman 369

RESPONSABILIDADE CIVIL PELO DESCUMPRIMENTO DO TESTAMENTO VITAL NO CONTEXTO DA COVID-19
 Luciana Dadalto 385

INFORMAÇÃO, PÓS-VERDADE E RESPONSABILIDADE CIVIL EM TEMPOS DE QUARENTENAS E *LOCKDOWNS*: A INTERNET E O CONTROLE DE DANOS
 José Luiz de Moura Faleiros Júnior 395

O CORONAVÍRUS E OS SEUS EFEITOS NA RESPONSABILIDADE PARENTAL
 Renata Vilela Multedo e Diana Poppe 413

A RESPONSABILIDADE CIVIL EM TEMPOS DE COVID-19: REFLEXÕES SOBRE A PROTEÇÃO DA PESSOA IDOSA
 Heloisa Helena Barboza e Vitor Almeida 423

O APOIO ÀS PESSOAS COM DEFICIÊNCIA EM TEMPOS DE CORONAVÍRUS E DE DISTANCIAMENTO SOCIAL
 Raquel Bellini de Oliveira Salles 435

CORONAVÍRUS E MISTANÁSIA: A MORTE INDIGNA DOS EXCLUÍDOS E A RESPONSABILIDADE CIVIL DO ESTADO
 Adriano Marteleto Godinho 451

VACINAÇÃO OBRIGATÓRIA: ENTRE O INTERESSE INDIVIDUAL E O SOCIAL A POSSIBILIDADE DE RESPONSABILIZAÇÃO CIVIL EM CASO DE RECUSA À IMUNIZAÇÃO
 Fernanda Schaefer 463

CORONAVÍRUS E RESPONSABILIDADE CIVIL NO CONDOMÍNIO
 Diego Brainer de Souza André 477

A TUTELA COLETIVA E A RESPONSABILIDADE CIVIL PELAS AFETAÇÕES DA PANDEMIA DA COVID-19 NO BRASIL: AÇÃO POPULAR, AÇÃO CIVIL PÚBLICA, AÇÃO DE IMPROBIDADE ADMINISTRATIVA E AÇÃO COLETIVA
 Elton Venturi e Thais G. Pascoaloto Venturi 491

DANOS SOCIAIS NA DESOBEDIÊNCIA AOS DECRETOS DE SUSPENSÃO DAS ATIVIDADES EMPRESARIAIS EM RAZÃO DA COVID-19
   Clayton Reis, Guilherme Alberge Reis e Rafaella Nogaroli 505

CRIMES ECONÔMICOS EM TEMPOS DE COVID-19. DIÁLOGO ENTRE A RESPONSABILIDADE CIVIL E PENAL E BOAS PRÁTICAS DE *COMPLIANCE* PARA A TUTELA DE DIREITOS FUNDAMENTAIS COLETIVOS
   William Garcia Pinto Coelho e Rodrigo Antônio Ribeiro Storino 517

COVID-19: POR QUE A MEDIAÇÃO DE CONFLITOS SERÁ A SAÍDA MAIS ADEQUADA PARA OS CONFILTOS GERADOS PELA DISSEMINAÇÃO DO VÍRUS
   Roberta Teles Cardoso 529

NOTAS SOBRE ENDIVIDAMENTO CRÍTICO E PANDEMIA DA COVID-19: A CONSTRUÇÃO DE UMA SAÍDA PARA RECUPERAÇÃO PATRIMONIAL DA PESSOA HUMANA
   Daniel Bucar, Caio Pires e Rodrigo da Mata 537

CORONAVÍRUS E SUSPENSÃO DO PRAZO PRESCRICIONAL NAS PRETENSÕES INDENIZATÓRIAS
   Atalá Correia 547

APRESENTAÇÃO

A parte introdutória desta obra coletiva fica a cargo da Professora da Faculdade de Direito de Coimbra, Mafalda Miranda Barbosa, com o artigo versando sobre "Coronavírus: a responsabilidade na experiência europeia – o caso Português". A autora principia em uma bipartição quanto às projeções negativa e positiva ao nível da responsabilidade civil. No aspecto negativo a covid-19 pode conduzir a uma exclusão da responsabilidade contratual, seja diante da força maior (impossibilidade de cumprimento não imputável ao devedor) ou nas situações em que, não havendo impossibilidade, o instituto da alteração superveniente das circunstâncias torna-se operante. Positivamente, a covid-19 poderá alicerçar uma pretensão indenizatória no plano da responsabilidade extracontratual. O texto incita à reflexão sobre a multiplicidade e complexidade dos problemas que a covid-19 faz surgir em sede de responsabilidade civil, pela própria complexidade da realidade e da necessidade de articular as especificidades dos casos concretos com uma dogmática exigente como é a delitual. Nessa medida, impõe-se uma meditação apurada sobre a temática, aos mais variados níveis. Compete à doutrina cumprir a sua missão.

Abrindo a seção sobre responsabilidade contratual, Nelson Rosenvald, por sua vez, analisa o impacto do Coronavírus em relação aos Contratos Internacionais. Começa por estudar o contrato como alocação de riscos, afirmando que todos os sistemas jurídicos modernos enfatizam que de certa forma um contrato é "agreement". Após, conceitua força maior e demonstra, brevemente, a importância atribuída as cláusulas de "notice of readiness" (NOR), "cancelation rights", "laytime" e "demurrage" nos contratos internacionais. Na sequência, ressalta que o sistema da *common law* parte da premissa de que "contract is for the parties, not for the courts", ao contrário do que ocorre na maior parte das jurisdições da *civil law*, não comungando, portanto, com a ideia de que os juízes podem intervir no contrato para adequá-lo à alteração das circunstâncias que rompem a sua base objetiva. Por fim, demonstra que a possibilidade de diferentes tratamentos jurídicos para a inserção da pandemia como causa de impossibilidade (força maior) ou alteração de circunstâncias (*hardship*) é apenas um palco para a exposição das amplas divergências na compreensão conceitual do que seja um contrato e de sua função social em cada um dos sistemas que analisa.

Carlos Edison do Rêgo Monteiro Filho aborda o conceito de força maior e seus limites de aplicação. Sugere que, no plano jurídico, a administração dos efeitos da crise mundial impõe pauta de solidariedade e altruísmo. Sobre os instrumentos de distribuição de riscos, o autor trata da cláusula de *hardship*, a cláusula resolutiva expressa e a cláusula limitativa ou excludente de responsabilidade demonstrando de que forma cada uma apresenta solução própria para a hipótese de efetivação de riscos supervenientes que dificultem ou impossibilitem a execução do contrato. Por fim, após abordar a alocação de riscos, conclui que esta não se dá ao alvedrio absoluto das partes, devendo sempre ser interpretada à luz da Constituição Federal. Assim, conclui que, para as demandas em que se discuta a configuração da força maior e seus limites, deverá construir sua convicção sobre a invocação da dirimente atento aos diferentes graus de impossibilidade da prestação, em função das circunstâncias e fatores que incidem, em concreto, na relação negocial em análise, à luz das previsões de seu próprio regulamento de interesses e dos valores do ordenamento jurídico brasileiro.

Sílvio e Salvo Venosa e Roberta Densa exploram o tema da configuração da mora em tempos de pandemia. No ensaio, apresentam o tema do inadimplemento absoluto, relativo, antecipado e adimplemento substancial, diferenciando-os e demonstrado o tratamento legislativo e jurisprudencial sobre o tema. Seguem tratando a mora do devedor e sua conceituação, e afirmam que se reconhecida a força maior em razão do Coronavírus, não há que se falar na configuração da culpa, logo, não há que se falar em mora do devedor, mas o nexo de causalidade entre o inadimplemento e a pandemia deve ser sempre analisado.

Os efeitos do Coronavírus (COVID-19) e a irreversibilidade não imputável do incumprimento contratual é o tema proposto por Marcelo de Oliveira Milagres. O autor inicia a análise da relação contratual com enfoque no inadimplemento não culposo em razão da COVID-19 e aborda a problemática do inadimplemento insatisfatório e do inadimplemento antecipado, bem como da resolução do contrato. Por fim, apresenta proposições, dentre as quais, que a terapêutica resolutiva não é uma resposta geral e abstrata à patologia da COVID-19. Os efeitos liberatório e modificativo pressupõem a análise da incidência direta e concreta da crise sanitária no programa contratual.

Daniel Carnaúba, Daniel Dias e Guilherme Henrique Lima Reinig travam debate sobre sobre a impossibilidade de cumprimento das obrigações nas relações de consumo. Iniciam o texto ponderando que o Código de Defesa do Consumidor não regula os casos de impossibilidade de cumprimento da obrigação por parte do fornecedor. Explicam que o art. 35, principal dispositivo da codificação sobre descumprimento obrigacional, aplica-se apenas a casos de recusa do fornecedor em cumprir a obrigação, o que difere essencialmente dos casos de impossibilidade. Já o art. 84, § 1.º, por sua vez, apesar de referir-se à impossibilidade, é dispositivo voltado para solucionar casos de impossibilidade por culpa do fornecedor, o que é essencialmente distinto dos casos de impossibilidade por conta da pandemia de COVID-19. Sugerem a aplicação subsidiária do Código Civil e partem das regras presentes nas seções referentes às modalidades das obrigações.

No artigo intitulado "Coronavírus, Responsabilidade Civil e Honorários Sucumbenciais: um espaço para a dúvida jurídica razoável", Carlos E. Elias de Oliveira discute se surge dever de indenizar na hipótese de alguém que causa dano a outrem por meio de uma conduta cuja licitude, por conta dos transtornos causados pela pandemia do novo coronavírus (Covid-19), sujeita-se a uma dúvida jurídica. Debate-se ainda sobre quem deveria arcar com os honorários sucumbenciais. A presença de dúvida jurídica razoável em uma situação jurídica tem inegável repercussão em discussões relativas a responsabilidade civil contratual e extracontratual, pois o dever de indenizar, em regra, decorre de um ato ilícito (art. 186 e 927, CC). Em razão dos inusitados transtornos causados pelo coronavírus, propõe o autor aclarar as diversas situações em que o indivíduo se vê em uma encruzilhada de dúvidas, sem ter clareza se sua conduta será considerada lícita ou não e, portanto, se ela lhe imporá ou não o dever de indenizar.

Rodrigo da Guia Silva estuda o tema "Coronavírus e enriquecimento sem causa". No ensaio, investiga das perspectivas de aplicação da disciplina do enriquecimento sem causa para o enfrentamento de desafios suscitados pelas repercussões da pandemia da COVID-19 sobre as relações privadas patrimoniais. Parte da identificação e da análise de algumas *armadilhas* com as quais se depara o intérprete no estudo do enriquecimento sem causa no cenário atual e, naa sequência, delimita-se um relevante campo de atuação da disciplina do enriquecimento sem causa – a deflagração do dever de restituição como consequência da pronúncia de invalidade ou da resolução contratual. Por fim, apontam-se alguns aspectos relevantes para a definição do prazo prescricional apto a reger as pretensões restitutórias deflagradas pela invalidade ou pela resolução.

Fabiana Rodrigues Barletta trata da "Revisão Contratual no Código Civil, no Código de Defesa do Consumidor e a Pandemia do Coronavírus (COVID-19)". A discussão a respeito da revisão dos contratos por excessiva onerosidade é necessária e oportuna, pois a ocorrência da lesão ou de mudanças no cenário social e econômico podem gerar a necessidade de equalizar o contrato e reinstaurar o equilíbrio contratual num pacto excessivamente oneroso desde a origem, ou, que assim se torne, por motivos ulteriores à contratação, quando esta se prolonga no tempo. Como explica a autora do texto, face à pandemia do coronavírus que inesperadamente chegou ao Brasil, torna-se muito importante tratar das hipóteses de revisão dos contratos, porque se observa que esse fato deflagrará excessiva onerosidade nas relações contratuais pelos impactos econômicos e sociais desta ocorrência. Não era possível prever, há alguns meses atrás, que a pandemia do coronavírus (COVID19) geraria tamanha comoção e repercussão no ambiente negocial e econômico brasileiro. Evidentemente que vários contratos realizados antes ou durante a pandemia, por ela serão afetados.

Na sequência, Arnaldo Rizzardo analisa os contratos bancários e os impactos da pandemia. Trata, incialmente, do Coronavírus e das frentes de combate e as perspectivas de institutos jurídicos apropriados para suspender temporariamente o cumprimento de obrigações contraídas com instituições financeiras, abortando o caso fortuito ou força maior, a teoria da imprevisão, a onerosidade excessiva e a quebra da base jurídica do negócio. Por fim, aborta os encargos pelo inadimplemento e sugere a suspensão da exigibilidade de obrigações bancárias, de parte do devedor, no período de duração da pandemia em questão, e por um período considerado adequado ou razoável até o retorno normal das atividades ou motivos que determinaram a concessão do crédito.

Vynicius Guimarães trata das repercussões do cenário pandêmico nos contratos de franquia, considerando a repartição de riscos na dinamicidade das relações travadas entre franqueados e franqueadores. Nos programas contratuais complexos que dão substância a especificidades próprias do franchising, o autor chama a atenção do intérprete não apenas para as vantagens econômicas e jurídicas trazidas aos contratantes, mas também para o tratamento que deve ser concedido à alocação voluntária dos riscos do descumprimento em contratos de franquia quando celebrados adesivamente. Nessa linha, com vistas a esclarecer brevemente de que maneira institutos como a impossibilidade superveniente de cumprimento inimputável aos contratantes e a força maior poderão ser manejados, o estudo aborda brevemente as consequências de eventual inexecução obrigacional no bojo de tais contratos, oferecendo ao operador do direito mecanismos técnicos para enfrentar o problema.

"Pandemia e Locação comercial" é o tópico eleito por Arthur Mendes Lobo e Wagner Inácio Dias. Os coautores centram a atenção na locação urbana, especificamente a locação não residencial, cotejada com os reflexos em responsabilidade civil, estrutura contratual e a Covid-19. O plano de análise é fracionado em locações comerciais comuns e locações em shopping centers, buscando-se a apresentação de soluções concretas, tanto para o espaço do diálogo extrajudicial, quanto para a eventual saída judicializada, sempre apontando suportes legais e principiológicos bastantes para o debate jurídico dos temas tratados.

O tema do seguro foi estudado por Walter Polido, nele, o autor discute principais questões relacionadas ao contrato de seguro indicando as possíveis aberturas encontradas nas bases contratuais das apólices determinantes quanto ao acolhimento das reclamações de sinistros envolvendo os diversos tipos de seguros. Diante de eventuais exclusões explícitas, discorre sucintamente sobre os paradigmas que podem nortear o operador do Direito em face da hermenêutica encontrada no segmento securitário. Assim, analisa-se o coronavírus enquanto fato gerador de sinistros nos seguintes ramos: automóveis, saúde, vida, e ramos elementares (fiança locatícia, lucros cessantes e responsabilidade civil).

Henrique Freire de Oliveira Souza redige o artigo "A Responsabilidade civil das operadoras e a pandemia de COVID-19, o que muda?". O articulista discute uma das formas de acesso à saúde, mais especificamente aquela que se dá através das denominadas operadoras de planos privados de assistência à saúde ("OPS"); além disso, analisa profundamente, ainda que forme bem sintética, um específico aspecto dessa atuação: os efeitos da pandemia de COVID-19 na responsabilidade civil das OPS. Ressaído texto que os magistrados deverão ter um olhar mais sereno e cuidadoso ao analisar as eventuais questões surgidas no curso da epidemia de COVID-19, para se evitar que haja uma proteção indevida às OPS e aos demais prestadores ou um benefício protetivo exagerado ao consumidor, a repercutir nos custos finais das OPS e na própria coletividade.

Rodrigo Freitas e Diana Loureiro Paiva de Castro analisam as estruturas dos shopping centers. Os autores examinam, mais especificamente, os impactos jurídicos do advento da pandemia na relação entre lojista e empreendedor, em tema de responsabilidade contratual, no que tange às principais cláusulas postas em tais negociações, que dizem com o aluguel mínimo reajustável, o aluguel percentual, a cláusula degrau, a cláusula de desempenho e a contribuição para o fundo de promoções institucionais. Propõem a análise casuística da disciplina incidente, de acordo com a função exercida por cada convenção, de sorte a descortinar o instrumento aplicável na hipótese, perpassando o exame de soluções jurídicas como a revisão contratual por excessiva onerosidade, a redução do valor do aluguel diante de deterioração das faculdades do lojista em relação à coisa, a negociação entre as partes, à luz dos ditames da boa-fé objetiva, e a incidência da teoria da responsabilidade civil, por meio da verificação de interrupção do nexo de causalidade. Os autores destacam como norte interpretativo comum a todos os casos o prestígio à nota característica das contratações em shopping centers, no que tange ao complexo negocial unitário formado e à interdependência de interesses entre lojista e empreendedor, de modo a se entrever relação obrigacional como processo orientada ao sucesso do centro comercial.

André Araújo Molina passa a analisar a responsabilidade civil do empregador pela contaminação dos trabalhadores pelo coronavírus, na perspectiva do art. 7º, XXVIII, da Constituição Federal, que poderá ensejar a proteção previdenciária pelo INSS, e resultar na responsabilidade civil do empregador, quando este tenha atuado de forma culposa, não fornecendo aos trabalhadores os equipamentos de proteção para o desempenho das atividades laborativas, dando ensejo à condenação nas indenizações materiais e pessoais em decorrência da doença ocupacional, caso o nexo causal esteja presente.

Com o título "Todos querem apertar o botão vermelho do art. 393 do código civil para se ejetar do contrato em razão da covid-19, mas a pergunta que se faz é: todos possuem esse direito?" Salomão Resedá provoca o leitor sobre a aplicação indiscriminada da força maior em decorrência da pandemia instaurada pela COVID-19. Reflete sobre o pânico contratual onde há uma interpretação generalizada de que o evento Corona Vírus pode ser utilizado como causa de rompimento de cláusulas contratuais por ser enquadrado como caso fortuito. Conclui que os reflexos econômicos que se experimentam na medida de quarentena que se desenvolve podem ser resumidos em três vertentes: a) aqueles contratantes que não possuem mais condições de arcar com o quanto acordado; b) aqueles que possuem viabilidade para cumprir o quanto acordado, porém preferem manter reserva para um futuro incerto; c) os que detêm plena capacidade de adimplemento. Sugere, por fim, que é necessária a identificação de caso a caso das consequências do evento Coronavírus para identificar especificamente em quais destas situações o pleiteante ao rompimento do contrato se encontra.

A seção II, sobre a Responsabilidade Extracontratual, é inaugurada por Eduardo Dantas e Rafaella Nogaroli com texto sobre os reflexos jurídicos e éticos no distanciamento social, confinamento e quarentena domiciliar. Evocam os autores a possiblidade de aprender com a crise, substituindo o olhar individualista pelo olhar da solidariedade e empatia. Lembram que a crise em questão é essencialmente humana e que há disrupção que afeta não apenas um indivíduo em sua saúde e seus medos, mas toda a sociedade em escala mundial e um modelo de vida que é, ao mesmo tempo, vítima e algoz da pandemia. Sugerem que a desordem moral na modernidade pode se transformar em um elemento de construção, no alicerce estrutural de um modelo ainda desconhecido, mas necessário.

O Direito Penal em tempos de Coronavírus é apresentado por Alexandre Salim. O ensaísta começa a sua narrativa a partir de breves fundamentos do Direito Penal dos ordenamentos desenvolvidos como técnica de controle do desvio social. Trabalha os tipos penais específicos de infração de medida sanitária preventiva e desobediência; perigo de contágio de moléstia grave; lesão corporal; omissão de notificação de doença; crime contra a economia popular; falsificação, corrupção, adulteração ou alteração de produto destinado a fins terapêuticos ou medicinais e de charlatanismo. Finaliza concluindo que o Direito Penal tem aplicação *fragmentária*, pois somente deve preocupar-se com a tutela de bens jurídicos valiosos que sofram ataques intoleráveis, e também *subsidiária*, pois somente deve incidir quando outros ramos do Direito, notadamente o Civil e o Administrativo, não resolverem de forma satisfatória o conflito social.

Na sequência, Felipe Braga Netto escreve sobre "Coronavírus e deveres estatais: o perfil dos novos tempos". A abordagem do artigo reflete as características inovadoras do direito no século XXI que repercutem fortemente na responsabilidade civil do Estado, refuncionalizada a partir da solidariedade social. Especificamente em relação à responsabilidade civil do Estado, postula o autor, como linha de tendência, que a ausência da observância de medidas prévias e razoáveis de cuidado e proteção pode responsabilizar civilmente o Estado, havendo dano. Se em determinado contexto a ausência de medidas estatais prévias estiver conectada com um dano injusto, o dever de indenizar poderá se fazer presente, sobremaneira em um cenário jurídico no qual se manifesta progressivo estreitamento das hipóteses excludentes de responsabilidade civil. O que antes não ensejava responsabilidade civil do Estado, hoje pode ensejar. Trata-se de clara linha histórica.

Alexandre Pereira Bonna em seu ensaio sobre Direito de Danos e Políticas Públicas afirma que, nessa temática, políticas públicas são ações e instrumentos feitos e implementados por autoridades públicas diante de um problema público e, para alguns autores, se referem a um direito fundamental à boa administração pública. Analisa e conceitua o Direito e Danos e encontra maior abrangência no direito de danos que na responsabilidade civil, haja vista que permite o esforço conjunto de atores sociais de modo a promover a reparação e/ou prevenção de danos de forma ampla, passando a ser um grande ramo do direito, o qual dialoga com os demais.

Rodrigo de Almeida Távora analisa os impactos jurídicos do advento da pandemia de COVID-19 no papel exercido pelo Estado e pelas empresas no seio social. Nessa direção, o autor examina a íntima relação entre empresa e sociedade, não podendo aquela existir senão em interação com esta. As empresas não constituem, portanto, unidades isoladas de produção de riqueza, exercendo, necessariamente, função social. Superando-se a segregação entre público e privado, assim, demanda-se fina sintonia na atuação do Estado e das empresas na formulação de soluções de enfrentamento da pandemia, fomentando aquele, por meio da regulação, a adoção de medidas sociais por estas. A pandemia do novo coronavírus, nesse contexto, escancara a incapacidade de os atores sociais se isolarem em sua esfera de atuação, de sorte a individuar a importância da responsabilidade social das empresas e da intervenção estatal na economia.

Adiante, Ingrid Zanella Andrade Campos, Frederico Moreira Alcântara de Siqueira e Igor Zanella Andrade Campos convidam ao debate sobre "Responsabilidade civil no âmbito marítimo e portuário pelo descumprimento das normas de enfrentamento à COVID-19". Partindo a premissa de que o transporte marítimo de cargas e mercadorias e as atividades correlatas devem ser considerados essenciais, é fundamental a manutenção do funcionamento normal do transporte aquaviário de mercadorias e, por conseguinte, das instalações portuárias brasileiras, públicas e privadas. Por serem os portos brasileiros locais de fronteira e, por isso, locais de trânsito de pessoas e embarcações e pessoas de todo o mundo, mostra-se de suma importância que os atores do mercado marítimo e portuário se conscientizem da importância e colaborem para o enfrentamento da pandemia da COVID-19 mediante a adoção das cautelas necessárias à redução de sua transmissibilidade. Como enfatizam os coautores, na hipótese de descumprimento das normas e recomendações advindas do poder público, o agente da ação ou da omissão infracional pode e deve ser responsabilizado civilmente, pelos danos causados a indivíduos específicos ou mesmo à saúde pública, sejam eles financeiros ou não, bem como administra e até criminalmente.

Em artigo escrito a seis mãos, Eduardo Dantas, Graziella Clemente e Rafaella Nogaroli cuidam da "Ausência ou inadequação de equipamentos de Proteção (EPIS) em tempos de pandemia: Médicos e enfermeiros brasileiros, na linha de frente da guerra contra a pandemia, cuidam de pacientes com o novo coronavírus sem material de proteção suficiente. O quadro de escassez ou inadequação de EPIs os colocam "numa guerra sem munição", isto é, ao mesmo tempo que cuidam dos doentes, eles estão em situação de vulnerabilidade e exposição ao vírus, trazendo perigo de contaminação para seus pacientes saudáveis e familiares. Os riscos incluem não somente a exposição ao patógeno, mas a longas horas de trabalho, sofrimento psicológico, fadiga, desgaste profissional e violência psicológica. Diante desse cenário caótico, há de se considerar também as futuras demandas judiciais que os profissionais de saúde provavelmente enfrentarão com base nas decisões que estão sendo forçados a tomar. Diante disso, os coautores propõem o enfrentamento de questões fundamentais como: a possibilidade de responsabilizar profissionais de saúde que se recusem a atender pacientes, se houver fundado risco para a própria vida e incolumidade física, em virtude descumprimento de normas mínimas de biossegurança. Há, ainda, a importante reflexão sobre a extensão da responsabilidade do Estado quando o profissional da saúde não possui EPI adequado e, por isso, acaba sendo contaminado, sendo esta a causa da sua morte.

"Responsabilidade civil do médico na prescrição *off label* de medicamentos para a covid-19" é o título do capítulo escrito por Roberto Henrique Pôrto Nogueira. Aborda a conceituação do uso de uso *off label* de medicamento e alerta para o uso inovador, meramente experimental e sem base em evidência, ficando de fora do campo do exercício regular do direito de prescrever, especialmente se inobservados os deveres anexos à relação médico-paciente. No contexto da pandemia da COVID-19, indica que o melhor interesse do paciente deve ganhar protagonismo, para que seja formado o consentimento informado, na maior medida possível, no âmbito do diálogo aberto, holístico, compreensível, participativo e aplicado à circunstância individual, sobre as características e sobre as possíveis repercussões conhecidas do tratamento alternativo sugerido à COVID-19.

Com o título "Utilização da inteligência artificial na análise diagnóstica da COVID-19: benefícios, riscos e repercussões sobre a responsabilidade civil do médico", Rodrigo da Guia Silva e Rafaella Nogaroli iniciam o estudo do tema tratando dos métodos de diagnósticos, demonstrando que as novas tecnologias transformaram completamente as possibilidades de um melhor e mais preciso diagnóstico. Na sequência, tratam do processo de digitalização das informações permitiu que os dados físicos dos pacientes fossem transferidos de pastas de papel para registros eletrônicos de saúde e como essa *digitalização* na área da saúde foi um determinante passo inicial para se tornar possível a implementação da inteligência artificial na racionalização dos fluxos de trabalho em hospitais, na eficiência dos diagnósticos médicos e, sobretudo, na detecção precoce de doenças. Por fim, demonstram como o sistema de inteligência artificial na análise diagnóstica da COVID-19 fornece importante suporte à decisão clínica, tendo em vista a sua capacidade de processar e analisar eficiente e rapidamente grande quantidade de dados. Assim, abre-se possibilidade para diagnósticos rápidos de uma doença, com crescimento exponencial de infectados, e que tem evolução extremamente rápida. Contudo, concluem que, por mais notável que a inteligência artificial seja na análise de números e no processamento de dados, não se pode ignorar que ela comete erros e seguindo a tônica do momento, deve-se socorrer da prudência também para a valoração da conduta do médico em eventual demanda indenizatória.

No ensaio denominado "Breves notas sobre a privacidade e proteção de dados pessoais durante a pandemia da COVID-19: Momento de refletirmos sobre a função preventiva da responsabilidade civil", Marcos Ehrhardt Júnior e Gabriela Buarque Pereira Silva partem de um contexto de crise sanitária sem precedentes para discutir formas de adequação de medidas urgentes à proteção de direitos fundamentais, particularmente a privacidade. No que concerne aos avanços tecnológicos, averígua-se como o tratamento de dados pessoais impacta no combate ao coronavírus, considerando-se que as aplicações tecnológicas atualmente disponíveis têm o potencial de rastrear localizações em tempo real ou metadados que demonstram padrões de comportamento e informações íntimas e que, uma vez admitidas na vida cotidiana, torna-se cada vez mais difícil afastá-las. Conforme enfatizam os coautores, ainda que seja admissível a utilização dos dados pessoais, de modo excepcional, temporário e urgente, para a tutela da saúde pública, é fundamental que sejam priorizadas ações de pesquisa, diagnóstico e tratamento efetivos que forneçam ao sistema de saúde infraestrutura para zelar pelos pacientes e minimizar a ocorrência do vírus, sob pena de nos acomodarmos numa posição de vigilância, obsessão e assédio social que ameaça devassar a privacidade e segregar indivíduos.

Bruno Leonardo Câmara Carrá e Lívia Oliveira Lemos, com o capítulo que correlaciona o direito à saúde e danos extrapatrimoniais, iniciam o estudo definindo a natureza jurídica da pandemia, situando a emergência decorrente da contaminação em massa pelo *Coronavírus* como uma catástrofe biológica, e enquadrando como situação de caso fortuito ou de força maior. No entanto, afirmam os autores, embora a pandemia do Coronavírus possa ser categorizada como *act of God*, é perfeitamente possível que possa alguém ser condenado por danos extrapatrimoniais por se omitir a tomar medidas de prevenção, ou mesmo de precaução, sem se falar naqueles casos onde haja flagrantemente *dolo* ou culpa em episódio que resulte na contaminação de outrem.

Com o título "Enfrentamento à covid-19, lei de acesso à informação e a responsabilidade civil de quem descumpre a lai: reflexão a partir da decisão que proveu a liminar na MCADI n.º 6.351", Pablo Malheiros da Cunha Frota e André Luis Souza da Silva estudam a decisão do Supremo Tribunal Federal sobre a eficácia do art. 6º-B da Lei 13.979/2020, e concluem que tal decisão pode acarretar em responsabilização dos(as) agentes estatais que, por conta do estado de calamidade púbica gerado pela Pandemia de COVID 19, não conseguirem cumprir com a LAI e incidirão em comportamento ilícito posto nos arts. 32-34 da mesma lei.

"Tecnologias de telemedicina, Responsabilidade Civil e Dados Sensíveis. O *princípio ativo* da Proteção de Dados pessoais do paciente e os *efeitos colaterais* do coronavírus" é título do capítulo de Gabriel Schulman. Nele, o autor trabalha os conceitos de telemedicina, quais as indicações e as condições mais adequadas para a sua utilização. Aponta as possíveis falhas de prestação de serviço que podem envolver equívocos em relação ao diagnóstico, a realização dos procedimentos clínicos, como a falha de lateralidade ou utilização incorreta de certa técnica, além da possibilidade de adequado acompanhamento do paciente pelo médico. O enfoque está, justamente, na Lei Geral de Proteção de Dados em relação dados dos pacientes no procedimento realizado pelos profissionais de saúde em telemedicina.

Com ensaio sobre a responsabilidade civil pelo descumprimento do testamento vital no contexto da COVID-19, Luciana Dadalto explana, em primeiro lugar, sobre os direitos do paciente à prévia manifestação de vontade e seu contexto normativo no Brasil. Ressalta a importância das informações ao paciente acerca do direito de manifestação de vontade, notadamente, sobre a aceitação ou recusa de internação em UTI, de ventilador artificial e de reanimação cardiopulmonar. Ao tratar do testamento vital e da responsabilidade civil do médico, sustenta que não é permitido desrespeitar o direito do doente (ou representante legal) e decidir livremente sobre a execução de práticas diagnósticas ou terapêuticas. Todavia, pondera que a tomada de decisão no contexto da pandemia da COVID-19 adquire contorno *sui generis* pois em um cenário de escassez de recursos poderá ser necessário realizar criar protocolos com critérios objetivos de alocação de recursos, desse modo será necessário que, diante de eventual situação de descumprimento do testamento vital na análise do caso concreto.

José Luiz de Moura Faleiros Júnior, com o artigo intitulado "Informação, pós-verdade e responsabiliade civil em tempos de quarentenas e lockdowns: a internet e o controle de danos", trouxe esclarecimentos a um dos elementos centrais da mudança social promovida pela pandemia da Covid-19: o papel da Internet na produção de impactos positivos e negativos, a desafiar o instituto jurídico da responsabilidade civil à solução de diversas novas contingências. Aponta que o entrelaçamento do 'real' e do 'virtual' já representam uma realidade para mais da metade da população adulta do planeta, razão pela qual a Internet não pode ser desconsiderada em qualquer análise relativa à pandemia da Covid-19. Mais ainda, trabalha a problemática da desinformação e a disseminação de *fake news* em períodos de pós-verdade, aborda as medidas de controles exercidos pelos provedores de aplicações na Internet para evitar a disseminação de conteúdos inverídicos e potencialmente danosos.

O capítulo da responsabilidade parental é de Renata Vilela Multedo e Diana Poppe, as autoras partem da premissa da obrigação de cuidado e responsabilidade dos pais em benefício de seus filhos, afirmando que a parceria parental deverá ser construída com o equilíbrio e em prol dos interesses das crianças e adolescentes. Demonstram que a a circunstância da COVID -19 impôs uma mudança de rotina em função da preservação da vida de todos, trazendo novas regras de convivência para observância do cuidado com os filhos. Por fim, sugerem que a promoção dos métodos não adversariais de resolução de conflitos, como a mediação, os círculos restaurativos e a própria advocacia colaborativa, para o resgate da relação e a real auto implicação e responsabilização das partes envolvidas.

Em relação à proteção da pessoa idosa, Heloisa Helena Barboza e Vitor Almeida afirmam que a população mais vulnerável ao vírus deve ser a mais protegida, à luz da legalidade constitucional e com fundamento no princípio da solidariedade social, impedindo o agir individual, com a adoção de medidas razoáveis e que visem a proteção dessas pessoas, sob pena de violação da dignidade da pessoa humana. Sustentam que cabe ao Direito impor uma tutela ainda mais enérgica em prol da proteção dos vulnerados de modo a afastar todas as medidas de desprezo aos membros do grupo de risco, em especial às pessoas idosas, sob pena de retorno à uma política de "limpa-velhos" não compatível com um ordenamento ancorado na dignidade da pessoa humana.

Raquel Bellini de Oliveira Salles trabalhou o título "O apoio às pessoas com deficiência em tempos de coronavírus e de distanciamento social". Cuida da necessidade de se assegurar às pessoas com deficiência condições de adotarem os cuidados de que precisam para evitar a contaminação sem deixar de atentar para as especificidades que tocam suas realidades, que não podem jamais ser olvidadas nesse cenário emergencial, como inclusive alerta a Organização das Nações Unidas. Concluindo pela obrigação do Estado em garantir os mecanismos de apoio de uma maneira segura no período da pandemia, levando em consideração o fato de que medidas mais severas de distanciamento podem ser impossíveis para aqueles que necessitam de suporte tanto para o mais elementar, como comer, higienizar-se, vestir-se e comunicar-se, quanto para acessar mídias, tecnologias, bens e serviços.

Adriano Marteleto Godinho enfrenta o tema "Coronavírus e mistanásia: a morte indigna dos excluídos e a responsabilidade civil do estado". O propósito do artigo é o debate acerca da noção de morte digna – para, a partir dela, alcançar também a ideia de morte indigna, mormente a partir da conceituação da figura da mistanásia – e de tracejar, muito em particular, possíveis respostas para um problema singular: caberia imputar responsabilidade civil ao Estado em razão da aparentemente inevitável morte de incontáveis indivíduos, notadamente os desvalidos, sobretudo no Brasil, país sabidamente marcado por acentuadas e históricas desigualdades econômico-sociais? Impõe-se estabelecer de plano os parâmetros que permitam refletir prudentemente a respeito da aludida pandemia e de seus potenciais reflexos em termos de mortalidade de indivíduos que possivelmente perecerão sem a devida assistência sanitária, como já ocorre em alguns países europeus neste instante.

"Vacinação obrigatória: entre o interesse individual e o social: A possibilidade de responsabilização civil em caso de recusa à imunização" foi o estudo objeto de consideração de Fernanda Schaefer. As vacinas são formas de auxiliar o sistema imunológico de pessoas saudáveis a reconhecer agentes agressores e a eles reagir, uma das principais medidas de intervenção para controle e prevenção de doenças. Podem ser classificadas como 'de necessidade médica' quando são a única defesa conhecida, viável e eficaz contra uma doença; ou podem ser classificadas de 'necessidade prática' que são aquelas que possuem outras alternativas preventivas, mas que não são utilizadas por um número significativo de pessoas. E essa distinção pode ser importante para definição sobre a obrigatoriedade ou não da vacinação em políticas públicas que visem erradicar uma doença de determinado território, dificultando a contaminação entre indivíduos. A partir dessas premissas, a autora aponta para a necessária diferença prática entre vacinação obrigatória e compulsória, adentrando ao fundamento utilitarista da vacinação obrigatória, contrapondo interesse social e interesse particular, para investigar, ao final, a possibilidade de responsabilização daquele que se nega a se imunizar.

No capítulo intitulado "Coronavirus e responsabilidade civil no condominio", Diego Brainer de Souza André analisa as discussões sobre distanciamento social eficazes para salvar vidas na vida condominial tais como as restrições de acesso à edificação, a interdição de áreas comuns não essenciais, as obrigações de proteção e informação incidentes e a realização de assembleias virtuais. Aborda as prerrogativas e deveres do síndico, dos condôminos e do condomínio no período da pandemia de COVID-19 e a como a responsabilidade civil aplicada ao caso.

"A Tutela Coletiva e a Responsabilidade Civil pelas Afetações da Pandemia da COVID-19 no Brasil: Ação Popular, Ação Civil Pública, Ação de improbidade Administrativa e Ação Coletiva" é o tema eleito por Elton Venturi e Thais G. Pascoaloto Venturi. Especificamente no tocante à responsabilidade civil -, as causas e as consequências da tragédia da pandemia COVID-19 proporcionam ambiente profícuo para relevantes discussões sobre a viabilidade e limites da ativação das funções reparatória, punitivo--pedagógica e preventiva. Contudo, ao lado das questões a respeito da imputabilidade da obrigação de ressarcimento, da natureza dos danos sofridos por vítimas e sucessoras e das medidas preventivas ainda porventura cabíveis, os coautores abordam os instrumentos processuais que o ordenamento jurídico brasileiro disponibiliza para que referidas pretensões sejam adequadamente levadas ao sistema de justiça, explorando topicamente, de que formas o sistema de ações coletivas existente no Brasil oferece adequada instrumentalização para a proteção das diversas dimensões coletivas dos danos ou ameaças de danos acarretados pela pandemia, a partir da qualificação dos diferentes grupos ou categorias sociais potencialmente afetados.

"Danos Sociais na Desobediência aos Decretos de Suspensão das Atividades Empresariais em razão da COVID-19" é o artigo de lavra de Clayton Reis, Guilherme Alberge Reis e Rafaella Nogaroli. Seguindo recomendação da OMS, estados e municípios do Brasil editaram decretos, detalhando quais são as atividades essenciais e que, portanto, devem permanecer abertas e restringiram a circulação de pessoas, a fim de mitigar o trânsito dos infectados e consequente contágio de terceiros. Determinou-se o fechamento de uma parte considerável de fábricas, lojas e atividades de lazer, sempre com o intuito de evitar aglomerações. Os coautores tecem importantes reflexões jurídicas sobre a violação às determinações de suspensão das atividades por parte dos estabelecimentos comerciais e a possibilidade desse ato gerar o dever de indenização, sobretudo pela exposição da coletividade a graves riscos, ainda que abstratos. Ademais, contextualizam uma nova modalidade de dano indenizável – denominada "dano social" –, bem como a sua metodologia de quantificação.

William Garcia Pinto Coelho e Rodrigo Antônio Ribeiro Storino analisam os crimes econômicos propondo um diálogo entre a responsabilidade civil e penal e boas práticas de *Compliance*. Iniciam o tema abordando a importância do *compliance* como principal vetor de prevenção de condutas corporativas ilícitas. Sugere que a responsabilidade penal adotada de modo isolado, ao invés de representar desincentivo eficaz, pode gerar um estímulo à prática de ilícitos por agentes racionais que avaliam os riscos de suas decisões, em razão dos elevados ganhos econômicos e baixos custos corporativos e pessoais associados. Conclui pela necessidade de aplicação articulada e integrada da responsabilidade penal individual (Direito Penal Econômico) e da responsabilização civil nas suas múltiplas funções representa incentivo para eficiência preventiva de programas de *Compliance*, desestimulando que as empresas pratiquem atos abusivos que causem danos a coletividade.

O tema da mediação para solução dos conflitos advindos do coronavírus ficou a cargo de Roberta Teles. Nele, a autora ilustra como as técnicas de solução consensual de conflitos podem ser vantajosas nos casos de danos gerados pela COVID-19, no intuito de mostrar sua utilidade nesse difícil panorama. Evidencia que a mediação é capaz de promover, de modo eficaz, o reestabelecimento dos danos sofridos pelas pessoas que foram e que ainda serão atingidas nas suas economias, nas suas relações pessoais e até na sua dignidade, gerando mais estabilidade nas relações parentais, sociais ou negociais.

Daniel Bucar, Caio Pires e Rodrigo da Mata estudam os efeitos do endividamento causado pela pandemia com o título "Notas sobre o endividamento crítico e pandemia da covid-19: a construção de uma saída para recuperação patrimonial da pessoa humana". Iniciam o estudo com breves notas sobre a renegociação singular e coletiva, seguem abordando o conceito de patrimônio e responsabilidade patrimonial, e o triplo castigo à pessoa: a pandemia, o endividamento crítico e o a insolvência civil. Sugerem a aplicação simplificada da Lei 11.101/05 a patrimônios criticamente endividados de pessoas naturais não empresárias, notadamente naquilo que toca à quanto à positiva recuperação judicial.

O tema da suspensão da prescrição em razão da pandemia foi abordado por Atalá Correia. Analisando os fatos demonstra a importância do tempo para as relações jurídicas sugerindo que o problema proposto deve ser avaliado com fundamento na regra *contra non valentem agere*. Na sequência, analisa e conceitua o caso fortuito e força maior como causas de suspensão da prescrição.

Como se vê do abrangente temário da obra, o IBERC e os autores dos 44 artigos que a compõem pretendem fornecer instrumento útil de reflexão científica, em meio aos primeiros impactos da pandemia no ambiente jurídico-normativo. Trata-se de livro que busca projetar luzes sobre problemas da responsabilidade civil que se inserem com absoluta prioridade na pauta das preocupações de advogados, juízes, professores e estudantes. De fato, diante dos gigantescos desafios que se avizinham, a difusão e o aprimoramento constante do conhecimento técnico-científico tornam-se método seguro e permanente para lidar com as incertezas do porvir e, sob tais circunstâncias, a doutrina, mais do que em tempos de normalidade, passa a constituir espaço privilegiado a auxiliar o enfrentamento da crise em suas múltiplas dimensões. Irmanados em tal propósito, é que os autores e o IBERC oferecem a presente obra – sabedores, é certo, de que se cuida de esforço desenvolvido em momento embrionário de uma crise cujos efeitos ainda se farão sentir por tempo indefinido, e, portanto, de que atualizações e adequações se farão necessárias, em esforço permanente. Mas cientes de que a primeira palavra foi dada.

Nelson Rosenvald

Carlos Edison do Rêgo Monteiro Filho

Roberta Densa

CORONAVÍRUS: A RESPONSABILIDADE NA EXPERIÊNCIA EUROPEIA. O CASO PORTUGUÊS

Mafalda Miranda Barbosa

Univ Coimbra, Instituto Jurídico da Faculdade de Direito da Universidade de Coimbra/ University of Coimbra Institute for Legal Research, Faculdade de Direito da Universidade de Coimbra. Doutorada em Direito pela Faculdade de Direito da Universidade de Coimbra. Professora da Faculdade de Direito da Universidade de Coimbra. *Curriculum*: https://www.cienciavitae.pt/C313-72CA-DFB7

O mundo vê-se a braços com uma pandemia avassaladora que atinge praticamente todos os países, cujo impacto pessoal, social e económico não pode deixar de ter reflexos ao nível jurídico. Muitas são as questões que se colocam, a implicar a mobilização dos mais variados ramos do direito. O direito civil não é exceção. Neste quadro, os problemas são também múltiplos e responsabilidade civil não escapa ao fenómeno. Se, num primeiro momento, pode parecer estranha a associação, por a responsabilidade só ser pensável na presença de um comportamento voluntário do agente, e por os danos que se constatam serem o resultado de um fenómeno natural, extraordinário e tendencialmente incontrolável, uma reflexão sobre a situação atual não pode deixar de nos conduzir à conclusão de que a conexão é possível.

Em termos gerais, pode afirmar-se que a covid-19 se projeta negativa e positivamente ao nível da responsabilidade civil.

Assim, negativamente, a covid-19 pode conduzir a uma exclusão da responsabilidade. Tal é notório (também) ao nível contratual. Em face da não realização de uma prestação pelo devedor, poder-se-á excluir a responsabilidade pela intervenção da ideia de caso de força maior. Em rigor, não se chegará, nessas hipóteses abstratamente consideradas, a verificar o incumprimento – na medida em que este seja indissociável da culpa –, gerando-se uma situação de impossibilidade de cumprimento não imputável ao devedor, que conduzirá à extinção da obrigação, ou, caso seja temporária, ao afastamento das consequências da mora. Fundamental é, a este ensejo, ter em conta a distinção entre as hipóteses de impossibilidade (nas qual se incluirá também, na esteira do direito alemão, a impossibilidade moral e a impossibilidade prática) e as situações em que, não havendo impossibilidade, a realização da prestação poria em causa os ditames impostos pela boa-fé. O instituto da alteração superveniente das circunstâncias torna-se, então, operante, podendo conduzir à resolução ou à modificação dos termos do negócio. Não obstante esta possibilidade, estando em causa uma "alteração na grande base do negócio", o que afeta um larguíssimo número de negócios jurídicos, alguns países europeus têm procurado adotar medidas legislativas que, de algum modo, tutelem a posição dos contraentes.

Positivamente, a covid-19 poderá alicerçar uma pretensão indemnizatória. Se não é difícil imaginar (ou mesmo constatar) os danos que podem emergir numa situação de contágio ou de suspeita de contágio, a necessária conjugação de diversos pressupostos da responsabilidade civil pode determinar maiores problemas. O fundamental será, então, tentar perceber – em termos esquemáticos – quais as diversas possibilidades de surgimento de uma pretensão indemnizatória ao nível delitual. O ordenamento jurídico português, com a sua matriz própria, acaba por nos oferecer algumas respostas.

Ao ponderarmos as implicações que a covid-19 pode ter em sede de responsabilidade civil, a primeira hipótese com que temos de nos confrontar tem de nos fazer viajar no tempo, para recuarmos ao momento em que a epidemia era apenas uma ameaça. Surgida na China, em finais de dezembro de 2019, rapidamente se percebeu que, fruto da globalização, seria exportada para o resto do mundo. Os infetados iam-se multiplicando um pouco por toda a parte, ao ponto de, repentinamente, a entrada de nacionais de determinados países ou de portugueses que houvessem viajado para certos destinos configurar um risco com que as autoridades de saúde haveriam de ter de lidar. A verdade, porém, é que a estratégia dos responsáveis pela área da saúde nunca passou por uma política de contenção severa, com imposição de formas de quarentena obrigatória. Por outro lado, mesmo conscientes da existência de um período de incubação, as autoridades sanitárias não foram pródigas em aconselhar o distanciamento social, levando, em alguns casos, pessoas que estavam infetadas a trabalhar em ambientes partilhados por muitas pessoas (escolas, fábricas, etc.). A pergunta que se coloca, em primeiro ligar, é: pode o Estado ser responsabilizado?

A questão não pode ser respondida sem mais. Pelo contrário, haveremos de ter em conta diversas sub-hipóteses. Pode ou não o Estado ser responsabilizado pela lesão da saúde e/ou da vida de uma pessoa contagiada? Pode ou não o Estado ser responsabilizado pelas perdas patrimoniais sofridas por uma sociedade comercial que, fruto desse mesmo contágio, teve de suspender a produção de uma unidade fabril de que é proprietária?

Nos termos do artigo 9º Lei nº 67/2007, que disciplina a Responsabilidade Extracontratual do Estado em Portugal, consideram-se ilícitas as ações ou omissões dos titulares de órgãos, funcionários e agentes que violem disposições ou princípios constitucionais, legais ou regulamentares ou infrinjam regras de ordem técnica ou deveres objetivos de cuidado e de que resulte a ofensa de direitos ou interesses legalmente protegidos. A norma faz apelo, em simultâneo, à ilicitude do resultado e à ilicitude da conduta, ao exigir a violação de princípios e normas constitucionais, legais ou regulamentares, a infração de regras de ordem técnica ou de deveres objetivos de cuidado, por um lado, e, por outro lado, a lesão de um direito ou interesse legalmente protegido. À luz deste dispositivo, olhemos para uma hipótese prática.

A é contagiado por B, que tinha chegado a Portugal poucos dias antes, vindo de um país de contágio. As autoridades de saúde desvalorizaram o facto e informaram-no que poderia ir trabalhar, desde que cumprisse determinadas orientações de higienização das mãos e de etiqueta respiratória. Verificando-se o contágio, há claramente violação de um direito absoluto de A, o que nos permite concluir que o desvalor do resultado se cumpre. Resta, portanto, indagar pelo desvalor da conduta. O problema está em saber se, com a conduta, os agentes do Estado violaram ou não determinadas regras técnicas, determinados deveres de cuidado ou mesmo (e eventualmente) um princípio jurídico, qual seja o princípio da precaução. A resposta que para ele se encontre passará pela descoberta das orientações técnico-científicas vigentes no momento da prestação do conselho/informação, para o que será relevante conhecer as instruções fornecidas pela OMS. Se é verdade que o princípio da precaução nos pode fazer recuar as medidas preventivas, também é certo que a sua mobilização em concreto pode ficar dependente da perceção do risco que seja ou tenha sido oferecida pelos organismos internacionais em matéria de saúde pública. A eventual responsabilidade do Estado pelo contágio com covid-19 fica, assim, dependente da resposta que se encontre para estas questões, a envolver uma análise técnico-científica. Sublinhe-se, porém, a abertura que se verifica no sentido da possível responsabilização.

Os termos da equação diferem, contudo, se a nossa hipótese se centrar no dano sofrido pela pessoa coletiva proprietária da unidade fabril que deixou de laborar. Nesse caso, se a questão da violação do dever, norma ou princípio se mantém inalterada, difere a ponderação da ilicitude do resultado, já que pode não ser imediatamente discernível a violação de um direito ou interesse protegido. De todo o modo, pode aventar-se a possível lesão de um direito à liberdade de iniciativa económica, consoante os contornos do caso concreto. Fora desta hipótese heurística, a única via para afirmar a ilicitude passa pela consideração do princípio da precaução na sua ligação aos interesses patrimoniais afetados. O que se terá de questionar é se entre os diversos interesses tutelados pela norma ou princípio violados se integravam ou não tais interesses patrimoniais. O problema é, portanto, o da causalidade (imputação) a este nível. Repare-se, porém, que tal questão não se elimina quando se consiga discernir a violação do direito de propriedade ou outro direito absoluto. E a resposta que pare ele se encontre não surge automaticamente, antes suscitando muitas dúvidas e requerendo uma análise mais alargada sobre o tópico.

A COVID-19 faz-nos confrontar com uma situação complexa: não está em causa uma mera operação material, assente em critérios técnicos; não está apenas em causa o cumprimento ou não cumprimento de uma norma habilitante. Estamos num domínio de atuação eivado pela nota da incerteza, que convoca um nível de discricionariedade muito amplo, fazendo confluir critérios técnico-sanitários e critérios políticos. O ponto de partida para a construção de uma esfera de risco/responsabilidade (a partir da qual podemos pensar a imputação) terá de ser então encontrado numa posição de soberania animada por uma ideia de cuidado com o outro, por ser a salvaguarda da vida e da saúde dos cidadãos um dos aspetos prioritários da atuação do Estado. O busílis da questão reside em saber se as autoridades sanitárias violaram ou não algum dever. Posto isto, serão responsáveis por qualquer lesão que abstratamente pudesse ter sido evitada pelo seu cumprimento. Afastar-se-á, contudo, a imputação se se concluir que a emergência pandémica constitui, para este efeito, um caso de força maior. No fundo, haveremos de questionar se estava dentro do controlo do Estado conter a epidemia ou se a inevitabilidade, a extraordinariedade, a excecionalidade e a invencibilidade eram as palavras de ordem.

Impõe-se, ademais, tal como ao nível da responsabilidade de direito privado, o confronto com outras esferas de risco, designadamente a esfera de risco geral da vida, a esfera de risco do lesado e a esfera de risco de um terceiro. No que à primeira diz respeito, podemos afirmar que não haverá imputação se o comportamento do sujeito apenas determinou a presença do bem jurídico no tempo e espaço da lesão. Tudo depende, então, do momento da epidemia em que a contaminação ocorre. Se a entidade pública sanitária aconselha um sujeito a ir trabalhar, sabendo que tinha sido detetado nas instalações uma infeção por covid-19, haverá responsabilidade se os factos ocorrerem num momento de contenção da doença, em que o risco não está igualmente disseminado por todo o lado. Mas já não numa situação de transmissão comunitária, em que o contágio se poderia dar em qualquer circunstância.

No tocante à esfera de risco/responsabilidade do lesado, haveremos de ter em conta outros parâmetros. Particularmente importante é, no quadro da atuação do Estado-Administrador, o disposto no artigo 4º Lei nº 67/2007, nos termos do qual, "quando o comportamento culposo do lesado tenha concorrido para a produção ou agravamento dos danos causados, designadamente por não ter utilizado a via processual adequada à eliminação do ato jurídico lesivo, cabe ao tribunal determinar, com base na gravidade das culpas de ambas as partes e nas consequências que delas tenham resultado, se a indemnização deve ser totalmente concedida, reduzida ou mesmo excluída". O preceito reproduz, adaptado à intencionalidade das relações jurídico--publicistas, a lição do artigo 570º CC. O que resulta dele, portanto, é a possibilidade de dupla interpretação, quer no sentido da fundamentação da responsabilidade, quer no sentido do seu preenchimento. Note-se, contudo, que o preceito só é mobilizável quando o comportamento do lesado seja livre, e para aferir a liberdade inerente ao mesmo haveremos de lançar mão de critérios de imputação objetiva. O estatuto de autoridade do ente público e dos seus agentes e funcionários será aqui determinante.

Acresce que, em causa pode, eventualmente, não estar o contágio em si mesmo, mas o agravamento do quadro clínico do sujeito por não haver um diagnóstico atempado, pela recusa de submissão a testes. A predisposição constitucional do lesado – o seu estado de saúde prévio – não é de molde a afastar a responsabilidade do ente público. Ademais, numa situação em que o lesado/contagiado assume um comportamento que agrava a sintomatologia e o prognóstico, estando ele guiado pelas instruções das autoridades sanitárias, podemos dizer que o seu comportamento não é livre: a omissão de informações ou a prestação de informações incorrectas determina que o ente público avoque para si uma esfera de risco que corria naturalmente por conta da vítima.

Finalmente, haveremos de ter em conta a esfera de risco/responsabilidade de um terceiro, que não terá de ser um ente público.

A questão da responsabilização pode ocorrer também por referência a uma pessoa singular. A contagia B com a COVID-19. Poderá ser por isso responsabilizado? A resposta não é inequívoca. Tudo depende das especificidades do caso concreto. Desde logo, haveremos de estabelecer uma distinção entre as situações em que A sabe que contraiu a doença ou suspeita que pode ter contraído e as situações em que A julga estar saudável. Nesta última hipótese, é de excluir a responsabilidade. Falha, *a priori*, a culpa – a A não era exigível, em face do que conhecia, que adotasse um outro comportamento. Mas, estando ciente da sua doença ou sendo-lhe exigível que dela desconfiasse, a responsabilidade afirmar-se-á. Não só é, nesse caso, desvelável a culpa, como se constata a ilicitude. Esta pode, aliás, ser determinada por duas vias. Em primeiro lugar, pela violação de um direito absoluto (saúde ou vida), lesão essa que terá de ser reconduzida ao comportamento do lesante segundo os critérios de imputação objetiva. E quanto a estes, perante o circunstancialismo que estamos a considerar, parecem não surgir dúvidas. Em segundo lugar, pela violação de uma disposição legal de proteção de interesses alheios, com as consequências dogmáticas, sobretudo ao nível da prova da culpa, que se conhecem[1]. Na verdade, o artigo 283º/1 a) C. Penal condena quem propagar doença contagiosa, podendo compreender-se a disposição criminal como uma dessas normas legais de proteção de interesses alheios a que nos referimos. Não obstante esta nota, importa sublinhar que, tratando-se de um crime de resultado, o impacto dogmático da sua chamada à colação para efeitos de responsabilidade civil será diminuto[2]. Em qualquer dos casos exige-se o conhecimento prévio da doença, a sua cognoscibilidade ou a suspeita de que a mesma possa existir. Mais relevante podem ser, por isso, as normas decretadas no quadro da declaração de estado de emergência. Sendo normas emanadas por um órgão com legitimidade para impor comandos normativos, visando proteger não só a saúde pública, mas também os interesses particulares dos possíveis infetados, contra um risco específico, parece não haver dúvidas que as mesmas podem ser qualificadas como disposições legais de proteção de interesses alheios, antecipando-se a tutela[3]. A sua violação permite

---

1. Os autores apontam, também, consequências ao nível da causalidade, mas, como tivemos oportunidade de sublinhar a outro ensejo, elas não devem ser sobrevalorizadas. Cf. Barbosa, Mafalda Miranda. *Lições de responsabilidade civil*. Cascais: Princípia 2017. p. 168 s.
2. MONTEIRO, Jorge Sinde. *Responsabilidade por conselhos, recomendações e informações*. Coimbra: Almedina. 1989. p. 239 s.
3. BÜGGERMEIER, Gert. *Haftungsrecht. Struktur, Prinzipen, Schutzbereich zur Europäisierung des Privatrechts*. Berlin, Heidelberg, New York: Springer. 2006. p. 537 s. Veja-se, ainda, RÜMELIN. ""Die Verwendung der Causalbegriffe im Straf und Civilrecht". *Archiv für die civilistische Praxis*, 90, Heft 2, 1900. p. 186 s.; Knöpfle, Robert. "Zur Problematik der Beurteilung einer Norm als Schutzgesetz um Sinne des § 823 Abs. 2 BGB". *Neue Juristische Wochenschrift*, 1967. p. 697-702; Canaris, C.-W. "Schutzgesetze-Verkehrspflichten-Schutzpflichten". *Festschrift für Karl Larenz zum 80. Geburtstag am 23. April 1983*. München: Beck. 1983. p. 49 s; DÖRNER, Heinrich. "Zur Dogmatik der Schutzgesetzverletzung". *Juristische Schulung. Zeitschrift für Studium und Ausbildung*, 27. Jahrgang, 1987. p. 522 s.

assim desvelar a ilicitude, restando saber se a lesão concretamente verificada se pode ou não reconduzir à esfera de proteção da norma.

Ocorrendo um contágio, não será difícil estabelecer um início de imputação, nestes termos. Maiores dificuldades haverá, contudo, no que diz respeito à lesão dos interesses patrimoniais das pessoas coletivas. A resposta ficará dependente da análise que se possa estabelecer da norma, quanto ao seu âmbito de proteção. Poderemos encontrar no seu âmbito de proteção a tutela de interesses patrimoniais (ainda que não puros)?

De todo o modo, a imputação de que se cura não pode dar-se por solucionada sem mais. Tal como vimos anteriormente, impõe-se o confronto com outas esferas de risco/responsabilidade. Ora, é exatamente a contemplação da esfera de risco geral da vida que nos pode conduzir a interrogações várias. O critério é o de que o lesante não deve ser responsabilizado quando o facto do lesante, criando embora uma esfera de risco, apenas determina a presença do bem ou direito ofendido no tempo e lugar da lesão do mesmo[4]. Trimarchi oferece-nos o arrimo doutrinal aqui abraçado, justificando-o à luz da teleologia primária da responsabilidade extracontratual e da sua finalidade essencialmente ou primacialmente reparatória, e refratando-o em dois pontos essenciais: a vítima não tem direito a ser garantida contra o risco a que estaria substancialmente exposta mesmo que o ato ilícito não tivesse tido lugar; e desde que o risco do evento danoso daquele tipo se distribua de modo substancialmente uniforme nesse tempo e nesse espaço[5].

Aceitando como prestimoso o dado, não deixamos de sublinhar que a ancoragem imputacional nele se compreende, aos nossos olhos, à luz da falta de conexão funcional com a esfera de risco demarcada pelo agente. Pois não é verdade que se a vítima sempre estivesse exposta a esse risco aquela se perde? No fundo, voltamos a socorrer-nos da lição italiana para sustentar que a vítima não está coberta pelo risco a que de igual modo estaria sujeita, isto é, e agora com o nosso verbo, o cotejo com a esfera de risco natural permite antever que esta absorve o risco criado pelo agente, porquanto seja sempre presente e mais amplo que aquele. Donde se mostra, ademais, que o nosso ponto de partida, contaminado ainda pelas notas da subjetivação, só se vai densificar, preencher e, com isso, perder os contornos esfumados quando operarmos o salto para este segundo patamar criteriológico. Se no primeiro nível dialógico o que nos importava era o facto de ter sido erigida uma esfera de risco/responsabilidade, cumprindo-se com isso as exigências comunicadas por uma ideia de liberdade positiva que arvorámos em pórtico de entrada das nossas lucubrações, só com o cotejo de esferas de risco, das quais contemplámos até ao momento a que integra o risco geral da vida, se consegue dilucidar cabalmente até que ponto o dano lesão sobrevindo apresenta ou não uma conexão funcional com aquela.

---

4. A ideia é a da mera *coincidência espacial e temporal* que afasta a imputação.
5. Cf., novamente, TRIMARCHI. *Causalità e danno*. Milano: Giuffrè Editore. 1967. p. 57-58.

Significa isto que, no quadro problemático que estamos a considerar, haveremos de ter em conta algumas nuances. Mesmo partindo do pressuposto de que para haver responsabilidade é necessária a contaminação, ou seja, a lesão do direito absoluto à vida ou à saúde[6], há que considerar as diferenças de cada momento temporal. Dito de outro modo, a nossa ponderação judicativa, atento o critério de imputação objetiva de que lançámos mão, não pode ser a mesma consoante nos situemos numa época de contenção estrita da epidemia, ou numa fase que o vírus se encontra disseminado, com transmissão comunitária.

A consideração das especificidades do caso concreto no que respeita à fase epidémica em causa é também relevante para o tratamento de outras hipóteses práticas. Pense-se na situação em que A fere com pouca gravidade B, forçando-o a ir ao hospital, onde o mesmo acaba por contrair a doença. Um caso com uma estrutura e uma intencionalidade problemática idênticas foi considerado e decidido no ordenamento jurídico alemão. A tinha sido atingido a tiro por um polícia, sendo internado no hospital, onde contrai gripe, na sequência da qual vem a morrer. Coloca-se a questão de saber se aquele que desfere o disparo pode ou não ser responsabilizado pelo resultado morte, sendo certo que naturalisticamente o mesmo deriva diretamente da doença que afetou A. Considerou o *tribunal de recurso* que a gripe era "uma doença acidental subsequente". Mais sustentou que, naquele período em que grassava uma epidemia, o risco de infeção era tão elevado dentro do hospital como fora dele, pelo que acaba por negar a conexão causal entre o tiro e a morte do senhor. Criticando esta posição, o *Reichsgericht* vem manifestar-se no sentido previamente proferido pelo *Landgericht*, que estabeleceu o nexo causal, responsabilizando o polícia[7]. À época, o problema foi solucionado com base na probabilidade própria da causalidade adequada. A ideia seria a de responsabilizar o primeiro lesante, se a probabilidade de verificação do contágio no hospital ao qual o lesado teve de recorrer fosse grande. À pergunta "é normal e provável que, indo para o hospital, possa contrair o vírus, num momento de pandemia?" responde-se sim. Conduzir-se-ia, portanto, à responsabilização num momento epidémico. A solução afigura-se privada de sentido, aos nossos olhos. Na verdade, numa fase exponencial de contágio, ele pode ocorrer em qualquer lugar e em qualquer circunstância. A ida para o hospital não aumenta exponencialmente a exposição ao risco, de tal modo que se pode afirmar que a vida ou a saúde do lesado não são postas em causa pelo comportamento lesante. Esta solução ditada pelo tribunal de recurso não pode, contudo, ser alicerçada na causalidade adequada, sendo imperioso substituir o critério por uma ideia de imputação objetiva.

---

6. Pode também haver violação de outros direitos absolutos (v.g. direito à integridade psíquica, direito à liberdade de movimentos, direito à liberdade religiosa).
7. Cf. a decisão de 13 de outubro de 1922 do *Reichsgericht* (RGZ 105, 264), citada por MARKESINIS. *The German Law of Obligations* (vol. II). *The Law of Torts: A comparative introduction*. 3rd. Edition. Oxford: Clarendon Press. 1997. p. 599 s., e por CORDEIRO, Menezes. *Da responsabilidade civil dos administradores das sociedades comerciais*. Lisboa: Lex, 1997, 534.

O confronto com a esfera de risco/responsabilidade do lesado/contagiado é também fundamental, importando ter em conta todos os critérios de imputação objetiva que especificámos anteriormente e que nos podemos conduzir a uma atenuação ou exclusão da responsabilidade do lesante, nos termos do artigo 570º CC. Basta pensar, por exemplo, na circunstância de o lesado ter, ele próprio, violado as recomendações das autoridades sanitárias que diminuem o risco de contaminação. Fundamental é que o seu comportamento tenha sido livre para que tal ponderação possa ter lugar. Do mesmo modo, haverá que ter em conta a esfera de risco de um terceiro que interfere na situação lesiva.

A primeira preocupação em termos de responsabilidade civil, no contexto da pandemia de covid-19, passa pela possível responsabilização de um sujeito. Ora, se assim é, importa ainda ter em conta outras hipóteses problemáticas, das quais apenas daremos breve nota. Se a responsabilidade extracontratual nos tem ocupado até agora, há que não esquecer a possibilidade de emergirem pretensões indemnizatórias no quadro da responsabilidade contratual. Pense-se na hipótese de A se ter dirigido ao consultório de B, médico, para ser consultado, depois de registar sintomas compatíveis com a covid-19, tendo o segundo, em violação das *leges artis*, errado no diagnóstico e, como isso, diminuído as possibilidades de recuperação do paciente. Se a responsabilidade delitual pode continuar a assimilar o âmbito de relevância problemática do caso, importa não esquecer – aceite que seja uma ideia de concurso de fundamentos de uma mesma pretensão indemnizatória – a viabilidade de se mobilizar, igualmente, a responsabilidade contratual.

Mas os problemas a equacionar não se esgotam neste elenco. O efeito exponencial dos contágios, associado a uma letalidade ainda não totalmente definida, mas real, e à paralisação da vida económica, pode determinar a emergência de danos puramente patrimoniais. A, infetado com covid-19, força à paralisação da empresa x, que assim se vê impossibilitada de fornecer determinadas matérias-primas, fundamentais para a laboração da empresa y. Esta sofre avultados prejuízos, não havendo, contudo, lesão de um direito absoluto. É, portanto, a categoria dos danos puramente patrimoniais que se torna problemática.

Acresce que a proliferação da epidemia, com a consequente paralisação de um país, em termos económicos, sociais, religiosos, pode determinar uma magnitude de danos que, ainda que se denote a lesão de direitos subjetivos absolutos ou interesses legalmente protegidos (e repare-se que poderemos presenciar a lesão de outros direitos para além da vida, saúde e integridade física, como a liberdade religiosa, a liberdade de movimentos, a integridade moral, a integridade psíquica, etc.), escapando-se assim à problemática dos danos puramente patrimoniais, desaconselha a intervenção da responsabilidade civil, tanto quanto nos conduz a situações de hiper-responsabilidade. Dito de outro modo, a responsabilidade civil não será apta a repor o equilíbrio quebrado em muitas situações. Ela só poderá intervir quando o sujeito, como o seu comportamento, aumente o risco conatural a uma pandemia, por um lado, e, por outro lado, deve ficar circunscrita ao âmbito de proteção dos deveres preteridos, surjam eles por força do princípio da responsabilidade pessoal (pelo outro), resultem eles de normas legais aplicáveis à situação.

Violada a saúde ou a vida, haverá, contudo, uma série de danos – alguns referentes a dimensões da pessoalidade consideradas nesta reflexão (a pessoa sofre por ter de estar distante dos seus familiares e entes queridos, a pessoa fica privada do seu trabalho, a pessoa fica privada do seu culto religioso, a pessoa sofre danos patrimoniais, *inter alia*) – que se terão de reconduzir à lesão do direito, lidando-se, então, com o problema do preenchimento da responsabilidade. Mas, na afirmação da responsabilidade, há que ser-se especialmente cauteloso. É que, de outro modo, dois sujeitos em situações de vida muito similares podem receber um tratamento diametralmente oposto. Pense-se na hipótese em que A é contaminado, podendo responsabilizar-se B, mas não desenvolve sintomas particularmente graves ou nem desenvolve sintomas; e na hipótese de C que, não tendo sido contaminado, vê-se, não obstante, forçado aos mesmos constrangimentos, fruto das medidas de contenção decretadas pelo Estado.

Os problemas que a covid-19 pode faz surgir em sede de responsabilidade civil são múltiplos e complexos. A complexidade a que se alude resulta, como se vê, por um lado, da própria complexidade da realidade e, por outro lado, da necessidade de articular as especificidades dos casos concretos com uma dogmática exigente como é a delitual. Nessa medida, impõe-se uma reflexão apurada sobre a temática, aos mais variados níveis. Compete à doutrina cumprir a sua missão.

Competir-lhe-á, também, refletir sobre situações danosas que não resultam diretamente da covid-19, mas da reação que a mesma conhece. Na verdade, tendo sido decretado o estado de emergência, em Portugal, como em muitas outras partes do globo, importará indagar em que medida, ultrapassados que sejam os limites impostos pela proporcionalidade e pela necessidade, podem os Estados ser responsáveis pela lesão grave e danosa de inúmeros direitos (direito à vida, direito à saúde, direito à liberdade religiosa, direito à integridade moral, direito à tranquilidade e à paz, direito ao livre desenvolvimento da personalidade).

REFERÊNCIAS

BARBOSA, Mafalda Miranda. *Lições de responsabilidade civil*. Cascais: Princípia. 2017.

BÜGGERMEIER, Gert. *Haftungsrecht. Struktur, Prinzipen, Schutzbereich zur Europäisierung des Privatrechts*. Berlin, Heidelberg, New York: Springer. 2006.

CANARIS, C.-W. "Schutzgesetze-Verkehrspflichten-Schutzpflichten". *Festschrift für Karl Larenz zum 80. Geburtstag am 23. April 1983*. München: Beck. 1983.

Cordeiro, António Menezes. *Da responsabilidade civil dos administradores das sociedades comerciais*. Lisboa: Lex, 1997.

DÖRNER, Heinrich. "Zur Dogmatik der Schutzgesetzverletzung". *Juristische Schulung. Zeitschrift für Studium und Ausbildung*, 27. Jahrgang, 1987.

KNÖPFLE, Robert. "Zur Problematik der Beurteilung einer Norm als Schutzgesetz um Sinne des § 823 Abs. 2 BGB". *Neue Juristische Wochenschrift*, 1967.

MARKESINIS. *The German Law of Obligations* (vol. II). *The Law of Torts: A comparative introduction*. 3rd. Edition. Oxford: Clarendon Press. 1997.

MONTEIRO, Jorge Sinde. *Responsabilidade por conselhos, recomendações e informações*. Coimbra: Almedina. 1989.

RÜMELIN. "Die Verwendung der Causalbegriffe im Straf und Civilrecht". *Archiv für die civilistiche Praxis*, 90, Heft 2, 1900.

TRIMARCHI. *Causalità e danno*. Milano: Giuffrè Editore. 1967.

Parte I
RESPONSABILIDADE CONTRATUAL

O CORONAVÍRUS E A RESPONSABILIDADE NOS CONTRATOS INTERNACIONAIS

Nelson Rosenvald

Procurador de Justiça do Ministério Público de Minas Gerais. Pós-Doutor em Direito Civil na Università Roma Tre (IT-2011). Pós-Doutor em Direito Societário na Universidade de Coimbra (PO-2017). Visiting Academic na Oxford University (UK-2016/17). Professor Visitante na Universidade Carlos III (ES-2018). Doutor e Mestre em Direito Civil pela PUC/SP. Presidente do Instituto Brasileiro de Estudos de Responsabilidade Civil (IBERC). Professor do corpo permanente do Doutorado e Mestrado do IDP/DF.

Sumário: 1. Introdução – 2. O contrato como instrumento de alocação de riscos – 3. A força maior – 4. A doutrina da *frustration* – 5. A força maior e *o hardship* no BGB e instrumentos internacionais – 6. O estado da arte no direito brasileiro: março/dezembro 2020; 6.1 A pandemia e a força maior; 6.2 Pandemia e alteração das circunstâncias – 7. Conclusão. 8. Referências.

1. INTRODUÇÃO

A historicidade do conceito de contrato não é a sua única variável. A globalização impôs o receituário contratual das jurisdições da *common law*,[1] um misto entre a tradição inglesa depurada pelo pragmatismo norte-americano. Os contratos internacionais pressupõem paridade entre atores de diversos países. Nada obstante, a despeito da presunção de simetria das relações interempresariais, a assimetria econômica entre os países de origem e, sobremodo institucional, perante ordenamentos jurídicos que oferecem uma longa história de previsibilidade e segurança jurídica, normaliza os instrumentos, práticas e remédios contratuais norte-americanas e ingleses. Diante de uma pandemia, notadamente o coronavírus, é necessário vislumbrar o seu impacto na execução de contratos com o DNA de uma tradição jurídica diversa das jurisdições afiliadas a *civil law*. Porém, abordaremos também o direito alemão e os instrumentos internacionais que se aplicam à temática, sempre levando em consideração que a rígida dicotomia common law/civil law é relativizada diante crescente importância da jurisprudência e de outras tendências de descodificação (v.g. *soft law*) no terreno da civil law e, da colcha de retalhos que resulta da tendência à codificação na esfera anglo-americana. Tudo isto ilustra a convergência das famílias legais, com consequência sobre o exame da pandemia nos contratos internacionais.

---

1. Como tivemos ocasião de tratar em certa ocasião, "a expressão genérica "civil law" se refere a um número de diferentes tradições jurídicas, situadas nas famílias "romanística", "germânica" e "nórdica". Em alguns aspectos, as divergências entre as três famílias são mais significativas do que a própria polarização "civil law" x "common law"; b) as próprias jurisdições da "common law" são bastante heterogêneas. Notadamente, há uma profunda distinção estrutural entre o direito inglês e o direito norte-americano. Essa diferença é tão pronunciada, que se por um lado faz sentido cogitar de uma tradição anglo-americana no sentido histórico, qualquer insinuação sobre um direito anglo-americano é equivocada". *A responsabilidade civil pelo ilícito lucrativo*, p. 43.

Este artigo analisa a alocação positiva ou negativa de riscos em caso de mudanças radicais nas fundações do contrato, com enfoque no coronavírus, que não apenas acarreta pesados custos humanos, porém impacta dramaticamente no comércio mundial. Em economias integradas, onde as organizações dependem de seus fornecedores no exterior, esses eventos incluirão doenças e quarentenas. Entra em cena a discussão da força maior, da *frustration* e do *hardship* como modelos jurídicos que converterão a crua realidade em justificativas válidas para que uma parte de um contrato adie o desempenho, não execute, ou renegocie os termos de um contrato em razão da pandemia.

2. O CONTRATO COMO INSTRUMENTO DE ALOCAÇÃO DE RISCOS

Se o direito brasileiro tende a entender o contrato não apenas como uma espécie de negócio jurídico[2], porém como instrumento jurídico de alocação de riscos,[3] é da tradição anglo-saxônica o significado do contrato como instrumento econômico para as partes, baseado em um modelo comercial de "bargain", com arrimo na doutrina da "consideration". A privacidade do contrato é sustentada pelo princípio do "at arm's length", promovendo-se acordos equitativos do ponto de vista legal, nos quais cada parte não se sujeita à pressão ou influência indevida da outra,[4] sem que essas transações lhes imputem deveres fiduciários. Atribui-se cada parte a faculdade de buscar a melhor barganha, cuja tutela demanda restritas e cirúrgicas limitações à liberdade contratual, relutando os tribunais em interferir na substância do ajuste, mesmo quando circunstâncias supervenientes perturbem severamente o contrato. Não há um princípio geral de revisão de contrato ou a imposição de um dever de renegociar, pois mesmo diante de significativas dificuldades, prevalece a noção de que o contrato é para as partes e não para os tribunais.[5]

Em nossa tradição, o Código Civil é um instantâneo dos contratos. Contudo, na *common law*, onde inexiste uma estrutura legislativa sistemática, o regramento contratual se encontra em livros nas prateleiras das bibliotecas. As noções fundamentais provêm de precedentes de meados do século XIX.[6] Ao invés de princípios, parte-se dos "cases" – dos mais antigos aos mais atuais – para responder a novas perguntas. Fora dos casos, vêm as

---

2. O esquema legado pelo direito romano de divisão tripartite do direito das obrigações entre contrato, responsabilidade civil e enriquecimento injustificado é a regra ainda atual nos sistemas codificados. Porém as jurisdições da *common law* não abrem espaços para esquemas. Não existem livros de direito das obrigações, apenas de "contracts/ tort/ Unjustified enrichment".
3. A Lei da Liberdade Econômica (Lei n. 13.874/19) robustece o conceito de contrato como um mecanismo posto à disposição da autonomia privada para domar as incertezas do futuro, como forma de gestão de riscos para que as partes estabilizem expectativas.
4. Há de se notar que o "Right of Third Parties Act" de 1999, criou uma exceção significativa sobre a doutrina da privacidade do contrato, permitindo a terceiros, em circunstâncias definidas, a execução direta de cláusulas contratuais.
5. "The contract is the law adopted by the parties, and it is the contract which the judge must use a starting point for his deliberations; if it has a gap, he must fill it in accordance with the standards developed by reputable commercial men for contracts of that type. No doubt this investigation leaves the judge a great deal of room for play, but it remains true that he must take functional and equitable considerations into account only to extent necessary for the performance of his proper task, namely the discover of the allocation of risks typical of contracts of the same type". ZWEIGERT K.& KÖTZ, H. An introduction to comparative law, 3. Ed, Oxford, 1998, p. 536.
6. Como encontrar os chamados "key cases"? Frequentemente os compêndios trazem os casos que casam com a situação concreta. Há uma enormidade de precedentes, normalmente de meados do século XIX, pós revolução industrial, determinado uma forte noção comercial dos contratos.

regras. Ou seja, estatutos são excepcionais e existem para preencher as lacunas, lidando com problemas específicos, notadamente o "Consumer Rights Act" da Inglaterra (2015).[7]

Outrossim, enquanto raciocinamos com base em duas caixas – uma teoria geral dos contratos e uma parte especial tratando sistematicamente de uma lista de contratos – nas jurisdições da *common law* existe apenas a "big box", chamada contratos, cabendo as partes a responsabilidade pela materialização de sua essência na redação das cláusulas, pois "there's nothing outside it to rely on". De fato, ingleses e norte-americanos não se afeiçoam a amplos princípios e cláusulas gerais. Com exceção do princípio da força obrigatória dos contratos, prevalecem as provisões particulares, pois juízes desconfiam de regras indefinidas.

Todos os sistemas jurídicos modernos enfatizam que de certa forma um contrato é "agreement", e esta é a regra na *common law*. A peculiaridade é a de que cada contratante é uma espécie de garante de sua promessa e será responsabilizado por uma indenização por seu eventual descumprimento – "breach of contract". O contratante só se exonera da "guarantee liability" caso determinadas circunstâncias obstaculizem a performance subsequentemente à contratação. Sendo objetiva a responsabilidade por descumprimento na *common law*, a avaliação da impossibilidade do cumprimento será aferida conforme as razoáveis expectativas de um homem honesto, caracterizados como "empresários sensatos" em contratos comerciais.[8] Entra em cena a discussão sobre a força maior.

3. A FORÇA MAIOR

A definição do que é força maior varia localmente. Guerras, tumultos, revoluções, explosões, greves, bloqueios de portos, ações do governo ou desastres naturais como inundações, terremotos e tsunamis podem ser eventos de força maior. Qualquer pessoa que não possa cumprir suas obrigações contratuais por razões tão extraordinárias pode declarar força maior. Ocorre de tempos em tempos nos mercados de energia e *commodities*. Na Nigéria, onde os oleodutos podem estar sujeitos a sabotagem, as vendas de petróleo estão ocasionalmente sujeitas à cláusula. As minas australianas de minério de ferro e carvão às vezes inundam, levando os produtores a declararem força maior. No contexto da pandemia de coronavírus várias empresas declararam força maior em resposta às dificuldades enfrentadas pelo novo vírus. O governo chinês prontamente emitiu os chamados "FM certificates" para aquelas empresas que não possuíam condições de cumprir suas obrigações, em uma tentativa de blindá-las perante pretensões de

---

7. "Where Part 1 applies (1) This Part applies where there is an agreement between a trader and a consumer for the trader to supply goods, digital content or services, if the agreement is a contract". Extraído em 27.3.2020, em http://www.legislation.gov.uk/ukpga/2015/15/section/1/enacted. Nos Estados Unidos o equivalente mais recente é o "Consumer Product Safety Improvement Act" (CPSIA), de 2008. Em comum aos dois países, tribunais lidam com defeitos e invalidades contratuais, mas não com fragilidades dos consumidores pois as cortes não podem anular os estatutos.
8. "...The first is the fact that English law generally adopts an objective theory of contract formation. That means that in practice our law generally ignores the subjective expectations and the unexpressed reservations of the parties. Instead the governing criterion is the reasonable expectations of honest men. And in the present case that means that the yardstick is the reasonable expectations of sensible businessmen". Judge Steven LJ, em *G Percy Trentham Ltd v Archital Luxfer Ltd* (1993).

inadimplemento contratual. Na medida em que o coronavírus se impõe globalmente, indaga-se se este "selo estatal" é efetivo para a proteção de companhias que lutam para cumprir as suas prestações.

Em uma breve síntese da força maior no direito brasileiro, o *caput* do art. 393 indica a regra geral: a isenção de responsabilidade do devedor pelos prejuízos sofridos pelo credor decorrentes do incumprimento involuntário. Trata-se de hipóteses de exclusão de responsabilidade que – diferentemente da legítima defesa, do estado de necessidade e do exercício regular do direito, aptos a afastar a culpa – atuam no âmbito do nexo de causalidade provocando o seu rompimento, alheio à vontade do devedor, na cadeia normal de acontecimentos, razão pela qual fortuito e força maior se mostram eficientes mesmo em contextos de responsabilidade objetiva. O desiderato do modelo jurídico consiste na isenção de responsabilidade do devedor que deixa de cumprir a sua obrigação em razão de fato estranho a sua conduta ao longo do processo obrigacional. Trata-se da mais intensa forma de exoneração do devedor, relacionando-se a uma impossibilidade objetiva, total e superveniente da prestação. Caso fortuito e força maior podem ser tidos como sinônimos, já que a ideia das expressões é de complementação, não havendo interesse prático na distinção dos conceitos. Em um e outro caso, os prejuízos verificados decorrem de uma causa estranha aos sujeitos envolvidos, dado que por força extrínseca impede o cumprimento de uma obrigação contratual ou rompe o nexo de causalidade na responsabilidade pelo ato ilícito.

Se, por um lado, caso fortuito e força maior resultam necessariamente de uma hipótese de impossibilidade, a recíproca não se aplica. Em uma escala de 1 a 4, partindo das situações menos graves para as mais graves, podemos inicialmente considerar uma impossibilidade subjetiva em obrigações fungíveis, solucionada com o desempenho da prestação por terceiro, em substituição ao devedor (art. 249, CC); em um segundo plano, surgem hipóteses de impossibilidade temporária, cujas consequências jurídicas oscilarão entre uma prorrogação de prazos, redução de contraprestação ou mesmo uma suspensão de pagamento (art. 476, CC); em um terceiro nível, identificamos os casos de impossibilidade parcial ou relativa – traduzida na onerosidade excessiva – que, conforme a gravidade e o interesse concreto do credor na prestação podem ser resolvidos por via de uma revisão ou resolução contratual. Força maior e fortuito se encontram no quarto e último nível da impossibilidade, qualificada pela definitividade, com a exoneração do devedor, liberto de todos os efeitos obrigacionais, naturalmente se impondo a restituição recíproca para que se evite o enriquecimento injustificado. Enfim, a impossibilidade da prestação nem sempre remeterá a extinção da obrigação, pois se não estivermos diante de um termo essencial, impossibilidade permanente da prestação ou de sua inutilidade para o credor em momento futuro, a melhor solução poderá ser a preservação do dever de execução com prorrogação de prazo para pagamento.

Em sede de impossibilidade superveniente da prestação, o art. 393 complementa o cenário antecipado pelo art. 234 do Código Civil. Não haverá inadimplemento, resolvendo-se a obrigação, sem se cogitar de perdas e danos, a teor da referida norma. As impossibilidades objetivas física, jurídica ou por ilicitude são aqui complementadas por aquela decorrente do acaso. Nas palavras de Nelson Rodrigues, pelo "sobrenatural de almeida". Assim, haverá impossibilidade, na linha da razoabilidade e da boa-fé, quando o cumprimento da prestação for fisicamente possível, mas exigir do devedor sacrifício intolerável e extraordinário. A superveniência da impossibilidade é imprescindível, pois se for verificada no nascedouro da obrigação, a hipótese será de invalidade do negócio jurídico por ausência de possibilidade do objeto, nos termos do inciso II, do art. 104, CC/02.

Quais são os elementos essenciais da força maior ou fortuito? A impossibilidade objetiva absoluta da prestação que determina a inimputabilidade do descumprimento tempestivo aponta para dois requisitos, ambos elencados no parágrafo único do art. 393: a necessariedade e a inevitabilidade. A necessariedade concerne ao modo de produção do fato impositivo em si próprio. Impõe-se um acontecimento superveniente de origem externa à relação jurídica, ou seja, um fato que não provém do devedor, não sendo por ele causado e intimamente vinculado à impossibilidade. Uma doença grave e repentina que acomete o devedor é fato intimamente vinculado à impossibilidade, o mesmo não se diga de uma doença já identificada e que se alastra de forma crônica e progressiva, sendo que o devedor não diligenciou para o cumprimento. Ademais, como já decidiu o STJ, não basta uma alegação genérica de fortuito, há necessidade de demonstração do alcance específico do fato extraordinário na obrigação vinculada ao devedor (REsp 1564705/PE, Rel. Min. Ricardo Vilas Bôas Cueva, 3. T, DJE, 5.9.2016).

Em complemento, a inevitabilidade não diz respeito ao fato em si, mas aos efeitos que o fato jurídico projeta na relação concreta. Poderia o devedor ter impedido os efeitos prejudiciais do fato necessário? Por conseguinte, se determinado fato foi uma barreira intransponível à execução de uma específica obrigação de impraticável superação pelo devedor – e não mera dificuldade ou onerosidade – resta configurada a inevitabilidade.

Contudo, só será possível compreender a noção de "force majeure" ou "act of god" na versão da *common law*, partindo da premissa que um conceito de contrato como um acordo legalmente executável não apenas conclama a parte ao cumprimento dos seus termos conforme a alocação de riscos, como, comparativamente ao que se vê na civil law, também reduz o raio de aplicação do fenômeno da "change of circumstances" que possa afetar o balanceamento da barganha anteriormente assumida e dos próprios remédios que eventualmente sejam aplicáveis. Consequentemente, dificilmente se aceitaria nas cortes dos Estados Unidos e Inglaterra (assim como a maior parte do Canadá, Austrália, África do Sul...) a aceitação de um genérico "Force majeure certificate" para eximir o contratante de cumprir o pactuado. Isto não bastará para elidir o "breach of contract" e um pedido de indenização pela contraparte. Por isso, os contratos anglo-americanos são bem mais detalhados que os contratos europeus, a final, tudo dependerá do conteúdo da gestão de riscos previamente levada a efeito pelas partes quando da elaboração de uma específica cláusula de força maior.[9]

---

9. Como refere Paula Greco Bandeira, por vezes haverá um contrato incompleto, "negócio jurídico mediante o qual os particulares gerem negativamente a álea normal dos contratos. Do ponto de vista técnico-jurídico, o contrato incompleto traduz negócio jurídico que emprega a técnica da gestão negativa dos riscos econômicos, vez que os contratantes deliberadamente deixam em branco determinados elementos da relação contratual como forma de gerir os riscos da superveniência", In *contrato incompleto*, p. 230.

Diferentemente do direito francês e dos ordenamentos que nele se inspiram, o direito inglês não emprega uma bem-acabada noção geral de força maior. A "force majeure" não é uma expressão que conte com uma definição especializada no direito civil.[10] Portanto, mesmo que o contrato contenha a referida cláusula, não se infere automaticamente que ela lhe protegerá pelo descumprimento causado por uma pandemia, na medida em que os tribunais interpretam estas cláusulas restritamente, sendo necessário que se considere as vicissitudes de cada contrato. De fato, grandes eventos como tempestades excepcionais e mudanças nos mercados não foram anteriormente classificados como "act of god" pelos tribunais, o que torna a prova um alto fardo. Em regra, a parte afetada terá que demonstrar que o evento de força maior escapa ao seu controle, tenha impedido dificultado ou atrasado a execução do contrato, apesar do contratante ter seguido todos os "reasonable steps" para evitar ou mitigar as consequências do evento, o "Duty to mitigate the loss". Um contratante não será eximido de sua própria negligência.

Não se pode negar que no contexto dos contratos internacionais, o fundamental será compreender quando a cláusula genérica de força maior será um "triggering event", quer dizer, uma barreira tangível ou intangível que, uma vez violada, causa a ocorrência de outro evento (uma resolução ou renegociação contratual). Especificamente no tocante ao coronavírus, necessário será precisar de que forma o vírus impediu ou dificultou a performance da parte. Se por um lado, a alegação de uma doença é incomum como causa de força maior, por outro, o coronavírus não é uma doença comum. Quarentenas e *lockdowns* em cidades e países inteiros sobrecarregam hospitais e deixam ruas e locais de trabalho vazios. Quanto mais as medidas para conter o vírus forem malsucedidas, mais forte será a evidência da força maior. Mesmo que a COVID-19 possa ser classificado como um evento de força maior, há uma questão de precisar por quanto tempo, a final, contratantes "oportunistas" podem tentar usar a crise como uma chance de se exonerar de suas obrigações contratuais.

Em cada circunstância, portanto, deve restar evidenciado se a força maior foi a causa exclusiva do descumprimento obrigacional, para que se defira eficácia à cláusula de força maior. Dificuldades financeiras e a opção do contratante por proteger sua força de trabalho, limitando ou restringindo viagens dificilmente serão boas escusas. Por outro lado, uma restrição estatal que impede o desempenho pode ser justificativa suficiente, mas o requisito da mitigação dos prejuízos continuará sendo um desafio, daí que os planos empresariais de contingência de negócios e as decisões da diretoria sobre o manuseio do vírus também são passíveis de escrutínio pelo outro contratante e magistrado, pois o monitoramento cuidadoso da situação em andamento é crucial.

No tocante ao descumprimento por questões econômicas, as cortes não associam a força maior ao fato de haver um encarecimento no custo do contrato, sobretudo quando se verifique que outros fornecedores ainda viabilizam suas obrigações. Na maioria dos casos, isso prejudicará a confiança em uma cláusula geral de força maior, mas pode ha-

---

10. Referindo-se a força maior, Barry Nicholas frisa que: "The precise meaning of, if it has one, has eluded the lawyers for years. Commercial men have no doubt as to its meaning. Unfortunately, no two commercial men can be found to agree upon the same meaning, so perhaps in this, as in so many other matters, there is very little difference between the commercial and legal fraternity". French law of contract, 2. Ed, Oxford, Clarendon press, 203.

ver situações em que o relevante não será apenas o vírus, mas a sua concreta eficácia no desempenho das partes contratantes, sobremaneira quanto às consequências indiretas do evento (escassez de mão-de-obra, matérias-primas ou um ato do governo como uma paralisação imposta pelo Estado). Ou seja, deve-se indagar em cada caso se a base para o incumprimento se deve ao componente que ocorre naturalmente (o próprio vírus) ou a um componente de ação governamental (v.g. quarentenas, limitações no transporte)?

Especial importância é atribuída as cláusulas de "notice of readiness" (NOR), "cancelation rights", "laytime" e "demurrage", isto sem contar os custos incorridos como resultado de um evento de força maior, como as despesas de quarentena suportadas pelas partes. Outrossim, as alegações de força maior devem se manter em conformidade com o rigor da "notice provision", ou seja, o prévio acordo entre as partes sobre como receber avisos sobre questões contratuais e seus requisitos. As disposições contratuais podem exigir que a parte que busca se beneficiar da proteção da força maior forneça uma notificação formal por escrito assim que tomar conhecimento do evento. Algumas disposições podem impor limitações de tempo e a falta de notificação em tempo hábil pode comprometer a capacidade da empresa de invocar a força maior. A parte que solicitou este aviso também deve garantir que todas as evidências relacionadas ao evento e seu vínculo causal direto com a incapacidade da empresa de executar sejam adequadamente documentadas e mantidas, a final uma parte não pode se valer da COVID-19 como eximente para escapar à responsabilidade por uma violação que teria ocorrido independentemente do vírus.

Nada obstante, se os termos "doença" ou "pandemia" estiverem expressamente incluídos na avença, é provável que o fornecedor seja protegido pela cláusula diante de qualquer reclamação contra ele dirigida, por não cumprir suas obrigações em razão do coronavírus. Caso o contrato não se refira expressamente a tais vocábulos, mas acresça atos de governos que impedem ou restringem sua capacidade de executar o contrato um bom caminho terá sido percorrido (pois proibições de viagens e o fechamento forçado de instalações são atos que podem impedir ou restringir a capacidade de entrega). Se nenhuma das duas alternativas anteriores for atendida, mesmo que tenha sido especificado o vocábulo "act of god" (ou outro termo abrangente) haverá necessidade de considerável cuidado na hermenêutica contratual.

Superados todos estes obstáculos, a cláusula genérica de força maior – ou a cláusula com específica menção ao evento – normalmente descreverá o cenário posterior a eclosão do fato superveniente extraordinário, que nem sempre será o fim do contrato, na medida em que o ajustado poderá ser a suspensão contratual ou um dever de renegociação. Porém, a declaração de força maior pode conduzir o destinatário do aviso ao exercício do direito à resolução do contrato. Com efeito, algumas disposições contratuais relacionadas à força maior também servirão como direitos formativos para a outra parte, como a potestade de resilir quaisquer disposições de exclusividade ou acordos-quadro importantes. Portanto, sob o viés da estratégia jurídica, para além do fato isolado daquele contrato, deve sempre o interessado refletir sobre operações econômicas conexas em contextos de parcerias lucrativas de longo prazo. Além disso, dado o amplo impacto da COVID-19, é provável que todos os parceiros de negócios e concorrentes em certo mercado estejam enfrentando problemas semelhantes. Assim, se alguém processa o seu fornecedor por violação do contrato, onde mais poderá ir?

4. A DOUTRINA DA *FRUSTRATION*

Eventualmente, os contratantes não ajustam regras que antecipem os efeitos de uma superveniente alteração de circunstâncias e o(s) remédio(s) aplicável(is) ao novo estado de coisas. Especificamente no que nos interessa, quando surge uma pandemia no curso da execução contratual, sem que esteja disponível uma cláusula de força maior no contrato. Diferentemente da fragilidade do conceito de "act of god" ou "force majeur", a "frustration" está enraizada na *common law* e independe dos termos do contrato. Por conseguinte, ausente a cláusula de força maior, as partes devem considerar o seu escopo quando novas circunstâncias tenham o efeito de alterar radicalmente a natureza das prestações contratuais.

Os tribunais ingleses encetaram a doutrina da "frustration" na segunda metade do século XIX, como uma espécie de cláusulas implícita pela qual as partes pretendem que o contrato não mais vincule se a performance se torne impossível.[11] Atualmente, a "frustration" não mais se baseia em uma teoria de um "implied term", porém prossegue sendo aplicada excepcionalmente, atuando em circunstâncias muito limitadas, intervindo para eximir justificadamente a performance do contratante. Ela não existe para permitir que as partes contratantes se furtem a uma "bad bargain" e nem tampouco se admite a "economic frustration", vale dizer, não será uma dificuldade que acarreta o aumento do custo relativo ao cumprimento da prestação o fator que desencadeará a "frustration".[12] A lei exige um evento superveniente que atinja a própria raiz do contrato – tornando-o física ou comercialmente impossível o seu cumprimento – para além do que foi contemplado pelas partes, sendo que nenhuma delas foi responsável pelo evento.[13] O evento deve ter

---

11. No *leading case* Taylor v. Caldwell, de 1863, Caldwell & Bishop possuía o *Surrey Gardens & Music Hall* e concordou em alugá-lo para Taylor & Lewis por 100 libras por dia. Taylor havia planejado usar o *music hall* para quatro shows e festas diurnas e noturnas de junho a agosto de 1861. Então, em 11 de junho de 1861, uma semana antes do primeiro concerto, o auditório foi totalmente destruído. Os demandantes processaram os proprietários do *music hall* por quebra de contrato, por não terem concretizado a locação do *music hall* para eles. Não havia cláusula no próprio contrato que alocasse o risco às instalações subjacentes, exceto a frase "A vontade de Deus permitir" no final do contrato. Julgamento O juiz Blackburn argumentou que a existência continuada do Music Hall em *Surrey Gardens* era uma condição implícita essencial para o cumprimento do contrato. A destruição do auditório não foi culpa de nenhuma das partes e impossibilitou a execução do contrato, sendo que ambas as partes estavam dispensadas de suas obrigações contratuais.
12. Lord Radcliffe "It is not hardship or inconvenience or material loss itself which calls the principle of frustration into play. There must be as well such a change in the significance of the obligation that the thing undertaken would, if performed, be a different thing from that contracted for... Non haec in foedera veni. It was not this that I promised to do". Davis Contractors Ltd v Fareham Urban District Council [1956] UKHL 3.
13. John Cartwright enfatiza que para ocorrer a frustration "it is not even necessary that a change in the factual circumstances renders the performance literally impossible. The question is whether continued performance would be radically different from that which was intended by the parties when the contract was formed". In *Contract law, And introduction to the English law of contract for the civil lawyer*, p. 265. Assim, além da Impossibilidade (por perda superveniente de objeto) e ilegalidade (performance proibida) são exemplos clássicos de "frustration", o cancelamento de um evento esperado (os chamados "coronation cases" decorrentes da coroação cancelada do rei Eduardo VII), naquele episódio frustrando a finalidade subjacente ao contrato de locação de um apartamento ao longo de *pall mall*, por onde ocorreria a procissão (*Krell v Henry*). Igualmente, uma conferência cancelada pode justificar a execução de contratos relacionados, se esses contratos subjacentes forem concebidos por ambas as

sido realmente imprevisto no momento da contratação, um "unknown unknown" e não um "known unknown". Ou seja, a alteração das circunstâncias se deu fora do controle das partes, pois se a impossibilidade da performance se relaciona com escolhas de uma das partes, já não mais se trata de "frustration" e sim de "breach of contract". As restrições estabelecidas para conter o coronavírus provavelmente atendem aos critérios exigidos para evidenciar a "frustration", permitindo que um fornecedor evite a responsabilidade por perdas causadas por sua incapacidade de executar o contrato.

A consequência básica da "frustration" é da que o contrato restará terminado. Tipicamente isto ocorre quando uma parte processa a outra por "breach of contract" e o demandado alega que em verdade foi exonerado de cumprir pela "frustration". Com a sentença, o remédio da "termination" se aplica automaticamente, de forma permanente e completa a partir da ocorrência do evento frustrante, sem eficácia retroativa, pois as obrigações anteriormente cumpridas não sofrem perturbação, inexistindo reversão automática daquilo que se performou. Assim, as partes são liberadas do cumprimento para o futuro e, ao contrário de um "breach of contract", não há demanda indenizatória, a final nenhum dos contratantes foi culpado pela frustração da avença.[14]

Nos Estados Unidos, a doutrina da "impracticability" ou "commercial impracticability" deriva da suscitada doutrina da impossibilidade da performance, forjada no berço da common law. Esta doutrina é amplamente respaldada no direito norte-americano com a vantagem de ser menos rígida do que a matriz inglesa da "impossibility". Obras clássicas descrevem que uma parte poderá se escusar do cumprimento quando ele for "not obtainable except by means and with an expense impracticable in a business sense"[15]. Ou seja, como já frisava o First Restatement of Contracts: "impossibility means not only strict impossibility but impracticability". Importante característica da *American law* é a de que a doutrina da impraticabilidade foi desenvolvida não apenas pela jurisprudência e doutrina, porém reconhecida normativamente pelas regras do Uniform Commercial Code (seção 2-615) e pelo não vinculativo, mas altamente persuasivo instrumento do Restatement (2nd) of Contracts (§261).[16]A impraticabilidade é definida como uma

---

partes com o único objetivo do evento. No direito brasileiro, o termo "frustration" é utilizada em um sentido estrito, apenas englobando a última hipótese aqui referida: Conselho de Justiça Federal "Enunciado 166 "A frustração do fim do contrato, como hipótese que não se confunde com a impossibilidade da prestação ou com a excessiva onerosidade, tem guarida no Direito brasileiro pela aplicação do art. 421 do Código Civil".

14. Para ajustar as posições das partes após a "frustration", em 1943 entrou em vigor no direito inglês a Law Reform (Frustrated Contracts) Act: "Adjustment of rights and liabilities of parties to frustrated contracts. "(1) Where a contract governed by English law has become impossible of performance or been otherwise frustrated, and the parties thereto have for that reason been discharged from the further performance of the contract, the following provisions of this section shall, subject to the provisions of section two of this Act, have effect in relation thereto". In http://www.legislation.gov.uk/ukpga/Geo6/6-7/40/section/1

15. FARNSWORTH Allan. *Farnsworth on contracts* (1981), Aspen Law and Business, p. 12.

16. Restatement Second of Contracts "§ 265 Discharge by Supervening Frustration Where, after a contract is made, a party's principal purpose is substantially frustrated without his fault by the occurrence of an event the non-occurrence of which was a basic assumption on which the contract was made, his remaining duties to render performance are discharged, unless the language or the circumstances indicate the contrary". Em sentido análogo, o *Uniform Commercial Code* promulgou a doutrina da "impracticability": "§ 2-615. Excuse by Failure of Presupposed Conditions. Except so far as a seller may have assumed a greater obligation and subject to the preceding section on substituted performance:(a) Delay in delivery or non-delivery in whole or in part by a seller who complies with paragraphs (b) and (c) is not a breach of his duty under a contract for sale if performance as agreed has been made impracticable by the occurrence of a contingency the non-occurrence of which was a basic assumption on

justificada escusa ao cumprimento por parte de quem sofre extrema, desproporcional e imprevista dificuldade devido a ocorrência de um evento inevitável. O problema consiste em determinar quando a situação tornará a performance impraticável. Tanto os comentários do UCC como o Restatement (2nd) enfatizam a necessidade de imprevistas e severas dificuldades ou aumento de custos "well beyond the normal range" para que a parte seja eximida de prestar. Em arrimo, o Comentário 4 da seção 2-615 do UCC acrescenta que um mero aumento de custo não elide o cumprimento, a menos que a majoração de custos seja consequência de uma contingência imprevista que altere a natureza essencial da performance. Os tribunais têm usado diferentes métodos para resolver o problema – desde uma singela medida quantitativa dos custos supervenientes, até uma avaliação qualitativamente mais complexa de toda a relação contratual – porém mantém o perfil rígido da restrita doutrina inglesa da "impossibility", olvidando de seguir a postura mais flexível do UCC e do Restatement.[17]

Em suma, partindo da premissa de que "contract is for the parties, not for the courts", ao contrário do que ocorre na maior parte das jurisdições da *civil law*, a tradição da *common law* não comunga com juízes que intervêm no contrato para adequá-lo à alteração das circunstâncias que rompem a sua base objetiva, ou magistrados que impõem às partes uma fase de renegociação contratual. Para sistemas nos quais historicamente inexiste um princípio geral de agir conforme a boa-fé, a renegociação ou a revisão são aspectos comerciais que concernem exclusivamente aos contratantes. Nesta senda, mesmo que exista uma cláusula expressa prevendo dever de renegociação diante de uma alteração de circunstâncias, na eventualidade de sua eclosão tal cláusula sobeja inexequível. Contudo, esta percepção está em vias de reajuste.[18]

5. A FORÇA MAIOR E O *HARDSHIP* NO BGB E INSTRUMENTOS INTERNACIONAIS

As ordens jurídicas oferecem soluções mais ou menos intervencionistas diante de fatos que coloquem em risco a estabilidade contratual, conduzindo a onerosidade

---

which the contract was made or by compliance in good faith with any applicable foreign or domestic governmental regulation or order whether or not it later proves to be invalid".

17. MOMBERG, Rodrigo. *The effect of a change of circumstances on the binding force of contracts*, p. 161. "Therefore, although impracticability is an available excuse for the debtor, the courts are extremely reluctant to apply it: The commercial impracticability doctrine is recognized, but rarely allowed as an excuse for non-performance. In the same sense, it has been stated that the doctrine 'is frequently invoked, but only rarely and erratically applied. This approach has been criticized by an important part of the American legal doctrine on the ground that it is not consistent with the text of the UCC, the intent of the drafters anthe underlying purposes and policies of the Code"

18. Curiosamente, foi na lide *Petromec Inc v Petróleo Brasileiro SA* (2005), disputa que surgiu de um contrato de engenharia, que se examinou a aplicabilidade de uma cláusula que previa que as partes negociariam de boa fé para chegar a um acordo sobre certos montantes de custos para a atualização de uma plataforma de produção de petróleo. O tribunal considerou que esse acordo não era aplicável por causa da incerteza do resultado de tais negociações. Mesmo que uma obrigação de negociar de boa fé fosse reconhecida nos casos em que faz parte de um acordo, uma violação dessa obrigação não permitiria à parte inocente recuperar o benefício da barganha a que as negociações de boa-fé teriam levado, porque a própria existência de tal barganha e seus termos sempre permaneceriam incertos. No entanto, o Tribunal de Apelação deixou margem para mudanças, sustentando que o fato de a obrigação de negociar de boa fé fazer parte de um contrato complexo é relevante e que "it would be a strong thing to declare unenforceable a clause into which the parties have deliberately and expressly entered". https://www.isurv.com/directory_record/4393/petromec_v_petroleo_brazileiro_sa_petrobras_and_another

excessiva. Conforme o visto, o direito inglês não oferece remédios para alteração de circunstâncias que se afastem da impossibilidade, excluindo o *hardship*, talvez em razão do receio da afronta à santidade do contrato, traduzida como *pacta sunt servanda*. Em adendo, a própria terminologia influencia, pois os juristas ingleses associam o vocábulo "dificuldade" a um fato e não a conceito jurídico associado a cláusulas contratuais.[19] Some-se a isto o fato de que *hardship* é uma emanação do princípio da boa-fé, que não é aceita no direito anglo-americano. O padrão da *common law* é o de que, na ausência de cláusula expressa de força maior a impor o término do contrato, restará somente a via subsidiária da "frustration".

Diferentemente, o Código Civil Alemão deferiu primazia à adaptação judicial do contrato (§ 313 BGB),[20] com base no "hardship" introduzido no curso da modernização do direito alemão das obrigações (*Schuldrechtsmodernisierung*, 2002). Foi na Alemanha que nasceu o conceito legal de alteração das circunstâncias, aplicável ao período de hiperinflação no pós-1ª Guerra. O "hardship" cabe quando a performance ainda é viável, porém se torna bem mais onerosa face à imprevisível mudança de circunstâncias (pois se previsível a parte interessada é responsável pela adoção de medidas de precaução).[21] A alteração precisa ser significativa o suficiente para que as partes, se dele soubessem com antecedência, não tivessem concluído o contrato como está. Neste caso, o remédio aplicável é a adaptação do contrato. Porém, tratando-se o § 313 BGB de norma estritamente subsidiária, o meio primordial de lidar com mudanças imprevistas é aquele ajustado pelas partes quando da gestão contratual. Com efeito, se as circunstâncias fizerem parte do contrato, a provisão legal não é aplicável, incidindo o hardship quando a mudança de circunstâncias estiver fora do domínio do consentimento das partes.[22]

Apesar da proximidade conceitual, no direito alemão o "hardship" contrasta com a impossibilidade decorrente da força maior,[23] cuja consequência legislativa é a liberação da parte do seu dever de cumprir quando o evento torna a performance impossível, mesmo

---

19. Tallon observa que: "There is a paradox here. The English language, which appears to be the new lingua franca for contract law, has no appropriate word, perhaps because it does not really know the notion". D. TALLON, 'Supervening Events in the Life of Contract', in H. BEALE, A. HARTKAMP, H. KÖTZ & D. TALLON (eds), *Cases, Materials and Text on Contract Law*, Hart, Oxford 2002, p. 639 et seq.
20. *Störung der Geschäftsgrundlage* é a expressão alemã para a interrupção da base de negócios que reflete o *hardship*. "§ 313 BGB (1) Se as circunstâncias que se tornaram a base do contrato mudaram significativamente após a celebração do contrato e as partes não o tivessem concluído ou teriam celebrado o contrato com outro conteúdo se tivessem previsto essa alteração, poderá ser solicitado um ajuste do contrato, na medida em que tendo em conta todas as circunstâncias do caso individual, em particular a distribuição contratual ou estatutária de riscos, não é de esperar a adesão ao contrato inalterado".
21. MONTEIRO, Antonio Pinto. "São cláusulas de hardship aquelas que estabelecem um dever de renegociar um contrato quando ocorre uma modificação substancial das circunstâncias, modificação esta suscetível de afetar o equilíbrio global do contrato". In, *O contrato na gestão do risco e na garantia da equidade*, p. 14.
22. Além da Alemanha, vários sistemas aceitam a teoria do *hardship*. Entre eles, Holanda (Art. 6:258 Dutch Civil Code), Itália (Art. 1467 CC), Grécia (Art. 388 CC), Portugal (art. 437, CC) e Áustria (§§ 936, 1052, 1170a Austrian BGB).
23. Conceito de impossibilidade no BGB: "§ 275 BGB exclusion of the obligation to perform (1) The right to performance is excluded insofar as this is impossible for the debtor or for everyone. (2) The debtor can refuse the performance insofar as this requires an effort that is grossly disproportionate to the creditor's interest in performance, taking into account the content of the contractual relationship and the requirements of good faith. When determining the efforts to be expected of the debtor, consideration must also be given to whether the debtor is responsible for the obstacle to performance".

que temporariamente.[24] Nada obstante, a doutrina da "frustration" abarca tanto as hipóteses que remetem à impossibilidade superveniente por força maior como as situações que dão azo ao *hardship*. Com efeito, o direito alemão não discrepa fundamentalmente do inglês quanto aos requisitos para o término prematuro do contrato. O BGB demanda uma alteração fundamental nas circunstâncias pela qual o contrato se baseou, tornando desarrazoada a vinculação da parte a sua obrigação. Já a jurisprudência inglesa da "frustration" requer uma situação fundamentalmente diversa à originária.[25] Contudo, enquanto na Alemanha a adaptação do contrato é uma possível solução para o problema – compartilhando-se o risco contratual entre as partes e concedendo ao juiz um papel moderador – o direito inglês apenas aceita o desaparecimento do contrato, pois como aferido, os tribunais não têm o poder de revisá-los.

O fundamental é perceber que existem situações fáticas que podem simultaneamente ser consideradas casos de *hardship* e de força maior. Por vezes, uma alteração imprevisível de circunstâncias incide em certos contratos de forma a tornar impossível o cumprimento, em outros contratos, contudo, a performance ainda é possível, mas extremamente dificultada ou dispendiosa, com uma distorção de paridade. No que tange ao Coronavírus, o cenário ideal seria aquele em que as partes previamente gerissem o risco de definir se uma pandemia representaria uma impossibilidade ou uma dificuldade e quais as consequências se extraem em termos remediais (resolução contratual, suspensão, renegociação). Na omissão do contrato, se a parte invoca força maior, terá em vista o desejo de que a sua inexecução seja escusada. Todavia, caso alegue *hardship*, esta será a primeira instância para a proposição da renegociação dos termos do contrato, permitindo a sua sobrevivência em termos revisados.

Em termos pragmáticos, o coronavírus poderá se manifestar como um *hardship* e alteração fundamental no equilíbrio contratual de duas diferentes maneiras. A primeira será caracterizada por um substancial acréscimo no custo do cumprimento do contrato para uma das partes. Este contratante será normalmente aquele que deve efetivar a prestação não monetária. O substancial acréscimo de custos poderá resultar, ilustrativamente, do vertiginoso aumento do preço da matéria prima necessária para a produção da mercadoria, a prestação de serviços, ou mesmo a introdução de novas regulamentações de segurança que demandam procedimentos de segurança mais onerosos. A segunda manifestação do *hardship* será caracterizada pela substancial redução do valor da performance recebida por uma das partes, incluindo casos em que objetivamente a prestação já não terá qualquer valor para o destinatário, seja em razão de drásticas alterações nas condições do mercado ou a frustração do propósito para o qual a prestação foi solicitada

---

24. Comparando o § 275 BGB (impossibilidade de prestar) com o § 313 BGB (hardship), Hannes Rõannes explica "To sum up: § 275 (2) BGB is applicable in cases where an exchange of performances is grossly inefficient in economic terms because costs far exceed utility. § 313 BGB, on the other hand, can apply when the exchange of performances is grossly unfair because the price paid for performance is significantly lower than the cost of performance". In European Review of private law, Volume 15, n. 4- 2007, p. 15.
25. Com a diferença fundamental que a "frustration" só se aplica quando o evento surge após a conclusão do contrato, pois erros quanto ao evento, anteriores à conclusão, são governados pelo conceito de "common mistake". O dispositivo do BGB, por outro lado, engloba as percepções enganosas das partes que antecedem à conclusão do contrato, ou seja, a ausência inicial da base subjetiva do contrato (§ 313 (2) BGB) é a peculiaridade da doutrina alemã do Hardship, sequer seguida por outros ordenamentos da *civil law*.

(v.g. como efeito da proibição de pessoas em cidades/países em razão da pandemia ou a proibição de abertura de estabelecimentos comerciais no mercado em que o contratante se insere). Evidente que quanto à frustração do propósito da performance, o *hardship* requer que o dito propósito seja conhecido ou presumivelmente teria que ser conhecido por ambas as partes.[26]

Relativamente aos instrumentos internacionais, a sua função é a de encontrar a melhor solução, e não apenas um standard mínimo sobre os fenômenos da impossibilidade ou dificuldade de cumprimento. O CISG não inseriu explicitamente o *hardship* e a força maior, basicamente por um ceticismo dos diversos países quanto à validade e escopo do conceito. Controverte-se sobre a possibilidade do art. 79 da CISG[27] ser interpretado por árbitros e tribunais de forma a incluir o *hardship*.[28] Nesse viés, o termo "impedimento" (n. 3) seria compreendido ampliativamente para abranger uma radical alteração de circunstâncias. Porém, o ICC (*International Chamber of Commerce*), seguindo a tradição da *common law*, considera desaconselhável uma interferência judicial recomendando às partes, conforme o Artigo 6 da CISG que supram a lacuna legislativa, modificando a sua eficácia, inserindo cláusulas de força maior ou *hardship*.[29]

Os princípios inseridos nos instrumentos acadêmicos do PECL, UNIDROIT e DCFR não são vinculativos, respectivamente, para o direito europeu e o direito contratual internacional. De modo similar ao CISG, o art. 8.108 da PECL[30] faz referência a um "impedimento", entretanto alude à alteração de circunstâncias em dispositivo a parte (art. 6:111).[31] O número (2) do referido dispositivo condiciona a adaptação do contrato

---

26. ZWEIGERT K.& KÖTZ, H. *An introduction to comparative law*, 3. Ed, Oxford, 1998. "The distinction here drawn between circumstances which render the performance of the contract impossible, those which render it much more difficult, and those which frustrate the purpose of the transaction...in fact, all these cases are closely interconnected", p. 517.
27. Convenção de Viena sobre Contratos de Compra e Venda Internacional de Mercadorias (CISG). o Brasil aderiu à CISG com vigência a partir de 1º de abril de 2014, "Artigo 79(1) Nenhuma das partes será responsável pelo inadimplemento de qualquer de suas obrigações se provar que tal inadimplemento foi devido a motivo alheio à sua vontade, que não era razoável esperar fosse levado em consideração no momento da conclusão do contrato, ou que fosse evitado ou superado, ou ainda, que fossem evitadas ou superadas suas consequências". (3) A exclusão prevista neste artigo produzirá efeito enquanto durar o impedimento"
28. SCHWENZER, Ingeborg. *Exemption is case of force majeure and hardship – CISG, PICC, PECL AND DCFR* – "Accordingly, first and foremost, there is no room to resort to domestic concepts of hardship as there is no gap in the CISG regarding the debtor's invocation of economic impossibility and the adaptation of the contract to changed circumstances. If one were to hold otherwise unification of the law of sales would be undermined in a very important area. Domestic concepts such as frustration of purpose, rebus sic stantibus, fundamental mistake, Wegfall der Geschäftsgrundlage would all have to be considered". In compra e venda internacional de mercadorias, Curitiba, Juruá, 2014, p. 370.
29. RÖSLER, Hannes, *The Max Planck Encyclopedia of European Private Law*, v. 1, p. 167.
30. "Article 8:108: Excuse Due to an Impediment (1) A party's non-performance is excused if it proves that it is due to an impediment beyond its control and that it could not reasonably have been expected to take the impediment into account at the time of the conclusion of the contract, or to have avoided or overcome the impediment or its consequences".
31. Article 6:111: Change of Circumstances (1) A party is bound to fulfil its obligations even if performance has become more onerous, whether because the cost of performance has increased or because the value of the performance it receives has diminished. (2) If, however, performance of the contract becomes excessively onerous because of a change of circumstances, the parties are bound to enter into negotiations with a view to adapting the contract or terminating it, provided that: (a) the change of circumstances occurred after the time of conclusion of the contract, (b) the possibility of a change of circumstances was not one which could reasonably have been taken into account at the time of conclusion of the contract, and (c) the risk of the change of circumstances is not one which,

ou o seu término a alguns pressupostos, quais sejam: a) que o evento não poderia ser razoavelmente previsto pela parte em desvantagem ao tempo que o contrato foi concluído; b) que ele esteja além do controle da parte em desvantagem; c) que o risco da alteração das circunstâncias não tenha sido assumido pela parte em desvantagem: O termo "assumption" deixa claro que o risco não foi assumido expressamente, apesar de que isto posse ser dessumido da natureza do contrato, a final, a parte que ingressa em uma transação especulativa é considerada ciente quanto à aquiescência de riscos mais elevados, mesmo que não esteja completamente a par de qual seria a intensidade dos aludidos riscos ao tempo em que contratou.

No tocante ao UNIDROIT, o art. 7.1.7 cuida diretamente da força maior[32] O dispositivo cobre simultaneamente o terreno em que a *common law* trabalha a doutrina da "frustration" e a *civil law* faz uso da força maior. A definição de força maior no parágrafo (1) deste artigo é de caráter bastante geral quando, na verdade, os contratos comerciais internacionais geralmente contêm disposições muito mais precisas e elaboradas a esse respeito. É de se elogiar a redação do dispositivo, pois as partes podem adaptar o conteúdo deste artigo a fim de ter em conta as características particulares da transação específica. O art. 7.1.7 escusa a parte que sofreu o impedimento da obrigação de indenizar à outra parte e não restringe o seu direito ao não cumprimento da prestação, pois em outros casos será possível atrasar a performance, concedendo ao contratante um período adicional para prestar. Na medida em que o princípio geral da UNIDROIT é o de que a alteração das circunstâncias não afeta a obrigação de cumprir o contrato (Art. 6.2.1)[33], o art. 6.2.2, atuará como uma exceção, definindo-se o hardship,[34] como uma situação pela qual a ocorrência de eventos altera fundamentalmente o equilíbrio contratual, atendendo as exigências descritas na norma. O termo "fundamentalmente" será perquirido na concretude do caso.

Relativamente ao DCFR (Draft common Frame of Reference),[35] há uma ampla abertura para que as novas circunstâncias possam ensejar a adaptação do contrato ou o

---

according to the contract, the party affected should be required to bear. (3) If the parties fail to reach agreement within a reasonable period, the court may: (a) terminate the contract at a date and on terms to be determined by the court; or (b) adapt the contract in order to distribute between the parties in a just and equitable manner the losses and gains resulting from the change of circumstances. In either case, the court may award damages for the loss suffered through a party refusing to negotiate or breaking off negotiation's contrary to good faith and fair dealing.

32. "(1) Non-performance by a party is excused if that party proves that the non-performance was due to an impediment beyond its control and that it could not reasonably be expected to have taken the impediment into account at the time of the conclusion of the contract or to have avoided or overcome it or its consequences. (2) When the impediment is only temporary, the excuse shall have effect for such period as is reasonable having regard to the effect of the impediment on the performance of the contract".

33. "Art. 6.2.1 (CONTRACT TO BE OBSERVED) Where the performance of a contract becomes more onerous for one of the parties, that party is nevertheless bound to perform its obligations subject to the following provisions on hardship".

34. "Art. 6.2.2 There is hardship where the occurrence of events fundamentally alters the equilibrium of the contract either because the cost of a party's performance has increased or because the value of the performance a party receives has diminished, and (a) the events occur or become known to the disadvantaged party after the conclusion of the contract; (b) the events could not reasonably have been taken into account by the disadvantaged party at the time of the conclusion of the contract; (c) the events are beyond the control of the disadvantaged party; and (d) the risk of the events was not assumed by the disadvantaged party".

35. "1:110: Variation or termination by court on a change of circumstances (1) An obligation must be performed even if performance has become more onerous, whether because the cost of performance has increased or be-

seu encerramento prematuro desde que a drástica alteração do estado de coisas seja superveniente à contratação, não poderia razoavelmente ter sido antevista pelo devedor e, mais importante, tenha o devedor empreendido uma prévia tentativa de negociação com base na boa-fé, a fim de ajustar os termos da obrigação conforme o cenário pós-evento.

6. O ESTADO DA ARTE NO DIREITO BRASILEIRO: MARÇO/DEZEMBRO 2020

Por ocasião da 2. Edição dessa obra, vale a pena elaborar breve síntese da experiência brasileira sobre a pandemia no período entre março e novembro de 2020. A pandemia do coronavírus levou ao reconhecimento oficial da ocorrência de estado de calamidade pública no Brasil (Decreto Legislativo nº 6, de 20 de março de 2020). A Pandemia não é necessariamente sinônimo de força maior: a qualificação do fato jurídico do Coronavírus depende da causa de cada negócio jurídico, ou seja, da averiguação do concreto programa contratual e a identificação de sua funcionalidade.

É sempre importante lembrar que não há como qualificar abstratamente um acontecimento na teoria contratual. Desta maneira, em contratos de execução continuada a COVID-19, poderá se manifestar por três eficácias: a) uma impossibilidade objetiva total e superveniente da prestação, implicando em exoneração do devedor e resolução contratual, na média em que o rompimento do nexo causal decorre da necessariedade e inevitabilidade do evento. O afastamento do inadimplemento absoluto e da mora pode se dar por atos normativos que suspendem atividades ou inviabilizam o cumprimento de prestações. A resolução também terá lugar nas hipóteses de frustração do fim contrato. Situações em que a despeito da permanência da viabilidade do cumprimento, a performance se torna algo radicalmente diversa da causa concreta do contrato. "A frustração do fim do contrato, como hipótese que não se confunde com a impossibilidade da prestação ou com a excessiva onerosidade, tem guarida no Direito brasileiro pela aplicação do art. 421 do Código Civil"(Enunciado 166 do Conselho de Justiça Federal); b) uma impossibilidade objetiva relativa da prestação, na qual há um agravamento do sacrifício econômico originário do negócio jurídico. Nas hipóteses de onerosidade excessiva a prestação ainda é viável, mas para se evitar o extremo desequilíbrio o ordenamento oferece um rol de alternativas que passam pela revisão contratual (art. 317, CC), resolução (art. 478, CC), renegociação extrajudicial (art. 422, CC) ou mesmo a suspensão da execução contratual; c) por último, o fato jurídico da pandemia se evidencia em um contrato não pela impossibilidade objetiva (seja ela absoluta ou relativa) – pois o cumprimento da prestação não foi abalado -, mas pela própria repercussão sistêmica da COVID-19 sobre

---

cause the value of what is to be received in return has diminished. (2) If, however, performance of a contractual obligation or of an obligation arising from a unilateral juridical act becomes so onerous because of an exceptional change of circumstances that it would be manifestly unjust to hold the debtor to the obligation a court may: (a) vary the obligation in order to make it reasonable and equitable in the new circumstances; or (b) terminate the obligation at a date and on terms to be determined by the court. (3) Paragraph (2) applies only if: (a) the change of circumstances occurred after the time when the obligation was incurred (b) the debtor did not at that time take into account, and could not reasonably be expected to have taken into account, the possibility or scale of that change of circumstances; (c) the debtor did not assume, and cannot reasonably be regarded as having assumed, the risk of that change of circumstances; an(d) the debtor has attempted, reasonably and in good faith, to achieve by negotiation a reasonable and equitable adjustment of the terms regulating the obligation".

a conjuntura socioeconômica, gerando situações que oscilam entre uma impossibilidade subjetiva (no qual a parte não dispõe de meios para cumprir), uma dificuldade subjetiva (a capacidade de pagamento foi reduzida) ou, no extremo da quebra da boa-fé objetiva, a prática de comportamentos oportunistas, vazados em condutas desleais por parte de contratantes que mantém a capacidade financeira de pagamento mas se aproveitam do estado geral de crise para se furtar ao cumprimento de suas obrigações ou obter vantagens ilegítimas.

Como bem coloca Carlos Edison do Rego Monteiro Filho, dadas as dimensões superlativas da pandemia, o requisito da inevitabilidade muitas vezes estará cumprido, sobremodo por fato do príncipe. Porém somente em concreto poderemos construir uma resposta concreta para cada concreto. Sugere-se a tomada em consideração dos seguintes fatores: a) modo e tempo em que o ciclo epidêmico alcança as prestações pactuadas; b) possíveis meios alternativos de execução da prestação; c)o mercado em que se insere a atividade; d)o aumento do custo dos insumos necessários à produção convencionada; e) eventual presença de insumos que permitam substituir os necessários ao cumprimento dos deveres contratualmente assumidos; f) os termos da estipulação contratual e sua natureza; g) presença de cláusulas limitativas ou excludentes da responsabilidade; h) cláusula de *hardship*; i) cláusula de garantia; j) cláusula de força maior; k) cláusula de mediação, conciliação e arbitragem; l) equação econômica do negócio à luz do equilíbrio funcional do contrato; m) eventual situação de mora de alguma ou ambas das partes; dentre outras tantas circunstâncias indissociáveis de apreciação[36]

6.1 A pandemia e a força maior

O exame mais atento das situações decorrentes do reconhecimento da pandemia, identifica que as causas de impossibilidade de cumprimento pelo devedor, no mais das vezes, não se atribuem ao fato da pandemia em si, mas às medidas de polícia administrativa adotadas pelo Estado para seu enfrentamento. Estas incluem, dentre outras, a restrição de atividades econômicas e sociais, visando reduzir a circulação de pessoas por meio de decretos editados no âmbito de Estados e Municípios, proibindo ou limitando o funcionamento de estabelecimentos empresariais, a prestação de serviços, as atividades associativas, dentre outras medidas. Deste modo, será o exercício do poder de polícia pela Administração a causa direta da impossibilidade de cumprimento dos contratos, não a pandemia em si. Tais circunstâncias renovam o interesse no exame da noção de fato do príncipe como fundamento para o afastamento da responsabilidade do devedor pelo inadimplemento, quando for ele sua causa. No caso das medidas de polícia adotadas para combate à pandemia, como bem coloca Bruno Miragem[37], os atos do Estado expressam resultam de seu dever constitucional e legal de impedir ato danoso à coletividade, mediante exercício de competências constitucionais relativas à saúde (arts. 23, II e 196 da Constituição), em situação regularmente reconhecida como emergência

---

36. MONTEIRO FILHO, Carlos Edison do Rêgo. Coronavírus e força maior. In MONTEIRO FILHO, Carlos Edison do Rêgo, DENSA, Roberta; ROSENVALD, Nelson. *Coronavírus e responsabilidade civil*. Indaiatuba: Foco, 2020.
37. MIRAGEM, Bruno. Fato do príncipe, responsabilidade civil e pandemia. In, Migalhas de responsabilidade civil, colhido em 30.6.2020, www.migalhas.com.br.

de saúde pública. Esta situação autoriza a adoção das respectivas medidas restritivas na proteção da coletividade (art. 1º da lei 13.979/2020), que poderão revestir-se de fato do príncipe para excluir a responsabilidade do devedor nas obrigações cuja possibilidade de adimplemento seja atingida por eles. Tendo em vista que os esforços de contenção dos efeitos da pandemia defluem da incapacidade do sistema de saúde para atendimento simultâneo a um número elevado de casos não responde, o Estado, pelos danos causados por estas medidas excepcionais, a não ser quando demonstrado que em sua aplicação, houve, desvio de finalidade ou excesso de poder, ou mesmo quando se verifiquem desproporcionais em situações concretas, em vista da finalidade a ser atendida Evidentemente, no tocante aos contratos firmados após o surto de coronavírus, o prévio conhecimento de seus possíveis efeitos para o cumprimento de obrigações (como aumento dos prazos usualmente praticados, impede que as partes possam recorrer ao argumento da força maior. Praticamente, seria uma espécie de *venire contra factum proprium*. Qualquer descumprimento nesta hipótese produzirá os efeitos legais (e eventualmente contratuais previstos) do inadimplemento. Neste sentido, dispõe o art. 6º da Lei n. 14.010/20 (RJET) que "as consequências decorrentes da pandemia do coronavírus (Covid-19) nas execuções dos contratos, incluídas as previstas no art. 393 do Código Civil, não terão efeitos jurídicos retroativos. De fato, há que se separar os momentos, anterior e posterior ao início da pandemia, e identificar as condições objetivas de cada caso.

No campo das relações de consumo, o CDC não regula as hipóteses de impossibilidade do cumprimento da prestação imputável a fatores externos. Não se trata propriamente de uma omissão legislativa, mas do fato de se tratar de um microssistema, destinado a soluções equitativas em favor de um grupo marcado pela vulnerabilidade. O diálogo de fontes demanda uma intersecção com o regime geral das obrigações do Código Civil. No quadro da COVID-19 a Lei n. 14.046/20 (conversão da MP 948) foi editada para regular setor especialmente afetado nas relações consumeristas. A teor do Art. 5º – Dispõe sobre o cancelamento de serviços, de reservas e de eventos dos setores de turismo e cultura em razão do estado de calamidade pública – "As relações de consumo regidas por esta Medida Provisória caracterizam hipóteses de caso fortuito ou força maior e não ensejam danos morais, aplicação de multa ou outras penalidades, nos termos do disposto no art. 56 da Lei nº 8.078, de 11 de setembro de 1990". Quanto ao dano moral, a norma emergencial afasta uma pretensão amparada constitucionalmente (art. 5º, V e X), equiparando situações absolutamente diversas, como o legítimo afastamento de uma reparação em razão da pandemia, com uma lesão a um direito da personalidade do consumidor pelo indevido comportamento do fornecedor.

Além disso, foi publicada a Lei n. 14.034/20, fruto da conversão da Medida Provisória 925/2020, que dispõe sobre medidas emergenciais para a aviação civil brasileira em razão da pandemia da Covid-19. Várias disposições merecem crítica. Primeiramente, aquelas que excluem a responsabilidade do transportador aéreo nos casos em que a morte ou lesão resultar de força maior, ou que decorra exclusivamente do estado de saúde ou de conduta imputável ao passageiro (CBA, art. 256, § 1º), pois já se enquadrarem em hipóteses de exclusão do nexo de causalidade, abrangidas pela teoria geral da responsabilidade civil. Ademais, o legislador elimina a responsabilidade do transportador aéreo se restar comprovado que em virtude de força maior, tornou-se impossível a adoção das medidas necessárias, suficiente se adequadas para evitar o dano (CBA, art. 256, § 1º, II). Para este fim, a lei passou a contemplar como situações de força maior quadros fáticos que, na jurisprudência, seriam classificados como fortuito interno e que ensejariam o dever de indenizar. A lei refere a restrições de pouso e decolagem por falta de condições meteorológicas, por indisponibilidade da infraestrutura aeroportuária (!), por determinação e responsabilidade do poder público e por decretação de pandemia (CBA, art. 256, § 3º). Como bem pontuam Flaviana Rampazzo e Romualdo Baptista dos Santos[38], "a disposição causa espécie porque trata o que não é como se fosse. O caso fortuito ou de força maior compõem uma cláusula geral de exclusão de responsabilidade, a ser preenchida nos casos concretos sem limitação (CC, art. 393). O legislador, no afã de reduzir a responsabilidade do transportador aéreo, restringiu as causas de exoneração às situações tipificadas no art. 256, § 3º. Diante disso, cabe indagar se haverá responsabilidade para outras hipóteses não tipificadas".

Uma última observação concerne ao contrato de seguro. Ainda que haja incremento geral da sinistralidade, as seguradoras não podem opor aos seus segurados o caso fortuito ou de força maior. Suas dívidas são de prestação pecuniária e estão sujeitas a um regime muito especial de provisões, reservas, resseguro etc. Conforme esclarece Ernesto Tzirulnik,[39] nestes contratos não existe um "risco de pandemia ou epidemia". Se alguém falece por causa de uma doença, a causa do sinistro, o risco, é a possibilidade de morrer por essa doença, e não o fato de essa doença vir a ocorrer com maior frequência ou numa amplitude territorial ampla. A pandemia é uma circunstância, uma condição, e não propriamente uma causa. Se a pandemia for de hepatite, a causa da morte poderá ser a hepatite, nunca a sua ocorrência em condição endêmica ou pandêmica. Quando a apólice apresenta, como causa que exclui a cobertura, algo que não é causa, mas sim condição, gera uma grande confusão. No seguro de vida não há morte por pandemia, mas morte por alguma causa (Covid19) que está se verificando de forma ampla na causação de mortes. Ademais, as seguradoras exercem uma empresa de previsão especial, que leva em conta a possibilidade de desvios e catástrofes. Elas lançam mão das técnicas de proteção de riscos de sua atividade e de técnicas de precaução. Trata-se do resseguro que ela deve contratar de forma o mais prudente possível, justamente para evitar sua própria insolvência caso ocorrerem mais sinistros ou sinistros mais severos do que o originalmente programado a partir dos seus cálculos matemáticos. Isso explica o fato de as seguradoras que têm cláusulas de exclusão de pandemia nas suas apólices de seguro do ramo vida terem declarado publicamente que pagarão os capitais segurados aos beneficiários, mesmo que a morte seja causada exclusivamente por Co-vid-19. Se a Covid-19 for concausa da morte, ou seja, se a morte for causada pelo agravamento de outras patologias em conjunto com o coronavírus, então, mesmo se reconhecermos a validade e a aplicação de uma exclusão de pandemia, a solução é de concorrência entre causas cobertas e causa excluída, e o seguro, nessas circunstâncias, deve ser pago.

---

38. RAMPAZZO, Flaviana; SANTOS, Romualdo Baptista. In *Indenização ao consumidor no âmbito do contrato de transporte aéreo*, a teor da lei 14.034/20. Extraído de www.migalhas.com.br, em 24.9.2020.
39. TZIRULNIK, Ernesto, Reflexões sobre o coronavírus e os seguros privados, Texto preparado para a palestra proferida em 15/04/2020, no Ciclo de Palestras da Pandemia realizado pela Faculdade de Direito da UFRGS intitulado "O seguro, a crise e o coronavírus".

6.2 Pandemia e alteração das circunstâncias

Todos os esclarecimentos anteriores são indispensáveis para que o leitor avance para o enfrentamento das hipóteses de alteração das circunstâncias no extraordinário contexto da COVID-19. Diferentemente da impossibilidade objetiva relativa da prestação, na qual há um agravamento do sacrifício econômico originário do negócio jurídico, nos episódios de onerosidade excessiva a prestação ainda é viável, mas para se evitar o extremo desequilíbrio o ordenamento oferece um rol de alternativas que passam pela revisão contratual (art. 317, CC), resolução (art. 478, CC), renegociação extrajudicial (art. 422, CC).

Isto significa que face à presença de todos os requisitos externados pelo artigo 478 do Código Civil, a resolução contratual não será a única resposta possível. Quando discorremos sobre o fenômeno do inadimplemento inimputável por inexigibilidade decorrente de uma impossibilidade econômica da prestação, podemos cogitar de outras alternativas para além da desconstituição do negócio jurídico.

Parece-nos que podemos superar a dicotomia revisão/resolução contratual e cogitarmos da primazia da autonomia privada para a obtenção de soluções consensuais que propiciem uma planejada adaptação do contrato às novas circunstâncias. A Lei da Liberdade Econômica (Lei 13.874/19) propiciou o art. 421-A do Código Civil, que em seu inciso I faculta às partes negociantes a criação de pressupostos de revisão ou de resolução contratual. Doravante, no âmbito dos contratos civis e empresariais, o artigo 478 do Código Civil se coloca como regra subsidiária, apenas aplicável nos casos em que não houver uma gestão de riscos ou para os eventos supervenientes que extrapolem a álea, ingressando no terreno da "imprevisibilidade". Portanto, a heteronomia sucumbe perante a autonomia. Seguindo a noção de Enzo Roppo do contrato como vestimenta das operações econômicas, o art. 421-A captura um redimensionamento do sentido de contrato, que não mais se exaure no negócio jurídico bilateral que lhe deu origem, convertendo-se em uma "atividade contratual", realidade em permanente construção. Assim, é lícito às partes a delimitação consensual das esferas de responsabilidade para que possam se precaver contra eventuais vicissitudes. O contrato passa a ser tido como um instrumento jurídico posto à disposição das partes para a alocação de riscos economicamente previsíveis, viabilizando-se o estabelecimento de uma equação econômica que fundamentará a correspectividade das prestações, para hoje e para o futuro. Com a gestão de riscos, as partes convertem a causa abstrata do contrato em uma causa concreta. Assim, mal ou bem gerido, o risco superveniente não ensejará intervenção externa sobre o que se convencionou.

Neste cenário renovado no qual o próprio contrato se converte em garantia de equidade, uma especial aplicação da gestão de riscos se dará pelo recurso à cláusula de hardship. Por intermédio dela, os contratantes prestigiam o princípio da conservação do negócio jurídico, estabelecendo um dever de renegociação para um contexto de "dificuldade" econômica, substituindo-se a resolução ou revisão judicial em um compromisso prévio para – na eventualidade das circunstâncias por eles traçadas- inaugurar-se um diálogo extrajudicial objetivando uma distribuição equânime dos riscos já materializados. A cláusula de *hardship* não apenas delimita as hipóteses em que surge o dever de renegociar, como avança para regulamentar o procedimento aplicável e as vias subsidiárias (revisão ou resolução) para a eventualidade da frustração da repactuação da avença.

Insta ressaltar, com base na doutrina de Paula Greco Bandeira[40], que os particulares não apenas estabelecem uma equação econômica entre as prestações alocando positivamente os riscos. É possível a alocação negativa dos riscos mediante contratos incompletos, deixando-se determinados elementos da relação contratual em branco, de modo a permitir que a gestão de riscos se concretize em momento futuro, ex post, por ocasião da verificação do determinado evento. A forma de preenchimento da lacuna "poderá ser integrada por terceiro, por uma ou ambas as partes, ou ainda, mediante a aplicação de fatores externos definidos no contrato".

Em contratos onde não tenha sido inserida cláusula de hardship, pensamos ser viável a aplicação do princípio da boa-fé objetiva de forma a se impor um dever das partes de renegociar o conteúdo da avença em caso de onerosidade excessiva. Ou seja, dentro da função integrativa da boa-fé surgem deveres anexos de cooperação mútua que se aplicam para antes, durante ou depois do contrato, sendo que a sua violação acarreta a sanção do inadimplemento (art. 422, CC). A renegociação extrajudicial sobre as cláusulas atingidas pelo evento superveniente, extraordinário, imprevisível e que não foi objeto de gestão convencional, é uma derivação da incidência da boa-fé em todo o processo obrigacional. Não se trata, evidentemente, de um dever de se alcançar uma solução ou um resultado positivo, medida incoercível. O que se demanda é efetivo início de um processo de repactuação, mediante a comunicação à outra parte da incidência da alteração de circunstâncias, com apresentação a ela de uma proposta a ser estudada com seriedade, mesmo se eventualmente refutada. A nosso ver, a sua violação por uma das partes resultará em pretensão cumulativa de perdas e danos em favor da parte prejudicada, ao tempo em que ingressar com demanda de revisão ou resolução contratual. A recusa da renegociação diante do desequilíbrio contratual que eventualmente venha a favorecer economicamente uma das partes, enseja abuso do direito (art. 187, CC), com eficácia indenizatória. Tal ilícito funcional assume reflexamente uma função preventiva da futura responsabilidade civil, face ao interesse em evitar a excessiva judicialização das ações de revisão e resolução contratual. Destarte, somente quando fracasse a séria tratativa de renegociação, se dará o acesso aos artigos 478 e 479 do Código Civil.

De acordo com o art. 7º da Lei n. 14.010/20 (RJET), "Não se consideram fatos imprevisíveis, para os fins exclusivos dos arts. 317, 478, 479 e 480 do Código Civil, o aumento da inflação, a variação cambial, a desvalorização ou a substituição do padrão monetário". A princípio vetado, este dispositivo foi promulgado na redação final da lei que instituiu o Regime Jurídico Emergencial e Transitório das relações jurídicas de Direito Privado (RJET) no período da pandemia do coronavírus (Covid-19). Contudo, não nos agrada o texto, pois a elucidação da imprevisibilidade dos fatos mostra-se imprescindível a avaliação a partir de cada caso concreto. Trata-se de análise que, por sua natureza, não pode ser realizada em abstrato. A imprevisibilidade de qualquer evento deve ser avaliada

---

40. BANDEIRA, Paula Greco. Contrato Incompleto. São Paulo: Atlas, 2015, p. 233.

tomando-se em conta o programa contratual concreto em que se inserem os contratantes, bem como a repartição de riscos prevista em cada contrato. O tratamento da matéria em Lei de caráter emergencial, longe de evitar a futura judicialização de demandas, acabará, ao revés, por dificultar a resolução dos conflitos, vez que incluirá nas lides fatores abstratos que não foram considerados à luz dos impactos efetivamente gerados em cada relação contratual. Como bem mencionou Fabiana Rodrigues Barletta[41], "o projeto nega os fatos porque, evidentemente o aumento da inflação, a variação cambial, a desvalorização ou a substituição do padrão monetário se ocorrerem no momento dessa crise sanitária inesperada e furiosa merecem um olhar equitativo na medida do caso concreto".

7. CONCLUSÃO

Como base imprescindível do direito contratual e do funcionamento da economia de mercado, o princípio do *pacta sunt servanda* não pode ser lateralizado. A abordagem comparatista demonstra uma ampla divergência entre as possibilidades de adaptação e extinção do contrato em resposta a uma impossibilidade por força maior ou alteração de circunstâncias. Os princípios do UNIDROIT e PECL evidenciam um cenário equidistante, apesar de que a noção de "frustration" do direito inglês se aproxima em parte do exposto nos referidos instrumentos acadêmicos. Outrossim, a visualização de diferentes tratamentos jurídicos para a inserção da pandemia como causa de impossibilidade (força maior) ou alteração de circunstâncias (*hardship*) é apenas um palco para a exposição das amplas divergências na compreensão conceitual do que seja um contrato e de sua função social. Mais precisamente, no balanceamento entre justiça e segurança jurídica, o exame das repercussões contratuais do coronavírus revela as distintas visões sobre a relação entre a autonomia contratual e o poder judicial de redesenhar aquilo que a autodeterminação engendrou. A premissa básica é que as partes são livres para gerir os riscos contratuais. Porém, para além desse terreno comum, diversas soluções revelam diferentes atitudes perante o grau necessário de justiça contratual, vaticinando os obstáculos em se alcançar princípios e regras para um direito contratual comum.

Em uma economia de escala global, a dinâmica contratual cada vez mais foge ao controle dos parceiros contratuais. Um conceito internacional de alteração de circunstâncias e de impossibilidade fazem todo o sentido em momentos extremos, como o desta pandemia. Isto representa um segundo momento de alocação de riscos, por via de julgamentos, considerando que em ordenamentos mais rigorosos, empresas se sujeitam a falência e o risco dos contratantes se converte em um risco sistêmico. Uma regulamentação unitária intensifica a previsibilidade jurídica quanto a efeitos contratuais supervenientes, em benefício de juízes, árbitros e empresários ao redor do mundo, que cada vez mais dependem de um ambiente cooperativo.

---

41. BARLETTA, Fabiana Rodrigues. A revisão contratual e a pandemia do coronavírus. In MONTEIRO FILHO, Carlos Edison do Rêgo; DENSA, Roberta; ROSENVALD, Nelson. Coronavírus e responsabilidade civil. Indaiatuba: Foco, 2020.

8. REFERÊNCIAS

BANDEIRA, Paula Greco. *Contrato incompleto.* São Paulo: Gen/Atlas, 2015.

BARLETTA, Fabiana Rodrigues. *A revisão contratual e a pandemia do coronavírus.* In MONTEIRO FILHO, Carlos Edison do Rêgo; DENSA, Roberta; ROSENVALD, Nelson. Coronavírus e Responsabilidade civil. Indaiatuba: Foco, 2020.

CARTWRIGHT, John. *Contract law, And introduction to the English law of contract for the civil lawyer.* 3. Ed. Oxford: Bloomsbury, 2016.

FARNSWORTH Allan. *Farnsworth on contracts* Aspen Publishers: Aspen, 2004.

MIRAGEM, Bruno. *Fato do príncipe, responsabilidade civil e pandemia.* In, Migalhas de responsabilidade civil, colhido em 30.6.2020, www.migalhas.com.br.

MOMBERG, Rodrigo Uribe. *The effect of a change of circumstances on the binding force of contracts.* A commercial edition of this PhD thesis will be published by Intersentia in the Ius Commune Europaeum Series, no. 94 under ISBN 978-94-000-0222-7

MONTEIRO, Antonio Pinto. *O contrato na gestão do risco e na garantia da equidade.* Coimbra: Institvto Ivridico, 2015.

MONTEIRO FILHO, Carlos Edison do Rêgo. *Coronavírus e força maior.* In MONTEIRO FILHO, Carlos Edison do Rêgo, DENSA, Roberta; ROSENVALD, Nelson. *Coronavírus e Responsabilidade civil.* Indaiatuba: Foco, 2020.

NICHOLAS, Barry. *French law of contract,* 2. Ed, Oxford: Clarendon press, 1992.

RAMPAZZO, Flaviana; SANTOS, Romualdo Baptista. In *Indenização ao consumidor no âmbito do contrato de transporte aéreo, a teor da lei 14.034/20.* Extraído de www.migalhas.com.br, em 24.9.2020.

ROSENVALD, Nelson. *A responsabilidade civil pelo ilícito lucrativo.* Salvador: Juspodivm. 2019.

RÖSLER, Hannes, *The Max Planck Encyclopedia of European Private Law,* v. 1. Oxford: Oxford University press, 2012.

SCHWENZER, Ingeborg. *Exemption is case of force majeure and hardship* – CISG, PICC, PECL AND DCFR. In: NALIM Paulo; STEINER, Renata C; XAVIER, Luciana Pedroso (Coord) *Compra e venda internacional de mercadorias,* Curitiba, Juruá, 2014.

TALLON, D. *Supervening Events in the Life of Contract,* in H. BEALE, A. HARTKAMP, H. KÖTZ & D. TALLON (eds), Cases, Materials and Text on Contract Law, Oxford: Hart, 2002

TZIRULNIK, Ernesto, *Reflexões sobre o coronavírus e os seguros privados,* Texto preparado para a palestra proferida em 15/04/2020, no Ciclo de Palestras da Pandemia realizado pela Faculdade de Direito da UFRGS intitulado "O seguro, a crise e o coronavírus".

ZWEIGERT K.& KÖTZ, H. *An introduction to comparative law,* 3. Ed. Oxford: Oxford University Press, 1998.

CORONAVÍRUS E FORÇA MAIOR: CONFIGURAÇÃO E LIMITES

Carlos Edison do Rêgo Monteiro Filho

> Professor Titular e ex-coordenador do Programa de Pós-Graduação em Direito da Faculdade de Direito da UERJ. Doutor em Direito Civil e Mestre em Direito da Cidade pela UERJ. Procurador do Estado do Rio de Janeiro. Advogado e consultor em temas de direito privado. Presidente do Fórum Permanente de Direito Civil da Escola Superior de Advocacia Pública da Procuradoria-Geral do Estado do Rio de Janeiro (ESAP/PGE). Vice-presidente do IBERC (Instituto Brasileiro de Estudos da Responsabilidade Civil).

> **Sumário**: 1. Introdução – 2. Força maior, gradações da impossibilidade de prestar e requisitos na invocação da pandemia – 3. Força maior e autonomia privada – 4. Pandemia e atividade legislativa de emergência – 5. Conclusão – 6. Referências.

1. INTRODUÇÃO

Março de 2020. Espraia-se, em escala global, cenário distópico a alcançar indistintamente países de diferentes níveis de desenvolvimento. Fala-se logo de quadro comparável à chamada influenza espanhola (de 1918, que resultou na morte de 100 milhões de pessoas) ou à peste negra (do século XIV, que dizimou entre 75 e 200 milhões de pessoas).[1] Os impactos iniciais da pandemia da Covid-19, resultante do novo coronavírus que se alastrou a partir da cidade de Wuhan na China desde dezembro passado, alcançam em primeiro plano a saúde da população e, na esteira desta, as relações pessoais e econômicas que se travam no meio social (quando do fechamento da segunda edição já são mais de 45 milhões de pessoas infectadas em todo o mundo; na primeira edição, em abril de 2020, eram cerca de um milhão e meio de infectados).

A gravidade extrema e a extensão mundial da crise produzem incertezas entre os operadores do direito que, subitamente, viram-se desafiados a lidar com problemas dos mais variados matizes: escassez, violência doméstica, conflitos de vizinhança, crime de contágio, falsas notícias, tensões trabalhistas, descumprimento de contratos, dentre outros.[2]

Em meio ao cenário turbulento, o Estado assume o necessário protagonismo na coordenação das ações de enfrentamento ao vírus e adota medidas interventivas de variados graus na vida dos cidadãos e na economia dos diferentes países.

Seguindo tal ordem de considerações, o legislador brasileiro, visando a evitar ou, ao menos, a conter o caos que se avizinha, lança mão de pacotes normativos em regime

---

1. HARARI, Yuval Noah. Lições para uma pandemia. In: *O Globo*, Segundo Caderno, p.1, 24.03.2020.
2. Em 20 de março de 2020, é editado Decreto Legislativo nº 6, reconhecendo estado de calamidade pública no Brasil, para os fins do art. 65 da Lei Complementar nº 101/2000.

de emergência, com profundos impactos na disciplina da responsabilidade civil aquiliana e contratual. Calha destacar aqui a formulação de lei que institui "Regime jurídico emergencial e transitório das relações jurídicas de direito privado (RJET) no período da pandemia do Coronavírus (Covid-19)" – Lei nº 14.010, de 10 de junho de 2020.

Até porque, no plano do direito dos contratos, já se pode perceber que a mega crise produz descumprimentos em larga escala, a ocasionar situações caracterizadoras de mora e inadimplemento absoluto nos negócios em execução, as quais, por sua vez, engendrarão novos desafios a árbitros e magistrados no que tange à configuração de hipóteses de revisão, resolução, suspensão, prorrogação, renegociação etc.[3] O foco principal do presente artigo insere-se nesse contexto e dirige-se à configuração da hipótese de força maior como excludente de responsabilidade e seus limites, em função da ocorrência da lastimável pandemia.

2. FORÇA MAIOR, GRADAÇÕES DA IMPOSSIBILIDADE DE PRESTAR E REQUISITOS NA INVOCAÇÃO DA PANDEMIA

Não conduz a um único resultado o processo interpretativo dos efeitos provocados pelo novo coronavírus às relações contratuais. Com efeito, a depender da composição de interesses atingidos, no concreto programa contratual em análise, diversa será a qualificação do fato jurídico pandemia.[4] Assim, nos contratos de execução continuada ou diferida, a pandemia, embora por vezes não impossibilite a prestação, pode torná-la extremamente onerosa ao devedor, de modo a justificar a revisão ou resolução contratuais, ou mesmo a repactuação espontânea da avença pelas partes, em nome do princípio da conservação dos negócios;[5] em outros pactos, suas consequências poderão determinar tão somente a suspensão da execução do objeto da contratação, postergando os deveres de prestação para ulterior momento[6]; e ainda em outros tantos casos, o fato jurídico

---

3. Sobre o impacto dos momentos de crise na execução dos contratos, v. CORDEIRO, António Menezes. A crise e a alteração de circunstâncias. In: *Revista de Direito Civil*, a. 1, n. 1. Coimbra: Almedina, 2016.
4. Na explicação Pietro Perlingieri: "Ao mesmo fato histórico o direito pode atribuir uma pluralidade de qualificações, tomando-o em consideração em várias normas e para diversos fins. O fato 'granizo' pode adquirir relevância jurídica em relação a vários perfis. Um agricultor pode ter concluído um contrato de seguro contra danos decorrentes de granizo (art. 1882 ss. Cód. Civ.). Ao fato 'granizo' se coliga o dano assegurado e nasce a favor do agricultor o direito a ressarcimento por parte da empresa seguradora. O mesmo fato pode funcionar como pressuposto para o agricultor, na qualidade de arrendatário (art. 1615 ss. do Cód. Civ.), possa obter a redução do cânon do arrendamento segundo o art. 1635 Cód. Civ. Mas não só. O mesmo granizo, que pode ser de tal modo abundante que não permita a circulação sobre o terreno e impeça a colheita dos frutos ao credor, pode constituir uma hipótese de impossibilidade de adimplemento não imputável ao devedor-agricultor, liberatória (ainda que temporária) do débito (art. 1256 Cód. Civ.). A obrigação fica suspensa e volta a ter eficácia, presentes determinados requisitos, assim que o impedimento cessar". (PERLINGIERI, Pietro. *O direito civil na legalidade constitucional*. Trad. Maria Cristina de Cicco. Rio de Janeiro: Renovar, 2008, pp. 640-641).
5. A título ilustrativo da qualificação da pandemia da Covid-19, a doutrina e a jurisprudência têm debatido o fundamento da revisão judicial dos contratos. No contrato de locação, v.g., ora se indica o modelo da onerosidade excessiva, ora se aponta o caminho da interferência no exercício das faculdades de uso e fruição, sob os influxos da regra do art. 567 do Código Civil. Como expressão do reconhecimento da onerosidade excessiva, vale mencionar decisão da 22ª Vara Cível da Comarca de São Paulo que admitiu, durante o período de calamidade, a redução do valor do aluguel de imóvel comercial para 30% do montante pactuado originalmente. (TJSP, 22ª V.C., tutela cautelar antecedente no processo nº 10266645-41.2020.8.26.0100, julg. 02.04.2020).
6. Em tema de relações de trabalho, a pandemia do Covid-19 poderá gerar a suspensão do contrato por até sessenta durante o estado de calamidade pública, conforme dispõe o artigo 8º da Medida Provisória 936 de 1º de abril de 2020.

pandemia provocará a impossibilidade superveniente de execução da prestação[7], a configurar caso fortuito ou força maior, capazes de, por meio do rompimento do nexo de causalidade, afastar os efeitos do inadimplemento absoluto ou da mora do devedor na hipótese de incumprimento da obrigação.[8]

Nessa medida, o intérprete, ao valorar o fato jurídico pandemia à luz da síntese dos interesses sobre o qual incide em concreto, poderá identificar sua funcionalidade e qualificá-lo devidamente.[9] Em outras palavras, apenas tendo em mente a causa daquela relação jurídica, a função negocial aferida no dinamismo da relação, é que se pode delinear o exato efeito do fato jurídico (pandemia da Covid-19) sobre a base da avença em foco.[10]

Invocada a excludente pelo devedor que descumpre a obrigação, à indagação de a pandemia constituir força maior não se responde, como se vê, em unívoco. Claro que, dadas as dimensões superlativas do problema, o requisito da inevitabilidade muito provavelmente, na maioria dos casos, ter-se-á por cumprido (como se verá a seguir), muitas vezes por fato do príncipe. Porém, somente em concreto pode-se construir resposta adequada às circunstâncias de cada espécie. Nesse mister, faz-se alusão à enumeração aberta de fatores que precisam necessariamente ser tomados em consideração ao deslin-

---

7. Importante mencionar o entendimento de eminentes doutrinadores no sentido de equiparar à impossibilidade absoluta superveniente de prestação a dificuldade ou agravamento do ônus do devedor. Nessa linha, Ruy Rosado de Aguiar Júnior anota: "A impossibilidade 'definitiva' é a que inviabiliza para sempre a prestação, ou que somente pode ser prestada mediante esforço extraordinário". (AGUIAR JÚNIOR, Ruy Rosado de. *Extinção dos contratos por incumprimento do devedor*. Rio de Janeiro: AIDE Editora, 2003, pp. 99-100).
8. Para distinção funcional entre força maior e onerosidade excessiva, v. DANTAS, San Tiago. *Programa de direito civil*. vol. II. Rio de Janeiro: Rio, 1978, pp. 94-96: "Algumas vezes, circunstâncias imprevisíveis tornam a prestação impossível e, aí, não há dúvida, o devedor se dela exonera; mas, em outras essas mesmas circunstâncias imprevisíveis não tornam a prestação impossível, tornam-na de tal modo onerosa, que aquilo que o devedor prometera, por ser uma coisa razoável e correspondente ao seu interesse, na época em que a obrigação foi contraída, passa a se tornar para ele extremamente gravosa". E continua o autor: "sempre que, pela ação de circunstâncias fortuitas ou de força maior, a execução de uma prestação se tornar onerosa a um ponto em que as partes não poderiam absolutamente prever, no momento em que contrataram, pode o devedor pedir ao juiz que reajuste a obrigação".
9. A jurisprudência tem reconhecido a necessidade de análise do caso concreto para a qualificação do fato jurídico pandemia naquela específica relação. A título de exemplo, v. TJRJ, 24ª C.C., AI 0044496-17.2020.8.19.0000, Relª. Desª. Cintia Cardinali, julg. 05.08.2020: "Agravo de instrumento. Tutela antecipada requerida em caráter antecedente. Locação de containers. Pretensão de suspender a exigibilidade de pelo menos 50% do valor da locação, em razão da pandemia do coronavírus. Recurso manejado contra decisão que indeferiu a tutela antecipada em caráter antecedente. Recurso da parte autora, pelo seu deferimento, que merece prosperar em parte. (...) Os efeitos da pandemia sobre as relações jurídicas devem ser analisados à luz do caso concreto. Requerimento que visa suspender a exigibilidade parte do pagamento dos alugueres e não sua isenção. A agravante é empresa do comércio de varejo, Bagaggio, que teve suas lojas fechadas, em decorrência das medidas de isolamento social determinadas pelas autoridades públicas, na tentativa de conter o ritmo de contágio pelo coronavírus. Indubitável que o setor de varejo tradicional é um dos mais afetados pela pandemia. Abrupta interrupção da atividade econômica. Queda inesperada do Faturamento. Sopesando o impacto causado pelo atual cenário de força maior, absolutamente sem precedentes na história, inarredável o desequilíbrio entre as prestações decorrentes dos variados negócios jurídicos, em razão da onerosidade excessiva superveniente. (...) Recurso a que se dá parcial provimento, para determinar a suspensão da exigibilidade de 50% do valor da locação dos containers, nos meses de abril, maio e junho de 2020".
10. Para aprofundada análise da causa contratual, v. BODIN DE MORAES, Maria Celina. *A causa do contrato*. In: civilistica.com, a. 2, n. 4, 2013. V. também SOUZA, Eduardo Nunes de. De volta à causa contratual: aplicações da função negocial nas invalidades e nas vicissitudes supervenientes do contrato. In: *civilistica.com*, a. 8, n. 2, 2019, p. 13: "o grande diferencial de uma análise a partir da causa reside na possibilidade de superar os modelos rígidos da estrutura para afastar ou atrair certos efeitos jurídicos mais consentâneos com a função negocial de cada contrato em concreto – eis porque se afirma que apenas a causa, entendida como função de um negócio concreto, permite um adequado procedimento de qualificação".

de do caso em sua especificidade, divididos aqui em três blocos: (i) suporte fático, (ii) regramento contratual e, em particular, (iii) disciplina legislativa emergencial.

Quanto ao primeiro grupo, o intérprete deverá observar: o modo e o tempo em que os efeitos do ciclo epidêmico alcançam as prestações pactuadas; os possíveis meios alternativos de execução da prestação; os abalos do mercado em que se insere a atividade em análise; o eventual aumento do custo de insumos necessários à produção convencionada, ou sua possível substituição por equivalentes (cujo exemplo de destaque tem-se nas obrigações genéricas – art. 246, CC) etc. Do segundo, tomará em consideração a presença de cláusulas limitativas ou excludentes de responsabilidade; cláusulas de *hardship*; cláusulas de garantia; cláusulas de força maior; cláusulas penais; cláusula resolutiva expressa; cláusulas de mediação, conciliação e arbitragem; entre outras. Na síntese dialética fatualidade-normatividade (indissociáveis), o operador analisará os termos da estipulação contratual e sua natureza (contrato benéfico, paritário, de consumo), em meio às circunstâncias irrepetíveis que individualizam cada pactuação (eventual mora de uma ou de ambas as partes; os limites de sacrifício exigível do devedor), sem descurar da equação negocial no equilíbrio funcional do contrato.

O itinerário se completa com um terceiro fator a ser levado em conta no processo interpretativo, particularmente relevante no período pandêmico. Regimes legislativos emergenciais têm formulado políticas públicas que aportam benefícios às relações privadas, tais como empréstimo subsidiado, flexibilização do ambiente regulatório, subvenção de capital público, isenção fiscal, ou mesmo indenização securitária. Nesse quadrante, saber-se se um dos contratantes recebeu vantagem direta ou indireta constitui variável *sine qua non* na apreciação funcional do caso, sob pena de enriquecimento sem causa (CC, art. 884) – situação ordinariamente normatizada em ordenamentos europeus que a denominam *commodum* de representação.[11]

No ordenamento brasileiro, o *caput* do artigo 393 do Código Civil indica a regra geral das hipóteses de caso fortuito e força maior: a isenção de responsabilidade do devedor pelos prejuízos sofridos pelo credor decorrentes do incumprimento involuntário. Trata-se de hipóteses de exclusão de responsabilidade que – diferentemente da legítima defesa, do estado de necessidade e do exercício regular do direito, aptos a afastar a culpa – atuam no âmbito do nexo de causalidade provocando seu rompimento,[12] alheio à vontade do devedor, na cadeia normal de acontecimentos, razão pela qual caso fortuito e

---

11. CORDEIRO, António Meses. *Tratado de direito civil*: direito das obrigações, vol IX. 2ª ed. Coimbra: Almedina, 2016, pp. 352-362

12. O estudo de doutrina clássica faz notar que, originalmente, identificaram-se os eventos de caso fortuito ou de força maior como excludentes de culpabilidade e não de causalidade, o que pode ser explicado pelo fato de que "la teoría de la relación de causalidad no fue desarrollada por los civilistas clásicos, quizá porque trasegaron el equívoco concepto de *faute*, que implica no sólo a la culpa, sino también al incumplimiento, e inclusive a la própria relación causal. 'La noción de causalidad permaneció durante siglos dejada de lado', y en el Derecho Civil 'apenas si tal materia comienza a configurarse como um problema a principios del siglo'". Tradução livre: "a teoria do nexo de causalidade não foi desenvolvida pelos civilistas clássicos, talvez porque assimilaram o equívoco conceito de *faute*, que implica não só a culpa, mas também o fato do descumprimento e inclusive o próprio nexo causal. 'A noção de causalidade permaneceu durante séculos deixada de lado', e, no direito civil, 'tal matéria começa a se mostrar como uma questão apenas no princípio do século'". (ALTERINI, Atilio A.; CABANA, Roberto M. Lopez. *Derecho de daños* (y otros estudios). Buenos Aires: La Ley, 1992, p. 156).

força maior mostram-se eficientes mesmo em ambientes de responsabilidade objetiva.[13] A finalidade essencial do instituto, portanto, consiste no livramento de responsabilidade do devedor que deixa de cumprir sua obrigação por fator estranho à sua conduta ao longo do processo obrigacional. Trata-se da mais intensa forma de exoneração do devedor, com efeitos virulentos sobre a relação contratual.

Tal não significa, no entanto, que eventual impossibilidade de prestação será sempre causa de extinção da obrigação, vez que, quando não se estiver diante de termo essencial, de impossibilidade permanente da prestação ou de sua inutilidade para o credor em momento futuro, a solução adequada poderá ser a prorrogação de prazo para pagamento, com manutenção dos deveres de execução.[14] A impossibilidade de cumprimento do dever de prestar parece apresentar, no rigor técnico, diferentes graus de incidência na concreta relação negocial. Pondo-se em escala, em primeiro plano tem-se a impossibilidade subjetiva em obrigações fungíveis, a resultar no simples desempenho da prestação por terceiro, substituto do devedor, às expensas deste (CC, art. 249); nas infungíveis, passo adiante, aflora o debate do *limite de sacrifício/exigibilidade* impostos ao devedor, à luz dos princípios contratuais contemporâneos. Em seguida, passa-se às impossibilidades temporárias, as quais, por atuarem como *fatores de diferimento de eficácia*, podem indicar redução da contraprestação, prorrogação de prazos, ou eventualmente suspensão de pagamento. Em grau adiante, encontram-se as impossibilidades parciais que, a depender da gravidade, à luz e em função do interesse útil do credor, podem sinalizar distintas consequências, desde a redução do programa contratual à parte aproveitável (CC, art. 184) até a revisão (CC, art. 317), ou mesmo a resilição, e a resolução dos contratos (CC, art. 478). E, finalizando a gradação, destaca-se a impossibilidade definitiva, apta a exonerar o devedor, libertando-o de todas as consequências do inadimplemento (CC, art. 393).[15]

---

13. "Na verdade, a previsão da responsabilidade do produtor garantiu que se ultrapassasse o estrito domínio contratual, viabilizando que o consumidor/adquirente de um bem que, por causa de um defeito que ele contivesse, sofresse danos demandasse o fabricante e não apenas o fornecedor direto, ao mesmo tempo que permitiu afastar a necessidade de prova do desvalor objetivo de cuidado, sempre difícil de apurar pela intermediação dos diversos agentes do circuito produtivo. Mas nem por isso arredou a exigência quer da prova do defeito, quer da prova da causalidade entre aquele e o dano gerado". (BARBOSA, Mafalda Miranda. Responsabilidade civil do produtor e nexo de causalidade: breves considerações. In: *FIDES* – Revista de Filosofia do Direito, do Estado e da Sociedade, v. 8, n. 2, jul./dez. 2017, p. 173). No mesmo sentido, mas na doutrina brasileira: "Tradicionalmente, tem-se o fortuito por excludente da própria culpa e, por isso, da responsabilidade. Mais recentemente, no entanto, entende-se que é o nexo de causalidade que se rompe com a ocorrência do fortuito, por constituir 'causa estranha à conduta aparente do agente'. Afirma-se, nessa direção, que as excludentes de responsabilidade civil atuam no nexo causal. Daí porque, mesmo quando não se cogita de culpa, o caso fortuito exonera o obrigado". (TEPEDINO, Gustavo; BARBOZA, Heloisa Helena; BODIN DE MORAES, Maria Celina. *Código Civil interpretado conforme a Constituição da República*. Vol. I. Rio de Janeiro: Renovar, 2014, p. 711).
14. Carvalho Santos explicita com clareza a distinção: "Em regra, o caso fortuito ou a força maior é uma causa de irresponsabilidade, quer da inexecução completa e definitiva da obrigação, quer da simples mora. O que é preciso esclarecer, entretanto, é que, no caso da mora, o devedor não fica dispensado da execução, por isso que se o devedor devido ao caso fortuito ou força maior, não pôde cumprir a obrigação, esta nem sempre se extingue". (SANTOS, João Manuel de Carvalho. *Código civil brasileiro interpretado, principalmente do ponto de vista prático*. Vol. XIV. 12ª ed. Rio de Janeiro: Freitas Bastos, 1989, pp. 237-238).
15. Clóvis do Couto e Silva analisa as diferentes consequências jurídicas da impossibilidade de prestação variáveis de acordo com sua natureza absoluta ou relativa, com o momento de sua ocorrência, se inicial ou superveniente, e com a culpabilidade do devedor. (SILVA, Clóvis do Couto e. *A obrigação como processo*. Rio de Janeiro: Editora FGV, 2006, pp. 98-105).

Durante o período de surto da Covid-19, a rigor, pululam casos em que se aventa a prorrogação do prazo de cumprimento da obrigação em razão da incidência da pandemia como força maior. Devido à orientação preconizada pela Organização Mundial de Saúde (OMS) – secundada por nosso Ministério da Saúde – de distanciamento social, diversos empreendimentos foram suspensos diante da impossibilidade de cumprimento, como os relativos a setores da construção civil e do segmento de serviços. Em casos tais, empreiteiros e prestadores de serviço não se isentam de finalizar as prestações para as quais foram contratados, mas terão prorrogados o prazo de entrega para quando for possível a partir da retomada dos trabalhos. Do mesmo modo, instituições de ensino que suspenderam atividades presenciais ainda têm a obrigação de fornecer o conteúdo especificado no programa curricular contratado na íntegra, mas o cumprimento dessa prestação, a par do que se tiver desenvolvido em ambiente virtual, será exigível quando as atividades puderem ser reiniciadas sem risco. Mais raros, por outro lado, são os casos em que a pandemia da Covid-19 se mostra como caso fortuito ou força maior capazes de impossibilitar permanentemente a prestação e, portanto, exonerar o devedor, pois também mais raros são os prazos considerados essenciais. No ramo de entretenimento, diversos eventos foram cancelados sem que novas datas fossem designadas, havendo, no entanto, a Lei nº 14.046, de 24 de agosto de 2020, fruto da conversão da Medida Provisória nº 948 e que será objeto de análise detida adiante, estabelecido que os organizadores devem privilegiar a remarcação e a disponibilização de crédito ao consumidor em detrimento da restituição do valor pago de antemão[16].

Seja como for, para configuração do fortuito e da força maior, a doutrina costuma elencar determinados requisitos, também chamados elementos essenciais, a partir do comando normativo do parágrafo único do artigo 393, cujos termos são os seguintes: "o caso fortuito ou de força maior verifica-se no fato necessário, cujos efeitos não era possível evitar ou impedir".

O primeiro requisito consiste na *necessariedade* e se relaciona ao *modo de produção do fato impositivo em si*, que deve ser externo em relação à situação subjetiva das partes contratantes, as quais não concorrem para sua configuração. A pandemia da Covid-19 parece preencher o requisito da necessariedade, vez que se trata de acontecimento superveniente de origem externa à relação jurídica travada.

O segundo requisito, a *inevitabilidade*, sede de mais acirradas discussões, diz respeito aos *efeitos da ocorrência superveniente* na relação jurídica em concreto. Destarte, havendo meios de o devedor impedir que o fato necessário provoque efeitos prejudiciais na escorreita execução da prestação, deverá assim agir sob pena de ser reputado inadimplente.[17]

---

16. Competições esportivas, por sua vez, encontram-se suspensas aguardando o posicionamento de entidades e federações a respeito do caminho a ser tomado. Cogita-se de paulatinas extensões dos prazos de suspensão, bem como de retomada das atividades com portões fechados.
17. Há autores que incluem, ainda, a imprevisibilidade dentre os requisitos para a configuração de evento de caso fortuito ou de força maior, nesse sentido v. MULHOLLAND, Caitlin Sampaio. *A responsabilidade civil por presunção de causalidade*. Rio de Janeiro: GZ, 2009, p. 132). Em sentido diverso, Caio Mário da Silva Pereira sustenta: "a meu ver, a imprevisibilidade não é requisito necessário, porque muitas vezes o evento, ainda que previsível, dispara como força indomável e irresistível. A imprevisibilidade é de se considerar quando determina a inevitabilidade". (PEREIRA, Caio Mário da Silva. *Responsabilidade Civil*. 11ª ed. Atualizado por Gustavo Tepedino. Rio de Janeiro: Forense, 2016, p. 395).

Como mencionado anteriormente, a pandemia da Covid-19 parece que preencherá também o requisito da *inevitabilidade*, dado que os efeitos se projetarão na relação negocial independentemente da atuação diligente das partes em evitá-los ou atenuá-los, ressalvada alguma circunstância avaliada em concreto que indique o contrário[18].

O debate que aqui se trava, a rigor, para além do cumprimento estrito dos requisitos de deflagração das excludentes – *necessariedade* do fato e *inevitabilidade* dos efeitos – gira em torno do controle funcional do negócio em sua integralidade diante do grau da impossibilidade e da atuação das partes no mister de evitar ou minorar possíveis efeitos prejudiciais em cada situação jurídica subjetiva. Ganha relevo, em particular, a função de regra de conduta que emana do princípio da boa-fé objetiva, no controle dinâmico do processo obrigacional.[19] Tome-se o exemplo singelo dos diversos serviços que, com o advento da pandemia, passaram a ser prestados à distância. Nesses casos, embora medidas governamentais preventivas impeçam aglomerações, o não cumprimento da prestação por parte do devedor pôde ser evitado por meio do uso de meios alternativos de comunicação[20].

---

18. Caio Mário da Silva Pereira faz análise semelhante em relevante parecer a respeito da *necessariedade* do fato e da *inevitabilidade* de seus efeitos para caracterizar a Guerra do Golfo como evento de força maior hábil a impossibilitar o prosseguimento de determinado empreendimento no Iraque para cuja realização empreiteira brasileira fora contratada (PEREIRA, Caio Mário da Silva. *Contratos e obrigações*: pareceres de acordo com o Código Civil de 2002. Rio de Janeiro: Forense, 2011, p. 398).

19. "Sob essa ótica, apresenta-se a boa-fé como norma que não admite condutas que contrariem o mandamento de agir com lealdade e correção, pois só assim se estará a atingir a função social que lhe é cometida. Nesse campo, tem a boa-fé objetiva particularíssima operatividade em matéria de *resolução contratual*". (MARTINS-COSTA, Judith. *A boa-fé no direito privado*. São Paulo: Revista dos Tribunais, 2000, p. 457). A jurisprudência, aliás, tem cumprido importante papel no controle de abusividade nas hipóteses em que alguma das partes pretende aproveitar-se do cenário de pandemia para se ver livre ou reduzir a prestação contratada, veja-se: "Agravo de instrumento. Ação de revisão de contrato de locação residencial em razão dos efeitos da pandemia da Covid-19. Decisão que indeferiu a tutela provisória de urgência pleiteada para reduzir o valor do aluguel mensal em 50%. A obrigação assumida pela ora agravante é de pagar o aluguel pelo uso do imóvel objeto do contrato de locação residencial, aparentemente não atingido diretamente pelos efeitos da pandemia e das medidas governamentais tomadas para conter a propagação do novo Coronavírus, vez que permanece no bem locado, até mesmo por força das medidas de distanciamento social. Ademais, em sendo a ora agravante aposentada e os seus proventos de aposentadoria a sua única fonte de renda, não teve ela qualquer redução em seus ganhos mensais em razão da crise econômica decorrente da pandemia de Covid-19, não sendo plausível que eventual redução de jornada de trabalho de seus filhos maiores seja utilizada como fundamento para redução do valor devido ao locador a título de aluguel, visto que estes não constam como locatários no instrumento firmado e não fazem parte da relação processual. Concessão do provimento antecipado poderia produzir perigo de dano reverso, tendo em vista que a parte agravada pode ter sofrido impacto financeiro com a pandemia, suscetível de agravamento com a redução pretendida, pois o aluguel é renda esperada pelo locador, previsto no contrato firmado entre as partes, devendo ser mantido, por ora, o que foi entre elas acordado. Decisão mantida. RECURSO DESPROVIDO". E continua a relatora em seu voto: "Não obstante, a pandemia, como evento externo, irresistível e imprevisível, não deve ser tomada em abstrato para a partir daí irradiar seus efeitos para os contratos em geral, sem as considerações peculiares de cada situação concreta, pois o nosso ordenamento jurídico não permite abstrações.
   Relembre-se que o caso fortuito ou a força maior se relaciona à inexecução involuntária da prestação a extinguir a obrigação pela absoluta impossibilidade objetiva de seu cumprimento.
   O enquadramento da situação concreta como força maior depende da verificação da objetiva possibilidade de adimplemento da prestação, seja por impossibilidade de seu objeto ou do sujeito". (TJRJ, 27ª C.C., Agravo de Instrumento 0045364-92.2020.8.19.0000, Relª. Desª. Maria Luiza De Freitas Carvalho, julg. 26.08.2020).

20. João de Matos Antunes Varela avalia o debate teórico no plano da legislação portuguesa: "A doutrina do limite do sacrifício (*der Opfergrenze*), encabeçada por Brecht, Stoll e Heck, não é geralmente aceita noutros países, nem é perfilhada pela doutrina de longe dominante na literatura e na jurisprudência alemãs, pela perigosa incerteza e pelos inevitáveis arbítrios a que daria lugar a sua aplicação prática. E também pode considerar-se afastada pela nova lei civil portuguesa, que, eliminando intencionalmente os preceitos do anteprojeto Vaz Serra (direito das

Ainda, discussão interessante tem-se a respeito do conteúdo da inviabilidade de execução da prestação. Em posição rigorosa, Darcy Bessone sustenta que os requisitos (caracteres, na terminologia do autor) do caso fortuito ou força maior seriam "a) impossibilidade absoluta de execução, não se considerando como tal a simples dificuldade ou agravamento do ônus; b) ausência de culpa, o que significa que o evento deve ser, a um só tempo, imprevisível e inevitável".[21] Em contraponto, Orlando Gomes considera "*impossível*, do mesmo modo, a prestação que exige do devedor gasto absurdo, que o sacrificaria inteiramente, sujeitando-a a perda material intolerável", para em seguida arrematar que "é a inexigibilidade decorrente da agravação imoderada da prestação que se leva em conta para incluir a situação no conceito jurídico de impossibilidade".[22]

No que toca às relações regidas pelo Código de Defesa do Consumidor – e, a bem da verdade, a todos os casos sob regime de responsabilidade civil objetiva ou por risco – a questão do evento fortuito ou de força maior apresenta-se de maneira um tanto diversa.[23] Nessas relações, mostra-se relevante a distinção entre eventos que, embora *necessários* e de *efeitos inevitáveis* a ponto de serem caracterizáveis como excludentes, ligam-se diretamente à atividade desenvolvida pelo fornecedor e, em razão disso, são por ele assumidos; e eventos estranhos à sua atividade, por isso mesmo não abrangidos pelo risco inerente ao empreendimento.[24] Desse modo, apenas estes, denominados fortuito

---

obrigações) referentes ao caráter (custo ou peso) excessivo da prestação (art. 8º.), apenas alude ao artigo 790º à impossibilidade da prestação como causa extintiva da obrigação". (VARELA, João de Matos Antunes. *Das obrigações em geral*, vol. II. 7ª. Ed., Coimbra: Almedina, 1997, p. 69-70). Mário Júlio de Almeida Costa ressalta esta opção da lei civil portuguesa: "Estatui o nº1 do art. 790º que a obrigação se extingue quando, por causa não imputável ao devedor, ocorre impossibilidade objectiva da prestação. Mas só a impossibilidade absoluta libera o devedor e não a mera impossibilidade relativa (*difficultas praestandi*), que se traduz na simples dificuldade ou onerosidade exagerada da prestação, de ordem financeira, pessoal ou moral. Ao consagrar-se esta solução houve o manifesto propósito de impedir as incertezas e os riscos de arbítrio que podem resultar da orientação oposta". Todavia, o autor ressalva exceções na legislação portuguesa: "Em todo caso, a própria lei expressa algumas atenuações. Designadamente: a resolução ou modificação do contrato por alteração das circunstâncias (art. 437º); a substituição da restauração natural pela indemnização pecuniária, sempre que o interesse do credor não justifique a excessiva onerosidade daquela para o devedor (art. 566º, nº 1)" (COSTA, Mário Júlio de Almeida. *Direito das obrigações*, 12ª Ed. Coimbra: Almedina, 2013, pp. 1074-1075).

21. Darcy Bessone. *Do contrato*: teoria geral, 4ª ed., São Paulo: Saraiva, 1997, p. 198.
22. GOMES, Orlando. *Obrigações*. 17ª ed. Atualizado por Edvaldo Brito. Rio de Janeiro: Forense, 2008, pp. 176-178
23. Importante observar que o Código de Defesa do Consumidor não apresenta os eventos de caso fortuito ou de força maior como hipóteses de exclusão de responsabilidade, elencando, em seu artigo 12, § 3º, apenas a comprovação de que não colocou o produto no mercado, a comprovação da inexistência de defeito e a culpa exclusiva do consumidor ou de terceiro como formas de afastar a responsabilização. Isso não afasta, porém, a aplicabilidade dos institutos às relações consumeristas, vez que, mesmo quando aplicável o regime da responsabilidade objetiva, a presença do nexo de causalidade mostra-se fundamental para a imputação. Nesse sentido, leciona Sergio Cavalieri Filho: "o caso fortuito e a força maior, por não terem sido inseridos no rol das excludentes de responsabilidade do fornecedor, são afastados por alguns autores. Entretanto, essa é uma maneira muito simplista de resolver o problema, como é, também, aquela de dizer que o caso fortuito e a força maior excluem a responsabilidade do fornecedor porque a regra é tradicional no nosso direito". (CAVALIERI FILHO, Sergio. *Programa de responsabilidade civil*. 11ª ed. São Paulo: Atlas, 2014, p. 563). No mesmo sentido: "a regra no nosso direito é que o caso fortuito e a força maior excluem a responsabilidade civil. O Código, entre as causas excludentes de responsabilidade, não os elenca. Também não os nega. Logo, quer me parecer que o sistema tradicional, nesse ponto, não foi afastado, mantendo-se, então, a capacidade do caso fortuito e da força maior para impedir o dever de indenizar". (BENJAMIN, Antônio Hermen de Vasconcellos e. In: OLIVEIRA, Juarez de (coord.). *Comentários ao código de proteção ao consumidor*. São Paulo: Saraiva, 1991, p. 67).
24. A título de exemplo da qualificação da pandemia no âmbito da responsabilidade objetiva, veja-se o seguinte julgado: "RESPONSABILIDADE CIVIL – sentença de improcedência – recurso dos autores – transporte aéreo nacional – pandemia da Covid-19 – relação de consumo – fortuito externo – realocação dos autores no voo do

externo, alheios às práticas do fornecedor, possuem o condão de excluir responsabilidade, ao passo que os primeiros, chamados fortuito interno, ainda permitem a atribuição de responsabilidade ao agente.[25-26]

3. FORÇA MAIOR E AUTONOMIA PRIVADA

A parte final do *caput* do artigo 393, ao atribuir caráter dispositivo à regra geral de não responsabilização do devedor pelos prejuízos decorrentes de evento de caso fortuito ou de força maior, indica a possibilidade explícita de as partes preverem diversamente. Abre a legislação, desse modo, importante espaço para a distribuição de riscos contratuais por meio do exercício da autonomia privada pelos contratantes, que, de acordo com seus interesses em concreto envolvidos na negociação, poderão estabelecer equilíbrio funcional próprio àquele negócio independentemente do regime legal.[27] Na verdade, a matéria de riscos, responsabilidades e sua gestão encontra-se no seio da autonomia

---

dia seguinte – atraso de 17 (dezessete) horas do horário programado – pretensão ao reconhecimento de danos morais – impossibilidade – voo cancelado em pleno início da pandemia – deflagrado o caso fortuito externo, o que afasta a responsabilidade objetiva da companhia aérea – exegese dos arts. 393 e 734 do Código Civil – precedentes – fixação de honorários recursais – sentença mantida – recurso não provido". (TJSP, 15ª C. Dir. Priv., Apelação Cível 1005895-18.2020.8.26.0003; Rel. Des. Achile Alesina, julg. 19.10.2020)

25. "Com a entrada em vigor da necessidade de proteção aos direitos do consumidor, foi criada uma teoria que, mesmo em situação de responsabilidade objetiva, pudesse, ainda mais, favorecer a necessidade de reparação que passou a andar de mãos dadas à crescente complexidade de relações sociais. Era a teoria do fortuito interno. Foram, portanto, estabelecidas situações que o nexo de causalidade não poderia ser rompido. Assim, danos que tivessem sua origem dentro do círculo de proteção da empresa não teriam o condão de afastar o nexo, o que, por consequência, manteria intacto o dever reparatório". (CORRÊA, Thiago Pinheiro. Considerações sobre a teoria do fortuito externo. In: *Revista Trimestral de Direito Civil*, v. 52, out./dez. 2012, p. 157).

26. Em anotação final neste ponto, de se sublinhar que, muito embora civilistas clássicos tenham se digladiado na busca da diferenciação conceitual entre caso fortuito e de força maior (para análise detalhadas das diferentes teorias a respeito da distinção entre caso fortuito e força maior, v. SANTOS, João Manuel de Carvalho. *Código civil brasileiro interpretado, principalmente do ponto de vista prático*. Vol. XIV. 12ª ed. Rio de Janeiro: Freitas Bastos, 1989, pp. 230-238), o direito positivo brasileiro afasta qualquer distinção funcional entre elas: ambas afastam a responsabilidade do devedor por eventuais prejuízos sofridos pelo credor em decorrência de impossibilidade de cumprimento alheia à sua vontade, o que justifica o tratamento unitário, pois, como vaticinava San Tiago Dantas: "esta regra é inflexível nos estudos da dogmática cível: não tem interesse prático, logo não tem interesse teórico" (DANTAS, San Tiago. *Programa de direito civil*. vol. II. Rio de Janeiro: Rio, 1978, p. 94). De todo modo, a revelar as dimensões da controvérsia, calha consignar que, segundo Carvalho de Mendonça, desde o Direito Romano, o caso fortuito dizia respeito à imprevisibilidade, enquanto a força maior tocava à invencibilidade (MENDONÇA, Manoel Ignácio Carvalho de. *Doutrina e prática das obrigações*, vol. II, 2ª ed., Rio de Janeiro: Francisco, 1956, p. 36-37). Clóvis Bevilaqua por sua vez, sustentava que o fortuito se relacionava com as forças da natureza, ao passo que a força maior teria a participação do homem (BEVILAQUA, Clovis. *Código Civil dos Estados Unidos do Brasil comentado*, vol. IV, 10ª ed. Rio de Janeiro: Francisco Alves, 1955, p. 173). Carvalho Santos, entretanto, lembrou que alguns doutrinadores já sustentaram exatamente o contrário (SANTOS, João Manuel de Carvalho. *Código Civil Brasileiro Interpretado*. Vol. XIV. 12ª ed. Rio de Janeiro: Freitas Bastos, 1989, p. 232). Hoje, há certa prevalência da noção de que o fortuito pressupõe imprevisibilidade, enquanto a força maior exige inevitabilidade. Haveria força maior quando um evento fosse inevitável, mesmo que previsível (v., por todos, CAVALIERI FILHO, Sergio. *Programa de Responsabilidade Civil*, 11ª ed. São Paulo: Atlas, 2014, p. 89).

27. António Almeida observa: "No *iter contratual*, isto é, no processo de celebração dos contratos, antes do apelo à liberdade contratual, as partes poderão lançar mão de liberdades precedentes". E, após abordar a liberdade de escolha entre contratar e não contratar e a liberdade de escolher com quem contratar, continua o autor: "Por sua vez, a liberdade de estipulação ou de negociação da substância contratual prende-se com a possibilidade conferida aos contratantes de arquitectar o conteúdo do negócio bilateral". (ALMEIDA, António. Cláusulas contratuais gerais e o postulado da liberdade contratual. In: *Lusíada*: revista de ciência e cultura (série de direito), n. 2. Coimbra: Coimbra Editora, 1998, p. 285).

privada, cabendo precipuamente às partes contraentes o modo pelo qual decidem se autorregular. A quem se imputarão riscos, a troco de que, é decisão que compete aos autores de cada negócio, na elaboração do concreto regulamento de interesses, e não ao legislador ou ao juiz.

Diversos são os instrumentos à disposição da autonomia privada funcionalizados à distribuição de riscos, merecendo destaque nesta passagem a cláusula de *hardship*, a cláusula resolutiva expressa e a cláusula limitativa ou excludente de responsabilidade. Cada uma apresenta solução própria para a hipótese de efetivação de riscos supervenientes que dificultem ou impossibilitem a execução do contrato.

A cláusula de *hardship*, comum em contratos internacionais, propõe-se a lidar com o risco de eventos que afetem significativamente a economia contratual tornando a execução excessivamente onerosa para uma ou para ambas as partes. O remédio por essa cláusula proposto consiste em dever de renegociação do contrato sempre que sobrevier situação aflitiva e, no caso de impossibilidade de novo acordo, em revisão ou resolução por um árbitro.[28] Nesse sentido, a função precípua da cláusula de *hardship* parece ser a distribuição equânime, entre as partes, dos riscos supervenientes, de modo que nenhuma delas se mostre excessivamente prejudicada na hipótese de evento futuro (*hardship*) afetar a comutatividade, o equilíbrio econômico do negócio.[29]

A cláusula resolutiva expressa, por seu turno, permite a assunção, por um dos contratantes, de responsabilidade decorrente de eventos ordinariamente abarcados pela teoria do risco[30]. Embora, de modo geral, dita cláusula apresente como suporte fático a inexecução culposa da obrigação contratual, nada impede que, no âmbito de contratos paritários, abranja a impossibilidade de prestação decorrente de caso fortuito ou de força maior. Como consequência, no bojo de negócio firmado por partes equipolentes, a administração das consequências de evento superveniente, inevitável e necessário, permite transmutar o que seria risco econômico extraordinário em risco de inadimplemento, de modo que, o devedor, a princípio eximido de arcar com os prejuízos gerados pela deflagração do acontecimento, passa a por eles responder[31].

Por fim, as cláusulas limitativas ou excludentes de responsabilidade[32] têm por escopo restringir ou suprimir a indenização à qual o causador do dano estaria sujeito em caso

---

28. TEPEDINO, Gustavo; KONDER, Carlos Nelson; BANDEIRA, Paula Greco. *Fundamentos do direito civil*: contratos. Rio de Janeiro: Forense, 2020, p.136.
29. Nessa direção, uma das funções atribuídas por Judith Martins-Costa à cláusula em referência consiste na "repartição, entre os contratantes, dos custos resultantes do evento superveniente e incerto, de modo que a etapa da renegociação permite às partes acordar sobre essa repartição do ônus, por si mesmas, ou através de um terceiro, que a arbitrará". (MARTINS-COSTA, Judith. A cláusula de *hardship* e a obrigação de renegociar nos contratos de longa duração. In: *Revista de Arbitragem e Mediação*. Ano 7, n. 25, abr.-jun. 2010, p. 20).
30. A respeito do tema, v. TERRA, Aline de Miranda Valverde; BANDEIRA, Paula Greco. A cláusula resolutiva expressa e o contrato incompleto como instrumentos de gestão de risco nos contratos. In: *Revista Brasileira de Direito Civil*. Vol. 6, out/dez 2015.
31. Confira-se, nessa direção, a tese de TERRA, Aline de Miranda Valverde. *Cláusula resolutiva expressa*. Belo Horizonte: Fórum, 2017, p. 89.
32. Sobre o tema, v. CASTRO, Diana Loureiro Paiva. *Potencialidades funcionais das cláusulas de não indenizar*: releitura dos requisitos tradicionais de validade. Dissertação de mestrado. Rio de Janeiro: FDir UERJ, 2018, p. 25.

de descumprimento[33] e representam, assim, mecanismo excepcional de mitigação do princípio da reparação integral.[34] Tais como a disposição que fixa valor de teto indenizatório, a que restringe o ressarcimento a um tipo de dano e a de não indenizar, podendo os contraentes, no exercício da autonomia privada, atendidos os respectivos requisitos de validade, moldá-las de acordo com os interesses em jogo no caso concreto.[35] Em particular, destaque-se a possibilidade de, por meio de cláusula limitativa ou excludente de responsabilidade, estabelecer-se teto reparatório ou exoneração do devedor em relação às hipóteses de caso fortuito e força maior que não geram efeito liberatório por determinação legal, como nas previsões dos artigos 246 e 399 do Código Civil.[36]

Assim, embora as três convirjam na finalidade de permitir à autonomia privada a distribuição de riscos entre os contratantes, cada uma possui função específica em razão da esfera de alocação do risco do negócio: a cláusula de *hardship* aponta para o dever de renegociação; a resolutiva expressa, para eventos aptos ao desfazimento do negócio; e as de não indenizar (como gênero), para a reparação por perdas e danos. Em tempos de globalização da economia e de desterritorialização da produção, vislumbram-se redes mundiais e interdependentes de contratos que se mostram extremamente vulneráveis à superveniência de eventos – locais ou globais – capazes de gerar danos a toda a cadeia produtiva.[37] Nesse sentido, a fim de se evitarem os efeitos nocivos de eventuais conflitos, mostra-se recomendável a inclusão, nos contratos, de cláusulas de distribuição de riscos e responsabilidades, devendo as partes optar por aquela ou aquelas que melhor sirvam

---

33. "(...) l'accord est également susceptible de seconclure avant la réalisation du dommage; le future responsable et la victime éventuelle prévoient le dommage; ils en déterminent d'avance les conséquences, substituant aux règles légales des règles conventionnelles". Tradução livre: "(...) o acordo é igualmente possível de ser celebrado antes da ocorrência do dano; o futuro responsável e a vítima eventual preveem o dano e determinam a sua consequência de antemão, substituindo as regras legais por regras convencionais" (MAZEAUD, Henri et León; MAZEAUD, Jean; CHABAS, François. *Leçons de droit civil*.t. II. v. I. Paris: Montchrestien, 1976, p. 759). V. tb. "(...) quand les conventions ont pour object, ce qui est beaucoup plus fréquant, de supprimer la responsabilité. Ces conventions d'irresponsabilité (...) ont pris une extension considérable dans la pratique des affairs". Tradução livre: "(...) quando os acordos têm por objeto, o que é muito mais frequente, suprimir a responsabilidade. Essas convenções de irresponsabilidade (...) ganharam um espaço considerável nas práticas negociais" (CARBONNIER, Jean. *Droit civil*. t. 4. Paris: Presses Universitaires de France, 1956, p. 327).
34. Sobre o tema, seja consentido remeter a MONTEIRO FILHO, Carlos Edison do Rêgo. Limites ao princípio da reparação integral no direito brasileiro. In: *civilistica.com*, a. 7, n. 1, 2018.
35. Para exposição das diversas modalidades de cláusulas limitativas ou excludentes de responsabilidade, v. DIAS, José de Aguiar. *Da responsabilidade civil*. 11ª ed. Atualizada por Rui Berford Dias. Rio de Janeiro: Renovar, 2006, pp. 914-918.
36. Exemplos de regras legais de imputação de responsabilidade afastáveis pela vontade das partes são a prevista artigo 246 do Código Civil, segundo a qual "antes da escolha, não poderá o devedor alegar perda ou deterioração da coisa, ainda que por força maior ou caso fortuito"; e a do artigo 399, que não exime o devedor em mora de responder pela impossibilidade de prestação decorrente de caso fortuito ou de força maior, salvo se provar isenção de culpa, ou que o dano sobreviria ainda quando a obrigação fosse oportunamente desempenhada.
37. Conforme noticiou a revista britânica The Economist em sua edição de 15 de fevereiro de 2020, época em que o vírus Covid-19 ainda se mostrava restrito à Ásia, diversas atividades, em várias partes do mundo, já se viam afetadas pelo surto, a demonstrar a vulnerabilidade da economia globalizada diante de eventos fortuitos ou de força maior mesmo que de escala local: "A Hyundai suspendeu parte de sua linha de montagem de carros na Coreia do Sul por falta de peças. O mesmo fez a Nissan, no Japão. O Facebook parou de aceitar pedidos pelos seus novos óculos de realidade virtual e a Nintendo atrasou o envio de aparelhos de videogame. A Foxconn, fabricante de smartphones para Apple e Huawei, reabriu suas fábricas, mas apenas com o número mínimo de funcionários" (tradução livre). (Viral slowdown. In: *The Economist*. February 15th-21st 2020).

à organização de seus interesses em concreto.[38] Diante da incapacidade de o legislador solucionar satisfatoriamente impasses surgidos nos mais diversos e complexos ajustes de interesses, assume a autorregulação papel central na remediação de inconvenientes futuros. A Lei nº 13.874/2019 (Lei da Liberdade Econômica), nesse sentido, buscou revalorizar a autonomia privada, a apresentar, dentre seus princípios, a liberdade como garantia no exercício de atividades econômicas, e a introduzir no Código Civil previsões como a do artigo 421-A, inciso II, segundo o qual "a alocação de riscos definida pelas partes deve ser respeitada e observada", e, na parte geral do Código Civil, disposição que autoriza às partes a livre pactuação de "regras de interpretação, de preenchimento de lacunas e de integração dos negócios jurídicos diversas daquelas previstas em lei"[39].

A distribuição de riscos, no entanto, não se dá ao alvedrio absoluto das partes. A autonomia privada não pode ser tomada como postulado, mas sim será merecedora de tutela em função da conformidade aos princípios e valores do ordenamento, a partir do comando constitucional.[40]

Adquire relevo na atividade interpretativa em função aplicativa a tarefa de efetuar distinções. O operador do direito não pode descurar aqui da natureza dos valores e interesses em jogo. Evidentemente que, na verificação das disposições negociais acerca da repartição de riscos e responsabilidades, deverá distinguir entre contratos paritários e desiguais; entre vulnerabilidade patrimonial e existencial; entre bens e direitos disponíveis e indisponíveis; entre titularidades públicas e privadas; entre pessoas jurídicas e naturais; entre contratos de adesão ou de livre negociação e assim por diante. Ademais, deve pautar-se pela observação das cautelas previstas em lei. Nesse sentido, o *caput* do artigo 393 do Código Civil, como corolário dos princípios da boa-fé objetiva e da solidariedade social, exige que a assunção do risco de fortuito e de força maior seja expressa.[41]

A distribuição de riscos pela autonomia privada não pode, também, afastar normas de ordem pública, como o Código de Defesa do Consumidor, que, com o fim de corrigir

---

38. António Menezes Cordeiro anota que "a vontade das partes pode atuar, nas alterações de circunstâncias, por várias vias". O autor divide essa atuação em três grupos: (i) em primeiro lugar, a interpretação idônea da vontade das partes deve indicar a função exercida por determinada cláusula no contexto negocial, de modo que, por exemplo, a indexação das prestações ao valor do ouro fino com o objetivo precaverem-se as partes da desvalorização monetária não deve produzir a modificação do valor das prestações em caso de aumento inesperado do valor do ouro, vez que jamais foi a intenção das partes especular com essa indexação; (ii) num segundo grupo, a vontade das partes pode ter, expressamente, indicado um regime jurídico excepcional aplicável ao contrato na hipótese de efetivação de eventos supervenientes, o que o autor denomina de adoção expressa da *clausula rebus sic stantibus*; (iii) e, em terceiro lugar, observa o autor que pode a vontade das partes modificar o regime legal para atribuir a uma delas a assunção de determinado risco". (CORDEIRO, António Menezes. A crise e a alteração de circunstâncias. In: *Revista de Direito Civil*, a. 1, n. 1. Coimbra: Almedina, 2016, pp. 22-24).
39. O § 2º do art. 113 do Código Civil, introduzido pela Lei da Liberdade Econômica, estabelece: "As partes poderão livremente pactuar regras de interpretação, de preenchimento de lacunas e de integração dos negócios jurídicos diversas daquelas previstas em lei".
40. "É preciso verificar se tais liberdades encontrem efetiva confirmação na teoria dos atos, em razão da fisionomia que esta assume diante dos princípios gerais do ordenamento. É a partir de tais princípios que se extrai a valoração do merecimento de tutela para a autonomia negocial: a autonomia, portanto, não é um valor em si". (PERLINGIERI, Pietro. *O direito civil na legalidade constitucional*. Trad. Maria Cristina de Cicco. Rio de Janeiro: Renovar, 2008, p. 342).
41. Discute-se a compatibilidade entre a cláusula de assunção de risco e o contrato de adesão. Geralmente neste ponto redobram-se cautelas, de modo que, além de devidamente informado, deve necessariamente o aderente ter anuído de maneira expressa.

o desequilíbrio natural existente na relação consumerista, reputa nulas cláusulas que "impossibilitem, exonerem ou atenuem a responsabilidade do fornecedor". Em casos justificáveis e que o consumidor seja pessoa jurídica, a indenização poderá ser *limitada* (CDC, art. 51, inciso I e 25, *caput*).[42]

Acrescente-se, ainda, que apenas os *riscos patrimoniais* podem ser distribuídos pela autonomia privada, pois admitir que a vítima assuma potenciais *riscos existenciais* que fossem objeto de barganha durante a negociação representaria manifesta violação à dignidade da pessoa humana (CRFB, art. 1º, inciso III).[43]

Além disso, a distribuição de risco entre os contratantes deve-se dar de molde a garantir o *equilíbrio funcional* da relação jurídica em concreto, com fundamento no princípio da solidariedade social (CRFB, art. 3º, inciso I). Tal equilíbrio é aferido em perspectiva dinâmica, à luz da complexidade da relação em sua inteireza e para além de sua caracterização econômica, cuja vertente mais comum diz respeito aos binômios clássicos preço-serviço ou preço-coisa.[44] Desse modo, para que a distribuição de riscos pela autonomia privada seja merecedora de tutela à luz dos valores do ordenamento, fundamental que a equação contratual, a abranger o conjunto global de interesses envolvidos naquela relação em concreto (independentemente do mérito de se ter efetivado uma melhor ou pior negociação), respeite os parâmetros de razoabilidade e proporcionalidade, a fim de promover relações contratuais efetivamente justas, no sentido de repelirem o *desequilíbrio disfuncional*.[45-46]

---

42. Segundo o professor Arnoldo Wald, a exceção que permite cláusula limitativa ou excludente de responsabilidade tem perfeita justificativa, pois: "assim como nas relações de transporte, as relações de consumo se mostram, na maioria das vezes, desequilibradas, vindo a legislação a proteger o consumidor hipossuficiente, como forma de dotar a relação jurídica da necessária paridade de armas. Tal desequilíbrio, em relações envolvendo pessoas jurídicas, é menos acentuado, e quiçá inexistente, daí a permissão legal". (WALD, Arnoldo. A cláusula de limitação de responsabilidade no direito brasileiro. In: *Revista de Direito Civil Contemporâneo*, n. 2, v. 4, jul.-set. 2015, p. 135).
43. CASTRO, Diana Loureiro Paiva. *Potencialidades funcionais das cláusulas de não indenizar*: releitura dos requisitos tradicionais de validade. Dissertação de mestrado. Rio de Janeiro: FDir UERJ, 2018, p. 66.
44. Sobre a importância da análise do risco na contratualística contemporânea, v. "Falar hoje de 'riscos' na esfera dos contratos significa ampliar a questão de modo a encará-los conexos ao fato de contratar e à operação contratual, no seu conjunto" (FEITOSA, Maria Luiza P. Alencar. As relações multiformes entre contrato e risco. *Revista Trimestral de Direito Civil*, v. 23, 2005, p. 37).
45. Ana Prata faz interessante análise a respeito da funcionalização da autonomia privada e dos interesses por ela veiculados por meio da análise de sua dignidade a partir de critérios supraindividuais: "posta em causa a concepção da vida econômica como resultado automático da actividade dos sujeitos, e a consequente ideia de que ao negócio bastava assegurar a liberdade para que um equilíbrio óptimo de interesses se realizasse, começa-se a pensar que o negócio há-de servir essa função, mas já não automaticamente, antes dirigida ou controladamente. Porque a liberdade não é suficiente para que as necessidades de todos sejam satisfeitas, passa-se a pensar o produto dessa liberdade, o negócio, como instrumento de realização dos interesses privados e não como afirmação da liberdade". E continua a autora: "Essa reconstrução, que se manifesta na generalidade das ordens jurídicas actuais, radica, como Francesco Lucarelli demonstra, na utilização do conceito de interesse como elemento básico do sistema jurídico privado – 'o papel da vontade individual fica subordinado à apreciação normativa, que está legitimada para decidir quais as representações subjectivas que devem entender-se como merecedoras de tutela'. A juridicidade do acto ou da relação afere-se pela dignidade do interesse em causa, e o juízo sob essa dignidade é um juízo normativo informado por critérios supraindividuais". (PRATA, Ana. *A tutela constitucional da autonomia privada*. Coimbra: Almedina, 2016, pp. 23-24).
46. A título ilustrativo, caso paradigmático a respeito do equilíbrio funcional da relação jurídica em que inserida cláusula excludente do dever de indenizar tem-se na emblemática decisão Chronopost, julgada pela Corte de Cassação Francesa em 1996. Na espécie, a transportadora, especializada em entrega rápida, havia se comprometido a entregar dois envelopes encaminhados pela sociedade Banchereau para participação em processo licitatório até o dia seguinte da postagem. A obrigação, contudo, restou inadimplida pela Chronopost, a impedir a participação

4. PANDEMIA E ATIVIDADE LEGISLATIVA DE EMERGÊNCIA

Eventos extraordinários, de guerras e calamidades públicas, frequentemente associados a períodos de crise econômica, de modo geral demandam proatividade do Poder Público. Estados que, em período de normalidade, atuam em posição de incentivador, orientador ou regulador das atividades privadas, reservando-se apenas a titularidade de serviços essenciais, diante de calamidades passam a intervir forte e radicalmente no mercado, muitas vezes tornando-se verdadeiros agentes econômicos. Exemplos históricos não faltam, desde o *New Deal*, passando pelo Plano Marshall e pelas medidas governamentais após a crise de 2008, até se chegar à atual crise decorrente da pandemia do coronavírus, todos casos em que a intervenção do Poder Público se mostrou imperativa a fim de evitar ou amenizar efeitos desastrosos para a sociedade. Como consequência, surgem legislações excepcionais com o fito de responder às demandas contingenciais e, assim, reequilibrar o quadro econômico e social.[47]

Esse é justamente o fenômeno que se verifica no Brasil e em praticamente todos os países do mundo no presente momento. Despontam iniciativas legislativas a regular os efeitos da pandemia nas mais diversas esferas da vida, sejam de direito público ou privado. Na Espanha, o Real Decreto-ley 11/2020, de 31 de março de 2020, estabelece medidas de apoio a trabalhadores, consumidores, famílias e coletivos vulneráveis, além de também conter previsões de proteção às indústrias.[48] Em Portugal, dentre outros diplomas legislativos, destaca-se o Decreto-Lei nº 10-J/2020, de 26 de março de 2020, que trata de moratórias excepcionais para proteção do crédito de famílias, empresas, instituições particulares de solidariedade social e demais entidades da economia social durante o período de calamidade provocado pelo coronavírus. Também em Portugal, a Lei n.º 1-A/2020, posteriormente modificada pela Lei n.º 4-A/2020, de 6 de abril de 2020, em seu artigo 8º, suspendeu a produção de efeitos das denúncias de contratos de locação

---

da Banchereau na licitação. A empresa, então, ingressou em juízo pleiteando a reparação de danos sofridos em face da transportadora, a qual alegou em sua defesa cláusula prevista no contrato que restringia sua responsabilidade à devolução do preço do transporte. Ao enfrentar a hipótese, a Corte de Cassação invalidou a convenção de não indenizar, por considerar que esta privava o negócio de efeitos, desequilibrando a relação. Para uma abordagem exauriente do caso, ver, por todos, v. CASTRO, Diana Loureiro Paiva. *Potencialidades funcionais das cláusulas de não indenizar*: releitura dos requisitos tradicionais de validade. Dissertação de mestrado. Rio de Janeiro: FDir UERJ, 2018, p. 118.

47. TEPEDINO, Gustavo. Premissas metodológicas para a constitucionalização do direito civil. In: *Revista de Direito do Estado*, a. 1, n. 2, abr.-jun. 2006, p. 39.
48. Dentre essas medidas destacam-se: suspensão do procedimento de despejo para locatários sem alternativa habitacional (art. 1º); possibilidade de prorrogação pelo locatário, por até seis meses, do contrato de locação residencial que se encerre durante o período de calamidade (art. 2º); possibilidade de redução em 50% dos aluguéis ou de moratória nas locações residenciais quando o locatário comprovar sua situação de vulnerabilidade econômica e quando preenchidos os demais requisitos legais (art. 3º); a moratória da dívida hipotecária contraída para aquisição de imóvel para residência habitual, de imóvel afetado à atividade empresarial ou profissional se o empresário ou profissional comprovar significativa queda em suas receitas por conta da calamidade do coronavírus, e imóveis destinados à locação por pessoa física se esta comprovar que deixou de arrecadar o valor dos aluguéis desde o início do estado de calamidade (art. 19); possibilidade de suspensão de obrigações decorrentes de contratos para aquisição de crédito, mesmo sem garantia hipotecária, quando contraídas por pessoa física que comprove sua vulnerabilidade econômica decorrente do estado de calamidade provocado pelo coronavírus; concessão de benefício extraordinário para pessoas que se encontrem sem ocupação em decorrência do estado de calamidade (arts. 30-33); direito de resolução de determinados contratos de consumo sem penalização dos consumidores (art. 36).

efetuadas pelo locador e a execução de hipoteca sobre imóvel que constitua habitação própria e permanente do executado.

No Brasil, a proliferação de leis e medidas provisórias para lidar com os impactos do coronavírus parece igualmente intensa. Diversos são os diplomas promulgados para tratar do tema desde 7 de fevereiro de 2020, data da publicação da Lei 13.979/2020, que dispõe sobre as medidas para enfrentamento da emergência de saúde pública decorrente da pandemia do coronavírus.

A Lei 14.010, de 10 de junho de 2020 (RJET), propôs-se a regular relações jurídicas de direito privado durante a pandemia do coronavírus. Da louvável iniciativa parlamentar, colhe-se a preocupação do legislador em não revogar normas jurídicas vigentes, mas tão somente normatizar pontualmente as relações de direito privado ao longo da situação da emergência, no interior dos limites temporais assinalados em lei. Com tal desiderato, destacam-se, de suas previsões específicas, a suspensão ou impedimento, conforme o caso, dos prazos prescricionais, assim como dos prazos de aquisição de propriedade por usucapião, a partir da vigência da lei até o dia 30 de outubro de 2020, bem como a impossibilidade de concessão de liminar para desocupação de imóvel urbano nas ações de despejo por falta de pagamento.

A lei em questão trata, ainda, dos temas da resilição, resolução e revisão dos contratos (arts. 6º e 7º). A pandemia tem provocado gravíssima recessão econômica e, por isso mesmo, os mecanismos de reequilíbrio econômico dos pactos são de crucial importância nesse contexto. A exclusão, *tout court*, de revisão e resolução dos contratos em hipóteses de aumento da inflação, de variação cambial, de desvalorização ou de substituição do padrão monetário, embora calcada em posicionamentos que se extraem de decisões judiciais prevalecentes no âmbito do Superior Tribunal de Justiça, e de parecer tentar conter uma esperada hiper judicialização, esbarra no problema da inviabilidade de o legislador, em abstrato, classificar fatos futuros e definir aprioristicamente o que seja fator capaz de deflagrar revisão, resolução do negócio ou o que constitui caso fortuito ou de força maior. Como demonstrado, apenas à luz do caso concreto será possível averiguar se a superveniência desses fatos se mostra capaz de preencher os requisitos previstos no artigo 478 do Código Civil a ensejar resolução por onerosidade excessiva, ou revisão judicial dos contratos (art. 317, CC), ou, ainda, caso fortuito e força maior (art. 393, CC).[49] A preocupação em marcar a não retroatividade dos efeitos do fortuito e da força maior destina-se a evitar o aproveitamento oportunista da invocação das excludentes, o que de certa forma reforça a regra, relativa ao devedor moroso, da *perpetuatio obligationem* (art. 399, CC).

Outro relevante diploma legal que compõe a miríade legislativa sobre coronavírus é a Lei 14.046, de 24 de agosto de 2020, fruto da conversão da Medida Provisória 948, de 08 de abril de 2020 e que dispõe sobre o cancelamento de serviços, de reservas e de eventos

---

49. Em análise do requisito da imprevisibilidade do evento ensejador da revisão ou resolução por onerosidade excessiva, Antônio Pedro Medeiro Dias esclarece: "deve o aplicador da norma proceder a uma interpretação típico-objetiva, a fim de estabelecer, em relação com a função econômica e social do contrato e com as circunstâncias concomitantes, se são consideradas previsíveis determinadas flutuações da prestação". (DIAS, Antônio Pedro Medeiros. *Revisão e resolução do contrato por excessiva onerosidade*. Belo Horizonte: Fórum, 2017, p. 63).

dos setores de turismo e cultura por conta do estado de calamidade. Seu artigo 2º privilegia, nesses casos, acordos entre fornecedor e consumidor – como a remarcação do serviço e a disponibilização de crédito para uso posterior – a fim de evitar a devolução do valor pago de antemão. Trata-se de medida destinada a evitar o desequilíbrio financeiro de fornecedores, que enorme dificuldade encontrariam caso os consumidores requeressem o reembolso concomitantemente. Procura-se, dessa forma, encontrar ponto intermediário entre os interesses do consumidor e do fornecedor ao se preferir o diferimento do momento da prestação por conta do evento de força maior em detrimento da resolução do contrato por impossibilidade de cumprimento. No mesmo sentido caminhou o artigo 4º da mesma lei ao tratar da relação entre organizadores de eventos e artistas, privilegiando a remarcação dos eventos.

Enorme preocupação causava a dicção do artigo 5º da então Media Provisória 948, com a seguinte redação: "as relações de consumo regidas por esta Medida Provisória caracterizam hipóteses de caso fortuito ou força maior e não ensejam danos morais, aplicação de multa ou outras penalidades, nos termos do disposto no art. 56 da Lei nº 8.078, de 11 de setembro de 1990".

O legislador, com a conversão da MP em lei, buscou retificar a atecnia da redação original, que caracterizava as relações de consumo como hipóteses de caso fortuito ou força maior. Por evidente, a relação jurídica jamais será caso fortuito ou força maior, mas sim objeto sobre o qual o fato – esse sim caracterizado como caso fortuito ou força maior à luz das circunstâncias em concreto – incidirá.[50] Por esse motivo, a nova redação possui a seguinte dicção: "eventuais cancelamentos ou adiamentos dos contratos de natureza consumerista regidos por esta Lei caracterizam hipótese de caso fortuito ou de força maior, e não são cabíveis reparação por danos morais, aplicação de multas ou imposição das penalidades previstas no art. 56 da Lei nº 8.078, de 11 de setembro de 1990, ressalvadas as situações previstas no § 7º do art. 2º e no § 1º do art. 4º desta Lei, desde que caracterizada má-fé do prestador de serviço ou da sociedade empresária". Como se nota, ao retificar uma atecnia, o legislador ciou outra, pois tampouco os cancelamentos ou adiamentos dos eventos são caso fortuito ou força maior, mas sim suas consequências. O caso fortuito ou força maior, no caso em questão, é a pandemia de Covid-19, que obriga os produtores de evento a cancelarem ou adiarem sua realização.

Para além disso, o legislador parece excessivamente preocupado em prevenir eventuais abusos a ponto de ele próprio cometê-los ao impossibilitar a compensação por danos extrapatrimoniais decorrentes do adiamento ou cancelamento de serviços durante o período de calamidade (art. 5º da Lei 14.046/2020), previsão que vai de encontro à tutela constitucional da pessoa humana e ao princípio da reparação integral.

Deve, portanto, o intérprete, no momento de interpretação-aplicação da norma em questão,[51] averiguar se naquela relação jurídica específica o estado de calamidade

---

50. "A eficácia do fato com referência a um centro de interesses, que encontra a sua imputação em um sujeito destinatário, traduz-se em situações subjetivas juridicamente relevantes. Tem-se de um lado a norma jurídica (a fattispecie abstrata), do outro, o fato concreto. Quando se verifica este último se produz o efeito; o interesse previsto pela norma se traduz no interesse (objetivo) do destinatário". (PERLINGIERI, Pietro. *O direito civil na legalidade constitucional*. Trad. Maria Cristina de Cicco. Rio de Janeiro: Renovar, 2008, p. 668).

51. "Interpretação e qualificação não são entidades ontológicas estanques, dois momentos que têm objetos diversos, mas são expressões e aspectos de um mesmo processo cognitivo que nele encontra o seu unitário modo de atuação.

provocado pela pandemia configura evento fortuito ou de força maior a justificar o cancelamento ou adiamento. Se a conclusão for negativa, evidentemente que não será possível excluir em abstrato e *a priori* eventual compensação por danos morais. A interpretação meramente subsuntiva do dispositivo, a dissociar o momento interpretativo do momento aplicativo, provocaria verdadeira subversão hermenêutica privilegiando-se a moldura legal da Medida Provisória ao arrepio dos valores constitucionais.[52]

A torrente legislativa advinda de momentos críticos promove ebulição sistêmica no ordenamento jurídico que, essencialmente mutável, relativa e historicamente determinado, sofre influxos mais intensos em momentos de convulsão econômico-social.[53] Nesse cenário, torna-se mais relevante ainda reconfigurar a relação entre os três protagonistas do Direito (magistrado, legislador e doutrinador) em favor da maior integração em suas atuações.[54]

5. CONCLUSÃO

Em visão prospectiva, posto sob os influxos ainda incipientes da pandemia no Brasil, pode-se aventar possibilidade de mudança marcante na história, não se duvidando de que a pandemia tenha dardejado convicções e certezas que marcaram as duas primeiras décadas do século XXI. Na escassez, na miséria, no sofrimento, o ser humano se reinventa, e nessa ocasião o mundo ensaia virada utópica, em que se multiplicam os sentimentos de solidariedade, altruísmo e compaixão, respectivamente. As novas tecnologias revelam-se o veículo, a força motriz das transformações.

No plano jurídico, a administração dos efeitos devastadores da crise mundial impõe pauta análoga, tomando-se a alteridade como chave da desejada integração de seus

---

O objeto da interpretação não é a vontade psíquica, nem o regulamento socialmente relevante, mas é o contrato como realidade social e jurídica ao mesmo tempo. O contrato não deve ser somente interpretado, mas também qualificado à luz dos princípios do ordenamento. O problema está na individuação da função prático-jurídica de cada ato visto singularmente. A qualificação e a interpretação fazem parte de um procedimento unitário orientado a reconstruir aquilo que aconteceu em uma perspectiva dinâmica, voltado não ao passado, mas à fase de atuação". (PERLINGIERI, Pietro. *Perfis do direito civil*. Trad. Maria Cristina de Cicco. Rio de Janeiro: Renovar, 2002, p. 101-102).

52. Sobre o tema, v. MONTEIRO FILHO, Carlos Edison. Subversões hermenêuticas: a lei da comissão da anistia e o direito civil-constitucional. In: *Rumos contemporâneos do direito civil*: estudos em perspectiva civil-constitucional. Belo Horizonte: Fórum, 2017, pp. 63-83.
53. Na lição de Canaris: "A abertura do sistema jurídico não contradita a aplicabilidade do pensamento sistemático na Ciência do Direito. Ela partilha a abertura do sistema científico com todas as outras Ciências, pois enquanto no domínio respectivo ainda for possível um progresso no conhecimento, e, portanto, o trabalho científico fizer sentido, nenhum desses sistemas pode ser mais do que um projecto transitório. A abertura do sistema objectivo é, pelo contrário, possivelmente, uma especialidade da Ciência do Direito, pois ela resulta logo do seu objecto, designadamente, da essência do Direito, como um fenômeno situado no processo da História e, por isso, mutável". (CANARIS, Claus-Wilhem. *Pensamento sistemático e conceito de sistema na ciência do direito*. Lisboa: Fundação Calouste Gulbekian, 1996, p. 281).
54. "Se por um ângulo sobressai a consagrada unificação do ordenamento, por irradiação da axiologia constitucional, que não mais comporta separação estanque em diferentes microssistemas, por outro impõe-se distinta incumbência aos operadores de concretizar os comandos constitucionais irradiados – a tornar necessária a redução do distanciamento entre o legislador, o doutrinador e o magistrado, já que igualmente voltados a fazer atuar a vontade constitucional". (MONTEIRO FILHO, Carlos Edison. Reflexões metodológicas: a construção do observatório de jurisprudência no âmbito da pesquisa jurídica. In: *Rumos contemporâneos do direito civil*: estudos em perspectiva civil-constitucional. Belo Horizonte: Fórum, 2017, p. 40).

protagonistas, a bem da resolução dos problemas conforme a boa-fé objetiva, expressão da solidariedade constitucional, e preferencialmente por meio de soluções construídas entre as próprias partes, em processo de autocomposição.[55]

Para as demandas, não alcançadas pela incentivada desjudicialização, e em que se discuta a configuração da força maior e seus limites, o intérprete não deverá proceder de modo abstrato em busca das soluções apriorísticas, próprias dos raciocínios subsuntivos – não há mesmo como fixar em lei (ou, pior ainda, em medida provisória) o que seja evento de força maior. Na direção oposta, construirá sua convicção sobre a invocação da dirimente atento aos diferentes graus de impossibilidade da prestação, em função das circunstâncias e fatores que incidem, em concreto, na relação negocial em análise, à luz das previsões de seu próprio regulamento de interesses e dos valores do ordenamento jurídico brasileiro.

6. REFERÊNCIAS

AGUIAR JÚNIOR, Ruy Rosado de. *Extinção dos contratos por incumprimento do devedor*. Rio de Janeiro: AIDE Editora, 2003.

ALMEIDA, António. Cláusulas contratuais gerais e o postulado da liberdade contratual. In: *Lusíada*: revista de ciência e cultura (série de direito), n. 2. Coimbra: Coimbra Editora, 1998.

ALTERINI, Atilio A.; CABANA, Roberto M. Lopez. *Derecho de daños (y otros estudios)*. Buenos Aires: La Ley, 1992.

BARBOSA, Mafalda Miranda. Responsabilidade civil do produtor e nexo de causalidade: breves considerações. In: *FIDES* – Revista de Filosofia do Direito, do Estado e da Sociedade, v. 8, n. 2, jul./dez. 2017.

BENJAMIN, Antônio Hermen de Vasconcellos e. In: OLIVEIRA, Juarez de (coord.). *Comentários ao código de proteção ao consumidor*. São Paulo: Saraiva, 1991.

BESSONE, Darcy. *Do contrato*: teoria geral. 4ª ed. São Paulo: Saraiva, 1997.

BEVILAQUA, Clovis. *Código Civil dos Estados Unidos do Brasil comentado*, vol. IV, 10ª ed. Rio de Janeiro: Francisco Alves, 1955.

BODIN DE MORAES, Maria Celina. *A causa do contrato*. In: civilistica.com, a. 2, n. 4, 2013.

---

55. A jurisprudência tem reconhecido a preferência pela solução negocial da crise provocada pela pandemia, seja afirmando esse entendimento expressamente, como no seguinte caso: "De mais a mais, deve-se privilegiar a negociação entre os contratantes em detrimento da intervenção judicial na esfera privada, eis que, como ressaltado na decisão agravada, está na conciliação prévia a medida mais efetiva para a hipótese, sendo, dessa forma, de suma importância a manifestação da parte ré acerca da pretensão autoral". (TJRJ, Decisão monocrática, AI 0026387-52.2020.8.19.0000, Rel. Des. Luiz Fernando de Andrade Pinto, julg. 07.05.2020); seja mostrando deferência à negociação já existente entre as partes acerca da matéria levada à sua apreciação: "Na hipótese, verifica-se que os agravados já concederam descontos a agravante em relação ao valor do aluguel e do condomínio, isentando-a do pagamento do fundo de publicidade e propaganda (FPP) em relação aos meses de abril e maio, deixando para posterior deliberação os valores dos outros meses, de acordo com as determinações das autoridades.
Embora a agravante dependa do lucro da sua atividade para custeio das despesas, não se mostra viável a suspensão da totalidade dos encargos contratuais, pois o locador também possui compromissos, devendo ser adotada uma solução intermediária, repartindo-se entre as partes os esforços necessários para garantir a continuidade da relação jurídica, este momento de crise". (TJRJ, Decisão monocrática, AI 0043093-13.2020.8.19.0000, Relª. Desª. Claudia Pires dos Santos Ferreira, julg. 13.07.2020).

CANARIS, Claus-Wilhem. *Pensamento sistemático e conceito de sistema na ciência do direito*. Lisboa: Fundação Calouste Gulbekian, 1996.

CARBONNIER, Jean. *Droit civil*. t. 4. Paris: Presses Universitaires de France, 1956.

CASTRO, Diana Loureiro Paiva. *Potencialidades funcionais das cláusulas de não indenizar*: releitura dos requisitos tradicionais de validade. Dissertação de mestrado. Rio de Janeiro: FDir UERJ, 2018.

CAVALIERI FILHO, Sergio. *Programa de responsabilidade civil*. 11ª ed. São Paulo: Atlas, 2014.

CORDEIRO, António Menezes. A crise e a alteração de circunstâncias. In: *Revista de Direito Civil*, a. 1, n. 1. Coimbra: Almedina, 2016.

CORDEIRO, António Meses. *Tratado de direito civil*: direito das obrigações, vol IX. 2ª ed. Coimbra: Almedina, 2016.

CORRÊA, Thiago Pinheiro. Considerações sobre a teoria do fortuito externo. In: *Revista Trimestral de Direito Civil*, v. 52, out./dez. 2012.

COSTA, Mário Júlio de Almeida. *Direito das obrigações*, 12ª Ed. Coimbra: Almedina, 2013.

DANTAS, San Tiago. *Programa de direito civil*. vol. II. Rio de Janeiro: Rio, 1978.

DIAS, Antônio Pedro Medeiros. *Revisão e resolução do contrato por excessiva onerosidade*. Belo Horizonte: Fórum, 2017.

DIAS, José de Aguiar. *Da reponsabilidade civil*. 11ª ed. Atualizada por Rui Berford Dias. Rio de Janeiro: Renovar, 2006.

FEITOSA, Maria Luiza P. Alencar. As relações multiformes entre contrato e risco. In: *Revista Trimestral de Direito Civil*, v. 23, 2005.

GOMES, Orlando. *Obrigações*. 17ª ed. Atualizado por Edvaldo Brito. Rio de Janeiro: Forense, 2008.

HARARI, Yuval Noah. Lições para uma pandemia. In: *O Globo*, 24.03.2020.

MARTINS-COSTA, Judith. *A boa-fé no direito privado*. São Paulo: Revista dos Tribunais, 2000.

MARTINS-COSTA, Judith. A cláusula de *hardship* e a obrigação de renegociar nos contratos de longa duração. In: *Revista de Arbitragem e Mediação*. Ano 7, n. 25, abr.-jun. 2010

MAZEAUD, Henri et León; MAZEAUD, Jean; CHABAS, François. *Leçons de droit civil*.t. II. v. I. Paris: Montchrestien, 1976.

MENDONÇA, Manoel Ignácio Carvalho de. *Doutrina e prática das obrigações*, vol. II, 2ª ed., Rio de Janeiro: Francisco, 1956.

MONTEIRO FILHO, Carlos Edison do Rêgo. Limites ao princípio da reparação integral no direito brasileiro. In: *civilistica.com*, a. 7, n. 1, 2018.

MONTEIRO FILHO, Carlos Edison. Reflexões metodológicas: a construção do observatório de jurisprudência no âmbito da pesquisa jurídica. In: *Rumos contemporâneos do direito civil*: estudos em perspectiva civil-constitucional. Belo Horizonte: Fórum, 2017.

MONTEIRO FILHO, Carlos Edison. Subversões hermenêuticas: a lei da comissão da anistia e o direito civil-constitucional. In: *Rumos contemporâneos do direito civil*: estudos em perspectiva civil-constitucional. Belo Horizonte: Fórum, 2017.

MULHOLLAND, Caitlin Sampaio. *A responsabilidade civil por presunção de causalidade*. Rio de Janeiro: GZ, 2009.

PEREIRA, Caio Mário da Silva. *Contratos e obrigações*: pareceres de acordo com o Código Civil de 2002. Rio de Janeiro: Forense, 2011.

PEREIRA, Caio Mário da Silva. *Responsabilidade Civil*. 11ª ed. Atualizado por Gustavo Tepedino. Rio de Janeiro: Forense, 2016.

PERLINGIERI, Pietro. *O direito civil na legalidade constitucional*. Trad. Maria Cristina de Cicco. Rio de Janeiro: Renovar, 2008.

PERLINGIERI, Pietro. *Perfis do direito civil*. Trad. Maria Cristina de Cicco. Rio de Janeiro: Renovar, 2002.

PRATA, Ana. *A tutela constitucional da autonomia privada*. Coimbra: Almedina, 2016.

SANTOS, João Manuel de Carvalho. *Código civil brasileiro interpretado, principalmente do ponto de vista prático*. Vol. XIV. 12ª ed. Rio de Janeiro: Freitas Bastos, 1989.

SILVA, Clóvis do Couto e. *A obrigação como processo*. Rio de Janeiro: Editora FGV, 2006.

SOUZA, Eduardo Nunes de. De volta à causa contratual: aplicações da função negocial nas invalidades e nas vicissitudes supervenientes do contrato. In: *civilistica.com*, a. 8, n. 2, 2019.

TEPEDINO, Gustavo. Premissas metodológicas para a constitucionalização do direito civil. In: *Revista de Direito do Estado*, a. 1, n. 2, abr.-jun. 2006.

TEPEDINO, Gustavo; BARBOZA, Heloisa Helena; BODIN DE MORAES, Maria Celina. *Código Civil interpretado conforme a Constituição da República*. Vol. I. Rio de Janeiro: Renovar, 2014.

TEPEDINO, Gustavo; KONDER, Carlos Nelson; BANDEIRA, Paula Greco. *Fundamentos do direito civil: contratos*. Rio de Janeiro: Forense, 2020.

TEPEDINO, Gustavo; TERRA, Aline de Miranda Valverde; GUEDES, Gisela Sampaio da Cruz. *Fundamentos do direito civil: responsabilidade civil*. Rio de Janeiro: Forense, 2020.

TERRA, Aline de Miranda Valverde. *Cláusula resolutiva expressa*. Belo Horizonte: Fórum, 2017.

TERRA, Aline de Miranda Valverde; BANDEIRA, Paula Greco. A cláusula resolutiva expressa e o contrato incompleto como instrumentos de gestão de risco nos contratos. In: *Revista Brasileira de Direito Civil*. Vol. 6, out/dez 2015.

VARELA, João de Matos Antunes. *Das obrigações em geral*, vol. II. 7ª. Ed., Coimbra: Almedina, 1997.

Viral slowdown. In: *The Economist*. February 15th-21st 2020.

WALD, Arnoldo. A cláusula de limitação de responsabilidade no direito brasileiro. In: *Revista de Direito Civil Contemporâneo*, n. 2, v. 4, jul.-set. 2015.

MORA EM TEMPOS DE PANDEMIA

Sílvio de Salvo Venosa

Foi juiz no Estado de São Paulo por 25 anos. Aposentou-se como membro do extinto Primeiro Tribunal de Alçada Civil, passando a integrar o corpo de profissionais de grande escritório jurídico brasileiro. Atualmente, é sócio-consultor desse escritório. Atua como árbitro em entidades nacionais e estrangeiras. Redige pareceres em todos os campos do direito privado. Foi professor em várias faculdades de Direito no Estado de São Paulo. É professor convidado e palestrante em instituições docentes e profissionais em todo o país. Membro da Academia Paulista de Magistrados. Autor de diversas obras jurídicas.

Roberta Densa

Doutora em Direitos Difusos e Coletivos pela Pontifícia Universidade Católica de São Paulo (PUC/SP), mestre em Direito Político e Econômico pela Universidade Presbiteriana Mackenzie (2005), especialista em Direito das Obrigações, Contratos e Responsabilidade Civil pela Escola Superior de Advocacia, graduada em Direito pela Universidade Presbiteriana Mackenzie (1997). Professora de Direito Civil e Direitos Difusos e Coletivos. Editora Jurídica na Editora Foco. Professora da Faculdade de Direito de São Bernardo do Campo. Autora da obra "Proteção jurídica da criança consumidora" publicada pela Editora Foco e do livro "Direito do Consumidor" publicado pela Editora Atlas (9ª edição). Membro da Comissão dos Direitos do Consumidor da OAB/SP.

Sumário: 1. Introdução – 2. Do inadimplemento absoluto, relativo, antecipado e adimplemento substancial – 3. Mora do devedor: 3.1 Efeitos da mora do devedor – 4. Suspensão do pagamento – 5. Breves notas conclusivas – 6. Referências.

1. INTRODUÇÃO

A disseminação mundial do coronavírus (Covid-19), classificada como pandemia pela Organização Mundial da Saúde em 11 de março de 2020, impactará fortemente na execução dos contratos e nas obrigações em geral, mormente nos contratos de trato sucessivo.

Múltiplos questionamentos podem ser feitos quanto ao inadimplemento e à mora. Quais são os requisitos para a configuração da mora? A culpa deve ser analisada em todas as situações? O caso fortuito ou força maior afasta a mora? Não configurada a mora, por quanto tempo deverá o credor aguardar o pagamento? Quais os efeitos da não configuração da mora? O credor, após vencida a prestação, deve aceitar pagamento parcial oferecido pelo devedor?

De fato, a primeira preocupação dos devedores é a trágica impossibilidade imediata de solver dívidas contraídas em condições arrasadoramente diversas das apresentadas antes da pandemia. Este escrito objetiva aflorar as primeiras posições sobre a configuração da mora, bem como do inadimplemento, e seus efeitos em meio e as possíveis soluções que podem ser adotadas.

2. DO INADIMPLEMENTO ABSOLUTO, RELATIVO, ANTECIPADO E ADIMPLEMENTO SUBSTANCIAL

Pacta sunt servanda. A decantada regra geral: os pactos devem ser cumpridos. Se a palavra empenhada na sociedade deve ser cumprida sob o prisma moral, a palavra inserida em um negócio jurídico deve ser cumprida sobre o prisma da paz social e credibilidade do Estado. Não fosse a obrigatoriedade desse princípio fundamental, esteio do direito, estabelecer-se-ia o caos.

As obrigações surgem para ter existência efêmera, transitória e fugaz. Uma vez cumpridas, exaurem seu papel no campo social, propiciando a circulação de riquezas, a criação de obras, a realização, certamente, de sonhos e ideais.

Com o descumprimento da obrigação (e como descumprimento insere-se todas as modalidades de cumprimento defeituoso ou de ausência de cumprimento, inadimplemento parcial ou total) é gerada verdadeira crise na avença, no contrato, que o direito procura resolver da melhor maneira possível[1].

O inadimplemento, conforme afirma Varela, pode definir-se como a não realização da prestação debitória, sem que se tenha verificado qualquer das causas extintivas da relação obrigacional[2].

Por *inadimplemento absoluto*, entende-se que a obrigação não foi cumprida em tempo, lugar e forma convencionados e não mais poderá sê-lo, diferenciando-se, portanto, do *inadimplemento relativo*. O fato de a obrigação poder ser cumprida, ainda que a destempo (ou no lugar e pela forma não convencionada), é critério que se aferirá em cada caso concreto.

Ainda, na lição de Agostinho Alvim[3],

"Dá-se o inadimplemento absoluto quando a obrigação não foi cumprida, nem poderá sê-lo, como no caso de perecimento do objeto, por culpa do devedor.

Mais precisamente: quando não mais subsiste para o credor a possibilidade de receber.

---

1. Agostinho Alvim ressalta que "vários são os motivos que levam o contraente a cumprir o que prometeu". "Primeiramente a simples ética: a vez da consciência bem formada, de modo a cumprir todos os deveres, somente em satisfação a regras morais. Mas quando esse motivo não fosse suficiente, haveria sempre o temor de reprovação pública. Este temor leva muitas pessoas a cumprir deveres morais, não porque ouçam a voz da consciência, nem porque sejam esses devedores proibidos de sanção, mas a fim de evitar a reprovação dos seus pares. Todavia, quando nada disso bastasse, é certo que as obrigações, no sentido jurídico, isto é, as obrigações civis, são providas de sanção, qualquer que seja a sua fonte. Logo, o credor que compelir o devedor a que cumpra a obrigação e quando ele fez chegar a esse extremo, a situação do devedor a situação do devedor já estará agravada com encargos da mora. Estes motivos todos fazem com que as pessoas, em regra, se desempenhem, espontaneamente, das obrigações que assumiram. *Da inexecução das obrigações e suas consequências*. 5. Ed. São Paulo: Saraiva, 1980, p. 06.
2. "Sob a designação genérica de não cumprimento, que encabeça, ao lado do cumprimento, um dos capítulos (VII) mais importantes do Livro das Obrigações, cabem assim, situação muito diferentes, que importa distinguir e classificar, visto não ser o mesmo regime jurídico que lhes compete. Entre as distinções teoricamente possíveis, curar-se-á especialmente das duas mais importantes que transparecem entre cruzadas uma com a outra, quer na terminologia e na sistematização legis da matéria, quer nos pressupostos da disciplina que a lei fixa. Trata-se da distinção entre o não cumprimento definitivo e o simples retardamento (ou mora), de um lado; e entre o não cumprimento imputável ao devedor (a falta de cumprimento) e o que não lhe é imputável, de outro". VARELA. João de Matos Antunes. *Das obrigações em geral*. 7. ed. Coimbra: Almedina, 1999, v. II, p. 60.
3. ALVIM, Agostinho. *Da inexecução das obrigações e suas consequências*. 5. Ed. São Paulo: Saraiva, 1980, p. 07.

Haverá mora no caso em que a obrigação não tenha sido cumprida no ligar, no tempo, ou na forma convencionados, subsistindo, em todo caso, a possibilidade de cumprimento"

Cabe ao juiz, portanto, sob a consideração de um homem ponderado, tendo como orientação o interesse social e a boa-fé objetiva, colocar-se na posição do credor: se o cumprimento da obrigação ainda for útil para este, o devedor ainda estará em mora.

Na hipótese de inadimplemento absoluto, não é pelo prisma da possibilidade do cumprimento da obrigação que se distingue a mora de inadimplemento, mas sob o aspecto da utilidade para o credor, de acordo com o critério a ser aferido em cada caso, de modo quase sempre objetivo (art. 395, § único, do Código Civil). Se existe ainda a utilidade para o credor, existe a possibilidade de ser cumprida a obrigação; podem ser elididas o efeito da mora. Não havendo essa possibilidade, restará o credor recorrer ao pedido de indenização por perdas e danos. Em princípio, a obrigação em dinheiro sempre será útil ao credor.

Na linha de raciocínio de Werter R. Faria,

"em caso de impossibilidade (no cumprimento da prestação) é imprescindível investigar, cuidadosamente, o obstáculo que se interpôs ao cumprimento. Não raro, o impedimento torna a prestação mais gravosa, difícil e, até, definitivamente, irrealizável"[4].

Em relação aos fatos atuais, tomando aqui um caso concreto como exemplo, situação em que uma empresa promotora de eventos que firmou contrato para apresentação de banda de rock para o final de abril de 2020 na cidade de São Paulo, uma das mais afetadas pela doença. Por óbvio, a apresentação não poderia ocorrer na data previamente marcada em razão do alto contágio apresentado pelo novo coronavírus, tendo sido, inclusive, totalmente proibida pela municipalidade de São Paulo qualquer atividade que gerasse aglomeração de pessoas.

Estaria em mora a empresa promotora caso não arcasse, por exemplo, com os prazos inicialmente acordados? Evidentemente, nesse caso, não há que se falar inexecução absoluta dos contratos firmados pela promotora de eventos (nem mesmo frente aos consumidores, dada a impossibilidade de cumprimento do contrato[5]). Trata-se de caso típico de obrigação que pode ser cumprida em outra data, sem prejuízo para qualquer das partes. Nesse caso, embora não tenhamos detalhes dos acertos, as partes já se compuseram ajustando novas datas das apresentações em todo o Brasil[6]. Em casos semelhantes, nem sempre essa solução será possível.

Já o *inadimplemento antecipado*, não previsto no ordenamento jurídico brasileiro e muito pouco versado entre nós, mas já amplamente perquerido pela doutrina, trata da situação em que, antes mesmo de tornar-se exigível uma prestação inserida no contrato, a situação material do negócio e dos contratantes, em especial do devedor, já pode denotar

---

4. FARIA, Werter R. *Mora do devedor*. Porto Alegre: Sergio Antonio Fabris Editor, 1981. p. 25.
5. Nesse sentido, em relação aos consumidores, cumpre lembrar que a Medida Provisória 948/2020 trouxe regulamentação sobre o tema, propondo remarcação de data dentro de 12 meses ou, caso não seja possível a execução, sejam os valores devolvidos aos consumidores.
6. A notícia nos dá conta da remarcação da apresentação para o mês de Dezembro de 2020: https://g1.globo.com/pop-arte/musica/noticia/2020/03/24/metallica-adia-turne-no-brasil-por-causa-do-coronavirus-shows-devem--ser-em-dezembro.ghtml.

que não haverá cumprimento, ou porque o devedor manifestou intenção de não cumprir a prestação, ou porque se frustrou materialmente essa possibilidade. Ora, é a noção básica que os contratos se extinguem pela inviabilidade de cumprimento.

Fortunato Azulay, discorrendo em monografia sobre o tema, as origens do instituto na doutrina do *anticipatory breach of contract* existente na *common law*. Aponta do autor que

> "desde meados do século passado surgiu na Inglaterra a chamada doutrina do *antecipatory breach* do contrato, pela qual veio a ficar consagrada em outros sucessivos julgados, também nos EUA, que, se um dos contratantes revela, por atos ou palavras peremptórias e inequívocas, a intenção de não cumprir a sua prestação, diferida a tempo certo, pode a outra parte considerar esse comportamento como inadimplência contratual"

Nosso legislador não trouxe dispositivo próprio ao instituto, embora nada exista no ordenamento a impedir sua aplicação. A própria cláusula resolutiva tácita do art. 476 permite a resolução antecipada do contrato.

Nessa hipótese, e levando em consideração a impossibilidade de cumprimento por parte dos devedores em razão da pandemia, deve-se analisar as situações potenciais de descumprimento apriorístico do contrato, e se se mostrarem fortes e justificadas, será desnecessário fazer com que o credor aguarde a época da respectiva exigibilidade, para caracterizar o inadimplemento.

Por fim, importa trazer delineamento sobre o *adimplemento substancial*. O inadimplemento mínimo ou adimplemento substancial pode ser entendido como uma modalidade de inadimplemento em que ocorre o não pagamento de parcela ínfima do contrato, sendo que a prestação estaria tão próxima ao fim que, uma vez reconhecido, obrigaria o credor a manutenção da relação obrigacional e eventual pedido de adimplemento, se possível. A jurisprudência já tem albergado julgados nesse sentido [7].

O *inadimplemento relativo*, por outro lado, é aquele cuja obrigação ainda pode ser cumprida pelo devedor, configurando impossibilidade transitória de cumprimento da obrigação e, apesar dos transtornos, a obrigação ainda é possível e útil.

---

7. PROMESSA DE COMPRA E VENDA – Rescisão contratual – Admissibilidade – Teoria do adimplemento substancial que não se aplica ao caso – Devedor que deixou de pagar mais de trinta por cento do valor acordado – Débito que jamais pode ser considerado irrelevante ou ínfimo – Critério quantitativo não configurado, dispensando a análise dos demais requisitos. Direito civil. Recurso especial. Rescisão contratual. Reintegração na posse. Indenização. Cumprimento parcial do contrato. Inadimplemento. Relevância. Teoria do adimplemento substancial. Inaplicabilidade na espécie. Recurso não provido. 1. O uso do instituto da substancial performance não pode ser estimulado a ponto de inverter a ordem lógico-jurídica que assenta o integral e regular cumprimento do contrato como meio esperado de extinção das obrigações. 2. Ressalvada a hipótese de evidente relevância do descumprimento contratual, o julgamento sobre a aplicação da chamada "Teoria do Adimplemento Substancial" não se prende ao exclusivo exame do critério quantitativo, devendo ser considerados outros elementos que envolvem a contratação, em exame qualitativo que, ademais, não pode descurar dos interesses do credor, sob pena de afetar o equilíbrio contratual e inviabilizar a manutenção do negócio. 3. A aplicação da Teoria do Adimplemento Substancial exigiria, para a hipótese, o preenchimento dos seguintes requisitos: a) a existência de expectativas legítimas geradas pelo comportamento das partes; b) o pagamento faltante há de ser ínfimo em se considerando o total do negócio; c) deve ser possível a conservação da eficácia do negócio sem prejuízo ao direito do credor de pleitear a quantia devida pelos meios ordinários (critérios adotados no REsp 76.362/MT, 4.ª T., j. Em 11.12.1995, DJ 01.04.1996, p. 9917). 4. No caso concreto, é incontroverso que a devedora inadimpliu com parcela relevante da contratação, o que inviabiliza a aplicação da referida doutrina, independentemente da análise dos demais elementos contratuais. 5. Recurso especial não provido. (STJ, REsp 1.581.505/SC, Rel. Min. Antonio Carlos Ferreira, DJ 01/09/2016).

3. MORA DO DEVEDOR

A mora constitui o retardamento ou cumprimento defeituoso, *culposo* no cumprimento da obrigação, quando se trata de mora do devedor. Na mora *solvendi*, a culpa é essencial. Embora, pela própria compreensão do termo, a maior obrigação com a mora seja o tempo correto para o cumprimento da obrigação, o Código diz que estará também em mora com o devedor (e o credor), quando não cumprida a obrigação no *lugar*, e *forma convencionados*.

O art. 396 da lei civil pontua a necessidade de culpa por parte do devedor, pois *"não havendo fato ou omissão imputável ao devedor, não incorre esse em mora"*. O simples retardamento no cumprimento das obrigações não implicará reconhecimento de mora. Há, portanto, dois requisitos para a configuração da mora: o objetivo, a imperfeição no cumprimento de obrigação líquida, certa e exigível e o subjetivo, a culpa do devedor na inexecução.

Quanto ao primeiro requisito, pode-se afirmar que a obrigação é líquida e certa, com termo determinado para o cumprimento, com o simples advento do *dies ad quem*, do termo final, constituindo o devedor em mora. É a mora *ex re*, que decorre da própria coisa, estampada no *caput* do art. 397 do atual Código: "*O inadimplemento da obrigação, positiva e líquida, no seu termo, constitui de pleno direito em mora o devedor*".

Nas obrigações por prazo indeterminado, há necessidade de constituição em mora, por meio de *interpelação, notificação* ou *protesto*. O parágrafo único do art. 397 dispõe de forma mais moderna: "*Não havendo termo, a mora se constitui mediante interpelação judicial ou extrajudicial*". Trata-se da denominada mora *ex personae*.

Na aplicação da mora *ex re*, tem aplicação da regra *dies interpellat pro homine*. O simples advento do dia do cumprimento da obrigação já interpela o devedor. Não havendo prazo determinado, haverá necessidade de interpelação para constituição em mora.

A lei, ou a convenção, poderá exigir a interpelação, mesmo na hipótese de prazo certo. É o que faz o Decreto-lei nº 58, de 10-12-1937, que criou eficácia real para os compromissos de compra e venda de imóveis loteados. Nesse estatuto, é necessária a constituição em mora, na forma do art. 14, para que possa ser rescindido o contrato por mora do devedor.

Nas obrigações negativas, a mora ou inadimplemento ocorre para o devedor desde o dia em que praticou o ato que prometera se abster. É, igualmente, constituição em mora de pleno direito.

Quanto ao segundo requisito, a *culpa*, considerado requisito subjetivo, deve ser analisada com mais profundidade em razão dos fatos atuais. De fato, não responde o devedor pelo ônus da mora se não concorreu para ela, mormente nas hipóteses de caso fortuito ou força maior, termos aliás equivalentes no nosso meio.

Escusa-se o devedor da mora, se provar caso fortuito ou força maior, posto que a culpa é elemento essencial para caracterização da mora, ainda que esta deflua diretamente de fatos objetivos do contrato.

A culpa é a inobservância de um dever que o agente deveria conhecer e observar. Não podemos afastar a noção de culpa do conceito de dever[8]. A culpa civil em sentido amplo abrange não somente o ato ou conduta intencional, o dolo (*delito*, na origem semântica e histórica romana), mas também os atos ou conduta eivados de negligência, imprudência e imperícia, qual seja, a culpa em sentido estrito (quase delito). Essa distinção entre dolo e culpa criada pelo Direito Romano já não possui maior importância para no campo da responsabilidade civil.

Assim, conforme já apontou Farias e Rosenvald[9]:

> "Em sede de responsabilidade contratual, só haverá espaço para a consideração da mora do devedor se o descumprimento da obrigação resultar de sua desatenção ou negligência, sendo a culpa entendida em sentido amplo, compreendendo tanto o dolo do devedor como o simples descuido na satisfação da prestação. Pode-se cogitar, contudo, de uma inversão do ônus da prova, es que caberá ao devedor demonstrar que agiu no limite de sua possibilidade, com toda a cautela e diligência que se poderia exigir de uma pessoa responsável naquelas circunstâncias".

Nesse sentido, já se manifestou o Superior Tribunal de Justiça, em sede de IRDR, tema 28, que "*o reconhecimento da abusividade nos encargos exigidos no período da normalidade contratual (juros remuneratórios e capitalização) descaracteriza a mora*"[10]. A decisão seguiu a orientação do enunciado 354 do Conselho de Justiça Federal: "*A cobrança de encargos e parcelas indevidas ou abusivas impede a caracterização da mora do devedor*"

Cabe, portanto, ao devedor comprovar que deixou de cumprir a obrigação avençada em razão de fatos externos, superiores a sua vontade, ou por imposição de cobrança excessiva por parte do devedor, posto que o não pagamento, por regra, gera a presunção de culpa.

É conveniente lembrar que, conforme a súmula 380 do Superior Tribunal de Justiça, "*A simples propositura da ação de revisão de contrato não inibe a caracterização da mora*

---

8. A" culpa é a falta de diligência na observância da norma de conduta, isto é, o desprezo, por parte do agente, do esforço necessário para observá-la, com resultado não objetivado, mas previsível, desde que o agente se detivesse na consideração das consequências eventuais de sua atitude". DIAS, José de Aguiar. *Da responsabilidade civil*. 6. ed. Rio de Janeiro: Forense, 1979. p. 136.
9. FARIAS, Cristiano Chaves de. ROSENVALD Nelson. *Curso de direito civil*: obrigações. 9a. ed. São Paulo: Atlas, 2015. p. 499.
10. "Constatada a multiplicidade de recursos com fundamento em idêntica questão de direito, foi instaurado o incidente de processo repetitivo referente aos contratos bancários subordinados ao Código de Defesa do Consumidor, nos termos da ADI n.º 2.591-1. Exceto: cédulas de crédito rural, industrial, bancária e comercial; contratos celebrados por cooperativas de crédito; contratos regidos pelo Sistema Financeiro de Habitação, bem como os de crédito consignado. Para os efeitos do § 7º do art. 543-C do CPC, a questão de direito idêntica, além de estar selecionada na decisão que instaurou o incidente de processo repetitivo, deve ter sido expressamente debatida no acórdão recorrido e nas razões do recurso especial, preenchendo todos os requisitos de admissibilidade.

Neste julgamento, os requisitos específicos do incidente foram verificados quanto às seguintes questões: i) juros remuneratórios; ii) configuração da mora; iii) juros moratórios; iv) inscrição/manutenção em cadastro de inadimplentes e v) disposições de ofício. [...] I – JULGAMENTO DAS QUESTÕES IDÊNTICAS QUE CARACTERIZAM A MULTIPLICIDADE. [...] ORIENTAÇÃO 2 – CONFIGURAÇÃO DA MORA a) O reconhecimento da abusividade nos encargos exigidos no período da normalidade contratual (juros remuneratórios e capitalização) descaracteriza a mora; b) Não descaracteriza a mora o ajuizamento isolado de ação revisional,

nem mesmo quando o reconhecimento de abusividade incidir sobre os encargos inerentes ao período de inadimplência contratual. [...] (STJ, REsp 1061530 RS, Rel. Ministra NANCY ANDRIGHI, SEGUNDA SEÇÃO, julgado em 22/10/2008, DJe 10/03/2009).

do autor". Donde resulta dizer, mais uma vez, que a comprovação do nexo de causalidade entre a pandemia e o inadimplemento deve ser comprovado no caso concreto para afastar a mora.

Sendo assim, havendo caso fortuito ou força maior, não há que se falar na configuração da culpa, logo, não há que se falar em configuração de mora do devedor. Sem dúvidas, a pandemia pode ser considerada uma situação de força maior, *mas o nexo de causalidade entre o inadimplemento e a pandemia deve ser analisado*, sendo no caso concreto que se verificará o quanto a crise afetou o cumprimento da obrigação em específico. Lembre-se que há setores que se mantiveram operando, em princípio incólumes à pandemia, como por exemplo, postos de combustível, padarias e congêneres, clínicas.

Explica-se. Suponha-se que determinada indústria de entretenimento *on-line* tenha tido excelente procura por seus produtos durante a quarentena. Suponha-se ainda que o seu faturamento tenha sido incrementado pela demanda dos consumidores e que o prédio que ocupa para o desempenho de suas funções seja alugado, mas que os seus colaboradores tenham prestado trabalho remoto durante todo o período. É evidente que haverá situações que refugirão aos efeitos da pandemia, como por exemplo, uma indústria de máscaras protetivas, buscadas como ouro nessa fase. Nessas situações e similares não poderão alegar o fortuito, certamente, não podendo fugir às suas obrigações.

Há que se analisar cada caso concreto, com maior cuidado, para que se possa afirmar a culpa do devedor e, consequentemente, a sua mora. Como sempre enfatizamos em nossos escritos, toda afirmação peremptória em Direito é de risco.

De outra banda, caso o devedor tenha se comprometido com o cumprimento da obrigação mesmo nas hipóteses de caso fortuito e força maior, na forma do art. 393 do Código Civil, por estar expressamente convencionado, não poderá alegar a excludente de responsabilidade. Essa também é uma afirmação peremptória, que poderá desmentir seu texto no caso concreto. É de se lembrar que a pandemia ora examinada não é um fortuito digamos "*comum*": poderá não se amoldar à assunção de caso fortuito ou força maior estampados em um contrato. Não se equipara, por exemplo, a um incêndio, um alagamento ou um acidente de veículos.

3.1 Efeitos da mora do devedor

O devedor moroso responde pelos prejuízos que a mora der causa. Ele paga, portanto, uma indenização. A indenização não substitui o correto cumprimento da obrigação. Toda indenização serve para minorar os entraves criados aos credores pelos descumprimentos; no caso, cumprimento defeituoso da obrigação.

Se houve tão só mora e não inadimplemento absoluto, as perdas e danos indenizáveis devem levar em conta o fato. No pagamento de dívida em dinheiro, por exemplo, os juros e a correção monetária reequilibram o patrimônio do credor. Situações poderão ocorrer, contudo, em que um *plus* poderá ser devido. Cada caso merece a devida análise. Nunca, contudo, a mora do devedor deve servir de veículo de enriquecimento indevido por parte do credor[11].

---

11. Vale lembrar que, nas relações de consumo, em razão de maior vulnerabilidade dos consumidores, poderá o fornecedor, ainda, incorrer no crime previsto no art. 7º, V, da Lei 8.137/1990.

No caso de total inadimplemento, quando a obrigação é descumprida, a indenização deve ser ampla, com perdas e danos. As perdas e danos, como regra geral, abrangem o que o credor efetivamente perdeu e o que razoavelmente deixou de lucrar (art. 402). É o princípio da *perpetuatio obligationes* que decorre do art. 399 do Código Civil.

Aqui há um agravamento da situação do devedor. Terá ele o ônus de provar, se já estava em atraso, que a situação invencível ocorreria com ou sem a mora. Imaginemos o caso de alguém que se comprometeu a entregar cabeças de gado. Não entregue no dia aprazado, posteriormente o gado vem a contrair uma epidemia. O devedor responderá perante o credor, salvo se comprovar que a epidemia ocorreria de qualquer modo, ainda que a tradição tivesse ocorrido no termo.

Outra consequência da mora do devedor é a inserção dos seus dados no cadastro de inadimplentes, como forma de dizer aos que concedem crédito que o devedor não tem condições de honrar com seus compromissos e, por consequência, sofrerá restrições de crédito no mercado.

Ademais, nas obrigações de trato sucessivo, é comum que haja cláusula de vencimento antecipado das prestações futuras como consequência da mora do devedor, com rescisão contratual, cobrança de cláusula penal ou perdas e danos.

Eis a grande preocupação dos devedores nesse momento, sejam em relações civis, empresariais ou de consumo: de fato, em razão das restrições de atividade impostas na maioria dos Estados e pela provável queda do faturamento, desemprego ou ausência de atividade durante a pandemia, o devedor por se ver, temporária ou definitivamente, sem condições de arcar com as suas dívidas.

Caso, de fato, o devedor *comprove* que não tem culpa pelo inadimplemento em razão do estado de calamidade, os efeitos da mora devem ser afastados, donde resulta dizer que, nesses casos, os dados do devedor não podem ser inseridos no cadastro de inadimplentes[12], não se pode efetuar protesto de títulos, nem mesmo requerer o vencimento antecipado das prestações.

Os encargos em financiamentos também não podem ser cobrados nessas hipóteses. Nos contratos bancários os encargos normalmente previstos nos contratos em razão da mora são: multa moratória (limitada a 2%) juros moratórios, juros remuneratórios, ou, a depender da condição, pode ser cobrada a comissão de permanência (se prevista no contato e se não for superior a soma dos encargos moratórios previstos em contrato)[13].

Reconhecendo a impossibilidade de pagamento por parte de alguns de seus devedores, as maiores instituições financeiras do país, logo no início da crise e da decretação do estado de calamidade, abriram a possibilidade de suspensão por 60 (sessenta) ou 90 (noventa) dias das parcelas vencidas[14]. Para o devedor que pretendesse postergar

---

12. Tema 35 de IRDR – STJ: "A inscrição/manutenção do nome do devedor em cadastro de inadimplentes decidida na sentença ou no acórdão observará o que for decidido no mérito do processo. Caracterizada a mora, correta a inscrição/manutenção".
13. Súmula 472 do STJ "A cobrança de comissão de permanência – cujo valor não pode ultrapassar a soma dos encargos remuneratórios e moratórios previstos no contrato – exclui a exigibilidade dos juros remuneratórios, moratórios e da multa contratual".
14. https://veja.abril.com.br/economia/bancos-recebem-2-milhoes-de-pedidos-de-renegociacao-veja-como-solicitar/.

a dívida, deveria fazer o pedido diretamente a instituição financeira. Sabe-se que até a data de 06/04/2020 havia cerca de 2 milhões de pedidos. Sempre afirmamos que eventuais benesses bancárias e financeiras devem ser examinadas *cum granum salis*, como a história nos demonstra.

Caso o devedor aderir, a dívida seria postergada sem cobrança de juros de mora ou multa, cobrando-se apenas os juros moratórios do período. Assim, as instituições incluirão as parcelas suspensas no financiamento, diluindo nas prestações futuras, cobrando os juros relativos ao novo financiamento conforme definido em contrato.

De fato, ainda que o devedor não esteja em mora caso comprove a impossibilidade de pagamento, os encargos moratórios previstos em contrato não possam ser cobrados, os juros remuneratórios, por terem natureza diversa, podem ser cobrados posteriormente.

Sem dúvidas esse parece ser o melhor caminho a seguir: negociar sempre, conciliar, não aguardar a judicialização, propor soluções viáveis a ambas as partes, utilizar os meios alternativos de solução de conflitos. Aliás, deve o magistrado analisar a boa-fé das partes, a tentativa de negociação, a efetiva cooperação para julgar cada caso concreto. Não pode o Judiciário ser o repositório das miríades de questões derivadas da pandemia.

4. SUSPENSÃO DO PAGAMENTO

A questão mais delicada a ser respondida nesse diapasão diz respeito ao tempo que o credor deve aguardar o pagamento em razão do fortuito comprovado pelo devedor. A resposta, aqui, dependerá da casuística.

Conforme dissemos, para a configuração do inadimplemento absoluto deve ser analisado o aspecto da utilidade para o credor, de acordo com o critério a ser aferido em cada caso, de modo quase objetivo (art. 395, § único, do Código Civil). Se existe ainda a utilidade para o credor, se existe a possibilidade de ser cumprida a obrigação; deve o pagamento ser aceito.

Deve, portanto, o operador do Direito analisar cuidadosamente a questão. O Direito, em qualquer situação, não foge dos princípios da Lógica, temperança e equidade. Por isso nossa ciência é a *ars boni et aequi*, a arte do justo e do equitativo.

Nas obrigações de trato sucessivo, a suspensão do pagamento em razão da não configuração da mora pode observar o tempo que durar o Decreto que reconhece a existência do estado de calamidade em território brasileiro (Decreto legislativo nº 6/2020).

Em relação aos contratos de fornecimento de serviços considerados essenciais tais como água, energia elétrica, telefonia, internet e gás, também denominados contratos coativos, é fundamental que haja a manutenção da prestação de serviços, com a respectiva suspensão da cobrança dos valores, dada a gravidade da realidade em que hoje vivemos.

Sobre o tema, ação civil pública já em trâmite teve liminar deferida para que os fornecedores se abstenham de suspender ou interromper o fornecimento de serviços essenciais aos consumidores residenciais ao longo do período de emergência de saúde relativa ao

COVID-19, e obrigação de fazer no sentido de reestabelecer o fornecimento de energia elétrica para consumidores residenciais que tiverem sofrido corte por inadimplência[15].

5. BREVES NOTAS CONCLUSIVAS

Havendo caso fortuito ou força maior, não há que se falar na configuração da culpa, logo, não há que se sustentar mora do devedor. Sem dúvidas, a pandemia é considerada uma situação de força maior, *mas o nexo de causalidade entre o inadimplemento e a pandemia deve ser analisado*, sendo no caso concreto que se verificará o quanto a crise afetou o cumprimento da obrigação em específico.

Caso, de fato, o devedor *comprove* que não tem culpa pelo inadimplemento em razão do estado de calamidade, os efeitos da mora devem ser afastados, os dados do devedor não podem ser inseridos no cadastro de inadimplentes, não se pode efetuar protesto de títulos, nem mesmo requerer o vencimento antecipado das prestações.

Por fim, caso a prestação de fato não seja útil ao credor, gerando o inadimplemento absoluto, poderá o devedor requerer a resolução por onerosidade excessiva, nos termos do art. 487 do Código Civil, se todos os requisitos estiverem presentes, afastando todos os efeitos da mora.

De outro lado, caso seja uma relação jurídica de consumo, poderá o consumidor fazer uso do art. 6º, V, do Código de Defesa do Consumidor, que garante o direito básico do consumidor de modificação ou a revisão do contrato em razão de um fato superveniente que torne a prestação excessivamente onerosa.

Antes, porém, é essencial que as partes esgotem todas as tentativas de conciliação, sempre com fundamento na boa-fé, cooperação e solidariedade que fundamentam todo nosso ordenamento jurídico.

6. REFERÊNCIAS

ALVIM, Agostinho. *Da inexecução das obrigações e suas consequências*. 5. Ed. São Paulo: Saraiva, 1980.

VARELA. João de Matos Antunes. *Das obrigações em geral*. 7. ed. Coimbra: Almedina, 1999, v. II.

FARIA, Werter R. *Mora do devedor*. Porto Alegre: Sergio Antonio Fabris Editor, 1981.

FARIAS, Cristiano Chaves de. ROSENVALD Nelson. *Curso de direito civil*: obrigações. 9a. ed. São Paulo: Atlas, 2015.

---

15. Veja Ação Civil Pública nº 5004662-32.2020.4.03.6100, em trâmite perante a 12ª Vara Cível Federal de São Paulo, proposta pelo IDECON (Instituto de Defesa do Consumidor) em face das agências reguladoras ANEEL, ANATEL, ANP e Agência Reguladora de Saneamento e Energia do Estado de São Paulo.

OS EFEITOS DO CORONAVÍRUS (COVID-19) E A IRREVERSIBILIDADE NÃO IMPUTÁVEL DO INCUMPRIMENTO CONTRATUAL

Marcelo de Oliveira Milagres

Pós-Doutor pela Università degli Studi di Verona. Doutor e Mestre em Direito pela Universidade Federal de Minas Gerais (UFMG). Professor Adjunto de Direito Civil na UFMG.

Sumário: 1. Introdução – 2. Relação contratual: do adimplemento ao inadimplemento – 3. Inadimplemento não culposo e os efeitos da COVID-19 – 4. O problema do adimplemento insatisfatório e do inadimplemento antecipado e a resolução – 5. Algumas proposições. – 6. Referências.

1. INTRODUÇÃO

Nesses tempos de pandemia, as discussões são as mais diversas. Não há dúvidas, contudo, da proeminência da questão sanitária e da busca, árdua e incessante, pela manutenção da vida de diversas pessoas.

Vivemos a situação de vulnerabilidade mundial. Como bem pondera Zygmunt Bauman, "a compreensão nasce da capacidade de manejo. O que não somos capazes de administrar nos é 'desconhecido', o "desconhecido' é assustador. Medo é outro nome que damos à nossa indefensabilidade."[1]

As incertezas e as ambiguidades nos acompanham. Ulrich Beck questiona: "Como podemos superar o medo, se não podemos superar as causas do medo? Como podemos viver sobre o vulcão civilizatório, sem que o ignoremos deliberadamente, mas também sem que os temores – e não apenas pelos vapores que ele expele – nos asfixiem?"[2]

O momento é muito dinâmico e desafiador. Sistemas de saúde entram em colapso, riscos são reconhecidos, custos econômicos avançam, limitações e proibições se fazem presentes. Atuais se apresentam as palavras de Ulrich Beck: "A universalização das ameaças à saúde gera um acúmulo constante e ubíquo de ameaças, que, com firmeza característica, trespassam o sistema econômico e político. Nesses casos, portanto, não são violadas apenas premissas culturais e sociais, com as quais passa a ser possível viver, como mostra o caminho da modernidade, apesar de todas as lágrimas derramadas por conta disto."[3]

---

1. BAUMAN, Zygmunt. *Medo líquido*. Tradução de Carlos Alberto Medeiros. Rio de Janeiro: Zahar, 2008, p. 125.
2. BECK, Ulrich. *Sociedade de risco:* rumo a uma outra modernidade. Tradução de Sebastião Nascimento. 2ª ed. 3ª Reimpressão. São Paulo: Editora 34, 2019, p. 93.
3. BECK, Ulrich. *Sociedade de risco:* rumo a uma outra modernidade. Tradução de Sebastião Nascimento. 2ª ed. 3ª Reimpressão. São Paulo: Editora 34, 2019, p. 102.

Realmente, os desafios são enormes. Por óbvio, o profissional do direito não está alheio a essa realidade. Diversas questões sobre, por exemplo, responsabilidade civil, contratos e serviços públicos surgem com as nuances igualmente múltiplas. Não é tarefa fácil olhar para o presente e, principalmente, antecipar o futuro no presente.

No plano interno, são diversos os diplomas legislativos emergenciais, com grande destaque para a Lei nº 14.010/2020, que dispõe sobre o Regime Jurídico Emergencial e Transitório das relações jurídicas de Direito Privado (RJET) no período da pandemia do coronavírus.

Estabelecidas essas necessárias premissas, apresentam-se os estreitos limites desse trabalho: discutir os efeitos do avanço da COVID-19, doença provocada pelo Coronavírus SARS-COV-2, na execução dos contratos privados. Mas, como bem pondera Catarina Monteiro Pires, nem todos os problemas decorrentes da impossibilidade do cumprimento da prestação podem ser satisfatoriamente resolvidos no plano do direito constituído."[4]

Segundo Enzo Roppo, um dos grandes problemas consiste "quando a racionalidade económica da operação, ou a funcionalidade do contrato, resultam perturbadas ou até prejudicadas para um dos contratantes, por circunstâncias não contemporâneas [...] à formação do contrato, mas surgidas posteriormente."[5]

Coube-me uma brevíssima análise sobre a (im)possibilidade da resolução contratual em face dessa realidade da pandemia, mais objetivamente, a resolução não culposa pelo inadimplemento absoluto total ou a irreversibilidade não imputável do incumprimento contratual.

Pelas diversas especificidades do tema, não serão abordados os contratos administrativos e de trabalho. O trabalho se desenvolve com (i) aspectos gerais sobre adimplemento e inadimplemento; (ii) inadimplemento não culposo e os efeitos da COVID-19; (iii) o problema do adimplemento insatisfatório ou ruim e do inadimplemento antecipado; (iv) algumas proposições.

2. RELAÇÃO CONTRATUAL: DO ADIMPLEMENTO AO INADIMPLEMENTO

Não há dúvida de que o fim da obrigação é o adimplemento, ou seja, o cumprimento voluntário. Trata-se, pois, do plano de eficácia das obrigações.

Como bem determina Clóvis do Couto e Silva, o adimplemento atrai e polariza a obrigação.[6]

Catarina Monteiro Pires afirma que o princípio do cumprimento natural busca satisfazer a esfera de interesse do credor,

> mas não deixa de atender, de *forma subordinada*, a interesses do devedor. Não assiste ao devedor a possibilidade substituir o cumprimento pelo valor da cláusula penal ou de uma indemnização, nem o credor pode ser obrigado a aceitar o cumprimento natural se tiver perdido o interesse na prestação. Se o credor não perder definitivamente o interesse na prestação – antes do vencimento, durante a mora

---

4. PIRES, Catarina Monteiro. *Impossibilidade da prestação*. Coimbra: Almedina, 2020, p. 165.
5. ROPPO, Enzo. *O contrato*. Tradução Ana Coimbra e M. Januário C. Gomes. Coimbra: Almedina, 1988, p. 252.
6. SILVA, Clovis Verissimo do Couto e. *A obrigação como processo*. São Paulo: Bushatsky, 1976, p. 5.

ou na pendência de prazo admonitório – o devedor pode ter o direito de oferecer o cumprimento, de modo a exonerar-se do vínculo debitório. É, portanto, apenas quando o interesse do credor na prestação subsiste que se atende aos interesses do devedor. Havendo interesse na prestação, a satisfação desta deve realizar-se de forma a otimizar os interesses de ambas as partes.[7]

A discussão sobre (in)adimplemento tem como ponto de partida a perspectiva sobre o próprio conceito, conteúdo e finalidade contratuais. Em trabalho anterior, já havia apontado que "O conceito de contrato, a sua finalidade e o seu conteúdo sofreram intensa e diversificada influência dos fenômenos sociais, especificamente, dos modelos econômicos vivenciados. No dizer de Roppo, 'o contrato muda a sua disciplina, as suas funções, a sua própria estrutura segundo o contexto econômico-social em que está inserido'". [8]

Enrico Gabrielli afirma que o contrato é mais que o instrumento da circulação de bens e serviços, configura a própria realidade econômica[9].

Pode-se apontar o contrato como fonte obrigacional em que as partes deliberam sobre riscos, permitindo-se a mais livre e escorreita circulação de bens e serviços. A perspectiva instrumental de alocação de riscos é, atualmente, reconhecida pelo disposto na redação atual do art. 421-A, II, do Código Civil, segundo a qual: Os contratos civis e empresariais presumem-se paritários e simétricos até a presença de elementos concretos que justifiquem o afastamento dessa presunção, ressalvados regimes jurídicos previstos em leis especiais, garantido também que: (ii) a alocação de riscos definida pelas partes deve ser respeitada e observada.

Com efeito, o contrato interessa aos contratantes, não sendo, contudo, imune ao contexto socioeconômico de sua elaboração, conclusão e execução. A propósito, também é a observação de Macedo Júnior:

> Analisar o contrato enquanto prática implica entendê-lo como um elemento indissoluvelmente ligado à sociedade na qual ele existe. As razões para tal afirmação são bastante triviais à medida que não se concebe uma relação contratual sem instituições estabilizadoras, regras sociais, valores, economia e linguagem. Em outras palavras, não existe contrato fora do contexto de uma dada matriz social que lhe dá significado e lhe define as regras. Conforme salientado anteriormente, não existe contrato fora de uma ordem de mercado e esta sem uma sociedade que lhe dê suporte.[10]

Fixadas essas premissas, podemos avançar na análise do inadimplemento e seus efeitos.

Segundo Agostinho Alvim, o "inadimplemento, por parte do devedor, pode ser absoluto, ou, traduzir-se em simples mora: inadimplemento absoluto e inadimplemento-

---

7. PIRES, Catarina Monteiro. *A impossibilidade da prestação*. Coimbra: Almedina, 2020, p. 258.
8. Cf. MILAGRES, Marcelo de Oliveira. *Direito econômico dos contratos*. Niterói: Impetus, 2006, p, 26. Cf. ROPPO, Enzo. *O contrato*. Tradução Ana Coimbra e M. Januário C. Gomes. Coimbra: Almedina, 1988, p. 24.
9. GABRIELLI, Enrico. L'operazione económica nella teoria del contratto. *Rivista Trimestrale di diritto e procedura civile*, settembre 2009, n. 3, Milano, p. 937: "Sotto il profilo sistematico e dogmatico, invece, chiarisce che il contratto non è soltanto la veste giuridica di un operazzione economica, classificabile ora secondo un criterio, ora secondo un altro, ma realtà economica esso stesso, come tale incidente sul sistema economico complessivo, sulla attività delle imprese, sul funzionamento del mercato, sul livello e sulla qualità del suo assetto concorrenziale."
10. MACEDO JÚNIOR, Ronaldo Porto. *Contratos relacionais e defesa do consumidor.* São Paulo: Max Limonad, 1998, p. 151.

-mora, subdividindo-se o primeiro deles em inadimplemento absoluto total ou parcial."[11] O inadimplemento absoluto consubstancia-se a na impossibilidade de cumprimento da obrigação, de forma total ou parcial. Será parcial ser a obrigação compreende várias prestações, e, uma ou algumas não podem ser satisfeitas, subsistindo a obrigação quanto às demais. Segundo o mesmo autor, haverá "mora no caso em que a obrigação não tenha sido cumprida no lugar, no tempo, ou na forma convencionados, subsistindo, em todo o caso, a possibilidade de cumprimento."[12]

No âmbito do gênero inadimplemento, poderíamos apontar, outrossim, a violação positiva do contrato, ou seja, o cumprimento do objeto prestacional à custa da violação de deveres anexos decorrentes da boa-fé contratual[13].

Não discutiremos a complexa distinção entre a perturbação da base do negócio e a impossibilidade de cumprimento da prestação. Como pondera Catarina Monteiro Pires, valendo-se das lições de Karl Larenz, a inaptidão do substrato da prestação e a frustração do seu fim podem se ajustar a hipóteses de desaparecimento da base do negócio objetiva[14].

Limitemos, porém, a nossa análise a situações de inadimplemento absoluto total, em que o objeto prestacional não pode ser realizado por fato concreto e externo ao contrato e não imputável às partes. A realidade vem demonstrando, por exemplo, a impossibilidade da entrega de objetos consumíveis contratados pela restrição de vias de acesso, bem como pela falta de matéria-prima no mercado (seja pela requisição estatal, seja pela suspensão da produção).

3. INADIMPLEMENTO NÃO CULPOSO E OS EFEITOS DA COVID-19

A resolução contratual pode se verificar pela superveniente impossibilidade de satisfação do interesse objetivo do credor, pela impossibilidade objetiva da própria prestação e pela onerosidade excessiva.

O Código Civil brasileiro, em seu art. 475, estabelece a cláusula legal resolutória, segundo a qual "a parte lesada pelo inadimplemento pode pedir a resolução do contrato, se não preferir exigir-lhe o cumprimento, cabendo, em qualquer dos casos, indenização por perdas e danos".

O dispositivo enseja duas questões: a) o inadimplemento absoluto total ensejaria, realmente, a opção ao credor entre a tutela específica e a resolução? b) o inadimplemento, invariavelmente, ensejaria a indenização por perdas e danos?

A primeira questão decorre da subsistência – ou não – do interesse objetivo do credor, tendo em vista a não execução. Se subsistir esse interesse, parece não haver inadimplemento absoluto, mas mora, nos termos do art. 394 e seguintes do Código Civil.

---

11. ALVIM, Agostinho. *Da inexecução das obrigações e suas consequências.* 5ª ed. São Paulo: Saraiva, 1980, p. 7.
12. *Op. Cit.*, p. 7.
13. Cf. CORDEIRO, António Menezes. *Tratado de direito civil português.* 2º volume. Tomo IV. Coimbra: Almedina, 2010, p. 116-117
14. PIRES, Catarina Monteiro. *A impossibilidade da prestação.* Coimbra: Almedina, 2020, p. 354-355.

A resolução não pode ser admitida como uma escolha arbitrária do contratante. Com efeito, fundado no princípio da boa-fé objetiva, admite-se, inclusive, o inadimplemento mínimo como impeditivo da resolução contratual com prejuízos ao devedor.

A impossibilidade deve assumir uma expressão objetiva, excluindo situações de dificuldades relativas à pessoa do devedor, vale dizer, sua condição financeira. Segundo Catarina Monteiro Pires:

> Interessa, assim, desde logo, compreender o fundamento da distinção entre impossibilidade *objetiva* e impossibilidade *subjetiva*. Segundo GOMES DA SILVA, na impossibilidade subjetiva, a prestação seria impossível *para o devedor*, mas não para outras pessoas – ainda que pudesse ser impossível para vários devedores –, enquanto na impossibilidade objetiva, o cumprimento da prestação debitória seria inviável *para qualquer pessoa*.[15]

A segunda questão posta é facilmente respondida pela diferenciação entre resolução contratual e a pretensão indenizatória.

Com efeito, dispõe o art. 393 do Código Civil que "o devedor não responde pelos prejuízos resultantes de caso fortuito ou força maior, se expressamente não se houver por eles responsabilizado."

Destarte, a despeito de cláusula contratual diversa, dispondo especificadamente sobre riscos (com a possibilidade de uma responsabilidade por risco integral), prevalece, para fins de imputação pela frustração do programa contratual, a regra da responsabilidade subjetiva. Pode-se extinguir o contrato pela impossibilidade total superveniente, não se imputando, contudo, esse efeito ao devedor. Essa inimputabilidade definitiva deve ser objeto de prova.

O parágrafo único do citado art. 393 dispõe que o caso fortuito ou de força maior verifica-se no fato necessário, cujos efeitos não era possível evitar ou impedir.

Segundo Sergio Cavalieri Filho "Muito já se discutiu sobre a diferença entre o caso fortuito e a força maior, mas até hoje não se chegou a um entendimento uniforme. O que um autor diz que é força maior outro diz que é caso fortuito e vice-versa. Outros chegam a concluir que não há diferença substancial entre ambos. O que é indiscutível é que tanto um como outro estão fora dos limites da culpa. Fala-se em caso fortuito ou de força maior quando se trata de acontecimento que escapa a toda diligência, inteiramente estranho à vontade do devedor da obrigação. É circunstância irresistível, externa, que impede o agente de ter a conduta devida para cumprir a obrigação a que estava obrigado. Ocorrendo o fortuito ou a força maior a conduta devida fica impedida em razão de um fato não controlável pelo agente".[16]

Pode-se afirmar que o fortuito se refere a fato imprevisível e a força maior ao fato necessário, ainda que previsível, mas de efeitos inevitáveis (irresistibilidade)[17].

A irresistibilidade implica que o devedor não tem como executar sua obrigação em razão de um evento contra o qual ele não pode fazer nada[18].

---

15. PIRES, Catarina Monteiro. *A impossibilidade da prestação*. Coimbra: Almedina, 2020, p. 307.
16. CAVALIERI FILHO, Sérgio. *Programa de responsabilidade civil*. 11ª ed. São Paulo: Atlas, 2014, p. 88.
17. Cf. ALVIM, Agostinho. *Da inexecução das obrigações e suas consequências*. 5ª ed. São Paulo: Saraiva, 1980, p. 329-330.
18. LARROUMET, Christian; BROS, Sarah. *Traité de droit civil: les obligations, le contrat*. 8. Édition. Paris: Economica, 2016, p. 827: "L'irrésistibilité implique que le débiteur ne soit pas en mesure d'exécuter son obligation en raison d'un événement contre lequel il ne peut rien faire."

Agostinho Alvim bem pondera que a "necessariedade do fato há de ser estudada em função da impossibilidade do cumprimento da obrigação, e não abstratamente."[19]

Não é a dificuldade no cumprimento da obrigação que exonera o devedor, mas a impossibilidade absoluta ou uma dificuldade fora do comum. É preciso a cuidadosa análise do caso concreto.

Segundo Catarina Monteiro Pires, "a impossibilidade da prestação prevalece sobre a alteração das circunstâncias, uma vez que este instituto pressupõe que a prestação a realizar seja, ainda, suscetível de cumprimento natural, ainda que, depois, a concreta exigência de um tal cumprimento possa considerar-se contrária aos ditames da boa-fé."[20]

Como já tive oportunidade de apontar, "subsistindo dificuldade no cumprimento da prestação em razão da alteração das circunstâncias, é razoável a busca da possível adaptação ou adequação do programa contratual. Essa dificuldade não se confunde com a impossibilidade puramente subjetiva de pagar quantia certa, mesmo porque, como bem acentua doutrina relevante, não haveria a impossibilidade absoluta envolvendo obrigação dessa natureza ou a denominada impossibilidade pelo superveniente empobrecimento do contratante."[21]

No caso da COVID-19, não se discute a sua existência, ou seja, o fato da pandemia, mas os seus efeitos e a sua incidência no programa contratual. Essa discussão de causalidade é fundamental, para justificar – ou não -a resolução não culposa dos contratos.[22]

Não se pode violar o acordo ao argumento genérico da impossibilidade do seu cumprimento. Como bem destaca Inocêncio Galvão Telles, credor e devedor devem agir de boa-fé, com lealdade e correção, "o primeiro no exercício do seu direito, o segundo no cumprimento do seu dever."[23]

Agostinho Alvim afirma que "a diligência a que está obrigado o devedor, se, por um lado, impõe-lhe a obrigação de suportar maior ônus do que o esperado, não lhe impõe, todavia, a obrigação de arruinar-se."[24]

Os efeitos da COVID-19, por si sós, não abalam o programa contratual. Não se pode, de forma genérica e não contextualizada ao modelo negocial, defender a extinção contratual. É preciso muita cautela, sob pena de frustração generalizada dos contratos, considerando o ambiente de contratos conexos, interdependentes e em rede.

Demais disso, ainda que se admita a impossibilidade objetiva e total de cumprimento da prestação, não se pode desconsiderar a eventual exigibilidade dos deveres acessórios. Destaca Catarina Monteiro Pires que

> a impossibilidade da prestação extingue a relação obrigacional entendida apenas, e tão só apenas, em sentido estrito, e não enquanto relação obrigacional em sentido amplo, ou enquanto relação obrigacio-

---

19. ALVIM, Agostinho. *Da inexecução das obrigações e suas consequências*. 5ª ed. São Paulo: Saraiva, 1980, p. 326.
20. PIRES, Catarina Monteiro. *A impossibilidade da prestação*. Coimbra: Almedina, 2020, p. 434.
21. MILAGRES, Marcelo de Oliveira. *Contratos imobiliários*: impactos da pandemia do coronavírus. Indaiatuba: Foco, 2020, p. 40.
22. Art. 403 do Código Civil. Ainda que a inexecução resulte de dolo do devedor, as perdas e danos só incluem os prejuízos efetivos e os lucros cessantes por efeito dela direto e imediato, sem prejuízo do disposto na lei processual.
23. TELLES, Inocêncio Galvão. *Direito das obrigações*. 7ª ed. Coimbra: Coimbra Editora, 2010, p. 15.
24. ALVIM, Agostinho. *Da inexecução das obrigações e suas consequências*. 5ª ed. São Paulo: Saraiva, 1980, p. 329.

nal complexa. Independentemente da natureza que se atribua aos deveres acessórios, da sua concreta classificação e dos meios de reação perante o respetivo incumprimento, a impossibilidade, ao atuar apenas sobre a prestação ou o dever primário de prestar (ou sobre a pretensão de cumprimento deste dever primário), deixa intocadas as vinculações cuja utilidade não se esgota na pura realização do interesse do credor, através da prestação debitória.[25]

Não há dúvida que vivenciamos transitório ambiente de elevada falta de receita, em que a maioria apresenta dificuldade em honrar seus compromissos. O grande ponto é se ausência de liquidez justificaria a resolução não culposa dos contratos de trato sucessivo. Algumas premissas são necessárias: se o contratante já se encontrava em situação de inadimplemento anteriormente ao reconhecimento da pandemia, não se lhe socorre o argumento da força maior; b) não basta o reconhecimento dessa crise sanitária, é necessária a prova da sua incidência concreta no programa contratual; c) incabível se afigura a resolução das obrigações pecuniárias ao argumento da superveniência de elemento externo. Quanto a esse último tópico, merece relevo a observação de Enzo Roppo:

> O mesmo critério de responsabilidade objetiva vale quando a obrigação tem por objeto aquela particular coisa genérica que é o *dinheiro* (obrigações pecuniárias). Quem deve uma soma de dinheiro, a um certo prazo, e não paga tempestivamente, é responsável, mesmo se esteve privado do dinheiro necessário por causas não recondutíveis a culpa própria: por exemplo, porque gastou todos os seus recursos para curar-se de uma grave e custosa doença, ou porque perdeu todo o seu dinheiro na falência do banco onde o tinha depositado. Mais em geral, quem deve executar uma prestação numa pode justificar o próprio não cumprimento com a circunstância de ter ficado – mesmo sem culpa – desprovido dos meios monetários necessários para organizá-la e executá-la: a chamada *impotência financeira* nunca exonera a responsabilidade."[26]

Por sua vez, eventual desequilíbrio econômico do contrato por fato externo e superveniente pode ser objeto de revisão contratual, subsistindo, em nosso sistema, alguns instrumentos para tanto[27].

De seu vez, Enzo Roppo afirma que, "quando as circunstâncias supervenientes e as perturbações da economia do contrato por elas determinadas são de molde a justificar que o contraente atingido seja desvinculado dos compromissos contratuais, o remédio previsto pela leia para a sua tutela é a possibilidade – que só a ele pertence – de pedir a resolução do contrato."[28]

4. O PROBLEMA DO ADIMPLEMENTO INSATISFATÓRIO E DO INADIMPLEMENTO ANTECIPADO E A RESOLUÇÃO

No âmbito da inimputabilidade definitiva ou da resolução pelo inadimplemento não atribuível ao devedor, pode-se questionar as situações do adimplemento insatisfatório e do inadimplemento antecipado.

---

25. PIRES, Catarina Monteiro. *A impossibilidade da prestação*. Coimbra: Almedina, 2020, p. 238.
26. ROPPO, Enzo. *O contrato*. Tradução Ana Coimbra e M. Januário C. Gomes. Coimbra: Almedina, 1988, p. 286.
27. O tema extrapola o objeto do artigo. A propósito, o disposto nos artigos 317 e 478 a 480 do Código Civil. E, ainda, no art. 6º, V, da Lei nº 8.078/1990.
28. ROPPO, Enzo. *O contrato*. Tradução Ana Coimbra e M. Januário C. Gomes. Coimbra: Almedina, 1988, p. 253.

Na primeira situação, imagine-se, no âmbito de um contrato empresarial, o alienante da coisa (objeto prestacional principal) não pode prestar a devida assistência técnica (objeto prestacional secundário – *warranty*), em razão de falta de insumos ou de limitação estatal de circulação de seus técnicos. Trata-se de inadimplemento de deveres laterais e acessórios ensejando a indagação sobre a possibilidade – ou não – da resolução contratual não culposa. Segundo Araken de Assis:

> É sempre preferível traçar um quadro maleável do problema e dele tirar conclusões a construir um rígido catálogo. Este, de resto, se ostentaria precário em virtude da liberdade, assinalada no início, de os parceiros pactuarem reciprocidades e deveres conexos sem respeito aos tipos contratuais consagrados. Logo, caberá ao juiz ponderar as circunstâncias e as disposições do contrato, invocando o parceiro a resolução legal, pois a cláusula resolutiva desloca o objeto litigioso para espécie diversa, embora análoga, e assim decidir acerca do cabimento do mecanismo resolutivo.[29]

Com efeito, é preciso avaliar, caso a caso, se o adimplemento insatisfatório ou ruim pode avançar ou consistir em situação de irreversibilidade do próprio objeto contratual.

Quanto a segunda situação proposta (inadimplemento antecipado e resolução), pode-se vislumbrar, em face do cenário econômico de falta de receitas, a omissão contratual futura. Trata-se de obstáculos sistemáticos ao cumprimento futuro do programa obrigacional.

Não se trata, nesta segunda situação, meramente de vencimento antecipado das obrigações, mas de fundada e séria dúvida quanto ao adimplemento. O devedor não incidiu, concretamente, em inadimplemento, subsistindo dúvida real sobre a sua capacidade de honrar o acordo. Em nosso ordenamento jurídico, não há previsão expressa dessa hipótese de inadimplemento, subsistindo, apenas, a possibilidade de suspensão de exigibilidade nos termos do art. 477 do Código Civil: " Se, depois de concluído o contrato, sobrevier a uma das partes contratantes diminuição em seu patrimônio capaz de comprometer ou tornar duvidosa a prestação pela qual se obrigou, pode a outra recusar-se à prestação que lhe incumbe, até que aquela satisfaça a que lhe compete ou dê garantia bastante de satisfazê-la."

5. ALGUMAS PROPOSIÇÕES

Nos estreitos limites do generoso convite recebido para escrever sobre a irreversibilidade não imputável do incumprimento contratual, algumas proposições merecem registro:

a) Em tempos de propagado isolamento social, não se pode imunizar o contrato ao contexto socioeconômico de sua elaboração, conclusão e execução. O texto e o contexto são fundamentais. As crises sanitária e econômica não são e não estão dissociadas.

b) Com o perdão da metáfora, a terapêutica resolutiva não é uma resposta geral e abstrata à patologia da COVID-19. A obrigação não pode padecer da crise sani-

---

29. ASSIS, Araken de. *Resolução do contrato por inadimplemento*. 2ª ed. São Paulo: Revista dos Tribunais, 1994, p. 103-104.

tária. Os efeitos liberatório e modificativo pressupõem a análise da incidência direta e concreta da crise sanitária no programa contratual.

c) O diagnóstico da irreversibilidade do incumprimento obrigacional ou, noutro dizer, do inadimplemento absoluto total, deve ser muito criterioso.

d) É preciso muita cautela na difícil distinção entre dificuldade no cumprimento da prestação e a sua impossibilidade objetiva e definitiva.

e) Em tempos de ausência de receitas, a resolução contratual não parece ser a melhor terapêutica, subsistindo tratamento consistente em revisão contratual, observadas as peculiaridades do caso concreto.

f) Não se podem desconsiderar regimes jurídicos específicos e cláusulas negociais de assunção de riscos e seus efeitos.

g) É preciso reconhecer a distinção entre o remédio resolutivo e o direito conexo a perdas e danos. Pode-se extinguir a relação contratual sem o reconhecimento de fato imputável às partes, consubstanciando-se em fato maior.

h) Tendo em vista a contemporânea interdependência contratual e sob pena de abalo de todo sistema de pagamentos, as perturbações das obrigações pecuniárias de trato sucessivo demandam prudentes remédios.

i) A impossibilidade da prestação principal, em razão da natureza estrutural complexa da relação obrigacional, não afasta, por si só, os deveres de prestação secundários.

j) O adimplemento insatisfatório e o inadimplemento antecipado, por si sós, não configuram hipóteses de irreversibilidade do incumprimento contratual.

6. REFERÊNCIAS

ALVIM, Agostinho. *Da inexecução das obrigações e suas consequências.* 5. ed. São Paulo: Saraiva, 1980.

ASSIS, Araken de. *Resolução do contrato por inadimplemento.* 2ª ed. São Paulo: Revista dos Tribunais, 1994.

BAUMAN, Zygmunt. *Medo líquido.* Tradução de Carlos Alberto Medeiros. Rio de Janeiro: Zahar, 2008.

BECK, Ulrich. *Sociedade de risco:* rumo a uma outra modernidade. Tradução de Sebastião Nascimento. 2ª ed. 3ª Reimpressão. São Paulo: Editora 34, 2019.

CAVALIERI FILHO, Sérgio. *Programa de responsabilidade civil.* 11ª ed. São Paulo: Atlas, 2014.

CORDEIRO, António Menezes. *Tratado de direito civil português.* 2º volume. Tomo IV. Coimbra: Almedina, 2010.

GABRIELLI, Enrico. L'operazione econômica nella teoria del contrato. *Rivista Trimestrale di diritto e procedura civile,* settembre 2009, n. 3, Milano.

LARROUMET, Christian; BROS, Sarah. *Traité de droit civil:* les obligations, le contrat. 8. Édition. Paris: Economica, 2016.

MACEDO JÚNIOR, Ronaldo Porto. *Contratos relacionais e defesa do consumidor.* São Paulo: Max Limonad, 1998.

MILAGRES, Marcelo de Oliveira. *Contratos imobiliários:* impactos da pandemia do coronavírus. Indaiatuba: Foco, 2020.

MILAGRES, Marcelo de Oliveira. *Direito econômico dos contratos*. Niterói: Impetus, 2006.

PIRES, Catarina Monteiro. *Impossibilidade da prestação*. Coimbra: Almedina, 2020.

ROPPO, Enzo. *O contrato*. Trad. Ana Coimbra e M. Januário C. Gomes. Coimbra: Almedina, 1988.

SILVA, Clovis Verissimo do Couto e. *A obrigação como processo*. São Paulo: Bushatsky, 1976.

TELLES, Inocêncio Galvão. *Direito das obrigações*. 7ª ed. Coimbra: Coimbra Editora, 2010.

O CORONAVÍRUS E A IMPOSSIBILIDADE DE CUMPRIMENTO DAS OBRIGAÇÕES NAS RELAÇÕES DE CONSUMO

Daniel Carnaúba

Professor Adjunto de Direito Civil da UFJF-GV. Doutor em Direito Civil pela USP. Mestre em Direito Privado pela Université Panthéon-Sorbonne (Paris 1). Membro do Instituto Brasileiro de Estudos em Responsabilidade Civil (IBERC) e da Rede de Pesquisa de Direito Civil Contemporâneo (RDCC).

Daniel Dias

Professor da FGV Direito Rio. Doutor em Direito Civil pela USP (2013-2016), com períodos de pesquisa na *Ludwig-Maximilians-Universität München* (LMU) e no Instituto Max-Planck de Direito Comparado e Internacional Privado, na Alemanha (2014-2015). Estágio pós-doutoral na *Harvard Law School*, nos EUA (2016-2017). Membro do Instituto Brasileiro de Estudos em Responsabilidade Civil (IBERC) e da Rede de Pesquisa de Direito Civil Contemporâneo (RDCC).

Guilherme Henrique Lima Reinig

Professor adjunto da Universidade Federal de Santa Catarina. Mestre e doutor em Direito Civil pela Universidade de São Paulo. Membro do Instituto Brasileiro de Estudos em Responsabilidade Civil (IBERC) e da Rede de Pesquisa de Direito Civil Contemporâneo (RDCC).

Sumário: 1. Introdução – 2. Soluções legislativas especiais – 3. Código de Defesa do Consumidor: ausência de solução – 4. Código Civil: regramento disperso e fragmentado: 4.1 Regras sobre as modalidades das obrigações; 4.1.1 Obrigações de fazer e de não fazer; 4.1.2 Obrigações de dar coisa certa e incerta; 4.2 Regras sobre a extinção dos contratos; 5. Conclusões – 6. Referências.

1. INTRODUÇÃO

Em tempos de pandemia do coronavírus, tem-se observado, com crescente frequência, situações em que os fornecedores de produtos e serviços estão impossibilitados de cumprir com suas obrigações contratuais. Casos em que o fornecedor, mesmo que envidasse todos os esforços, não conseguiria fornecer o serviço ou produto contratado.

Esse é o caso, por exemplo, de fabricante que não consegue entregar o produto final vendido ao consumidor, porque o seu fornecedor estrangeiro não enviou os insumos necessários para a produção da mercadoria. Ou, então, a hipótese de empresa aérea que não consegue transportar os consumidores de determinados voos, porque o país de destino fechou suas fronteiras ou aeroportos. Esse é ainda o caso de produtora de eventos que não pôde realizar grande show programado há meses, em face de norma estatal promulgada recentemente que proíbe a realização de eventos que gerem aglomeração de qualquer espécie.

Mas o que acontece nesses e noutros casos? Quais são os direitos (e eventuais deveres) dos consumidores? E quais são os deveres (e eventuais direitos) dos fornecedores?

Para responder a essas questões, vamos primeiramente analisar a hipótese de o Estado ter editado atos normativos específicos, solucionando de maneira especial os casos de impossibilidade decorrentes da pandemia da COVID-19. Em seguida, analisaremos o Código de Defesa do Consumidor (CDC), sendo demonstrada a ausência de regulação da matéria, com consequente necessidade de recurso ao Código Civil (CC). E, por fim, analisando o diploma civil, apresentaremos o regramento fragmentado e insuficiente sobre o tema e a forma de complementá-lo, para adequada solução dos problemas ligados à impossibilidade de cumprimento das obrigações nas relações de consumo.

2. SOLUÇÕES LEGISLATIVAS ESPECIAIS

Em alguns setores da economia, especialmente os mais afetados com os efeitos da pandemia, a solução para os casos de impossibilidade de cumprimento tem se dado por meio de intervenção pontual do legislador, com a criação de um regime específico para regular os efeitos deletérios da pandemia da COVID-19.

É o que ocorreu, por exemplo, com o setor do transporte aéreo. A Medida Provisória (MP) n. 925 de 2020 tratou do problema gerado pelos cancelamentos em massa dos voos. De um lado, concedeu às companhias aéreas o prazo de 12 meses para reembolsar os consumidores que tiveram seus voos cancelados (art. 3º, *caput*). De outro, isentou os consumidores de multas contratuais, caso optem por remarcar suas passagens, recebendo, para tanto, créditos a serem utilizados também no prazo de 12 meses (art. 3º, § 1º).

O setor de turismo e cultura é outro que recebeu regulação específica, por meio da MP n. 948 de 2020. De acordo com a referida norma, no caso de cancelamento de serviços, reservas ou eventos, o fornecedor não estará obrigado a reembolsar os valores pagos pelo consumidor, desde que garanta a ele: (a) a remarcação dos serviços cancelados, sem custo adicional, que poderão ser usufruídos no prazo de até 12 meses do término da calamidade pública; (b) a conversão do valor pago em créditos, que poderão ser utilizados na compra de outros produtos ou serviços, dentro do mesmo prazo previsto na alternativa anterior; ou (c) outro acordo a ser celebrado com o consumidor. O reembolso deverá ocorrer apenas se nenhuma dessas três alternativas for implementada. Nesse caso, a devolução do valor pago ocorrerá também no prazo de 12 meses do término da calamidade pública, incidindo fator de correção monetária.

Escrevendo este artigo ainda em meio à crise, não é possível prever com segurança, mas é provável que mais regramentos específicos desse gênero sejam editados para regular outros contratos de consumo afetados pela crise, como os de prestação de serviços educacionais por escolas particulares, ou os de planos e seguros de saúde. Por isso, para o operador do direito em busca de solução para determinado caso, impõe-se a necessidade de, antes de recorrer aos regramentos gerais, procurar identificar se, para o seu caso, não há alguma norma específica.

3. CÓDIGO DE DEFESA DO CONSUMIDOR: AUSÊNCIA DE SOLUÇÃO

Em uma leitura atenta do CDC, nota-se que os casos de impossibilidade do cumprimento da prestação não são regulados por esse diploma. A principal norma sobre descumprimento das obrigações é o art. 35, o qual prevê os direitos do consumidor para os casos em que "o fornecedor de produtos ou serviços recusar cumprimento à oferta, apresentação ou publicidade". Nessa hipótese, é facultado ao consumidor, "exigir o cumprimento forçado da obrigação" (inc. I); "aceitar outro produto ou prestação de serviço equivalente" (inc. II), ou "rescindir o contrato, com direito à restituição de quantia eventualmente antecipada, monetariamente atualizada, e a perdas e danos" (inc. III).

Por outro lado, a impossibilidade de cumprimento da obrigação assumida pelo fornecedor é expressamente referida no § 1.º do art. 84 do CDC. Esse dispositivo trata da tutela executiva das obrigações de fazer ou de não fazer e, por essa razão, está inserido no título do Código dedicado ao direito processual.

No entanto, mesmo nesse dispositivo, não há espaço para que o fornecedor se exima de sua obrigação por conta da impossibilidade de cumprimento, decorrente de fatores externos. O artigo afirma categoricamente que cabe ao consumidor optar entre a tutela específica da obrigação ou a sua conversão em perdas e danos. A questão da impossibilidade é aventada pelo Código apenas como um entrave a esse direito de escolha: se a tutela específica se revelar impossível (por culpa do fornecedor), a obrigação, por óbvio, haverá de ser convertida em perdas e danos, a despeito da vontade do consumidor. Todavia, essa tutela por equivalente em dinheiro poderá ser cumulada com a multa fixada em juízo a título de astreintes (§§ 3º e 4º do art. 84), o que evidencia o caráter subsidiário e punitivo dessa medida.

Poderíamos então afirmar, a partir da leitura desses dois dispositivos, que a impossibilidade de cumprimento da obrigação sem culpa do fornecedor é irrelevante para o Direito do Consumidor? Que a obrigação assumida pelo fornecedor continua exigível, mesmo nos casos em que seu cumprimento reste impossibilitado em razão de fatores externos e inevitáveis, tal como a pandemia da COVID-19? Tal conclusão seria equivocada.

Na verdade, o rigor desses dois dispositivos para com o fornecedor se deve ao fato de eles não terem sido idealizados para lidar com o tema da impossibilidade imputável a fatores externos. No que diz respeito ao art. 35, o objetivo do legislador era contornar um outro problema bastante frequente no mercado de consumo: os casos em que o fornecedor veicula, seja por via de publicidade ou de qualquer outro meio, uma proposta em termos vantajosos ao consumidor, com o propósito de atraí-lo, mas, depois, se recusa a dar cumprimento ao prometido. Para sancionar esse tipo de conduta, o sistema instituído pelo CDC reforça o caráter vinculante da publicidade (art. 30) e de todas as manifestações, formais ou informais, dirigidas ao consumidor (art. 48), contrapondo-se, assim, às normas mais brandas relativas à oferta ao público previstas no CC[1]. É possível afirmar que essa regulação prevista no CDC visa proteger a confiança do consumidor no mercado de consumo e nas propostas que lhe são feitas.

---

1. Nesse sentido, cf. BENJAMIN, Antônio Herman de Vasconcellos e. in: *Código de Defesa do Consumidor comentado pelos autores do anteprojeto.* vol. 1. 10. ed. Rio de Janeiro: Forense, 2011, pp. 281-284.

Essa mesma perspectiva permite uma interpretação mais adequada do art. 84 do CDC. Trata-se também de dispositivo cujo propósito é compelir o fornecedor a honrar suas promessas e contratos celebrados. Para tanto, o art. 84 previu um sistema mais eficaz de tutela processual das obrigações de fazer e não fazer. É preciso notar que, quando da promulgação do diploma consumerista, o Código de Processo Civil (CPC) então vigente previa mecanismos pouco eficazes para garantir a tutela específica das obrigações de fazer e de não fazer[2]. Em certo sentido, o sistema processual privilegiava a conversão dessas modalidades obrigacionais em perdas e danos, ao invés de promover sua tutela específica.

Sucessivas mudanças na legislação processual terminaram por inverter essa lógica, priorizando a tutela específica das obrigações de fazer e de não fazer. E o art. 84 do CDC representou um importante passo nesse movimento de mudança. De fato, o dispositivo introduziu três grandes inovações na execução das obrigações de fazer e de não fazer: consagrou a tutela liminar desse tipo de obrigação; permitiu a imposição de ofício de multas cominatórias; e abriu ao magistrado um leque indeterminado de medidas assecuratórias, ao prever que ele poderia adotar "providências que assegurem o resultado prático equivalente ao do adimplemento". Essas inovações se mostraram a tal ponto eficazes que, em 1994, foram introduzidas no próprio CPC de 1973 e passaram a reger o procedimento geral de execução de obrigações de fazer e de não-fazer[3].

Assim, nenhuma das regras analisadas do CDC trata verdadeiramente da impossibilidade de cumprimento da obrigação em razão de fatores externos. Tanto o art. 35, quanto o § 1.º do art. 84, pressupõem que a obrigação assumida pelo fornecedor pode ser cumprida, ou que se tornou impossível por fato imputável a ele.

Essa falta quanto à regulação da impossibilidade da prestação não implica, todavia, que haja uma falha ou imperfeição no CDC. Com efeito, trata-se de "lei especial"[4] ou "microssistema"[5] que regulamenta por excelência os contratos de consumo, mas que é naturalmente complementada pelo regime geral das obrigações e dos contratos, previsto no CC. É necessário, portanto, buscar uma solução para o problema a partir das regras previstas neste mais abrangente diploma.

4. CÓDIGO CIVIL: REGRAMENTO DISPERSO E FRAGMENTADO

Há no CC dois pontos de apoio para a solução do problema da impossibilidade do cumprimento da obrigação. O primeiro deles encontra-se na disciplina das modalidades

---

2. Cf. THEODORO JÚNIOR, Humberto. Tutela específica das obrigações de fazer e não fazer. *Revista de Processo*, vol. 105, 2002, item 5.
3. Lei n. 8.952/94, que modificou, entre outros dispositivos, os arts. 461 e 644 do CPC/73. Houve, essas regras encontram-se incorporadas no CPC/15, em especial em seus arts. 497 a 500.
4. PASQUALOTTO, Adalberto. O Código de Defesa do Consumidor em face do novo Código Civil. *Revista de direito do consumidor*, v. 43, 2002, item 3.2; MARQUES, Claudia Lima. In: MARQUES, Claudia Lima; BENJAMIN, Antônio Herman de Vasconcellos e; MIRAGEM, Bruno. *Comentários ao Código de Defesa do Consumidor*. 4. ed. São Paulo: Revista dos tribunais, 2013, p. 42.
5. AGUIAR JÚNIOR, Ruy Rosado de. O novo Código Civil e o Código de Defesa do Consumidor (pontos de convergência). *Revista de direito do consumidor*, v. 48, 2012, p. item 1; MIRAGEM, Bruno. *Curso de direito do consumidor*. 5. ed. São Paulo: Revista dos tribunais, 2014, p. 45-46.

das obrigações, nos arts. 233 e seguintes; o segundo, no art. 393, que se refere ao caso fortuito ou de força maior.

Nos termos do art. 393, o devedor não responderia pelos prejuízos daí resultantes. A responsabilidade por perdas e danos, como prevista no art. 389 da lei, estaria afastada. Todavia, nenhum desses dispositivos disciplina especificamente o problema da extinção do vínculo obrigacional por impossibilidade da prestação. Essas regras, ao menos em seu teor literal, cuidam apenas de eventual pretensão indenizatória derivada do não cumprimento das obrigações.

Por isso, e pelos limites de espaço do presente artigo, enfocaremos o referido primeiro ponto de apoio[6]. Além disso, diante de insuficiências desse regramento, recorreremos também a regras do capítulo de extinção dos contratos, como a de inadimplemento (art. 475) e exceção de contrato não cumprido (art. 476).

4.1 Regras sobre as modalidades das obrigações

Quanto às modalidades das obrigações, o CC classifica as obrigações em: (i) obrigações de dar coisa certa (arts. 233 a 242); (ii) obrigações de dar coisa incerta (arts. 243 a 246); (iii) obrigações de fazer (arts. 247 a 249); e (iv) obrigações de não fazer (arts. 250-251). Relativamente aos primeiros dois grupos de dispositivos, prevê o diploma civil algumas regras relativas à *perda* e à *deterioração* da coisa devida, enquanto para as obrigações de fazer e de não fazer a lei refere-se à *impossibilidade* da prestação.

Dessa forma, ao menos da perspectiva terminológica, não há na lei uma disciplina unitária quanto ao tema da impossibilidade,[7] o que recomenda uma análise segmentada das regras. Em razão da opção terminológica do legislador, é possível analisar, de um lado, a disciplina da *perda e da deterioração* da coisa objeto de obrigação de dar[8] e, de outro lado, a disciplina da *impossibilidade* das prestações de fazer ou de não fazer.

Embora o CC inicie com as obrigações de dar coisa certa e incerta, é preferível iniciar a análise do tema da impossibilidade a partir das regras relativas às obrigações de fazer e de não fazer. A razão é simples: a lei emprega expressamente o termo *impossibilidade* para essas duas modalidades de obrigações:

4.1.1 Obrigações de fazer e de não fazer

O Código não o afirma expressamente, mas da leitura dos dispositivos é possível verificar que as expressões "tornar-se impossível" (art. 248) ou "se lhe torne impossível" (art. 250) referem-se à impossibilidade total e definitiva. Nesse contexto, o art. 248 é perfeitamente aplicável à empresa que se comprometeu a organizar as comemorações de

---

6. Nada obstante, para uma análise das figuras do caso fortuito ou de força maior no contexto da pandemia coronavírus, ver: SILVA, Jorge Cesa Ferreira da. *Caso fortuito e força maior*: as questões em torno dos conceitos: Ocorrência de caso fortuito e força maior como hipótese de isenção, mitigação e da execução de certos deveres. Disponível em: <https://www.jota.info/paywall?redirect_to=//www.jota.info/opiniao-e-analise/artigos/caso-fortuito-e-forca-maior-as-questoes-em-torno-dos-conceitos-20032020>. Acesso em: 7 abr. 2020.
7. Em sentido semelhante, cf. SILVA, Rafael Peteffi da. Teoria do adimplemento e modalidades de inadimplemento, atualizado pelo novo Código Civil. *Revista do Advogado*, São Paulo, v. 68, p. 135-153, 2002, p. 144 e ss.
8. Não se fará referência à chamada "obrigação de restituir".

bodas de ouro dos consumidores contratantes, mas que precisaram ser canceladas em razão de medidas sanitárias impostas por decreto municipal ou estadual.

Por outro lado, a impossibilidade total e definitiva não alcança os serviços prometidos por uma academia de ginástica, que, em princípio, podem ser devidamente prestados após o período de isolamento social. Também não abrange os casos de impossibilidade parcial, embora cogitável a aplicação do dispositivo quando objetivamente fracionável o objeto da prestação. Com efeito, poder-se-ia afirmar que, dentre as prestações devidas, determinada ou determinadas tornaram-se impossíveis, resolvendo-se a obrigação em relação a elas, mas persistindo em relação às demais, as não impossibilitadas.

Maior dificuldade haveria naquelas situações em que as prestações não são objetivamente fracionáveis. Caso muito frequente no contexto da pandemia e de difícil solução prática é o das escolas. Impossibilitadas de prestar o serviço educacional presencialmente, elas oferecem o ensino à distância como substitutivo. Os resultados práticos muito frequentemente não são equivalentes. Em algumas situações, como a de crianças de pouca idade, poder-se-ia concluir que, em verdade, a criança e os contratantes nada ou muito pouco aproveitam do serviço remotamente prestado. Em situações específicas, é concebível qualificar a impossibilidade como total. Mas, ainda assim, a aplicação do art. 248, com consequente resolução do contrato, estaria normalmente obstada pela provisoriedade da impossibilidade. De qualquer maneira, a resolução do contrato pode não ser a melhor saída do ponto de vista econômico e social, dada a relevância e a natureza dos serviços educacionais. Nas outras situações, a aplicação do art. 248 enfrentaria o problema da divisibilidade das prestações, indicando uma limitação desta regra para o adequado enfrentamento do tema.

4.1.2 Obrigações de dar coisa certa e incerta

No que diz respeito às obrigações de dar coisa certa e incerta, há mais dois problemas, além daqueles já indicados em relação às obrigações de fazer e de não fazer.

O primeiro deles diz respeito à terminologia empregada. O Código não se refere à impossibilidade da prestação, mas à perda ou à deterioração da coisa.

Concentrando-se apenas na hipótese de *perda* da coisa, não se verifica uma total equivalência desta hipótese com a de impossibilidade da prestação de dar. O vendedor de uma específica obra de arte poderá alegar a resolução de sua obrigação, se esta perecer por conta de incêndio que não lhe seja imputável. Há, com efeito, uma impossibilidade que se configura pelo perecimento da coisa devida. O mesmo não ocorre se a coisa devida não perecer, mas simplesmente não puder se importada por medidas sanitárias impostas ao país de exportação. A prestação, ainda que temporariamente, tornou-se impossível, embora não tenha havido perda do bem. Outrossim, há impossibilidade em relação ao fornecedor que não consegue fabricar o produto prometido, em razão de medidas sanitárias que impossibilitem a importação dos insumos necessários. Novamente, não há se falar em perda da coisa, que sequer chegou a existir, não obstante a impossibilidade da prestação.

Esse tipo de situação poderia ser solucionado mediante dois raciocínios. Primeiramente, destacar-se-ia a fabricação (o fazer) em relação à tradição do produto (o dar), aplicando-se o art. 248 do CC, previsto para as obrigações de fazer. No mesmo sentido, seria possível argumentar que a obrigação de dar, apesar de destacada pelo legislador como uma modalidade específica, não deixa de ser uma espécie de obrigação de fazer, sendo, pois, aplicável o art. 248 do CC. Entretanto, essa solução recairia nos mesmos problemas apontados acima para as obrigações de fazer, especialmente no que diz respeito à impossibilidade temporária.

A segunda dificuldade diz respeito à previsão do art. 246, relativo às obrigações de dar coisa incerta. A coisa incerta é "indicada, ao menos, pelo gênero e pela quantidade" (art. 243). É a hipótese mais frequente de obrigação de dar nas relações de consumo, principalmente quando se trata de encomendas de bens. Nesse contexto, a previsão do art. 246 praticamente excluiria a possibilidade de o fornecedor alegar impossibilidade da prestação, salvo quando especificado o objeto, nos termos dos arts. 244 e 245 do CC. Poder-se-ia argumentar que a previsão do art. 246 não se aplica a toda e qualquer hipótese, mas somente àquelas iguais ou semelhantes à do vendedor de sacas de arroz que, antes da tradição, vê o seu depósito pegar fogo, perecendo todos os seus bens. Também se poderia cogitar do argumento, mencionado acima, de que a obrigação de dar é uma espécie de obrigação de fazer, aplicando-se, também, o art. 248 do CC, que se refere apenas à impossibilidade.

De qualquer forma, a análise deste e de outros dispositivos demonstra inexistir uma disciplina unitária e suficientemente abrangente do tema da impossibilidade no que diz respeito às regras do CC sobre as modalidades das obrigações. Isso impõe uma maior dificuldade aos juízes e aos tribunais nas soluções dos problemas suscitados pela pandemia do coronavírus.

4.2 Regras sobre a extinção dos contratos

Uma outra alternativa consiste em buscar soluções nas regras do CC sobre a extinção dos contratos.[9] Há, fundamentalmente, dois principais institutos: (i) a cláusula resolutiva (arts. 474 e 475); e (ii) a exceção do contrato não cumprido (arts. 476 e 477). Não se analisará aqui o tema da resolução por onerosidade excessiva (arts. 478 a 480), pois não se refere a casos de impossibilidade, nem da resilição bilateral ou unilateral (arts. 472 e 473).

Quanto à cláusula resolutiva, a incidência do art. 475 aos casos relativos à pandemia do coronavírus não está excluída, desde que se compreenda a palavra *inadimplemento* em seu sentido amplo, abrangendo tanto o culposo quanto o não culposo. Nesse contexto, o consumidor poderia, em tese – e desde que observada a regra do art. 474 –, resolver o contrato. Mesmo assim haveria algumas dificuldades.

A primeira delas é a previsão, pelo dispositivo, de indenização por perdas e danos. Configurada hipótese de caso fortuito ou de força maior, não seria o caso de se responsabilizar o fornecedor. Um segundo problema é a previsão de resolução do contrato, como um todo, sem se considerar a hipótese de impossibilidade parcial da prestação. Uma terceira dificuldade é a natureza *alternativa* da resolução em favor do credor, que

---

9. Não se analisará aqui eventuais regras especiais, relativas a cada espécie contratual.

poderia, em princípio, exigir o cumprimento da obrigação, mas que estaria excluído por razões fáticas invencíveis. Por fim, o art. 475 não considera, ao menos em sua literalidade, legítimos interesses do devedor, especialmente no caso de impossibilidade temporária a ele não imputável. A estrita aplicação do dispositivo seria injusta, sendo necessário socorrer-se do raciocínio subjacente à distinção entre inadimplemento absoluto e inadimplemento relativo.

Retornando ao exemplo da academia de ginástica, em princípio ao consumidor não se poderia facultar alternativa de resolução do contrato sem qualquer encargo (multa ou indenização). A situação se aproxima do denominado inadimplemento relativo, suspendendo-se, simplesmente, a exigibilidade da prestação e da contraprestação, devendo-se aplicar solução diversa ao exemplo acima referido da prestação de serviços de fisioterapia, caso o consumidor convalesça naturalmente durante o período em que o tratamento esteve obstado. Nesta segunda hipótese, a ausência de interesse no posterior cumprimento da obrigação justifica a resolução do contrato[10].

Nesse ponto, é fundamental referir-se à exceção do contrato não cumprido. De acordo com o art. 476, "nos contratos bilaterais, nenhum dos contratantes, antes de cumprida a sua obrigação, pode exigir o implemento da do outro". Como o consumidor não está recebendo a prestação devida pelo fornecedor, ainda que por caso fortuito ou de força maior, poderá ele, ao menos em princípio, deixar de realizar o pagamento da contraprestação, até que o serviço volte a ser prestado. Portanto, o art. 476 justificaria o não pagamento da contraprestação durante o período de distanciamento social.

Na prática, porém, isso muitas vezes é de pouca serventia, pois o consumidor opta pelo pagamento antecipado mediante cartão de crédito, com parcelamento do valor nas faturas. No entanto, a regra do art. 476 não prevê a restituição de contraprestações antecipadas. Além disso, o dispositivo não resolve aquelas situações em que uma das partes não se contenta em interromper temporariamente o pagamento, insistindo na extinção da relação contratual por falta de interesse na sua posterior execução. Nesses casos, é indispensável retomar as considerações relativas ao art. 475 do CC.

5. CONCLUSÕES

A pandemia da COVID-19 tem gerado muitos casos de impossibilidade de cumprimento das obrigações contratuais, em decorrência, por exemplo, do fechamento de fronteiras e da proibição de aglomeração de pessoas. Em face da gravidade da pandemia, o Estado tem editado normas para regular setores especialmente afetados. Esse é o caso, por exemplo, das MPs n. 925/2020 e 948/2020 que dispõem, respectivamente, sobre medidas emergenciais para a aviação civil brasileira e para o setor de turismo e cultura, profundamente afetados pela pandemia da COVID-19.

---

10. Cf. Nesse sentido, Nelson Rosenvald e Cristiano Chaves afirmam que, para a configuração do inadimplemento absoluto, e a consequente resolução do contrato, "não basta uma diminuição do interesse do credor pela prestação; fundamental é a completa perda na necessidade e utilidade da coisa em face do descumprimento". ROSENVALD, Nelson; CHAVES, Cristiano *Curso de Direito Civil: obrigações*. vol. 2. 8. ed. Salvador: JusPodivm, 2014, p. 509.

No universo das relações de consumo, em face de um caso de impossibilidade de cumprimento por conta da pandemia do coronavírus, o operador do direito deve primeiramente verificar se há alguma norma específica promulgada para a regular o setor em causa. Não havendo, deve-se recorrer às normas gerais.

Nesse sentido, a lei a que se deve recorrer normalmente é o CDC. Acontece que esse diploma não regula os casos de impossibilidade de cumprimento da obrigação por parte do fornecedor. O art. 35, principal dispositivo da codificação sobre descumprimento obrigacional, aplica-se apenas a casos de recusa do fornecedor em cumprir a obrigação, o que difere essencialmente dos casos de impossibilidade. O art. 84, § 1.º, por sua vez, apesar de referir-se à impossibilidade, é dispositivo voltado para solucionar casos de impossibilidade por culpa do fornecedor, o que é essencialmente distinto dos casos de impossibilidade por conta da pandemia de COVID-19.

A solução é recorrer ao CC. O regramento desse diploma, contudo, é fragmentário, exigindo do intérprete certa capacidade criativa para oferecer soluções para diversos casos de impossibilidade. O ponto de partida é, naturalmente, as regras presentes nas seções referentes às modalidades das obrigações. Nessa parte estão previstas regras que tratam das hipóteses de impossibilidade total e definitiva, cuja consequência é a extinção das obrigações (v. especialmente arts. 234, primeira parte, e 248, primeira parte).

A pandemia da COVID-19, todavia, por sua provisoriedade, acaba gerando muitas situações de impossibilidade temporária. Para solucionar esses casos, é necessário recorrer a dispositivos presentes no capítulo sobre extinção dos contratos, em especial os arts. 475 e 476. Por meio do art. 476, enquanto a impossibilidade se mantiver, a exigibilidade da obrigação ficará suspensa. Para os casos em que esse dispositivo não for apto a resolver, como, por exemplo, os casos em que o consumidor já tiver pago o preço do produto ou serviço, por meio do art. 475, interpretando impossibilidade em sentido amplo a abarcar também o descumprimento não culposo, o consumidor pode requerer a resolução do contrato, excluída naturalmente a possibilidade obter reparação das perdas e danos, nos termos do art. 393.

6. REFERÊNCIAS

AGUIAR JÚNIOR, Ruy Rosado de. O novo Código Civil e o Código de Defesa do Consumidor (pontos de convergência). *Revista de direito do consumidor*, v. 48, 2012.

BENJAMIN, Antônio Herman de Vasconcellos e. in: *Código de Defesa do Consumidor comentado pelos autores do anteprojeto*. vol. 1. 10. ed. Rio de Janeiro: Forense, 2011.

MARQUES, Claudia Lima. In: MARQUES, Claudia Lima; BENJAMIN, Antônio Herman de Vasconcellos e; MIRAGEM, Bruno. *Comentários ao Código de Defesa do Consumidor*. 4. ed. São Paulo: Revista dos tribunais, 2013.

MIRAGEM, Bruno. *Curso de direito do consumidor*. 5. ed. São Paulo: Revista dos tribunais, 2014.

PASQUALOTTO, Adalberto. O Código de Defesa do Consumidor em face do novo Código Civil. *Revista de direito do consumidor*, v. 43, 2002, p. 96-110.

ROSENVALD, Nelson; CHAVES, Cristiano. *Curso de Direito Civil: obrigações*. vol. 2. 8. ed. Salvador: JusPodivm, 2014.

SILVA, Jorge Cesa Ferreira da. *Caso fortuito e força maior*: as questões em torno dos conceitos: Ocorrência de caso fortuito e força maior como hipótese de isenção, mitigação e da execução de certos deveres. Disponível em: <https://www.jota.info/paywall?redirect_to=//www.jota.info/opiniao-e-analise/artigos/caso-fortuito-e-forca-maior-as-questoes-em-torno-dos-conceitos-20032020>. Acesso em: 7 abr. 2020.

SILVA, Rafael Peteffi da. Teoria do adimplemento e modalidades de inadimplemento, atualizado pelo novo Código Civil. *Revista do Advogado*, São Paulo, v. 68, p. 135-153, 2002.

THEODORO JÚNIOR, Humberto. Tutela específica das obrigações de fazer e não fazer. *Revista de Processo*, vol. 105, 2002, p. 9-33.

CORONAVÍRUS, RESPONSABILIDADE CIVIL E HONORÁRIOS SUCUMBENCIAIS: UM ESPAÇO PARA A DÚVIDA JURÍDICA RAZOÁVEL

Carlos E. Elias de Oliveira

Professor de Direito Civil, Notarial e de Registros Públicos da Universidade de Brasília (UnB), no IDP/DF, Fundação do MPDFT, no EBD-SP, na Atame do DF e de GO e em outras instituições. Consultor Legislativo do Senado Federal em Direito Civil, Advogado, Parecerista, ex-Advogado da União e ex-assessor de ministro STJ. Doutorando, mestre e bacharel em Direito (UnB). Membro fundador do Instituto Brasileiro de Direito Contratual – IBDCont. Membro do Instituto Brasileiro de Estudos de Responsabilidade Civil – IBERC. Membro do Conselho de Orientação Editorial da Revista de Direito Civil Contemporâneo (RDCC).

Instagram: @profcarloselias e @direitoprivadoestrangeiro. *E-mail:* carloseliasdeoliveira@yahoo.com.br.

Sumário: 1. Introdução – 2. Dúvida jurídica razoável como excludente ou atenuação da responsabilidade civil – 3. Casos práticos em tempos de coronavírus: 3.1 Síndico vs condôminos – 3.2 Plano de saúde e tratamento de coronavírus dentro do período de carência – 3.3 Recusa de investidor em aportar dinheiro na data prevista no contrato – 3.4 Honorários advocatícios sucumbenciais nos casos de dúvida jurídica razoável – 4. Conclusão – 5. Referências.

1. INTRODUÇÃO

O objetivo deste texto é, por meio de casos concretos, discutir se há ou não dever de indenizar na hipótese de alguém que causa dano a outrem por meio de uma conduta cuja licitude, por conta dos transtornos causados pela pandemia do novo coronavírus (Covid-19), sujeita-se a uma dúvida jurídica. Debate-se ainda sobre quem deveria arcar com os honorários sucumbenciais.

É fato notório que a pandemia abalou profundamente a dinâmica de toda a população mundial. Cidades se fecharam, governos proibiram o funcionamento dos estabelecimentos comerciais, cidadãos tiveram de ficar isolados em casa, muitos perderam abruptamente sua fonte de renda etc.

Inevitavelmente, esse cenário desolador e inesperado expôs inúmeros indivíduos a situações de dúvida jurídica razoável em relações de direito privado.

A presença de dúvida jurídica razoável em uma situação jurídica tem inegável repercussão em discussões relativas a responsabilidade civil contratual e extracontratual, pois o dever de indenizar, em regra, decorre de um ato ilícito (art. 186 e 927, CC). A responsabilidade civil por ato lícito é absolutamente excepcional e depende de previsão de lei específica, a exemplo dos casos de responsabilidade objetiva (art. 927, parágrafo único, CC) e dos danos a terceiros em hipóteses de legítima defesa ou estado de necessidade (arts. 928 e 929, CC).

Em outras palavras, se alguém causa dano a outrem com culpa, isso, em regra, só gerará dever de indenizar se esse ato for considerado um ilícito civil.

O problema é que, com os inusitados transtornos causados pelo coronavírus, surgiram inúmeras situações em que o indivíduo se viu em uma encruzilhada de dúvidas, sem ter clareza se sua conduta será considerada lícita ou não e, portanto, se ela lhe imporá ou não o dever de indenizar. Enfrentaremos alguns casos concretos ao final deste artigo.

2. DÚVIDA JURÍDICA RAZOÁVEL COMO EXCLUDENTE OU ATENUAÇÃO DA RESPONSABILIDADE CIVIL

Em mais de uma oportunidade[1], já tivemos a oportunidade de defender que a dúvida jurídica razoável pode ser considerada uma excludente responsabilidade civil ou, no mínimo, uma justificativa para a redução do valor da indenização.

Isso, porque, como a responsabilidade civil depende de um ato ilícito e a ilicitude depende de um descompasso de um ato com regras jurídicas **prévias** (princípio da legalidade), a dúvida jurídica razoável pode descaracterizar total ou parcialmente a ilicitude de um ato para efeito de censurar a produção de efeitos jurídicos desproporcionais.

Quando há dúvida jurídica razoável, é viável haver o que designamos de cindibilidade dos efeitos jurídicos de um ato: o juiz, com olhos no caso concreto e sob um juízo de razoabilidade, poderá permitir a produção de efeitos jurídicos menos drásticos e bloquear os efeitos jurídicos mais desproporcionais. Pode, por exemplo, diante de um mesmo ato, conceder um pedido de obrigação de não fazer, mas negar o dever de indenizar.

Pode haver, pois, necessidade de uma modulação dos efeitos, o que, conforme já expusemos em outros artigos, encontra fundamento em vários dispositivos (arts. 927, § 3º, e 942, § 2º, do CPC; arts. 26 da LINDB; art. 27 da Lei º 9.868/99; arts. 133, II, e 186 do CC).

Tudo isso decorre da inegável existência de certo grau de indeterminação da Ciência Jurídica. De fato, o Direito, por sua natureza, é uma matéria-prima plástica e dinâmica, de modo que diferentes soluções jurídicas podem ser obtidas de modo legítimo por meio da hermenêutica[2].

O problema da "indeterminação do Direito" expõe os juristas, há muitos séculos, desde a Noite dos Tempos, à condenação de Sísifo: os juristas tentam rolar a pedra do Direito para o topo do monte em busca da obtenção de uma "determinação unívoca do Direito", mas, sempre, ao chegar perto do cume da montanha, a pedra implacavelmente retorna ao seu início de "indeterminação"[3].

Com efeito, a cindibilidade dos efeitos jurídicos nas hipóteses de dúvida jurídica razoável funciona como um critério de correção no sistema jurídico.

---

1. Oliveira, 2018-A, 2018-B, 2019 e 2020-A.
2. Emprega-se aqui o vocábulo "hermenêutica" em sentido amplo, abrangendo ao que, na Academia, designa-se de "Argumentação Jurídica".
3. A propósito da indeterminação do Direito, reportamo-nos aos escritos de Inocêncio Mártires Coelho (2018). Ademais, chegamos a apontar essa natureza incerta do Direito sob o enfoque de Miguel Reale, de Recaséns Siches e Eros Roberto Grau em outros textos (Oliveira, 2018 e 2018-A).

Nesse ponto, reiteramos o que expusemos em recente artigo (Oliveira, 2020-A):

Ora, como a legalidade prévia é um pressuposto do Estado de Direito, o particular que age com amparo em dúvida jurídica razoável não pode ser punido se, posteriormente, a jurisprudência vem a decidir diversamente, sob pena de transformá-lo em um "boca de canhão hermenêutico", em um "boi de piranha hermenêutico" ou em um "mártir hermenêutico". Os arts. 138, III, e 186 do CC e o art. 942, § 2º, do CPC dão suporte a isso. A propósito, reproduzimos ponderações que já fizemos em outra oportunidade (Oliveira, 2018-B, pp. 15-17):

Como a violação de direito é essencial para a caracterização do ato ilícito no Direito Civil (art. 186 do CC), é fundamental que a regra jurídica seja clara de antemão. Isso decorre do princípio da legalidade, que só vincula as pessoas a leis prévias, e do princípio da segurança jurídica, que prestigia a nitidez das normas. Isso é um pressuposto do Estado de Direito. Se a norma textual é de duvidosa interpretação (dúvida razoável), o jurista deverá averiguar o grau de dúvida jurídica que ronda a definição da norma diante dos casos concretos, de modo a, por um juízo de razoabilidade, afastar consequências jurídicas que sejam desarrazoadas.

No Direito Civil, a dúvida jurídica razoável também pode afastar ou, a depender do seu grau, atenuar a responsabilidade civil, por ser injusto punir o particular em um cenário causado pelo próprio Estado, que não deixou as regras claras. Se a dúvida jurídica razoável for de intensidade elevada, entendemos que a responsabilidade civil deve ser totalmente excluída. Se, porém, a intensidade de dúvida não for tão elevada, seria cabível admitir parcialmente a responsabilidade civil, pois o requisito da "violação de direito" (art. 186, CC) estaria presente apenas em parte. A consequência desse acolhimento parcial da responsabilidade civil é a redução proporcional do valor da indenização.

A falta de clareza normativa é um problema do Estado e do sistema democrático, de modo que o particular não pode ser punido por, diante dessa névoa normativa, adotar uma interpretação que posteriormente venha a ser rechaçada pelos tribunais. Enquanto a dúvida jurídica razoável não for dissolvida, não se pode punir os particulares com sanções jurídicas desproporcionais. É claro que, depois que os tribunais se manifestarem sobre um determinado caso, a dúvida jurídica razoável estará dissolvida ou atenuada.

O problema, porém, é como tratar os particulares envolvidos nos casos paradigmáticos que geraram a jurisprudência. Não se os pode punir por terem adotado uma via hermenêutica razoável que, posteriormente, foi recusada pelos tribunais. Os particulares não podem ser sacrificados em prol dos demais, que se beneficiarão com o fim da dúvida jurídica razoável. Isso acontece quando os tribunais, diante de uma situação de dúvida jurídica razoável, escolhem uma interpretação e punem o indivíduo que, antes da pacificação hermenêutica, teve o azar de abraçar uma interpretação vencida. Em situações como essas, o particular envolvido no *leading case* é entregue em holocausto vicário em favor dos demais indivíduos, que, cientes da interpretação vencedora, saberão qual interpretação a adotar. Isso é injusto. O particular envolvido no *leading case* não pode ser punido com sanções desproporcionais. Temos que a responsabilidade civil não pode ser usada para transformar particulares em "bois de piranha hermenêuticos", em um "mártir hermenêutico" ou em "bocas de canhão hermenêuticas".

Quanto aos que sofreram danos, eles não podem exigir indenização de quem agiu sob dúvida jurídica razoável, pois aí falta o requisito da violação de direito exigido para a caracterização do ato ilícito. Se alguém deveria pagar a indenização, seria o legislador – que não deixou as regras do jogo claras –, mas, como vige o regime da irresponsabilidade do legislador e como isso decorre de falhas no sistema democrático, nada há a fazer. Em última instância, a situação de lacuna normativa é culpa de todos os indivíduos, que não exerceram adequadamente o seu poder democrático diretamente ou por meio de seus representantes. Omissão normativa do Estado não pode recair sobre os ombros do homem comum, do *"the man on the Clapham bus"*[4], que, sem formação jurídica, tem de enfrentar um anuviado ambiente de dúvida jurídica razoável e arriscar escolher uma interpretação razoável.

---

4. Essa expressão inglesa se reporta ao homem comum, como lembra Ronald Coase (2016, p. 4). *Clapham* é um bairro muito popular de Londres, de modo que a referência a um homem em um ônibus nesse local reporta-se a uma situação comum.

Apesar de poder afastar ou atenuar a responsabilidade civil, a dúvida jurídica razoável poderá não afastar consequências civis menos gravosas, como a de originar uma obrigação de não fazer daqui para frente. O intérprete pode e deve modular os efeitos da interpretação da norma mesmo no Direito Civil, avaliando, sob a ótica da razoabilidade, que consequências civis são razoáveis. O art. 942, § 2º, do CPC, que prevê essa modulação dos efeitos de interpretações jurisprudenciais, não deve ser aplicado apenas no caso de mudanças de jurisprudências pacificadas, mas também no caso de pacificação de questões inéditas ao redor das quais pairavam dúvidas jurídicas razoáveis.

Em reforço ao exposto, a própria previsão de anulabilidade do negócio jurídico por erro de direito (art. 138, III, do CC) é o reconhecimento de que o ordenamento jurídico protege o particular atarantado por um clima de dúvida jurídica razoável. O que propomos aqui é a extensão disso para outras consequências jurídicas, como a responsabilidade civil, a depender de um juízo de proporcionalidade entre o grau da dúvida jurídica e a gravosidade da consequência jurídica civil disponível.

Portanto, a depender de grau de intensidade da dúvida jurídica razoável, o requisito "violação do direito" previsto no art. 186 do CC deve ser tido por total ou parcialmente descaracterizado e, em consequência, a responsabilidade civil deve ser excluída total ou parcialmente (atenuada, com redução proporcional do valor da indenização).

O STJ já vem admitindo esse raciocínio para afastar o dever de indenização diante de um cenário de dúvida jurídica razoável, a exemplo de casos de:

a) negativa de cobertura médico-hospitalar por plano de saúde (REsp 1632752/PR, 3ª Turma, Rel. Ministro Ricardo Villas Boas Cueva, DJe 29/08/2017; AgRg no REsp 1457475/MG, 4ª Turma, Rel. Ministra Maria Isabel Gallotti, DJe 24/09/2014);

b) obstrução da entrada de menor em cinema quando havia dúvida jurídica razoável sobre a possibilidade de sua entrada em razão da classificação indicativa do filme (REsp 1072035/RJ, 3ª Turma, Rel. Ministra Nancy Andrighi, DJe 04/08/2009);

c) frutos colhidos pelo viúvo durante período em que o direito real de habitação já estaria extinto (REsp 1617636/DF, 3ª Turma, Rel. Ministro Marco Aurélio Bellizze, DJe 03/09/2019).

3. CASOS PRÁTICOS EM TEMPOS DE CORONAVÍRUS

Com base em casos concretos que temos observado surgir nesses tempos de pandemia, formulamos aqui algumas situações hipotéticas que convidam a aplicação da cindibilidade dos efeitos jurídicos em razão da existência de dúvida jurídica razoável.

3.1 Síndico vs condôminos

Logo quando a sombria nuvem da pandemia passou a obscurecer a normalidade das cidades brasileiras com quarentenas e isolamentos, surgiu um problema jurídico nos condomínios: o síndico, unilateralmente e com o objetivo de reduzir os riscos de contaminação viral, poderia ou não restringir o uso das áreas comuns ou proibir a entrada de terceiros na edificação? Seria necessária deliberação prévia da assembleia?

O tema dividiu e ainda divide a doutrina. O professor Rodrigo Toscano foi o primeiro a alertar para a necessidade de prévia autorização da assembleia, posição que, posteriormente, ele reiterou em aprofundado artigo ombreado com o professor Alexandre Junqueira Gomide[5]. O tema, porém, não é pacífico.

---

5. Brito, 2020; Brito e Gomide, 2020.

O Projeto de Lei nº 1.179, de 2020, do Senador Antonio Anatasia, que cria o RJET[6] no Direito Privado, optou por expressamente permitir o síndico a agir unilateralmente nesses casos durante o período de transtorno da pandemia. Esse projeto foi gestado com a participação de renomados juristas, tudo sob a liderança científica do Professor Livre-Docente da USP Otávio Luiz Rodrigues Júnior ao lado dos Ministros Dias Toffoli (STF) e Antonio Carlos Ferreira (STJ). O fato é que a lei emergencial que daí nascerá só atingirá situações jurídicas futuras. E como ficam as anteriores?

Para as anteriores, é inegável haver um cenário de dúvida jurídica razoável, o que autoriza valer-se do que designamos de cindibilidade dos efeitos jurídicos para afastar efeitos jurídicos desproporcionais.

Suponha que, antes da supracitada lei emergencial, em meio à situação emergencial, um síndico unilateralmente proíba a entrada de terceiros na edificação, o que acaba causando danos material e moral a um determinado condômino que não pôde receber o seu convidado. Há inúmeras situações de possíveis danos, como estas:

a) Ex.1: o condômino perde um contrato pela proibição da entrada de um parceiro comercial;

b) Ex.2: o condômino sofre constrangimentos pessoais com a proibição da entrada de um parente muito próximo que lhe iria fazer companhia;

c) Ex.3: o condômino vê seu contrato de empreitada rescindido pelo fato de a equipe do empreiteiro ter sido barrada pelo síndico e se vê obrigado a indenizar as despesas havidas com materiais de construção que se deterioram.

Nesses casos, indaga-se: como deveria ser julgada uma ação por meio da qual o condômino prejudicado faz dois pedidos, o de obrigação de não fazer (para o síndico doravante abster-se de barrar o terceiro) e a indenização pelos danos sofridos?

Há dúvida jurídica razoável acerca da licitude da conduta do síndico. Não havia como o síndico ter certeza prévia das regras do jogo. Se ele consultasse diferentes advogados, obteria respostas antagônicas. Por isso, não é razoável que o síndico sofra sanções desproporcionais e seja punido pela vindoura decisão judicial que pacificará a questão, como se esse síndico fosse um "mártir hermenêutico" que sofreria para que os demais passassem a ter, doravante, clareza das regras do jogo.

Nesse sentido, caso o juiz entenda que a melhor interpretação é a de que o síndico podia atuar unilateralmente, cabe-lhe reconhecer que, antes de seu veredito, havia um cenário de dúvida jurídica razoável a atrair a cindibilidade dos efeitos jurídicos (que é uma espécie de modulação total ou parcial da decisão). E, por isso, sob um juízo de razoabilidade, temos que o primeiro pedido (o de obrigação de não fazer) deveria ser julgado procedente, ao contrário do segundo (o de indenização) em razão da desproporcionalidade deste último.

3.2 Plano de saúde e tratamento de coronavírus dentro do período de carência

Planos de saúde costumam fornecer determinadas coberturas apenas depois de transcorrido um determinado prazo de carência, que é contado a partir da celebração

---

6. Regime Jurídico Emergencial e Transitório.

do contrato. Por exemplo, para alguns tratamentos não urgentes, o prazo de carência é de 6 meses.

Em tempos de coronavírus, várias operadoras de plano de saúde têm negado a cobertura a pacientes potencialmente vítimas de coronavírus que não tenham preenchido esse semestre de carência.

Indaga-se: a postura do plano de saúde é ou não lícita?

Há dúvida jurídica razoável aí. Nenhum ato normativo da agência reguladora esclareceu essa situação.

Por isso, se um paciente que sofreu com a negativa formular judicialmente um pedido de obrigação de fazer (plano dá a cobertura) e outro de indenização, temos que, caso o juiz entenda pela ilegalidade da negativa, só o primeiro deve ser deferido, tudo em respeito à necessidade de cindibilidade dos efeitos jurídicos em razão do cenário de dúvida jurídica razoável.

A propósito, em sede de liminar, o TJDFT determinou que os planos de saúde dispensem a observância do prazo de carência de 6 meses por entender que os casos de coronavírus se enquadram em procedimentos urgentes, que atraem a carência de só 24 horas[7]. Nesses casos, temos que a indenização por dano moral por negativas anteriores a essa decisão deveria ser negada em razão do cenário de dúvida jurídica razoável.

3.3. Recusa de investidor em aportar dinheiro na data prevista no contrato

Suponha que, por força de um contrato firmado em 2019, um investidor, em troca da participação do lucro em uma nascente empresa de venda de sapatos, tenha se comprometido a, em 30 de março de 2020, transferir quinhentos mil reais para o parceiro-indústria, que haveria de iniciar a atividade empresarial em abril.

Com a turbulência causada pela pandemia do coronavírus, que, desde fevereiro de 2020, impactou severamente a rotina das cidades e ocasionou o fechamento de estabelecimentos comerciais, o investidor se recusou a transferir o dinheiro sob o argumento de que o projeto de parceria perdeu totalmente a utilidade, pois não haveria qualquer viabilidade de lucro no início de uma empresa de venda de sapatos naquele momento catastrófico.

Daí se indaga: o sócio-indústria poderia pleitear indenização por danos sofridos pelo investidor?

Não há dúvidas de que a conduta do investidor se insere em um cenário de dúvida jurídica razoável. Tamanha é a controvérsia jurídica sobre a licitude desse comportamento que, desde o início da turbulência da pandemia, a doutrina vem disparando uma quantidade incrível de artigos para tratar da possibilidade ou não de revisão ou resolução de contratos[8].

---

7. Disponível em: https://www.conjur.com.br/2020-abr-06/plano-saude-afastar-carencia-coronavirus. Acesso em 6 de abril de 2020.
8. A título ilustrativo: Oliveira (2020-B), Tartuce (2020), Simão (2020), Schreiber (2020) e Souza e Silva (2020).

Não nos importa aqui definir se a conduta do investidor foi lícita ou não. O que nos importa é realçar que há uma dúvida jurídica razoável aí e que, portanto, há mais de uma interpretação viável.

Desse modo, entendemos que o dever de indenizar por parte do investidor deve ser afastado ou atenuado a depender do caso concreto em razão do cenário de dúvida jurídica razoável.

3.4 Honorários advocatícios sucumbenciais nos casos de dúvida jurídica razoável

Quem deverá suportar os honorários sucumbenciais na hipótese de a ação judicial ter sido proposta com base em cenário de dúvida jurídica razoável?

À luz do princípio da causalidade, aplicável para a definição dos ônus sucumbenciais, só deve ser condenado a arcar com os honorários sucumbenciais aquele que deu causa a uma ação (art. 85, *caput* e § 10, CPC).

Entendemos que, se havia dúvida jurídica razoável, nenhuma das partes deu causa ao processo. Em tese, quem teria dado causa à demanda judicial teria sido o próprio Poder Público, que descumpriu o seu dever de dar clareza prévia das regras jurídicas, mas, no sistema brasileiro, não há espaço para a responsabilização do Estado por omissão normativa nesse caso.

Por isso, entendemos que, se havia dúvida jurídica razoável, não é cabível a condenação de nenhuma das partes ao pagamento de honorários sucumbenciais.

4. CONCLUSÃO

A dúvida jurídica razoável não pode ser esquecida dos operadores do Direito ao enfrentar discussões envolvendo responsabilidade civil e honorários sucumbenciais, visto que ela autorizaria o emprego da chamada "cindibilidade dos efeitos jurídicos".

5. REFERÊNCIAS

BRITO, Rodrigo Toscano de. *Coronavírus: limitações ao uso das áreas comuns no âmbito da do condomínio edilício*. Disponível em: https://flaviotartuce.jusbrasil.com.br/artigos/822957142/coronavirus-limitacoes-ao-uso-de-areas-comuns-no-ambito-do-condominio-edilicio. Acesso em 21 de março de 2020.

BRITO, Rodrigo Toscano de; GOMIDE, Alexandre Junqueira. *O impacto do coronavírus nos condomínios edilícios: Assembleias e limitações ao direito de uso à propriedade*. Disponível em: https://www.migalhas.com.br/coluna/migalhas-edilicias/322683/o-impacto-do-coronavirus-nos-condominios-edilicios-assembleias-e-limitacoes-ao-direito-de-uso-a-propriedade. Acesso em 26 de março de 2020.

COELHO, Inocêncio Mártires. *Indeterminação do direito, discricionariedade judicial e segurança jurídica*. Disponível em: https://www.uniceub.br/media/491563/Anexo9.pdf. Acesso em 24 de maio de 2018.

OLIVEIRA, Carlos Eduardo Elias de Oliveira. *A Segurança Hermenêutica nos vários Ramos do Direito e nos Cartórios Extrajudiciais: repercussões da LINDB após a Lei nº 13.655/2018*. Brasília: Núcleo de Estudos e Pesquisas/CONLEG/Senado, junho/2018. Disponível em www.senado.leg.br/estudos. Publicado em março de 2018-A.

OLIVEIRA, Carlos Eduardo Elias de Oliveira. *Competência para fiscalizar atividade jurídica de membros da advocacia pública federal: TCU ou órgão correcional próprio*. Disponível em: https://jus.com.br/artigos/24056. Acesso em 31 de maio de 2018.

OLIVEIRA, Carlos Eduardo Elias de Oliveira. *A Dúvida Jurídica Razoável e a Cindibilidade dos Efeitos Jurídicos* (Texto para Discussão nº 245). Disponível em: www.senado.leg.br/estudos. Acesso em 5 de março de 2018. Brasília: Núcleo de Estudos e Pesquisas/CONLEG/Senado, março, 2018-B.

OLIVEIRA, Carlos Eduardo Elias de Oliveira. *A Lei da Liberdade Econômica: diretrizes interpretativas da nova Lei e Análise detalhada das mudanças no Direito Civil e no Registros Públicos.* Disponível em: www.flaviotartuce.adv.br/artigos_convidados. Elaborado em 21 de setembro de 2019.

OLIVEIRA, Carlos Eduardo Elias de Oliveira. *Dúvida jurídica razoável como excludente de responsabilidade civil, de enriquecimento sem causa e de outros remédios contra ilícitos civis: comentários a um julgado do STJ.* In: Revista IBERC, v. 3, n. 1, pp. 1-19, 2020-A.

OLIVEIRA, Carlos Eduardo Elias de Oliveira. *O coronavírus, a quebra antecipada não culposa de contratos e a revisão contratual: o teste da vontade presumível.* Disponível em: https://www.migalhas.com.br/depeso/321885/o-coronavirus-a-quebra-antecipada-nao-culposa-de-contratos-e-a-revisao-contratual-o-teste-da-vontade-presumivel. Acesso em 17 de março de 2020-B.

SCHREIBER, Anderson. *Devagar com o andor: coronavírus e contratos – Importância da boa-fé e do dever de renegociar antes de cogitar de qualquer medida terminativa ou revisional.* Disponível em: https://www.migalhas.com.br/coluna/migalhas-contratuais/322357/devagar-com-o-andor-coronavirus-e-contratos-importancia-da-boa-fe-e-do-dever-de-renegociar-antes-de-cogitar-de-qualquer-medida-terminativa-ou-revisional. Acesso em 23 de março de 2020.

SIMÃO, José Fernando. *"O contrato nos tempos da covid-19". Esqueçam a força maior e pensem na base do negócio.* Disponível em: https://www.migalhas.com.br/coluna/migalhas-contratuais/323599/o-contrato-nos-tempos-da-covid-19--esquecam-a-forca-maior-e-pensem-na-base-do-negocio. Acesso em 3 de abril de 2020.

SOUZA, Eduardo Nunes de; SILVA, Rodrigo da Guia. *Resolução contratual nos tempos do novo coronavírus.* Disponível em: https://www.migalhas.com.br/coluna/migalhas-contratuais/322574/resolucao-contratual-nos-tempos-do-novo-coronavirus. Acesso em 25 de março de 2020.

TARTUCE, Flávio. *O coronavírus e os contratos – Extinção, revisão e conservação – Boa-fé, bom senso e solidariedade.* Disponível em: https://www.migalhas.com.br/coluna/migalhas-contratuais/322919/o-coronavirus-e-os-contratos-extincao-revisao-e-conservacao-boa-fe-bom-senso-e-solidariedade. Acesso em 27 de março de 2020.

CORONAVÍRUS E ENRIQUECIMENTO SEM CAUSA

Rodrigo da Guia Silva

Doutorando e mestre em Direito Civil pela Universidade do Estado do Rio de Janeiro (UERJ). Pesquisador da Clínica de Responsabilidade Civil da Faculdade de Direito da UERJ. Membro do Instituto Brasileiro de Estudos de Responsabilidade Civil (IBERC). Advogado.

Sumário: 1. Introdução – 2. Armadilhas para o estudo do enriquecimento sem causa no contexto da pandemia da COVID-19 – 3. Deflagração do dever de restituição do enriquecimento sem causa como consequência da pronúncia de invalidade ou da resolução contratual – 4. Prazo prescricional das pretensões restitutórias – 5. Conclusão – 6. Referências.

1. INTRODUÇÃO

A[1] preocupação da sociedade civil com a difusão da COVID-19 (causada pelo novo coronavírus, variante SARS-CoV-2) foi prontamente acompanhada dos esforços da comunidade acadêmica para a compreensão dos efeitos da pandemia[2] sobre as relações jurídicas disciplinas pelos mais variados ramos do direito. Nesse contexto, não tardou para que a civilística identificasse questões tormentosas nos diversos eixos temáticos de que se constitui o Direito Civil. Não poderia se distanciar das preocupações do momento – pela própria centralidade da sua missão precípua de reparação dos danos injustos – a disciplina da Responsabilidade Civil, ao enfrentamento de cujos desafios se dedica, em boa hora, a presente obra coletiva.[3]

Diante da difusão exponencial dos desafios e dos litígios – em ritmo assemelhado ao da difusão da própria COVID-19 –, empenha-se a comunidade acadêmica na busca por aparatos ofertados pelo ordenamento jurídico para a solução dos inúmeros problemas suscitados pela atual crise epidêmica e econômica. No que tange especificamente ao tratamento das relações privadas patrimoniais, não raramente uma das primeiras ideias que assomam ao operador do direito é o recurso à vedação ao enriquecimento sem causa, no afã de se reprimirem atribuições patrimoniais injustificadas. Apesar do propósito louvável subjacente a uma tal linha de raciocínio, há de se ter em mente que

---

1. O autor agradece ao acadêmico Matheus Mendes de Moura, civilista vocacionado, pela revisão crítica do original.
2. A pandemia da COVID-19 foi declarada pela Organização Mundial da Saúde (OMS) em 11 de março de 2020.
3. Entre as reflexões sobre a responsabilidade civil desenvolvidas com pioneirismo na doutrina nacional, vale remeter, por todos, a ROSENVALD, Nelson. O coronavírus e a responsabilidade nos contratos internacionais. *Revista IBERC*, v. 3, n. 1, jan.-abr./2020; e MIRAGEM, Bruno. Nota relativa à pandemia de coronavírus e suas repercussões sobre os contratos e a responsabilidade civil. *Revista dos Tribunais*, vol. 1015, mai./2020. Seja consentido remeter, ainda, a SILVA, Rodrigo da Guia; NOGAROLI, Rafaella. Inteligência artificial na análise diagnóstica da Covid-19: possíveis repercussões sobre a responsabilidade civil do médico. *Migalhas*, 30/3/2020.

as potencialidades do referido instituto tendem a esmaecer quando a sua invocação não é acompanhada pela devida cautela com algumas *armadilhas*.

Nesse contexto, o presente estudo tem por escopo central a investigação das perspectivas de aplicação da disciplina do enriquecimento sem causa para o enfrentamento de desafios suscitados pelas repercussões da pandemia da COVID-19 sobre as relações privadas patrimoniais. Parte-se, para tanto, da identificação e da análise de algumas *armadilhas* com as quais se depara o intérprete no estudo do enriquecimento sem causa no cenário atual (item 2). Na sequência, delimita-se um relevante campo de atuação da disciplina do enriquecimento sem causa – a deflagração do dever de restituição como consequência da pronúncia de invalidade ou da resolução contratual (item 3). Por fim, apontam-se alguns aspectos relevantes para a definição do prazo prescricional apto a reger as pretensões restitutórias deflagradas pela invalidade ou pela resolução (item 4).

2. ARMADILHAS PARA O ESTUDO DO ENRIQUECIMENTO SEM CAUSA NO CONTEXTO DA PANDEMIA DA COVID-19

A vedação ao enriquecimento sem causa frequentemente é lembrada pelos operadores do direito como uma das possíveis panaceias dos desafios suscitados pela pandemia da COVID-19 no plano das relações patrimoniais. Embora essa constante recordação não chegue a surpreender – por seguir uma antiga espécie de tendência quando o assunto é enriquecimento injustificado –, há de se ter em mente que o intérprete se vê diante de (ao menos) duas perigosas armadilhas no cenário atual. De uma parte, coloca-se a invocação indiscriminada de um (suposto) *princípio* de vedação ao enriquecimento sem causa como panaceia de todos os problemas, sem maior esforço de depuração do conteúdo de tal *princípio* e sem atenção detida às potencialidades do *instituto* da vedação ao enriquecimento sem causa. De outra parte, identifica-se a crença de que a vedação ao enriquecimento sem causa poderia, por conta própria, constituir aparato suficiente para solucionar diversos problemas revelados no cotidiano.

Essas duas armadilhas, conquanto agravadas no contexto atual, não traduzem autêntica peculiaridade do cenário extraordinário da pandemia da COVID-19. Em realidade, essas duas armadilhas correspondem a dois equívocos técnicos intimamente inter-relacionados e largamente difundidos na doutrina e na prática forense em matéria de enriquecimento sem causa. Por um lado, tem-se a invocação (no mais das vezes, puramente retórica) de um *princípio* de vedação ao enriquecimento sem causa, sem se empreenderem os devidos esforços seja para a demonstração do seu fundamento normativo, seja para a concretização do conteúdo de tal princípio, seja, enfim, para a compreensão das potencialidades do *instituto* (não já do suposto princípio) da vedação ao enriquecimento sem causa.[4] Por outro lado, nota-se a recorrente invocação da disci-

---

4. A esclarecer a distinção entre os sentidos com os quais se emprega o enriquecimento sem causa (*princípio* e *instituto*), afirma-se: "Há ao menos dois sentidos propriamente jurídicos em que se pode falar de enriquecimento sem causa. Em primeiro lugar, a expressão pode referir um princípio que serve tanto como fundamento quanto como critério interpretativo para diversas regras que tratam de aspectos específicos de institutos do direito privado e mesmo, em diversos casos, para regras de direito público. Em segundo lugar, pode-se estar falando especificamente de um

plina do enriquecimento sem causa como parâmetro para a valoração das atribuições patrimoniais – o que parece se relacionar com a encontradiça menção a um *princípio* de vedação ao enriquecimento sem causa. Passa-se, então, a um esforço de esclarecimento desses equívocos conceituais.

O risco subjacente à invocação indiscriminada de um *princípio* de vedação ao enriquecimento sem causa se associa à vagueza da própria origem que se lhe costuma atribuir – o célebre brocardo latino "*suum quique tribuere*", máxima de conduta romana comumente vertida ao vernáculo como "dar a cada um o que é seu".[5] Com efeito, revela-se extremamente genérica a ideia – amplamente disseminada no pensamento jurídico – segundo a qual uma expressiva parcela da disciplina do direito privado fundar-se-ia na noção geral de que ninguém pode auferir vantagem patrimonial à custa de patrimônio alheio sem uma justificativa amparada no ordenamento jurídico, sob pena de restar frontalmente violada a máxima que pugna por se atribuir a cada pessoa aquilo que lhe é devido.[6] Afirma-se, nessa linha de sentido, que o *princípio* do enriquecimento sem causa inspiraria normas as mais diversas, de modo a servir como fundamento axiológico e critério interpretativo para regras as mais variadas no direito privado.[7]

Diante da vagueza ínsita à enunciação teórica do *princípio* de vedação ao enriquecimento sem causa,[8] a sua invocação para o equacionamento das lides, conquanto bem-intencionada, prejudica a análise do caso concreto em razão de algumas questões prévias: realmente existe um *princípio* de vedação ao enriquecimento sem causa no direito brasileiro? Qual seria o conteúdo de tal princípio? A ilustrar a relevância de tais indagações, basta ter em mente que o reconhecimento de um princípio haveria de implicar na sua ponderação com outros valores potencialmente relevantes no caso concreto no processo de investigação da (in)justiça do enriquecimento, como se buscará expor mais adiante. Assumindo-se, porém, que a configuração do enriquecimento injusto depende da prévia ponderação de valores, poderia resultar redundante (ou quiçá contraditório),

---

    instituto do direito privado e, mais especificamente, de um instituto que regula a constituição de certas relações obrigacionais (i.e., uma fonte de obrigações)" (MICHELON JR., Cláudio. *Direito restitutório*: enriquecimento sem causa, pagamento indevido, gestão de negócios. São Paulo: Revista dos Tribunais, 2007, p. 176).

5. Assim, v., por todos, AMERICANO, Jorge. *Ensaio sobre o enriquecimento sem causa* (dos institutos em que se manifesta a condenação do locupletamento injustificado). São Paulo: Academica, 1933, p. 4; e CARRILHO, Fernanda. *Dicionário de latim jurídico*. Coimbra: Almedina, 2006, p. 418.
6. A demonstrar a relevância da vedação ao enriquecimento sem causa para a estruturação das sociedades políticas, v., por todos, SANTOS, J. M. de Carvalho. *Código Civil brasileiro interpretado principalmente no ponto de vista prático*. Volume XII. 3. ed. Rio de Janeiro: Freitas Bastos, 1945, p. 377.
7. Chega-se a se afirmar: "O princípio do enriquecimento sem causa impregna todas as regras jurídicas, a ponto de poder ser reputado 'a justificação e a razão de ser do inteiro direito privado'" (ALBANESE, Antonio. *Ingiustizia del profitto e arricchimento senza causa*. Padova: CEDAM, 2005, p. 11. Tradução livre). Ao propósito, v., ainda, ROSENVALD, Nelson. *A responsabilidade civil pelo ilícito lucrativo*: o *disgorgement* e a indenização restitutória. Salvador: JusPodivm, 2019, p. 295 e ss.
8. Tampouco assiste maior sorte à tentativa de compreensão da vedação ao enriquecimento sem causa como princípio geral de direito, em especial por se considerarem os influxos, sobre a matéria, da positivação expressa da cláusula geral do dever de restituição nos arts. 884 a 886 do Código Civil. Para um desenvolvimento da análise acerca da evolução histórica do tratamento dispensado à vedação ao enriquecimento sem causa, bem como para um detalhamento da configuração da cláusula geral do dever de restituir, seja consentido remeter a SILVA, Rodrigo da Guia. *Enriquecimento sem causa*: as obrigações restitutórias no direito civil. São Paulo: Thomson Reuters Brasil, 2018, item 1.1 e capítulo 2.

à luz da presente proposta, enunciar, sem a devida cautela, um princípio de vedação ao enriquecimento sem causa.[9]

A consequência mais grave da enunciação apressada de tal *princípio*, contudo, acaba por ser a criação de embaraços à necessária compreensão das potencialidades do *instituto* da vedação ao enriquecimento sem causa, este, sim, inequivocamente acolhido pelo direito brasileiro – tanto na cláusula geral do art. 884 do Código Civil quanto nas previsões específicas de obrigações com perfil funcional restitutório. À investigação dessas potencialidades se voltarão as atenções deste estudo logo após a exposição da segunda *armadilha* diante da qual se depara o intérprete no contexto de invocação do enriquecimento sem causa como panaceia dos desafios atuais.

Essa segunda *armadilha* se relaciona, como já anunciado, à recorrente invocação da disciplina do enriquecimento sem causa como parâmetro para a valoração das atribuições patrimoniais. Tal equívoco (sutil e usualmente sequer percebido) parece remontar a um ímpeto de maximização das supostas potencialidades suscitadas pela abertura da noção de "sem justa causa" – um dos requisitos para a atuação do art. 884 do Código Civil –, como se com tal expressão houvesse pretendido o legislador conferir ao intérprete-aplicador do direito uma carta em branco para a livre apreciação da justiça das atribuições patrimoniais.

A compreensão e a subsequente superação do equívoco conceitual em comento dependem, então, de um esforço detido de investigação do alcance do requisito de *ausência de justa causa* para fins de configuração da cláusula geral contida no artigo 884 do Código Civil.[10] Afigura-se relevante, desde logo, a advertência preliminar no sentido de que a disciplina da vedação ao enriquecimento sem causa não tem por vocação definir abstrata e previamente as causas legítimas de atribuição patrimonial.[11] A esse mister destinam-se setores e comandos normativos os mais diversos no ordenamento jurídico, aos quais o direito restitutório certamente não tem pretensão de se sobrepor.

Não incumbe ao regramento do enriquecimento sem causa, por exemplo, definir a frustração do programa contratual por culpa do devedor inadimplente, tampouco a abusividade de cláusulas insertas em contratos de consumo, mas sim disciplinar os efeitos da ausência superveniente da causa de atribuição patrimonial (*in casu*, por força da resolução do contrato ou da pronúncia judicial da invalidade das cláusulas, exemplos de que se cogitará particularmente no item subsequente deste estudo). Em realidade, é justamente a partir da consideração das diretrizes valorativas fornecidas pelo ordenamento jurídico que o intérprete pode concluir, no exame de cada caso concreto, pela *presença ou ausência de justa causa* (tradicionalmente associada à presença ou ausência de *justo*

---

9. Talvez seja o caso de se reconhecer, quando muito, que o específico valor relevante na matéria é o da vedação ao enriquecimento sem título jurídico idôneo (no estrito e tradicional sentido conferido à expressão pela civilística), o qual necessariamente haverá de ser ponderado com os demais valores consagrados pela legalidade constitucional e relevantes para a definição da (in)justiça do enriquecimento em um dado caso concreto.
10. Para o desenvolvimento da análise dos pressupostos para a configuração da cláusula geral do dever de restituir, seja consentido remeter a SILVA, Rodrigo da Guia. *Enriquecimento sem causa*, cit., capítulo 2; e SILVA, Rodrigo da Guia. Cláusula geral de restituição do enriquecimento sem causa. *Revista de Direito Privado*, vol. 103, jan.-fev./2020, *passim*.
11. Assim esclarece GOMES, Júlio Manuel Vieira. *O conceito de enriquecimento, o enriquecimento forçado e os vários paradigmas do enriquecimento sem causa*. Porto: Universidade Católica Portuguesa, 1998, p. 469-471.

título)[12] – ou, em renovada formulação à luz da metodologia civil constitucional,[13] pela *justiça ou injustiça* – do enriquecimento.[14]

De qualquer modo, seja a partir da propugnada noção de *injustiça* do enriquecimento (no sentido de desconformidade da atribuição patrimonial com o ordenamento jurídico em sua unidade e complexidade), seja a partir da tradicional noção de *ausência de justo título*, afigura-se fundamental o reconhecimento de que a disciplina da vedação ao enriquecimento sem causa não fornece os parâmetros para a valoração dos atos de atribuição patrimonial durante a pandemia da COVID-19 ou em qualquer outro contexto fático. Tais parâmetros são fornecidos, em realidade, por um sem número de normas contidas no sistema jurídico, e apenas na hipótese de ausência de fundamento legítimo para a atribuição patrimonial é que se poderá falar em enriquecimento sem causa. Vista a questão sob outro ângulo, pode-se afirmar que a vedação ao enriquecimento sem causa fornece não o critério valorativo da atribuição patrimonial, mas sim o remédio – restitutório – destinado a solucionar os casos de atribuição patrimonial injustificada.

3. DEFLAGRAÇÃO DO DEVER DE RESTITUIÇÃO DO ENRIQUECIMENTO SEM CAUSA COMO CONSEQUÊNCIA DA PRONÚNCIA DE INVALIDADE OU DA RESOLUÇÃO CONTRATUAL

Diversamente do item antecedente, que buscou expor a impropriedade da recorrente invocação de um princípio de vedação ao enriquecimento como suposto critério para a valoração dos atos de atribuição patrimonial, passa-se, doravante, a investigar autênticas potencialidades do instituto da vedação ao enriquecimento sem causa para o equacionamento de litígios deflagrados sob a repercussão da pandemia da COVID-19. O instituto em comento assume destacada relevância, no contexto atual, para a adequada fundamentação e qualificação das obrigações restitutórias deflagradas pela pronúncia de invalidade e pela resolução contratual, hipóteses particularmente recorrentes durante a crise causada pela pandemia.

A consideração de algumas situações fáticas bastante frequentes pode auxiliar na compreensão do presente raciocínio. Pense-se, inicialmente, nas hipóteses em que o consumidor, premido da necessidade de adquirir produtos destinados à prevenção do contágio pelo novo coronavírus, celebra contrato por força do qual vem a adquirir certa quantidade de álcool em gel mediante o pagamento de preço absolutamente elevado e

---

12. Usualmente se associa a noção de *justa causa* à ideia de *justo título*, no sentido de título jurídico idôneo, em tese, à transmissão da vantagem patrimonial: "(...) abrindo mão de um exame mais apurado e rigoroso do conceito jurídico de causa, pode-se aplicar, sem excessivo rigor, a ideia de um título jurídico idôneo a justificar aquele enriquecimento" (KONDER, Carlos Nelson. Enriquecimento sem causa e pagamento indevido. In: TEPEDINO, Gustavo (Coord.). *Obrigações*: estudos na perspectiva civil-constitucional. Rio de Janeiro: Renovar, 2005, p. 390). No mesmo sentido, v., ainda, NANNI, Giovanni Ettore. *Enriquecimento sem causa*. 2. ed. São Paulo: Saraiva, 2010, p. 268; e BEVILÁQUA, Clóvis. *Direito das obrigações*. 3. ed. Rio de Janeiro: Freitas Bastos, 1931, p. 115-116.
13. Tais premissas desfrutaram, na doutrina brasileira, de desenvolvimento originário em TEPEDINO, Gustavo. Premissas metodológicas para a constitucionalização do direito civil. *Revista da Faculdade de Direito da UERJ*, n. 5, 1997, *passim*; e MORAES, Maria Celina Bodin de. A caminho de um direito civil-constitucional. *Direito, Estado e Sociedade*, v. 1, 1991, *passim*.
14. Para o desenvolvimento da defesa de um *giro conceitual do enriquecimento sem causa ao enriquecimento injusto*, seja consentido remeter a SILVA, Rodrigo da Guia. *Enriquecimento sem causa*, cit., item 2.3.3.

de todo incompatível com as práticas normais do mercado.[15] Caso se venha a concluir pela invalidade[16] do contrato assim celebrado – seja pela configuração da lesão (art. 157 do Código Civil), seja pelo reconhecimento da abusividade da cláusula inserta no contrato de fornecimento de produto ao consumidor (art. 51, IV e XV, do Código de Defesa do Consumidor) –, não se tardará a perceber que o adquirente fará jus à devolução da diferença entre o valor por ele efetivamente pago e o valor considerado razoável.

Pense-se, ainda, nas hipóteses fáticas em que o contrato vem a se resolver, sem culpa de qualquer das partes, por força da repercussão da pandemia sobre a relação concretamente estabelecida pelos contratantes. Assim pode ocorrer, por exemplo, em situações de impossibilidade jurídica superveniente da prestação (e.g., diante da proibição estatal acerca da realização de determinado evento artístico), de frustração do fim do contrato (e.g., diante do completo esvaziamento da utilidade de certo pacote turístico durante o período da pandemia da COVID-19) ou de onerosidade excessiva (caso o contratante logre demonstrar os requisitos previstos em lei para a configuração de desequilíbrio superveniente legitimador da resolução contratual).[17] A indicação dessas hipóteses fáticas permite observar que, qualquer que seja o fundamento a justificar, no caso concreto, a resolução contratual, deflagrar-se-á o direito de uma das partes à devolução dos valores efetivamente pagos no bojo do contrato que ora se desfaz a título de resolução.[18]

A conclusão acerca da deflagração da obrigação restitutória em ambas as searas – invalidade e resolução –, muito ao revés de revelar aleatória coincidência, traduz a convergência das hipóteses relatadas em torno da noção de *ausência superveniente de causa* e da sua aptidão à configuração de *enriquecimento sem causa*.[19] Em realidade, o surgimento da obrigação de restituir consiste em consequência que não se restringe às hipóteses nas quais a atribuição patrimonial (obtida à custa de patrimônio alheio) já nasce desacompanhada de uma causa justificadora. Com efeito, a constatação da *ausência de justa causa* e a subsequente imposição da obrigação restitutória ocorrem "(...) não só

---

15. Um valioso relato da prática de elevação injustificada de preços no cenário atual é fornecido por MUCELIN, Guilherme; D'AQUINO, Lúcia Souza. O papel do Direito do Consumidor para o bem-estar da população brasileira e o enfrentamento à pandemia de COVID-19. *Revista de Direito do Consumidor*, vol. 129, mai.-jun./2020, item 1.
16. Pode-se supor que, no mais das vezes, afigurar-se recomendável a pronúncia de invalidade parcial (a teor do art. 184 do Código Civil), de modo a se preservar a parte válida do negócio jurídico – *in casu*, mediante o estabelecimento do preço em patamar tido por razoável.
17. A enunciação de tais grupos de hipóteses fáticas e dos seus respectivos enquadramentos dogmáticos remonta a SOUZA, Eduardo Nunes de; SILVA, Rodrigo da Guia. Resolução contratual nos tempos do novo coronavírus. *Migalhas*, 25/3/2020. Ao propósito da investigação das perspectivas de incidência da resolução contratual diante da difusão da pandemia da COVID-19, v., ainda, PIANOVSKI, Carlos Eduardo. A força obrigatória dos contratos nos tempos do coronavírus. *Migalhas*, 26/3/2020; TARTUCE, Flávio. O coronavírus e os contratos – Extinção, revisão e conservação – Boa-fé, bom senso e solidariedade. *Migalhas*, 27/3/2020; e SIMÃO, José Fernando. "O contrato nos tempos da covid-19". Esqueçam a força maior e pensem na base do negócio. *Migalhas*, 3/4/2020.
18. A configuração do direito à restituição pressupõe, por certo, que a parte tenha efetuado o pagamento que lhe incumbia sem ter recebido a devida contraprestação. Advirta-se, ainda, que as peculiaridades de alguns contratos (notadamente, aqueles com obrigações de trato sucessivo) podem justificar a modulação do efeito restitutório, em especial na seara da resolução contratual. Ao propósito, v. GOMES, Orlando. *Contratos*. 26. ed. Atual. Antonio Junqueira de Azevedo e Francisco Paulo De Crescenzo Marino. Rio de Janeiro: Forense, 2007, p. 210.
19. A menção ao caráter *superveniente* da ausência de causa não pretende afastar o caráter *originário* da invalidade negocial, mas tão somente ressaltar que a inaptidão da causa justificativa da atribuição patrimonial é reconhecida por um ato superveniente – *in casu*, pela pronúncia judicial da invalidade. A demonstrar a impossibilidade de existirem causas supervenientes de nulidade, v. SOUZA, Eduardo Nunes de. *Teoria geral das invalidades do negócio jurídico*: nulidade e anulabilidade no direito civil contemporâneo. São Paulo: Almedina, 2017, p. 64.

quando não tenha havido causa que justifique o enriquecimento, mas também se esta deixou de existir", como bem elucida o artigo 885 do Código Civil em integração da disciplina da cláusula geral contida no art. 884 do referido diploma.

O legislador houve por bem esclarecer, desse modo, que o preenchimento dos requisitos da cláusula geral deflagrará idêntica conclusão – a imposição do dever de restituir – independentemente de a ausência de justa causa ser simultânea ou superveniente à celebração da avença que propiciou a percepção da vantagem à custa de patrimônio alheio. Trata-se de conclusão para a qual haveria de bastar a adequada compreensão da cláusula geral contida no art. 884 do Código Civil, sem que tal observação diminua, em qualquer medida, o mérito do legislador ao esclarecer textualmente a abrangência da referida cláusula sobre as hipóteses de ausência *originária* e *superveniente* de justa causa do enriquecimento.[20]

Tal ordem de compreensão acerca do art. 885 do Código Civil se revela especialmente relevante para a compreensão do denominado *efeito restitutório* na seara da resolução dos contratos. Isso porque, diversamente do que se verifica na experiência de outros sistemas jurídicos,[21] a positivação expressa do denominado efeito restitutório (por vezes referido simplesmente por efeito retroativo) da resolução não foi o caminho trilhado pela legislação brasileira para a regência das relações paritárias.[22] Com efeito, embora o Código de Defesa do Consumidor preveja a restituição ao disciplinar a responsabilidade por vício do produto (art. 18, § 1º, II, e art. 19, IV) e do serviço (art. 20, II), o Código Civil parece não conter uma previsão genérica acerca da aptidão da resolução contratual para deflagrar as obrigações restitutórias a cargo de ambos os contratantes.

Tais obrigações de restituição, então, parecem se vincular, no quadro geral de fontes das obrigações no direito brasileiro, à vedação ao enriquecimento sem causa, remontando diretamente à hipótese de ausência superveniente de causa de que trata o artigo 885 do Código Civil.[23] De fato, ao desfazer o vínculo contratual, a resolução suprime a fonte que justificava as transferências patrimoniais, as quais deverão, em regra, ser integralmente restituídas a fim de se reprimir a configuração de enriquecimento sem causa.[24] O reco-

---

20. De todo aplicável à presente matéria a advertência de Paula Forgioni, em análise da Lei n. 13.874/2019 (conhecida como *Lei da Liberdade Econômica*), acerca da conveniência de, em certos assuntos, repetir-se o *óbvio*: "A primeira crítica que se tem feito à Lei nº 13.874 é a de que muitos de seus dispositivos seriam desnecessários, por repisarem o óbvio. No mundo ideal, esse posicionamento seria incontestável. No entanto, o Direito empresarial não é criado em laboratório, tampouco mostra-se fruto da mente dos doutos; a realidade é menos racional do que gostaríamos, longe do conforto das certezas decantadas pelo positivismo jurídico. Em um País que não é para amadores, às vezes, é conveniente e oportuno repetir o que todos deveriam saber e aplicar. Quando o óbvio é posto em lei, traz a vantagem de reverberar" (FORGIONI, Paula A. A interpretação dos negócios jurídicos II – alteração do art. 113 do Código Civil: art. 7º. In: MARQUES NETO, Floriano Peixoto Marques; RODRIGUES JR. Otavio Luiz; LEONARDO, Rodrigo Xavier (Org.). *Comentários à Lei da Liberdade Econômica*: Lei 13.874/2019. São Paulo: Thomson Reuters Brasil, 2019, p. 365).
21. Para um relato das experiências italiana, portuguesa e francesa, seja consentido remeter a SILVA, Rodrigo da Guia. Cláusulas de não restituir *versus* cláusulas de não indenizar: perspectivas de delimitação dogmática a partir de uma análise funcional dos efeitos da resolução contratual. *Revista IBERC*, v. 2, n. 1, jan.-abr./2019, item 3.
22. Tal omissão se verificava já no Projeto de Código Civil, conforme ressaltado por AGUIAR JÚNIOR, Ruy Rosado de. Projeto do Código Civil: as obrigações e os contratos. *Revista dos Tribunais*, a. 89, vol. 775, mai./2000, p. 27.
23. Ao propósito, seja consentido remeter a SILVA, Rodrigo da Guia. *Enriquecimento sem causa*, cit., item 3.3.1.
24. Nesse sentido, v. D'ADDA, Alessandro. Gli obblighi conseguenti alla pronuncia di risoluzione del contratto per inadempimento tra restituzioni e risarcimento. *Rivista di Diritto Civile*, II, 2000, p. 536.

nhecimento do efeito restitutório à míngua de previsão legal específica parece traduzir, em suma, decorrência direta da cláusula geral do dever de restituir contida no art. 884 do Código Civil, na feição própria de ausência superveniente de causa (art. 885).

De todo modo, mesmo na seara da invalidade negocial (em que o art. 182 do Código Civil atua como fundamento direto do dever de restituir)[25] e nas demais hipóteses em que houver previsão legal específica acerca da deflagração do dever de restituir por ausência superveniente de causa[26] – sem que se cogite, portanto, de aplicação direta da cláusula geral do dever de restituir –, dever-se-á reconhecer a qualificação da pretensão restitutória à luz da fonte obrigacional da vedação ao enriquecimento sem causa.[27] Isso porque a pronúncia da invalidade – tal como a resolução contratual – funciona no sentido de extinguir a *justa causa* que, até então, tinha aptidão a justificar a percepção de vantagem patrimonial à custa do patrimônio alheio.[28] Uma vez prolatada decisão reconhecendo a inaptidão do negócio à produção de efeitos legítimos, deixa de subsistir título jurídico idôneo a justificar a manutenção das prestações recebidas por cada parte. Nesse contexto, a obrigação restitutória deflagrada pela pronúncia da invalidade (assim como aquela deflagrada pela resolução contratual) ostenta nítida função restitutória, destinada à remoção do enriquecimento – ora reputado *injustificado*, em razão do desfazimento superveniente do negócio que lhe servia de fundamento.[29]

4. PRAZO PRESCRICIONAL DAS PRETENSÕES RESTITUTÓRIAS

A partir do reconhecimento da identidade funcional entre as variadas obrigações restitutórias que tenham em comum o escopo de remoção do enriquecimento sem causa, pode-se investigar o prazo prescricional a reger as correlatas pretensões restitutórias. O questionamento central na matéria costuma ser o seguinte: qual é o prazo prescricional das pretensões restitutórias que não decorram diretamente da cláusula geral do dever de restituir contida no art. 884 do Código Civil? Deve ser aplicado o prazo geral de dez anos (art. 205) ou o prazo trienal específico da "pretensão de ressarcimento de enriquecimento sem causa" (art. 206, § 3º, IV)?

---

25. Ao propósito, v., por todos, SOUZA, Eduardo Nunes de. *Teoria geral das invalidades do negócio jurídico*, cit., p. 343 e ss.; e CAMPOS, Diogo Leite de. Enriquecimento sem causa, responsabilidade civil e nulidade. *Revista dos Tribunais*, a. 71, vol. 560, jun./1982, p. 259.
26. Como sucede no âmbito da resolução contratual em relações de consumo, diante, por exemplo, dos já referidos art. 18, §1º, II, art. 19, IV, e art. 20, II, do Código de Defesa do Consumidor.
27. A vinculação da pretensão restitutória deflagrada pela pronúncia de nulidade à disciplina do enriquecimento sem causa não traduz conclusão peculiar da doutrina contemporânea. Assim já manifestava, por exemplo, na doutrina italiana do Século XIX, BURZIO, Cesare. Il campo di applicazione dell'"actio de in rem verso" nel diritto civile italiano. *Annali della Giurisprudenza Italiana*, vol. 49, parte 4, 1897, p. 110-111.
28. Nesse sentido, v. MAJO, Adolfo di. Restituzioni e responsabilità nelle obbligazioni e nei contratti. *Rivista Critica del Diritto Privato*, a. XII, n. 3, jul.-set./1994, p. 291; e MOSCATI, Enrico. *Studi sull'indebito e sull'arricchimento senza causa*. Padova: CEDAM, 2012, p. 196.
29. Veja-se, ilustrativamente, a conclusão de Karl Larenz ao analisar a restituição por ocasião da resolução contratual: "Os preceitos sobre enriquecimento representam finalmente a única possibilidade de uma liquidação ou extinção no suposto de que um contrato obrigacional já cumprido total ou parcialmente por uma ou por ambas as partes se revele depois como nulo, ou tenha que se considerar para o futuro como inicialmente nulo em consequência de uma impugnação fundada" (LARENZ, Karl. *Derecho de obligaciones*. Tomo I. Trad. Jaime Santos Briz. Madrid: Editorial Revista de Derecho Privado, 1958, p. 401. Tradução livre).

Cumpre registrar, desde logo, que, no tocante à determinação do prazo prescricional aplicável às diversas hipóteses de pretensões restitutórias, a dúvida não diz respeito propriamente à identificação de qual seria o prazo prescricional das pretensões de restituição fundadas diretamente na cláusula geral do art. 884 do Código Civil; não se verifica, na doutrina, dúvida quanto ao fato de que (ao menos) para essas hipóteses se aplica o prazo prescricional trienal previsto pelo art. 206, § 3º, IV, do Código Civil. A dúvida mais relevante diz respeito, em realidade, à possibilidade ou não de a referida previsão normativa abarcar outras pretensões restitutórias (i.e., pretensões não fundadas na cláusula geral do dever de restituir) – como aquela decorrente da pronúncia de invalidade, *ex vi* do art. 182 do Código Civil e, de modo geral, hipóteses as mais variadas de restituição que não decorram diretamente da cláusula geral do art. 884 do diploma codificado. Em caso afirmativo, concluir-se-á pelo potencial expansivo do mencionado prazo prescricional trienal; em caso negativo, tender-se-á a reconhecer a incidência do prazo prescricional geral de dez anos de que trata o art. 205 sobre tais hipóteses.[30]

A assunção da premissa metodológica atinente à tripartição funcional das obrigações[31] presta valioso auxílio nesta matéria, ao menos por duas (complementares) ordens de razão. A uma, porque o reconhecimento de um específico perfil funcional – *in casu*, o restitutório – inviabiliza a invocação de normas destinadas à regência de outros perfis funcionais, como acontece, por exemplo, com a previsão de prazos prescricionais preocupados com a regulação de pretensões de perfil reparatório ou indenizatório (caso do art. 206, § 3º, do Código Civil e do art. 27 do Código de Defesa do Consumidor). Trata-se simplesmente de reconhecer que as normas referentes a pretensões reparatórias não são idôneas à regulação do prazo prescricional de pretensões restitutórias, e vice-versa.

A duas, porque o fato de variadas obrigações guardarem em comum um mesmo perfil funcional aconselha a incidência de uma disciplina jurídica unitária. Não se trata de proclamar uma homogeneidade absoluta, mas tão somente um tratamento comum naquilo que disser respeito à função característica das obrigações do mesmo grupo. Reconhece-se ao legislador, por certo, a prerrogativa de estabelecer diferenciações justificadas entre obrigações de um mesmo perfil funcional, o que se verifica, por exemplo, na previsão de prazos prescricionais distintos para variadas pretensões de perfil funcional executório (vejam-se, por exemplo, no art. 206, os incisos I e II do § 1º, os incisos I a III do § 3º, e os incisos I e II do § 5º). Tal percepção não deve implicar, todavia, que a ausência de tal opção expressa seja entendida, *ipso facto*, como uma decisão em prol do afastamento de certa obrigação em relação ao regime geral do seu próprio perfil funcional.

---

30. A ilustrar a proposta de aplicação do prazo prescricional geral, veja-se a conclusão de Judith Martins-Consta a propósito do pagamento indevido: "(...) as obrigações resultantes de pagamento indevido são enquadradas na regra geral dos prazos prescricionais prevista no *caput* do art. 205, ou seja, 10 anos (...)" (MARTINS-COSTA, Judith. Direito restitutório. Pagamento indevido e enriquecimento sem causa. Erro invalidade e erro elemento do pagamento indevido. Prescrição. Interrupção e *dies a quo*. Revista dos Tribunais, a. 104, vol. 956, jun./2015, p. 278).

31. Assim leciona Fernando Noronha: "Falar na diversidade de funções que desempenham as obrigações que acabamos de caracterizar como autônomas, é o mesmo que nos reportarmos à diversidade de interesses que são prosseguidos em cada uma delas. Assim, a tripartição entre obrigações negociais, de responsabilidade civil e de enriquecimento sem causa constitui a divisão fundamental das obrigações, do ponto de vista dos interesses tutelados" (NORONHA, Fernando. *Direito das obrigações*. 4. ed. São Paulo: Saraiva, 2013, p. 439). Ao propósito, seja consentido remeter, ainda, a SILVA, Rodrigo da Guia. *Enriquecimento sem causa*, cit., item 1.2.

No que mais importa à presente discussão, tem-se que a eventual omissão (deliberada ou casual) do legislador na previsão de prazos prescricionais distintos para pretensões de idêntico perfil funcional não deve acarretar a incidência do prazo prescricional geral para as pretensões não expressamente reguladas (estabelecido pelo art. 205 do Código Civil) caso possam elas ser englobadas por uma previsão genérica que sintetize o perfil funcional em questão. Justifica-se, à luz dessas considerações, a interpretação da noção de "ressarcimento de enriquecimento sem causa" (art. 206, § 3º, IV, do Código Civil) de modo a traduzir o inteiro perfil funcional restitutório.[32]

Desse modo, parece adequado concluir pela incidência do prazo prescricional trienal para a generalidade das pretensões restitutórias, decorrentes ou não da cláusula geral do dever de restituir contida no art. 884 do Código Civil, desde que não se lhes tenha atribuído prazo específico.[33] No que importa diretamente ao presente estudo, tais considerações conduzem à conclusão de que tanto as pretensões restitutórias deflagradas pela pronúncia de invalidade quanto aquelas deflagradas pela resolução contratual se submetem ao prazo prescricional trienal estabelecido pelo art. 206, § 3º, IV, do Código Civil.

5. CONCLUSÃO

A urgência dos dilemas presentes no cenário atual não permite ao intérprete-aplicador do direito confortar-se com a invocação genérica (e usualmente apenas retórica) de (supostos) princípios para o equacionamento dos novos desafios. Tal advertência, que se afigura válida para a generalidade das formulações teóricas que porventura venham a se formular, assume contornos ainda mais acentuados em matéria de enriquecimento sem causa. Com efeito, a gravidade da crise provocada pela pandemia da COVID-19 revigora *armadilhas* que tradicionalmente já se colocam ao estudo do fenômeno restitutório.

Espera-se, então, que o presente estudo possa contribuir, a um só tempo, para a superação dos riscos de um tratamento atécnico e assistemático da vedação ao enriquecimento sem causa e para a elucidação de algumas das autênticas potencialidades de atuação do referido instituto no ordenamento jurídico brasileiro. Oxalá possa essa empreitada, ao final, auxiliar na sedimentação de alguns passos para o desenvolvimento das prementes reflexões a cargo da comunidade jurídica.

6. REFERÊNCIAS

AGUIAR JÚNIOR, Ruy Rosado de. Projeto do Código Civil: as obrigações e os contratos. *Revista dos Tribunais*, a. 89, vol. 775, p. 18-31, mai./2000.

---

32. Assim se sustentou em SILVA, Rodrigo da Guia. *Enriquecimento sem causa*, cit., p. 241.
33. Idêntica conclusão foi alcançada pela Segunda Seção do Superior Tribunal de Justiça ao apreciar controvérsia referente ao prazo prescricional da pretensão restitutória deflagrada pela pronúncia de invalidade de cláusulas contratuais: "Por conseguinte, pretensões dessa natureza (assim como todas aquelas decorrentes de atos unilaterais: promessa de recompensa, arts. 854 e ss.; gestão de negócios, arts. 861 e ss.; pagamento indevido, arts. 876 e ss.; e o próprio enriquecimento sem causa, art. 884 e ss.) devem se sujeitar ao prazo prescricional trienal, conforme art. 206, § 3º, IV, do CC/2002" (STJ, REsp 1.361.182/RS, 2ª S., Rel. p/ Acórdão Min. Marco Aurélio Bellizze, julg. 10/08/2016, publ. 19/09/2016).

ALBANESE, Antonio. *Ingiustizia del profitto e arricchimento senza causa*. Padova: CEDAM, 2005.

AMERICANO, Jorge. *Ensaio sobre o enriquecimento sem causa* (dos institutos em que se manifesta a condemnação do locupletamento injustificado). São Paulo: Academica, 1933.

BEVILÁQUA, Clóvis. *Direito das obrigações*. 3. ed. Rio de Janeiro: Freitas Bastos, 1931.

BURZIO, Cesare. Il campo di applicazione dell'"actio de in rem verso" nel diritto civile italiano. *Annali della Giurisprudenza Italiana*, vol. 49, parte 4, p. 110-139, 1897.

CAMPOS, Diogo Leite de. Enriquecimento sem causa, responsabilidade civil e nulidade. *Revista dos Tribunais*, a. 71, vol. 560, p. 259-266, jun./1982.

CARRILHO, Fernanda. *Dicionário de latim jurídico*. Coimbra: Almedina, 2006.

D'ADDA, Alessandro. Gli obblighi conseguenti alla pronuncia di risoluzione del contratto per inadempimento tra restituzioni e risarcimento. *Rivista di Diritto Civile*, II, p. 529-571, 2000.

FORGIONI, Paula A. A interpretação dos negócios jurídicos II – alteração do art. 113 do Código Civil: art. 7º. In: MARQUES NETO, Floriano Peixoto Marques; RODRIGUES JR. Otavio Luiz; LEONARDO, Rodrigo Xavier (Org.). *Comentários à Lei da Liberdade Econômica*: Lei 13.874/2019. São Paulo: Thomson Reuters Brasil, 2019.

GOMES, Júlio Manuel Vieira. *O conceito de enriquecimento, o enriquecimento forçado e os vários paradigmas do enriquecimento sem causa*. Porto: Universidade Católica Portuguesa, 1998.

GOMES, Orlando. *Contratos*. 26. ed. Atual. Antonio Junqueira de Azevedo e Francisco Paulo De Crescenzo Marino. Rio de Janeiro: Forense, 2007.

KONDER, Carlos Nelson. Enriquecimento sem causa e pagamento indevido. In: TEPEDINO, Gustavo (Coord.). *Obrigações*: estudos na perspectiva civil-constitucional. Rio de Janeiro: Renovar, 2005.

LARENZ, Karl. *Derecho de obligaciones*. Tomo I. Trad. Jaime Santos Briz. Madrid: Editorial Revista de Derecho Privado, 1958.

MAJO, Adolfo di. Restituzioni e responsabilità nelle obbligazioni e nei contratti. *Rivista Critica del Diritto Privato*, a. XII, n. 3, p. 291-328, jul.-set./1994.

MARTINS-COSTA, Judith. Direito restitutório. Pagamento indevido e enriquecimento sem causa. Erro invalidade e erro elemento do pagamento indevido. Prescrição. Interrupção e *dies a quo*. *Revista dos Tribunais*, a. 104, vol. 956, p. 257-295, jun./2015.

MICHELON JR., Cláudio. *Direito restituitório*: enriquecimento sem causa, pagamento indevido, gestão de negócios. São Paulo: Revista dos Tribunais, 2007.

MORAES, Maria Celina Bodin de. A caminho de um direito civil-constitucional. *Direito, Estado e Sociedade*, v. 1, p. 59-73, 1991.

MIRAGEM, Bruno. Nota relativa à pandemia de coronavírus e suas repercussões sobre os contratos e a responsabilidade civil. *Revista dos Tribunais*, vol. 1015, mai./2020.

MOSCATI, Enrico. *Studi sull'indebito e sull'arricchimento senza causa*. Padova: CEDAM, 2012.

MUCELIN, Guilherme; D'AQUINO, Lúcia Souza. O papel do Direito do Consumidor para o bem-estar da população brasileira e o enfrentamento à pandemia de COVID-19. *Revista de Direito do Consumidor*, vol. 129, mai.-jun./2020.

NANNI, Giovanni Ettore. *Enriquecimento sem causa*. 2. ed. São Paulo: Saraiva, 2010.

NORONHA, Fernando. *Direito das obrigações*. 4. ed. São Paulo: Saraiva, 2013.

PIANOVSKI, Carlos Eduardo. A força obrigatória dos contratos nos tempos do coronavírus. *Migalhas*, 26/3/2020.

ROSENVALD, Nelson. *A responsabilidade civil pelo ilícito lucrativo*: o *disgorgement* e a indenização restitutória. Salvador: JusPodivm, 2019.

ROSENVALD, Nelson. O coronavírus e a responsabilidade nos contratos internacionais. *Revista IBERC*, v. 3, n. 1, p. 1-17, jan.-abr./2020.

SANTOS, J. M. de Carvalho. *Código Civil brasileiro interpretado principalmente no ponto de vista prático*. Volume XII. 3. ed. Rio de Janeiro: Freitas Bastos, 1945.

SILVA, Rodrigo da Guia. Cláusula geral de restituição do enriquecimento sem causa. *Revista de Direito Privado*, vol. 103, p. 191-237, jan.-fev./2020.

SILVA, Rodrigo da Guia. Cláusulas de não restituir *versus* cláusulas de não indenizar: perspectivas de delimitação dogmática a partir de uma análise funcional dos efeitos da resolução contratual. *Revista IBERC*, v. 2, n. 1, p. 1-34, jan.-abr./2019.

SILVA, Rodrigo da Guia. *Enriquecimento sem causa*: as obrigações restitutórias no direito civil. São Paulo: Thomson Reuters Brasil, 2018.

SILVA, Rodrigo da Guia; NOGAROLI, Rafaella. Inteligência artificial na análise diagnóstica da Covid-19: possíveis repercussões sobre a responsabilidade civil do médico. *Migalhas*, 30/3/2020.

SIMÃO, José Fernando. "O contrato nos tempos da covid-19". Esqueçam a força maior e pensem na base do negócio. *Migalhas*, 3/4/2020.

SOUZA, Eduardo Nunes de. *Teoria geral das invalidades do negócio jurídico*: nulidade e anulabilidade no direito civil contemporâneo. São Paulo: Almedina, 2017.

SOUZA, Eduardo Nunes de; SILVA, Rodrigo da Guia. Resolução contratual nos tempos do novo coronavírus. *Migalhas*, 25/3/2020.

TARTUCE, Flávio. O coronavírus e os contratos – Extinção, revisão e conservação – Boa-fé, bom senso e solidariedade. *Migalhas*, 27/3/2020.

TEPEDINO, Gustavo. Premissas metodológicas para a constitucionalização do direito civil. *Revista da Faculdade de Direito da UERJ*, n. 5, p. 23-59, 1997.

A REVISÃO CONTRATUAL NO CÓDIGO CIVIL, NO CÓDIGO DE DEFESA DO CONSUMIDOR E A PANDEMIA DO CONORAVÍRUS (COVID-19)

Fabiana Rodrigues Barletta

Professora Adjunta da Universidade Federal do Rio de Janeiro (UFRJ), no corpo permanente do curso de graduação da Faculdade Nacional de Direito. Professora colaboradora do Programa de Pós-Graduação da Faculdade Nacional de Direito. Possui pós-doutorado em Direito Público e Filosofia do Direito pela Universidade Federal do Rio Grande do Sul, (UFRGS). Doutora em Teoria do Estado e Direito Constitucional pela Pontifícia Universidade Católica do Rio de Janeiro, (PUC-Rio). Mestre em Direito Civil pela Universidade do Estado do Rio de Janeiro, (UERJ). Professora Adjunta da Universidade Federal do Rio de Janeiro (UFRJ), no corpo permanente do curso de graduação da Faculdade Nacional de Direito. Professora colaboradora do Programa de Pós-Graduação da Faculdade Nacional de Direito. Possui pós-doutorado em Direito Público e Filosofia do Direito pela Universidade Federal do Rio Grande do Sul, (UFRGS). Doutora em Teoria do Estado e Direito Constitucional pela Pontifícia Universidade Católica do Rio de Janeiro, (PUC-Rio). Mestre em Direito Civil pela Universidade do Estado do Rio de Janeiro, (UERJ).

Sumário: 1. Introdução – 2. A lesão no Código Civil de 2002 – 3. A lesão no Código de Defesa do Consumidor de 1990: 3.1 A excessiva onerosidade posterior à contratação no Código Civil de 2002 e seu atrelamento à Teoria da Imprevisão; 3.2 A excessiva onerosidade posterior à contratação no Código de Defesa do Consumidor de 1990 e seu atrelamento à Teoria da Onerosidade Excessiva – 4. A revisão contratual e a Lei da Liberdade Econômica de 2019 – 5. O Projeto de Lei Federal das Relações Jurídicas de Direito Privado no período da pandemia do Coronavírus (Covid-19) – 6. Conclusão – 7. Referências.

1. INTRODUÇÃO

A discussão a respeito da revisão dos contratos por excessiva onerosidade é necessária e oportuna, pois a ocorrência da lesão ou de mudanças no cenário social e econômico podem gerar a necessidade de equalizar o contrato e reinstaurar o equilíbrio contratual num pacto excessivamente oneroso desde a origem, ou, que assim se torne, por motivos ulteriores à contratação, quando esta se prolonga no tempo.

Com a pandemia do coronavírus que inesperadamente chegou ao Brasil recentemente, torna-se muito importante tratar das hipóteses de revisão dos contratos, porque se observa que esse fato deflagará excessiva onerosidade nas relações contratuais pelos impactos econômicos e sociais desta ocorrência. Alguns podem entender que, pelo noticiário jornalístico de alguns meses atrás, já fosse possível prever que a pandemia desse vírus chegaria ao Brasil. O que não se pode negar é que ninguém sabia como seria tratada a pandemia em nosso país. Atualmente vemos – e estamos no mês de março do ano de 2020 – negócios parados, estabelecimentos comerciais fechados, bancos operando em horários reduzidos, a população convencida de que deve ficar em casa, a impossibilidade de sair e de entrar em vários municípios. Não era possível prever, há alguns meses atrás, que a pandemia do coronavírus (COVID19) geraria tamanha comoção e repercussão no ambiente negocial e econômico brasileiro. Evidentemente que vários contratos realizados antes ou durante a pandemia vão ser afetados por ela.

A revisão contratual por excessiva onerosidade pode dar-se por lesão. O estudo da lesão remonta ao Direito Romano, onde esta foi pensada de maneira objetiva.[1] Bastava que se vendesse um objeto por menos da metade de seu valor e teria havido lesão.

A revisão contratual por excessiva onerosidade pode dar-se por excessiva onerosidade posterior à contratação, cujo estudo iniciou sua teorização na Idade Média e recebeu o nome de cláusula *rebus sic stantibus*, que significa: estando assim as coisas.[2] Mas só é possível entender o que significa a máxima *rebus sic stantibus*, isto é, estando assim as coisas, se atrelada ao brocardo romano *pacta sunt servanda*, ou seja, os contratos fazem lei entre as partes.[3]

A cláusula *rebus sic stantibus* consagra a relativização da regra *pacta sunt servanda*, pois os contratos só fazem lei entre as partes e as vinculam do modo que foram pactuados imperativamente, caso as coisas se mantenham também da mesma maneira que estavam quando o contrato fora avençado, conservadas as suas bases.[4]

2. A LESÃO NO CÓDIGO CIVIL DE 2002

Com a passagem do Estado Liberal para o Estado Social, o Direito tratou de expurgar os excessos do Liberalismo usando do dirigismo contratual para, ao afastar a *pacta sunt servanda*, proteger as pessoas em situação de excessiva onerosidade nos negócios celebrados, tirando-as da fôrma em que não cabiam as peculiaridades de suas situações.[5]

Nessa esteira de socialização dos institutos jurídicos de Direito Civil, a lesão, que não constava positivada no Código Civil de 1916, consta hoje estabelecida no Código Civil

---

1. OSTI, Giuseppe. *Clausola rebus sic stantibus*. Novissimo Digesto Italiano. Torino: UTET, v. 3. 1957, p. 354; FONSECA, Arnoldo Medeiros da. *Caso fortuito e teoria da imprevisão*. 3 ed. Rio de Janeiro: Revista Forense, 1958, p. 198; CORDEIRO, António Manuel da Rocha e Menezes. *Da boa fé no direito civil*. Coimbra: Almedina, 1997, p. 940, MAIA, Paulo Carneiro. *Cláusula rebus sic stantibus*. Enciclopédia Saraiva de Direito. Coordenador: Limongi França. São Paulo. v. 15. 1977, p. 125; Jair *A cláusula 'rebus sic stantibus'*. Revista Forense. Belo Horizonte. v. XL. Janeiro/Julho/1923, p. 512. Em sentido contrário, SIDOU, José Maria Othon. *Rebus sic stantibus*. Enciclopédia Saraiva de Direito. Coordenador: Limongi França. São Paulo. v. 63. 1977, p. 29.
2. CORDEIRO, António Manuel da Rocha e Menezes. *Da boa fé no direito civil*., p. 941-943.
3. SILVA, Clóvis Veríssimo do Couto e. *A teoria da base do negócio jurídico no direito brasileiro*. Revista dos Tribunais. São Paulo. v. 655. Maio/1990, p. 8.
4. COGLIOLO, Pietro. *La cosi detta clausola 'rebus sic stantibus' e la teoria dei pressuposti*. Scritti varii di diritto privato. 2 ed. Torino: UTET, 1910, p. 369. FIÚZA, César. *Aplicação da cláusula rebus sic stantibus aos contratos aleatórios*. Revista de Informação Legislativa. Brasília. n. 34. Outubro/Dezembro/1999, p. 7; LARENZ, Karl. *Base del negocio jurídico y cumplimento de los contratos*. Tradução de: Carlos Fernandes Rodrigues. Madrid: Editorial Revista de Derecho Privado. [19--],s.d., p. 21-29, *passim*; WINDSCHEID, Bernardo. *Diritto delle Pandette*. Tradução italiana de: Carlo Fadda e Paolo Emílio Bensa. v. 1. Torino:[sn]. 1930, p. 332-333.
5. ROPPO, Enzo. *O contrato*. Tradução de: Ana Coimbra e M. Januário C. Gomes. Coimbra: Almedina. 1988, p. 41. NETO, Antonio José de Mattos. *A cláusula 'rebus sic stantibus' e a cláusula de escala móvel*. Revista de Direito Civil. São Paulo. n. 63. Janeiro/Março/1993, p. 89. SILVA, Clóvis Veríssimo do Couto e. *A teoria da base do negócio jurídico no direito brasileiro*. Revista dos Tribunais. São Paulo. v. 655. Maio/1990, p. 8.

de 2002, como instrumento de que o Estado Social utiliza para interferir na economia contratual reinstaurando o equilíbrio.[6]

A lesão, excessiva onerosidade que se dá no momento da formação do contrato, está prevista no art. 157 do Código Civil brasileiro de 2002, que, diferentemente de suas origens romanas objetivas, consagrou-a em bases subjetivas. Portanto, subjetivamente, não basta haver o requisito da desproporcionalidade no valor das prestações contratuais para a lesão restar configurada, pois são justamente os aspectos subjetivos apostos ao instituto, a saber, a "premente necessidade" ou a "inexperiência", somada ao aspecto objetivo da "desproporcionalidade da prestação em face à contraprestação", que darão a situação lesiva.[7]

Dispõe o artigo 157 do Código Civil: "Ocorre a lesão quando uma pessoa, sob premente necessidade ou por inexperiência, se obriga a prestação manifestamente desproporcional ao valor da prestação oposta".

A revisão se dará na forma do §2º desse mesmo artigo: "Não se decretará a anulação do negócio se for oferecido suplemento suficiente ou se a parte favorecida concordar com a redução do proveito."

Se A, pessoa natural, vendeu para B, também pessoa natural, (que acabara de completar dezoito anos e se apresentava ainda inexperiente para realizar negócios jurídicos ou que passava por um momento de premente necessidade causado pela pandemia da corona vírus) – um imóvel por valor desproporcional à qualidade desse objeto de valor inferior, no momento da formação do contrato, ocorreu lesão contratual numa relação entre iguais, prevista pelo Código Civil.

Haverá contratos realizados ao tempo de a pandemia do coronavírus ainda estar no Brasil. Pode ser, portanto, que pessoas naturais ou jurídicas em situações de igualdade (não em hipóteses de vulnerabilidade como ocorre nas relações de consumo) realizem negócios jurídicos instantâneos, premidas por grave necessidade ou por inexperiência, muito mais onerosos do que seria normal. Nesse caso aludido observa-se a lesão contratual, que ocorre quando um contrato é, no momento de sua formação, muito custoso para uma das partes.[8]

3. A LESÃO NO CÓDIGO DE DEFESA DO CONSUMIDOR DE 1990

Se, durante a pandemia do Coronavírus um produto ou um serviço oferecido pelo fornecedor é vendido ao consumidor por um valor muito mais oneroso que o habitual,

---

6. BARLETTA, Fabiana Rodrigues. *Revisão contratual no Código Civil e no Código de Defesa do Consumidor.* 2 ed. Indaiatuba: Foco, 2020, p. 145-146.
7. BARLETTA, Fabiana Rodrigues. *Revisão contratual no Código Civil e no Código de Defesa do Consumidor*, p. 98- 102; SCHEREIBER, Anderson. *Equilíbrio contratual e dever de renegociar.* São Paulo: Saraiva Educação, 2018, p. 73; CARDOSO, Vladimir Mucury. *Revisão contratual e lesão: à luz do Código Civil de 2002 e da Constituição da República.* 1 ed. Rio de Janeiro: Renovar, 2008, p. 195, JÚNIOR, Humberto Theodoro. *Comentários ao Novo Código Civil: Dos Defeitos do Negócio Jurídico ao Final do Livro III.* Rio de Janeiro: Forense, 2003, p. 242-243. PEREIRA, Caio Mário da Silva. *Lesão nos Contratos.* 6 ed. Rio de Janeiro: Forense, 1999, p. 165; FRANTZ, Laura Coradini. *Revisão dos Contratos.* 1 ed. São Paulo: Saraiva, 2007, p. 164.
8. BARLETTA, Fabiana Rodrigues. *Revisão contratual no Código Civil e no Código de Defesa do Consumidor*, p. 98-100.

esse contrato poderá sofrer revisão judicial desde que se prove a excessiva onerosidade do bem consumido.[9]

Numa relação em que os sujeitos da relação jurídica são o fornecedor de produtos ou serviços e, de outra banda, o consumidor, parte vulnerável na acepção do referido Código, apenas esse último pode pedir revisão contratual, na forma do art. 6º, inciso V, 1ª parte, do Código de Defesa do Consumidor, pois, prevista como direito básico do consumidor,[10] a lesão apresenta-se de maneira objetiva. Basta a ocorrência da desproporção no valor das prestações no momento da gênese do contrato para assegurar sua modificação em benefício do consumidor.[11]

Dispõe o artigo 6º do Código de Defesa do Consumidor em sua primeira parte que; "são direitos básicos do consumidor: [...] V – a modificação das cláusulas contratuais que estabeleçam prestações desproporcionais..."

Se, durante a pandemia do Coronavírus um produto ou um serviço oferecido pelo fornecedor é vendido ao consumidor por um valor muito mais oneroso que o habitual, esse contrato poderá sofrer revisão judicial desde que se prove a excessiva onerosidade do bem consumido.[12]

3.1 A excessiva onerosidade posterior à contratação no Código Civil de 2002 e seu atrelamento à Teoria da Imprevisão

Outra hipótese de revisão contratual contida no Código Civil provém da onerosidade superveniente ao momento da contratação. Vigora nos dias atuais, em contratos entre pessoas em situação de igualdade, a teoria da imprevisão, que foi regulamentada em artigos do Código Civil de 2002.

Partindo da concepção de que a máxima *pacta sunt servanda* – os pactos fazem lei entre as partes só pode prevalecer *rebus sic stantibus* – estando assim as coisas, atualmente, é concebido que, se as circunstâncias iniciais se modificaram, há razão para que o negócio jurídico seja resolvido ou revisado, de modo que se assegure, tanto quanto possível, o valor da prestação.[13]

Com base na Teoria da Imprevisão o Código Civil de 2002 dá ao contratante excessivamente onerado o direito de pedir a revisão da prestação excessivamente onerosa na forma do art. 317[14], que dispõe:

---

9. BARLETTA, Fabiana Rodrigues. *Revisão contratual no Código Civil e no Código de Defesa do Consumidor*, 102-105. SILVA, Luís Renato Ferreira da. *Revisão dos contratos: do código civil ao código do consumidor*, Rio de Janeiro, Forense, 1998, p. 92, *verbis*: "No Brasil, em face do diploma dos consumidores, sustenta-se a possibilidade de revisão por incidência do art. 6º, V, que refere à revisão de cláusulas contratuais que estabeleçam prestações desproporcionais, o que não é outra coisa senão a figura da lesão."; também ALMEIDA, João Batista de Almeida. *A revisão dos contratos no código do consumidor*. Revista de direito do Consumidor. São Paulo. Revista dos Tribunais. v. 33. Janeiro/Março/2000, p. 145.
10. MARQUES, Claudia Lima. *Contratos no Código de Defesa do Consumidor*, p. 1001 e 1002.
11. MARQUES, Claudia Lima. *Contratos no Código de Defesa do Consumidor*. 7 ed. São Paulo; Revista dos Tribunais, 2014, p. 988.
12. BARLETTA, Fabiana Rodrigues. *Revisão Contratual no Código civil e no Código de Defesa do Consumidor*, p. 104.
13. BARLETTA, Fabiana Rodrigues. *Revisão Contratual no Código civil e no Código de Defesa do Consumidor*, p. 1.
14. BARLETTA, Fabiana Rodrigues. *Revisão Contratual no Código civil e no Código de Defesa do Consumidor*, p. 156 e 158, 159.

"Quando, por motivos imprevisíveis, sobrevier desproporção manifesta entre o valor da prestação devida e o do momento de sua execução, poderá o juiz corrigi-lo, a pedido da parte, de modo que assegure, quanto possível, o valor real da prestação."

Outra possibilidade para a parte prejudicada pela onerosidade ulterior à contratação é pedir a resolução do contrato na forma do art. 478, que dispõe:

"Nos contratos de execução continuada ou diferida, se a prestação de uma das partes se tornar excessivamente onerosa, com extrema vantagem para a outra, em virtude de acontecimentos extraordinários e imprevisíveis, poderá o devedor pedir a resolução do contrato."

Observe que o art. 479 do Código Civil dá à parte *não* prejudicada, ou seja, o réu na ação de resolução contratual, a possibilidade de se oferecer para modificar equitativamente as condições do contrato, promovendo a revisão. O referido art. 479 dispõe: "a resolução poderá ser evitada, oferecendo-se o réu a modificar equitativamente as condições do contrato."[15]

Imagine-se uma sociedade empresária construtora que tenha se comprometido a vender imóveis comerciais no valor de um milhão de reais cada, a serem pagos parceladamente pelos comerciantes durante a construção, cujo piso, colocado também durante a construção, seria de mármore importado. Todavia, ulteriormente ao pactuado, ocorreu mundialmente a pandemia do coronavírus, algo imprevisível, que culminou na dificuldade da importação e na elevação de preço do valor do mármore importado para a construtora. O valor de um milhão tornou-se incompatível com o real preço gasto na construção.

Nesse caso então, a construtora poderia se dirigir ao Poder Judiciário e pedir a modificação do conteúdo da sua prestação de construir imóveis com piso em mármore importado para a prestação de construir imóveis com piso em mármore nacional, em virtude da excessiva onerosidade ocorrida posteriormente ao ajuste. A revisão da prestação contratual que se tornou excessivamente onerosa é preferível para que não sejam frustradas as legítimas expectativas dos contraentes. A construtora poderia optar por pedir a resolução do contrato por excessiva onerosidade posterior ao ajuste, sempre com base na Teoria da Imprevisão, tal como regrada pelo art. 478 do Código Civil de 2002.

3.2 A excessiva onerosidade posterior à contratação no Código de Defesa do Consumidor de 1990 e seu atrelamento à Teoria da Onerosidade Excessiva

Preceitua o art. 6º, V, 2ª parte do Código de Defesa do consumidor que: "são direitos básicos do consumidor: V – a modificação das cláusulas contratuais que estabeleçam prestações desproporcionais ou sua revisão (das cláusulas contratuais referidas na primeira parte do inciso) em razão de fatos supervenientes que as tornem excessivamente onerosas."

Se, na forma do Código de Defesa do Consumidor, tiver sido adquirido anteriormente à pandemia do coronavírus um produto ou um serviço por meio de um contrato duradouro, cuja prestação, no momento da execução do contrato, por conta dessa

---

15. BARLETTA, Fabiana Rodrigues. *Revisão Contratual no Código Civil e no Código de Defesa do Consumidor*, p. 159.

pandemia e de seus reflexos na economia do contrato, se torna excessivamente onerosa pela situação superveniente, é possível a revisão contratual a fim de se reinstaurar o equilíbrio contratual.

Acentue-se que o Código de Defesa do Consumidor não adotou a Teoria da Imprevisão e sim a Teoria da Onerosidade Excessiva, pois basta a configuração da excessiva onerosidade posterior à contratação para se conceder ao consumidor a revisão do contrato pela mudança nas circunstâncias da economia brasileira, não existentes no momento da confecção do contrato, independentemente da imprevisibilidade de tais mudanças.[16]

4. A REVISÃO CONTRATUAL E A LEI DA LIBERDADE ECONÔMICA DE 2019

Em 2019 entrou em vigor a Lei da Liberdade Econômica. Essa Lei destoa do conteúdo principiológico do Código Civil e da Constituição da República ao tratar da revisão contratual. É que o Código Civil de 2002 foi cunhado sob os princípios da eticidade, da operabilidade e da socialidade. O princípio da socialidade relaciona-se com a função social dos institutos entre as partes contratantes, para que o contrato não seja meio de promover a chacina de um contraente sob o outro, mantendo o equilíbrio nas relações contratuais e também em relação à coletividade com seus objetivos de paz em sociedade. A função social do contrato, também "importa na imposição aos contratantes de deveres extracontratuais, socialmente relevantes e tutelados constitucionalmente."

A Constituição da República em seu art. 3º, inciso I, objetiva uma sociedade livre, justa e solidária, consagrando o princípio da solidariedade social que repercute no direito contratual. A crise sanitária chegou ao Brasil sem que fosse esperada ao tempo de vários contratos preexistentes a ela. O assunto que só foi transmitido pela mídia no mês de janeiro de 2020 como algo sem maiores implicações, gerou, já em março, a afetação de toda a sociedade brasileira e das relações contratuais civis e empresariais em geral, pelo isolamento da convivência social, que possui evidentes repercussões na economia dos negócios nacionais e internacionais que possuam contraentes brasileiros.

Antes do advento da Lei da Liberdade Econômica de 2019, Lei nº 13.874, de 2019 como se viu, o Código Civil possibilitava, sem maiores óbice, a utilização dos institutos jurídicos da lesão e da excessiva onerosidade posterior à contratação. Teoricamente, bastaria o convencimento do Judiciário ou do tribunal arbitral da ocorrência da desproporção das prestações no momento da formação do contrato por inexperiência ou premente necessidade; ou, da excessiva onerosidade posterior à contratação em virtude da imprevisibilidade dos motivos supervenientes que oneraram sobremaneira a prestação, para que os contratos pudessem ser revisados. E eles ainda podem e devem ser revisados para que sejam mantidos os objetivos sociais da República dos incisos II e III, de garantir o desenvolvimento nacional, de erradicar a pobreza e a marginalização e de reduzir as desigualdades sociais e regionais.

Porém a Lei da Liberdade Econômica excepciona a revisão contratual. Dispõe o art. 421, *caput*, do Código Civil: "A liberdade contratual será exercida nos limites

---

16. MARQUES, Claudia Lima. *Contratos no Código de Defesa do Consumidor*, p. 999.

da função social do contrato. Parágrafo único. Nas relações contratuais privadas, prevalecerão o princípio da intervenção mínima e a *excepcionalidade da revisão contratual*." [17]

Veja-se, portanto, que deve haver revisão contratual, embora em caráter excepcional, observados os limites da função social do contrato. Significa dizer que a função social do contrato, que produz efeitos entre as partes contraentes deve ser observada e, com isso, observado também o princípio do equilíbrio contratual recepcionado pelo Código Civil nas hipóteses de revisão dos contratos. Observado o limite da função social do contrato, nos efeitos produzidos pelo contrato na sociedade, cabe às partes contraente "deveres extracontratuais, socialmente relevantes e tutelados constitucionalmente."[18]. Entre esses deveres está a colaboração entre contraentes solidária e de boa-fé objetiva. Repactuar resta necessário para que não ocorra o caos social. Num momento de pandemia e isolamento, o descumprimento de um contrato por uma parte, pode gerar o descumprimento de outro contrato dessa referida parte com outra pessoa natural ou jurídica e assim por diante. Melhor será se as revisões contratuais levarem em conta as relações jurídicas de Direito Privado dos parceiros contratuais, para que os contratos possam ser preservados na medida em que forem equalizados, recuperando a estabilidade da economia no país em conformidade com as vicissitudes vividas.

Dispõe atualmente o emendado art. 421do Código Civil:

"Art. 421-A. Os contratos civis e empresariais presumem-se paritários e simétricos até a presença de elementos concretos que justifiquem o afastamento dessa presunção, ressalvados os regimes jurídicos previstos em leis especiais, garantido também que: I – as partes negociantes poderão estabelecer parâmetros objetivos para a interpretação das cláusulas negociais e de seus pressupostos de revisão ou de resolução. II – a alocação de riscos definida pelas partes deve ser respeitada e observada; e III – a revisão contratual somente ocorrerá de maneira excepcional e limitada."

Segundo o inciso art. 421 em sua letra A, existe uma presunção de os contratos serem paritários e simétricos. Porém, já mostra que essa presunção pode ser afastada na presença de elementos concretos, como compreende-se, a pandemia do coronavírus. O inciso I considera que as partes negociantes podem estabelecer parâmetros objetivos e pressupostos para a revisão ou a resolução das cláusulas contratuais. Mas pode ser que as partes não tenham previsto essas hipóteses no contrato justamente por tais causas sobrevierem em virtude de caso fortuito ou força maior de dimensões avassaladoras. Quando o inciso II preceitua que a alocação de riscos definida pelas partes deve ser respeitada e observada, pensa-se que os ricos definidos devem considerar situações de normalidade na economia. Mesmo considerando que o inciso II se refere também aos fatos imprevisíveis na formação dos contratos não há previsão legal de não os revisar se as novas condições sinistras repercutirem em toda a economia de um país. O caos causado pelo coronavírus tem sido equiparado a um estado de guerra. A cláusula *rebus sic stantibus* e a teoria da imprevisão, de origem medieval, foram soluções criadas também para situações de guerra, ordinárias nesse período da história.

---

17. Grifou-se..
18. TEPEDINO, Gustavo. Temas de Direito Civil. Tomo III. Rio de Janeiro: Renovar, 2009, p. 149.

Finalmente, o inciso III preconiza que a revisão contratual somente ocorrerá de maneira excepcional e limitada. Acredita-se que a limitação a que se refere o inciso seja a da própria função social do contrato, para que ele seja exequível e as partes alcancem suas expectativas. Dizer que só haverá revisão contratual maneira excepcional é permitir, excepcionalmente que ela ocorra já que não foram afastas as disposições dos artigos 317, 478 e 479 do Código Civil, que preveem a revisão e a resolução contratual. Se é permitido que haja revisão de maneira excepcional é o mesmo que dizer que, provada a excepcionalidade das circunstâncias ocorridas, como na crise gerada pelo coronavírus, pode haver revisão contratual.

Por fim, o Poder Judiciário e o juízo arbitral têm condições de interpretar a lei conforme o caso concreto colocado em sua apreciação. Apenas as circunstâncias concretas podem definir a interpretação e o julgamento.

Na sequência, o art. 422 do Código Civil consagra o princípio da eticidade no momento da conclusão do contrato e no de sua execução. De boa-fé objetiva, que significa lealdade e consideração com parceiro contratual, há de ser observado também o princípio do equilíbrio contratual na interpretação dos casos que surgirem. A boa-fé objetiva é também uma ferramenta para o alcance do princípio do equilíbrio contratual. Assim, dispõe o art. 422: "Os contratantes são obrigados a guardar, assim na conclusão do contrato, como em sua execução, os princípios de probidade e boa-fé."

No que toca às relações de consumo, a Lei da Liberdade Econômica não fez alterações na revisão contratual por lesão, também denominada cláusula contratual abusiva, disposta na formação do contrato e tratada de maneira objetiva pela existência de "prestações desproporcionais"; nem por excessiva onerosidade posterior à contratação, que, na lei que protege o vulnerável, independe da imprevisibilidade das circunstâncias supervenientes, restando suficiente para revisar o contrato o requisito objetivo da excessiva onerosidade .

5. O PROJETO DE LEI FEDERAL DAS RELAÇÕES JURÍDICAS DE DIREITO PRIVADO NO PERÍODO DA PANDEMIA DO CORONAVÍRUS (COVID-19)

Está em tramitação no Senado Federal o projeto de lei que dispõe sobre o regime jurídico emergencial e transitório das relações jurídicas de Direito Privado (RJET) no período da pandemia do Coronavírus (Covid 19).

Ao tratar da resilição, da resolução e da revisão dos contratos o projeto diz em seu art. 7º: "Não se consideram fatos imprevisíveis, para os fins exclusivos dos art. 478, 479 e 480 do Código Civil, o aumento da inflação, a variação cambial, a desvalorização ou substituição do padrão monetário."

Parece, pelo disposto, que o Projeto nega os fatos porque, evidentemente o aumento da inflação, a variação cambial, a desvalorização ou a substituição do padrão monetário, se ocorrerem no momento dessa crise sanitária inesperada e furiosa, decorrendo dela, merecem um olhar equitativo na medida de cada caso concreto. Ninguém estava preparado para isso! É ético e de acordo com o princípio da solidariedade constitucional que as contratações afetadas por esse acontecimento sim, imprevisível, sejam passíveis de resolução ou revisão. Pergunta-se: se a pandemia mundial não for considerada imprevisível, inclusive em seus efeitos econômico-contratuais no Brasil, o que se poderia chamar de imprevisível para justificar a revisão ou a resolução de um contrato que se tornou excessivamente oneroso e desproporcional para uma das partes? Felizmente o Projeto não toca no art. 317 do Código Civil, que prevê a regra geral de revisão contratual, que, aliás, parece mais benéfica para a parte prejudicada caso, em vez da resolução, era necessite de uma revisão contratual e da conservação do contrato.

Dispõe o §1º do art. 7º: "As regras sobre revisão contratual previstas no Código de Defesa do Consumidor e na Lei nº 8.245, de 18 de outubro de 1991 não se sujeitam ao disposto no caput deste artigo." Nesse ponto o projeto não apresenta retrocesso social, porque, sabidamente, o Código de Defesa do Consumidor possui um ator social vulnerável, que nem necessita da figura da imprevisibilidade dos fatos que geraram o desequilíbrio contratual para ter seu contrato revisado.

Dispõe o § 2º do art. 7º: "Para os fins desta Lei, as normas de proteção ao consumidor não se aplicam às relações contratuais subordinadas ao Código Civil, incluindo aquelas estabelecidas exclusivamente entre empresas ou empresários." Critica-se essa elaboração pois devem se abraçadas, segundo a teoria do finalismo aprofundado,[19] as situações, mesmo que não propriamente de consumo, que possuam uma parte vulnerável diante da outra.

6. CONCLUSÃO

O advento do Código de Defesa do Consumidor de 1990 e do Código Civil de 2002 interpretados à luz dos mandamentos constitucionais que objetivam uma sociedade solidária, na forma de seu art. 3º, inciso I, não se coaduna com a ideia de um contrato imutável quando ele já se apresenta de início, ou acaba por desandar em seu curso, deveras oneroso e desequilibrado.

Se os pactos continuam a obrigar as partes, os contornos dessa obrigação podem ser modificados em caso de excessiva onerosidade na sua formação ou em razão de circunstâncias supervenientes.

É que, se o princípio da autonomia privada e o da força obrigatória do contrato se mantêm presentes, o da liberdade contratual tenha sito recentemente exaltado, há, no Direito Contratual Contemporâneo, outros princípios que temperam os primeiros e propugnam a conservação do contrato e o equilíbrio nas relações obrigacionais. Tratam-se dos princípios da conservação do contrato, do equilíbrio contratual, da boa-fé objetiva e da função social do contrato.

Reviravoltas na economia envolvendo vários continentes em decorrência de uma crise sanitária repercutem no ambiente contratual, que deve ser espaço de renegociação entre as partes, de boa-fé objetiva, que, aliás, é a regra de conduta entre os contratantes. Se não houver acordo entre as partes, a bem do equilíbrio contratual e da realização das

---

19. MARQUES, Claudia Lima. *Contratos no Código de Defesa do Consumidor*, p. 342-404.

justas expectativas dos contraentes com a revisão consensual do contrato, o Judiciário ou o tribunal arbitral possuem caminhos para revisá-lo.

De todo modo, o que parece certo é que, nesse cenário, estarão, pelas circunstâncias notórias que o acompanha, vários acordos com cláusulas contratuais abusivas, lesivas. E há no ordenamento jurídico brasileiro hipótese de revisão contratual por lesão objetiva no Código de Defesa do Consumidor, que requer apenas a prova da desproporcionalidade das prestações e não foi afetada pela Lei da Liberdade Econômica de 2019.

Segundo o Código Civil, podem ser utilizadas as hipóteses de revisão ou resolução contratual previstas a depender do caso concreto, considerando a Lei da Liberdade Econômica de 2019 na interpretação das relações jurídicas paritárias de Direito Civil que não forem de consumo.

O colapso do coronavírus, caso fortuito que assolou o Brasil e o mundo era totalmente imprevisto e imprevisível em si e em seus desdobramentos. Para as relações jurídicas paritárias, reguladas pelo Código Civil de 2002, pode ser aplicada a Teoria da Imprevisão, apesar de ter que se observar a Lei da Liberdade Econômica de 2019.

Nas relações de consumo duradouras, afetadas pela inesperada pandemia, será direito do consumidor buscar a revisão por excessiva onerosidade posterior à contratação independentemente de se provar a imprevisibilidade das circunstâncias posteriores.

7. REFERÊNCIAS

BARLETTA, Fabiana Rodrigues. *Revisão Contratual no Código Civil e no Código de Defesa do Consumidor*. 2 ed. Indaiatuba: Foco, 2020.

CARDOSO, Vladimir Mucury. *Revisão contratual e lesão: à luz do Código Civil de 2002 e da Constituição da República*. 1 ed. Rio de Janeiro: Renovar, 2008.

COGLIOLO, Pietro. *La cosi detta clausola 'rebus sic stantibus' e la teoria dei pressuposti*. Scritti varii di diritto privato. 2 ed. Torino: UTET, 1910.

CORDEIRO, António Manuel da Rocha e Menezes. *Da boa fé no direito civil*. Coimbra: Almedina, 1997.

FONSECA, Arnoldo Medeiros da. *Caso fortuito e teoria da imprevisão*. 3 ed. Rio de Janeiro: Revista Forense, 1958.

FRANTZ, Laura Coradini. *Revisão dos Contratos*. 1 ed. São Paulo: Saraiva, 2007.

JÚNIOR, Humberto Theodoro. *Comentários ao Novo Código Civil: Dos Defeitos do Negócio Jurídico ao Final do Livro III*. Rio de Janeiro: Forense, 2003.

OSTI, Giuseppe. *Clausola rebus sic stantibus*. Novissimo Digesto Italiano. Torino: UTET, v. 3. 1957.

PEREIRA, Caio Mário da Silva. *Lesão nos Contratos*. 6 ed. Rio de Janeiro: Forense, 1999.

LARENZ, Karl. *Base del negocio jurídico y cumplimiento de los contratos*. Tradução de: Carlos Fernandes Rodrigues. Madrid: Editorial Revista de Derecho Privado. [19-], s.d.

LINS, Jair *A cláusula 'rebus sic stantibus'*. Revista Forense. Belo Horizonte. v. XL. Janeiro/Julho/1923, p. 512.

MAIA, Paulo Carneiro. *Cláusula rebus sic stantibus*. Enciclopédia Saraiva de Direito. Coordenador: Limongi França. São Paulo. v. 15. 1977.

MARQUES, Claudia Lima. *Contratos no Código de Defesa do Consumidor.* 7 ed. São Paulo; Revista dos Tribunais, 2014.

NETO, Antonio José de Mattos. *A cláusula 'rebus sic stantibus' e a cláusula de escala móvel.* Revista de Direito Civil. São Paulo. n. 63. Janeiro/Março/1993.

SCHEREIBER, Anderson. *Equilíbrio contratual e dever de renegociar.* São Paulo: Saraiva Educação, 2018.

SIDOU, José Maria Othon. *Rebus sic stantibus.* Enciclopédia Saraiva de Direito. Coordenador: Limongi França. São Paulo. v. 63. 1977.

SILVA, Clóvis Veríssimo do Couto e. *A teoria da base do negócio jurídico no direito brasileiro.* Revista dos Tribunais. São Paulo. v. 655. Maio/1990.

SILVA, Luís Renato Ferreira da. *Revisão dos contratos: do código civil ao código do consumidor*, Rio de Janeiro, Forense, 1998.

TARTUCE, Flávio. A Medida Provisória 881/2019 e as Alterações do Código Civil – Primeira Parte: desconsideração da personalidade jurídica e função social do contrato. In: flaviotartuce.jusbrasil. com.br. Acesso em 05.04.2020.

TEPEDINO, Gustavo. Temas de Direito Civil. Tomo III. Rio de Janeiro: Renovar, 2009

WINDSCHEID, Bernardo. *Diritto delle Pandette.* Tradução italiana de: Carlo Fadda e Paolo Emílio Bensa. v. 1. Torino:[sn]. 1930.

CORONAVÍRUS E CONTRATOS BANCÁRIOS

Arnaldo Rizzardo

Desembargador aposentado do TJ/RGS; autor de várias obras jurídicas, sendo que nove com o estudo sistematizado do Código Civil de 2002; foi professor da Escola Superior da Magistratura do RGS; é membro da Academia Brasileira de Direito Civil e do Instituto dos Advogados do RGS; exerce a advocacia, com escritório em Aporto Alegre/RGS.

Sumário: I – O coronavírus e as frentes de combate – II – Perspectivas de institutos jurídicos apropriados, na legislação vigente, para suspender temporariamente o cumprimento de obrigações contraídas com instituições financeiras: 1. Caso fortuito ou força maior – 2. Teoria da imprevisão – 3. Onerosidade excessiva – 4. A quebra da base objetiva do negócio – III – Encargos pelo inadimplemento – IV – Conclusão.

O objeto do presente trabalho é visualizar a solução jurídica a ser dada às obrigações contraídas junto às instituições financeiras, vencidas no período da pandemia do coronavírus e da recuperação da normalidade existente quando da celebração dos contratos.

I – O CORONAVÍRUS E AS FRENTES DE COMBATE

A disseminação do coronavírus (Covid 19), por ser contagioso, atingiu todos os setores da vida e trouxe inúmeros efeitos sobretudo na saúde na economia do País, importando na redução da projeção do PIB de 2,4% para 2,1%, e acarretando perda de mão de obra, redução de atividades, diminuição da produtividade e do consumo, interrupção e atraso no cumprimento de prazos, queda de demandas de consumidores, restrição nos deslocamentos, desemprego, fechamento de centros comerciais e industriais. Essa gama de efeitos repercute nas contratações existentes, com a impossibilidade de cumprimento das obrigações pendentes.

Tal quadro conduz ao estudo de soluções jurídicas frente aos compromissos nos contratos, abrangendo os bancários, desdobrados em várias espécies, como empréstimos, abertura de crédito em conta corrente, financiamentos habitacionais, na concessão de crédito rural, industrial, comercial, e nos financiamento da exportação e da importação.

No setor produtivo, é comum a concessão de crédito através de instrumentos legais com garantias reais, como, dentre outros, as cédulas de crédito rural, industrial, comercial, habitacional, hipotecária, pignoratícia; a alienação fiduciária em garantia; a hipoteca; o penhor. Ou por meio de meros contratos com garantias fidejussórias do aval e da fiança, vindo documentados por meio de nota promissória, de confissão de dívida ou de simples contratos de empréstimo.

Uma vez ocorrendo o vencimento sem que sejam honradas as dívidas, à instituição financeira se concedem meios próprios e de tramitação mais rápida para o recebimento do crédito, como a execução judicial e até a execução extrajudicial – esta reservada para as obrigações decorrentes de dívidas contraídas para a aquisição de unidades condominiais nas incorporações imobiliárias, e as dos contratos de financiamento pelo Sistema Financeiro da Habitação, ou pelo Sistema Financeiro Imobiliário em que se faz a garantia mediante a alienação fiduciária em garantia. Nas obrigações com garantia real hipotecária ou pignoratícia, nas espécies rurais, industriais, comerciais e à exportação, nas quais se dá em garantia o bem objeto do financiamento, admite-se a excussão do bem cuja aquisição foi financiada para satisfazer as prestações em atraso.

Ocorrendo durante os períodos da normalidade a omissão em cumprir a dívida ou as prestações fixadas, utilizam-se os caminhos processuais regulamentados na lei para o recebimento do crédito, desde que ausentes as obrigações de vícios ou abusos nas exigibilidades. No entanto, surgindo situações atípicas ou anormais, alheias ao controle ou comando das partes, o direito não pode manter-se alheio, impondo-se enfrentar as situações com a equidade, a boa fé objetiva, a coerência e o bom senso. O direito não é alheio às situações que importam em impossibilidade de cumprimento por motivos estranhos à vontade e ao comportamento das partes. Constituindo um conjunto de normas ou ditames, princípios e valores destinado não apenas a regrar as condutas, mas, sobretudo, a tornar possível a própria vida humana, traz padrões de soluções que devem se adequar às mais diversas situações da vida, frente às particularidades de fatos que acontecem, dando validade à constatação filosófica de Ortega y Gasset, de que nós somos também as circunstâncias que nos cercam: ""Eu sou eu e minha circunstância, e se não salvo a ela, não me salvo a mim". Ou seja, não se pode conceber o ser humano fora do contexto ou dos fatos que o cercam.

Assim, nas crises históricas que acontecem de tempos em tempos, sempre são impostas medidas excepcionais, que não podem se limitar ao setor público e político, mas devem se estender a todos os campos das atividades. No caso do coronavírus (Covid 19), foram, com vistas a fazer frente às calamidades que trouxe, expedidos alguns diplomas legais, como:

- Lei nº 13.979, de 20.02.2020, dispondo sobre as medidas para enfrentamento da emergência de saúde pública de importância internacional decorrente do coronavírus responsável pelo surto de 2019;
- a Medida Provisória nº 933, de 31.03.2020, que suspende, pelo prazo que menciona, de sessenta dias, o ajuste anual de preços de medicamentos para o ano de 2020;
- a Medida Provisória 944, de 3.04.20129, instituindo o Programa Emergencial de Suporte a Empregos, destinado à realização de operações de crédito com empresários, sociedades empresárias e sociedades cooperativas, excetuadas as sociedades de crédito, com a finalidade de pagamento de folha salarial de seus empregados.

Há, também, o Projeto de Lei nº 1.179, tramitando no Congresso Nacional, que suspende até o fim do ano as ações de despejo de imóveis urbanos. A medida alcança as ações ajuizadas após o dia 20 de março, propõe alterações significativas em diversos dispositivos que constam regulados Código Civil, e institui um regime jurídico emergencial e transitório das relações jurídicas de direito privado. Modifica disposições da prescrição e decadência, do direito de família e sucessões, e inova institutos como os da resilição, resolução e revisão dos contratos, além de uma vasta gama de institutos, pouco importando com a constitucionalidade de vários regramentos pretendidos introduzir, não raramente olvidando que os efeitos do vírus atingem a todos, inclusive locadores, proprietários de bens, e fornecedores.

Num momento de grave crise, é relevante manter o equilíbrio, de modo a evitar desatinos.

O certo é que grande parte dos brasileiros está consciente de medidas de precaução e de adaptação à nova realidade, inclusive de suspensão de exigibilidade de obrigações, como é exemplo a manifestação recente da Febraban, em conjunto com cinco instituições financeiras – Banco do Brasil, Bradesco, Caixa, Itaú Unibanco e Santander –, anunciando que estão comprometidos em atender pedidos de prorrogação, por sessenta dias, dos vencimentos de dívidas de clientes pessoas físicas e micro e pequenas empresas para os contratos vigentes em dia e limitados aos valores que já foram usados pelo consumidor. No setor financeiro da habitação, garante-se uma carência de seis meses para seguir nos pagamentos. O próprio Governo, por meio de medidas provisórias, está se empenhando em criar medidas emergenciais para socorrer as empresas e diminuir as consequências sociais.

II – PERSPECTIVAS DE INSTITUTOS JURÍDICOS APROPRIADOS, NA LEGISLAÇÃO VIGENTE, PARA SUSPENDER TEMPORARIAMENTE O CUMPRIMENTO DE OBRIGAÇÕES CONTRAÍDAS COM INSTITUIÇÕES FINANCEIRAS

Passa-se a examinar se alguns institutos jurídicos, na forma como se encontram vigorando e estão disciplinados, servem para, enquanto perdurar a atual situação, e mesmo durante o período de recuperação da economia e das atividades de modo geral, são apropriados para protelar ou suspender o cumprimento das obrigações. Passam a ser nomeados e descritos, de modo bastante sucinto. É preciso que se diga, no entanto, que tal não se dá por vícios ou ilegalidades dos contratos, e sim em razão do estado de calamidade social que assolou os tempos atuais.

1. Caso fortuito ou força maior

É possível deixar de cumprir o contrato bancário por motivo de caso fortuito, ou de força maior, sendo que, na prática, as expressões têm um mesmo significado.

Ambas as causas estão no art. art. 393 e em seu parágrafo único do Código Civil: "O devedor não responde pelos prejuízos resultantes de caso fortuito ou força maior, se expressamente não se houver por eles responsabilizado".

O parágrafo único: "O caso fortuito, ou de força maior, verifica-se no fato necessário, cujos efeitos não era possível evitar ou impedir".

No caso fortuito, os acontecimentos são previsíveis, mas não quanto ao momento, ao lugar e ao modo de sua verificação. É viável que no inverno vá gear, mas sem precisar-se o lugar, a intensidade e o momento do fenômeno. Há um incidente produzido por força física ininteligente, em condições imprevisíveis pelas partes.[1]

Já a força maior, no dizer de Pontes de Miranda, a força maior concerne mais "ao acontecimento insólito, de impossível ou difícil previsão, tal uma extraordinária seca, uma inundação, um incêndio, um tufão; caso fortuito é um sucesso previsto, mas tal como a morte, a doença, etc.". Salienta, em seguida, a identificação das espécies: "A distinção entre força maior e caso fortuito só teria de ser feita, só seria importante, se as regras jurídicas a respeito daquela e desse fossem diferentes"[2]

De modo geral, atribui-se apenas um conceito a ambas as expressões. Caracterizam qualquer fato que o devedor não pode evitar. É uma causa da irresponsabilidade, quer da inexecução completa e definitiva da obrigação, quer da simples mora enquanto perdurar.

Oportuno reproduzir os requisitos, lembrados por Washington de Barros Monteiro: "Vários elementos devem estar presentes para a configuração do caso fortuito, ou força maior, segundo descreve Washington de Barros Monteiro, em doutrina que mantém a atualidade, porquanto não modificados os princípios estruturais do caso fortuito ou força maior pelo Código de 2002:

> "a) O fato deve ser necessário, não determinado por culpa do devedor... Se há culpa, não há caso fortuito, e reciprocamente, se há caso fortuito, não pode haver culpa do devedor. Um exclui o outro. Por exemplo, um incêndio pode caracterizar o caso fortuito, mas se para ele concorreu com culpa o devedor, desaparece a força liberatória;
>
> b) o ato deve ser superveniente e inevitável. Nessas condições, se o contrato vem a ser celebrado durante uma guerra, não pode o devedor alegar depois as dificuldades oriundas dessa mesma guerra para furtar-se às suas obrigações;
>
> c) finalmente, o fato deve ser irresistível, fora do alcance do poder humano. Desde que não pode ser removido pela vontade do devedor, não há que se cogitar da culpa deste pela inexecução da obrigação"[3].

Diante dos elementos acima, a suspensão do cumprimento é uma decorrência lógica. A pandemia de coronavírus pode ser entendida como um caso fortuito ou de força maior. Mas é mister salientar que a dispensa de pagamento é admitida unicamente se o contrato prever que nenhuma das partes será responsabilizada por falhas no cumprimento das obrigações em função de acontecimentos de caso fortuito ou de força maior. Há de existir a previsão. Do contrário, aceita-se a suspensão do contrato, ou prorrogação do cumprimento para depois de um período necessário à recuperação da situação existente anteriormente.

2. Teoria da imprevisão

Corresponde a figura ao princípio que admite a revisão ou a rescisão do contrato em certas circunstâncias especiais, como na ocorrência de acontecimentos extraordinários e imprevistos, que tornam a prestação de uma das partes sumamente onerosa.

---

1. ALVIM, Agostinho. Da Inexecução das Obrigações e suas Consequências. 5ª ed. São Paulo. Saraiva, 1980, pp. 329-339.
2. MIRANDA, Francisco Cavalcanti. Tratado de Direito Privado. 3ª ed., Rio de Janeiro. Borsoi, 1971, vol. XXIII, pp. 78-79. Vol. XXIII.
3. MONTEIRO, Washington de Barros. Curso de Direito Civil: Direito das Obrigações. São Paulo. 2ª ed. Editora Saraiva, 1962, 2ª ed., p. 364. Vol. I.

É originada da cláusula latina *rebus sic stantibus*, que, por sua vez, constitui abreviação da fórmula: *contractus qui habent tractum successivum et dependentiam de futuro rebus sic stantibus intelliguntur*. Significa, em vernáculo: "nos contratos de trato sucessivo ou a termo, o vínculo obrigatório entende-se subordinado à continuação daquele estado de fato vigente ao tempo da estipulação". No dizer de Washington de Barros Monteiro, expressa a subordinação do vínculo obrigatório à continuação daquele estado de fato vigente ao tempo da estipulação.[4]

A teoria da imprevisão é uma aplicação da *rebus sic stantibus*, como explicam Pablo Stolze Gagliano e Rodolfo Pamplona Filho, expondo que "a expressão 'cláusula *rebus sic stantibus*... acaba por se revelar uma aplicação dela (teoria da imprevisão), no reconhecimento pretoriano no sentido de que, em todo o contrato de prestações sucessivas, haverá sempre uma cláusula implícita de que a convenção não permanece em vigor se as coisas não permanecerem (*rebus sic stantibus*) como eram no momento da celebração".[5]

A previsão está no art. 478 do Código Civil: "Nos contratos de execução continuada ou diferida, se a prestação de uma das partes se tornar excessivamente onerosa, com extrema vantagem para a outra, em virtude de acontecimentos extraordinários e imprevisíveis, poderá o devedor pedir a resolução do contrato. Os efeitos da sentença, que a decretar, retroagirão à data da citação".

Nos arts. 479 e 480 do mesmo diploma, constam medidas asseguradas às partes a fim de evitar a resolução. Eis a redação do primeiro: "A resolução poderá ser evitada, oferecendo-se o réu a modificar equitativamente as condições do contrato". Quanto ao segundo: "Se no contrato as obrigações couberem a apenas uma das partes, poderá ela pleitear que a sua prestação seja reduzida, ou alterado o modo de executá-la, a fim de evitar a onerosidade".

Para a sua aplicação, importa que ocorram fatos de tal ordem, ou acontecimentos extraordinários de grande alcance, a ponto de determinar uma dificuldade intransponível ao contratante devedor, tornando a obrigação excessivamente onerosa, e redundando, para o credor, um proveito muito alto.

De modo bem prático, dá Arnoldo Fonseca de Medeiros os requisitos para o reconhecimento da figura:

> "a) a alteração radical no ambiente objetivo existente ao tempo da formação do contrato, decorrente de circunstâncias imprevistas e imprevisíveis;
>
> b) onerosidade excessiva para o devedor e não compensada por outras vantagens auferidas anteriormente, ou ainda, esperáveis, diante dos termos do ajuste;
>
> c) enriquecimento inesperado e injusto para o credor, como consequência direta da superveniência imprevista".[6]

---

4. MONTEIRO, Washington de Barros. Curso de Direito Civil: Direito das Obrigações. São Paulo. 2ª ed. Editora Saraiva, 1962, 2ª ed., p. 11. Vol. I.
5. STOLZE GAGLIANO, Pablo; PAMPLONA FILHO, Rodolfo. Novo Curso de Direito Civil: Contratos – Teoria Geral. São Paulo. 9ª ed. Editora Saraiva, 2013, pág. 313. Vol. 4. Tomo I.
6. FONSECA, Arnoldo Medeiros da. *Caso Fortuito e Teoria da Imprevisão*. 3ª ed. Rio de Janeiro. Editora Forense, 1958, p. 244.

De modo algum a pandemia em questão trouxe vantagem a uma das partes, no caso, às instituições financeiras. Daí tornar-se possível valer-se do instituto unicamente se imposto o cumprimento no curso de sua vigência, ou em um período insuficiente para a retomada das atividades que conduziram à concessão do crédito, e a recuperação da normalidade. Mesmo que a instituição financeira reclame a satisfação de seu crédito quando do vencimento, isto é, ainda quando não erradicado o vírus, não resulta qualquer enriquecimento inesperado e injusto ao credor.

3. Onerosidade excessiva

Inclui, entre os seus requisitos, na doutrina de Ruy Rosado de Aguiar Júnior, "além da extraordinariedade dos acontecimentos imprevisíveis e do ônus excessivo para uma das partes, ainda o da extrema vantagem para a outra, o que limita ainda mais o âmbito de abrangência da cláusula. Os fatos modificativos extraordinários incidem quase sempre igualmente sobre as duas partes, tornando inviável a prestação, sem que disso decorra vantagem para a outra; assim, a guerra, as revoluções, os planos de intervencionismo econômico etc".[7]

Emílio Betti abordou a espécie como causa de resolução: "No caso de, posteriormente, vir a ser perturbado o equilíbrio entre as respectivas prestações, pela superveniência de eventos extraordinários imprevisíveis que tornem uma das prestações excessivamente onerosa, segundo o critério-limite da álea inerente ao tipo de contrato, cabe ao contraente, cuja razoável expectativa (típica do contrato e conforme aos seus fins) haja sido iludida, em vez da rescisão do contrato, a resolução da cláusula contratual onerosa".[8]

A configuração se encontra no art. 478 da lei civil: "Nos contratos de execução continuada ou diferida, se a prestação de uma das partes se tornar excessivamente onerosa, com extrema vantagem para a outra, em virtude de acontecimentos extraordinários e imprevisíveis, poderá o devedor pedir a resolução do contrato. Os efeitos da sentença que a decretar retroagirão à data da citação".

Eis os elementos que compõem a figura:

I – Contrato de execução continuada ou diferida, sendo inviável a espécie de uma única a prestação.

II – A onerosidade excessiva que adquire a prestação de uma das partes.

III – A extrema vantagem que resulta à outra parte.

IV – A ocorrência dessa transformação em virtude de acontecimentos extraordinários e imprevisíveis.

Viabiliza o art. 479 evitar a resolução, se a parte favorecida se dispuser a restabelecer o equilíbrio: "A resolução poderá ser evitada, oferecendo-se o réu a modificar equitativamente as condições do contrato".

---

7. AGUIAR JÚNIOR, Ruy Rosado de. *Extinção dos Contratos por Incumprimento do Devedor (Resolução)*, Rio de Janeiro. Aide Editora. 1991, p. 152.
8. BETTI, Emilio. Teoria Geral do Negócio Jurídico. Campinas. LZN Editora. Tradução de Ricardo Rodrigues Gama, 2003, pp. 49 e 50. Tomo III.

O art. 480 dá oportunidade à revisão, pela parte que suporta as obrigações: "Se no contrato as obrigações couberem a apenas uma das partes, poderá ela pleitear que a sua prestação seja reduzida, ou alterado o modo de executá-la, a fim de evitar a onerosidade excessiva".

Do contexto examinado, encontra respaldo a pretensão de se protrair as obrigações para época posterior ao desaparecimento da pandemia; mais propriamente para quando retornar a normalidade das atividades que ensejaram a concessão do crédito.

4. A quebra da base objetiva do negócio

Esse constitui o instituto que mais se aplica à situação.

Bem expressa Ruy Rosado de Aguiar Júnior a espécie: "Vista a obrigação como um processo e um sinalagma funcional como o aspecto social mais relevante dos contratos bilaterais – porquanto é na execução que se efetuam as prestações e ficam satisfeitos os interesses das partes – parece bem evidente que ao tempo do adimplemento, nos contratos duradouros ou de execução diferida, devem existir as circunstâncias que garantam a conservação do princípio da igualdade, expresso na equivalência entre as obrigações reciprocamente prometidas e a obtenção do fim natural do contrato. Não é preciso buscar, fora da própria natureza jurídica do contrato bilateral, fundamento para estabelecer, como requisito da eficácia continuada do contrato, a presença de condições que assegurem a equivalência e a finalidade objetivamente procurada".[9]

Se, no curso do contrato, as circunstâncias não mais existem, ou desapareceram, não se justifica a manutenção do contrato nos moldes elaborados. Mas, em vez da resolução pura e simples, o mais prático consiste na recomposição das prestações, ou dos prazos, com a adequação às transformações surgidas, de sorte a retornar ao equilíbrio existente no início da formalização do ato bilateral de vontade.

Tem grande aplicação a teoria nos contratos de financiamento, nos quais se inserem cláusulas de reajuste e de penalizações para a falta de cumprimento. No entanto, por circunstâncias até previsíveis, mas que não dependeram da vontade dos contratantes, a realidade subjacente foi se modificando com o passar do tempo. A todos se exige a presunção da ciência das transformações sociais e econômicas que podem acontecer, com o advento de crises, doenças, falta de produtos, elevação de preços, variações cambiais em índices destoantes de épocas anteriores. Para a aplicação da teoria, entrementes, esses eventos são estranhos e não impedem a alteração do contrato. Foi-se além da mera previsibilidade. Deu-se um passo adiante ao caso fortuito ou de força maior, tendo em conta, sobretudo, à boa fé objetiva e à função social dos contratos.

Mais explicitadamente, o requisito de o fato não ser previsível, nem extraordinário, não é exigido para a teoria da base objetiva, mas tão somente a modificação nas circunstâncias indispensáveis que existiam no momento da celebração do negócio, ensejando, quando do cumprimento, onerosidade ou desproporção para uma das partes. Com

---

9. AGUIAR JÚNIOR, Ruy Rosado de. *Extinção dos Contratos por Incumprimento do Devedor (Resolução)*, Rio de Janeiro. Aide Editora. 1991, p. 150.

efeito, a teoria da base objetiva tem por pressuposto a premissa de que a celebração de um contrato ocorre mediante a consideração de determinadas circunstâncias, as quais, se modificadas no curso da relação contratual, determinam, por sua vez, consequências diversas daquelas inicialmente estabelecidas, com repercussão direta no equilíbrio das obrigações pactuadas.

Nessa visão do direito, a teoria da base objetiva difere da teoria da imprevisão por prescindir da imprevisibilidade de fato que determina a oneração excessiva de um dos contratantes. Indo mais além, o requisito de o fato não ser previsível nem extraordinário não é exigido para a teoria da base objetiva, mas tão somente a modificação das circunstâncias indispensáveis que existiam no momento da celebração do negócio, ensejando onerosidade ou desproporção para uma das partes. Com efeito, a teoria da base objetiva tem por pressuposto a premissa de que a celebração de um contrato ocorre mediante a consideração de determinadas circunstâncias, as quais, se modificadas no curso da relação contratual, determinam, por sua vez, consequências diversas daquelas inicialmente estabelecidas, com repercussão direta no equilíbrio das obrigações pactuadas.

Essa a exegese imprimida pelo STJ: "O requisito de o fato não ser previsível nem extraordinário não é exigido para a teoria da base objetiva, mas tão somente a modificação nas circunstâncias indispensáveis que existiam no momento da celebração do negócio, ensejando onerosidade ou desproporção para uma das partes. Com efeito, a teoria da base objetiva tem por pressuposto a premissa de que a celebração de um contrato ocorre mediante consideração de determinadas circunstâncias, as quais, se modificadas no curso da relação contratual, determinam, por sua vez, consequências diversas daquelas inicialmente estabelecidas, com repercussão direta no equilíbrio das obrigações pactuadas. Nesse contexto, a intervenção judicial se daria nos casos em que o contrato fosse atingido por fatos que comprometessem as circunstâncias intrínsecas à formulação do vínculo contratual, ou seja, sua base objetiva (...). (REsp 1.321.614-SP, Rel. originário Min. Paulo de Tarso Sanseverino, Rel. para acórdão Min. Ricardo Villas Bôas Cueva, julgado em 16.12.2014, DJe 3.03.2015)".[10]

No caso do coronavírus, em verdade nem se imaginava que pudesse surgir, pois desconhecido, e trazendo, em intensidades diferentes, a inatividade de todas as classes produtivas, situação que forçou o inadimplemento involuntário das obrigações. Há quebra da paridade contratual na medida em que apenas a uma das partes fica isenta dos riscos das de fatos imprevisíveis e nocivos. Daí, pois, ser jurídica a solução que determina a suspensão cumprimento do contrato, no mínimo, até que se restabeleça o estado de fato existente quando de sua celebração, com o acréscimo de um lapso de tempo capaz de refazer a rentabilidade das atividades antes existentes.

Essa a solução que infere, porquanto não se trata de vício interno do contrato, mas de fato externo, que atingiu a capacidade de cumprimento, devendo ambas as partes suportar os efeitos.

---

10. AgInt no REsp 1.5140.93/CE, da 4ª Turma, rel. Min. Marco Buzzi, j. em 25.10.2016, DJe de 7.11.2016.

III – ENCARGOS PELO INADIMPLEMENTO

Em vista dos motivos expostos que impedem o cumprimento das obrigações, não se revela coerente a incidência de cominações, como juros, multa, cláusulas penais e vencimento antecipado com a exigibilidade imediato do crédito.

Quanto aos juros, há os de mora, que incidem pelo não pagamento no tempo marcado; e os remuneratórios, ou compensatórios, que normalmente são convencionados, representando ou compensação ou remuneração pelo mútuo e concessão de crédito nas suas várias formas.

A multa e a cláusula penal correspondem a uma penalidade pelo atraso ou falta de cumprimento das obrigações. A finalidade é a mesma, variando apenas na denominação. Revela-se mais apropriada a designação de "multa" para os mútuos ou financiamentos. Já a "cláusula penal" vem a ser uma obrigação acessória, que pode consistir no pagamento de determinada quantia que se atribui ao inadimplente da obrigação principal; ou na entrega de um bem; ou mesmo no vencimento das demais prestações, com a resolução do contrato. Mais costumeiramente, constitui o pacto acessório por meio do qual se estipula uma pena, em dinheiro ou outra utilidade, com a finalidade de garantir o fiel cumprimento da obrigação principal.

Já o vencimento antecipado se efetiva com a exigibilidade de todas as prestações em ocorrendo determinadas situações, sendo a mais comum a falta de pagamento de uma ou mais parcelas previstas em momentos sucessivos.

Diante da suspensão do cumprimento das obrigações em razão dos institutos descritos, não há coerência impor qualquer das cominações vistas.

Todavia, incide a correção monetária por constituir mera reposição do poder aquisitivo dos valores devidos.

IV – CONCLUSÃO

Depreende-se que fica suspensa a exigibilidade de obrigações bancárias, de parte do devedor, no período de duração da pandemia em questão, e por um período considerado adequado ou razoável até o retorno normal das atividades ou motivos que determinaram a concessão do crédito.

O amparo mais apropriado para dar suporte à suspensão ou carência está no caso fortuito ou força maior, e na teoria da quebra da base objetiva do negócio. No período da suspensão, incabíveis encargos de juros, multa ou cláusula penal, e vencimento antecipado do contrato.

COVID-19 E CONTRATO DE FRANQUIA: INEXECUÇÃO E RESPONSABILIDADE

Vynicius Pereira Guimarães

Mestre em Direito Civil pela Universidade do Estado do Rio de Janeiro – Uerj. Professor convidado do Programa de Pós-Graduação *lato sensu* do CEPED/UERJ. Advogado.

Sumário: 1. Breve introdução – 2. Contrato de franquia e repartição de riscos – 3. COVID-19 e inexecução das obrigações no contrato de franquia: a impossibilidade superveniente a princípio inimputável aos contratantes – 4. Responsabilidade contratual e força maior nos contratos de franquia – 5. Síntese conclusiva – 6. Referências.

1. BREVE INTRODUÇÃO

Preocupada com os impactos que a rápida propagação da COVID-19 tem gerado à sociedade, a comunidade jurídica brasileira tem se dedicado com vigor ao estudo das consequências da pandemia nos mais diversos campos do Direito. No que toca ao Direito Civil, a doutrina busca fornecer respostas técnicas a respeito, principalmente, das implicações que o singular cenário gera nas relações contratuais.

O desafio ganha ainda maior complexidade no setor do *franchising*, que envolve, para além de todos os pontos sensíveis já presentes em outros ajustes de longa duração – aluguéis, tributos, custo de fornecedores etc. –, questões oriundas diretamente do contrato de franquia. O presente artigo pretende, sucintamente, analisar os efeitos da expansão da COVID-19 relacionados à inexecução das obrigações no referido contrato, encarregado de regular a dinâmica e complexa relação entre franqueador e franqueado, e alguns possíveis desdobramentos na disciplina da responsabilidade civil. Em outras palavras, investigam-se, à luz da responsabilidade civil contratual,[1] as implicações dos eventuais descumprimentos de obrigações previstas nos contratos de franquia ocasionados pelo advento da pandemia.

2. CONTRATO DE FRANQUIA E REPARTIÇÃO DE RISCOS

O *franchising* compreende empreendimentos marcados pela transferência dos riscos negociais, que passam do franqueador ao franqueado. Por mais que a este se garanta contratualmente maior segurança em seus investimentos,[2] não se pode deixar

---

1. Para um delineamento teórico da responsabilidade civil contratual, v. MONTEIRO FILHO, Carlos Edison do Rêgo. *Responsabilidade contratual e extracontratual: contrastes e convergências no direito civil contemporâneo*. Rio de Janeiro: Processo, 2016.
2. De acordo com estudo realizado em 2018 pela Associação Brasileira de *Franchising* – ABF, as franquias apresentam taxa de mortalidade de 5% a cada dois anos, resultado expressivo se comparado com a taxa de mortalidade de empresas não franqueadas, no patamar de 23%. Informação retirada de: https://www.portaldofranchising.com.br/franquias/investir-em-franquias-e-seguro/, acesso em 29.3.2020.

de notar que, em contrapartida, arcará com o risco empresarial do negócio encabeçado pelo franqueador.

Do contrato de franquia extraem-se inúmeras vantagens para ambas as partes.[3] Do ponto de vista do franqueado, que mantém sua independência jurídica, diz-se, primeiramente, que poderá comercializar bens já conhecidos do público, valendo-se da marca e dos demais sinais distintivos do empreendimento do franqueador. Assim, são minimizados investimentos em marketing, indispensáveis, ao revés, no cenário de introdução de um novo produto ou marca no mercado.

Em síntese, verifica-se, na perspectiva do franqueado, considerável redução do risco empresarial que assumirá, quando comparado ao assumido por um comerciante avulso – não integrante de uma rede de franquias – novato em determinado mercado. Contudo, é de se notar que a redução de riscos não se confunde com sua total eliminação. Afinal, o franqueado se submeterá não apenas aos riscos de implementação de sua unidade, mas também, como já observado, aos riscos do negócio capitaneado pelo franqueador, compartilhados por toda a rede.

De outro turno, sob a ótica do franqueador, tem-se que se beneficiará diretamente do contrato ao receber do franqueado a remuneração – taxa de franquia e/ou *royalties* – pela transmissão da licença de uso de sua marca, *know-how* e assistência técnica. Ademais, o franqueador transfere o ônus de investimento no negócio ao franqueado. Isso porque, se implementasse cada unidade diretamente como sucursais, teria o franqueador que assumir todos os riscos comerciais que delas decorreriam, além dos custos de expansão e implementação. O contrato de franquia permite, portanto, a transferência dos referidos riscos ao franqueado, o que beneficia o franqueador.

Em cooperação, cada contratante desenvolverá sua atividade de forma independente, mas visando ao atingimento de um fim comum: a obtenção de lucro a partir da melhor colocação da rede em determinado mercado. Para tanto, as atividades de franqueado e franqueador devem estar arranjadas: enquanto ao primeiro caberá atuar de acordo com as determinações do franqueador, o segundo lhe fornecerá o *know-how*, treinamentos e o que for necessário para atingir o fim comum. De um lado, o franqueado auferirá lucro diretamente do desenvolvimento de sua atividade, enquanto que o franqueador receberá, em contrapartida, a remuneração contratualmente estipulada.

Do íntimo compartilhamento de riscos negociais entre franqueado e franqueador nasce uma relação dinâmica que combina coordenação, subordinação e cooperação. Como aponta a doutrina, "a renúncia, por parte dos franquiados, a parte de sua própria

---

3. Conforme aponta a doutrina de GONÇALVES, Carlos Roberto: "Apresenta [a franquia] vantagens para ambas as partes, porque o *franqueado*, que dispõe de recursos, mas não de conhecimentos técnicos necessários ao sucesso de um empreendimento, estabelece-se negociando desde logo produtos ou serviços já conhecidos e aceitos pelo consumidor, enquanto o *franqueador*, por sua vez, ,pode ampliar a oferta da sua mercadoria ou serviço, sem as despesas e os riscos inerentes à implantação de filiais". (GONÇALVES, Carlos Roberto, *Direito Civil Brasileiro*: contratos e atos unilaterais, v. III, 9ª ed., São Paulo: Saraiva, 2012). No mesmo sentido, v. DINIZ, Maria Helena: "O *franchising* é vantajoso para ambas as partes, pois possibilita ao franqueador a expansão de seus negócios com baixos investimentos, e ao franqueado a oportunidade de se tornar seu próprio patrão, de ser dono de sua empresa, com riscos bem menores do que os enfrentados por aqueles que se aventuram no autoempresariamento sem contar com o auxílio de alguém com experiência, proprietário de uma grande marca". (DINIZ, Maria Helena. *Tratado e Teórico e Prático dos Contratos*, v. IV, São Paulo: Saraiva, 1993, pp. 40-41).

autonomia empresarial, é compensada pelo facto de participarem num sistema capaz de os proteger de determinados riscos e de aumentar sua capacidade lucrativa".[4] No contexto da dinamicidade que assume a relação entre franqueado e franqueador, questiona-se a quem caberá responder pelos danos oriundos do descumprimento contratual ocorrido em razão da pandemia da COVID-19.

3. COVID-19 E INEXECUÇÃO DAS OBRIGAÇÕES NO CONTRATO DE FRANQUIA: A IMPOSSIBILIDADE SUPERVENIENTE A PRINCÍPIO INIMPUTÁVEL AOS CONTRATANTES

A fim de propor reflexão coerente a respeito da responsabilidade contratual no *franchising* no contexto da pandemia, faz-se necessário avaliar de que maneira o descumprimento ocasionado pela COVID-19 deve ser qualificado no campo do direito obrigacional para, em seguida, tratar tecnicamente da responsabilização pelos eventuais danos gerados pelo descumprimento em sede de contrato de franquia.

A acepção da relação obrigacional como processo,[5] em superação da leitura estática do vínculo obrigacional como a subordinação do devedor aos interesses do credor, promoveu verdadeira reformulação na concepção do fenômeno do inadimplemento. A dinamicidade e complexidade[6] de que se revestem contemporaneamente as relações obrigacionais somam-se à funcionalização do instituto,[7] a chamar a atenção do direito obrigacional como um instrumento de cooperação dirigido à satisfação dos interesses daqueles que, de forma ou outra, se obrigam.[8]

Nessa perspectiva, o conceito de inadimplemento expande-se, passando a ser configurado como o descumprimento não somente da prestação principal, mas de todo e qualquer dever de conduta necessário à satisfação objetiva do crédito. Em outras palavras, o descumprimento dos deveres anexos inseridos no contrato por força de princípios legais também ensejam inadimplemento. Assim, "inadimplemento significa a inexecução da *prestação satisfativa*,[9] e não o mero descumprimento da prestação principal".[10] Nessa linha,

---

4. RIBEIRO, Maria de Fatima. *O contrato de franquia (franchising)*: noção, natureza jurídica e aspectos fundamentais de regime. Coimbra: Almedina, 2001, p. 33.
5. V., por todos, COUTO E SILVA, Clóvis do. *A obrigação como processo*. Rio de Janeiro: FGV, 2006.
6. LARENZ, Karl. Derecho de obligaciones, t. 1, trad. Jaime Santos Briz. Madrid: Editorial Revista de Derecho Privado, 1958, pp. 37-38.
7. Sobre a funcionalização das relações obrigacionais, v. KONDER, Carlos Nelson; RENTERIA, Pablo. A funcionalização das relações obrigacionais: interesse do credor e patrimonialidade da prestação. In: TEPEDINO, Gustavo; FACHIN, Luis Edson (Orgs.). Diálogos sobre Direito Civil, vol. 2. Rio de Janeiro: Renovar, 2007.
8. Como alerta TERRA, Aline de Miranda Valverde: "Revela-se, por conseguinte, a insuficiência da análise meramente estrutural – cuja própria configuração passou a ser alvo de críticas direcionadas à tradicional classificação dos sujeitos e do objeto como seus elementos –, a impor que se avalie a efetiva instrumentalização da relação à satisfação dos interesses das partes merecedoras de tutela. A função jurídica orienta todo o desenvolvimento da relação obrigacional, servindo de parâmetro para a valoração do comportamento das partes, que devem colaborar mutuamente para a plena realização de seus legítimos interesses". (TERRA, Aline de Miranda Valverde. *Cláusula Resolutiva Expressa*. Belo Horizonte: Fórum, 2017, p. 101).
9. O conceito de prestação satisfativa é tratado por TERRA, Aline de Miranda Valverde como "a prestação capaz de satisfazer os interesses do credor, identificada no comportamento do devedor dirigido à execução do dever principal de prestação, bem como dos vários deveres de conduta que lhe são impostos" (TERRA, Aline de Miranda Valverde. *Inadimplemento anterior ao termo*. Renovar. Rio de Janeiro: 2009, p. 64).
10. TERRA, Aline de Miranda Valverde. *Cláusula Resolutiva Expressa*. Belo Horizonte: Fórum, 2017, p. 103.

O gênero *inadimplemento*, posto que não definido pelo Código Civil, assume conceito doutrinário no sentido de que há inadimplemento sempre que a prestação satisfativa deixa de ser cumprida nos termos adequados em razão de fato imputável ao devedor.[11]

A referida imputabilidade não se deve confundir com culpabilidade. No direito dos contratos, o nexo de imputação trata do fundamento da atribuição de responsabilidade ao inadimplente, enquanto a culpa revela-se um dos pressupostos possíveis para tal imputação.[12] Muito embora, na seara da responsabilidade contratual, o principal critério de imputação se refira à culpabilidade, observa-se a expansão de critérios objetivos de imputação, baseados, em geral, na assunção de risco por parte do devedor.[13] Assim, a verificação de qualquer das hipóteses de responsabilidade objetiva previstas em lei – em especial a cláusula geral trazida no artigo 927, § único do Código Civil –[14] torna possível a imputação do inadimplemento ao devedor, ainda que não esteja configurada sua culpa.[15]

Diferentemente do proposto pela doutrina clássica, a culpa não se revela elemento essencial para a caracterização do inadimplemento. Basta que ao devedor seja imputado (e não culpado pelo) o dano para que responda pelos prejuízos gerados.[16] O fato de a culpa, em sede de responsabilidade contratual, ser a principal fonte de imputação não a torna,

---

11. "(...) verifica-se o não cumprimento, incumprimento ou inadimplemento de uma obrigação sempre que a respectiva prestação debitória deixar de ser efectuada nos termos adequados". (COSTA, Mário Júlio de Almeida. *Noções de Direito Civil*. Coimbra: Almedina, 1980, p. 219). Na lição de VARELA, Antunes o inadimplemento define-se "com maior propriedade, como a não realização da prestação debitória, sem que entretanto se tenha satisfeito (por outra via) o direito do credor ou cumprido o dever de prestar a cargo do obrigado". (VARELA, João de Mattos Antunes. *Das obrigações em geral*. Coimbra: Almedina, 1970, p. 734).
12. Na lição de NORONHA, Fernando: "nexo de imputação é o fundamento, ou a razão de ser da atribuição da responsabilidade a uma determinada pessoa, pelos danos ocasionados ao patrimônio ou à pessoa de outra, em consequência de um determinado fato antijurídico. É o elemento que aponta o responsável, estabelecendo a ligação do fato danoso com este". (NORONHA, Fernando. *Direito das obrigações*, v. I. São Paulo: Saraiva, 2013, pp. 495-496).
13. Não obstante o crescente reconhecimento de critérios outros de imputação que não a culpa, a doutrina clássica do Direito Civil brasileiro ainda a aponta como única fonte de imputação em sede de responsabilidade contratual.
14. "a assunção de um risco lícito torna-se, com a previsão do parágrafo único do art. 927, critério de imputação de responsabilidade civil" (DE MORAIS, Maria Celina Bodin. *Risco, solidariedade e responsabilidade objetiva*, cit., p. 27).
15. TERRA, Aline de Miranda Valverde. *Cláusula resolutiva expressa*. Belo Horizonte: Fórum, 2017 p. 115.
16. Em sentido contrário, para alguns autores, a culpa configura o único critério de imputabilidade na responsabilidade contratual. V., nesse sentido, GOMES, Orlando: "O inadimplemento da obrigação por fato imputável ao devedor deve ser apreciado à luz da teoria da culpa contratual. Consiste a culpa na infração de dever jurídico oriundo de contrato, praticada intencional ou negligentemente. Não deve ser confundida com a culpa aquiliana, na qual se funda a responsabilidade delitual. A culpa considerada no capítulo da inexecução é restrita a infrações que determinam o inadimplemento da obrigação contratual". (GOMES, Orlando. *Obrigações*. Rio de Janeiro: Forense, 2005, p. 170). No mesmo sentido, SILVA, Clóvis do Couto e., a respeito da mora *debitoris*: "Conforme este artigo [artigo 963 do Código Civil de 1916 reproduzido no artigo 396 do Código Civil] somente poderá haver mora quando houver fato ou omissão imputável ao devedor. Cuida-se aí da *mora debitoris*. Esse artigo expressa uma regra geral da qual se pode tirar consequência semelhante à da alínea II do §275 do BGB. Se somente existe mora com fato imputável ao devedor, não se pode chegar a uma solução jurídica na qual se manifesta forma de mora sem culpa". (SILVA, Clóvis do Couto e. *A obrigação como processo*. Rio de Janeiro: FGV, 2006, p. 100). No mesmo sentido, ao comentar o mesmo dispositivo legal, concluiu ALVIM, Agostinho: "A culpa é elementar na mora do devedor, como seu elemento subjetivo. É da associação dos arts. 955 e 963 que resulta, em nosso direito, o conceito da *mora solvendi*. Este ponto é pacífico na doutrina e na jurisprudência, registrando esta os mais variados casos de devedores absolvidos por ausência de culpa, não obstante a existência de qualquer das circunstâncias objetivas da mora". (ALVIM, Agostinho. *Da inexecução das obrigações e suas consequências*. 3ª Ed., Rio de Janeiro: Editora Jurídica e Universitária Ltda., 1949, p. 19).

de maneira alguma, a única, devendo-se reconhecer outras razões para a imputação do dano ao inadimplente, tal como o risco assumido no programa contratual.[17]

Nesse sentido, afirmou Pontes de Miranda que "o Código Civil brasileiro afastou-se da teoria da culpa no inadimplemento". Dessa forma, de acordo com o jurista brasileiro, "certamente a culpa não é elemento necessário do suporte fático do artigo 963, que diz: 'não havendo fato ou omissão imputável ao devedor, não incorre esse em mora'; portanto, salvo se há regra especial que exija a culpa, ou a culpa grave, ou o dolo, basta a imputabilidade".[18-19]

Nessa linha, o inadimplemento pressupõe a *imputabilidade* do descumprimento da obrigação ao devedor, o que ocorrerá a partir da identificação seja da culpa[20] seja do risco inerente à álea do programa contratual.[21] Ainda, nada impede que as partes, voluntariamente, assumam os riscos oriundos de determinada eventualidade, trazendo-lhes *ex voluntate* a imputação do descumprimento contratual. Desses casos resultará, se verificados os requisitos pertinentes, responsabilização do devedor faltoso.

Do contrário, verificando-se a impossibilidade de imputar o descumprimento ao devedor, mais técnico mostra-se o tratamento da hipótese como uma inexecução por impossibilidade superveniente inimputável[22] (e não como inadimplemento), a impedir a responsabilização do contratante por perdas e danos. O caso ora analisado – expansão pandêmica da COVID-19 – dará, a depender dos efeitos concretos que o cenário gerar no programa contratual e salvo disposição contratual em sentido contrário, no mais das

---

17. Sobre outros critérios de imputação em sede de responsabilidade contratual, convida-se o leitor a observar a tendência da civilística brasileira de objetivar a responsabilidade contratual, consubstanciada em diversas passagens do Código Civil de 2002. Nesse sentido, a cláusula geral de responsabilidade objetiva insculpida no artigo 927, § único do Código. Ainda, a servir de exemplo da utilização de critérios de imputação objetiva, cf. o artigo 734 do Código Civil, que trata da responsabilidade no contrato de transporte. Ainda, não se pode deixar de notar as evoluções trazidas em matéria de responsabilidade contratual pelo Código de Defesa do Consumidor, que preconiza expressamente a responsabilidade objetiva, a superar a dicotomia estática entre responsabilidade contratual e extracontratual. Sobre esse último aspecto, cf. a lição de MONTEIRO FILHO, Carlos Edison do Rêgo. *Responsabilidade contratual e extracontratual*: contrastes e convergências no direito civil contemporâneo. Rio de Janeiro: Processo, 2016.
18. PONTES DE MIRANDA, Francisco Cavalcanti. *Tratado de Direito Privado*, t. XXIII. São Paulo: Revista dos Tribunais, pp. 253-254. Na mesma linha, ASSIS, Araken de. afirma: "basta, assim, a atribuição do ato omissivo ou comissivo ao devedor, dele resultando antagonismo com a conduta devida, e atendendo-se a que pode ocorrer mora sem culpa". (ASSIS, Araken de. *Resolução do contrato por inadimplemento*. 4ª ed. São Paulo: Revista dos Tribunais, 2004, p. 101). Cf., ainda, lição de ALMEIDA COSTA, Mário Júlio. *Direito das Obrigações*. Coimbra: Almedina, 2001, pp. 969-972.
19. Assim, a percepção de Judith Martins-Costa parece adequada. Segundo a jurista, a culpa não é elemento essencial ao inadimplemento, mas apenas a imputabilidade. Em didática síntese: "imputar não é inculpar, não é atribuir culpa, é atribuir responsabilidade. Responsabilizar não é imputar, não é necessariamente inculpar". (MARTINS-COSTA, Judith. *Comentários ao novo Código Civil*. Rio de Janeiro: Forense, 2004, pp. 87-88).
20. Destacando a culpa como critério de imputação encontra-se a lição de ALVIM, Agostinho: "Dá-se o inadimplemento absoluto quando a obrigação não foi cumprida, nem poderá sê-lo, como no caso de perecimento do objeto, por culpa do devedor. Mais precisamente: quando não mais subsiste para o credor a possibilidade de receber". (ALVIM, Agostinho. *Da inexecução das obrigações e suas consequências*. São Paulo: Saraiva, 1980, 3ª ed., p. 7).
21. "Nexo de imputação é o fundamento, ou a razão de ser da atribuição da responsabilidade a uma determinada pessoa, pelos danos ocasionados ao patrimônio ou à pessoa de outra, em consequência de um determinado fato antijurídico. É o elemento que aponta o responsável, estabelecendo a ligação do fato danoso com este. Em regra o fundamento de tal imputação é uma atuação culposa. Excepcionalmente poderá haver imputação pelo risco" (NORONHA, Fernando. *Direito das obrigações*, cit., p. 496).
22. Sobre o tema, v., por todos. PIRES, Catarina Monteiro. *Impossibilidade da prestação*. Coimbra: Almedina, 2017.

vezes, origem a descumprimentos contratuais inimputáveis a quaisquer das partes do contrato de franquia.

Assim, se franqueado ou franqueador descumprem determinada obrigação contratual em razão direta ou indiretamente atribuível aos impactos trazidos pela COVID-19 e externas à álea ordinária do programa contratual,[23] o que não poderá deixar de ser aferido *in concreto*, não há de se falar em inadimplemento em sentido técnico, vez que a inexecução da obrigação ocorre por razão que não lhes é imputável. Por consequência, já não se vislumbraria, nessas hipóteses, responsabilidade civil contratual.

Por exemplo, caso o franqueado, por determinação do Poder Público, seja impedido de colocar sua unidade em funcionamento, não poderá o franqueador cobrar-lhe indenização pelas perdas e danos advindos da redução do pagamento de *royalties*. Tampouco poderá ser cobrada eventual multa contratual estabelecida, tendo em vista a ausência de inadimplemento em sentido técnico.

4. RESPONSABILIDADE CONTRATUAL E FORÇA MAIOR NOS CONTRATOS DE FRANQUIA

Nas hipóteses extraídas do preocupante e incerto cenário gerado pela pandemia, para além da ausência de imputabilidade do incumprimento ao devedor, poderá somar-se, no plano da causalidade, o rompimento da cadeia causal em razão da configuração de força maior, a corroborar a exclusão de indenização por perdas e danos. Também nesta sede, faz-se imprescindível que a análise dos efeitos da COVID-19 seja realizada *in concreto* à luz do programa contratual.

Ainda que não se considere a hipótese de descumprimento como uma impossibilidade superveniente inimputável, apta a afastar a responsabilização, tem-se que, no plano da causalidade, uma vez (e a penas se) verificadas concretamente as implicações da pandemia na relação contratual e, em particular, no descumprimento de determinada obrigação, torna-se possível ao devedor faltoso alegar força maior para eximir-se da responsabilização civil, conforme prevê o artigo 393 do Código Civil: "o devedor não responde pelos prejuízos resultantes de caso fortuito ou força maior, se expressamente não se houver por eles responsabilizado".

Tomando-se por base a definição legal de fortuito e força maior insculpida no parágrafo único do artigo supracitado,[24] verifica-se que o evento ora analisado poderá, no mais das vezes, ser arguido como fator de aplicação do referido dispositivo excludente de responsabilidade. Não poderá se furtar o intérprete, contudo, de uma análise *in concreto*

---

23. "A álea normal do contrato (em sentido econômico e não jurídico), que exclui a revisão ou a resolução por onerosidade excessiva superveniente é, portanto, constituída pela incerteza do resultado econômico do negócio concluído, ou seja, pelo risco normal de ocorrência de fatos que acarretam a oscilação entre o custo e o valor das prestações, risco esse que as partes se submetem em qualquer contrato de execução diferida inserido nas ordinárias flutuações do mercado". (DIAS, Antônio Pedro Medeiros Dias. *Revisão e resolução do contrato por excessiva onerosidade*. cit., p. 69).
24. Art. 393, parágrafo único. O caso fortuito ou de força maior verifica-se no fato necessário, cujos efeitos não era possível evitar ou impedir.

a fim de verificar o liame de necessariedade entre os efeitos causados pela COVID-19 e a inexecução da prestação.

Isso porque haverá contratos de franquia em que a pandemia não terá o condão de eximir o devedor de responder por perdas e danos em caso de inadimplemento. Pense-se, exemplificativamente, em uma franquia de supermercados. Uma vez considerada como atividade essencial, que, portanto, não se submete a grande parte das restrições impostas, terá maiores dificuldades o franqueado para justificar, por meio do instituto da força maior, o descumprimento de suas obrigações perante o franqueador. Por óbvio, será necessária uma análise da espécie de prestação inadimplida.

Nesse sentido, se o contrato de franquia prevê, por exemplo, a obrigatoriedade de o franqueado organizar os produtos em suas prateleiras de determinada maneira, não haverá razão de força maior que justifique o descumprimento de tal prestação, cabendo a responsabilização por perdas e danos e/ou a cobrança de eventuais multas contratuais. Por outro lado, poderá o franqueado eximir-se do dever de ressarcimento ou do pagamento de multa devido ao incumprimento da cláusula contratual que prevê a obrigação de permanecer em funcionamento durante determinado horário no caso de haver imposição pela municipalidade (*factum principis*) do período em que o serviço poderá ser prestado.

Também caberá ao intérprete a avaliação do contrato em sua unidade e integralidade a fim de elucidar a repartição dos riscos estabelecida por franqueado e franqueador. Isso porque o devedor, nos termos do *caput* do artigo 393 já citado, poderá se responsabilizar pelos prejuízos resultantes do evento inevitável. Nessas hipóteses de assunção convencional do risco, caberá ao contratante que atraiu para si a responsabilidade, a princípio, suportá-la.

Sobre esse aspecto, importante verificar se a assunção do referido risco foi realizada por meio de cláusula adesiva ou se foi pactuada livremente pelas partes. Nesse aspecto, a jurisprudência costuma tratar da adesividade como uma característica essencial ao contrato de franquia.[25] Apesar de se admitir que a larga maioria dos contratos de franquia seja celebrada pela técnica adesiva, não se mostra adequado qualificá-lo como um contrato de adesão. Isso porque a adesividade revela (não uma qualidade do contrato, mas) uma técnica de contratação, razão pela qual não se pode dizer da essência do contrato, apesar do reconhecimento de que a técnica é amplamente utilizada na prática do *franchising*. Nesses casos, o franqueador detém o poder de pré-estabelecer os termos do contrato, enquanto que ao franqueado-aderente caberá apenas concordar em bloco com os termos propostos ou rejeitá-los em sua totalidade.

As cláusulas contratuais excluídas da negociação serão interpretadas sempre em favor do aderente, em respeito ao preceituado no artigo 423 do Código Civil. Na mesma esteira, tampouco poderão estabelecer a renúncia do aderente a direitos resultantes da natureza do negócio, sob pena de nulidade, em observância do artigo 424 do Código Civil. No que toca a este segundo mecanismo de controle legislativo, mais condizente com o

---

25. Sobre o tema, v. o informativo de jurisprudência nº 591 do STJ, que afirma: "com fundamento em doutrina e em julgados do STJ, acrescente-se que o contrato de franquia ou *franchising* é inegavelmente um contrato de adesão".

espírito do Código Civil parece a interpretação segundo a qual o aderente não poderá dispor antecipadamente dos direitos sem os quais incorra em desvantagem irrazoável.[26]

Apropriado parâmetro para indicar o que configura renúncia razoável dentro de determinada contratação reside nas previsões *dispositivas* (não cogentes) previstas pelo legislador ou, ainda, nos usos que circundam a prática negocial. As regras dispositivas provêm de ponderação prévia do legislador acerca do equilíbrio abstrato de uma relação.[27] Dessa forma, para serem afastadas, imprescindível que seja por vontade manifestada no exercício de liberdade contratual plena, sob pena de tornar abusiva a renúncia contratual. Trata-se (as regras dispositivas) de instrumentos normativos que servem de parâmetro de equilíbrio para a sistematização *in concreto* do contrato. Por essa razão, a doutrina especializada manifesta-se no sentido de que, nos contratos de adesão, as normas dispositivas e as referentes aos usos contratuais de dado contexto socioeconômico somente poderão ser afastadas pelas partes quando as partes forem dotadas de equivalente poder de barganha.[28]

Dessa forma, nos casos de contratos de franquia celebrados adesivamente, em que a cláusula de assunção do risco por eventos de força maior fora unilateralmente estabelecida pelo franqueador, não pode passar como irrelevante o fato de o franqueado não ter podido influir em tal determinação. Assim, a assunção pelo franqueado-aderente do risco pelo evento de força maior, ainda que expressamente inscrita no contrato, não deverá ser admitida pelo intérprete caso não tenha sido objeto de efetiva negociação.

Torna-se imprescindível, portanto, analisar especificamente se a cláusula de assunção do risco estava inserida em bloco contratual imposto pelo franqueador ou se, ao revés, pôde ser livremente discutida pelo franqueado, que a aceitou em razão de vantagens recíprocas oferecidas em troca da aceitação da cláusula. Nesta hipótese, não haverá razão para o afastamento da repartição do risco prevista no contrato.

Assim, tem-se que, constatada concretamente e salvo disposição negocial em contrário, a força maior eximirá o contratante faltoso de responsabilidade pelo rompimento

---

26. A expressão é de SANDROCK, Otto: The Standard Terms Act 1976 of West Germany. The American Journal of Comparative Law, v.26, p.563, 1977-1978.
27. Em obra especializada sobre o tema, v.: "As normas dispositivas são aquelas destinadas a suprimir as lacunas do regramento contratual, quando as partes, por qualquer motivo, sejam omissas acerca de pontos relevantes para a execução das obrigações negociais. Dessa forma, o direito dispositivo é modelo de equilibrado balanceamento dos interesses das partes que concluem o contrato, pois tende a preservar aqueles interesses que usualmente são buscados pelos contratantes em negócios conforme o tipo". (SANTOS, Deborah Pereira Pinto dos. *Renúncia a direito nos contratos de adesão em relações civis e empresariais*: limites à autonomia negocial nos business to business contracts. Dissertação de Mestrado. Universidade do Estado do Rio de Janeiro – 2015, p. 141). V. também MIRANDA, Custódio da Piedade Ubaldino. *Comentários ao Código Civil*: dos contratos em geral. Organização de Antônio Junqueira de Azevedo. São Paulo: Saraiva, 2013. v.5. p.100.
28. "Dito de modo diverso, essas normas ganham imperatividade e não poderão ser excluídas nas clausulas predispostas pelo estipulante quando sua ausência leve ao desequilíbrio dos interesses das partes no contrato, que impeça o aderente de alcançar a finalidade econômica para a qual realizou a contratação". (SANTOS, Deborah Pereira Pinto dos. *Renúncia a direito nos contratos de adesão em relações civis e empresariais*: limites à autonomia negocial nos business to business contracts. Dissertação de Mestrado. Universidade do Estado do Rio de Janeiro – 2015, p. 142). V. no mesmo sentido: AZEVEDO, Álvaro Villaça de. Atipicidade mista do contrato de utilização de unidade em centros comerciais e seus aspectos fundamentais. *Revista dos Tribunais*, v.84, n.716, p.122, jun. 1995; DÍEZ-PICAZO, Luis. Las condiciones generales de la contratación y cláusulas abusivas. In: Ensayos jurídicos: (1953-2011). Cizur Menor: Civitas-Thomson Reuters, 2011. v.2. p.2.325. Cf. CASTRO Y BRAVO, Federico de. Las condiciones generales de los contratos y la eficacia de las leyes. 2.ed. Madrid: Cívitas, 1987. pp.70-73.

do nexo de causalidade,[29] elemento sem o qual a responsabilidade civil não poderá ser configurada, de acordo com a teoria da causalidade direta e imediata em sua vertente da subteoria da necessariedade,[30] vez que, de acordo com tal linha de pensamento, o devedor só responderá pelos danos que são consequência necessária do inadimplemento.[31]

5. SÍNTESE CONCLUSIVA

Apesar das incertezas trazidas pela pandemia e das inúmeras consequências que poderão influenciar os contratos de franquia em seus mais diversos aspectos, tem-se que, no campo da responsabilidade civil contratual, a inexecução do contrato de franquia gerado pelos impactos da COVID-19 poderá ser compreendida, à luz do programa realizado *in concreto*, como um descumprimento por impossibilidade superveniente não imputável às partes, a impedir a atribuição do dever ressarcitório ao contratante alegadamente faltoso.

Ainda, no que toca ao nexo de causalidade, poderá o franqueado ou franqueador faltoso, sempre a considerar a álea assumida no programa contratual concreto, alegar o rompimento do nexo de causalidade pelo fortuito ou força maior previsto no parágrafo único do artigo 393 do Código Civil.

6. REFERÊNCIAS

ALVIM, Agostinho. *Da inexecução das obrigações e suas consequências*, Rio de Janeiro: Saraiva, 1980.

COSTA, Mário Júlio de Almeida. *Noções de Direito Civil*. Coimbra: Almedina, 1980.

DA CRUZ, Gisela Sampaio. *O problema do nexo causal na responsabilidade civil*. Rio de Janeiro: Renovar, 2005.

DÍEZ-PICAZO, Luis. Las condiciones generales de la contratación y cláusulas abusivas. In: Ensayos jurídicos: (1953-2011). Cizur Menor: Civitas-Thomson Reuters, 2011. v.2. p.2.325. Cf. CASTRO Y BRAVO, Federico de. Las condiciones generales de los contratos y la eficacia de las leyes. 2.ed. Madrid: Cívitas, 1987.

LARENZ, Karl. Derecho de obligaciones, t. 1, trad. Jaime Santos Briz. Madrid: Editorial Revista de Derecho Privado, 1958

MARTINS-COSTA, Judith. *Comentários ao novo Código Civil*. Rio de Janeiro: Forense, 2004.

MONTEIRO FILHO, Carlos Edison do Rêgo. *Responsabilidade contratual e extracontratual: contrastes e convergências no direito civil contemporâneo*. Rio de Janeiro: Processo, 2016.

---

29. "Dizer que o caso fortuito ou de força maior eliminaria a culpabilidade, por ser imprevisível e inevitável, significaria o mesmo que afirmar que ninguém é culpado por evento que não causou. Se o evento não foi causado por atuação da pessoa (nem por sua ação, nem por omissão de cuidados exigíveis), não pode ser de responsabilidade dela, mas não pela inexistência de culpa, e sim pela falta de causalidade" (NORONHA, Fernando. Direito das obrigações, cit., p. 665).
30. DA CRUZ, Gisela Sampaio. *O problema do nexo causal na responsabilidade civil*. Rio de Janeiro: Renovar, 2005, p. 104.
31. "suposto certo dano, considera-se a causa dele a que lhe é próxima ou remota, mas, com relação a esta última, é mister que ela se ligue ao dano diretamente. Ela é causa necessária desse dano, porque a ela ele se filia necessariamente; é causa exclusiva, porque opera por si, dispensadas outras causas". (ALVIM, Agostinho. *Da inexecução das obrigações e suas consequências*, Rio de Janeiro: Saraiva, 1980, p. 357)

MULHOLLAND, Caitlin Sampaio. *A responsabilidade civil por presunção de causalidade*. Rio de Janeiro: GZ, 2010.

NORONHA, Fernando. *Direito das Obrigações*. 4. ed. São Paulo, Saraiva, 2013.

PIRES, Catarina Monteiro. *Impossibilidade da prestação*. Coimbra: Almedina, 2017.

PONTES DE MIRANDA, Francisco Cavalcanti. *Tratado de Direito Privado*, t. XXIII. São Paulo: Revista dos Tribunais.

TERRA, Aline de Miranda Valverde. *Cláusula Resolutiva Expressa*. Belo Horizonte: Fórum, 2017.

RIBEIRO, Maria de Fatima. *O contrato de franquia (franchising): noção, natureza jurídica e aspectos fundamentais de regime*. Coimbra: Almedina, 2001.

SAAVEDRA, Thomaz. *Vulnerabilidade do Franqueado no Franchising*. Rio de Janeiro: Lumen Juris, 2005.

VARELA, João de Mattos Antunes. *Das obrigações em geral*. Coimbra: Almedina, 1970.

PANDEMIA E LOCAÇÃO COMERCIAL

Arthur Mendes Lobo
Professor de Direito Civil. Doutor em Direito pela PUC-SP.

Wagner Inácio Dias
Professor de Direito Civil. Mestre em Direito. Doutorando em Direito Civil. Escritor. Advogado.

Sumário: 1. Introdução – 2. Breves considerações sobre o cenário jurídico nacional oriundo da Covid-19 – 3. Das locações residenciais – 4. Das locações empresariais – 5. Das locações em *shoppings centers* – 6. Conclusão – 7. Referências.

1. INTRODUÇÃO

A locação é contrato que tanto pode ser localizado no Código Civil, sob a forma de locação de coisas, arts. 565 a 578, e, na Lei 8.245/90, que trata de uma série de locações que necessitam atenção especial, todas sob o signo de locação urbana. Estes dois diplomas não esgotam o alcance das formas locatícias, mas por agora, não interessa maiores digressões no sentido de analisar as ancoragens legais das locações. Pelo contrário, a atenção nesta e nas próximas páginas estará voltada para a locação urbana, especificamente a locação não residencial. Este tema será cotejado com os reflexos em responsabilidade civil, estrutura contratual e a Pandemia provocada pela Covid-19, que será denominado *coronavírus*.

O plano de análise será fracionado em locações comerciais comuns e locações em *shopping centers*. Estes escritos levarão em conta as medidas provisórias e projetos de lei conhecidos até a data de 10.04.2020, quando o texto foi fechado. Mais que proposta, busca-se apresentar aqui soluções concretas, tanto para o espaço do diálogo extrajudicial, quanto para a eventual saída judicializada, sempre apontando suportes legais e principiológicos bastantes para o debate jurídico dos temas tratados.

Nas linhas a seguir, serão tratadas as locações comerciais e os impactos decorrentes do *coronavírus*.

2. BREVES CONSIDERAÇÕES SOBRE O CENÁRIO JURÍDICO NACIONAL ORIUNDO DA COVID-19

Tempos difíceis são os atuais. Tempos em que todo dia a situação tende a se agravar para todos, tanto para os que podem sobreviver em isolamento quanto para aqueles que a falência é uma realidade posta à mesa.

Diante da intensa velocidade da produção legislativa brasileira no atual cenário de pandemia, é provável que, no intervalo de tempo entre redigir e publicar qualquer artigo científico, já exista uma nova norma, ainda que provisória, dispondo de alguma forma sobre o mesmo tema. Não apenas os números são céleres, como as medidas (paliativas ou efetivas contra a *Covid-19*) devem seguir uma velocidade que impossibilita àquele que pretende avaliar as implicações jurídicas decorrentes do assunto atuar de forma certeira em sua missão. Não por menos, vê-se diversos trabalhos que se aproximam de proposições, mais aconselhando do que apontando uma solução pronta. E assim seguem bem os juristas, vez que o pedestal teórico, não importando a sua envergadura, neste momento pouco pode fazer diante da "sociedade em reconstrução" que está posta.

A Lei 14.010/20, que instituiu o Regime Jurídico Emergencial e Transitório (RJET) trouxe em seu bojo dispositivo que proibiu, até a data de 30 de outubro de 2020, concessão de liminar para desocupação de imóveis urbanos em ações de despejo na forma do art. 59, §1º incisos I, II, V, VII, VIII e IX, da Lei nº 8.245, de 18 de outubro de 1991. Os motivos apontados são, respectivamente:

> I – o descumprimento do mútuo acordo (art. 9º, inciso I), celebrado por escrito e assinado pelas partes e por duas testemunhas, no qual tenha sido ajustado o prazo mínimo de seis meses para desocupação, contado da assinatura do instrumento;
>
> II – o disposto no inciso II do art. 47, havendo prova escrita da rescisão do contrato de trabalho ou sendo ela demonstrada em audiência prévia;
>
> (...)
>
> V – a permanência do sublocatário no imóvel, extinta a locação, celebrada com o locatário.
>
> (...)
>
> VII – o término do prazo notificatório previsto no parágrafo único do art. 40, sem apresentação de nova garantia apta a manter a segurança inaugural do contrato; (Incluído pela Lei nº 12.112, de 2009)
>
> VIII – o término do prazo da locação não residencial, tendo sido proposta a ação em até 30 (trinta) dias do termo ou do cumprimento de notificação comunicando o intento de retomada;
>
> IX – a falta de pagamento de aluguel e acessórios da locação no vencimento, estando o contrato desprovido de qualquer das garantias previstas no art. 37, por não ter sido contratada ou em caso de extinção ou pedido de exoneração dela, independentemente de motivo.

Efetivamente, pouco o nada solucionou a regra, valendo destacar que a mesma somente se fez de sentir de forma tardia, haja vista a origem em promulgação de derrubada dos vetos presidenciais, ocorrida em 8 de setembro de 2020, ou seja, pouco menos de dois meses antes do fim do prazo proibitivo.

Para além desta limitação, o legislador, infelizmente, olvidou apontar saídas dialogadas, que poderiam encontrar, na regra legal, um rascunho, um princípio de acordo.

A preocupação que a todos move neste momento, é o risco concreto de um efeito cascata que faça colapsar o sistema econômico, financeiro e produtivo do país. Desta forma, é necessário que toda proposta seja mensurada não apenas quanto aos seus efeitos imediatos, mas que sejam projetados e simulados os possíveis efeitos que serão desencadeados.

Ao que parece, as soluções dadas até o momento ponderam unicamente o espectro do locatário, colocando o locador como aquele que pode dispor de bens de forma ilimitada. Olvida-se que, por uma tradição herdada dos séculos, grande parte dos brasileiros ainda deposita a poupança familiar na aquisição de imóvel ou imóveis. A busca por um mecanismo sólido e de baixíssimo risco levou, ao longo dos anos, famílias brasileiras a seguirem uma procissão, quase de fé: primeiro o dinheiro é, a duras penas, guardado na poupança; segundo, o fundo vertido, depois de anos, era convertido em um lote, normalmente em bairros ou regiões jovens, pois o preço poderia ser mais convidativo; por fim, a família se empenhava em edificar uma casa ou pequeno sobrado. Ao longo de duas ou três décadas, a família amealhava um, talvez dois imóveis (quando muito), destinados a manter a poupança (solidificada nas paredes do bem de raiz) e obter os frutos civis (aluguéis) como mecanismo de melhor (ou mesmo prover, nos tempos de "vacas magras") a renda da família. Muitos utilizam essa prática até mesmo como uma forma de "previdência privada" para se beneficiarem dos frutos na idade mais avançada de modo a complementar o valor da aposentadoria. Este desenho não é distante da realidade.

Assim, também, há pessoas cujo imóvel em locação é, na realidade, objeto de um financiamento, servindo os alugueres de fonte para o pagamento das prestações. Quando se observa o tema sob este prisma, com os pés no chão, parece que qualquer via única de solução é desconforme e poderá ser mais prejudicial do que cenários conciliatórios.

Neste espaço de conciliação, apreensão, prestidigitação e esperança, apresentam-se as seguintes reflexões.

3. DAS LOCAÇÕES RESIDENCIAIS

As locações residenciais têm como causa, de um lado, disponibilizar, no sistema legal brasileiro, a posse de um bem imóvel (com finalidade específica de moradia) e, de outro lado, a obtenção de renda por parte do proprietário do imóvel, que receberá este pagamento como forma de compensação pela cessão temporária do uso direto do bem.

É o direito de ter um teto sobre as cabeças a função básica desta forma contratual. Desta forma, há um diálogo direto com a dignidade da pessoa, fazendo parte de um mínimo cerne que se pode definir como telhado-comida-banho, essenciais ao dia a dia.

Neste espaço, em que a proteção humanitária transparece clara quanto aos interesses do locatário, deve-se perceber que apesar de, em muitos casos, o locador também merece proteção, pois em diversas situações faz uso do aluguel recebido como fonte de renda complementar. Se o legislador ou algum órgão regulador estatual decidir por apresentar um índice fixo (linear) de desconto a ser aplicado indistintamente em todas as situações jurídicas, isso pode gerar mais injustiça do que a simples manutenção do acordo. Cita-se, como exemplo, que um desconto forçado para quem depende da receita de aluguel para pagar seus funcionários e fornecedores, pode levar pequenos empresários-locadores à falência. Isso geraria um desequilíbrio sistêmico, com impactos reflexos no direito de concorrência, já que a insolvência dos pequenos-locadores acarretaria o domínio de mercado na mão dos grandes-locadores. Em última análise, isso ensejaria o aumento predatório do preço (valor dos aluguéis), além de maiores exigências nas garantias locatícias, trazendo, em última análise, grandes prejuízos aos consumidores. Sobre essa temática vale conferir a lição de Akerlof, quando relembra a Lei de Gresham, segundo a qual "a moeda ruim expulsa a boa". Se houver redução do volume de locadores-pequenos, a seleção adversa reduzirá a eficiência econômica do equilíbrio de mercado. É a chamada "Seleção Adversa". (*in*: AKERLOF, George A. The Market for "lemons": quality uncertainty and the market mechanism. Quarterly Journal of Economics, Vol. 84, No. 3, 1970, p. 488-500.

Ao mesmo tempo, a judicialização de todos os casos possíveis geraria um imbróglio nas mãos dos Magistrados, tendo de ponderar, de um lado, a desestabilização financeira do locatário e, por outro, a possibilidade de o locador suportar a redução. Está-se diante da aplicação da razoável fórmula necessidade-possibilidade, guardadas as proporções, conhecida da teoria dos alimentos em Direito das Famílias, em que será necessário estabelecer proporcionalidade entre a necessidade de desconto e a possibilidade de que o locador suporte a redução no recebimento.

De fato, esta saída não necessariamente deverá ser judicializada, vez que às partes é permitida a revisão consensual do ajuste, a qualquer tempo (arts. 360, I, 478, 479 e 480), e é grande a probabilidade, por força da comoção nacional gerada pela Pandemia, que as mesmas encontrem, amigavelmente, uma solução.

É fundamental observar que os parâmetros apontados têm razão de ser na especial condição que envolve o direito de moradia (art. 6º da Constituição Federal) e a dignidade da pessoa humana (art. 2º, I, art. 226, §7º, art. 227 e art. 230, todos da Constituição Federal). Aplicar-se todo o arcabouço já amplamente definido para os alimentos, que a doutrina Familiarista meticulosamente construiu, é dar ao caso uma estrada pavimentada e segura, entregando às partes, em que pese a sensação de mútua derrota, um alento jurídico.

Problema maior se apresenta no quadro em que a renda do locatário cessou por completo, ou seja, todo o estoque de ingresso de valores findou-se quase instantaneamente. Em que pese ser possível apontar as ajudas do Governo, através dos mais variados planos até o momento observados, é fato que, agora, há uma nova situação a ser ponderada pelas partes. A saída, neste ponto da curva, parece apontar para uma análise bifásica.

Primeiro, uma avaliação do provável tempo de recuperação da condição anterior ao marco zero da crise. Logicamente, não se está aqui propondo que as partes adivinhem quando irá terminar o confinamento provocado pela Covid-19, visto se tratar de uma magia desnecessária e impraticável. O que se deve fazer neste primeiro ponto, é avaliar qual o provável prazo de retomada da situação anterior quando cessarem as medidas de confinamento. Isto porque estabelecer limitações ao confinamento ou o isolamento vertical não promoverão uma retomada imediata da economia. Cada setor irá responder em uma variável velocidade. Mesmo porque se o comércio reabrir, muitos consumidores tenderão a frear o consumo para economizar, já que o cenário de superação da pandemia ainda é incerto. Assim, a queda no consumo é previsível, mesmo após o isolamento social, o que pode dificultar a retomada dos fluxos de caixa das empresas. Pode haver comércios ou indústrias cuja resposta seja quase imediata, assim como outros em que os efeitos deletérios poderão importar em monta de redução de ganhos durante meses. Realizada esta análise, as partes estarão preparadas para o segundo passo.

A este ponto, com todas as informações reunidas, as partes deverão conceber um plano, individualizado, de recomposição gradativa dos pagamentos e diluição do desconto concedido (caso não tenha sido acordada a não compensação do período). Isto se faz necessário porque de nada adianta remeter o período de desconto para uma compensação que irá se iniciar logo após a cessação do confinamento, visto que não se tem, de forma geral, qualquer estudo que nos permita supor que em tal momento a condição de pagamento do locatário será superior à condição que precedeu a pandemia. Por isso não parece sustentável, do ponto de vista econômico, estabelecer um parâmetro linear, como por exemplo, estabelecer por lei um valor único de desconto nos aluguéis durante o isolamento social, com diluição desse desconto em parcelas após a cessação do confinamento. Por exemplo, aquele inquilino que tinha capacidade para pagar 100, passaria a pagar 80 por três meses, mas logo depois do fim da quarentena teria de desembolsar mensalmente 112. A generalização, além de impraticável, poderia dificultar a busca pelo consenso entre as partes.

Agora, se de um lado, nas locações residenciais é o humano que deve se sobressair, de outro, nas comerciais, o conteúdo econômico deve ser atentamente mensurado. O que se passa a fazer agora.

4. DAS LOCAÇÕES EMPRESARIAIS

A locação empresarial[1] tem base completamente diversa da locação residencial. Enquanto esta acolhe a pessoa ou a família, aquela tem por finalidade alocar-se de tal forma que seja possível melhor aproximar-se de clientes (ativos, inativos ou potenciais), com intuito de lucro[2]. A ação renovatória tem por objetivo, principalmente, garantir a consolidação da clientela e o aprimoramento da mudança de endereço. As denominadas "luvas", cuja legalidade não se pretende debater, envolvem o alcance de cliente ínsito àquele local.

Em razão disto, a impossibilidade de funcionamento envolve a frustração do fim do contrato – inspirado no §275, item 2, do BGB Alemão -, o que viabilizaria demanda judicial com base, no Brasil, no art. 422, do Código Civil. A frustração da finalidade do contrato decorre da conhecida inexigibilidade de conduta diversa (*Unzumutbarkeit*), instituto por demais estudado pelos penalistas, mas de aplicação nos diversos espaços jurídicos, como decorrência da boa-fé objetiva. Mas o intuito, neste momento, não é fomentar o litígio, mas sim apontar caminhos consensuais. Explicando as projeções desta situação, Nelson Rosenvald, após avaliar cases como Krell v. Henry (1903), Taylor v. Caldwell (1863) e os processos decorrentes dos cancelamentos/atrasos de fretes surgidos nos períodos da Guerras Mundiais, afirma que:

---

1. Segundo Tatiana Bonatti Peres, A locação empresarial é a locação de imóvel urbano para fins não residenciais, isto é, para finalidades comerciais ou industriais, exceto as finalidades agrícolas, pecuárias, agropecuárias, extrativistas ou mistas, que são consideradas locações de imóvel rural (por sua destinação), independentemente de sua localização. Tais locações são chamadas de arrendamentos e regidas por outra lei especial, o Estatuto da Terra e seu Regulamento (Lei 4.504/1964 e Decreto 59.566/1966).
2. Para uma melhor compreensão do alcance das especificidades da locação empresarial, veja LACERDA, LACERDA, Maurício Andere von Bruck. O contrato de locação comercial no âmbito da transferência do estabelecimento.

Estas hipóteses de impossibilidade jurídica foram condensadas com àquelas de impossibilidade factual e frustração de propósito, alcançando então as hipóteses em que a alteração das circunstâncias modifica a tal ponto a natureza da performance devida, que, caso cumprida, seria algo completamente diferente do que fora originariamente previsto pelas partes. Com base em seguidas decisões, as distinções se deram conforme a alteração das circunstâncias tornasse a prestação impossível ("impossibility"), extremamente dificultada ("impracticability") ou inútil ("frustration"), não se permitindo que as partes contratantes simplesmente se furtassem ao cumprimento utilizando um evento extremo (*v.g* uma guerra) como escusa para se eximir de uma "bad bargain"[3].

É de se destacar que, em tempos como estes que vivemos, o papel do Advogado deve, mais do que nunca, se estabelecer como um conciliador, agente de pacificação e perpetuação das boas relações jurídicas.

Ver-se-á locatários de longa data, pontualíssimos, entrarem em atraso. Pontos comerciais de grande prestígio totalmente fechados e sem poder adotar, em razão da especificidade do serviço, produto ou clientela, uma eficiente prestação de *delivery*.

Frustrados, temporariamente, estarão milhares de contratos de locação empresarial por todo o país. Judicializar tais situações seria a melhor alternativa? A resposta é negativa. Qual seria, então, a solução mais rápida e menos custosa?

É necessário que se aplique, verticalmente, o princípio da solidariedade previsto no art. 3º, I da Constituição Federal. Isto porque, todos perderão, e é momento de que cada um possa suavizar a perda do outro, em um ciclo imenso de aplicação do dever de mitigar as perdas (*duty to mitigate the loss*).

Três alternativas parecem aplicáveis, mediante acordo escrito e assistido pelos advogados das partes (recomendando-se o uso de medidas telemáticas – videoconferência, teleconferência, *WhatsApp©*, e-mails dentre outras – para assinatura, quando possível e razoável), que poderão solucionar temporariamente a questão e, ao fim da tempestade, fazer com que a relação longeva se mantenha por muitos e muitos anos.

Na referida negociação, as partes podem consensualmente ajustar, por exemplo: *(i)* a suspensão dos pagamentos dos aluguéis com a manutenção do contrato de locação, aplicando-se a permanência da responsabilidade do locatário pela higidez e manutenção do imóvel, devendo arcar apenas com despesas de limpeza, taxa condominial, segurança e benfeitorias necessárias à manutenção do imóvel; *(ii)* a previsão de prazo razoável para a diluição do pagamento dos valores pendentes (como há incerteza do prazo da atual condição, o uso de um multiplicador por ser útil – a partir de quando for declarado o fim da calamidade), por exemplo, o locatário terá um período "x" vezes maior que a suspensão para quitar, mensalmente, o valor devido; *(iii)* a aplicação de um desconto no valor do aluguel, o que pode útil, principalmente, quando o locador necessitar de uma parte do valor para sua própria subsistência, prevendo as partes que, o desconto durará até o término das determinações de fechamento relacionados à pandemia.

Mas se a solução consensual não for possível, fica a pergunta: como o Direito trata situações como essa?

---

3. ROSENVALD, Nelson. O Direito como experiência – dos "Coronation cases" aos "Coronavirus cases". Disponível em https://www.nelsonrosenvald.info/single-post/2020/03/31/O-DIREITO-COMO-EXPERI%C3%8ANCIA. Acesso em 03/04/2020.

O Código Civil, especificamente em seus arts. 317 e 478 disciplinam, respectivamente, a possibilidade de revisão e resolução dos contratos, quando eventos inesperados e imprevisíveis, como este de pandemia, ocasionarem o desequilíbrio contratual com excessivas perdas para a outra parte.

A parte que, em decorrência dessa alteração, em tais circunstâncias (imprevisíveis no momento da contratação) tivesse os seus encargos excessivamente majorados, estaria desobrigada do cumprimento de sua obrigação. Essa teoria chamada cláusula "rebus sic stantibus" surgiu no direito medieval. Porém, antes desse período, como no Código de Hamurabi e no Direito Romano, alguns fragmentos apontam exceções ao princípio "pacta sunt servanda" (que rege a força obrigatória dos contratos).

A teoria ganhou repercussão nos Tribunais Europeus após a Segunda Guerra Mundial, para fundamentar, inicialmente, a revisão dos contratos: (i) a teoria da base objetiva do negócio, resposta alemã ao desequilíbrio contratual; (ii) a teoria da imprevisão, resposta francesa à questão do desequilíbrio do contrato; e, finalmente, (iii) a teoria da onerosidade excessiva, resposta italiana ao desequilíbrio contratual.

No Brasil, o art. 6º, inciso V, do Código de Defesa do Consumidor, prevê o direito de uma das partes requerer a revisão dos contratos por onerosidade excessiva. Mas é necessário provar que fato superveniente à celebração do contrato tornou as prestações desproporcionais; ou as tornou excessivamente onerosas. A regra do Código de Defesa do Consumidor, tem menos requisitos do que aquela inserida no Código Civil. Isso porque, no Código Civil, os acontecimentos supervenientes devem ser *extraordinários* e *imprevisíveis*. O art. 317 do Código Civil, permite a revisão do contrato, quando a prestação pecuniária se tornar desproporcional no momento de sua execução, concedendo oportunidade à parte prejudicada de buscar em juízo a correção da prestação para assegurar o valor real da prestação. Os requisitos são: (i) desproporção manifesta entre o valor da prestação devida e o valor no momento de sua execução; (ii) desproporção ocasionada por motivos imprevisíveis; e, ainda, (iii) que a parte prejudicada peça ao Judiciário a revisão dos valores devidos.

Em complemento, o art. 478 do Código Civil (cuja redação foi praticamente copiada dos arts. 1.467 e 1.468 do Código Civil Italiano) também estabelece os seguintes requisitos positivos: (i) contrato de execução continuada e diferida; (ii) onerosidade excessiva; (iii) acontecimentos extraordinários e imprevisíveis; (iv) extrema vantagem para a outra parte.

É importante que se considere que boa parte dos juristas defendem que, além dos requisitos positivos, devem estar presentes os denominados requisitos negativos, a saber: (i) a ausência de adimplemento da prestação que dá ensejo ao pedido; (ii) a ausência de mora; e (iii) a ausência de relação entre a onerosidade excessiva e o risco iminente do contrato.

Dito isso, é importante perceber o seguinte, com a crise do Coronavírus, a extinção do contrato de locação empresarial, impositiva por força do previsto no art. 478 do Código Civil, poderá ser evitada. Para tanto, basta que o locador ofereça modificar equitativamente as condições do contrato, nos termos do art. 479. Essa previsão possibilita um novo desfecho para as hipóteses de pedido de resolução por onerosidade excessiva, admitindo a readequação dos termos e condições do contrato.

Os juízes de direito, os árbitros e conciliadores terão papéis importantes na renegociação, já que podem sugerir novas condições com a finalidade de reequilibrar a relação contratual.

O juiz ou tribunal arbitral, ao admitir a revisão ou modificação do contrato, deve integrar o negócio jurídico, e não substituir a vontade das partes, pois não pode o juiz atuar como contratante, sem a concordância das partes.

Seu papel é de extrema importância, considerando-se os fatos, informações do contrato e sua execução, bem como a intenção das partes no momento da celebração do contrato.

Em tempos de surto do Coronavírus, a extinção do contrato de locação empresarial por inadimplemento (chamada tecnicamente de resolução) deve ser medida excepcional. As partes deveriam, sempre que possível, buscar a revisão contratual e, consequentemente, a preservação da relação locatícia. Nesse sentido, destaca-se o Enunciado n. 176 aprovado na III Jornada de Direito Civil do Centro de Estudos Judiciários do Conselho da Justiça Federal – *Em atenção ao princípio da conservação dos negócios jurídicos, o art. 478 do Código Civil de 2002 deverá conduzir, sempre que possível, à revisão judicial dos contratos e não à resolução contratual.*

5. DAS LOCAÇÕES EM *SHOPPINGS CENTERS*

A Lei de Locação confere certa tipicidade ao contrato de *shopping center*[4], já disciplina situações jurídicas dessa modalidade contratual, ainda que parcialmente. O Superior Tribunal de Justiça já deixou clara a aplicação do art. 54 da Lei de Locação aos Shopping Centers, mais precisamente ao entender que *"A locação de espaço em "shopping center" deve submeter-se à Lei do Inquilinato. Ademais, o art. 54 do mesmo Estatuto é claro quanto à sua aplicação nas relações entre lojistas e empreendedores daquele tipo de estabelecimento. A ação cabível para a retomada do espaço locado – 'stand' em 'shopping center' – é a de despejo".* (STJ – RESP nº 424.936/SP, Quinta Turma, STJ, Rel. Min. Gilson Dipp, D.J. 15.03.2005).

Na lição de Caio Mário da Silva Pereira não obstante o fato de o valor locativo ser composto de parte fixa e de parte variável, prevendo que o lojista deve pagar o que for maior, essa não é uma característica exclusiva de *shopping center*. Tal condição é prevista em muitos contratos de locações não residenciais. Essa qualidade do aluguel não desfigura o elemento preço, representando apenas um elemento acidental[5].

Equivale dizer que suas características são de contrato de locação, ainda que contenham características especiais, tais como: (i) a união de propósitos de lojistas e empreendedores; (ii) o estabelecimento vir montado para os lojistas com um fundo de

---

4. *Os shopping centers são espaços organizados destinados ao fornecimento de bens e serviços diversos, pelo que se considera o empresário de shopping center o proprietário de prédio formado por várias lojas, que, além de locar os espaços autônomos para terceiros, "organiza a distribuição desses espaços". Sendo assim, o contrato de shopping center adquiriu suas próprias feições, tendo em vista que se trata de atividade econômica bastante específica*, informam Maria Antonieta Lynch de Moraes e Raquel Bitu Duarte.
5. PEREIRA, Caio Mário da Silva. "Shopping centers": organização econômica e disciplina jurídica. *In:* ARRUDA, José Soares; LÔBO, Carlos Augusto da (coords.), Op. cit., p. 79.

empresa específico; (iii) a necessidade de fiscalização do faturamento dos locatários; (iv) a proibição de substituição de ramo de comércio sem autorização do locador; (v) a necessidade de se obedecer a um padrão de decoração e design de interiores; (vi) a obrigação de pagar *res sperata* e de contribuir para o Fundo de Promoções. Tais especificidades não são suficientes, por si sós, a descaracterizar a sua natureza locatícia. Funcionam como adaptação da locação ao novo ambiente produzido por mais uma invenção mercadológica.

Nesse tipo de contrato encontram-se todos os elementos essenciais tradicionais do contrato locatício (preço, coisa e consentimento), enquadrando-o ao conceito legal da locação empresarial supramencionado.

A Lei nº 8.245/91 trata do contrato de *shopping center*, reconhecendo suas peculiaridades e admitindo a liberdade de estipulação do aluguel pelas partes, mas, frise-se, desde que sem abusos e mantido o equilíbrio contratual.

Nas hipóteses de desfazimento de uma venda e de pagamento a prazo do cliente à loja, certo é que deverão ser levadas em consideração quando da apuração do fator variável, de modo a não acarretar prejuízos desnecessários ao lojista. Vale dizer que o recebimento pelo lojista do pagamento de determinada mercadoria ou serviço tem influência direta no percentual sobre seu faturamento.

Se o faturamento for constantemente inferior ao piso estabelecido e este se revelar significativamente elevado em relação ao seu faturamento, é possível haver, excepcionalmente, redução desse aluguel e/ou percentual de participação nos lucros, para restabelecer o equilíbrio contratual.

Possibilita-se, dessa forma, a revisão do aluguel mínimo fixo, com supedâneo nos princípios gerais referentes a contrato (Código Civil), na ação revisional de aluguel da Lei de Locação (artigo 68 e seguintes), ou na ação renovatória, também da Lei do Inquilinato (artigo 71 e seguintes).

Se esse valor mínimo, todavia, estiver de acordo com o de mercado e com as práticas comerciais havidas pós-pandemia, ainda que o faturamento do lojista seja frequentemente abaixo, poderá não haver sua redução, forçando o lojista a sair do *shopping*. Embora prejudicial ao locatário, essa retirada favorece a manutenção da qualidade do empreendimento, de modo a continuar a perseguir a atração de clientes para o *shopping*.

Em tempos de pandemia ocasionada pela COVID-19, entendemos que é possível, desde que comprovada contabilmente a queda de faturamento do lojista e a extrema vantagem do locador, a revisão do contrato para reequilibrar o valor do aluguel e da participação do lojista, de modo a evitar onerosidade excessiva.

6. CONCLUSÃO

Com essas reflexões, é possível afirmar que as características e princípios próprios que envolvem e demarcam o direito empresarial e os contratos interempresariais envolvendo locação empresarial não autorizam, via de regra, a aplicação da teoria da lesão e da onerosidade excessiva, afastando, pelo menos em um primeiro momento, a possibilidade de anulação, resolução ou revisão desses contratos.

As relações jurídicas celebradas entre empresários devem ser interpretadas à luz da lógica empresarial, sob pena de causarem desequilíbrio concorrencial e acarretarem severas dificuldades para a concretização da função econômica esperada pelas partes envolvidas quando da conclusão desses contratos.

A livre iniciativa, os usos e costumes empresariais, o fluxo de relações econômicas, o dever de diligência e a organização empresarial, devem se somar à previsibilidade e racionalidade do mercado, para preservar a função e objetivo lucrativo dos contratos interempresariais. A partir dessa perspectiva, os princípios da boa-fé objetiva e da função social, devem se coadunar com a lógica empresarial. O dever de informação e cooperação notadamente em situação de pandemia da COVID-19, há de facilitar o cumprimento obrigacional de modo recíproco, com a adoção de comportamentos compatíveis com os fins econômicos e sociais pretendidos objetivamente pelo negócio celebrado. Em outras palavras, exige-se das partes um compromisso de lealdade e transparência para não macular a confiança e legítima expectativa da contraparte, dentro da racionalidade inerente ao sistema.

As soluções lineares por intervenção do Estado na economia, através de reformas legislativas não são desejáveis pois podem parametrizar uma solução que não se adapte ao caso concreto, gerando distorções, oportunismos e até mesmo a falência de empresários. Por isso, espera-se que os conflitos sejam solucionados em um primeiro momento pela via extrajudicial (conciliação ou mediação), para melhor compor os interesses e as capacidades de cada empresário (locador e locatário) segundo as especificidades do caso concreto. E essa composição pode se dar gradualmente, mês a mês, segundo o avanço da doença, a eficácia de políticas públicas de empréstimo e liquidez aos setores da economia e à reação do mercado consumidor na aquisição de bens e produtos durante e após a quarentena (seja ela horizontal, diagonal ou vertical). Significa dizer que nenhuma novação de contrato necessita ser estanque. É um processo. Encontrar o (re)equilíbrio perfeito pode levar tempo. E sempre exigirá a demonstração do binômio necessidade-possibilidade de ambas as partes, já que a pandemia atingiu e, em alguma medida, parece ter prejudicado todas elas.

É importante registrar que qualquer parte que pretenda a revisão ou repactuação de obrigações contratuais em locação empresarial deverá assumir uma postura ativa e prudente no sentido de informar a parte contrária com o máximo de transparência e com a frequência necessária para evidenciar, com ética e lealdade, todas as circunstâncias econômicas, o fluxo de caixa e suas projeções, por exemplo. Sem gerar falsas expectativas, nem tampouco se valer da crise pandêmica para obter vantagem.

Também não se pode perder de vista que a queda de vendas de produtos e serviços também são, em alguma medida, riscos inerentes à sua atividade comercial, já que a palavra "empresa" advém da palavra "aventura", sendo, não raro, o adimplemento objeto de seguro fiança ou outras garantias para situações de força maior ou caso fortuito, ou mesmo qualquer debate acerca de fortuito interno ou externo.

Por outro lado, cumpre alertar que alguns setores não foram impactados (v.g. farmácias, supermercados, fabricantes e distribuidores de medicamentos, via de regra, aumentaram suas vendas durante a pandemia), razão pela qual a alegação de onerosidade excessiva há de ser analisada com profundidade diante do caso concreto não bastando uma genérica e lacunosa notificação do devedor para se valer de uma suspensão de pagamento, por exemplo. Isso dificultaria até mesmo uma contraproposta por parte do locador, impedindo que as partes cheguem a um consenso e a um termo aditivo contratual. Neste ponto, como dito linhas acima, deve haver transparência e exatidão nas informações prestadas por ambas as partes, para evitar oportunismos e, até mesmo, a invalidação futura da novação por vício do consentimento ocorrido durante a celebração de acordo na situação de pandemia (por exemplo, futuramente uma das partes signatárias do acordo poderia alegar coação moral, estado de necessidade ou lesão, vindo a anular o reajuste contratual, tornando-o sem efeito).

Conforme destacou-se no primeiro item, a saúde financeira dos locadores e do sistema imobiliário como um todo precisa ser mantida, já que eles também precisam honrar seus compromissos durante a pandemia.

As partes envolvidas na relação locatícia devem avaliar a possibilidade de serem feitas concessões pontualmente mês a mês, conforme for necessário. Além disso, devem verificar se houve ajuste antes da pandemia, no texto do contrato, sobre a eventualidade de caso fortuito ou força maior, para respeitarem o que pactuaram nesta hipótese.

Os bosquejos aqui encontrados, é patente, estão longe das possibilidades que o diálogo e a boa-fé podem ajudar a construir.

7. REFERÊNCIAS

AKERLOF, George A. The Market for "lemons": quality uncertainty and the market mechanism. Quarterly Journal of Economics, Vol. 84, No. 3, 1970, p. 488-500.

LACERDA, Maurício Andere von Bruck. O contrato de locação comercial no âmbito da transferência do estabelecimento. In: KOURY, Suzy Elizabeth Cavalcante (org.). *Direito Empresarial: os novos enunciados da Justiça Federal*. São Paulo: Quartier Latin, 2013, p. 242.

LÔBO, Paulo Luiz Netto. *Condições gerais dos contratos e cláusulas abusivas*. São Paulo: Saraiva, 1991.

LYNCH DE MORAES, Maria Antonieta & DUARTE, Raquel Bitu. O contrato de locação em shopping center e a cláusula de raio: restrições à livre concorrência? Revista de Direito Privado. São Paulo: Thomson Reuters. v.80. 2017, pp. 111 a 128.

MAMEDE, Gladston. *Manual de direito empresarial*. São Paulo: Atlas, 2005.

PEREIRA, Caio Mário da Silva. "Shopping centers": organização econômica e disciplina jurídica. In: ARRUDA, José Soares; LÔBO, Carlos Augusto da (coords.), Op. cit., p. 79.

PERES, Tatiana Bonatti. Verbete: Locação Empresarial. Enciclopédia Jurídica da PUCSP, tomo IV (recurso eletrônico): direito comercial / coords. Fábio Ulhoa Coelho, Marcus Elidius Michelli de Almeida – São Paulo: Pontifícia Universidade Católica de São Paulo, 2018. Disponível em https://enciclopediajuridica.pucsp.br/verbete/234/edicao-1/locacao-empresarial. Acesso em 09.04.2020.

ROSENVALD, Nelson. O Direito como experiência – dos "Coronation cases" aos "Coronavirus cases". Disponível em https://www.nelsonrosenvald.info/single-post/2020/03/31/O-DIREITO-COMO-EXPERI%C3%8ANCIA. Acesso em 03/04/2020.

SOUZA, Sylvio Capanema de. *A Lei do Inquilinato Comentada*. 6 ed. Rio de Janeiro: GZ Editora, 2010.

SOUZA, Sylvio Capanema de. A locação do imóvel urbano e seus novos modelos. *Revista da EMERJ*, Rio de Janeiro, v. 13, n. 50, p. 220-227, 2010.

CORONAVÍRUS E O CONTRATO DE SEGURO

Walter A. Polido

Mestre em Direitos Difusos e Coletivos pela PUC-SP; Árbitro em seguros e resseguro; Sócio e professor da Conhecer Seguros; Coordenador Acadêmico do Curso de Especialização de Direito do Seguro e Resseguro da ESA-OAB-São Paulo; Autor de livros; Consultor e Parecerista.

Sumário: 1. Introdução: riscos, seguros e resseguro – 2. Questões concernentes ao tema seguros e coronavírus – 3. Coronavírus enquanto fato gerador de sinistros: 3.1 Ramos de seguros e a possível cobertura do risco; 3.1.1 Seguro Saúde; 3.1.2 Seguro de Vida; 3.1.3 Seguro Fiança Locatícia; 3.1.4 Seguro de Lucros Cessantes; 3.1.5 Seguro de Responsabilidade Civil Estabelecimentos Médicos e Odontológicos; 3.1.6 Seguro de Responsabilidade Civil dos Profissionais da Área de Saúde e RC Profissional de Síndicos de Condomínios Comerciais e Residenciais; 3.1.7 Seguro de Responsabilidade Civil de Diretores e Administradores – D&O; 3.1.8 Seguro de Responsabilidade Civil de Corretores de Seguros e de *Brokers* de Resseguro; 3.1.9 Seguro de Crédito Interno e Externo. Seguro Garantia; 3.1.10 Outros Seguros – 4. Resseguro – 5. Conclusões – 6. Referências.

1. INTRODUÇÃO: RISCOS, SEGUROS E RESSEGURO

O seguro representa, na contemporaneidade, a ferramenta mais eficaz de *transferência de riscos*, até o momento criada pelo homem. Se, na fase que antecede ao seguro, o *gerenciamento* demonstrar a impossibilidade de o risco ser neutralizado ou mesmo extinto, a melhor alternativa será justamente a de transferi-lo para o seguro. Neste sentido, a preleção do professor Mendes: *"o ser econômico racional tem a obrigação de se segurar, pois, o seguro tem por finalidade, exatamente, transformar as perdas aleatórias em simples despesas certas e previsíveis"*[1]. A *álea*, de acordo com a definição reproduzida, está pautada tão somente no *risco* e, mais precisamente, no momento da incidência do evento danoso garantido pelo seguro, naqueles de natureza patrimonial, assim como nos seguros de pessoas (vida, saúde, acidentes pessoais). Em razão, também, de a garantia do seguro ter como objeto o *"interesse"* do segurado sobre o bem ou a pessoa, deixou de ter qualquer importância a diferenciação que existia estre um segmento e outro (seguros de danos e seguros de pessoas). Na pós-modernidade, a doutrina especializada propugna pela *comutatividade* do contrato de seguro, mesmo porque a *prestação* e a *contraprestação* das partes celebrantes são *simultâneas* e *imediatas*. O proponente *paga o prêmio* à seguradora e ela *garante* ao então segurado, *desde logo*, a *indenidade* – uma vez sobrevindo os eventos predeterminados durante a vigência da apólice. Todavia, não repousa apenas na materialização do sinistro a efetividade do seguro. O contrato oferece *proteção* ampla

---

1. MENDES, J. J. de Souza. *Bases Técnicas do Seguro.* São Paulo: EMTS, 1977, p. 12.

ao segurado: *estado de segurança e de tranquilidade*, além da *sustentabilidade econômico-financeira, independentemente da ocorrência do sinistro.*

A segurabilidade dos riscos está pautada na ciência relativa aos grandes números, guiada pela estatística e atuária, principalmente. A atividade seguradora, *profissional*, se desenvolve exclusivamente no campo do estudo das *probabilidades*, afastada a *incerteza* na operação, sendo que esta baseia o jogo e a aposta e não o seguro. A *álea*, na atualidade, centrada no risco, passa por processos de modelagens estatísticas e afins a tal ponto requintados, que permitem às seguradoras conhecer perfeitamente a exposição dos riscos ao longo dos anos e continuamente. Os sistemas eletrônicos atualmente disponibilizados para a análise e a projeção sistêmica dos riscos e dos resultados, são muito desenvolvidos e podem prover as seguradoras de margem de certeza quase absoluta nas suas operações.

Para consolidar esta introdução acerca da atividade seguradora na atualidade, emerge o *contrato de resseguro*, sendo necessário explorar dois aspectos sobre este modelo, extremamente complexo. Em primeiro lugar, compete definir o resseguro: através dessa operação, a seguradora (denominada "Cedente" neste tipo de negócio jurídico), transfere (cede) parte de suas responsabilidades assumidas através dos contratos de seguros a uma outra empresa, a *resseguradora* ou a várias delas, simultaneamente, de maneira proporcional ou não-proporcional. Este instituto, o resseguro, tem como função precípua *indenizar a cedente*, uma vez sobrevindo o sinistro[2]. Através dessa operação, as seguradoras adquirem várias vantagens: *"a de maior capacidade de operação ou o aumento do volume de captação de negócios no mercado competitivo; substituição efetiva de capital ("surplus relief"); estabilização dos resultados por conta da homogeneização da sinistralidade;* proteção contra riscos catastróficos; *transferência de "know how" na subscrição de riscos ("underwriting") e nos ajustamentos dos sinistros*[3] *("claims handling"); outras"*[4]. Em segundo lugar, é necessário ressaltar a *internacionalidade* do resseguro: a pulverização de riscos em âmbito global é salutar na medida em que minimiza a concentração de perdas em um determinado mercado doméstico, especialmente quando os riscos estiverem relacionados a catástrofes. Terremotos no Japão, no Chile e no México são exemplos de preocupações constantes encontradas naqueles países, sendo que programas especiais de seguros e resseguro são elaborados em face dos riscos inerentes. Furacões no Caribe, tornados nos EUA, enchentes em países europeus, são outros exemplos reincidentes[5]. Também endemias e até mesmo pandemias são passíveis de coberturas através do resseguro, como de fato acontece em vários países. Dessa forma, os contratos de resseguro, *"protegem a Seguradora não somente contra o risco de perda individual, mas também contra eventos, catástrofes e acumulação"*[6].

---

2. POLIDO, Walter A. *Resseguro. Cláusulas Contratuais e Particularidades sobre Responsabilidade Civil.* 2ª ed., Rio de Janeiro: Funenseg, 2011, p. 23.
3. Processo administrativo de *regulação* de sinistros, assim como é conhecido no Brasil.
4. POLIDO, Walter A. VILLAS BÔAS, Regina Vera. O contrato atípico de resseguro e as discussões contemporâneas sobre a sua natureza jurídica, fontes jurídicas que o fundamentam e função social exercida: garantia do efetivo equilíbrio do mercado segurador e do resseguro. *In: Revista de Direito Privado, RDPriv n. 61*, Ano 16. São Paulo: RT, janeiro-março 2015, p. 193-230.
5. Idem, p.29.
6. BERTSCHINGER. P. P. *Know How en Seguro y Reaseguro.* Madrid: Editorial Mapfre, 1979, p. 133.

No Brasil, perdurou o monopólio estatal do resseguro de 1939 a 2007, sendo que a abertura se deu a partir da edição da Lei Complementar n.º 126, de 15 de janeiro de 2007. A cobertura de resseguro para *catástrofes* não teve evolução acentuada naquele período: o ressegurador monopolista oferecia a garantia para as carteiras dos seguros de pessoas, agrícolas e automóveis, mas não havia a preocupação, no tocante aos seguros de pessoas, com os riscos de *endemias* ou *pandemias*. Permaneceu, no período, apenas a garantia do resseguro para as coberturas clássicas e tradicionais: *morte natural* e *acidental*, sob o prisma de um mesmo evento poder atingir várias pessoas seguradas ao mesmo tempo. O mercado segurador nacional não se desenvolveu neste aspecto, mesmo após a abertura do resseguro, sendo que os maiores e mais importantes resseguradores internacionais já operam no país, desde 2007 ou mesmo antes disso como *retrocessionários*[7] do então ressegurador monopolista. A garantia para catástrofes, atualmente buscada pelas seguradoras do país, não difere muito do estágio que se observava no regime de monopólio do resseguro. As razões podem ser assim resumidas: a crença de que no Brasil não há eventos naturais; a falta de conhecimento das seguradoras locais sobre a cobertura e, na maioria das vezes, também pela ausência de bases estatísticas bem estruturadas; a busca pela garantia se dá apenas para aqueles riscos mais evidentes, assim como alagamentos e inundações que podem danificar vários automóveis e(ou) outros bens segurados por uma mesma seguradora e, no ramo de pessoas, eventuais acúmulos em decorrência de determinados eventos, como a queda de aviões. Não ficam totalmente isentos os demais países a respeito dessa situação de não cobertura de resseguro para os riscos de catástrofes, sendo que apenas diante de acontecimentos emblemáticos como o do coronavírus determinadas políticas e procedimentos acabam sendo alterados por alguns deles[8]. A mídia especializada internacional tem noticiado este tema em relação ao coronavírus e sobre os mais variados países e mercados de seguros. A reputação da indústria mundial seguradora e resseguradora, inclusive, está em jogo diante dessa pandemia que atingiu todos os mercados. Para um setor que *"vende expectativa de proteção em momentos difíceis"*, não poderá haver recuo, tampouco indefinições.

As seguradoras nacionais e também aquelas de capital estrangeiro, apesar de ter ocorrido a abertura do mercado de resseguro em 2007, continuaram a ofertar garantias de seguros tradicionais aos segurados brasileiros e não trouxeram, ainda, com raras exceções pontuais, outros modelos mais sofisticados, os quais elas comercializam nos respectivos países de origem. Este estágio atual do mercado de seguros brasileiro, pujante em produção

---

7. Quando o ressegurador transfere a outro ressegurador parte dos riscos aceitos por ele.
8. Mesmo diante de fatos relevantes já vivenciados, os mercados acabam negligenciando a respeito e parece ser inerente ao homem, de qualquer nacionalidade, não antever todos os possíveis acontecimentos e que podem prejudicar os negócios. Anterior ao atentado de 11 de setembro de 2001, praticamente todos os contratos de seguros e mesmo de resseguro excluíam *"os danos resultantes de guerra civil ou internacional, declarada ou não, rebelião, insurreição, etc."*, sem se referirem expressamente ao *"terrorismo"*. Desse modo, *"a exclusão de atos terroristas deve estar expressamente consignada na apólice de seguro para que seja oponível ao segurado"*, conf. BOTERO M. Bernardo. Seguro, Reaseguro y Terrorismo. In: Anais do VIII Congresso Ibero Latino-Americano de Direito de Seguros do Comitê Ibero Latino Americano da AIDA. Rio de Janeiro: AIDA, 2003, p. 14. [AIDA – Associação Internacional de Direito de Seguros] A partir do trágico acontecimento, inusitado quanto a sua causa, os países passaram a adotar vários modelos de garantia para o risco de terrorismo, unindo esforços públicos e privados, assim como a constituição de *pools* de proteção. No Brasil, diversamente, o mercado de seguros excluiu a cobertura do risco de terrorismo em todos os tipos de apólices, para todos os ramos, até este momento.

de prêmios, mas não com a mesma medida em tecnologia de produtos securitários colocados à disposição dos consumidores, traz consequências num momento crítico como este, da *pandemia do coronavírus*. Do mesmo modo, a falta de conhecimento exato por parte dos executivos das seguradoras locais acerca das *funções do resseguro*, propicia a inexistência de programas especialmente elaborados e visando a garantia de riscos de natureza catastrófica, os quais também acontecem no Brasil. Outro ponto que desfavorece a busca por programas de resseguro contra catástrofes, deixando de desenvolver o mecanismo garantidor, o fato de que grande parte dos desastres que ocorrem no país acabam atingindo as populações mais pobres, as quais não contratam seguros de nenhuma espécie e pela simples falta de recurso financeiro para tanto: *desmoronamentos de encostas de morros com ocupações residenciais ilegais; alagamentos em várzeas de rios nas cidades, são os exemplos recorrentes*. São questões que desafiam o mercado de seguros e que deverão passar por novo olhar a partir da pandemia do coronavírus e, necessariamente, também no tocante ao resseguro.

Sem esta introdução, a qual definiu as operações de seguro e de resseguro de acordo com os elementos essenciais de cada tipo de contrato, seria impossível retratar o tema objeto deste texto, no seguimento deste trabalho.

2. QUESTÕES CONCERNENTES AO TEMA SEGUROS E CORONAVÍRUS

Há, até o momento, clima de insegurança jurídica no tocante aos possíveis procedimentos que serão adotados pelas seguradoras em relação às apólices já em vigor, envolvendo os mais diversos ramos de seguros. Desde a deflagração do isolamento social, vários procedimentos envolvendo os contratos de seguros já ocorreram e nem todos eles favoráveis aos consumidores, sendo que a judicialização já começou também no Brasil[9]. Em face da pandemia do coronavírus, repise-se, está em jogo também o *aspecto reputacional* do mercado de seguros no país e no mundo, uma vez que o sistema apresenta forte apelo de *proteção social* e, neste momento crucial e inusitado, todos os olhares estão voltados para a postura dos agentes que operam no setor. As seguradoras, mais especificamente os – *produtos e serviços* – oferecidos por elas, serão medidos com esta régua, *firmemente*. Todas as deficiências porventura existentes nas bases contratuais e que possam prejudicar a expectativa dos consumidores dos diversos tipos de seguros afetados, estarão muito mais expostas e em razão das especiais características do momento, de "aflição" e com prejuízos contabilizados para muitos. Parte considerável do questionamento que se apresenta para o tema pode ser resumida com as seguintes indagações:

> *As seguradoras, podem simplesmente recusar o pagamento de indenizações a título de exclusões pontuais porventura existentes nos contratos de seguros?*
>
> *Ou elas podem, discricionariamente, desconsiderar a exclusão em razão do momento crítico representado pela pandemia, sem qualquer tipo de consequência em face da regulação à qual a atividade deve se submeter?*

---

9. Ver Processo: 0030714-92.2020.8.19.0209 – Tribunal de Justiça do Estado do Rio de Janeiro – 18/09/2020 – Tutela de urgência diante do questionamento acerca da modificação dos termos iniciais da cobertura securitária, bem como do valor inicialmente ajustado entre as partes. Com a suspensão provocada pela pandemia da COVID, a Seguradora vinculou o prosseguimento do contrato de seguro a determinadas modificações nos termos iniciais.

Quais são, efetivamente, os limites objetivos da atuação da iniciativa privada, positivados no ordenamento jurídico nacional?

A hermenêutica aplicável ao contrato de seguro, nessa situação pontual, pode variar para cada caso a ser analisado e dependendo, por exemplo, da (hiper)vulnerabilidade do segurado?

A exclusão para pandemia pode ser vista como uma cláusula "surpresa" ou "abusiva" em face dos segurados, consumidores hipossuficientes, na relação contratual securitária?

A seguradora pode alegar que não indenizará os segurados devido ao fato de que o contrato de resseguro não garante o risco de pandemia?

E os corretores de seguros, intermediários comissionados, podem ser responsabilizados pelo fato de que não indicaram para os proponentes-segurados apenas aquelas seguradoras que poderiam ter atendido adequadamente em relação à garantia dos riscos?

Quais os ramos de seguros mais expostos a este tipo de questionamento e de incidência de reclamações provenientes do coronavírus, enquanto fato gerador dos sinistros?

Os resseguradores podem ser acionados diretamente pelos segurados, na ausência de atendimento por parte das seguradoras?

No seguimento deste texto serão apresentadas as possíveis respostas para essas indagações e outras que porventura surgirem.

3. CORONAVÍRUS ENQUANTO FATO GERADOR DE SINISTROS

São vários os aspectos que podem ser analisados e todos eles envolvendo situações que tangenciam os diferentes contratos de seguros. Podem ser verificados os elementos de *natureza intrínseca* relacionados àquele determinado *objeto de cobertura do interesse segurado* e sob o olhar da teoria geral dos contratos, envolvendo também o Direito consumerista e a regulação da atividade seguradora. Por outro lado, podem ser verificados em relação a *situações extrínsecas* ao contrato em si, mas que envolvem os agentes e a respectiva atuação de cada um deles, notadamente sob o viés da responsabilidade civil que permeia a atividade de intermediação[10]. O resseguro, por sua vez, constitui negócio contratual apartado do contrato de seguro e deve ser analisado com base deste fator determinativo.

3.1 Ramos de seguros e a possível cobertura do risco

3.1.1 Seguro saúde

A eventual não cobertura para o atendimento de segurados contaminados pelo coronavírus e suas consequências parece estar fora de questão. No tocante à assistência inicial e pertinente à feitura do exame investigativo, a Agência Nacional de Saúde Suplementar – ANS se posicionou, desde logo, sendo que, em princípio, seria desnecessária a intervenção do Estado nessa questão, uma vez que cabia à iniciativa privada primar por

---

10. Nos países desenvolvidos os corretores são fortemente questionados acerca da *performance* profissional em razão do desempenho da atividade de intermediação: "*a reclamação afirma que a empresa havia obtido anteriormente cobertura de doenças transmissíveis como parte de seu seguro de cancelamento de eventos, mas devido à documentação errada enviada por um corretor inexperiente e não supervisionado, a cobertura não foi renovada para este ano...*", conf. Business Insurance, matéria postada em 14.10.2020 (www.businessinsurance.com). (Último acesso em 22.10.2020)

suas responsabilidades perante os consumidores, sem mesmo este tipo de *admoestação* regulatória. De todo modo é sabido, mundialmente, que o *"mercado de Saúde não está submetido ao jogo livre dos mercados, uma vez que existem várias regulações estatais que impedem em grande medida o pleno desenvolvimento das forças do mercado"*[11]. O exame para detecção do coronavírus foi incluído no "Rol de Procedimentos e Eventos em Saúde", tornando-se, portanto, cobertura obrigatória para os beneficiários de planos de saúde com segmentação ambulatorial, hospitalar ou referência. A medida teve validade a partir de 13.03.2020 – data de publicação da Resolução Normativa nº 453, da ANS, no Diário Oficial da União. Interessa, neste tipo de intervenção estatal, o fato de que não se cogita se o preço do seguro cobrado dos aderentes-segurados poderá suportar ou não mais a parcela de risco *compulsoriamente* incluída e que deve ser considerada pelas operadoras. Na linha oposta, operadores do Direito têm questionado o fato de determinadas seguradoras virem a público declarar que desconsiderarão a exclusão da cobertura referente ao risco de pandemia nas apólices de Seguro de Vida, por exemplo, e justamente em razão de possíveis implicações regulatórias que poderiam proibir a medida e com sansões para a infratora. O momento de crise propicia, de fato, contradições lógicas e a ponto de não haver razoabilidade em determinadas declarações, mas que deverão passar por crivo mais acurado, e, muito provavelmente, em sede judicial.

3.1.2 Seguro de vida

O ramo Seguro de Vida será, juntamente com o Seguro Saúde, dos mais atingidos pela pandemia. Há, contudo, a controvertida questão da *exclusão explícita dos riscos de endemia e pandemia*, sendo que muitas seguradoras vieram a público anunciar que desconsiderarão a referida limitação contida nos contratos de seguro. Vozes contrárias também se levantaram e com as mais diferentes justificativas: a exclusão deve simplesmente ser observada; *a impropriedade administrativa dos dirigentes da seguradora ao acolherem a cobertura; o poder sancionatório do Órgão Regulador; o desequilíbrio das contas da seguradora, na medida em que ela não considerou o risco coberto quando da precificação do seguro; a determinação compulsória e extensiva a todos os demais ramos na hipótese de a seguradora oferecer tratamento permissivo para um determinado ramo; o reconhecimento da seguradora referente à cobrança de prêmio superestimado, uma vez que não previa a cobertura expressa para o risco;* outros.

Todas essas justificativas devem ser analisadas individualmente à luz do Direito, assim como das demais áreas que compõem a atividade seguradora: atuária, contabilidade, matemática, investimentos e, neste caso específico, também os profissionais da saúde. Não há padrão único de aplicação, lembrando, prioritariamente, que o Seguro de Vida é o único contrato de seguro no qual o risco aleatório fica reduzido à *data da morte*, uma vez que há absoluta certeza sobre a ocorrência. Desse modo, as reservas matemáticas são específicas e levam, necessariamente, em conta também esta particularidade. Assim, pretender fundamentar o pretenso não pagamento da indenização por conta de o sinistro

---

11. KÖNIGBAUER, Ingrid. PROFF, Derek. Gestionar inteligentemente a los partipantes del mercado. *In: Topics 1/2008. Cambio climático y responsabilidade. Daños de repercusión. Mercado de Salud.* München: Munich Re, 2008, p. 28.

ter se dado em razão da pandemia, não se mostra plausível e sequer razoável. Há também, neste ramo, na formatação de seu preço, fator prevendo a possibilidade de ocorrer a antecipação da morte da pessoa segurada e este elemento é essencial nas considerações de natureza muito mais amplas e que devem ser observadas, abandonando-se, na condição de fator preponderante, a letra fria do contrato, a qual exclui o risco de pandemia. Desde a promulgação do Código de Defesa do Consumidor no Brasil, e sob a natureza de *direito fundamental constitucional*, o diálogo das fontes se tornou a metodologia hermenêutica vigente e requerida, sem retrocesso, tornando também possível a relativização dos contratos. O repertório jurisprudencial, neste sentido, é extenso.

Análises têm sido divulgadas pelas Agências de *rating*, assim como a Fitch, mostrando que no curto prazo haverá a deterioração dos mercados acionários e o declínio nas taxas de juros pressionarão os lucros, reservas e capital das seguradoras, notadamente nos segmentos de Saúde e Vida, cujos ganhos serão achatados pelo efeito direto dos custos elevados com os sinistros relacionados ao tratamento de pacientes infectados e pelas indenizações por morte, respectivamente. Essa é a natureza do mercado de seguros: *tomar riscos* e administrá-los da melhor forma possível, mas ficando sujeito a períodos bons e períodos ruins, conhecidos internacionalmente por *"soft market"* e *"hard market"*.

Para fechar este tópico, convém informar o volume de prêmios e sinistros recebidos/pagos no ano de 2019 pelo mercado de seguros brasileiro: *"o seguro de vida movimentou R$ 43,1 bilhões, um crescimento de 14% em relação a 2018. O volume de indenizações pagas não chegou a R$ 10 bilhões. Neste ano, no entanto, a previsão é de alta significativa. Tanto por mortes, como também por inadimplência no crédito em bancos, operação que geralmente conta com um seguro prestamista[12] que é acionado em caso de não pagamento da dívida. Esse seguro tem um peso considerável nas seguradoras ligadas a bancos, que são as maiores do ranking do setor."*[13] Passados alguns meses, desde a deflagração da pandemia, a previsão anunciada de alta significativa não foi observada em face dos resultados estatísticos divulgados pela Susep[14]. No Seguro de Vida em Grupo, no período de janeiro a agosto de 2019, foram arrecadados prêmios de R$ 7,4 bilhões e a sinistralidade se situou na ordem de 48,85%. No mesmo período, considerado o ano de 2020, os prêmios atingiram o patamar de R$ 7,5 bilhões e a sinistralidade foi de 50,92%. O Seguro Prestamista apresentou, no mesmo período considerado no Vida em Grupo, prêmio de R$ 8,7 bilhões – sinistralidade de 17,37 (2019) e R$ 8,8 bilhões – sinistralidade de 21,85% (2020). No caso do Seguro de Vida Individual, a arrecadação no período de janeiro a agosto de 2019 foi de R$ 3,7 bilhões e a sinistralidade ficou em torno de 26,71%. No mesmo período, considerado o ano de 2020, os prêmios atingiram o patamar de R$ 4,8 bilhões, com sinistralidade de 29,21%.

Diante deste quadro numérico-financeiro, a preocupação já demonstrada por alguns operadores do Direito quanto ao dever de as Seguradoras *"salvaguardarem a solvência do sistema, cuja mais grave ameaça é a quebra da base técnica-atuarial"*, não parece corresponder à realidade e o argumento, que seria um pretenso filtro de impedimento,

---

12. Neste seguro, necessário ressaltar, que o interesse segurado é da instituição bancária, sendo que é a favor dela que o seguro é emitido e o prêmio pago pelo financiado.
13. https://www-sonhoseguro-com-br.cdn.ampproject.org/c/s/www.sonhoseguro.com.br/2020/03/seguradora-de--vida-recebe-primeiros-pedidos-de-indenizacao-por-covid-19/amp/ (Último acesso em 31.03.2020).
14. www.susep.gov.br (Último acesso em 21.10.2010).

foi completamente rompido. A base atuarial já levou em conta a morte de cada um dos segurados, inclusive. Considerando-se, também, que o Seguro Vida não é disseminado de forma abrangente na sociedade brasileira até o momento, ainda que a pandemia tenha se apresentado de forma catastrófica no país, mesmo assim não se vislumbra a pressão e o comprometimento anunciado em relação aos resultados das seguradoras que operam no país. Longe disso, parte significativa delas anunciou a renúncia ao *risco excluído relativo a pandemias*, sendo que o procedimento não só mantém o nome e a reputação das respectivas empresas, como também permite que elas cumpram o papel social que o seguro tem, notadamente em momento de crise como este, no qual todos os partícipes da sociedade são chamados a contribuir com o seu quinhão. O positivismo kelseniano do Direito, o qual prescinde do valor social das normas, jamais poderia contrariar esta posição empresarial tomada e os dispositivos normativos de natureza meramente administrativa, emanados do Órgão Regulador, jamais teriam, cumprida a hierarquia legal, o condão de justificar qualquer penalização às seguradoras. "Listas de Verificação"[15] da Susep, inclusive, foram derrogadas pela Lei n.º 13.874/2019 (Lei de Liberdade Econômica), redentora de parcela significativa do atraso tecnológico e normativo no qual o mercado de seguros nacional se situa. Nessa mesma linha progressista, a Superintendência de Seguros Privados, Susep, está promovendo a abertura do mercado nacional e visando atribuir a liberdade na estipulação das bases contratuais de seguros, até então reduzida a modelos padronizados engessados, os quais repercutiram em prejuízo aos consumidores nacionais, ao longo das últimas décadas. O *mutualismo*, por sua vez, princípio inerente à atividade seguradora, não pode servir de sucedâneo e tampouco pode ser utilizado de maneira reversa para a negativa, pura e simples, de pedidos de indenizações apresentados às seguradoras. A hermenêutica conclama e determina o olhar *sistêmico* do Direito, mesclado com as normas concernentes aos seguros, sob pena de ser prestigiada a injustiça, uma vez abandonado este critério. O princípio geral de Direito indicado no artigo 5º da LINDB[16], consolida este tópico: *"na aplicação da lei, o juiz atenderá aos fins sociais a que ela se dirige e às exigências do bem comum"*.

3.1.3   *Seguro fiança locatícia*

Este seguro, massificado na sua comercialização, tem se mostrado um dos protagonistas no *ranking* de reclamações de sinistros por conta da pandemia. Esta constatação pode ser visualizada numericamente: no período de janeiro a agosto de 2019 a arrecadação do prêmio foi de R$ 335 milhões, com sinistralidade em torno de 27,38%; no mesmo período, considerado o ano de 2020, os prêmios atingiram o patamar de R$ 541 milhões, com sinistralidade de 60,58%. Apesar de determinações legais emergentes disporem sobre pagamentos de aluguéis e de certa forma beneficiando também as seguradoras, a sinistralidade aumentou significativamente no período analisado. Neste tipo de seguro,

---

15. Receituário emanado pela Superintendência de Seguros Privados ao mercado de seguros, determinando a "padronização" das bases contratuais de seguros no país. *"A iniciativa no setor de seguros é privada e está contemplada na Constituição Federal a sua livre atuação"*, conf. POLIDO, Walter A. *Contrato de Seguro e a Atividade Seguradora no Brasil: direitos do consumidor.* São Paulo: Roncarati, 2015, p. 33. A Lei 13.874/19, apenas renovou a referida determinação constitucional.
16. Lei n.º 4.657/1942 – Lei de Introdução às Normas do Direito Brasileiro.

é necessário registrar que as condições contratuais brasileiras não são essencialmente objetivas e, por este motivo, podem gerar conflitos e possíveis questionamentos em sede judicial. Exemplo de risco excluído encontrado no mercado, nas Condições Gerais do referido seguro:

> i) incapacidade de pagamento consequente de fatos da natureza ou atos do poder público.
>
> Ou,
>
> m) atos de autoridade pública, atos de hostilidade ou guerra, operações bélicas, revolução, rebelião, insurreição, confisco, tumultos, motins, greves e outros atos relacionados ou decorrentes destes eventos;

A interpretação a ser dada à exclusão pode se apresentar de maneira diversa. No caso de lojas em *shoppings centers*, por exemplo, há instrumentos legais de diversas esferas da administração pública e que efetivamente suspenderam as atividades comerciais. Mas mesmo assim, de que adiantaria o seguro se ele não oferecer proteção adequada ao locador no momento de crise? Para os imóveis residenciais, por sua vez, a subsunção à norma não é facilmente estabelecida, sendo que os inquilinos podem perder a capacidade financeira para cumprir os contratos de locação em decorrência das medidas adotadas pelo Poder Público.

Em outra apólice deste mesmo segmento, ela apresenta determinadas disposições contratuais que podem dificultar ainda mais o deslinde das questões que poderão surgir neste cenário. A seguir, a reprodução de uma das cláusulas que faz parte da apólice, sendo que há a obrigação de o Locador ingressar com a ação judicial contra o Locatário, sem que a seguradora indenize ou reembolse as respectivas despesas decorrentes, sob pena de perder o direito à indenização:

> 9. DA EXPECTATIVA DE SINISTRO
>
> Considera-se como expectativa de sinistro o período que compreende o 1º (primeiro) aluguel ou encargos não pagos até a decretação de despejo através de sentença judicial. O Segurado deverá comunicar a inadimplência à Seguradora, imediatamente após o vencimento do 2º (segundo) aluguel e/ou encargos previstos na apólice, nos casos em que o Garantido deixe de pagá-los no prazo fixado no contrato de locação.
>
> 9.1. O Segurado obriga-se, sob pena de perder o direito a qualquer indenização, a providenciar e executar no tempo devido, todas as medidas necessárias a fim de minimizar os prejuízos, dando imediata ciência à Seguradora.
>
> 9.2. O Segurado deverá manter a Seguradora ciente da propositura e do andamento das ações judiciais e seguir suas eventuais instruções, sob pena de perda do direito ao recebimento de qualquer indenização.
>
> 9.3. Embora as negociações e demais atos relativos às ações judiciais ou procedimentos extrajudiciais com o Garantido sejam feitos pelo Segurado, a Seguradora poderá assistir tais negociações, quando julgar conveniente. O Segurado fica obrigado a fazer e permitir que se faça todo e qualquer ato que se torne necessário, ou possa ser exigido pela Seguradora, com o fim de efetuar-se a cobrança do débito. A intervenção desta e os atos relativos às negociações, não podem, em caso algum, acarretar-lhe maior responsabilidade do que as constantes dos limites previstos nas condições da apólice.

O Judiciário poderá interpretar que as determinações contidas na cláusula *supra* não se aplicarão em face das circunstâncias que envolvem o momento peculiar da pandemia, sendo que o *seguro foi contratado justamente para a garantia do inadimplemento contratual*, sendo este o seu *objeto principal*, a *essência* do risco coberto. A "cláusula 9", particularmente a "perda de direito" especificada mais de uma vez no corpo do referido dispositivo contratual, e sequer sob a condição de *"risco excluído"*, na verdade desconstrói em grande parte a *garantia essencial*[17] mencionada no parágrafo anterior. Do mesmo modo, o clausulado não identifica se a Seguradora colocará à disposição do segurado os serviços advocatícios necessários, assim como as custas judiciais, para a persecução da ação de despejo, por conta dela, sendo que em princípio seria o procedimento mais adequado para a proteção efetiva daquele que tem o interesse no seguro. Simplesmente exigir do locador que interponha a ação de despejo logo no segundo mês da inadimplência, sem assumir as despesas correspondentes e, ainda, sob *condição prévia taxativa* para o reconhecimento posterior da cobertura do sinistro, pode ser visto como uma exigência excessivamente onerosa para com o segurado, descaracterizando a *garantia essencial* do contrato de seguro de fiança locatícia. Este entendimento sequer estaria condicionado ao fato da pandemia, ora em estudo neste texto, mas de ordem geral, desde sempre e para qualquer situação que se apresentasse diante de um clausulado com este tipo de determinação. Em função do fato representado pelo coronavírus, inclusive, o ordenamento jurídico nacional permite que seja feita a renegociação da dívida de aluguel, conforme a inteligência contida nos artigos 18 e 59 da Lei n.º 8.245/1991. Em face da importância deste assunto, repise-se, a necessidade de as apólices de fiança locatícia serem estruturadas de forma tal que possam apresentar, no âmbito das coberturas, também a *assistência jurídica* devida aos locadores em face do envolvimento judicial necessário para as ações de despejo, inerentes a este tipo de seguro. Simplesmente exigir a medida por conta e risco dos segurados não constitui, em princípio, um procedimento de boa formação técnica. Conforme Calmeiro, *"o contrato de seguro tem de ser útil"*[18] para quem o contrata. A onerosidade, sendo excessiva para com o segurado, pode e deve ser contestada, inclusive sob a regência do CDC, art. 51, inciso IV.

Impende, diante da discussão desse tema e em face da narrativa, apresentar a lição da professora Martins-Costa, quando ela lembra a todos que "para a seguradora, que é a 'profissional do risco', há dever de informação acerca do objeto do contrato, das limitações e dos riscos não abrangido na cobertura, das circunstâncias ocasionadoras do pagamento da indenização etc."[19]. Questiona-se, então, se o seguro de fiança locatícia, com este tipo de cláusula limitativa, e uma vez dada a oportunidade de fato ao locador de conhecer os exatos termos da cobertura e as exigências requeridas, se ele manteria o interesse na contratação. Considerando-se, todavia, que na maioria das vezes o seguro é agenciado por imobiliárias e não por corretores de seguros profissionais, dificilmente as referidas circunstâncias são esmiuçadas.

---

17. Através do REsp n.º 1.635.238-SP, o STJ considerou abusivas e por conseguinte nulas, as exclusões contidas nas Condições Gerais do Seguro de Acidentes Pessoais Coletivo e referentes a "gravidez, parto ou aborto e suas consequências; perturbações e intoxicações alimentares de qualquer espécie; todas as intercorrências ou complicações consequentes da realização de exames, tratamentos clínicos e cirúrgicos". As cláusulas de contrato-padrão da Seguradora violam o Código de Defesa do Consumidor, ao impor desvantagem exagerada aos aderentes-consumidores, por confiscar-lhes justamente o conteúdo para o qual se dispuseram ao pagamento do prêmio. Este argumento foi a base do julgamento proferido pela Corte Superior de Justiça.
18. CALMEIRO, Ana Serra. *Das Cláusulas Abusivas no Contrato de Seguro*. Coimbra: Almedina 2014, p. 49.
19. MARTINS-COSTA, Judith. *A Boa-Fé no Direito Privado. Critérios para a sua aplicação*. São Paulo: Marcial Pons, 2015, p. 346

Oportuno informar que tem crescido em importância e demanda o Título de Capitalização – Notificação de Caução em transações imobiliárias, na condição de substitutivo do Seguro Fiança Locatícia. Apesar de a *capitalização*, pura e simples, poder representar prejuízo ao consumidor se comparada a qualquer outro tipo de investimento financeiro, cuja situação nem sempre é perfeitamente esclarecida ao consumidor de baixa renda no momento da angariação deste negócio, na área locatícia ela tem suprido as deficiências encontradas no seguro fiança: *menor preço e ausência do pré-requisito da demanda judicial.*

3.1.4 Seguro de lucros cessantes

A questão que envolve este ramo de seguro, apesar de possuir forte conotação social neste momento de crise em relação à pandemia do coronavírus, não tem possibilidade de prosperar de maneira positiva para os segurados, em qualquer contrato de seguro. Os clausulados do Seguro de Lucros Cessantes comercializados pelo mercado de seguros brasileiro, praticamente sem exceção, acobertam a referida garantia *apenas* quando consequente de danos materiais ou danos físicos sofridos pelos segurados, ou seja, quando os prédios e(ou) instalações também seguradas através de apólice de riscos de propriedades tiverem sofrido um sinistro decorrente de um risco coberto: incêndio, explosão, desmoronamento, colapso, alagamento, etc. Assim formulada, a apólice de Lucros Cessantes tem como pressuposto o dano material em primeiro plano, o qual não só danifica as propriedades, como também determina a paralização das operações empresariais. Com base nesses pressupostos técnicos do seguro, a inoperância proveniente da paralisia das atividades empresariais por conta do *isolamento social*, não constitui elemento para justificar o mecanismo indenizatório da apólice de Lucros Cessantes. Esta condição, inclusive, se apresenta de forma muito clara nos dispositivos contratuais, não podendo ser contestada sob este aspecto, uma vez que não apresenta lacunas, contradições ou dubiedades. De qualquer forma, somente a partir da análise cuidadosa de cada clausulado constante da apólice é que esta certeza pode ser confirmada.

A partir da deflagração do isolamento social o tema passou a sofrer toda a sorte de investigação também no mercado de seguros brasileiro, com posicionamentos diversificados. Questões intrincadas, antes deixadas de lado, agora se apresentam de forma primordial, assim como a definição exata da cobertura adicional de "impedimento de acesso", usual nas apólices de seguros de propriedades. Em princípio, a referida cobertura prescinde do dano material sofrido diretamente pelo bem segurado, mas há que ser investigada, exaustivamente, a redação da cláusula. No Reino Unido, este tema relativo às *"non-damage covers"* tem movimentado as Cortes de Justiça e a discussão ainda não terminou[20].

Em alguns países, há a possibilidade de o Seguro de Lucros Cessantes garantir também as perdas provenientes de outras situações que não apenas os danos materiais sofridos pelas propriedades seguradas (*non-damage covers*), mas este fato não auxilia na construção de qualquer tipo de justificativa que possa obstruir o critério atualmente

---

20. Leia mais: Pagar ou não o seguro de lucros cessantes em decorrência da pandemia? por Denise Bueno, Sonho Seguro, 19.10.2020. https://www.sonhoseguro.com.br (Último acesso em 23.10.2020).

vigente no mercado de seguros nacional. Também naqueles outros mercados, mesmo os mais desenvolvidos, é comum a limitação da cobertura de Lucros Cessantes decorrente de danos físicos (*property damage*), sendo que a diferença em relação ao Brasil repousa no fato de que a ampliação para outros tipos de eventos é mais facilitada, uma vez submetido o pedido aos subscritores das seguradoras. Tema, inclusive, que necessariamente deverá ser objeto de tratativas entre os diversos agentes do mercado de seguros brasileiro, no período *pós-coronavírus*, e com vistas no aprimoramento das bases das coberturas atualmente praticadas e que demonstraram, incontestavelmente, obsolescência e nenhuma serventia em face da necessidade de maior amparo da garantia do seguro. A nomenclatura empregada nos contratos de seguros tem relevância absoluta quanto a sua abrangência e(ou) significado, inclusive sobre o aspecto da conformidade técnica e jurídica, sendo que essa consideração nem sempre foi objeto de preocupação no mercado de seguros nacional. A pandemia e seus diferentes desdobramentos tende a modificar este cenário, fortalecendo a exigência da observação máxima dos princípios técnicos quando da redação das bases contratuais de seguros.

Segundo a Agência Moody's, na *"Alemanha, o seguro que protege as empresas também limita as compensações a riscos como incêndio, roubo, danos causados por elementos da natureza, mas não obriga a indenizar perdas ligadas a pandemias. Poucas empresas terão contratado a cobertura para risco de doenças transmissíveis, explica a Moody's citando a autoridade local de supervisão Gesamtverband der Deutschen Versicherungswirtschaft (GDV)"*[21]. A matéria se referiu ao seguro de lucros cessantes, objeto deste tópico. Diante desta constatação, até mesmo os países nos quais os mercados de seguros são mais desenvolvidos do que o brasileiro, foram todos *surpreendidos* pela pandemia do coronavírus. A Moody's informou que também o Reino Unido, a França e a Suíça apresentam o mesmo cenário alemão e lembrou que diante do volume de reclamações de sinistros que se concretizará, a recusa do pagamento das indenizações correspondentes poderá malucar a reputação das grandes empresas de seguros e de resseguro europeias.[22].

Verificando ainda mais as especulações que vêm ocorrendo nos países desenvolvidos e em razão da pandemia do coronavírus, constata-se que todos os tipos de seguros estão passando por filtros mais estreitos quanto ao real alcance das coberturas oferecidas pelas apólices vigentes. Discute-se, juridicamente, em outro nível de especulação, se a simples presença do coronavírus *caracteriza ou não* um *dano material* efetivo no âmbito das apólices que garantem riscos de propriedades. Perguntas abertas poderão despertar a necessidade de haver alterações na definição de "dano físico"[23], dependendo das decisões das cortes de justiça, quando o questionamento chegar até elas. Embora a maioria das apólices dos riscos de propriedades sejam omissas a respeito deste tipo de situação, algumas delas podem garantir, ainda que excepcionalmente, danos provocados por fungos, mofo e outras bactérias e, através deste tipo de abertura, pode-se chegar à conclusão que pelo fato de o coronavírus estar presente na propriedade segurada, o dano material estará

---

21. https://eco.sapo.pt/2020/03/22/covid-19-e-interrupcao-de-negocio-expoem-seguradoras-a-risco-reputacional--diz-moodys/ (Último acesso em 31.03.2020).
22. Idem.
23. https://www.businessinsurance.com/article/20200316/NEWS06/912333554/Coronavirus-coverage-tied-to-physical-damage-definition-Experts (Último acesso em 29.03.2020).

estabelecido e com todos os reflexos dessa interpretação: *cobertura para as despesas de descontaminação, por exemplo, assim como para as perdas financeiras e(ou) lucros cessantes decorrentes da paralisação das operações empresariais*. A cobertura para as despesas com a descontaminação de fungos, bactérias e vírus pode ser encontrada, por exemplo, nos Programas de Seguros Ambientais nos EUA, país no qual o segmento é o mais desenvolvido mundialmente, e em alguns países da UE, com destaque para o centro internacional de seguros e resseguro que é a cidade de Londres[24], especialmente para estabelecimentos hospitalares. Diante da crise sem precedentes, não há dúvida de que muitas questões atualmente abertas em relação aos *termos e condições* dos clausulados das apólices vigentes estão sendo colocadas em xeque e até mesmo em sede judicial, motivado pelo comportamento das seguradoras nos departamentos de análises de sinistros e também em razão do valor das perdas, que pode não suportar respostas simplificadas e sem argumentos bem fundamentados. Os diferentes informativos eletrônicos encontrados nos mercados internacionais de seguros têm noticiado o movimento dos tribunais acerca das ações já interpostas contra as Seguradoras: *"juiz do tribunal da Carolina do Norte decidiu a favor de um grupo de restaurantes em litígio de interrupção de negócios relacionado à pandemia, sustentando que a ordem do estado para fechar os restaurantes era uma perda física coberta por suas apólices"* – Business Insurance – 22.10.2020 (www.businessinsurance.com); *"tribunais federais em Atlanta e Los Angeles rejeitaram as ações judiciais relacionadas ao COVID-19 movidas por restaurantes contra as unidades Nationwide Mutual Insurance Co. e Travelers Co., respectivamente, mas um tribunal estadual decidiu a favor de um restaurante em Ohio contra a Cincinnati Insurance Co."* - Business Insurance – 07.10.2020 (idem); *"painel judicial dos EUA consolida alguns casos de interrupção de negócios COVID-19"* – Business Insurance – 05.10.2020 (idem); *"tribunal federal decide contra advogado em caso de interrupção de COVID-19"* - Business Insurance – 02.10.2020 (idem); *"uma pandemia é muito grande para a indústria segurar"* – The Telegraph – 25.10.2020 (www.telegraph.co.uk), sendo que *"o chefe do Lloyd's de Londres, Bruce Carnegie-Brown, conclama o governo a intervir, assim como o fez após os ataques terroristas dos anos 90."* (último acesso 26.10.2020). Também no Brasil, os textos começam a se multiplicar: *"como consequência da Covid-19, há cobertura securitária para lucros cessantes?"*, por Ilan Goldberg, Consultor Jurídico, 17.08.2020 – www.conjur.com.br (Último acesso 23.10.2020); *"empresas querem indenização por paralisações na pandemia"*, por Flávia Furlan e Sérgio Tauhata,

---

24. Descontaminação de Estabelecimentos de Saúde – Seguro PPL (Premises Pollution Liability com cobertura para Despesas de Contenção de Sinistros e de Condição de Poluição Ambiental no Interior do Estabelecimento Segurado, incluindo as despesas para transportar e alojar ocupantes dos hospitais para outras dependências seguras, até a completa descontaminação do local atingido [fungos, vírus, bactérias, descarga, dispersão, liberação, escape, migração ou infiltração de *legionella* numa edificação ou estruturas]. (Healthcare Amendatory Endorsement – Decontamination Conditions) – Ocupações compreendidas: hospitais, clínicas, clínicas de repouso para idosos, manicômios, casas de tratamento de saúde em geral. Conforme, POLIDO, Walter. *Programa de Seguros de Riscos Ambientais no Brasil. Estágio de desenvolvimento atual*. 4ª ed. Rio de Janeiro: ENS-CPES, 2019, p. 144.
Legionella pneumophila, bactéria que pode causar o *mal dos legionários*, sendo que a pessoa adquire a doença uma vez exposta a ambiente infectado. Segundo a professora Mirian, "a proliferação desta bactéria ocorre em geral, em fábricas, hotéis, hospitais, museus, torres de resfriamento de sistema de climatização de ambientes, tanques de abastecimento de residências, hidromassagem, umidificadores, fontes decorativas e sistema de combate a incêndio", in: DILGUERIAN, Mirian Gonçalves. *O Mal dos Legionários: diálogo entre o Direito Ambiental e o Direito Sanitário*. São Paulo: Juarez de Oliveira, 2010, p. 68.

Valor Econômico, 21.07.2020 – valor.globo.com (último acesso 23.10.2020). Dos casos que eventualmente já foram judicializados no país, ainda não se tem notícia sobre qualquer decisão firmada.

Uma vez verificada a possível judicialização do tema no Brasil, o resultado dependerá e muito da redação a ser observada em cada contrato de seguro. A doutrina especializada tende a acolher a tese de que a expressão *"dano material"* absorve não só a ideia de *dano físico* propriamente dito, como também a impossibilidade *de utilização* (fruição, disposição) do *bem tangível* e, neste particular, a cobertura de impedimento de acesso, usualmente encontrada nas apólices de seguros patrimoniais, pode propiciar o entendimento abrangente da cobertura. O disposto no artigo 402 do CC, fundamenta em grande parte este entendimento. Para De Plácido, o *"dano material se diz da perda ou prejuízo que fere diretamente um bem patrimonial, diminuindo o valor dele, restringindo a sua utilidade, ou mesmo a anulando"*.[25] O dicionário da Escola Nacional de Seguros prevê o seguinte: *"toda alteração de um bem corpóreo que reduza ou anule seu valor econômico"*.[26] Aprofundando a análise do termo, a doutrina especializada de Ana Prata: *"dano material – é o prejuízo causado em coisas, isto é, em direitos ou interesses relativos a coisas"*[27], sendo que sob esta perspectiva o significado e a abrangência ampliam consideravelmente. O seguro, conforme o disposto no art. 757, CC, tem como objeto garantir o *interesse* do segurado e não a coisa propriamente dita. Com base nessa premissa, o conceito determinado pela ilustre jurista portuguesa, traz lume à questão do significado da expressão *danos materiais*, mesmo porque ela complementa afirmando que o *dano patrimonial "traduz a lesão de interesses de ordem patrimonial"*.[28] Não faltarão recursos doutrinários para a justificação de eventuais pedidos extensivos de indenizações, quer no âmbito administrativo, quer em sede judicial também no Brasil, cujo debate segue acalorado em outros países.

Nas apólices de riscos patrimoniais brasileiras, é comum encontrar expressões na cláusula de riscos cobertos e referentes à ocorrência de "danos físicos" ou "danos materiais" aos "bens e locais segurados", como consequências de eventos predeterminados ou nem sempre nomeados um a um, na hipótese de a apólice ter sido contratada sob o conceito "todos os riscos – *all risks*". As apólices usualmente definem alguns termos, assim como "dano físico", "dano material" e ou "locais segurados", embora nem sempre isso ocorra e, mesmo existindo, as definições podem não ser perfeitamente conexas com a legislação e a doutrina regentes. A definição do termo "acidente", por exemplo e sob a condição de *"avaria, perda ou dano material de origem súbita, imprevista e acidental sofrida pelo bem segurado"*, usualmente encontrada em determinadas Condições Especiais das apólices de seguros patrimoniais no país, tem gerado confusão interpretativa, mesmo porque tende a restringir muito mais do que ela realmente significa. A confusão, inclusive, se maximiza quando muitas vezes há outra definição contida no glossário das Condições Gerais da mesma apólice, segundo a qual "acidente" é o *"acontecimento que deriva de causa súbita, imprevista e ocasional, que provoca danos materiais aos bens e*

---

25. SILVA, De Plácido e. *Vocabulário Jurídico*. Atualizadores: Nagib Slaibi Filho e Gláucia Carvalho. 26ª ed. Rio de Janeiro: Forense, 2006, p. 410.
26. *Dicionário de Seguros. Vocabulário conceituado de seguros*. 3ª ed. Rio de Janeiro: Funenseg, 2011, p. 80.
27. PRATA, Ana. *Dicionário Jurídico*. 5ª ed. v. I – Direito Civil. Coimbra: Almedina, 2013, p. 437.
28. Op. cit., p. 438.

direitos segurados, *passíveis de reparação e construção ou reposição*". Neste particular, o disposto no art. 423 do CC, pode resolver a questão em face do segurado.

Já se sabe, também, que Seguradoras no Brasil estão sendo instadas a oferecer a garantia de perdas decorrentes dos lucros cessantes, *independentemente do dano material*, cujo pressuposto deverá sofrer alterações pontuais. Não há como imaginar que os procedimentos e(ou) as práticas atualmente utilizadas nos seguros de propriedades possam continuar intactas na pós-pandemia em face do malogro experimentado com o advento dos sinistros não indenizados em consequência da Covid-19. Não há como deixar, também, a magnitude deste tema permanecer apenas sob os limites da redação das atuais apólices vigentes e dos possíveis reflexos da boa ou da má defesa dos segurados pelos seus respectivos corretores de seguros e(ou) advogados. Tampouco sob o alvitre das cortes de justiça. As inconsistências redacionais das apólices de seguros são notórias no país. O assunto, por sua vez, é muito mais amplo do que isso e não pode permanecer circunscrito a meras discussões domésticas, até porque o mercado de seguros, assim como o de resseguro são globalizados. Quando do atentado terrorista de 11 de setembro de 2001, os mercados internacionais estabeleceram diferentes mecanismos de garantia contra possíveis e futuros eventos semelhantes, inclusive de natureza mista, ou seja, com a assunção de riscos pela iniciativa privada seguradora-resseguradora e também com a participação dos governos. Especiais fundos foram criados e se mantêm operantes. O mercado de seguros brasileiro, por seu turno, *simplesmente excluiu o risco de terrorismo* de todos os tipos de apólices, com o beneplácito do governo, representado pela Susep, não mais discutindo o assunto até os dias atuais. Este comportamento não poderá ser repetido na pós-pandemia, sendo que a discussão sobre os mecanismos protetivos deverá ser a pauta das diferentes entidades do setor, de forma ampla e objetiva. Não se trata, inclusive, de assunto apenas voltado aos grandes riscos e sob a tutela exclusiva dos resseguradores, mas de todos os tipos de seguros, invariavelmente. A mencionada pauta, portanto, é de importância inquestionável.

O mercado de seguros deve responder positivamente a esta demanda, até porque não está descartada a possibilidade de ocorrer outras situações pandêmicas.

3.1.5 Seguro de responsabilidade civil estabelecimentos médicos e odontológicos

Neste segmento, conhecido internacionalmente por *Medical Malpractice Insurance*, a garantia da apólice repousa na responsabilidade civil proveniente de erros ou omissões dos estabelecimentos e dos profissionais da saúde que neles atuam. Este seguro tem sido contratado em larga escala no Brasil nos últimos anos e a sinistralidade também tem se elevado, na medida em que a população reclama, cada vez mais assiduamente, e em razão não só do nível de consciência sobre os direitos que tem crescido, como também em função do elevado número de casos de sinistros consumados.

Com a crise estabelecida diante do número de pacientes acometidos pela contaminação do coronavírus, apesar do programa de isolamento social, a atuação dos profissionais da saúde se maximiza em relação às exigências e, em tais circunstâncias, as falhas podem acontecer com maior exposição. O seguro garante, ainda, as falhas e os danos causados aos pacientes em razão dos equipamentos utilizados nos estabelecimentos de saúde, os quais podem apresentar defeito, ou situações decorrentes do mal uso, por exemplo. A Lei Geral de Proteção de Dados Pessoais – LGPD (13.709/2018), também pode ensejar algum tipo de dano aos pacientes, expondo ainda mais os estabelecimentos e os profissionais da saúde, com repercussões no Seguro RC Profissional, apesar de que os "danos morais", na grande maioria das apólices brasileiras, somente se encontram garantidos se decorrentes de danos pessoais cobertos pelo seguro, salvo se a apólice dispuser, taxativamente, da cobertura para os chamados "danos morais puros".

Questões relacionadas com a recusa de atendimento de pacientes, usualmente estão excluídas do escopo de uma apólice RC Profissional. A "mistanásia", cujo termo denota a morte miserável, antes da hora, conhecida também como "eutanásia social", não entra em discussão neste tipo de seguro, na medida em que a cobertura da apólice repousa nas consequências em si de um ato médico praticado, o que não é o caso na mistanásia.

Neste seguro de RC Profissional, a "contaminação hospitalar" constitui um risco usualmente garantido pelas apólices.

3.1.6 *Seguro de responsabilidade civil dos profissionais da área de saúde e RC profissional de síndicos de condomínios comerciais e residenciais*

Na mesma linha do *Medical Malpractice*, o Seguro de RC para o profissional autônomo garante as consequências das falhas profissionais do referido segurado, representadas por erros ou omissões no desempenho das suas atividades. Em alguns países têm surgido discussões sobre a possibilidade de agravamento do risco profissional para os médicos, na medida em que cirurgias eletivas foram adiadas, assim como o atraso de diagnósticos em razão da não realização de exames laboratoriais, entre outros fatores correlatos.

No Seguro de RC Síndicos, dentre os diversos tipos de seguros que garantem atividades profissionais, os síndicos podem se ver arrolados com *questões do coronavírus*, por exemplo pela ausência de vigilância adequada quanto ao cumprimento de normas determinadas pelos condomínios. São questões ainda desconhecidas, mas que podem surgir diante do quadro de crise e pelas circunstâncias um tanto quanto inusitadas.

Outras categorias profissionais podem apresentar também algum tipo de exposição em relação à pandemia em análise, mas muito remota a possibilidade, além dos tipos já retratados nominalmente neste texto. Situações antes não imaginadas, sendo que algumas delas podem ainda ser suscitadas futuramente, movimentarão os departamentos de sinistros das seguradoras e também os corretores de seguros, uma vez que esses profissionais serão chamados a responder por série de questões relacionados ao tema e sob a perspectiva de possível enquadramento na cobertura do seguro já contrato e vigente ou a ser contratado, dependendo do tipo de resposta que será apresentada ao interessado consulente. Nem sempre os produtos de seguros *padronizados* darão respaldo para as possíveis particularidades de cada interessado, mas nem por isso deixará de existir solução para o caso, requerendo a análise também especial por parte do corretor e da seguradora.

3.1.7 Seguro de responsabilidade civil de diretores e administradores – D&O

O D&O, em franco desenvolvimento no Brasil, não só em número de apólices emitidas e para os mais diferentes segmentos (empresas em geral – privadas e públicas; operadoras de fundos de investimentos; instituições financeiras; seguradoras; outras), mas também em razão do volume de sinistros reclamados, tem movimentado o mercado de seguros. No tocante ao risco representado pela pandemia do coronavírus, neste momento é ainda difícil estabelecer quadro completo das possíveis exposições dos administradores. De todo modo, em face também do isolamento social que a pandemia determinou, lembrando que a maioria dos empregados está atuando em *home office*, situações não antes ocorridas ou se foram, se apresentaram em grau de menor intensidade, agora estão maximizadas. Na projeção deste provável quadro, as possíveis violações de segredos e de direitos autorais; equipamentos (computadores e telefones) foram instalados às pressas, para viabilizarem acessos e a continuidade dos serviços; medidas e controles de segurança podem não ser possíveis com a mesma *performance* remotamente e diante de tamanha diversidade de locais de acesso aos sistemas; registros de utilização de cópias protegidas por *copyright*, etc. Todas as organizações de porte, particularmente aquelas que atuam em mercados regulados, passam por auditorias periódicas. Esses elementos poderão se tornar pontos de observação nas auditorias e relatados aos órgãos respectivos, com desdobramentos para os respectivos administradores e gestores.

No que concerne à responsabilidade civil dos administradores de Seguradoras, também sujeitos à garantia do Seguro D&O, algumas considerações podem ser projetadas, desde logo. Uma vez que não será ultrapassada de maneira simples e em curto espaço de tempo a questão relativa à discricionariedade que cada seguradora dispõe de fato para decidir sobre coberturas que se encontram taxativamente excluídas dos contratos de seguros, de Vida por exemplo, o D&O poderá ser acionado, invariavelmente. Acionistas minoritários, por exemplo, poderão questionar a deliberação dos administradores da Seguradora quanto à decisão de indenizar todos os sinistros reclamados, diminuindo a margem de lucro da empresa. Também o Órgão Regulador, de ofício, ao cumprir o seu papel fiscalizatório poderá fazer valer a sua competência e atribuição, por exemplo aplicando as sanções previstas[29] na Resolução CNSP n.º 243, de 2011 (dispõe sobre sanções administrativas no âmbito da atividade de seguro, cosseguro, resseguro, retrocessão, capitalização, previdência complementar aberta, de corretagem e auditoria independente no âmbito da Superintendência de Seguros Privados) e também nas disposições normativas advindas da Lei n.º 9.613/1998 (dispõe sobre os crimes de "lavagem" de dinheiro). A situação não poderá ser resolvida com base em sentimentos altruísticos ou mesmo sob o olhar de oportunidade em face da possível vantagem comercial que o procedimento representou, mas sim e, necessariamente, pautado no Direito subjacente. O pretenso Direito dos acionistas, por sua vez, embora possa passar pelas normas legais positivadas, cujo resultado seria, em princípio, muito mais cômodo e fácil de ser matematizado, encontrará toda a sorte de resistência na defesa. A mencionada Resolução do

---

29. Exemplo: Art. 63. Gerir a empresa de forma temerária, colocando em risco o seu equilíbrio financeiro ou a solvência dos compromissos assumidos. Sanção: multa de R$ 50.000,00 (cinquenta mil reais) a R$ 1.000.000,00 (um milhão de reais).

CNSP, *retro*, por exemplo, determina no art. 2°, inciso VI, § 3° que *"não há infração quando o descumprimento de norma ocorrer por motivo de caso fortuito ou força maior devidamente comprovado"*. Do mesmo modo, a Resolução prevê o arrefecimento da sanção quando não houver dolo (art. 2°, VI, § 4°). O seguro tem regras técnicas próprias e elas também devem servir de base, necessariamente, para a composição dos eventuais conflitos.

3.1.8 Seguro de responsabilidade civil de corretores de seguros e de brokers de resseguro

Embora aparentemente remota a possibilidade de os corretores de seguros e os *brokers* de resseguro serem acionados em face de suas respectivas atuações, neste texto todas as situações plausíveis foram elencadas e de modo a fecharem o círculo de riscos que a pandemia propicia no segmento de seguros. A eventual reclamação do segurado contra o corretor de seguros e sob a alegação de que ele não buscou o melhor alcance possível de cobertura para os riscos afetos, embora seja possível, não tem ainda no Brasil qualquer representatividade. De igual alcance, a pretensão da seguradora que contratou o *broker* de resseguro para a colocação dos seus contratos junto aos resseguradores e se sente lesada agora pela ausência de coberturas mais consistentes, inclusive da garantia para o acúmulo de sinistros provenientes de uma mesma causa (catástrofe). São situações que podem passar despercebidas neste momento no mercado de seguros brasileiro ou sem a postulação de possíveis direitos com base nelas, mas certamente deixarão de ser inconsistentes no futuro próximo, uma vez experimentado o prejuízo agora. No âmbito do resseguro e para a arquitetura das coberturas dos programas, tudo leva a crer que tanto os *brokers*, assim como as seguradoras passarão a ter maior cuidado e senso de observação sobre aquelas carteiras de seguros sujeitas a eventos catastróficos e propensos, a partir desses fenômenos, à acumulação de sinistros. Os corretores de seguros, por seu turno, deverão redobrar a atenção sobre as bases de coberturas dos diversos tipos de seguros, conforme as ofertas diversificadas feitas pelo mercado segurador. Os momentos cruciais como este da pandemia do coronavírus, determinam não só um olhar diferenciado e crítico sobre o *status quo*, como também sobre o *porvir*, necessariamente sem as mesmas falhas que forem detectadas agora. As exigências, em todos os níveis, galgarão outro patamar e, a partir dele, o mesmo grau para as respectivas responsabilidades dos atuantes no mercado de seguros.

3.1.9 Seguro de crédito interno e externo. Seguro garantia

Pautado na garantia do crédito em razão das vendas a prazo, o Seguro de Crédito Interno, em que pese o perdão da moratória, assim como a postergação dos prazos de pagamento que vêm ocorrendo, a inadimplência acentuada é esperada. No tocante ao Seguro de Crédito Externo, importadores de bens e serviços brasileiros também deixarão de cumprir os compromissos, redundando em grau expressivo de sinistralidade para os exportadores.

No Seguro Garantia, os clausulados das apólices não preveem explicitamente a exclusão de pandemias no caso de a obrigação segurada (de fazer; de entregar; de pagar) não poder ser adimplida. Há, em determinados modelos de apólices, a exclusão genérica para *caso fortuito ou força maior*. Essas figuras jurídicas, todavia, em tempo de anormalidade, podem ser relativizadas ou mesmo desconsideradas. Seja como for, discussões ocorrerão neste segmento, o qual presenta volume expressivo de contratações no país.

3.1.10 Outros seguros

Vários outros tipos de seguros estão sendo atingidos, assim como o Seguro de Eventos – o qual prevê também a cobertura para as despesas decorrentes do cancelamento. Apresenta-se, neste caso, a emblemática transferência das Olimpíadas do Japão de 2020 para 2021; Seguros de Viagem; Seguro de RC Empregador – o qual estará especialmente exposto por conta da massificação do *home office* em caráter de urgência; Seguros de Riscos Cibernéticos[30] – em razão do mesmo motivo encontrado no Seguro RC Empregador, o fato de os empregados se concentrarem em suas respectivas residências e acessando remotamente os sistemas corporativos, pode aumentar o risco de ataques; Seguro de Responsabilidade Civil de Produtos – comercialização de novos medicamentos, além da responsabilidade dos fabricantes de EPI (equipamentos de proteção individual) em razão de possíveis defeitos de fabricação e(ou) inadequação dos produtos; Seguro de Testes Clínicos (*Clinic Trials Insurance*) – responsabilidade civil em decorrência de experimentos de novos medicamentos.

Um segmento que tem se destacado na discussão dos seguros afetos neste contexto pandêmico é o de filmagens. A apólice de Riscos Diversos Filmagens apresenta uma vasta gama de coberturas as quais, além dos possíveis danos sofridos pelos equipamentos de filmagens, iluminação e afins, mais cenários e bens de terceiros sob a custódia do segurado, garante também perdas financeiras pela interrupção das filmagens em razão de vários eventos, assim como a morte ou acidente com os protagonistas do elenco. Com a estabilização do cenário da pandemia, algumas atividades foram retomadas, inclusive a de filmagens, respeitadas as normas sanitárias. Determinada seguradora, ao ser avisada pelo segurado da retomada das filmagens, emitiu endosso alterando as apólices vigentes e incluiu a "cláusula de exclusão de doença transmissível", sob a argumentação de ter havido agravamento do risco, conforme o disposto no art. 769 do CC. Sobre o referido procedimento, contestado por um segurado, já houve o acolhimento judicial de antecipação de tutela, conforme o Processo: 0030714-92.2020.8.19.0209, através do Tribunal de Justiça Regional da Barra da Tijuca, Rio de Janeiro, em 18.09.2020.

4. RESSEGURO

O contrato de resseguro não apresenta qualquer tipo de vinculação direta com os segurados e mesmo porque as partes celebrantes são Seguradora e Resseguradora. Este princípio, internacionalmente aceito, está normatizado na Lei Complementar n.º 126/2007, artigo 14º, com a seguinte redação: *"Os resseguradores e os seus retrocessioná-*

---

30. Esta categoria já tem sido classificada sob a condição de *"mega-riscos"* pelos mercados internacionais, na medida em que os ataques cibernéticos podem provocar perdas consideráveis, bastando que eles atinjam determinadas cadeias inteiras de produção de bens ou de serviços: usinas hidrelétricas, sistemas viários com diversos modais interligados, rodovias, aeroportos, siderúrgicas, etc.

rios não responderão diretamente perante o segurado, participante, beneficiário ou assistido pelo montante assumido em resseguro e em retrocessão, ficando as cedentes que emitirem o contrato integralmente responsáveis por indenizá-los". As relações e as responsabilidades decorrentes do resseguro são compartilhadas apenas entre as partes celebrantes. Diante dessa situação jurídica, os procedimentos que forem adotados pelas Seguradoras e que possam contrariar as bases dispostas nos contratos de seguros emitidos por elas, não serão automaticamente absorvidos pelos resseguradores, conforme os princípios e a legislação vigentes. Não há, portanto, solidariedade entre seguradora e ressegurador com base neste entendimento padrão, mundialmente acolhido. Aquelas seguradoras, portanto, que assumirem situações de coberturas extraordinárias de riscos que não estiveram presentes quando das negociações para a celebração do contrato de resseguro, assumirão integralmente o ônus desse procedimento.

No que se refere aos *riscos de endemia e pandemia*, concluindo, é relevante destacar que os contratos tradicionais de resseguro para os seguros de pessoas podem excluir expressamente essas situações, usualmente catastróficas e que requerem análises particularizadas para a eventual concessão de cobertura caso a caso.

5. CONCLUSÕES

Impossível ao Direito predeterminar a solução para todas as situações contratuais que emanam da sociedade, notadamente em razão de fato sem precedente como este da pandemia pelo coronavírus. Se não forem observadas as diversas fontes, a injustiça poderá ser prestigiada nesta hipótese, desconstruindo a base do Direito que visa, sob o domínio da equidade e da razoabilidade, a busca do justo. Na acepção sempre douta e contemporânea de Orlando Gomes, *"para atingir o objetivo de racionalização jurídica da realidade social, o jurista constrói incessantemente"*[31]. E o professor Junqueira de Azevedo colmata, lembrando a todos: "o paradigma jurídico, portanto, que passara da lei ao juiz, está mudando, agora, do juiz, ao caso. *A centralidade do caso é este, o eixo em torno do qual gira o paradigma jurídico pós-moderno"*[32]. Os diferentes contratos de seguro devem ser tomados sob esta ótica e sobre a finalidade precípua contida em cada um deles, sendo que também o ordenamento civil colabora para esta metodologia hermenêutica, ao determinar no seu artigo 112: *"nas declarações de vontade se atenderá mais à intenção nelas consubstanciadas do que ao sentido literal da linguagem"*. O contrato de seguro *deve ser útil* para quem o contrata e, havendo dubiedade ou lacunas nas bases contratuais, a interpretação deverá ser mais favorável ao segurado-aderente (art. 423, CC), prevalecendo ainda e *necessariamente* todos os demais *elementos principiológicos* contidos no Código de Defesa do Consumidor. Impende indicar, mais uma vez, e na condição de *princípio hermenêutico fundamental* estatuído pela LINDB, o disposto no artigo 5º: *"Na aplicação da lei, o juiz atenderá aos fins sociais a que ela se dirige e às exigências do bem comum"*.

---

31. GOMES, Orlando. A Evolução do Direito Privado e o Atraso da Técnica Jurídica (1955). *Revista Direito GV 1, n. 11*, v. 1, maio 2005, p. 134.
32. AZEVEDO, Antonio Junqueira de. O Direito Pós-Moderno e a Codificação. *Revista de Direito do Consumidor n. 33*, São Paulo: RT, janeiro-março 2000, p. 127.

A *iniciativa privada*, neste particular as Seguradoras, são chamadas para colaborar com a respectiva cota nesta guerra contra os efeitos nocivos da pandemia do coronavírus. Atitudes que podem satisfazer os acionistas, podem redundar em mais tragédia para as pessoas seguradas, famílias inteiras. As seguradoras devem satisfazer os seus acionistas, mas elas também atribuem parcelas nos cálculos matemáticos que lastreiam a atividade-fim, na condição de *custos administrativos*, inclusive para o comissionamento de intermediários, além das remunerações internas para o pessoal de vendas e bônus para os executivos. Essas parcelas e outras podem ser pressionadas em tempos de crise. Nos seguros de pessoas, há ainda previsões matemáticas relativas a possíveis antecipações da morte dos segurados e, neste caso, especificamente, não haveria nenhum sentido técnico-jurídico em simplesmente negar o pagamento de indenizações aos beneficiários das vítimas do coronavírus, ainda que no texto das apólices se apresente a exclusão explícita para o risco de pandemia. A provável existência de "reservas ocultas" é outro fator que poderá ser utilizado a favor dos beneficiários neste momento crucial. Este tema já foi objeto de acirradas discussões em outros países já há algum tempo: *"no momento existem reservas ocultas das companhias de Seguros de Vida, isto é, a diferença entre os valores contabilizados e o valor real do mercado dos capitais aplicados, de aproximadamente 25 bilhões de Euros. A Corte Suprema alemã deliberou num acordo doutrinário, que os clientes devem futuramente ter uma participação 'apropriada' e compreensível nas reservas ocultas, que, até o presente momento, foram completamente omitidas no cálculo de participação nos benefícios"*[33]. Todas as reclamações de sinistros, portanto, deverão ser analisadas *individualmente*, cada qual com sua particularidade e à luz das bases técnicas subjacentes em cada ramo de seguro. A investigação, neste sentido, deve ser multidisciplinar, na medida em que a contabilização das contas, assim como a feitura das notas técnicas atuariais requerem conhecimentos especializados e que podem fugir do domínio dos operadores do Direito. Contadores, atuários, matemáticos e médicos devem atuar, simultaneamente e em conjunto, de modo a construírem as bases informativas para o possível reconhecimento de coberturas, diante de eventuais recusas injustificadas. Também os magistrados devem estar atentos a essas questões particularizadas, auxiliados por peritos especializados, sem açodamento nas decisões e com respaldo nos elementos ora indicados. A generalização e os paradigmas que foram utilizados até o momento, não mais condizem com a realidade do coronavírus. O mercado de seguros mundial não será, *invariavelmente*, o mesmo após a pandemia; *o brasileiro tampouco*.

6. REFERÊNCIAS

AZEVEDO, Antonio Junqueira de. O Direito Pós-Moderno e a Codificação. *Revista de Direito do Consumidor n. 33*, São Paulo: RT, janeiro-março 2000.

BERTSCHINGER. P. P. *Know How en Seguro y Reaseguro*. Madrid: Editorial Mapfre, 1979.

CALMEIRO, Ana Serra. *Das Cláusulas Abusivas no Contrato de Seguro*. Coimbra: Almedina 2014.

---

33. PAULY, Christoph. Na dúvida, a favor do acionista. Artigo do *Spiegel online* de 29 de agosto de 2005, traduzido por Dario Läuppi.

CARVALHO, Délton Winter de. DAMACENA, Fernanda Della Libera. *Direito dos Desastres*. Porto Alegre: Livraria do Advogado, 2013.

DILGUERIAN, Mirian Gonçalves. *O Mal dos Legionários: diálogo entre o Direito Ambiental e o Direito Sanitário*. São Paulo: Juarez de Oliveira, 2010.

FARBER, Daniel. CHEN, Jim. VERCHICK, Robert. R. M. SUN, Lisa Grow. *Disaster Law and Policy*. New York: Aspen Publishers, 2010.

GOMES, Orlando. A Evolução do Direito Privado e o Atraso da Técnica Jurídica (1955). *Revista Direito GV 1, n. 11*, v. 1, maio 2005.

KÖNIGBAUER, Ingrid. PROFF, Derek. Gestionar inteligentemente a los partipantes del mercado. In: *Topics 1/2008. Cambio climático y responsabilidade. Daños de repercusión. Mercado de Salud*. München: Munich Re, 2008, p. 26-33.

MARTINS-COSTA, Judith. *A Boa-Fé no Direito Privado. Critérios para a sua aplicação*. São Paulo: Marcial Pons, 2015.

MENDES, J. J. de Souza. *Bases Técnicas do Seguro*. São Paulo: EMTS, 1977.

PAULY, Christoph. Na dúvida, a favor do acionista. Artigo do *Spiegel online* de 29 de agosto de 2005, traduzido por Dario Läuppi.

POLIDO, Walter A. *Contrato de Seguro e a Atividade Seguradora no Brasil: direitos do consumidor*. São Paulo: Roncarati, 2015.

POLIDO, Walter A. *Resseguro. Cláusulas Contratuais e Particularidades sobre Responsabilidade Civil*. 2ª ed., Rio de Janeiro: Funenseg, 2011.

POLIDO, Walter A. *Seguros de Responsabilidade Civil: manual prático e teórico*. Curitiba: Juruá, 2013.

POLIDO, Walter A. VILLAS BÔAS, Regina Vera. O contrato atípico de resseguro e as discussões contemporâneas sobre a sua natureza jurídica, fontes jurídicas que o fundamentam e função social exercida: garantia do efetivo equilíbrio do mercado segurador e do resseguro. In: *Revista de Direito Privado, RDPriv n. 61*, Ano 16. São Paulo: RT, janeiro-março 2015, p. 193-230.

POLIDO, Walter. *Programa de Seguros de Riscos Ambientais no Brasil. Estágio de desenvolvimento atual*. 4ª ed. Rio de Janeiro: ENS-CPES, 2019.

PRATA, Ana. *Dicionário Jurídico*. 5ª ed. v. I – Direito Civil. Coimbra: Almedina, 2013.

SILVA, De Plácido e. *Vocabulário Jurídico*. Atualizadores: Nagib Slaibi Filho e Gláucia Carvalho. 26ª ed. Rio de Janeiro: Forense, 2006.

A RESPONSABILIDADE CIVIL DAS OPERADORAS E A PANDEMIA COVID-19, O QUE MUDA?

Henrique Freire de Oliveira Souza

Advogado, com mais de 28 anos de experiência em saúde. Possui, dentre outros, MA in International Commercial Law (UCDAVIS School of Law) e LLM in International Legal Studies (Golden Gate University). Na data deste artigo, é membro da IABA (Inter American Bar Association); da WAML (World Association for Medical Law), do PEOPIL (Pan European Organization of Personal Injury Lawyers), do BRASILCON, do IBDCIVIL e do IBERC.

Sumário: 1. Introdução – 2. Da atividade das OPS – 3. Responsabilidade civil da OPS. Jurisprudência dominante – 4. Dos efeitos da pandemia na atividade das OPS – 5. O que muda na Responsabilidade Civil das OPS – 6. Conclusão – 7. Referências.

1. INTRODUÇÃO

Nestes tempos de quarentena, visitar museus pela internet ou rever, ou ler, livros comprados há muito tempo, nos horários livres do home office, se tornou uma diversão simples, efetiva e barata.

Um dos livros que chamou minha atenção, pois o título era como um convite ao milagre da tecnologia, foi *Great Discoveries in Medicine*. Em uma das suas páginas iniciais, encontrei um quadro pintado por Adam Elsheimer, no século XVI, denominado "St Elizabeth *visiting* a hospital",[1] no qual ele retrata Santa Elizabeth dando de comer e beber a um homem internado em um hospital em Marburg, na Alemanha. É um quadro simples, mas emblemático. Mostra uma enfermaria de um hospital da idade média. O pé direito do prédio é alto. Ao lado de cada cama, há uma pequena mesa com uma jarra de água fresca. Acima das camas, todas ocupadas, há duas grandes janelas para deixar o ar entrar, refrescar e limpar o ambiente. No meio do chão do hospital, vemos material de limpeza, indicando que o chão está sendo limpo. Além dos acamados, existem outros pacientes com problemas diversos, sentados em cadeiras A frente de uma das camas, dando de comer e beber a um dos doentes, está Sta Elizabeth, sendo observada, com atenção, por duas outras atendentes. Por fim, em uma das paredes, no alto, como que protegendo a todos, está a imagem de uma Santa. Água limpa, alimentação decente, higiene, ar fresco, carinho e atenção de santo no cuidar dos pacientes e, se nada desse certo, a oração e a fé...

---

1. Great Discoveries in Medicine. Edited by William & Helen Bynum. London: Thames & Hudson, 2011. p. 10.

Mais de 400 anos nos separam daquela pintura, mas será que a pintura estaria distante de nós hoje, diante da pandemia de uma doença para qual não se tem um tratamento especifico e efetivo, e que se espalha com incrível velocidade?

Esse quadro, essas realidades, esse tempo transcorrido, mostram a fragilidade do Homem diante da doença e a solidariedade caridosa, quase santa, daqueles que se lançam a lutar contra ela. O fato é que se a história da doença, e a luta contra ela, acompanham o homem desde o início dos tempos, as formas de acesso aos serviços de saúde, e a sua disponibilização e alcance, variam de País para País, e de um momento histórico para outro.

Em síntese, discutiremos aqui uma das formas de acesso à saúde, mais especificamente aquela que se dá através das denominadas operadoras de planos privados de assistência à saúde ("OPS"); além disso, iremos analisar mais profundamente, ainda que de forma sintética, um especifico aspecto dessa atuação: os efeitos da pandemia de COVID-19 na responsabilidade civil das OPS.

2. DA ATIVIDADE DAS OPS

No Brasil, nos termos do Art. 196 da Constituição da República Federativa do Brasil ("CF"), "*a saúde é direito de todos e dever do Estado, garantido mediante políticas sociais e econômicas que visem à redução do risco de doença e de outros agravos e ao acesso universal e igualitário às ações e serviços para sua promoção, proteção e recuperação*" sendo garantido, entretanto, nos termos do Art. 199 da CF que "*a assistência à saúde é livre à iniciativa privada*". Esse é um sistema misto,[2] onde a atuação do sistema público (Sistema Único de Saúde: "SUS") não impede a atuação dos entes privados, até dele o SUS se utilizando em certos momentos, mediante contratação dos seus serviços (através de convênio ou contrato de direito público).

Embora seja garantida a atuação livre do sistema privado, este sistema está sujeito à regulamentação pública, em maior ou menor grau, dependendo do tipo de atuação, sendo as ações e serviços de saúde considerados de "*relevância pública*", nos termos do Art. 197 da CF.

Dentro desse sistema misto, a atividade privada da OPS difere da atividade do SUS, seja com relação aos princípios básicos, seja com relação ao seu papel.

Sujeitas a uma regulamentação bem especifica, não se aplicam às OPS, dentre outros, os princípios obrigatórios no SUS da universalidade de acesso, da integralidade da assistência e da igualdade de assistência;[3] de fato, somente tem acesso à cobertura dos custos pela OPS aquele que com ela tiver contrato, estando essa cobertura e demais limites contratuais sujeitos a inúmeras regras e limitações previstas não somente no contrato,

---

2. Acerca das diferentes formas de organização dos sistemas de saúde, recomenda-se a leitura de duas obras: (i) JOHNSON, James, STOSKOPF, Carleen e SHI Leiyu. Comparative Health Systems – A Global Perspective – Second edition, USA: Jones & Bartlett Learning, 2018; e (ii) CONIL Eleonor Minho. Sistemas Comparados de Saúde (In: COHN, Amélia et al. *Tratado de Saúde Coletiva*. Coordenadores CAMPOS, Gastão Wagner de Sousa et al. São Paulo: Hucitec; Rio de Janeiro: Ed. Fiocruz, 2006).
3. Esses princípios seriam obrigatórios para o SUS, nos termos da Lei Federal 8080, de 19 de setembro de 1990 (DOU de 20/09/1990), art. 7º, incisos de I a XIII.

mas em Lei[4] e em outros atos normativos editados pela Agência Nacional de Saúde Suplementar ("ANS")[5] e pelo Conselho de Saúde Suplementar ("CONSU").[6] No que diz respeito à integralidade de assistência, em especial, existem limitações de cobertura, e elas estão previstas no Art. 10 (10, 10-A, 10-B e 10-C) da Lei 9656/98 c/c Art. 4º, III da Lei 9961/00, restando claro que embora tenha a OPS a obrigação de dar cobertura para todas as doenças da Classificação Internacional de Doenças da Organização Mundial de Saúde, a amplitude e condições dessa cobertura são definidas pela ANS, através do Rol de Procedimentos e Eventos em Saúde ("ROL"), hoje regulamentado pela Resolução Normativa 428, de 07/11/2017.[7]

Com relação ao papel da OPS nesse sistema misto, importante ressaltar a sua natureza "secundária". No Brasil, o cidadão ao fazer a contratação de uma cobertura privada (OPS) não perde o direito de continuar utilizando o serviço estatal, em qualquer condição e a qualquer momento; ou seja: tendo direito à cobertura por uma OPS, é um direito do cidadão optar por utilizar a OPS ou o SUS em caso de necessidade: a OPS não substitui, nem tem a mesma abrangência de cobertura do SUS. Não é demais relembrar, ainda, que as OPS estariam obrigadas a ressarcir o SUS toda a vez que o SUS desse atendimento a um dos beneficiários da OPS, nos limites da cobertura prevista no contrato de plano de saúde,[8] não havendo essa obrigação no caso contrário. Embora misto o sistema, o papel principal cabe ao SUS.

Feita essa distinção, importante comentar brevemente acerca da origem e da natureza da atividade da OPS.

O surgimento das OPS está relacionado ao aumento dos custos do tratamento médico e da necessidade de se buscar novas formas de acesso ao referido tratamento.

No Brasil, as OPS se desenvolveram entre as décadas de 50 e 60, e objetivavam suprir as necessidades de atendimento aos funcionários de empresas que, na época no *boom* da industrialização, se estabeleciam em São Paulo. Elas surgiram sob as regras do Código Civil de 1916 ("CC1916") e, inicialmente, como planos coletivos, exatamente buscando atender as necessidades empresariais.

Em uma linha simples de evolução, pode ser dito que após o surgimento das primeiras OPS, então chamadas "empresas de medicina de grupo" (pela influência americana): (i) os planos originalmente coletivos evoluíram para planos individuais e familiares. Curioso notar que, hoje, em razão das pressões de mercado, os planos voltaram a se concentrar na modalidade coletiva; (ii) a cobertura passou a ser oferecida não somente pelas empresas de medicina de grupo, mas por cooperativas; por autogestão; por seguradoras; e por

---

4. Lei Federal 9656, de 03/06/1998, DOU 04/06/1998.
5. Lei Federal 9961, de 28/02/2000. DOU 29/01/2000.À ANS são conferidos inúmeros poderes, sendo os mais relevantes: (i) o poder para regulamentar o setor, em um típico processo de deslegalização; (ii) o poder de punir administrativamente as OPS violadoras das regras; e (iii) o poder para celebrar termos de ajuste de conduta e termos de compromisso.
6. Lei Federal 9656/98 trata do CONSU nos seus Arts. 35A e 35B.
7. Disponível no DOU de 08/11/2017.
8. Lei Federal 9656, de 03/06/1998, DOU 04/06/1998. Art. 32: "Serão ressarcidos pelas operadoras dos produtos de que tratam o inciso I e o § 1o do art. 1o desta Lei, de acordo com normas a serem definidas pela ANS, os serviços de atendimento à saúde previstos nos respectivos contratos, prestados a seus consumidores e respectivos dependentes, em instituições públicas ou privadas, conveniadas ou contratadas, integrantes do Sistema Único de Saúde – SUS".

entidades filantrópicas; (iii) ademais, as OPS deixaram de atuar apenas na área médica passando a atuar também na área odontológica. Essa é a razão pela qual a definição de OPS prevista no Art. 1º da Lei 9656/98 é tão ampla: todas essas empresas/entidades, independentemente da sua forma de organização, são OPS e estão subordinadas aos ditames da Lei 9656/98 e às regras da ANS, sem prejuízo de serem elas diferentes entre si, cada qual com características próprias de atuação e de garantia de acesso aos serviços de saúde. Distinção relevante diz respeito às autogestões, reconhecidas pelo Superior Tribunal de Justiça ("STJ"), na Súmula 608, como não estando sujeitas as determinações do Código de Defesa do Consumidor ("CDC").[9]

Como dito, essa atividade das OPS se constitui em uma das formas de se fazer frente aos altos e crescentes custos de uma medicina cada vez mais informada pela tecnologia. É a repartição, entre os membros de um determinado grupo, dos custos de alguns membros desse mesmo grupo, baseado no mutualismo e na probabilidade (exemplo: cálculos atuariais). Diante disso, e muito embora essa atividade seja vista como uma atividade ligada à área da saúde, nada obstaria que ela estivesse ligada, primordialmente, pela sua natureza, à área securitária, econômica ou financeira como, aliás, já ocorreu com as chamadas "seguradoras de saúde" subordinadas, no passado, exclusivamente às normas da Superintendência de Seguros Privados (SUSEP).

Ao mesmo tempo em que a atividade da OPS se consolidava, sob múltiplas formas de atuação, o ambiente normativo em que as OPS estavam inseridas se alterava. Se as OPS surgiram sob a égide do CC1916 e antes do SUS, com a CF o sistema de saúde mudou e os princípios gerais de proteção à pessoa humana e a sua da dignidade, passaram a ter um papel norteador, papel esse que, primeiro com o CDC, depois, com a Lei 9656/98 e, por fim, com o Código Civil de 2002 ("CC2002") passou a dar uma maior definição ao alcance e papel dos contratos das OPS, embora existindo hoje contratos assinados em cada um desses diferentes momentos normativos.

Essa evolução normativa e as características distintas dessa atividade tornam difícil o seu enquadramento em um tipo específico de contrato. Nem mesmo a definição contida no Art. 1º da Lei 9656/98,[10] tornou clara essa definição, ao dispor que o plano de saúde pode ser caracterizado como uma prestação continuada de um serviço *ou* como uma atividade de cobertura de custos médicos. São duas atividades completamente diferentes entre si. No primeiro caso, tem-se uma atividade caracterizada por um FAZER, sendo, usualmente o preço pós-estabelecido (no sentido de ser pago após a ocorrência do evento) e aqui estão, por exemplo, as chamadas empresas administradoras de planos de saúde, dedicadas à prestação de serviços diversos a terceiros e/ou a atuação como estipulantes em favor de terceiros. No segundo caso, tem-se como característica a obrigação de DAR

---

9. STJ – Súmula 608: "Aplica-se o Código de Defesa do Consumidor aos contratos de plano de saúde, salvo os administrados por entidades de autogestão" DJe 17/04/2018.
10. Lei Federal 9656, de 03/06/1998, DOU 04/06/1998. Art. 1º, inciso I: "Plano Privado de Assistência à Saúde: prestação continuada de serviços ou cobertura de custos assistenciais a preço pré ou pós estabelecido, por prazo indeterminado, com a finalidade de garantir, sem limite financeiro, assistência à saúde, pela faculdade de acesso e atendimento por profissionais ou serviços de saúde, livremente escolhidos, integrantes ou não de rede credenciada, contratada ou referenciada, visando a assistência médica, hospitalar e odontológica, a ser paga integral ou parcialmente às expensas da operadora contratada, mediante reembolso ou pagamento direto ao prestador, por conta e ordem do consumidor".

(dinheiro, mediante reembolso ou pagamento direto ao profissional/local de prestação de saúde por conta e ordem do beneficiário), assumindo essa atividade, portanto, as características de uma atividade tipicamente securitária e financeira,[11] sendo o preço usualmente pré-estabelecido e tendo na álea (quanto à cobertura) um elemento essencial, sem prejuízo de existirem situações "híbridas", nas quais haveria tanto a obrigação de DAR quanto a de FAZER.[12] De qualquer modo, essa atividade está inserida em um contexto maior de *gestão de custos*.[13]

No âmbito dessa atividade *de gestão de custos*, várias relações podem se formar, como, por exemplo: (i) relação entre o beneficiário e a OPS diretamente, seja para reembolso de serviços livremente escolhidos pelo beneficiário, seja para cobertura em uma rede própria, credenciada, contratada, conveniada ou referenciada da OPS; (ii) relação entre o beneficiário e a OPS mediante uma pessoa jurídica com a qual o beneficiário tenha vínculo empregatício ou estatutário, ou através de uma administradora,[14] no caso de existência de vínculo profissional, classista ou sindical, seja, para fins de reembolso de serviços livremente escolhidos pelo beneficiário, seja para cobertura em uma rede própria, credenciada, contratada, conveniada ou referenciada; (iii) relação entre a OPS e os serviços de saúde credenciados, contratados, conveniados ou referenciados, os quais serão acessados pelos beneficiários, de forma obrigatória ou opcional, podendo esses serviços serem independentes, controlados ou, mesmo, da própria OPS; (iv) relação entre o beneficiário e os prestadores de serviço de saúde, que podem não ter qualquer relação com a OPS, ou podem ser da própria OPS, ou podem ser, ainda, credenciados, contratados, conveniados ou referenciados, prestadores esses que irão efetivamente

---

11. KATAOKA, Eduardo Takemi. A Coligação Contratual. Rio de Janeiro: Lumen Juris, 2008, p. 117. Quanto a essa confusão de características, EDUARDO TAKEMI DUTRA DOS SANTOS KATAOCA, embora vendo nos contratos de planos de saúde uma característica securitária, ensina que nos dias de hoje é raro se encontrar um contrato completamente típico. E o contrato de plano de saúde não fugiria a isso, porém ressalta mencionado autor que tais contratos, quanto aos seus aspectos econômicos, devem reger-se pelas disposições dos contratos de seguro.
12. STJ. RESP 205.895. – 3ª Turma. Rel., Min, Ari Pargendler. DJ 05/08/2002.
13. A expressão "*gestão de custos*" foi trazida pela primeira vez por GUSTAVO TEPEDINO quando da apresentação do tema "Nexo Causal e Responsabilidade Civil nos Planos de Saúde" no VIII Seminário – Ética nos Relacionamentos do Setor de Saúde (promovido pela Mútua dos Magistrados do Rio de Janeiro), ocorrido em Angra dos Reis no período de 26 a 29 de novembro de 2009. Uma referência recente à essa expressão é trazida por Aline de Miranda Valverde Terra no artigo "Planos Privados de Assistência à Saúde e Boa-Fé Objetiva: Natureza do Rol de Doenças Estabelecido pela Agência Nacional de Saúde para Fins de Cobertura Contratual Obrigatória" (Revista Brasileira de Direito Civil – RBDCivil I Belo Horizonte, v. 23, p. 175-191, jan./mar, 2020, p. 183): "Cuida-se em definitivo, de contrato sinalagmático, em que a operadora presta serviço *de gestão de custo*".
14. As Administradoras de Benefícios foram definidas pela Resolução Normativa da ANS, nº 196, de 14/07/2009, disponível em <http://www.ans.gov.br/component/legislacao/?view=legislacao&task=PDFOriginal &format=raw&id=MTQ1OQ== >, visitado em 02.04.2020, da seguinte forma: "*pessoa jurídica que propõe a contratação de plano coletivo na condição de estipulante ou que presta serviços para pessoas jurídicas contratantes de planos privados de assistência à saúde coletivos, desenvolvendo ao menos uma das seguintes atividades: I – promover a reunião de pessoas jurídicas contratantes na forma do artigo 23 da RN 195, de 14 de julho de 2009; II – contratar plano privado de assistência à saúde coletivo, na condição de estipulante, a ser disponibilizado para pessoas jurídicas legitimadas para contratar; III – oferecimento de planos para associados das pessoas jurídicas contratantes; IV – apoio técnico na discussão de aspectos operacionais, tais como: a) negociação de reajuste; b) aplicação de mecanismos de regulação pelas operadoras de planos de saúde; e alteração de rede assistencial. Parágrafo único. Além das atividades constantes do caput, a Administradora de Benefícios poderá desenvolver outras atividades, tais como: I – apoio à área de recursos humanos na gestão de benefícios do plano; II – terceirização de serviços administrativos; III – movimentação cadastral; IV – conferência de faturas; V – cobrança ao beneficiário por delegação; e VI – consultoria para prospectar o mercado, sugerir desenho de plano, modelo de gestão*".

prestar o atendimento de saúde (seja de prevenção, de diagnóstico, de tratamento e/ou de reabilitação). Nessa prestação de serviço de saúde, diversos outros serviços de apoio a ele relacionados se integram (exemplo: bancos de sangue e laboratórios clínicos e de imagem) e, isso, sem se falar nas relações indiretas com as empresas fornecedoras de materiais, equipamentos e medicamentos, entre outros.

Se várias são, assim, as relações que podem ser estabelecidas entre OPS, beneficiários, empresas contratantes e prestadores de saúde, cada uma dessas relações dá origem a diversos direitos e obrigações distintos. Assim, danos podem decorrer da atuação direta da OPS (ex: demora na liberação de procedimento, falha no atendimento médico de profissionais ou serviços da própria OPS, ou falha no controle de dados dos clientes), danos podem decorrer da atuação indireta da OPS (ex: falha em um atendimento pelo serviço credenciado) e danos podem decorrer de situações sem qualquer relação com a OPS (ex: danos causados por um serviço de livre escolha do paciente, apenas reembolsado pela OPS).

Por fim, cabe ser ressaltado que esse sistema secundário já estava em crise mesmo antes da pandemia de COVID-19: as ações judiciais e procedimentos administrativos sancionadores na ANS se multiplicavam; os beneficiários reclamavam da qualidade e da extensão das coberturas; os prestadores de serviços reclamavam dos valores que recebiam; e as OPS reclamavam da impossibilidade de reajuste de preços, das limitações estruturais para a prestação do serviço e das penalidades que lhes eram impostas pela ANS, da insegurança trazida ao setor pela inclusão pela ANS de benefícios com cobertura imediata,[15] sem prévio suporte econômico, e das decisões do Poder Judiciário, no mais das vezes, caridosas.

Imaginava-se que esse cenário de crise, já existente, fosse se tornar mais caótico com a pandemia, diante da possibilidade de falta de leitos e insumos básicos para os procedimentos médicos e de saúde e com a possibilidade de requisição administrativa pelo Estado de serviços e insumos na área da saúde. Não foi bem isso o que ocorreu e, mais a frente (no item 4 – Dos Efeitos da Pandemia nas Atividades das OPS), comentaremos.

3. RESPONSABILIDADE CIVIL DA OPS. JURISPRUDÊNCIA DOMINANTE

Como visto anteriormente, várias são relações que podem existir entre OPS, beneficiários, empresas contratantes e prestadores de serviços de saúde, cada uma dessas relações dando origem a direitos e obrigações distintos, alguns decorrentes da atuação direta da OPS e outros decorrentes da atuação indireta da OPS.

Quanto aos danos decorrentes da atuação direta das OPS, dúvida não havia com relação a sua responsabilização, primeiro de forma subjetiva (no Código Civil de 1916[16] e antes do Código de Defesa do Consumidor – CDC) e atualmente de forma objetiva,

---

15. Os exemplos são vários. Mais recentemente, foi a inclusão de obrigação de cobertura imediata dos testes relativos ao COVID-19 (Resolução Normativa da ANS nº 453, de 12/03/2020 – DOU de 13/03/2020, Ed 50, Seção 1. Pag. 65. E isso sem prejuízo de outras medidas que a ANS poderá vir a adotar no futuro próximo,
16. Lei Federal 3071, de 01.01.1916. DOU 05.01.16. Art. 159.

nas hipóteses do Código Civil de 2002 ("CC2002")[17] e do CDC, aqui, tanto por vício quanto por defeito de serviço.[18] Entende-se por prestação direta dos serviços aqueles oferecidos pela própria OPS e realizado por seus prepostos ou empregados, sejam tais serviços de natureza médica/hospitalar, ou não. Alguns exemplos de responsabilização por ação direta da OPS: (i) negativa de cirurgia emergencial;[19] (ii) demora na autorização de cirurgia;[20] (iii) recusa indevida de cobertura;[21] e, (iv) descredenciamento sem comunicação prévia ao consumidor.[22]

Já com relação aqueles danos decorrentes da atuação indireta da OPS, havia dúvida com relação à responsabilização, ou não, da OPS pelos danos causados aos seus beneficiários pelos prestadores de serviço de saúde.

E essa dúvida decorria de uma outra particularidade da OPS: ela pode ter algum vínculo, em maior ou menor grau, com prestadores de serviço de saúde, ou pode não ter qualquer vínculo com eles. Assim, deve-se perguntar: qual a relação do serviço de saúde com a OPS? Os serviços/profissionais escolhidos pelos beneficiários eram contratados, credenciados, conveniados ou meramente referenciados da OPS? Ou eram terceiros, livremente escolhidos pelos beneficiários, cabendo à OPS apenas reembolsar os custos do atendimento/tratamento, total ou parcialmente?

Com relação aos profissionais e serviços sem vínculo com a OPS e livremente escolhidos pelos beneficiários, a dúvida foi dirimida no sentido de que a OPS não é responsável pelos danos decorrentes da prestação dos serviços de saúde realizados de maneira independentemente por terceiros, e por escolha exclusiva do beneficiário.[23]

Entretanto, quando os prestadores são credenciados, conveniados, contratados ou referenciados pela OPS, ou quando a OPS indica expressamente o prestador, como condição de cobertura, caminha o Poder Judiciário, em síntese, no sentido de que a OPS seria ora direta e objetivamente,[24] ora concorrentemente, ora solidariamente[25] responsável pelos danos decorrentes dos atos danosos ao consumidor realizados por profissionais ou

---

17. Lei Federal 10406, de 10.01.2002. DOU 11.01.2002. Art. 927.
18. Lei Federal 8078, de 11.09.90. DOU 12.09.90 Edição Extra. Arts 14 e 20.
19. STJ – AgInt no RESP 1829164. Rel. Min. Luis Felipe Salomão. Dje 11/03/2020.
20. STJ – AgInt no ARESP 1414776. Rel. Min. Raul Araújo. Dje 04/03/2020. A OPS é solidariamente responsável por danos causados pela demora na autorização de cirurgia levando a óbito, em hospital da rede da OPS.
21. STJ – AgInt nos Edcl no RESP 1830166. Rel. Min. Marco Aurelio Bellizze. Dje 13/02/2020.
22. STJ – Resp 1561445. Rel. Min. Ricardo Villas Bôas Cueva. Dje 16/08/2019. A OPS é solidariamente responsável por falha no dever de informar o descredenciamento.
23. Antiga decisão do Supremo Tribunal Federal (RExt 115308 –RJ – 1ª Turma. Rel. Min. Néri da Silveira – DO 01/07/1988), em um caso tributário, é verdade, já indicava que as OPS não prestavam serviços médicos, sendo a atividade tipicamente securitária e distinta da atividade médica coberta. Mais recentemente, o STJ caminhou no mesmo sentido, no AgRg no Agravo em RESP 661608, 4ª Turma. Rel. Min Maria Isabel Gallotti. Dje 13/08/2015 entendeu não ser a OPS solidária no caso de erro médico, sendo o plano de livre escolha do paciente. No mesmo sentido, ainda o RESP 1733387/SP, 3ª Turma. Rel. Min. Nancy Andrighi. Dje 18.05.2018, no sentido de que a OPS não responde por danos causados por médico contratado de maneira particular pelo beneficiário.
24. STJ – Resp 1769520/SP. 3 T. Min. Nancy Andrighi. Dje 25/05/2019. A responsabilidade civil da OPS "*decorre da falha na prestação dos serviços médicos e hospitalares próprios ou credenciados*".
25. STJ – AgInt no AResp 1380905/ES. 4ª T. Rel. Min Marcos Buzzi. Dje 03/06/2019. Reconhecida a responsabilidade do médico, responde solidariamente a OPS. Da mesma forma, no AgInt no AResp 1311258/RJ. 3ª T. Rel. Min Moura Ribeiro. Dje 13/12/2018, também reconheceu a responsabilidade solidária da OPS, da mesma forma que o fez o AgInt no AResp 1118871/SP. 4º T. Min. Antonio Carlos Ferreira. Dje 10/09/2018, ao reconhecer a responsabilidade solidária da OPS por falha na prestação de serviço de hospital credenciado.

serviços de saúde, credenciados, referenciados ou contratados. Nesse sentido, diversas decisões do STJ, em especial duas decisões da 3ª. Turma: o Recurso Especial ("RESP") 164084-SP, em que foi Relator o Min. Aldir Passarinho; e o Recurso Especial 138.059 – MG, em que foi Relator o Min. Ary Pargendler.

No Recurso Especial 164084-SP,[26] decidiu o STJ pela existência de uma responsabilidade concorrente da OPS pelo simples fato de somente ter o beneficiário direito à cobertura nos profissionais ou serviços de saúde credenciados, contratados, conveniados ou referenciados por ela. Neste caso, em síntese: (a) o Autor tinha convênio UNICOR; foi atendido no Hospital UNICOR (pessoa jurídica distinta); o diagnóstico foi úlcera péptica e o Autor recebeu alta; o autor viajou para o Sul e lá sofreu nova crise e foi internado em hospital não credenciado, vindo a extrair a vesícula; pediu ressarcimento, o que foi negado pela OPS. (b) A questão básica a ser resolvida era saber se a OPS poderia, ou não, ser parte passiva na discussão. (c) A decisão foi no sentido de que a OPS poderia ser parte passiva, sendo ela *concorrentemente responsável* pela qualidade de atendimento dos médicos credenciados aos quais o paciente teve que obrigatoriamente se socorrer sob pena de não fruir da cobertura. (d) Para o Relator, Min Aldir Passarinho: (i). Operadora responde pela qualidade dos serviços; (ii). O credenciamento é uma pré-verificação da qualidade dos nosocômios e da capacidade dos médicos; (iii). O beneficiário não é livre para escolher o médico, deve escolher dentre os previamente selecionados pela empresa; (iv). A ação poderia ter sido direcionada contra o médico ou o hospital; e (v). Operadora é prestadora de serviços de saúde.

Já no Recurso Especial 138059-MG,[27] decidiu o STJ pela existência de responsabilidade da OPS, em função da eleição da rede e da existência de uma cadeia de fornecimento de serviço. Neste caso, em síntese: (a) a Autora havia sido submetida a cesariana por indicação de médico cooperado da UNIMED e, no curso da cirurgia, foi esquecida uma compressa de gaze que causou perfuração do intestino e sequelas estéticas. (b) A questão básica a ser resolvida era saber se havia, ou não, responsabilidade da operadora (c) Embora o recurso não tenha sido conhecido, da discussão e da ementa tem-se que *"quem se compromete a prestar assistência médica por meio de profissionais que indica, é responsável* pelos serviços que estes prestam;" e mais, a Min. Nancy Andrighi, em voto de vista, também sustentou que a OPS responde objetivamente pela eleição, escolha do plantel de profissionais que oferece a seus associados, bem como pelas instituições hospitalares, independentemente do profissional ter agido ou não com culpa. (d) Vários ministros se manifestaram no julgamento, sendo importante ressaltar as seguintes posições: para o Min. Aldir Passarinho, o contrato é entendido como contrato de prestação de serviço; já para a Min. Nancy Andrighi, ele é entendido como de assistência médica e se caracteriza como contrato de consumo e mais, embora o médico não seja preposto da operadora,

---

26. STJ – RESP 164.084-SP – 3ª Turma. Rel. Min. Aldir Passarinho Junior. DJ 17/04/2000. No primeiro Grau, a ação foi extinta em razão da ilegitimidade passiva da UNICOR. No Tribunal de Justiça de São Paulo a decisão foi mantida. O Superior Tribunal de Justiça conheceu e deu provimento ao recurso para reconhecer a legitimidade passiva da UNICOR.
27. STJ – RESP 138.059 – 3ª Turma. Rel. Min. Ari Pargendler. DJ 11/06/2001. A ação, no primeiro Grau, foi julgada procedente. A decisão foi mantida pelo Tribunal de Alçada de Minas Gerais. O Superior Tribunal de Justiça não conheceu do recurso interposto pela UNIMED.

esta responde concorrentemente por tê-lo contratado para prestar os serviços que a OPS se comprometeu a prestar; além disso, a cooperativa é uma sociedade de prestação de serviços médicos e o regresso depende da prova da culpa do médico; e, finalmente, o Min. Carlos Alberto Direito entendeu haver uma cadeia de fornecimento de serviço.[28]

Essa a posição do STJ, de responsabilização da OPS por danos causados pela sua rede, se espalhou, de maneira geral, por todos os demais Tribunais do País e, hoje, é dominante.

Por fim, através da Súmula 608, ratificou o STJ o entendimento de que a OPS, a exceção das autogestões, está sujeita às determinações do CDC e, em função disso, é que a OPS responde solidariamente com os profissionais e serviços por ela indicados, nos termos dos Arts. 7º, parágrafo único, 14 e 20 do CDC, sendo certo que tais dispositivos *"contemplam a solidariedade entre todos os envolvidos na cadeia de consumo nas situações de acidente de consumo por fato do serviço ou, simplesmente, pelo vício do serviço, desde que ele extrapole seus efeitos, vindo a atingir a espera psicofísica do indivíduo"*.[29]

4. DOS EFEITOS DA PANDEMIA NA ATIVIDADE DAS OPS

Uma doença "misteriosa" surgida na China, na cidade de Wuhan, foi relatada pela primeira vez em dezembro de 2019. Essa doença batizada como COVID-19, ao mesmo tempo que colocava em risco os chineses, acendia sinais de risco em todo o mundo, espalhando-se por ele com incrível velocidade e levantando os temores da morte inevitável e da crise social e financeira.

No Brasil, já no início de fevereiro de 2020, diante da evolução mundial e dos riscos da doença, o Ministério da Saúde declarou Emergência em Saúde Pública de importância Nacional.[30] Dias depois, por Lei, se reconhecia o risco e se autorizava medidas para o enfrentamento dessa emergência de saúde pública internacional.[31] Em 20 de março de 2020, se reconheceu oficialmente que o vírus estava circulando no País (ele não era mais, simplesmente, uma doença "trazida" de fora),[32] e que havia um estado de calamidade pública.[33]

Com um vírus de rápida propagação, com a inexistência de vacina ou tratamento cientificamente aprovado, todos os serviços de saúde e ações passaram a ser direcionadas

---

28. Sobre cadeia de fornecimento de serviço, veja LIMA MARQUES, Claudia. Contratos no Código de Defesa do Consumidor – O novo regime das relações contratuais-, 4ª. edição, atualizada e ampliada. São Paulo: Editora Revista dos Tribunais, 2002. p. 334 e 335: "a cadeia de fornecimento é um fenômeno econômico de organização do modo de produção e distribuição, do modo de fornecimento de serviços complexos, envolvendo grande número de atores que unem esforços e atividades para uma finalidade comum, qual seja a de poder oferecer no mercado produtos e serviços para os consumidores (...) O reflexo mais importante, o resultado mais destacável desta visualização da cadeia de fornecimento, do aparecimento plural dos sujeitos-fornecedores, é a solidariedade dentre os participantes da cadeia mencionada nos Arts. 18 e 20 do CDC e indiciada na expressão genérica "fornecedor de serviços" do Art. 14 caput do CDC".
29. MELO, Marco Aurelio Bezerra de. Curso de Direito Civil. Volume IV. Responsabilidade Civil. São Paulo: Editora Atlas S.A, 2015. p.386.
30. Portaria nº 188, de 3.2.2020 – Publicado no DOU de 4.2.2020: Declara Emergência em Saúde Pública de importância Nacional (ESPIN) em decorrência da Infecção Humana pelo novo Coronavírus (2019-nCoV).
31. Lei nº 13.979, de 6.2.2020 – Publicada no DOU de 7.2.2020.
32. Portaria nº 454, de 20.3.2020 – Publicado no DOU de 20.3.2020 – Edição extra – F.
33. Decreto Legislativo nº 6, de 20.3.2020 – Publicado no DOU de 20.3.2020 – Edição extra – C.

para o atendimento dessa emergência, objetivando criar condições mínimas de prevenção nacional e tratamento dos doentes, que poderiam buscar em grande número as unidades hospitalares públicas e privadas (e aqui o isolamento social foi uma das primeiras e efetivas ferramentas). Diante desse cenário, então, o objetivo passou a ser o de se ter o maior número de profissionais, equipamentos e leitos hospitalares disponíveis para o atendimento dos pacientes portadores do vírus.

Com isso, quase de imediato, surge a recomendação para que cirurgias e atendimentos ambulatoriais não urgentes sejam cancelados ou postergados e, ao mesmo tempo, legislação federal e local, passam a tratar da possibilidade de requisições administrativas de material e serviços.

No âmbito das OPS imaginava-se, igualmente, um cenário caótico, que iria desde a situação de quebra por aumento do custo decorrente do tratamento da doença, até a multiplicação de litígios decorrentes da falta de leitos e insumos básicos para os procedimentos médicos e de saúde, diante da possibilidade de requisição administrativa pelo Estado. Não foi bem isso o que ocorreu.

Do início da pandemia até agora: (i) houve um aumento no número de reclamações no último ano, sendo que foram quase 12 mil reclamações na ANS sobre a COVID-19, a grande maioria (quase 50%) referente à negativa de cobertura para os exames relacionados à pandemia ou aos requisitos necessários para sua realização. Destaque, ainda, para as reclamações referentes à dificuldade de acesso à cobertura de procedimentos não relacionados a COVID-19 e as demandas não assistenciais;[34] (ii) ao mesmo tempo, no mesmo período foram 16.000 pedidos de informação à ANS;[35] (iii) não houve redução significativa do número de beneficiários, apesar da crise econômica; e (iv) de maneira não esperada, houve um aumento da receita das OPS combinado com uma diminuição dos valores cobertos, fazendo com que a taxa de sinistralidade (diferença entre receita e despesa assistencial) no último ano, caísse de cerca de 82% para cerca de 71,6%;[36] muito dessa redução decorreu da postergação de tratamentos e de procedimentos não urgentes, porém necessários para a manutenção e controle da boa saúde do paciente. A expectativa aqui é a de que, controlada a pandemia, esses custos voltem a crescer e que, por incorporarem os procedimentos não realizados acumulados, venham a elevar a taxa de sinistralidade media para muito acima de 82% (em um típico movimento pendular).

Para enfrentar cada uma dessas questões, a ANS promoveu, e vem promovendo várias alterações, sendo relevante apontar aquela que alterou o ROL para incluir como sendo de cobertura obrigatória o exame de detecção da COVID-19 (RT PCR), a ser feito observando protocolos e diretrizes específicos expedidos pela ANS e Ministério da Saú-

---

34. ANS. Coronavírus. Informe sobre demandas dos beneficiários. Elaborado pela Assessoria de Informação – ASSIF/DIRAD/DIFIS, extraído em 14/09/2020. Disponível em < http://www.ans.gov.br/aans/noticias-ans/coronavirus--covid-19>, em Informações sobre Demandas dos Consumidores, visitado em 14/09/2020.
35. ANS. Coronavírus. Informe sobre demandas dos beneficiários. Elaborado pela Assessoria de Informação – ASSIF/DIRAD/DIFIS, extraído em 14/09/2020. Disponível em < http://www.ans.gov.br/aans/noticias-ans/coronavirus--covid-19>, em Informações sobre Demandas dos Consumidores, visitado 3m 14/09/2020.
36. ANS, Sala de Situação. Disponível em < http://www.ans.gov.br/perfil-do-setor/dados-e-indicadores-do-setor/sala-de-situacao>, visitado em 18/09/2020.

de;[37] e, aquela que determinou que, a exceção da urgência e emergência, cujo o prazo de atendimento é imediato, e das situações outras onde o não atendimento ou a demora possa trazer risco de vida para o beneficiário, (i) o prazo máximo para liberação de internação eletiva estaria suspenso (antes era de 21 dias e o efeito prático, foi a suspensão quase que total dos procedimentos cirúrgicos eletivos, não somente por essa decisão a ANS, mas também pelo medo de contágio pelos pacientes) e (ii) as OPS teriam um prazo maior para liberação dos demais atendimentos/cobertura.[38] Além dessas, mereceriam igualmente destaque as seguintes modificações: (i) introdução de cobertura para novos exames, aqui incluídos os exames sorológicos,[39] (ii) atendimento a distância,[40] (iii) prorrogação do prazo para cumprimento de obrigações regulatórias pelas OPS,[41] (iv) concessão de incentivos regulatórios mediante contrapartidas;[42] (v) e, mais recentemente, a suspensão (e não o cancelamento) dos reajustes de planos de saúde por 120 dias.[43]

---

37. Resolução Normativa da ANS, n. 453. DOU 13/3/2020.
38. Em notícia publicada no site da ANS, sob o título "ANS adota medidas para que operadoras priorizem combate à Covid-19" encontram-se as seguintes informações: "Considerando a crise causada pela pandemia do coronavírus e diante da necessidade de reduzir a sobrecarga das unidades de saúde e de evitar a exposição desnecessária de beneficiários ao risco de contaminação, a Agência Nacional de Saúde Suplementar (ANS) adotou nova medida para que as operadoras priorizem a assistência aos casos graves da Covid-19 de seus beneficiários, sem prejudicar o atendimento aos demais consumidores, sobretudo àqueles que não podem ter seus tratamentos adiados ou interrompidos. Nesse sentido, a reguladora decidiu, em reunião extraordinária realizada na tarde desta quarta-feira (25/03), prorrogar, em caráter excepcional, os prazos máximos de atendimento para a realização de consultas, exames, terapias e cirurgias que não sejam urgentes. Os prazos atuais, definidos na Resolução Normativa (RN) n° 259, serão mantidos para os casos em que os tratamentos não podem ser interrompidos ou adiados por colocarem em risco a vida do paciente: atendimentos relacionados ao pré-natal, parto e puerpério; doentes crônicos; tratamentos continuados; revisões pós-operatórias; diagnóstico e terapias em oncologia, psiquiatria e aqueles tratamentos cuja não realização ou interrupção coloque em risco o paciente, conforme declaração do médico assistente (atestado). Também ficam mantidos os prazos para atendimentos de urgência e emergência. Para esses casos, portanto, os prazos máximos de atendimento permanecem os mesmos. Ficam suspensos também os prazos de atendimento em regime de hospital-dia e atendimento em regime de internação eletiva, anunciado anteriormente pela reguladora para quando o país entrasse na fase de Mitigação da pandemia. A partir de amanhã (26/03), essa suspensão será mantida, só que com duração até 31/05/2020." Disponível em <http://www.ans.gov.br/aans/noticias-ans/consumidor/5448-ans-adota-medidas-para-que-operadoras-priorizem-combate-a-covid-19>. Visitado em 25/03/2020.
39. Resolução Normativa da ANS, n.460, DOU 14/8/2020. Por decisão da Diretoria Colegiada em 13/08/2020 de maneira extraordinária a ANS decidiu incluir na cobertura testes sorológicos para detectar a presença de anticorpos após exposição ao COVID-19.
40. Entendeu a ANS que " a utilização da telessaúde não depende de alteração contratual para ficar em conformidade com as regras para celebração de contratos entre operadoras e prestadores de serviços (...) será necessário, contudo (...) haver prévio ajuste entre as operadoras e os prestadores de serviços integrantes de sua rede (...) que permita: a identificação dos serviços que podem ser prestadores (...) os valores de remuneração (...) e os ritos a serem observados." Disponível em< http://www.ans.gov.br/aans/noticias-ans/coronavirus-covid-19/coronavirus-todas-as-noticias/5459-combate-ao-coronavirus-ans-define-novas-medidas-para-o-setor-de-planos-de-saude>, visitado em 26/09/2020.
41. A ANS, por sua Diretoria Colegiada, decidiu por prorrogar prazos para envio de informações obrigatórias e respostas processuais. Disponível em< http://www.ans.gov.br/aans/noticias-ans/coronavirus-covid-19/coronavirus-todas-as-noticias/5445-ans-altera-prazo-de-obrigacoes-das-operadoras >, visitado em 26/09/2020.
42. A ANS, pela sua Diretoria Colegiada, em 08/04/2020, concedeu maior autonomia na gestão dos recursos garantidores pelas OPS, desde que elas, em contrapartida e mediante termo de compromisso, assumissem o compromisso de "proteger os beneficiários de planos de saúde e a rede de prestadores de serviços". Disponível em <http://www.ans.gov.br/aans/noticias-ans/coronavirus-covid-19/coronavirus-todas-as-noticias/5475-ans-flexibiliza-uso-de--mais-de-r-15-bilhoes-em-garantias-financeiras-e-ativos-garantidores>, visitado em 26/09/2020.
43. A ANS na 16ª. Reunião Extraordinária de Diretoria Colegiada, decidiu por suspender por 120 dias a aplicação de reajustes aos contratos de planos de saúde. Disponível em < http://www.ans.gov.br/aans/noticias-ans/coronavirus--covid-19/coronavirus-todas-as-noticias/5913-ans-determina-suspensao-de-reajustes-de-planos-de-saude-por--120-dias >, visitado em 26/09/2020. Essa suspensão não alcança todos os planos: "- A medida de suspensão de

O CFM, por sua vez, permitiu o uso da telemedicina nesse momento de crise, o que foi ratificado pelo Ministério da Saúde.[44]

Por fim, rápidas e profundas foram, e estão sendo, as modificações no ambiente social, ainda agravadas pelas posições divergentes e antagônicas dos executivos locais e Federal. Importante aqui, por exemplo, duas decisões do STF: a primeira referente à necessidade de respeito às decisões dos governos locais, em detrimento do governo central[45] e, a segunda, referente ao reconhecimento da constitucionalidade das requisições administrativas feitas por estados, municípios e Distrito Federal, sem necessidade de autorização do Ministério da Saúde, desde que elas sejam motivadas e tenham fundamento em evidencias científicas.[46]

5. O QUE MUDA NA RESPONSABILIDADE CIVIL DAS OPS

O ambiente natural de risco previsível na prestação de serviço de saúde, tanto para os profissionais liberais da saúde, quanto para os pacientes, quanto para as empresas de saúde, aqui incluídas as OPS, se alterou por causas externas e imprevisíveis e por decisões executivas e legislativas de emergência.

O coronavírus causou uma disruptura no sistema público de saúde e no setor privado. De uma hora para outra, o número de pacientes com COVID-19 aumentou drasticamente, os insumos básicos para esse tipo de atendimento deixaram de existir, e os cuidados disponíveis passaram ser, apenas, relacionados aos sintomas da doença, já que não existe nem tratamento efetivo que combata o vírus, nem preventivo (ex: vacina) que o evite. Por outro lado, inúmeros outros procedimentos não relacionados à COVID-19 deixaram de ser buscados pelos consumidores e cobertos pelas OPS (e aqui uma das razões para a queda na Taxa de Sinistralidade mencionada no item anterior) e, quando buscados e realizados, o que ocorreu com procedimentos de urgência, a necessitar de um atendimento imediato (ex. ataque cardíaco, acidente pessoal, entre outros), passaram a ser realizados (i) num ambiente com profissionais tensos e estressados, pelo

---

aplicação dos reajustes não é válida para os planos contratados antes de 31/12/1998 (não regulamentados) e não adaptados, exceto os planos individuais/familiares que tiveram Termo de Compromisso celebrado, cujos reajustes dependem de expressa autorização da ANS, além daqueles cujos contratos prevejam o reajuste autorizado pela ANS. – A medida não contempla os planos exclusivamente odontológicos. – A medida não se aplica aos contratos coletivos empresariais com 30 ou mais vidas que já tenham negociado e aplicado seu reajuste até 31/08/2020.

44. Portaria nº 467, de 20.3.2020 – Publicada no DOU de 23.3.2020, fundada, dentre outras, "na Resolução nº 1.643/2002 do Conselho Federal de Medicina, que define e disciplina a prestação de serviços através da Telemedicina; [e no] Ofício CFM nº 1756/2020-Cojur de 19 de março de 2020, que reconhece a possibilidade e a eticidade da utilização da Telemedicina, em caráter de excepcionalidade e enquanto durar as medidas de enfrentamento ao coronavírus (COVID-19)"

45. STF. Informativo Semanal. Brasília, 4 a 8 de maio de 2020 – No. 976. Disponível em <http://www.stf.jus.br/arquivo/informativo/documento/informativo976.htm>, visitado em 28/09/2020. No julgamento da ADI 6343 MC- Ref/DF (Relator originário Min. Marco Aurélio, Relator para Acordão Min. Alexandre de Moraes), em 06.05.2020, entendeu o Colegiado "que a União não deve ter o monopólio de regulamentar todas as medidas que devem ser tomadas para combate à pandemia. Ela tem o papel primordial de coordenação entre os entes federados, mas a autonomia deles deve ser respeitada. É impossível que o poder central conheça todas as particularidades regionais. Assim, a exclusividade da União quanto às regras de transporte intermunicipal durante a pandemia é danosa."

46. STF. Notícias. Requisições de bens e serviços contra pandemia não dependem de autorização do Ministério da Saúde. Disponível em < http://portal.stf.jus.br/noticias/verNoticiaDetalhe.asp?idConteudo=450880&ori=1 >, visitado em 26/09/2020.

aumento absurdo da carga de trabalho, e com preocupações humanas normais (pessoais e familiares), e (ii) num ambiente com alto risco de contaminação.

Seriam essas alterações, causadas pela pandemia de COVID-19, capazes de alterar o entendimento jurisprudencial, hoje existente, no que diz respeito à responsabilidade civil das OPS?

Alterar o entendimento jurisprudencial, não! Porém, as situações de responsabilização deverão ser analisadas com base no momento e situação atuais. Em uma pandemia, de um lado, os standards de conduta na área médica se alteram,[47] redefinindo a noção de defeito e vício de serviço, por exemplo e, de outro, causas de exclusão de responsabilização surgem.

Várias situações poderiam ocorrer com relação à COVID-19 e as OPS, como por exemplo: (i) a infecção por COVID-19 no curso de uma internação hospitalar, coberta por uma OPS;[48] (ii) um tratamento médico hospitalar, coberto por uma OPS, que cause dano ao paciente em razão da falta de insumos (material e equipamentos: testes ou respirador, por exemplo) necessários para a prestação do serviço médico, em razão da sua inexistência ou escassez;[49] (iii) danos a um paciente decorrentes da superlotação de um hospital credenciado, único na região, com pacientes particulares e do SUS, estes últimos em função de inúmeras liminares;[50] (iv) a demora ou suspensão da liberação de um procedimento eletivo, ou de uma consulta, ou de um procedimento médico, nos termos da autorização da ANS, e objetivando garantir a disponibilidade de leitos para uma emergência, causando desconforto e angústia no paciente, e eventual agravamento do mal... E outras tantas que se possa imaginar. E tudo isso sem prejuízo de discussões antigas que passam a ter uma roupagem nova.

É o caso, por exemplo, das discussões relativas ao cumprimento do prazo de carência no caso da COVID. Exemplo clássico aqui é uma pessoa que se sentindo mal, ou preo-

---

47. Por exemplo, nos EUA, regras sobre o serviço hospitalar são alteradas alterando a qualidade e a segurança (in SANGER-KATZ, Margot.: U.S. Eases Hospital Rules To Fight Virus. The New York Times – New York edition, March 31, 2020, Section A, Page 13): *"'Right now, the urgent need is expanding capacity, expanding the ability to care for people," he said. "If people can't get the care at all, the quality is a secondary issue"*. Ademais, e como visto anteriormente, cirurgias eletivas são canceladas e os prazos máximos para atendimento de uma consulta, onde não urgência ou risco de vida, são aumentados (vide Nota de Rodapé 34).
48. A matéria assinada por WATANABE, Phillipe, publicada na Folha de São Paulo, de 31/02/2020 – Capa/B2, sob os títulos: "*Hospitais Paulistas afastam centenas por contaminação*" e "*Sirio e Einstein afastam juntos 452 profissionais*", mostra como o estar no hospital se tornou uma situação de grande risco.
49. Esse problema de escassez está a reboque da pandemia, e alcança indistintamente nações ricas ou pobres, claro que com um potencial danoso muito mais maior nestas últimas. Nos EUA por exemplo, "*hospitals are already reporting shortages of key equipment needed to care for critically ill patients with Covid-19, including ventilators and personal protective equipment for medical staff. Adequate production and distribution of this equipment is crucial*". (in, PERSPECTIVE FROM NEJM. Critical Supply Shortages — The Need for Ventilators and Personal Protective Equipment During the Covid-19 Pandemic. Megan L. Ranney, Valerie Griffeth, and Ashish K. Jha. Disponível em < https://www.nejm.org/doi/full/10.1056/NEJMp2006141?cid=DM89089_NEJM_COVID-19_ Newsletter&bid =173916778>, visitado em 27/03/2020.
50. FRAKT, Austin. Ethical Approaches to Who Receives Lifesaving Treatmeny. The New York Times. The New York edition. Section A, Page 7. New York, 25/03/2020. A matéria traz a discussão a seguinte questão: quem deve ser salvo primeiro?

cupada com a pandemia, contrata um plano de saúde e, horas ou dias depois, necessita de internação e tem o atendimento não coberto ou retardado.[51]

Outro caso, diz respeito ao atendimento pela rede própria, credenciada, contratada ou referenciada realizado à distância (por telefone ou internet, ou outro meio tecnológico qualquer, por exemplo).[52] Aqui os cuidados na prestação do serviço médico e a observância das normas éticas e demais regulamentos se mantêm, devendo ser observados tal como na consulta presencial. É dever, mesmo, do profissional, além de informar os eventuais riscos e cuidados nesse atendimento a distância, recomendar o atendimento presencial sempre que ele for necessário. A tecnologia é apenas um mecanismo de aproximação dos distantes, sendo o atendimento fundado em troca de informações e dados à distância, estando, por isso, também subordinado às regras da Lei Geral de Proteção de Dados.[53]

Outra discussão que merece destaque seria o cancelamento ou suspensão de contratos de planos de saúde durante a pandemia, podendo ser entendido, como sendo desarrazoado tal encerramento, apesar de previsão legal.[54]

Por fim, aqui, está a discussão do uso *off label* de medicamentos. Na inexistência de tratamento específico, e sem tempo para se fazer estudos aprofundados, diante de milhares de pacientes à morte, várias combinações de medicamentos foram, pelo menos em algum momento, utilizadas. O uso off label se constitui no uso de um medicamento para situações não previstas em sua bula. O entendimento hoje pacificado é o de que

---

51. As regras de carência, nos termos do Art. 12 V da Lei 9656/98, são claras: assinado o contrato, os prazos de carência seriam 24 (para urgência e emergência), 300 dias para parto a termo e 180 dias para os demais atendimentos. Havendo doença ou lesão preexistente poderia ser aplicado a cobertura parcial temporária. Se os prazos são claros, a discussão surge com relação ao que irá ser coberto antes de atingido os 180 dias (ou 300 para o parto à termo) ou cumprido o prazo de cobertura parcial temporária. Essa cobertura dependerá da existência ou não de doença ou lesão preexistente (e da existência aqui de Agravo), do tipo de plano escolhido e se a situação é de emergência ou urgência (não na definição médica, mas na definição do Art. 35 C da Lei 9656/98), sendo que aqui seria aplicada a Resolução CONSU nº 13/1998.
52. Dispõe a ANS que esse atendimento pode ser utilizado onde existam serviços credenciados para esse fim, não implicando ele em pagamento adicional. Ressalta, ademais, que "os atendimentos realizados por intermédio de telessaúde devem sempre observar os limites autorizados pelas normativas da ANS, dos respectivos conselhos profissionais e Ministério da Saúde, e pela recente lei federal nº 13.989/2020. (in, ANS Comunicado nº 01/2020/2020/PRESI, no processo nº. 33910.009571/2020-58. Disponível em < http://www.ans.gov.br/images/Comunicado_Telessa%C3%BAde.pdf>. Visitado em 28/09/2020.) Recomenda-se a leitura de SCHULMAN, Gabriel. Tecnologias de Telemedicina, Responsabilidade Civil e Dados Sensíveis. O Princípio Ativo da Proteção de Dados Pessoais do Paciente e os Efeitos Colaterais do Coronavírus (in, GODINHO, Adriano Marteleto et al. *Coronavírus e Responsabilidade Civil*: Impactos Contratuais e Extracontratuais. Coordenado por Carlos Edison do Rego Monteiro Filho, Nelson Rosenvald, Roberta Densa. Indaiatuba, SP: Editora Foco, 2020, p. 335) e de MULHOLLAND, Caitlin. Responsabilidade Civil por Danos Causados pela Violação de Dados Sensíveis e a Lei Geral de Proteção de Dados Pessoais (Lei 13.709/2018) (in, GODINHO, Adriano Marteleto et al. *Responsabilidade Civil e Novas Tecnologias*. Coordenado por Guilherme Magalhães Martins e Nelson Rosenvald. Indaiatuba, SP: Editora Foco, 2020, p. 109).
53. Lei nº 13709, de 14.8.2018 – Publicada no DOU 15.8.2018.
54. TJRJ – Agravo de Instrumento 0035770-54,2020.8.19.0000. RE. Desembargadora Marcia Ferreira Alvarenga. Julgamento: 25/08/2020 – 17ª. Câmara Cível. DJ 27/08/2020: "2 – Por ora, em sede de cognição sumária, estou de acordo com o entendimento do magistrado a quo, em que pese ser autorizada a rescisão unilateral, com a disponibilidade de seguro saúde na modalidade individual, não foi oportunizada à empresa autora tal opção. Ademais, tendo em vista a pandemia provocada pelo Coronavírus, se torna desarrazoado o encerramento do contrato de seguro saúde neste cenário."

seria abusiva a negativa de cobertura pela OPS de medicamento off label prescrito por médico e, é óbvio, aceito pelo paciente.[55]

Será que em tais situações, a jurisprudência dominante se aplicaria de imediato?

Sim, se aplicaria. A pandemia não afasta a possibilidade de responsabilização das OPS (direta, concorrente ou solidária).

Embora não haja alteração na forma de responsabilização, haverá, sim, alteração, nos fundamentos da responsabilização, fazendo com que algumas situações, antes condenadas, agora viessem a ser admitidas, neste momento de pandemia. É certo que a OPS deverá observar sempre e integralmente a boa-fé objetiva no seu atuar (deveres de cuidado, de proteção, de informação, de cooperação e colaboração, entre outros), porém o entendimento do que seria serviço defeituoso ou com vício seria alterado ou, pelo menos, seria passível de rediscussão,[56] e as questões acerca da iatrogenia, do caso fortuito/força maior e do fato do príncipe, ganhariam maior relevância.

Em geral, não pode haver responsabilidade civil sem a existência de uma ação ou omissão, assim considerada pelo Direito como sendo capaz de gerar a reparação, um dano indenizável, e uma relação de causalidade entre aquela ação/ omissão e o dano. No caso das OPS, o fundamento básico da responsabilização está nos Art. 14 e 20 do CDC,[57] e aqui se fala em defeito, vício não sanado e informação deficiente causando um dano.

O defeito, o vício não sanado e a informação deficiente são elementos essenciais para a responsabilização no CDC, devendo o fornecedor atuar para evitar que o dano ocorra.[58]

---

55. Duas decisões aqui nesse sentido: (i) STJ – AgInt no Resp 1536948 – 4ª Turma. Rel. Min. Maria Isabel Galotti. Dje 28/05/2020; e (ii) STJ – AgInt no Resp 1849149 – 3ª Turma. Rel. Min. Nancy Andrighi. DJe 01/04/2020.
56. ROSENVALD, Nelson. Por uma isenção de responsabilidade dos profissionais de saúde por simples negligencia em tempos de pandemia. Migalhas de Peso. Terça Feira, 5 de maio de 2020. Disponível em <https://www.migalhas.com.br/depeso/326088/por-uma-isencao-de-responsabilidade-dos-profissionais-de-saude-por-simples-negligencia-em-tempos-de-pandemia>. Visitado em 28/09/2020. Destacando o Professor Nelson Rosenvald que "praticar medicina em condições de crise, como as criadas pela covid-19, não é o mesmo que praticar em condições sem crise."
57. Lei Federal 8.078 "Art. 14: "O fornecedor de serviços responde, independentemente da existência de culpa, pela reparação dos danos causados aos consumidores por defeitos relativos à prestação dos serviços, bem como por informações insuficientes ou inadequadas sobre sua fruição e risco. § 1º: "O serviço é defeituoso quando não oferece a segurança que o consumidor dele pode esperar, levando-se em consideração as circunstâncias relevantes, entre as quais: I – modo de seu fornecimento; II – o resultado e os riscos que razoavelmente dele se esperam; III- a época em que foi fornecido". *No caso do vício, inicialmente o que se busca é a adequação do produto/serviço e, secundariamente, a responsabilização*: "Art. 20. O fornecedor de serviços responde pelos vícios de qualidade que os tornem impróprios ao consumo ou lhes diminuam o valor, assim como por aqueles decorrentes da disparidade com as indicações constantes da oferta ou mensagem publicitária, podendo o consumidor exigir, alternativamente e à sua escolha: I – a reexecução dos serviços, sem custo adicional e quando cabível; II – a restituição imediata da quantia paga, monetariamente atualizada, sem prejuízo de eventuais perdas e danos; III – o abatimento proporcional do preço. § 1º A reexecução dos serviços poderá ser confiada a terceiros devidamente capacitados, por conta e risco do fornecedor. § 2º São impróprios os serviços que se mostrem inadequados para os fins que razoavelmente deles se esperam, bem como aqueles que não atendam as normas regulamentares de prestabilidade".
58. Nesse sentido, CDC Arts. 9 e 10: "Art. 9. O fornecedor de produtos e serviços potencialmente nocivos ou perigos à saúde ou segurança deverá informar, de maneira ostensiva e adequada, a respeito da sua nocividade ou periculosidade, sem prejuízo da adoção de outras medidas cabíveis em cada caso concreto. Art. 10. O fornecedor não poderá colocar no mercado de consumo produto ou serviço que sabe ou deveria saber apresentar alto grau de nocividade ou periculosidade à saúde ou segurança".

Esse defeito de serviço, pode ocorrer no momento da prestação, na sua concepção ou na sua comercialização.[59] Em qualquer uma dessas fases o consumidor merece proteção.

Neste mesmo Art. 14 existe expressa determinação no sentido de que a responsabilidade objetiva pode ser afastada na ocorrência de *inexistência de defeito* ou *no caso de culpa exclusiva do consumidor ou de terceiro*.[60]

Em apertada síntese, se o defeito na prestação de serviço "*é um desvio de um padrão de qualidade fixado antecipadamente*",[61] *por inexistência de defeito na área das OPS*, entenda-se que foram observadas todas as normas legais (exemplo: CDC e resoluções da ANS), técnicas e éticas (exemplo: Código de Ética Médica e Resoluções dos Conselhos de Medicina Federal e Regionais) relacionadas à atividade da OPS e à prática médica, incluindo a informação e o consentimento,[62] devendo a atividade ser realizada com toda a técnica e cuidados necessários e *possíveis na época em que o ato médico foi realizado*. Importante frisar este último ponto. Os meios materiais e pessoais para a prestação do serviço se aferem no momento e nas condições nas quais o serviço é prestado; e isso significa dizer que situações outras poderão afetar a qualidade esperada e os riscos relacionados à prestação de um determinado serviço, sendo possível se entender que essas alterações, observados o dever de informação e a boa-fé objetiva da OPS, se constituam em defeito ou vício.

Neste momento caótico da pandemia, é exatamente isso o que acontece.

Isso é importante, na medida em que eventuais discussões judiciais de responsabilização de OPS serão analisadas apenas em um futuro, mais ou menos distante, mas, provavelmente, fora do momento em que a pandemia ocorre, e onde estarão em vigor outros *standards* de conduta e atuação, diversos daqueles existentes no momento de agora.

Por culpa *exclusiva (ou fato exclusivo) do consumidor*, deve-se entender que o dano decorreu de ato exclusivo deste, eliminando o nexo de causalidade entre o ato do pretenso causador e o dano causado.[63] Isso ocorreria, por exemplo, se um paciente viesse à óbito, por ter ele mentido quanto aos seus sintomas, levando o médico a acreditar estar diante de uma hipótese médica menos grave. A definição do diagnóstico é uma das atividades

---

59. BENJAMIN, Antonio Herman V, MARQUES, Claudia Lima e BESSA, Leonardo Roscoe. *Manual de Direito do Consumidor*. São Paulo: Editora Revista dos Tribunais, 2008, p. 136: ensina que "*O defeito de prestação (...) manifesta-se na prestação do serviço. É um desvio de um padrão de qualidade fixado antecipadamente. Em tudo o mais segue as características do defeito de fabricação. O defeito de concepção surge na própria formulação do serviço, na escolha de seus métodos e na fixação de seu conteúdo. É semelhante aos defeitos de concepção de produtos. O defeito de comercialização nos serviços, finalmente, decorre de "informações insuficientes ou inadequadas sobre sua fruição e riscos*".
60. Art. 14, § 3° do CDC: "*O fornecedor de serviços só não será responsabilizado quando provar: I – que, tendo prestado o serviço, o defeito inexiste; II – a culpa exclusiva do consumidor ou de terceiro*".
61. BENJAMIN, Antonio Herman V, MARQUES, Claudia Lima e BESSA, Leonardo Roscoe, 2008, ob. cit., p. 135 e 136. Os autores alertam sobre a dificuldade dessa matéria: "Matéria dificílima esta dos acidentes de consumo decorrentes de serviços. Tanto assim que o legislador comunitário, ao preparar a Diretiva 85/374, preferiu limitá-la aos produtos de consumo."
62. De se reparar que MIGUEL KFOURI NETO esclarece que "Poderá haver responsabilização pela falta ou deficiência no cumprimento do dever de informar, ainda que não se possa provar claramente ter havido culpa no descumprimento da obrigação principal". (IN: KFOURI NETO, Miguel. Responsabilidade Civil dos Médicos. 5ª ed., revista e atualizada. São Paulo: Revista dos Tribunais, 2003, p. 39).
63. SANSEVERINO, Paulo de Tarso Vieira. Responsabilidade Civil no Código de Defesa do Consumidor. 2ª ed. revista e atualizada. São Paulo: Saraiva, 2007, p. 283: "A culpa exclusiva da vítima não se confunde com a inexistência de defeito do (...) serviço. São causas que atuam de forma autônoma na exclusão da responsabilidade do fornecedor".

mais complexas dos prestadores de serviços médicos, e ele não se baseia somente em exames, mas é um processo racional fundado em informações acerca do paciente: é o sentir, o ouvir, o tocar, o falar.... É um processo de conhecimento do paciente, e qualquer informação incorreta leva a uma incorreção do diagnóstico.

Quanto à culpa *exclusiva do terceiro*, ela somente ocorreria quando o terceiro fosse uma pessoa determinada[64] e fosse ela a causa exclusiva e adequada do dano. Ou seja, somente não haveria a responsabilização do fornecedor no caso do dano independer do seu comportamento. Isso ocorreria, por exemplo, se um paciente, internado em um hospital e já tendo um leito de UTI preparado para ele, em razão da evolução rápida do seu quadro de saúde, fosse preterido por um outro paciente, também em situação crítica, internado em razão de uma decisão judicial, o que faz com que ele deixe de ter os cuidados intensivos adequados, vindo a óbito. De se ressaltar que em não sendo um fato exclusivo de terceiro, haveria a concorrência e a solidariedade entre todos os que tiverem contribuído para o dano.

Importante é que a listagem do CDC, com hipóteses de afastamento da responsabilidade, não seria exaustiva, podendo ser incluídas outras hipóteses gerais do Direito, como, por exemplo, o caso fortuito/força maior[65] e o fato do príncipe.

De se reparar que, tanto no CC de 2002 quanto no CDC, essas causas que afastam a responsabilidade objetiva ora atuam sobre o fato (inexistência do ilícito ou comercialização do produto, ou inexistência da prestação do serviço, ou inexistência de vício e defeito do produto ou serviço, ou inexistência de informação deficiente), ora atuam afastando o nexo causal (culpa exclusiva da vítima/consumidor, caso fortuito ou força maior, culpa exclusiva de terceiro, entre outras).

Quanto ao *caso fortuito/força maior*, estes têm como requisitos: (*i*) a inevitabilidade; (*ii*) a imprevisibilidade; (*iii*) a atualidade; e (*iv*) a extraordinariedade.[66]

Essas expressões (caso fortuito ou força maior), embora tidas como sinônimas, por parte da doutrina[67] e pelo legislador,[68] teriam efeitos ou consequências diversas, no entender de outra parte da doutrina.[69] Para estes, somente o fortuito externo (equivalente

---

64. SANSEVERINO, ob. cit., 2007, p. 293.
65. TEPEDINO, Gustavo. Temas de Direito Civil. 2ª ed., revista e atualizada. Rio de Janeiro: Renovar, 2001, p. 242: "a presença de caso fortuito ou força maior, embora não prevista pelo CDC como excludente específica, serve a romper o nexo de causalidade, pressuposto indispensável (...) para a caracterização da responsabilidade objetiva, nos moldes adotados pelo legislador especial". Esse não é um entendimento pacífico. Em sentido contrário a esse entendimento estariam, por exemplo, Luiz Antonio Rizzato Nunes e Nelson Nery Junior (in, TEPEDINO, Gustavo. TERRA, Aline de Miranda Valverde e GUEDES, Gisela Sampaio da Cruz. Fundamentos do Direito Civil. Volume 4. Responsabilidade Civil. Rio de Janeiro: Forense, 2020. p.240, nota de rodapé 33).
66. CRUZ, Gisela Sampaio da. O problema do nexo causal na responsabilidade civil. Rio de Janeiro: Renovar, 2005, p. 197/198.
67. PEREIRA, Caio Mario da Silva. Responsabilidade Civil. Atualizado Gustavo Tepedino. 11ª ed., revista e atualizada. Rio de Janeiro: Forense, 2016, p. 395.
68. Lei Federal 10406, de 10.01.2002. DOU 11.01.2002, Art. 393, parágrafo único: "o caso fortuito ou força maior verifica-se no fato necessário, cujos efeitos não era possível evitar ou impedir".
69. TEPEDINO, Gustavo. BARBOZA, Heloisa Helena. MORAES, Maria Celina Bodin de. Código Civil Interpretado Conforme a Constituição da República. Volume II. Rio de Janeiro: Renovar, 2006, p. 810: "Embora de idênticos efeitos, afirma-se haver distinção teórica entre o fortuito e a força maior. A doutrina, porem diverge quanto aos significados a serem atribuídos a um e a outro. Para uns, o caso fortuito caracteriza-se quando se tratar de evento imprevisível e, por isso, inevitável. Se se tratar de evento inevitável, ainda que previsível, configura-se a força maior".

a força maior)[70] teria o condão de afastar a responsabilização no caso da responsabilidade objetiva.[71]

Não se deixando atrair por este vastíssimo tema, aqui apenas concluímos que, seja caso fortuito ou força maior, este é o típico caso da pandemia de COVID-19 e das suas consequências, sendo ele, ainda, claramente um fortuito externo, ou seja, um fato sem qualquer ligação com o agente e decorrente de feito da natureza (um vírus).

Relevante o entendimento, porém, de que essa excludente não se aplicaria caso o fato que deu origem ao dano tivesse sido iniciado ou agravado pelo causador do dano.[72] Ou seja, a existência de caso fortuito/força maior não seria, por si só uma espécie de "cheque em branco", capaz de proteger alguém da responsabilização em qualquer situação; presente permanece a ideia de que "em sociedade, a convivência exige de todos nós um dever negativo de não causar danos a esfera jurídica de terceiros – neminem laedere".[73]

Importante notar que a teoria do fortuito interno é uma relativização dessa excludente de causalidade, pois "aos tradicionais requisitos da imprevisibilidade e irresistibilidade do caso fortuito, tem-se acrescentado esta terceira exigência – a externalidade ou externidade do caso fortuito, sem a qual se conserva a responsabilidade".[74] Porém mesmo com essa relativização, não se há como negar que a COVID-19 é um fortuito claramente externo.

Deve aqui ser lembrada a discussão acerca da *iatrogenia,* uma espécie de caso fortuito/força maior, que deixa bem claro, na área médica, que danos podem existir ainda que o ato médico seja regular, e que esses danos seriam: (i) consequências necessárias do próprio ato médico; e (ii) ligados diretamente ao tratamento da própria patologia, *momento e condições em que esse tratamento se deu.* Os danos decorrentes de um efeito iatrogênico, dependendo da extensão que se dê a este conceito, não seriam passiveis de reparação.

A expressão *iatrogenia* tem vários significados, alguns mais amplos e outros mais restritos. Assim, ela pode ser entendida (i) como sendo todos os "*danos causados pelos*

---

70. TEPEDINO, Gustavo, TERRA, Aline de Miranda Valverde e GUEDES, Gisela Sampaio da Cruz, ob. cit., p. 240. Na nota de rodapé 34, encontra-se a seguinte lição de Maria Celina Bodin de Moraes: " o fortuito interno diferencia-se do externo pois 'o fortuito interno seria o que se liga à pessoa ou à empresa do responsável (impossibilidade relativa, isto é, impossibilidade para o agente); *fortuito externo seria o correspondente à força maior* e surgiria com a ocorrência de um fato sem ligação alguma com a empresa ou a pessoa do responsável, como os fenômenos naturais ou as ordens emanadas pelo poder público (impossibilidade absoluta, isto é, para quem quer que seja)".
71. Na doutrina há entendimento de que a distinção entre o caso fortuito e a força maior é relevante, principalmente quando se trata da responsabilidade objetiva. No ensinamento de Agostinho Alvin, citado por Marco Aurelio Bezerra de Melo: "(...) se a responsabilidade fundar-se no risco, então o simples caso fortuito não o exonerará. Será mister haja força maior, ou como alguns dizem, caso fortuito externo". (in, MELO, Marco Aurelio Bezerra de. ob. cit., 2015. p. 240). No mesmo sentido Carolina Bellini Arantes de Paula: "só a força maior vale como escusa na responsabilidade civil objetiva (...) portanto, de acordo com o propalado critério da procedência, não há responsabilidade diante da força maior. Diante de caso fortuito, há exclusão apenas da responsabilidade subjetiva e não da objetiva". (PAULO, Carolina Belline Arantes. Excludentes de Responsabilidade Civil Objetiva – in JUNIOR, Otavio Luiz Rodrigues, MAMEDE, Gladiston e ROCHA, Maria Vital da Rocha. Responsabilidade Civil Contemporânea – em homenagem a Silvio de Salvio Venosa. São Paulo: Atlas, 2011, p.136).
72. PEREIRA, ob. cit., 2016, p. 395, citando Philippe Le Thourneau.
73. FARIAS, Cristiano Chaves de, ROSENVALD, Nelson. Direito das Obrigações. 4ª.ed. Rio de Janeiro: Editora Lumen Juris, 2009, p. 94.
74. SCHREIBER, Anderson. *Novos Paradigmas da Responsabilidade Civil – Da Erosão dos Filtros da Reparação à Diluição dos Danos.* São Paulo: Atlas, 2007, p. 64.

médicos e instituições de saúde;"[75] ou (ii) como "a doença que surge em consequência da intervenção médica ou medicamentosa;"[76] ou (iii) como a "alteração patológica provocada no paciente por tratamento de qualquer tipo;"[77] ou, por fim (iv) apenas como "um fato – o dano causado pelo médico, mas sem qualquer qualificação", dependendo a licitude ou ilicitude desse fato, da existência, ou não, de culpa do médico.[78]

Observado sempre o dever da devida informação e obtenção do consentimento, os danos decorrentes dos problemas inevitáveis e impossíveis de solucionar ligados a COVID-19, incluída a própria infecção pela COVID-19 em ambiente hospitalar, seriam riscos do próprio tratamento e da vida, não imputáveis *a priori* ao prestador de serviço. Todos os pacientes em tratamento estão neste momento de pandemia, decorrente de um vírus incontrolável, repita-se, sob o risco de contaminação, de demora no atendimento, de falta de medicamento e da escassez dos equipamentos necessários para o correto tratamento, entre outros. Os profissionais e serviços de saúde devem realizar com rigor os procedimentos recomendados, mas jamais terão a capacidade de impedir muitos dos danos que irão surgir.

Por fim, o *Fato do Príncipe* seria aquele fato "*atribuível exclusivamente a agente ou órgão público*".[79] Exemplo simples seria a insuficiência de medicamento ou material (máscaras, respiradores, álcool 70) em razão da diminuição abrupta da oferta decorrente de um confisco feito por autoridade governamental, ainda que em favor da coletividade.[80]

Dito isto, resta claro que a jurisprudência dominante permanecerá, inclusive para as novas formas de atuação da OPS, continuando a OPS a ser responsabilizada de forma direta, concorrente ou solidária, dependendo do caso concreto. Entretanto, os pressupostos da responsabilização deverão ser avaliados de maneira a incorporar os efeitos da pandemia de COVID-19, tanto na definição de defeito ou vício de serviço, e sua inexistência, quanto nas demais excludentes de responsabilização, sendo importante aqui não se deixar cair na tentação de se relativizar ainda mais as excludentes de causalidade e a sua prova.[81]

---

75. FURROW, Barry R. et al. Health Law – cases, material and problems. 3ª ed., St Paul, Minn: West Group, 1997, p. 29. Pela sua extensão, este conceito poderia incluir a possiblidade de reparação naqueles casos em que dano não fosse uma consequência esperada, previsível e informada, do procedimento médico/hospitalar. Nas demais hipóteses, torna-se relevante a devida informação e obtenção do devido consentimento.
76. CHAVES, Antonio. *Responsabilidade Civil do Ato Médico, Contrato de Meios*. COAD. Seleções Jurídicas ADV – Junho 1994, p. 12.
77. STOCO, Rui. Iatrogenia e responsabilidade Civil do Médico. *Revista dos Tribunais* 784 – Fevereiro de 2001 – 90 Ano, p. 105.
78. BARBOZA, Heloisa Helena. Responsabilidade Civil em Face das Pesquisas em Seres Humanos: Efeitos do Consentimento Livre e Esclarecido. (IN: AVANCINI ALVES, Cristiane et al. Bioética e Responsabilidade. Organizadoras Judith Martins-Costa, Letícia Ludwig Möller. Rio de Janeiro: Forense, 2009, p. 216).
79. SANSEVERINO, ob. cit., 2007, p. 324.
80. A questão do confisco vem opondo União a Estados, como demonstra matéria publicada no jornal O ESTADO DE SÃO PAULO – SP – Metropole – p. A16, Sexta feira 267 de Março de 2020, da autoria de Mateus Vargas e sob o título: "*Confisco de luvas a respiradores opõe União a Estados*". Por outro lado, em matéria publicada no jornal VALOR, da autoria de Beth Koike, sob o título "Setor e saúde critica confisco de materiais e medicamentos pelo governo", se percebe o risco das decisões governamentais no atuar das empresa privadas: " A Confederação Nacional de Saúde (CNSaude) e a Associação Nacional dos Hospitais Privados (Anahp) criticaram as ações do Ministério da Saúde, governos estaduais e municipais que estão confiscando materiais e medicamentos dos fabricantes e distribuidores. Essas ações, chamadas requisições administrativas, são permitidas em casos de calamidade pública". Disponível em <https://glo.bo/3bplbVb>, visitado em 27/03/2020.
81. SCHREIBER, ob. cit., 2007, p. 68: O Autor trata de processo de relativização não somente das excludentes de causalidade, mas também da prova da relação causal: "Além de relativizar as excludentes de causalidade, a doutrina e jurisprudência têm, em alguns casos, dispensado a prova da relação causal no tocante a um resultado

6. CONCLUSÃO

A responsabilidade civil, está intimamente ligada à realidade social, e "é inspirada, antes de tudo, na preocupação de harmonia e equilíbrio que orienta o direito e lhe constitui elemento animador;" e mais, tal instituto "é essencialmente dinâmico, tem de adaptar-se, transformar-se na mesma proporção em que envolve a civilização", com o escopo de "restabelecer o equilíbrio desfeito por ocasião do dano, considerado, em cada tempo, em função das condições sociais vigentes". [82]

Nunca isso foi tão verdadeiro quanto agora, no momento que estamos vivenciando.

O atual posicionamento do STJ não deverá se alterar, entretanto, os magistrados deverão ter um olhar mais sereno e cuidadoso ao analisar as eventuais questões surgidas no curso da epidemia de COVID-19, para se evitar que haja uma proteção indevida às OPS e aos demais prestadores ou um benefício protetivo exagerado ao consumidor, a repercutir nos custos finais das OPS e na própria coletividade.

Para encerrar o presente estudo, cujo único objetivo foi buscar provocar discussões em um tema e em uma área de atuação de grande importância para a sociedade, deixo a ideia de que "o saber não se limita à compreensão das leis do universo e à busca de um fundamento da realidade, mas tem como função principal a formação do homem".[83]

7. REFERÊNCIAS

BARBOZA, Heloisa Helena. Responsabilidade Civil em Face das Pesquisas em Seres Humanos: Efeitos do Consentimento Livre e Esclarecido. (IN: AVANCINI ALVES, Cristiane et al. Bioética e Responsabilidade. Organizadoras Judith Martins-Costa, Letícia Ludwig Möller. Rio de Janeiro: Forense, 2009.

BENJAMIN, Antonio Herman V, MARQUES, Claudia Lima e BESSA, Leonardo Roscoe. Manual de Direito do Consumidor. São Paulo: Editora Revista dos Tribunais, 2008.

CHAVES, Antonio. Responsabilidade Civil do Ato Médico, Contrato de Meios. COAD. Seleções Jurídicas ADV – Junho 1994.

CONIL Eleonor Minho. Sistemas Comparados de Saúde (IN, COHN, Amélia et al. Tratado de Saúde Coletiva. Coordenadores CAMPOS, Gastão Wagner de Sousa et al. São Paulo: Hucitec; Rio de Janeiro: Ed. Fiocruz, 2006.

CRUZ, Gisela Sampaio da. O problema do nexo causal na responsabilidade civil. Rio de Janeiro: Renovar, 2005.

DIAS, Jose de Aguiar. A responsabilidade civil, 8ª ed., Rio de Janeiro: Forense, 1987, v. 1.

FRAKT, Austin. Ethical Approaches to Who Receives Lifesaving Treatmeny. The New York Times. The New York edition. Section A, Page 7. New York, 25/03/2020.

---

ulterior da conduta do agente, assegurando ao nexo de causalidade uma elasticidade que nenhuma das teorias usuais comportaria (...) A tal respeito ilustres autores têm sustentado que o agente que pratica a conduta deve ser responsabilizado também pelo resultado mais grave, ainda que oriundo de condições particulares da vítima".

82. DIAS, Jose de Aguiar. A responsabilidade civil, 8ª ed., Rio de Janeiro: Forense, 1987, v. 1, p. 19.
83. SÊNECA. *Sobre a brevidade da vida*. Tradução, introdução e notas de William Li. São Paulo: Nova Alexandria, 1993, p. 16.

FARIAS, Cristiano Chaves de, ROSENVALD, Nelson. Direito das Obrigações. 4ª.ed. Rio de Janeiro: Editora Lumen Juris, 2009;

FURROW, Barry R. et al. Health Law – cases, material and problems. 3ª ed., St Paul, Minn: West Group, 1997.

GREAT DISCOVERIES IN MEDICINE. Edited by William & Helen Bynum. London: Thames & Hudson, 2011.

JOHNSON, James, STOSKOPF, Carleen e SHI, Leiyu. Comparative Health Systems – A Global Perspective – Second edition, USA: Jones & Bartlett Learning, 2018.

KATAOKA, Eduardo Takemi. A Coligação Contratual. Rio de Janeiro: Lumen Juris, 2008.

KFOURI NETO, Miguel. Responsabilidade Civil dos Médicos. 5ª ed., revista e atualizada. São Paulo: Revista dos tribunais, 2003.

KOIKE, Beth. Setor e saúde critica confisco de materiais e medicamentos pelo governo. Jornal VALOR. São Paulo. Disponível em <https://glo.bo/3bplbVb>, visitado em 27/03/2020.

LIMA MARQUES, Claudia. Contratos no Código de Defesa do Consumidor – O novo regime das relações contratuais-, 4ª. edição, atualizada e ampliada. São Paulo: Editora Revista dos Tribunais, 2002. p. 334 e 335.

MEGAN L. Ranney, Valerie Griffeth, and Ashish K. Jha. PERSPECTIVE FROM NEJM. Critical Supply Shortages — The Need for Ventilators and Personal Protective Equipment During the Covid-19 Pandemic. Disponível em < https://www.nejm.org/doi/full/10.1056/NEJMp2006141?cid=DM89089_NEJM_COVID-19_Newsletter&bid=173916778 >, visitado em 27/03/2020.

MELO, Marco Aurelio Bezerra de. Curso de Direito Civil. Volume IV. Responsabilidade Civil. São Paulo: Editora Atlas S.A, 2015.

MULHOLLAND, Caitlin, Responsabilidade Civil por Danos Causados pela Violação de Dados Sensíveis e a Lei Geral de Proteção de Dados Pessoais (Lei 13.709/2018) (in, GODINHO, Adriano Marteleto et al., *Responsabilidade Civil e Novas Tecnologias*. Coordenado por Guilherme Magalhães Martins e Nelson Rosenvald. Indaiatuba, SP: Editora Foco, 2020, p. 109).

PAULO, Carolina Belline Arantes. Excludentes de Responsabilidade Civil Objetiva – in JUNIOR, Otavio Luiz Rodrigues, MAMEDE, Gladiston e ROCHA, Maria Vital da Rocha. Responsabilidade Civil Contemporânea – em homenagem a Silvio de Salvio Venosa. São Paulo: Atlas, 2011.

PEREIRA, Caio Mario da Silva. Responsabilidade Civil. Atualizado Gustavo Tepedino. 11ª ed., revista e atualizada. Rio de Janeiro: Forense, 2016, p. 395.

ROSENVALD, Nelson. Por uma isenção de responsabilidade dos profissionais de saúde por simples negligencia em tempos de pandemia. Migalhas de Peso. Terça Feira, 5 de maio de 2020. Disponível em < https://www.migalhas.com.br/depeso/326088/por-uma-isencao-de-responsabilidade-dos-profissionais-de-saude-por-simples-negligencia-em-tempos-de-pandemia>. Visitado em 28/09/2020.

SANSEVERINO, Paulo de Tarso Vieira. Responsabilidade Civil no Código de Defesa do Consumidor. 2ª ed. revista e atualizada. São Paulo: Saraiva, 2007.

SANGER-KATZ, Margot. U.S. Eases Hospital Rules To Fight Virus. The New York Times – New York edition, March 31, 2020, Section A, Page 13.

SÊNECA. Sobre a brevidade da vida. Tradução, introdução e notas de William Li. São Paulo: Nova Alexandria.

SCHREIBER, Anderson. Novos Paradigmas da Responsabilidade Civil – Da Erosão dos Filtros da Reparação à Diluição dos Danos. São Paulo: Atlas, 2007.

SCHULMAN, Gabriel. Tecnologias de Telemedicina, Responsabilidade Civil e Dados Sensíveis. O Princípio Ativo da Proteção de Dados Pessoais do Paciente e os Efeitos Colaterais do Coronavírus (in, GODINHO, Adriano Marteleto et al. *Coronavírus e Responsabilidade Civil*: Impactos Contratuais e Extracontratuais. Coordenado por Carlos Edison do Rego Monteiro Filho, Nelson Rosenvald, Roberta Densa. Indaiatuba, SP: Editora Foco, 2020, p. 335.)

STOCO, Rui. Iatrogenia e responsabilidade Civil do Médico. Revista dos Tribunais 784 – Fevereiro de 2001 – 90 Ano).

TEPEDINO, Gustavo. BARBOZA, Heloisa Helena. MORAES, Maria Celina Bodin de. Código Civil Interpretado Conforme a Constituição da República. Volume II. Rio de Janeiro: Renovar, 2006.

TEPEDINO, Gustavo. Temas de Direito Civil. 2ª ed., revista e atualizada. Rio de Janeiro: Renovar, 2001.

TEPEDINO, Gustavo, TERRA, Aline de Miranda Valverde e GUEDES, Gisela Sampaio da Cruz. Fundamentos do Direito Civil. Volume 4. Responsabilidade Civil. Rio de Janeiro: Forense, 2020.

TERRA, Aline de Miranda Valverde. Planos Privados de Assistência à Saúde e Boa-Fé Objetiva: Natureza do Rol de Doenças Estabelecido pela Agência Nacional de Saúde para Fins de Cobertura Contratual Obrigatória. Revista Brasileira de Direito Civil – RBDCivil I Belo Horizonte, v. 23, p. 175-191, jan./mar,2020, p. 183.

VARGAS, Mateus. Confisco de luvas a respiradores opõe União a Estados. Jornal O Estado de São Paulo – SP – Metrópole – p. A16, Sexta feira 27 de Março de 2020.

WATANABE, Phillipe. Hospitais Paulistas afastam centenas por contaminação e Sirio e Einstein afastam juntos 452 profissionais. Jornal Folha de São Paulo – SP, de 31/02/2020 – Capa/B2.

RESPONSABILIDADE CIVIL NO ÂMBITO MARÍTIMO E PORTUÁRIO PELO DESCUMPRIMENTO DAS NORMAS DE ENFRETAMENTO À COVID-19

Ingrid Zanella Andrade Campos

Doutora e Mestre em Direito pela Universidade Federal de Pernambuco (UFPE). Especialista em Liability for Maritime Claims e Law of Marine Insurance, pela International Maritime Law Institute, IMLI, Malta. Professora do Programa de Pós-Graduação em Direito da Faculdade Damas da Instrução Cristã. Professora Adjunta da UFPE. Coordenadora da Pós-Graduação em Direito Marítimo e Portuário da Maritime Law Academy (MLAW). Vice-presidente da OAB/PE. Presidente da Comissão de Direito Marítimo, Portuário e do Petróleo da OAB/PE. Sócia-Titular no Escritório Queiroz Cavalcanti Advocacia.

Frederico Moreira Alcântara de Siqueira

Bacharel em Direito pela Universidade Federal de Pernambuco (UFPE), Pós-Graduando em Direito Marítimo e Portuário pela Maritime Law Academy (MLAW). Membro da Comissão de Direito Marítimo, Portuário e do Petróleo da OAB/PE. Sócio no Escritório Queiroz Cavalcanti Advocacia.

Igor Zanella Andrade Campos

Pós-Graduado em Direito Material e Processual do Trabalho pela UNINASSAU. Pós-Graduando em Direito e Processo do Trabalho pelo Espaço Jurídico. Pós-Graduando em Direito Tributário e Aduaneiro pela PUC-Minas. Possui cursos de Direito Marítimo e Portuário pela ESA/PE. Membro da Comissão de Direito Marítimo, Portuário e do Petróleo da OAB/PE. Sócio-Gestor no Escritório Queiroz Cavalcanti Advocacia.

Sumário: 1. Introdução – 2. Legislação aplicável aos atores marítimos e portuários no enfretamento à pandemia de COVID-19: 2.1. Normas da Agência Nacional de Transportes Aquaviário – ANTAQ; 2.2. Normas da Agência Nacional de Vigilância Sanitária – ANVISA; 2.3. Medidas temporárias em resposta à pandemia decorrente da COVID-19 no âmbito do trabalho portuário – 3. Responsabilidade civil dos atores marítimos e portuários pelo descumprimento das normas de enfrentamento à COVID-19 – 4. Considerações finais – 5. Referências.

1. INTRODUÇÃO

Desde o dia 11 de março deste ano, 2020, quando Organização Mundial da Saúde – OMS declarou o *status* de pandemia, países do mundo inteiro têm trabalhado incessantemente no combate a um vírus até então desconhecido: um novo agente de coronavírus, família de vírus causadores de infecções respiratórias, denominado Covid-19. Até o presente momento, são cento e oitenta e três países com casos confirmados em cinco continentes – a única exceção é a Antártida,[1] com números de infectados e falecidos que crescem de modo exponencial diariamente.

Segundo recomendações da própria OMS e das principais autoridades médicas e sanitárias mundiais, a principal medida de combate à pandemia é o chamado isolamento social horizontal. Isto é, o isolamento sem distinção de grupo social específico, sendo recomendado que toda a população permaneça em casa.

Em razão desta situação de pandemia, o Ministério da saúde, por meio da Portaria nº 188, de 3 de fevereiro de 2020, declarou Emergência de Saúde Pública de Importância Nacional, hipótese cabível em situações que demandem o emprego urgente de medidas de prevenção, controle e contenção de riscos, danos e agravos à saúde pública em razão de situação epidemiológica, nos termos do art. 2º do Decreto 7.616/2011. Desse modo, quase todos os setores da economia, entre indústria, comércio e serviços são obrigados a paralisar suas atividades temporariamente, ressalvados os considerados essenciais ao funcionamento do Estado e da sociedade como um todo.

No caso brasileiro, o transporte marítimo de cargas e mercadorias e as atividades correlatas devem ser considerados essenciais. Afinal, tem-se que cerca de 95% de todo o volume do seu comércio exterior – importação e exportação – são transportados através do modal marítimo[2]. Assim, é inegável que deve ser mantido o funcionamento normal do transporte aquaviário de mercadorias e, por conseguinte, das instalações portuárias brasileiras, públicas e privadas.

Para tanto, no esteio do Decreto Federal nº 10.282/2020, o qual classificou o "transporte e entrega de cargas em geral" como atividade essencial, a Agência Nacional de Transportes Aquaviários – ANTAQ publicou a Resolução nº 7.644/2020 e, posteriormente, a Resolução 7.653/2020, por meio das quais garantiu o funcionamento dos serviços de transporte aquaviário de cargas e das instalações portuárias públicas e privadas.

Em complemento, a Medida Provisória nº 945, de 04 de abril de 2020, a qual dispõe sobre as medidas temporárias em resposta à pandemia decorrente da covid-19 no âmbito do setor portuário e sobre a cessão de pátios sob administração militar, alterou a Lei nº 9719/1998, que, entre outros assuntos, define as atividades essenciais, incluindo no art. 10, as atividades portuárias (inciso XV).

Assim, instalações portuárias, operadores portuários, transportadores e agentes marítimos e de carga podem operar quase normalmente, ainda que, como será visto a seguir, sejam obrigadas a adotar as cautelas necessárias à redução da transmissibilidade da COVID-19, conforme orientações da própria ANTAQ, da Agência Nacional de Vigilância Sanitária – ANVISA e demais autoridades competentes.

---

1. Center for Systems Science and Engineering (CSSE) at John Hopkins University. *Coronavirus COVID-19 Global Cases*. Disponível em: <https://gisanddata.maps.arcgis.com/apps/opsdashboard/index.html#/bda7594740f-d40299423467b48e9ecf6>. Acesso em: 05 de abr. 2020
2. BRASIL. Agência Nacional de Transportes Aquaviários. Relatório de Gestão 2018. Disponível em: <http://portal.antaq.gov.br/wp-content/uploads/2019/04/Relat%C3%B3rio-de-Gest%C3%A3o.pdf>. Acesso em: 06 abr. 2020.

2. LEGISLAÇÃO APLICÁVEL AOS ATORES MARÍTIMOS E PORTUÁRIOS NO ENFRETAMENTO À PANDEMIA DE COVID-19

Uma vez demonstrada a imprescindibilidade do mercado marítimo e portuário ao Brasil e, via de consequência, a necessidade do prosseguimento de suas atividades, cumpre elucidar que tanto embarcações quanto instalações portuárias estão obrigadas a se a adequar a uma série de normas publicadas com o fito de evitar a transmissão da COVID-19 no setor. Afinal, deve-se evitar que este segmento se torne vetor de transmissão do novo coronavírus ou seja obrigado a interromper as ações, o que certamente resultaria em prejuízos humanos, sanitários e econômicos incalculáveis.

As principais normas aplicáveis à espécie e seus órgãos emissores, então, serão analisadas neste item.

2.1 Normas da Agência Nacional de Transportes Aquaviário – ANTAQ

Apesar de ter publicado, originalmente, a supracitada Resolução nº 7.644/2020 a fim de garantir o funcionamento das atividades marítimas e portuárias no Brasil, a própria ANTAQ a revogou por meio da Resolução 7.653/2020, pela qual revisou e consolidou as medidas em resposta à emergência de saúde pública no âmbito do transporte aquaviário e das instalações portuárias em razão da epidemia do coronavírus (COVID-19).

Esta segunda resolução, vale ressaltar, manteve as garantias da primeira: veda práticas voltadas a restringir a circulação de trabalhadores ou de cargas que possam afetar o funcionamento de serviços públicos e atividades essenciais ou, ainda, ocasionar o desabastecimento de gêneros necessários à população[3].

A referida norma determina que os atores marítimos e portuários devem assegurar que servidores, trabalhadores, tripulantes, práticos e demais pessoas envolvidas na operação portuária ou no transporte aquaviário resguardem um distanciamento social mínimo de dois metros entre si. Esta medida é válida para todas as áreas comuns, inclusive nas embarcações, refeitórios ou qualquer outro equipamento ou infraestrutura de uso comum.

A garantia de distanciamento social, inclusive, é um dever também das empresas autorizadas para o transporte aquaviário de passageiros na navegação interior, muito comuns na região Norte do Brasil, as quais devem manter a distância mínima de 2 (dois) metros entre os passageiros, limitando a ocupação em 50% (cinquenta por cento) da capacidade da embarcação durante toda a viagem.

Ademais, todos os atores marítimos e portuários devem prestar orientações aos passageiros, trabalhadores e tripulação sobre os cuidados a serem tomados a fim de evitar o contágio pela COVID-19. Essa conscientização pode ser feita através da transmissão

---

3. BRASIL. Agência Nacional de Transportes Aquaviários. Resolução nº 7.653/2020. Revisão e consolidação as medidas em resposta à emergência de saúde pública no âmbito do transporte aquaviário e das instalações portuárias em razão da epidemia do coronavírus (COVID-19). Brasília/DF, 02 abr 2020. Disponível em: <http://sophia.antaq.gov.br/terminal/Acervo/Detalhe/26549?returnUrl=/terminal/Home/Index&guid=1586191905487>. Acesso em: 06 abr. 2020.

avisos sonoros, fixação de cartazes com orientações sobre a adequada higienização das mãos, bem como da divulgação de material informativo em português e em inglês.

Devem ser tomadas, também, medidas extras de higienização, como: disponibilizar nas áreas de circulação comum instrumentos higienizadores, tais como álcool em gel 70%, água e sabão para os passageiros, tripulantes e trabalhadores; disponibilizar sabonete líquido e toalhas de papel nos banheiros e lavatórios; manter higienizados corrimãos, maçanetas e outras superfícies nas áreas de circulação comum; manter os ambientes com ventilação natural, sempre que possível, inclusive espaços climatizados e camarotes, entre outras recomendações.

O referido normativo determina, ainda, que os portos organizados, as instalações portuárias e as empresas que atuem no transporte aquaviário devem observar e cumprir as recomendações, orientações e protocolos das autoridades públicas federais, especialmente da ANVISA, para o enfrentamento da COVID-19 em portos, embarcações e fronteiras.

Para além desses comandos gerais e, até certo ponto, abstratos, a ANTAQ também tomou medidas mais severas a fim de evitar a entrada de novas pessoas infectadas no país seguindo a Portaria nº 47/2020 da Presidência da República. Assim, restringiu, pelo prazo de 30 (trinta) dias, o desembarque de estrangeiros, nos portos ou pontos no território brasileiro, sejam eles tripulantes ou passageiros, independentemente de sua nacionalidade. Excetua-se a essa regra os casos sw estrangeiros residentes nos países ou nas quais é necessária assistência médica ou, ainda, para conexão de retorno aéreo ao país de origem.

Além do mais, na multirreferenciada Resolução nº 7.653/2020, a ANTAQ proibiu o desembarque de qualquer tripulante pelo período de 14 (quatorze) dias contados da data de saída da embarcação do último porto estrangeiro no caso de embarcações cargueiras em rota internacional, ou seja, em navegação de longo curso.

Ou seja, nos casos de embarcações chegadas em portos brasileiros a partir de portos estrangeiros, toda a tripulação, inclusive os brasileiros, devem cumprir quarentena compulsória de duas semanas.

Nesse exato sentido, em caso de evento de saúde a bordo relacionado a COVID-19, é vedado o desembarque de qualquer tripulante por mais 14 (quatorze) dias a partir da data do início dos sintomas do último caso, nem mesmo para operação do navio.

2.2 Normas da Agência Nacional de Vigilância Sanitária – ANVISA

Com vistas a estabelecer regras e diretrizes no combate ao novo coronavírus, a ANVISA editou diversas normas sobre as mais diferentes temáticas. Para este artigo, interessa a análise da Nota Técnica nº 47/2020/SEI/GIMTV/GGPAF/DIRE5/ANVISA, de 25 de março de 2020, a qual dispõe sobre as medidas sanitárias a serem adotadas em portos e embarcações frente aos casos de COVID-19[4].

---

4. BRASIL. Agência Nacional de Vigilância Sanitária. Nota Técnica nº 47/2020/SEI/GIMTV/GGPAF/DIRE5/ANVISA. Medidas sanitárias a serem adotadas em portos e embarcações, frente aos casos do novo coronavírus SARS-CoV-2 (COVID-19). Brasília/DF. 25 de mar. 2020. Disponível em: <http://portal.antaq.gov.br/wp-content/uploads/2020/03/SEI_ANVISA-0957306-Nota-Te%CC%81cnica-Porto.pdf.pdf> Acesso em: 05. Abr. 2020.

Essa Nota Técnica, vale destacar, foi elaborada com base no Regulamento Sanitário Internacional – RSI, bem como nas Resoluções de Diretoria Colegiada da própria agência – em especial RDC 72/2009, RDC 21/2008 e RDC 56/2008) – e nas diretrizes do Ministério da Saúde.

Pois bem. Antes do ingresso em um porto nacional, o representante da embarcação – armador, agência marítima ou comandante – deve apresentar três documentos à ANVISA. São eles: a) Declaração Marítima de Saúde, documento que contém a identificação da embarcação, a viagem e a saúde dos viajantes, conforme o RSI; b) lista de viajantes, com respectivos locais e datas de embarque e desembarque e; c) cópia do Certificado de Controle Sanitário de Bordo ou do Certificado de Isenção de Controle Sanitário de Bordo.

Além deles, segundo a referida Nota Técnica, neste caso específico da COVID-19, a apresentação do Livro Médico de Bordo (*medical logbook*) tornou-se documento indispensável para todo e qualquer navio, esteja ele em rota internacional, nacional apoio marítimo ou apoio portuário.

Estes itens serão avaliados pela ANVISA para a emissão do documento que permite a atração em portos nacionais, o Certificado de Livre Prática.

Por outro lado, nas hipóteses de presença de caso suspeito, deve ser seguido o Protocolo de Atendimento de Evento de Saúde Pública a bordo de embarcação da ANVISA, segundo o qual deve-se prestar atendimento médico ao caso suspeito, isolando-o dos demais tripulantes e passageiros[5].

Além da suspensão imediata das atividades que não sejam indispensáveis à expedição marítima, incluindo o não desembarque de passageiros e tripulantes por quatorze dias a partir da data do início dos sintomas do último caso, seguido de imediata comunicação – pela via de comunicação mais rápida e eficiente – à ANVISA e se for o caso, o pedido de autorização de desembarque em caso de necessidade atendimento em serviço de saúde local.

Além da ANVISA, devem ser comunicados também à Autoridade Portuária, Capitania dos Portos, Polícia Federal, OGMO, a empresa de praticagem atuante no porto e demais órgãos e empresas públicas e privadas atuantes na operação da embarcação sobre a eventual adoção de medidas restritivas impostas pela autoridade sanitária no tocante à movimentação de pessoas e cargas.

Em razão da vedação ao desembarque de passageiros e tripulantes, a avaliação da embarcação e emissão do Certificado de Livre Prática, caso haja caso suspeito na embarcação, deve ser realizada a bordo, conforme autoriza o art. 9º, V, da Resolução ANTAQ nº 7.653/2020.

Em complemento, deve o comandante registrar os casos suspeitos no Livro Médico de Bordo (*medical logbook*) e na declaração marítima de saúde (DMS), bem como acionar o Plano de Prevenção e Resposta de Surtos a bordo (OPRP), quando disponível e apli-

---

5. BRASIL. Agência Nacional de Vigilância Sanitária. Protocolo de Atendimento de Evento de Saúde Pública a bordo de embarcação. Brasília/DF. 10 de set. 2019. Disponível em: < http://portal.anvisa.gov.br/documents/219201/5777769/PROTOCOLO+02+-+Atendimento+de+evento+a+bordo+de+embarcacao/e689aa71-ca96-47bb-9484-c7b-fe993078d> Acesso em: 05. Abr. 2020.

cável, e adotar as medidas de controle que podem ser determinadas em complemento pela agência da ANVISA do porto de destino.

Ademais, tem-se que a embarcação que reportar presença de caso suspeito ou confirmado para COVID-19 deve ser impedida de sair do porto até que a continuidade de sua operação seja aprovada pela própria ANVISA.

2.3 Medidas temporárias em resposta à pandemia decorrente da COVID-19 no âmbito do trabalho portuário

É sabido que os profissionais envolvidos nas etapas de gerenciamento de resíduos sólidos, assim como aqueles envolvidos nos processos de higienização das áreas e materiais utilizados, devem ser submetidos a exame médico admissional, periódico, de retorno ao trabalho e de mudança de função, utilizar Equipamentos de Proteção Individual – EPI, além de ser capacitado quando de sua admissão e mantido sob educação continuada.

Como o porto é um local de fronteira, deve possuir boas práticas sanitárias, programa de controle da fauna sinantrópica nociva, planos de contenção e de emergência, de gerenciamento de riscos e de resíduos sólidos, programa de educação e compliance ambiental (como agenda ambiental), além de se submeterem à auditoria ambiental obrigatória (a cada dois anos).

Destaca-se que, de acordo com a Nota Técnica nº 47/2020, da ANVISA, as recomendações gerais aos servidores e trabalhadores portuários e de embarcações, em qualquer situação, esses devem sempre adotar medidas preventivas de higienização e etiqueta respiratória.

Da mesma forma, os servidores da ANVISA, Receita Federal do Brasil, Polícia Federal do Brasil, do Sistema de Vigilância Agropecuária Internacional (Vigiagro) e os trabalhadores que realizarem abordagem em embarcações devem: se não houver relato de presença de caso suspeito, utilizar máscara cirúrgica; se houver relato de presença de caso suspeito, utilizar máscara cirúrgica, avental, óculos de proteção e luvas;

Como visto, em 04 de abril de 2020, foi publicada a Medida Provisória nº 945, que estabeleceu medidas temporárias e especiais em resposta à pandemia decorrente da covid-19, com o objetivo de garantir a preservação das atividades portuárias, consideradas essenciais.

De acordo com a MP nº 945/2020, o Órgão Gestor de Mão de Obra (OGMO) não poderá escalar trabalhador portuário avulso nas seguintes hipóteses:

I. quando o trabalhador apresentar os seguintes sintomas, acompanhados ou não de febre, ou outros estabelecidos em ato do Poder Executivo federal, compatíveis com a covid-19: tosse seca; dor de garganta; ou dificuldade respiratória;

II. quando o trabalhador for diagnosticado com a**covid-19** ou submetido a medidas de isolamento domiciliar por coabitação com pessoa diagnosticada com a covid-19;

III. quando a trabalhadora estiver gestante ou lactante;

IV. quando o trabalhador tiver idade igual ou superior a sessenta anos; ou

V. quando o trabalhador tiver sido diagnosticado com: imunodeficiência; doença respiratória; ou doença preexistente crônica ou grave, como doença cardiovascular, respiratória ou metabólica.

O Órgão Gestor de Mão de Obra deverá encaminhar à autoridade portuária semanalmente lista atualizada de trabalhadores portuários avulsos que estejam impedidos de ser escalados, acompanhada de documentação que comprove o enquadramento dos trabalhadores nas referidas hipóteses.

Enquanto persistir o impedimento de escalação, o trabalhador portuário avulso terá direito ao recebimento de indenização compensatória mensal no valor correspondente a cinquenta por cento sobre a média mensal recebida por ele entre 1º de outubro de 2019 e 31 de março de 2020.

A referida indenização terá natureza indenizatória e não integrará a base de cálculo do imposto sobre a renda retido na fonte ou da declaração de ajuste anual do imposto sobre a renda da pessoa física do empregado, nem a base de cálculo da contribuição previdenciária e dos demais tributos incidentes sobre a folha de salários. Da mesma forma, não integrará a base de cálculo do valor devido ao Fundo de Garantia do Tempo de Serviço – FGTS.

As mencionadas indenizações ficarão a cargo dos operadores portuários ou por qualquer tomador de serviço que requisitar trabalhador portuário avulso ao OGMO, e serão calculadas de maneira proporcional à quantidade de serviço demandado ao Órgão Gestor.

Em contrapartida, na hipótese de o aumento de custos com o trabalho portuário avulso decorrente da referida indenização ter impacto sobre os contratos de arrendamento portuários já firmados, estes deverão ser alterados de maneira a promover o reequilíbrio econômico-financeiro desses contratos.

Ainda, a administração do porto concederá desconto tarifário aos operadores portuários pré-qualificados que não sejam arrendatários de instalação portuária em valor equivalente ao acréscimo de custo decorrente do pagamento da indenização de que trata este artigo.

Destaca-se que não terá direito à indenização, ainda que estejam impedidos de concorrer à escala, os trabalhadores portuários avulsos que estiverem em gozo de qualquer benefício do Regime Geral de Previdência Social ou de regime próprio de previdência social, ou que perceberem benefício assistencial.

Resta assegurada, na hipótese de indisponibilidade de trabalhadores portuários avulsos, a possibilidade de os operadores portuários realizarem contratação livremente trabalhadores, pelo prazo máximo de doze meses, com vínculo empregatício por tempo determinado para a realização de serviços de capatazia, bloco, estiva, conferência de carga, conserto de carga e vigilância de embarcações,.

A MP nº 945/2020 alterou a Lei nº 9719/1999, que dispõe sobre normas e condições gerais de proteção ao trabalho portuário, estabelecendo que o OGMO fará a escalação de trabalhadores portuários avulsos por meio eletrônico, de modo que o trabalhador possa habilitar-se sem comparecer ao posto de escalação, ficando vedada a escalação presencial de trabalhadores portuários.

Da mesma forma, a MP nº 945/2020, incluiu o §5º, no art. 40, da Lei 12.815/2013, que dispõe sobre a exploração direta e indireta pela União de portos e instalações portuárias, estabelecendo que, desde que possuam a qualificação necessária, os trabalhadores portuários avulsos registrados e cadastrados poderão desempenhar quaisquer das atividades de capatazia, estiva, conferência de carga, conserto de carga, bloco e vigilância de embarcações, vedada a exigência de novo registro ou cadastro específico, independentemente de acordo ou convenção coletiva.

Assim, a Medida Provisória incentiva e garante a multifuncionalidade, inclusive para que haja continuidade das operações portuárias, mas garantindo a preservação das atividades portuárias, consideradas essenciais.

3. RESPONSABILIDADE CIVIL DOS ATORES MARÍTIMOS E PORTUÁRIOS PELO DESCUMPRIMENTO DAS NORMAS DE ENFRENTAMENTO À COVID-19

Ultrapassada a breve explanação das normas editadas pelo poder público federal com o fito de combater a pandemia do novo coronavírus, faz-se mister destrinchar a responsabilidade civil pelo descumprimento das normas sanitárias e de navegação instituídas pela ANTAQ e pela ANVISA com o fito de evitar ou minimizar os efeitos da pandemia de COVID-19 no Brasil.

Importante esclarecer que as normas reconhecem as referidas atividades como essenciais, bem como que, diante de uma pandemia, essas atividades devem ser desempenhadas com atendimento dos preceitos normativos que estabelecem padrões mínimos de segurança para resguardar a segurança de toda a sociedade.

A imposição de medidas de prevenção e controle, conforme visto acima, considera a dignidade da pessoa humana, bem como a garantia dos direitos fundamentais, evitando danos e agravos à saúde pública e à coletividade. Desta forma, a empresa pode responder pelo descumprimento das medidas de segurança, em especial quando evidenciado que do seu comportamento resulta danos.

Portanto, a responsabilidade civil no caso é pautada na teoria do risco, prevista no artigo 927, parágrafo único, do Código Civil, segundo o qual todos aqueles que se dediquem ao exercício de atividade com habitualidade que, por sua natureza, implique risco para os direitos de outrem, devem responsabilizar-se, independentemente de culpa, pelos danos causados.

Pois bem. Pelo descumprimento das normas publicadas para o combate ao novo coronavírus, podem os atores marítimos e portuários responder por ações infracionais ou, ainda, por omissões na adoção de medidas específicas, quando demonstrado foram ocasionados danos – econômicos, humanos ou à saúde pública – pelo seu comportamento. Neste caso, todavia, é necessário demonstrar a ação ou a omissão específica do agente, que tendo o dever de atuar não o faz, que a um dano por conta deste comportamento.

Apenas quando demonstrada a ação que não deveria ter sido tomada (p. ex. o desembarque de passageiro ou tripulante durante a quarentena obrigatória da embarcação sem aprovação prévia da ANVISA) ou a omissão específica em relação à providência que era possível ter sido adotada para evitar o dano (p.ex. a comunicação à ANVISA de caso suspeito a bordo que não foi feita), deve-se cogitar de responsabilidade do ator portuário no dever de indenizar.

Esta indenização, inclusive, pode ser pleiteada tanto por um indivíduo específico (ou um grupo de indivíduos) diretamente infectado em razão do descumprimento normativo quanto pelo próprio Estado. Afinal, este último é quem vai arcar com as despesas necessárias ao tratamento dos infectados pela COVID-19.

Inclusive, no plano social, esse descumprimento pode agravar o risco de contágio para um grupo coletivo de pessoas ou à coletividade, conforme estabelece o art. 81, do Código de Defesa do Consumidor.

Para além da responsabilidade civil dos infratores pelo descumprimento das medidas voltadas ao enfrentamento ao novo coronavírus, é certo que estes podem também ser responsabilizados na seara administrativa.

No caso das empresas autorizadas a realizar o transporte aquaviário de passageiros, o descumprimento das medidas previstas na Resolução nº 7.653/2020 – distanciamento social menor que dois metros ou navegação com mais de 50% da capacidade, por exemplo – pode ensejar a imediata interrupção da viagem ou interdição da embarcação. Estas medidas sancionatórias, vale ressaltar, não precisam ser determinadas diretamente pela ANTAQ. Elas podem ser impostas pelas autoridades locais e estaduais, as quais ficam obrigadas a comunicar o fato à Agência em até 24 (vinte e quatro) horas da decisão, motivando-a.

Por outro lado, caso a infração seja perpetrada por instalações portuárias, arrendatários, autorizatários, operadores portuários ou mesmo pela própria Autoridade Portuária, estes estão sujeitos à multa de até R$ 1.000.000,00 (um milhão de reais), com fulcro no art. 32, XXXVIII, da Resolução ANTAQ nº 3.274/2014[6].

Por fim, destaca-se que a responsabilização pode ser, também, penal. Isso porque o agente, quando pessoa física, pode ser enquadrado no tipo do art. 268 do Código Penal, qual seja "infringir determinação do poder público, destinada a impedir introdução ou propagação de doença contagiosa", passível de detenção, de um mês a um ano, e multa.

A título de exemplo, praticará o crime de infração de medida sanitária preventiva o agente que, mesmo após receber determinação para que permaneça em quarentena compulsória, venha a fugir ou desrespeitar o seu dever de isolamento social de qualquer modo. (artigo 3, I, da Lei 13.979/20[7]).

4. CONSIDERAÇÕES FINAIS

Ante o exposto, conclui-se que, por serem os portos brasileiros são locais de fronteira e, por isso, serem locais de trânsito de pessoas e embarcações e pessoas de todo o mundo, mostra-se de suma importância que os atores da mercado marítimo e portuário se conscientizem da importância e colaborem para o enfrentamento da pandemia da COVID-19. Logo, devem estes se adequar às normas emanadas pela ANTAQ, pela

---

6. BRASIL. Agência Nacional de Transportes Aquaviários. Resolução nº 3.274/2014. Fiscalização da prestação dos serviços portuários e infrações administrativas. Brasília/DF, 07 fev. 2014. Disponível em: <http://www.portodoitaqui.ma.gov.br/public/_files/arquivos/Resolucao_N_3274_DE_2014.pdf> Acesso em: 06 abr. 2020.
7. BRASIL. Lei nº 13.979, de 06 de fevereiro de 2020. Medidas para enfrentamento da emergência de saúde pública de importância internacional decorrente do coronavírus responsável pelo surto de 2019. Brasília/DF, 06 fev. 2020. Disponível em: <http://www.planalto.gov.br/ccivil_03/_ato2019-2022/2020/lei/L13979.htm>. Acesso em: 06 de abr. 2020.

ANVISA e por todas as demais autoridades competentes – União, Estados, Municípios, Autoridade Marítima, entre outros.

Nesses cenários, cumpre ressaltar que, diante do constante avanço da pandemia da Covid-19, as medidas legais e sanitárias aplicadas em pontos de entrada podem ser revisadas, alteradas ou mesmo revogadas a depender do cenário, o que tem acontecido a cada alteração do cenário epidemiológico. Assim sendo, é preciso que os atores marítimos e portuários acompanhem o progresso das normas vigentes a respeito das medidas de enfretamento ao novo coronavírus, visto que novas obrigações podem ser-lhes impostas.

Caso contrário, na hipótese de descumprimento das normas e recomendações advindas do poder público, o agente da ação ou da omissão infracional pode e deve ser responsabilizado civilmente, pelos danos causados a indivíduos específicos ou mesmo à saúde pública, sejam eles financeiros ou não, bem como administra e até criminalmente.

Por outro lado, caso atores marítimos e portuários operem corretamente e, mesmo assim, enfrentem restrições à prestação dos serviços de transporte aquaviário de cargas e no funcionamento das instalações portuárias, os afetados devem comunicar o fato imediatamente à ANTAQ, bem como podem adotar as medidas administrativas e judiciais cabíveis para garantir o pleno desempenho de suas atividades.

5. REFERÊNCIAS

BRASIL. Agência Nacional de Transportes Aquaviários. Relatório de Gestão 2018. Disponível em: <http://portal.antaq.gov.br/wp-content/uploads/2019/04/Relat%C3%B3rio-de-Gest%C3%A3o.pdf>.

BRASIL. Agência Nacional de Transportes Aquaviários. Resolução nº 3.274/2014. Fiscalização da prestação dos serviços portuários e infrações administrativas. Brasília/DF, 07 fev. 2014. Disponível em: <http://www.portodoitaqui.ma.gov.br/public/_files/arquivos/Resolucao_N_3274_DE_2014.pdf>.

BRASIL. Agência Nacional de Transportes Aquaviários. Resolução nº 7.653/2020. Revisão e consolidação as medidas em resposta à emergência de saúde pública no âmbito do transporte aquaviário e das instalações portuárias em razão da epidemia do coronavírus (COVID-19). Brasília/DF, 02 abr 2020. Disponível em: <http://sophia.antaq.gov.br/terminal/Acervo/Detalhe/26549?returnUrl=/terminal/Home/Index&guid=1586191905487>.

BRASIL. Agência Nacional de Vigilância Sanitária. Nota Técnica nº 47/2020/SEI/GIMTV/GGPAF/DIRE5/ANVISA. Medidas sanitárias a serem adotadas em portos e embarcações, frente aos casos do novo coronavírus SARS-CoV-2 (COVID-19). Brasília/DF. 25 de mar. 2020. Disponível em: <http://portal.antaq.gov.br/wp-content/uploads/2020/03/SEI_ANVISA-0957306-Nota-Te%CC%81cnica-Porto.pdf.pdf>.

BRASIL. Agência Nacional de Vigilância Sanitária. Protocolo de Atendimento de Evento de Saúde Pública a bordo de embarcação. Brasília/DF. 10 de set. 2019. Disponível em: <http://portal.anvisa.gov.br/documents/219201/5777769/PROTOCOLO+02+-+Atendimento+de+evento+a+bordo+de+embarcacao/e689aa71-ca96-47bb-9484-c7bfe993078d>.

BRASIL. Lei nº 13.979, de 06 de fevereiro de 2020. Medidas para enfrentamento da emergência de saúde pública de importância internacional decorrente do coronavírus responsável pelo surto de 2019. Brasília/DF, 06 fev. 2020. Disponível em: <http://www.planalto.gov.br/ccivil_03/_ato2019-2022/2020/lei/L13979.htm>.

Center for Systems Science and Engineering (CSSE) at John Hopkins University. Coronavirus COVID-19 Global Cases. Disponível em: <https://gisanddata.maps.arcgis.com/apps/opsdashboard/index.html#/bda7594740fd40299423467b48e9ecf6>.

REFLEXÕES INICIAIS SOBRE OS IMPACTOS JURÍDICOS DA PANDEMIA DO NOVO CORONAVÍRUS NAS RELAÇÕES ENTRE LOJISTAS E EMPREENDEDORES EM *SHOPPING CENTERS*

Rodrigo Freitas

Mestre em Direito Civil pela Universidade do Estado do Rio de Janeiro – UERJ. Pós-graduado em Direito Imobiliário pela Pontifícia Universidade Católica do Rio de Janeiro – PUC-Rio. Advogado.

Diana Loureiro Paiva de Castro

Mestre em Direito Civil pela Universidade do Estado do Rio de Janeiro – UERJ. Procuradora do Estado de São Paulo.

Sumário: 1. Introdução – 2. Aspectos jurídicos da estrutura dos *shopping centers* – 3. Cláusulas contratuais na relação lojista-empreendedor – 4. Impactos jurídicos da pandemia do novo coronavírus na relação lojista-empreendedor – 5. Notas conclusivas – 6. Referências.

1. INTRODUÇÃO

Abordam-se, no presente estudo, os impactos jurídicos que podem ser observados da pandemia do novo coronavírus (COVID-19) nas relações entre lojista e empreendedor no bojo das estruturas dos *shopping centers*. Diante do elevadíssimo risco de contágio do vírus e de seus índices de mortalidade, a população passou a viver em isolamento social, e os *shopping centers*, assim como a maioria dos estabelecimentos comerciais não essenciais, pararam de abrir suas portas. Nesse contexto, o fechamento dos *shopping centers*, imposto pelas circunstâncias fáticas da pandemia, gerou diversos impactos jurídicos na relação entre o lojista e o empreendedor, objeto de análise no presente trabalho, mais especificamente no que tange às cláusulas contratuais que regem essa relação.

Sobre o tema dos *shopping centers*, cabe observar, de início, que o legislador infraconstitucional concede à autonomia negocial índices de extrema amplitude, prevalecendo, como regra geral, as condições livremente pactuadas nos contratos celebrados. Salvo poucas regras específicas presentes na Lei 8.245/91, não há, no ordenamento jurídico brasileiro, maiores disposições sobre as relações jurídicas atinentes aos *shopping centers*.[1] Importante se mostra, portanto, o desenvolvimento de estudos específicos sobre o tema,

---

1. A Lei de Locações faz referência aos *shopping centers* somente nos artigos 52 e 54.

que auxiliem o intérprete a conformar adequadamente os diferentes interesses incidentes no caso prático, em prol da unidade do sistema conferida pelos valores constitucionais.[2]

Além disso, a importância e a atualidade do tema reluzem no seio social. Como se pode antever, a organização destes grandes centros comerciais traduz atividade empresarial muito comum e de grande relevo no cenário nacional. A título ilustrativo, a Associação Brasileira de *Shopping Centers* (ABRASCE) possui 577 centros comerciais associados, havendo, ainda, 21 a inaugurar em 2020, o que configura uma área bruta locável de 16 milhões de metros quadrados. Cuida-se de ramo que gera mais de um milhão e cem mil empregos no Brasil e cujo faturamento, em 2019, ultrapassou os 192 bilhões de reais.[3]

Diante da magnitude e da complexidade destes centros, expostas nestas breves linhas iniciais, dedica-se o primeiro momento do estudo à análise de seus aspectos jurídicos. Em seguida, o trabalho irá examinar as principais cláusulas contratuais na relação lojista-empreendedor, para, então, apresentar reflexões sobre os impactos jurídicos da pandemia do novo coronavírus em relação a tais convenções, no âmbito da estrutura dos *shopping centers*.

2. ASPECTOS JURÍDICOS DA ESTRUTURA DOS *SHOPPING CENTERS*

Como se pode inferir do estrangeirismo ínsito ao termo, os *shopping centers* surgiram nos Estados Unidos durante a década de 1950, logo após a segunda grande guerra mundial, como forma de incentivo ao comércio varejista e ao setor automobilístico.[4] No Brasil, os centros comerciais se desenvolveram a partir de 1966, com a construção do *Shopping* Iguatemi, em São Paulo, tendo tal atividade empresarial se proliferado, desde então, em diversas regiões do país.[5]

A respeito dos aspectos jurídicos relativos ao empreendimento, cabe apresentar a definição da ABRASCE, segundo a qual os *shopping centers* consistem nos "empreendimentos com Área Bruta Locável (ABL), normalmente, superior a 5 mil m², formados por diversas unidades comerciais, com administração única e centralizada, que pratica aluguel fixo e percentual", dispondo, na maior parte dos casos "de lojas âncoras e vagas de estacionamento compatível com a legislação da região onde está instalado".[6]

---

2. BASÍLIO, João Augusto. *Shopping centers*. Rio de Janeiro: Renovar, 2005. p. 41.
3. ABRASCE. *Números do setor*. Disponível em: https://www.abrasce.com.br/monitoramento/numeros-do-setor. Acesso em 5.4.2020.
4. GABURRI, Fernando. Contrato de cessão de uso de espaço em *shopping centers*: natureza jurídica. In: PAMPLONA FILHO, Rodolfo Mario Veiga; PEDROSA, Lauricio Alves Carvalho (Coords.). *Novas figuras contratuais*: homenagem ao professor Washington Luiz da Trindade. São Paulo: LTR, 2010. p. 41.
5. MARTOS, Frederico Thales de Araújo. A atipicidade do contrato de locação em *shopping center*. *Revista Forense*, vol. 107, 2011. p. 627; GODOI, Rafael Barbosa; ANUALLI, Tânia Mara. A inaplicabilidade do código de defesa do consumidor nos contratos de locação de *shopping centers*. *Revista Forense*, vol. 104, 2008. p. 604; REQUIÃO, Rubens. Considerações jurídicas sobre os centros comerciais (*shopping centers*) no Brasil. *Revista dos Tribunais*, vol. 72, 1983. p. 11.
6. ABRASCE. *Definições e convenções*. Disponível em: http://www.abrasce.com.br/monitoramento/definicoes-e-convencoes. Acesso em 5.4.2020.

Observa-se que os *shopping centers* têm como marco característico a administração única e centralizada na figura do empreendedor, que usualmente cria pessoa jurídica a ele vinculada para realizar a efetiva administração do espaço comercial.[7] Tais centros, portanto, diferem-se das lojas à beira de rua e das galerias, as quais, embora consistam em conglomerados de espaços comerciais em mesmo local, não possuem administração centralizada na figura de uma pessoa. No âmbito dos *shopping centers*, desde a preparação inicial da construção, levando-se em conta, sobretudo, o local e os potenciais consumidores no seu entorno, até a execução da atividade empresarial, desenvolve-se franco planejamento baseado em detalhado estudo de viabilidade, levado a frente pelo dono do centro comercial.[8]

A exposição feita até a presente etapa pode ser mais bem compreendida a partir da análise dos contratos usualmente celebrados entre os lojistas e o dono do empreendimento.

A despeito das controvérsias acerca da natureza jurídica da contratação em análise, cujo aprofundamento extrapolaria os limites deste trabalho,[9] percebe-se que, no cotidiano dos *shopping centers*, celebra-se o chamado *contrato de locação e outros pactos*, que inclui a cessão de uso e fruição da loja, a inclusão do cessionário na Associação de Lojistas do empreendimento, bem como a assinatura da Escritura Declaratória de Normas e Gerais e ao Regimento Interno do *Shopping*.

O contrato de uso e fruição de espaço consiste no compromisso assumido pelo lojista mediante o qual se obriga a pagar determinada quantia em retribuição à utilização da loja para o exercício de sua atividade empresarial.

A Associação de Lojistas, por sua vez, composta pelos locatários e pelo empreendedor, a quem cabe determinar as diretrizes das campanhas publicitárias, tem por finalidade principal a administração do fundo de promoções coletivas. Cuida-se de pessoa jurídica de direito privado, concebida sob a forma de associação, sem finalidade lucrativa e inscrita no Registro Civil de Pessoas Jurídicas.[10]

A Escritura Declaratória de Normas Gerais estabelece regras comuns, usualmente direcionadas a todos os lojistas. Trata-se de instrumento apartado ao contrato de cessão de uso e fruição, com vistas a que não se torne muito extenso, o qual dispõe sobre as regras referentes à implementação e ao funcionamento do empreendimento.[11] Nas Regras Gerais,

---

7. BASÍLIO, João Augusto. *Shopping centers*. Rio de Janeiro: Renovar, 2005. p. 53.
8. CRISTOFARO, Pedro Paulo Salles. As cláusulas de raio em *shopping centers* e a proteção à livre concorrência. *Revista de Direito Renovar*, vol. 1, 1995. pp. 51-53.
9. Em primeiro lugar, há autores que sustentam se tratar de (i) contrato de locação, com algumas cláusulas atípicas incapazes de desnaturar tal tipicidade; (ii) contrato atípico, tendo em vista o fato de a ideia predominante ser a atividade comum organizada, que não pode prescindir dos serviços internos; (iii) contrato atípico misto, já que a contratação objetivaria não só a cessão do uso e gozo de determinado espaço em *shopping*, mediante retribuição pelos aluguéis, fixos e variáveis, mas incluiria também troca de benefícios e vantagens em razão do dúplice fundo de empresa existente; ou, até mesmo, (iv) coligação contratual, haja vista que os contratos relativos ao *shopping* não se fundem, mas mantêm apenas unidade econômica, sem constituir nova categoria jurídica. Sobre o tema, v. VARELA, Antunes. *Centros comerciais (shopping centers): natureza jurídica dos contratos de instalação dos lojistas*. Coimbra: Coimbra Editora. 1995.
10. V. PINTO, Dinah Sonia Renault. *Shopping center*: uma nova era empresarial. Rio de Janeiro: Forense, 1989. p. 43.
11. V. AZEVEDO, Álvaro Villaça. Atipicidade mista do contrato de utilização de unidade em centros comerciais e seus aspectos fundamentais. *Revista dos Tribunais*, vol. 84, 1995. p. 131; REQUIÃO, Rubens. Considerações jurídicas sobre os centros comerciais (*shopping centers*) no Brasil. *Revista dos Tribunais*, vol. 72, 1983. p. 29.

pode-se ou não determinar que se constitua um regimento interno do *shopping*, o qual conterá, especificamente, as normas atinentes ao funcionamento do empreendimento. Nestes instrumentos, encontram-se, *v.g.*, as seguintes disposições: (i) a obrigatoriedade de apresentação à administração do *shopping*, para exame e aprovação, de todos os projetos referentes a instalações comerciais, decoração e letreiros luminosos, elaborados por profissional capaz e idôneo; (ii) a utilização das partes comuns e de espaços específicos do *shopping* e (iii) a impossibilidade de suspensão da atividade do locatário por mais de trinta dias e os horários de abertura e fechamento das lojas.[12]

Tais pactos constituem, em perspectiva ampla, o arcabouço jurídico por detrás dos *shoppings centers*. Neles, é comum se notar, além do exposto, a inserção de diversas cláusulas contratuais, sobre as quais cumpre tecer breves comentários, para que, em seguida, se possa examinar o impacto da pandemia do novo coronavírus sobre a relação jurídica em exame.

3. CLÁUSULAS CONTRATUAIS NA RELAÇÃO LOJISTA-EMPREENDEDOR

A criação de cláusulas peculiares nos pactos que envolvem o lojista e o empreendedor é atribuída exclusivamente à autonomia negocial das partes contratantes, que visa a se adequar às características e necessidades específicas da atividade econômica desenvolvida na ambiência dos centros comerciais. Analisam-se, em seguida, exemplos de tais convenções.

A contrapartida pelo uso e fruição do espaço compõe-se, normalmente, de um valor fixo, denominado de *aluguel mínimo reajustável*, e de um valor móvel, chamado de *aluguel percentual* e calculado à base de uma porcentagem "sobre o movimento de vendas apurado pelos totais diários das negociações realizadas nas caixas registradoras, nos recibos, nos talões, nas notas fiscais e nos livros de registro de vendas".[13] Prevalecerá o último quando seu montante ultrapassar o valor do aluguel mínimo. Por tal razão, possibilita-se ao empreendedor a indicação de preposto que fiscalizará o rendimento mensal do lojista, a fim de que se privilegie a veracidade das informações que comporão a base de cálculo do *aluguel percentual*.[14]

A obrigatoriedade da contribuição para o fundo de promoções institucionais do empreendimento também constitui cláusula comum nos contratos em *shopping centers*. Tal fundo, como visto, normalmente é administrado pela Associação de Lojistas, que gere a quantia destinada a custear a propaganda do centro comercial.[15] Pela própria natureza associativa do empreendimento, idealizou-se contribuição paga pelos lojistas

---

12. V. BASÍLIO, João Augusto. *Shopping centers*. Rio de Janeiro: Renovar, 2005. p. 49.
13. AZEVEDO, Álvaro Villaça. Atipicidade mista do contrato de utilização de unidade em centros comerciais e seus aspectos fundamentais. *Revista dos Tribunais*, vol. 84, 1995. p. 118.
14. A respeito da validade da cláusula, v. AZEVEDO, Álvaro Villaça. Atipicidade mista do contrato de utilização de unidade em centros comerciais e seus aspectos fundamentais. *Revista dos Tribunais*, vol. 84, 1995. p. 118; PINTO, Dinah Sonia Renault. *Shopping center*: uma nova era empresarial. Rio de Janeiro: Forense, 1992. p. 65.
15. "O valor dessa contribuição do utilizador é de, geralmente, 10% sobre o aluguel, que paga. Por outro lado, o empreendedor deverá, também, contribuir com a manutenção desse Fundo, geralmente, com importância proporcional às contribuições dos utilizadores" (AZEVEDO, Álvaro Villaça. Atipicidade mista do contrato de utilização de unidade em centros comerciais e seus aspectos fundamentais. *Revista dos Tribunais*, vol. 84, 1995. pp. 118-119).

e pelo empreendedor, destinada, via de regra, a realizar atividades de marketing por ocasião de eventos importantes, como natal, carnaval, dia das mães, liquidações de verão e inverno etc.

De mais a mais, ao objetivo de se garantir a unidade do empreendimento, o lojista deve aprovar o projeto arquitetônico das lojas que entrarão em funcionamento no *shopping*. Veda-se, de igual modo, a cessão, o empréstimo ou a sublocação do espaço sem a concordância do dono do centro comercial, no intuito de que se mantenha íntegro o *tenant mix* projetado.[16]

Costuma-se convencionar, também, a chamada *cláusula de desempenho*, por meio da qual o lojista se obriga a atingir determinado faturamento mensal estabelecido no contrato. Não atingido o montante determinado, deverá pagar ao empreendedor certa quantia, previamente estipulada, a título de infração contratual. Caberá ao cessionário do uso e fruição do espaço, portanto, atingir uma expectativa mínima de vendas, em função de previsões estabelecidas no momento do ingresso do lojista no centro comercial.[17]

A *cláusula degrau*, por sua vez, consiste em disposição que atribui um aumento gradual do valor devido a título de *aluguel mínimo reajustável* em função da pouca maturação do *shopping center* no momento do início das suas atividades. Sabe-se que a resistência ao novo é inconsciente, inexorável. Por essa razão, a marca institucional do centro comercial dependerá também de tempo para se consolidar perante os consumidores. Ademais, costuma-se justificar a *cláusula degrau* em razão da necessidade permanente de desenvolvimento e modernização dos complexos comerciais a cargo dos empreendedores, o que enseja a valorização crescente dos *shopping centers* de acordo com as novas exigências do mercado de consumo. Assim, institui-se gradualmente o aumento no valor da contraprestação paga pelos lojistas, o que, mais uma vez, deixa evidente a relação próxima a uma parceria existente entre estes e o empreendedor.[18]

V tb., KONDER, Carlos Nelson; SANTOS, Deborah Pereira Pinto dos. O equilíbrio contratual nas locações em *shopping center*: controle de cláusulas abusivas e a promessa de loja âncora. Scientia Iuris, vol. 20, 2016. p. 191.

16. Caio Mário da Silva Pereira ensina que o fundamento desta cláusula reside na necessidade de equilíbrio do complexo negocial formado. Segundo o autor, "toda a estrutura funcional é construída em torno da colocação das lojas ou de sua distribuição em pontos estratégicos. (...) Especialmente, não pode o lojista deixar o 'centro comercial' ou mudar o objeto de seu comércio. Se o fizer, desequilibrará toda aquela estrutura econômica" (PEREIRA, Caio Mário da. *Shopping center*: lei aplicável e locação de unidades. Revista dos Tribunais, vol. 74, 1985. p. 10).

17. João Augusto Basílio explica que "essa estipulação contratual nada mais é do que uma garantia ao empreendimento como um todo de que o lojista está adentrando naquela comunidade de varejista agregará valor ao conjunto, já que um lojista com desempenho insuficiente com certeza irá afetar a 'saúde comercial' de toda a comunidade de lojistas instalados no shopping, pelo que concordamos com a validade dessa estipulação. (...) essa é mais uma das estipulações contratuais criadoras do espírito de necessária cooperação entre os lojistas de um shopping, não se deixando de lado a necessária e fundamental competitividade interna" (BASÍLIO, João Augusto. *Shopping centers*. Rio de Janeiro: Renovar, 2005. p. 132).

18. "Como se vê, na grande maioria dos contratos que possuem a cláusula denominada 'degrau' o incremento de 10% sobre o valor do aluguel mínimo reajustável somente é aplicado a cada período de 24 (vinte e quatro) meses. A razão da aplicação do incremento nesse período se dá em função da maturação do shopping como um templo de consumo, tendo em vista que no decorrer de cada ano de vida do empreendimento há uma inegável valorização desse conjunto organizacional, valorização essa que não pode ser atribuída a um determinado lojista isolado, e sim ao conjunto harmônico de várias atividades varejistas num mesmo espaço físico, formando um ambiente de maximização das vendas e multiplicação da produtividade das lojas" (BASÍLIO, João Augusto. *Shopping centers*. Rio de Janeiro: Renovar, 2005. p. 141).

4. IMPACTOS JURÍDICOS DA PANDEMIA DO NOVO CORONAVÍRUS NA RELAÇÃO LOJISTA-EMPREENDEDOR

Como visto, o advento da pandemia de COVID-19 impôs o fechamento dos *shopping centers* e, consequentemente, das lojas ali situadas. Nesse contexto, cabe tecer considerações a respeito do impacto jurídico de tais eventos em relação às cláusulas contratuais pactuadas na relação lojista-empreendedor, expostas no item anterior.

O lojista deve ao empreendedor, como valor fixo, o denominado *aluguel mínimo reajustável* e, como valor móvel, o chamado *aluguel percentual*, relacionado a porcentagem incidente sobre o movimento de vendas. Este prevalece quando ultrapassar o valor daquele. Em contexto de completo fechamento dos *shopping centers* e, em conseguinte, das lojas que nele se encontram, evidentemente não haverá que se falar em pagamento de *aluguel percentual*, eis que inexistente a base de cálculo sobre a qual deverá incidir a porcentagem, diante da ausência de movimento de vendas (base de cálculo zero). Parece ser devido, assim, apenas o pagamento de aluguel mínimo reajustável. Tal convenção, como visto, consiste em contrapartida mínima pelo uso e fruição do espaço, que poderá vir associado a uma cláusula degrau, ao gerar o aumento do valor do aluguel devido de acordo com o tempo de existência do *shopping center*.

Nesse tema, cabe indagar se seria cabível a redução do valor de aluguel mínimo a ser pago pelo lojista, em virtude do advento da pandemia do novo coronavírus. Sobre o tema, formaram-se duas principais teses de defesa de tal possibilidade: (i) uma primeira, que propugna a incidência da teoria da excessiva onerosidade, admitindo-se a revisão contratual (artigos 317, 478, 479 e 480, CC) e (ii) uma segunda, que sustenta que a situação em exame se afigura análoga à prevista no artigo 567 do Código Civil, em virtude da deterioração das faculdades de que dispunha o locatário.

Com relação à incidência da teoria da excessiva onerosidade, cabe destacar decisão da 25ª Vara Cível de Brasília, do Tribunal de Justiça do Distrito Federal e dos Territórios, no processo nº 0709038-25.2020.8.07.0001, que deferiu pedido de antecipação de tutela para autorizar lojista a suspender o pagamento do aluguel mínimo e dos valores referentes ao fundo de promoção e propaganda, no contexto da pandemia do novo coronavírus.

Na espécie, lojista ingressou com ação em face da administradora do *shopping center*, requerendo o deferimento da tutela antecipada para fins de "suspensão da exigibilidade de todas as obrigações pecuniárias do Contrato de Locação descrito", o que incluía "o pagamento de aluguel, condomínio e fundo de promoção e propaganda, enquanto perdurarem as determinações de suspensão das atividades e restrição à circulação de pessoas advindas da pandemia COVID19". O magistrado considerou que, diante do fechamento do *shopping center*, imposto pelas circunstâncias fáticas da pandemia, restavam configurados os requisitos da imprevisibilidade e da "desproporção entre o valor da prestação devida e o do momento de sua execução", de sorte a autorizar a incidência, na espécie, do artigo 317 do Código Civil. Assim, determinou a suspensão do pagamento do aluguel mínimo e do valor relativo ao fundo de promoção e propaganda. Considerou, por outro lado, ser ainda devido o pagamento das despesas condominiais, por envolver terceiros de boa-fé, montante que seria naturalmente reduzido com a diminuição de gastos com o fechamento do *shopping center*.[19]

Em sentido contrário, contudo, a incidência da teoria da excessiva onerosidade não parece ser a solução adequada para a hipótese em exame.

Consagrando a possibilidade de resolução contratual por excessiva onerosidade, prevê o 478 do Código Civil que, "nos contratos de execução continuada ou diferida, se a prestação de uma das partes se tornar excessivamente onerosa, com extrema vantagem para a outra, em virtude de acontecimentos extraordinários e imprevisíveis, poderá o devedor pedir a resolução do contrato". Ademais, de acordo com o artigo 479 do Código Civil, "a resolução poderá ser evitada, oferecendo-se o réu a modificar equitativamente as condições do contrato". Ainda, conforme o artigo 480, "se no contrato as obrigações couberem a apenas uma das partes, poderá ela pleitear que a sua prestação seja reduzida, ou alterado o modo de executá-la, a fim de evitar a onerosidade excessiva". Por fim, cuidando da revisão contratual, dispõe o artigo 317 do Código Civil que, "quando, por motivos imprevisíveis, sobrevier desproporção manifesta entre o valor da prestação devida e o do momento de sua execução, poderá o juiz corrigi-lo, a pedido da parte, de modo que assegure, quanto possível, o valor real da prestação".[20]

Ocorre que, na situação que ora se analisa, não parece haver verdadeiro desequilíbrio contratual entre prestação (valor do aluguel mínimo) e contraprestação (cessão do uso e da fruição do espaço da loja). Não se observa, neste particular, excessiva onerosidade para o lojista em contrapartida a extrema vantagem[21] do administrador do *shopping center*. O que se verifica, a bem da verdade, é o surgimento de impossibilidade superveniente,

---

19. "Os fatos são claros, pois nenhuma pessoa em sã consciência e em perfeito juízo valorativo duvida que há motivo imprevisível, vale dizer as consequências da metodologia de mitigação e supressão para conter a pandemia na vida cotidiana das pessoas, instituições e empresas em caráter mundial. A norma legal aparentemente aplicável também está razoavelmente delineada no art. 317 do Código Civil, pois é evidente que há, desde as medidas de mitigação e supressão do COVID19, manifesta desproporção entre o valor da prestação devida e o do momento de sua execução. O filósofo Nassim Nicolas Taleb bem catalogou e estudou a tomada de decisão em ambiente de incerteza. A pandemia poderia até ser previsível para estudiosos e parte da comunidade científica, mas suas consequências são imprevisíveis. E mente quem disser que sabe o vai ocorrer no futuro, ainda que a curto prazo. Estamos diante de Cisne Negro como delineado na obra de Taleb homônima. (...) Assim, nesta fase processual, em que impera a incerteza e sequer foi garantido o contraditório, é caso de apenas afastar a garantia do aluguel mínimo e do fundo de promoção e propaganda, de modo a manter o contrato e a cooperação/solidariedade entre as partes. O valor do condomínio não pode ser afastado, pois será reduzido naturalmente diante da diminuição dos gastos para manter o shopping 'fechado' e envolve despesas devidas a terceiros de boa-fé" (Disponível em https://www.conjur.com.br/dl/juiz-df-autoriza-lojista-shopping.pdf. Acesso em 5.4.2020).
20. "(...) os artigos 317, 478, 479 e 480 do Código Civil devem ser interpretados em conjunto, como partes de um sistema complexo de regulação da teoria da excessiva onerosidade aplicável às relações paritárias no Direito brasileiro" (DIAS, Antônio Pedro Medeiros. *Revisão e resolução do contrato por excessiva onerosidade*. Belo Horizonte: Fórum, 2017. p. 49).
21. A (im)prescindibilidade do requisito da extrema vantagem é controvertida na doutrina, tema cujo aprofundamento foge aos limites do presente trabalho. Neste estudo, considerou-se a extrema vantagem como mera "consequência automática da onerosidade excessiva", de modo que, na situação em análise, ambos os requisitos estariam ausentes, por constituírem dois lados da mesma moeda. Para aprofundamento do tema, v. DIAS, Antônio Pedro Medeiros. *Revisão e resolução do contrato por excessiva onerosidade*. Belo Horizonte: Fórum, 2017. p. 92. Segundo o autor: "A essência da questão é o desequilíbrio econômico do contrato, que se revela como uma onerosidade excessiva para um dos lados da relação contratual e como extrema vantagem para outro. (...) Assim sendo, na grande maioria das hipóteses envolvendo contratos sinalagmáticos, a extrema vantagem consistirá na circunstância de a brusca alteração da proporcionalidade entre as prestações ficar a cargo exclusivamente de uma das partes, protegendo a outra de quaisquer mudanças no cenário, por mais drásticas e graves que sejam".

a impedir o lojista de usar e fruir plenamente do espaço, diante do fechamento imposto ao *shopping center* e às lojas em razão de fatores alheios à vontade das partes.

Como ensina a doutrina especializada[22] a excessiva onerosidade, nos contratos bilaterais, deve ser compreendida como a alteração da relação originária de equilíbrio entre prestação e contraprestação, seja por aumento excessivo do custo da prestação devida, seja por diminuição substancial do valor da contraprestação a ser recebida. Como reverso da medalha à excessiva onerosidade, experimentará a outra parte extrema vantagem. O caso prático em análise, todavia, não se amolda a estes pressupostos, vez que o que ocorre é a impossibilidade superveniente, por fatores alheios aos contratantes, que afeta as faculdades do locatário em relação à coisa. Desse modo, em que pese a louvável iniciativa de tutela da posição do lojista, a incidência do artigo 317 do Código Civil não parece ser a solução adequada para a hipótese em exame.

Em sentido diverso, cabe destacar que a situação em análise se afigura análoga à prevista na primeira parte do artigo 567 do Código Civil, que, na disciplina do contrato de locação, aduz: "*se, durante a locação, se deteriorar a coisa alugada, sem culpa do locatário, a este caberá pedir redução proporcional do aluguel*, ou resolver o contrato, caso já não sirva a coisa para o fim a que se destinava".

Com efeito, o caso em exame diz com a verificação de impossibilidade superveniente, parcial e temporária da prestação, surgindo, com o advento da pandemia e enquanto durarem tais efeitos, o fechamento do *shopping center* e de suas lojas, por motivo alheio à vontade das partes, que afeta as faculdades do lojista em relação à coisa locada, embora ainda mantenha sua posse.[23]

Cabe ressaltar, contudo, que, embora o raciocínio seja, em tese, perfeitamente aplicável, a efetiva solução só poderá ser individuada em cada caso prático e, em tal análise, deverá o intérprete ponderar que as contratações envolvendo *shopping centers* possuem nota distintiva essencial em relação às locações em geral. Nesta avença, há uma efetiva parceria estabelecida entre lojista e empreendedor tendo em vista o interesse comum no sucesso do centro comercial. Se, por um lado, é certo que o artigo 567 do Código Civil se afigura aplicável à contratação em análise, por outro, ao individuar a solução do caso concreto, não poderá o intérprete olvidar das peculiaridades da negociação em exame.

Com efeito, em tema de *shopping center*, toda a operação encontra-se minuciosamente programada para maximizar os ganhos de eficiência da atividade econômica dos

---

22. DIAS, Antônio Pedro Medeiros. *Revisão e resolução do contrato por excessiva onerosidade*. Belo Horizonte: Fórum, 2017. pp. 80-82.
23. Na doutrina, confira-se: "Cuida-se, com efeito, de situação análoga à deterioração inimputável da coisa, prevista no art. 567 do Código Civil, segundo o qual 'se, durante a locação, se deteriorar a coisa alugada, sem culpa do locatário, a este caberá pedir redução proporcional do aluguel, ou resolver o contrato, caso já não sirva a coisa para o fim a que se destinava'. De fato, 'deterioraram-se', sem culpa do locatário, as faculdades a ele transferidas. (...) No comum dos casos, portanto, haverá mera deterioração das faculdades do locatário, a autorizá-lo, por força do art. 567, a requerer a redução do valor do aluguel, mesmo que ainda não tenha transcorrido o prazo de 3 anos previsto no art. 19 da lei 8.245/91, já que aos contratos de locação comercial se aplica, supletivamente, o Código Civil" (TERRA, Aline de Miranda Valverde. Covid-19 e os contratos de locação em *shopping center*. Disponível em: https://www.migalhas.com.br/depeso/322241/covid-19-e-os-contratos-de-locacao-em-shopping-center. Acesso em 5.4.2020).

lojistas e, em conseguinte, do empreendedor.[24] *Estabelece-se relação de interdependência entre os interesses dos comerciantes e do dono do centro, de modo que o sucesso ou o fracasso do empreendimento vai depender, igualmente, da competência e retidão das partes, o que revela o caráter unitário do complexo negocial.*[25]

Nesta ordem de ideias, pode-se entrever que a relação entre *a situação jurídica proprietária do empreendedor e o vínculo contratual formado com os lojistas bem evidenciam o desenvolvimento da relação obrigacional como processo.*[26] Não se atingirá o interesse útil das partes (qual seja, a maximização dos lucros) se o empreendedor não atuar de forma diligente tanto quando da escolha do terreno, do estudo de marketing e da disposição do *tenant mix*,[27] quanto no desenvolvimento da relação contratual formada. De igual forma, caberá aos lojistas realizarem a contento as atividades econômicas desenvolvidas no centro comercial, respeitando as disposições contratuais do acordo firmado. A travessia em direção ao cumprimento da função a que se destina *os shopping centers* se integra de forma heterônoma àquela dirigida ao adimplemento obrigacional, uma vez que os interesses almejados pelas partes só se concretizarão mediante o exercício funcional, a um só tempo, das situações proprietária e contratual. Bem se expõe, assim, a situação jurídica complexa formada, em cuja composição se observam poderes, deveres, faculdades, ônus etc.[28]

Dessa forma, ao individuar a solução do caso prático, deverá o intérprete atentar para o caráter unitário do complexo negocial, de sorte que os interesses não apenas de um, mas de todos os lojistas, e do empreendedor, caminhem na mesma direção: a do sucesso do empreendimento. Devem-se privilegiar soluções que conciliem os interesses comuns, com a participação dos diversos atores envolvidos, à luz dos ditames da boa-fé objetiva. Se é certo que a posição dos lojistas deve ser tutelada, também cabe observar que a imposição de soluções por demais severas ao dono do empreendimento pode acabar por prejudicar, em última análise, além deste, também os próprios lojistas, que dependem do sucesso daquele. A solução do caso de um lojista, isoladamente, também não parece contribuir em definitivo para o verdadeiro enfrentamento de uma problemática que envolve complexo negocial unitário.

O caminho mais adequado é, assim, o da negociação entre as partes. Ilustre-se com matéria recentemente divulgada em veículo de comunicação, que noticia, em 23 de março de 2020, a ocorrência de acordo entre a Associação Brasileira de *Shopping Centers* (Abrasce) e a Associação Brasileira de Lojistas de *Shopping* (Alshop), na direção de que

---

24. BESSONE, Darcy. O *shopping center* na lei do inquilinato. *Revista dos Tribunais*, vol. 680, 1992. p. 29.
25. LIRA, Ricardo Pereira. Sobre a indivisibilidade do negócio jurídico "*shopping center*". *Revista Trimestral de Direito Civil*, vol. 1, 2000. p. 244.
26. V. DO COUTO E SILVA, Clovis Verissimo. *A obrigação como processo*. Rio de Janeiro: Fundação Getúlio Vargas, 2006.
27. V., dentre outros, VENOSA, Sílvio de Salvo. *Lei do inquilinato comentada*: doutrina e prática. São Paulo: Atlas, 2005. p. 256.
28. Ricardo Pereira Lira alude a um complexo negocial, para ilustrar que nos *shopping centers* "estão reunidas instrumentalmente várias situações jurídicas, de índole contratual, e até mesmo de natureza jurídico-real, que é, por exemplo, a dominialidade que tem o empreendedor, ou desenvolvedor, sobre o espaço físico que abriga o centro comercial" (LIRA, Ricardo César Pereira. Sobre a indivisibilidade do negócio jurídico *shopping center*. *Revista Trimestral de Direito Civil*, vol. 1, 2000. p. 241).

"lojistas ficarão isentos [do pagamento] de aluguel durante o período em que os shoppings estiverem fechados em razão do isolamento social para evitar o coronavírus".[29]

Note-se, ademais, que a aplicação da solução aventada no artigo 567 do Código Civil, cuidando-se de situação análoga, não parece autorizar o intérprete, a princípio, a determinar a suspensão do pagamento do valor do aluguel mínimo, uma vez que o lojista ainda permanece em posse do espaço físico, mantendo nele seus bens. A possibilidade prevista no artigo é a de redução do valor do aluguel, ainda restando valor devido, todavia, como contrapartida ao uso da coisa, faculdade esta que não se deteriorou por completo. Assim, a solução de suspensão do pagamento do aluguel poderia ser obtida pela via consensual, renunciando o dono do empreendimento a este recebimento, em virtude de seu interesse na preservação da atividade econômica dos lojistas, mas não imposta com fundamento no artigo 567 do Código Civil.

Estabelecida, portanto, a premissa de que, no que se refere ao aluguel mínimo reajustável, a situação é análoga à prevista no artigo 567 do Código Civil, cabendo, em tese, a redução de seu valor, cumpre destacar que, de outra parte, tal dispositivo não incide no que tange aos valores pagos a título de: (i) cláusula de desempenho e (ii) contribuição para o fundo de promoções institucionais, por não possuírem diretamente a natureza jurídica de contraprestação ao uso e fruição da coisa.

Com efeito, a contribuição para o fundo de promoções institucionais, administrado, em regra, pela Associação de Lojistas, constitui montante pago pelos lojistas e pelo empreendedor, destinado, via de regra, a realizar atividades de marketing, não apresentando a natureza de contraprestação ao uso e fruição da coisa. A solução com relação ao montante deve ocorrer por meios consensuais, seguindo sua natureza associativa, considerando-se, sobretudo, a redução ou inexistência de campanhas de marketing no período da pandemia, não sendo o caso de incidência do artigo 567 do Código Civil.

Veja-se que a decisão acima transcrita, da 25ª Vara Cível de Brasília, em ação movida por lojista em face da administradora do centro comercial, determinou a suspensão do pagamento, além do valor do aluguel mínimo, do montante relativo ao fundo de promoções institucionais, também com fulcro no artigo 317 do Código Civil. A teoria da excessiva onerosidade, todavia, como aplicada, não parece proceder, ainda com maior razão aqui, vez que, além dos fundamentos já expostos anteriormente, o valor relativo ao fundo de promoções institucionais não constitui montante pago pelo lojista em contrapartida a prestação a cargo do empreendedor, mas sim contribuição obrigatória, para fins de ações promocionais, a fundo administrado, em geral, pela Associação de Lojistas, a qual deve ser paga, como aponta a doutrina, na maior parte dos casos, não

---

29. Disponível em https://oglobo.globo.com/economia/lojistas-nao-pagarao-aluguel-enquanto-shoppings-estiverem-fechados-24323677. Acesso em 10.4.2020. Consta do *site* da Associação Brasileira de Lojistas de Shopping (Alshop) que o acordo foi no seguinte sentido: "O aluguel do shopping relativo ao mês de março será cobrado de forma proporcional. Essa cobrança, no entanto, não será feita agora e sim posteriormente e de forma negociada. Não haverá cobrança de aluguel durante o tempo em que os shoppings estiverem fechados. As cobranças do condomínio serão flexibilizadas e reduzidas uma vez que o custo de manutenção, limpeza e conservação ainda se mantém; O fundo de promoção será negociado com cada empreendimento. Em conversa preliminar com os empresários há possibilidade de se reduzir até 90% desse fundo temporariamente" (Disponível em https://www.alshop.com.br/portal/conquistas-importantes-para-os-lojistas-para-o-enfrentamento-da-crise-covid-19/. Acesso em 10.4.2020).

só pelo lojista, mas também pelo empreendedor. Em outras palavras, o pagamento do montante não decorre de relação contratual entre determinado lojista e o empreendedor, em que o primeiro paga ao segundo certo valor como contrapartida a uma prestação, mas sim de relação associativa envolvendo todos os lojistas e também o empreendedor, a afastar a incidência da teoria da excessiva onerosidade como concebida no julgado.[30]

Por fim, no que diz com a cláusula de desempenho, prevista como pagamento devido, em virtude de infração contratual, pelo lojista ao empreendedor, quando não atingir determinado faturamento mensal, o afastamento de sua incidência, no contexto da pandemia, poderá se dar com base na teoria da responsabilidade civil, o que deverá ser verificado em cada caso. Com efeito, nessas hipóteses, o raciocínio incidente será o de que, com o fechamento dos *shopping centers* e de suas lojas, o não atingimento do faturamento mensal não terá sido causado pelo lojista, operando-se a interrupção do nexo causal. Em tais situações, a causa direta, imediata e necessária, portanto, do não atingimento da meta não será a conduta do lojista, a afastar a configuração de infração contratual e, consequentemente, a incidência da cláusula.[31] Nenhum valor será devido, portanto, em tais condições.

5. NOTAS CONCLUSIVAS

O fechamento dos *shopping centers*, imposto pelas circunstâncias fáticas da pandemia do novo coronavírus, gera diversos potenciais conflitos na relação entre lojista e empreendedor.

Para individuar a normativa do caso concreto, deverá o intérprete, primeiramente, observar que se trata de relação complexa, com cláusulas contratuais que exercem diferentes funções, a atrair disciplina diversa. Desse modo, a depender da natureza da convenção em análise, se de contraprestação ao uso e fruição da coisa (aluguel), se associativa, se de pagamento em virtude de infração contratual, diferentes instrumentos jurídicos poderão ser aplicáveis ao caso prático, como a admissibilidade de redução do aluguel em virtude de impossibilidade superveniente que deteriora as faculdades do lojista em relação à coisa, em situação análoga à prevista no artigo 567 do Código Civil, como a demanda de negociação entre as partes, à luz dos ditames da boa-fé objetiva, e como a verificação de interrupção do nexo causal, consoante a teoria da responsabilidade civil.

Em qualquer hipótese, todavia, a solução não poderá ser concebida aprioristicamente, mas dependerá da específica análise do caso concreto, devendo o intérprete atentar, ainda, para a nota característica das relações jurídicas formadas no bojo das estruturas

---

30. "O empreendedor concorrerá, também, na maioria dos casos para a constituição do fundo com importância mensal previamente estipulada, em proporção à parte das contribuições, dessa natureza, dos lojistas (...). No que tange à compulsoriedade da obrigação de adesão e contribuição mensal do lojista para a associação, constará normalmente das 'Normas Gerais' que o estatuto da associação de lojistas faz parte integrante do negócio jurídico celebrado entre as partes contratantes, e ainda, que o descumprimento de quaisquer das obrigações pactuadas irá gerar a rescisão do negócio jurídico de ocupação remunerada de espaço em *Shopping Center*, tal a relevância das regras nele contidas" (BASÍLIO, João Augusto. *Shopping centers*. Rio de Janeiro: Renovar, 2005. p. 52).

31. V. CRUZ, Gisela Sampaio da. *O problema do nexo causal na responsabilidade civil*. Rio de Janeiro: Renovar, 2005. pp. 103-104.

dos *shopping centers*, que diz com o caráter unitário do complexo negocial, havendo importante interdependência entre os interesses dos comerciantes e do dono do centro comercial, em operação econômica minuciosamente programada para maximizar os ganhos de todos os sujeitos envolvidos.

6. REFERÊNCIAS

AZEVEDO, Álvaro Villaça. A tipicidade mista do contrato de utilização de unidade em centros comerciais e seus aspectos fundamentais. *Revista dos Tribunais*, vol. 84, 1995.

BASÍLIO, João Augusto. *Shopping centers*. Rio de Janeiro: Renovar, 2005.

BESSONE, Darcy. O *shopping center* na lei do inquilinato. *Revista dos Tribunais*, vol. 680, 1992.

COELHO, Fábio Ulhoa. *Comentários à lei de locação de imóveis urbanos*. São Paulo: Saraiva, 1992.

COUTO E SILVA, Clovis Verissimo do. *A obrigação como processo*. Rio de Janeiro: Fundação Getúlio Vargas, 2006.

CRISTOFARO, Pedro Paulo Salles. As cláusulas de raio em *shopping centers* e a proteção à livre concorrência. *Revista de Direito Renovar*, vol. 1, 1995.

CRUZ, Gisela Sampaio da. *O problema do nexo causal na responsabilidade civil*. Rio de Janeiro: Renovar, 2005.

DIAS, Antônio Pedro Medeiros. *Revisão e resolução do contrato por excessiva onerosidade*. Belo Horizonte: Fórum, 2017.

FIGUEIREDO, Perpetua Maria Vieira. A natureza jurídica do "shopping center". *Bahia Forense*, vol. 33, 1990.

FRANCO, J. Nascimento; GONDO, Nisske. *Ação renovatória e ação revisional de aluguel*. São Paulo: Revista dos Tribunais, 1987.

GABURRI, Fernando. Contrato de cessão de uso de espaço em *shopping centers*: natureza jurídica. In: PAMPLONA FILHO, Rodolfo Mario Veiga; PEDROSA, Lauricio Alves Carvalho (Coords.). *Novas figuras contratuais*: homenagem ao professor Washington Luiz da Trindade. São Paulo: LTR, 2010.

GODOI, Rafael Barbosa; ANUALLI, Tânia Mara. A inaplicabilidade do código de defesa do consumidor nos contratos de locação de *shopping centers*. *Revista Forense*, vol. 104, 2008.

GOMES, Orlando. Traços do perfil jurídico de um "shopping center". In: ARRUDA, José Soares; LÔBO, Carlos Augusto da Silveira (Coords.). *Shopping centers – aspectos jurídicos*. São Paulo: Revista dos Tribunais, 1984.

KONDER, Carlos Nelson; SANTOS, Deborah Pereira Pinto dos. O equilíbrio contratual nas locações em *shopping center*: controle de cláusulas abusivas e a promessa de loja âncora. *Scientia Iuris*, vol. 20, 2016.

LEMKE, Nardim Darcy. *Shopping center*. Blumenau: Acadêmica Publicações, 1999.

LIRA, Ricardo César Pereira. Sobre a indivisibilidade do negócio jurídico "shopping center". *Revista Trimestral de Direito Civil*, vol. 1, 2000.

LIRA, Ricardo César Pereira. Breves notas sobre o negócio jurídico *shopping center*. *Revista Forense*, vol. 93, 1997.

MARTINS, Ives Gandra da Silva. A natureza jurídica das locações comerciais dos *shopping centers*. In: *Shopping centers*: questões jurídicas: doutrina e jurisprudência. São Paulo: Saraiva, 1991.

MARTINS-COSTA, Judith. A relação contratual de *shopping center*. *Revista do Advogado*, vol. 116, 2012.

MARTOS, Frederico Thales de Araújo. A atipicidade do contrato de locação em *shopping center*. *Revista Forense*, vol. 107, 2011.

MONTEIRO FILHO, Carlos Edison do Rêgo. *Rumos contemporâneos do direito civil*: estudos em perspectiva civil-constitucional. Belo Horizonte: Fórum, 2017.

PEREIRA, Caio Mário da Silva. *Shopping center*: lei aplicável e locação de unidades. *Revista dos Tribunais*, vol. 74, 1985.

PEREIRA, Caio Mário da Silva. *Shopping centers* no Brasil. In: ARRUDA, José Soares; LÔBO, Carlos Augusto da Silveira (Coords.). *Shopping centers – aspectos jurídicos*. Rio de Janeiro: RT, 1984.

PINTO, Dinah Sonia Renault. *Shopping center*: uma nova era empresarial. Rio de Janeiro: Forense, 1989.

REQUIÃO, Rubens. Considerações jurídicas sobre os centros comerciais (*shopping centers*) no Brasil. *Revista dos Tribunais*, vol. 72, 1983.

SANTOS, Cláudio. A locação em espaço de *shopping centers*. *AJURIS: Revista da Associação dos Juízes Federais do Rio Grande do Sul*, vol. 19, 1992.

SCARTEZZINI, Ana Maria Goffi Flaquer. O *shopping center* e o abuso do poder econômico. *Revista do Instituto dos Advogados de São Paulo*, vol. 6, 2003.

TERRA, Aline de Miranda Valverde. Covid-19 e os contratos de locação em *shopping center*. Disponível em: https://www.migalhas.com.br/depeso/322241/covid-19-e-os-contratos-de-locacao-em-shopping-center. Acesso em 5.4.2020.

VARELA, Antunes. *Centros comerciais (shopping centers)*: natureza jurídica dos contratos de instalação dos lojistas. Coimbra: Coimbra Editora, 1995.

VENOSA, Sílvio de Salvo. *Lei do inquilinato comentada*: doutrina e prática. São Paulo: Atlas, 2005.

A RESPONSABILIDADE CIVIL DO EMPREGADOR PELA CONTAMINAÇÃO DOS TRABALHADORES PELO CORONAVÍRUS

André Araújo Molina

Pós-Doutor em Direito do Trabalho (USP). Doutor em Filosofia do Direito (PUC-SP). Mestre em Direito do Trabalho (PUC-SP). Bacharel em Direito (UFMT). Professor Titular da Escola Superior da Magistratura Trabalhista de Mato Grosso (ESMATRA-MTJ). Juiz do Trabalho Titular no TRT da 23ª Região (Mato Grosso) e Titular da Cadeira n. 11 da Academia Mato-Grossense de Direito (AMD).

Sumário: 1. Introdução – 2. Multiplicidade das consequências jurídicas decorrentes dos acidentes e das doenças ocupacionais – 3. Consequências previdenciárias – 4. Responsabilidade civil do empregador – 5. Meio ambiente do trabalho – 6. Atividade de risco – 7. Conclusões. 8. Referências.

1. INTRODUÇÃO

O art. 7º, XXVIII, da Constituição Federal afirma que é direito dos trabalhadores o seguro contra acidentes de trabalho, a cargo do empregador, sem excluir a indenização a que está obrigado, quando incorrer em dolo ou culpa, cuja disposição batizou como garantia, além da proteção previdenciária, a possibilidade de ressarcimento mediante o ajuizamento de ação de responsabilidade civil para perseguir as indenizações por danos pessoais e patrimoniais decorrentes do acidente de trabalho ou da doença ocupacional, cuja competência da Justiça do Trabalho foi definida pelo art. 114, VI, da Carta Política, com a redação dada pela EC n. 45 de 2004 (Súmula Vinculante n. 22 do STF[1]), ainda que a ação seja proposta pelos herdeiros do trabalhador, eventualmente, falecido, em razão do acidente ou da doença laboral[2].

Nesse contexto constitucional de dupla proteção – previdenciária e civil – poderá ocorrer o atendimento, autônomo ou recíproco, dos requisitos próprios para desencadear um ou ambos os sistemas de proteção dos trabalhadores em face dos acidentes de trabalho ou das doenças ocupacionais, o que, em tese, pode verificar-se na hipótese fática de contaminação do empregado que for exposto ao coronavírus (SARS-CoV-2), em razão do ambiente de trabalho em que desenvolve as suas atividades profissionais.

---

1. "A Justiça do Trabalho é competente para processar e julgar as ações de indenização por danos morais e patrimoniais decorrentes de acidente de trabalho propostas por empregado contra empregador, inclusive aquelas que ainda não possuíam sentença de mérito em primeiro grau quando da promulgação da EC 45/2004." (SV n. 22).
2. STF – Plenário – RE 600.091 – Repercussão Geral – Rel. Min. Dias Toffoli – DJE 15.08.2011.

2. MULTIPLICIDADE DAS CONSEQUÊNCIAS JURÍDICAS DECORRENTES DOS ACIDENTES E DAS DOENÇAS OCUPACIONAIS

O fato social único do acidente de trabalho ou da doença ocupacional sofridos pelo trabalhador é considerado relevante juridicamente pelo legislador em várias perspectivas, resultando consequências jurídicas diversas. O legislador entendeu que o sinistro é relevante para o direito trabalhista, o direito previdenciário, o direito civil, o direito tributário, o direito administrativo, o direito securitário e o direito penal.

Em outras palavras, podemos dizer que um único fato social (doença), quando eleito e positivado pelo legislador, dará origem a diversos elementos (dispositivos legais ou textos normativos) do ordenamento jurídico. Em cada um desses ramos jurídicos a idêntica hipótese fática será integrante de normas jurídicas diferentes, com a prescrição de condutas diversas, cuja violação gerará consequências jurídicas também diversas, instaurando relações jurídicas díspares, tendo multifacetados sujeitos-de-direito.

Segue que a doença ocupacional de um trabalhador é hipótese fática que implica consequências trabalhistas (suspensão ou extinção do contrato de trabalho, recolhimento de FGTS, pagamento de verbas rescisórias etc.), previdenciárias (pagamento de benefícios ao segurado ou seus dependentes), civis (responsabilidade), tributárias (aumento da alíquota do SAT), administrativas (lavraturas de autos de infração, com a imposição de multas, caso alguma obrigação administrativa tenha sido violada), penais (cometimento de crime de lesões corporais, por exemplo), sem falar da possibilidade da relação securitária, caso o empregador tenha contratado, por imposição de norma coletiva ou espontaneamente, seguro privado em benefício dos seus trabalhadores.

Cada uma das consequências jurídicas diferentes que decorrem do mesmo fato é recortada e recolhida pelo legislador em veículos distintos, no caso na Constituição, na CLT, na Lei n. 8.213/1991, no Código Civil, no Código Penal, na legislação ordinária extravagante etc., cada uma com requisitos diferentes, nada obstante a hipótese fática seja sempre a mesma.

Revela-se, evidente, que não são os mesmos os requisitos para o reconhecimento das responsabilidades civil, trabalhista ou criminal. É o Código Civil, em essência, a CLT e o Código Penal, respectivamente, quem ditarão os requisitos para instauração dessas distintas relações jurídicas e a imputação das suas particulares consequências.[3]

3. CONSEQUÊNCIAS PREVIDENCIÁRIAS

O direito previdenciário, por meio da Lei n. 8.213/1991, instaura várias relações jurídicas entre o trabalhador-segurado e o INSS, entre os dependentes e o INSS e, em casos pontuais, entre os empregadores e o INSS. Uma única relação jurídica é instaurada pela lei previdenciária entre os trabalhadores e os empregadores: a hipótese do artigo 118, quando havendo acidente ou doença ocupacional, com recebimento de auxílio-doença acidentário, haverá garantia provisória de emprego ("estabilidade").

---

3. Para maiores aprofundamentos, consultar: MOLINA, André Araújo. O nexo causal nos acidentes de trabalho. *Revista LTr*, São Paulo, ano 76, n. 12, p. 1421-1432, dezembro 2012.

O art. 19 da citada lei fixa os requisitos para o reconhecimento dos acidentes de trabalho típico, o art. 20 para as doenças ocupacionais e o art. 21 dita as hipóteses de acidente de trabalho por equiparação, ocasiões em que haverá responsabilidade do INSS pela quitação do benefício previdenciário. De outro lado, excepciona hipóteses, que não serão consideradas como doenças do trabalho, entre elas a "doença endêmica adquirida por segurado habitante de região em que ela se desenvolve, salvo comprovação de que é resultante de exposição ou contato direto determinado pela natureza do trabalho." (art. 20, § 1º, "d").

Verifica-se que a legislação previdenciária, em regra, não considera a doença de natureza endêmica como ocupacional, justamente pela impossibilidade de se divisar se a sua contaminação se deu em razão do trabalho ou fora dele, pelo simples fato de o trabalhador, também, habitar a região onde a contaminação tem-se alastrado.

Entretanto, caso ocorra a comprovação de que a contaminação ocorreu em razão do trabalho prestado, pelo contato direto com o agente infectante, também para fins previdenciários, a doença terá atendido os requisitos especiais para a incidência da proteção pelo INSS, como poderá ocorrer com a contaminação dos trabalhadores pelo coronavírus, principalmente com os profissionais que estão trabalhando em contato permanente com a população, estando suscetíveis ao contágio.

Podemos concluir, em relação ao direito previdenciário, que a contaminação dos trabalhadores pelo coronavírus, pela simples condição de cidadãos que habitam as regiões em que a SARS-CoV-2 tomou proporção pandêmica, não enseja a caracterização como doença ocupacional. Contudo, caso haja prova de que o contágio é resultante de exposição ou contato direto determinado pela natureza do trabalho que desenvolve, quando há nexo causal direto, haverá o enquadramento como doença ocupacional, para que o trabalhador receba o benefício previdenciário do auxílio-doença acidentário do INSS, tenha o contrato de trabalho suspenso, mas como a manutenção dos recolhimentos do FGTS, bem como, após o retorno, desfrutará da proteção da garantia provisória de emprego pelo prazo de 12 meses.

Tal poderá ocorrer, principalmente, com os trabalhadores que foram mantidos em atividade durante a pandemia, em contato direto com o público, como profissionais de saúde, atendentes de hospitais, clínicas e laboratórios, mas também profissionais de outras áreas, que estão em contato com a população, tais como os motoristas de transporte coletivo, operários da construção civil, empregados em fábricas de alimentos etc., principalmente quando a eles não foram fornecidos os equipamentos de proteção individual adequados.

O nexo causal previdenciário estará configurado quando o trabalhador infectado comprovar, por exemplo, que atendeu doentes nos hospitais e clínicas, que teve contato com muitas pessoas ou que outros colegas que com ele trabalhou e conviveu testaram positivo para o coronavírus.

Devemos trabalhar, em casos tais, com a lógica das probabilidades, na medida em que, pela própria natureza altamente contagiante da doença e o seu período de latência antes do aparecimento dos primeiros sintomas, é quase impossível a determinação matemática de qual o local e quando ocorreu a contaminação. Porém, tal impossibilidade fático-científica de precisar o contexto exato do contágio não pode afastar o direito à caracterização, quando se comprovar nos autos que, provavelmente, o contágio se deu no ambiente de trabalho, como consequência das condições em que o trabalho era prestado.

4. RESPONSABILIDADE CIVIL DO EMPREGADOR

Independentemente se atendidos os requisitos do art. 20 da Lei n. 8.213/1991, com a consequente caracterização da contaminação do trabalhador pelo coronavírus como doença ocupacional para fins previdenciários, certo é que, na forma do art. 7º, XXVIII, da Constituição Federal, também poderá ocorrer a responsabilização do empregador caso sejam preenchidos os requisitos específicos do sistema de responsabilidade civil, cujos requisitos clássicos são o ato lesivo, o nexo causal, a culpa em sentido amplo e o dano.

O primeiro dos requisitos gerais de responsabilidade civil subjetiva é o ato lesivo ou a conduta do causador do dano, na linha do art. 186 do Código Civil. Referido dispositivo exige a atuação humana (ação ou omissão) que viole direito e cause danos a outrem, quando deve-se investigar sobre a voluntariedade ou culpa, essa nas modalidades de negligência, imperícia ou imprudência, bem como a antijuridicidade da conduta.

O art. 187 do Código Civil avança para dar uma definição complementar de ato ou conduta ilícita, como aquela praticada no exercício de um direito, mas que ao assim fazer, o seu titular excede manifestamente os limites impostos pelo seu fim econômico ou social, pela boa-fé objetiva ou pelos bons costumes (abuso de direito).

Na responsabilidade civil por doença ocupacional muito dificilmente teremos a modalidade da conduta humana dolosa, na medida em que, em regra, nenhum empregador quer, intencionalmente, que o trabalhador sofra um infortúnio laboral. Na imensa maioria dos casos o que há é a conduta culposa do empregador ou dos seus prepostos, que normalmente deixam de cumprir as normas de proteção de saúde e segurança do trabalhador, violando o art. 157 da CLT, em conduta omissiva e antijurídica.

Fica muito clara a identificação do ato lesivo ou da conduta omissiva nas doenças ocupacionais quando o empregador não atende todas as normas de saúde e segurança, como são as normas regulamentadoras do antigo Ministério do Trabalho, quando o empregador não orienta os trabalhadores sobre os riscos inerentes às suas funções (art. 157 da CLT), quando não implanta os programas de PPRA, PCMSO, LTCAT etc., quando não fornece e fiscaliza o uso dos equipamentos de proteção individuais e coletivos.

No caso da contaminação pelo coronavírus, o requisito do ato lesivo será atendido pela comprovação da omissão do empregador em tomar as medidas de proteção, individual e coletiva, dos seus trabalhadores, que ficaram suscetíveis ao contágio, principalmente nos casos em que não houver fornecimento dos equipamentos de proteção adequados.

Também há que se verificar a presença do nexo de causa e efeito entre o ato ilícito praticado e o dano sofrido (nexo causal). A verificação concreta de que o ato ilícito (culposo, doloso ou resultante de uma atividade objetivamente considerada) foi o desencadeante do dano ou prejuízo. Há hipóteses de responsabilidade civil sem culpa – na modalidade objetiva – assim como há autores que estudam a possibilidade de responsabilidade mesmo sem a prática de atos ilícitos, entretanto não há dever de indenizar sem a comprovação do nexo de causalidade, em quaisquer das modalidades de responsabilidade civil.

O sistema brasileiro de responsabilidade civil, quanto ao requisito do nexo causal, adotou a teoria da causalidade direta e imediata ou da interrupção do nexo causal, para a qual deve o observador investigar se o dano é decorrência direta da conduta ilícita apontada como a sua causadora. Apenas a resposta afirmativa instaura a relação causal imprescindível para a responsabilização civil.

Na hipótese do coronavírus, o nexo causal estará provado se o empregado doente demonstrar que contraiu a enfermidade em razão da conduta omissiva do empregador que não lhe proporcionou um ambiente de trabalho seguro, com a entrega dos equipamentos efetivos para a sua proteção individual e, por isso, acabou contraindo o vírus em razão do contato com outras pessoas infectadas ou com o público em geral, que a atividade o expunha.

Já a culpa em sentido amplo, englobando a culpa e o dolo, pode ser conceituada como a consciente e intencional conduta do agente que pratica um ato que acaba causando um dano à vítima. Na culpa, a conduta é consciente, mas o resultado é involuntário, decorrência da falta de cautela, atenção ou cuidado do agente ofensor, tecnicamente conceituada como imprudência, negligência ou imperícia.

Especificamente, em relação às doenças ocupacionais, a prova da conduta culposa do empregador é configurada com a violação do art. 157 da CLT, que determina que incumbe às empresas, entre outras obrigações, cumprir e fazer cumprir as normas de proteção do trabalhador e instruir os empregados quanto às precauções que devem tomar no sentido de evitar acidentes e contraírem as doenças.

Assim, quando o empregador descumpre as normas regulamentadoras (NR's), quando não realiza treinamento adequado, quando não fornece e fiscaliza o uso correto dos equipamentos de proteção individual, estará violando o mandamento do art. 157 da CLT e, por isso, agindo com culpa (negligência), caso o trabalhador venha a ficar doente, atraindo a sua responsabilidade pelo dever de indenizar.

O último requisito, o dano, pode ser conceituado como a lesão ao patrimônio de uma pessoa, a violação do conjunto de bens e direitos de que é titular, a violação a interesses juridicamente protegidos, razão pela qual afirmamos que a referida violação repercute sobre a vítima podendo atingir os seus interesses patrimoniais ou extrapatrimoniais.

Na experiência nacional, as repercussões patrimoniais são conhecidas como danos materiais e as extrapatrimoniais como danos morais. Essa experiência dogmática foi recolhida pela Constituição Federal, no art. 5º, V e X, e no art. 186 do Código Civil, onde o legislador utiliza as expressões danos materiais e danos morais. Especificamente no art. 5º, V, da Carta, o constituinte acrescentou os danos à imagem, o que levou a doutrina e a jurisprudência a reconhecer os danos estéticos como uma espécie autônoma de dano (Súmula n. 387 do STJ).

Logo, a contaminação do trabalhador pelo coronavírus, decorrente de ato lesivo e conduta culposa do empregador, que não lhe concedeu condições seguras de trabalho, deverá ensejar a sua responsabilização pelos danos materiais. O art. 950 do Código

Civil é bastante claro em divisar os danos materiais em pelo menos três espécies: danos emergentes, lucros cessantes e pensionamento, em cuja disposição estão contidos os conceitos de cada um deles:

> Art. 950. Se da ofensa resultar defeito pelo qual o ofendido não possa exercer o seu ofício ou profissão, ou se lhe diminua a capacidade de trabalho, a indenização, além das despesas do tratamento e lucros cessantes até ao fim da convalescença, incluirá pensão correspondente à importância do trabalho para que se inabilitou, ou da depreciação que ele sofreu.

Os danos emergentes serão a soma de todas as despesas diretas que o ato ilícito causou, englobando as despesas já realizadas (consolidadas), como o custeio do atendimento, internações, cirurgias, sessões de fisioterapia, remédios, assim como as despesas que ainda precisarão ser realizadas (danos emergentes futuros), seja porque o trabalhador contaminado não teve condições de fazê-las, seja porque ainda as lesões não estão consolidadas quando do ajuizamento da ação de responsabilidade civil. Nas despesas do tratamento, comumente, há ordem judicial para o empregador custear cirurgia reparadora, próteses, pagamento mensal do plano de saúde enquanto durar o tratamento, entre outras possibilidades.

A segunda modalidade de danos materiais são os lucros cessantes, equivalente ao valor da perda remuneratória do doente, no período do tratamento médico ou convalescença, justamente o período em que ele não receberá remuneração do empregador, porque o contrato estará suspenso. Nesses casos, no período da convalescença – antes do retorno às atividades, com a alta médica e suspensão do auxílio-doença acidentário –, há espaço para condenação do empregador em lucros cessantes, equivalente ao valor da diferença da remuneração líquida real, recebida antes da doença, e o valor recebido a título de benefício previdenciário, tudo de modo a manter o mesmo padrão de vida.

Há vozes, ainda majoritárias, na jurisprudência e na doutrina, que não admitem a dedução dos valores recebidos do INSS, na medida em que teriam natureza jurídica distinta e custeio por parte do próprio trabalhador, de modo que o valor da condenação judicial nos lucros cessantes seria o equivalente do total da remuneração recebida pelo trabalhador antes da doença e por todo o tempo que durar o tratamento (atestado médico – convalescença).

Importante sublinhar que o valor dos lucros cessantes deverá considerar todos os rendimentos do trabalhador, no período em que estiver sem condições de trabalhar, não só a remuneração paga pelo empregador, responsável pela doença, para tanto basta imaginar o caso de uma enfermeira que trabalha em dois hospitais diversos, mas é contaminada em um deles, pela falta de equipamento de proteção, resultando que ficará internada pelo período de 30 dias, sem poder trabalhar (ambos os contratos suspensos), sem recebimento de salários em ambos os empregos, de modo que o valor da condenação em lucros cessantes, em desfavor do empregador responsável pela doença, deve englobar o total dos seus rendimentos líquidos mensais, que resulta da somatória salarial de ambos os empregos.

Superado o lapso da convalescença, quando são devidos os lucros cessantes, pode ocorrer de o doente restabelecer completamente a sua saúde e capacidade de trabalho, quando então terá alta médica, submeterá ao exame de retorno e o contrato de trabalho voltará a ser executado normalmente, com a retomada da prestação dos serviços. Contudo, pode ocorrer casos em que, com a conclusão do tratamento médico, o trabalhador tem alta médica, porém a sua capacidade de trabalho ficou comprometida, de forma definitiva, ocasião em que passará a ser devida a última espécie dos danos materiais, que é o pensionamento.

A pensão será cabível em todas as vezes que, concluído o tratamento médico, verificar-se, por perícia médica oficial no processo judicial, que o doente teve redução de sua capacidade para o trabalho, considerando a sua profissão específica e a função para a qual fora contratado, independentemente de readaptação previdenciária. Também pode ocorrer de a redução da capacidade de trabalho ser parcial, quando o laudo médico deverá estimar qual o percentual dessa redução, para a sua função específica, a propiciar que o juiz fixe o valor da pensão mensal de forma proporcional à redução da sua capacidade. Por fim, nos casos em que o trabalhador infectado pelo coronavírus vier a falecer, os seus dependentes é que, no caso, terão direito ao pensionamento mensal, no valor equivalente aos alimentos que o morto os devia, em geral, equivalente a 2/3 dos seus rendimentos líquidos, que será dividido entre os seus dependentes, de forma proporcional.

De outro lado, os danos extrapatrimoniais também devem ser reparados, como os danos morais do trabalhador contaminado, os danos estéticos e os danos existenciais[4].

Dentro do conceito objetivo-constitucional do dano moral, estaria ele configurado quando a dignidade humana de um dos sujeitos da relação jurídica fosse violada de forma antijurídica pela conduta do outro, afrontando diretamente os substratos constitucionais e internacionais que compõe a dignidade da pessoa humana, como a liberdade, igualdade, solidariedade e a integridade psicofísica[5], além dos mesmos direitos decorrentes da dignidade e vistos pela perspectiva do direito civil, como os direitos da personalidade garantidos pelo sistema, como a honra, a intimidade, a identidade pessoal[6], o nome etc., independentemente de prova material das repercussões internas da violação sobre a vítima, que podem até ser consequências, mas não causas.

Especificamente nos casos de doenças ocupacionais, necessariamente, tais eventos pressupõe a violação da integridade psicofísica da vítima do evento, ensejando, diretamente, a condenação na indenização por danos morais.

Já os danos estéticos, em seu moderno conceito, caracteriza-se a partir de uma modificação corporal exterior do indivíduo, independente da sua gravidade, sendo exigível que essa alteração seja duradoura ou definitiva, isto é, pequenas lesões que, após o tratamento médico adequado, tendem-se a desaparecer com a ordinária regeneração não são causadoras de danos estéticos. No caso específico da contaminação pelo coronavírus, enxergamos que, muito dificilmente, haverá a caracterização dos danos estéticos, na medida em que a doença traz um comprometimento pulmonar, da atividade

---

4. Para maiores aprofundamentos, consultar: MOLINA, André Araújo. A configuração e a transmissibilidade dos danos extrapatrimoniais no contexto da reforma trabalhista. *Revista Jurídica Luso-Brasileira*, Lisboa, ano 4 (2018), n. 4, p. 163-197.
5. Nessa mesma perspectiva, o Código Civil mexicano de 1928 é expresso: "(...) *Se presumirá que hubo daño moral cuando se vulnere o menoscabe ilegítimamente la libertad o la integridad física o psíquica de las personas.*" (art. 1.916).
6. MOLINA, André Araújo. Dano à identidade pessoal do trabalhador. *Revista Jurídica Luso-Brasileira*, Lisboa, ano 3 (2017), n. 4, p. 89-138.

respiratória, que é recuperada nos casos em que o tratamento seja eficaz, não havendo, em regra, nenhuma alteração morfológica exterior.

Mais recentemente, após a reforma trabalhista de 2017, houve a introdução do art. 223-B na CLT, com a previsão de que os trabalhadores poderão sofrer danos existenciais em razão das condutas lesivas praticadas pelos empregadores. Há muitas situações na execução do contrato de trabalho em que, inobstante não seja violada diretamente a dignidade humana do trabalhador – requisito para os danos morais em sua perspectiva constitucional-objetivista –, há a violação de outros direitos fundamentais, como lazer (artigo 6º), acesso à cultura em seus momentos de lazer (artigo 215), realização de atividades desportivas (artigo 217) e a convivência familiar (artigos 227 e 229).

A violação desses direitos fundamentais por ato ilícito do empregador, de modo a afetar a vida de relações e os projetos de vida dos trabalhadores, causam os danos existenciais indenizáveis nas relações de trabalho, caracterizada pela lesão que compromete a liberdade de escolha e frustra as escolhas que a pessoa elaborou para a sua realização como ser humano. O dano é existencial porque o impacto gerado provoca um vazio existencial na pessoa que perde a fonte de gratificação vital.

E as doenças ocupacionais são pródigas para gerar a incidência da indenização pelos danos existenciais, autônoma e cumulativa com os danos morais, se o caso, na medida em que a enfermidade poderá afetar diretamente os projetos de vida e a vida de relações dos trabalhadores, para tanto basta imaginar o caso de um trabalhador que além da sua atividade profissional, também é atleta e integra a seleção regional de corrida. Supondo a ocorrência de contaminação pelo coronavírus, de responsabilidade do empregador, que trouxe limitações para a atividade física, verificamos, com clareza, que além do ressarcimento pelos prejuízos materiais – danos emergentes, lucros cessantes e pensionamento pela perda da capacidade laborativa –, também houve violação direta da sua integridade física, dando ensejo aos danos morais, assim como houve violação que limitará e interromperá os seus projetos de vida, na condição de atleta, impedindo-o de continuar competindo na modalidade de corrida, por um período de tempo, situação que ensejará a condenação pelos danos existenciais.

Embora a regra do nosso sistema de responsabilidade civil seja a modalidade subjetiva, cujos quatro requisitos foram alhures revisados, há hipóteses específicas em que a responsabilidade pela contaminação será objetiva, especialmente nos acidentes ambientais[7] e também em atividades de risco acentuado, que serão objeto de aprofundamentos.

5. MEIO AMBIENTE DO TRABALHO

A Constituição de 1988 enunciou direitos fundamentais de várias dimensões – direitos de liberdade, igualdade e solidariedade – entre os quais se encontra o direito fundamental ao meio ambiente ecologicamente equilibrado. O estudo sistêmico do texto constitucional revela ao intérprete a preocupação do constituinte com o meio ambiente

---

7. Para maiores aprofundamentos, consultar: MOLINA, André Araújo. Acidente ambiental trabalhista e a responsabilidade civil objetiva agravada do empregador. *Revista Síntese Trabalhista e Previdenciária*, São Paulo, ano XXIX, n. 355, p. 64-87, janeiro 2019.

em quatro perspectivas: natural ou físico, artificial, cultural e do trabalho.[8] A eficácia do princípio geral do meio ambiente equilibrado gerou reflexos especificamente nos limites do Direito do Trabalho com a necessidade de redução dos riscos inerentes ao trabalho por intermédio de normas de saúde, higiene e segurança (CF, 7°, XXII) e com a implementação pelo Sistema Único de Saúde da proteção do meio ambiente do trabalho (CF, 220, VIII).

O artigo 225, § 3°, da Constituição, garante a repercussão dos danos ambientais em três esferas diferentes, quais sejam, administrativa, criminal e civil. Pela perspectiva da reparação civil o art. 14, § 1°, da Lei 6.938/1981 impõe a reparação dos danos em favor do meio ambiente (direito difuso) e de terceiros, pessoas físicas ou jurídicas, com a particularidade que "Sem obstar a aplicação das penalidades previstas neste artigo, é o poluidor obrigado, independentemente da existência de culpa, a indenizar ou reparar os danos causados ao meio ambiente e a terceiros, afetados por sua atividade.", havendo opção pela responsabilidade civil objetiva, quando o legislador dispensou a demonstração de culpa.

Também da interpretação do artigo 225 da Constituição extrai-se os princípios inerentes ao direito ambiental: da prevenção, da educação, do desenvolvimento sustentável, do poluidor-pagador, da participação e da ubiquidade, aplicáveis ao Direito do Trabalho.

Por sua vez, as normas infraconstitucionais trabalhistas que materializam o direito fundamental ao meio ambiente do trabalho equilibrado são as internacionais ratificadas e internalizadas[9], que ocupam o *status* de supralegalidade, segundo o STF, a CLT (capítulo V), a Lei n. 7.369/1985 (trabalho por contato com energia elétrica), a Portaria n. 3.214/1978 do Ministério do Trabalho e Emprego (com as suas normas regulamentadoras – NR's) e a Portaria n. 3.393/1987 (trabalho com radiações ionizantes ou substâncias radioativas). Objetivamente, todos aqueles que estão submetidos ao meio ambiente do trabalho – gerentes, empregados, estagiários, voluntários, autônomos – possuem o direito subjetivo de que as normas dos tratados internacionais, das Leis 6.938/1981 e 7.369/1985, do capítulo V da CLT, das NR's da Portaria n. 3.214/1978 e da Portaria n. 3.393/1987 sejam integralmente atendidas. Se não o forem, havendo ocorrência de

---

8. Artigos 5°, XXIII, 21, XX, 170, VI, 182, 196, 216, 220, VIII, e 225. A vertente natural engloba a terra, a água, o ar atmosférico, a flora e a fauna, a vertente artificial abrange o espaço urbano construído, quer através de edificações, quer por meio de equipamentos públicos, a vertente cultural abarca o patrimônio histórico, artístico, paisagístico, arqueológico e turístico, e a vertente trabalhista alberga o meio ambiente do trabalho, que prima pela vida, pela dignidade e pela saúde do trabalhador, rechaçando à insalubridade, periculosidade e à desarmonia no ambiente de trabalho.

9. Convenção n. 115 da OIT sobre a proteção dos trabalhadores contra radiações ionizantes (Dec. 61.151/1968), Convenção n. 136 da OIT sobre a proteção contra os riscos de intoxicação provocados por benzeno (Dec. 1.253/1994), Convenção n. 139 da OIT sobre a prevenção e controle de riscos profissionais causados pelas substâncias ou agentes cancerígenos (Dec. 157/1991), Convenção n. 148 da OIT sobre a proteção dos trabalhadores contra os riscos profissionais devidos à contaminação do ar, ao ruído e às vibrações no local de trabalho (Dec. 93.413/1986), Convenção n. 152 da OIT relativa à segurança e higiene nos trabalhos portuários (Dec. 99.534/1990), Convenção n. 155 da OIT sobre segurança e saúde dos trabalhadores e o meio ambiente de trabalho (Dec. 1.254/1994), Convenção n. 162 da OIT sobre a utilização do asbesto com segurança (Dec. 126/1991), Convenção n. 164 da OIT sobre a proteção da saúde e a assistência médica aos trabalhadores marítimos (Dec. 2.671/1998), Convenção n. 167 da OIT sobre a segurança e saúde na construção (Dec. 6.271/2007), Convenção n. 170 da OIT relativa à segurança na utilização de produtos químicos no trabalho (Dec. 2.657/1998), Convenção n. 174 da OIT sobre a prevenção de acidentes industriais maiores (Dec. 4.085/2002) e a Convenção n. 176 da OIT sobre segurança e saúde nas minas (Dec. 6.270/2007).

danos, estar-se-á diante de acidente ambiental do trabalho, sujeitando-se o poluidor à reparação independente de apuração de ato ilícito ou culpa.

Quando o dano ambiental for ocasionado por mais de um agente serão todos eles solidariamente responsáveis pela reparação, na medida em que o art. 3°, IV, da Lei n. 6.938/1981 considera como poluidores as pessoas físicas ou jurídicas que atuem, tanto direta como indiretamente, para causar a degradação ambiental, solidariedade que atualmente foi reforçada pelo artigo 942 do Código Civil.[10]

Em relação à figura do Estado, haverá a sua responsabilidade em três diversas situações. Quando a pessoa jurídica de direito público causar diretamente um dano de natureza ambiental, será objetiva e diretamente responsável (CF, art. 37, § 6°). Já na ocasião em que os danos forem causados pelas concessionárias ou permissionárias de serviços públicos, responderá o Estado de forma solidária, pois ele é considerado o responsável indireto da poluição ambiental, na forma do art. 3°, IV, da Lei n. 6.938/1981. Anote-se que embora a Lei n. 8.987 de 1995 vede a imposição de responsabilidade ao Estado nas modalidades de concessões e permissões de serviços públicos, considera os autores e a jurisprudência a lei das concessões uma regra geral, que cede na ocasião para a lei especial dos acidentes ambientais.[11] Pelo mesmo fundamento o Estado é responsável solidário com o autor direto do dano quando se omite na sua função de fiscalização das atividades poluidoras e na concessão sem critério de autorizações administrativas e licenças ambientais.[12]

Transportando as conclusões acima para as relações de trabalho, afirmamos que quando a vítima do dano ecológico for o trabalhador, incidirá na sua relação jurídica que o enlaça ao tomador de sua mão-de-obra o microssistema por danos ambientais, no qual a responsabilidade civil do poluidor é objetiva, independente de prova de culpa e ato ilícito, podendo haver a comprovação das excludentes de nexo causal por força maior e fato de terceiro, desde que imprevisíveis, irresistíveis e exteriores. Segue que, a depender da situação concreta, o Estado responderá solidariamente pela reparação, devendo integrar a relação jurídica processual.

Especificamente em relação à contaminação dos trabalhadores pelo coronavírus, entendemos que a sua exposição em ambientes de trabalho extremamente suscetíveis ao contágio, como em hospitais que estão preparados justamente para atendimento dos casos suspeitos e confirmados, sem o fornecimento dos equipamentos de proteção eficazes, torna o ambiente poluído, cuja contaminação dos profissionais enseja a responsabilidade objetiva do empregador, podendo ensejar, inclusive, a responsabilidade solidária do Estado, nos casos em que a casa hospitalar é conveniada do SUS e, também, atende pacientes da rede pública.

---

10. Essa é a posição do Superior Tribunal de Justiça, valendo-se consultar alguns julgados da 2ª Turma, REsp. 1.056.540-GO, Relª. Minª. Eliana Calmon, DJ 14.09.2009 e o REsp. 647.493-SC, Rel. Min. João Otávio de Noronha, DJ 22.10.2007.
11. Por todos: STJ – 2ª Turma – REsp. n. 28.222-SP – Relª. Minª. Eliana Calmon – DJ 15.02.2001.
12. Por todos: STJ – 2ª Turma – REsp. n. 604.725-PR – Rel. Min. Castro Meira – DJ 22.08.2005.

6. ATIVIDADE DE RISCO

A disposição do art. 927, parágrafo único, do Código Civil é considerada a maior inovação legislativa no tema de responsabilidade civil, na medida em que firmou cláusula de recepção expressa quanto às legislações especiais que preveem hipóteses de responsabilidade sem culpa, como no caso do acidente ambiental, e, ao lado dela, criou uma nova norma de responsabilidade objetiva pelo risco da atividade, sem indicar atividades específicas.

Ao interpretar a disposição legal, Leonardo de Faria Beraldo atenta ao conceito de *atividade normalmente desenvolvida* pelo autor do dano. Defende que a palavra atividade é entendida como sendo equivalente aos serviços praticados por determinada pessoa, natural ou jurídica, de forma organizada, habitual, reiterada e profissional, e não de forma isolada. E ainda é preciso que a atividade seja normalmente desenvolvida pelo autor do dano, significando, então, que ela não pode ser apenas esporádica ou momentânea, devendo, ainda, guardar ligação direta com o objeto social por ela desenvolvido. Exemplificando, anota que quem explora uma atividade habitual com uma máquina de escavação e terraplanagem, gera uma permanente situação de risco para operários e terceiros que convivem com a atividade, porém, por outro lado, quem usa eventualmente um trator para alguma tarefa, não se pode dizer que desempenha atividade normalmente desenvolvida.[13]

Também atenta o mesmo autor à palavra *por sua natureza* inserida no tipo legal, o que para ele significa que não é o risco ordinário, inerente à toda e qualquer atividade, não é o risco empresarial ordinário em se imiscuir no mercado, que reclamará o enquadramento na cláusula objetiva, mas que deve haver na atividade normalmente desenvolvida uma intrínseca potencialidade lesiva, ou seja, que na sua essência exista uma potencialidade fora dos padrões normais. Conclui seu raciocínio para afirmar que as "atividades de risco são, portanto, aquelas que criam para terceiros um estado de perigo, isto é, a possibilidade, ou, ainda mais, a probabilidade, de receber um dano, probabilidade essa maior do que a normal derivada das outras atividades."[14]

Flávio Tartuce também estudou com profundidade a disposição civil e a partir dela faz um trabalho de desmonte ou destrinche dos qualificativos legais. Segue para o autor que a palavra "atividade" deve ser compreendida como vários atos que mantém entre si uma correlação temporal, lógica e coordenada, excluindo do raio de alcance da cláusula geral de responsabilidade objetiva os atos isolados praticados.

E quanto ao conceito de "risco" diz que ele decorre da própria natureza da atividade, da sua essência, configurando um risco excepcional, extraordinário, acima da situação corriqueira de normalidade, englobando as atividades – para além dos riscos – que são comprovadamente perigosas. Para o autor inserem-se no conceito legal as atividades de fabricação e armazenamento de fogos de artifício, serviços de diversão, como salto de paraquedas, voo de asa-delta, *bungee-jump*, esportes como artes marciais e lutas de combate, *motoboy* nos grandes centros, trabalhos insalubres e perigosos, trabalho com

---
13. Beraldo, A responsabilidade civil, p. 219-220.
14. Ibidem, p. 224.

menores infratores e presidiários, construção civil, com a utilização de ferramentas pesadas, perigosas ou nas alturas (local elevado), transporte rodoviário em estradas em péssimo estado de conservação ou quando a carga é valiosa e no transporte de valores.[15]

Na mesma toada é a interpretação do professor trabalhista Raimundo Simão de Melo, acerca da previsão genérica da parte final do parágrafo único do artigo 927 do Código. Considera atividade de risco aquela na qual pressupõe maiores probabilidades de danos para as pessoas, quando os danos são estatisticamente esperados, pelas suas características. Não é um risco qualquer, específico e normal a qualquer atividade produtiva, mas a atividade cujo risco específico, acentuado e agravado em razão da natureza do trabalho é excepcional e incomum, como nos exemplos das atividades perigosas, insalubres, com o uso de arma de fogo, o trabalho em minas, nas alturas, subaquático e nas atividades nucleares.[16]

O decisivo quanto ao risco da atividade – e objeto de muita divergência – é a imprescindibilidade de que os danos guardem relação de conexidade com o risco específico da atividade, excluindo-se da esfera de proteção civil objetiva os outros danos oriundos de causas diversas. Por exemplo, muito embora a atividade dos frentistas exponha-os ao risco potencial de explosão (periculosidade por contato com inflamáveis e explosivos), os acidentes causados por esses agentes importarão em responsabilidade objetiva do empregador, mas não será objetiva a responsabilidade no caso de alegada doença ocupacional por problemas na coluna, por absoluta falta de conexidade entre o alegado dano postural e o risco potencial específico da atividade.

Transportando as ideias para o caso específico da contaminação pelo coronavírus, entendemos que aqueles trabalhadores, durante o período da pandemia, que forem submetidos à situação de provável contágio superior à média geral da população, estarão inseridos na teia de proteção pela atividade de risco, atraindo a responsabilidade civil objetiva do empregador, por exemplo, as operadoras de caixa de supermercados, atendentes de farmácias, que ficam expostos durante toda a jornada de trabalho ao contato com o grande público e com os colegas de trabalho, sem o fornecimento dos equipamentos de proteção eficazes, situação, na qual, a probabilidade de contágio é muito maior que a média da sociedade atual.

7. CONCLUSÕES

A contaminação dos trabalhadores pelo coronavírus, na perspectiva protetiva do art. 7º, XXVIII, da Constituição Federal, além de ensejar a proteção previdenciária pelo INSS, poderá resultar na responsabilidade civil do empregador, quando este tenha atuado de forma culposa, não fornecendo aos trabalhadores os equipamentos de proteção para o desempenho das atividades laborativas, dando ensejo à condenação nas indenizações materiais e pessoais em decorrência da doença ocupacional, caso o nexo causal esteja presente, na hipótese.

---

15. Tartuce, A cláusula geral de responsabilidade objetiva nos dez anos do Código Civil de 2002, *passim*.
16. Melo, Ações acidentárias na Justiça do Trabalho, p. 79-82.

Embora a regra seja a modalidade subjetiva da responsabilidade civil, exigindo que o trabalhador demonstre a conduta culposa do empregador, há, de outro lado, algumas situações e atividades específicas, como no acidente ambiental e nas atividades de risco, em que a responsabilidade civil do empregador é objetiva, desde que atendidos os requisitos legais específicos desses microssistemas.

Em todo caso, por se tratar de uma doença pandêmica, cujo momento exato do contágio é praticamente impossível de definirmos com exatidão, devemos trabalhar com a ideia de probabilidades, investigando o caso concreto e suas circunstâncias, para concluir se era provável, com alguma margem de segurança, que o contágio tenho ocorrido no ambiente de trabalho e em razão da atividade, caso em que estará atendido o requisito do nexo causal, indispensável tanto na modalidade subjetiva, quanto na objetiva, da responsabilidade civil.

Lado outro, exigir uma prova (impossível) de que a contaminação ocorreu, com certeza, no ambiente de trabalho, inviabilizará toda e qualquer indenização, mesmo para os profissionais da saúde que atendiam doentes com coronavírus, já que, mesmo nesses casos, não há como precisar se o contágio do profissional não ocorreu, fortuitamente, em casa.

8. REFERÊNCIAS

BERALDO, Leonardo de Faria. A responsabilidade civil no parágrafo único do art. 927 do Código Civil e alguns apontamentos do direito comparado. *Revista de Direito Privado*, São Paulo, vol. 5, n. 20, out-dez de 2004, p. 217-234.

MELO, Raimundo Simão de. *Ações Acidentárias na Justiça do Trabalho*. São Paulo: LTr, 2011.

MOLINA, André Araújo. Acidente ambiental trabalhista e a responsabilidade civil objetiva agravada do empregador. *Revista Síntese Trabalhista e Previdenciária*, São Paulo, ano XXIX, n. 355, p. 64-87, janeiro 2019.

MOLINA, André Araújo. A configuração e a transmissibilidade dos danos extrapatrimoniais no contexto da reforma trabalhista. *Revista Jurídica Luso-Brasileira*, Lisboa, ano 4 (2018), n. 4, p. 163-197.

MOLINA, André Araújo. Sistemas de responsabilidade civil objetiva e os acidentes de trabalho. *Revista do TST*, Brasília, vol. 79, n. 2, p. 70-117, abr./jun. 2013.

MOLINA, André Araújo. O nexo causal nos acidentes de trabalho. *Revista LTr*, São Paulo, ano 76, n. 12, p. 1421-1432, dezembro 2012.

MOLINA, André Araújo. A prescrição das ações de responsabilidade civil na Justiça do Trabalho. *Revista IOB Trabalhista e Previdenciária*, São Paulo, ano XVIII, n. 217, p. 79-110, julho 2007.

TARTUCE, Flávio. A cláusula geral de responsabilidade objetiva nos dez anos do Código Civil de 2002. *Revista Trimestral de Direito Civil*, São Paulo, ano 13, vol. 50, p. 93-134, abril-junho 2012.

TODOS QUEREM APERTAR O BOTÃO VERMELHO DO ART. 393 DO CÓDIGO CIVIL PARA SE EJETAR DO CONTRATO EM RAZÃO DA COVID-19, MAS A PERGUNTA QUE SE FAZ É: TODOS POSSUEM ESSE DIREITO?

Salomão Resedá

Doutor em Direito Público, com ênfase em Processo Civil, pela Universidade Federal da Bahia (UFBA). Mestre em Direito Privado, com ênfase em Direito Civil, pela Universidade Federal da Bahia (UFBA) (2008). Especialista em Direito Civil pela Fundação Faculdade de Direito da Universidade Federal da Bahia (UFBA) (2007). Professor Universitário da UNIFACS (Universidade Salvador), da UNIRUY WIDEN (Universidade Ruy Barbosa) e da Faculdade ATAME. Professor convidado do Complexo de Ensino Renato Saraiva e da Escola de Magistrados do Estado da Bahia – EMAB.

Sumário: 1. Introdução – 2. Um pouco antes da alegação de caso fortuito – 3. Existem parâmetros para o caso fortuito? – 4. A COVID-19 e a alegação genérica de caso fortuito – 5. Conclusão – 6. Referências.

1. INTRODUÇÃO

Uma das principais expressões mencionadas no meio da pandemia instaurada pela COVID-19 é: "rompimento contratual". As cláusulas contatuais antes cumpridas rigorosamente – seja na modalidade adesão ou consensual, propriamente dita – passaram a ser observadas como fonte de injustiça e desequilíbrio social, imprimindo, assim, um generalizado sentimento de nova análise e modulação do quanto ali previsto.

Com o estabelecimento do *lockdown*, parte da economia sofrerá com grandes impactos tanto no que se refere à produção como à circulação de riquezas. Num patamar global, há consenso no sentido de que as nações afetadas experimentarão uma recessão mundial, sendo que, especificamente para o Brasil, a projeção não é muito animadora, haja vista a perspectiva de Produto Interno Bruto no patamar de 0,02%[1] no ano de 2020 estabelecida pelo próprio governo[2]. Passando para a análise das Instituições Financeira

---

1. BRASIL, Agência. *Governo diminui para 0,02% previsão de crescimento do PIB neste ano Governo diminui para 0,02% previsão de crescimento do PIB neste ano.* <Disponível em: <https://agenciabrasil.ebc.com.br/economia/noticia/2020-03/governo-diminui-para-002-previsao-de-crescimento-do-pib-neste-ano>; acessado em 02 abril 2020.
2. Conforme notícia publicada na coluna de Jamil Chade, do site Uol, a ONU projeta um PIB ainda menor para o país. Segundo o repórter: "com a queda prevista pela ONU, o Brasil volta a registrar mais um ano de perda. Depois de uma queda de 3,5% do PIB em 2015 e 3,3% em 2016, a economia nacional registrou fracos desempenhos em 2017 e 2018, com uma expansão de apenas 1,3%. No ano passado, o crescimento do PIB ficou em apenas 1%. Uma expansão de 3% ocorreu apenas em 2013. (Disponível em: < https://noticias.uol.com.br/colunas/jamil-chade/2020/04/02/pandemia-levara-brasil-a-uma-recessao-em-2020-alerta-onu.htm>; acessado em 03 abril 2020.)

de Crédito, esta projeção chega a identificar uma retração de 1% no Produto Interno Bruto nacional[3].

As notícias não amistosas que circulam no mundo econômico impuseram um sentimento de revisão geral dos contratos. O desespero foi incutido na sociedade e a necessidade de romper parâmetros outrora inexistentes passou a ser algo concreto. O termo "colapso" saiu do mundo da fantasia e bate às portas da realidade. Com isso, há a possibilidade de destruição das cláusulas dos contratos – ou, no mínimo, sua revisão – pois vivencia-se uma situação de flagrante caso fortuito. Palmilhando por este caminho de teses, estaria, então, estabelecida a possibilidade de modificação da perspectiva contratual.

Aliás, a frase anterior encontra um equívoco, pois, atualmente, não há que se falar em "possibilidade". A sensação que é passada para a sociedade é a de que há o dever de revisar os contratos. Pais rejeitam-se a pagar as escolas ou faculdades dos seus filhos, mesmo os centros educacionais ofertando o acesso à conteúdo através de aulas virtuais. Inquilinos impõe aos seus locadores a obrigação de reduzir o valor do aluguel a patamares que são indicados por eles próprios, sem qualquer parâmetro, mas sob a justificativa de uma espécie de fragilidade nascida a partir da situação de excepcionalidade social.

Parece que se instalou no país, em matéria contratual, um estado de "pânico". As relações contratuais ganharam uma fisionomia de algo tenebroso que devem ser questionadas, de todas as formas, por conta da pandemia que assola o mundo. Os contratos são, então, vistos como entraves que devem ser revistos. Todos querem apertar o botão vermelho para se ejetar da avença, mas a pergunta que se faz é: todos têm esse direito?

2. UM POUCO ANTES DA ALEGAÇÃO DE CASO FORTUITO

Fazendo uma análise simples, e utilizando como exemplo a mesma empresa com seus braços de atuação em seguimentos de mercado, percebem-se situações diversas. No Brasil, através de aplicativos, há um *startup* que tanto atua no ramo de transporte de pessoas, como no de entrega de alimentação em domicílio, os denominados *deliverys*. Trata-se do mesmo tronco, porém com ramificações em áreas diversas de atuação.

Com o avanço da COVID-19 é possível perceber uma forte contração na utilização do serviço de transporte de pessoas. Porém, por outro lado, um incremento, também, agudo, no que se refere a utilização dos *deliverys*. Pode-se ciar, também empresas que não experimentaram tantos reflexos negativos[4], ou mesmo atuam de forma positiva com as finanças, como as de alimentação que, conforme relatado pela mídia, tiveram aumento

---

3. SÃO PAULO, Folha. *JPMorgan e Goldman Sachs projetam profunda retração e PIB brasileiro na casa de -1% neste ano.* Disponível em: < https://www1.folha.uol.com.br/mercado/2020/03/jpmorgan-e-goldman-sachs-projetam-queda--do-pib-do-brasil-em-2020.shtml>; acessado em 02 abril 2020.
4. Segundo o site Tecmundo, o uso do serviço do Uber nas cidades alcançadas pela COVID-19 chegou a ter retração de 70%, conforme se observa na matéria intitulada "Uso do Uber cai em até 70% em cidades mais afetadas por COVID-19. Disponível em: < https://www.tecmundo.com.br/mercado/151249-uso-uber-cai-70-em-cidades-afetadas-covid-19.htm>; acessado em: 02 abril 2020.

de venda de 18.6%[5]. Isso já traz à mesa o entendimento segundo o qual a pandemia não afeta negativamente todos os ramos da economia.

Toda relação jurídica criada deve ser cumprida. Quando dois polos se posicionam na perspectiva subjetiva de um contrato, nasce tanto para o sistema jurídico, como para as partes envolvidas, a esperança de que a avença seja adimplida da forma como foi previamente ajustada. Ocorre que, no curso do caminho até o seu ponto final podem ocorrer diversos desvios que resultarão em inadimplemento.

Para a maioria das situações de inadimplência o ordenamento se preocupou em estabelecer regras sancionatórias que resultarão na responsabilidade contratual e na possibilidade de imposição, por parte dos contratantes, de cláusulas penais, a fim de assegurar a prévia quantificação dos danos que, porventura, vierem a ocorrer com a impontualidade. O descumprimento não pode ser encarado como um comportamento ordinário, pois ele representa o espelho, basicamente, de duas situações: quando o devedor não se programou previamente para suportar os custos e as exigências dela decorrentes – mesmo, quando ele não quis cumprir de forma adequada – ou quando ocorre alguma situação imprevista que extrapola o limite do razoável, conduzindo, neste ponto, ao descompasso do cumprimento que, sem tal acontecimento, ocorreria normalmente.

Aquele que se encontra obrigado a cumprir uma obrigação deve se postar de forma diligente, buscando sempre o seu adimplemento, sob pena de recair sobre si a responsabilização contratual e suas consequências. A impontualidade do devedor resultará numa série de consequências jurídicas de caráter punitivo, como no caso da imposição de eventual processo em que se busque indenização pelos danos experimentados pelo credor. Também, ainda, pela via judicial, poderão ser adotados mecanismos de cumprimento coercitivo, como se pode observar, por exemplo, na demanda de adjudicação compulsória em que se visa retirar o bem da propriedade do devedor para transferi-la ao patrimônio do credor.

3. EXISTEM PARÂMETROS PARA O CASO FORTUITO?

Porém, nem sempre esse descumprimento obrigacional está vinculado a uma conduta culposa ou dolosa por parte do credor. Por mais que o sistema espelhe uma histórica preocupação com a satisfação do crédito, não se pode negar que, como mencionado, no caminho entre a conclusão e a execução perfeita do contrato poderá ocorrer eventos que imponham ao obrigado a real impossibilidade de satisfazer o quanto constante na avença, situação, portanto, qualificada como caso fortuito ou força maior.

Trata-se, de um evento externo. Um acontecimento extraordinário que ocasiona ao devedor a impossibilidade de adimplemento do objeto contratado. Seja pela perspectiva da inevitabilidade ou pelo viés da imprevisibilidade, a diferença entre os institutos é irrisória para o mundo prático, pois as consequências deles decorrentes caminham no mesmo sentido: a exoneração do devedor quando aos vínculos obrigacionais existentes,

---

5. R7. *Venda em supermercado sobe 18,6% e turismo cai 28,5% por covid-19*. Disponível em: <https://noticias.r7.com/economia/venda-em-supermercado-sobe-186-e-turismo-cai-285-por-covid-19-15032020>; acessado em: 02 abril 2020.

não sendo possível imputar a responsabilidade ante as ações ou omissões em desalinho com o aquilo que era esperado pelo credor.

Cumpre salientar que a ocorrência do caso fortuito não pode ser utilizado como uma capa protetiva ao devedor onde ele possa ocultar-se por completo dos seus direitos e deveres vinculados à relação contratual. O seu dever de diligência e cuidado quanto à busca do cumprimento objeto do enlace deve ser mantido hígido, até mesmo porque, a perspectiva de reconhecimento do caso fortuito e da força maior está, exatamente em acontecimentos que vão além do quanto projetado, ultrapassando a razoabilidade imposta nos contratos. Apenas o devedor diligente poderá argui-los, pois há o preenchimento da exigência de que todos os atos necessários para o adimplemento foram adotados, apesar de não ter alcançado o fim almejado.

O trato do caso fortuito tem ganhado certa relativização com a evolução da sociedade. Nos contratos de consumo, é possível identificar que doutrina e jurisprudência se preocupavam em tratar a questão com mais detalhes. Diante do desequilíbrio de forças ali existentes, o instituto é esmiuçado no denominado *fortuito interno* e *fortuito externo*, reduzindo ainda mais a possibilidade do fornecedor de produtos ou serviços se exonerar da obrigação de responder civilmente pelo descumprimento do contrato[6].

A responsabilidade civil constante no Código de Defesa do Consumidor formata-se a partir da sua modalidade objetiva, pois fundada no risco da atividade. Diante disso, tem o sistema jurídico brasileiro entendido que a "força maior" capaz de afastar dever do fornecedor em responder pelos prejuízos decorrentes do contrato será aquela vinculada à impossibilidade genérica de atuação[7], ou seja, desvinculada ao exercício da atividade profissional. Noutro viés, estando o acontecimento atrelado ao espectro do risco da atividade não há que se falar em exclusão da responsabilidade, por se tratar de espécie qualificada como "fortuito interno". Em assim sendo, denomina-se de "fortuito externo", e, portanto, justificador da quebra do dever de responsabilizar, aquele acontecimento "em que o dano decorre de causa completamente estranha à conduta do agente."[8].

---

6. Segundo Bruno Miragem, "questão mais tormentosa será a de identificar as situações que se qualifiquem como caso fortuito interno, ou seja, em que as características de determinada atividade possam definir certa esfera de risco inerente a ela, pela qual se identifique um dever de segurança e proteção e sua violação. Situação em que o devedor venha a responder independentemente da demonstração de culpa, e mesmo de que sua conduta tenha dado causa diretamente ao inadimplemento. Este exame não deve ser feito genericamente, senão em atenção às circunstâncias concretas que caracterizam a atividade e a coerência de utilização do mesmo critério para definição de determinada situação como dotada de risco inerente e outras semelhantes. (MIRAGEM, Bruno. Direito civil: direito das obrigações. São Paulo: Saraiva, 2017, p. 532)
7. Apenas a título de Ilustração, quando da relatoria da Apelação Cível Nº 70078366515, o Desembargador Umberto Guaspari Sudbrack, do Tribunal de Justiça do Rio Grande do Sul, sustentou que "a jurisprudência desta Corte proclama, como regra, que as adversidades meteorológicas qualificam-se como *risco inerente à atividade*, isto é, como *fortuito interno*, razão pela qual não eximem o transportador do seu dever de indenizar, a menos que se cuide de evento climático de magnitude excepcional e caráter imprevisível. Ademais, este Colegiado tem igualmente entendido que, mesmo em situações excepcionais como a referida – isto é, mesmo que a adversidade meteorológica possa qualificar-se como fortuito externo –, remanesce para a companhia aérea o dever de prestar a devida assistência aos consumidores-passageiros, no contexto do interregno de atraso ou cancelamento de voo, sendo que a falha na observância do dever de assistência constitui, por si só, causa de eventual responsabilização da fornecedora. E, no caso presente, estão preenchidos os pressupostos em tela, impondo-se a manutenção da sentença de improcedência dos pedidos."
8. Idem, p.530.

Apesar de possuir raízes bastante consolidadas no Direito do Consumidor, não há como negar que a relativização das hipóteses de qualificação de caso fortuito vem ganhando espaço no âmbito das relações cíveis e comerciais. Em outubro de 2017 foi publicado precedente do Superior Tribunal de Justiça em que o Min. Luís Felipe Salomão, relator do Resp. 1341605/PR, aplicou a bipartição do caso fortuito em externo e interno para uma causa envolvendo ação de cobrança de comissões e verbas indenizatórias decorrentes de contrato de representação comercial autônoma. Tratava de situação externa ao CDC, mas que, mesmo assim, recebeu a abordagem mais mitigada quanto a possibilidade de alegação destas excludentes obrigacionais.

Especificamente, neste caso, decidiu o Ministro Relator que "eventual insucesso do empreendimento ou dificuldades financeiras estão, inexoravelmente, abrangidos pelo risco inerente a qualquer atividade empresarial, não podendo ser considerados fortuito externo (força maior), aptos a exonerar a responsabilidade do representado pelo pagamento do aviso prévio e da indenização de doze avos, previstos na lei de regência, quando da rescisão unilateral do contrato de representação comercial."[9] Entendeu que a situação apresentada abrangia a ideia de risco do negócio, afastando-se, assim a perspectiva de excludente, na medida em que o risco é elemento vinculado ao próprio do contrato mercantil.

Na perspectiva do Código Civil, o *caput* do art. 393[10] é claro em seu texto ao afirmar que não haverá responsabilidade por parte do devedor que descumpriu o quanto previamente ajustado no contrato se este comportamento for vinculado diretamente ao

---

9. RECURSO ESPECIAL. AÇÃO DE COBRANÇA DE COMISSÕES E VERBAS INDENIZATÓRIAS DECORRENTES DE CONTRATO DE REPRESENTAÇÃO COMERCIAL AUTÔNOMA. AVISO PRÉVIO INDENIZADO E INDENIZAÇÃO DE UM DOZE AVOS. JUSTA CAUSA DA RESCISÃO UNILATERAL (FORÇA MAIOR) NÃO CONFIGURADA. 1. Nos termos do artigo 34 da Lei 4.886/65, a denúncia injustificada, por qualquer das partes, do contrato de representação ajustado por tempo indeterminado e que haja vigorado por mais de seis meses, obriga o denunciante (salvo outra garantia convencionada) à concessão de aviso prévio de trinta dias ou ao pagamento de importância igual a um terço das comissões auferidas pelo representante, nos três meses anteriores. 2. Outrossim, ainda que se trate de contrato por tempo certo, caso a rescisão injustificada ocorra por iniciativa do representado, será devida ao representante (parte vulnerável da relação jurídica) indenização equivalente a um doze avos do total da retribuição auferida durante o tempo em que exercera a representação (artigo 27, letra "j", da Lei 4.886/65). 3. Desse modo, sob a ótica do representante, as referidas verbas (aviso prévio e indenização de um doze avos) ser-lhe-ão devidas quando inexistente justa causa para a rescisão contratual de iniciativa do representado. No ponto, o artigo 35 da Lei 4.886/65, em rol taxativo, enumera a força maior como um dos motivos considerados justos para que o representado proceda à rescisão da representação comercial. 4. Em se tratando de responsabilidade objetiva (fundada no risco), a "força maior", apta a afastar a responsabilidade do devedor, deverá consubstanciar impossibilidade genérica reconhecida em relação a qualquer pessoa. Nessa perspectiva, distingue-se o caso fortuito interno – que, por envolver risco inerente à atividade desempenhada, não poderá ser invocado como excludente da responsabilidade objetiva – do caso fortuito externo (ou força maior), "em que o dano decorre de causa completamente estranha à conduta do agente, e por isso causa de exoneração de responsabilidade" (MIRAGEM, Bruno. Direito civil: direito das obrigações. São Paulo: Saraiva, 2017, p. 530-532). 5. Nessa ordem de ideias, eventual insucesso do empreendimento ou dificuldades financeiras estão, inexoravelmente, abrangidos pelo risco inerente a qualquer atividade empresarial, não podendo ser considerados fortuito externo (força maior), aptos a exonerar a responsabilidade do representado pelo pagamento do aviso prévio e da indenização de doze avos, previstos na lei de regência, quando da rescisão unilateral do contrato de representação comercial.
6. Recurso especial provido, a fim de julgar procedente a pretensão do representante de cobrança das comissões pendentes e das verbas rescisórias devidas. (REsp 1341605/PR, Rel. Ministro LUIS FELIPE SALOMÃO, QUARTA TURMA, julgado em 10/10/2017, DJe 06/11/2017)
10. Art. 393, Código Civil. O devedor não responde pelos prejuízos resultantes de caso fortuito ou força maior, se expressamente não se houver por eles responsabilizado

acontecimento extraordinário, e não houver cláusula de assunção de responsabilidade previamente estabelecida. Em complemento ao quanto dito na cabeça do artigo, o seu parágrafo único esclarece a situação de sua configuração, pois, conforme se busca defender não será qualquer fato imprevisível a ser qualificado, mas sim "no fato necessário, cujos efeitos não era possível evitar ou impedir."

O tratamento mais brando da excludente – assim como desenvolvido pelo Código de Defesa do consumidor – também passa a iluminar, de certa forma, as diretrizes doutrinárias do direito civil. Afirma o enunciado 443 da V Jornada de Direito Civil que "o caso fortuito e a força maior somente serão considerados como excludentes da responsabilidade civil quando o fato gerador do dano não for conexo à atividade desenvolvida." Forma-se, portanto, de uma perspectiva que não está vinculada às condições pessoais do agente, mas, sim, ao padrão estabelecido a partir do tradicional baluarte do *standard* do homem médio.

4. A COVID-19 E A ALEGAÇÃO GENÉRICA DE CASO FORTUITO

Retornando à situação fática vivida há quase um mês no Brasil, não se pode negar que o surto que acometeu o país – sem esquecer que, na realidade, se trata de uma pandemia – pode ser enquadrado como um caso fortuito. Ninguém teria coragem de suscitar que o evento COVID-19 não pode ser utilizado como justificativa para se iniciar um desenho voltado para a qualificação da excepcionalidade da hipótese fática a justificar, em tese, o descumprimento de cláusulas contratuais.

Porém, sustentar essa afirmativa genérica pode resultar numa análise bastante superficial das inúmeras facetas que as relações contratuais possuem no seio da sociedade. Entenda que, em tese, a COVID-19 poderá ser utilizada como subsunção para a hipótese abstrata de caso fortuito imposto pela norma. Pode parecer estranho repetir a mesma informação apresentada no parágrafo anterior, mas esta opção foi para destacar que a generalidade deve ser vista, apenas, em tese.

Em nova consulta à jurisprudência do STJ, para ilustrar a linha de raciocínio que se busca apresentar, o Min. Ricardo Villas Boas Cueva, quando da Relatoria do Resp. 1564705, teceu comentários importantes acerca do caso fortuito, com base no quanto constante no parágrafo único do art. 393. O caso paradigma envolvia uma ação declaratória incidental de inexigibilidade de débito referente à cédula de crédito rural objeto da execução de título extrajudicial cujo autor era uma empresa Agropecuária em face de um Banco.

Nela, afirmava a empresa autora da ação que, apesar de ter contraído crédito para fomento de atividade agrícola, não poderia honrar com o pagamento das parcelas ajustadas previamente, pois a terra onde seria desenvolvida a plantação – que seria, supostamente, o fato gerador do pagamento – teria sido invadida por um movimento social no mesmo ano, o que acabou por resultar na paralização das atividade e, por via de consequência na impossibilidade de cumprimento. Portanto, seguindo a linha de entendimento da demandante, restaria qualificada a hipótese de caso fortuito, o que excluiria o seu dever de cumprir o quanto ajustado na avença.

Para o julgamento da avença, o Ministro Relator passou a estabelecer um parâmetro importante e que deve ser sempre lembrado quando das alegações de excludente de responsabilidade no cumprimento do trato contratual em razão do surto da COVID-19: a impossibilidade de sua identificação em abstrato.

Alguns parágrafos atrás, foi afirmado, por duas vezes, que a pandemia que assola o país atualmente somente poderia ser utilizada como causa justificadora para o caso fortuito, em tese. Nos bancos universitários, o exemplo encaixa perfeitamente para uma abordagem inicial, introdutória sobre o tema. Porém, participando da complexidade das relações sociais esse fundamento não passa de, apenas uma luz amarela, que se acenderá antes de ser possível dar a largada nos argumentos excludentes.

De fato, assim como utilizado no lastro meritório do referido acórdão, o fato justificador do caso fortuito não pode ser utilizado em abstrato, mas, única em exclusivamente em concreto. Quando o legislador aponta no sentido de que tem que ser "necessário", deseja que este esteja intimamente vinculado à impossibilidade. "Na circunstância concreta o que se deve considerar é se houve impossibilidade absoluta que afetou o cumprimento da prestação, o que não se confunde com dificuldade ou onerosidade. O que se considera é se o acontecimento natural, ou o fato de terceiro, erigiu-se como barreira intransponível à execução da obrigação."[11] Portanto, nesta esteira de entendimento, há a necessidade de se conjugar elementos como a diligência normal do agente; a impossibilidade e imprevisibilidade do evento; a desvinculação com a atividade exercida; e, não por menos, a situação específica.

Seguindo estes preceitos, decidiu o Ministro Relator que "não é possível extrair que a invasão do MST criou óbice intransponível ao cumprimento da obrigação e que não havia meios de evitar ou impedir os seus efeitos, nos termos do art. 393, parágrafo único, do CC".[12] Isso implica dizer que há a necessidade de demonstração do alcance específico do fato extraordinário na obrigação vinculada ao devedor.

Sobre essa questão, inclusive, destaca-se o julgamento do Recurso de Apelação de Relatoria da Desembargadora Nélia Caminha Jorge do Tribunal de Justiça do Amazonas.

---

11. VIANA, Marco Aurélio S. *Curso de Direito Civil: direito das obrigações*. Rio de Janeiro: Forense, 2007, p. 397.
12. RECURSO ESPECIAL. CIVIL. PROCESSUAL CIVIL. DECISÃO EXTRA PETITA. SÚMULAS NºS 283 E 284/STF. AÇÃO DECLARATÓRIA DE INEXIGIBILIDADE DE DÉBITO. CÉDULA DE CRÉDITO RURAL. PROPRIEDADE RURAL. INVASÃO. MOVIMENTO DOS SEM TERRA (MST). FORÇA MAIOR. REQUISITOS. ART. 393, PARÁGRAFO ÚNICO, DO CÓDIGO CIVIL. IMPOSSIBILIDADE ABSOLUTA DO CUMPRIMENTO DA OBRIGAÇÃO. INEVITABILIDADE DO EVENTO. NÃO CONFIGURAÇÃO. 1. Cinge-se a controvérsia a examinar se é possível reconhecer a invasão de propriedade rural pelo Movimento dos Sem Terra (MST) como hipótese de força maior apta a ensejar a exoneração do cumprimento da obrigação encartada em cédula de crédito rural. 2. A teor do que preconiza o art. 393, parágrafo único, do Código Civil, o caso fortuito ou de força maior verifica-se no fato necessário, cujos efeitos não era possível evitar ou impedir. Os elementos caracterizadores das referidas excludentes de responsabilidade são: a necessariedade (fato que impossibilita o cumprimento da obrigação) e a inevitabilidade (ausência de meios para evitar ou impedir as consequências do evento). 3. A invasão promovida por integrantes do MST em propriedade rural por si só não é fato suficiente para configurar o evento como de força maior, pois devem ser analisados, concretamente, a presença dos requisitos caracterizadores do instituto. 4. No caso dos autos, não restou comprovado que a ocupação ilegal da propriedade rural pelo MST criou óbice intransponível ao cumprimento da obrigação e que não havia meios de evitar ou impedir os seus efeitos, nos termos do art. 393, parágrafo único, do CC. Ônus que incumbia à parte autora da ação anulatória. 5. Recurso especial provido. (REsp 1564705/PE, Rel. Ministro RICARDO VILLAS BÔAS CUEVA, TERCEIRA TURMA, julgado em 16/08/2016, DJe 05/09/2016)

Tratava-se de uma hipótese em que determinada construtora alegava que o atraso na entrega das obras estava vinculado diretamente à ocorrência de chuvas acima da média, qualificando como uma causa justificadora para incidência do caso fortuito e da força maior. Diante das razões apresentadas, a Desembargadora relatora concluiu, de forma bastante cirúrgica, que "sequer faz prova que a intensidade e volume dessas precipitações foram capazes de interferir significativamente no cronograma da obra".[13]

Não se pode negar que todo contrato, quando celebrado, há distribuição de riscos. Na complexidade das relações contratuais existentes na sociedade, a figura do devedor e credor se misturam no mesmo polo, o que implica dizer que, como mencionado, os riscos estão alcançados por ambos. Ademais, há a tolerância para eventos externos que podem atingir o objetivo, limitando, como já dito, ao patamar da razoabilidade.

No caso da pandemia da COVID-19 inaugura-se no país um panorama antes não experimentado na história recente do direito brasileiro. Extrai-se de uma situação meramente imaginária, utilizada, muitas vezes, nas salas das universidades, para alcançar as bancas de advocacia e as sentenças dos juízes. Há uma situação extraordinária que recaiu sobre o território nacional de forma ampla e sem poupar classe social ou credo religioso. Porém, esta não pode ser a pedra de toque para a destruição de todas as relações contratuais previamente estabelecidas.

De fato, quando for levantado o véu da quarentena imposta pelo poder público e o *lockdown* passar a fazer parte apenas de recentíssimo passado, as chagas de uma economia paralisada serão apresentadas para toda a sociedade. Aquilo que, por enquanto, os "cidadãos aquartelados" observam através das notícias econômicas será exposta perante seus olhos, em suas próprias retinas. Porém, nessa terra arrasada que, ao que parece, se desenhará, não há justificativa para exclusão das obrigações contratuais em perspectiva genérica, sob pena de efetiva destruição da engrenagem econômica e da instauração da plena insegurança jurídica.

O Jornal "O Globo" noticiou em seu *site* que a "maior franquia de McDonald's do mundo avisa que vai quebrar contrato com proprietários de imóveis alugados". Relata o repórter Anselmo Gois que a empresa encaminhou comunicado aos proprietários dos terrenos onde se encontram instaladas suas franquias que não haverá o pagamento dos aluguéis, nem mesmo o padrão mínimo. Trata-se, ao que parece, a partir da leitura, de uma conduta unilateral, que tem como justificativa a suposta redução de capacidade econômica decorrente da pandemia da COVID-19[14].

---

13. CIVIL. CONTRATO DE PROMESSA DE COMPRA E VENDA DE IMÓVEL. AÇÃO INDENIZATÓRIA. ATRASO NA ENTREGA DA OBRA. CONFIGURADO. EXCESSO DE CHUVA. CASO FORTUITO. NÃO CONFIGURADO. RECURSO CONHECIDO E IMPROVIDO. I – A alegação de excesso de chuvas não é suficiente para isentar a responsabilidade da empresa pelo risco do negócio. Sendo necessárias provas concretas do alegado caso fortuito e dos motivos que deram azo a mora. II – O evento chuva abordado na demanda, apesar de existente, não figura como caso fortuito, já que não se fez prova de que as chuvas seriam extraordinárias e nem que teriam gerado efeitos imprevisíveis, impossíveis de evitar ou impedir, nos termos do art. 393, parágrafo único, do Código Civil. III – Recurso conhecido e improvido. (TJ-AM – APL: 06116314720138040001 AM 0611631-47.2013.8.04.0001, Relator: Nélia Caminha Jorge, Data de Julgamento: 15/08/2016, Terceira Câmara Cível, Data de Publicação: 15/08/2016).

14. O GLOBO. *Maior franquia de Mc Donald's do mundo avisa que vai quebrar contrato com proprietários de imóveis alugados*. Disponível em: <https://blogs.oglobo.globo.com/ancelmo/post/maior-franquia-de-mcdonalds-do-mundo-avisa-que-vai-quebrar-contrato-com-proprietarios-de-imoveis-alugados.html>; acessado em 02 abril 2020.

Anteriormente à esta notícia, já circulava nos grupos de *whatsapp* outras informações de inadimplemento por parte de obrigações previamente assumidas e já vencidas, lastrando tal posicionamento a partir do evento Corona Vírus. As informações chegam das mais diversas áreas de comércio indo desde grandes escritórios de advocacia de São Paulo à restaurantes em João Pessoa. Todos os Estados mostram exemplos de contratos que estão ruindo por conta desse acontecimento genérico.

Nestes casos exemplificativos, algumas questões vêm à mente. Será que seria possível se falar em queda tão vertiginosa da capitação econômica a ponto de resultar na incapacidade total de adimplir com custos já contratados e serviços já prestados? Será que este período de *lockdown* que ainda não contornou um mês de existência já foi um golpe profundo a ponto de impor a possibilidade de se relegar ao credor do contrato o prejuízo que ele não esperava?

Lembrando a decisão outrora mencionada do Min. Luis Felipe Salomão, o risco do negócio não poderá ser suscitado como caso fortuito. Portanto, retirando a situação da COVID-19, o cenário desenhado referente à queda de faturamento, certamente seria alocado no "risco do negócio", o que impõe, para as empresas cautelosas, a manutenção de um fundo emergencial para honrar os contratos celebrados. Portanto, onde estaria o volume econômico de reserva neste momento?

Acontece que, apesar do horizonte não mostrar o céu de brigadeiro, deve-se lembrar que a abstração não pode ser lançada mão neste momento. Antes de alegar a ocorrência do caso fortuito para não cumprir o contrato, e com isso, pegar – pois, na realidade é isso que está acontecendo – o credor de surpresa, deve-se demonstrar como e em qual amplitude a COVID-19 afetou a relação contratual em específico. Esconder-se na pandemia transparece ser um ato muito cômodo para o devedor; uma rasteira dada ao credor que não terá como se manter em pé e arcará com prejuízo de um serviço ou de um produto já fornecido.

Em escrito específico sobre o tema, Anderson Schreiber já chamava atenção para a necessidade de sopesamento quanto a utilização desta linha argumentativa. Em comunhão com o quanto descrito no curso deste ensaio, afirma o autor que "não se pode classificar acontecimentos – nem aqueles gravíssimos, como uma pandemia – de forma teórica e genérica para, de uma tacada só, declarar que, pronto, de agora em diante, todos os contratos podem ser extintos ou devem ser revistos."[15] Com isso, não se quer negar a gravidade da pandemia, mas, antes de tudo, se deseja preservar a boa-fé das relações contratuais, evitando-se que uma das partes saia, ainda mais, destruída, diante de uma situação tão excepcional.

Da mesma forma, Carlos Eduardo Pianovski afirma que a análise da casuística será de fundamental importância para a utilização do evento COVID-19 como justificativa para o caso fortuito ou da força maior. "Assim como as revisões contratuais serão, por certo, mais frequentes do que em tempos de normalidade social e econômica, haverá

---

15. SCHREIBER, Anderson. *Devagar com o andor: coronavírus e contratos – Importância da boa-fé e do dever de renegociar antes de cogitar de qualquer medida terminativa ou revisional*. Disponível em: <https://www.migalhas.com.br/coluna/migalhas-contratuais/322357/devagar-com-o-andor-coronavirus-e-contratos-importancia-da-boa-fe-e-do-dever--de-renegociar-antes-de-cogitar-de-qualquer-medida-terminativa-ou-revisional>; acessado em 02 abril 2020.

contratos que, mesmo com elevada repercussão na equação econômico-financeira, não poderão ser revisados, pois os efeitos concretos do evento pandemia integrarão o âmbito dos riscos normais do negócio (não se tratando, pois, de efeito extraordinário sobre a avença, a despeito do fato extraordinário da própria pandemia)."[16]

5. CONCLUSÃO

Os reflexos econômicos que se experimentam na medida em que a quarentena se desenvolve podem ser resumidos – diante de uma perspectiva simplória – em três vertentes: a) aqueles contratantes que não possuem mais condições de arcar com o quanto acordado; b) aqueles que possuem viabilidade para cumprir o quanto acordado, porém preferem manter reserva para um futuro incerto; c) os que detém plena capacidade de adimplemento. A necessidade de identificação de caso a caso das consequências do evento Coronavírus é exatamente uma conduta necessária para o julgador separar o joio do trigo, ou seja, identificar especificamente em quais destas situações o pleiteante ao rompimento do contrato se encontra.

Acredita-se que apenas aqueles primeiros podem ser alcançados pelo real contorno do caso fortuito e da força maior. Deve-se lembrar, antes de mais nada, que estabelece o art. 422 do Código Civil que a boa-fé deve ser o princípio norteador do contrato, tanto na sua conclusão quanto na sua execução[17]-[18]. A mera alegação de impossibilidade decorrente da COVID-19 ataca de frente este preceito, pois nele encontra-se, dentre seus diversos feixes, o dever de lealdade como um dos pilares de sustentação dos denominados deveres anexos do contrato.

Lembram Cristiano Chaves e Nelson Rosenvald que é nas obrigações duradouras que se encontra o caráter integrativo da boa-fé, haja vista a situação de confiança criada pelo credor no cumprimento futuro da obrigação. "A integração do conteúdo contratual

---

16. PIANOVSKI. Carlos Eduardo. *A força obrigatória dos contratos nos tempos do coronavírus.* Disponível em:<https://www.migalhas.com.br/coluna/migalhas-contratuais/322653/a-forca-obrigatoria-dos-contratos-nos-tempos-do-coronavirus>; acessado em 02 abril 2020.
17. Não se pode esquecer que a boa-fé envolve todas as relações contratuais, inclusive a pré-contratual e a pós contratual, conforme, inclusive jurisprudência pacífica do STJ: "A responsabilidade pré-contratual não decorre do fato de a tratativa ter sido rompida e o contrato não ter sido concluído, mas do fato de uma das partes ter gerado à outra, além da expectativa legítima de que o contrato seria concluído, efetivo prejuízo material. 4. As instâncias de origem, soberanas na análise das circunstâncias fáticas da causa, reconheceram que houve o consentimento prévio mútuo, a afronta à boa-fé objetiva com o rompimento ilegítimo das tratativas, o prejuízo e a relação de causalidade entre a ruptura das tratativas e o dano sofrido." (REsp 1051065/AM, Rel. Ministro RICARDO VILLAS BÔAS CUEVA, TERCEIRA TURMA, julgado em 21/02/2013, DJe 27/02/2013).
18. Ainda sobre a questão referente a incidência da boa-fé nos contratos, o STJ entende, quanto ao contrato de plano de saúde que: "não é possível à Seguradora a rescisão unilateral do contrato de seguro de vida em grupo, ao fundamento de desequilíbrio atuarial, na hipótese em que o vínculo contratual restou sucessivamente renovado por longo lapso temporal e que a nova proposta implica condições prejudiciais aos Segurados, pois a longa duração do contrato gerou uma legítima expectativa de que o contrato não seria cancelado, tampouco reajustado excessivamente de forma atípica, aplicando-se, portanto, a vedação ao venire contra factum proprium, princípio pautado na boa-fé, segundo o qual a ninguém é lícito fazer valer um direito em contradição com sua anterior conduta, quando essa conduta interpretada objetivamente segundo a lei, os bons costumes ou a boa-fé, justifica a conclusão de que não se fará valer o direito, ou quando o exercício posterior choque contra a lei, os bons costumes ou a boa-fé." (REsp 880.605/RN, Rel. Ministro LUIS FELIPE SALOMÃO, Rel. p/ Acórdão Ministro MASSAMI UYEDA, SEGUNDA SEÇÃO, julgado em 13/06/2012, DJe 17/09/2012).

pela boa-fé respeitará a *"ética da situação"*. Haverá constante mutação dos deveres de conduta no tempo e no espaço, pois sua concretização respeitará o sentido do contrato conforme aferição casuística dos fins comuns."[19]

Portanto, mesmo entendendo a gravidade estampada pela pandemia vivenciada neste momento histórico não há como aquiescer com a postura que ameaça a eclodir no seio social. O efeito manada no sentido de destruir aquilo que já havia sido contratado com o simplório argumento de que o evento COVID-19 trouxe instabilidade econômica em abstrato aos negócios é desprovido de qualquer lastro justificador. Por trás, ao que transparece, está a tentativa de alguns de eximir-se de obrigações que estão dentro de sua capacidade de cumprimento, mesmo diante deste evento, ferindo o quanto previsto no art. 422 do Código Civil.

Vale, por fim, uma pequena advertência. Utilizando-se os ensinamentos de Flávio Tartuce, não custa nada lembrar que "a quebra ou desrespeito à boa-fé objetiva conduz ao caminho sem volta da responsabilidade independentemente de culpa"[20] Isso significa dizer que, sob uma perspectiva imediatista, a manobra poderá até ser útil, mas os resultados oriundos de uma decisão judicial possuem forte tendência de deter uma gravidade muito maior do que a que se pensa neste primeiro momento ao devedor demandante do rompimento contratual pela incidência do caso fortuito e da força maior em decorrência da COVID-19.

6. REFERÊNCIAS

BRASIL, Agência. *Governo diminui para 0,02% previsão de crescimento do PIB neste ano Governo diminui para 0,02% previsão de crescimento do PIB neste ano*. <Disponível em: <https://agenciabrasil.ebc.com.br/economia/noticia/2020-03/governo-diminui-para-002-previsao-de-crescimento-do-pib-neste--ano>; acessado em 02 abril 2020.

CHADE, Jamil. *PIB brasileiro sofrerá contração em 2020, alerta ONU*. Disponível em: < https://noticias.uol.com.br/colunas/jamil-chade/2020/04/02/pandemia-levara-brasil-a-uma-recessao-em-2020-alerta-onu.htm>; acessado em 03 abril 2020.

FARIAS, Cristiano Chaves de; ROSENVALD, Nelson. *Curso de Direito Civil. Contratos. Teoria Geral e Contratos em Espécie*. Vol 4. 9 ed. JusPodivm: Salvador, 2019.

MIRAGEM, Bruno. Direito civil: direito das obrigações. São Paulo: Saraiva, 2017.

O GLOBO. *Maior franquia de Mc Donald's do mundo avisa que vai quebrar contrato com proprietários de imóveis alugados*. Disponível em: <https://blogs.oglobo.globo.com/ancelmo/post/maior-franquia--de-mcdonalds-do-mundo-avisa-que-vai-quebrar-contrato-com-proprietarios-de-imoveis-alugados.html>; acessado em 02 abril 2020.

PIANOVSKI. Carlos Eduardo. *A força obrigatória dos contratos nos tempos do coronavírus*. Disponível em:<https://www.migalhas.com.br/coluna/migalhas-contratuais/322653/a-forca-obrigatoria-dos--contratos-nos-tempos-do-coronavirus>; acessado em 02 abril 2020

---

19. FARIAS, Cristiano Chaves de; ROSENVALD, Nelson. *Curso de Direito Civil. Contratos. Teoria Geral e Contratos em Espécie*. Vol 4. 9 ed. JusPodium: Salvador, 2019, p. 197.
20. TARTUCE, Flávio. *Direito Civil. Teoria Geral dos Contratos e Contratos em Espécie*. Vol 3. 15 ed. atual. rev. ampl. São Paulo: Gen Editora, 2020, p. 119.

R7. *Venda em supermercado sobe 18,6% e turismo cai 28,5% por covid-19*. Disponível em: <https://noticias.r7.com/economia/venda-em-supermercado-sobe-186-e-turismo-cai-285-por-covid-19-15032020>; acessado em: 02 abril 2020.

SÃO PAULO, Folha. *JPMorgan e Goldman Sachs projetam profunda retração e PIB brasileiro na casa de -1% neste ano*. Disponível em: < https://www1.folha.uol.com.br/mercado/2020/03/jpmorgan-e-goldman-sachs-projetam-queda-do-pib-do-brasil-em-2020.shtml>; acessado em 02 abril 2020.

SCHREIBER, Anderson. *Devagar com o andor: coronavírus e contratos – Importância da boa-fé e do dever de renegociar antes de cogitar de qualquer medida terminativa ou revisional*. Disponível em: <https://www.migalhas.com.br/coluna/migalhas-contratuais/322357/devagar-com-o-andor-coronavirus-e-contratos-importancia-da-boa-fe-e-do-dever-de-renegociar-antes-de-cogitar-de-qualquer-medida-terminativa-ou-revisional>; acessado em 02 abril 2020.

STJ. SUPERIOR TRIBUNAL DE JUSTIÇA. Disponível em: < https://www.stj.jus.br>; acessado em 02 abril 2020.

TARTUCE, Flávio. *Direito Civil. Teoria Geral dos Contratos e Contratos em Espécie*. Vol 3. 15 ed. atual. rev. ampl. São Paulo: Gen. Editora, 2020.

TJAM. TRIBUNAL DE JUSTIÇA DO ESTADO DO AMAZONAS. Disponível em: < https://www.tjam.jus.br>; acessado em 02 abril 2020.

VIANA, Marco Aurélio S. *Curso de Direito Civil: direito das obrigações*. Rio de Janeiro: Forense, 2007.

Parte II
RESPONSABILIDADE EXTRACONTRATUAL

EM BUSCA DAS VIRTUDES PERDIDAS EM TEMPOS DE PANDEMIA: REFLEXOS JURÍDICO E ÉTICO NO DISTANCIAMENTO SOCIAL, CONFINAMENTO E QUARENTENA DOMICILIAR

Eduardo Dantas

Advogado, inscrito nas Ordens do Brasil e de Portugal; Doutorando em Direito Civil pela Universidade de Coimbra. Mestre em Direito Médico pela University of Glasgow. Bacharel em Direito pela Universidade Federal de Pernambuco. Presidente da Associação Pernambucana de Direito Médico e da Saúde. Ex-Presidente da Comissão de Direito e Saúde da OAB/PE. Vice-Presidente da Asociación Latinoamericana de Derecho Médico. Membro fundador e integrante da Comissão Diretiva da ALDIS – Associação Lusófona de Direito da Saúde. Ex Vice-Presidente e membro do Board of Governors da World Association for Medical Law. Membro da Comissão Especial de Direito Médico do Conselho Federal da Ordem dos Advogados do Brasil (Gestões 2013/2015 e 2016/2018). Coordenador pedagógico da Association de Recherche et de Formation en Droit Médical (Toulouse, França). Membro do International Advisory Board do Observatório de Direitos Humanos: Bioética, Saúde e Ambiente, da Universidade de Salerno (Itália). Membro do IBERC – Instituto Brasileiro de Estudos em Responsabilidade Civil. E-mail: eduardodantas@eduardodantas.adv.br

Rafaella Nogaroli

Assessora de Desembargador no Tribunal de Justiça do Estado do Paraná. Pós-graduanda em Direito Médico pelo Centro Universitário Curitiba (UNICURITIBA) e em Direito Aplicado pela Escola da Magistratura do Paraná (EMAP). Especialista em Direito Processual Civil pelo Instituto de Direito Romeu Felipe Bacellar. Bacharel em Direito pelo UNICURITIBA. Coordenadora do grupo de pesquisas em "Direito da Saúde e Empresas Médicas" (UNICURITIBA), ao lado do prof. Miguel Kfouri Neto. E-mail: nogaroli@gmail.com

Sumário: 1. Notas introdutórias – 2. Reflexos jurídicos no desrespeito das medidas de quarentena domiciliar e distanciamento social para enfrentamento da emergência de saúde pública – 3. Análise do estabelecimento e descumprimento das medidas de contenção da COVID-19 à luz da ética e filosofia – 4. Conclusão – 5. Referências.

1. NOTAS INTRODUTÓRIAS

O distanciamento social, o confinamento e a quarentena domiciliar têm sido decisivos para evitar o colapso dos serviços de saúde, com o aumento rápido e exponencial de infectados com a COVID-19 (doença causada pelo novo coronavírus, variante SARS-CoV-2). Ao redor do mundo, já são mais de um milhão e seiscentos mil pessoas contaminadas nos últimos quatro meses e mais de cento e vinte mil casos fatais.[1] Uma das principais maneiras de transmissão do vírus se dá quando a pessoa contaminada espirra ou tosse, liberando gotículas com o agente patogênico, sendo que estas permanecem por um período no ar ou, ainda, recaem sobre superfícies, e ativas – a depender do local, por horas ou dias.

No Brasil, para se conseguir achatar a curva de infecção, governos de vários Estados têm tomado diversas medidas, como decretos que determinam a suspensão das atividades econômicas e de comércio com grande circulação de pessoas, dentre elas, instituições de ensino, restaurantes, bares, shopping centers, academias etc. Apenas os serviços considerados essenciais continuam em funcionamento, seguindo protocolos de segurança. A população também tem sido alertada para a necessidade de reclusão, como forma de conter o avanço da curva de disseminação no gráfico epidemiológico. Contudo, muito se tem discutido sobre o descumprimento do distanciamento, confinamento e quarentena, bem como os efeitos jurídicos dessas condutas. Diante disso, o presente artigo busca indicar as suas possíveis repercussões em âmbito penal e cível.

Além disso, há aqui uma necessária interseção entre os aspectos jurídicos e as questões éticas que se levantam, a partir da discussão sobre o cumprimento de tais medidas, uma vez que envolvem não somente o dano em si, mas a tentativa de evitá-lo a partir da adoção de comportamentos preventivos e de precaução, estando tais condutas fora do âmbito da responsabilidade propriamente dita, sendo, por isso, necessário o enfrentamento do tema numa perspectiva mais ampla, filosófica mesmo, para que se possa compreender de maneira mais adequada a amplitude, a justificativa, e os efeitos decorrentes da implementação de tais medidas.

2. REFLEXOS JURÍDICOS NO DESRESPEITO DAS MEDIDAS DE QUARENTENA DOMICILIAR E DISTANCIAMENTO SOCIAL PARA ENFRENTAMENTO DA EMERGÊNCIA DE SAÚDE PÚBLICA

Inicialmente, é imprescindível observar a distinção entre isolamento, quarentena domiciliar e distanciamento social. O isolamento refere-se à separação dos indivíduos contaminados, a fim de evitar a contaminação ou a propagação da COVID-19. Por outro lado, a quarentena diz respeito à restrição de atividades ou separação de pessoas suspeitas de contaminação, daquelas pessoas que estiveram em contato com alguém contaminado, no mesmo objetivo de evitar possível contaminação ou propagação da doença. O distanciamento social, por sua vez, são as medidas de contenção e prevenção de contato entre pessoas, reduzindo-os ao mínimo e imprescindível, mantendo-se apenas aqueles relativos ao mesmo agrupamento familiar em uma mesma habitação, ou interações sociais inadiáveis e inevitáveis, durante determinado período de tempo, como forma de se "quebrar" a cadeia de contágio.

Indo de forma contrária a bem sucedida experiência de outros países, no que diz respeito ao isolamento, quarentena e distanciamento social, que auxiliou na desaceleração do contágio em diversos países, ocorreu recente manifestação presidencial no sentido de

---

1. Dados extraídos em 10 de abril de 2020 do mapa criado pela Microsoft, que mostra, em tempo real, os números oficiais de casos de coronavírus confirmados no Brasil e no mundo: https://bing.com/covid.

implantar o isolamento vertical, ou seja, as medidas de reclusão deveriam ser aplicadas apenas para os grupos de risco (idosos e pessoas com comorbidades preexistentes).[2] Destaque-se que esta estratégia é contrária à orientação majoritária de epidemiologistas, de entidades médicas internacionais e do próprio Ministério da Saúde. O discurso chocou boa parte dos médicos e sociedades da saúde, por dar a falsa impressão de que essas medidas de contenção social são inadequadas.

À parte os desdobramentos políticos de tal atitude – uma vez que o foco do presente comentário é jurídico – percebe-se com clareza que não existe uma fórmula pronta para o enfrentamento da pandemia. O mesmo posicionamento acima descrito foi inicialmente adotado pelo Reino Unido, sob o argumento de buscar uma "imunidade de rebanho" a partir da interação social, tendo se rendido às experiências de outros países que já estão a atravessar fases mais avançadas de combate ao novo coronavírus, e às evidências científicas depreendidas dos estudos emergenciais já realizados.

No dia 16 de março, um empresário de Brasília, com diagnóstico de COVID-19, entrou com pedido liminar na Justiça, para visitar sua esposa em UTI de hospital local. Ela foi a primeira diagnosticada no Distrito Federal com a COVID-19 e se encontrava em estado grave de saúde, mas o infectado pela doença não apresentou sintomas. Ele alegava ter permanecido em isolamento domiciliar desde o dia 07 de março, e pedia liberação judicial para sair do isolamento a partir do dia 22.[3] O juiz, após análise inicial do caso, solicitou informações à Secretaria de Saúde sobre esse pedido liminar de deixar o isolamento. Três indagações necessitavam ser respondidas: 1) durante quanto tempo o sujeito infectado pode transmitir o vírus?; 2) há necessidade de prorrogação do prazo de isolamento do paciente em questão e, em caso afirmativo, por qual período?; 3) caso o paciente já possa ser liberado, há necessidade de fixar algum tipo de restrição, no intuito de assegurar a saúde de terceiros?[4]

Destaque-se que, o Ministério da Saúde, após aprovação da Lei nº 13.979 (Lei da Quarenta), de 06.02.2020, regulamentou medidas de enfrentamento do coronavírus na Portaria nº 356, de 11.03.2020.[5] Segundo os §§ 1º e 2º, da Lei da Quarentena, o isolamento do paciente deve ser efetuado preferencialmente em domicílio – ocorrerá em hospitais, a depender do seu estado clínico – e pode ser determinado por prescrição médica ou recomendação do agente de vigilância epidemiológica. A medida pode ser adotada num prazo máximo de 14 dias, podendo ser estendida por igual período, conforme resultado laboratorial que comprove o risco de transmissão.

Desse modo, a princípio, imagina-se que o empresário, no caso supracitado, poderia ser liberado do seu isolamento, por já ter cumprido o prazo estipulado da quarentena, sem necessitar de uma medida judicial autorizativa, desde que realizado exame para

---

2. Disponível em: https://oglobo.globo.com/brasil/bolsonaro-defende-isolamento-vertical-sugere-que-pais-pode--sair-da-normalidade-democratica-24327038. Acesso em 26.03.2020.
3. Disponível em: https://g1.globo.com/df/distrito-federal/noticia/2020/03/17/coronavirus-justica-do-df-pede-informacoes-a-saude-sobre-paciente-que-quer-deixar-isolamento.ghtml. Acesso em 18.03.2020.
4. Disponível em: https://www.conjur.com.br/2020-mar-17/pge-abre-processo-paciente-foi-coronavirus-ba. Acesso em 18.03.2020.
5. Disponível em: http://www.in.gov.br/en/web/dou/-/portaria-n-356-de-11-de-marco-de-2020-247538346. Acesso em 26.03.2020.

atestar sua descontaminação. Ressalte-se, novamente, que a dúvida surgida é reflexo do inusitado da situação, uma vez que tal estágio de calamidade pública nunca havia sido experimentado pela sociedade na chamada Era Moderna, e muito menos em um mundo com tamanho grau de interconectividade e mobilidade de pessoas em escala planetária. Ou seja, as possíveis soluções não estão sendo revisitadas, mas sim construídas, à medida em que se desenvolvem os problemas e cenários, tanto epidemiológicos quanto jurídicos.

Há dois outros episódios em que facilmente se questiona as consequências jurídicas da exposição da saúde de terceiros ao perigo de contágio da COVID-19. Um empresário realizou o teste de coronavírus no hospital Albert Einstein (SP) e, mesmo após resultado positivo e orientação médica de isolamento domiciliar, viajou de São Paulo para Porto Seguro (BA), em um jatinho particular, na companhia de amigos.[6] A Procuradoria-Geral do Estado da Bahia (PGE), acatando determinação do governador, representou criminalmente contra o doente. Há também outro caso em que policiais militares, na cidade de Trancoso, foram acionados com a denúncia de que um homem se encontrava em isolamento domiciliar por conta do coronavírus, mas deixou o confinamento sem autorização. O homem foi detido e conduzido ao local onde se encontrava isolado.[7]

As atitudes dos indivíduos em ambas as situações supracitadas expõem a risco centenas de pessoas e a si mesmos, contrariando os dispositivos da Lei da Quarentena, em especial o § 4º do art. 3º, *in verbis*: "as pessoas deverão sujeitar-se ao cumprimento das medidas previstas neste artigo, e o descumprimento delas acarretará responsabilização, nos termos previstos em lei".

Essas condutas podem ser enquadradas como crimes previstos nos artigos 132 (perigo para a vida ou saúde de outrem)[8] e 268 (infração de medida sanitária preventiva)[9], ambos do Código Penal. Para enquadrar qualquer dos dois casos no tipo penal do art. 268 do CP, pelo descumprimento da quarentena ou do isolamento, a medida deve ter sido determinada na forma da Portaria nº 356 e, ainda, ser posterior à entrada em vigor desta. A portaria prevê que o médico (ou o agente de vigilância) deve informar a autoridade policial (ou o Ministério Público) sobre algum descumprimento. No dia 17.03.2020, os Ministros da Justiça e da Saúde editaram uma nova portaria,[10] que autoriza o uso de força policial para obrigar pessoas contaminadas ou suspeitas de contaminação a permanecerem em isolamento (art. 5º), sob pena de incorrer nos crimes dos artigos 268 e 330 (desobediência).[11] Quanto ao art. 132 do CP, a denúncia precisará apontar, de forma específica, quais atos praticados geraram a exposição a perigo de vida ou saúde de outrem.

---

6. Idem.
7. Idem.
8. Art. 132 do CP: "Expor a vida ou a saúde de outrem a perigo direto e iminente: Pena – detenção, de três meses a um ano, se o fato não constitui crime mais grave."
9. Art. 268 do CP: "Infringir determinação do poder público, destinada a impedir introdução ou propagação de doença contagiosa: Pena – detenção, de um mês a um ano, e multa. Parágrafo único – A pena é aumentada de um terço, se o agente é funcionário da saúde pública ou exerce a profissão de médico, farmacêutico, dentista ou enfermeiro."
10. Disponível em: http://www.in.gov.br/en/web/dou/-/portaria-interministerial-n-5-de-17-de-marco--de-2020-248410549. Acesso em 26.03.2020.
11. Art. 330 do CP: "Desobedecer a ordem legal de funcionário público: Pena – detenção, de quinze dias a seis meses, e multa."

Do tipo penal descrito no art. 132 decorrem repercussões de responsabilidade civil pelos danos patrimoniais e extrapatrimoniais eventualmente sofridos, nos termos do art. 186 do Código Civil. Para atribuição da responsabilidade aquiliana, exige-se, além do ato ilícito, dano e nexo causal, a presença do elemento subjetivo, isto é, que o ato ilícito tenha sido praticado com dolo ou com culpa. Entende-se por ato ilícito a ação ou omissão voluntária, negligente ou imprudente que violar direito e causar dano a outrem, ou, na melhor lição de Nelson Rosenvald e Felipe Braga Netto, o ilícito é "uma reação, juridicamente organizada, contra a conduta que viola valores, princípios ou regras do sistema jurídico (...) contra ações ou omissões que transgridam as referências normativas adotadas".[12]

Os eventuais prejuízos da conduta de um indivíduo que descumpre as medidas de isolamento, quarentena e distanciamento são passíveis de indenização. Pode-se inclusive pensar na indenização pelo chamado "dano social", pois o direito à saúde é comungado por todos os integrantes de uma coletividade, de modo que seriam legitimados todos os sujeitos afetados.[13] Mesmo que o dano social não esteja elencado no Código Civil, a indenização por uma conduta socialmente reprovável e geradora de danos, que piora a qualidade de vida de um grupo determinado de pessoas, decorre da cláusula geral de tutela da dignidade da pessoa humana (art. 1º, inc. III, da Constituição Federal).[14]

Além da determinação da quarentena e isolamento, as referidas lei e portaria dispõem sobre a realização compulsória de exames, tratamentos e potencial vacinação da COVID-19. A realização compulsória de exame e o isolamento domiciliar foram inclusive determinados judicialmente, em ação movida pela Procuradoria-Geral do DF, contra o marido da primeira paciente diagnosticada com a COVID-19 no estado.[15] A magistrada de Brasília, que deferiu a liminar em tutela de urgência, fixou a pena de multa de até R$ 20 mil, no caso de descumprimento do isolamento domiciliar. A cautela mostrou-se justificável, uma vez que o diagnóstico de COVID-19 do homem foi confirmado.

Diante da atual situação mundial de surto do novo coronavírus, casos similares aos supracitados podem se tornar recorrentes. É fácil entendermos a necessidade de preservação da saúde da população, diante da ameaça trazida pela COVID-19. Há quem se indague se essas restrições são juridicamente legítimas e se as medidas de isolamento, quarentena e distanciamento social, apesar de destinadas a conter a pandemia, poderiam violar o direito constitucional de liberdade de locomoção. Contudo, é preciso ter claro que vivemos tempos excepcionais, em que há um decreto de calamidade pública

---

12. ROSENVALD, Nelson; BRAGA NETTO, Felipe Peixoto. *Código Civil Comentado*: artigo por artigo. Salvador: JusPodivm, 2020, p. 273.
13. AZEVEDO, Antônio Junqueira de. Por uma nova categoria de dano na responsabilidade civil: o dano social. In: FILOMENO, José Geraldo Brito; WAGNER JÚNIOR, Luiz Guilherme da Costa; GONÇALVES, Renato Afonso (Coord.). *O Código Civil e sua Interdisciplinaridade*. Belo Horizonte: Del Rey, 2004, p. 376.
14. Destaque-se que os danos sociais já são há muito tempo admitidos por nossos tribunais. Segundo o Enunciado 456 da V Jornada de Direito Civil: "a expressão 'dano' no art. 944 abrange não só os danos individuais, materiais ou imateriais, mas também os danos sociais, difusos, coletivos e individuais homogêneos a serem reclamados pelos legitimados para propor ações coletivas"
15. Disponível: https://g1.globo.com/df/distrito-federal/noticia/2020/03/10/coronavirus-apos-determinacao-da-justica-marido-de-paciente-infectada-passa-por-exames-no-df.ghtml. Acesso em 18.03.2020.

e, dada a excepcionalidade atual, cabe ao Estado proteger o direito coletivo da sociedade à saúde pública.

Tem-se, portanto, o seguinte quadro: a ameaça à saúde pública é real, e o enfrentamento se dá em um nível de coordenação internacional nunca antes presenciado na história humana. São tempos extraordinários, que requerem medidas extraordinárias. Tais medidas – de ordem majoritariamente médicas, epidemiológicas – necessitam de um arcabouço jurídico que lhes dê suporte, uma vez que interferem, modificam, e interrompem os principais alicerces socioeconômicos que norteiam a convivência humana, tanto em nível macroeconômico, quanto em nível indissociavelmente ligado às liberdades individuais, impondo medidas de restrição de circulação de pessoas, direito de reuniões, transportes urbanos, interurbanos, interestaduais e internacionais, fechamento de fronteiras entre países, e mesmo aplicação de multas e privação de liberdade àqueles que se recusarem à colaboração.

3. ANÁLISE DO ESTABELECIMENTO E DESCUMPRIMENTO DAS MEDIDAS DE CONTENÇÃO DA COVID-19 À LUZ DA ÉTICA E FILOSOFIA

A pandemia da COVID-19 envolve inúmeras questões de filosofia e ética, tanto quanto de medicina, economia e direito. O fundamento para respeito às medidas de quarentema domiciliar e distanciamento social, a fim de conter a disseminação exponencial do novo coronavírus vai além da necessidade de cumprimento de normas jurídicas.

Sem pretensão de esgotar a discussão, buscamos amparo em alguns dos recursos conceituais e argumentativos que renomados filósofos – especialmente Philippa Foot, com o "Dilema do Bonde", e Alasdair MacIntyre, no resgate da ética aristotélica das virtudes, em face do atomismo e da fragmentação do indivíduo na modernidade – podem nos fornecer e auxiliar nas respostas as seguintes indagações: por que devem ser suspensas atividades empresariais não essenciais em tempos de pandemia, deixando alguns trabalhadores desempregados e colocando em risco a manutenção de empresas? E, ainda, se uma pessoa não está no grupo de risco da COVID-19, por que ela deve ser privada de estar com seus amigos e familiares, permanecendo em quarentena domiciliar e distanciamento social?

O primeiro dilema moral levantado guarda íntima relação com o clássico experimento filosófico conhecido como "Dilema do Bonde" (*Trolley Problem*).[16] Introduzido em 1967 por Philippa Foot – e, mais recentemente, estudado pelos filósofos Judith Jarvis Thomson e Peter Unger, a discussão ilumina o cenário das intuições morais, os padrões peculiares e às vezes surpreendentes de como dividimos o certo do errado, revelando se devemos tomar uma ação deliberada e positiva que, certamente, prejudicará alguém, a fim de reduzir o dano a outras pessoas.

O clássico experimento filosófico tem a seguinte narrativa: imagine-se um bonde que está fora de controle, sem freios, em uma linha de trem onde estão amarradas cinco

---

16. GREENE, Joshua D. *Solving the Trolley Problem*. In: SYTSMA, Justin; BUCKWALTER, Wesley. *A Companion to Experimental Philosophy*. Nova Jersey: John Wiley & Sons, Inc., 2016, p. 173-189.

pessoas no chão. É possível que você, maquinista, aperte um botão e redirecione o seu curso, mas isso implica em atropelar e matar uma única pessoa que se encontra amarrada no percurso do outro trilho. Dois caminhos possíveis, mas ambos levam a vítimas inevitáveis. Destaca-se, nesta situação, uma tensão fundamental entre duas escolas de pensamento moral.[17] A perspectiva utilitarista de Jeremy Bentham determina que a ação mais apropriada é a que alcança o maior bem para o maior número de indivíduos. Por outro lado, a teoria ética kantiana afirma que certas ações – como matar uma pessoa inocente – estão erradas, mesmo que tenham boas consequências.[18] Isso, porque a eticidade de um ato deve se refletir em uma lei universal, trazendo consequências aceitáveis para o todo. Em linhas bem gerais, Bentham diria que você deve sacrificar um indivíduo para salvar cinco, enquanto Kant discorda, dizendo que esse sacrifício não é aceitável, por utilizar uma pessoa como um meio para atingir um fim.[19]

Certamente, podemos dizer que, neste século, o "Dilema do Bonde" é representado pelas difíceis decisões a serem tomadas durante a pandemia da COVID-19. Com a rápida velocidade de propagação da doença e inevitável contágio, os governos, ao redor do mundo, precisam fazer escolhas com consequências potencialmente graves e trágicas, sem terem tempo para maiores reflexões. Por um lado, buscam-se medidas de quarentena e distanciamento social para achatar a curva de infecções por COVID-19, no objetivo de mitigar os enormes danos à saúde de milhões de pessoas e as milhares de mortes, além de evitar o iminente colapso dos sistemas de saúde. Já de outro lado, temos a realidade de uma grave recessão econômica, em que muitas empresas serão fechadas e inúmeros trabalhadores estarão desempregados, levando-os à situação de fome e miserabilidade. Para contornar esta dramática situação, pode-se pensar na iniciativa governamental brasileira de oferecer um auxílio financeiro e cestas básicas aos que se encontrem nesta situação.

A mesma iniciativa vem sendo adotada em países como os Estados Unidos da América e a Inglaterra, que passaram a enviar auxílios financeiros emergenciais aos cidadãos que, forçados a ficar em casa, viram-se abruptamente desprovidos de qualquer possibilidade de continuar gerando renda e receita para o cumprimento das mais básicas de suas necessidades de alimentação e moradia. No Brasil, o drama social é agravado pelos altos e históricos índices de desigualdade e informalidade na economia, havendo milhares de trabalhadores informais, ambulantes, autônomos, não registrados e atuando à margem das estatísticas oficiais, que também passaram a necessitar de um auxílio emergencial em virtude da paralisação quase completa da atividade comercial como forma de contenção da velocidade de contágio da COVID-19.

Longe de termos a intenção de propor uma solução a esse difícil dilema ético e moral vivenciado na atual pandemia, o nosso intuito é demonstrar a inevitabilidade de um expressivo número de infectados e mortos pela COVID-19, independentemente das decisões governamentais quanto a que "linha do trem" seguirão seu percurso.

---

17. SANDEL, Michael J. *Justiça*: o que é fazer a coisa certa. Trad. Heloísa Matias e Maria Alice Máximo. Rio de Janeiro: Civilização Brasileira, 2015. Ebook.
18. Idem.
19. Idem.

Contudo, há um importante papel que cada pessoa, individualmente considerada, pode fazer de maneira virtuosa, para minimizar esses danos, o que nos leva ao segundo momento de análise filosófica de toda a problemática, com base nas lições de Alasdair MacIntyre.[20] O filósofo britânico propõe um retorno à tradição das virtudes de Aristóteles, ressurgindo o debate sobre "o ambiente comunitário propício para o exercício das virtudes e consequentemente para o fomento da vida boa para o ser humano". Sob a ótica do presente artigo, compreendemos que o mesmo diagnóstico feito por MacIntyre em relação à moralidade na modernidade é válido para as atuais reflexões sobre as atitudes individuais daqueles que descumprem as medidas de enfrentamento – quarentena domiciliar, confinamento e distanciamento social – no combate a COVID-19.

Para solucionar as desordens morais geradas pela modernidade e o esquecimento do proclamado princípio da solidariedade insculpido nos dizeres *Liberté, Egalité, Fraternité*, da Revolução Francesa, Alasdair MacIntyre propõe uma saída desse quadro caótico, a partir do resgate da ética aristotélica das virtudes. O conceito de virtude apresentado pelo filósofo é complexo e se baseia em três estágios: práticas, unidade narrativa da vida humana e tradição.[21] Em última instância e de forma sintética, é possível resumir que a busca por uma sociedade virtuosa em Alasdair MacIntyre envolve a procura por um bem que está além do aspecto individual. Nesse sentido, para investigar o que é o "bem comum", deve-se perguntar o que existe "de comum" na resposta, ou seja, o que é o "bem pra mim". Nesse exercício, encontra-se a busca por um bem que está além de práticas particularizadas.[22]

Desta feita, em tempos de COVID-19, para além das pretensões individuais, deve-se olhar para o todo, envolvendo o corpo social, de modo a verificar que as medidas acima citadas estão imbrincadas com o bem comum, a ser perseguido por todos os membros sociedade. Ademais, só existirá uma sociedade virtuosa quando todos compartilharem padrões de excelência de forma mútua e que possibilitarão uma recompensa comunitária envolvendo todos os participantes, qual seja, a proteção da vida, saúde e bem-estar de todos. Do contrário, os membros da sociedade se encaixarão no que Alasdair MacIntyre chama de "esteta", aquele que se preocupa apenas com o próprio prazer e interesse, manipulando os demais para alcançar esse fim.[23]

Vivemos tempos em que se nota o enfraquecimento da noção de coletividade e, ao que nos parece, a comunidade global estabelece seus alicerces ainda no primeiro estágio de uma sociedade virtuosa. Parar – ainda que de maneira forçada e compulsória e em escala global – o comércio, o deslocamento de pessoas, e a maneira errática e imediatista com que a vida chamada moderna se desenvolvia até então, é um convite para repensar relações humanas, de produção e até familiares, levando à certeza de que, parafrasean-

---

20. MACINTYRE, Alasdair. *Ethics in the conflicts of modernity*. An essay on desire, practical reasoning and narrative. Cambridge University Press: Cambridge, 2016.
21. Para estudos mais detalhados, cf.: BONNA, Alexandre Pereira; LEAL, Pastora do Socorro Teixeira. A responsabilidade civil como instrumento ético no plano interno e internacional de direitos humanos uma abordagem macintyriana. *Revista Brasileira de Estudos Políticos*, Belo Horizonte, n. 115, jul./dez. 2017, pp. 47-79.
22. MACINTYRE, Alasdair. *After virtue*: a study in moral theory. 3. ed. Notre Dame: University of Notre Dame Press, 1981, p.219.
23. Ibidem, p. 54.

do conhecida canção de Renato Russo, "o futuro não é mais como era antigamente". Ao mesmo tempo em que o crescimento populacional e o fenômeno da concentração urbana ocorrem, as pessoas se tornam mais individualistas, vivendo em "bolhas" ou em comunidades extremamente segmentadas, em que o relacionamento interpessoal é digital, em detrimento dos encontros presenciais.

O indivíduo liberal moderno é desprovido de um senso comunitário, ou seja, ele não compreende seus deveres, obrigações e o seu papel social. A falta deste compasso moral pode gerar comportamentos absolutamente destoantes, em tempos de distanciamento social forçado: tanto atitudes de solidariedade e acolhimento, com ações sociais sendo realidades por estranhos, em prol de pessoas em situação de vulnerabilidade e igualmente desconhecidas, como atitudes de rebeldia e descumprimento das normas de segurança estabelecidas com finalidades fúteis, ou mesmo criminosas, como nos casos relatados amiúde pela imprensa, em que pessoas com suspeita de já serem portadoras da infecção buscarem deliberadamente contaminar com sua própria saliva superfícies de contato em transportes públicos, caixas eletrônicos e outras áreas e equipamentos de grande utilização.

Portanto, após breve análise de alguns conceitos éticos e filosóficos, concluímos que não é possível aqui falarmos em conflito de direitos e ofensa a liberdades individuais, em virtude da excepcionalidade justificada das medidas de quarentena domiciliar, distanciamento social e confinamento, que têm um primordial objetivo a ser perseguido em prol de toda a comunidade. Além disso, os cidadãos virtuosos devem respeitar essas medidas impostas, pois o direito da coletividade e o bem comum se impõem aos direitos individuais e interesses econômicos, motivo pelo qual é moralmente aceitável que a recusa em cumprir as normas e se adequar às regras possam gerar consequências tanto de caráter civil quanto penal.

4. CONCLUSÃO

As crises sempre trazem importantes lições. Os seres humanos dependem necessariamente uns dos outros, especialmente neste momento crítico global, de emergência da saúde pública. Como dizia o poeta inglês John Donne, no séc. XVII, "nenhum homem é uma ilha, isolado em si mesmo; todos são parte do continente, uma parte de um todo". De fato, nenhum continente está livre do coronavírus (COVID-19). Nosso olhar individualista deve ser substituído por solidariedade e empatia. Precisamos nos resguardar, isolar-nos em nossas residências, a fim de achatar a curva de contágio, desacelerando o ritmo geométrico de contaminação.

Estamos diante de um período de indefinição, sem saber ao certo quão grave será o impacto dessa pandemia na nossa sociedade. A experiência do confinamento coletivo, por inusitada, levanta dúvidas sobre o alcance de sua eficácia e dos seus efeitos em saúde, econômicos, psicológicos e jurídicos. As respostas serão construídas ao longo do tempo. As perguntas corretas, inclusive, poderão ser formuladas até mesmo depois de suas respostas. Contudo, não se pode ceder ao pânico, mas sim compreender o papel individual, de serenidade e resiliência, adotando a prudência em seu mais amplo aspecto, para evitar o colapso dos serviços de saúde, que como se percebe a partir das situações enfrentadas atualmente e em especial por Estados Unidos, Inglaterra, Itália e Espanha, é um quadro que não pode ser descartado.

Não se pode olvidar que a crise em questão é essencialmente humana, em todos os seus dramas e nuances. Há uma disrupção que afeta não apenas um indivíduo em sua saúde e seus medos, mas toda a sociedade em escala mundial e um modelo de vida que é, ao mesmo tempo, vítima e algoz da pandemia. E a tarefa de analisar tal fenômeno, especialmente enquanto o mesmo se desenvolve, se realizada apenas sob o prisma jurídico, está fadada ao insucesso. Não há como separar esta visão de um olhar que envolva também a moral, a ética e a filosofia inerentes à condição humana.

A desordem moral na modernidade, longe de ser o fim, pode se transformar em um elemento de construção, no alicerce estrutural de um modelo ainda desconhecido, mas necessário. É tempo de travessia, de mudança de paradigmas coletivos. Tempo de navegar em busca das virtudes perdidas em tempos de pandemia. Afinal, navegar (ainda) é preciso.

5. REFERÊNCIAS

AZEVEDO, Antônio Junqueira de. Por uma nova categoria de dano na responsabilidade civil: o dano social. In: FILOMENO, José Geraldo Brito; WAGNER JÚNIOR, Luiz Guilherme da Costa; GONÇALVES, Renato Afonso (Coord.). *O Código Civil e sua Interdisciplinaridade*. Belo Horizonte: Del Rey, 2004, p. 376.

BONNA, Alexandre Pereira; LEAL, Pastora do Socorro Teixeira. A responsabilidade civil como instrumento ético no plano interno e internacional de direitos humanos uma abordagem macintyriana. *Revista Brasileira de Estudos Políticos*, Belo Horizonte, n. 115, jul./dez. 2017, pp. 47-79.

GREENE, Joshua D. Solving the Trolley Problem. In: SYTSMA, Justin; BUCKWALTER, Wesley. *A Companion to Experimental Philosophy*. Nova Jersey: John Wiley & Sons, Inc., 2016, p. 173-189.

MACINTYRE, Alasdair. *After virtue*: a study in moral theory. 3. ed. Notre Dame: University of Notre Dame Press, 1981.

MACINTYRE, Alasdair. Ethics in the conflicts of modernity. An essay on desire, practical reasoning and narrative. Cambridge University Press: Cambridge, 2016.

ROSENVALD, Nelson; BRAGA NETTO, Felipe Peixoto. *Código Civil Comentado*: artigo por artigo. Salvador: JusPodivm, 2020.

SANDEL, Michael J. *Justiça*: o que é fazer a coisa certa. Trad. Heloísa Matias e Maria Alice Máximo. Rio de Janeiro: Civilização Brasileira, 2015. Ebook.

DIREITO PENAL EM TEMPOS DE CORONAVÍRUS

Alexandre Salim

Promotor de Justiça no Rio Grande do Sul. Doutor em Direito pela Universidade de Roma Tre. Mestre em Direito pela Universidade do Oeste de Santa Catarina. Especialista em Teoria Geral do Processo pela Universidade de Caxias do Sul. Professor de Direito e Processo Penal na FESMPMG (Escola Superior do Ministério Público de Minas Gerais), na ESMAFE (Escola da Magistratura Federal do Rio Grande do Sul) e na EBRADI (Escola Brasileira de Direito), bem como nos cursos Saraiva Aprova, Verbo Jurídico, CP Iuris, Direção Concursos e Supremo. Instagram: @profalexandresalim.

Sumário: 1. Introdução – 2. Incidência: 2.1 Infração de medida sanitária preventiva e desobediência; 2.2 Perigo de contágio de moléstia grave; 2.3 Lesão corporal; 2.4 Omissão de notificação de doença; 2.5 Crime contra a economia popular; 2.6 Falsificação, corrupção, adulteração ou alteração de produto destinado a fins terapêuticos ou medicinais; 2.7 Charlatanismo – 3. Consequência: 3.1 Transação penal; 3.2 Acordo de não persecução penal; 3.3 Ação penal e efeitos da condenação: 3.3.1 Obrigação de reparar o dano; 3.3.2 Mínimo indenizatório a constar na sentença condenatória – 4. Conclusão – 5. Referências.

1. INTRODUÇÃO

As transformações experimentadas pela quase totalidade dos habitantes do planeta fazem com que o presente momento seja definido como "crise". Fim das visitas, *home office*, reuniões por videoconferência, viagens canceladas, buscas por álcool gel e máscaras, cancelamento de audiências judiciais, suspensão de prazos processuais, atendimentos às partes de forma exclusivamente virtual. O risco de contágio pelo coronavírus revelou a descrença em certos dogmas absolutos e a paradoxal certeza na inevitável transição.

As teses sobre a origem do coronavírus – se resultado de uma evolução natural, experiência de engenharia genética ou mesmo produção de arma biológica em laboratório – trazem à tona o debate sobre riscos antigos (fome, epidemias, catástrofes) e riscos novos, reflexos de decisões que buscam vantagens tecno-econômicas e aceitam desastres como o lado obscuro do progresso. Em *Sociedade de Risco*, o sociólogo alemão Ulrich Beck refere que somos testemunhas (sujeito e objeto) de uma fratura dentro da modernidade, a qual se desprende dos contornos da sociedade industrial clássica e embala uma nova figura: a da sociedade industrial de risco. Para o autor, o risco traz diversas consequências não desejadas da modernização radicalizada, apresentando uma parte real, correspondente aos danos já concretizados, e uma parte irreal, corresponde ao impulso social que reside na proteção de ameaças para o futuro.[1]

---

1. BECK, Ulrich. *La sociedad del riesgo: hacia una nova modernidad*. México: Paidós, 1998. p. 39.

No âmbito do Direito, a produção de riscos na atualidade implica uma rediscussão sobre questões relacionadas à prova, à causalidade e à própria imputabilidade. Se por um lado o perigo em escala mundial dificulta a produção de provas individuais, por outro a irresponsabilidade organizada de destruições pode levar ao fim. Trazendo a discussão para a esfera do Direito Penal, verifica-se que o momento atual produz um resultado que já é por demais conhecido: a crise gera insegurança, e a insegurança reclama a adoção de medidas urgentes, muitas vezes extremas. Alimentada pela mídia sensacionalista, a cultura do medo centraliza os debates sociais e dá vez a um Estado policialesco, que gerencia políticas criminais de risco e restringe direitos fundamentais. A reflexão a ser feita neste momento de crise é se o Direito Penal deve ou não ser ampliado para alcançar os novos riscos.

Vejamos, com exemplos práticos, a incidência do Direito Penal em tempos de coronavírus, bem como sua respectiva consequência.

2. INCIDÊNCIA

2.1 Infração de medida sanitária preventiva e desobediência

> **Art. 268 do CP** – Infringir determinação do poder público, destinada a impedir introdução ou propagação de doença contagiosa: Pena – detenção, de um mês a um ano, e multa.
>
> **Art. 330 do CP** – Desobedecer a ordem legal de funcionário público: Pena – detenção, de quinze dias a seis meses, e multa.

Para enfrentamento da emergência de saúde pública de importância internacional decorrente do coronavírus, as autoridades poderão adotar, no âmbito de suas competências, dentre outras, as medidas previstas no *art. 3º da Lei 13.979, de 06 de fevereiro de 2020*: I – isolamento; II – quarentena; III – determinação de realização compulsória de: a) exames médicos; b) testes laboratoriais; c) coleta de amostras clínicas; d) vacinação e outras medidas profiláticas; ou e) tratamentos médicos específicos; IV – estudo ou investigação epidemiológica; V – exumação, necropsia, cremação e manejo de cadáver; VI – restrição excepcional e temporária, conforme recomendação técnica e fundamentada da Agência Nacional de Vigilância Sanitária, por rodovias, portos ou aeroportos de: a) entrada e saída do País; e b) locomoção interestadual e intermunicipal; VII – requisição de bens e serviços de pessoas naturais e jurídicas, hipótese em que será garantido o pagamento posterior de indenização justa; e VIII – autorização excepcional e temporária para a importação de produtos sujeitos à vigilância sanitária sem registro na Anvisa, desde que: a) registrados por autoridade sanitária estrangeira; e b) previstos em ato do Ministério da Saúde.

Alguns atos administrativos regulamentaram a Lei 13.979/20, dentre eles as Portarias 454 (de 20/03/2020) e 356 (de 11/03/2020). A primeira declara, em todo o território nacional, o estado de transmissão comunitária do coronavírus (art. 1º), afirmando que, para contenção da transmissibilidade da covid-19, deverá ser adotada como medida não-farmacológica o isolamento domiciliar da pessoa com sintomas respiratórios e das pessoas que residam no mesmo endereço, ainda que estejam assintomáticos, devendo permanecer em isolamento pelo período máximo de 14 dias (art. 2º). Já a Portaria 356/20 refere que a medida de isolamento objetiva a separação de pessoas sintomáticas ou assintomáticas, em investigação clínica e laboratorial, de maneira a evitar a propagação da infecção e transmissão local (art. 3º, caput), aduzindo que o descumprimento das medidas de isolamento e quarentena dispostas no ato acarretará a responsabilização, nos termos previstos em lei (art. 5º). Neste caso, caberá ao médico ou agente de vigilância epidemiológica informar à autoridade policial e ao Ministério Público sobre esse descumprimento.

Merece especial destaque a Portaria Interministerial 5, de 17 de março de 2020, que dispõe sobre a compulsoriedade das medidas de enfrentamento da emergência de saúde pública de importância internacional decorrente do coronavírus, bem como sobre a responsabilidade pelo seu descumprimento, nos termos do § 4º do art. 3º da Lei 13.979/20. Conforme o art. 4º da Portaria Interministerial, o descumprimento das medidas previstas no inciso I e nas alíneas "a", "b" e "e" do inciso III do caput do art. 3º da Lei nº 13.979/20 poderá sujeitar os infratores às sanções penais previstas nos *art. 268 e art. 330 do Código Penal*, se o fato não constituir crime mais grave. Já o art. 5º da mesma Portaria refere que o descumprimento da medida de quarentena, prevista no inciso II do caput do art. 3º da Lei 13.979/20, poderá sujeitar os infratores às sanções penais previstas nos *arts. 268 e 330 do Código Penal*, se o fato não constituir crime mais grave.

O crime de *infração de medida sanitária preventiva* (art. 268 do CP) tutela a incolumidade pública, em especial as determinações do Poder Público destinadas a impedir introdução ou propagação de doenças contagiosas. Exemplos: na data de 19/03/2020, o Governador do Rio Grande do Sul declarou estado de calamidade pública em todo o território gaúcho, para fins de prevenção e de enfrentamento à epidemia causada pela COVID-19 (Decreto 55.128, de 19/03/2020); na mesma data, a Prefeitura de Porto Alegre autuou e interditou quatro lojas de shopping centers que estavam abertas, contrariando o Decreto Municipal 20.506, de 17/03/2020, que determinou o fechamento de shoppings e centros comerciais. Eventuais infrações administrativas não impedem a ocorrência do crime previsto no art. 268 do Código Penal, cujo sujeito ativo é qualquer pessoa (crime comum) e o sujeito passivo é a coletividade (crime vago). Trata-se de norma penal em branco, ou seja, de tipo penal incompleto, que será complementado pela "determinação do poder público", como, por exemplo, um dos decretos anteriormente citados. O crime consuma-se com a mera infração da determinação do poder público. Como se está diante de delito de perigo abstrato ou presumido, não é necessária a efetiva propagação da doença contagiosa para a consumação.

O delito de *desobediência* (art. 330 do CP) tutela o regular funcionamento da Administração Pública e, em especial, a autoridade e o prestígio da função pública. O crime é comum, podendo ser praticado por qualquer pessoa. Sujeito passivo é o Estado e, de forma mediata, o funcionário que expediu a ordem. Prevalece o entendimento de Nélson Hungria no sentido de não configurar o crime de desobediência quando a lei comina penalidade administrativa ou civil para o descumprimento da ordem sem ressalvar expressamente a sanção penal decorrente do art. 330 do CP. É o que acontecia, por exemplo, quando do descumprimento de medida protetiva de urgência fixada com fundamento na Lei Maria da Penha: como não havia previsão específica de delito de desobediência na própria Lei 11.340/06, eventual descumprimento das medidas fixadas pelo juiz era considerado pelos Tribunais Superiores como fato atípico, situação que somente foi modificada com o advento da Lei 13.641/18, que introduziu à Lei Maria da Penha o crime de descumprimento de medidas protetivas de urgência (art. 24-A).

No caso específico da COVID-19, a Portaria Interministerial 5/20 faz referência expressa aos crimes de infração de medida sanitária preventiva e desobediência. Veja-se que o ato administrativo não está criando crimes ou cominando penas, mas sim indicando os tipos penais nos quais incorre o agente que descumpre medidas adotadas para enfrentamento do coronavírus. Não há, portanto, ofensa ao princípio da reserva legal. Ademais, nada impede que o autor, ao infringir a determinação do poder público destinada a impedir a propagação da COVID-19, incorra, a uma só vez, nos dois tipos penais – arts. 268 e 330 do CP –, não havendo que se falar em consunção ou absorção. Isso porque os bens tutelados são distintos: no artigo 268 protege-se a incolumidade pública em geral, e a saúde pública em particular; já no artigo 330 protege-se o regular funcionamento da Administração Pública em geral, e o prestígio da função pública em particular.

2.2 Perigo de contágio de moléstia grave

> **Art. 131 do CP** – Praticar, com o fim de transmitir a outrem moléstia grave de que está contaminado, ato capaz de produzir o contágio: Pena – reclusão, de um a quatro anos, e multa.

São tuteladas tanto a incolumidade física quanto a saúde do indivíduo. O sujeito ativo pode ser qualquer pessoa, desde que esteja contaminada por moléstia grave e contagiosa. Discute-se se o tipo penal, ao referir-se a "moléstia grave", retrata norma penal em branco, havendo duas orientações: a) há lei penal em branco, pois o conceito deve advir de regulamentos do Poder Público (posição de Magalhães Noronha, por exemplo); b) não há lei penal em branco, pois o conceito cabe à medicina e não a ato administrativo do Poder Executivo (posição de Cezar Bitencourt, por exemplo).

Aqui, sabendo que está contaminado pelo coronavírus e querendo transmiti-lo a alguém, o agente pratica ato capaz de produzir o contágio. Ex.: o sujeito ativo tosse em uma toalha sabendo que ela em seguida será usada pela vítima para secar o rosto. Como o crime é de perigo individual, há necessidade de que o ofendido seja pessoa determinada (ou um grupo determinado de pessoas). O crime é doloso e somente pode ser cometido a título de dolo direto, descartando-se o dolo eventual em face da finalidade específica prevista no tipo ("com o fim de transmitir...").

Trata-se de delito formal, razão pela qual não se exige, para a sua consumação, a ocorrência de resultado naturalístico, que seria o efetivo contágio da vítima. Caso o ofendido reste contaminado, haverá lesão corporal, uma vez que crimes de dano absorvem crimes de perigo.

2.3 Lesão corporal

> **Art. 129 do CP** – Ofender a integridade corporal ou a saúde de outrem: Pena – detenção, de três meses a um ano.
> § 1º Se resulta: I – Incapacidade para as ocupações habituais, por mais de trinta dias; II – perigo de vida; III – debilidade permanente de membro, sentido ou função; IV – aceleração de parto: Pena – reclusão, de um a cinco anos.

§ 2° Se resulta: I – Incapacidade permanente para o trabalho; II – enfermidade incurável; III – perda ou inutilização do membro, sentido ou função; IV – deformidade permanente; V – aborto: Pena – reclusão, de dois a oito anos.

O delito de lesão corporal tutela a incolumidade física, fisiológica e mental do indivíduo. Em caso de ofensa à integridade física da vítima, haverá um comprometimento de ordem anatômica (escoriações, fraturas etc.). Em caso de ofensa à saúde do ofendido, haverá um comprometimento de ordem fisiológica ou mental (tonturas, desmaios, crises de pânico etc.). O crime é comissivo (o tipo descreve uma ação proibida) e de conduta livre (pode ser praticado por qualquer meio executório idôneo). Se a intenção do agente é apenas agredir (ex.: empurrar a vítima), sem o intuito de causar ofensa à incolumidade pessoal, haverá a contravenção de vias de fato (art. 21 da LCP).

Discute-se a validade do consentimento do ofendido em face do bem jurídico tutelado. Uma primeira orientação afirma que, por se tratar de bem jurídico indisponível (incolumidade pessoal), cometerá o delito quem causar lesões corporais ainda que haja autorização da vítima, salvo nas hipóteses de conduta autorizada, como intervenções médicas, prática esportiva, transplante de órgãos etc. (posição de Hungria e Mirabete, por exemplo). Uma segunda orientação afirma que o bem jurídico possui relativa disponibilidade, de sorte que o consentimento do ofendido excluiria o crime, desde que seja válido e a ação não ofenda a dignidade da pessoa humana (posição de Nucci e Bitencourt, por exemplo).

O crime é material, consumando-se com a produção do resultado naturalístico (efetiva ofensa à integridade corporal ou à saúde, física ou mental). Assim, se o agente, sabendo que está contaminado pelo coronavírus, praticar comportamento com o intuito de contaminar a vítima, o que acaba ocorrendo, responderá por lesão corporal.

Há decisões dos Tribunais Superiores tipificando como lesão corporal de natureza *gravíssima*, em face da enfermidade incurável (art. 129, § 2°, II, CP), a conduta do portador do vírus HIV que, tendo ciência da doença, deliberadamente a oculta de seus parceiros (nesse sentido: STJ, 5ª T., HC 160982, j. 17/05/2012). No entanto, tal conclusão não se aplica ao caso da COVID-19, que é doença inegavelmente grave, mas não incurável. Parece-nos ser caso de lesão corporal de natureza *grave* (art. 129, § 1°, II, CP), em face do perigo à vida da vítima, desde que haja a necessária comprovação pericial. Mais: o crime, neste último caso, é preterdoloso, pois há dolo na conduta antecedente (lesão) e culpa no resultado consequente (perigo de vida); caso houvesse dolo em relação à qualificadora, ou seja, se o autor buscasse gerar perigo à vida da vítima, haveria tentativa de homicídio.

2.4 Omissão de notificação de doença

Art. 269 do CP – Deixar o médico de denunciar à autoridade pública doença cuja notificação é compulsória: Pena – detenção, de seis meses a dois anos, e multa.

Tutela-se a incolumidade pública, em especial o cuidado que deve recair sobre a saúde pública. O crime é próprio, ou seja, só pode ser praticado por médico. Como não se admite analogia *in malam partem* em Direito Penal, se um enfermeiro ou farmacêutico deixar de notificar doente portador do coronavírus, o fato será atípico. A vítima é a coletividade. Ao notificar a doença, o médico não estará cometendo o crime de violação de segredo profissional (art. 154 do Código Penal), pois este exige o elemento normativo "sem justa causa".

O Boletim Epidemiológico 04 da Secretaria de Vigilância em Saúde, do Ministério da Saúde, publicado em janeiro de 2020, dispõe sobre a notificação compulsória do coronavírus. Conforme o documento, "Os casos suspeitos, prováveis e confirmados devem ser notificados de forma imediata (até 24 horas) pelo profissional de saúde responsável pelo atendimento, ao Centro de Informações Estratégicas de Vigilância em Saúde Nacional (CIEVS) pelo telefone (0800 644 6645) ou e-mail (notifica@saude.gov.br). As informações devem ser inseridas na ficha de notificação (http://bit.ly/2019-ncov) e a CID10 que deverá ser utilizada é a: B34.2 – Infecção por coronavírus de localização não especificada".

O crime estará consumado no momento em que terminar o prazo para o sujeito ativo (médico) comunicar à autoridade pública a doença. Como o delito é de perigo abstrato, não há necessidade de comprovação do risco no caso concreto, já que ele vem presumido pelo legislador. Ademais, tratando-se de crime omissivo próprio, não cabe tentativa.

2.5 Crime contra a economia popular

> **Art. 2º da Lei 1.521/51** – São crimes desta natureza: (...) VI – transgredir tabelas oficiais de gêneros e mercadorias, ou de serviços essenciais, bem como expor à venda ou oferecer ao público ou vender tais gêneros, mercadorias ou serviços, por preço superior ao tabelado, assim como não manter afixadas, em lugar visível e de fácil leitura, as tabelas de preços aprovadas pelos órgãos competentes; (...) Pena – detenção, de 6 (seis) meses a 2 (dois) anos, e multa, de dois mil a cinquenta mil cruzeiros.
>
> **Art. 3º da Lei 1.521/51** – São também crimes desta natureza: (...) VI – provocar a alta ou baixa de preços de mercadorias, títulos públicos, valores ou salários por meio de notícias falsas, operações fictícias ou qualquer outro artifício; (...) Pena – detenção, de 2 (dois) anos a 10 (dez) anos, e multa, de vinte mil a cem mil cruzeiros.
>
> **Art. 4º da Lei 1.521/51** – Constitui crime da mesma natureza a usura pecuniária ou real, assim se considerando: (...) b) obter, ou estipular, em qualquer contrato, abusando da premente necessidade, inexperiência ou leviandade de outra parte, lucro patrimonial que exceda o quinto do valor corrente ou justo da prestação feita ou prometida. Pena – detenção, de 6 (seis) meses a 2 (dois) anos, e multa, de cinco mil a vinte mil cruzeiros.

A Lei 1.521/51 preocupa-se com fatos que representam dano efetivo ou potencial ao patrimônio de um número indeterminado de pessoas, tendo sido um dos primeiros regramentos editados no Brasil com claro objetivo de proteção a direitos e interesses supraindividuais. A *economia popular* deve ser compreendida como um bem coletivo, aferido não somente por aquilo que representa individualmente a uma pessoa, uma vez que essa necessidade individual indica a expressão de semelhantes necessidades relacionadas aos demais componentes do mesmo contexto social.

Em relação ao crime previsto no inciso VI do artigo 2º, importante mencionar que o DL 2.284/86, em seu art. 35, § 2º, equiparou o congelamento de preços ao tabelamento de preços. Trata-se de norma penal em branco, cujo preceito primário descreve comportamento estável que será complementado por disposição variável oriunda de autoridade administrativa. Também merece destaque a *usura real*, punida na alínea *b* do artigo 4º, na qual há grande desproporção entre o preço justo e o lucro a ser auferido. O abuso ocorre diante de uma necessidade incomum da vítima, que se vê sem outras opções.

Aproveitando-se do momento de crise e da enorme busca por máscaras e álcool gel, alguns empresários preocuparam-se mais em auferir lucro do que zelar pelo bem-estar da população. Essa prática de aumento abusivo de preços de produtos essenciais para a sobrevivência humana durante o estado de pandemia é criminosa e abusiva, atraindo a incidência da Lei 1.521/51, da Lei 8.137/90 (art. 7º – crimes contra as relações de consumo) e o próprio Código de Defesa do Consumidor.

2.6 Falsificação, corrupção, adulteração ou alteração de produto destinado a fins terapêuticos ou medicinais

> **Art. 273 do CP** – Falsificar, corromper, adulterar ou alterar produto destinado a fins terapêuticos ou medicinais: Pena – reclusão, de 10 (dez) a 15 (quinze) anos, e multa.
>
> **§ 1º** – Nas mesmas penas incorre quem importa, vende, expõe à venda, tem em depósito para vender ou, de qualquer forma, distribui ou entrega a consumo o produto falsificado, corrompido, adulterado ou alterado.

Clientes de uma farmácia de Tucumã, no sudeste do Pará, denunciaram o proprietário do estabelecimento pela suspeita de falsificação de álcool gel. Conforme foi noticiado, o investigado adquiriu vários galões de álcool em gel 80%, usado na queima e indicado para acender churrasqueiras, e despejou o líquido em garrafas plásticas, depois comercializadas como se fosse gel antisséptico, inclusive com a indicação de que poderia ser usado na prevenção do coronavírus – como álcool 70%. Em outro caso, a atriz Grazi Massafera referiu ter comprado "Três vidrinhos pequenininhos de álcool gel e, que vergonha, ele está falsificado. É gel de cabelo com umas gotinhas de álcool. Você coloca na mão, é uma meleca. Vergonhoso. Gel de cabelo vendido como álcool gel".

O crime do art. 273 do Código Penal é hediondo em todas as suas formas (art. 1º, VII-B, da Lei 8.072/90). Em geral, tutela-se a incolumidade pública; em particular, protege-se a saúde pública. Trata-se de delito comum, pois o sujeito ativo pode ser qualquer pessoa. A vítima é a coletividade (crime vago). O objeto material do delito em análise é o produto destinado à prevenção ou cura de doenças. De acordo com o § 1º-A, há produtos com fins terapêuticos ou medicinais por equiparação: medicamentos, matérias-primas, insumos farmacêuticos, cosméticos, saneantes e aqueles de uso em diagnóstico.

Conforme a Anvisa, o álcool pode ser enquadrado como: *a) cosmético:* para registro de gel alcoólico antisséptico e da preparação alcoólica para higienização das mãos como produto de higiene pessoal, é necessário que o produto tenha unicamente a finalidade cosmética/de higiene pessoal e que a empresa obrigatoriamente tenha Autorização de Funcionamento de Empresa (AFE) para esta classe de produtos e indicar o número da AFE na rotulagem; *b) saneante:* quando o álcool etílico se destinar à limpeza ou à desinfecção de superfícies inanimadas (pisos, paredes, mesas, camas, macas etc.), na forma do inciso VII do artigo 3º da Lei nº 6.360/76; *c) medicamento:* quando tem indicação de antisséptico (álcool 70%, líquido) e antisséptico de mãos (no caso do gel). A diferença entre o álcool medicamento e o álcool cosmético está presente nas características de sua produção, visto que o produto considerado medicamento deve ser produzido conforme o disposto na RDC n° 17/2010, que trata das Boas Práticas de Fabricação de Medicamentos, critérios estes mais rigorosos do que os exigidos para a produção de um cosmético [Fonte: Portal ANVISA].

Assim, aquele que falsifica o álcool gel responde pela figura delitiva prevista no *caput* do artigo 273; já aquele que vende ou expõe à venda o álcool gel falsificado responde pela figura delitiva prevista no respectivo § 1°. Ademais, o simples fato de o produto exposto à venda não estar registrado no órgão de vigilância sanitária competente (Anvisa), quando exigível, já é punido na forma do inciso I do § 1°-B do artigo 273 do Código Penal.

Em se tratando de crime formal e de perigo abstrato, a consumação ocorre independentemente da comercialização ou do consumo do produto. Em relação à pena (reclusão de 10 a 15 anos e multa), a Corte Especial do STJ, no julgamento do HC 239.363, declarou a inconstitucionalidade do preceito secundário do artigo 273. Reconheceu-se que as penas cominadas no dispositivo, a partir da vigência da Lei 9.677/98, eram manifestamente desproporcionais, optando pela aplicação das penas cominadas ao crime de tráfico de drogas (5 a 15 anos e multa), previsto no art. 33, *caput*, da Lei 11.343/06.

2.7 Charlatanismo

> Art. 283 – Inculcar ou anunciar cura por meio secreto ou infalível: Pena – detenção, de três meses a um ano, e multa.

Médicos propagando "soros da imunidade". Líderes religiosos organizando cultos prometendo proteção contra a doença. Estes são alguns dos fatos denunciados ao Ministério Público e à Polícia Civil para providências penais, bem como aos Conselhos Estaduais de Medicina para providências administrativas.

Protege-se, aqui, a incolumidade pública em geral, e a saúde pública em particular. O crime pode ser praticado por qualquer pessoa (delito comum), seja médico ou leigo. A vítima é a coletividade (delito vago). *Inculcar* significa estampar, indicar, divulgar. O agente anuncia cura por meio secreto (método não conhecido pelas ciências médicas) ou infalível (totalmente eficaz). Trata-se de crime de perigo comum e abstrato, pois coloca em risco um número indeterminado de pessoas, não havendo necessidade de que o risco seja demonstrado no caso concreto, já que vem presumido pelo legislador.

A consumação ocorre com a prática do núcleo do tipo, sendo dispensável que o agente consiga convencer alguém dos seus métodos de cura.

3. CONSEQUÊNCIA

3.1 Transação penal

Alguns dos crimes comentados acima são classificados como infrações de menor potencial ofensivo, já que possuem pena máxima não superior a dois anos (art. 61 da Lei 9.099/95). São, por outro lado, delitos de ação penal pública incondicionada, razão pela qual o Ministério Público poderá propor transação penal (aplicação imediata de pena restritiva de direitos ou multa – art. 76 da Lei 9.099/95).

Não se admitirá a proposta de ficar comprovado (i) ter sido o autor da infração condenado, pela prática de crime, à pena privativa de liberdade, por sentença definitiva, (ii) ter sido o agente beneficiado anteriormente, no prazo de cinco anos, pela aplicação de outra transação penal e (iii) não indicarem os antecedentes, a conduta social e a personalidade do agente, bem como os motivos e as circunstâncias, ser necessária e suficiente a adoção da medida.

Cumprida a transação penal haverá a extinção da punibilidade do autor do fato, sem registro de antecedentes criminais, salvo para o único fim de impedir novamente o mesmo benefício no prazo de cinco anos.

3.2 Acordo de não persecução penal

O acordo de não persecução penal (ANPP) foi inicialmente criado e regulamentado no Brasil por ato normativo do Conselho Nacional do Ministério Público (Resolução 181/2017). Como não havia lei em sentido estrito disciplinando a matéria, parte da doutrina sustentava que o CNMP estaria usurpando competência privativa da União para legislar sobre processo penal (art. 22, I, CF). Registrava-se, outrossim, que a redação original da Resolução 181/2017 ofendia os princípios da reserva legal, imparcialidade, inafastabilidade da jurisdição e a própria cláusula de reserva de jurisdição, já que não exigia a homologação judicial do acordo, o qual surtia efeitos com o ajuste firmado entre Ministério Público e investigado acompanhado de defensor. Tais argumentos foram utilizados pela Associação dos Magistrados Brasileiros (AMB) e pela Ordem dos Advogados do Brasil (OAB) para atacar a Resolução 181/2017 por meio de duas ações declaratórias de inconstitucionalidade. Diante de tal indefinição, o CNMP editou a Resolução 183/2018, alterando a Resolução 181/2017, determinando, entre outras coisas, que o ANPP fosse submetido à apreciação judicial.

Com o Pacote Anticrime (Lei 13.964/2019, com vigência a partir de 23/01/2020), o ANPP foi incluído ao Código de Processo Penal, cujo art. 28-A refere que, não sendo caso de arquivamento e tendo o investigado confessado formal e circunstancialmente a prática de infração penal sem violência ou grave ameaça e com pena mínima inferior a 4 anos, o MP poderá propor o ANPP, desde que necessário e suficiente para reprovação e prevenção do crime, mediante as seguintes condições ajustadas cumulativa e alternativamente: I – reparar o dano ou restituir a coisa à vítima, exceto na impossibilidade de fazê-lo; II – renunciar voluntariamente a bens e direitos indicados pelo MP como instrumentos, produto ou proveito do crime; III – prestar serviço à comunidade ou a entidades públicas por período correspondente à pena mínima cominada ao delito diminuída de um a dois terços, em local a ser indicado pelo juízo da execução, na forma do art. 46 do CP; IV – pagar prestação pecuniária, a ser estipulada nos termos do art. 45 do CP, a entidade pública ou de interesse social, a ser indicada pelo juízo da execução, que tenha, preferencialmente, como função proteger bens jurídicos iguais ou semelhantes aos aparentemente lesados pelo delito; ou V – cumprir, por prazo determinado, outra condição indicada pelo Ministério Público, desde que proporcional e compatível com a infração penal imputada. Somente será caso de ANPP se não for cabível a transação penal.

3.3 Ação penal e efeitos da condenação

Não sendo aplicados os institutos despenalizadores citados anteriormente, o Ministério Público deverá oferecer denúncia. Caso o crime tenha pena mínima não superior a um ano, será possível o oferecimento de proposta de suspensão condicional do processo, desde que presentes os demais requisitos do art. 89 da Lei 9.099/95.

Havendo instrução e decidindo o julgador pela procedência da ação penal, surgem os efeitos da condenação. O principal efeito é a imposição da sanção penal. Mas há efeitos secundários de natureza penal e extrapenal. São efeitos secundários de natureza penal, entre outros, a reincidência (se houver crime posterior), a revogação do *sursis*, a revogação do livramento condicional, o impedimento de certos privilégios (como no caso do § 2º do art. 155 do CP) e a impossibilidade de concessão de suspensão condicional do processo. São efeitos secundários de natureza extrapenal genéricos a obrigação de reparar o dano e o confisco (art. 91, I e II, CP). São efeitos secundários de natureza extrapenal específicos (i) a perda do cargo, função pública ou mandato eletivo, (ii) a incapacidade para o exercício do poder familiar, da tutela ou da curatela nos crimes dolosos sujeitos à pena de reclusão cometidos contra outrem igualmente titular do mesmo poder familiar, contra filho, filha ou outro descendente ou contra tutelado ou curatelado, e (iii) a inabilitação para dirigir veículo, quando utilizado como meio para a prática de crime doloso.

3.3.1 Obrigação de reparar o dano

O art. 91, I, do Código Penal dispõe que é efeito da condenação "tornar certa a obrigação de indenizar o dano causado pelo crime". Por sua vez, o art. 63 do Código de Processo Penal refere que, "transitada em julgado a sentença condenatória, poderão promover-lhe a execução, no juízo cível, para efeito de reparação do dano, o ofendido, seu representante legal e seus herdeiros". Assim, com a sentença penal condenatória transitada em julgado, não mais se discute o fato ilícito e a obrigação de indenizar (*an debeatur*). Para que a vítima seja ressarcida, deverá apenas promover a liquidação, para apuração do *quantum debeatur*, e posteriormente a execução do título executivo judicial (art. 515, VI, CPC).

3.3.2 Mínimo indenizatório a constar na sentença condenatória

De acordo com o inciso IV do artigo 387 do Código de Processo Penal, o juiz, na sentença condenatória, "fixará valor mínimo para reparação dos danos causados pela infração, considerando os prejuízos sofridos pelo ofendido". Assim, não se deve confundir o efeito da condenação (art. 91, I, CP) com o mínimo indenizatório a constar na sentença condenatória (art. 387, IV, CPP). O efeito da condenação é automático e não precisa ser expressamente pronunciado pelo magistrado na sentença condenatória para tornar-se título executivo judicial a embasar eventual propositura da ação civil *ex delicto* (art. 63 do CPP); já o mínimo indenizatório a constar na sentença condenatória apenas permite a antecipação do momento processual para fixação de um valor mínimo para reparação de danos causados por uma infração penal (nesse sentido: STJ, 5ª T.,

AgRg nos EDcl no AREsp 1296627, DJe 01/02/2019). Ademais, a aplicação do inciso IV do artigo 387 do Código de Processo Penal requer a dedução de um pedido expresso do Ministério Público ou do querelante, em respeito às garantias do contraditório e da ampla defesa.[2]

4. CONCLUSÃO

O Direito Penal dos ordenamentos desenvolvidos apresenta-se, atualmente, como técnica de controle do desvio social. O controle social é condição básica da vida em sociedade. Com ele se asseguram o cumprimento das expectativas de conduta e o interesse das normas que regem a convivência, conformando-os e estabilizando-os contrafaticamente, em caso de frustração ou descumprimento, com a respectiva sanção imposta por uma determinada forma ou procedimento.[3] O controle social determina, assim, os limites da liberdade humana na sociedade, constituindo, ao mesmo tempo, um instrumento de socialização de seus membros.[4] Ao lado da família, da escola, da profissão, dos grupos sociais ou da própria mídia, que também são modos – informais – de controle social, o Direito Penal apresenta-se como um controlador jurídico altamente formalizado, prevendo a forma mais drástica de intervenção do Estado na seara individual do cidadão – a pena criminal –, como meio de evitar comportamentos tomados como indesejáveis e intoleráveis. Ocorre que, além de não ser o único, o Direito Penal também não é o mais importante mecanismo de controle social, já que as normas penais, por si só, são insuficientes para manter o sistema de valores sobre o qual repousa uma sociedade. Sabe-se que é proibido 'matar alguém', mas tal conhecimento é adquirido primariamente com a norma social, e somente depois com a norma jurídica.

Em face disso, considerável parcela da doutrina moderna – como Hassemer e Roxin, por exemplo – entende que a meta preventiva geral do Direito Penal não é a motivação intimidadora dos cidadãos, mas a motivação integradora do consenso através da confirmação e garantia das normas básicas que regem a convivência social. Não é por outra razão que o atual Direito Penal vem informado por princípios que têm origem na tradição jurídica do iluminismo e do liberalismo, optando pela aplicação de pena somente quando estritamente necessária (*nulla poena sine necessitate*).

Isso significa que a incidência do Direito Penal, inclusive em tempos de crise, pressupõe uma formalização legal que é requisito essencial também para sua minimização, a partir de um critério utilitarista e humanitário. Falar-se em "intervenção mínima" significa admitir que o Direito Penal é *fragmentário*, pois somente deve preocupar-se com a tutela de bens jurídicos valiosos que sofram ataques intoleráveis, e também *subsidiário*, pois somente deve incidir quando outros ramos do Direito, notadamente o Civil e o Administrativo, não resolverem de forma satisfatória o conflito social.

---

2. Admite-se, inclusive, a fixação de valor mínimo para reparação de *danos morais*, nos termos do art. 387, IV, do CPP, desde que haja pedido expresso do MP na denúncia. Nesse sentido: STJ, 6ª T., REsp 1739851, DJe 06/11/2018).
3. PARSONS, Talcott. *El sistema social*. Madrid: Revista de Occidente, 1966, p. 259.
4. MUÑOZ CONDE, Francisco. *Direito Penal e Controle Social*. Rio de Janeiro: Forense, 2005, p. 20.

5. REFERÊNCIAS

BECK, Ulrich. *La sociedad del riesgo: hacia una nova modernidad*. México: Paidós, 1998.

BITENCOURT, Cezar Roberto. *Tratado de Direito Penal*. São Paulo: Saraiva, 2011.

BITENCOURT, Cezar Roberto. *Código Penal Comentado*. São Paulo: Saraiva, 2007.

HASSEMER, Winfried. *Fundamentos del derecho penal*. Barcelona: Bosch, 1984.

HUNGRIA, Nélson; FRAGOSO, Heleno Cláudio. *Comentários ao Código Penal*. Volume I. Tomo I. Rio de Janeiro: Forense, 1980.

HUNGRIA, Nélson; *Comentários ao Código Penal*. Volume I. Tomo II. Rio de Janeiro: Forense, 1983.

MIRABETE, Julio Fabbrini. *Manual de Direito Penal*. Parte Geral. São Paulo: Atlas, 2003.

MUÑOZ CONDE, Francisco. *Direito Penal e Controle Social*. Rio de Janeiro: Forense, 2005.

NORONHA, E. Magalhães. *Direito Penal*. São Paulo: Saraiva, 1991.

NUCCI, Guilherme de Souza. *Código Penal Comentado*. 6ª edição. São Paulo: Editora Revista dos Tribunais, 2006.

PARSONS, Talcott. *El sistema social*. Madrid: Revista de Occidente, 1966

ROXIN, Claus. *Culpabilidad y prevención en Derecho penal*. IER: Madrid, 1981.

SALIM, Alexandre; AZEVEDO, Marcelo André de. *Direito Penal* (v. 1). 10a. ed. Salvador: Juspodivm, 2020.

SALIM, Alexandre. *Direito Penal* (v. 2). 9a. ed. Salvador: Juspodivm, 2020.

SALIM, Alexandre. *Direito Penal* (v. 3). 8a. ed. Salvador: Juspodivm, 2020.

CORONAVÍRUS E DEVERES ESTATAIS: O PERFIL DOS NOVOS TEMPOS

Felipe Braga Netto

Membro do Ministério Público Federal (Procurador da República). Pós-doutor em Direito Civil pela Università di Bologna, Itália (*Alma Mater Studiorum*). Doutor em Direito Constitucional e Teoria do Estado pela PUC-RIO. Mestre em Direito Civil pela UFPE. Professor de Direito Civil da PUC-Minas (2002-2007). Professor de Direito Civil da ESDHC (2003-2019). Professor convidado em cursos de pós-graduação em Direito Civil e Direito do Consumidor nos últimos 18 anos (FESMPMG; Escolas de Magistratura diversas etc.). Professor da Escola Superior do Ministério Público da União. Procurador Regional Eleitoral de Minas Gerais (2010-2012). Publicou artigos em 32 obras coletivas, tendo coordenado 4 delas. Além das obras coletivas publicou 14 livros.

Sumário: 1. Contextualização: novos e complexos desafios – 2. Responsabilidade civil do Estado: entre o velho e o novo – 3. Os deveres de proteção por parte do Estado e a questão a partir da ausência de medidas preventivas (*carelesness*) – 4. Conclusões: buscando uma visão filosoficamente bem fundada da responsabilidade civil do Estado – 5. Referências.

> "Não sorria tranquilo, porque é feio ficar despreocupado com o semelhante só porque ele não é nosso conhecido ou amigo. Cada estranho é um irmão de destino, que ainda não nos foi apresentado, apenas".
>
> Cecília Meireles

1. CONTEXTUALIZAÇÃO: NOVOS E COMPLEXOS DESAFIOS

Algo parece claro: estamos assistindo – talvez começando a assistir – a um momento singular da história humana. Ainda não se tem exata clareza sobre os próximos passos, mas tudo indica que serão espantosos. É natural, talvez seja inevitável, que nosso nível de espanto vá se calibrando dia a dia, à luz dos novos fatos. Os seres humanos têm esta característica: nos habituamos com tudo, com as melhores e piores coisas.

Se, há algumas semanas, discutíamos aspectos mais leves do problema – como o direito subjetivo do consumidor a cancelar pacotes e viagens sem multas – logo notamos que os assuntos passariam a ser outros: mais difíceis, mais drásticos, dramáticos até. Teremos leitos hospitalares suficientes para enfrentar o problema? Parece claro que não há, no mundo em geral, vagas de UTI suficientes para o que avizinha (na Itália, começa-se a alocar os pacientes em centros cirúrgicos onde existem respiradores, porque não há mais vagas nas UTIs e as cirurgias estão todas suspensas). Existem situações juridicamente delicadíssimas, com respostas nem sempre claras: se, em hospital público, reconhecidamente carente de recursos (e mesmos nos outros), há dois ou mais pacientes graves, precisando de respirador artificial ou de vagas na UTI, como decidir qual deles será internado? Qual deles receberá o respirador? É preciso que tenhamos regras minimamente objetivas para isso. Algum critério há de existir:

antiguidade na fila de espera, gravidade do caso, enfim, critérios claros e aferíveis. Estamos claramente em período de indefinição. Sabemos que as próximas semanas e meses serão singulares – mas não sabemos ainda quão singulares e graves serão. Não é exagero nenhum comparar a situação atual a uma situação de guerra. Seja no número de mortos, seja na estrutura necessária para enfrentar a pandemia. Autoridades de saúde americanas compararam o momento da pandemia com "Pearl Harbor" e "11 de setembro". Em São Paulo, Anhembi e Pacaembu se transformaram em hospitais temporários com cerca de 2 mil leitos.

Na dimensão econômica temos a crise mais rápida da história do mercado financeiro brasileiro. Possivelmente teremos os piores dados econômicos do mundo desde a Segunda Guerra Mundial. Estima-se que nos Estados Unidos a pandemia possa elevar a taxa de desemprego de Arbor 3% para mais de 30%. É um número assustador. No Brasil a situação, segundo as estimativas iniciais, seria ainda pior, uma vez que já temos mais de 10 milhões de desempregados atualmente. Poderíamos vir a ter em breve algo como 40 milhões de brasileiros desempregados, algo sem paralelo.

O certo é que essa pandemia terá impactos que ainda não estão claros. O dia a dia das pessoas foi imensamente foi modificado, pelo menos para a maioria delas. A economia sofrerá muito, recessão se aproximando, e como sempre as pessoas mais vulneráveis sofrerão mais (sobretudo aquelas com empregos informais). Cabe a cada um de nós sermos observadores mais atentos de tudo isso, mais sensíveis. Os ciclos históricos da humanidade contam com momentos luminosos e sombrios, e é atravessando os períodos difíceis que construímos dias melhores depois. Mas isso não apaga certas verdades, como lembra a frase clássica de Machado de Assis sobre o Brasil: "O país real, esse é bom, revela os melhores instintos. O país oficial, esse é caricato e burlesco". Aliás, se há condutas assustadoras por parte de alguns políticos – e não só no Brasil, o presidente das Filipinas, Rodrigo Duterte, mandou a polícia "matar a tiros" aqueles que furarem a quarentena –, há, por outro lado, condutas que talvez atestem o início de novos tempos (como, em Israel, fábricas de mísseis que passaram a ser usadas como fábricas de respiradores).

Enfim, o mundo se alterou incrivelmente em poucos dias. Não é exagero afirmar que o mundo fechou. Quem poderia imaginar algo parecido? Fronteiras fechadas entre quase todos os países. Nas cidades, abrir ou não o restaurante deixou de ser questão de opção: todos os bares, restaurantes, lanchonetes, shoppings, academias, teatros, cinemas, galerias (medida que foi progressivamente adotada em todo o Brasil). Ruas desertas, serviços sem funcionar – o perfil do mundo mudou em poucos dias. Certos governadores anunciaram a suspensão de *todo* transporte público, medida certamente drástica (lembremos que muitos brasileiros só dispõem desse meio de transporte, inclusive para as urgências). Enfim, estamos nos acostumando – tentando nos acostumar – com a nova normalidade das coisas. Estamos em período de transição. Entre o velho e o novo mundo. Períodos assim não são fáceis – não costumam ser. O mundo velho não quer ir embora (já notou como é difícil se desfazer de certos hábitos?) e o novo ainda é muito novo. Tudo parece estranho. Tempo de névoas, de navegar à deriva perguntando sobre a terra firme.

2. RESPONSABILIDADE CIVIL DO ESTADO: ENTRE O VELHO E O NOVO

Os problemas (e as soluções) que a responsabilidade civil do Estado enfrenta, hoje, são diferentes daqueles dos séculos anteriores. A velocidade da informação, as novas tecnologias, o perfil plural da sociedade atual, o crescimento da violência urbana, são apenas algumas das novas questões que chegam, diariamente, aos tribunais, e redefinem o contorno do direito dos danos, sobretudo no que diz respeito aos deveres que cabem ao Estado[1]. Os dias em que vivemos – cuja única permanência é a mudança – exigem um intérprete que não se dê por satisfeito com o que aprendeu no passado, que perceba que a realidade de hoje não é aquela de ontem. Aquele senso – dizia Pontes de Miranda – para que o jurista não se apegue, demasiado, às convicções que tem, nem se deixe levar facilmente pela sedução do novo. Aliás, em termos científicos, o novo não é necessariamente sinônimo de qualidade. O autenticamente novo dialoga com a tradição. Nesse momento histórico em que a sociedade se reinventa, o que se espera de nós é que sejamos capazes de construir, através da interpretação, um direito que incorpore o passado e acompanhe o novo.

Cabe lembrar que, no Brasil, a responsabilidade civil do Estado é objetiva (CF, art. 37, § 6º), desde 1946, e está fundada na teoria do risco administrativo. Comporta, portanto, as excludentes de responsabilidade civil (caso fortuito e força maior; culpa exclusiva da vítima). Abrange, em princípio, tanto os chamados atos de império (julgar, legislar), como os atos de gestão (aluguel de imóvel particular, por exemplo). O Estado responde pelos atos de qualquer agente, desde o mais modesto até o presidente da República. Não é necessário que haja remuneração (mesário da Justiça Eleitoral que discute e agride eleitor pode fazer surgir a responsabilidade estatal). Nem é preciso, em todos os casos, que o agente público esteja em serviço (policial que fere ou mata com arma da corporação, mesmo de folga). A responsabilidade pode surgir em qualquer dos níveis federativos (União, Estados e Municípios) e por atos ou omissões de quaisquer dos três poderes (Legislativo, Executivo ou Judiciário, como no caso de leis inconstitucionais e erros judiciários, por exemplo – CF, art. 5º, LXXV). A responsabilidade estatal tanto pode surgir de atos como de omissões (falta de atendimento médico, buracos nas rodovias, enchentes etc.) – embora, em relação às omissões, alguns exijam a prova da culpa. A responsabilidade civil do Estado superou as três fases históricas, tradicionalmente apontadas, e hoje é caracterizada pelo Estado como garantidor de direitos fundamentais.

---

1. O Estado deve fundamentar suas ações e omissões, e deve, conforme dissemos, não só se abster de agredir direitos fundamentais (dever de abstenção), mas também evitar agressões provindas de outros atores sociais. Nesse sentido, "parte da doutrina e jurisprudência identifica os denominados deveres estatais de tutela (*staatliche Schutzpflichten*). O termo indica o dever do Estado de proteger ativa e preventivamente o direito fundamental contra ameaças de agressão provenientes, principalmente, de particulares. Em outras palavras, considera-se que o particular também possa *de fato* e, em regra, mediante o exercício de outro direito fundamental seu, agredir o direito fundamental objeto do dever estatal de tutela em uma situação que envolva irreparabilidade da possível lesão, incontrolabilidade de processos ameaçadores de direitos fundamentais sensíveis ou conflitos caracterizados por clara e acentuada assimetria de forças, chances e condições entre agentes particulares envolvidos em conflito. Por isso, encontram-se, sob o gênero dos deveres estatais de tutela, as categorias do dever de mera *prevenção de riscos*, do dever de fomentar a *segurança* e, até mesmo, do dever de *proibição de condutas* a ser imposto pelo Estado" (DIMOULIS, Dimitri; MARTINS, Leonardo. *Teoria Geral dos Direitos Fundamentais*. São Paulo: Atlas, 2012, p. 60).

Cabe lembrar que a responsabilidade civil do Estado pode decorrer tanto de atos lícitos como de atos ilícitos. O mais frequente, em matéria de danos indenizáveis, é que tenhamos um ato ilícito como causa do dever de indenizar. Mas não são apenas ilícitos dos agentes públicos que provocam a responsabilização estatal. São quaisquer ações ou omissões danosas que estejam vinculadas, em nexo causal, ao Estado. O STF proclamou que "o risco administrativo, portanto, não raro decorre de uma atividade lícita e absolutamente regular da administração, daí o caráter objetivo desse tipo de responsabilidade, que faz abstração de qualquer consideração a respeito de eventual culpa do causador do dano" (STF, RE 262.651). O STF é pacífico quanto ao ponto: "A consideração no sentido da licitude da ação administrativa é irrelevante, pois o que interessa é isto: sofrendo o particular um prejuízo, em razão da atuação estatal, regular ou irregular, no interesse da coletividade, é devida a indenização, que se assenta no princípio da igualdade dos ônus e encargos sociais" (STF, RE 116.685).

Digamos, desde já, que o Brasil ocupa uma posição peculiar na responsabilidade civil do Estado. Já faz parte de nossa tradição constitucional termos uma norma que imponha ao Estado indenizar, independentemente de culpa, os danos que seus agentes causem[2]. Na França, Itália, Argentina, entre outros países, seja a ausência de menção ao tema na Constituição, seja a menção tímida e fragmentada (geralmente em tópicos esparsos de leis, sem nenhum princípio geral), faz com o que a matéria não tenha alcançado o desenvolvimento que atingiu entre nós.

Essa constitucionalização da responsabilidade civil do Estado, no Brasil, traz consequências interpretativas relevantes, sobretudo no que diz respeito à orientação solidarista da Constituição. Aponta-se, por exemplo, que "o fundamento ético-jurídico da responsabilidade objetiva deve ser buscado na concepção solidarista, fundada pela Constituição de 1988, de proteção dos direitos de qualquer pessoa injustamente lesada"[3]. O STF, a propósito, ponderou que "o dever de indenizar da vítima advém (...) de um princípio que poderíamos chamar de solidariedade social, solidariedade essa engendrada pelo fato de que toda ação administrativa do Estado é levada a efeito em prol do interesse coletivo" (STF, RE 262.651).

---

2. Assim, "na realidade, terá sido apenas com a Constituição de 1946 que, pelo disposto em seu art. 194, se deu a adoção expressa do princípio da responsabilidade objetiva do Estado" (CAHALI, Yussef Said. *Responsabilidade Civil do Estado*. São Paulo: RT, 2007, 3ª edição, p. 32. Destacou-se que "*o risco e a solidariedade social* são, pois, os suportes dessa doutrina que, por sua objetividade e partilha dos encargos, conduz à mais perfeita *justiça distributiva*, razão pela qual tem merecido o acolhimento dos Estados modernos, inclusive o Brasil, que a consagrou pela primeira vez no art. 1946 da CF de 1946" (MEIRELES, Hely Lopes. *Direito Administrativo Brasileiro*. São Paulo: Malheiros, 2000, p. 585). Aponta-se, no mesmo sentido, que "a partir da Constituição Federal de 1946, adotou-se no nosso ordenamento jurídico a teoria da responsabilidade objetiva para a responsabilização do Estado" (GANDINI, João Agnaldo Donizete; SALOMÃO, Diana Paola. A responsabilidade civil do Estado por conduta omissiva. *Revista Forense*, v. 386, julho/agosto de 2006, Rio de Janeiro: Forense, pp. 129-151, p. 139). No mesmo sentido: MONTEIRO FILHO, Carlos Edison do Rêgo. Problemas de responsabilidade civil do Estado. *RTDC*, v. 11, jul/set 2002, pp. 35-65, p. 44.
3. MORAES, Maria Celina Bodin de. O princípio da solidariedade. In: PEIXINHO, Manoel Messias; GUERRA, Isabela Franco; NASCIMENTO FILHO, Firly (coord.). Os princípios da Constituição de 1988. Rio de Janeiro: Lumen Juris, 2001, pp. 167-206. Nosso maior tratadista da responsabilidade civil já houvera registrado que "não obstante a persistência das ideias regalistas, a responsabilidade do Estado progride para um ponto de satisfação plena aos princípios solidaristas" (DIAS, José de Aguiar. *Da Responsabilidade Civil*. Rio de Janeiro: Forense, 1954, p. 641). Sob uma perspectiva mais ampla, não restrita à responsabilidade civil do Estado, podemos notar uma mudança de análise da responsabilidade civil: do ato ilícito para o dano injusto (MULHOLLAND, Caitlin Sampaio. *A responsabilidade civil por presunção de causalidade*. Rio de Janeiro: GZ, 2010, p. 27).

É fundamental conjugar o tratamento sistemático da responsabilidade civil do Estado aos desafios – novos e complexos – trazidos pelo século XXI. É natural, talvez seja inevitável, que a responsabilidade civil reflita, nas primeiras décadas do século XXI, o caráter instável desses dias agitados. Não é exagero dizer que estamos diante de um edifício em construção. Vivemos tempos menos autoritários, na relação entre Estado e cidadãos. Crescem os deveres de fundamentação por parte do Estado. Diminuem os espaços de arbítrio, de abuso de poder. Podemos observar duas características que assinalam a evolução recente da responsabilidade civil do Estado: a) a progressiva ampliação dos danos indenizáveis pelo Estado; b) a progressiva redução dos espaços de omissão estatal legítima.

Em relação ao item *a*, é fácil perceber que caminhamos no sentido da progressiva ampliação das hipóteses de danos indenizáveis. Não só em relação ao Estado, é uma tendência que se observa em toda a responsabilidade civil. Mais intensa, porém, em relação ao Estado. O que ontem não causava responsabilidade civil do Estado, hoje pode causar. É possível que o futuro contemple, entre as ações ou omissões que responsabilizam o Estado, fatos que atualmente nós não nos atreveríamos a colocar como fatores de responsabilização estatal. Basta comparar a jurisprudência brasileira, na linha do tempo, e se verificará a verdade deste enunciado.

Em relação ao item *b* – obviamente, os fenômenos *a* e *b* estão intimamente relacionados, a separação é apenas didática –, cabe dizer que as sociedades contemporâneas, plurais e complexas, exigem uma redefinição das funções do Estado. Uma nova compreensão acerca dos seus deveres. Essa nova compreensão dos seus deveres leva, inevitavelmente, a uma redução dos espaços em que seria aceitável uma omissão estatal. Ao Estado de hoje não se permitem omissões que no passado talvez se permitissem. Em outras palavras: exige-se cada vez mais do Estado que aja. Não qualquer agir, mas um agir cauteloso, eficaz, proporcional[4].

Conforme mencionamos acima, a responsabilidade objetiva do Estado por condutas dos agentes públicos faz parte da tradição constitucional brasileira desde 1946. Uma das inovações da Constituição Federal de 1988 foi a substituição da expressão "funcionários públicos", que constava nas Constituições anteriores, pela expressão "agentes públicos". Por que a mudança de denominação? Havia, na verdade, certa crítica doutrinária, desde meados do século passado, frisando que a expressão "funcionário público" não era a mais adequada. A expressão, no rigor conceitual, significaria alguém que ocupa cargo público, com vencimentos e vínculo estatutário permanente com a administração pública, tendo sido submetido a concurso público. Um dos juristas que propuseram, com ênfase, a mudança, foi o admirável Miguel Seabra Fagundes.

---

4. Nessa ordem de ideias, é necessário, "ao tratar da responsabilidade extracontratual do Estado, apagar o regalismo, de ordem a cuidar dos interesses existenciais legítimos dos cidadãos, na marcha para a performance do Estado apta a honrar seus poderes-deveres, máxime de salvaguarda eficaz dos direitos fundamentais, evitados ou reparados prontamente os danos juridicamente injustos" (FREITAS, Juarez. Responsabilidade Civil do Estado e o princípio da proporcionalidade: vedação de excesso e de inoperância. *Responsabilidade Civil do Estado*. Juarez Freitas (org.). São Paulo: Malheiros, 2006, pp. 170-197, p. 196/197). Pedimos licença para remeter, no mesmo sentido: BRAGA NETTO, Felipe. *Manual da Responsabilidade Civil do Estado à luz da jurisprudência do STF, do STJ, e a teoria dos direitos fundamentais*. Juspodivm, 5 edição.

Quem quer que aja ou se omita em nome do Estado – desde o mais alto mandatário da nação (presidente da República) até o mais modesto trabalhador – pode dar causa à responsabilidade civil do Estado. Não importa que estejamos diante de alguém que é ou não remunerado, alguém cujo vínculo é permanente ou temporário. Se há, de algum modo, vínculo com o Estado, poderá surgir a responsabilidade pelos danos causados. Não é nem mesmo necessário que o agente público esteja em serviço (STF, RE 291.035; RE 163.203). O agente público pode não estar em serviço (estar de folga, de férias, de licença, e até aposentado). O que é essencial à configuração da condição de agente público é que o dano tenha sido provocado *nessa qualidade*.

Se o agente público age de modo incorreto ou abusivo, causando danos aos cidadãos, a responsabilidade estatal se imporá (e o *dever de regresso deverá* acontecer, se houve culpa do agente, sob pena de improbidade administrativa, conforme decidiu o STF no RE 842.846). Aliás, o Plenário do STF, no julgamento em que se discutiu a responsabilização de agentes públicos por atos relacionados às medidas de enfrentamento da pandemia do coronavírus, decidiu: a) conferir interpretação conforme a Constituição ao art. 2º da Medida Provisória (MP) 966/2020 no sentido de estabelecer que, na caracterização de erro grosseiro, deve-se levar em consideração a observância, pelas autoridades: (i) de standards, normas e critérios científicos e técnicos, tal como estabelecidos por organizações e entidades internacional e nacionalmente conhecidas; bem como (ii) dos princípios constitucionais da precaução e da prevenção; e b) conferir, ainda, interpretação conforme a Constituição ao art. 1º da MP 966/2020 (2) para explicitar que, para os fins de tal dispositivo, a autoridade deve exigir que a opinião técnica trate expressamente: (i) das normas e critérios científicos e técnicos aplicáveis à matéria; (ii) da observância dos princípios constitucionais da precaução e da prevenção (ADI 6421, j. 21.05.2020).

Cabe lembrar que o tema da responsabilidade civil do Estado se situa atualmente no campo de discussão teórica sobre a tutela dos direitos fundamentais. A teoria dos direitos fundamentais, a força normativa dos princípios (e sua aplicação direta às relações privadas), a funcionalização social dos conceitos e categorias, a priorização das situações existenciais em relação às patrimoniais, a repulsa ao abuso de direito, tudo isso ajuda a construir a teoria da responsabilidade civil do Estado no século XXI. As características inovadoras do direito no século XXI repercutem fortemente na responsabilidade civil do Estado.

Os direitos fundamentais são um sistema de valores que dão unidade à ordem jurídica. Podemos falar, nesse sentido, em dimensão objetiva dos direitos fundamentais, ou eficácia irradiante. Sabemos que no Estado Liberal os poderes públicos eram vistos, fundamentalmente, como adversários dos direitos fundamentais. Estes eram, portanto, sobretudo direitos de defesa em relação ao Estado. Hoje não basta que os poderes públicos se abstenham de violar tais direitos. Exige-se deles bem mais: exige-se que os protejam de modo ativo contra agressões e ameaças provindas de terceiros[5]. Em conexão teórica com os pontos acima mencionados, está o reconhecimento dos deveres de proteção por parte do Estado.

---

5. Hoje sabemos que muitos atentados a direitos fundamentais – em certos casos, até, gravíssimos – resultam, não do Estado, mas de outros particulares (RIVERO, Jean; MOUTOUH, Huges. *Liberdades públicas*. Trad. Maria Ermantina de Almeida Prado Galvão. São Paulo: Martins Fontes, 2006).

Com o perdão da obviedade, convém lembrar que não podemos, hoje – numa sociedade marcada pela velocidade na transmissão das informações e no simultâneo contato entre todos, ou quase todos –, operar com os mesmos conceitos jurídicos formulados há mais de cem anos. O direito administrativo, por exemplo, em sua formulação tradicional, continuar a trabalhar com conceitos elaborados no tempo em que o Estado tinha, não cidadãos, mas súditos. As lições teóricas, ainda, em grande parte, partem da ótica dos "poderes do administrador", não dos "direitos do cidadão"[6]. Há, nesse sentido, um gosto autoritário em certas lições do direito administrativo tradicional.

Podemos lembrar que as grandes mudanças ocorridas na responsabilidade civil do Estado se deram no silêncio da lei. Isso, aliás, não é propriamente novidade em se tratando da responsabilidade civil. Ocorreu não só com a responsabilidade civil do Estado, mas também com o abuso de direito e a teoria do risco. Os fatos, complexos e velozes, adiantam-se à lei, e forçam a jurisprudência a dar respostas que dialoguem com o novo.

3. OS DEVERES DE PROTEÇÃO POR PARTE DO ESTADO E A QUESTÃO A PARTIR DA AUSÊNCIA DE MEDIDAS PREVENTIVAS (*CARELESNESS*)

Hoje, diante do *princípio da proteção*, próprio da responsabilidade civil do Estado do século XXI, cabe uma postura mais ativa, menos absenteísta, do Estado em relação à saúde dos seus cidadãos[7]. Isso se aplica não apenas quando o Estado, por seus serviços públicos de saúde, presta atendimento. Mas também diante dos abusos nos poderes privados, como cada vez mais se vê por parte dos planos de saúde, cuja atuação vem sendo objeto de progressivas e reiteradas reclamações de seus usuários. O Estado não pode se omitir diante dessas circunstâncias. Nesse contexto, nossa (jovem) democracia constitucional precisa refletir sobre os deveres de proteção dos cidadãos, a cargo do Estado[8].

---

6. Está havendo, em todos os domínios jurídicos, uma releitura dos velhos conceitos à luz dos paradigmas dos princípios e direitos fundamentais. O direito administrativo começa a perceber as mudanças que isso implica em sua disciplina: "Da condição de súdito, de mero sujeito subordinado à administração, o administrado foi elevado à condição de cidadão. Essa nova posição do indivíduo, amparada no desenvolvimento do discurso dos direitos fundamentais, demandou a alteração do papel tradicional da administração pública. Direcionada para o respeito à dignidade da pessoa humana, a administração, constitucionalizada, vê-se compelida a abandonar o modelo autoritário de gestão da coisa pública para se transformar em um centro de captação e ordenação dos múltiplos interesses existentes no substrato social" (BAPTISTA, Patrícia. *Transformações do direito administrativo*. Rio de Janeiro: Renovar, 2003, p. 129-130).
7. A Constituição Federal cuida particularmente da saúde nos artigos 196 e seguintes. Estatui, por exemplo, que a "saúde é direito de todos e dever do Estado, garantido mediante políticas sociais e econômicas que visem à redução do risco de doença e de outros agravos e ao acesso universal e igualitário às ações e serviços para sua promoção, proteção e recuperação" (CF, art. 196). Cabe consignar que a jurisprudência brasileira, na linha de vários precedentes, reconhece que o funcionamento do Sistema Único de Saúde é de responsabilidade solidária da União, dos Estados e dos Municípios, de modo que qualquer um desses entes tem legitimidade *ad causam* para figurar no polo passivo de demanda que objetiva a garantia do acesso a medicamentos para tratamento de problema de saúde (STJ, AgRg no REsp 1.297.893, Rel. Min. Castro Meira, 2ª T, DJ 05/08/2013).
8. Nesse contexto, "o Estado moderno não deve, como no passado, proteger o cidadão tão somente dos ladrões, assassinos e outros malfeitores, mas a sua tarefa de proteção ampliou-se consideravelmente. De fato as dependências e as interações cada vez maiores do ser humano conduziram não só à ampliação das possibilidades de comunicação mas também a uma ampliação dos perigos aos quais o homem está exposto. O Estado é então obrigado a assumir novas tarefas em matéria de proteção" (FLEINER-GERSTER, Thomas. *Teoria Geral do Estado*. Trad. Marlene Holzhausen. Revisão técnica Flávia Portella Puschel. São Paulo: Martins Fontes, 2006, p. 594). Ver também: GRIMM, Dieter. A função protetiva do Estado. Trad. Eduardo Mendonça. *A Constitucionalização do Direito: fundamentos teóricos e aplicações específicas*. Cláudio Pereira de Souza e Daniel Sarmento (Orgs). Rio de Janeiro: Lumen Juris, 2007, p. 160.

A proteção dos direitos fundamentais, inclusive contra agressões não estatais, não pode permanecer em nível retórico. É preciso que estejamos atentos para evitar a reprodução de um velho vício: muita retórica e pouca efetividade. É inegável que certas orientações jurisprudenciais não conferem *nenhuma eficácia concreta ao discurso da solidariedade*. Não se trata de formular uma orientação fundamentalista do dever do Estado indenizar, mas apenas de reconhecer que estão sendo redefinidos os espaços em relação aos quais a omissão estatal é legítima[9].

Convém destacar, desde já, que a responsabilidade civil objetiva, sem culpa, já faz parte da tradição constitucional brasileira desde a Constituição de 1946. Poucos países constitucionalizaram a matéria, como o Brasil. Isso traz consequências interpretativas relevantes (que, porém, nem sempre são adequadamente desenvolvidas). Outro aspecto que pode ser frisado: hoje há um olhar doutrinário pacífico no sentido de que a responsabilidade civil do Estado na formulação objetiva iniciou-se no Brasil em 1946. Porém isso é uma visão atual, com olhos de hoje. Nas décadas seguintes à implementação normativa da novidade (isto é, nas décadas de 40, 50 e 60 do século passado), juristas e tribunais ainda hesitavam, isto é, nem sempre aceitavam que a Constituição de 1946 tivesse trazido uma responsabilidade sem culpa para a matéria. Isso é um exemplo simples que evidencia como o direito é construção cultural: a norma não é a letra da lei (dizemos isso pedindo perdão pela obviedade). A norma jurídica resulta da atribuição de sentido – geração após geração –, aos textos legais, culturalmente falando. Muitos dos mais importantes avanços jurídicos se dão no silêncio da lei (ou *apesar* dela).

Juarez Freitas, por exemplo, argumenta que "o Estado brasileiro precisa ser responsável pela eficácia direta e imediata dos direitos fundamentais, já em suas obrigações negativas, já em suas dimensões prestacionais. Será, nessa perspectiva, proporcionalmente responsabilizável, tanto por ações como por omissões, admitida a inversão do ônus da prova da inexistência do nexo causal a favor da suposta vítima"[10]. Em outro artigo o jurista lembra que "os requisitos da responsabilidade estatal objetiva compõem, em grandes traços, uma tríade: a existência de dano material ou imaterial, juridicamente injusto e desproporcional; o nexo causal direto e, finalmente, a conduta omissiva ou comissiva do agente da pessoa jurídica de direito público ou de direito privado prestadora de serviço

---

9. A questão "assume um relevo extraordinário diante do contexto de exclusão e violência em que está mergulhada a sociedade brasileira. Basta pensarmos na dramática situação vivenciada pela legião de pessoas humildes e trabalhadoras, residentes em favelas dominadas por quadrilhas de traficantes, e por isso sujeitas ao poder de um verdadeiro "Estado Paralelo". A sua liberdade de ir e vir, cerceada por frequentes *toques de recolher*, impostos pela marginalidade; o seu direito à vida, ameaçado por constantes tiroteios e balas perdidas, exigem não uma abstenção, mas um comportamento ativo dos Poderes Públicos, que têm a obrigação de intervir para proteger os direitos humanos destes sofridos cidadãos" (SARMENTO, Daniel. *Direitos Fundamentais e Relações Privadas*. Rio de Janeiro: Lumen Juris, 2004, p. 168).
10. FREITAS, Juarez. A Constituição, a responsabilidade do Estado e a eficácia direta e imediata dos direitos fundamentais. SAMPAIO, José Adércio Leite (Coord.). *Constituição e crise política*. Belo Horizonte: Del Rey, 2006, pp. 381-401, p. 381. O jurista, um pouco depois, lembra com exatidão: "A omissão causa o dano injusto que se consuma pelo não-cumprimento do dever estatal incontornável. Não há, com a devida vênia, nada substancial que justifique tratamento radicalmente distinto entre ações e omissões, no modelo constitucional brasileiro: *a responsabilidade é proporcional*, seja por ações, seja por omissões danosas por agentes das pessoas jurídicas de direito público e de direito privado prestadoras dos serviços de titularidade do Poder Público". Sempre entendemos – e sempre defendemos essa posição em nossos livros – que a responsabilidade civil do Estado é objetiva, seja nas ações, seja nas omissões. O STJ, porém, tem repetido, em seus acórdãos, que a responsabilidade civil do Estado é *subjetiva* nas omissões.

público, nessa qualidade"[11]. Percebe-se, desse modo, que a proporcionalidade permeia boa parte da responsabilidade civil (havendo dever de indenizar, portanto, quando houver dano injusto e desproporcional). A proporcionalidade, além disso, por certo, também repercute na quantificação dos danos. Talvez possamos dizer que a responsabilidade estatal, hoje, não é apenas objetiva. É proporcional e objetiva, não distinguindo entre ações e omissões, e fortemente informada pelo princípio da solidariedade social[12].

Já que mencionamos a responsabilidade civil do Estado, convém destacar que hoje o Estado é obrigado não apenas a se abster de violar direitos fundamentais. Ele deve, além disso, agir – de modo proporcional e eficiente – para proteger os bens jurídicos fundamentais de agressões realizadas por outros agentes privados. Vivemos, hoje, a fase histórica do *Estado como garantidor de direitos fundamentais*. Isso nos leva à seguinte conclusão (uma das muitas possíveis): o Estado poderá ser civilmente responsável se não tiver atuado, com proporcionalidade e eficiência, para garantir os direitos fundamentais do cidadão em determinado caso concreto.

Semanas antes da explosão da pandemia, houve chuvas e enchentes que provocaram danos graves por grande parte do Brasil (sobretudo em Minas, São Paulo e Rio de Janeiro). Uma tragédia coletiva, muitas tragédias individuais. Seja nesse caso, seja no caso da pandemia do coronavírus, cabe analisar – muito brevemente – a questão a partir da ausência de medidas preventivas (*carelesness*). A ausência de medidas preventivas pode, em determinado caso concreto, ser fator relevante para a imposição do dever de indenizar. Seja do Estado, seja dos particulares. O hotel, por exemplo – situado em região com alta incidência de raios, com casos anteriores de hóspedes atingidos –, tem o dever de alertar acerca dessas ocorrências, sugerindo cautelas e cuidados específicos. O mesmo ocorre, em múltiplas situações, em relação ao Estado. Se, por exemplo, o município sabe ou deveria saber que determinada ciclovia pode desabar – como aconteceu no Rio de Janeiro, matando duas pessoas (detalhe: a ciclovia, que custou mais de 2 milhões de reais, faria parte do legado olímpico, e caiu *ainda antes* das Olimpíadas) – e não a interdita e não toma medidas preventivas imediatas para evitar o dano, são circunstâncias que só potencializam (o já absurdo) dano. O mesmo raciocínio se aplica a inúmeras situações. Basta lembrar que a curva na evolução da doença, tomando como observação países que no início tinham mais casos (China e Itália, por exemplo, pelo menos inicialmente), mostra que a curva se tornou ascendente na Itália porque o governo italiano demorou a tomar medidas (fechar o comércio, restaurantes etc.). Isso é que foi o fator determinante da explosão da pandemia por lá. Por exemplo, medir a temperatura dos passageiros e fazer triagem nos aeroportos – sobretudo de voos que chegam de lugares em situação mais crítica, como Itália, Espanha e, mais recentemente, Estados Unidos – é o mínimo que se espera de um Estado razoavelmente organizado.

---

11. FREITAS, Juarez. A responsabilidade extracontratual do Estado e o princípio da proporcionalidade: vedação de excesso e de omissão. *Revista de Direito Administrativo*. Rio de Janeiro, n. 241, 2005, pp. 21/37, p. 28.
12. Nesse sentido, "a solidariedade social, na juridicizada sociedade contemporânea, já não pode ser considerada como resultante de ações eventuais, éticas ou caridosas, pois se tornou um princípio geral do ordenamento jurídico, dotado de força normativa e capaz de tutelar o respeito devido a cada um" (MORAES, Maria Celina Bodin de. *Danos à pessoa humana*. Rio de Janeiro: Renovar, 2003, p. 115-116).

Uma visão filosoficamente bem fundada da responsabilidade civil do Estado percebe que os riscos da atividade estatal não podem ser suportados pelo cidadão. Não será ele, sozinho, vítima infeliz de um dano, que deverá pagar a conta. A responsabilidade civil, há tempos, não é novidade, tem deslocado seu eixo de análise: da culpa ao risco. Convém, ainda, neste passo, fazer um registro. A responsabilidade civil caminha no sentido de proteger, de modo prioritário, a vítima do dano[13]. Nota-se, nas últimas décadas, um claro movimento nesse sentido. Na responsabilidade civil do Estado isso talvez seja ainda mais evidente[14].

Escrevemos em outra oportunidade que em sede de responsabilidade civil, apenas os casos concretos apontarão as respostas adequadas. É temerário afirmar, aprioristicamente, soluções definitivas neste ou naquele sentido (relativamente à configuração do caso fortuito ou força maior). Um *tsunami* que invade a cidade, destruindo imóveis e veículos, não empenhará responsabilidade civil do Estado, sendo exemplo de caso fortuito ou força maior. Porém, atualmente, cabendo ao Estado uma atuação mais ativa para proteger os cidadãos, é possível pensar, em determinados contextos, na responsabilização estatal. Digamos que a ciência permita, com razoável antecedência, saber da chegada dos *tsunamis*. Ainda assim, não houve avisos prévios e eficazes aos cidadãos. Em tese, a responsabilização seria possível.

Caminhamos no sentido de um estreitamento progressivo das hipóteses de caso fortuito ou força maior, como excludentes de responsabilidade civil. O que antes podia ser considerado excludente, talvez hoje não possa. Na responsabilidade civil do Estado, isso se torna ainda mais forte, ainda mais nítido. Ademais, as excludentes de caso fortuito e força maior devem ser severamente filtradas na responsabilidade objetiva. O legislador, nesses casos, optou por proteger a vítima. Não quis deixar dano sem reparação. Imputou a certas pessoas, em decorrência de determinadas circunstâncias, a obrigação de reparar o dano ainda que não tenham agido culposamente. É uma tendência legislativa que traduz o rumo da matéria em todo o mundo.

---

13. Odete Medauar, nesse sentido, aponta que "há um nítido caminho na responsabilidade civil do Estado, sempre em prol da vítima". Adiante, complementa: "A questão da responsabilidade civil do Estado precisa caminhar ainda mais, sempre colocando no centro dos estudos a vítima, que é na verdade a tônica dos estudos que vêm sendo feitos sobre a responsabilidade civil do Estado" (MEDAUAR, Odete. Jornada sobre Gestores Públicos e Responsabilidade Civil na Administração Pública, *Boletim de Direito Administrativo*, 1/1, NDJ, jan. 2004, p. 13). Aliás, há muitas décadas Duez já pressentia com exatidão que os danos causados pelo Estado não devem ser considerados mais "como negócio de um soberano todo poderoso, mas como forma de dar satisfação às necessidades gerais da coletividade. (…) A coletividade, nacional ou local, conforme o caso, assumirá esse encargo" (citado por DIAS, José de Aguiar. *Da Responsabilidade Civil*. Rio de Janeiro: Forense, 1954, p. 61). Paulo Luiz Netto Lôbo, a propósito, contextualiza: "Dos preceitos constitucionais denota-se a preferência pela responsabilidade objetiva, em razão do risco criado ou do risco da atividade, ainda que lícita. As hipóteses tratadas pela Constituição são voltadas essencialmente à afirmação de três valores, que marcam a transformação contemporânea da responsabilidade civil: a primazia do interesse da vítima, a máxima reparação do dano e a solidariedade social" (LÔBO, Paulo. *Direito Civil. Obrigações*. São Paulo: Saraiva, 2011, p. 23).
14. José de Aguiar Dias, escrevendo em meados do século passado, parecia não se conformar com o estado de coisas então existente, que só muito excepcionalmente responsabilizava civilmente o Estado: "Com essa manifestação, deixamos claro nosso ponto de vista, que sustentamos mesmo em face do nosso direito positivo. Como, todavia, reconheçamos estar em minoria, forçoso é informar que a irresponsabilidade do Estado continua dominando em relação aos atos de governo, de polícia, legislativos e judiciários" (DIAS, José de Aguiar. *Da Responsabilidade Civil*. Rio de Janeiro: Forense, 1954, p. 641).

Sabemos que o nexo causal já é considerado um elemento particularmente difícil de ser analisado nas ações. O que dizer das omissões? Aqui, como se pode intuir, as dificuldades ganham em complexidade e extensão. Até que ponto a omissão ingressou como causa do dano? Omissão, aqui, é um conceito normativo, não participa da causalidade física. A omissão só é relevante, juridicamente, como causa do dano, porque existem normas jurídicas – princípios ou regras – que criaram um dever de agir, ou – de modo mais amplo – um dever de proteção, um dever de resguardar certo bem jurídico fundamental. Desse modo, o nexo causal é indispensável até mesmo na responsabilidade civil por omissão. Diz-se, por vezes, que a omissão não pode ser causa de efeitos, porque a inação não muda o mundo exterior. No entanto, essa concepção da causalidade só entre fatos positivos, como adverte Pontes de Miranda, levaria a consequências erradas: "Pode-se assassinar por simples omissão: viu-se aberta a caixa de esgotos de águas pluviais, sabia-se que cairia e morreria quem por ali passasse e, vendo-se aproximar de lá alguém, não se avisou". A jurisprudência brasileira tem avançado. Em determinado caso o cidadão teve sua casa alagada pelas chuvas durante três anos seguintes. No último deles, perdeu tudo (vemos, aliás, essas tristes cenas na televisão com frequência). O STJ manteve a condenação do município de Campinas/SP (STJ, REsp 1.125.304), afirmando, em síntese, que o dano adveio não das cheias dos rios, mas da "obstrução em bocas de lobo", de responsabilidade do município e que, caso estivessem desobstruídas, em tese nada de mais grave ocorreria.

4. CONCLUSÕES: BUSCANDO UMA VISÃO FILOSOFICAMENTE BEM FUNDADA DA RESPONSABILIDADE CIVIL DO ESTADO

Não é exagero dizer que a pandemia do coronavírus, em pouquíssimo tempo, alterou o mundo que conhecíamos até pouco tempo. O mundo é outro, e ninguém sabe bem o que nos espera nos próximos meses ou anos. Este ano de 2020 – que apenas se inicia – para fortíssimo candidato a ficar marcado na história humana como um ano em que aconteceram coisas. Coisas que não esqueceremos, coisas que não exageramos ao chamá-las de históricas, até revolucionárias.

Podemos apontar um ponto central que permeia muitas das discussões atuais: a questão da alocação de riscos. Quem responderá por eles? Boa parte das disputas judiciais futuras talvez tenha relação com a alocação de riscos nesse ou naquele contrato (sobretudo à luz da pandemia). Aliás, a questão dos riscos é fortemente atual. Vivemos dias de autêntica corrida global por vacinas – o plural é pertinente – contra a *covid-19*. Não é difícil prever a complexidade das discussões que (potencialmente) surgirão daí. O sistema jurídico, antes estático e fechado, agora aberto e dinâmico, exige soluções que dialoguem com essa complexidade. Em termos jurídicos, cremos poder afirmar que vivemos tempos, não de certezas, mas de dúvidas (ou pelo menos de mais dúvidas que certezas). Gostemos ou não, nossos dias são assim. Essa incerteza seria possivelmente intolerável para um civilista formado nos padrões mentais dos séculos passados, mas é o ar que respiramos em nossos dias, é o que forma o panorama atual. Lembremos que nas atuais sociedades de risco há – ou deve haver – uma contínua e democrática reavaliação dos riscos que são socialmente aceitáveis (e de quem responde por eles).

As características inovadoras do direito no século XXI repercutem fortemente na responsabilidade civil do Estado. É fundamental conjugar o tratamento sistemático do tema aos desafios – novos e complexos – trazidos pelos nossos dias. É natural, talvez seja inevitável, que a responsabilidade civil reflita, nas primeiras décadas do século XXI, o caráter instável desses dias agitados. Não é exagero dizer que estamos diante de um edifício em construção. O direito do século XXI não está (nem poderia) preso a fórmulas rígidas e absolutas. Busca, ao contrário, reflexões contextualizadas, razoáveis, proporcionais. As amplas transformações ocorridas exigem que o direito incorpore a ética e não se mostre tão fechado como costumava ser no passado. Aliás, a noção atual de interesse público está relacionada à promoção de direitos fundamentais. Temos, por exemplo, o direito fundamental não só a um meio-ambiente ecologicamente equilibrado como também em viver numa sociedade sem corrupção (no sentido de uma sociedade que combata, com seriedade e eficiência, a corrupção). Nesse sentido, o STF, em 2020 – ao julgar procedente denúncia do MPF contra ex-deputado por corrupção passiva e lavagem de dinheiro relativamente à Petrobrás – fixou valor mínimo indenizatório a ser pago de forma solidária pelos condenados. A condenação do mínimo indenizatório foi na forma de danos morais coletivos (STF, AP 1002/DF). Os danos morais coletivos atingem, de modo subjetivamente indeterminado, um espectro imenso de pessoas, grupos e instituições. É inegável que atos de corrupção agridem difusamente a sociedade em seus valores fundamentais, merecendo por isso a adequada condenação em danos morais coletivos.

Não é exagero afirmar que a responsabilidade civil tem desempenhado, sob certos contextos, funções de vanguarda, talvez até revolucionárias. Há muitos conceitos e categorias que, funcionalizados, permitem esse novo olhar, essas novas funções para a responsabilidade civil[15]. Talvez caiba lembrar, ainda, que muitas das mais importantes revoluções na responsabilidade civil ocorrem no silêncio da lei. Nos dias que vivemos ganha cada vez mais espaço a solidariedade social. Podemos dizer que a responsabilidade civil é refuncionalizada a partir da solidariedade social (com repercussões na análise do nexo causal, por exemplo, aceitando uma análise mais flexível, ou mesmo aceitando presunções do nexo causal, em certos contextos). A solidariedade, hoje, como princípio jurídico, opõe-se vigorosamente ao individualismo que permeou as práticas jurídicas nos séculos passados. Entre nós, o marco normativo da consagração da solidariedade social foi a Constituição de 1988. Não estamos diante, decerto, da dimensão espiritual ou caritativa da solidariedade, mas em dimensão essencialmente jurídica. O princípio da solidariedade não é oponível apenas ao Estado, mas também aos particulares[16](é, aliás, o que também destaca a tese da aplicação direta dos direitos

---

15. ROSENVALD, Nelson. *As funções da Responsabilidade Civil*. São Paulo: Atlas, 2013. Ver ainda: PIZARRO, Ramón Daniel. *Daño moral*: prevención, reparación, punición, el daño mora en las diversas ramas del derecho. Buenos Aires: Hamurabi, 2000, p. 90.
16. PECES-BARBA MARTINEZ, Gregório. *Teoria dei diritti fundamentali*. Milano: Giuffrè, 1993, p. 256. O mesmo autor – possivelmente inspirado em Benjamin Constan, que realizou célebre paralelismo entre a liberdade dos antigos e a liberdade dos modernos – distinguiu a solidariedade dos antigos e a solidariedade dos modernos. A dos antigos – inspirada, em grande parte, pelo cristianismo – conferiu sentido e sabor ético e religioso à solidariedade (e, por certo, pavimentou o caminho histórico para as novas dimensões que se superporiam à anterior). Já a dos modernos é tida como fundamento dos direitos fundamentais. Peces-Barba frisa que os sentidos atuais da solidariedade relacionam-

fundamentais nas relações privadas). Uma cosmovisão individualista da sociedade reconhece apenas a lógica da competição. O direito civil dos nossos dias – sem desconhecer que a sociedade é, também, o *locus* da competição – opera com a ideia de cooperação, de solidariedade.

Especificamente em relação à responsabilidade civil do Estado, podemos afirmar, como linha de tendência, que a ausência da observância de medidas prévias e razoáveis de cuidado e proteção pode responsabilizar civilmente o Estado, havendo dano[17]. Os exemplos possíveis na atual situação são muitos: pensemos no dano sofrido pelo cidadão que morre por não ter leito ou respirador em número suficiente (tivemos, no Brasil, a insólita situação de um presidente da República que assumiu, por escolha própria, o papel de vilão internacional no que diz respeito ao combate ao vírus e as posições cientificamente aceitas como corretas. Isso sem falar na desautorização, diária e grave, dos atos do seu ministro da Saúde, que adotou uma postura tida como prudente, séria e planejada).

Seja como for não parece haver dúvida que o Estado poderia ser responsabilizado pela morte (ou outros danos) do profissional de saúde que, durante seu trabalho em hospital público, não possui equipamentos de proteção individual e vem a ser contaminado. O dano, na hipótese, está na esfera de risco estatal, e o Estado responde sem culpa (tanto por ações como por omissões, na linha do que sempre defendemos). A prova da culpa estatal é irrelevante (o mesmo se diga acerca de discussões acerca da previsibilidade ou não do dano, isso é irrelevante). Se um preso é morto por companheiros de cela, o Estado responde ainda que prove nos autos que a prisão estaria em excelentes condições impecáveis de lotação e segurança (um sonho, convenhamos). O dano causado aos profissionais de saúde que se infectam por ausência de materiais de proteção se põe como fortuito interno, estando na esfera de risco da atividade estatal[18].

Se em determinado concreto a ausência de medidas estatais prévias estiver conectada com um dano injusto, o dever de indenizar poderá se fazer presente (basta lembrar a ausência da medição de temperatura, a exemplo do que ocorreu em outros países, nos voos que chegavam de outros países, sobretudo Itália e Espanha). No Brasil não houve

---

-se com o fundamento dos direitos humanos, com o fundamento dos deveres jurídicos positivados (e dos direitos difusos e coletivos) e ainda como forma de cooperação social (MARTINEZ, Gregorio Peces-Barba. *Curso de Derechos Fundamentales. Teoria General*. Madrid: Universidad Carlos III, 1995, p. 263 e seguintes).

17. São conhecidos os três subprincípios que orientam e definem o teste, por assim dizer, da proporcionalidade: a) adequação entre meios e fins (*Geeignetheit*); b) necessidade (*Erforderlichkeit*); c) proporcionalidade em sentido estrito. Juarez Freitas, estudioso da questão, pondera que "a reprovação no teste tríplice da proporcionalidade acarreta o dever de indenizar" (FREITAS, 2006, p. 176). Em outra passagem, Juarez Freitas menciona – em artigo emblematicamente intitulado *Responsabilidade civil do Estado e o princípio da proporcionalidade: vedação de excesso e de inoperância* – que "a doutrina da responsabilidade extracontratual do Estado precisa ser reequacionada para, a um só tempo, incentivar o cumprimento dos deveres prestacionais e reparar os danos injustos gerados pela crônica omissão das autoridades públicas". FREITAS, Juarez. Responsabilidade Civil do Estado e o princípio da proporcionalidade: vedação de excesso e de inoperância. In: *Responsabilidade Civil do Estado*. Juarez Freitas (org.). São Paulo: Malheiros, 2006, pp. 170-197, p. 170.
18. Ana Frazão anota que "fica claro que as excludentes de responsabilidade apenas poderão ser consideradas como tal, para o fim de afastar a imputação, quando forem consideradas estranhas ao risco". FRAZÃO, Ana. Risco da empresa e caso fortuito externo. *Civilística*. a 5, n. 1, 2016, p. 23. No mesmo sentido: FARIAS, Cristiano Chaves; BRAGA NETTO, Felipe; ROSENVALD, Nelson. *Novo Tratado de Responsabilidade Civil*. São Paulo, Saraiva, 2019, 5 edição.

nada disso nem mesmo quando os aeroportos ainda estavam abertos. Caminhamos, é fato, estamos caminhando, em direção a um progressivo estreitamento das hipóteses excludentes de responsabilidade civil. O que antes não ensejava responsabilidade civil do Estado, hoje pode ensejar. Trata-se de clara linha histórica. Convém registrar, a propósito, que cidadãos silenciosos podem ser ótimos para governantes autoritários, mas são desastrosos para uma democracia[19].

5. REFERÊNCIAS

BAPTISTA, Patrícia. *Transformações do direito administrativo*. Rio de Janeiro: Renovar, 2003.

BRAGA NETTO, Felipe. *Manual da Responsabilidade Civil do Estado à luz da jurisprudência do STF, do STJ, e a teoria dos direitos fundamentais*. Juspodivm, 5ª edição.

CAHALI, Yussef Said. *Responsabilidade Civil do Estado*. São Paulo: RT, 2007, 3ª edição.

DAHL, Robert A. *Sobre a Democracia*. Tradução Beatriz Sidou. Brasília: UNB, 2001.

DIAS, José de Aguiar. *Da Responsabilidade Civil*. Rio de Janeiro: Forense, 1954.

DIMOULIS, Dimitri; MARTINS, Leonardo. *Teoria Geral dos Direitos Fundamentais*. São Paulo: Atlas, 2012.

FARIAS, Cristiano Chaves; BRAGA NETTO, Felipe; ROSENVALD, Nelson. *Novo Tratado de Responsabilidade Civil*. São Paulo, Saraiva, 2019, 5ª edição.

FLEINER-GERSTER, Thomas. *Teoria Geral do Estado*. Trad. Marlene Holzhausen. Revisão técnica Flávia Portella Puschel. São Paulo: Martins Fontes, 2006.

FREITAS, Juarez. Responsabilidade Civil do Estado e o princípio da proporcionalidade: vedação de excesso e de inoperância. *Responsabilidade Civil do Estado*. Juarez Freitas (org.). São Paulo: Malheiros, 2006, pp. 170-197.

FREITAS, Juarez. A responsabilidade extracontratual do Estado e o princípio da proporcionalidade: vedação de excesso e de omissão. *Revista de Direito Administrativo*. Rio de Janeiro, n. 241, 2005, pp. 21/37.

FREITAS, Juarez. A Constituição, a responsabilidade do Estado e a eficácia direta e imediata dos direitos fundamentais. SAMPAIO, José Adércio Leite (Coord.). *Constituição e crise política*. Belo Horizonte: Del Rey, 2006, pp. 381-401.

GANDINI, João Agnaldo Donizete; SALOMÃO, Diana Paola. A responsabilidade civil do Estado por conduta omissiva. *Revista Forense*, v. 386, julho/agosto de 2006, Rio de Janeiro: Forense, pp. 129-151.

MEDAUAR, Odete. Jornada sobre Gestores Públicos e Responsabilidade Civil na Administração Pública, *Boletim de Direito Administrativo*, 1/1, NDJ, jan. 2004.

MONTEIRO FILHO, Carlos Edison do Rêgo. Problemas de responsabilidade civil do Estado. *RTDC*, v. 11, jul/set 2002, pp. 35-65p.

MORAES, Maria Celina Bodin de. O princípio da solidariedade. In: PEIXINHO, Manoel Messias; GUERRA, Isabela Franco; NASCIMENTO FILHO, Firly (coord.). Os princípios da Constituição de 1988. Rio de Janeiro: Lumen Juris, 2001, pp. 167-206.

MULHOLLAND, Caitlin Sampaio. *A responsabilidade civil por presunção de causalidade*. Rio de Janeiro: GZ, 2010.

PECES-BARBA MARTINEZ, Gregório. *Teoria dei diritti fundamentali*. Milano: Giuffrè, 1993.

---

19. DAHL, Robert A. *Sobre a Democracia*. Tradução Beatriz Sidou. Brasília: UNB, 2001, p. 110.

PIZARRO, Ramón Daniel. *Daño moral*: prevención, reparación, punición, el daño mora en las diversas ramas del derecho. Buenos Aires: Hamurabi, 2000.

RIVERO, Jean; MOUTOUH, Huges. *Liberdades públicas*. Trad. Maria Ermantina de Almeida Prado Galvão. São Paulo: Martins Fontes, 2006.

ROSENVALD, Nelson. *As funções da Responsabilidade Civil*. São Paulo: Atlas, 2013.

SARMENTO, Daniel. *Direitos Fundamentais e Relações Privadas*. Rio de Janeiro: Lumen Juris, 2004.

DIREITO DE DANOS, POLÍTICAS PÚBLICAS E A COVID-19: A PANDEMIA QUE EXIGE UM NOVO CONCEITO DE RESPONSABILIDADE CIVIL

Alexandre Pereira Bonna

Doutor em Direito (UFPA), com sanduíche na University of Edinburgh. Mestre em Direito (UFPA). Professor do CESUPA e FACI-WYDEN. Advogado.

Sumário: 1. Introdução – 2. Prevenção e/ou reparação de danos patrimoniais ou existenciais como escopo do direito de danos – 3. Políticas públicas e sua necessária conexão com a prevenção ou reparação de danos – 4. Políticas públicas diante da Covid-19: uma análise a partir das categorias do direito de danos – 5. Conclusão – 6. Referências.

1. INTRODUÇÃO

O surgimento e espraiamento do coronavírus (COVID-19) em meados de dezembro de 2019, declarado como pandemia pela Organização Mundial da Saúde (OMS), representa um momento singular na história humanidade e que mudou drasticamente o modo de vermos o mundo e as relações interpessoais nele inseridas, na medida em que apresentou desafios a nível global nas mais diversas dimensões: jurídica, política, legislativa, sanitária, médica, econômica, tecnológica, industrial, de engenharia, etecetera.

Nesse desiderato, é relevante traçar um pano de fundo teórico acerca do direito de danos e sua interface com as políticas públicas nesse cenário atípico ocasionado pelo crescimento desenfreado do número de infectados e mortos pela COVID-19[1], especialmente visando a abordar quais vetores (prevenção/reparação, dano existencial/dano material e qual bem jurídico a ser protegido ou promovido) devem orientar a tomada de decisões, tanto antes quanto depois da lesão. Destarte, espanca-se desde logo a ideia de que o direito de danos só existe na presença do ato ilícito e nexo causal e a COVID-19 serve para intensificar a amplitude desse instituto do direito.

Nesta senda, o presente artigo parte do pressuposto de que o vocábulo responsabilidade civil deve ser substituído por direito de danos, no sentido de representar um campo do direito dedicado a impedir e/ou remediar os danos, tanto o dano-evento (caracterizado pela violação de um dever na ordem jurídica) quanto o dano-prejuízo (calcado nas consequências danosas materiais ou existenciais geradas pelo dano-evento) nos mais diversos campos de atuação: direito ambiental, direito de família, direito processual, di-

---

1. 45.475.639 de infectados e 1.187.014 mortes no mundo; 5.519.528 infectados e 159.562 mortos no Brasil. Fonte: https://en.wikipedia.org/wiki/Template:COVID-19_pandemic_data. Acesso em: 30 de outubro de 2020.

reito do consumidor, direito do trabalho, direito tributário, direito administrativo, direito coletivo, direito constitucional, direitos humanos, filosofia, ética e políticas públicas[2].

Assim, as leis, as decisões judiciais, as políticas públicas e as práticas sociais em seu sentido amplo, na medida em que cuidem da distribuição dos encargos e direitos relativos aos danos existenciais ou materiais, visando a prevenção ou reparação/compensação dos mesmos, estar-se-á diante dessa categoria denominada de direito de danos. Nessa linha, as políticas públicas, entendidas como diretrizes voltadas para o enfrentamento de um problema público, podem estar no campo da reparação (ex: auxílio financeiro para autônomos) ou da prevenção de danos (ex: determinação de isolamento social), de modo que quanto mais o elaborador de políticas públicas conhecer essas bases, mais preparado estará para esse enfrentamento de problemas públicos relativos a danos existenciais ou patrimoniais. Ademais, política pública é gênero do qual são espécies leis, campanhas, multas, prêmios, obras, etecetera.

Assim, políticas públicas são programas de ação governamental voltados à concretização de direitos. Considerando-se hoje a abrangência dos direitos funda- mentais, que em sucessivos pactos internacionais, depois ratificados e internados nas ordens jurídicas nacionais, vêm sendo ampliados (BUCCI, 2001, p. 13) é preciso realçar a importância da interdisciplinariedade no direito com políticas públicas, pois alguns institutos e categorias tradicionais do direito – como o direito de danos – hoje rarefeitos buscam novo sentido ou nova força restabelecendo contato com outras áreas do conhecimento (BUCCI, 2001, p. 5).

Portanto, esta pesquisa tem por objetivo mostrar a base teórica que estabelece esse alcance do direito de danos (prevenção ou reparação de danos por meio de políticas públicas), dentro de um compromisso assumido pelo Brasil na ordem jurídica doméstica e internacional de proteção de bens jurídicos, visando a elastecer o que se entende por direito de danos (ou responsabilidade civil). Ao final, o trabalho dedica-se à análise das políticas públicas já realizadas diante da COVID-19, realizando um cotejo com as premissas teóricas desenvolvidas. Ressalta-se que a pesquisa não visa elencar as políticas públicas mais adequadas para o enfrentamento do vírus, pois tal pesquisa seria inviável diante das diversas áreas do conhecimento humano envolvidas e particularidades de cada local. Também não tem como escopo trazer respostas para os mais diversos problemas jurídicos trazidos pela COVID-19: proteção de dados pessoais; dever de reparar danos ou revisão de cláusulas contratuais; conflito de competência legislativa entre entes federativos sobre medidas contra o vírus; questões relativas à área tributária e trabalhista, etecetera. O ponto central do artigo é discorrer sobre os vetores que consciente ou inconscientemente orientaram as tomadas de decisões de prevenção ou reparação de danos no campo das políticas públicas no Brasil diante da COVID-19.

Sublinha-se que o estudo possui relevância tanto no campo da orientação de gestores públicos como no tocante ao aspecto descritivo do que pode ocorrer em outras situações semelhantes, demonstrando a importância da formação de uma agenda (programas,

---

2. Nessa toada, destaca-se o trabalho desenvolvido pelo Instituto Brasileiro de Estudos de Responsabilidade Civil – IBERC, o qual, em congressos e obras coletivas tem abordado as múltiplas fronteiras do direito de danos.

leis, orçamento) visando a formular alternativas adequadas à prevenção de danos diante de problemas dessa natureza, que afetam a saúde pública e a economia. Para tanto, na primeira parte será explicado o liame entre o direito de danos e a prevenção e reparação de danos. Em um segundo momento, a pesquisa mostrará a relação necessária entre políticas públicas e o ideal de prevenção e reparação de danos, o qual está conectado com os propósitos e valores que o Estado deve perseguir diante da ordem jurídica interna e internacional, concluindo com exemplos de políticas públicas relacionadas a COVID-19 e sua respectiva fundamentação em direito de danos.

2. PREVENÇÃO E/OU REPARAÇÃO DE DANOS PATRIMONIAIS OU EXISTENCIAIS COMO ESCOPO DO DIREITO DE DANOS

O direito de danos, conforme visto na introdução, é uma categoria que visa a impedir/prevenir ou reparar danos sofridos, sejam danos patrimoniais (que atingem, por exemplo, o salário, a renda ou bens adquiridos no mercado), sejam danos existenciais (que afetam bens extrapatrimoniais protegidos juridicamente, como a liberdade, a igualdade, a vida, a saúde, a honra, a privacidade etc.). Estes últimos são bens que se possui pela condição de ser humano, ou seja, não são adquiridos ao longo da vida e estão mais intimamente relacionados ao florescimento humano, à realização integral, pois sem os mesmos não é possível viver uma vida bem vivida e razoável. É, claro, vale destacar, que a propriedade privada, o emprego e o trabalho também são direitos humanos, e, em tempos de pandemia verifica-se que a proteção de bens patrimoniais também é essencial para a preservação da dignidade humana.

Vale firmar a posição da presente pesquisa no sentido de que o direito de danos pode desenvolver de forma autônoma apenas prevenção de danos. Desde a consolidação da responsabilidade civil como um ramo autônomo do direito civil, doutrina e jurisprudência vinham formando uma voz uníssona quanto a umbilical relação entre responsabilidade civil e a constatação do elemento dano, como consequência do princípio de não lesar outrem (*neminem laedere*), sendo inócuo falar em obrigação de reparar (responsabilidade civil) o dano sem a existência do mesmo, como destacam Sérgio Cavalieri Filho[3] e Silvano José Gomes Flumignan[4]: sem o respectivo dano-prejuízo nenhuma importância terá a violação abstrata de interesses juridicamente protegidos, porque "o dano-consequência será o objeto da pretensão ressarcitória. Sem a consequência danosa, pode haver até a responsabilidade penal, a civil jamais"[5].

Contudo, apesar da coerência dessa corrente com os pressupostos por ela traçados, ousa-se discordar diante da matiz constitucional inaugurada a partir da Constituição

---

3. Se o motorista, apesar de ter avançado o sinal, não atropela ninguém, nem bate em outro veículo; se o prédio desmorona por falta de conservação pelo proprietário, mas não atinge nenhuma pessoa ou outros bens, não haverá o que indenizar. (...) O ato ilícito nunca será aquilo que os penalistas chamam de crime de mera conduta; será sempre um delito material, com resultado de dano. Sem dano pode haver responsabilidade penal, mas não há responsabilidade civil. (CAVALIERI FILHO, Sérgio. Programa de responsabilidade civil. 10. ed. São Paulo: Atlas, 2012, p. 76-77).
4. FLUMIGNAN, Silvano José Gomes. Dano-evento e dano-prejuízo. Dissertação de mestrado. São Paulo: USP, 2009.
5. FLUGMINAN, Silvano José Gomes. Dano-evento e dano-prejuízo, p. 124.

Federal de 1988, quando será possível defender a suficiência do dano-evento para a atuação de mecanismos de prevenção de danos, especialmente no caso do presente artigo, em que se está diante de uma pandemia inesperada e altamente danosa, não devendo os poderes públicas esperarem o leite ser derramado para adotar medidas de prevenção de danos. E verdade, tal conclusão só é possível porque o presente artigo considera que o direito de danos está presente em políticas públicas e, nesse sentido, não são necessários os elementos dano, ato ilícito ou nexo causal. Em tempos de pandemia ou situações similares, em razão dos compromissos assumidos pelo Brasil perante a ordem jurídica interna e internacional, há uma obrigação de prevenir danos.

Nesse viés, ao indagar sobre a possibilidade de responsabilidade civil sem dano, Cristiano Chaves de Farias, Felipe Peixoto Braga Netto e Nelson Rosenvald afirmam que a resposta será negativa se o pressuposto for em termos de responsabilidade civil clássica no sentido de reparar danos injustos, pressuposto assentado há três séculos. De fato, em uma perspectiva puramente reparatória, impossível defender uma responsabilidade sem dano, porque a responsabilidade civil se resumiria a reparar e nada mais[6].

A possibilidade de assentar o direito de danos em um pilar diverso do unicamente reparatório se solidifica dentro de uma revisão mais ampla à luz da Constituição, tornando possível a responsabilidade civil desempenhar funções diversas da reparatória, como reflexo das novas exigências advindas da falência do modelo jurídico liberal. Mais que isso, permite lançar um olhar para o direito de danos para além das relações interpessoais marcadas pelo ato ilícito e nexo causal, haja vista que o Estado assumiu o compromisso de zelar por bens patrimoniais e existenciais.

Destarte, iniciou-se um movimento constitucional atento às exigências sócio-econômico-culturais, tão carentes no modelo jurídico liberal, sendo a Constituição Federal de 1988 no Brasil um exemplo disso, ao impor o comando ético de respeito à dignidade da pessoa humana como dever jurídico (art. 1º, III); ao estabelecer como um de seus objetivos a redução das desigualdades sociais e a promoção do bem de todos (art. 3º, III e IV); ao prever a inviolabilidade de interesses existenciais do ser humano (art. 5º, V e X); ao exigir que a propriedade cumpra a sua função social (art. 5º, XXIII); ao prever a proteção de inúmeros direitos sociais (arts. 6º a 11º); ao estabelecer como dever do Estado a proteção do consumidor e estipular que a ordem econômica deve observar a defesa do consumidor (arts. 5º, XXXII e 170, V).

Assim, a interpretação e construção do direito civil deve ser influenciada pelos ditames constitucionais, se tornando instrumento para a realização dos bens humanos básicos, como explica Sebastián Ernesto Tedeschi[7]. Nesta perspectiva, as categorias clássicas do direito de danos passam a ganhar releitura e redimensionamento para ter a

---

6. FARIAS, Cristiano Chaves de; BRAGA NETTO, Felipe Peixoto; ROSENVALD, Nelson. Novo Tratado de responsabilidade civil. São Paulo: Atlas, 2015, p.57.
7. De un derecho privado construido sobre la base de la parte general y el derecho de las obligaciones del derecho civil hemos passado al fenómeno inverso. Podemos mencionar la crisis de la noción de persona, que recibió el impacto de la genética creando nuevos status jurídicos; los derechos personalíssimos, que surgen em los tratados y constituciones, y desde allí penetran en los códigos (TEDESCHI, El Waterloo del Código Civil Napoleónico: una mirada crítica a los fundamentos del Derecho Privado Moderno para la construcción de sus nuevos princípios generales. In: COURTIS, Christian. Desde outra mirada, p. 169/170).

sua atuação em harmonia com os interesses existenciais e patrimoniais protegidos pela Carta Magna e por tratados internacionais. É justamente nesse contexto que o direito de danos deve se revelar como instrumento de efetividade da dignidade humana, solidariedade social e justiça distributiva, nos casos onde restar caracterizada a violação de direitos e/ou interesses juridicamente protegidos no plano abstrato (dano-evento) sem a consolidação da consequência lesiva (dano-prejuízo).

No mesmo sentido, o direito de danos atua como um mecanismo de efetivação da solidariedade social e mecanismo de efetivação da Justiça Distributiva, seja no campo privado ou público medidas sejam tomadas para atingir o bem comum e contribuir para uma justa distribuição de encargos na sociedade. Portanto, o direito de danos não é apenas um instrumento da justiça comutativa – tendo por objeto a reposição de perdas injustamente causadas – mas também de justiça distributiva, entendida como o conjunto de exigências de colaboração que intensificam o bem-estar e as oportunidades de florescimento do ser humano[8].

Trocando em miúdos, a justiça distributiva parte do pressuposto de que não são todos os seres humanos que possuem as condições essenciais para o florescimento e atualização de suas potencias (realização de projetos de vida), motivo pelo qual para que se persiga o ideal de que todos alcancem a sua felicidade a partir da efetivação dos bens humanos básicos (que numa linguagem jurídica são os bens juridicamente protegidos como a igualdade, honra, privacidade, saúde, vida, liberdade etc.) deve haver – em uma sociedade extremamente desigual – uma efetiva colaboração das pessoas, sendo o papel da justiça distributiva coordenar o a distribuição de recursos, oportunidades, lucros, ônus, vantagens, papeis, responsabilidades, e encargos[9].

O direito de danos é sim um problema também de justiça distributiva, pois deve ser motivo de reflexão por parte dos juízes, advogados, defensores, legisladores e gestores públicos – à luz dos novos comandos constitucionais, possibilitando o fomento do bem comum e dos bens humanos básicos na medida em que inibe/atua situações presentes potencialmente causadora de dano-prejuízo futuro ou reparar danos já causados. Esse esquema busca garantir a justiça distributiva para compensar todos que sofrem dano no curso da vida ao passo que a justiça comutativa visa apenas a reparar/compensar alguém que sofreu um dano-prejuízo de outrem, eis que assentada no viés eminentemente reparatório.

3. POLÍTICAS PÚBLICAS E SUA NECESSÁRIA CONEXÃO COM A PREVENÇÃO OU REPARAÇÃO DE DANOS

Salienta-se o poder do Estado é uno, de modo que as funções legislativa, executiva e judicante estão imbrincadas na tarefa de promover os objetivos traçados pela ordem jurídica. Assim, a política pública envolve as múltiplas formas de atuação do Estado visando a alcançar seus objetivos (BUCCI, 2006, p. 37) e envolvem necessariamente a realização de direitos fundamentais por meio dos diversos órgãos e poderes do Estado.

---
8. FINNIS, John. Lei natural e direitos naturais. Trad. Leila Mendes. São Leopoldo: Unisinos, 2007, p.165.
9. FINNIS, John. Lei natural e direitos naturais, p. 167-173.

Portanto, "nenhuma política pública pode violar os direitos fundamentais, porquanto tal representa a transgressão dos próprios objetivos do Estado. Todas as condutas desenvolvidas pelo poder estatal devem objetivar a efetivação de direitos fundamentais" (CANELA JUNIOR, 2009, p. 42).

Estabelecida essa base, o artigo irá abordar uma questão fundamental em tempos de COVID-19: a de que o direito de danos determina e obriga um compromisso do Estado, por meio de políticas públicas, no sentido de prevenir e reparar danos, especialmente em situações de calamidade pública como a advinda com a COVID-19. Há um liame entre os direitos humanos no plano internacional e os bens existenciais no plano interno, pelo que deve ser perquirida uma ruptura da dicotomia clássica entre direito interno e direito internacional, para reconhecer que ontologicamente os danos perpetrados são muitas vezes idênticos ou até mais graves que aqueles cometidos pelo Estado. Além disso, a evolução histórica dos direitos fundamentais na experiência europeia e latina demonstra que a dogmática das Constituições incorporou a proteção de bens jurídicos essenciais e supremos para uma vida plena do ser humano previstos em documentos internacionais, bens estes dignos de inviolabilidade por outras pessoas ou pelo Estado, os quais devem nortear todo o conjunto normativo constitucional e infraconstitucional. Sendo assim, fica claro que a proteção da pessoa humana no plano internacional ou no plano interno revela que esse é o valor da mais alta hierarquia em qualquer ordenamento jurídico.

Por esse motivo, John Finnis sustenta que as declarações de direitos humanos representam tentativa de concretização dos contornos do bem comum e dos bens humanos básicos, manifestando preocupação com diversos aspectos do bem individual em suas dimensões básicas, motivo pelo qual a responsabilidade moral de respeitar os bens humanos básicos se convolou em responsabilidade jurídica e, graças ao arcabouço jurídico, tal ideal se tornou possível e potencializado tendo em vista a faceta coercitiva do Direito, que para além de promover tais bens, delibera em pormenores e detalhes, mergulhando nas mais diversas peculiaridades para uma plena realização humana e construção de uma comunidade que atenda ao bem comum (2007, p. 195/213).

Assim, embora nem todo direito seja comum aos seres humanos em razão de cada particularidade dos sistemas jurídicos, há aqueles que cada membro da humanidade está apto a desfrutar pelo simples fato de sua condição humana, merecendo a sua inerente dignidade, não sendo um "status a ser conferido, mas sim uma realidade a ser reconhecida e protegida, pois tais bens são desejáveis por mim e por todos aqueles que compartilham comigo a experiência humana, devendo ser esta a tese essencial da moralidade e da política" (FINNIS, 2008, p. 176). Não é à toa que uma investigação profunda e comprometida da experiência ocidental no trato com o que se chama no Brasil e no mundo latino de dano moral e nos países anglo-saxões de "non-pecuniary damages" a partir de obras de juristas do Brasil[10], Espanha[11], México[12], Estados Unidos[13], Canadá[14], Grã-Bretanha[15] e da Europa em geral[16] permitirá inferir que bens como a honra, vida, saúde, liberdade, igualdade, integridade psíquica, integridade física, privacidade e sentimentos ligados a perda de entes queridos são comuns a todos os sistemas jurídicos ocidentais em matéria de direito de danos.

Assim, o valor da dignidade da pessoa humana pode nortear os direitos da personalidade (previstos no Código Civil), os direitos fundamentais (previstos na Constituição), assim como todo o emaranhado normativo no campo do direito internacional dos direitos humanos, servindo de apoio para a investigação dos interesses existenciais ou materiais dignos de tutela, especialmente porque os principais tratados e pactos foram devidamente ratificados pelo Brasil, como no caso dos exemplos abaixo, os quais possuem diversos interesses protegidos que tem pertinência com os danos ocasionados pela pandemia: emprego, trabalho, renda, saúde, vida etc.

- Convenção Internacional sobre os direitos das pessoas com deficiência
- Convenção contra a tortura e outros tratamentos ou penas cruéis, desumanos ou degradantes
- Convenção sobre os direitos da criança
- Convenção sobre a eliminação de todas as formas de discriminação contra a mulher
- Convenção sobre a eliminação da discriminação racial
- Pacto internacional sobre direitos econômicos, sociais e culturais
- Pactos de direitos civis e políticos

Pensar na interface entre direitos humanos e o direito de danos no plano interno pode parecer confusa, uma vez que tradicionalmente os direitos humanos são vistos como instrumento que insere pessoas de diversos países na categoria de sujeito de direito perante a ordem jurídica internacional, possibilitando a responsabilização de Estados (e não de pessoas físicas ou jurídicas de direito privado) por danos causados omissiva

---

10. ASSIS NETO, S. J de. Dano moral: aspectos jurídicos. Araras: Bestebook, 1998; BITTAR, Carlos Alberto. Reparação civil por danos morais. 4. ed. São Paulo: Saraiva, 2015; CAVALIERI FILHO, Sérgio. Programa de responsabilidade civil. 10. ed. São Paulo: Atlas, 2012; FARIAS, Cristiano Chaves de; BRAGA NETTO, Felipe Peixoto; ROSENVALD, Nelson. Novo Tratado de responsabilidade civil. São Paulo: Atlas, 2015; SANTOS, ANTÔNIO JEOVÁ. Dano moral indenizável. 5. ed. Salvador: JusPodivm, 2015.
11. PIZARRO, Ramon Daniel. Daño moral: el daño moral en las diversas ramas del Derecho. Hammurabi: Buenos Aires, 1996.
12. VILLARREAL, Luis Ernesto Aguirre. Integration of punitive damages into countries with a civil law system: Mexico's case. Tulane University (dissertação de doutorado), 2009.
13. BURROWS, Vanessa K. Constitutional limits on punitive damages awards: an analysis of the Supreme Court case Philip Morris USA v. Williams. Legislative Attorney. American Law Division. Oder Code 33.773, july-2007.
    KOZIOL, Helmut; WILCOX, Vanessa. Punitive damages: common law and civil law perspectives. Vol. 25. Vienna: Springer, 2009.
14. FRIDMAN, G. H. L. The law of torts in Canada. Toronto: Carswell, 1990.
15. MULHERON, Rachel P. Principles of Tort Law. Cambridge: Oxford University Press, 2016.
16. ANTONIOLLI, Luisa; KOZIOL, Helmut; SCHULZE, Reiner. Tort law of the European Community. New York: Springer, 2008; HEIDERHOFF, Bettina; ZMIJ, Grzegorz. Tort law in Poland, Germany and Europe. Munich, Germany: Sellier European Law, 2009.

ou comissivamente a pessoas a partir da violação de direitos que os respectivos Estados se comprometeram a respeitar[17].

Contudo, percebe-se que é justamente esse compromisso assumido perante a ordem jurídica internacional que exige do Estado-Juiz, Estado-Legislador e do Estado-Executivo medidas que impeçam e/ou reparem danos causados a estes bens jurídicos. Baseando-se nessas premissas, acentua-se a imperiosidade de aplicar os direitos humanos em uma perspectiva multinível, que envolva a atuação não só dos tribunais internacionais, mas também do governo e Justiça local. Ou seja, é preciso que os Estados se comprometam a promover os direitos humanos em diversos níveis, tendo por base a complementariedade entre o âmbito interno e internacional e a "invocação da legitimidade e a autoridade normativa do direito internacional para apoiar suas decisões" (URUEÑA, 2014, p. 27). Nessa linha, rompe-se com a dicotomia clássica entre Direito Interno e Direito Internacional, reconhecendo que ontologicamente os danos perpetrados no bojo de relações privadas são muitas vezes idênticos ou até mais graves que aqueles cometidos pelo Estado de forma omissiva ou comissiva, não havendo razão para não utilizar normas de proteção do ser humano previstas no plano internacional, gerando expansão dos interesses existenciais e patrimoniais dignos de proteção. Aliás, caso o estado não tome medidas adequadas para reparar ou compensar danos diante da COVID-19, existe lastro normativo para gerar sua responsabilização civil na ordem jurídica internacional e Estado, aqui, não diz respeito apenas ao Judiciário, envolvendo também o legislador e o gestor público, pois do contrário não faria sentido o Brasil ratificar esses compromissos na ordem internacional.

Assim, tanto os direitos civis – como a vida, igualdade, integridade psíquica e integridade física – quanto os direitos econômicos, sociais e culturais – como a alimentação, moradia, trabalho, educação, saúde – que servem de base para as Cortes Internacionais condenarem Estados ratificadores dos tratados, estão infiltrados na legislação interna do Brasil e de algum modo é possível vislumbrar que os bens extrapatrimoniais e patrimoniais são especificações de normas de conteúdo de direitos humanos, e, portanto o direito de danos é uma categoria que promove os direitos humanos também a partir da atuação do Estado por meio de políticas públicas. O Estado não só responde perante a ordem jurídica internacional por causar diretamente a violação desses bens, mas também por não os implementar progressivamente por meio de políticas públicas e leis, dentro do escopo do artigo 26[18] da Convenção Interamericana de Direitos Humanos, progressividade essas inerente aos direitos econômicos, sociais e culturais.

Diante desse imbróglio normativo, tanto a Comissão Interamericana de Direitos Humanos quanto a Corte Interamericana de Direitos Humanos e o Comitê vêm esta-

---

17. "São os atos do Estado-Administrador, quer comissivos ou omissivos, que ensejam, em geral, a responsabilidade internacional por violação de direitos humanos, uma vez que cabe ao Estado respeitar e garantir tais direitos. Essas duas obrigações básicas ensejam a responsabilização do Estado quando seus agentes violam direitos humanos ou se omitem injustificadamente, na prevenção ou repressão de violações realizadas por particulares" (RAMOS, 2005, p. 55).
18. Os Estados Partes comprometem-se a adotar providências, tanto no âmbito interno como mediante cooperação internacional, especialmente econômica e técnica, a fim de conseguir progressivamente a plena efetividade dos direitos que decorrem das normas econômicas, sociais e sobre educação, ciência e cultura, constantes da Carte da Organização dos Estados Americanos, reformada pelo Protocolo de Buenos Aires, na medida dos recursos disponíveis, por via legislativa ou por outros meios apropriados.

belecendo diversas técnicas interpretativas que potencializam a eficácia dos direitos econômicos, sociais e culturais, partindo do pressuposto de que se veda o retrocesso e se garante um progresso contínuo e gradual dos mesmos (SALMÓN; BREGAGLIO, 2014), conforme abaixo explanado, os quais, repisa-se, são representações de bens jurídicos que também são protegidos no campo interno do direito de danos.

Ao analisar o caso Yakye Axa vs. Paraguai (sentença proferida dia 17/06/2005)[19], a Corte entendeu por imbricar uma visão integrada dos direitos humanos, partindo da interpretação do direito à vida (art. 4º da Convenção) – que é considerado um direito civil – para trazer contornos sociais a esse direito. Nesse sentido, considerou que o direito à vida foi violado pelo Estado do Paraguai na medida em que não garantiu condições satisfatórias sanitárias, habitacionais e alimentares da comunidade indígena, dentro do raciocínio da ordem de um desenvolvimento progressivo contida no art. 26 da Convenção. Por esse motivo, levando em conta o nível do sofrimento e de violência em suas terras, que possuem um valor inestimável para o patrimônio e identidade cultural dos povos indígenas, a Corte fixou a indenização no patamar de US$ 950.000,00 a ser gerido por um fundo.

Mais um exemplo da chamada interpretação social dos direitos civis e políticos está no conceito de vida digna, ou seja, a proteção das condições para que a pessoa conduza sua vida e alcance o destino que traçou para si, de modo que a frustração dos projetos de vida caracteriza violação de direitos humanos, como asseverado no caso Loayza Tamayo vs. Peru (julgado pela Corte Interamericana de Direitos Humanos no dia 17 de setembro de 1997)[20], condenando o Estado do Peru a pagar uma justa indenização, sem fixar qual seja esse valor, haja vista a *"privación ilegal de la libertad, tortura, tratos crueles, inhumanos y degradantes, violación a las garantías judiciales y doble enjuiciamiento con base en los mismos hechos"* (capítulo I).

A Corte também vem asseverando que o direito a uma vida digna implica na obrigação positiva de criar condições de vida mínimas compatíveis com a dignidade da pessoa humana, não apenas no dever negativo de não obstaculizar a vida boa. Tal avanço é digno de nota, na medida em que na concepção clássica dos direitos civis, estes implicariam na prestação meramente negativa do Estado no sentido de não ceifar a vida, mas na interpretação social desses direitos, eles adquirem nova conotação. Em outras palavras, implicam em "uma série de outros direitos como o direito à saúde, educação, identidade cultural, entre outros, sem os quais não é possível usufruir de uma vida harmoniosa com o princípio de dignidade inerente ao ser humano" (SALMÓN; BREGAGLIO, 2010, p. 400).

Em se tratando do direito à vida de crianças privadas de liberdade, no julgamento do caso Instituto de Reeducação do Menor vs. Paraguai (sentença proferida dia 02/09/2004)[21] a Corte sedimentou que o Estado tem obrigação de garantir que a detenção não destrua os projetos de vida das mesmas, por meio de medidas de assistência psicológica, física, material, mental, espiritual, moral e social. Nesse sentido, o Estado foi considerado

---

19. Disponível em: http://www.cnj.jus.br/files/conteudo/arquivo/2016/04/357a11f7d371f11cba840b78dde6d3e7.pdf. Acesso em 10/04/2020.
20. Disponível em: http://www.corteidh.or.cr/docs/casos/articulos/seriec_33_esp.pdf. Acesso em: 10/04/2020.
21. Disponível em: http://www.corteidh.or.cr/docs/casos/articulos/seriec_112_esp.pdf. Acesso em: 10/04/2020.

responsável por não concretizar uma vida digna às crianças e aos adolescentes detidos, fixando de indenização por danos morais que variam de US$ 22.000,00 a US$ 65.000,00 a ser entregue à própria vítima que sobreviveu e aos familiares de cada um dos 12 adolescentes que faleceram, considerando que as circunstâncias do caso demonstraram sofrimento das vítimas que eram detentos e aos familiares dos 12 adolescentes mortos. Acrescentou ainda que o dano moral é evidente porque é próprio da natureza humana que "toda pessoa submetida a tratamentos contrários à integridade pessoal e ao direito a uma vida digna experimente um profundo sofrimento, angústia, medo e insegurança, razão pela qual este dano não requer provas" (parágrafo 300).

A amplitude do direito à vida digna, adentrando em direitos sociais, também aparece na análise sobre a situação das pessoas migrantes, em países como Estados Unidos e outros da Europa. Nesse desiderato, na Opinião Consultiva n. 18/03[22], entendeu-se que o direito à vida digna das pessoas migrantes engloba o direito ao trabalho como condição inarredável de condições de vida digna, sendo elas detentoras de direitos sociais independentemente de sua condição migratória.

No que toca a vida digna dos povos indígenas, a Corte, em sua jurisprudência, caminha no sentido de reconhecer que a pobreza extrema, inexistência de assistência à saúde, falta de alojamento, ausência de condições adequadas de educação, desnutrição, falta de acesso à terra e recursos naturais fulminam seus direitos sociais, como destacado nos julgamentos dos casos Comunidades Afrodescendentes Deslocadas da Bacia do Rio Cacarica vs. Colômbia (sentença proferida dia 20/11/2013)[23] e Massacre de El Mozote e de aldeias vizinhas vs. El Salvador (sentença proferida dia 25/10/2012)[24].

Adicionalmente, em se tratando da vida digna das pessoas com deficiência mental, a Corte compreende que o cuidado à saúde das pessoas com deficiência mental constitui condição para o gozo de uma vida digna, o que envolve o direito a uma assistência médica adequada para garantir serviços básicos. Assim, mesmo diante da falta de estrutura médica e hospitalar, a Corte vem asseverando que isso não exime o Estado de responsabilização, como decidido nos casos Ximenes Lopez vs. Brasil (sentença proferida no dia 04/07/2006)[25] e Víctor Rosario Congo vs. Equador (sentença proferida dia 13/04/1999)[26].

Sobre o elastecimento do direito civil à integridade pessoal, a Corte também caminha no sentido de dar uma conotação social a sua interpretação. Por conseguinte, a Corte vem destacando que a detenção em condições de superlotação, o isolamento numa cela reduzida, com falta de ventilação e de luz natural, sem cama para o repouso ou condições adequadas de higiene, o isolamento ou as restrições indevidas ao sistema de visitas representam uma violação à integridade pessoal, classificando inclusive que alguns tratamentos podem ser equiparados a tortura física ou psicológica, como nos casos Lori Berenson vs. Peru (sentença proferida dia 25/09/2004)[27], De la Cruz Flores vs.

---

22. Disponível: http://www.acnur.org/fileadmin/Documentos/BDL/2003/2351.pdf?view=1. Acesso em: 10/04/2020.
23. Disponível em: http://www.corteidh.or.cr/docs/casos/articulos/seriec_318_por.pdf. Acesso em: 10/04/2020.
24. Disponível em: http://corteidh.or.cr/docs/casos/articulos/seriec_252_esp.pdf. Acesso em: 10/04/2020.
25. Disponível em: http://www.corteidh.or.cr/docs/casos/articulos/seriec_149_por.pdf. Acesso em: 10/04/2020.
26. Disponível em: http://derechos.te.gob.mx/?q=content/v%C3%ADctor-rosario-congo-vs-ecuador. Acesso em: 10/04/2020.
27. Disponível em: http://www.corteidh.or.cr/docs/casos/articulos/seriec_119_esp.pdf. Acesso em: 10/04/2020.

Peru, Hernández Lima vs. Guatemala (sentença proferida dia 22/11/2017)[28], García Asto e Ramírez vs. Peru (sentença proferida dia 25/11/2005)[29], Raxcacó Reyes vs. Guatemala (sentença proferida dia 15/09/2005)[30], Fermín Ramírez vs. Guatemala (20/06/2005)[31], Montero Aranguren e outros vs. Venezuela (sentença proferida dia 07/02/2006)[32], Vera Arenguem e outros vs. Equador (sentença proferida dia 19/05/2011)[33], Fleury e outros vs. Haiti (sentença proferida dia 23/11/2011)[34], Pacheco Teruel e outros vs. Honduras (sentença proferida dia 27/04/2012)[35] e Díaz Peña vs. Venezuela (sentença proferida dia 06/06/2012)[36]. Na mesma linha de proteção da integridade pessoal, a Corte considerou que o não fornecimento de alimentos à pessoa presa durante um dia inteiro viola frontalmente o direito à saúde, como esposado no julgamento do caso Tibi vs. Equador (sentença proferida dia 07/09/2014)[37].

Desta feita, é latente a similitude entre os bens extrapatrimoniais e materiais protegidos pelo direito de danos no âmbito interno e os protegidos no campo internacional de direitos humanos. Como visto, em todas as situações descritas a seguir foi considerada violação de direitos humanos, contextos esses que se assemelham com problemas advindos com a COVID-19: não garantir condições satisfatórias sanitárias, habitacionais e alimentares; negar assistência psicológica, física, material, mental, espiritual, moral e social; contribuir para o desaparecimento e morte de alguém; não garantir condições de dignidade da saúde da pessoa com deficiência; não fornecer de alimentos à pessoa presa. Portanto, caso o Estado, por ação ou omissão, não adote políticas públicas de preservação de bens jurídicos como o trabalho, renda, saúde e vida durante tempos de COVID-19, estará configurado ato ilícito por violação de direitos humanos e fundamentais, sem prejuízo do ajuizamento de Ação Direta de Inconstitucionalidade Por Omissão, haja vista que na ADO 1.618 o STF reconheceu a possibilidade de declarar omissão em matéria de políticas públicas por ausência de condutas e projetos em relação a direitos fundamentais[38].

4. POLÍTICAS PÚBLICAS DIANTE DA COVID-19: UMA ANÁLISE A PARTIR DAS CATEGORIAS DO DIREITO DE DANOS

Diante do que já foi exposto em matéria de direito de danos e direitos humanos, repisa-se que as políticas públicas são ações e instrumentos feitos e implementados por

---

28. Disponível em: http://www.corteidh.or.cr/docs/casos/articulos/seriec_344_esp.pdf. Acesso em: 10/04/2020.
29. Disponível em: http://www.corteidh.or.cr/docs/casos/articulos/seriec_137_esp.pdf. Acesso em: 10/04/2020.
30. Disponível em: http://www.corteidh.or.cr/docs/casos/articulos/seriec_133_esp.pdf. Acesso em: 10/04/2020.
31. Disponível em: http://www.corteidh.or.cr/docs/casos/articulos/seriec_126_esp.pdf. Acesso em: 10/04/2020.
32. Disponível em: http://www.corteidh.or.cr/docs/casos/articulos/seriec_150_esp.pdf. Acesso em: 10/04/2020.
33. Disponível em: http://www.corteidh.or.cr/docs/casos/articulos/seriec_226_esp.pdf. Acesso em: 10/04/2020.
34. Disponível em: http://corteidh.or.cr/docs/casos/articulos/seriec_236_esp.pdf. Acesso em: 10/04/2020.
35. Disponível em: http://corteidh.or.cr/docs/casos/articulos/seriec_241_esp.pdf. Acesso em: 10/04/2020.
36. Disponível em: http://corteidh.or.cr/docs/casos/articulos/seriec_244_esp.pdf. Acesso em: 10/04/2020.
37. Disponível em: http://www.corteidh.or.cr/docs/casos/articulos/seriec_114_esp.pdf. Acesso em: 10/04/2020.
38. Adverte-se que a referida ADO foi julgada improcedente, mas no mérito e na ratio decidendi ficou claro que a improcedência está relacionada ao fato de o Poder Público Federal ter atuado para diminuir o analfabetismo no Brasil. Do contrário, entenderam os ministros, poderia o STF declarar a mora do Legislativo e do Executivo. Fonte: http://redir.stf.jus.br/paginadorpub/paginador.jsp?docTP=AC&docID=610036. Acesso em: 10/04/2020.

autoridades públicas diante de um problema público específico (GAVILANES, 2009, p. 156), cabendo salientar que alguns autores, se referem a um direito fundamental à boa administração pública: "trata-se do direito fundamental à administração pública. A tal direito corresponde o dever de observar, nas relações administrativas, a cogência da totalidade de princípios constitucionais e correspondentes prioridades" (JUAREZ, 2015, p. 198). Desta feita, passar-se-á à análise de algumas políticas públicas envolvendo a COVID-19 no Brasil, cotejando-as com o material teórico trabalhado alhures.

POLÍTICA PÚBLICA	OBJETO	PREVENÇÃO OU REPARAÇÃO	DANO EXISTENCIAL OU MATERIAL	BEM JURÍDICO
MP 933/2020	Congelar preços de medicamentos	Prevenção	Existencial e material	Saúde e renda
MP 937/2020	Auxílio de R$ 600,00	Reparação	Material	Renda
MP 948/2020	Cancelamento de serviços	Prevenção	Material	Renda
Aquisição[39]	6,5 mil respiradores	Prevenção	Existencial	Saúde/Vida
Lei nº 13.987	Distribuição de gêneros alimentícios	Reparação	Existencial	Vida
Campanha Ministério do Turismo[40]	Não cancele, remarque viagens	Prevenção	Material	Renda
Decreto 40.550	Atividades suspensas	Prevenção	Existencial	Saúde/vida
Controle de constitucionalidade[41]	STF proíbe presidente de suspender isolamento	Prevenção	Existencial	Saúde/vida
Anatel[42]	Proíbe corte serviços de telefonia	Prevenção	Existencial	Liberdade

5. CONCLUSÃO

Diante do exposto, conclui-se que o vocábulo responsabilidade civil deve ser substituída por direito de danos, de modo a potencializar as múltiplas interdisciplinaridades para além do direito privado. Assevera-se, outrossim, que o direito de danos é muito mais abrangente que a responsabilidade civil, haja vista que permite o esforço conjunto de atores sociais de modo a promover a reparação e/ou prevenção de danos de forma ampla, passando a ser um grande ramo do direito, o qual dialoga com trabalhista, ambiental, família, tributário, civil, processual, empresarial, ética, filosofia, políticas públicas, etc.

Ademais, conclui-se que para o direito de danos ter relevância enquanto instituto do direito, não necessita de ato ilícito, nem nexo causal, abrindo margem para um novo horizonte da responsabilidade civil, agora chamada direito de danos, calcada na primazia da tutela da vítima e em múltiplos mecanismos de prevenção e reparação de danos. Como

---

39. Fonte: https://www.gov.br/casacivil/pt-br/assuntos/noticias/2020/abril/governo-federal-assina-primeiro-contrato-com-fabricante-nacional-para-aquisicao-de-respiradores. Acesso em: 10/04/2020.
40. Fonte: https://www.gov.br/casacivil/pt-br/assuntos/noticias/2020/abril/medidas-adotadas-pelo-governo-federal--no-combate-ao-coronavirus-8-de-abril. Acesso em: 10/04/2020.
41. Fonte: https://static.poder360.com.br/2020/04/ADPF-672-cautelar.pdf. Acesso em: 10/04/2020.
42. Fonte: https://www.poder360.com.br/justica/justica-proibe-teles-de-cortar-servicos-de-consumidores-inadimplentes/. Acesso em: 10/04/2020.

uma tentativa de conceitua-lo, a pesquisa aduz: é uma categoria do direito dedicada a impedir e/ou remediar os danos, tanto o dano-evento (caracterizado pela violação de um dever na ordem jurídica) quanto o dano-prejuízo (calcado nas consequências danosas materiais ou existenciais geradas pelo dano-evento) nos mais diversos campos de atuação, inclusive na esfera política (leis, programas do governo).

Por fim, a COVID-19 denota que o que o direito privado chama de direitos da personalidade em grande medida também é protegido sob a alcunha de direitos fundamentais no plano interno e direitos humanos no campo internacional, devendo tais bens jurídicos patrimoniais ou extrapatrimoniais serem objeto de amadurecimento conjunto em uma lógica complementar. Ou seja, a compreensão dos direitos fundamentais e humanos por parte dos juristas do direito civil, torna as bases do direito privado mais coerentes e consentâneas com objetivos mais amplos da sociedade brasileira; de outro lado, o conhecimento de tais bens jurídicos pelos gestores públicos torna a tarefa de edificar agendas e alternativas a problemas públicos relativos a danos mais racional e fundamentada, especialmente diante dos propósitos e valores sedimentados em instrumentos de proteção de direitos humanos.

Outra lição trazida pela COVID-19 é a de a violação de bens extrapatrimoniais/ existenciais (vida, saúde, liberdade etc.) pode envolver consequências diversas da indenizatória (dano moral), abrindo margem para a tão atual despatrimonialização da responsabilidade civil, já que a maior parte das ações governamentais em matéria de direito de danos estão relacionadas a obrigações de fazer e não fazer.

6. REFERÊNCIAS

ANTONIOLLI, Luisa; KOZIOL, Helmut; SCHULZE, Reiner. Tort law of the European Community. New York: Springer, 2008; HEIDERHOFF, Bettina; ZMIJ, Grzegorz. Tort law in Poland, Germany and Europe. Munich, Germany: Sellier European Law, 2009.

ASSIS NETO, S. J de. *Dano moral: aspectos jurídicos*. Araras: Bestebook, 1998.

BITTAR, Carlos Alberto. Reparação civil por danos morais. 4. ed. São Paulo: Saraiva, 2015.

BUCCI, Maria Paula Dallari. O conceito de política pública em direito. In: Políticas públicas: reflexões sobre o conceito jurídico. São Paulo: Saraiva, 2006.

BUCCI, Maria Paula Dallari et al. *Direitos humanos e políticas públicas*. São Paulo, Pólis, 2001. 60p. (Cadernos Pólis, 2).

BURROWS, Vanessa K. Constitutional limits on punitive damages awards: an analysis of the Supreme Court case Philip Morris USA v. Williams. Legislative Attorney. American Law Division. Oder Code 33.773, july-2007.

CANELA JÚNIOR, ODVALDO. A efetivação dos direitos fundamentais através do processo coletivo: o âmbito de cognição das políticas públicas pelo Poder Judiciário. Tese de Doutorado em Direito. USP: 2009.

CAVALIERI FILHO, Sérgio. *Programa de responsabilidade civil*. 10. ed. São Paulo: Atlas, 2012.

FARIAS, Cristiano Chaves de; BRAGA NETTO, Felipe Peixoto; ROSENVALD, Nelson. *Novo Tratado de responsabilidade civil*. São Paulo: Atlas, 2015.

FINNIS, John. *Lei natural e direitos naturais*. Trad. Leila Mendes. São Leopoldo: Unisinos, 2007

FINNIS, John. *Aquinas: moral, political, and legal theory*. Londres: Oxford University Press, 2008.

FLUMIGNAN, Silvano José Gomes. *Dano-evento e dano-prejuízo*. Dissertação de mestrado. São Paulo: USP, 2009.

FREITAS, Juarez. As políticas públicas e o direito fundamental à boa administração. *Revista do Programa de Pós-Graduação em Direito da UFC*, v. 35.1, jan./jun. 2015, p. 195-217.

FRIDMAN, G. H. L. *The law of torts in Canada*. Toronto: Carswell, 1990.

GAVILANES, Raúl Velásquez. *Hacia uma nueva definición del concepto "política pública"*. Desafíos, Bogotá (Colômbia), (20): 149-187, semestre I de 2009.

KOZIOL, Helmut; WILCOX, Vanessa. *Punitive damages*: common law and civil law perspectives. Vol. 25. Vienna: Springer, 2009.

PIZARRO, Ramon Daniel. *Daño moral: el daño moral en las diversas ramas del Derecho*. Hammurabi: Buenos Aires, 1996.

RAMOS, André de Carvalho. *Responsabilidade internacional do Estado por violação de direitos humanos*. R. CEJ, Brasília, n. 29, p. 53-63, abr./jun. 2005.

SALMÓN, Elizabeth; BREGAGLIO LAZARTE, Renata. *Modelos jurisprudenciais de direitos econômicos, sociais e culturais no sistema interamericano*. In: BURGORGUE-LARSEN, Laurence; MAUÉS, Antonio; SÁNCHEZ MOJICA, Beatriz Eugenia (coords.). Direitos humanos e políticas públicas. Barcelona: Rede DHES, 2014. p. 375-434.

MULHERON, Rachel P. *Principles of Tort Law*. Cambridge: Oxford University Press, 2016.

TEDESCHI, El Waterloo del Código Civil Napoleónico: una mirada crítica a los fundamentos del Derecho Privado Moderno para la construcción de sus nuevos princípios generales. In: COURTIS, Christian. Desde outra mirada. Buenos Aires: Universidad de Buenos Aires, 2011, p. 159/181.

URUEÑA, René. *Protéccion multinivel de los derechos humanos en america latina: oportunidades, desafíos y riesgos. protección multinivel de derechos humanos*. In: Proteção Multinível de Direitos Humanos. Manual – dhes. Redde Derechos Humanos y Educación, 2014.

VILLARREAL, Luis Ernesto Aguirre. *Integration of punitive damages into countries with a civil law system*: Mexico's case. Tulane University (dissertação de doutorado), 2009.

REGULAÇÃO ECONÔMICA, PANDEMIA E SUSTENTABILIDADE

Rodrigo de Almeida Távora

Procurador do Estado do Rio de Janeiro. Advogado. Mestre em Direito Público pela UERJ.

Sumário: 1. Introdução – 2. Empresas e sociedade – 3. Atuação regulatória do estado na economia – 4. Conclusão – 5. Referências.

1. INTRODUÇÃO

O advento do coronavírus marca um capítulo especial na história mundial. De acordo com os dados da Organização Mundial de Saúde – OMS, já haviam sido confirmados, até o fechamento da edição deste artigo, 43.341.451 (quarenta e três milhões, trezentos e quarenta e um mil, quatrocentos e cinquenta e um) casos em todos os países e territórios com índices disponíveis, resultando em 1.157.509 (um milhão, cento e cinquenta e sete mil, quinhentos e nove) mortes[1]. Com o objetivo de mitigar as gravíssimas consequências da pandemia no âmbito da saúde pública, inúmeros países adotaram medidas restritivas com o objetivo de promover o distanciamento social, acarretando desde o fechamento de fronteiras até o estabelecimento de restrições que impactam diretamente em liberdades fundamentais como o direito à livre locomoção e o exercício de atividades profissionais[2].

Essas medidas restritivas, por sua vez, ocasionam um enorme impacto nas atividades econômicas. A queda acentuada dos principais índices das Bolsas de Valores ao redor do mundo, a redução significativa da produção e do consumo e a elevação dos índices de desemprego são dados macroeconômicos que conduzirão à uma inevitável recessão global[3].

Como resposta, alguns países adotaram vultosos pacotes de auxílio financeiro às empresas e aos cidadãos em geral. Nos EUA, o Federal Reserve anunciou uma ajuda financeira de apoio à economia por intermédio de empréstimos no valor de 2,3 trilhões de dólares[4] e o Congresso Nacional aprovou, dentre outras medidas, a antecipação de 1.200 dólares por cidadão americano, com acréscimo de 500 dólares por criança[5]. No

---

1. Informações disponibilizadas no *site* da Organização Mundial da Saúde: https://www.who.int/emergencies/diseases/novel-coronavirus-2019. Na primeira edição desse artigo o número era de 1.479.168 casos em 212 países e territórios, resultando em 87.987 mortes.
2. Cite-se, dentre outros atos normativos, a Lei n.º 13.979/2020.
3. Veja-se a respeito o guia ilustrativo dos impactos econômicos causados pelo coronavírus em: https://www.bbc.com/news/business-51706225.
4. https://www.federalreserve.gov/newsevents/pressreleases/monetary20200409a.htm.
5. Public Law n. 116-136, H.R.748 – 116th Congress. Aprovação em 27/03/2020. Concede abatimentos fiscais de até 1 200 dólares por cidadão americano, com acréscimo de 500 dólares por criança, valores esses sujeitos a limites baseados na renda bruta ajustada.

Brasil, a intervenção do Estado mostra-se igualmente significativa no domínio econômico, destacando-se o benefício emergencial de preservação do emprego e da renda, instituído pela Medida Provisória n.º 936/2020[6] e custeado com recursos da União, e o auxílio emergencial instituído pela Lei n.º 13.982/2020, no valor de R$ 600,00 (seiscentos reais) mensais a ser concedido a cada trabalhador que não tenha emprego formal ativo.

Esse cenário impõe a revisão do discurso que professa a crença absoluta na autorregulação dos mercados e que crê no desenvolvimento das atividades econômicas sem a intervenção estatal como único itinerário para o incremento do bem-estar coletivo. Essa visão de mundo sempre repercutiu e encontrou inúmeros adeptos no ambiente jurídico. Exemplo recente no ordenamento jurídico brasileiro é a Lei que estabeleceu a intitulada *Declaração de Direitos da Liberdade Econômica* (Lei n.º 13.874/2019). É preciso crescer sem a indesejável intervenção do Estado, eis o seu mantra. Conforme proclama a referida Lei, a *liberdade* deve constituir uma *garantia no exercício das atividades econômicas* e a *intervenção* do Estado nessas atividades deve ser *subsidiária e excepcional* (art.2º, incisos I e III).

Os trabalhos jurídicos produzidos sobre o coronavírus, por sua vez, priorizam, como regra, a análise das repercussões econômicas da pandemia no âmbito dos negócios jurídicos. Em particular, são revisitados conceitos como do caso fortuito e força maior e os seus impactos nos contratos privados (art.393 do Código Civil), do equilíbrio econômico-financeiro e os seus desdobramentos nos contratos administrativos (art.65, inciso II, alínea *d*, da Lei n.º 8.666/93) e da irredutibilidade dos salários e a sua irrestrita observância ou não nos contratos de trabalho (art. 7º, inciso VI, da Constituição da República).

Mas, afinal, a discussão jurídica provocada pela pandemia deve se limitar aos aspectos circunstanciais por ela gerados? A significativa intervenção do Estado na economia deve ser ignorada após os fatos que a justificaram? Possui de fato o mercado uma existência autônoma e desvinculada da realidade social? A configuração dos instrumentos jurídicos existentes deve ter como objeto apenas o resultado econômico produzido pelas atividades empresariais?

O presente ensaio buscará evidenciar que o advento do coronavírus não deixa qualquer dúvida quanto aos referidos questionamentos. Não é possível qualquer dissociação entre mercado e a realidade social e o Estado é o ator capaz de centralizar ações de combate à pandemia e de ordenar a vida em sociedade. Concomitantemente, além de intervenções econômicas diretas, o papel do Estado será cada vez mais o de fomentar, por intermédio da regulação, a ampliação do papel social das empresas e da configuração da sua responsabilidade social a fim de que a atividade econômica seja desenvolvida de forma sustentável.

2. EMPRESAS E SOCIEDADE

A preocupação com a propagação do coronavírus, que inicialmente estava circunscrita ao universo das autoridades médicas e sanitárias, alcança atualmente todos

---

6. Medida Provisória convertida posteriormente na Lei nº 14.020, de 6 de julho de 2020.

os espectros da sociedade global, afetando profundamente o dia a dia de pessoas e empresas. O próprio desenvolvimento das atividades econômicas se encontra seriamente comprometido pelas inúmeras restrições impostas à mobilidade de pessoas, produtos e serviços, causando impactos sem precedentes nas relações sociais e na economia mundial.

Esse fato apenas reforça a constatação de que as empresas desenvolvem suas atividades em absoluta interação com os grupos sociais com os quais se relacionam, não podendo ignorar o contexto de pautas atuais em torno de temas como diversidade, desigualdade e sustentabilidade ambiental, econômica e social. Não há desenvolvimento econômico sustentável sem o efetivo enfrentamento de demandas prementes pela atuação conjunta de todos os atores sociais.

Conforme alerta o Professor Joseph E. Stiglitz em sua mais recente obra, intitulada *People, Power and Profits*, se existe uma grande discrepância entre os retornos sociais de uma atividade – benefícios para a sociedade – e os retornos privados dessa mesma atividade – benefícios para o indivíduo ou para a empresa – os mercados sozinhos não cuidarão desse trabalho, sendo a questão concernente à mudança climática o exemplo por excelência dessa assertiva. O Professor Joseph E. Stiglitz, agraciado com o Prêmio Nobel de Economia, reconhece igualmente que as economias capitalistas sempre envolveram a combinação de mercados privados e governo, devendo ser afastadas interpretações extremadas que adotem discursos unilaterais em favor de mercados livres de um lado ou de intervenções estatais de outro[7].

O Fórum Econômico Mundial de Davos, ocorrido no mês de janeiro de 2020, expressamente reconheceu a necessária integração entre empresas e sociedade, proclamando no documento denominado *Davos Manifesto 2020: The Universal Purpose of a Company in the Fourth Industrial Revolution* que a empresa não pode consistir apenas em uma unidade econômica geradora de riqueza. Integram as empresas um contexto social mais amplo onde o seu desempenho também deverá ser aferido pelo atingimento de objetivos ambientais, sociais e de boa governança[8].

James Kirkup, Diretor da britânica Social Market Foundation, em recente trabalho chega mesmo a cogitar um novo contrato social que deverá ser estabelecido entre empresas, governo e sociedade após o expressivo suporte financeiro provido pelo Reino Unido aos agentes econômicos como auxílio para a superação da crise econômica gerada pela pandemia[9]. Para reforçar essa ideia, resgata o Autor a ideia de reciprocidade, que decorreria da própria concepção legal das empresas como entes autônomos e com regras

---

7. STIGLITZ, Joseph E. People, Power and Profits. Progressive Capitalism for an Age of Discontent. New York/Londres: W.W. NORTON & COMPANY, 2019.
8. *Davos Manifesto 2020: The Universal Purpose of a Company in the Fourth Industrial Revolution*. Disponível em: https://www.weforum.org/agenda/2019/12/davos-manifesto-2020-the-universal-purpose-of-a-company-in-the-fourth-industrial-revolution. Eis o inteiro teor da proposição contida na alínea "B" do manifesto: *A company is than an economic unit generating wealth. It fulfils human and societal aspirations as part of the broader social system. Performance must be measured not only on the return to shareholders, but also on how it achieves its environmental, social and good governance objectives. Executive remuneration should reflect stakeholder responsibility.*
9. *The coronavirus rescue package should lead to a reset moment for the relationship between the state, business and Society.* KIRKUP, James. *Returning the favour:* a new social contract for business. London: The Social Market Foundation, 2020.

próprias de responsabilidade. Como contrapartida à proteção legal dada aos investidores, haveria a expectativa de que o crescimento das empresas se dê em benefício da sociedade[10].

Mesmo no campo do direito administrativo já não mais se admite uma total dissociação entre público e privado, havendo hipóteses em que o desenvolvimento de atividades revestidas de indiscutível interesse social não será conduzido diretamente pelo Estado. É o que se dá, por exemplo, com as concessões públicas onde agentes privados desempenharão atividades de relevante interesse público. Conforme leciona Floriano de Azevedo Marques Neto, o instituto da concessão *se presta a engajar particulares na consecução de finalidades atribuídas ao Estado, desafiando um pouco a noção de que o Estado-administração é o locus exclusivo da consecução do interesse público*[11].

Interessante nesse ponto foi o documento formalmente direcionado pela Autoridade Britânica de Infraestrutura e Projetos aos seus parceiros privados com orientações concernentes ao coronavírus. Dentre as premissas que antecedem as orientações específicas concernentes à prestação de serviços essenciais, reconheceu-se de forma peremptória que os parceiros privados devem integrar a resposta do setor público à situação emergencial causada pela pandemia[12].

Nessa perspectiva equilibrada de interação entre empresas e sociedade, o papel do Estado será cada vez mais o de fomentar, por intermédio da regulação, a ampliação do papel social desempenhado pelas empresas, destacadamente de forma a estimular medidas que tenham como foco a distribuição de renda, permitindo-se, com isso, alcançar uma desejável prosperidade compartilhada.

A realidade brasileira, em particular, é marcada por um enorme abismo social que coloca o país dentre os mais desiguais do mundo[13]. O Estado, seja por intermédio da atuação direta como agente econômico, seja como órgão regulador, e o próprio mercado falharam no atingimento de uma sociedade mais equânime. Medidas distributivas são essenciais para a modificação desse quadro e não poderão ser satisfeitas com a atuação isolada do Estado ou dos mercados de forma independente.

3. ATUAÇÃO REGULATÓRIA DO ESTADO NA ECONOMIA

Normas que legitimam e orientam a adoção de medidas de natureza social já existem no Brasil. A Constituição da República, ao disciplinar a ordem econômica, estabelece parâmetros que legitimam e exigem a responsabilidade social das empresas. Fundada na valorização do trabalho humano e na livre iniciativa, a sociedade brasileira deve

---

10. *Returning to the idea of reciprocity. Parliament protected investors from losses in the expectation that the corporate growth this would allow would be conducted in such a way to benefit the nation. With the right to incorporate came the responsibility to do some good.* KIRKUP, James. *Returning the favour*: a new social contract for business. London: The Social Market Foundation, 2020.
11. MARQUES NETO, Floriano de Azevedo. *Concessões*. Belo Horizonte: Fórum, 2016.
12. *PFI contractors should consider themselves to be part of the public sector response to the current COVID-19 emergency.* Disponível em:https://assets.publishing.service.gov.uk/government/uploads/system/uploads/attachment_data/file/878059/2020_04_02_PFI_and_COVID19_final.docx.pdf.
13. A concentração de renda, de acordo com o índice de Gini, subiu de 0,538 para 0,545, considerando todas as fontes de renda das famílias brasileiras. É o maior índice desde o ano de 2012. Para que o leitor tenha ideia da sua posição no extrato social de seu país, consulte o interessante *link* http://www.globalrichlist.com.

assegurar existência digna a todos conforme os ditames da *justiça social*, devendo ser observados, dentre outros princípios, o da *função social da propriedade* e da *redução das desigualdades sociais* (art.170).

No plano infraconstitucional, destacam-se, dentre outros, os preceitos estabelecidos na Lei das Sociedades Anônimas que disciplinam a função social da empresa (artigos 116 e 154 da Lei n.º 6.404/1976). O acionista controlador deve usar o poder com o fim de fazer a companhia realizar o seu objeto e cumprir sua função social (art.116) e o administrador deve exercer as suas atribuições observando as exigências do bem público e da função social da empresa (art.154). Igualmente relevante é a norma do Código Civil que condiciona o exercício da liberdade contratual aos limites da função social do contrato (art.421).

Ainda no plano infraconstitucional, a Lei que disciplina as contratações públicas – Lei n.º 8.666/93 – também conta atualmente com relevante preceito que estabelece a promoção do desenvolvimento nacional sustentável dentre os objetivos a serem perseguidos pelos processos licitatórios. O estatuto jurídico da empresa pública, da sociedade de economia mista – Lei n.º 13.303/2016 – prevê, por seu turno, a divulgação anual de relatório de sustentabilidade pelas empresas por ele disciplinados.

Há, ainda, relevante ato normativo que estabelece um regime jurídico próprio para parcerias entre a Administração Pública e as organizações da sociedade civil, em regime de mútua cooperação, para a consecução de finalidades de interesse público e recíproco (Lei n.º 13.019/2014). Nesse diploma normativo foi criado um interessante instrumento de diálogo entre a sociedade e o setor público. Trata-se do denominado procedimento de manifestação de interesse social, instrumento que faculta às organizações da sociedade civil, aos movimentos sociais e aos cidadãos a apresentação de propostas ao Poder Público para que seja avaliada a possibilidade de realização de um chamamento público objetivando a celebração de parceria (art.18).

Outra interessante iniciativa foi estabelecida no projeto de lei que objetiva criar o novo marco legal das concessões de serviços públicos e parcerias público-privadas. Dentre as diretrizes propostas, destaca-se a sustentabilidade financeira, econômica, ambiental e social dos projetos[14]. Objetiva-se, com isso, que o parceiro privado alcance resultados que não sejam estritamente financeiros, pressupondo-se que empresários e investidores têm inúmeras possibilidades de exercício da cidadania no âmbito das atividades sociais da empresa, inclusive podendo imprimir maior eficiência do que o Estado na busca de resultados sociais.

Esse amplo quadro normativo revela que a concretização de medidas de interesse coletivo e com impactos substanciais na sociedade poderá ocorrer de distintas formas com a participação do Estado, destacando-se: (i) a intervenção direta que se dá com a prestação de serviços; (ii) a atuação indireta por intermédio de empresas públicas e sociedades de economia mista; (iii) a regulação, obrigando ou induzindo atores privados

---

14. Projeto de Lei n.º 7.063/2017, art. 11, inciso X. Disponível em https://www2.camara.leg.br/atividade-legislativa/comissoes/comissoes-temporarias/especiais/56a-legislatura/pl-3453-08-parcerias-publico-privadas/documentos/outros-documentos/parecer-do-relator-apresentado-em-19-11-2019-1.

à adoção de práticas sociais colaborativas; e, (iv) a colaboração a partir da celebração de parcerias com organizações sociais.

Uma forma especial de regulação que poderá apresentar resultados satisfatórios é a que se dá por intermédio dos contratos de concessão. Mais precisamente, a regulação por contrato[15] poderá conduzir os parceiros privados que se relacionam com o Estado à busca de resultados sociais a partir de metas de desempenho previamente fixadas no contrato.

Independentemente da atuação do Estado, poderão também os atores privados conduzir ações sociais a partir de uma nova conformação dos deveres atribuídos aos gestores das empresas e de uma reconfiguração das contratações realizadas, uma vez que a função social da empresa deverá ser compreendida a partir da investigação conjunta de todos os atores que com ela se relacionam negocialmente. Nesse ponto, mostra-se interessante o crescimento de certificações que atestem como as operações e o modelo de negócios de uma empresa afetam seus funcionários, os distintos atores que com ela interagem e a comunidade com um todo[16].

Conforme adverte a Professora Ana Frazão, a função social da empresa não tem a *finalidade de aniquilar as liberdades e os direitos dos empresários nem de tornar a empresa um simples meio para os fins sociais.* Segundo bem sintetizado pela Autora, *o objetivo da função social é, sem desconsiderar a autonomia privada, reinserir a solidariedade social na atividade econômica*[17].

Essa nova conformação jurídica das empresas em busca de objetivos econômicos e sociais está na ordem do dia. O Estado, embora seja decisivo no planejamento e na adoção de medidas financeiras de combate à pandemia, não é capaz de prover todos os fatores que possibilitem uma vida digna em sociedade. A pandemia atual evidenciou, por exemplo, a enorme diferença existente entre as estruturas de saúde dos países, e, mesmo no âmbito doméstico, há uma significativa assimetria entre regiões. Outros elementos de infraestrutura também são apontados como centrais para o enfrentamento da pandemia, como, por exemplo, a qualidade dos serviços de saneamento e de distribuição de água.

Um dos traços característicos da pós-modernidade é o crescente dinamismo das sociedades contemporâneas. Nesse contexto, há um crescimento demasiado da complexidade estatal[18] e as instituições que a integram já não mais são capazes de oferecer respostas adequadas às demandas sociais[19]. O crescente dinamismo das relações econô-

---

15. Conforme destaca Flávio Amaral Garcia, a *intervenção em determinados setores pode ser instrumentalizada pela via contratual. Tal ocorre quando o contrato assume o principal espaço jurídico conformador de decisões e escolhas regulatórias que serão determinantes para conceber e formatar aspectos essenciais na prestação do serviço ou gestão da infraestrutura.* GARCIA, Flávio Amaral. *Concessões, parcerias e regulação.* São Paulo: Malheiros, 2019.
16. Cite-se como exemplo a certificação como B Corporation (B Corp Certification), disponível em: https://bcorporation.net/certification.
17. FRAZÃO, Ana. *Função social da empresa:* repercussões sobre a responsabilidade civil de controladores e administradores de S/As. Rio de Janeiro: Renovar, 2011.
18. No final da década de 70 do século passado, Manuel García-Pelayo já havia conseguido enumerar dentre as causas de incremento da complexidade estatal as seguintes: i) a ampliação da atividade do Estado, exigida pela civilização industrial e pós-industrial, ii) a complexidade da sociedade de nosso tempo ou, em termos mais gerais, o ambiente em que se move o sistema estatal, e, iii) a interação entre ambos. PELAYO, Manuel García. *Las transformaciones del Estado contemporâneo.* Madrid: Alianza Editorial, 1977, p.166.
19. Zygmunt Bauman afirma que, dentre a multiplicidade de tarefas impossíveis que a modernidade se atribuiu e que fizeram dela o que é, sobressai a da ordem (mais precisamente e de forma mais importante, a da *ordem como tarefa*)

micas e sociais, associado ao aumento significativo do grau de complexidade das matérias que demandam a pronta ordenação do Estado, não mais encontra resposta satisfatória apenas no campo da atuação estatal[20].

4. CONCLUSÃO

A sustentabilidade está na ordem do dia. Entendida de forma ampla, alcança três pilares centrais: social, econômico e ambiental. A responsabilidade social das empresas, nesse contexto, ganha especial relevo e já não mais pode ser negligenciada no campo jurídico. É necessária a criação de instrumentos que confiram plena efetividade às normas já existentes e possibilitem que o resultado econômico das empresas envolva o tratamento ético e socialmente adequado de inúmeros temas que afetam a vida em sociedade. Só assim será possível a correção de equívocos do passado e o enfrentamento das consequências advindas da chamada Quarta Revolução Industrial que, com a elevada automação dos meios de produção, provocará a elevação do desemprego dentre pessoas com baixa qualificação e o surgimento, nas palavras do Professor de história da Universidade Hebraica de Jerusalém, Yuval Noah Harari, de uma nova classe de "inúteis"[21] e, por consequência, a intensificação da desigual distribuição de riqueza.

5. REFERÊNCIAS

BAUMAN, Zygmunt. *Modernidade e Ambivalência*. Trad. Marcus Penchel. Rio de Janeiro: Jorge Zahar, 1999.

BECK, Ulrich. *Sociedade de risco*. Trad. Sebastião Nascimento. São Paulo: Editora 34, 2010.

FRAZÃO, Ana. *Função social da empresa*: repercussões sobre a responsabilidade civil de controladores e administradores de S/As. Rio de Janeiro: Renovar, 2011.

GARCIA, Flávio Amaral. *Concessões, parcerias e regulação*. São Paulo: Malheiros, 2019

HARARI, Yuval Noah. *21 lições para o século 21*. Tradução de Paulo Geiger. São Paulo: Companhia das Letras, 2018.

MARQUES NETO, Floriano de Azevedo. *Concessões*. Belo Horizonte: Fórum, 2016.

PELAYO, Manuel García. *Las transformaciones del Estado contemporâneo*. Madrid: Alianza Editorial, 1977.

STIGLITZ, Joseph E. *People, Power and Profits. Progressive Capitalism for an Age of Discontent*. New York/ Londres: W.W. NORTON & COMPANY, 2019.

---

como a menos possível das impossíveis e a menos disponível das indispensáveis – com efeito, como o arquétipo de todas as outras tarefas, uma tarefa que torna todas as demais meras metáforas de si mesmas. BAUMAN, Zygmunt. *Modernidade e Ambivalência*. Trad. Marcus Penchel. Rio de Janeiro: Jorge Zahar, 1999.

20. Ulrich Beck assinala que: "Na globalidade da contaminação e nas cadeias mundiais de alimentos e produtos, as ameaças à vida na cultura industrial passam por *metamorfoses sociais do perigo*: regras da vida cotidiana são viradas de cabeça para baixo. Mercados colapsam. Prevalece a carência em meio à abundância. Causais de demandas são desencadeados. Sistemas jurídicos não dão conta das situações de fato. (...) Edifícios de racionalidade científica ruem." BECK, Ulrich. *Sociedade de risco*. Trad. Sebastião Nascimento. São Paulo: Editora 34, 2010, p.10.
21. HARARI, Yuval Noah. *21 lições para o século 21*. Tradução de Paulo Geiger. São Paulo: Companhia das Letras, 2018.

AUSÊNCIA OU INADEQUAÇÃO DE EQUIPAMENTOS DE PROTEÇÃO (EPIS) EM TEMPOS DE PANDEMIA: RESPONSABILIDADE DO ESTADO E REFLEXOS JURÍDICOS PELA RECUSA NO ATENDIMENTO A PACIENTES

Eduardo Dantas

Advogado, inscrito nas Ordens do Brasil e de Portugal; Doutorando em Direito Civil pela Universidade de Coimbra. Mestre em Direito Médico pela University of Glasgow. Bacharel em Direito pela Universidade Federal de Pernambuco. Presidente da Associação Pernambucana de Direito Médico e da Saúde. Ex-Presidente da Comissão de Direito e Saúde da OAB/PE. Vice-Presidente da Asociación Latinoamericana de Derecho Médico. Membro fundador e integrante da Comissão Diretiva da ALDIS – Associação Lusófona de Direito da Saúde. Ex Vice-Presidente e membro do Board of Governors da World Association for Medical Law. Membro da Comissão Especial de Direito Médico do Conselho Federal da Ordem dos Advogados do Brasil (Gestões 2013/2015 e 2016/2018). Coordenador pedagógico da Association de Recherche et de Formation en Droit Médical (Toulouse, França). Membro do International Advisory Board do Observatório de Direitos Humanos: Bioética, Saúde e Ambiente, da Universidade de Salerno (Itália). Membro do IBERC – Instituto Brasileiro de Estudos em Responsabilidade Civil. E-mail: eduardodantas@eduardodantas.adv.br

Graziella Clemente

Doutora em Biologia Celular pela Universidade Federal de Minas Gerais – UFMG. Mestre em Ciências Morfológicas – UFMG. Bacharel em Direito – Faculdade de Direito Milton Campos. Bacharel em Odontologia – PUC-MG. Pós graduada em Direito da Medicina – FDUC. Pós-doutoranda em Direitos Humanos – FDUC. Professora Titular no Centro Universitário Newton Paiva e Faculdade da Saúde e Ecologia Humana. Membro do IBERC – Instituto Brasileiro de Estudos em Responsabilidade Civil. Advogada e Odontóloga. E-mail: grazitclemente@gmail.com

Rafaella Nogaroli

Assessora de Desembargador no Tribunal de Justiça do Estado do Paraná. Pós-graduanda em Direito Médico pelo Centro Universitário Curitiba (UNICURITIBA) e em Direito Aplicado pela Escola da Magistratura do Paraná (EMAP). Especialista em Direito Processual Civil pelo Instituto de Direito Romeu Felipe Bacellar. Bacharel em Direito pelo UNICURITIBA. Coordenadora do grupo de pesquisas em "Direito da Saúde e Empresas Médicas" (UNICURITIBA), ao lado do prof. Miguel Kfouri Neto. E-mail: nogaroli@gmail.com

Sumário: 1. Notas introdutórias – 2. Efeitos jurídicos do abandono aos pacientes ou falta aos plantões médicos – 3. Falta e abandono de plantão por ausência de EPI contra a COVID-19 – 4. Escassez ou inadequação de EPIs e a responsabilidade civil do Estado – 5. Considerações Finais – 6. Referências.

1. NOTAS INTRODUTÓRIAS

Casos da COVID-19 no mundo ultrapassam 1 milhão e meio de ocorrências e os mortos passam de 90 mil,[1] sendo 100 destes médicos e enfermeiros que contraíram o patógeno durante o tratamento de pacientes.[2] Ao menos 14% dos mais de 85 mil infectados na Espanha são profissionais da saúde.[3] No Brasil, o número total de contaminações, em cerca de dois meses, supera a marca de 10 mil e chega a quase 500 mortes. O crescimento exponencial dos infectados tem gerado escassez global em hospitais de equipamentos básicos, tais como: máscaras, aventais cirúrgicos, óculos de proteção e álcool em gel.

A Organização Mundial da Saúde (OMS) recomenda aos profissionais da saúde utilizarem máscaras cirúrgicas quando estiverem no mesmo local que pacientes com suspeita ou confirmação de COVID-19. Além disso, no Brasil, o Ministério da Saúde aconselha o uso da máscara N95, que filtra 95% de partículas no ar, durante procedimentos geradores de aerossóis, como intubação ou aspiração traqueal, por exemplo.

Contudo, há situações em que sequer a entidade hospitalar possui sabão suficiente e álcool em gel para higienização das mãos. No estado de Pernambuco, por exemplo, a falta ou inadequação dos equipamentos de proteção individual (EPIs) é tão grave que o sindicato de enfermagem regional ameaçou paralisar as atividades. De acordo com Walkirio Almeida, coordenador do Comitê de Gestão da Crise do Conselho Federal de Enfermagem (Cofen), este é o panorama dos hospitais brasileiros: "uns [hospitais] não têm nenhum EPI, outros têm, mas não para todos".[4]

Repete-se no Brasil a experiência dos Estados Unidos, Europa e China: médicos e enfermeiros brasileiros, na linha de frente da guerra contra a pandemia, cuidam de pacientes com o novo coronavírus sem material de proteção suficiente. Em entrevistas, profissionais da saúde de diversos países relatam a preocupação cada vez maior, diante da escassez ou inadequação de EPIs que os colocam "numa guerra sem munição", isto é, ao mesmo tempo que cuidam dos doentes, eles estão em situação de vulnerabilidade e exposição ao vírus, trazendo perigo de contaminação para seus pacientes saudáveis e familiares.

Não é segredo que mesmo os sistemas públicos de saúde de reconhecida excelência, a exemplo do inglês (NHS), mostram-se despreparados para enfrentar de maneira apropriada os complexos desafios causados pela pandemia, com relato de adiamento de cirurgias envolvendo até mesmo tratamento de câncer, e a utilização de máscaras de esqui e sacos descartáveis de lixo como máscaras e aventais, ou mesmo EPIs com validade vencida, por parte de médicos e enfermeiros, tudo devidamente documentado em tempo real pelos meios de comunicação.[5]

---

1. Dados extraídos em 09.04.2020 do mapa criado pela Microsoft, que mostra, em tempo real, os números oficiais de casos do novo coronavírus confirmados no Brasil e no mundo: https://bing.com/covid.
2. Disponível em: https://www.newsweek.com/coronavirus-deaths-infections-doctors-nurses-healthcare-workers-medical-staff-1496056. Acesso em 04.04.2020.
3. Disponível em: https://g1.globo.com/bemestar/coronavirus/noticia/2020/03/30/ao-menos-14percent-dos-851-mil-infectados-por-coronavirus-na-espanha-sao-profissionais-da-saude.ghtml. Acesso em 04.04.2020.
4. Disponível em: https://epocanegocios.globo.com/Mundo/noticia/2020/03/cuidamos-dos-outros-mas-ninguem-cuida-de-nos-enfermeiras-expostas-ao-coronavirus-por-falta-de-equipamentos.html. Acesso em 04.04.2020.
5. Disponível em: https://noticias.uol.com.br/ultimas-noticias/bbc/2020/04/06/temos-de-usar-sacos-de-lixo-na-cabeca-medicos-britanicos-improvisam-no-combate-ao-coronavirus.htm. Acesso em 07.04.2020.

Além disso, deve-se observar que os riscos incluem não somente a exposição ao patógeno, mas há uma delicada situação em que eles são submetidos: longas horas de trabalho, sofrimento psicológico, fadiga, desgaste profissional e violência psicológica. Nos Estados Unidos, há dois casos que ilustram os desafios enfrentados por profissionais da saúde durante a pandemia da COVID-19. Uma enfermeira, que trabalhava no Northwestern Memorial Hospital, em Chicago, ajuizou ação indenizatória em face do hospital que a demitiu, depois dela enviar um e-mail aos seus colegas de trabalho, alertando-os que as máscaras fornecidas pela instituição não os protegiam suficientemente da COVID-19. Outro caso que recebeu atenção da mídia foi o de um médico, que trabalhava no pronto-socorro do Centro Médico Peace Health St. Joseph, em Bellingham, Washington. Ele alega que foi demitido no final de março, depois de se manifestar contra medidas de proteção inadequadas para profissionais da saúde que tratam os pacientes contaminados.

Diante desse cenário caótico, há de se considerar também as futuras demandas judiciais que os profissionais de saúde provavelmente enfrentarão com base nas decisões que estão sendo forçados a tomar. A comunidade jurídica brasileira tem debatido sobre a possibilidade de configuração do crime de omissão do socorro (art. 135 do CP), na situação do médico ou enfermeiro que deixa de atender um paciente, por não possuir EPI. Nos Estados Unidos, foi publicada, no dia 25.03.2020, a "Coronavirus Aid, Relief and Economic Security Act" (CARES Act),[6] com previsão de limitação da responsabilidade de médicos e enfermeiros que tratam pacientes com COVID-19, aplicando leis que seguem a lógica do "bom samaritano". Em regra, o profissional de saúde não será responsável por nenhum dano causado ao paciente na prestação de serviços de saúde, seja por um ato ou omissão, enquanto perdurar a situação de emergência de saúde pública da COVID-19.

Inegável que a falta dos EPIs tem comprometido a capacidade desses profissionais combaterem o novo coronavírus, já que implica colocar sua própria vida em risco. Diante disso, propõe-se, no presente trabalho, ao enfrentamento de questões fundamentais como: a possibilidade de responsabilizar profissionais de saúde que se recusem a atender pacientes, se houver fundado risco para a própria vida e incolumidade física, em virtude do não cumprimento de normas mínimas de biossegurança. Ainda, há importante reflexão sobre a extensão da responsabilidade do Estado quando o profissional da saúde não possui EPI adequado e, por isso, acaba sendo contaminado, sendo esta a causa da sua morte.

2. EFEITOS JURÍDICOS DO ABANDONO AOS PACIENTES OU FALTA AOS PLANTÕES MÉDICOS

Para fins da discussão específica deste artigo, necessário lembrar que tem-se aqui um momento único, excepcional, de pandemia reconhecida e declarada pela Organização Mundial da Saúde, em virtude de um vírus com alto poder de disseminação, e para o qual não existe vacina, ou sequer protocolo estabelecido de tratamento, em

---

6. Disponível em: https://www.congress.gov/116/bills/hr748/BILLS-116hr748enr.pdf. Acesso em 04.04.2020.

virtude de não se conhecer de maneira adequada seu comportamento e a extensão de seus efeitos.

Em condições normais, o ato de recusa do profissional de saúde – e aqui, por razões de exiguidade de espaço, foca-se principalmente no atuar da medicina e da enfermagem – em atender pacientes poderia sujeitá-los a responder em até quatro esferas diferentes: a) penal, pela própria omissão de socorro, materializada no artigo 135 do Código Penal; b) ética, perante o Conselho profissional onde estivesse registrado, em razão da infração ética; c) cível, embasada no artigo 186 do Código Civil, por eventuais danos materiais e morais que viessem a causar; d) e administrativa, em processo administrativo-disciplinar, se atuando na qualidade de agente do Estado.[7]

Não há dúvidas quanto à possibilidade de responsabilização por omissão de socorro em se tratando de situações ordinárias, onde ao profissional seja garantido o atendimento de condições razoáveis mínimas de segurança à própria vida e incolumidade física. A infração ética, inclusive, é bem delineada no art. 33[8] do Código de Ética Médica e no art. 76[9] do Código de Ética da Enfermagem.

Contudo, apesar do profissional de saúde ter o dever legal de cuidado e possível responsabilização nas quatro esferas supracitadas, não é obrigado a fazê-lo em prejuízo da própria incolumidade física, mormente quando se verifica a situação atual de pandemia da COVID-19, de enfrentamento de uma patologia altamente contaminante, com efeitos e amplitude desconhecidos, mas potencialmente fatais, sem que lhe sejam fornecidos equipamentos mínimos de proteção para fazê-lo.

Ainda que a dúvida possa ser levantada, sua resposta encontra abrigo no próprio Código de Ética Médica (Resolução CFM nº 2.217/2018), que prevê em seu capítulo II, inciso IV, que é direito do médico "recusar-se a exercer sua profissão em instituição pública ou privada onde as condições de trabalho não sejam dignas ou possam prejudicar a própria saúde ou a do paciente, bem como a dos demais profissionais".

No caso da enfermagem, a normativa ética é ainda mais clara. O Código de Ética da Enfermagem (Resolução COFEN nº 564/2017) estabelece em seu capítulo I, ao tratar dos direitos daqueles profissionais "Exercer a Enfermagem com liberdade, segurança técnica, científica e ambiental, autonomia, e ser tratado sem discriminação de qualquer natureza, segundo os princípios e pressupostos legais, éticos e dos direitos humanos" (art. 1º); "Exercer atividades em locais de trabalho livre de riscos e danos e violências física e psicológica à saúde do trabalhador, em respeito à dignidade humana e à proteção dos direitos dos profissionais de enfermagem" (art. 2º); "Suspender as atividades, individuais ou coletivas, quando o local de trabalho não oferecer condições seguras para o exercício profissional" (art. 13); e "Recusar-se a executar atividades que não sejam de sua competência técnica, científica, ética e legal ou que não ofereciam segurança ao

---

7. Consoante exposto por Eduardo Dantas e Marcos Coltri em sua obra *Comentários ao Código de Ética Médica*. 3. ed., 2020, ed. Juspodivm, p. 202-203, ao dissertar sobre o art. 33 do Código.
8. Art. 33 Deixar de atender paciente que procure seus cuidados profissionais em casos de urgência ou emergência quando não houver outro médico ou serviço médico em condições de fazê-lo.
9. Art. 76 Negar assistência de enfermagem em situações de urgência, emergência, epidemia, desastre e catástrofe, desde que não ofereça risco a integridade física do profissional.

profissional, à pessoa, à família e à coletividade" (art. 22). Não fosse suficiente, o mesmo Código estabelece como uma das proibições, em seu artigo 62 "Executar atividades que não sejam de sua competência técnica, científica, ética e legal ou que não ofereçam segurança ao profissional, à pessoa, à família e à coletividade".

O Código Penal, por sua vez, em seu art. 135, estabelece o crime de omissão de socorro, *in verbis*: "deixar de prestar assistência, quando possível fazê-lo sem risco pessoal, à criança abandonada ou extraviada, ou à pessoa inválida ou ferida, ao desamparo ou em grave e iminente perigo; ou não pedir, nesses casos, o socorro da autoridade pública". O núcleo do tipo é "deixar de prestar assistência" e o objeto jurídico tutelado por este delito é a proteção à vida e à saúde e a solidariedade humana.

Há diversos exemplos possíveis de omissão de socorro praticada por médicos: "deixem de socorrer pessoas feridas de um modo geral alegando não estar em horário de serviço ou que a pessoa não pode efetuar o pagamento de seus honorários, tampouco que não há convênio médico com o hospital onde trabalha ou inexiste vaga". Em regra, os profissionais da saúde respondem pelo delito de omissão de socorro porque, conforme elucida Guilherme de Souza Nucci, "estão em lugar próprio para prestar a assistência (hospitais, por exemplo), têm o conhecimento técnico para tanto e não há qualquer risco pessoal para invocar como escusa".[10]

Contudo, destaque-se que o Código Penal complementa o entendimento esposado pelas normas éticas, ao estabelecer como elemento normativo do tipo, isto é, condição essencial à tipificação da omissão de socorro, o ato de deixar de prestar assistência "*quando possível fazê-lo sem risco pessoal*".[11] Na situação de risco pessoal, o caminho indicado pela própria lei, ao prever dois núcleos do tipo, é chamar o socorro da autoridade pública.[12]

A grande questão definidora da caracterização da omissão de socorro, portanto, é a ausência ou não dos elementos de risco elevado à própria saúde, e segurança pessoal. Não se está falando aqui dos riscos esperados, inerentes à atividade do atendimento em saúde, uma vez que a exposição ao risco de contaminação é uma constante, e faz parte do trabalho, assim como o risco de morte é comum a outras profissões, tais como as de policiais e bombeiros. O que se leva em conta aqui é a ausência de equipamentos mínimos, básicos, de proteção individual capazes de atender às normas mais elementares de biossegurança, para profissionais que se encontram na linha de frente no combate a uma pandemia. A recusa é sim compreensível nestas condições, e dela não se pode extrair o mesmo tipo de responsabilização oriunda de uma recusa de executar os procedimentos de atendimento, quando obedecidos os protocolos e padrões de proteção.

Ademais, vale lembrar que a omissão de socorro praticada pelo médico pode abreviar a vida ou paciente ou provocar sequelas irreversíveis, motivo pelo qual há também reflexos na seara da responsabilidade civil, nos termos do art. 186 do Código Civil. No caso da responsabilidade aquiliana, exige-se, além do ato ilícito, dano e nexo causal, a presença do elemento subjetivo, isto é, que o ato ilícito tenha sido praticado com dolo ou com culpa. Entende-se por ato ilícito a ação ou omissão voluntária, negligente ou

---

10. NUCCI, Guilherme de Souza. *Código penal comentado*. 3. ed. São Paulo: Revista dos Tribunais, 2003, p. 436.
11. Idem.
12. Idem.

imprudente que violar direito e causar dano a outrem, ou, na melhor lição de Nelson Rosenvald e Felipe Braga Netto, o ilícito é "uma reação, juridicamente organizada, contra a conduta que viola valores, princípios ou regras do sistema jurídico (...) contra ações ou omissões que transgridam as referências normativas adotadas".[13]

Os eventuais prejuízos da conduta omissiva do médico ou enfermeiro podem ser indenizáveis como danos materiais, morais e lucros cessantes, na forma dos artigos 948 e 949 do CC. Reconhecida a responsabilidade civil subjetiva do profissional e a danosa omissão de socorro do paciente, que culminou em seu óbito, por exemplo, deve-se reconhecer a indenização por danos morais e pensionamento.

3. FALTA E ABANDONO DE PLANTÃO POR AUSÊNCIA DE EPI CONTRA A COVID-19

A vertiginosa curva de contaminação de profissionais da área de saúde, em países em que a COVID-19 já caracteriza situação de transmissão comunitária, é espantosa. Números da Comissão Nacional de Saúde da China demonstram que mais de 3300 profissionais de saúde foram infectados tendo sido registrados, até o final de fevereiro, pelo menos 22 óbitos. Na Itália, 20% desses profissionais foram infectados, já tendo sido notificadas algumas mortes. O Cofen emitiu recente alerta sobre a urgência na adoção de medidas para capacitação e oferta adequada de EPIs no Brasil, para reduzir os riscos de contaminação dos enfermeiros e médicos, tendo em vista que já são 17 profissionais da saúde mortos em cerca de dois meses – 8 deles já têm confirmação do contágio por COVID-19 –, desde o início da pandemia no país.[14]

Para além dessa relevante preocupação, ainda existe o fato desses profissionais não se submeterem ao regime de distanciamento social, imposto como medida de segurança para milhões de pessoas em todo mundo, o que aumenta significativamente o risco de contaminação dos mesmos, além daqueles que estão em contato direto com eles. Acrescentam-se, ainda, entre os desafios enfrentados por esses profissionais submetidos à exaustão física e mental, o estresse induzido pela tomada de decisões difíceis que incluem a triagem de pacientes e, não raras vezes, a decisão de quem fará, ou não, uso do respirador. Sobrepõe-se, ainda, a dor decorrente da perda de pacientes e colegas, sempre acompanhado do indiscutível risco de infecção em situação de escassez de EPI.[15]

Diante dessas condições, supor que o profissional possa se deparar com o impasse de escolher entre não prestar o atendimento, em função de não estar devidamente paramentado, ou atender colocando em risco sua própria segurança, demonstra a necessidade premente de enfrentamento desse dilema, não só no âmbito jurídico, mas, também, ético. No contexto da rede pública de saúde, onde essa escassez ou inadequação de recursos é mais notória, esse enfrentamento adquire maior expressão em situações de pandemia.

---

13. ROSENVALD, Nelson; BRAGA NETTO, Felipe Peixoto. *Código Civil Comentado*: artigo por artigo. Salvador: JusPodivm, 2020, p. 273.
14. Disponível em: https://oglobo.globo.com/sociedade/coronavirus/brasil-tem-oito-enfermeiros-mortos-por-coronavirus-outros-nove-obitos-aguardam-confirmacao-24357749. Acesso em 08.04.2020.
15. Disponível em: https://www.thelancet.com/journals/lancet/article/PIIS0140-6736(20)30644-9/fulltext Acesso em 05.04.20

No final de março, um paciente com suspeita de contaminação, e que faleceu em um hospital no Rio de Janeiro, gravou áudios no celular durante o tempo que ficou internado, dizendo que médicos e enfermeiros evitavam se aproximar dele por medo de contraírem a COVID-19. Relatava que "me deixaram aqui sem informação, isolado, como se fosse um bicho. Eu me esgoelo, eu grito, eu chamo as pessoas, ninguém atende. Tenho dificuldade até para urinar".[16] A família pretende processar o hospital por negligência médica e omissão de socorro.

Destaque-se que há duas situações bem distintas, a fim de se verificar a ilicitude penal, além da possível infração ética e reflexos de responsabilidade civil: o profissional que se recusa a prestar atendimento diante da falta ou inadequação do EPI e aquele que não atende injustificadamente o paciente contaminado ou com suspeita da COVID-19.

O médico que não atende o paciente simplesmente pelo medo de contaminação, tendo a sua disposição todo o equipamento para a sua própria segurança no atendimento, comete infração ética e crime de omissão de socorro. O mesmo já não ocorre se as condições objetivas de proteção e segurança não estiverem presentes, sujeitando o médico a fundado risco de infecção e contágio.

Conforme vimos anteriormente, há alguns pontos relevantes do crime de omissão de socorro do art. 135 do Código Penal (CP) e a sua correspondência com a infração ética contida no art. 33 do Código de Ética Médica (CEM), que estatui a proibição ao médico de deixar de atender o paciente em casos de urgência, sobretudo quando não há outro profissional para realizar o atendimento.

Deve-se observar que a omissão de socorro é um crime omissivo próprio, que se consuma com um simples "não fazer", motivo pelo qual, em regra, não se liga a um resultado, isto é, à relação de causalidade naturalística. Assim, para que o médico seja penalmente responsabilizado – na hipótese de possuir equipamentos de proteção e segurança individuais adequados–, necessário que se abstenha na conduta devida de atender o paciente contaminado ou com suspeita da COVID-19. Isso, porque os crimes omissivos são delitos de mera conduta e não exigem, para sua consumação, o agravamento do estado de saúde ou que sobrevenha a morte do paciente contaminado. O resultado que eventualmente surja dessa omissão poderá, contudo, configurar uma majorante.[17]

Por outro lado, quando os profissionais de saúde não atendem o paciente infectado ou com suspeita da COVID-19 devido a falta dos equipamentos de segurança, não há que se falar em omissão de socorro. Conforme visto anteriormente, o médico ou enfermeiro somente responderá pelo delito, quando estiver diante de uma situação na qual possa prestar a assistência sem risco pessoal. Caso exista o risco para o agente, o fato será atípico "no que diz respeito à sua assistência direta, mas não o exime de responsabilidade, se também, podendo, não procura socorro com a autoridade pública."[18] Guilherme de Souza

---

16. Disponível em: https://extra.globo.com/noticias/rio/hospital-abre-inquerito-apos-consul-apontar-abandono-morrer-com-sintoma-de-covid-19-24335434.html. Acesso em 04.04.2020.
17. O parágrafo único do art. 135 do CP prevê dois crimes preterdolosos: 1) o primeiro qualificado por lesões corporais de natureza grave, com aumentado de pena pela metade; 2) o outro pela morte da vítima, quando a reprimenda penal será triplicada.
18. GRECO, Rogério. *Código penal comentado*. 11. ed. Rio de Janeiro: Editora Impetus, 2017, p. 582.

Nucci preleciona que autoridade pública não é "qualquer autoridade pública", ou seja, "é dever de quem aciona a autoridade buscar quem realmente pode prestar assistência".[19]

O profissional da saúde, diante da falta dos EPIs, tem o direito de se afastar do atendimento, mas deve remeter um documento relatando a circunstância e justificando seu afastamento ao diretor técnico ou ouvidoria da instituição hospitalar. Caso a situação não seja resolvida, o profissional deverá comunicar o Conselho Regional. Há, ainda, possibilidade de ser registrada denúncia na plataforma "Radar da Saúde" (www.radardasaude.com.br) sobre falta ou inadequação de EPIs e condições impróprias de trabalho. É muito importante que o médico registre tudo em prontuário, especificando cada tomada de decisão e, inclusive, relate a impossibilidade de atender o paciente devido a falta do EPI. Numa futura demanda judicial contra o médico por omissão de socorro, a proteção jurídica dele será justamente a documentação de que estava faltando EPI no hospital.

Destaque-se, por fim, que esses profissionais praticam atos em estado de necessidade na atual situação de pandemia e, até mesmo, no estrito cumprimento de um dever legal, o que afasta inclusive a ilicitude em relação ao ato por eles praticado, garantindo que agem em conformidade ao direito. Seja como for, esses profissionais, em regra, não agem culposamente, o que há de ser considerado em futuras demandas judiciais que eles possam vir a enfrentar.

4. ESCASSEZ OU INADEQUAÇÃO DE EPIS E A RESPONSABILIDADE CIVIL DO ESTADO

Dentre as diversas reflexões relacionadas aos danos decorrentes da pandemia do novo coronavírus, uma delas, em especial, aflige de forma crescente os profissionais da área de saúde, devido à escassez, inadequação ou falta dos equipamentos de proteção individual (EPI): a possibilidade de surgimento de pretensão indenizatória em face do Estado. Indaga-se, portanto, se o Estado poderia ser responsabilizado pela lesão à saúde e/ou vida de um médico ou enfermeiro que presta atendimento em contexto de inadequação ou ausência do EPI, sendo esta a causa do dano sofrido.

Indubitavelmente, a situação decorrente desse estado de calamidade exige o enfrentamento de situações de incerteza, em que a discricionariedade é ampla, sendo necessária a confluência de critérios técnico-sanitários e políticos. Entretanto, diante da possibilidade de imputação de responsabilidade civil do Estado, a análise do risco/responsabilidade persiste como elemento fundamental, e deve ser baseada na ideia de salvaguarda da vida e saúde do cidadão, que constituem prioridades da atuação estatal.[20]

Em relação à responsabilidade civil do Estado, o Brasil adota a teoria do risco administrativo. Assim, o Estado responde sem culpa, exceto nas situações em que é possível demonstrar ausência de nexo de causalidade entre o dano e a ação ou omissão a ele imputada, casos em que a responsabilidade é afastada. As excludentes da responsabilidade civil do Estado – caso fortuito ou força maior e culpa exclusiva da vítima – afastam,

---

19. NUCCI, Guilherme de Souza. Op. Cit., p. 436.
20. BARBOSA, Mafalda Miranda. *Covid-19 e responsabilidade civil*: vista panorâmica. Revista de Direito da Responsabilidade. Ano 2, 2020, p.250-279.

portanto, o dever de indenizar por parte do mesmo. Em países que compartilham sistemas jurídicos semelhantes ao nosso, observa-se tendência a soluções mais humanas, abertas às considerações éticas e de equidade, bem como crescente preocupação com a vítima do dano.[21]

No mesmo sentido, os princípios da primazia do interesse da vítima, solidariedade social e princípio da proteção, destacam-se como de fundamental importância diante da responsabilização do Estado.[22]

Em razão da tendência mundial de ampliação das tarefas e funções do Estado, merece especial atenção o princípio da proteção – função preventiva da responsabilidade transformada em dever de agir do Estado.[23] Assim, além da atenção à vítima do dano, existe a preocupação em agir, no sentido de proteger ativa e preventivamente o direito fundamental contra ameaças de agressão – deveres estatais de tutela. De acordo com tal princípio, o Estado está impedido de adotar postura passiva e insuficiente diante da lesão ao cidadão, em seu direito fundamental. Desse modo, quando o Estado falha como garantidor de determinado bem jurídico fundamental, a indenização torna-se resposta proporcional e adequada. Em consonância, destaca-se, no direito alemão, o princípio da vedação das medidas insuficientes (*Untermassverbot*), ou seja, se há falha do Estado administrando ou legislando, no que se refere à forma insuficiente de proteção a certo direito fundamental (vida, integridade física, dignidade), poderá ser justificada a indenização.[24]

Para responder à indagação sobre a responsabilidade estatal, diante de danos decorrentes da inadequação ou ausência do EPI, é importante verificar se claramente houve violação a um direito absoluto, ou seja, se a conduta – comissiva ou omissiva –, dos agentes do Estado representam violação de regras técnicas, deveres de cuidado, ou até mesmo princípios jurídicos. A possibilidade de responsabilização do Estado pela lesão à saúde/vida do profissional depende das respostas a esses questionamentos.[25]

Caso tenha sido violado algum dever, o Estado será responsabilizado pela lesão que poderia ter sido evitada no caso de seu cumprimento. Na hipótese em questão, sendo do Estado (hospital público), a obrigação de disponibilização do EPI adequado, a inobservância dessa exigência poderia caracterizar, por si só, a responsabilização, já que, expõe os profissionais de saúde a um risco desmedido de infecção.

Contudo, para que haja imputação de responsabilidade, se faz necessária a análise do cabimento, ou não, das hipóteses de exclusão da responsabilidade no cenário, específico, da pandemia. Assim, indaga-se: até que ponto a situação singular de uma pandemia caracterizaria força maior ou caso fortuito? É óbvio que essa análise deve também permear questionamentos como: qual seria o grau de eficácia das medidas não adotadas

---

21. BRAGA NETTO, Felipe Peixoto; FARIAS, Cristiano Chaves; ROSENVALD, Nelson. *Novo tratado de responsabilidade civil*. 3. ed. São Paulo: Saraiva Educação, 2018, p.147-155.
22. LÔBO, Paulo Luiz Neto. *Direito civil*: contratos. São Paulo: Saraiva, 2011, p.23.
23. Sobre o princípio da precaução e a gestão dos riscos pelo Estado, cf.: BAPTISTA DOS SANTOS, Romualdo. *Responsabilidade civil por dano enorme*. Porto: Juruá, 2018.
24. BRAGA NETTO, Felipe Peixoto. *Manual da responsabilidade civil do Estado* – à luz da jurisprudência do STF e do STJ e da teoria dos direitos fundamentais. 4. ed. Salvador: JusPodivm, 2017, p. 73.
25. BARBOSA, Mafalda Miranda. Op. Cit., p. 271-273.

ou, ainda, estaria no controle do Estado evitar o risco de contaminação desmedido dos profissionais de saúde?

De acordo com a tendência atual do papel do Estado, no sentido de atuar de forma mais ativa e garantir maior proteção aos cidadãos, é possível pensar na responsabilização estatal, nesse contexto. E, ainda, pelo fato do dano causado aos profissionais de saúde que se infectam por ausência ou inadequação de EPI guardar relação com o fortuito interno, o dever de indenizar do Estado está mantido, já que estaríamos tratando da própria esfera de risco da atividade estatal (o dano sofrido tem íntima relação com a atividade desenvolvida pelo ofensor).[26]

Diante das experiências já vivenciadas por países como China, Itália, Espanha, e mais recentemente, pelos Estados Unidos, reafirmou-se a importância da utilização dos EPIs na prevenção do contágio da COVID-19, bem como o fato da demanda crescente por esses equipamentos representar um dos importantes desafios no enfrentamento dessa pandemia. Assim, prevendo ser possível que esses equipamentos venham a faltar, e não tendo sido oportunizados meios prévios e eficazes diante desse fato, em tese, a responsabilização do Estado seria possível.

Sem dúvidas, no contexto específico em que os profissionais decidem por prestar atendimento assumindo os riscos da utilização de uma paramentação inadequada, devido a precariedade dos meios, poder-se-ia questionar a possibilidade de alegação de fato concorrente – comportamento da vítima contribuindo para a produção ou agravamento dos danos – o que repercutiria na indenização fixada. Entretanto, como o grau de participação da vítima, na prática, nem sempre fica claro, têm-se admitido o fato concorrente, não como fator de mitigação do quantum indenizatório, mas sim como excludente apenas nos casos de completa eliminação da conduta estatal. Existindo dúvidas sobre tal inexistência, resolve-se pela responsabilização exclusiva do Estado.[27] Ademais, cumpre ressaltar, que o fato concorrente só poderia ser alegado nas situações em que o comportamento do lesado seja livre, e aferir liberdade nas condições enfrentadas por esses profissionais de saúde, configura-se como questionável.[28]

5. CONSIDERAÇÕES FINAIS

Em todo o mundo, bilhões de pessoas encontram-se em quarentena domiciliar para minimizar a exponencial transmissão da COVID-19. Há mais pessoas em quarentena hoje, que havia pessoas vivendo no planeta durante a Segunda Guerra Mundial[29]. Por outro lado, profissionais da saúde desdobram-se na urgente e exaustiva linha de frente do combate ao novo coronavírus, inclusive colocando suas próprias vidas em risco. Devido a escassez ou inadequação de equipamentos de proteção e segurança, médicos e enfermeiros relatam que se sentem "numa guerra sem muni-

---

26. BRAGA NETTO, Felipe Peixoto; FARIAS, Cristiano Chaves; ROSENVALD, Nelson. Op. Cit., p. 149.
27. Nesse sentido, cf.: STJ, Resp 1.014.520, Rel. Min. Francisco Falcão, 1ª T., DJ 02/06/09. Ainda, sobre o tema, destaca-se: BRAGA NETTO, Felipe Peixoto; FARIAS, Cristiano Chaves; ROSENVALD, Nelson. Op. Cit., p. 1187.
28. BARBOSA, Mafalda Miranda. Op. Cit., p. 272.
29. Disponível em: https://zap.aeiou.pt/ha-pessoas-quarentena-do-vivas-2a-guerra-mundial-315977. Acesso em 09.04.2020.

ção", pois estão despreparados para enfrentar de maneira adequada os complexos desafios causados pela pandemia. Diante desse contexto, importantes reflexões de responsabilidade civil se impõem e, sem pretensão de esgotar a temática, buscamos indicar possíveis soluções, em um delicado equilíbrio entre o atuar ético, o drama humano e a segurança jurídica.

O ato de recusa do profissional de saúde no atendimento de um paciente – seja por abandono do doente ou falta ao plantão médico –, em condições de normalidade, pode ter reflexos em até quatro esferas diferentes: penal, ética, cível e administrativa. Contudo, vivemos um momento único e excepcional de pandemia, nunca experimentado nesta escala em toda a história conhecida da humanidade. Por isso, apesar do profissional possuir o dever legal de cuidado e possível responsabilização nessas esferas, não é obrigado a fazê-lo em prejuízo da própria incolumidade física, quando faltar EPI ou este for inadequado. Assim, se as condições objetivas de proteção e segurança não estiverem presentes, e o profissional esteja sujeito a fundado risco de contágio, agravado para além dos riscos naturais já esperados em sua atividade, tem o direito de se afastar do atendimento, mas deve registrar a ocorrência em prontuário e remeter um documento à autoridade competente, relatando a circunstância e justificando seu afastamento.

Além disso, o cenário atual de pandemia demanda o enfrentamento sobre a possibilidade de pretensão indenizatória do profissional da saúde em face do Estado, pelos danos sofridos devido à escassez, inadequação ou falta dos EPIs. Esta discussão está embasada não apenas na teoria do risco administrativo, mas, sobretudo, no princípio da proteção, por refletir uma função preventiva da responsabilidade transformada em um dever de agir do Estado. Nossa experiência jurídica segue um caminho de progressivo estreitamento das hipóteses de excludentes de responsabilidade civil e, nesse sentido, o dano causado ao profissional do hospital público que se infecta por ausência ou inadequação de EPI guarda relação com o fortuito interno da atividade estatal. Ademais, a ausência da observância de medidas prévias e razoáveis de cuidado e proteção pode responsabilizar civilmente o Estado e, neste sentido, poderíamos pensar que a futura escassez dos EPIs já era, em tese, prevista, diante das experiências anteriormente vivenciadas por outros países com a pandemia. Por fim, importante destacar que na conjuntura de recessão econômica mundial que se anuncia, talvez em escala jamais vista, verifique-se tendência de o Judiciário decidir de modo diverso, desviando do caminho jurídico-evolutivo outrora experimentado.

6. REFERÊNCIAS

BARBOSA, Mafalda Miranda. *Covid-19 e responsabilidade civil*: vista panorâmica. Revista de Direito da Responsabilidade. Ano 2, 2020, p.250-279.

BAPTISTA DOS SANTOS, Romualdo. *Responsabilidade civil por dano enorme*. Porto: Juruá, 2018.

BRAGA NETTO, Felipe Peixoto. Manual da responsabilidade civil do Estado – à luz da jurisprudência do STF e do STJ e da teoria dos direitos fundamentais. 4. ed. Salvador: JusPodivm, 2017.

BRAGA NETTO, Felipe Peixoto; FARIAS, Cristiano Chaves; ROSENVALD, Nelson. *Novo tratado de responsabilidade civil*. 3. ed. São Paulo: Saraiva Educação, 2018.

COLTRI, Marcos Vinicius; DANTAS, Eduardo Vasconcelos dos Santos. *Comentários ao Código de Ética Médica*. 3. Ed. Salvador: JusPodivm, 2020.

GRECO, Rogério. *Código penal comentado*. 11. ed. Rio de Janeiro: Editora Impetus, 2017.

LÔBO, Paulo Luiz Neto. Direito civil: contratos. São Paulo: Saraiva, 2011.

NUCCI, Guilherme de Souza. *Código penal comentado*. 3. ed. São Paulo: Revista dos Tribunais, 2003.

ROSENVALD, Nelson; BRAGA NETTO, Felipe Peixoto. *Código Civil Comentado*: artigo por artigo. Salvador: JusPodivm, 2020.

RESPONSABILIDADE CIVIL DO MÉDICO NA PRESCRIÇÃO *OFF LABEL* DE MEDICAMENTOS PARA A COVID-19

Roberto Henrique Pôrto Nogueira

Doutor e Mestre em Direito Privado pela PUC Minas. Especialista em Direito Tributário pela Faculdade de Direito Milton Campos Belo Horizonte. Pesquisador do Núcleo de Estudos Novos Direitos e Reconhecimento – NDP e do Centro de Estudos em Biodireito – CEBID-UFOP. Professor da Graduação em Direito e do Mestrado Acadêmico em Novos Direitos, Novos Sujeitos da Universidade Federal de Ouro Preto. Ensaio desenvolvido no contexto do Grupo de Apoio Jurídico à Gestão de Crise Pandêmica da COVID-19 (PPGD-UFOP). Parte desse trabalho conta com o Auxílio Financeiro ao Pesquisador UFOP. E-mail: roberto.nogueira@ufop.edu.br.

Sumário: 1. Considerações iniciais – 2. Novo Coronavírus, COVID-19 e terapias alternativas – 3. O registro de medicamentos no Brasil e o uso *off label* – 4. A prescrição *off label* de medicamentos é lícita? – 5. Responsabilidade civil do médico e prescrição *off label* de medicamentos no tratamento da COVID-19 – 6. Conclusão – 7. Referências.

1. CONSIDERAÇÕES INICIAIS

A COVID-19 é uma doença causada pelo novo Coronavírus, descrita em dezembro de 2019. Segundo dados da Organização Mundial da Saúde – OMS, a doença atingiu, até o momento,[1] 44.002.003 pessoas, sendo responsável por 1.167.988 mortes.

A OMS declarou a doença emergência de saúde pública mundial em 30 de janeiro de 2020, tendo, posteriormente, em 11 de março seguinte, declarado a pandemia. A transmissão do novo Coronavírus ocorre de pessoa a pessoa, independentemente de elas serem sintomáticas. Ainda não existe terapia farmacológica específica, o que faz com que as drogas testadas sejam novas e sem nenhum registro anterior junto às autoridades sanitárias; ou dotadas de registros pregressos, mas direcionadas à nova indicação.

O problema que desafia o presente ensaio refere-se à prescrição *off label* de medicamentos para o enfrentamento da COVID-19, considerando a responsabilidade civil do médico por danos decorrentes de eventual ato ilícito.

2. NOVO CORONAVÍRUS, COVID-19 E TERAPIAS ALTERNATIVAS

Desde o caso de pneumonia reportado em Wuhan, na província de Hubei, na China, em dezembro de 2019, o mundo dedica-se à compreensão do novo Coronavírus,

---

1. O presente estudo foi atualizado para a segunda edição no dia 28 de outubro de 2020. Dados da Organização Mundial da Saúde. Disponível em: <https://worldhealthorg.shinyapps.io/covid/>. Acesso em: 28 out. 2020.

denominado SARS-CoV-2 pelo Comitê Internacional de Taxonomia Viral; e da doença relacionada, a COVID-19, assim nominada pela OMS. Trata-se de enfermidade infecciosa altamente transmissível, com baixa taxa de letalidade. Os principais sintomas da doença são febre e tosse. Cansaço ocorre em cerca um terço dos casos. Os pacientes graves podem evoluir com complicações, tais como síndrome do desconforto respiratório agudo, lesão cardíaca aguda, infecção secundária, além de danos a tecidos e órgãos que não se resumem ao pulmão.[2]

Nesse cenário, intensificam-se as corridas pelo desenvolvimento de terapias eficazes e seguras. O Ministério da Saúde (MS),[3] até o momento do fechamento deste trabalho, declarou inexistirem evidências robustas de alta qualidade que possibilitem a indicação de uma terapia farmacológica específica para a COVID-19. Sem prejuízo de outras experimentações, mesmo com a escassez ou a ausência de meta-análises de ensaios clínicos multicêntricos, controlados, cegos e randomizados que comprovem o benefício inequívoco de determinadas medicações para o tratamento da COVID-19, o MS lista possíveis alternativas terapêuticas avaliadas por estudos metodologicamente estruturados, que testam antimaláricos, antibióticos, corticosteroides, antivirais e anti-hipertensivos.

O próprio MS, ao comentar essas alternativas farmacológicas terapêuticas, citou dois trabalhos centrais, que administraram hidroxicloroquina (HCQ), isoladamente ou de forma associada a azitromicina, a pacientes diagnosticados com COVID-19, para justificar as suas diretrizes, quando do início de sua disponibilização em larga escala.[4] A cloroquina e o seu análogo HCQ são indicados, ordinariamente, para o tratamento de artrite reumatoide e artrite reumatoide juvenil, lúpus eritematoso sistêmico e discoide, condições dermatológicas provocadas ou agravadas pela luz solar e malária. A azitromicina, por sua vez, é sabidamente um antibiótico indicado para tratamento de, entre outras doenças, infecções bacterianas do trato respiratório.[5]

O presente trabalho não pretende definir a adequação técnica do uso da cloroquina e de seu análogo HCQ, isoladamente ou em associação com a azitromicina. Há, também, pesquisas mais atuais que ainda foram suficientes para sepultar a discussão acerca da medicação. Utilizam-se, contudo, esses primeiros estudos citados pelo MS para demonstrar o papel das evidências científicas no delineamento da licitude da prescrição *off label* de medicamentos para o tratamento da COVID-19, bem como na responsabilidade civil do médico correlata, em casos de danos decorrentes dessa atuação profissional. Afinal,

---

2. WANG et al. A review of the 2019 Novel Coronavirus (COVID-19) based on current evidence. International Journal of Antimicrobial Agents – In Press 17 March 2020 – DOI: 10.1016/j.ijantimicag.2020.105948. Disponível em: < https://www.sciencedirect.com/science/article/pii/S0924857920300984>. Acesso em: 28 out. 2020.
3. BRASIL. Ministério da Saúde. Nota informativa nº 17/2020- SE/GAB/SE/MS. Brasília: Ministério da saúde, 11 ago. 2020. Disponível em: <http://antigo.saude.gov.br/images/pdf/2020/August/12/COVID-11ago2020-17h16.pdf>. Acesso em: 28 out. 2020. p. 03.
4. BRASIL. Ministério da Saúde. Nota Informativa n. 6/2020-DAF/SCTIE/MS. Atualiza informações sobre o Uso da Cloroquina como terapia adjuvante no tratamento de formas graves do COVID-19. Brasília: Ministério da saúde, 31 mar. 2020. Disponível em: <https://www.saude.gov.br/images/pdf/2020/April/01/MS---0014223901---Nota-Informativa-n---6-2020-DAF-SCTIE-MS.pdf>. Acesso em: 08 abr. 2020.
5. BRASIL. Ministério da Saúde. Nota Informativa n. 6/2020-DAF/SCTIE/MS. Atualiza informações sobre o Uso da Cloroquina como terapia adjuvante no tratamento de formas graves do COVID-19. Brasília: Ministério da saúde, 31 mar. 2020. Disponível em: <https://www.saude.gov.br/images/pdf/2020/April/01/MS---0014223901---Nota-Informativa-n---6-2020-DAF-SCTIE-MS.pdf>. Acesso em: 08 abr. 2020.

a contraposição de estudos com grupos amostrais relativamente próximos serve para ilustrar a dificuldade de admissão de eficácia com base em investigações isoladas e sem evidência robusta; bem como para contribuir para o debate jurídico almejado.

Em relação ao estudo[6] que inicialmente encontrou benefício no uso dos fármacos, aproximadamente metade dos pacientes fez parte do grupo de tratamento, tendo o restante integrado o grupo controle. Apenas um reduzido número de pacientes do grupo de tratamento recebeu azitromicina. Dentre os desfechos verificados, descreveram-se, em comparação ao grupo controle, uma redução da detecção do vírus no trato respiratório superior, além de melhora em outros parâmetros clínicos, tidos como sintomas frequentemente associados à doença.

Essas conclusões poderiam sugerir a eficácia da medicação em alusão para o tratamento da COVID-19. Contudo, um olhar mais atento pode revelar vieses que não deveriam ser desconsiderados à análise. O estudo em questão não foi randomizado, tampouco cego. Isso significa que deve ter havido uma seleção não aleatória de pacientes para os grupos de tratamento e de controle, o que permitiria que a subjetividade de pesquisadores e de pacientes interferisse, de forma determinante, nos desfechos. O fato de o estudo não ter sido cego permitiria que os pacientes soubessem se estavam recebendo a medicação ou apenas o placebo, de modo que o papel de aspectos psicológicos e outros esforços dos pacientes relacionados à sua consciência de estarem sendo tratados poderiam ocasionar prejuízo à confiabilidade dos achados.

Significa, ao final, que houve variáveis ligadas às características dos pacientes, aos seus quadros e históricos, à estruturação da pesquisa, aos critérios de inclusão e exclusão de pacientes, ao parâmetro para definição da escolha da associação com a antibioticoterapia, dentre outros vieses, que permaneceram fora do controle dos investigadores. Além disso, o pequeno número de pacientes envolvidos fez com que seja restrita a possibilidade de generalização dos resultados, vale dizer, implicou o possível comprometimento estatístico dos achados, com chance de que a replicação da intervenção em outros grupos descortinasse desfechos diversos, não necessariamente positivos.

O outro trabalho encontrou resultados negativos e também apresentou suas fragilidades.[7] Almejou-se aferir eficácia e segurança da HCQ no tratamento de pacientes com COVID-19. O estudo, realizado no Centro Clínico de Saúde Pública de Xangai, dividiu os 30 pacientes participantes em dois grupos, HCQ e controle, de forma randomizada. Como resultados, o trabalho destacou, em comparação dos pacientes dos dois grupos, ausência de diferença significativa na evolução do quadro clínico, de maneira a frisar a necessidade de estudos de tamanho amostral maior para investigar a eficácia da HCQ.

---

6. GAUTRET et al. Hydroxychloroquine and azithromycin as a treatment of COVID 19: results of an open label non randomized clinical trial. International Journal of Antimicrobial Agents – In Press 19 March 2020 – DOI: 10.1016/j.ijantimicag.2020.105949. Disponível em: <https://www.mediterranee-infection.com/wp-content/uploads/2020/03/Hydroxychloroquine_final_DOI_IJAA.pdf>. Acesso em: 28 out. 2020.
7. CHEN J et al. A pilot study of hydroxychloroquine in treatment of patients with common coronavirus disease-19 (COVID-19). Journal of Zhejiang University (Medical Sciences), v. 49, March 2020. DOI:10.3785/j.issn.1008-9292.2020.03.03. Disponível em: <http://www.zjujournals.com/med/EN/10.3785/j.issn.1008-9292.2020.03.03>. Acesso em 28 out. 2020.

A manifestação do MS deixou claro que havia ciência de que os dois estudos eram divergentes quanto ao sucesso da administração das substâncias analisadas. E mais: ficou destacado que os estudos articularam amostras pequenas de pacientes e que contam com 'alto risco de viés, principalmente associado à falta de mascaramento'.[8]

Mesmo assim, desde o final de março de 2020, ante o baixo custo e a fácil administração para o tratamento com cloroquina e com seu análogo HCQ, as publicações científicas aludidas, o destaque aos eventos adversos e a essencialidade do uso profissionalmente orientado, valendo-se da Lei n. 13.979,[9] o MS decidiu disponibilizá-los para uso, em casos confirmados de COVID-19 e a critério médico, como terapia adjuvante no tratamento de formas graves, em pacientes hospitalizados, sem que outras medidas de suporte tenham sido preteridas em seu favor. Deixou-se a critério da equipe médica a escolha pela eventual associação da antibioticoterapia (uso de azitromicina). Cuidados para o acompanhamento de efeitos adversos foram recomendados. Passou a haver disponibilidade para o tratamento em referência na rede do Sistema Único de Saúde, mas a prescrição prosseguiu sendo um ato médico de recomendação de terapia com fármacos permitidos pela autoridade sanitária, mas direcionados a tratamento de outras doenças.[10] Atualmente, o uso da medicação é orientada inclusive em relação ao uso precoce em pacientes adultos com diagnóstico de COVID-19.[11]

Diante dessa dissensão entre estudos que embasaram, no início, os critérios oriundos do MS para a disponibilização da medicação em apreço, vale lançar luzes ao desafio da sua prescrição *off label* e das possíveis repercussões no campo da responsabilidade civil do médico.

3. O REGISTRO DE MEDICAMENTOS NO BRASIL E O USO *OFF LABEL*

A Lei n. 6.360[12] estabelece as principais normas pertinentes à vigilância sanitária a que ficam sujeitos os medicamentos, as drogas, os insumos farmacêuticos e outros produtos. Busca-se assegurar o controle de qualidade, por meio de um conjunto de

---

8. BRASIL. Ministério da Saúde. Nota Informativa n. 6/2020-DAF/SCTIE/MS. Atualiza informações sobre o Uso da Cloroquina como terapia adjuvante no tratamento de formas graves do COVID-19. Brasília: Ministério da saúde, 31 mar. 2020. Disponível em: <https://www.saude.gov.br/images/pdf/2020/April/01/MS---0014223901---Nota-Informativa-n---6-2020-DAF-SCTIE-MS.pdf>. Acesso em: 08 abr. 2020.
9. BRASIL. Lei n. 13.979, de 6 de fev. 2020. Dispõe sobre as medidas para enfrentamento da emergência de saúde pública de importância internacional decorrente do coronavírus responsável pelo surto de 2019. Diário Oficial da República Federativa do Brasil, Brasília, DF, 7 fev. 2020. Disponível em: <http://www.planalto.gov.br/ccivil_03/_ato2019-2022/2020/lei/l13979.htm>. Acesso em: 28 out. 2020.
10. BRASIL. Ministério da Saúde. NOTA INFORMATIVA No 6/2020-DAF/SCTIE/MS. Atualiza informações sobre o Uso da Cloroquina como terapia adjuvante no tratamento de formas graves do COVID-19. Brasília: Ministério da saúde, 31 mar. 2020. Disponível em: <https://www.saude.gov.br/images/pdf/2020/April/01/MS---0014223901---Nota-Informativa-n---6-2020-DAF-SCTIE-MS.pdf>. Acesso em: 08 abr. 2020.
11. BRASIL. Ministério da Saúde. Nota informativa nº 17/2020- SE/GAB/SE/MS. Brasília: Ministério da saúde, 11 ago. 2020. Disponível em: <http://antigo.saude.gov.br/images/pdf/2020/August/12/COVID-11ago2020-17h16.pdf>. Acesso em: 28 out. 2020. p. 03.
12. BRASIL. Lei Federal n. 6.360, de 23 setembro 1976. Dispõe sobre a vigilância sanitária a que ficam sujeitos os medicamentos, as drogas, os insumos farmacêuticos e correlatos, cosméticos, saneantes e outros produtos, e dá outras providências. Diário Oficial da União, Brasília, 24 set. 1976. Disponível em: <http://www.planalto.gov.br/ccivil_03/leis/l6360.htm>. Acesso em: 28 out. 2020.

medidas garantidoras da pureza, eficácia e inocuidade, além da regularidade da atividade produtiva. Compete à Anvisa o processamento dos atos para registro de produtos submetidos ao regime de vigilância sanitária. O registro condiciona-se ao atendimento de uma série de exigências.

De acordo com a Resolução da Diretoria Colegiada da Anvisa RDC n. 200,[13] que abrange os critérios para a concessão e renovação do registro de medicamentos com princípios ativos sintéticos e semissintéticos, classificados como novos, genéricos e similares, e dá outras providências, é fundamental que, na qualidade de medidas antecedentes ao registro de medicamento novo, todos os estudos clínicos conduzidos em território nacional para fins de registro sigam a legislação específica vigente para pesquisa clínica, cujo desenvolvimento depende de aprovação prévia.

Em condições normais, os estudos clínicos necessários ao registro ou alteração de registro de um medicamento novo dependem da realização de três fases de pesquisa.[14] A fase I serve para estabelecer uma evolução preliminar da segurança, do perfil farmacocinético e, eventualmente, do perfil farmacodinâmico, e corresponde ao primeiro estudo em seres humanos, em grupos menores de pessoas voluntárias, em geral sadias, de um novo princípio ativo, ou nova formulação. Almeja-se, na fase II, demonstrar a atividade e estabelecer a segurança a curto prazo do princípio ativo, em pacientes afetados por uma determinada enfermidade ou condição patológica, por meio de pesquisa em um número limitado de pessoas, seguida de um estudo de administração, para que seja possível concluir por relações dose/resposta. Na fase III, já voltada para grupos maiores e mais plurais, os estudos são ampliados para a busca de resultado do risco/benefício a curto e longo prazos das formulações do princípio ativo e do valor terapêutico relativo, com consideração das reações adversas mais frequentes, interações clinicamente relevantes, principais fatores de modificação do efeito etc.[15]

Ao final, em conformidade com os estudos clínicos, o medicamento é registrado nos moldes da investigação realizada, o que faz com que ele permaneça circunscrito aos termos formais registrais, dentre outros parâmetros de prescrição e de uso específicos. São esses termos formais registrais do medicamento que delimitam o uso *on label*. O que escapa ao disposto nas lindes dos estudos que ensejaram o registro situa-se no campo *off label*.[16]

---

13. AGÊNCIA NACIONAL DE VIGILÂNCIA SANITÁRIA. Resolução RDC n. 200, de 26 dez. 2017. Dispõe sobre os critérios para a concessão e renovação do registro de medicamentos com princípios ativos sintéticos e semissintéticos, classificados como novos, genéricos e similares, e dá outras providências. Brasília, Diário Oficial da União, 28 dez. 2017, republicado em 29 jan. 2018. Disponível em: <http://portal.anvisa.gov.br/documents/10181/3836387/RDC_200_2017_COMP.pdf/3b8c3b31-24cb-4951-a2d8-8e6e2a48702f>. Acesso em: 30 mar. 2020.
14. AGÊNCIA NACIONAL DE VIGILÂNCIA SANITÁRIA. Resolução RDC n. 09, de 20 fev. 2015. Dispõe sobre o Regulamento para a realização de ensaios clínicos com medicamentos no Brasil. Brasília, Diário Oficial da União, 03 mar. 2015. Disponível em: <http://portal.anvisa.gov.br/documents/10181/3503972/RDC_09_2015_COMP.pdf/e26e9a44-9cf4-4b30-95bc-feb39e1bacc6>. Acesso em: 30 mar. 2020.
15. BRASIL. Ministério da Saúde. Resolução do Conselho Nacional de Saúde n. 251, de 7 agosto 1997. Aprova normas de pesquisa envolvendo seres humanos para a área temática de pesquisa com novos fármacos, medicamentos, vacinas e testes diagnósticos. Diário Oficial da União, Brasília, 23 set. 1997. Disponível em: <https://bvsms.saude.gov.br/bvs/saudelegis/cns/1997/res0251_07_08_1997.html>. Acesso em: 02 abr. 2020.
16. NOGUEIRA, Roberto Porto Henrique. Prescrição *off label* de medicamentos, ilicitude e responsabilidade civil do médico. Belo Horizonte: Editora PUC Minas, 2017. p. 62.

Tão importante quanto elencar as espécies de usos *off label* de medicamentos é compreender que *off label* significa *silent label*, verdadeiro espaço para a eventual atuação médica com relação a um medicamento. Trata-se de parâmetro sobre o qual a agência reguladora não se pronunciou acerca da segurança e eficácia, sem, contudo, jamais tê-lo rechaçado, exatamente por inexistirem estudos tanto para o registro quanto para a sua negativa ou alteração, em propósitos alheios à bula.[17]

Novas doenças, como é o caso da COVID-19, colocam em pauta a restrição do uso de medicamentos às hipóteses *on label*. A divergência entre os parâmetros chancelados pelo órgão regulador e os empregados pelos profissionais de saúde prescritores pode derivar do desconhecimento das peculiaridades farmacêuticas de uma determinada droga, mas, em outros casos, pode representar fruto da experiência ou da necessidade médica empreendida no sentido do melhor interesse do paciente, com amparo em estudos científicos.[18]

4. A PRESCRIÇÃO *OFF LABEL* DE MEDICAMENTOS É LÍCITA?

Em casos extremos, de nenhuma ou mínima existência de tratamento previamente testado ou estudado, de ausência de resposta do paciente às terapias tradicionais ou de efetiva superioridade do tratamento inovador, o profissional médico deverá decidir a prescrição pautado, como regra, em sua experiência clínica e profissional.[19] Outras vezes, a prescrição *off label* poderá acontecer alheia a esses casos ditos extremos.

A literatura médica destaca, como hipótese de fundamento técnico à prescrição *off label*, as evidências verificadas, principalmente, por meio de trabalhos publicados oriundos de pesquisas clínicas.

Acredita-se que o escalonamento das evidências bem aceito seja o adotado pelo próprio MS, que parece privilegiar o Sistema GRADE (*Grading of Recommendations Assessment, Development and Evaluation*). No Sistema GRADE, os níveis ou qualidades da evidência são divididos em alto, moderado, baixo e muito baixo. Esse sistema, utilizado também pela Organização Mundial da Saúde (OMS), tem como objetivo criar um sistema universal, "transparente e sensível para graduar a qualidade das evidências e a força das recomendações".[20]

De acordo com a proposta em referência, formam-se graus principais de recomendação e de força de evidência científica. São mais robustas as evidências que decorrem de estudos experimentais ou observacionais de melhor consistência, seguidos dos

---

17. MEADOWS, W.; HOLLOWELL, B. Off-label drug use: an FDA regulatory term, not a negative implication of its medical use. International Journal of Impotence Research, London, v. 20, n. 2, p. 135-144, Mar. 2008. Disponível em: <http://web.ebscohost.com/ehost/search/basic?sid=d1a=-f853a1-0eb4829--174a30-6ebfec3cbc40%sessionmg12r&vid-2&hid=25>. Acesso em: 7 ago. 2012. p. 140.
18. NOGUEIRA, Roberto Porto Henrique. Prescrição *off label* de medicamentos, ilicitude e responsabilidade civil do médico. Belo Horizonte: Editora PUC Minas, 2017. p. 18.
19. NOGUEIRA, Roberto Porto Henrique. Prescrição *off label* de medicamentos, ilicitude e responsabilidade civil do médico. Belo Horizonte: Editora PUC Minas, 2017. p. 80.
20. MINISTÉRIO DA SAÚDE. Secretaria de Ciência, Tecnologia e Insumos Estratégicos. Departamento de Ciência e Tecnologia. *Diretrizes metodológicas: Sistema GRADE – Manual de graduação da qualidade da evidência e força de recomendação para tomada de decisão em saúde*. Brasília: Ministério da Saúde, 2014. Disponível em: <https://bvsms.saude.gov.br/bvs/publicacoes/diretrizes_metodologicas_sistema_grade.pdf>. Acesso em: 25 jul. 2020, p. 18.

estudos experimentais ou observacionais de menor consistência, dos relatos de casos não controlados e das opiniões desprovidas de avaliação crítica, baseada em consensos, estudos fisiológicos ou modelos animais. A consistência dos estudos experimentais ou observacionais deriva do tipo de pesquisa clínica a que correspondem, variando quanto à forma de execução, tempo de acompanhamento, extensão e meios de controle de amostras e vieses etc.

A inconsistência, por sua vez, tem ligação com as limitações metodológicas, que estão diretamente relacionadas com o alto potencial de presença de vieses nos estudos, vale dizer, quanto maior a limitação, maiores serão os vieses. Com base na análise das características do experimento, de seu delineamento ou de sua execução, o Sistema GRADE organizou e estruturou uma forma de avaliação do Risco de Viés (ou RoB, *Risk of Bias*).[21]

Não bastasse o consenso da comunidade médica acerca do sistema de evidências clínicas na definição de tratamentos, ficou definida como medida de enfrentamento da emergência de saúde pública de importância internacional decorrente do novo Coronavírus a possibilidade, somente com base em evidências científicas, de autorização excepcional e temporária para a importação de produtos sujeitos à vigilância sanitária sem registro na Anvisa, desde que registrados por autoridade sanitária estrangeira e previstos em ato do MS.[22]

Conclui-se que as evidências podem desempenhar um papel fundamental na prescrição *off label* lícita de medicamentos. O substrato da decisão por essa sorte de prescrição pode ser determinante para o estudo da antijuridicidade da conduta e da eventual culpa nos atos ilícitos geradores do dever de indenizar.

O médico possui prerrogativa de prescrever medicamentos. A Anvisa promove uma limitação legítima quando dos registros desses medicamentos, sendo que, uma vez autorizada a comercialização para um determinado fim, outras indicações são possíveis e, em princípio, lícitas. Lado outro, é ilícita a administração de medicamento que sequer foi autorizado, em qualquer hipótese, para comercialização em território nacional.

A licitude da prescrição *off label* ocorre nos limites do exercício regular do direito e da observância de deveres inafastáveis havidos na seara da relação médico-paciente. Vale dizer, devem ser observados os ditames da boa-fé, do fim econômico e social e dos bons costumes. Além disso, conhecer as evidências clínicas e atender ao melhor interesse do paciente (de modo atendo às peculiaridades do caso, que são formatadas pela inexistência de terapias disponíveis, ausência de resposta do paciente às terapias tradicionais ou de efetiva superioridade do tratamento inovador) são fundamentais para que a conduta médica permaneça isenta de negligência, imprudência ou imperícia profissional.

---

21. MINISTÉRIO DA SAÚDE. Secretaria de Ciência, Tecnologia e Insumos Estratégicos. Departamento de Ciência e Tecnologia. *Diretrizes metodológicas: Sistema GRADE – Manual de graduação da qualidade da evidência e força de recomendação para tomada de decisão em saúde*. Brasília: Ministério da Saúde, 2014. Disponível em: <https://bvsms.saude.gov.br/bvs/publicacoes/diretrizes_metodologicas_sistema_grade.pdf>. Acesso em: 28 out. 2020, p. 23.

22. BRASIL. Lei n. 13.979, de 6 de fev. 2020. Dispõe sobre as medidas para enfrentamento da emergência de saúde pública de importância internacional decorrente do coronavírus responsável pelo surto de 2019. Diário Oficial da República Federativa do Brasil, Brasília, DF, 7 fev. 2020. Disponível em: <http://www.planalto.gov.br/ccivil_03/_ato2019-2022/2020/lei/l13979.htm>. Acesso em: 28 out. 2020.

5. RESPONSABILIDADE CIVIL DO MÉDICO E PRESCRIÇÃO *OFF LABEL* DE MEDICAMENTOS NO TRATAMENTO DA COVID-19

O Código de Ética Médica[23] estatui que a natureza personalíssima da atuação profissional do médico não caracteriza relação de consumo. Mesmo assim, o consenso jurisprudencial é de que a relação médico-paciente se configura como típica relação de consumo.

O médico, a menos que prometa, não assume o risco do tratamento. Desde que sua atuação aconteça de forma que benefícios justifiquem riscos esperados à saúde já comprometida do paciente, fatores fisiológicos sempre escapam à sua intervenção. Daí a relevância de que tratamentos sejam feitos com diligência e cuidado. Nesse panorama, ainda que haja culpa presumida com a inversão do ônus da prova em desfavor do médico, sua responsabilidade civil reparatória de danos havidos em decorrência da prescrição *off label* de medicamentos é de natureza subjetiva e por ato próprio, apurada com base na antijuridicidade e na culpa, atreladas pela indissociável causalidade em relação ao dano.[24] Daí a relevância da consciência, por parte do médico, de seus deveres de atuação profissional, inclusive em relação à prescrição *off label*.

A relação médico-paciente especializa a exigência de atenção e cuidados do primeiro para com o segundo, preservando-lhe a autonomia e, em última análise, a dignidade. O princípio da boa-fé objetiva introduz na relação jurídica deveres laterais ou anexos, independentemente de sua previsão pelas partes contratantes.[25]

Dos deveres anexos ou laterais, impassíveis de enumeração exaustiva, tem destaque, na relação médico-paciente, o dever de informação, desdobrando-se no dever de transparência ou esclarecimento. Ademais, há que se falar nos deveres de proteção e cuidado. Informação vincula-se à decisão quanto à qualidade e eficiência da intervenção médica. O dever de informar volta-se à garantia de esclarecimento do paciente quanto às variáveis pertinentes à prestação do serviço médico, e, no caso do problema aqui enfrentado, manda detalhar as vantagens, probabilidades conhecidas, riscos, custos e outras intercorrências da prescrição *off label* de medicamentos para a COVID-19.

Especialmente no que respeita ao conteúdo material da informação sobre as circunstâncias e repercussões da prescrição *off label* de medicamentos, sempre há de ser considerado o melhor interesse do paciente. Entretanto, o paciente deve participar da edificação desse interesse, num processo de garantida dialogicidade. O paciente deve consentir livremente e de forma efetivamente esclarecida. Trata-se de pontuar e discutir, de modo acessível, desconfortos, riscos e benefícios atuais e potenciais, individuais ou coletivos, métodos alternativos existentes; ter a garantia de que os danos previsíveis serão evitados; e de confiar que a privacidade e a dignidade serão preservadas. O médico

---

23. CONSELHO FEDERAL DE MEDICINA (BRASIL). Código de Ética Médica: Resolução CFM n. 2217 de 27 set. 2018. Brasília: CFM, 2018. Disponível em: <https://portal.cfm.org.br/images/PDF/cem2019.pdf>. Acesso em: 2 abr. 2020.
24. NOGUEIRA, Roberto Porto Henrique. Prescrição *off label* de medicamentos, ilicitude e responsabilidade civil do médico. Belo Horizonte: Editora PUC Minas, 2017. p. 226.
25. NOGUEIRA, Roberto Porto Henrique. Prescrição *off label* de medicamentos, ilicitude e responsabilidade civil do médico. Belo Horizonte: Editora PUC Minas, 2017. p. 192.

deve qualificar a escuta para a percepção da dimensão da aptidão para a compreensão das variáveis e da ponderação de consequências pelo paciente. Boa parte desses parâmetros decorre das normativas firmadas pela RE n. 466 do Conselho Nacional de Saúde[26] e da Recomendação CFM n. 1/2016.[27] O Termo de Consentimento Livre e Esclarecido instrumentaliza o consentimento e viabiliza a prova futura. É dever disciplinar e ético o médico aceitar as escolhas de seus pacientes relativas aos procedimentos diagnósticos e terapêuticos, quando conscientes e adequadas ao caso.

Na circunstância da prescrição *off label* dos medicamentos trazidos ao estudo a título ilustrativo, quais sejam, a cloroquina e HCQ, registrados no país para fins diversos do tratamento da COVID-19, além dos parâmetros da conduta médica relacionados até aqui, cabe destacar a necessidade de observância ao esclarecimento fixado, de modo explícito, pela recomendação do MS. No contexto da definição do tratamento, os envolvidos (equipe médica, paciente e eventuais outros partícipes) devem considerar e documentar os eventos adversos conhecidos, relatados a longo prazo devido ao uso da cloroquina. E mais: é mister ressaltar o direito dos pacientes de serem informados, permanentemente, sobre o seu estado de saúde, quando das medidas da emergência de saúde pública decorrente do novo Coronavírus.[28]

6. CONCLUSÃO

A licitude da prescrição *off label* de medicamento, mesmo que fundada em pesquisa pouco conhecida, dependerá de seu embasamento, sendo provável a utilidade do sistema de evidências. O uso inovador, meramente experimental e sem base em evidência pode permanecer fora do campo do que se pode chamar de exercício regular do direito de prescrever, especialmente se inobservados os deveres anexos à relação médico-paciente (sobretudo quanto ao dever de informação qualificada).

No contexto da pandemia da COVID-19, ainda que haja culpa presumida com a inversão do ônus da prova em desfavor do médico, sua responsabilidade civil reparatória de danos por prescrição *off label* de medicamentos é de natureza subjetiva, apurada com base na antijuridicidade e na culpa, atreladas pela indissociável causalidade em relação ao dano.

Cabe ao médico, assim, a percepção da dimensão de seus deveres de atuação profissional na relação que se estabelece, inclusive no que tange à prescrição *off label*, para a preservação da licitude de sua conduta e para a não ocorrência de culpa. Para tanto, o melhor interesse do paciente deve ganhar protagonismo, para que seja

---

26. BRASIL. Ministério da Saúde. Resolução do Conselho Nacional de Saúde n. 466, de 12 dez. 2012. Aprova diretrizes e normas regulamentadoras de pesquisas envolvendo seres humanos. Diário Oficial da União, Brasília, 13 jun. 2013. Disponível em: <https://bvsms.saude.gov.br/bvs/saudelegis/cns/2013/res0466_12_12_2012.html>. Acesso em: 2 abr. 2020.
27. CONSELHO FEDERAL DE MEDICINA (BRASIL). RECOMENDAÇÃO CFM Nº 1/2016. Brasília: 21 jan. 2016. Disponível em: <https://portal.cfm.org.br/images/Recomendacoes/1_2016.pdf>. Acesso em: 2 abr. 2020.
28. BRASIL. Lei n. 13.979, de 6 de fev. 2020. Dispõe sobre as medidas para enfrentamento da emergência de saúde pública de importância internacional decorrente do coronavírus responsável pelo surto de 2019. Diário Oficial da República Federativa do Brasil, Brasília, DF, 7 fev. 2020. Disponível em: <http://www.planalto.gov.br/ccivil_03/_ato2019-2022/2020/lei/l13979.htm>. Acesso em: 28 out. 2020.

formado o consentimento, na maior medida possível, no âmbito do diálogo aberto, holístico, compreensível, participativo e aplicado à circunstância individual, sobre as características e sobre as possíveis repercussões conhecidas do tratamento alternativo sugerido à COVID-19.

7. REFERÊNCIAS

AGÊNCIA NACIONAL DE VIGILÂNCIA SANITÁRIA. Resolução RDC n. 09, de 20 fev. 2015. Dispõe sobre o Regulamento para a realização de ensaios clínicos com medicamentos no Brasil. Brasília, Diário Oficial da União, 03 mar. 2015. Disponível em: <http://portal.anvisa.gov.br/documents/10181/3503972/RDC_09_2015_COMP.pdf/e26e9a44-9cf4-4b30-95bc-feb39e1bacc6>. Acesso em: 30 mar. 2020.

AGÊNCIA NACIONAL DE VIGILÂNCIA SANITÁRIA. Resolução RDC n. 200, de 26 dez. 2017. Dispõe sobre os critérios para a concessão e renovação do registro de medicamentos com princípios ativos sintéticos e semissintéticos, classificados como novos, genéricos e similares, e dá outras providências. Brasília, Diário Oficial da União, 28 dez. 2017, republicado em 29 jan. 2018. Disponível em: <http://portal.anvisa.gov.br/documents/10181/3836387/RDC_200_2017_COMP.pdf/3b8c3b31-24cb--4951-a2d8-8e6e2a48702f>. Acesso em: 30 mar. 2020.

BRASIL. Lei Federal n. 6.360, de 23 setembro 1976. Dispõe sobre a vigilância sanitária a que ficam sujeitos os medicamentos, as drogas, os insumos farmacêuticos e correlatos, cosméticos, saneantes e outros produtos, e dá outras providências. Diário Oficial da União, Brasília, 24 set. 1976. Disponível em: <http://www.planalto.gov.br/ccivil_03/leis/l6360.htm>. Acesso em: 28 out. 2020.

BRASIL. Lei n. 13.979, de 6 de fev. 2020. Dispõe sobre as medidas para enfrentamento da emergência de saúde pública de importância internacional decorrente do coronavírus responsável pelo surto de 2019. Diário Oficial da República Federativa do Brasil, Brasília, DF, 7 fev. 2020. Disponível em: <http://www.planalto.gov.br/ccivil_03/_ato2019-2022/2020/lei/l13979.htm>. Acesso em: 28 out. 2020.

BRASIL. Ministério da Saúde. Nota Informativa n. 6/2020-DAF/SCTIE/MS. Atualiza informações sobre o Uso da Cloroquina como terapia adjuvante no tratamento de formas graves do COVID-19. Brasília: Ministério da saúde, 31 mar. 2020. Disponível em: <https://www.saude.gov.br/images/pdf/2020/April/01/MS---0014223901---Nota-Informativa-n---6-2020-DAF-SCTIE-MS.pdf>. Acesso em: 08 abr. 2020.

BRASIL. Ministério da Saúde. Nota informativa nº 17/2020-SE/GAB/SE/MS. Brasília: Ministério da saúde, 11 ago. 2020. Disponível em: <http://antigo.saude.gov.br/images/pdf/2020/August/12/COVID-11ago2020-17h16.pdf>. Acesso em: 28 out. 2020.

BRASIL. Ministério da Saúde. Resolução do Conselho Nacional de Saúde n. 251, de 7 agosto 1997. Aprova normas de pesquisa envolvendo seres humanos para a área temática de pesquisa com novos fármacos, medicamentos, vacinas e testes diagnósticos. Diário Oficial da União, Brasília, 23 set. 1997. Disponível em: <https://bvsms.saude.gov.br/bvs/saudelegis/cns/1997/res0251_07_08_1997.html>. Acesso em: 02 abr. 2020.

BRASIL. Ministério da Saúde. Resolução do Conselho Nacional de Saúde n. 466, de 12 dez. 2012. Aprova diretrizes e normas regulamentadoras de pesquisas envolvendo seres humanos. Diário Oficial da União, Brasília, 13 jun. 2013. Disponível em: <https://bvsms.saude.gov.br/bvs/saudelegis/cns/2013/res0466_12_12_2012.html>. Acesso em: 2 abr. 2020.

CHEN J et al. A pilot study of hydroxychloroquine in treatment of patients with common coronavirus disease-19 (COVID-19). Journal of Zhejiang University (Medical Sciences), v. 49, March 2020. DOI:10.3785/j.issn.1008-9292.2020.03.03. Disponível em: <http://www.zjujournals.com/med/EN/10.3785/j.issn.1008-9292.2020.03.03>. Acesso em: 28 out. 2020.

CONSELHO FEDERAL DE MEDICINA (BRASIL). Código de Ética Médica: Resolução CFM n. 2217 de 27 set. 2018. Brasília: CFM, 2018. Disponível em: <htttps://portal.cfm.org.br/images/PDF/cem2019.pdf>. Acesso em: 2 abr. 2020.

CONSELHO FEDERAL DE MEDICINA (BRASIL). RECOMENDAÇÃO CFM N° 1/2016. Brasília: 21 jan. 2016. Disponível em: <https://portal.cfm.org.br/images/Recomendacoes/1_2016.pdf>. Acesso em: 2 abr. 2020.

GAUTRET et al. Hydroxychloroquine and azithromycin as a treatment of COVID 19: results of an open label non randomized clinical trial. International Journal of Antimicrobial Agents – In Press 19 March 2020 –DOI: 10.1016/j.ijantimicag.2020.105949. Disponível em: <https://www.mediter-ranee-infection.com/wp-content/uploads/2020/03/Hydroxychloroquine_final_DOI_IJAA.pdf>. Acesso em: 28 out. 2020.

MEADOWS, W.; HOLLOWELL, B. Off-label drug use: an FDA regulatory term, not a negative implication of its medical use. International Journal of Impotence Research, London, v. 20, n. 2, p. 135-144, Mar. 2008. Disponível em: <http://web.ebscohost.com/ehost/search/basic?sid=-d1a-fa853-1e0b-4829-a174-30e6bfecc3bc%40sessionmgr12&vid=2&hid=25>. Acesso em: 7 ago. 2012.

MINISTÉRIO DA SAÚDE. Secretaria de Ciência, Tecnologia e Insumos Estratégicos. Departamento de Ciência e Tecnologia. *Diretrizes metodológicas: Sistema GRADE – Manual de graduação da qualidade da evidência e força de recomendação para tomada de decisão em saúde*. Brasília: Ministério da Saúde, 2014. Disponível em: <https://bvsms.saude.gov.br/bvs/publicacoes/diretrizes_metodologicas_sistema_grade.pdf>. Acesso em: 28 out. 2020.

NOGUEIRA, Roberto Porto Henrique. Prescrição *off label* de medicamentos, ilicitude e responsabilidade civil do médico. Belo Horizonte: Editora PUC Minas, 2017.

WANG et al. A review of the 2019 Novel Coronavirus (COVID-19) based on current evidence. International Journal of Antimicrobial Agents – In Press 17 March 2020 – DOI: 10.1016/j.ijantimicag.2020.105948. Disponível em: <https://www.sciencedirect.com/science/article/pii/S0924857920300984>. Acesso em: 28 out. 2020.

UTILIZAÇÃO DA INTELIGÊNCIA ARTIFICIAL NA ANÁLISE DIAGNÓSTICA DA COVID-19: BENEFÍCIOS, RISCOS E REPERCUSSÕES SOBRE A RESPONSABILIDADE CIVIL DO MÉDICO

Rodrigo da Guia Silva

Doutorando e Mestre em Direito Civil pela Universidade do Estado do Rio de Janeiro (UERJ). Membro do Instituto Brasileiro de Estudos de Responsabilidade Civil (IBERC), do Instituto Brasileiro de Direito Civil (IBDCivil) e do Instituto Brasileiro de Direito Contratual (IBDCont). Pesquisador da Clínica de Responsabilidade Civil da UERJ. Advogado. *E-mail*: rodrigo.daguiasilva@gmail.com

Rafaella Nogaroli

Pós-graduanda em Direito Médico pelo Centro Universitário Curitiba (UNICURITIBA) e em Direito Aplicado pela Escola da Magistratura do Paraná (EMAP). Especialista em Direito Processual Civil pelo Instituto de Direito Romeu Felipe Bacellar. Bacharel em Direito pelo UNICURITIBA. Coordenação, ao lado do prof. Miguel Kfouri Neto, do grupo de pesquisas em "Direito da Saúde e Empresas Médicas" (UNICURITIBA). Assessora de Desembargador no Tribunal de Justiça do Estado do Paraná. *E-mail*: nogaroli@gmail.com

Sumário: 1. Introdução: benefícios e reflexos jurídicos da inteligência artificial na análise diagnóstica da COVID-19 – 2. Culpa médica e erro de diagnóstico – 3. Responsabilidade civil do médico na análise diagnóstica apoiada em inteligência artificial – 4. Notas conclusivas – 5. Referências.

1. INTRODUÇÃO: BENEFÍCIOS E REFLEXOS JURÍDICOS DA INTELIGÊNCIA ARTIFICIAL NA ANÁLISE DIAGNÓSTICA DA COVID-19

A pandemia da COVID-19 (doença causada pelo novo coronavírus, variante SARS-CoV-2) tem causado grande alarme em todo o globo, desde que os primeiros casos começaram a surgir, no final de 2019, em Wuhan (China). Apesar de a maioria dos infectados pelo novo coronavírus não desenvolver sintomas graves, há um considerável número de indivíduos dentro dos grupos de risco (como idosos e pacientes cardíacos, asmáticos, diabéticos e hipertensos) que podem apresentar síndromes respiratórias graves e letais. Nesse cenário, a maior preocupação apontada pela comunidade médica diz respeito à velocidade de propagação do vírus. Em apenas dois meses desde o primeiro contágio, o SARS-CoV-2 se espalhou de Wuhan para toda a China e outras dezenas de países. Atualmente, são mais de um milhão e seiscentos mil casos de infecção no mundo, com óbito de mais de cem mil pessoas.[1]

---

1. Dados extraídos em 10 de abril de 2020 do mapa criado pela Microsoft, que mostra, em tempo real, os números oficiais de casos de coronavírus confirmados no Brasil e no mundo: https://bing.com/covid.

Na Itália, um dos maiores foco da contaminação, os dois primeiros diagnósticos da doença (em um casal de turistas chineses) ocorreram em 30 de janeiro de 2020. Noticia-se que a primeira transmissão local ocorreu após dezoito dias; em 24 de fevereiro de 2020, menos de um mês depois dos primeiros diagnósticos, já se contabilizavam duzentas e vinte e quatro infecções confirmadas.[2] Daí em diante, a disseminação do vírus foi colossal. Pouco mais de dois meses após o início do surto, já são mais de cento e quarenta e sete mil casos confirmados, dos quais mais de dezoito mil são fatais.[3]

No contexto brasileiro, o primeiro caso importado da doença foi confirmado no dia 26 de fevereiro de 2020. Passados vinte dias após o diagnóstico deste paciente, o Brasil já tinha quatrocentos e vinte e oito infectados.[4] Sidney Klajner, presidente do Hospital Albert Einstein, afirmou estimar que o Brasil tenha 15 casos "ocultos" para cada diagnosticado.[5] O número de casos de contaminação, em cerca de um mês, superava a marca de quatro mil e duzentos infectados e cento e trinta mortes.[6] Em menos de dois meses, já são quase vinte mil infectados e mais de mil casos fatais no Brasil.[7]

Na ausência de medicamentos ou vacinas terapêuticas específicas para o novo coronavírus, faz-se essencial detectar a doença em um estágio inicial e, dentro de parâmetros razoáveis, isolar do convívio com a população saudável as pessoas infectadas.[8] Como se sabe, o diagnóstico da infecção por Covid-19 é realizado em duas etapas: diagnóstico clínico e diagnóstico confirmatório por exame laboratorial. O diagnóstico clínico depende da investigação clínico-epidemiológica e do exame físico. Caso a situação do paciente seja considerada, a partir do diagnóstico clínico, um *caso suspeito de Covid-19*, passa a ser indicada a realização do exame laboratorial. Em que pesem os benefícios proporcionados pelo exame laboratorial, fatores como os altos custos e a própria carência de material têm levado autoridades públicas e instituições hospitalares a restringir os testes aos pacientes sintomáticos – e, preferencialmente, àqueles com sintomas graves.

É justamente nesse contexto que aflora a renovada importância da inteligência artificial (IA) na análise diagnóstica.[9] Na China, por exemplo, um *software* com IA, já testado em mais de 5 mil pacientes (e utilizado gratuitamente por centenas de instituições

---

2. Dados disponíveis em: https://veja.abril.com.br/saude/numeros-comparam-evolucao-do-coronavirus-no-brasil-na-italia-e-no-mundo/. Acesso em 29.03.2020.
3. Dados extraídos em 10 de abril de 2020 do já referido mapa criado pela Microsoft: https://bing.com/covid.
4. Dados disponíveis em: https://veja.abril.com.br/saude/numeros-comparam-evolucao-do-coronavirus-no-brasil-na-italia-e-no-mundo/.
5. Disponível em: https://www.bbc.com/portuguese/internacional-51969288. Acesso em 29.03.2020.
6. Dados extraídos em 21 de março de 2020 do já referido mapa criado pela Microsoft: https://bing.com/covid.
7. Dados extraídos em 10 de abril de 2020 do já referido mapa criado pela Microsoft: https://bing.com/covid.
8. Trata-se de matéria extremamente delicada, por envolver um sensível dilema entre liberdade e solidariedade no contexto do combate à COVID-19. Imperiosa, ao propósito, a remissão a DALSENTER, Thamis. Direito à saúde entre a liberdade e a solidariedade: os desafios jurídicos do combate ao novo coronavírus – COVID-19. In: *Migalhas*, 05/03/2020.
9. Um relevante ponto para a análise holística da matéria – incabível nesta sede – diz respeito ao papel do consentimento livre e esclarecido do paciente para a utilização da inteligência artificial em apoio à decisão médica. Para um desenvolvimento da análise da relevância do consentimento do paciente, em especial no contexto da cirurgia robótica e da telecirurgia, remete-se a KFOURI NETO, Miguel; NOGAROLI, Rafaella. Responsabilidade civil pelo inadimplemento do dever de informação na cirurgia robótica e telecirurgia: uma abordagem de direito comparado (Estados unidos, União Europeia e Brasil). In: ROSENVALD, Nelson; MENEZES, Joyceane Bezerra de; DADALTO, Luciana. *Responsabilidade civil e medicina* (Coord.). Indaiatuba: Foco, 2020, *passim*.

médicas ao redor do mundo), é capaz de diagnosticar a COVID-19, em poucos segundos, a partir da análise da tomografia de tórax.[10] O *software* inteligente realiza, com taxa de precisão de aproximadamente 90%, a análise de uma imagem tomográfica em quinze segundos; com isso, consegue, quase instantaneamente, distinguir entre pacientes infectados com o novo coronavírus e aqueles com pneumonia comum ou outra doença. Trata-se de uma grande vantagem no enfrentamento da pandemia, em especial por se levar em consideração que os radiologistas geralmente precisam de cerca de quinze minutos para ler essas imagens de pacientes com suspeita de Covid-19.[11]

No Brasil, encontra-se em fase de desenvolvimento, pelo Hospital das Clínicas em São Paulo, um algoritmo similar, que possui a capacidade de identificar a COVID-19 em tomografia de pacientes. O Ministério da Ciência, Tecnologia, Inovação e Comunicações (MCTIC) tem acompanhado de perto o projeto e pretende implementar a IA em hospitais de todo o país.[12]

Como se sabe, os dados são o *combustível* da IA; afinal de contas, é justamente a partir do *input* dos dados que funcionam os algoritmos regentes dos *softwares* em comento, tal como no caso do sistema capaz de diagnosticar pacientes com COVID-19 na China.[13] Nesse valioso exemplo, para programar o algoritmo foram inseridos dados de milhares de pacientes contaminados e suas respectivas tomografias de tórax. Assim, o sistema inteligente foi capaz de ler a imagem da tomografia, e distinguir, em quinze segundos, entre pacientes infectados com o novo coronavírus e aqueles com outras doenças pulmonares. É preciso compreender que a qualidade dos dados para programação dos algoritmos é fundamental para o bom desempenho dos sistemas inteligentes, pois essa espécie d algoritmo – pautado em juízo de probabilidade – elabora conclusões a partir do conhecimento armazenado em suas bases e dos dados fornecidos.

De modo geral, pode-se afirmar que, na área da saúde, os programas de IA fornecem importante suporte à decisão clínica, tendo em vista a sua capacidade de processar e analisar rapidamente – e, tendencialmente, de maneira eficiente – grande quantidade de dados. A combinação da IA com a expertise e o conhecimento médicos tem, portanto, o potencial de reduzir consideravelmente as taxas de erro. Não se trata de pugnar por uma substituição dos profissionais da saúde por sistemas de IA, mas tão somente de reconhecer os potenciais benefícios dessa nova tecnologia no que tange, sobretudo, ao auxílio dos profissionais na tomada de decisão, especialmente na situação global de pandemia e crescimento exponencial da contaminação. É imprescindível que o diagnóstico e a tomada de decisão médica sejam rápidos e, ao mesmo tempo, adequados.

---

10. Disponível em: https://www.prnewswire.com/news-releases/ping-an-launches-covid-19-smart-image-reading-system-to-help-control-the-epidemic-301013282.html. Acesso em 29.03.2020.
11. Idem.
12. Disponível em: https://www.uol.com.br/tilt/noticias/redacao/2020/03/25/hc-corre-para-ter-inteligencia-artificial-que-acha-covid-19-em-tomografia.htm. Acesso em 29.03.2020.
13. Para o desenvolvimento de uma análise acerca da própria conceituação de *inteligência artificial*, v., por todos, TURNER, Jacob. *Robot Rules*: Regulating Artificial Intelligence. Palgrave Macmillan, 2019. Pertinente, ainda, a lição de Max Tegmark, que define a IA como "a capacidade de realizar objetivos complexos" e denomina *agentes inteligentes* as "entidades que recolhem informação sobre o seu meio ambiente através de sensores e em seguida processam essa informação para decidir como reagir ao seu meio ambiente" (TEGMARK, Max. *Life 3.0*: Ser-se Humano na Era da Inteligência Artificial. Trad. João Van Zeller. Alfragide: Dom Quixote, 2019, p. 123).

Não se pode ignorar, contudo, que, por mais eficiente que o *software* seja no auxílio ao diagnóstico, seguirá apresentando uma expressiva margem de imprecisão – no exemplo relatado, a taxa é de cerca de 10% –, o que pode conduzir a resultados adversos. O cenário é particularmente delicado quando a IA é utilizada não apenas para categorizar os pacientes em emergência, mas também para propor diagnósticos tangíveis. Tais hipóteses suscitam relevantes reflexões no campo da responsabilidade civil do médico. Afinal de contas, não é difícil imaginar a irresignação do paciente e/ou de sua família ao perceber que determinado resultado danoso (como o agravamento do estado clínico ou mesmo o óbito) poderia ter sido evitado caso o médico houvesse partido do diagnóstico mais preciso. Tal linha argumentativa poderia florescer tanto na hipótese de o médico confiar no diagnóstico equivocado proposto pela IA quanto na hipótese de o médico ignorar a indicação da IA e seguir o errôneo diagnóstico alcançado pela sua própria convicção. O presente artigo pretende, então, analisar sobre os possíveis cenários de análise diagnóstica apoiada na IA, buscando indicar possíveis critérios para a aferição da responsabilidade civil médica em eventual demanda indenizatória movida pelo paciente e/ou seus familiares.

2. CULPA MÉDICA E ERRO DE DIAGNÓSTICO

Nos casos em que o médico chega a uma conclusão que se desvia do diagnóstico automatizado, o profissional se encontrará na desafiadora tarefa de avaliar: "devo confiar no meu diagnóstico ou naquele diverso resultado obtido pela inteligência artificial?". O equacionamento dessa e de outras indagações se relaciona diretamente com a definição do critério de imputação do dever de indenizar. Isso, porque a delimitação do regime de responsabilidade civil incidente (subjetivo *versus* objetivo) apontará a relevância ou a irrelevância da valoração do comportamento concretamente adotado pelo agente.

No específico caso da responsabilidade pessoal do médico, a doutrina converge em torno do acertado entendimento de que o profissional liberal se sujeita ao regime da responsabilidade civil subjetiva, nos termos dos arts. 186, 927, *caput*, e 951 do Código Civil e do art. 14, § 4º, do Código de Defesa do Consumidor.[14] Tal modelo centra-se, como é cediço, na comprovação da culpa, em sua acepção contemporânea de culpa normativa.[15]

No que diz respeito especificamente à configuração de culpa médica pelo *erro de diagnóstico*,[16] deve-se ter em mente que a mera constatação da não adoção do diagnóstico perfeito não conduz, *ipso facto*, à configuração de culpa do médico. Diante das vicissi-

---

14. V., sobre a responsabilidade civil subjetiva do médico, TEPEDINO, Gustavo. A responsabilidade médica na experiência contemporânea. In: *Temas de direito civil*. Tomo II. Rio de Janeiro: Renovar, 2006, item 1; e ROSENVALD, Nelson; BRAGA NETTO, Felipe Peixoto. Responsabilidade civil na área médica. In: BRAGA NETTO, Felipe Peixoto; SILVA, Michel César (Org.). *Direito privado e contemporaneidade*: desafios e perspectivas do direito privado no Século XXI. Volume 3. Indaiatuba: Foco, 2020, item IV.
15. Ao propósito da culpa normativa, v., por todos, MORAES, Maria Celina Bodin de. *Danos à pessoa humana*: uma leitura civil-constitucional dos danos morais. Rio de Janeiro: Renovar, 2003, p. 211.
16. A menção ao *erro de diagnóstico* (ou, de modo mais geral, ao *erro médico*) justifica-se tão somente pela consagração da expressão pela práxis. Não se pretende, contudo, atribuir à imprecisa noção de *erro* no desenvolvimento da medicina um injustificado papel de banalização da responsabilidade civil dos médicos. Justifica-se, portanto, a adoção das ressalvas enunciadas por SOUZA, Eduardo Nunes de. *Do erro à culpa na responsabilidade civil do médico*: estudo na perspectiva civil-constitucional. Rio de Janeiro: Renovar, 2015, p. 251-252.

tudes de cada caso concreto e mesmo da dificuldade em se falar de certezas absolutas, é plenamente possível, em linha de princípio, a valoração desse *erro* como *escusável*, inapto, assim, à configuração da culpa necessária para a deflagração do dever de indenizar.[17] Caso, contudo, se trate de *erro* relacionado à negligência ou à imperícia do profissional, poderá restar justificada a sua responsabilização.[18]

Conforme leciona Miguel Kfouri Neto, o diagnóstico é um processo, isto é, um "conjunto de atos médicos com a finalidade de reconhecer, identificar e interpretar sinais característicos da doença, para estabelecer a terapêutica adequada e necessária à obtenção da cura".[19] O médico deve "esgotar todos os meios ao seu alcance para emitir o diagnóstico; sempre que possível, submeter o paciente a todos os exames apropriados para se determinar a origem e natureza da doença".[20] Ressalte-se, contudo, que não se pode exigir do médico "conhecimentos excepcionais, mas sim os meios consentâneos ao critério de normalidade".[21]

O médico incorrerá em responsabilidade, em suma, tão somente quando não revelar o cuidado razoavelmente exigível na sua conduta. Nesse sentido, veja-se a lição de Cristiano Chaves de Farias, Nelson Rosenvald e Felipe Peixoto Braga Netto:

"O erro de diagnóstico pode, dependendo do contorno fático, gerar dever de indenizar. Não será qualquer erro de diagnóstico que ensejará responsabilidade civil. Necessita-se, em linha de princípio, que o erro de diagnóstico esteja ligado, em nexo causal, a um dano. E que o erro tenha sido culposo. Por mais que digamos – e que faça parte da tradição jurídica brasileira – que na órbita civil qualquer culpa, mesmo a leve, enseja a indenização, não é difícil verificar, na responsabilidade civil dos médicos, que a jurisprudência, talvez inconscientemente, só os responsabiliza em casos em que a culpa (negligência, imperícia ou imprudência) revela alguma gravidade. Em parte, pensamos, porque em certos casos – como o erro de diagnóstico – é de fato difícil que tenhamos uma linha nítida entre o erro e a avaliação subjetivamente variável de cada profissional da medicina".[22]

As hipóteses de diagnóstico equivocado relacionadas à superveniência de dano ao paciente impõem, assim, uma análise pormenorizada do *erro*, a fim de verificar se a não obtenção do diagnóstico mais preciso configura efetivamente falha de conduta do médico. Essa tarefa se revela particularmente sensível diante do emprego da inteligência artificial, razão pela qual se justifica um esforço de consideração das particularidades presentes no contexto de utilização da referida tecnologia para a análise diagnóstica da COVID-19.[23]

---

17. "O médico enfrenta dúvidas científicas, com várias alternativas possíveis e variados indícios, por vezes equívocos, quanto aos sintomas do paciente. Não raro, as próprias queixas do paciente induzem o médico a imaginar a ocorrência de patologia inexistente. Há casos duvidosos, com alternativas idôneas, todas a merecer respaldo da ciência médica. Por isso, o erro de diagnóstico, em princípio, é escusável". (KFOURI NETO, Miguel. *Responsabilidade civil dos hospitais*. 4. ed. São Paulo: Revista dos Tribunais, 2019, p. 215
18. Não se ignora, por certo, a imprescindibilidade da investigação dos demais elementos necessários à deflagração do dever de indenizar. A presente investigação limita-se, como já anunciado, à culpa, em atenção ao recorte temático do estudo.
19. KFOURI NETO, Miguel. *Responsabilidade civil dos hospitais*, cit., p. 216.
20. KFOURI NETO, Miguel. *Responsabilidade civil dos hospitais*, cit., p. 216.
21. BUERES, Alberto J. *Responsabilidad civil de los médicos*. Tomo 2. 2. ed. Buenos Aires: Hammurabi, 1994, p. 153.
22. FARIAS, Cristiano Chaves de; ROSENVALD, Nelson; BRAGA NETTO, Felipe Peixoto. *Curso de Direito Civil: Responsabilidade Civil*. vol. 3. São Paulo: Atlas, 2015, p. 749.
23. Ao propósito, seja consentido remeter a SILVA, Rodrigo da Guia; NOGAROLI, Rafaella. Inteligência artificial na análise diagnóstica da Covid-19: possíveis repercussões sobre a responsabilidade civil do médico. In: *Migalhas*, 30/03/2020.

3. RESPONSABILIDADE CIVIL DO MÉDICO NA ANÁLISE DIAGNÓSTICA APOIADA EM INTELIGÊNCIA ARTIFICIAL

Partindo-se dos conceitos basilares supracitados para configuração de culpa médica pelo erro de diagnóstico, na busca por respostas aos questionamentos aventados inicialmente sobre erro de diagnóstico e IA, parece razoável afirmar que o médico apenas será responsabilizado por *erro de diagnóstico* se não houver justificativas plausíveis que o tenham levado a desconsiderar o resultado diagnóstico indicado pela inteligência artificial.

Imaginando-se a hipótese de o *software* apontar para um quadro diagnóstico de COVID-19, incumbirá ao profissional, ao menos, levar tal cenário em consideração, dentro das suas concretas possibilidades, antes de concluir por descartar com segurança o resultado da inteligência artificial. Neste sentido, a falta de diligência do médico ao descartar irrefletidamente o resultado obtido pela inteligência artificial poderá constituir um critério para a sua responsabilização.

Imagine-se, desta vez, situação inversa à narrada acima: o médico está prestes a fechar um acertado quadro diagnóstico da Covid-19. Antes, contudo, de tomar sua decisão final, socorre-se da IA, que acaba por trazer um resultado diagnóstico negativo para a doença, em sentido nitidamente contrário à opinião do profissional. Caso opte por seguir a indicação da inteligência artificial e finde por causar dano ao paciente, poderá o médico eximir-se do dever de indenizar ao argumento de que a adoção do diagnóstico proposto pelo *software* afasta a sua culpa? A resposta dependerá, naturalmente, da avaliação das vicissitudes de cada caso concreto. De qualquer modo, se restar comprovado que nenhum dos elementos disponíveis durante a anamnese do paciente levaria ao diagnóstico de negativa do vírus e, mesmo assim, o médico alterou seu posicionamento inicial para acatar o diagnóstico equivocado, sem buscar outros meios para fechar um diagnóstico confirmatório, seguindo *cegamente* a IA, dificilmente se poderá afastar a configuração da culpa do profissional.[24]

Em ambos os casos supracitados, havendo divergência entre o diagnóstico clínico inicial e o resultado do dispositivo inteligente, afigura-se prudente que a decisão do médico – de seguir ou de desconsiderar a IA para concluir o seu diagnóstico – seja acompanhada da prévia realização de exames laboratoriais complementares e, a depender do caso, de uma confirmação com seus pares, inclusive a distância (teleinterconsulta). Neste ponto, destaque-se que o CFM publicou o Ofício n.º 1.756/2020, reconhecendo, "em caráter de excepcionalidade e enquanto durar a batalha de combate ao contágio da COVID-19", "a possibilidade e a eticidade da utilização da telemedicina", indicando-se três modalidades: teleorientação, telemonitoramento e teleinterconsulta.[25]

---

24. A constatação de falha no funcionamento do *software* inteligente permitiria cogitar-se de pretensões movidas pelas vítimas diretamente em face dos fornecedores da tecnologia, ao argumento de defeito do produto. O escopo central deste artigo, contudo, cinge-se à análise da responsabilidade pessoal do médico.

25. Disponível em: http://portal.cfm.org.br/images/PDF/2020_oficio_telemedicina.pdf. Mencionse-se, ainda, a Portaria 467/2020 do Ministério da Saúde, que regulamenta a telemedicina – abrindo possibilidade também para as teleconsultas –, em caráter excepcional e temporário, com o objetivo de regulamentar e operacionalizar as medidas de enfrentamento da emergência de saúde pública de importância internacional. Sobre o tema, v. TERRA, Aline de Miranda Valverde; LEMOS, Paula Moura Francesconi de. Telemedicina no sistema privado de saúde: quando a realidade se impõe. In: *Migalhas*, 19/03/2020.

Sem qualquer pretensão de exaustão da temática ou de enfrentamento definitivo, buscou-se, com as precedentes considerações, destacar tanto os benefícios proporcionados pela utilização da IA na análise diagnóstica da COVID-19, quanto a complexidade da discussão acerca da responsabilidade civil do médico nesse contexto.

4. NOTAS CONCLUSIVAS

Até meados do séc. XX os médicos dispunham de métodos bastante modestos para a anamnese do paciente: "tinha-se a língua pra questionar o paciente; os olhos para examiná-lo; as mãos para apalpá-lo; as orelhas (ajudadas pelo velho e bom estetoscópio de Laennec) para escutá-lo, e a verdade surgia desse exercício, efetuado pelos grandes clínicos".[26] Não existiam muitas opções de exames complementares ao exame clínico para além de radiografias simples com utilização de minerais opacos – como a barita ou o iodo – para contrastes dos raios-X. Nem sequer se cogitava de ecografias, endoscopia, tomografias ou exames de ressonância magnética.[27]

A Era Digital e as novas tecnologias, neste século, transformaram completamente as possibilidades de um melhor e mais preciso diagnóstico, como observado ao longo deste artigo. O processo de digitalização das informações permitiu que os dados físicos dos pacientes fossem transferidos de pastas de papel para registros eletrônicos de saúde. Com isso, após décadas de digitalização de registros médicos (com o crescente armazenamento em nuvem), o setor de saúde criou um conjunto enorme (e continuamente crescente) de dados. Essa *digitalização* na área da saúde foi um determinante passo inicial para se tornar possível a implementação da inteligência artificial na racionalização dos fluxos de trabalho em hospitais, na eficiência dos diagnósticos médicos e, sobretudo, na detecção precoce de doenças. Não por acaso, no cenário atual foram justamente os dados digitalizados dos milhares de pacientes diagnosticados com COVID-19 que tornaram possível a criação do mencionado algoritmo capaz de identificar a tomografia de tórax de novos pacientes.

O sistema de inteligência artificial na análise diagnóstica da COVID-19 fornece, como visto, importante suporte à decisão clínica, tendo em vista a sua capacidade de processar e analisar eficiente e rapidamente grande quantidade de dados. Assim, abre-se possibilidade para diagnósticos rápidos de uma doença, com crescimento exponencial de infectados, e que tem evolução extremamente rápida. Contudo, por mais notável que a inteligência artificial seja na análise de números e no processamento de dados, não se pode ignorar que ela comete erros.

Em linhas conclusivas, parece de bom tom reforçar que, ao menos no atual estado da sociedade, os *softwares* de diagnóstico devem servir como importante apoio à tomada de decisão do médico, sem o condão, contudo, de substituí-lo. Com efeito, a decisão final segue sob o controle (e sob a responsabilidade) do profissional da saúde. Dessa conclusão não se há de extrair, porém, uma banalização da responsabilização pessoal do

---

26. FABIANI, Jean-Noël. *A fabulosa história do hospital*: da idade média aos dias de hoje. Trad. Lavínia Fávero. Porto Alegre: L&PM, 2019, p. 176.
27. Assim relata FABIANI, Jean-Noël. *A fabulosa história do hospital*, cit., p. 176.

médico. Seguindo a tônica do momento atual, deve-se socorrer da prudência também para a valoração da conduta do médico em eventual demanda indenizatória. Pode-se, assim, construir bases sólidas para a rejeição de demandas frívolas, evitando-se a difusão de uma postura de *medicina defensiva* que pouco (ou nada) contribuiria para o combate da pandemia em seu estágio atual.

5. REFERÊNCIAS

BUERES, Alberto J. *Responsabilidad civil de los médicos*. Tomo 2. 2. ed. Buenos Aires: Hammurabi, 1994.

DALSENTER, Thamis. Direito à saúde entre a liberdade e a solidariedade: os desafios jurídicos do combate ao novo coronavírus – COVID-19. *Migalhas*, 05/03/2020.

FABIANI, Jean-Noël. *A fabulosa história do hospital*: da idade média aos dias de hoje. Trad. Lavínia Fávero. Porto Alegre: L&PM, 2019.

FARIAS, Cristiano Chaves de; ROSENVALD, Nelson; BRAGA NETTO, Felipe Peixoto. *Curso de Direito Civil*: Responsabilidade Civil. vol. 3. São Paulo: Atlas, 2015.

KFOURI NETO, Miguel. *Responsabilidade civil dos hospitais*. 4. ed. São Paulo: Revista dos Tribunais, 2019.

KFOURI NETO, Miguel; NOGAROLI, Rafaella. Responsabilidade civil pelo inadimplemento do dever de informação na cirurgia robótica e telecirurgia: uma abordagem de direito comparado (Estados unidos, União Europeia e Brasil). In: ROSENVALD, Nelson; MENEZES, Joyceane Bezerra de; DADALTO, Luciana (Coord.). *Responsabilidade civil e medicina*. Indaiatuba: Foco, 2020.

MORAES, Maria Celina Bodin de. *Danos à pessoa humana*: uma leitura civil-constitucional dos danos morais. Rio de Janeiro: Renovar, 2003.

ROSENVALD, Nelson; BRAGA NETTO, Felipe Peixoto. Responsabilidade civil na área médica. In: BRAGA NETTO, Felipe Peixoto; SILVA, Michel César (Org.). *Direito privado e contemporaneidade*: desafios e perspectivas do direito privado no Século XXI. Volume 3. Indaiatuba: Foco, 2020.

SILVA, Rodrigo da Guia; NOGAROLI, Rafaella. Inteligência artificial na análise diagnóstica da Covid-19: possíveis repercussões sobre a responsabilidade civil do médico. In: *Migalhas*, 30/03/2020.

SOUZA, Eduardo Nunes de. *Do erro à culpa na responsabilidade civil do médico*: estudo na perspectiva civil-constitucional. Rio de Janeiro: Renovar, 2015.

TEGMARK, Max. *Life 3.0*: Ser-se Humano na Era da Inteligência Artificial. Trad. João Van Zeller. Alfragide: Dom Quixote, 2019.

TEPEDINO, Gustavo. A responsabilidade médica na experiência contemporânea. In: *Temas de direito civil*. Tomo II. Rio de Janeiro: Renovar, 2006.

TERRA, Aline de Miranda Valverde; LEMOS, Paula Moura Francesconi de. Telemedicina no sistema privado de saúde: quando a realidade se impõe. In: *Migalhas*, 19/03/2020.

TURNER, Jacob. *Robot Rules*: Regulating Artificial Intelligence: Suíça: Palgrave Macmillan, 2019.

BREVES NOTAS SOBRE A PRIVACIDADE E PROTEÇÃO DE DADOS PESSOAIS DURANTE A PANDEMIA DA COVID-19: MOMENTO DE REFLETIRMOS SOBRE A FUNÇÃO PREVENTIVA DA RESPONSABILIDADE CIVIL

Marcos Ehrhardt Júnior

Advogado. Doutor em Direito pela Universidade Federal de Pernambuco (UFPE). Professor de Direito Civil da Universidade Federal de Alagoas (UFAL) e do Centro Universitário CESMAC. Editor da Revista Fórum de Direito Civil (RFDC). Vice-Presidente do Instituto Brasileiro de Direito Civil (IBDCIVIL). Presidente da Comissão de Enunciados do Instituto Brasileiro de Direito de Família (IBDFAM). Associado do Instituto Brasileiro de Estudos em Responsabilidade Civil (IBERC) e Membro Fundador do Instituto Brasileiro de Direito Contratual – IBDCont. E-mail: contato@marcosehrhardt.com.br

Gabriela Buarque Pereira Silva

Advogada. Mestranda em Direito Público pela Universidade Federal de Alagoas. E-mail: gabrielabuarqueps@gmail.com

Nem máscara, nem álcool gel: em outros países, a vigilância tecnológica tem sido uma das principais medidas de combate ao surto da COVID-19. Em que medida a legislação sobre proteção de dados vem sendo observada e quais os desafios para a tutela da privacidade ao final da pandemia?

Durante a ocorrência de uma crise, especialmente num contexto em que muitas vezes não existem precedentes claros acerca de que medidas devem ser adotadas para o seu enfrentamento, é comum nos valermos de todas as ferramentas que estejam ao nosso dispor sem que tenhamos tempo de refletir com mais cuidado sobre os impactos de decisões tomadas no calor dos fatos. Para gerenciar uma crise que trouxe consigo efeitos deletérios para além da saúde, atingindo a economia e a gestão pública, a urgência na adoção de medidas não pode ignorar direitos fundamentais, entre os quais, para os fins desta reflexão, destaca-se a privacidade.

Desde então, e até o momento de elaboração desse texto, a COVID-19 já dizimou mais de 134 mil pessoas e infectou mais de 4 milhões de indivíduos no Brasil, conforme dados atualizados extraídos do sítio eletrônico do Ministério da Saúde[1], tendo a OMS, em 11 de março deste ano, declarado a pandemia do coronavírus. Mas quais medidas vêm sendo adotadas em outros países para combater a difusão do vírus?

Se no campo das decisões médicas, acompanhar o desenrolar da pandemia em outras nações tem sido fator decisivo para o enfrentamento do problema em território

---

1. Disponível em: https://covid.saude.gov.br/. Acesso em: 18 set. 2020.

nacional, há de se destacar que noutras áreas, especialmente no que concerne aos avanços tecnológicos[2], precisamos de um pouco de cautela.

Como o tratamento de dados pessoais impacta no combate ao coronavírus?

Do intenso noticiário a respeito do combate à pandemia, é possível extrair algumas informações relevantes. Cingapura emitiu diretrizes consultivas esclarecendo que os dados pessoais podem ser coletados, usados ou divulgados, sem o consentimento, para fins de proteção de saúde dos habitantes, rastreamento de contatos e outras medidas de resposta.

Na Itália, um decreto-lei emitido em 9 de março de 2020 autorizou o compartilhamento de dados entre as autoridades de saúde e a comunidade civil para gerenciar a emergência.

A inteligência artificial também vem rastreando padrões espaciais da patologia. Uma empresa canadense chamada *BlueDot* coleta dados multilíngues de bases de dados oficiais da saúde pública para prever potenciais surtos[3].

Pesquisadores da *Harvard Medical School* coletam dados autorizados e dados de mídias sociais para explorar tendências geográficas da doença[4].

Na China, drones já estão sendo utilizados para alertar a população a usar máscaras[5]; placas e tecnologias de reconhecimento fácil vêm rastreando pessoas e pedindo que se mantenham em isolamento[6], além da implantação de *scanners* infravermelhos em estações de trem e aeroportos, que detectam indivíduos com febre[7]. A China também implementou um aplicativo que classifica as pessoas segundo riscos de contágio e determina quem deve ficar em quarentena, além de enviar dados à polícia chinesa[8]. A empresa responsável pelo aplicativo e as autoridades não explicam como exatamente o sistema funciona, não sendo possível, no momento, avaliar com mais profundidade a dinâmica de utilização dos dados pessoais naquele país, que nos últimos anos vem se destacando na utilização de ferramentas de tratamento de dados biométricos para as mais diversas finalidades, em geral, estabelecidas e controladas pelo governo central[9].

---

2. Disponível em: https://www.withersworldwide.com/en-gb/insight/in-this-time-of-covid-19-does-personal-data-privacy-get-thrown-out-the-window. Acesso em: 21 mar. 2020.
3. Disponível em: https://www.wired.com/story/ai-epidemiologist-wuhan-public-health-warnings/. Acesso em: 22 mar. 2020.
4. Disponível em: https://www.wired.com/story/how-ai-tracking-coronavirus-outbreak/. Acesso em: 22 mar. 2020.
5. Disponível em: https://globalnews.ca/news/6535353/china-coronavirus-drones-quarantine/. Acesso em: 22 mar. 2020.
6. Disponível em: https://www.reuters.com/article/us-china-health-surveillance/coronavirus-brings-chinas-surveillance-state-out-of-the-shadows-idUSKBN2011HO. Acesso em: 22 mar. 2020.
7. Disponível em: https://www.scmp.com/tech/policy/article/3049215/ai-firms-deploy-fever-detection-systems-beijing-help-fight-coronavirus. Acesso em: 22 mar. 2020.
8. Disponível em: https://www.nytimes.com/2020/03/01/business/china-coronavirus-surveillance.html. Acesso em: 22 mar. 2020.
9. Neste ponto, interessante destacar matéria publicada no jornal El País, com o seguinte título "*O coronavírus de hoje e o mundo de amanhã, segundo o filósofo Byung-Chul Han*", que compara o modo ocidental de se comportar perante as mais diversas formas de vigilância digital com a perspectiva oriental: "(...) A consciência crítica diante da vigilância digital é praticamente inexistente na Ásia. Já quase março se fala de proteção de dados, incluindo Estados liberais como o Japão e a Coreia. Ninguém se irrita pelo frenesi das autoridades em recopilar dados. Enquanto isso a China introduziu um sistema de crédito social inimaginável aos europeus, que permite uma valorização e avaliação exaustiva das pessoas. Cada um deve ser avaliado em consequência de sua conduta social. Na China não

Em Taiwan e Israel, *smartphones* foram programados para notificar as autoridades públicas se os pacientes não estiverem observando a quarentena[10], em um sistema de rastreamento.

Na Coreia do Sul, foram divulgados os dados de viagens de 29 pacientes confirmados, compilados por meio de bases de celulares, cartões de crédito e câmeras de segurança[11].

Nessa breve digressão, é possível perceber que o tratamento dos dados pessoais está sendo utilizado para geolocalização, identificação e rastreamento de pacientes, gerenciamento do risco de contágio, entre outras atividades, com a finalidade de melhorar os instrumentos de combate à pandemia.

Nos Estados Unidos, por sua vez, existe a Lei de Portabilidade e Responsabilidade dos Seguros de Saúde[12], que exige a criação de padrões nacionais para proteger informações confidenciais de saúde do paciente. Recentemente, o Departamento de Saúde dos EUA publicou um boletim informando que as entidades responsáveis pela proteção das informações pessoais de saúde devem observar as regras de privacidade e que situações de emergência não são capazes de anular tais garantias individuais[13]. Nesse ponto, Ohio aprovou um protocolo para proteger os locais de origem dos pacientes, enquanto seus casos estão sob investigação[14].

Sob tal panorama, observa-se que é ampla a possibilidade de utilização de mecanismos tecnológicos para o controle da patologia, no sentido de que:

Toda essa riqueza de informações que o governo divulga em seus alertas é fruto da massiva coleta dos dados pessoais daqueles que são infectados pelo coronavírus, que vai da entrevista do paciente até a verificação das transações com cartões de crédito feitas pelo infectado, passando pela coleta de dados de localização dos smartphones e imagens de câmeras de vigilância para recriar a rota do infectado um dia antes de os sintomas aparecerem.[15]

---

há nenhum momento da vida cotidiana que não esteja submetido à observação. Cada clique, cada compra, cada contato, cada atividade nas redes sociais são controlados. Quem atravessa no sinal vermelho, quem tem contato com críticos do regime e quem coloca comentários críticos nas redes sociais perde pontos. A vida, então, pode chegar a se tornar muito perigosa. Pelo contrário, quem compra pela Internet alimentos saudáveis e lê jornais que apoiam o regime ganha pontos. Quem tem pontuação suficiente obtém um visto de viagem e créditos baratos. Pelo contrário, quem cai abaixo de um determinado número de pontos pode perder seu trabalho. Na China essa vigilância social é possível porque ocorre uma irrestrita troca de dados entre os fornecedores da Internet e de telefonia celular e as autoridades. Praticamente não existe a proteção de dados. No vocabulário dos chineses não há o termo "esfera privada". Disponível em https://brasil.elpais.com/ideas/2020-03-22/o-coronavirus-de-hoje-e--o-mundo-de-amanha-segundo-o-filosofo- byung-chul-han.html?rel=mas. Acesso em: 24 mar 2020.

10. Disponível em: https://www.telegraph.co.uk/news/2020/02/03/taiwan-uses-smartphones-monitor-patients-quarantined-virus-scare/. Acesso em: 22 mar. 2020 e https://platform.dataguidance.com/news/israel- government--approves-mobile-tracking-monitor-coronavirus-quarantine-enforcement. Acesso em: 22 mar. 2020.
11. Disponível em: https://www.dailymail.co.uk/news/article-8011197/South-Korea-tracks-coronavirus-patients-locations-using-phone-data-publishes-online.html. Acesso em: 22 mar. 2020.
12. Health Insurance Portability and Accountability Act de 1996 HIPAA, Disponível em: https://www.cdc.gov/phlp/publications/topic/hipaa.html. Acesso em: 22 mar. 2020.
13. Disponível em: https://www.hhs.gov/sites/default/files/february-2020-hipaa-and-novel-coronavirus.pdf. Acesso em: 22 mar. 2020.
14. Disponível em: https://wtov9.com/news/local/new-privacy-protocol-in-place-as-coronavirus-concerns- heighten. Acesso em: 22 mar. 2020.
15. . EHRHARDT JÚNIOR, Marcos. MODESTO, Jessica Andrade. Danos colaterais em tempos de pandemia: preocupações quanto ao uso dos dados pessoais no combate a COVID-19. *Revista Eletrônica Direito e Sociedade*. Canoas, v. 8, n. 2, 2020.

Nesse contexto, vale indagar: a divulgação dos dados pessoais, sem autorização do paciente, poderia ser direcionada às autoridades de saúde pública para impedir ameaças sanitárias?

A construção de possíveis respostas para a questão, para os fins deste artigo, deve ficar restrita à experiência brasileira. Ressalte-se que:

No que diz respeito ao tratamento de dados pessoais para esse fim, a existência ou não de legislação específica sobre a matéria no país muito influenciará a forma como isso ocorrerá, já que não há uma diretriz internacional única a ser seguida indistintamente por todos os Estados. Os diferentes ordenamentos jurídicos são mais ou menos permissivos quanto às hipóteses em que os dados pessoais podem ser legalmente tratados, bem como quanto aos princípios que tal tratamento deve seguir[16].

Com o início da vigência da Lei Geral de Proteção de Dados em setembro de 2020, impende analisar se as práticas que surgirem durante esse o novo contexto da pandemia terão padrões objetivos no que diz respeito à efetividade da proteção aos dados pessoais, tendo em vista a permanência de um cenário de crise sanitária, não obstante a paulatina reabertura dos estabelecimentos comerciais.

Em um país no qual o direito à proteção de dados pessoais ainda tem um longo caminho a percorrer, uma legislação específica sobre o tema é essencial para que os intérpretes e aplicadores do Direito, a Administração Pública e os legisladores compreendam os interesses protegidos e as formas de realização desse direito, viabilizando, por conseguinte, que as normas voltadas ao enfrentamento da pandemia surjam em conformidade com a proteção da privacidade. Espera-se da Autoridade Nacional de Proteção de Dados, a emissão de importantes regulamentos que reafirmem os direitos dos titulares e detalhem as medidas de segurança adequadas para o armazenamento dessas informações.

Para além disso, algumas demandas culminaram por resvalar no Judiciário, a quem compete fazer a ponderação entre tais normas e o direito à proteção de dados pessoais. Recentemente, o Supremo Tribunal Federal suspendeu a eficácia da Medida Provisória 954/2020, que previa o compartilhamento de dados de usuários de telecomunicações com o Instituto Brasileiro de Geografia e Estatística (IBGE) para a produção de estatística oficial durante a pandemia da COVID-19[17].

Para a ministra Rosa Weber, relatora das Ações Diretas de Inconstitucionalidade que questionam a referida MP, os dados pessoais previstos na Medida Provisória integram o âmbito de proteção das cláusulas constitucionais que asseguram a liberdade individual, a privacidade e o livre desenvolvimento da personalidade, de modo que sua manipulação e seu tratamento devem observar os limites delineados pela proteção constitucional.

Diante disso, "ao não definir apropriadamente como e para que serão utilizados os dados coletados, a norma não oferece condições para a avaliação da sua adequação e necessidade". Ademais, entendeu a ministra que a medida provisória não apresentava

---

16. . EHRHARDT JÚNIOR, Marcos; MODESTO, Jessica Andrade; SILVA, Gabriela Buarque Pereira. O tratamento de dados pessoais no combate à COVID-19: entre soluções e danos colaterais. In: CATALAN, Marcos; EHRHARDT JÚNIOR, Marcos; MALHEIROS, Pablo. *Direito Civil e Tecnologia*. Belo Horizonte: Fórum, 2020, p. 168.
17. . Disponível em: http://portal.stf.jus.br/noticias/verNoticiaDetalhe.asp?idConteudo=442823&ori=1. Acesso em: 17 maio 2020.

mecanismo técnico ou administrativo para proteger os dados pessoais de acessos não autorizados, vazamentos acidentais ou utilização indevida, razão pela qual não satisfazia as exigências da Constituição em relação à efetiva proteção de direitos fundamentais.

Cumpre ressaltar que, além de esse controle judicial poder causar insegurança jurídica, verifica-se, no contexto brasileiro, a ausência de critérios de produção legislativa e uma crise política de gestão, o que torna ainda mais problemática a efetivação dos ditames da LGPD.

Para fins de adequação à nova legislação, deve-se destacar que a LGPD classifica como dados sensíveis (art. 5º, II) aqueles que são referentes à saúde e determina que seu tratamento (art. 11) somente poderá ocorrer quando o titular consentir, de forma expressa e destacada, para finalidades bem específicas.

Na sequência, são disciplinadas situações em que o tratamento dos dados sensíveis poderá ocorrer sem o consentimento do seu titular, tais como quando for indispensável ao cumprimento de obrigação legal ou regulatória, à execução de políticas públicas, à realização de estudos por órgão de pesquisa, à proteção da vida ou da incolumidade física do titular ou de terceiro e à garantia da prevenção à fraude e à segurança do titular, entre outras.

No ponto que interessa para a nossa reflexão, a LGPD também eximirá a necessidade do prévio consentimento quando estiver em evidência a tutela da saúde, exclusivamente em procedimento realizado por profissionais da área, serviços de saúde ou autoridade sanitária.

Também é possível fundamentar a necessidade de proteção dos dados pessoais, na proteção conferida à intimidade e à vida privada das pessoas, consagrada no inciso X do art. 5º da Constituição Federal e reiterada no art. 21 do Código Civil, que assegura sua inviolabilidade e a possibilidade de se buscar tutela inibitória quando necessário.

Junte-se a isso a incidência do Marco Civil da Internet (Lei 12.965/14), para situações em que a coleta de dados ocorrer mediante utilização da rede mundial de computadores, pois entre os seus princípios encontramos a proteção da privacidade e a proteção dos dados pessoais (art. 3º), com a possibilidade de responsabilização dos agentes de acordo com suas atividades.

Em fevereiro de 2020 foi publicada a Lei n. 13.979/20, que dispõe acerca de medidas para o enfrentamento da emergência de saúde pública de importância internacional, decorrente do coronavírus. Em seu art. 6º, o referido diploma legal dispõe que é obrigatório o compartilhamento entre órgãos e entidades da administração pública federal, estadual, distrital e municipal de dados essenciais à identificação de pessoas infectadas ou com suspeita de infecção pelo coronavírus, com a finalidade exclusiva de evitar a sua propagação, estendendo tal obrigação às pessoas jurídicas de direito privado quando os dados forem solicitados por autoridade sanitária.

Também dispõe que o Ministério da Saúde manterá dados públicos e atualizados sobre os casos confirmados, suspeitos e em investigação, relativos à situação de emergência pública sanitária, resguardando o direito ao sigilo das informações pessoais. O art. 1º, nos parágrafos segundo e terceiro, determina, ainda, que ato do Ministro de Estado da

Saúde disporá sobre a duração da situação de emergência de saúde pública de que trata a lei, não podendo tal prazo ser superior ao declarado pela Organização Mundial de Saúde.

Nesse contexto, a Portaria 356/10 do Ministério da Saúde estipulou, em seu art. 12, que o encerramento da aplicação das medidas fica condicionado à avaliação de risco realizada pela Secretaria de Vigilância em Saúde do Ministério da Saúde sobre a situação de Emergência de Saúde Pública de Importância Nacional. Naturalmente, ainda não se sabe quanto tempo essa crise vai perdurar e, por conseguinte, por quanto tempo as medidas serão tomadas.

No que tange ao compartilhamento de dados, verifica-se que não há muita divergência em relação ao que prevê a LGPD, porquanto esta excepciona o acesso aos dados sensíveis, mesmo sem o consentimento, nos casos em que houver necessidade de tutela da saúde do titular ou de terceiros. Ademais, a nova legislação também dispõe que a utilização será restrita à finalidade de evitar a propagação do vírus e que, na hipótese de divulgação dos dados sobre casos confirmados, suspeitos e em investigação, será resguardado o direito ao sigilo das informações pessoais[18].

Da leitura dos dispositivos legais acima apontados, fica evidente que é indispensável compatibilizar a necessária proteção dos dados pessoais sensíveis, tais como informações relativas ao estado de saúde das pessoas, com o premente interesse público de adotar todas as medidas disponíveis para o combate da pandemia. Há de se prestigiar uma perspectiva de coexistência dos interesses em jogo e não de exclusão de qualquer dos polos da equação. Proteger o interesse coletivo não implica excluir a necessária proteção da pessoa natural, especialmente num estado de grave vulnerabilidade por esta acometida de uma nova doença ou pela mera suspeita de contágio, que já provoca abalos em seu bem-estar psíquico. Nesse ponto:

Parte-se da hipótese de que, inexistindo direito fundamental que seja ilimitado, o direito à privacidade pode sofrer restrições quando o interesse coletivo assim o exigir. No entanto, a utilização de dados pessoais pelos Estados com a finalidade de proteção sanitária pode ocorrer em observância aos direitos fundamentais, não sendo necessária a escolha, de caráter exclusivo, entre direito à vida e à saúde, de um lado, e direito à privacidade e à proteção de dados pessoais, do outro[19].

Diante de novos textos legislativos e de um contexto fático de crise que se altera muito rapidamente, ainda restam algumas preocupações a consignar. A Lei nº 13.979/20 determina que será obrigatório o compartilhamento de dados essenciais à identificação de pessoas infectadas ou com suspeita de infecção, sem elencar ou exemplificar quais dados

---

18. Neste sentido, Através do Decreto nº 59.767, de 15 de setembro de 2020, a Prefeitura da cidade de São Paulo regulamentou a aplicação da Lei de Proteção de Dados Pessoais (LGPD) no âmbito da Administração Municipal direta e indireta, estabelecendo no parágrafo único do art. 14 que sempre que for necessário o consentimento do titular dos dados, a comunicação dos dados pessoais a entidades privadas e o uso compartilhado entre estas e o órgãos e entidades municipais poderão ocorrer somente nos termos e para as finalidades indicadas no ato do consentimento.

19. EHRHARDT JÚNIOR, Marcos; MODESTO, Jessica Andrade; SILVA, Gabriela Buarque Pereira. O tratamento de dados pessoais no combate à COVID-19: entre soluções e danos colaterais. In: CATALAN, Marcos; EHRHARDT JÚNIOR, Marcos; MALHEIROS, Pablo. *Direito Civil e Tecnologia*. Belo Horizonte: Fórum, 2020, p. 168.

seriam esses, o que ocasiona insegurança jurídica em relação ao titular, que pode ter uma universalidade de dados pessoais compartilhados sem que sequer tenha ciência disso.

O cenário caótico criado pela propagação do vírus tem acarretado cada vez mais a adoção de escolhas trágicas, que sacrificam interesses relativos à privacidade em prol da salvaguarda da saúde pública, optando-se por uma lógica de "tudo ou nada" que não se mostra adequada aos desafios de uma sociedade cada vez mais complexa. Não é preciso escolher soluções extremas sem levar em consideração princípios que há anos são desenvolvidos pela doutrina e jurisprudência e que foram incorporados ao texto da LGPD (art. 6º).

Qualquer atividade de tratamento de dados pessoais deverá observar a *boa-fé objetiva* e a *finalidade* do tratamento, vale dizer, sua realização, propósitos legítimos, específicos, explícitos e informados ao titular, sem possibilidade de tratamento posterior de forma incompatível com essas finalidades. Apenas a finalidade não é suficiente. É preciso compatibilidade do tratamento com as finalidades informadas ao titular, de acordo com o contexto do tratamento, o que impõe a exigência de *adequação*.

Mesmo com tratamento adequado e existindo propósitos legítimos, ainda resta avaliar a *necessidade* do tratamento, que deve se limitar ao mínimo necessário para a realização de suas finalidades, com abrangência dos dados pertinentes, proporcionais e não excessivos. Considerando os dados pessoais como extensão dos direitos de personalidade da pessoa natural, devem-se garantir aos titulares dos dados informações claras, precisas e facilmente acessíveis sobre a realização do tratamento e os respectivos agentes de tratamento (responsáveis pela coleta e utilização dos dados), como expressão da *transparência* que deve ser mantida em operações deste tipo.

Não se pode transigir quanto à impossibilidade de realização do tratamento para fins discriminatórios ilícitos ou abusivos. A lógica da *não discriminação* é inegociável e deve vir acompanhada da necessária *responsabilização* e *prestação de contas*, que ocorre com a demonstração, por parte do agente responsável pelo tratamento, da adoção de medidas eficazes e capazes de comprovar a observância e o cumprimento das normas de proteção de dados pessoais e, inclusive, da eficácia dessas medidas, a fim de prevenir a ocorrência de danos, em especial aqueles decorrentes de acessos não autorizados e de situações acidentais ou ilícitas de destruição, perda, alteração, comunicação ou difusão de informações pessoais.

No Brasil, a discussão sobre a privacidade ainda não chegou ao mesmo nível de profundidade dos outros países, tendo em vista que atualmente o aparato estatal não tem o mesmo grau de sofisticação para lograr objetivos massivos de vigilância.

Mas não se ignora que se trata de processo desafiador. A admissão de tais medidas como ferramenta para o salvamento de vidas não pode ser afastada, máxime no panorama de extrema incerteza em que a pandemia se situa e do elevado número de mortes já ocasionadas em razão do vírus. Deixar as tecnologias que temos inutilizadas em face de uma situação de calamidade pública parece não fazer muito sentido.

O mais importante é que não nos esqueçamos de impor balizas a essas medidas, seja em termos de duração, seja em termos de supervisão legal e utilização de modo uniforme das informações coletadas, para que posteriormente tais dados não sejam utilizados com outros fins e a situação de emergência não nos faça recair em posterior excesso.

Torna-se crucial, então, definir parâmetros de transparência, principalmente quando da ocasião do envolvimento de empresas privadas do ramo tecnológico, que podem ver a oportunidade de, com espeque no argumento de eventuais avanços no combate ao vírus por meio do tratamento de dados, beneficiar-se nessa atividade num futuro próximo, sem possibilidade de se sindicar precisamente quais informações foram fornecidas durante o combate à pandemia.

A incógnita que se impõe é se as salvaguardas previstas na legislação atualmente em vigor, especialmente as leis e portarias criadas no momento da crise, serão suficientes para conter eventuais abusos que podem acontecer com o uso dos dados sensíveis num contexto de pós-pandemia.

Dados de localização, reconhecimento facial e rastreamento estão sendo utilizados como possíveis soluções para conter a difusão do vírus. O problema surge quando constatamos que, no meio de um cenário de tanto caos, é necessário parar para traçar fronteiras na utilização e no controle dessas ferramentas. O que será feito com esses dados após a contenção do surto?

Medidas de vigilância realmente são eficazes para limitar a propagação da patologia? Os titulares terão ciência desse tratamento?

Como será feita a custódia?

São questionamentos que inquietam e que ainda não têm uma resposta formulada, sobretudo em razão da priorização estatal na resolução da crise pandêmica e da ausência de uma efetiva governança de dados no país, a despeito de mais de um ano de existência da Autoridade Nacional de Proteção de Dados.

Ocorre que não é incomum que situações extremadas de crise deem abertura à paulatina restrição de interesses jurídicos, sob o fundamento da necessidade de contenção de algum problema específico. Nesse ponto, eventos terroristas têm contribuído, por exemplo, com a consolidação de aparatos de vigilância estatal[20].

O fundamento central da proteção dos dados pessoais, isto é, a autodeterminação informativa e o consentimento, cede espaço para a necessidade de contenção da pandemia, tendo em vista que a solicitação de autorização esbarraria em dificuldades operacionais e temporais que inviabilizariam a eficácia das medidas pretendidas.

Mesmo quando se analisa o art. 4º da LGPD, que afasta sua aplicação ao tratamento de dados pessoais realizados para fins exclusivos de segurança pública, defesa nacional ou atividades de investigação e repressão de infrações penais (ver inciso III), hipóteses que podem, por analogia, ser interpretadas para o contexto da pandemia, há de se destacar que as medidas adotadas nessas situações devem ser proporcionais e estritamente necessárias ao atendimento do interesse público, observados o devido processo legal, os princípios gerais de proteção e os direitos do titular, consoante preconiza o § 1º do referido artigo. Não fosse o suficiente, o § 2º do art. 4º da LGPD veda o tratamento de tais dados

---

20. Disponível em: https://noticias.uol.com.br/ultimas-noticias/efe/2019/10/08/macron-pede-uma-sociedade-da--vigilancia-contra-o-terrorismo.htm. (Acesso em: 21 mar. 2020/0 e em https://www.wired.com/2011/09/911-surveillance/ Acesso em: 21 mar. 2020.

por pessoa de direito privado, salvo se ocorrer sob a tutela de pessoa jurídica de direito público, assegurado o acompanhamento da Autoridade Nacional de Proteção de Dados.

É necessário pensar em métodos razoáveis de segurança que impeçam acessos não autorizados, coleta, uso, divulgação, cópia, modificação, descarte ou riscos análogos, bem como a necessidade de interrupção do tratamento assim que seja razoável supor que o objetivo para o qual foram coletados não mais subsiste.

A situação se agrava ainda mais quando se constata que a pandemia é contemporânea ao que se chama de infodemia[21], isto é, uma superabundância de informações que dificulta a localização de fontes e de orientações confiáveis àqueles que necessitam, especialmente num contexto digital repleto de *fake news*.

As aplicações tecnológicas atualmente disponíveis têm o potencial de rastrear localizações em tempo real ou metadados que demonstram padrões de comportamento e informações íntimas e que, uma vez admitidas na vida cotidiana, torna-se cada vez mais difícil afastá-las. Dessa forma, ainda que seja admissível a utilização dos dados pessoais, de modo excepcional, temporário e urgente, para a tutela da saúde pública, é fundamental que sejam priorizadas ações de pesquisa, diagnóstico e tratamento efetivos que forneçam ao sistema de saúde infraestrutura para zelar pelos pacientes e minimizar a ocorrência do vírus, sob pena de nos acomodarmos numa posição de vigilância, obsessão e assédio social que ameaça devassar a privacidade e segregar indivíduos.

As políticas públicas sempre devem buscar um equilíbrio entre as liberdades civis e o interesse coletivo, intentando primar pela proporcionalidade. Se a situação de calamidade traz ameaças que tornam legítima a restrição temporária e excepcional da privacidade, esta deve ser cientificamente justificada e proporcional às necessidades. Nossa saúde e nossa democracia dependem disso.

Neste ponto, é preciso dividir uma inquietação: é possível utilizar dados pessoais temporariamente para gerenciamento de crise sem acarretar, a longo prazo, uma erosão sistemática nas garantais fundamentais dos indivíduos? A resposta será construída nos próximos anos, depois que tivermos ultrapassado as graves consequências do período mais intenso da pandemia da COVID-19.

Sob tal perspectiva, sobreleva-se o princípio da responsabilização e da prevenção de danos, disposto no inciso X do art. 6º da Lei Geral de Proteção de Dados como a demonstração, pelo agente, da adoção de medidas eficazes e capazes de comprovar a observância e o cumprimento das normas de proteção de dados pessoais e, inclusive, da eficácia dessas medidas. Nesse trilhar, já se observa que o legislador deu relevância à função preventiva da responsabilidade civil, ao ressaltar a necessidade de demonstração do cumprimento das normas e tendo em vista a insuficiência do paradigma reparatório para tutelar os novos danos que surgem no contexto pós-moderno.

A prevenção dos danos é um imperativo cada vez mais constante na contemporânea sociedade de risco. Diariamente surgem notícias acerca de ataques de *hackers*[22] ou de

---

21. Disponível em: https://www.technologyreview.com/s/615184/the-coronavirus-is-the-first-true-social-media-infodemic/. Acesso em: 22 mar. 2020.
22. Disponível em: https://g1.globo.com/economia/tecnologia/noticia/2019/05/14/whatsapp-detecta-vulnerabilida-de-que-permite-o-acesso-de-hackers-a-celulares.ghtml. Acesso em: 28 mar. 2020.

vazamentos indevidos de dados[23], o que seguramente tem o condão de violar direitos de personalidade dos usuários.

Alicerçada na teoria do valor do desestímulo, a função preventiva tem por objetivo evitar as condutas lesantes e os futuros danos. Começa-se a tratar acerca da função social na responsabilidade civil, que se consubstancia no caráter protetivo e preventivo que adverte o lesante do seu dever de se abster de novas investidas[24].

Passa-se a questionar a imprescindibilidade do dano para a caracterização do dever reparatório, afastando-se da concepção clássica que alça tal elemento como epicentro da responsabilidade civil. Torna-se possível, nesse contexto, cogitar da responsabilização que atua previamente à ocorrência do prejuízo ou até mesmo pensar em uma reconfiguração do dano, que passa a abranger ameaças ou exposições indevidas aos riscos. Desse modo:

> A doutrina aduz que a prevalência das situações existenciais sobre as patrimoniais e o cenário de surgimento de novos danos extrapatrimoniais tornam descabido um sistema de danos meramente reparatório. Impulsiona-se o paradigma preventivo da responsabilidade civil para atuar junto e compatibilizado com o reparatório, de maneira funcionalizada e apta a propiciar a efetiva tutela da pessoa *in concreto*[25].

Trata-se de consagrar a tutela dos direitos de personalidade, compreendidos como aqueles direitos imprescindíveis ao pleno e saudável desenvolvimento das virtudes biopsíquicas do ser humano[26], com fulcro no dever normativo de solidariedade social, que passa a disciplinar as relações com o advento da Constituição Federal de 1988. Para além do fundamento constitucional, argumenta-se que

> Essa reação do Estado-juiz a casos graves tem um viés claramente econômico, pois reformula o sentido da responsabilidade civil para o fim de a mesma servir como instrumento de desestímulo de condutas indesejadas, ao mesmo tempo em que se presta para eliminar o lucro ilícito e impor um padrão de justiça e comportamento esperado tanto para o ofensor como para outros potencialmente transgressores como ele[27].

Tal entendimento, contudo, não é unânime na doutrina. Autores como Rui Stoco se insurgem veementemente contra a possibilidade de uma responsabilidade civil sem danos:

> No âmbito civil, portanto, sem o dano poderá existir ato ilícito, mas não nascerá o dever de indenizar, de modo que a só conduta que contrarie a norma preexistente – a conduta antijurídica – não é suficiente para empenhar obrigação. Aliás, qual seria a consequência de um ato ilícito praticado por alguém que não tenha causado dano ou prejuízo a outrem? Dúvida não ressuma, portanto, de que o dano é, sem disceptação, pressuposto da obrigação de reparar e circunstância elementar da responsabilidade civil.

---

23. Disponível em: https://www.migalhas.com.br/Quentes/17,MI302322,71043-Instituto+pede+que+Facebook+seja+condenado+em+R+150+milhoes+por. Acesso em: 28 mar. 2020.
24. SANTOS, Adriano Barreto Espíndola. Novos paradigmas para a função social da responsabilidade civil. *Revista jurídica luso-brasileira*. Nº 3, Ano 4, 2018, p. 25.
25. RODRIGUES, Cassio Monteiro. A função preventiva da responsabilidade civil sob a perspectiva do dano: é possível falar em responsabilidade civil sem dano? Disponível em: https://www.academia.edu/38592019/A_fun%C3%A7%C3%A3o_preventiva_da_responsabilidade_civil_sob_a_perspectiva_do_dano_%C3%A9_poss%C3%ADvel_falar_em_responsabilidade_civil_sem_dano Acesso em: 28 mar. 2020. P. 18.
26. JABUR, Gilberto Haddad. Direito Privado, Direito Constitucional e Dignidade Humana. *Revista jurídica luso-brasileira*. Nº 5, Ano 4, 2018, p. 5.
27. LEAL, Pastora do Socorro Teixeira. BONNA, Alexandre Pereira. Responsabilidade civil sem dano-prejuízo? *Direito em Movimento*. Rio de Janeiro, vol. 15, n. 2, p. 56-71, 2017, p. 11.

Diante disso, somente danos diretos e efetivos, para efeito imediato do comportamento do agente, encontram na legislação em vigor suporte de ressarcimento[28].

Essa perspectiva é lastreada pela preocupação primordial da responsabilidade civil com a reparação do dano, visando restabelecer um equilíbrio ao indivíduo lesado, uma vez que eventual dano não reparado representa fator de inquietação social[29]. Não obstante o dano esteja consagrado como um elemento clássico da responsabilidade civil, sem o qual não se perfectibiliza o dever de indenizar, no contexto contemporâneo, em que novos riscos surgem a cada dia e a realidade social se caracteriza essencialmente pela mutação e pela dinamicidade, torna-se necessário repensar tais cânones clássicos e refletir se tal perspectiva é suficiente para a tutela dos interesses jurídicos em questão. A sociedade pós-moderna traz demandas que não se resumem aos clássicos problemas de escassez e distribuição de recursos, mas se estendem a conflitos oriundos da distribuição de riscos produzidos em razão do desenvolvimento técnico-científico.

Abandona-se, outrossim, o paradigma exclusivo da culpa, que, como um produto do século XVII, designava a ideia de censura moral do dano, enfatizada na reprovação da consciência[30], dando espaço para a reparação com fulcro no risco da atividade, além de situações de presunção de culpa. Nesse ponto, ressalte-se, ainda, que a responsabilidade civil redireciona seu olhar para a vítima, assumindo relevância o princípio da reparação integral do dano, nos termos do art. 944 do Código Civil:

> De molde a fazer com que considerável parcela dos danos não reste irressarcida, os ordenamentos jurídicos contemporâneos têm procurado alargar o campo do dever de indenizar, englobando situações antes não previstas, principalmente se se toma em conta a crescente complexidade da sociedade atual e as inovações tecnológicas levadas a efeito no contexto atual do mundo globalizado e do desenvolvimento dos meios de comunicação[31].

Os contornos da sociedade contemporânea atestam que as medidas estruturais, os marcos normativos e as construções legais definidos para a sociedade moderna podem não ser suficientes para tutelar os problemas oriundos das novas atividades. A sociedade de risco acentua a decadência da culpa como requisito imprescindível à responsabilização civil e incorpora papel relevante na estruturação de uma base teórica para a eleição de vias alternativas[32].

No caso da violação de dados pessoais, respondem pela reparação os controladores e operadores, solidariamente, em face de quaisquer terceiros que sofram prejuízos oriundos

---

28. STOCO, Rui. Responsabilidade civil sem danos: falácia e contradição. *Revista dos Tribunais*. Vol. 975. São Paulo: Revista dos Tribunais: jan. 2017, p. 3.
29. AQUINO JÚNIOR, Geraldo Frazão de. Responsabilidade civil dos provedores de internet. In: EHRHARDT JÚNIOR, Marcos. LÔBO, Fabíola Albuquerque. (Coord). *Privacidade e sua compreensão no Direito Brasileiro*. Belo Horizonte: Fórum, 2019, p. 107.
30. PEREIRA, Alexandre Pimenta Batista. Os confins da responsabilidade objetiva nos horizontes da sociologia do risco. *Revista de Informação Legislativa*. v. 43, n. 170, p. 181-189, abr./jun. 2006, p. 4.
31. AQUINO JÚNIOR, Geraldo Frazão de. Responsabilidade civil dos provedores de internet. In: EHRHARDT JÚNIOR, Marcos. LÔBO, Fabíola Albuquerque. (Coord). *Privacidade e sua compreensão no Direito Brasileiro*. Belo Horizonte: Fórum, 2019, p. 108.
32. PORTO, Uly de Carvalho Rocha. *A responsabilidade civil extracontratual por danos causados por robôs autônomos*. 2018. Dissertação (Mestrado em Ciências Jurídico-Civilistas), Faculdade de Direito da Universidade de Coimbra, Coimbra, 128 p., p. 35.

do processamento de dados. No que tange ao regime de responsabilidade, há divergência no concernente à classificação da responsabilidade como subjetiva ou objetiva.

Os arts. 42 e 43 da LGPD dispõem que o controlador ou o operador que, em razão do exercício de atividade de tratamento de dados pessoais, causar a outrem dano patrimonial, moral, individual ou coletivo, em violação à legislação de proteção de dados pessoais, é obrigado a repará-lo, somente responsabilizado quando provar que não o tratamento, ou que, embora tenham realizado, não houve violação à legislação de proteção de dados ou que o dano é decorrente de culpa exclusiva do titular dos dados ou de terceiros.

Tais disposições podem ensejar a percepção de que se trata de uma responsabilidade subjetiva, em razão da menção expressa à violação à lei e da ausência de alusão à responsabilidade sem culpa. Noutro norte, também é possível caracterizar a responsabilidade como objetiva a partir de seu enquadramento como atividade de risco, com fulcro no art. 927 do Código Civil.

Nesse contexto, urge evidenciar a contribuição de Maria Celina Bodin de Moraes, acerca da ideia de uma responsabilização proativa, em que se torna necessário ir além do mero cumprimento da lei, demonstrando, também, a tomada de medidas proativas para a prevenção do dano:

> Exigem-se, em síntese, atitudes conscientes, diligentes e proativas por parte das empresas em relação à utilização dos dados pessoais. Assim, a partir de agosto de 2020, quando entra em vigor a LGPD, qualquer empresa que processe dados pessoais não apenas terá que cumprir a lei, mas também deverá provar que está em conformidade com a Lei. Caberá às empresas, e não mais (apenas) à Administração Pública, a responsabilidade de identificar os próprios riscos e escolher e aplicar as medidas apropriadas para mitigá-los. Em conclusão, vê-se que o legislador, embora tenha flertado com o regime subjetivo, elaborou a um novo sistema, de prevenção, e que se baseia justamente no risco da atividade. Tampouco optou pelo regime da responsabilidade objetiva, que seria talvez mais adequado à matéria dos dados pessoais, porque buscou ir além na prevenção, ao aventurar-se em um sistema que tenta, acima de tudo, evitar que danos sejam causados[33].

Torna-se relevante, dessa forma, avaliar a forma de tratamento dos dados pessoais, considerando as medidas de segurança implementadas, a política de privacidade e o cumprimento responsável dos operadores na cadeia de processamento, objetivando aferir se efetivamente o processador de dados tomou as medidas necessárias para salvaguardar os interesses jurídicos dos titulares. Com efeito, na hipótese excepcional da pandemia, essa verificação se torna ainda mais problemática, tendo em vista a urgência na contenção do surto, o que pode levar a Administração Pública a negligenciar parâmetros mínimos de controle no que tange ao tratamento dos dados.

Indubitavelmente, as balizas teóricas da responsabilidade civil precisam ser repensadas em face dos novos desafios impostos pela legislação protetiva, pelo tratamento massivo dos dados e pelo contexto de pandemia, sendo fundamental definir os limites e a amplitude da atuação preventiva, porquanto as atuações reparatória, punitiva e preventiva são essencialmente complementares.

---

33. MORAES, Maria Celina Bodin de. LGPD: um novo regime de responsabilização dito "proativo". *Civilistica*. A. 8, n. 3, 2019. Disponível em: http://civilistica.com/lgpd-um-novo-regime-de-responsabilizacao-civil-dito-proativo/. Acesso em: 28 mar. 2020.

DIREITO À SAÚDE E DANOS EXTRAPATRIMONIAIS: REFLEXÕES EM TEMPOS DE COVID-19

Bruno Leonardo Câmara Carrá

Doutor em Direito pela Universidade de São Paulo com pós-doutorado na *Scuola di Giurisprudenza* da Universidade de Bolonha. *Academic visitor* na *Faculty of Law* da Universidade de Oxford. Professor dos cursos de graduação e pós-graduação em sentido estrito (mestrado) em Direito na UNI7 – Centro Universitário 7 de Setembro. Juiz Federal. E-mail: bruno.carra@uni7.edu.br.

Lívia Oliveira Lemos

Mestranda em Relações Privadas e Desenvolvimento na UNI7. Graduada em Direito pela UNI7. E-mail: livialemosss@hotmail.com.

Sumário: 1. Considerações preliminares: Covid-19, um *Act of God* – 2. Covid-19 e dano extrapatrimonial à saúde – 3. Experiência norte-americana: *fear cases* – 4. A quem e em que situações responsabilizar? – 5. O problema do nexo causal – 6. Conclusões – 7. Referências.

1. CONSIDERAÇÕES PRELIMINARES: COVID-19, UM *ACT OF GOD*

Com o aparecimento da Covid-19[1], o mundo vem atravessando uma crise sanitária sem precedentes recentes. . Na realidade, , como pronunciado por Yuval Harari logo ao seu início, ela parece ser a maior de nossa geração.[2] Não é necessário, no ponto, ser exaustivo. Os fatos falam por si somente e praticamente todo ser humano vivente no Planeta teve sua vida afetada pela pandemia, isso se, infaustamente, não a teve, ou de algum familiar, ou conhecido mais próximo, tolhida pelo coronavírus. Vive-se, com efeito, tempos excepcionais, em uma quarentena global como há décadas não se via. É com esse pano de fundo que se realiza o presente estudo, absolutamente preliminar, dado o contexto mesmo de emergência no qual vem a ser escrito.

Em que pese muito, em termos jurídicos, já tenha se passado desde a primeira edição deste contributo, suas conclusões continuam sendo ainda muito mais pensamentos que reclamam amadurecimento constante que realmente certezas já elaboradas. Na medida em que vivemos um quadro de excepcionalidade, a qual naturalmente pôs à prova as bases normativas dos ordenamentos jurídicos de praticamente todos os países, foi

---

1. Covid significa *Corona Virus Desease*. O número 19 se refere ao fato de que o vírus surgiu no ano de 2019. A doença também é denominada, popularmente, como Coronavírus. Fonte: https://www.who.int/news-room/q-a-detail/q-a-coronaviruses (acesso feito em 08/04/2020).
2. Em: https://www.ft.com/content/19d90308-6858-11ea-a3c9-1fe6fedcca75 (acesso feito em 08/04/2020).

necessário realizar um amplo e extenuante rápido trabalho de ajuste legislativo, tarefa que de pronto deve ser reconhecida, foi levada a efeito com muito êxito pelo legislador brasileiro. Assim, agora com uma base normativa mais estabilizada prossegue-se nas ponderações anteriormente realizadas sobre eventuais reflexos da pandemia no âmbito da responsabilidade civil, ou mais precisamente, seus possíveis revérberos como dano extrapatrimonial por ofensa ao direito à saúde, inclusive, sendo o caso, para confirmar ou retroceder em relação àquelas primeiras considerações feitas. .

Feito o decote metodológico do problema, o passo seguinte vem a ser o de definir juridicamente a situação que se vivencia. Vale dizer, qual a natureza jurídica da pandemia. A emergência decorrente da contaminação em massa pelo *Coronavírus* de outra coisa não se pode tratar que de uma catástrofe biológica, mercê de sua propagação incontida para todos os cantos da Terra, atingindo não somente a integridade física dos indivíduos, mas também, por conta de seu incontido potencial deletério, o patrimônio das pessoas e a economia mundial[3].

Como catástrofe, a Covid-19 é perfeitamente definível, dentro de nossa tradição jurídica, como situação de caso fortuito ou de força maior, já que desde o Código Civil de 1916, assim se deve considerar quando se está diante de "fato necessário, cujos efeitos não era possível evitar ou impedir" (art. 1.058). A questão é que, como já ensinava Clóvis Beviláqua em seus comentários ao Estatuto revogado, embora até possam ser conceitualmente distintas ambas categorias geram como consequência os mesmos efeitos práticos pelo que foram reunidos numa mesma definição legal.[4] De lá para cá, toda doutrina nacional repete a lição, tanto que o vigente Código Civil de 2002 veicula idêntica regra, com idêntica redação inclusive (art. 393).

A situação pela qual se passa, todavia, é tão profunda que a aplicação *tout court* da regra padrão poderia levar a resultados mais deletérios que vantajosos para a sociedade. Note-se que, como pode ser visto dos manuais de Direito Privado, não se tem por aqui o hábito de se fazer um estudo mais aprofundado do tema, provavelmente porque não temos grandes catástrofes naturais ou crises sanitárias. É iterativo constatar, por exemplo, que o tema é tratado debaixo de uma dinâmica pontual, ou seja, a partir de eventos que atingem partes bem definidas e raramente sendo enfrentado pelos tribunais. Por isso mesmo, como referido, a aplicação draconiana da isenção de responsabilidade do devedor, no âmbito contratual, ou a desconfiguração do nexo causal, quando se trate de responsabilidade aquiliana pelos prejuízos ou danos resultantes de caso fortuito ou força maior possa se revelar temerária no caso da pandemia da Covid-19.

É o que, imagina-se, também procurou demonstrar José Fernando Simão em artigo na rede mundial de computadores (*internet*), cuja transcrição do sugestivo título já serve como explicação para o que se deseja colocar em evidência: "O contrato nos tempos da covid-19: Esqueçam a força maior e pensem na base do negócio."[5] É por isso que se

---

3. SOUZA, Carlos Eduardo Silva e; PESSOA, Conrado Falcon. Os danos catastróficos e a responsabilidade civil do Estado. *Revista Jurídica Direito & Paz,* São Paulo, n. 36, p. 255-270, 1º Semestre, 2017.
4. BEVILÁQUA, Clóvis. *Código dos Estados Unidos do Brasil comentado.* 10. ed. atual. por Achilles Beviláqua e Isaías Beviláqua. Rio de Janeiro: Francisco Alves, 1955. v. IV. p. 174.
5. Em https://www.migalhas.com.br/coluna/migalhas-contratuais/323599/o-contrato-nos-tempos-da-covid-19--esquecam-a-forca-maior-e-pensem-na-base-do-negocio (acesso feito em 08/04/2020).

busca aqui enquadrar a pandemia não na base de nossa tradição e sim através do antigo instituto que a *Common Law* denomina de *Act of God*. Não se irá, por óbvio, adentrar em seus detalhes, porém de bom alvitre consignar que, ao que se tem notícia, a expressão foi usada pela primeira vez em 1581, no caso *Wolfe vs. Shelley*, popularmente conhecido como *Shelley's Case*.[6] Tal referência tem por objetivo demonstrar como tal doutrina, diferentemente do que acontece por aqui, vem sendo aprimorada pelas cortes anglo-saxãs ao longo de, literalmente, quase meio século de História.[7]

O *Act of God* se configura como: a) um evento sem associação com um ato humano, tendo causas unicamente naturais (*involves no human agency*); b) desconhecido ao ser humano (*unknown* ou *unexpected*); c) bem como que não pode ser evitado por esforços afirmativos (*cannot be prevented*). Nisso, em quase tudo se assemelha ao caso fortuito e a força maior. Todavia, diferentemente deles, há uma tendência muito clara de relativização no seu emprego diante da ponderação de que em situações catastróficas, bem mais comum por lá que por aqui, o outro contratante, ou um terceiro, podem ser injustamente sacrificados ou indevidamente isentos de responsabilidade.

Assim, por exemplo, em Memphis & Charlestown RR Co. v. Reeves, a Suprema Corte estadunidense, embora reconhecendo a existência de um *act of God* considerou que, havendo a possibilidade de se prever ou impedir o evento natural, a não tomada de posição por parte do contratante poderia configurar responsabilidade por negligência pelos danos ocasionados à outra parte.[8] Isso se torna ainda mais evidente em Whole Foods Mkt. Grp., Inc. v. Wical Ltd. P'ship, em que o juízo federal de Washington/DC considerou que aqueles eventos que podem ser evitados pela prudência não se configuram como *act of God*[9].

Desse modo, não obstante em um primeiro momento, o de aparecimento da doença, a Covid-19 tenha sido considerada por muitos como causa excludente de responsabilidade, é preciso cautela ao levantar tal premissa na atual sistemática, pois já existem recomendações sanitárias que permitem aos indivíduos agirem com o mínimo de diligência, muito além disso, espera-se que os indivíduos ajam com um certo grau de prudência.

Evidentemente, *ad impossibilia nemo tenetur*: ninguém é obrigado a fazer o impossível. Há de se ponderar que as inúmeras incertezas geradas pelo coronavírus comprometeram, em maior ou menor dose, as relações sociais e econômicas em todos os níveis. Todavia, o que se deseja pôr em destaque é que uma ação ou omissão humana sem o devido acautelamento não escusa o inadimplemento de uma obrigação, este poder apenas a própria doença tem. Por outras palavras, para fins de exclusão de responsabilidade, especialmente nas situações extracontratuais, faz-se imprescindível demonstrar que a

---

6. NEWCOMB, Mark E. Soothsayers, sailors, and superstorm Sandy: lessons from an act of god. *Loyola Maritime Law Journal*, v. 17, n. 01, p. 01-32, 2018.
7. Nesse contexto, a Corte Inglesa deu igualmente uma inicial e ainda rudimentar definição para o instituto: "*it would be unreasonable that those things which are inevitable by the [a]ct of God, which no industry can avoid, nor policy prevent, should be construed to the prejudice of any person in whom there was no laches*". Apud: VILLA, Clifford J. Is the "act of god" dead? *Washington Journal of Environmental Law and Policy*, v.7, n.2, p. 320-339, july 2017.
8. Em https://supreme.justia.com/cases/federal/us/77/176/ (acesso feito em 08/04/2020).
9. Em https://law.justia.com/cases/federal/district-courts/district-of-columbia/dcdce/1:2017cv01079/187046/99/ (acesso feito em 10/10/2020)

doença era de tal modo imprevisível em relação ao seu surgimento e, ao mesmo tempo, inevitável quanto às suas consequências.

Não se nega, particularmente agora, que tanto a doutrina como o legislador, para não falar da jurisprudência, chegaram a idênticas conclusões durante esse período de pandemia. Contudo, quando na primeira edição deste artigo falou-se de *act of God* foi para, precisamente, enfatizar que força maior e caso fortuito não significam completa ausência de consequências jurídicas para a responsabilidade civil, no que, com desembaraço, nossa dogmática, repita-se novamente, se houve muito bem ao dar essa exata conformação a tais institutos que, por aqui, tratam da matéria, a saber, caso fortuito e força maior.

Desse modo, embora até se mantenha a ideia que a pandemia da Covid-19 constitua aquilo que a *Common Law* conceitua como *act of God*, com todas as temperanças que isso implica naquela tradição, como se demonstrou acima, por dever de lealdade deve-se registrar que tal receio não se mostra mais pertinente diante, consista-se, da precisa e muito bem apropriada atuação dos nossos juristas nesse pertinente. Assim, ao invés de simploriamente considerar que a pandemia desobrigaria partes contratuais, ou mesmo episódios de responsabilização extracontratual, mercê de se caracterizar como caso fortuito ou força maior, o legislador brasileiro, em harmonia com outros tantos diplomas legislativos produzidos em ordenamentos jurídicos alhures, passou a adotar uma postura tanto realista como conectada com o momento grave que se vivencia.

Por exemplo, no contexto da aviação nacional, a Lei 14.034/20 buscou atenuar os efeitos da pandemia, entabulando uma clara distinção entre as hipóteses de exercício do direito de devolução do valor da passagem, ou de reacomodação do passageiro em outro voo. No primeiro caso, diz o parágrafo 3º, do artigo 3º, da referida norma, que o pleito de reembolso não exclui o pagamento de eventuais penalidades contratuais, ao contrário, em se tratando de reacomodação, elas ficariam isentas. Ora, se houvesse apenas a incidência da ideia de caso fortuito e de força maior, a solução necessariamente seria única, com efeitos idênticos para ambos os casos. Porém, mais interessante é observar que se inseriu um artigo (251-A) no Código Brasileiro de Aeronáutica, estabelecendo genericamente a existência de danos extrapatrimoniais por falha na execução do contrato de transporte aéreo, embora condicionando-se sua aplicação à demonstração efetiva da ocorrência de prejuízo e de sua extensão pelo passageiro.

Ainda nesse contexto, a Lei 14.034/20 tratou de fazer uma rigorosa disciplina das hipóteses de caso fortuito e força maior (art. 256, §1º, II, e §3º, do Código Brasileiro de Aeronáutica), esclarecendo-se que eles somente se aplicam diante de situações supervenientes, imprevisíveis e inevitáveis. Vale dizer, realizou-se, na prática, um decote sistêmico no conceito de caso fortuito e força maior no que se relaciona a seus efeitos, de modo que apenas em um contexto muito preciso é que eles poderão gerar o efeito de isenção da responsabilidade civil.

Da mesma forma, buscando evitar o colapso financeiro do setor turístico em razão das inúmeras solicitações de cancelamento, a Lei 14.046/20 expôs, em seu artigo 2º, que o fornecedor desobriga-se do reembolso quando disponibiliza o crédito para futuras compras ou remarca o serviço adiado. Assim, em sendo oferecida qualquer das alternativas, não há falar em reembolso, daí porque, apenas de forma excepcional, diante da efetiva impossibilidade do prestador, é que poderá o consumidor intentar a restituição. Novamente, se toca na flexibilização dos rigores formais do caso fortuito e força maior, hipóteses em que as partes simplesmente se desobrigariam, não havendo motivos para se falar em soluções alternativas.

No pertinente, ainda, a Lei 14.046/20, ao disciplinar o caso fortuito e a força maior (art. 5º), assentou, quanto aos danos morais, o seu não cabimento, salvo em hipóteses muito particulares, como: a) caso já tenha havido contratação do profissional e este não puder prestar o serviço; b) em relação ao abatimento de valores por serviços já prestados; c) em ambas as situações desde que reste comprovada a má-fé do prestador de serviço ou sociedade empresária. Isso é, de fato, particularmente significativo, pois se condiciona a isenção de responsabilidade civil não em qualquer situação decorrente da pandemia, senão que em relação àquelas, que efetivamente decorreram daqueles primeiros momentos onde, por força inclusive das restrições sanitárias que eram imperativas ao momento, era legítimo dela cogitar.

Por sua vez, a Lei 14.010/20, o chamado Estatuto Regulatório do Direito Privado, que se destina a regulamentar transitoriamente as relações jurídicas particulares no âmbito da pandemia, traz, em seu artigo 7º, uma importante distinção no âmbito contratual. Com efeito, como acima mencionado através da doutrina de José Fernando Simão, fez-se a separação entre o caso fortuito e a força maior e a teoria da base do contrato, inclusive por meio de uma subdivisão entre os contratos paritários e às situações negociais assimétricas, como a consumerista e a locatícia. No primeiro caso, não se consideram imprevisíveis o aumento da inflação, a variação cambial, a desvalorização ou substituição do padrão monetário. Contrariamente, no segundo caso, sim, seria possível a revisão contratual. Tal diferenciação, repise-se, parece reforçar o distanciamento da aplicação genérica do caso fortuito e força maior. Tanto é assim que, nas relações simétricas, em que, em tese, as partes envolvidas podem suportar um pouco mais o peso da *alea*, o que se estipula é que em determinadas situações, em essência imprevisíveis, não se considerariam como onerosas, mesmo em um contexto excepcional.

No que concerne à responsabilização de agentes públicos, embora não convertida em lei, merece destaque, também, a Medida Provisória 966[10], que escusou de responsabilidade os casos de ação ou omissão com dolo ou erro grosseiro (art. 1º). Contudo, a norma é clara: a isenção que poderia afastar ação regressiva somente se justifica nesse específico quadro de excepcionalidade e para atos que, exclusivamente, sejam destinados ao enfrentamento da emergência sanitária ou ao combate de seus efeitos econômicos sociais. Assim, para a responsabilidade civil, significativo foi o recorte de aplicabilidade realizado pela norma, pois restou patente o não cabimento de exclusão de responsabilidade para além do contexto ora dimensionado.

Tais exemplos vêm a ilustrar, portanto, que a atuação legislativa brasileira buscou assegurar, com justa medida, uma mudança em regras e conceitos até então extremamente genéricos, a fim de preservar em definitivo a segurança e a constância que se espera

---

10. A Medida Provisória 966, editada em 13 de maio de 2020, perdeu sua eficácia em 10 de setembro do corrente ano.

do Direito como um todo. Desse modo, embora até tenha se falado, em um primeiro momento, em *act of God*, nosso legislador parece ter chegado à conclusão de que não necessariamente haverá, de forma indiscriminada, a aplicação dos institutos do caso fortuito e da força maior, visto que dependendo do contexto em que se encontre, a conduta praticada, seja ela comissiva ou omissiva, poderá, sim, ensejar o cometimento de um dano indenizável, sobretudo por se ter violado o direito à saúde.

2. COVID-19 E DANO EXTRAPATRIMONIAL À SAÚDE

É despiciendo – e nem os propósitos do presente estudo o permitem – falar da importância do Direito à Saúde. Reconhecido como um direito universal no art. 25 da Declaração Universal dos Direitos Humanos de 1948, fora cinzelado um pouco antes na Constituição Italiana, a primeira a fazê-lo formalmente. A Organização Mundial da Saúde, desde 1946, esclarece que saúde não se refere pura e simplesmente a uma ausência de enfermidades, mas também ao bem-estar físico, mental e social dos indivíduos[11]. Em 1988, a Constituição brasileira ratificou a importância da saúde e a reconheceu como um direito fundamental social em seu art. 196, destacando que a saúde é "direito de todos e dever do Estado, garantido mediante políticas sociais e econômicas que visem à redução do risco de doença e de outros agravos e ao acesso universal e igualitário às ações e serviços para sua promoção, proteção e recuperação".

Nada obstante, a saúde vem a ser, antes de um direito social, um direito individual, aliás como veio a ser consignado no texto constitucional italiano (art. 32): sobretudo um direito fundamental do indivíduo, mas também algo da coletividade. Trata-se, portanto de se redimensionar a noção de integridade física do ser humano, emprestando-lhe maior amplitude. Deste modo, não se cuida mais de apenas resguardar o corpo humano em sua integridade aparente, mas de garantir o bem-estar no sentido mais pleno da expressão.

A questão que se coloca, contudo, sequer chega a tanto, pois o que se põe em discussão é saber se – e se sim, até onde isso é viável – seria possível responsabilizar alguém na forma aquiliana, eis que escapa de nossas indagações os supostos de base contratual, em razão da pandemia da Covid-19. Ainda para fins metodológicos, é necessário ressaltar preliminarmente que a expressão direito à saúde é utilizada aqui em seu contexto mais amplo, envolvendo qualquer forma de lesão ao direito ao bem-estar físico, mental e social do indivíduo. Não se irá, por conseguinte, realizar o fatiamento do tema naquelas várias *etiquetas* de danos, a saber, danos biológicos, existenciais, à saúde em sentido estrito, como ocorre, por exemplo, no direito peninsular.[12]

---

11. ORGANIZAÇÃO MUNDIAL DA SAÚDE. *Constituição da Organização Mundial da Saúde*. Nova York, 1946. Disponível em: http://www.direitoshumanos.usp.br/index.php/OMS-Organiza%C3%A7%C3%A3o-Mundial-da-Sa%C3%BAde/constituicao-da-organizacao-mundial-da-saude-omswho.html (acesso feito em 08/04/20).

12. Por sinal, no próprio Direito Italiano, a Sessão Unida de sua Corte de Cassação reconheceu tal excesso doutrinário com a já famosa *Sentenza* nº 26972, de 11 de novembro de 2008, ao estabelecer que o dano extrapatrimonial contra a pessoa vem a ser uma categoria unitária, alcançando toda sorte de repercussões destituídas de relevância econômica. Nos termos do ementário desse já famoso julgamento: "O dano não patrimonial é (uma) categoria geral não suscetível de subdivisão em subcategorias variavelmente etiquetáveis. Disponível em: http://www.altalex.com/index.php?idnot=43677 (acesso feito em 08/04/2020). O precedente vem sendo honrado desde então, como pode ser visto, mais recentemente na *Sentenza* 7513, de 27 de março de 2018, de sua 3ª Seção Civil.

Parece ser evidente, nesse contexto, que o malferimento ao direito à saúde de outrem ensejaria o reconhecimento dos respectivos danos morais, visto que eles, hoje em dia, são compreendidos sob a dinâmica dos princípios e normas constitucionais destinadas à proteção do ser humano, os ordenamentos jurídicos vêm se alinhando cada vez mais no sentido de que a simples agressão ao ser humano, ou à sua vida privada, já constitui lesão passível de ser reparada, independentemente de qualquer resultado físico. Por outras palavras, o antigo dano moral, atualmente dano extrapatrimonial, é concebido dentro de uma perspectiva normativa-constitucional.[13]

Aqui, portanto, confluem as duas pontas de nosso raciocínio: embora a pandemia do Coronavírus possa ser categorizada como *act of God*, é perfeitamente possível que, mercê da dinâmica que se emprega ao Direito Sanitário, possa alguém ser condenado por danos extrapatrimoniais por se omitir a tomar medidas de prevenção, ou mesmo de precaução, sem se falar, claro, naqueles casos onde haja flagrantemente *dolo* ou culpa em episódio que resulte na contaminação de outrem. Vale dizer, caso exista uma exposição indevida da saúde de outrem, resultando em sua efetiva contaminação pelo Coronavírus, haverá o dever de reparar por danos extrapatrimoniais.

Salienta-se, entretanto, que tal reparação não pode ocorrer de forma indiscriminada. Isso não apenas é desaconselhável como inviável e muito menos constitui-se como objetivo de nossa proposta. De pronto, não se deve aceitar qualquer possibilidade de reparação baseada apenas na mera exposição, por importar em responsabilidade sem dano. Não é isso que entendemos ser o mais correto. Como destaca o jurista argentino Carlos Alberto Ghersi, não se pode considerar a importunação indevida (*molestar* em espanhol) um dano por si somente, de forma a converter o "*solo interactuar en una causa de daños*".[14]

No julgamento do Recurso de Revista 278300-23.2009.5.12.0032, do qual foi relator o Ministro Luiz Philippe Vieira de Mello Filho, por exemplo, o Tribunal Superior do Trabalho examinou a seguinte situação: uma atendente de farmácia teve o polegar ferido ao aplicar uma injeção. Ela apresentou, diante do acidente de trabalho noticiado, demanda postulando danos morais em razão da exposição ao risco de ser contaminada por agentes patológicos como o Vírus da Imunodeficiência Humana (HIV). A reclamação trabalhista foi denegada pelas instâncias ordinárias e, por fim, pela Corte Superior Trabalhista exatamente sob o fundamento de que o acidente de trabalho do qual não decorra efetivo dano não admite qualquer reparação ou condenação para fins de responsabilização civil.

Em que pese se defenda a necessidade de efetivo dano, será examinada, a seguir, tese que foi levada à apreciação da corte norte-americana de forma reiterada e que questionou tal posicionamento, porquanto cuidava de pedido de responsabilização civil por exposição à Covid-19.

---

13. Nesse sentido, dentre outros, cf: MORAES, Maria Celina Bodin de. *Danos à pessoa humana*: uma leitura civil-constitucional dos danos-morais. Rio de Janeiro: Renovar, 2009, p. 132-133; KOTEICH, Milagros. El daño extrapatrimonial, las categorias y su resarcimiento: Italia y Colombia, vicisitudes de dos experiencias. *Revista de Derecho Privado*, v. 10, p. 161-194, 2006.
14. GHERSI, Carlos Alberto. *Teoría General de la Reparación de Daños*. Buenos Aires: Astrea, 1997. p. 298.

3. EXPERIÊNCIA NORTE-AMERICANA: *FEAR CASES*

Se é certo que, em teoria, seja possível associar a não tomada de medidas sanitárias apropriadas, com a consequente contaminação pela Covid-19, como evento passível de ensejar a reparação do ofensor por danos extrapatrimoniais, será identicamente correto afirmar que isso deve acontecer em hipóteses bem definidas a fim de que não venha a responsabilidade civil instituir-se como vetor para demandas infundadas e, sobretudo, como incentivo de uma espécie de revanchismo ou até mesmo um pânico coletivo. De fato, após o acompanhamento e a observação de notícias na rede mundial de computadores sobre algumas demandas ao longo da pandemia, é fundamental delimitar os parâmetros para como realizar eventual situação de responsabilização civil em decorrência da contaminação pelo novo coronavírus.

Há, todos sabem, uma linha tênue entre a efetividade da responsabilidade civil e sua utilização excessiva. Margear esse meio entre dois extremos indesejáveis é o que constitui a grande virtude seja do legislador, juiz ou doutrinador. No caso da pandemia do novo coronavírus, em um primeiro momento, de fato, cogitou-se mil e uma possibilidades de reparação civil, sobretudo quando relacionada a seu contágio por não cumprimento das regras sanitárias devidas. Assim, nada obstante a premissa persista, é fundamental, agora, tentar refinar esse mecanismo de maneira a evitar seu uso quase como instrumento coercitivo para a imposição, não de justas indenizações, mas de condutas que a *forcepis* se busca obter.

Alguns interessantes exemplos obtidos no direito norte-americano podem ilustrar melhor o comentário acima realizado. Assim, naquele caso inicialmente noticiado no sítio TMZ onde se relatava o ingresso de demanda baseada no *tort of negligence* ajuizada por um casal que se encontrava confinado em quarentena no navio cruzeiro Grand Princess. Na demanda, movida contra a proprietária da embarcação, eles alegaram alta negligência por parte da empresa, a qual teria autorizado o embarque de inúmeros passageiros mesmo tendo conhecimento que dois outros estavam infectados pelo coronavírus[15]. No entanto, o casal Weissberger não apresentou nenhum sintoma da doença, nem testou positivo para Covid-19. O ponto nodal da ação era o estresse emocional sofrido, ou seja, o medo de contrair o vírus enquanto estavam em quarentena no navio. Logo em seguida, 13 demandas idênticas foram ajuizadas por outros passageiros.

Tais ações, todas julgadas pela Justiça Federal de 1º instância na California, foram denominadas de *fear cases*[16]. No caso, os demandantes precisavam satisfazer o teste de

---

15. Em https://www.tmz.com/2020/03/09/princess-cruise-line-sued-by-passenger-contracted-coronavirus/ (acesso feito em 08/04/2020)
16. A expressão *fear cases* em tradução contextualizada como os próprios litígios do medo, naturalmente constituem uma derivação daquilo que o autor Cass Sunstein denomina as leis ou o direito do medo (*Laws of Fear*). Trata-se de um trabalho internacionalmente reconhecido desse aclamado professor de direito da Universidade de Chicago, onde se contrasta o sentido e a própria eficácia dos princípios da prevenção e precaução. Recebidos por muitos doutrinadores como panaceia para todos os males, muitas vezes a lógica entabulada pelos princípios precautório e preventivo muitas vezes entabulam uma leitura da realidade que favorece o pânico e a irracionalidade, por isso mesmo, com sarcasmo, passam a ser denominados por Sunstein de princípios paralisantes (*paralyzing principle*). Não se nega que diante de eventos com propensão à hecatombe, não deva o Direito agir de maneira *ex ante*, de modo a *não fechar a porta apenas depois de furtado*, como já advertia o Evangelho. Nada obstante, como se demonstrará ao longo do texto, tais medidas devem ser feitas com adequação a critérios razoáveis de cientificidade, onde sejam

zona de perigo (*zone of danger*), em que deviam comprovar que, em razão da conduta negligente, sofreram um impacto físico ou um risco imediato de danos físicos. Nesse panorama, os autores argumentaram que a situação se enquadrava como um "quase acidente", pois estavam próximos de indivíduos infectados. A alegação não foi aceita pelo Tribunal, que rejeitou todas as demandas[17].

A pandemia da Covid-19, com efeito, de certa forma é mais uma das novas mazelas que nos traz a *sociedade de risco* (*Risikogesellschaft*). Teorizada pelo alemão Ulrich Beck, nela os riscos desvinculam-se dos conceitos tradicionais de tempo e de espaço, pois têm alcance universal, bem como seus efeitos nocivos são imprevisíveis e imensuráveis[18].

Nesse contexto, muito provavelmente, como já especulam vários cientistas, esta é a primeira de muitas outras pandemias que virão por força das mudanças que a humanidade, ao presente, impôs ao planeta. Registre-se desde logo, que em tal afirmação não vai nenhum elemento de censura em relação ao que ao que a humanidade fazemos em termos de progresso tecnológico. São consequências inevitáveis da escala do progresso que a todos favorecem. A grande questão, contudo, é saber, sobretudo no mundo do Direito, se adaptar aos novos tempos com a menor carga de transtorno.

Assim, embora não se deva olvidar a utilidade dos princípios da prevenção e da precaução, concebidos com finalidade nitidamente de evitar o dano, e não propriamente de repará-lo, mas que poderiam, sobretudo no caso da precaução, em se verificando lesão concreta, ser usado para flexibilizar o nexo de causalidade em uma demanda de responsabilidade civil. No ponto, merece destaque o princípio da precaução (*Vorsorgeprinzip*), que traz uma ideia bem mais ampla, pois o "mero" perigo, ainda que sem certeza científica, já autorizaria a atuação do Judiciário para impedir que o próprio dano deixe de acontecer.

Desse modo, principalmente nesse contexto de pandemia, é certo que a sociedade precisa fazer escolhas estruturais importantes, ou seja, tomar decisões coletivas sobre riscos sanitários e riscos econômicos. No entanto, é preciso cautela ao aplicá-los, porquanto, por vezes, utilizá-lo de forma indiscriminada pode ocasionar em riscos ainda maiores do que os que se pretendia mitigar em princípio[19].

Há de se destacar, ainda, que a demanda do casal Weissberger causou em outros passageiros do navio o que Cass Sunstein chama de efeito cascata (*ripple effects*)[20]. Ou seja, outros indivíduos, influenciados pelo medo uns dos outros, adotaram a crença – legítima ou não – de que o risco era bastante sério.

---

levados em consideração também sua viabilidade econômica (análise de custos e benefícios). Sobre o assunto, confira: SUNSTEIN, Cass R. *Laws of fear*: beyond the precautionary principle. Cambridge: Cambridge Press, 2005, *passin*.

17. Por sinal, de acordo com a Corte norte-americana, adotar entendimento diverso traria efeitos deletérios: "flood of trivial suits, and open the door to unlimited and impredictable liability". Em: https://www.lexology.com/library/detail.aspx?g=6042a765-31ac-4523-8c30-e0b60c70b4cc (acesso feito em 18 set. 2020).
18. BECK, Ulrich. *Sociedade de risco*: rumo a uma outra modernidade. (Tradução de Sebastião Nascimento). São Paulo: 34 ed. 2010, p. 33.
19. Nesse sentido, Sunstein: "the precautionary principle appears to offer guidance only because people blind themselves to certain aspects of the risk situation, focusing on a mere subset of the hazards that are at stake". SUNSTEIN, Cass R. Beyond the precautionary principle. *University of Pennsylvania Law Review*, v. 151, p. 1003-1058, 2003, p. 1054.
20. SUNSTEIN, Cass R. Op. Cit., p. 1057.

Nesse rumo de ideias, andou bem a corte norte-americana, pois caso a Justiça Federal da California tivesse ratificado a fundamentação apresentada pelos demandantes, haveria abertura para uma miríade de litígios baseados exclusivamente na proximidade física com um indivíduo infectado. Desse modo, atribuir-se-ia à responsabilidade civil uma função a qual não se presta: a de solucionar crises em um contexto de pânico. Assim, os argumentos levantados pelos requerentes parecem desaguar na perigosa responsabilidade ilimitada, porquanto à luz de tal entendimento, qualquer infortúnio da vida cotidiana seria passível de reparação.

Nada obstante a perspectiva ora destacada, em que haveria, de fato, um desvirtuamento das funções da responsabilidade civil, é possível considerar algumas situações legítimas que autorizariam, sob determinadas condições, o dever de indenizar por parte daquele que violou seu dever genérico de não prejudicar terceiros (*neminem laedere*), o qual vem a se constituir como pilar básico da responsabilidade civil.

4. A QUEM E EM QUE SITUAÇÕES RESPONSABILIZAR?

Feitas tais considerações, imagine-se a seguinte situação hipotética: o indivíduo apresenta os sintomas do coronavírus e realiza o exame para saber se contraiu o vírus. Entretanto, antes de receber o resultado do exame, continua mantendo contato físico com outras pessoas, vindo a infecta-las. Há responsabilidade? Parece que sim. O caso, sendo de típica modalidade de responsabilização subjetiva, revela, no mínimo, culpa por parte daquele, o qual claramente desrespeitou a integridade física dos demais quando já estava inserido num contexto que lhe exigia evidente cautela ou redobrada diligência. Aqui, com efeito, não vingaria eventual defesa no sentido de que não estaria passível de ingressar pelo menos em quarentena, nos termos da Lei n°. 13.979, de 06 de fevereiro de 2020, que dispôs sobre a Covid-19 e suas medidas de enfrentamento.[21]

No caso de o indivíduo já saber que estava infectado, por óbvio, a solução não apenas será a mesma como fica até mesmo autorizada a conclusão de que agiu com dolo. Nesse caso, nitidamente mais grave, ele deveria estar já em isolamento[22], pelo que é de se considerar, inclusive, que existiria dolo eventual, ou seja, a pessoa tem consciência de que está ou pode estar contaminada, mas, mesmo assim, assume o risco e descumpre a determinação do poder público.

A pressuposição ora realizada, na verdade, conta com base legal específica, já que a mesma Lei n°. 13.979/20, em seu artigo 3°, §4°, estabeleceu que o descumprimento do isolamento ou da quarentena acarretará a responsabilização dos infratores. Aparentemente, a regra parece tratar de uma punição administrativa, a qual estaria sujeita às medidas próprias do Direito Público, como multas, ou mesmo o uso da força. Nada

---

21. A Lei conceitua, em seu art. 1°, II, a quarentena como sendo a "restrição de atividades ou separação de pessoas suspeitas de contaminação das pessoas que não estejam doentes, ou de bagagens, contêineres, animais, meios de transporte ou mercadorias suspeitos de contaminação, de maneira a evitar a possível contaminação ou a propagação do coronavírus."
22. O qual veio a ser, igualmente, definido pela Lei n°. 13.979: "isolamento: separação de pessoas doentes ou contaminadas, ou de bagagens, meios de transporte, mercadorias ou encomendas postais afetadas, de outros, de maneira a evitar a contaminação ou a propagação do coronavírus;" (art. 1°, I).

obstante, é perfeitamente possível realizar a leitura do mencionado dispositivo para fins de responsabilidade civil de forma que, como nos exemplos mencionados, possam também ser civilmente acionados para reparar os danos extrapatrimoniais gerados por terem comprometido a saúde de outras pessoas, infectando terceiros pelo menos por imprudência, ou negligência.

Naturalmente, quando se fala de culpa, vem a se considerar que esse é o fator base de imputação da responsabilidade civil para os indivíduos em geral (arts. 186 e 927 do Código Civil). Ele não exclui, por óbvio, a imputação objetiva, quando esse foi o critério de regência eleito pelo legislador. Desse modo, se a situação envolve atividade empresarial (art. 931 do Código Civil), relativas ao mercado de consumo (art. 12, 14 e 18 do Código de Defesa do Consumidor, entre outros), bem como atividades de risco em geral (art. 927, parágrafo único, do Código Civil), a responsabilização pelo contágio independerá de culpa. Nesses casos, entretanto, será fundamental perquirir do nexo causal para que exista a efetiva responsabilização, estudo que se fará mais adiante. Assim, por exemplo, um comércio que não atende a recomendação de fechamento, mantendo seu funcionamento regular. O funcionário ou até mesmo terceiros na condição de *bystander* que vier a ser infectado, sim, poderia responsabilizar o estabelecimento por violação a sua saúde. Aqui, inclusive, não seria nem o caso de invocar, como já se pode perceber, culpa do dono do estabelecimento porquanto a matéria seria regida pela teoria do risco (responsabilidade objetiva).

E quanto à configuração da culpa numa situação de excepcionalidade como a presente? Que critérios ou parâmetros utilizar para inferi-la? Certo é que, dependendo da situação, ela não pode ser feita tomando por base o padrão existente. A emergência global e o agressivo nível de propagação do vírus exigem que se altere a própria noção de *dever de diligência*, afinal, também como se diz lá pelos países anglo-saxões: "*desperate times calls for desperate measures*"! Ou seja, a culpa há de ser inferida no contexto do momento que se vive, levando-se em conta o grau de prevenção que já era exigido conforme o caso concreto.

Isso quer dizer que não existe uma única resposta, pois, como é natural acontecer em nossa contemporaneidade, multifalhas são as situações, as quais, por óbvio, irão exigir níveis diferentes de contensão jurídica. Por exemplo, se se trata de profissional de saúde, ou mesmo de um agente público, que seja instado a tomar uma decisão em um cenário de incerteza, não se pode exigir a diligência tradicional, pois é inevitável que o *standard* de prudência que se espera em uma situação padrão não subsista diante dos riscos inerentes ao ter que agir em um cenário de indefinição. Imagine-se a delicada situação pela qual passam os profissionais de saúde e outros técnicos da área econômica que precisam tomar decisões, mas que em um futuro também não tão distante, sejam confrontados com evidências no sentido de que tais técnicas acarretaram danos à saúde, ou financeiros àqueles para os quais foram administrados quando, ao momento em que foram praticados, as evidências técnicas apontavam para sua correção.

A tal propósito, inclusive, Nelson Rosenvald publicou relevante artigo defendendo que os profissionais médicos somente fossem responsabilizados a título de culpa grave ou dolo, porquanto praticar medicina em situações de crise, como é o caso da Covid-19, não é o mesmo que praticar em condições de normalidade. Desse modo, não necessariamente um paciente terá uma reclamação válida em um contexto de excepcionalidade. Inclusive, o alentado civilista dá como exemplo o caso contra um médico que diagnostica mal um paciente por causa de um falso teste covid-19, o profissional seria bem amparado pela isenção de responsabilidade[23].

Ainda nesse contexto, foi editada a Medida Provisória nº 966, de 13 de maio de 2020, a qual dispôs sobre a responsabilização de agentes públicos por ação e omissão em atos relacionados com a pandemia da Covid-19. O seu âmbito de incidência material eram as hipóteses descritas no art. 1º, que reproduzimos adiante: "Os agentes públicos somente poderão ser responsabilizados nas esferas civil e administrativa se agirem ou se omitirem com dolo ou erro grosseiro pela prática de atos relacionados, direta ou indiretamente, com as medidas de: I – enfrentamento da emergência de saúde pública decorrente da pandemia da Covid-19; e II – combate aos efeitos econômicos e sociais decorrentes da pandemia da Covid-19".

Assim, para se pensar em eventual responsabilização, o profissional da saúde deve ter agido, pelo menos, com erro grosseiro, sendo o conceito esclarecido pelo Min. Luís Roberto Barroso, em julgamento de ações diretas de inconstitucionalidade contra a mencionada Medida Provisória, como aquelas condutas que violam o direito à vida, à saúde ou ao meio ambiente equilibrado em razão da inobservância de normas e critérios técnicos e científicos. Desse modo, persiste a ideia de que deveriam ser observadas evidências científicas e padrões técnicos sobre a matéria, além dos princípios da precaução e da prevenção, que recomendam a autocontenção no caso de dúvida sobre a eficácia de alguma medida[24].

Ou seja, ao que parece, a pandemia terminou por resgatar em alguma medida a ideia de gradação da culpa, a qual já defendemos de longa data[25]. Bem entendido, não é que a atual emergência sanitária tenha repristinado a teoria da tripartição da culpa, mas ela claramente pôs em evidência a necessidade, como visto acima, de entender que o dever de cuidado inerente à responsabilidade subjetiva não é uno, ou único, senão que variável conforme a situação concreta em análise.

Outra indagação é a de saber se a exposição de pessoas ao risco de contaminação pela Covid-19 configuraria, igualmente, danos morais coletivos, ou danos sociais. Engana-se pensar que o tema não tem interesse prático, por exemplo, no Paraná, a 1ª Vara da Fazenda Pública de União da Vitória condenou um homem a reparar danos sociais após descumprir a quarentena e a indenização será destinada ao fundo municipal de saúde. Mesmo ciente da necessidade de adotar tal medida de segurança, inclusive tendo assinado um termo de consentimento livre e esclarecido expedido pelo órgão de saúde do município, o réu fez uma viagem, o que resultou na contaminação de dois colegas seus que desconheciam a suspeita da doença[26].

---

23. Em https://migalhas.uol.com.br/depeso/326088/por-uma-isencao-de-responsabilidade-dos-profissionais-de-saude-por-simples-negligencia-em-tempos-de-pandemia (Acesso feito em 31 out. 2020)
24. ADIs 6421, 6422, 6424, 6425, 6427, 6428 E 6431.
25. CARRÁ, Bruno Leonardo Câmara. A doutrina da tripartição da culpa: uma visão contemporânea. *Revista de Direito Civil Contemporâneo*, v. 13, ano 4, p. 199-229, 2017, *passin*.
26. Trata-se da Ação Civil Pública 0004295-27.2020.8.16.0174. Foi interposto recurso, que se encontra pendente de julgamento,

Válido de registro, igualmente, o fato de ter a sentença deferido indenização com base na ofensa a danos sociais. Trata-se de categoria excogitada pelo professor paulista Antônio Junqueira de Azevedo, que se conceitua como "lesões a sociedade, no seu nível de vida, tanto por rebaixamento de seu patrimônio moral – principalmente a respeito da segurança – quanto por diminuição de sua qualidade de vida"[27].

Há de se destacar que, desde então, muitos doutrinadores empenham-se em diferenciar danos sociais e danos morais coletivos, seja defendendo que nos danos sociais a vítima é a própria sociedade, enquanto nos danos morais coletivos as vítimas são os titulares de direitos e interesses individuais homogêneos, coletivos ou difusos; seja defendendo que os danos sociais podem repercutir na esfera patrimonial da sociedade, enquanto que os danos morais coletivos repercutem na esfera extrapatrimonial[28].

Não se pode olvidar a importância de tais estudos, no entanto, o que parecer haver é uma verdadeira confluência entre danos morais coletivos e danos sociais, principalmente ao considerar devida a reparação por danos morais coletivos diante de práticas que repercutem negativamente em toda a sociedade.

No âmbito jurisprudencial, embora o Superior Tribunal de Justiça até tenha reconhecido tal categoria de dano quando julgou a reclamação 12.062/GO (Tema 742 do STJ), em que foi Relator o Min. Raul Araújo, não chegou a decotar sua extensão, remanescendo, assim, a dúvida sobre se se trata de forma de dano que se confunde com o dano moral coletivo, ou dele divirja. Assim, a questão que se coloca, em definitivo, é a de evitar, tal qual ao quórum nos casos de *contabilidade criativa*, que se criem danos artificiais e, assim, na prática ocorram formas de responsabilização sem dano. O contexto da pandemia, em tais situações, calha como mão à luva na reflexão que ora se faz. Com efeito, se poderia ser certo que a atitude imprudente do réu acima mencionado foi *móvel* eficiente para a contaminação deles, condená-lo por uma exposição, em princípio, aleatória de toda a sociedade a um perigo de contaminação, pode parecer igualmente exagerado.

No pertinente, a situação fica ainda mais complexa no cenário nacional diante de não se saber nem mesmo se, para além das lesões concretamente infligidas a terceiros, existiria uma forma ou várias formas de danos à sociedade? Vale dizer, o caso é de dano social? De dano moral coletivo? De ambos?

Para nós, que em princípio colocamos até mesmo em questionamento a existência ontológica de um dano coletivo, ou social, discussão que, pelos limites do presente trabalho não pode ser travada aqui, pelo menos uma conclusão é certa: danos sociais e danos morais coletivos, malgrado uma eventual explicitação conceitual de que os primeiros corresponderiam a danos patrimoniais e os segundos a danos extrapatrimoniais, não podem justificar jamais um *bis in idem* indenizatório, ou seja, reparações fundadas em meras infrações normativas sem a existência de qualquer lesão concreta a direito de pessoa ou entidade coletiva.

---

27. AZEVEDO, Antônio Junqueira de. Por uma nova categoria de dano na responsabilidade civil: o dano social. *Revista Trimestral de Direito Civil*, Rio de Janeiro, ano 5, n. 19, p. 211-218, 2004. p. 216.
28. TARTUCE, Flávio. Reflexões sobre o dano social. *Evocati Revista*, n. 47, 2009.

Por fim, uma questão que provavelmente suscitará interessante debate é a de saber, no contexto da retomada das atividades, se haverá responsabilidade de empresas por contaminação da Covid-19, considerando a regra existente no Código Civil que trata da responsabilidade por atos de terceiros. A hipótese que talvez provoque maior interesse prático se relaciona com o retorno das atividades escolares mercê da regra constante no art. 932, IV, do Código Civil. Seriam os estabelecimentos de ensino responsáveis pela infecção de seus alunos? Mais ainda, poderia o próprio Estado ser solidariamente responsável numa situação assim? A situação pareceria quase uma ficção, se a realidade que vivenciamos já não fosse para além da imaginação. Trata-se, portanto, de caso perfeitamente possível de chegar aos Tribunais: suponha-se o caso de uma família que consentiu no regresso de seu filho para o ambiente escolar presencial e lá a criança, ou adolescente, restou contaminado. É possível cobrar os danos decorrentes de tal episódio da escola, ou mesmo do Poder Público que autorizou a retomada?

Essa questão também já frequentou o Poder Judiciário nacional. Com efeito, o caso do município Natal/RN, o qual, por meio do decreto 12.054/20[29], autorizou o retorno gradual das aulas presenciais na rede de ensino privada daquela localidade. O ponto de destaque, todavia, é que a norma trazia uma disposição peculiar: as escolas e o poder público não poderiam ser civilmente responsabilizados em razão de infecção pela Covid-19, sob o fundamento de que os pais ou responsáveis deveriam preencher termo autorizando o retorno dos menores às aulas, no qual também isentavam esses entes de qualquer dever de reparação.

Diante desse quadro, um cidadão daquela municipalidade desafiou ação popular, alegando ofensa à Constituição Federal e ao Código de Defesa do Consumidor. Ao se deparar com o caso, a 3º Vara da Fazenda Pública de Natal deferiu tutela de urgência, determinando a suspensão dos efeitos jurídicos do termo de não responsabilização em favor das escolas e do Poder Público sob o fundamento de que "a exigência da declaração contida no Decreto Municipal nº 12.054 ratifica o desequilíbrio contratual e a abusividade em todos os contratos de serviços educacionais [...] e tumultua a compreensão dos pais e demais responsáveis quanto às obrigações que devem ser atribuídas, a princípio, às escolas privadas e/ou ao Município de Natal, causando embaraço ao acesso à justiça"[30].

Nada obstante haver a decisão em estudo valendo-se de argumentos jurídicos de natureza constitucional e da legislação de proteção ao consumidor, o caso poderia ser resolvido, consideramos, de forma bem mais direta, vale dizer com a invocação da inexistência de nexo causal. Aliás, tal dedução não passou despercebida pelo magistrado, o qual consignou identicamente que "no mundo fenomênico, afigurar-se-ia dificultosa a demonstração do nexo de causalidade em eventual transmissão ou contaminação em massa de alunos e professores, para fins de responsabilização das escolas ou da municipalidade".

É que, realmente, o grande problema a ser enfrentando por juízes e tribunais em eventuais ações de responsabilidade civil com base na contaminação pela Covid-19, estará associado ao nexo causal (fático) dada a natural dificuldade de se comprovar um episódio de contaminação, tema que será adiante explorado.

---

29. Em https://www.migalhas.com.br/arquivos/2020/9/06CF28C2D34AA7_decreto.pdf (acesso feito em 18 set. 2020).
30. Ação Popular nº 0844242-16.2020.8.20.5001 perante a 3ª Vara da Fazenda Pública da Comarca de Natal.

Com efeito, embora até possa se estabelecer um vínculo jurídico que atribua por força da responsabilidade por garantia, como se impõe a certos entes tanto públicos como privados, que eles se encontrariam obrigados ao dever de reparar, não se pode transformar uma eventual responsabilidade concreta por contaminação pela Covid-19 em uma ilimitada responsabilidade integral por tudo que venha a acontecer. Assim, conquanto o tal decreto, claro, retrate frontal violação ao art. 37, §6°, da Constituição Federal, bem como a vários dispositivos do CDC, torna-se impossível pensar numa responsabilidade, a esse título, tanto do Poder Público como dos estabelecimentos de ensino pelo distanciamento da relação de causalidade..

5. O PROBLEMA DO NEXO CAUSAL

É lição elementar quando se vem a estudar responsabilidade civil definir os requisitos que necessitam ser preenchidos para que se possa implementar o direito de indenizar. Em um passado não muito distante, se costumava dizer que eles seriam: o dano, a ação ou omissão voluntária, o nexo de causalidade, e a culpa em sentido amplo.[31] Hoje já não é mais assim! A depender do autor, ou sua tendência, a culpa pode ser retirada como elemento da responsabilidade civil, com o que concordamos. Para outros, até mesmo o dano pode já não mais ser um requisito, com o que discordamos. Contudo, em todos eles aparece o nexo causal. Muitas vezes, é certo, de forma flexibilizada, como inclusive se mencionará adiante, porém dele não há como esquivar-se.

O que deve ser especialmente considerado é que a responsabilidade civil não pode ser usada como instrumento indiscriminado para que qualquer forma de infortúnio sofrido ao longo da vida pelo cidadão, atribuindo-lhe a característica de mero *deep pocket*[32]. Não se trata, realmente, de um garantidor universal, em que basta mencionar o sinistro para se obter a respectiva cobertura. Por isso, não se pode prescindir da demonstração do nexo causal, o que, portanto, continua valendo quando se fala de Covid-19, como não poderia ser diferente. A questão, contudo, vem a ser a efetiva viabilidade prática de se o fazer em juízo sem que isso se converta em verdadeira *probatio diabolica*. Ao fim e ao cabo, a pergunta consiste em saber: como demonstrar que *fulano* foi quem efetivamente me contaminou e, portanto, deve indenizar-me por isso?

É que as novas formas de dano trazem consigo o que se denomina doutrinariamente de acidentes anônimos[33], quando, em termos práticos, é impossível ter-se uma certeza absoluta de onde proveio a atuação agressora que efetivamente gerou o comprometimento da integridade sanitária da vítima. Outras vezes, como é muito comum ocorrer no Direito Ambiental, se disfarçam sob a uma causalidade múltipla, impedindo que o juiz possa afirma-la com o nível de segurança fenomênico que tradicionalmente se requer. Esse é, no que pertine ao nexo de causalidade, o que representa a maior parte do

---
31. CAVALIERI FILHO, Sérgio. *Programa de responsabilidade civil*. 8. ed. São Paulo: Atlas, 2009, p. 65-66.
32. ROSENVALD, Nelson. Responsabilidade civil: compensar, punir e restituir. *Revista IBERC*, Minas Gerais, v. 2, n. 2, p. 01-09, abr.-jun./2019. pp. 2-3.
33. Sobre a expressão, cf: GODOY, Claudio Luiz Bueno de. *Responsabilidade civil pelo risco da atividade*. São Paulo: Saraiva, 2009. p. 15-16.

problema, a ser maiormente enfrentada em eventuais demandas de responsabilidade civil envolvendo o coronavírus.

A solução para se enfrentá-la, quer se goste ou não, parece ser apenas uma: a utilização, com as moderações devidas, claro, da doutrina judicial também de origem anglo-saxã que se denomina *more likely than not* ou *preponderance* of the evidence *standard*. Bastante utilizada em episódios de concausalidade ou de causalidade remota próprios de demandas ambientais (*environmental torts*), lesivas à saúde humana (*toxic torts*), ou ainda em questões de consumo (*consumers*). Ela é encarada como uma *simples necessidade* diante de situações onde não é possível estabelecer aquele grau de certeza probatória que iterativamente se está acostumado a esperar em demandas ordinárias.[34]

Sua utilidade fundamental é a de demonstrar que o conceito de *causalidade adequada* não é uníssono senão que diverso nos âmbitos penal e civil. Na prática, o que ela deseja é evitar a ausência de condenação no mundo civil a partir da noção criminal de dúvida razoável. Assim, diante da diversidade axiológica entre a ilicitude penal e a civil, a Superior instância italiana entende que o juiz civil, por meio de uma inferência ampla da realidade, possa presumir pela responsabilidade do réu ainda que diante de eventuais dúvidas não integralmente dirimidas. Como explica Alessandro Palmieri, em relação ao o *più probabile che non*, ou seja, a versão italiana da teoria, é uma forma de utilização de cenários estatísticos – ou simplesmente intuitivos – para permitir uma condenação civil diante de uma estimativa aceitável conforme a ordem natural das coisas.[35]

O raciocínio leva em conta que o Direito pressupõe uma natural graduação relativamente ao nível de (in)certeza que se considera tolerável para que determinado fato possa ser considerado como provado. Desse modo, a análise da prova, vale dizer, o enquadramento dos fatos para fins condenatórios encontra-se muito mais associada aos padrões normativos que dão conformidade a determinado setor jurídico que, propriamente, a um logicismo fenomenológico.[36] Não sem motivo, os autores italianos, trabalham de longa data a distinção entre *causalidade factual* e *causalidade jurídica*, pela qual já se permitia compreender que, em última análise, a qualificação valorativa da prova repousará no permissivo normativo que lhe constitui.[37]

---

34. Sobre o assunto, cf: GOLD, Steve. Causation in toxic torts: burdens of proof, standards of persuasion, and statistical evidence. *Yale Law Journal*, v. 96, 376-402, 1986. p. 379. Disponível em https://digitalcommons.law.yale.edu/cgi/viewcontent.cgi?article=7049&context=ylj (acesso feito em 08/04/2020).
35. PALMIERI, Alessandro. Corruzione del giudice, sentenza sfavorevole e indebolimento della posizione negoziale: dalla perdita di chance alla logica del "più probabile che non". In *Danno e Responsabilità*. v. 11. Ano 2011. pp. 1061-1062. Disponível em: www.diciommoandpartners.com/wp-content/uploads/2015/06/CIR-Fininvest.-Commento-Di-Ciommo-2011.pdf (acesso feito em 08/04/20). p. 1066.
36. PERA, Flavio Samuele. In: VIOLA, Luigi (Coord.). *La Responsabilità Civile ed il Danno*. Halley: Matelica, 2007. pp. 391-396.
37. Sobre causalidade de fato e causalidade jurídica cf.: SELLA, Mauro. *La Responsabilità Civile nei Nuovi Orientamenti Giurisprudenziali*. Milano, Giuffrè, 2007. pp. 63-66. Bem entendido, não se está afirmando que foi a distinção entra causalidade fática e jurídica que levou à doutrina da preponderância da evidência, pois são coisas absolutamente distintas. Apenas se coloca em perspectiva que há duas nítidas formas causalidade, uma fenomênica e outra jurídica e que é esta e não aquela que fornece o critério final para a definição de um fato como passível de ser indenizado. Portanto, para que se conclua que determinado prejuízo pode ser associado a determinada conduta, ainda que omissiva, não significa dizer que deva ser comprovado dentro de bases de demonstração próprias das ciências ditas exatas. É o Direito, por seus critérios de imputação, e não as demais ciências que o circundam que irá dizer

Persiste a pergunta: como provar que alguém contraiu o vírus por outra pessoa senão através do uso do critério da preponderância da evidência? No caso acima colacionado do casal Weissberger, por exemplo, suponhamos que ambos tivessem contraído o vírus (note-se que o argumento jurídico era outro: eles foram obrigados a entrar numa quarentena forçada por conta da negligência da transportadora, mas não se diz que foram infectados). Já havia dois infectados por coronavírus no navio, possivelmente até mais, ponto este até relativamente fácil de comprovar. Contudo, e daí? A alegação por si somente não autoriza conclusão válida quanto ao nexo causal: ambos ou um dos cônjuges já poderia perfeitamente estar infectados. Como saber? Dificilmente haverá como se ter uma demonstração escorreita, ou com acentuado nível de certeza, de que a infecção veio a ser contraída em determinado lugar e tendo determinada pessoa como agente transmissor.

Ainda assim, a depender das condições contextuais trazidas pela vítima, será possível a condenação dada a ideia de preponderância da evidência sempre e quando for realmente possível dizer, sempre dentro de limites razoáveis (afinal, "*Est modus in rebus, sunt certi denique fines*") que há muito mais (frisamos *o muito mais*!) chances de o evento lesivo ter ocorrido nos moldes alegados pela parte. Considere-se mais uma situação hipotética: alguém é constrangido a trabalhar quando já existe determinação de *lockdown* porque o empregador não quer diminuir seus lucros. Na empresa havia circulado funcionário que tinha contraído o vírus previamente. Por fim, vários outros funcionários que interagiram com aquele também ficaram doentes. Não seria o caso de condenar a empresa? Mesmo diante da inexistência de uma certeza completa, aparenta ser de alguma forma manifesta a correlação entre uma coisa (contaminação) e a outra (agir da empresa) na circunstância apresentada.

Claro, como mencionado, será o balanço das evidências concretas que determinará o que pode ser considerado mais provável ou não tão provável assim. Naturalmente quanto mais delas melhor, *v.g.*, no caso acima, um dos funcionários posteriormente infectados demonstra residir sozinho, não tendo tido contato com mais ninguém nesse período de contaminação. Seja como for, será a tal causalidade disfarçada o principal obstáculo a vencer nessas lides. Só a sensibilidade elevada de magistrados e a atuação hábil dos advogados irá permitir que dentro de um quadro tão complexo e circundado por tantas incertezas possa haver um juízo minimamente técnico capaz de conjugar uma adequada proteção a vítimas e a aplicação segura do Direito.[38] No pertinente, uma importante

---

o que é adequado casualmente ou não o seja, podendo contentar-se com uma prova que a Medicina, a Biologia, a Física ou qualquer outra ciência ainda não reconheça como plenamente válida.

38. Acreditamos que a doutrina da preponderância da evidência não se confunde com o que atualmente se vem denominando de responsabilidade presumida ou de nexo causal probabilístico. A ideia de um *mais provável que não* na realidade, como mencionado na anterior nota de rodapé, confirma a ideia de que existe uma causalidade jurídica a servir como critério definitivo de imputação. Mais ainda, sua verificação não é feita de maneira dissociada dos fatos da lide, senão que com base neles. Em definitivo, ela visa, sim, uma *relativização* do conteúdo daquilo que concretamente se possa ter como judicialmente comprovado ao defender diferentes graus de certeza em conformidade com o tipo de demanda de que se cuide. Porém, pensamos, não, ela não visa a desconstituição de uma causalidade adequada, antes a reafirma ao defender a existência de um tal conteúdo variável. Para um exame crítico das atuais tendências em matéria de flexibilização do nexo de causalidade, cf.: RODRIGUES JUNIOR, Otavio Luiz. Nexo Causal Probabilístico: elementos para a crítica de um Conceito. *Revista de Direito Civil Contemporâneo-RDCC (Journal of Contemporary Private Law)*, v. 8, p. 115-137, 2017.

ferramenta interpretativa veio à colação, mais recentemente, pelo Supremo Tribunal Federal, que, em 08 de setembro de 2020, julgou o RE 608.880/MT, o qual versava sobre a "responsabilidade civil objetiva, ou não, do Estado, pelos danos decorrentes de crime praticado por preso foragido, em face da omissão no dever de vigilância dos detentos sob sua custodiado" (Tema 362). Embora sendo a temática algo distinta da presente suas conclusões podem ser perfeitamente aplicáveis às reflexões que ora fizemos.

Realmente, a Suprema Corte nessa assentada entendeu, e isso é o que é de relevância também para nós, que só existe responsabilidade civil em decorrência dos efeitos diretos e imediatos derivados da conduta. Logo, "não há causalidade direta para fins de atribuição de responsabilidade civil extracontratual do Poder Público, não se apresentam os requisitos necessários para a imputação da responsabilidade objetiva prevista na Constituição Federal - em especial, como já citado, por ausência do nexo causal"[39]. Portanto, qualquer que seja o caso, é preciso verificar se existe tal correspondência. Por exemplo, não é simplesmente porque o Estado autorizou a retomada das atividades econômicas, que se pode imputá-lo de responsabilidade. Isso seria o mesmo que imputar ao primeiro dos humanos toda a responsabilidade pelas atuais adversidades. Do mesmo modo, a simples exposição a risco de contaminação, sem uma evidência maior, de sua existência efetiva, não poderá também ensejar responsabilidade.

6. CONCLUSÕES

Não se erra ao afirmar que a amplitude e agressividade da atual pandemia mudou nosso modo de vida. Não se poderia esperar, portanto, que fosse diferente com o Direito, especialmente quando o ramo jurídico de que se cuida se reinventa com nível diferenciado de velocidade por ser, de longa data, sensível às alterações nos valores e costumes sociais, o que restou demonstrado, ainda mais, com o extenuante e rápido ajuste legislativo para tentar mitigar os efeitos do quadro de excepcionalidade. Na verdade, a mutabilidade da responsabilidade civil frente aos constantes desafios que lhe impõe o cotidiano exige a tomada de uma posição de vanguarda na defesa de eventuais pessoas que tenham contraído o vírus mediante atitudes que se revelem lesivas ao direito fundamental à saúde. Em última análise, foi isso que se procurou demonstrar ao longo do presente contributo, que continua a ser um esboço de certos pensamentos que podem (na verdade, precisam!) ser melhor debatidos e mesmo rebatidos a fim de que sejam sedimentados ou rejeitados.

Nesse contexto, buscou-se decotar metodologicamente o objeto de nossa análise para o exame da viabilidade da reparação civil por danos extrapatrimoniais decorrentes de violação ao direito à saúde por contaminação pelo coronavírus. O ponto de partida de nosso raciocínio é o de que, embora possa ser categorizada como situação de caso fortuito ou de força maior, a pandemia não se constitui como fator para eximir causadores de eventuais danos. Muito pelo contrário, a depender do contexto, é possível enxergar até mesmo a necessidade de se redobrar o dever de diligência, fundada na ideia de prevenção, a fim de impedir ou pelo menos diminuir o alastramento da doença por parte das pessoas e, sobretudo, das empresas.

---

39. RE 608.880 MT, cujo Relator foi o Min. Marco Aurélio

É o que se evidenciou no caso de um indivíduo que foi condenado a reparar danos sociais, pois fez uma viagem mesmo consciente da necessidade de permanecer em quarentena, o que resultou na contaminação de outras pessoas. Dentro desse cenário, é de ser particularmente mencionada as medidas de restrição sanitárias previstas na Lei nº. 13.979/20. De cumprimento obrigatório quando determinado pelas autoridades públicas, elas por si somente parecem fornecer *standards* normativos para orientar juízes e tribunais a definir os padrões que concretamente ensejarão o dever de indenizar face à Covid-19.

Além disso, o exemplo internacional dos *fear cases* indica a importância de se estender a reparação somente àqueles casos dos quais resultarem efetivos danos aos indivíduos, sob pena de a responsabilidade civil assumir uma função a qual não se propõe: a de solucionar crises. Por fim, diante da inevitável dificuldade de se demonstrar o nexo de causalidade, sugeriu-se a utilização, quando as circunstâncias da lide o permitirem do chamado critério da preponderância da evidência, de matriz anglo-saxã, a fim de não se negar às vítimas a devida e justa reparação.

7. REFERÊNCIAS

AZEVEDO, Antônio Junqueira de. Por uma nova categoria de dano na responsabilidade civil: o dano social. *Revista Trimestral de Direito Civil*, Rio de Janeiro, ano 5, n. 19, p. 211-218, 2004.

BEVILÁQUA, Clóvis. *Código dos Estados Unidos do Brasil comentado.* 10. ed. atual. por Achilles Beviláqua e Isaías Beviláqua. Rio de Janeiro: Francisco Alves, 1955. v. IV.

BECK, Ulrich. *Sociedade de risco:* rumo a uma outra modernidade. (Tradução de Sebastião Nascimento). São Paulo: 34 ed. 2020.

CARRÁ, Bruno Leonardo Câmara. A doutrina da tripartição da culpa: uma visão contemporânea. *Revista de Direito Civil Contemporâneo*, v. 13, ano 4, p. 199-229, 2017,

CASTRONOVO, Carlo. *La nuova responsabilità civile.* 3. ed. Milano: Giuffrè, 2006, p. 739.

CAVALIERI FILHO, Sérgio. *Programa de responsabilidade civil.* 8. ed. São Paulo: Atlas, 2009.

DIAS, José de Aguiar. *Cláusula de não indenizar:* a chamada cláusula de irresponsabilidade. 4 ed. Rio de Janeiro: Forense, 1980;

GHERSI, Carlos Alberto. *Teoría General de la Reparación de Daños.* Buenos Aires: Astrea, 1997.

HACHEM, Daniel Wunder. Responsabilidade civil do Estado por omissão: uma proposta de releitura da teoria da faute du service. In: MARQUES NETO, Floriano de Azevedo; ALMEIDA, Fernando Dias Menezes de; NOHARA, Irene Patrícia; MARRARA, Thiago (Org.). *Direito e Administração Pública*: estudos em homenagem a Maria Sylvia Zanella Di Pietro. São Paulo: Atlas, 2013.

GODOY, Claudio Luiz Bueno de. *Responsabilidade civil pelo risco da atividade.* São Paulo: Saraiva, 2009.

GOLD, Steve. Causation in toxic torts: burdens of proof, standards of persuasion, and statistical evidence. *Yale Law Journal*, v. 96, 376-402, 1986. p. 379. Disponível em https://digitalcommons.law.yale.edu/cgi/viewcontent.cgi?article=7049&context=ylj. Acesso feito em: 08 abr. 2020.

KOTEICH, Milagros. El daño extrapatrimonial, las categorias y su resarcimiento: Italia y Colombia, vicisitudes de dos experiencias. *Revista de Derecho Privado*, v. 10, p. 161-194, 2006.

MORAES, Maria Celina Bodin de. Danos à pessoa humana: uma leitura civil-constitucional dos danos-morais. Rio de Janeiro: Renovar, 2009.

NEWCOMB, Mark E. Soothsayers, sailors, and superstorm Sandy: lessons from an act of god. *Loyola Maritime Law Journal*, v. 17, n. 01, p. 01-32, 2018.

ORGANIZAÇÃO MUNDIAL DA SAÚDE. *Constituição da Organização Mundial da Saúde*. Nova York, 1946. Disponível em: http://www.direitoshumanos.usp.br/index.php/OMS-Organiza%C3%A7%-C3%A3o-Mundial-da-Sa%C3%BAde/constituicao-da-organizacao-mundial-da-saude-omswho.html. Acesso feito em: 08 abr. 2020.

PALMIERI, Alessandro. Corruzione del giudice, sentenza sfavorevole e indebolimento della posizione negoziale: dalla perdita di chance alla logica del "più probabile che non". *In Danno e Responsabilità*. v. 11. Ano 2011. pp. 1061-1062. Disponível em: www.diciommoandpartners.com/wp-content/uploads/2015/06/CIR-Fininvest.-Commento-Di-Ciommo-2011.pdf. Acesso em: 08 abr. 2020.

PERA, Flavio Samuele. In: VIOLA, Luigi (Coord.). *La Responsabilità Civile ed il Danno*. Halley: Matelica, 2007.

PEREIRA, Caio Mário da Silva. *Instituições de direito civil*: teoria geral das obrigações. 21. ed. Rio de Janeiro: Forense, 2006.

RODRIGUES JUNIOR, Otavio Luiz. Nexo Causal Probabilístico: elementos para a crítica de um Conceito. *Revista de Direito Civil Contemporâneo-RDCC (Journal of Contemporary Private Law)*, v. 8, p. 115-137, 2017.

ROSENVALD, Nelson. Responsabilidade civil: compensar, punir e restituir. *Revista IBERC*, Minas Gerais, v.2, n.2, p. 01-09, abr.-jun./2019.

SELLA, Mauro. *La Responsabilità Civile nei Nuovi Orientamenti Giurisprudenziali*. Milano, Giuffrè, 2007.

SOUZA, Carlos Eduardo Silva e; PESSOA, Conrado Falcon. Os danos catastróficos e a responsabilidade civil do Estado. *Revista Jurídica Direito & Paz*, São Paulo, n. 36, p. 255-270, 1º Semestre, 2017.

SUNSTEIN, Cass R. Beyond the precautionary principle. *University of Pennsylvania Law Review*, v. 151, p. 1003-1058, 2003.

SUNSTEIN, Cass R. *Laws of fear*: beyond the precautionary principle. Cambridge: Cambridge Press, 2005,

TARTUCE, Flávio. Reflexões sobre o dano social. *Evocati Revista*, n. 47, 2009.

VILLA, Clifford J. Is the "act of god" dead? *Washington Journal of Environmental Law and Policy*, v.7, n.2, p. 320-339, july 2017.

ENFRENTAMENTO À COVID-19, LEI DE ACESSO À INFORMAÇÃO E A RESPONSABILIDADE CIVIL DE QUEM DESCUMPRE A LAI: REFLEXÃO A PARTIR DA DECISÃO QUE PROVEU A LIMINAR NA MCADI N.º 6.351

Pablo Malheiros da Cunha Frota

Pós-Doutorando em Direito na Universidade de Brasília (2019). Doutor em Direito das Relações Sociais pela Universidade Federal do Paraná (2013). Mestre em Função Social do Direito pela Faculdade Autônoma de Direito de São Paulo (2008). Especialista em Direito Civil pela Unisul (2006). Especialista em Filosofia do Direito pela Pontifícia Universidade Católica de Minas Gerais (2013). Graduado em Direito na Universidade Católica de Brasília (2004). Graduando em Filosofia na Universidade Católica de Brasília (2018). Membro do IBDCONT e do IBERC. Advogado. Assessor na Diretoria da Companhia Imobiliária de Brasília – Terracap. CV Lattes: http://lattes.cnpq.br/0988099328056133.

André Luis Souza da Silva

Graduado em Arquivologia pela Universidade Federal Fluminense (2008). Arquivista do Núcleo de Educação Permanente em Saúde – NEPS / Secretaria de Saúde e Defesa Civil do município de São Gonçalo – RJ. Consultor em Gestão da Informação e Gerenciamento Eletrônico de Documentos. CV Lattes: http://lattes.cnpq.br/6133685763140720.

Sumário. 1. Introdução – 2. LAI e a responsabilidade civil, penal, administrativa e disciplinar pelo seu descumprimento – 3. O art. 6º-B da Lei 13.979/2020, os fundamentos da decisão do STF na MCADI 6.351 e as críticas ao fundamento da decisão do STF – 4. Conclusão: decisão do STF pode gerar a indevida responsabilização dos agentes estatais – 5. Referências.

1. INTRODUÇÃO

Agradecemos o honroso convite do IBERC, por meio de seu Presidente, o jurista Nelson Rosenvald, para fazer parte de obra relacionada à responsabilidade civil em tempos da Pandemia COVID-19.

Nessa linha, foco deste artigo é trazer uma análise dos efeitos da Pandemia COVID 19 em relação à Lei de Acesso à Informação (Lei n.º 12.527/11 – LAI) e como isso pode afetar a responsabilidade civil, penal, administrativa e disciplinar de quem descumprir a LAI.

Isso porque a Medida Provisória (MP) n.º 928/2020, *"que dispõe sobre as medidas para enfrentamento da emergência de saúde pública de importância internacional decorrente do coronavírus*", foi atacada pela Medida Cautelar na Ação Direta de Inconstitucionalidade (MCADI) n.º 6.351 no âmbito do Supremo Tribunal Federal (STF) manejada pelo Conselho Federal da Ordem dos Advogados do Brasil – CFOAB contra o art. 6º-B da Lei 13.979/2020, posto no art. 1º da MP 928/20.

O Min. Relator Alexandre de Morais concedeu a medida cautelar "na presente ação direta, *ad referendum* do Plenário desta SUPREMA CORTE, com base no art. 21, V, do RISTF, para determinar a SUSPENSÃO DA EFICÁCIA do art. 6º-B da Lei 13.979/2020, incluído pelo art. 1º da Medida Provisória 928/2020." Entender os fundamentos da decisão, analisá-los e relacionar com a responsabilidade de quem descumpre a LAI, arts. 32-34, é o que se fará nos tópicos abaixo.

2. LAI E A RESPONSABILIDADE CIVIL, PENAL, ADMINISTRATIVA E DISCIPLINAR PELO SEU DESCUMPRIMENTO

A LAI foi instituída para determinar "os procedimentos a serem observados pela União, Estados, Distrito Federal e Municípios, com o fim de garantir o acesso a informações previsto no inciso XXXIII do art. 5º, no inciso II do § 3º do art. 37 e no § 2º do art. 216 da Constituição Federal" (art. 1º).

Subordinam-se à LAI, segundo o art. 1º, § único, I e II: "I – os órgãos públicos integrantes da administração direta dos Poderes Executivo, Legislativo, incluindo as Cortes de Contas, e Judiciário e do Ministério Público; II – as autarquias, as fundações públicas, as empresas públicas, as sociedades de economia mista e demais entidades controladas direta ou indiretamente pela União, Estados, Distrito Federal e Municípios".

O art. 3º da LAI destina-se "a assegurar o direito fundamental de acesso à informação e devem ser executados em conformidade com os princípios básicos da administração pública e com as seguintes diretrizes: I – observância da publicidade como preceito geral e do sigilo como exceção; II – divulgação de informações de interesse público, independentemente de solicitações; III – utilização de meios de comunicação viabilizados pela tecnologia da informação; IV – fomento ao desenvolvimento da cultura de transparência na administração pública; V – desenvolvimento do controle social da administração pública".

Além disso, o art. 5º da LAI aponta que é "dever do Estado garantir o direito de acesso à informação, que será franqueada, mediante procedimentos objetivos e ágeis, de forma transparente, clara e em linguagem de fácil compreensão". Desse modo, quem não cumprir a LAI pratica uma conduta ilícita sujeita à responsabilização civil, penal, administrativa e disciplinar, como se extrai dos arts. 32-34 da LAI.

É indiscutível, portanto, a importância da LAI, bem como a severidade de seu descumprimento, mas como compatibilizar a LAI em tempos de Pandemia da COVID 19, haja vista alguns fatos sociais advindos com a citada doença no final de 2019 e início do ano de 2020, marcado tragicamente pelo avanço da COVID 19:

(i) desdobramentos sobre relações sociais, econômicas e, principalmente, da saúde pública e privada mundial;

(ii) o vírus é novo e ainda pairam inúmeras dúvidas sobre seu enfretamento nos mais diversos países do globo terrestre;

(iii) não sem controvérsia, muitos(as) líderes mundiais têm tomado medidas preventivas para a diminuição do contágio e letalidade da COVID-19;

(iv) no Brasil, Governo Federal, Governos Estaduais, Municipais e Distrital divergem quanto as algumas das formas de enfrentamento do problema, inclusive quanto à diminuição de agentes estatais trabalhando simultaneamente no mesmo órgão público, à liberação de profissionais elencados nos grupos de risco da COVID-19 para quarentena determinados pelo Ministério da Saúde; à autorização de teletrabalho para instituições que contam com sistemas informatizados ou regimes equivalentes, entre outras medidas.

Por isso, se torna relevante estudar a decisão do Min. Alexandre de Morais na MCADI n.º 6.351, a fim de saber se o art. 6º-B da Lei n.º 13.979/2020, posto no art. 1º da MP 928/20, viola (ou não) a LAI.

3. O ART. 6º-B DA LEI 13.979/2020, OS FUNDAMENTOS DA DECISÃO DO STF NA MCADI 6.351 E AS CRÍTICAS AO FUNDAMENTO DA DECISÃO DO STF

O art. 6º-B da Lei n.º 13.979/2020, posto no art. 1º da MP 928/20, tem a seguinte redação:

> Art. 6º-B. Serão atendidos prioritariamente os pedidos de acesso à informação, de que trata a Lei nº 12.527, de 2011, relacionados com medidas de enfrentamento da emergência de saúde pública de que trata esta Lei.
>
> § 1º Ficarão suspensos os prazos de resposta a pedidos de acesso à informação nos órgãos ou nas entidades da administração pública cujos servidores estejam sujeitos a regime de quarentena, teletrabalho ou equivalentes e que, necessariamente, dependam de:
>
> I – acesso presencial de agentes públicos encarregados da resposta; ou
>
> II – agente público ou setor prioritariamente envolvido com as medidas de enfrentamento da situação de emergência de que trata esta Lei.
>
> § 2º Os pedidos de acesso à informação pendentes de resposta com fundamento no disposto no § 1º deverão ser reiterados no prazo de dez dias, contado da data em que for encerrado o prazo de reconhecimento de calamidade pública a que se refere o Decreto Legislativo nº 6, de 20 de março de 2020.
>
> § 3º Não serão conhecidos os recursos interpostos contra negativa de resposta a pedido de informação negados com fundamento no disposto no § 1º.
>
> § 4º Durante a vigência desta Lei, o meio legítimo de apresentação de pedido de acesso a informações de que trata o art. 10 da Lei nº 12.527, de 2011, será exclusivamente o sistema disponível na internet.
>
> § 5º Fica suspenso o atendimento presencial a requerentes relativos aos pedidos de acesso à informação de que trata a Lei nº 12.527, de 2011.

Percebe-se que o mencionado artigo procura adaptar a LAI ao momento de calamidade pública, declarado no Decreto Legislativo nº 6, de 20 de março 2020, sendo necessárias algumas medidas emergenciais evitando-se que órgãos diretamente envolvidos no combate à COVID-19, como o Ministério da Saúde, tenham atenção dividida e precisem obstar atividades de urgência em um momento delicado para atendimento de pedidos ordinários.

Não obstante isso, o CFOAB, na MCADI n.º 6.351, apontou:

(i) "violação aos arts. 2º; 5º, XXXIII; 37, § 3º, II; 62, *caput*; e 216, § 2º, da Constituição Federal, sob o argumento de que o dispositivo impugnado estaria eivado de (a) inconstitucionalidade formal, por afrontar a separação dos poderes e por não preencher os requisitos de relevância e urgência necessários para a edição de Medida Provisória; e (b) inconstitucionalidade material, pois limitaria o direito à informação, à transparência e à publicidade".

(ii) "Quanto ao vício formal, aduz que a Lei de Acesso à Informação – LAI (Lei 12.527/2011) já prevê, em seu art. 11, § 1º, II, disposição aplicável a um cenário de crise, o que rechaçaria o atropelamento do processo legislativo e a consequente edição de Medida Provisória sobre a matéria. Sustenta, ainda, carência da exposição de motivos em comprovar os requisitos do art. 62, *caput*, da CF";

(iii) "Materialmente, argumenta que, por (a) suspender os prazos de resposta a pedidos de acesso à informação, (b) violar o devido processo legal ao impedir o conhecimento de recursos interpostos contra esta negativa de resposta, (c) impor ônus excessivo ao cidadão ao exigir a reiteração do pedido quando findo o estado de calamidade pública, e (d) existir meio menos gravoso já previsto em Lei (art. 11, § 1º, II, da LAI), a Medida Provisória cercearia os direitos constitucionais à informação, à transparência e à publicidade".

Ao final, o CFOAB pediu a suspensão dos efeitos do art. 6º-B da Lei n.º 13.979/2020, por estarem ausentes os requisitos para a edição de MP (*fumus boni juris*) e por tal artigo negar de forma generalizada os pedidos de acesso à informação.

Os fundamentos postos pelo Min. Alexandre de Morais para deferir o pedido do CFOAB foram:

a) em sede de cognição sumária, em juízo de probabilidade, a concessão da medida cautelar se fazia presente por "o artigo impugnado pretende TRANSFORMAR A EXCEÇÃO – sigilo de informações – EM REGRA, afastando a plena incidência dos princípios da publicidade e da transparência".

b) a publicidade e a transparência com assento constitucional permitiriam o fornecimento de informações essenciais pelo Estado, "sob pena de responsabilização política, civil e criminal, salvo nas hipóteses constitucionais de sigilo";

c) "A publicidade específica de determinada informação somente poderá ser excepcionada quando o interesse público assim determinar. Portanto, salvo situações excepcionais, a Administração Pública tem o dever de absoluta transparência na condução dos negócios públicos, sob pena de desrespeito aos artigos 37, *caput* e 5º, incisos XXXIII e LXXII, pois como destacado pelo Ministro CELSO DE MELLO, "*o modelo político jurídico, plasmado na nova ordem constitucional, rejeita o poder que oculta e o poder que se oculta*" (Pleno, RHD no 22/DF, Red. p/ Acórdão Min. CELSO DE MELLO, *DJ*, 1-9-95)".

d) "O art. 6º-B da Lei 13.979/2020, incluído pelo art. 1º da Medida Provisória 928/2020, não estabelece situações excepcionais e concretas impeditivas de acesso a informação, pelo contrário, transforma a regra constitucional de publicidade e transparência em exceção, invertendo a finalidade da proteção constitucional ao livre acesso de informações a toda Sociedade".

Não se pode concordar com tal fundamento, haja vista que:

a) o § 1º do citado artigo delimita que a Medida Provisória se aplica a um grupo específico da administração pública, que engloba agentes estatais que tenham sua atividade profissional diretamente atingida por métodos de combate a COVID-19, que estejam em regime diferenciado de trabalho, a dificultar o acesso presencial as ferramentas de trabalho, pois não são todos os órgãos públicos que possuem estrutura para o teletrabalho, assim como nem todos(as) os(as) agentes estatais possuem em suas residências estrutura para o teletrabalho.

b) o § 2º do aludido artigo é específico sobre prazo de respostas aos pedidos de acesso à informação, tendo em vista que o período de calamidade pública impede que muitos serviços funcionem em sua normalidade.

c) o § 3º impede o conhecimento de recurso, caso a resposta tenha sido negada com fundamento no § 1º. A hipótese de conhecimento do recurso, contudo, se faz necessária se a negativa for com base no § 1º do art. 6º-B da Lei n.º 13.979/2020, mas, a rigor, houver a violação do próprio § 1º com tal negativa.

d) o § 4º parece ser o mais importante desta Medida Provisória, uma vez que, justamente para cumprir as medidas de isolamento social para evitar a intensa propagação da COVID 19, limita a apresentação de pedido de acesso à informação alinhavada no art. da LAI ao meio eletrônico. Percebe-se que o citado § 4º, mesmo em tempo de calamidade pública, não impede o atendimento aos pedidos de acesso à informação com base na LAI, apenas delimita o meio pelo qual os pedidos devem ser realizados.

e) o § 5º do mencionado artigo suspende, até segunda ordem, o atendimento presencial, corroborando com as recomendações do Ministério da Saúde e da OMS. Noutros termos, procura auxiliar na expansão da COVID 19, por meio da preservação e da não exposição de agentes estatais e da população idosa, principalmente, ao vírus que ainda não possui tratamento específico e nem forma efetiva de controle.

Em orientação aos órgãos sobre a Medida Provisória 928/2020, publicado em 24/03/2020 por meio de sítio eletrônico governamental https://www.gov.br/cgu/pt-br/assuntos/noticias/2020/03/orientacoes-aos-orgaos-media-provisoria-no-928-2020 a CGU foi didática e explicou alguns pontos importantes da MP. Dentre as orientações destacam-se alguns aspectos como:

> A MP 928/2020 **não suspende o atendimento à Lei de Acesso à Informação – LAI**. Apenas determina duas situações específicas em que os prazos podem ser suspensos.
>
> Poderão ter o prazo suspenso os pedidos cuja resposta dependa necessariamente do acesso físico de agente público à informação ou ao sistema e este estiver impossibilitado de acessá-la em função de medida preventiva como quarentena ou teletrabalho.
>
> **Os órgãos e entidades que adotarem o procedimento de suspensão deverão enviar à CGU o instrumento normativo do órgão que determinou a quarenta ou a adoção do teletrabalho em função da Covid-19.**
>
> Caso a produção da resposta de pedido de acesso a informação exija a participação de agente público ou setor direta e prioritariamente envolvido com as medidas de enfrentamento da situação de emergência, mas comprometa o trabalho desenvolvido para o combate à Covid-19, o pedido poderá também ser suspenso.

Importante destacar que os instrumentos acima **não desobrigam o órgão ou entidade de responder os pedidos de acesso a informação**, apenas suspende o prazo, que voltará a ser contado a partir do fim do estado de calamidade pública.

Os órgãos e entidades devem colocar em transparência ativa todas as informações importantes para o público no combate à disseminação do novo coronavírus

Após o encerramento da suspensão prevista na Medida Provisória, os prazos para os pedidos reiterados voltarão a ser contados com o período restante.

É importante ressaltar que não é ideia do governo a conversão da MP em lei e nem a alteração da LAI. A MP modifica a Lei nº 13.979/2020, que trata das medidas para enfrentamento da emergência de saúde pública de importância internacional decorrente do coronavírus. (grifo nosso)

f) a título de exemplo da magnitude de pedidos baseados na LAI, o que, talvez, justifique o aludido art. 6º-B, é que, de acordo com Relatório de Pedidos de acesso à informação e solicitantes[1], no ano de 2019 foram efetuados 135.339 pedidos ao Governo Federal por intermédio da LAI, bem como 135.309 pedidos foram respondidos, com o percentual de 98,88% de pedidos respondidos via *internet*.

g) § 5º do referido artigo, por conseguinte, cumpre o art. 8º da LAI, inclusive por o § 2º deste, indicar como obrigatória "a divulgação em sítios oficiais da rede mundial de computadores (*internet*)". Além disso, para que o citado § 5º do art. 6º-B esteja adequado à LAI, o sítio da *internet* dos órgãos públicos deve cumprir com o disposto no art. 8º, § 3º, da LAI.

h) contrariamente ao posto na decisão da MCADI n.º 6.351, as exceções postas no aludido art. 6º-B decorrem de um período de calamidade pública que não ocorria no Brasil desde a edição da Lei de Responsabilidade Fiscal, a se amoldar ao julgado do STF (RHD n.º 22) trazido pelo Min. Alexandre de Morais, assim como a sua própria afirmação: "A publicidade específica de determinada informação somente poderá ser excepcionada quando o interesse público assim determinar. Portanto, salvo situações excepcionais, a Administração Pública tem o dever de absoluta transparência na condução dos negócios públicos, sob pena de desrespeito aos artigos 37, *caput* e 5º, incisos XXXIII e LXXII".

Ora, se um estado de calamidade pública nas características anteriormente expostas não se configura como situação excepcional de interesse púbico, o que mais se enquadrará?

Isso porque a população não deixará de ter pedidos atendidos ou terá seu direito ao acesso à informação tolhido, uma vez que a suspenção do atendimento presencial representa 1,22% da demanda de apresentada no último exercício. Outro fato importante é que a LAI confere preferência aos mecanismos de transparência virtuais localizados nos sítios de cada órgão da federação.

i) em nenhum momento o mencionado art. 6º-B viola o art. 11 da LAI, porque não afastou os seus prazos e nem o seu conteúdo, como sustenta o CFOAB, uma vez que as informações prioritárias se referem às medidas de enfrentamento da emergência de saúde, sem que as demais informações relacionadas à LAI sejam impedidas de repasse a quem as solicitou ao órgão estatal. Com as limitações episódicas trazidas

---

1. Disponível em: https://esic.cgu.gov.br/sistema/Relatorios/Anual/DownloadDados.aspx. Acesso em 28.03.2020.

nos parágrafos 1º e 2º do art. 6º-B, as demais informações da LAI serão repassadas à população pela via da *internet*.

Por tudo isso, entende-se incorreta a decisão do Min. Alexandre de Morais na MCADI n.º 6.351.

4. CONCLUSÃO: DECISÃO DO STF PODE GERAR A INDEVIDA RESPONSABILIZAÇÃO DOS AGENTES ESTATAIS

Como posto no item anterior, a decisão do STF, ao nosso ver, indevidamente suspendeu a eficácia do art. 6º-B da Lei 13.979/2020, o que pode acarretar o regime de responsabilização dos(as) agentes estatais que, por conta do estado de calamidade púbica gerado pela Pandemia de COVID-19, não conseguirem cumprir com a LAI e incidirão em comportamento ilícito posto nos arts. 32-34 da mesma lei:

> Art. 32. Constituem condutas ilícitas que ensejam responsabilidade do agente público ou militar:
>
> I – recusar-se a fornecer informação requerida nos termos desta Lei, retardar deliberadamente o seu fornecimento ou fornecê-la intencionalmente de forma incorreta, incompleta ou imprecisa;
>
> II – utilizar indevidamente, bem como subtrair, destruir, inutilizar, desfigurar, alterar ou ocultar, total ou parcialmente, informação que se encontre sob sua guarda ou a que tenha acesso ou conhecimento em razão do exercício das atribuições de cargo, emprego ou função pública;
>
> III – agir com dolo ou má-fé na análise das solicitações de acesso à informação;
>
> IV – divulgar ou permitir a divulgação ou acessar ou permitir acesso indevido à informação sigilosa ou informação pessoal;
>
> V – impor sigilo à informação para obter proveito pessoal ou de terceiro, ou para fins de ocultação de ato ilegal cometido por si ou por outrem;
>
> VI – ocultar da revisão de autoridade superior competente informação sigilosa para beneficiar a si ou a outrem, ou em prejuízo de terceiros; e
>
> VII – destruir ou subtrair, por qualquer meio, documentos concernentes a possíveis violações de direitos humanos por parte de agentes do Estado.
>
> § 1º Atendido o princípio do contraditório, da ampla defesa e do devido processo legal, as condutas descritas no *caput* serão consideradas:
>
> I – para fins dos regulamentos disciplinares das Forças Armadas, transgressões militares médias ou graves, segundo os critérios neles estabelecidos, desde que não tipificadas em lei como crime ou contravenção penal; ou
>
> II – para fins do disposto na Lei nº 8.112, de 11 de dezembro de 1990, e suas alterações, infrações administrativas, que deverão ser apenadas, no mínimo, com suspensão, segundo os critérios nela estabelecidos.
>
> § 2º Pelas condutas descritas no *caput*, poderá o militar ou agente público responder, também, por improbidade administrativa, conforme o disposto nas Leis nºs 1.079, de 10 de abril de 1950, e 8.429, de 2 de junho de 1992.
>
> Art. 33. A pessoa física ou entidade privada que detiver informações em virtude de vínculo de qualquer natureza com o poder público e deixar de observar o disposto nesta Lei estará sujeita às seguintes sanções:
>
> I – advertência;
>
> II – multa;
>
> III – rescisão do vínculo com o poder público;
>
> IV – suspensão temporária de participar em licitação e impedimento de contratar com a administração pública por prazo não superior a 2 (dois) anos; e

V – declaração de inidoneidade para licitar ou contratar com a administração pública, até que seja promovida a reabilitação perante a própria autoridade que aplicou a penalidade.

§ 1º As sanções previstas nos incisos I, III e IV poderão ser aplicadas juntamente com a do inciso II, assegurado o direito de defesa do interessado, no respectivo processo, no prazo de 10 (dez) dias.

§ 2º A reabilitação referida no inciso V será autorizada somente quando o interessado efetivar o ressarcimento ao órgão ou entidade dos prejuízos resultantes e após decorrido o prazo da sanção aplicada com base no inciso IV.

§ 3º A aplicação da sanção prevista no inciso V é de competência exclusiva da autoridade máxima do órgão ou entidade pública, facultada a defesa do interessado, no respectivo processo, no prazo de 10 (dez) dias da abertura de vista.

Art. 34. Os órgãos e entidades públicas respondem diretamente pelos danos causados em decorrência da divulgação não autorizada ou utilização indevida de informações sigilosas ou informações pessoais, cabendo a apuração de responsabilidade funcional nos casos de dolo ou culpa, assegurado o respectivo direito de regresso.

Parágrafo único. O disposto neste artigo aplica-se à pessoa física ou entidade privada que, em virtude de vínculo de qualquer natureza com órgãos ou entidades, tenha acesso a informação sigilosa ou pessoal e a submeta a tratamento indevido.

A rigor, a manutenção de cumprimento da LAI e a severidade do regime de responsabilização alinhavado nos arts. 32-34 da LAI pode gerar informações equivocadas seja pelo acúmulo de serviço e dos prazos que a LAI dispõe em tempos de calamidade pública advinda da Pandemia COVID 19.

Tal fato jurídico transforma a responsabilidade civil neste caso como uma desproteção à liberdade[2] do agente estatal que, em momento excepcional derivado dos efeitos da

---

2. A liberdade é entendida como: "Pode-se pensar a liberdade, inicialmente, a partir de seu conceito de negativo, sua expressão mais elementar, como ausência de coerção. Trata-se a liberdade negativa de conceito clássico, sustentado por muitos como a única e verdadeira expressão da liberdade. Ocorre que a liberdade, especialmente em sua expressão jurídica – ainda que o diálogo com a expressão filosófica seja inevitável, e mesmo, necessário – não se resume à sua expressão negativa. A liberdade não é simplesmente a faculdade de agir dentro daquilo que não é proibido ou imposto, ou seja, em um âmbito de não coerção. A liberdade juridicamente protegida é mais do que isso, sendo possível pensar em, ao menos, mais dois conceitos relevantes, quais sejam, a liberdade positiva e a liberdade substancial. (...) A liberdade positiva é um poder de definição dos rumos da própria vida. É muito mais do que uma simples faculdade de agir. Trata-se de verdadeiro poder de ser senhor de sua própria existência, poder de fazer valer aquilo que se valoriza do ponto de vista racional, mas, inclusive, poder de fazer aquilo que se valoriza do ponto de vista das emoções, dos sentimentos, das pulsões.

Não é tratar apenas de uma perspectiva racionalista ou limitada a um lugar de não coerção, mas, sim, em poder de o indivíduo definir uma normatividade para a sua própria vida. Isso é mais do que, simplesmente, uma faculdade de agir. O direito tradicionalmente protege essa esfera. Um exemplo, no âmbito patrimonial, é a autonomia privada. Ela não é apenas a faculdade de fazer o que não é proibido, mas, é, também, fazer escolhas que vinculam o indivíduo ou, mesmo, outras pessoas (como, por exemplo, as disposições testamentárias). Trata-se de poder jurígeno, ou seja, do poder de criar aquilo que Amaral denomina de norma privada, que opera mediante uma escolha efetuada sob a forma de manifestação volitiva (expressa ou tácita), identificável no tempo, e que projeta sua eficácia cogente para o futuro.

No âmbito patrimonial, é disso que se trata. No âmbito existencial, porém, a liberdade positiva não se exerce apenas por meio de uma escolha realizada em momento pontual que se projeta para o futuro, criando normatividade – ou seja, como autorregulamentação própria da autonomia privada -, mas, sobretudo, trata-se de uma liberdade vivida. Não se restringe a uma escolha que autolimita o sujeito. Ao contrário. É a liberdade de fazer uma escolha hoje, arrepender-se amanhã, e voltar atrás no dia seguinte. A liberdade vivida traz em si um poder de definição dos rumos da própria vida, que se manifesta muito mais na seara da oponibilidade perante terceiros do que, propriamente, de uma autovinculatividade. A liberdade positiva detém, como se vê, a riqueza dessa dupla dimensão, que, inserida no âmbito da autonomia privada, vincula o indivíduo que a exerce e, quando manifestada como liberdade vivida no campo existencial, implica vincular outrem ao respeito às escolhas existenciais realizadas

pandemia COVID 19, deve manter em situação de normalidade o cumprimento da LAI, mesmo em regime de teletrabalho, quando muitas vezes a informação a ser repassada à população depende de acesso aos objetos físicos (ex.: processo administrativo físico) que se encontra em órgão público submetido ao regime de teletrabalho.

Dessa maneira, não cumprir a LAI ou cumpri-la de forma insuficiente nas condições atuais ensejará a responsabilização do agente estatal por tais condutas serão tidas por ilícitas, na forma dos arts. 32-34 da LAI. Este será um dos efeitos da decisão na MACDI n.º 6.351.

5. REFERÊNCIAS

CGU – Disponível em: https://esic.cgu.gov.br/sistema/Relatorios/Anual/DownloadDados.aspx. Acesso em 28.03.2020.

PIANOVSKI RUZYK, Carlos Eduardo. As fronteiras da responsabilidade civil e o princípio da liberdade. *Artigo inédito gentilmente cedido pelo autor.*

---

pelo indivíduo. Ao lado da liberdade negativa e da liberdade positiva – e com esta não se confundindo – vem à tona o conceito de liberdade substancial (ou substantiva). Liberdade substancial não é simplesmente o poder de definir os rumos da própria vida, abstratamente assegurado, mas da possibilidade concreta de se realizar o que se valoriza. Não são conceito sinônimos, porque o poder de definição dos rumos da própria vida pode ser assegurado abstratamente pela norma, sem que o indivíduo jamais tenha efetivo acesso ao exercício desse poder, pela ausência de meios materiais. Formalmente, a norma pode permitir ao indivíduo fazer escolhas, não apenas não proibidas, mas, também, vinculantes, sem que ele, porém, tenha condições materiais para realizar essas mesmas escolhas. O titular da liberdade positiva formal pode não ter condições econômicas, físicas, de saúde, ou, mesmo culturais, que o privam do exercício das escolhas. Com efeito, é menos livre aquele que não tem sequer informações suficientes para compreender que dadas escolhas são valorosas. São, pois, circunstâncias concretas que o impedem de realizar o que valoriza, gerando um déficit de liberdade substancial, ainda que formalmente a norma não proíba a realização de dada escolha (dentro de um espaço de liberdade negativa), e ainda que essa mesma norma chancele essa escolha como oponível a terceiros ou dotada de força normativa para o próprio agente. PIANOVSKI RUZYK, Carlos Eduardo. As fronteiras da responsabilidade civil e o princípio da liberdade. *Artigo inédito gentilmente cedido pelo autor.*

TECNOLOGIAS DE TELEMEDICINA, RESPONSABILIDADE CIVIL E DADOS SENSÍVEIS. O PRINCÍPIO ATIVO DA PROTEÇÃO DE DADOS PESSOAIS DO PACIENTE E OS EFEITOS COLATERAIS DO CORONAVÍRUS

Gabriel Schulman

Doutor em Direito pela Universidade do Estado do Rio de Janeiro (UERJ). Mestre em Direito pela Universidade Federal do Paraná (UFPR). Especialista em Direito da Medicina (Universidade de Coimbra). Professor de Proteção de Dados Pessoais na Escola de Direito e Ciências Sociais da Universidade Positivo. Advogado. gabriel@schulman.com.br

> Ligou-me meu irmão Francisco. A nossa Mãe está em casa dele.
> Levou-a porque notou que ela se não está sentindo bem. Tinha ido vê-la de tarde.
> Deu com ela tentando matar ratos. Ficou assustado. Ligou ao médico. Viajara.
> Falou com o assistente. Suspensão imediata dos medicamentos. Alucinações.
> Fiquei preocupado com a evolução da crise...[1]

Sumário: 1. Diagnóstico: contextualização e sintomas – 2. Posologia: Identificação do marco normativo – 3. Prescrição e Cuidados relevantes: proteção dos dados pessoais do paciente, telemedicina e danos – 4. Pós-operatório: Proteção ativa – 5. Referências.

1. DIAGNÓSTICO: CONTEXTUALIZAÇÃO E SINTOMAS

A telemedicina consiste em um tema novo, permita-se dizer, bastante antigo. Por diferentes maneiras os profissionais da saúde atendem, há muito tempo, pacientes de forma não presencial, inclusive as consultas feitas ao telefone, como a personagem da epígrafe.

Com o avanço da tecnologia, o céu (ou a *cloud*), tornou-se o limite. As *healthtechs*, startups voltadas à inovação em saúde, atuam de modo criativo e disruptivo criando soluções inacreditáveis. Apenas para ilustrar, as *healthtechs* desenvolvem projetos[2] tais como "uma plataforma de inteligência artificial (AI) para diagnósticos de imagens médicas, que pode servir como suporte ao radiologista", um sistema para "aconselhar-se com especialistas em saúde mental remotamente", a aplicação de reconhecimento facial em UTIs para identificar sintomas dos pacientes, o uso de monitoramento da saúde emocional com inteligência artificial, a predição de riscos.

---

1. AGUIAR, Cristovão. *Relação de bordo*. Portugal: Leya, 2013. p. 74.
2. MENCONI, Darlene; PASTORE, Karina. 20 healthtechs que estão redefinindo os contornos da indústria. *Revista Época Negócios*. 12.04.2019. BARBOSA, Suria. 5 startups que estão inovando na área da saúde. *Revista Exame*. 12.05.2018.

Além disso, *wearables* (equipamentos vestíveis), tornaram-se ferramentas comuns e as pessoas circulam com relógios, perdão, com *smartwatches* que monitoram dados como batimento cardíacos, passadas, com imprecisões que comprometem a análise por profissionais da saúde[3]. Dessa maneira, permita-se a simplicidade na escrita, nem tudo que é novo, mais sofisticado e cheio de luzes, representará efetivo benefício ao paciente. Soma-se ainda o enorme potencial de vazamento de dados que são coletados a todo tempo e circulam por novos caminhos construídos sobre bytes.

Nesse universo de inovações na saúde, a expressão telemedicina é gênero que reúne as diferentes práticas de atenção à saúde realizadas de maneira remota, inclusive consultas, diagnósticos, monitoramento de parâmetros de saúde – tais como pressão e temperatura. Pode envolver a oferta pré-assistencial e até mesmo a realização de procedimentos. Nesse sentido, são empregados termos como teleorientação, telecirurgia, telemonitoramento, teletriagem e teleinterconsulta, neste último há troca de informações e opiniões entre médicos, para auxílio diagnóstico.

As novas ferramentas demandam diversas reflexões jurídicas, inclusive acerca do emprego da inteligência artificial, algoritmos, uso de *big data*, segurança da informação, foro aplicável quando a prestação envolver mais de um país, questões sobre a solidariedade na responsabilidade civil por danos – responderá o médico, o hospital, a plataforma? O presente texto, elaborado no contexto das medidas de distanciamento social impostas pela COVID19, propõe-se a oferecer uma reflexão em torno da proteção de dados pessoais na telemedicina. Elege-se como singelo recorte, a identificação do arcabouço normativo e dos deveres aplicáveis à relação médico paciente para prevenção dos danos em relação aos dados pessoais do paciente, sabidamente dados sensíveis.

2. POSOLOGIA: IDENTIFICAÇÃO DO MARCO NORMATIVO

No Brasil, a Telemedicina é regulamentada, de modo específico, pela Resolução CFM nº 1.643/2002. Há também normas para a Telerradiologia (Resolução CFM nº 2.107/2014) e Telepatologia (Resolução CFM nº 2.264/2019). Complementarmente, a Resolução CFM nº 1.821/2007, com suas atualizações, disciplina as normas técnicas concernentes à digitalização e uso dos sistemas informatizados para a guarda e manuseio dos prontuários dos pacientes. A teor da resolução, é admitida a eliminação do papel e a troca de informação identificada em saúde, adotada na Saúde Suplementar.[4]

É preciso advertir que a Resolução CFM nº 1.643/2002 é muito sucinta e não dá conta da complexidade do tema em seus 7 artigos. No ano de 2018, chegou-se a editar a Resolução CFM nº 2.217/2018, que, todavia, foi pouco tempo depois revogada e seguida de consultas sobre mudanças. Em face da timidez legislativa, com a eclosão da COVID19,

---

3. ROSENBLUM, Andrew. Your Doctor Doesn't Want to Hear About Your Fitness-Tracker *Data*. *MIT Technology Review*. 24.11.2015. De acordo com Cheung, "For heart-rate monitoring, most wearable devices use photoplethysmography (PPG) technology, meaning they are inherently less accurate than conventional electrocardiography monitoring techniques (reference standard)". CHEUNG CC, *et al*. The Emerging Role of Wearable Technologies in Detection of Arrhythmia. *Canadian Journal of Cardiology*, v. 34, n. 8, Ago. 2018, p. 1083-1087.
4. No SUS, há também a Portaria nº 2.546/2011 que trata do Programa Telesaúde Brasil, sem avançar no tema da proteção de dados.

por meio do ofício CFM nº 1756/2020[5], enviado ao Ministro da Saúde, de 19.03.2020, o Conselho Federal de Medicina reconheceu a possibilidade e a eticidade da utilização da telemedicina para além dos limites da Resolução CFM nº 1.643, de 26 de agosto de 2002. Poucos dias depois, a Portaria do Ministério da Saúde, ao permitir a prática, voltou a frisar a natureza temporária e, "em caráter de excepcionalidade".[6]

Finalmente, aprovou-se na Câmara Federal (25.03.2020) e no Senado Federal (31.01.2020), o projeto de lei n. 696/2020, convertido na Lei n. 13.989/2020, em vigor desde abril que autorizou o uso da telemedicina em todas as áreas da saúde durante a crise da COVID19.

A redação vigente da Lei nº. 13.989/2020, também chamada de "Lei da Telemedicina" estabelece que, "Competirá ao Conselho Federal de Medicina a regulamentação da telemedicina após o período consignado no art. 2º desta Lei". Este trecho havia sido vetado pela Casa Civil da Presidência da República que considerou que a matéria deveria ser regulada por lei, contudo, o veto restou superado e o dispositivo foi publicado em 20.08.2020. É compreensão a ser objeto de futura análise, em relação a sua constitucionalidade.

A fragilidade da disciplina jurídica desta matéria é reforçada pela excepcionalidade da autorização do exercício da Telemedicina conforme registrou-se no Ofício do CFM[7], na Portaria do Ministério da Saúde e na Lei da Telemedicina. Por ironia do destino, a aprovação foi em uma sessão virtual do Congresso Nacional. Não se pode deixar de observar o contraste entre a excepcionalidade registrada nas medidas autorizativas e a ampla utilização da Telemedicina.

Toda a urgência desse trâmite fez com que, permita-se enfatizar, não tenha havido um detalhamento suficiente de diversas matérias, sobretudo de como implementar na prática a atenção não presencial. É possível diagnosticar uma omissão crônica da legislação a respeito da telemedicina – e de modo geral da telesaúde – de tal modo que faltam parâmetros claros para a atuação, e muitas perguntas importantes ficam sem resposta satisfatória. A seção seguinte procura enfrentar, ou ao menos levantar, algumas destas questões.

No que tange à proteção de dados pessoais, parte da solução consiste em recordar que o marco legislativo é muito mais amplo e denso, e engloba o texto constitucional[8], o Código Civil, o Marco Civil da Internet, a Lei Geral de Proteção de Dados Pessoais[9]. Vale

---

5. CFM. *Ofício 1756/2020*. 19.03.2020.
6. BRASIL. Ministério da Saúde. Portaria n. 467/2020. DOU: 23.03.2020, edição 56-B.
7. A provação foi "*em caráter de excepcionalidade e enquanto durar a batalha de combate ao contágio da covid-19*", com grifos e caixa alta conforme consta no original.
8. Em relevante precedente, o STF consignou: "*informações, relacionadas à identificação – efetiva ou potencial – de pessoa natural, configuram dados pessoais e integram, nessa medida, o âmbito de proteção das cláusulas constitucionais assecuratórias da liberdade individual (art. 5º, caput), da privacidade e do livre desenvolvimento da personalidade (art. 5º, X e XII). Sua manipulação e tratamento, desse modo, hão de observar, sob pena de lesão a esses direitos, os limites delineados pela proteção constitucional. Decorrências dos direitos da personalidade, o respeito à privacidade e a autodeterminação informativa foram positivados, no art. 2º, I e II, da Lei nº 13.709/2018 (Lei Geral de Proteção de Dados Pessoais), como fundamentos específicos da disciplina da proteção de dados pessoais* ". STF MEDIDA CAUTELAR NA AÇÃO DIRETA DE INCONSTITUCIONALIDADE 6.387 DISTRITO FEDERAL. DJe: 28/04/2020.
9. A LGPD inclusive é referida na Resolução CFM nº 2.264/2019.

acrescentar ainda, normas específicas da seara da saúde, tais como a Declaração de Tel Aviv de Telemedicina, o Código de Ética Médica, a Lei Orgânica da Saúde, bem como a chamada "Lei do Prontuário Médico Eletrônico", Lei nº 13.787/2018, que dispõe sobre a digitalização e a utilização de sistemas informatizados para a guarda, o armazenamento e o manuseio de prontuário de paciente.

3. PRESCRIÇÃO E CUIDADOS RELEVANTES: PROTEÇÃO DOS DADOS PESSOAIS DO PACIENTE, TELEMEDICINA E DANOS

Na Telemedicina é possível organizar as situações de danos injustos (ou danos reparáveis) em face do paciente em *falhas de prestação* e *falhas de proteção*. A despeito da imperfeição inerente às classificações, podem ser úteis para facilitar a compreensão do tema.

As *falhas de prestação* envolvem situações tais como equívocos em relação ao diagnóstico, a realização dos procedimentos clínicos, como a falha de lateralidade ou utilização incorreta de certa técnica. Os problemas podem acontecer também na fase pós-operatória, em especial pela falta de adequado acompanhamento do paciente pelo médico.

Não custa lembrar que a atribuição do dever de reparar nas falhas de prestação pelo profissional liberal em sua atividade não decorre do insucesso no procedimento, da morte do paciente, nem da não identificação da doença a tempo. Ao contrário dos episódios do famoso seriado do Dr. House, em que o genial e mal-humorado protagonista, vivido por Hugh Laurie, descobre as mais variadas doenças incomuns e com rapidez incrível, as *falhas de prestação dos médicos* estão atreladas ao conceito normativo de culpa[10].

Significa que apesar do recorrente uso da infeliz expressão "erro médico", o foco deveria recair sobretudo na avaliação objetiva da conduta profissional, com atenção às circunstâncias que lhe faziam presentes (materiais, equipamentos, exames prévios, equipe, urgência do quadro, outros pacientes) e a confrontação com protocolos clínicos e padrões ético esperados. Em outras palavras, é um equívoco afirmar que se o médico não acertou o diagnóstico, ele errou, ao menos para efeitos da reparação civil. Não adianta dias depois, com novos exames chegar à conclusão de que o quadro do paciente é distinto. A reparabilidade do dano dependerá de um complexo exercício de hipoteticamente regressar no tempo para avaliar a conduta esperada (antes de ter assistido ao final do episódio)[11].

As *falhas de proteção* dizem respeito, entre outras situações, à violação aos deveres de sigilo, transparência, informação, com desrespeito à autonomia do paciente, ao direito de consentir e de modo amplo à proteção de dados pessoais.

A possibilidade de configuração de dano reparável não demanda que haja identificação dos dois tipos de falha. Em abstrato, é reparável o dano decorrente da violação dos deveres de sigilo, a falha na obtenção do consentimento. O Superior Tribunal

---

10. SOUZA, Eduardo Nunes de. Do erro à culpa na responsabilidade civil do médico. *Civilistica.com*. Rio de Janeiro, a. 2, n. 2, abr.-jun./2013
11. Confira-se também: CRUZ, Gisela Sampaio da. *O problema do nexo causal na responsabilidade civil*. Rio de Janeiro: Renovar, 2005. FROTA, Pablo Malheiros da Cunha. *Responsabilidade por danos: imputação e nexo de causalidade*. Curitiba: Juruá, 2014.

de Justiça[12] já consagrou a compreensão de que a violação do dever de informação é hipótese autônoma de reparação de danos, ou seja, não depende de uma falha no procedimento.

No direito brasileiro, a validade do consentimento para atos em saúde, independe de forma escrita, contudo, é recomendável por facilitar a documentação da manifestação de vontade, medida útil à tanto do paciente, quanto dos profissionais de saúde[13].

Além disso, como destaca a Lei n. 13.989/2020, que autorizou a Telemedicina, a "prestação de serviço de telemedicina seguirá os padrões normativos e éticos usuais" (art. 5º) e "o médico deverá informar ao paciente todas as limitações inerentes ao uso da telemedicina, tendo em vista a impossibilidade de realização de exame" (art. 4º). Tais preceitos são igualmente extraíveis da Portaria do Ministério da Saúde, que autorizou durante a crise a Telemedicina, e das manifestações do Conselho Federal de Medicina. A proteção de dados do paciente encontra fundamentação robusta. Para além das disposições aplicáveis de modo geral à informação, somam-se os deveres impostos pela Código de Ética Médica e pela Declaração de Tel Aviv, sobre Telemedicina (Adotada pela 51ª Assembleia Geral da Associação Médica Mundial em Tel Aviv, Israel, em outubro de 1999), que estabelece:

> A Telemedicina não deve afetar adversamente a relação individual médico-paciente. Quando é utilizada de maneira correta, a Telemedicina tem o potencial de melhorar esta relação através de mais oportunidades para comunicar-se e um acesso mais fácil de ambas as partes. Como em todos os campos da Medicina, a relação médico-paciente deve basear-se no respeito mútuo, na independência de opinião do médico, na autonomia do paciente e na confidencialidade profissional. (Grifou-se).

A Resolução CFM nº 1.643/2002 limitou-se a indicar, genericamente, a necessidade de cumprir as normas de "transmissão de dados, confidencialidade, privacidade e garantia do sigilo profissional" (art. 2º), sem oferecer critérios. Não há dúvida que as regras de autonomia, confidencialidade do paciente também se aplicam às situações da Telemedicina, a questão é como se dará tal aplicação.

Na Resolução CFM nº 2.107/2014, concernente a Telerradiologia, acrescenta-se que "O paciente deverá autorizar a transmissão das suas imagens e dados por meio de consentimento informado, livre e esclarecido", bem como aponta-se um padrão de segurança: "Nível de Garantia de Segurança 2 (NGS2)", detalhado no Manual de Certificação

---

12. STJ. REsp 1540580/DF, Rel. p/ Acórdão Ministro LUIS FELIPE SALOMÃO, 4ª. Turma, DJe 04/09/2018. Extrai-se do teor acórdão que: "O dever de informar é dever de conduta decorrente da boa-fé objetiva e sua simples inobservância caracteriza inadimplemento contratual, fonte de responsabilidade civil per se. A indenização, nesses casos, é devida pela privação sofrida pelo paciente em sua autodeterminação, por lhe ter sido retirada a oportunidade de ponderar os riscos e vantagens de determinado tratamento, que, ao final, lhe causou danos, que poderiam não ter sido causados, caso não fosse realizado o procedimento, por opção do paciente".

13. CFM. Recomendação do CFM n. 01/2016. "Sob o ponto de vista da comprovação da concordância do paciente, assim como sobre se o consentimento foi obtido com respeito à autonomia, se foi obtido de forma suficiente ao perfeito esclarecimento do paciente, não há dúvidas de que o consentimento escrito é o que melhor se presta a tal". De maneira similar, no Reino Unido se define: "The validity of consent does not depend on the form in which it is given. Written consent merely serves as evidence of consent: if the elements of voluntariness, appropriate information and capacity have not been satisfied, a signature on a form will not make the consent valid". UNITED KINGDOM. Department of Health. *Reference guide to consent for examination or treatment*. 2. ed. London: Department of Health, 2009. p. 16.

para Sistemas de Registro Eletrônico em Saúde. Nesse padrão, adota-se a utilização de certificados digitais ICP-Brasil para os processos de assinatura e autenticação.

Em 2018, autorizou-se a eliminação dos prontuários físicos[14], por meio da Lei n° 13.787/2018, que reforça o dever de se "resguardar a intimidade do paciente e o sigilo e a confidencialidade das informações" (art. 6°, § 3°). A Resolução CFM n° 2.264/2019, ao disciplinar o prontuário eletrônico reforça a condição do paciente como titular de seus dados, de tal modo que "os dados ali contidos pertencem ao paciente e só podem ser divulgados com sua autorização ou a de seu responsável, ou por dever legal ou justa causa".

Um aspecto para futura reflexão diz respeito à definição de que os prontuários em papel devem ser guardados por ao menos 20 anos (art. 8°), ao passo que, para os prontuários eletrônicos, entendeu-se por "estabelecer a guarda permanente, considerando a evolução tecnológica" (art. 7°), sem estabelecer restrições relativas a eventual utilização após a morte do paciente, desconsiderando a importante temática da herança digital[15].

As resoluções colocam em destaque a necessidade do consentimento do paciente para que se possa compartilhar dados. Tal perspectiva está em sintonia com a interpretação restritiva do consentimento previsto na Lei Geral de Proteção de Dados Pessoais, que inclusive é referida nos "considerandos" da Resolução CFM n° 2.264/2019. Define a resolução que "O paciente deverá autorizar a transmissão das suas imagens de lâminas e dados por meio de consentimento informado, livre e esclarecido" (art. 3°, parágrafo único).

A leitura da Lei Geral de Proteção de Dados Pessoais, em especial em seus arts. 7° e 11 apresenta várias bases legais para o tratamento de dados. A teor da LGPD, o consentimento não é um requisito indispensável, nem suficiente para o tratamento de dados pessoais. Não é indispensável porque há outras bases legais; não é suficiente porque não pode ser recepcionado como uma autorização genérica, muito menos um excludente do dever de reparar. É um instrumento de orientação, expressão de consentimento e documentação.

A LGPD admite como base legal para tratamento de dados a "tutela da saúde, exclusivamente, em procedimento realizado por profissionais de saúde", repetindo a redação nos arts. 7°, inc. VII e no art. 11, inc. II, f. Embora a LGPD aponte no art. 11, inc. II que as situações ali elencadas permitem o tratamento de dados "sem fornecimento de consentimento do titular", a melhor interpretação em atenção ao caráter fundamental da autodeterminação informativa, da consagração constitucional da privacidade e da intimidade (art. 1°, inc. III, art. 5°, inc. V e X)[16] é de que o consentimento é a regra e a sua dispensa não se pode extrair apenas do objetivo de proteger a saúde. Interpretação diversa permitiria concluir que os dados das pessoas estão abertos a todos que tivessem "boas intenções" de ajudá-las. Sob outra perspectiva, equivale a dizer que os princípios

---

14. Nesse sentido também: CRM. PARECER CRM-MG N° 140/2018 – PROCESSO-CONSULTA N° 161/2018.
15. LEAL, Livia Teixeira. A internet e a morte do usuário: a necessária superação do paradigma da herança digital. *Revista Brasileira de Direito Civil – RBDCivil*, Belo Horizonte, v. 16, p. 183, abr./jun. 2018. p. 181-197. PATTI, Francesco Paolo; Francesca BARTOLINI, Francesca Digital Inheritance and Post Mortem Data Protection: The Italian Reform. *European Review of Private Law*, Netherlands, n. 5-2019, p. 1181–1194.
16. MULHOLLAND, Caitlin Sampaio. Dados pessoais sensíveis e a tutela de direitos fundamentais: uma análise à luz da lei geral de proteção de dados (Lei 13.709/18). *Revista de Garantias Fundamentais*, Vitória, v. 19, n. 3, p. 159-180, set./dez. 2018.

bioéticos da beneficência e não-maleficência devem ser interpretados em conjunto com os princípios da autonomia e justiça.

O consentimento para a transmissão de dados pode ser obtido validamente por via eletrônica (aplicativos de chat, WhatsApp) ou mesmo por telefone, embora devem ser buscados mecanismos com maior nível de segurança. Na formalização do consentimento, menos importante do que o canal, é a clareza na comunicação ao paciente, no detalhe dos riscos, no cuidado no registro do consentimento, das orientações e da proteção dos dados. Na medida em que o consentimento do paciente está condicionado a necessidade, cumprirá ao profissional esclarecer muito bem as limitações da telemedicina em face dos benefícios[17].

O conhecimento das vulnerabilidades do sistema proporciona maior cuidado do paciente[18]. É preciso falar de maneira clara e orientar por exemplo quanto a necessidade de uma nova consulta presencial ao encerrar a COVID19 ou esclarecer as dificuldades em atender à distância. O dever de informação decorre da LGPD, da Lei Orgânica da Saúde, do Código de Defesa do Consumidor (art. 6°, inciso III, art. 34) e emana do dever de transparência consagrado na LGPD (art. 6°, inciso IV).

O paciente precisa ser comunicado sobre os riscos de empregar ou não a telemedicina, porque seu consentimento é condicionado – pode desejar a consulta presencial, mas não poder (ou não dever) realizar em virtude da COVID19. Consentimento e informação são duas faces da mesma moeda, estão absolutamente interligados na relação médico-paciente.

> O direito à informação, abrigado expressamente pelo art. 5°, XIV, da Constituição Federal, é uma das formas de expressão concreta do Princípio da Transparência, sendo também corolário do Princípio da Boa-fé Objetiva e do Princípio da Confiança, todos abraçados pelo CDC. No âmbito da proteção à vida e saúde do consumidor, o direito à informação é manifestação autônoma da obrigação de segurança[19].

Outra perspectiva instigante diz respeito ao dever de compartilhamento de informações em saúde relativas à "identificação de pessoas infectadas ou com suspeita de infecção pelo coronavírus, com a finalidade exclusiva de evitar a sua propagação" (Lei n.° 13.979/2020, art. 6°). Na saúde o compartilhamento da informação torna-se então um dever. Os limites desse controle são uma questão fundamental no duelo entre proteção de dados e interesse. A própria Lei n. 13.979/2020 (que dispõe sobre o coronavírus), resguarda o "sigilo das informações pessoais". Em diversos países, sistemas de geolocalização acompanham o trajeto de pessoas que tiveram contato com pacientes com COVID19, ou até empregam reconhecimento facial para analisar fotos e determinar quem possa estar mais exposto ao vírus, como noticia o The Wall Street Journal.[20]

---

17. HOLLANDER, Judd E.; CARR, Brendan G, Virtually Perfect? Telemedicine for Covid-19. *The New England Journal of Medicine*, March 11, 2020.
18. LUCIANO, Edimara; MAHMOOD, M. Adam; MANSOURI-RAD, Parand. Telemedicine adoption issues in the U.S.A. and Brazil: perception of health-care professionals. *Health Informatics Journal*, 2020, p. 1-18.
19. STJ. REsp n. 1515895/MS, Rel. Ministra NANCY ANDRIGHI, 3ª. Turma, DJe 14/12/2016. Em outra passagem, registrou-se: "A autodeterminação do consumidor depende essencialmente da informação que lhe é transmitida, pois é um dos meios de formar a opinião e produzir a tomada de decisão daquele que consome. Logo, se a informação é adequada, o consumidor age com mais consciência; se a informação é falsa, inexistente, incompleta ou omissa, retira-se-lhe a liberdade de escolha consciente".
20. GLIND, Kirste; McMillan, Robert McMillan; Mathews, Anna Wilde. To Track Virus, Governments Weigh Surveillance Tools That Push Privacy Limits. *The Wall Street Journal*. 17.03.2020.

Na notificação obrigatória, enquanto modalidade de compartilhamento de dados sensíveis por dever legal (e em todas as outras ocasiões) deve-se levar em consideração as estratégias de anonimização[21], como parte das medidas para adequada proteção dos dados pessoais, em atenção a perspectiva de minimização consagrada na RDPR, art. 5º, n. 1, alínea 'c', aplicável no Brasil por força da regra constitucional da proporcionalidade. A observação da necessidade e adequação é parâmetro para reparação de danos – o que se torna relevante no caso de dados desnecessários vazados por falha de terceiros.

A Resolução CFM nº 2.217/2018, revogada, indicava que os dados devem ficar "sob responsabilidade do médico responsável pelo atendimento", o que não se repete nas demais normas. Essa pessoalidade da responsabilidade é um aspecto tormentoso a ser futuramente analisado, afinal há plataformas, sistemas e falhas que podem ocorrer em software, hardware ou por falha humana (*"peopleware"*).

Outros parâmetros importantes a serem observados, por força das normas de ética na saúde, de proteção de consumidor e da própria LGPD, envolvem a vinculação do propósito do envio dos dados (princípio da finalidade), os limites do consentimento e sua clareza.

Diante do conhecido atraso do direito em relação à velocidade da vida concreta, e possíveis defasagens nos padrões de segurança determinados pela legislação, torna-se necessário considerar as normas como parâmetro mínimo e as atualizações para além dos parâmetros legais (sobretudo quando ultrapassados), um dever de diligência do controlador dos dados que decorre dos princípios da segurança, da prevenção, da precaução e da boa-fé, haja vista significar respeito, lealdade, confiança. Vale enfatizar, boas práticas de governança de dados e padrões adequados de segurança devem ser observadas mesmo quando não houver diretrizes específicas. A lacuna da legislação não pode significar a ausência completa de cuidados. A tônica na proteção de dados deve ser a conduta proativa[22], preventiva sobretudo diante da potencial irreversibilidade dos danos que envolvem a pessoa humana. O Nível de Garantia de Segurança 2 (NGS2), antes previsto na Resolução CFM nº 2.217/2018, revogada, consta na Resolução de Telepatologia vigente e se mostra um parâmetro interessante a ser observado na atuação na telemedicina.

Para a transmissão dos dados é fundamental a utilização de padrões de criptografia e observação de níveis de acesso. Nesse sentido, na Diretriz da Sociedade Brasileira de Cardiologia sobre Telemedicina na Cardiologia – 2019[23], consta a recomendação de utilização do padrão da HIPAA (Health Insurance Portability and Accountability Act of 1996) legislação norte americana que estabelece padrões específicos para proteção de dados na saúde e que serve de útil indicação para os profissionais brasileiros. Deve-se observar ainda que a transmissão internacional de dados se submete a exigências e desafios específicos delineados na LGPD (arts. 33 e ss.).

---

21. CANADA. Information and Privacy Commissioner of Ontario. *De-identification Guidelines for Structured* Data. Ontario: Information and Privacy Commissioner of Ontario, June 2016.
22. MORAES, Maria Celina. LGPD: um novo regime de responsabilização civil dito "proativo". Editorial à *Civilistica. com*. Rio de Janeiro: a. 8, n. 3, 2019.
23. SOCIEDADE BRASILEIRA DE CARDIOLOGIA SOBRE TELEMEDICINA NA CARDIOLOGIA. Diretriz da Sociedade Brasileira de Cardiologia sobre Telemedicina na Cardiologia – 2019. *Arquivo Brasileiro de Cardiologia*, 2019.

Para finalizar esta seção, cumpre notar que são múltiplas as hipóteses de danos com os dados sensíveis de paciente na Telemedicina, inclusive, o uso não autorizado dos dados, invasões de privacidade, falhas de controle de nível de acesso. Questões como a responsabilidade das plataformas e aplicativos pelos dados e por compartilhamentos indevidos, falhas dos usuários em atualizar sistemas e certificados de segurança, perda de dados, níveis de segurança, portabilidade de informações, natureza jurídica de ataques hackers e condutas esperadas em caso de *ransomware* (sequestro de informações e com pedidos de resgate), ainda não estão claras o suficiente, ao menos para o autor deste texto.

4. PÓS-OPERATÓRIO: PROTEÇÃO ATIVA

Adotada no Brasil há muitos anos, sobretudo no campo da radiologia, a telemedicina ganhou um importante impulso com o advento da pandemia do coronavírus, diante da necessidade de promover-se o distanciamento social.

As novas tecnologias permitem um vasto horizonte de potencialidades e, no entanto, exigem o indispensável e constante cuidado com a pessoa humana. A inovação significa efeitos não totalmente conhecidos, a falta de mecanismos de controle e, como é típico da tecnologia, quando começarmos a ter um padrão de controle (se é que vamos ter em algum momento), a tecnologia estará obsoleta. Na medida em que se desenvolve a *cybermedicine*,[4] o direito de danos, deve, portanto, estar antenado para a *e-ethics*[24].

Consoante destaca o relatório da União Europeia sobre a Telemedicina, "Market study on telemedicine", as inovações na maneira de prestar atenção à saúde tornam necessário rever (e estabelecer) fluxos internos, estabelecer diretrizes e protocolos clínicos, treinar equipes, desenhar padrões organizacionais e proteger de maneira adequada os dados pessoais.[25] O tema impacta clínicas, consultórios, laboratórios, hospitais e prestadores de serviços precisam rever seus fluxos de informação, e promover medidas efetivas. Como destaca o Relatório da União Europeia, é preciso levar em conta riscos relacionados à exposição de dados em redes e online, o que corresponde a um desafio dentro e fora da Europa.

Em face do desafio que se põe, como norte deve-se perseguir ativamente a efetivação dos direitos humanos e fundamentais[26], que na prática médica se associa aos princípios da ética médica, tais como autonomia, não-maleficência, beneficência, justiça e equidade[27],

---

24. Cybermedicine and E-Ethics (Editorial), *Medicine, Health Care and Philosophy*, v 5, 2002, p. 117-119.
25. EUROPEAN UNION. *Market study on telemedicine*. Luxembourg: Publications Office of the European Union, 2018.
26. Em consagrada lição, Norberto Bobbio destaca que a questão central em torno dos direitos humanos é sua proteção e não a sua justificação. BOBBIO, Norberto. *A Era dos Direitos*. Rio de Janeiro: Campus, 1992. No mesmo diapasão, salienta LAFER que "a conversão dos direitos humanos em um tema global e não limitado – o processo de internacionalização – e algumas relevantes facetas do processo de especificação, são resultado de uma política do Direito cuja fonte material foi a sensibilidade axiológica do horror *erga omnes* frente ao mal da descartabilidade do ser humano, produto inédito da violência do racismo nazista que conduziu ao *Holocausto*". LAFER, Celso. Bobbio y el Holocausto: Un capítulo de su reflexión sobre los derechos humanos: el texto 'Quindici anni dopo' y sus desdoblamientos. *Doxa*. Cuadernos de Filosofía del Derecho. Vol. 28. Alicante (Espanha): Universidade de Alicante, 2005. p. 81.
27. Sobre o tema, confira-se o clássico: BEAUCHAMP, Thomas; CHILDRESS James. *Principles of Biomedical Ethics*. 4. ed. New York: Oxford, 1994. p. 260.

desdobramentos dos princípios constitucionais, como ensina Heloisa Helena Barboza.[28] Deve prevalecer, pois, o *princípio da prioridade do bem-estar do paciente*.[29]

Os riscos das interfaces entre saúde e direito não são totalmente compreendidos pelos pacientes, aliás, ao que parece, mesmo os especialistas podem ainda não ter compreendido completamente os riscos que provêm das novas tecnologias. Entre as práticas, está o sequestro de dados, conduta que mistura perversidade, vulnerabilidade e tecnologia para expor dados de pacientes.

A BBC noticiou, no final de 2020, que pacientes de uma clínica de psicologia da Finlândia, Vastaamo, foram chantageados com a ameaça de exposição da gravação de suas sessões. Um paciente, que preferiu não se identificar, relatou que recebeu um contato do "sequestrador digital" que apontou que a clínica se recusou a pagar um resgate de 40 bitcoin (moeda digital), equivalente a mais de 300 mil reais. Para a paciente, a oferta era de 200 euros, em torno de 1.200 reais. Após 24 horas, o valor aumentaria para 500 euros, o equivalente a 3 mil reais; finalmente, depois de 72 horas seus dados seriam expostos[30]. Como declarou o paciente:

> Estou com medo de acabar como as primeiras 300 pessoas que tiveram todas as suas informações despejadas no Tor [rede de anonimato], com pessoas, lendo tudo sobre suas vidas e abusando de suas informações para roubo de identidade.

De maneira igualmente trágica, porém fatal, a Alemanha deparou-se em setembro de 2020 com um sequestro de dados de pacientes. O ataque cibernético envolveu a desativação dos sistemas de computador do Hospital Universitário de Düsseldorf, causando a morte de um paciente. Segundo especialistas, seria o primeiro caso de morte em um ataque desta natureza[31].

No ano de 2011, o Conselho de Direitos Humanos da Organização das Nações Unidas (ONU) aprovou os "Princípios Orientadores sobre Empresas e Direitos Humanos", norteados pela sistemática "Proteger, Respeitar e Reparar"[32]. Na atenção à saúde, pode-se lançar mão dos princípios da prevenção e da precaução, frequentemente invocados no direito ambiental. Trata-se de evitar danos, e considerar ainda os riscos inclusive desco-

---

28. BARBOZA, Heloisa Helena. Princípios do Biodireito. In: BARBOZA; Heloisa Helena; BARRETO; Vicente; MEIRELLES; Jussara. (Org.). *Novos Temas de Biodireito e Bioética*. Rio de Janeiro: Renovar, 2002, v. 1, p. 49-81. Como destaca Miguel Reale: "As exigências da ética compõem a própria concepção do Código Civil. REALE, Miguel. Visão Geral do Novo Código Civil. *Revista da EMERJ*: Anais dos Seminários EMERJ. Debate o Novo Código (fev.-jun.2002), EMERJ, Rio de Janeiro, Parte I, p. 38-44, 2003. p. 40.
29. MEDICAL Profissionalism in the New Milenium: *A Physician Charter. Annals of Internal Medicine*. p. 243-246, 2002. Em plena sintonia com tais princípios, o Código de Ética Médica (Resolução CFM nº 2.217/2018), dispõe que é "II – O alvo de toda a atenção do médico é a saúde do ser humano, em benefício da qual deverá agir com o máximo de zelo e o melhor de sua capacidade profissional" e "VI – O médico guardará absoluto respeito pelo ser humano e atuará sempre em seu benefício".
30. German police probe 'negligent homicide' in hospital cyberattack. *Deutsche Welle*, 18.09.2020. TIDY, Joe. Police launch homicide inquiry after German hospital hack. *BBC*, 18.09.2020.
31. Os valores são apenas aproximados e tomaram em conta as cotações de 01.11.2020.
32. UNITED NATIONS. General Assembly Human Rights Council. *Report of the Special Representative of the Secretary General on the issue of human rights and transnational corporations and other business enterprises*. Guiding Principles on Business and Human Rights: Implementing the United Nations "Protect, Respect and Remedy" Framework. March, 2011.

nhecidos,[33] o que é fundamental quando se trata de lidar com novas tecnologias. Como esclarece Juarez Freitas, sob essa perspectiva "surge a obrigação de o Estado tomar as medidas interruptivas da rede causal, de molde a evitar o dano antevisto"[34].

No campo do direito de danos, tais premissas se traduzem em observar que, a centralidade da vida em relação à economia deslocou o olhar do jurista da dita "indenização" para as medidas de prevenção dos danos e minimização dos riscos. O desestímulo às más práticas é orientador[35]. É preciso "identificar os pontos de risco em cada estrutura organizacional e eliminá-los antes da produção do risco".[36] Tal perspectiva foi incorporada na Lei Geral de Proteção de Dados Pessoais, a teor do art. 6º, inc. VI.

Em relação às questões que envolvem a saúde, é sempre importante lembrar que não se trata de observar da incerteza quanto à existência de riscos, mas da compreensão de seu alcance, do potencial benefício e do consentimento do paciente. A telemedicina atrai riscos com ênfase a duas questões principais. A primeira, concerte às limitações impostas pelo atendimento não presencial – tal como possível prejuízo de comunicação e de diagnóstico. A segunda consiste nos desafios da proteção de dados pessoais do paciente, que se maximizam porque seus dados sensíveis precisarão, necessariamente, trafegar, serem armazenados e mesmo compartilhados. Tais limitações da telemedicina foram levadas em conta e inclusive ressaltadas por ocasião da autorização, ou melhor, da ampliação da autorização para sua utilização diante da COVID19 e devem ser consideradas em eventuais demandas reparatórias.

Diante do exposto, permita-se tentar oferecer algumas premissas em relação ao direito de danos a proteção de dados pessoais de pacientes:

a. O consentimento para atos existenciais é direito fundamental, e uma materialização da dignidade da pessoa humana[37], da autonomia[38] e do próprio direito a ser[39];

b. Ao paciente pertence a titularidade de seus dados pessoais e seu consentimento para diferentes formas de processamento de dados (tratamento de dados para usar a denominação da LGPD) não interferem nesta premissa;

c. O consentimento para um procedimento de saúde, seja um tratamento, seja um procedimento de diagnóstico, não alcança o consentimento para os tratamentos dos dados pessoais ou dados em saúde; consentimento, sobretudo no plano

---

33. "A precaução atua na incerteza científica e não existe por ela mesma se constrói a cada contexto". TESSLER, Marga Inge Barth. *A vigilância sanitária e os princípios da precaução e da prevenção.* Texto base para a palestra proferida no IV Encontro Internacional dos Profissionais em Vigilância Sanitária. Associação Brasileira dos Profissionais da Vigilância Sanitária (ABPVS): Foz do Iguaçu, 2004. p. 12.
34. FREITAS, Juarez. O Princípio Constitucional da Precaução e o Dever Estatal de Evitar Danos Juridicamente Injustos. *Revista Eletrônica da OAB* – Conselho Federal n. 01, março/abril de 2008.
35. PIANOVSKI RUZYK, Carlos Eduardo. A Responsabilidade Civil por Danos por Danos Produzidos no Curso de Atividade Econômica e a Tutela da Dignidade da Pessoa Humana: O Critério do Dano Ineficiente. In: BARBOZA, Heloísa Helena. (Org.). *Diálogos sobre Direito Civil: Construindo a Racionalidade Contemporânea.* Rio de Janeiro, Renovar, 2002.
36. SCHREIBER, Anderson. *Novos Paradigmas da Responsabilidade Civil.* 5. ed. São Paulo: Atlas, 2013. p. 228.
37. CFM. Recomendação do CFM n. 01/2016.
38. O'NEILL, Onora. Paternalism and partial autonomy. *Journal of Medical Ethics*, v. 10, p. 173-178, 1984.
39. RODOTÀ, Stefano. Il diritto di avere diritti, Roma-Bari, Laterza, 2012, p. 260.

existencial, é marcado pela interpretação restritiva, vulnerabilidade[40], interação adequada entre médico e paciente, revogabilidade[41];

d. Como está consagrado no âmbito da saúde, não há consentimento legítimo sem esclarecimento, logo, não há consentimento sem clareza sobre os riscos. Por outro lado, consentir com o compartilhamento não significa renunciar a mecanismos de proteção de salvaguarda;

e. Os direitos de sigilo do paciente são irrenunciáveis e a autorização para tratamento é sempre vinculada a uma finalidade específica; a violação dos direitos do paciente viola a dignidade humana e enseja dano injusto apto a pedido de reparação;

f. As novas tecnologias e a própria telemedicina não permitem afastar os deveres decorrentes da ética médica; ao contrário, os cuidados devem ser reforçados na medida em que a inovação potencializa danos aos pacientes;

g. A possibilidade de incidentes de segurança pode decorrer tanto de falhas internas, quanto invasões externas; os riscos decorrentes incluem a comercialização indevida de dados, o uso de dados para crimes relacionados ao robô de identidade, a exposição de dados pessoais sensíveis de maneira pública ou mesmo o sequestro de dados necessários a própria atenção;

h. Como adverte a bioética, é preciso estar atento ao fato de que em novos ambientes tecnológicos, os riscos ainda não completamente conhecidos[42];

i. Haja vista que a Telemedicina potencializa os riscos de violação de dados pessoais, é preciso advertir de maneira específica ao paciente sobre tal circunstância. A comunicação clara é parte essencial do processo informacional que é pressuposto para o consentimento livre esclarecido, etapa *sine qua non* para concretização do princípio da autonomia do paciente.

j. O paciente confia no profissional de saúde a quem cabe orientá-lo adequadamente. O processo de consentimento do paciente na telemedicina envolve a adequada informação sobre riscos, vantagens e desvantagens como requisito para efetiva obtenção do consentimento não apenas de certa prática médica, mas da maneira como será realizada (telemedicina, medicina presencial etc.);

k. A disciplina jurídica da telemedicina apresenta lacunas, o que, no entanto, não significa ausência de direitos. Há um vasto arcabouço normativo de proteção do paciente. A LGPD apresenta critérios úteis em matéria de reparação de danos na saúde e seus princípios, por já estarem presentes no direito brasileiro (por força do texto cons-

---

40. MEIRELLES, Jussara Maria Leal de; TEIXEIRA. Eduardo Didonet. Consentimento livre, dignidade e saúde pública: o paciente hipossuficiente. In: RAMOS, Carmen Lucia Silveira; TEPEDINO, Gustavo; BARBOZA, Heloisa Helena et al. (Orgs.) *Diálogos sobre Direito Civil: construindo uma racionalidade contemporânea.* Rio de Janeiro: Renovar, 2002.
41. WORTHINGTON, R. Clinical issues on consent: some philosophical concerns. *Journal of Medical Ethics*, n. 28, pp. 377-80, 2002. "The ethical validity of consent hinges not on the written word, but on the nature and quality of the interaction between patient and clinician. Signatures and record keeping are just one part of the process, and because informed consent should be about moral rights and respect for persons not avoidance of suit, then from an ethical point of view, the written versus oral argument does not give cause for concern".
42. BARBOZA Heloisa Helena; LEAL, Livia Teixeira; ALMEIDA. Vitor. *Biodireito.* Tutela jurídica das dimensões da vida. Indaiatuba: Foco, 2020.

titucional, do Código Civil, do Código de Defesa do Consumidor, de outras tantas normas legais e infralegais), independem da vigência da LGPD para serem eficazes;

l. Os princípios estabelecidos na Lei Geral de Proteção de Dados Pessoais, em seu art. 6º caput e incisos já fazem parte do ordenamento jurídico brasileiro, inclusive como decorrência da regra constitucional da proporcionalidade, dos princípios da prevenção e precaução com ampla aplicação. Logo, em matéria de reparação de danos, inclusive como critérios para análise da conduta praticada, são aplicáveis os princípios previstos na LGPD, inclusive a fatos anteriores a sua entrega em vigor;

m. O contexto da COVID19 torna justificável a escolha da telemedicina como mecanismo de atenção à saúde, todavia, não torna menos importante os deveres éticos, ao contrário, os reforça, inclusive em relação à concretização da autonomia e do direito à informação do paciente;

n. O consentimento não pode ser confundido como uma ferramenta voltada a exoneração de responsabilidades. Seu papel é orientar o paciente, demonstrar seu consentimento, logo, para ser válido deve ser claro, específico adequado à situação concreta; são hipóteses autônomas de reparação de danos a violação do direito fundamental ao consentimento, assim como do direito fundamental à informação;

o. A possibilidade de compartilhamento de dados por força do dever legal de notificação de doenças deve resguardar a privacidade por meio de mecanismos que assegurem a anonimização dos dados; a falha em tais mecanismos, sua adoção inadequada ou a incapacidade de sua demonstração são hipóteses que ensejam reparação por danos, sem prejuízo de outras medidas cíveis, administrativas ou penais, inclusive de autoridades como Ministério da Saúde, ANVISA, ANS, CFM.

p. A adoção de boas práticas de governança de dados pessoais não depende de norma expressa, sendo decorrência inclusive do dever de boa-fé objetiva, assim como do dever de sigilo e do direito à privacidade consagrados no texto constitucional; a violação das boas práticas configura hipótese de dano injusto; e o ônus da adoção de boas práticas compete ao prestador, como decorre do teor da LGPD.

As vastas possibilidades oferecidas pela inovação e tecnologia se fazem acompanhar também de riscos e desafios ainda não completamente compreendidos pelo direito[43]. Dados que ora circulam, ora desviam sua rota, ora protegidos, ora roubados, dados pessoais devidamente protegidos ou roubados, utilizados para desenvolvimento de tratamentos personalizados ou empregados em fraudes com roubo de identidade, armazenados e eliminados, protegidos e sequestrados. Para encerrar essa reflexão, como escreve a caneta de Leminski[44]:

Pelos caminhos que ando

Um dia vai ser

Só não sei quando.

---

43. SCHULMAN, Gabriel; PEREIRA, Paula Moura Francesconi de Lemos. Futuro da saúde e saúde do futuro: impactos e limites reais da inteligência artificial. In: SILVA, Rodrigo da Guia; TEPEDINO, Gustavo (Coord.). O Direito Civil na era da inteligência artificial. São Paulo: Thomson Reuters Brasil, 2020. p. 165-182.
44. LEMINSKI, Paulo. *Toda poesia*. São Paulo: Companhia das Letras, 2013.

5. REFERÊNCIAS

AGUIAR, Cristovão. *Relação de bordo*. Portugal: Leya, 2013.

BARBOSA, Suria. 5 startups que estão inovando na área da saúde. *Revista Exame*. 12.05.2018.

BARBOZA Heloisa Helena; LEAL, Livia Teixeira; ALMEIDA. Vitor. *Biodireito*. Tutela jurídica das dimensões da vida. Indaiatuba: Foco, 2020.

BARBOZA, Heloisa Helena. Princípios do Biodireito. In: BARBOZA; Heloisa Helena; BARRETO; Vicente; MEIRELLES; Jussara. (Org.). *Novos Temas de Biodireito e Bioética*. Rio de Janeiro: Renovar, 2002, v. 1, p. 49-81.

BEAUCHAMP, Thomas; CHILDRESS James. *Principles of Biomedical Ethics*. 4. ed. New York: Oxford, 1994.

BOBBIO, Norberto. *A Era dos Direitos*. (Trad. Carlos Nelson Coutinho). Rio de Janeiro: Campus, 1992.

BRASIL. Ministério da Saúde. Portaria nº 467/2020. DOU: 23/03/2020, edição 56-B.

CANADA. Information and Privacy Commissioner of Ontario. *De-identification Guidelines for Structured Data*. Ontario: Information and Privacy Commissioner of Ontario, June 2016.

CARVALHO, Regina Ribeiro Parizi; FORTES, Paulo Antônio de Carvalho; GARRAFA, Volnei. A saúde suplementar em perspectiva bioética. *Revista da Associação Médica Brasileira*, v. 59, p. 600-606, 2013.

CFM. *Ofício 1756/2020*. 19.03.2020.

CFM. Recomendação do CFM n. 01/2016.

CHEUNG CC, et al. The Emerging Role of Wearable Technologies in Detection of Arrhythmia. *Canadian Journal of Cardiology*, v. 34, n. 8, Ago. 2018

EUROPEAN UNION. *Market study on telemedicine*. Luxembourg: Publications Office of the European Union, 2018.

FREITAS, Juarez. O Princípio Constitucional da Precaução e o Dever Estatal de Evitar Danos Juridicamente Injustos. *Revista Eletrônica da OAB* – Conselho Federal n. 01, março/abril de 2008.

German police probe 'negligent homicide' in hospital cyberattack. *Deutsche Welle*, 18.09.2020.

GLIND, Kirste; McMillan, Robert McMillan; Mathews, Anna Wilde. To Track Virus, Governments Weigh Surveillance Tools That Push Privacy Limits. *The Wall Street Journal*. 17.03.2020.

Cybermedicine and E-Ethics (Editorial), *Medicine, Health Care and Philosophy*, v 5, 2002, p. 117-119.

HOLLANDER, Judd E.; CARR, Brendan G., M. D. Virtually Perfect? Telemedicine for Covid-19. *The New England Journal of Medicine*, March 11, 2020.

LAFER, Celso. Bobbio y el Holocausto: Un capítulo de su reflexión sobre los derechos humanos: el texto 'Quindici anni dopo' y sus desdobramientos. *Doxa*. Cuadernos de Filosofía del Derecho. Vol. 28. Alicante (Espanha): Universidad de Alicante, 2005.

LEAL, Livia Teixeira. A internet e a morte do usuário: a necessária superação do paradigma da herança digital. *Revista Brasileira de Direito Civil – RBDCivil*, Belo Horizonte, v. 16, p. 183, abr./jun. 2018. p. 181-197.

LEMINSKI, Paulo. *Toda poesia*. São Paulo: Companhia das Letras, 2013.

LUCIANO, Edimara; MAHMOOD, M. Adam; MANSOURI-RAD, Parand. Telemedicine adoption issues in the U.S.A. and Brazil: perception of health-care professionals. *Health Informatics Journal*, 2020, p. 1-18.

MEDICAL Profissionalism in the New Milenium: *A Physician Charter*. Annals of Internal Medicine. p. 243-246, 2002.

MEIRELLES, Jussara Maria Leal de; TEIXEIRA. Eduardo Didonet. Consentimento livre, dignidade e saúde pública: o paciente hipossuficiente. In: RAMOS, Carmen Lucia Silveira; TEPEDINO, Gustavo; BARBOZA, Heloisa Helena et al. (orgs.) *Diálogos sobre Direito Civil: construindo uma racionalidade contemporânea*. Rio de Janeiro: Renovar, 2002.

MENCONI, Darlene; PASTORE, Karina. 20 healthtechs que estão redefinindo os contornos da indústria. *Revista Época Negócios*. 12.04.2019.

MORAES, Maria Celina. LGPD: um novo regime de responsabilização civil dito "proativo". Editorial à *Civilistica.com*. Rio de Janeiro: a. 8, n. 3, 2019.

MULHOLLAND, Caitlin Sampaio. Dados pessoais sensíveis e a tutela de direitos fundamentais: uma análise à luz da lei geral de proteção de dados (Lei 13.709/18). *Revista de Garantias Fundamentais*, Vitória, v. 19, n. 3, p. 159-180, set./dez. 2018.

O'NEILL, Onora. Paternalism and partial autonomy. *Journal of Medical Ethics*, v. 10, p. 173-178, 1984.

PATTI, Francesco Paolo; Francesca BARTOLINI, Francesca Digital Inheritance and Post Mortem Data Protection: The Italian Reform. *European Review of Private Law*, Netherlands, n. 5-2019, p. 1181-1194.

PIANOVSKI RUZYK, Carlos Eduardo. A Responsabilidade Civil por Danos por Danos Produzidos no Curso de Atividade Econômica e a Tutela da Dignidade da Pessoa Humana: O Critério do Dano Ineficiente. In: BARBOZA, Heloísa Helena. (Org.). *Diálogos sobre Direito Civil: Construindo a Racionalidade Contemporânea*. Rio de Janeiro, Renovar, 2002.

REALE, Miguel. Visão Geral do Novo Código Civil. *Revista da EMERJ*: Anais dos Seminários EMERJ. Debate o Novo Código (fev.-jun.2002), EMERJ, Rio de Janeiro, Parte I, p. 38-44, 2003.

RODOTÀ, Stefano. Il diritto di avere diritti, Roma-Bari, Laterza, 2012.

ROSENBLUM, Andrew. Your Doctor Doesn't Want to Hear About Your Fitness-Tracker *Data. MIT Technology Review*. 24.11.2015.

SCHREIBER, Anderson. *Novos Paradigmas da Responsabilidade Civil*. 5. ed. São Paulo: Atlas, 2013.

SCHULMAN, Gabriel; PEREIRA, Paula Moura Francesconi de Lemos. Futuro da saúde e saúde do futuro: impactos e limites reais da inteligência artificial. In: SILVA, Rodrigo da Guia; TEPEDINO, Gustavo (Coord.). O Direito Civil na era da inteligência artificial. São Paulo: Thomson Reuters Brasil, 2020. p. 165-182.

STF. MEDIDA CAUTELAR NA AÇÃO DIRETA DE INCONSTITUCIONALIDADE 6.387. STF. MEDIDA CAUTELAR NA AÇÃO DIRETA DE INCONSTITUCIONALIDADE 6.387 DISTRITO FEDERAL. DJe: 28/04/2020.

TESSLER, Marga Inge Barth. *A vigilância sanitária e os princípios da precaução e da prevenção*. Texto base para a palestra proferida no IV Encontro Internacional dos Profissionais em Vigilância Sanitária. Associação Brasileira dos Profissionais da Vigilância Sanitária (ABPVS): Foz do Iguaçu, 2004.

TIDY, Joe. Police launch homicide inquiry after German hospital hack. *BBC*, 18.09.2020.

UNITED KINGDOM. Department of Health. *Reference guide to consent for examination or treatment*. 2. ed. London: Department of Health, 2009.

UNITED NATIONS. General Assembly Human Rights Council. *Report of the Special Representative of the Secretary General on the issue of human rights and transnational corporations and other business enterprises*. Guiding Principles on Business and Human Rights: Implementing the United Nations "Protect, Respect and Remedy" Framework. March, 2011. WORTHINGTON, R. Clinical issues on consent: some philosophical concerns. *Journal of Medical Ethics*, n. 28, pp. 377-80, 2002.

RESPONSABILIDADE CIVIL PELO DESCUMPRIMENTO DO TESTAMENTO VITAL NO CONTEXTO DA COVID-19

Luciana Dadalto

Doutora em Ciências da Saúde pela Faculdade de Medicina da UFMG. Mestre em Direito Privado pela PUC-Minas. Advogada. Professora da Escola de Direito do Centro Universitário Newton Paiva. Coordenadora do Grupo de Estudos e Pesquisa em Bioética (GEPBio) do Centro Universitário Newton Paiva. Administradora do portal www.testamentovital.com.br. Contato:luciana@lucianadadalto.com.br.

Sumário: 1. Considerações iniciais – 2. Direito do paciente à manifestação prévia de vontade – 3. A urgência na defesa da autonomia em fim de vida no contexto da COVID-19 – 4. Responsabilidade civil do médico por descumprimento do testamento vital no contexto da COVID-19 – 5. Considerações finais – 6. Referências.

1. CONSIDERAÇÕES INICIAIS

Falar sobre morte não é um costume da nossa sociedade. Pensar sobre a própria morte, então, é algo que as pessoas têm muita dificuldade de fazer. Contudo, a pandemia da COVID-19 colocou o tema no centro das discussões.

De repente, a morte passou a fazer parte de todas as conversas e de todos os noticiários. Ademais, como a COVID-19 é uma doença infectocontagiosa, as pessoas passaram a perceber que podiam ser contaminadas e, eventualmente, desenvolver uma forma grave da doença. Assim, o fim de vida, que sempre pareceu distante, começou a ficar próximo. Mas hoje, depois de seis meses de pandemia, a morte ainda é vista como algo distante que, no máximo, acontece com o vizinho. As pessoas ainda estão vivendo como se fossem imortais. A pandemia aproximou a sociedade da morte, mas afastou os indivíduos do tema. A morte virou números.

E, enquanto a maior parte das pessoas preocupa-se com a morte de outrem (familiares ou amigos) ou pensa na morte apenas como um número, cresce no mundo um movimento de conscientização acerca da necessidade de nos preocuparmos com a nossa própria morte. Preocupação essa materializada na feitura de um testamento vital, documento no qual a pessoa manifesta seus desejos acerca dos cuidados, tratamentos e procedimentos aos quais deseja ou não se submeter caso esteja com uma doença ameaçadora da vida[1], como no caso das manifestações graves da Covid-19.

O médico de família norte americano Jeffrey Miltstein publicou uma emocionante carta direcionada à população americana:

---

1. DADALTO, Luciana. *Testamento Vital*. 5ª ed. Indaiatuba: São Paulo, 2020.

Além da urgência, a COVID-19 transformou os cuidados no final da vida. Pacientes gravemente enfermos em hospitais sobrecarregados com menos pessoal ideal e políticas de não-visitantes podem ser excluídos do advogado que pode ter certeza de que seus desejos são realizados. Especialmente agora, o seu advogado mais seguro é o seu documento de planejamento avançado, que deve fazer parte do seu prontuário eletrônico. Você pode ter a sorte de pedir a um médico, parceiro, filho, parente ou amigo que lhe pergunte sobre seus desejos de cuidados caso você fique gravemente doente e não possa falar em seu próprio nome. Eu imploro, porém, que você aja agora, induzido ou não. As discussões sobre o fim da vida podem parecer mórbidas, quase como se você estivesse convidando um infortúnio. Na verdade, elas são uma maneira de reconhecer o modo como você vive, para que seus valores e prioridades possam ser comemorados e respeitados, mesmo que você não consiga se comunicar. Essas conversas têm maior urgência agora, enquanto a COVID-19 coloca todos nós em um risco mais imprevisível de doenças graves. Iremos sair dessa pandemia de feridos, mas com maior sabedoria. Mover as conversas e diretrizes em fim de vida para o *mainstream* seria um presente duradouro nascido da adversidade[2].

Espera-se que, no Brasil, a Covid-19 também seja capaz de incutir na população a importância de dispor antecipadamente sobre seus desejos de saúde, notadamente no contexto de uma doença ameaçadora da vida, pois, apesar de a Covid-19 ser uma doença infecciosa, aguda e potencialmente reversível, em suas manifestações mais graves, caracteriza-se como uma doença em estado irreversível e com grande possibilidade de evoluir para óbito, razão pela qual essas decisões são importantes.

2. DIREITO DO PACIENTE À MANIFESTAÇÃO PRÉVIA DE VONTADE

A promulgação da Constituição Federal de 1988 alçou o princípio da dignidade humana à fundamento constitucional o que, somado ao princípio da liberdade, insere a autonomia existencial, a capacidade de se autodeterminar e de desenvolver a própria pessoalidade, como direitos individuais tutelados pelo ordenamento jurídico brasileiro.

Na seara da relação paciente-médico, o exercício da autonomia passa a ser visto como um aspecto do planejamento de cuidados, conhecido em inglês como *advance care planning*. Segundo Almeida, et.al., este "é baseado nos valores e preferências sobre a qualidade de vida atual ou em situação de saúde previsível (como doença ameaçadora da vida), considerando os benefícios esperados dos tratamentos de suporte de vida. Esses valores e preferências são então comunicados aos familiares próximos ou representantes em potencial, que tomarão as decisões quando necessário."[3]

Especificamente quanto à terminalidade da vida, além do planejamento de cuidados, há o chamado direito de morrer, consubstanciado nos institutos da eutanásia, suicídio assistido, distanásia e ortotanásia. A ortotanásia refere-se à morte natural, no seu tempo certo, com o emprego de medidas terapêuticas proporcionais; a eutanásia é a antecipação da morte do paciente feita por um terceiro, a pedido deste, procedimento vedado pelo

---

2. MILSTEIN, Jeffrey. *Coronavirus has doctors reviewing their living wills. You should, too. l Opinion.* Disponível em: https://www.inquirer.com/health/coronavirus/coronavirus-covid19-end-of-life-planning-living-will-20200401. html, acesso em 12 abr. 2020.
3. ALMEIDA, Taynara Oliveira de Almeida; DADALTO, Luciana; SOUZA, Gabriela de. *Planejamento antecipado de cuidados como meio garantidor da autonomia do paciente com Covid-19.* In: FARIAS, Rodrigo Nóbrega; MASCARENHAS, Igor de Lucena (Org.). Covid-19: Saúde, Judicialização e Pandemia. Curitiba, Juruá, 2020, p. 187

Código de Ética Médica e pela legislação brasileira; o suicídio assistido é a antecipação da morte do paciente praticada pelo próprio, com o auxílio de um terceiro, procedimento vedado pelo Código de Ética Médica e pela legislação brasileira[4]; a distanásia consiste no prolongamento artificial da vida do paciente fora de possibilidades terapêuticas curativas por meio de procedimentos médicos desproporcionais e fúteis[5].

Há hoje no Brasil, consenso acerca da juridicidade da ortotanásia, mas, mesmo no que diz respeito à essa prática, a autonomia do paciente não pode ser considerada como absoluta, pois há limitações que posicionam o paciente em situação de vulnerabilidade e fragilidade[6], posição escancarada no momento atual, com a pandemia da COVID-19, doença causada pelo coronavírus.

3. A URGÊNCIA NA DEFESA DA AUTONOMIA EM FIM DE VIDA NO CONTEXTO DA COVID-19

No contexto da Covid-19 a autonomia do paciente adquire um papel ainda mais fundamental, pois há uma perspectiva de escassez de recursos de saúde e, consequentemente, de necessidade da feitura de escolhas para alocação dos mesmos, o que o vulnera ainda mais frente ao sistema de saúde.

Inúmeros critérios têm sido propostos por entidades médicas de todo o mundo[7] e há sempre uma difícil decisão a ser tomada na priorização de determinados grupos. Dominic Wilkinson, sob uma perspectiva bioética, ressaltar que não existe resposta pronta e que o melhor a fazer para que não tenhamos que tomar decisões como essa é disseminar entre todas as pessoas a urgência de que, cada um, de forma individual antecipe essa decisão e deixe seu desejo manifestado, poupando assim os profissionais de saúde que carregam "um fardo inviável e uma responsabilidade bastante onerosa nesse momento"[8].

Ocorre que só é possível defender a autonomia do paciente quando a reconhecemos como um direito e como um valor, por isso, o planejamento de cuidados tornou-se peça

---

4. DADALTO, Luciana. Morte digna para quem? O direito fundamental de escolha do próprio fim. In: *Revista Pensar*, Fortaleza, v. 24, n. 3, p. 1-11, jul./set. 2019.
5. DADALTO, Luciana; SAVOI, Cristiana. Distanásia: entre o real e o ideal. In: DADALTO, Luciana; GODINHO, Adriano Marteleto; LEITE, George Salomão. *Tratado Brasileiro sobre o Direito Fundamental à Morte Digna*. São Paulo: Almedina, 2017, p.151-165.
6. DADALTO, Luciana. GONSALVES, Nathalia Recchiutti. Testamento Vital e Responsabilidade Civil. In: KFOURI NETO, Miguel. NOGAROLLI, Rafaela. *Direito de Saúde e Empresas Médicas*. São Paulo: Editora Revista dos Tribunais, no prelo.
7. WHITE DB. Allocation of Scarce Critical Care Resources During a Public Health Emergency. (Department of Critical Care Medicine, Pittsburgh University). Disponível em: https://www.ccm.pitt.edu/?q=content/ethics-and-decision-making-critical-illness, acesso em 12 abr. 2020; SOCIETÀ ITALIANA DI ANESTESIA ANALGESIA RIANIMAZIONE E TERAPIA INTENSIVA. Clinical ethics recommendations for the allocation of intensive care treatments, in exceptional, resource-limited circumstances. Disponível em: http://www.siaarti.it, acesso em 12 abr. 2020; ASSOCIAÇÃO MÉDICA INTENSIVA BRASILEIRA. Princípios de triagem em situações de catástrofes e as particularidades da pandemia COVID-19. Disponível em: https://www.amib.org.br/fileadmin/user_upload/amib/2020/marco/26/2603_PRINCIPIOS_DE_TRIAGEM_EM_SITUACOES_DE_CATASTROFES_E_AS_PARTICULARIDADES_DA_PANDEMIA_COVID-19__10___1_.pdf, acesso em 12 abr. 2020.
8. WILKINSON, Dominic. *Boris Johnson will be receiving the same special treatment other patients do in NHS intensive care*. Disponível em: https://theconversation.com/boris-johnson-will-be-receiving-the-same-special-treatment--other-patients-do-in-nhs-intensive-care-135897, acesso em 12 abr. 2020.

chave na condução do tratamento de pacientes com Covid-19[9] e inúmeras estratégias de comunicação foram desenvolvidas para esse momento, como o projeto inglês Vital Talks[10] e o projeto brasileiro chamado "Comunicação Difícil e Covid-19"[11], feito por uma equipe multiprofissional da área da saúde.

Passados mais de seis meses do início da pandemia, reconhece-se que a autonomia do paciente é central na condução coletiva dessa crise; contudo, a escassez de recursos não pode ser usada como fundamento para a proteção da autodeterminação do indivíduo, sob pena de a visão utilitarista prevalecer, em detrimento da visão autonomista.

Desta forma, é imperioso que o médico, no âmbito do planejamento de cuidados específico para pacientes com Covid-19, informe o paciente acerca do direito de manifestação de vontade, notadamente, sobre a aceitação ou recusa de internação em UTI, de ventilador artificial e de reanimação cardiopulmonar. Ademais, estudos evidenciam que há singularidades no tratamento da Covid-19 que necessitam ser informadas ao paciente para que ele possa decidir sobre elas no testamento vital, como o contato com os familiares e amigos diante da restrição de visitas e as especificidades das cerimônias póstumas[12]. Neste cenário, a autodeterminação do paciente deve ser protegida como um fim em si mesma e não como um meio para minimizar a escassez de recursos ou a falta de tratamentos eficazes.

4. RESPONSABILIDADE CIVIL DO MÉDICO POR DESCUMPRIMENTO DO TESTAMENTO VITAL NO CONTEXTO DA COVID-19

O testamento vital foi regulamentado pelo Conselho Federal de Medicina na resolução n.1995, publicada em 31 de agosto de 2012. A constitucionalidade dessa norma foi questionada judicialmente por meio de ação civil pública ajuizada pelo Ministério Público Federal em 2013, sob o argumento de que teria extrapolado os poderes conferidos ao CFM, impondo riscos à segurança jurídica por envolver repercussões familiares, sociais e dos direitos da personalidade. Entretanto, o pedido foi julgado improcedente por não ofender os preceitos do Código Penal, não estimular a eutanásia e não se sobrepor à Constituição Federal[13].

Apesar de inexistir lei específica sobre o tema no Brasil, o testamento vital é amparado por muitas normas constitucionais, a saber: "art. 1º, III, CF – dignidade da pessoa humana; b) art. 3º, I, CF – solidariedade social; b) art. 5º, II, III, IV, VI, VIII e X, – que estabelecem liberdades asseguradoras de autodeterminação; c) arts. 6º e 196, CF – que

---

9. CURTIS, Randall; KROSS, Erin K.; STAPLETON, Renee D. The importance of addressing advance care planning and decisions about do-not-resuscitate orders during novel coronavirus 2019 (COVID-19). *JAMA*. [Online]. Mar./2020. Disponível em: https://jamanetwork.com/journals/jama/fullarticle/2763952, acesso em 24 set. 2020.
10. VITAL TALKS. Covid-19 Communication Skills. Disponível em: https://www.vitaltalk.org/guides/covid-19-communication-skills/, acesso em 24 set. 2020.
11. CRISPIM, Douglas; et. al. *Comunicação Difícil e Covid-19*. Disponível em: https://www.sbmfc.org.br/wp-content/uploads/2020/04/comunicao-COVID-19.pdf, acesso em 24 set. 2020.
12. PREPARE. *Making a Medical Plan During COVID-19*. Disponível em: https://prepareforyourcare.org/covid-19, acesso em 12 abr. 2020.
13. MINISTÉRIO PÚBLICO FEDERAL. *Ação Civil Pública n.0001039-86.20134.01.3500*. Disponível em: http://www.prgo.mpf.gov.br/images/stories/ascom/ACP-CFM-ortotanasia.pdf. Acesso: 12 abr. 2020

tutelam o direito à saúde. Trata-se de um conjunto de dispositivos que garantem a liberdade quanto a escolhas existenciais, estabelecendo uma espécie de autorresponsabilidade que valoriza a liberdade e a autonomia quanto a essas escolhas"[14].

Sob a perspectiva infraconstitucional, fundamentam o direito à manifestação prévia de vontade acerca de cuidados, tratamentos e procedimentos médicos em situações de fim de vida os arts. 11, 13 e 15 do Código Civil que reconhecem o direito ao próprio corpo como direito de personalidade, que por sua vez não deve ser analisado a partir da ótica exclusiva da moralidade, mas da autonomia conferida constitucionalmente como instrumento garantidor e promotor da própria personalidade e dignidade da pessoa humana[15].

Pereira[16] elenca consequências benéficas, como a autodeterminação preventiva, a autonomia prospectiva e redução do impacto emocional e do medo, melhora na comunicação e na relação de confiança entre médico e paciente, preservação da dignidade humana e barreira à obstinação terapêutica.

Portanto, independente do modelo adotado ou do nome que lhe é dado[17], o testamento vital classifica-se como negócio jurídico de natureza especial, unilateral, gratuito e personalíssimo[18], sendo possível, assim, a responsabilização civil do médico quando este descumpre a vontade manifestada no testamento vital, pois as informações nele contidas buscam a proteção da vontade previamente manifestada do declarante. O respeito à autonomia e dignidade humana devem, assim, ser prioridade.

O Código de Ética Médica estabelece a vedação de práticas terapêuticas e/ou diagnósticas que violem tais direitos:

> É vedado ao médico:
> Art. 24. Deixar de garantir ao paciente o exercício do direito de decidir livremente sobre sua pessoa ou seu bem-estar, bem como exercer sua autoridade para limitá-lo.
> Art. 28. Desrespeitar o interesse e a integridade do paciente em qualquer instituição na qual esteja recolhido, independentemente da própria vontade. Infere-se que o paciente terminal, clinicamente consciente e ciente do seu prognóstico, tem o direito à liberdade de escolher uma morte...[19].

---

14. DADALTO, Luciana. GONSALVES, Nathalia Recchiutti. Testamento Vital e Responsabilidade Civil. In: KFOURI NETO, Miguel. NOGAROLLI, Rafaela. *Debates contemporâneos em direito médico e da saúde*. São Paulo: Editora Revista dos Tribunais, 2020, p. 345.
15. Op. Cit.
16. PEREIRA, André Gonçalo Dias. Direito dos pacientes e responsabilidade civil médica. Coimbra, 2014. 879 f. *Dissertação* (Doutoramento em ciências jurídico-civilísticas). Faculdade de direito, Universidade de Coimbra, p.500.
17. "Nesse contexto, é comum no Brasil hoje inúmeros juristas centrarem esforços na defesa da utilização do termo diretivas antecipadas de vontade para situações que não sejam voltadas para o fim da vida – o que é verdade, mas isso, na minha opinião, pulveriza o debate e enfraquece a discussão acerca da autonomia no fim de vida. E assim, seguimos discutindo a forma, o nome e nos esquecendo do mais importante: possibilitar que o paciente, ainda que em fim de vida, seja tratado como pessoa biográfica e não meramente como uma vida biológica." DADALTO, Luciana. O papel do testamento vital na pandemia da COVID-19. Disponível em: https://direitocivilbrasileiro.jusbrasil.com.br/artigos/829295096/o-papel-do-testamento-vital-na-pandemia-da-covid-19, acesso em 12 abr. 2020.
18. LÔBO, Paulo Luiz Netto. *Direito Civil*: Sucessões. 5. ed. São Paulo: Saraiva, 2019.
19. CONSELHO FEDERAL DE MEDICINA. *Código de Ética Médica*. Resolução nº 2217, de 27 de setembro de 2018. Disponível https://portal.cfm.org.br/images/PDF/cem2019.pdf. Acesso 12 abr. 2020

O art. 31 desse mesmo dispositivo deontológico, dispõe que ao médico não é permitido desrespeitar o direito do doente (ou representante legal) e decidir livremente sobre a execução de práticas diagnósticas ou terapêuticas. O testamento vital é, portanto, instrumento individual e inviolável, refletindo a expressão dos direitos mais íntimos e sensíveis ao indivíduo, sendo também objeto de rechaço mediante responsabilidade civil quando descumprido[20].

Todavia, é preciso ressaltar que a tomada de decisão médica no contexto da pandemia da Covid-19 adquire contorno *sui generis* quando em um cenário de escassez de recursos, pois poderá ser necessário criar protocolos com critérios objetivos para alocação destes; neste contexto, de eventual situação de descumprimento do testamento vital deverá ser analisada *in concreto*, verificando qual o comportamento esperado do médico diante da escassez de recursos, analisando, inclusive, eventual estado de necessidade

A título exemplificativo, em um contexto normal de existência de recursos a serem ofertados, caso um profissional tenha dois pacientes graves, com testamentos vitais dispondo, respectivamente, sobre desejo em receber ventilação mecânica e recusa em recebê-la, o descumprimento de quaisquer dessas vontades enseja responsabilidade civil, por desrespeitar a autonomia, autodeterminação e dignidade do paciente em fim de vida, proporcionando-lhes grande desconforto físico e moral[21], muitas vezes via tratamento excessivamente doloroso e ineficaz[22].

Embora o médico não tenha intenção de produzir resultado danoso, sobrevindo dano ao paciente após descumprimento do testamento vital, restará configurada a sua culpa. Por isso, é importante que o profissional sempre registre no prontuário as razões de cada conduta médica, estando estas sempre precedidas de consentimento informado do paciente. A ausência de checagem da existência deste documento poderá ser considerada negligência por parte do médico[23].

Contudo, no contexto de pandemia, caso um profissional tenha dois pacientes graves, com testamentos vitais dispondo, respectivamente, sobre desejo em receber ventilação mecânica e recusa em recebê-la, o descumprimento de quaisquer dessas vontades deverá ser analisado no contexto dos protocolos de alocação de recursos previamente estabelecidos, preferencialmente pelo poder público, na falta, pela instituição de saúde.

Saliente-se que a premissa desses protocolos é criar uma equipe de triagem diversa da equipe assistencial, a fim de evitar conflito de interesses. Desta feita, eventual responsabilização civil por desrespeito ao testamento vital do paciente com Covid-19 só deveria ser perquirida em face dos profissionais da triagem e, mesmo assim, apenas quando comprovado que: (i) o respeito à vontade previamente manifestada não violaria

---

20. KFOURI NETO, Miguel. *Responsabilidade Civil do médico*. 9ª ed. São Paulo: Editora Revista dos Tribunais, 2018.
21. GIFONI José Mauro Mendes. Ética e questões legais em RPC – responsabilidade civil e penal. *Medicina perioperatória*. Disponível: http://www.saj.med.br/uploaded/File/ novos_artigos/153.pdf. Acesso 12 abr. 2020
22. BENACCHIO, Marcelo. Responsabilidade civil do médico: algumas reflexões. In: NERY, Rosa Maria de Andrade, DONNINI, Rogério. Responsabilidade civil: estudos em homenagem ao professor Geraldo Camargo Viana. São Paulo: Ed. Revista dos Tribunais; 2009. p. 320-49.
23. DADALTO, Luciana. GONSALVES, Nathalia Recchiutti. Testamento Vital e Responsabilidade Civil. In: KFOURI NETO, Miguel. NOGAROLLI, Rafaela. *Direito de Saúde e Empresas Médicas*. São Paulo: Editora Revista dos Tribunais, no prelo.

o protocolo de alocação de recursos previamente estabelecido; ou (ii) o planejamento de cuidados foi inadequado, não tendo sido o paciente ou o representante legal devidamente informado pela equipe de triagem acerca da impossibilidade de cumprir as vontades manifestadas no documento, em virtude do protocolo de alocação de recursos, vigente na pandemia.

Ou seja, mesmo no contexto da Covid-19, em que o protocolo da alocação de recursos escassos tenha sido acionado pela instituição de saúde, a prioridade deve continuar sendo o respeito à autonomia do paciente, à vontade previamente manifestada no testamento vital e ao direito à informação. Sendo relevante o motivo da violação destas vontades apenas na situação concreta em que a vontade do paciente é, claramente, contrária ao interesse coletivo determinado no protocolo de alocação de recursos.

Todavia, é preciso deixar claro que eventual descumprimento do testamento vital não pode implicar em abandono terapêutico, sob pena da responsabilização civil do médico configurar-se não pelo desrespeito à vontade do paciente, mas sim pelo desrespeito ao direito de o paciente ser assistido.

Por fim, não se pode olvidar de que a premissa é de respeito ao testamento vital, sendo possível aceitar o descumprimento apenas e exclusivamente diante de situações concretas, com provas cabais de necessidade de priorização do interesse coletivo frente ao interesse individual. O descumprimento do testamento vital quando a Covid-19 se manifestou em sua forma grave, sob o argumento puro e simples de que a doença é potencialmente curável e portanto deve o médico fazer tudo para tentar salvar a vida do paciente é inconstitucional, pois prioriza a dimensão biológica da vida, desprezando a dimensão biográfica do sujeito.

5. CONSIDERAÇÕES FINAIS

A importância do testamento vital aparece em um cenário que compreende as manifestações de vontade para o fim de vida sob a perspectiva ampla da aceitação e da recusa, como duas faces de uma mesma moeda: o direito à autodeterminação que, como tal, pode ser positivo – pedido de tratamento – ou negativo – recusa de tratamento. E, nesse contexto, temos o maior desafio enfrentado desde que os documentos de manifestação prévia foram criados: como proteger, ao mesmo tempo, a autodeterminação do paciente, o interesse público diante da necessidade de alocação de recursos e os direitos e deveres dos médicos?

Nesse cenário tão complexo, não há respostas prontas e nem mesmo respostas fáceis. Contudo, há a oportunidade de pensarmos em respostas possíveis, aplicáveis a esse momento *sui generis* da humanidade e, para isso, é preciso a definição de premissas. A premissa que esse artigo defende é: é dever do médico cumprir o testamento vital do paciente com Covid-19, podendo este dever ser mitigado em situações extremas, quando comprovado que cumprir a vontade do paciente significaria descumprir o protocolo de alocação de recursos e, consequentemente, priorizar um interesse individual em face de um coletivo, o que não pode ser admitido no contexto de crise sanitária.

6. REFERÊNCIAS

ALMEIDA, Taynara Oliveira de Almeida; DADALTO, Luciana; SOUZA, Gabriela de. Planejamento antecipado de cuidados como meio garantidor da autonomia do paciente com Covid-19. In: FARIAS, Rodrigo Nóbrega; MASCARENHAS, Igor de Lucena (Org.). *Covid-19*: Saúde, Judicialização e Pandemia. Curitiba, Juruá, 2020, p.181-195.

ASSOCIAÇÃO MÉDICA INTENSIVA BRASILEIRA. *Princípios de triagem em situações de catástrofes e as particularidades da pandemia COVID-19*. Disponível em: https://www.amib.org.br/fileadmin/user_upload/amib/2020/marco/26/2603_PRINCIPIOS_DE_TRIAGEM_EM_SITUACOES_DE_CATASTROFES_E_AS_PARTICULARIDADES_DA_PANDEMIA_COVID-19__10___1_.pdf, acesso em 12 abr. 2020.

BENACCHIO, Marcelo. Responsabilidade civil do médico: algumas reflexões. In: NERY, Rosa Maria de Andrade, DONNINI, Rogério. *Responsabilidade civil*: estudos em homenagem ao professor Geraldo Camargo Viana. São Paulo: Ed. Revista dos Tribunais; 2009. p. 320-49.

BERMEJO, Aracelli Mesquita; ESPOLADOR, Rita de Cassia Resquetti Tarifa. A autodeterminação nos negócios biojurídicos: uma necessária releitura da autonomia privada sob o aspecto liberal. *Biodireito e Direitos dos Animais*, vol. 3, n. 1, p. 57-73, jan/jun 2017.

CONSELHO FEDERAL DE MEDICINA. Resolução CFM nº 1995, de 31 de agosto de 2012. Disponível em: http://www.portalmedico.org.br/resolucoes/cfm/2012/1995_2012.pdf, acesso em 12 abr. 2020.

CONSELHO FEDERAL DE MEDICINA. Código de Ética Médica. Resolução nº 2217, de 27 de setembro de 2018. Disponível em: https://portal.cfm.org.br/images/PDF/cem2019.pdf, acesso em 12 abr. 2020.

CRISPIM, Douglas; et. al. *Comunicação Difícil e Covid-19*. Disponível em: https://www.sbmfc.org.br/wp-content/uploads/2020/04/comunicao-COVID-19.pdf, acesso em 24 set. 2020.

CURTIS, Randall; KROSS, Erin K.; STAPLETON, Renee D. The importance of addressing advance care planning and decisions about do-not-resuscitate orders during novel coronavirus 2019 (COVID-19). *JAMA*. [Online]. Mar./2020. Disponível em: https://jamanetwork.com/journals/jama/fullarticle/2763952, acesso em 24 set. 2020.

DADALTO, Luciana. GONSALVES, Nathalia Recchiutti. Testamento Vital e Responsabilidade Civil. In: KFOURI NETO, Miguel. NOGAROLLI, Rafaela. *Debates contemporâneos em direito médico e da saúde.*. São Paulo: Editora Revista dos Tribunais, 2020, p. 335-364.

DADALTO, Luciana. O papel do testamento vital na pandemia da COVID-19. Disponível em: https://direitocivilbrasileiro.jusbrasil.com.br/artigos/829295096/o-papel-do-testamento-vital-na-pandemia-da-covid-19, acesso em 12 abr. 2020.

DADALTO, Luciana. Testamento Vital. 5ª ed. Indaiatuba: São Paulo, 2020.

DADALTO, Luciana. Morte digna para quem? O direito fundamental de escolha do próprio fim. In: *Revista Pensar*, Fortaleza, v. 24, n. 3, p. 1-11, jul./set. 2019.

DADALTO, Luciana. Investir ou desistir: análise da responsabilidade civil do médico na distanásia. In: MILAGRES, Marcelo; ROSENVALD, Nelson. *Responsabilidade Civil*: Novas tendências. 2 ed. Indaiatuba: Editora Foco, 2018, p.51-71.

DADALTO, Luciana; SAVOI, Cristiana. Distanásia: entre o real e o ideal. In: DADALTO, Luciana; GODINHO, Adriano Marteleto; LEITE, George Salomão. *Tratado Brasileiro sobre o Direito Fundamental à Morte Digna*. São Paulo: Almedina, 2017, p.151-165

GIFONI José Mauro Mendes. Ética e questões legais em RPC – responsabilidade civil e penal. *Medicina perioperatória*. Disponível em: http://www.saj.med.br/uploaded/File/novos_artigos/153.pdf, acesso em 12 abr. 2020

KFOURI NETO, Miguel. Responsabilidade Civil do médico. 9ª ed. São Paulo: Editora Revista dos Tribunais, 2018.

LÔBO, Paulo Luiz Netto. Direito Civil: Sucessões. 5. ed. São Paulo: Saraiva, 2019.

MABTUM, Mateus Massaro; MARCHETTO, Patricia Borba. *O debate bioético e jurídico sobre as diretivas antecipadas de vontade*. São Paulo: Cultura acadêmica, 2015.

MINISTÉRIO PÚBLICO FEDERAL. Ação Civil Pública n.0001039-86,2013,4,01,3500. Disponível em: http://www.prgo.mpf.gov.br/images/stories/ascom/ACP-CFM-ortotanasia.pdf, acesso em 12 abr. 2020.

PEREIRA, André Gonçalo Dias. *Direito dos pacientes e responsabilidade civil médica*. Coimbra, 2014. 879 f. Dissertação (Doutoramento em ciências jurídico-civilisticas). Faculdade de direito, Universidade de Coimbra.

PREPARE. *Making a Medical Plan During COVID-19*. Disponível em: https://prepareforyourcare.org/covid-19, acesso em 12 abr. 2020.

SOCIETÀ ITALIANA DI ANESTESIA ANALGESIA RIANIMAZIONE E TERAPIA INTENSIVA. *Clinical ethics recommendations for the allocation of intensive care treatments, in exceptional, resource-limited circumstances*. Disponível em: http://www.siaarti.it, acesso em 12 abr. 2020.

VITAL TALKS. *Covid-19 Communication Skills*. Disponível em: https://www.vitaltalk.org/guides/covid--19-communication-skills/, acesso em 24 set. 2020.

WILKINSON, Dominic. *Boris Johnson will be receiving the same special treatment other patients do in NHS intensive care*. Disponível em: https://theconversation.com/boris-johnson-will-be-receiving-the--same-special-treatment-other-patients-do-in-nhs-intensive-care-135897, acesso em 12 abr. 2020.

WORLD HEALTH ORGANIZATION. *Coronavirus disease (COVID-2019) situation reports*. Disponível em: https://www.who.int/emergencies/diseases/novel-coronavirus-2019/situation-reports, acesso em 12 abr. 2020.

WHITE D, FRANK J. (GeriPal – Geriatrics and Palliative care). *Rationing Life Saving Treatments in the Setting of COVID Pandemics*. Disponível em: https://www.geripal.org/2020/03/rationing-life-saving-treatments-in-COVID19.html, acesso em 12 abr. 2020.

WHITE DB. *Allocation of Scarce Critical Care Resources During a Public Health Emergency*. (Department of Critical Care Medicine, Pittsburgh University). Disponível em: https://www.ccm.pitt.edu/?q=-content/ethics-and-decision-making-critical-illness, acesso em 12 abr. 2020.

INFORMAÇÃO, PÓS-VERDADE E RESPONSABILIDADE CIVIL EM TEMPOS DE QUARENTENAS E *LOCKDOWNS*: A INTERNET E O CONTROLE DE DANOS

José Luiz de Moura Faleiros Júnior

Mestre em Direito pela Universidade Federal de Uberlândia – UFU. Especialista em Direito Processual Civil, Direito Civil e Empresarial, Direito Digital e *Compliance*. Participou de curso de extensão em direito digital da University of Chicago. Bacharel em Direito pela Universidade Federal de Uberlândia – UFU. Professor de cursos preparatórios para a prática advocatícia. Foi pesquisador do Grupo de Estudos em Direito Digital da Universidade Federal de Uberlândia – UFU. Membro do Instituto Avançado de Proteção de Dados – IAPD. Associado do Instituto Brasileiro de Estudos de Responsabilidade Civil – IBERC. Autor de obras e artigos dedicados ao estudo do direito e às suas interações com a tecnologia. Advogado.

Sumário: 1. Introdução – 2. Pandemias e as Tecnologias da Informação e Comunicação (TICs) – 3. A prevenção de riscos e danos como *telos* das funções reparatória e precaucional da responsabilidade civil – 4. Uma mitigação difusa de riscos e danos é viável? – 4.1 O papel dos provedores e o controle dos conteúdos gerados por terceiros – 4.2 A proteção de dados pessoais e sua imprescindibilidade – 5. Considerações finais – 6. Referências.

1. INTRODUÇÃO

O ano de 2020 será marcado na história pela pandemia do *SARS-Cov-2* (também identificado como *Covid-19*, ou simplesmente coronavírus), cujos impactos políticos, econômicos e sociais atingiram praticamente todas as nações do planeta, desencadeando repercussões variadas e, infelizmente, altíssimo número de fatalidades.

Fato inegável, e já percebido após alguns meses desde que se anunciou o primeiro caso de contaminação, é que a Internet se tornou elemento nuclear de um novo "modo de vida", que epitomiza a 'sociedade da informação' e consagra, nessa época de quarentenas e *lockdowns*, novas interações sociais. É a "vida *online*" (ou *Onlife*, para citar o amálgama léxico cunhado por Luciano Floridi[1]), elemento absolutamente novo na dinâmica de uma reação global a um evento pandêmico que, se comparado a exemplos históricos similares, como a "gripe espanhola de 1918", tem o potencial de mudar por completo o desfecho situacional projetado.

---

1. FLORIDI, Luciano. Introduction. *In*: FLORIDI, Luciano (Ed.). *The onlife manifesto*: being human in a hyperconnected era. Cham: Springer, 2015, p. 1. O autor explica: "We decided to adopt the neologism "onlife" that I had coined in the past in order to refer to the new experience of a hyperconnected reality within which it is no longer sensible to ask whether one may be online or offline."

Se a prevenção é festejada e vista como catalisadora de uma responsabilidade civil alinhada aos propósitos de justiça na contemporaneidade, não há dúvidas de que a função preventiva, alinhada ao mapeamento de riscos, pode ser propulsionada pela hiperconectividade da *web*, e comportamentos podem ser motivados pelo bom uso das funcionalidades comunicacionais por ela propiciadas.

Sem ter a pretensão de esgotar este complexo tema, que absorve aspectos da sociologia, da filosofia da tecnologia, da filosofia da informação, da psicologia, da antropologia e do direito, opta-se pelo recorte metodológico quanto à investigação das potencialidades da Internet para a responsabilização civil por atos que podem interferir no desfecho precaucional frente à pandemia noticiada.

Pelo método hipotético-dedutivo, construir-se-á breve acervo de conjecturas que se interseccionam para, ao final, apontar-se uma conclusão voltada à inescapabilidade da hiperconectividade e à imperatividade de sua releitura para o melhor desfecho do evento sob análise.

2. PANDEMIAS E AS TECNOLOGIAS DA INFORMAÇÃO E COMUNICAÇÃO (TICS)

Os chamados nidovírus, como a *SARS-CoV* (*Severe Acute Respiratory Syndrome*), de 2003, e a *MERS-CoV* (*Middle Eastern Respiratory Syndrome*), de 2012, são exemplos relativamente recentes e já amplamente estudados de doenças com alto potencial de propagação, mas de difícil mapeamento, uma vez que surgem em diversas espécies de animais.[2] Porém, o *SARS-CoV-2* (doravante nomeado apenas de *Covid-19*) é o mais recente exemplo de nidovírus a se propagar pelo planeta – e suas consequências (inclusive jurídicas) já são amplamente sentidas em todo o globo.[3]

É, sem dúvidas, um evento sem precedentes, e o que se nota é uma coalizão global para que medidas de contenção e mitigação sejam tomadas. Quarentenas e *lockdowns* são os exemplos mais emblemáticos de reações imediatas à eclosão da propagação viral e, no primeiro trimestre de 2020, chegaram a afetar um terço da população do planeta.[4] Mais do que nunca, a informação se tornou fundamental para difundir a necessária conscientização frente a uma situação de tamanhas proporções – e a Internet se tornou grande aliada dos cidadãos confinados em seus lares para se manterem, de alguma forma, conectados ao ambiente externo.

---

2. ZIEBUHR, John. Preface. *In:* ZIEBUHR, John (Ed.). *Coronaviruses*. Advances in virus research, v. 96. Cambridge: Elsevier/Academic Press, 2016, p. xiv. Diz o autor: "Additional interest in studying coronaviruses was sparked by two newly emerging zoonotic coronaviruses, SARS-CoV and MERS-CoV, that are able to cause severe or even fatal respiratory disease in humans. Over the past few years, a large number of previously unknown corona and related nidoviruses were discovered in mammals, birds, insects, fish, and reptiles, while other studies provided a wealth of new information on the biology and pathogenesis of human and animal coronaviruses. In several cases, the studies also revealed unique properties not reported previously for other RNA viruses outside the Nidovirales."
3. Para maiores detalhes, confira-se: NOGAROLI, Rafaella. Breves reflexões sobre a pandemia do coronavírus (Covid-19) e alguns reflexos no direito médico e da saúde. *Revista dos Tribunais*, São Paulo, v. 1015, maio 2020.
4. KAPLAN, Juliana; FRIAS, Lauren; McFALL-JOHNSEN, Morgan. A third of the global population is on coronavirus lockdown — here's our constantly updated list of countries and restrictions. *Business Insider*, 9 abr. 2020. Disponível em: https://www.businessinsider.com/countries-on-lockdown-coronavirus-italy-2020-3. Acesso em 25 set. 2020.

Estudos estimam que 56% da população adulta do planeta já possui acesso à Internet[5], e esse cenário tende a se elevar com a difusão cada vez maior da tecnologia em tempos de hiperconectividade e no limiar da implementação da tecnologia 5G.[6]

Foi pensando nesse contexto de acelerada evolução comunicacional que o filósofo italiano Luciano Floridi anteviu um novo modelo de vida, que batizou de *"Onlife"*, marcado pela proeminência das Tecnologias da Informação e Comunicação (TICs), cujo potencial ultrapassa as fronteiras nacionais e permite que uma informação se propague a nível global, moldando comportamentos e reações da coletividade sem qualquer controle central, mas acarretando, dentre outras consequências, percepções próprias e uma quase instantânea noção de pertencimento: "Você só precisa verificar a 'esclerose múltipla' no YouTube, por exemplo, para avaliar como as TICs podem facilmente moldar e transformar nosso senso de pertencimento a uma comunidade de pacientes e cuidadores".[7]

Na síntese de Ugo Pagallo:

> O significado dessa enorme transformação, do ponto de vista jurídico e político, pode ser ilustrado com a natureza onipresente das informações na Internet. O fluxo dessas informações transcende as fronteiras convencionais dos sistemas jurídicos nacionais, como mostram os casos que os estudiosos abordam como parte de seu trabalho cotidiano nos campos das leis relacionadas à tecnologia da informação (TI), ou seja, proteção de dados, crimes informáticos, direitos autorais digitais, comércio eletrônico e assim por diante. Esse fluxo de informações põe em risco as suposições tradicionais do pensamento jurídico e político, aumentando a complexidade das sociedades humanas. As sociedades orientadas pelas TICs são de fato caracterizadas por um comportamento coletivo, que emerge de grandes redes de componentes individuais, sem controle central ou regras simples de operação. Além disso, esses sistemas apresentam um sofisticado processamento de sinalização e informação, através do qual se adaptam ao ambiente e, além do mais, ordens espontâneas evoluem com essa complexidade informacional.[8]

---

5. BIKUS, Zach. Internet access at new high worldwide before pandemic. *Gallup*, 8 abr. 2020. Disponível em: https://news.gallup.com/poll/307784/internet-access-new-high-worldwide-pandemic.aspx. Acesso em: 25 set. 2020.
6. BADIC, Biljana; DREWES, Christian; KARLS, Ingolf; MUECK, Markus. *Rolling out 5G*: use cases, applications, and technology solutions. Nova York: Apress, 2016, p. 39-40. Anotam os autores: "5G will be driven by completely new services and requirements. It is expected that there will be billions of connected objects by 2020 and data rates of several Gb/s, supporting the individual user experience at low latency and response time. (...) The content and the number of applications will dramatically increase in the next years. Enhanced camera resolution, 3D imaging, and increased screen resolution are only a few factors driving the completely new requirement sets for 5G. Always-on connectivity and push services for applications like streaming services, interactive video, and games have to be guaranteed."
7. FLORIDI, Luciano. *The 4th Revolution*: how the infosphere is reshaping human reality. Oxford: Oxford University Press, 2014, p. 78, tradução livre. No original: "You only need to check 'multiple sclerosis' on YouTube, for example, to appreciate how easily and significantly ICTs can shape and transform our sense of belonging to a community of patients and carers."
8. PAGALLO, Ugo. Good onlife governance: on law, spontaneous orders, and design. *In:* FLORIDI, Luciano (Ed.). *The onlife manifesto*: being human in a hyperconnected era. Cham: Springer, 2015, p. 161-162, tradução livre. No original: "What this huge transformation means, from a legal and political viewpoint, can be illustrated with the ubiquitous nature of the information on the internet. The flow of this information transcends conventional boundaries of national legal systems, as shown by cases that scholars address as a part of their everyday work in the fields of information technology (IT)-Law, i.e., data protection, computer crimes, digital copyright, e-commerce, and so forth. This flow of information jeopardizes traditional assumptions of legal and political thought, by increasing the complexity of human societies. ICTs-driven societies are in fact characterized by a collective behaviour, which emerges from large networks of individual components, without central control, or simple rules of operation. In addition, these systems present a sophisticated signalling and information processing, through which they adapt to the environment and, what is more, spontaneous orders evolve through such informational complexity."

Mas... O que isso muda em relação às experiências do passado? Bem, se a disseminação de doenças em grande escala é capaz de causar impactos históricos nas sociedades, na economia e na cultura, também as comunicações e o direito são capazes de contribuir para profundas mudanças.

Traçando um brevíssimo paralelo com a "gripe espanhola" de 1918, é possível extrair algumas conclusões interessantes, a começar pelo fato de, a despeito do nome, a referida pandemia não ter se iniciado na Espanha![9-10] O nome se popularizou justamente em razão da maior liberdade de imprensa que o referido país garantia na época, a ponto de, por noticiá-la com maior frequência, ter seu nome a ela vinculado.

Essa influência dos meios de comunicação da época sobre a percepção do público não é um fenômeno pouco estudado. Herbert Schiller sempre foi uma voz eloquente quanto às corporações que criam, processam, refinam e presidem a circulação de imagens e informações que determinam crenças, atitudes e comportamentos, sempre se atentando aos progressos que o avanço tecnológico propiciou para as TICs:

> Não há dúvida de que informações estão sendo geradas agora, mais do que nunca. Não há dúvida também de que o mecanismo para gerar essas informações, armazená-las, recuperá-las, processá-las e divulgá-las é de qualidade e caráter nunca antes disponíveis. A infraestrutura real de criação, armazenamento e disseminação de informações é notável.[11]

Ao longo de cem anos, a humanidade acompanhou a evolução da criatividade humana, como diz McLuhan[12], o que propiciou o desenvolvimento de tecnologias (especialmente no ramo das comunicações, como o rádio e o telégrafo) capazes de mudar drasticamente a sociedade já nos primeiros cinquenta anos do século. Se, com alguma liberdade de imprensa, um século atrás, a percepção global sobre os efeitos de uma pandemia culminou em dúvidas sobre sua verdadeira origem, a ponto de se imputar nomenclatura imprecisa e ignominiosa à doença (vinculando-a inadequadamente ao povo espanhol), imagine-se quais podem ser os efeitos deletérios (a despeito de outros

---

9. Há certa controvérsia sobre sua origem: entre 1918 e 1920, pode ter se originado no Kansas, Estados Unidos da América, onde se teve a primeira confirmação de morte pelo vírus, em 4 de março de 1918; porém, também se especula que pode ter surgido em Étaples, França. Para mais: OXFORD, John S.; LAMBKIN, Robert; SEFTON, Armine *et al*. A hypothesis: the conjunction of soldiers, gas, pigs, ducks, geese and horses in Northern France during the Great War provided the conditions for the emergence of the "Spanish" influenza pandemic of 1918–1919. *Vaccine*, Londres: Elsevier, v. 23, p. 940-945, 2005.
10. BARRY, John M. *The Great Influenza*: the epic story of the greatest plague in history. Nova York: Viking Press, 2004, p. 171
11. SCHILLER, Herbert I. The communications revolution: who benefits? *Media Development*, Nova York, v. 30, n. 4, p. 18-20, 1983, tradução livre. No original: "There is no doubt that more information is being generated now than ever before. There is no doubt also that the machinery to generate this information, to store, retrieve, process and disseminate it, is of a quality and character never before available. The actual infrastructure of information creating, storage and dissemination is remarkable."
12. McLUHAN, H. Marshall. *Os meios de comunicação como extensões do homem*. Tradução de Décio Pignatari. São Paulo: Cultrix, 2007, p. 84. Com efeito: "Os novos meios e tecnologias pelos quais nos ampliamos e prolongamos constituem vastas cirurgias coletivas levadas a efeito no corpo social com o mais completo desdém pelos anestésicos. Se as intervenções se impõem, a inevitabilidade de contaminar todo o sistema tem de ser levada em conta. Ao se operar uma sociedade com uma nova tecnologia, a área que sofre a incisão não é a mais afetada. A área da incisão e do impacto fica entorpecida. O sistema inteiro é que muda. O efeito do rádio é auditivo, o efeito da fotografia é visual. Qualquer impacto altera as *ratios* de todos os sentidos. O que procuramos hoje é controlar esses deslocamentos das proporções sensoriais da visão social e psíquica (...)."

efeitos alvissareiros) do cenário oposto, em que se tem amplíssima difusão informacional, a Internet das Coisas operando em sua plenitude e algoritmos de Inteligência Artificial auxiliando em todos os processos informacionais!

Tentar-se-á traçar um breve panorama desse inquietante contexto.

3. A PREVENÇÃO DE RISCOS E DANOS COMO *TELOS* DAS FUNÇÕES REPARATÓRIA E PRECAUCIONAL DA RESPONSABILIDADE CIVIL

Na medida em que "o fenômeno jurídico deve ser expandido para além da dimensão institucional factual (autoritativo e coercitivo) para o fim de incluir como parte do direito uma faceta ética ou de correção moral"[13], a prevenção passa a ser o novo *telos* das funções da responsabilidade civil, particularmente da reparatória e da precaucional, voltadas à prevenção de danos e de riscos.[14]

Segundo Ricardo Dal Pizzol:

Em tese, a prevenção de novos danos poderia ser obtida de duas formas: (*a*) pelo efeito dissuasivo decorrente da aplicação da sanção indenização após a ocorrência dos danos (*deterrence*); (*b*) por atividades inibitórias desenvolvidas antes mesmo da ocorrência de danos. Essas duas formas de prevenção correspondem, de forma aproximada, às funções (*ii*) [dissuadir os agentes da prática de novos danos] e (*iii*) [prevenir a ocorrência dos danos], mencionadas no início desde item.[15]

A nível global, a ideia de que catástrofes poderiam vir a assolar a humanidade já foi analisada por Ulrich Beck[16], em sua clássica obra sobre a 'sociedade de risco', posteriormente expandida para o panorama do 'mundo em risco'[17], ocupando-se de diferenciar os conceitos de risco e catástrofe[18], a princípio quanto ao aspecto ambiental[19], e, posteriormente, quanto aos novos riscos. E, nesse contexto, as discussões passam a permear uma preocupação muito grande com o papel da responsabilidade civil, pois, "se mudam

---

13. BONNA, Alexandre Pereira. A crise ética da responsabilidade civil: desafios e perspectivas. *Quaestio Iuris*, Rio de Janeiro, v. 11, n. 1, p. 365-382, jan./jun. 2018, p. 380.
14. Com efeito: "Ao efetuarmos a tripartição funcional da responsabilidade civil em reparatória, punitiva e precaucional, abstemo-nos de conferir a qualquer uma delas, com exclusividade, a qualificação de 'função preventiva'. A prevenção *lato sensu* é um dos quatro princípios regentes da responsabilidade civil e inafastável consequência da aplicação de qualquer uma das três funções estudadas. (...) Em suma, podemos afirmar que, na função reparatória a indenização é acrescida a uma 'prevenção de danos'; na função punitiva, a pena civil é acrescida a uma 'prevenção de ilícitos'; enquanto na função precaucional, a sanção é acrescida a uma 'prevenção de riscos'." (FARIAS, Cristiano Chaves de; ROSENVALD, Nelson; BRAGA NETTO, Felipe Peixoto. *Curso de direito civil*: responsabilidade civil, v. 3. Salvador: Juspodivm, 2019, p. 79)
15. DAL PIZZOL, Ricardo. *Responsabilidade civil*: funções punitiva e preventiva. Indaiatuba: Foco, 2020, p. 270.
16. BECK, Ulrich. *Risk society*: towards a new modernity. Tradução do alemão para o inglês de Mark Ritter. Londres: Sage Publications, 1992, p. 155. O autor analisa o seguinte: "If we were previously concerned with externally caused dangers (from the gods or nature), the historically novel quality of today's risks derives from internal decision. They depend on a simultaneously scientific and social construction. Science is one of the causes, the medium of definition and the source of solutions to risks, and by virtue of that very fact it opens new markets of scientization for itself."
17. BECK, Ulrich. *World at risk*. Tradução do alemão para o inglês de Ciaran Cronin. Cambridge: Polity Press, 2007, p. 9-11.
18. Analisando os impactos catastróficos de determinados danos, conferir, por todos: SANTOS, Romualdo Baptista dos. *Responsabilidade civil por dano enorme*. Porto: Juruá, 2018, p. 173-187.
19. Nesse particular, conferir, ainda: CAPRA, Fritjof; MATTEI, Ugo. *A revolução ecojurídica*: o direito sistêmico em sintonia com a natureza e a comunidade. Tradução de Jeferson Luiz Camargo. São Paulo: Cultrix, 2018, p. 239 *et seq*.

o contexto social e o objeto de preocupação dos operadores, logicamente os parâmetros tradicionais que serviam de pressupostos de configuração do dever de indenizar devem ser repensados".[20]

A difusão da informação se torna importantíssima nesse contexto, pois é a partir dela que se concebe a transmissão quase imediata de alertas sobre os riscos de um evento de grandes proporções danosas – além de moldar os medos e as reações a isso.[21] Ademais, é pelos fluxos informacionais que são veiculados comandos estatais, como as limitações à circulação, o fechamento do comércio e de outras atividades não essenciais, e até mesmo as atualizações sobre o avanço da crise pandêmica.

O debate passa a englobar, nesse sentido, uma verdadeira mudança de paradigma. E mudanças são, na essência, fenômenos capazes de remodelar as estruturas de previsibilidade (ou até de inevitabilidade, como anota Sunstein[22]) do que está por vir. E a Internet oferece uma dinâmica sem precedentes do ponto de vista comunicacional. A partir disso, danos são evitados ou mitigados, o que gera reflexos sobre o papel da responsabilidade civil – desejadamente evitável. Exemplo disso é o uso da Rede para o monitoramento de grandes aglomerações a partir do cruzamento de dados colhidos de operadoras de telefonia móvel, algo que já havia sido testado no Reino Unido durante a pandemia da *Influenza H1N1*, em 2009[23], e que vem sendo adotado até mesmo no Brasil, sendo do Simi-SP – iniciativa liderada pelo Estado de São Paulo – o exemplo mais emblemático dessa tendência.[24-25]

A evolução tecnológica galopante mudou completamente os parâmetros de aferição comunicacional existentes em 2020, em comparação a 2009. Sem dúvidas, o rastreamento via rede móvel poderia contemplar quase toda a população adulta do Brasil, principalmente se o objetivo for somente verificar se há aglomerações de pessoas. Não há dúvidas de que a tecnologia é efetiva. Por outro lado, em tempos de propagação viral, se o escopo for identificar se uma pessoa contaminada interagiu com outras, o rastreamento via *app* é mais eficaz, pois, mais do que a análise da geolocalização (em si considerada), pratica-se

---

20. EHRHARDT JÚNIOR, Marcos. Apontamentos para uma teoria geral da responsabilidade civil no Brasil. In: ROSENVALD, Nelson; MILAGRES, Marcelo (Coords.). *Responsabilidade civil*: novas tendências. 2. ed. Indaiatuba: Foco, 2018, p. 68.
21. DE LA GARZA, Alejandro. How social media is shaping our fears of – and response to – the coronavirus. *Time*, 16 mar. 2020. Disponível em: https://time.com/5802802/social-media-coronavirus/. Acesso em: 25 set. 2020.
22. SUNSTEIN, Cass R. *How change happens*. Cambridge: The MIT Press, 2019, p. 273. Anota: "Human beings like patterns. Our minds work by seeing them, whether or not they are really there. When an individual life has taken a particular shape, and when a society has gone in specific direction, we tend to think that it was all inevitable—as if various pieces fit together. After the fact, we can see that they do."
23. TILSTON, Natasha L.; EAMES, Ken T.D.; PAOLOTTI, Daniela *et al*. Internet-based surveillance of Influenza-like-illness in the UK during the 2009 H1N1 influenza pandemic. *BMC Public Health*, Londres, v. 10, p. 650-659, 2010.
24. No Estado de São Paulo, por exemplo, uma parceria do Governo do Estado com as operadoras Vivo, Claro, Oi e TIM passou a alimentar um sistema denominado Simi-SP, sob a seguinte justificativa: "Com o Simi-SP, o Governo de São Paulo pode consultar informações georreferenciadas de mobilidade urbana em tempo real nos municípios paulistas. Para garantir a privacidade de cada cidadão, o monitoramento é feito com base em dados coletivos coletados em aglomerados a partir de 30 mil pessoas." Para mais detalhes: SÃO PAULO. *Sistema de Monitoramento Inteligente*. https://www.saopaulo.sp.gov.br/planosp/simi/. Acesso em: 25 set. 2020.
25. Conferir, ademais: MARTINS, Guilherme Magalhães; LONGHI, João Victor Rozatti; FALEIROS JÚNIOR, José Luiz de Moura. A pandemia da covid-19, o "profiling" e a Lei Geral de Proteção de Dados. *Migalhas*, 28 abr. 2020. Disponível em: http://s.migalhas.com.br/S/E42739. Acesso em: 25 set. 2020.

o cruzamento de dados, atrelado a técnicas de *machine learning*, naquilo que a doutrina vem denominando de *geoweb*.[26]

Surge, nesse contexto, uma preocupação com o perfilamento ("*profiling*", como se costuma denominar em inglês), levado a efeito a partir de técnicas que se dedicam a obter "uma 'metainformação', que consistiria numa síntese dos hábitos, preferências pessoais e outros registros da vida desta pessoa, (...) [sendo que] o resultado pode ser utilizado para traçar um quadro das tendências de futuras decisões, comportamentos e destino de uma pessoa ou grupo."[27]

Nota-se que dados podem ser coletados, catalogados, tratados, armazenados e, em linhas mais amplas, utilizados para identificar zonas de risco, locais onde há maior concentração de pessoas (ainda que potencialmente) e até mesmo para acompanhamento estatístico de pessoas contaminadas, internadas, recuperadas ou que tiveram suas vidas ceifadas pelo temido vírus.

Seria a Internet, portanto, imprescindível componente de uma responsabilidade civil catalisada pela prevenção? A diminuição do número de fatalidades pelo simples fato de se reduzir a exposição em larga escala da população ao convívio social – e ao possível contágio pelo vírus – é uma constatação matemática. O primeiro relatório do Imperial College de Londres, renomada instituição responsável pelo acompanhamento das medidas de contenção e mitigação dos impactos do coronavírus de 2020, foi divulgado em 17 de janeiro. Desde então, vários outros *reports* foram elaborados e divulgados, demonstrando a evolução das medidas adotadas em todo o globo. Até a primeira semana de abril de 2020 eram 14 relatórios, todos com números e gráficos que demonstram que o isolamento social é salutar para evitar a sobrecarga dos sistemas de saúde no mundo todo.[28]

Tecnologia e inovação são empolgantes, à primeira vista. Parecem denotar vantagens tão grandes que eventuais desvantagens seriam imperceptíveis.

Porém, há um lado nefasto da amplitude comunicacional que, embora não possa ser atribuído aos sistemas e plataformas, mas, sim, à imprudência e à falta de controles e filtros de quem deles se utiliza, causa inegáveis danos: desde que se anunciou a pandemia do coronavírus, uma busca global por vacinas se desencadeou; esperanças foram sensibilizadas a ponto de se cogitar de inúmeras propostas, aparentemente milagrosas, para a superação dos efeitos do vírus.

No Irã, por exemplo, a Internet foi utilizada para divulgar a informação de que o metanol combateria o vírus, o que levou centenas de pessoas a consumirem a substância de forma inadvertida, sem segurança ou embasamento científico quanto a seus potenciais de cura. O resultado? Quase quinhentas mortes e quase três mil contaminados.[29] Este

---

26. ABERNATHY, David Ray. *Using geodata and geolocation in the social sciences*: mapping our connected world. Londres: Sage Publications, 2017, p. 315 *et seq*.
27. DONEDA, Danilo. *Da privacidade à proteção dos dados pessoais*: elementos da formação da Lei Geral de Proteção de Dados. 2. ed. São Paulo: Thomson Reuters Brasil, 2019, p. 151.
28. IMPERIAL COLLEGE LONDON. *COVID-19 Reports*. Disponível em: https://www.imperial.ac.uk/mrc-global-infectious-disease-analysis/covid-19/. Acesso em: 25 set. 2020.
29. TREW, Bel. Coronavirus: Hundreds dead in Iran from drinking methanol amid fake reports it cures disease. *The Independent*, 27 mar. 2020. Disponível em: https://www.independent.co.uk/news/world/middle-east/iran-coronavirus-methanol-drink-cure-deaths-fake-a9429956.html. Acesso em: 25 set. 2020. Consta da matéria o seguinte:

é um cenário devastador, propiciado pela desinformação e pelo mau uso da Internet. A ferramenta que deveria prevenir danos, contribuiu para causá-los.

O exemplo não é isolado: na Rússia, iniciou-se o boato de que uma substância utilizada no período soviético, denominada Arbidol, poderia curar a infecção por coronavírus. A referida substância não é aprovada, mas um cidadão italiano chamado Paolo Gellano, que viajava por Moscou, teve contato com a informação e gravou um vídeo em sua conta no Facebook, que 'viralizou' após ser compartilhado por dezenas de milhares de pessoas, inclusive por um senador da Itália, Elio Lanutti[30], levando a uma busca desenfreada pelo fármaco e até mesmo a testes oficiais na China[31]. Ocorre que diversos estudos, inclusive russos, já comprovaram sua absoluta ineficácia até mesmo contra gripes mais leves.[32]

Outras 'soluções milagrosas' foram amplamente divulgadas na rede, como a *cloroquina*, utilizada para o tratamento da malária, e a *Kaletra*, utilizada para o tratamento do HIV. Nenhuma delas, contudo, se demonstrou eficaz até o momento.[33] A *hidroxicloroquina*, versão mais branda da primeira, também foi amplamente divulgada como uma cura, no Brasil, levando a uma escassez do medicamento nas farmácias, o que colocou em risco pacientes que dele dependem para o tratamento de outas enfermidades, como o reumatismo e lúpus.[34]

No direito médico, grande preocupação surgiu quando às consequências da prescrição *off-label* de medicamentos. Sobre o tema, Flaviana Rampazzo Soares e Luciana Dadalto anotam que:

"Hundreds of Iranians have reportedly died and more than 1000 fallen ill after consuming methanol amid false rumours that it can help cure the disease caused by the coronavirus. (...) In a desperate search for a cure, families have been turning to fake remedies that have spread across social media, including alcohol, which is banned in the Islamic Republic. According to Iranian media, almost 300 people have been killed by ingesting methanol. An Iranian doctor helping the health ministry told the Associated Press that the extent of the problem was even greater, and estimated the death toll at 480, with 2,850 people ill." Ainda, comentando o mau uso das mídias sociais: "This avoidable disaster illustrates the danger of social media. Iranian social media promoted a report in British media of a schoolteacher who "cured" his coronavirus infection with whisky and honey. Government guidelines also encouraged the use of alcohol-based sanitisers against the virus. Unhappily a number of people concluded that drinking high-proof alcohol could kill the disease. And, living in a country where alcoholic beverages are banned, they were not aware of the difference between methyl and ethyl alcohol. Local manufacturers of methanol add colouring to the liquid as a precaution, but black market suppliers add bleach to remove the colour." (COOK, Michael. Iran's coronavirus disaster compounded by fake remedy. *BioEdge*, 5 abr. 2020. Disponível em: https://www.bioedge.org/mobile/view/irans-coronavirus-disaster-compounded-by-fake-remedy/13393. Acesso em: 25 set. 2020.

30. COCKERELL, Isabel. The campaign to promote a mysterious Soviet-era drug as a coronavirus miracle cure. *Coda*, 2 abr. 2020. Disponível em: https://www.codastory.com/waronscience/arbidol-fake-coronavirus-cure/. Acesso em: 25 set. 2020.
31. SINELSCHIKOVA, Yekaterina. China to treat coronavirus with a Soviet drug that even Russia has doubts about. *Russia Beyond*, 21 fev. 2020. Disponível em: https://www.rbth.com/lifestyle/331736-china-coronavirus-russian--arbidol. Acesso em: 25 set. 2020.
32. CHEN, Chang; HUANG, Jianying, YIN, Ping *et al*. Favipiravir versus Arbidol for COVID-19: A Randomized Clinical Trial. *medRXiv Preprints*, 8 abr. 2020. Disponível em: https://doi.org/10.1101/2020.03.17.20037432. Acesso em: 25 set. 2020.
33. LIU, Angus. Top COVID-19 aspirants chloroquine, AbbVie's Kaletra and a flu drug disappoint in clinical tests. *FiercePharma*, 24 mar. 2020. Disponível em: https://www.fiercepharma.com/pharma-asia/top-covid-19-aspirants-chloroquine-abbvie-s-kaletra-and-a-flu-drug-disappoint-clinical. Acesso em: 25 set. 2020.
34. Confira-se, por exemplo: WATANABE, Phillipe; PAMPLONA, Nicola. Pacientes que usam hidroxicloroquina já não acham o remédio em farmácias. *Folha de S. Paulo*, 19 mar. 2020. Disponível em: https://folha.com/drmc2z8f. Acesso em: 25 set. 2020; MOURA, Laura. Pacientes denunciam falta de cloroquina em Teresina e conselho diz que farmácias estão sendo reabastecidas. *G1 Piauí*, 24 mar. 2020. Disponível em: https://glo.bo/2VxbPAL. Acesso em: 25 set. 2020.

Adicionalmente, no âmbito da prescrição *off-label*, é possível concluir que há duas situações distintas a considerar: primeiro, o uso dessa ferramenta em situação de não pandemia, que deve ser considerado mais restrito, para o qual demanda-se que seja realizado de forma individualizada, apenas na ausência de medicamento específico e somente se o seu uso for considerado necessário, e não apenas conveniente, sob adequado consentimento do paciente ou autorização mediante representação ou assistência. (...) Na segunda situação, tem-se a hipótese de pandemia, que apresenta diferentes graus de avaliação quanto ao que seja considerado como conduta lícita, conforme seja mais recente ou menos recente: sendo mais recente, menos tempo houve para pesquisas quanto ao modo de atendimento e tratamento a ser dispensado ao paciente, motivo por que o médico tem maior liberdade na prescrição *off-label*, desde que obedecidos os requisitos mencionados (...).[35]

A ânsia por uma cura leva a precipitações, afoitamento e negligência, e conteúdos geradores de desinformação, por vezes, 'viralizam' e causam histeria coletiva, gerando danos, ao invés de preveni-los. Este é o lado nefasto da hiperconectividade, e seus impactos já foram sentidos durante a pandemia da Covid-19, como ilustram os exemplos acima.

Para além do labor médico, resta saber se a responsabilidade civil, nesse exato cenário, poderia atender à finalidade preventiva que lhe é tão cara[36], prevenindo, por exemplo, a desinformação em um momento no qual o acesso à informação é imprescindível. Em tempos de pós-verdade, "o recuo em relação à ciência se torna perigoso quando ameaça a saúde pública ou a segurança dos outros."[37] A missão aparentemente paradoxal revela a urgência da discussão e promove um importante debate sobre o papel do referido instituto jurídico na sociedade da informação.

Seria a cooperação global uma solução para todos os problemas que podem atingir frontalmente a humanidade? Seria viável uma coalizão transfronteiriça em que os recursos necessários podem ser mobilizados também para soluções locais, que vão desde o conhecimento médico, passando por estratégias de contenção e controle até a proclamação de normas globais projetadas para estabilizar a confiança e, consequentemente, os mercados?

Segundo Ulrich Beck:

> Aqui, novamente, encontramos a lei da produção de valor agregado político na era global: a cooperação transnacional é a condição prévia para uma gestão de risco nacional e local bem-sucedida. Não insistindo na autonomia local e na soberania nacional, mas, pelo contrário, apenas violando-as expressamente, poderia ser mobilizada a soma de capacidades que, em última análise, possibilitou encontrar o caminho mais curto para soluções de problemas regionais através de desvios globais. (...) Os riscos à saúde se transformam em ameaças à economia nacional (perda de empregos, perda de riqueza etc.), que por sua vez comprometem os direitos básicos políticos e civis, com o resultado de que os estados autoritários,

---

35. SOARES, Flaviana Rampazzo; DADALTO, Luciana. Responsabilidade médica e prescrição *off-label* de medicamentos no tratamento da Covid-19. *Revista IBERC*, Belo Horizonte, v. 3, n. 2, p. 1-22, maio/ago. 2020, p. 20.
36. Na doutrina nacional, Thaís Venturi propugna a refundação da responsabilidade civil, em verdadeiro realce à sua função preventiva: VENTURI, Thaís G. Pascoaloto. *A função preventiva da responsabilidade civil*. São Paulo: Malheiros, 2014.
37. D'ANCONA, Matthew. *Pós-verdade*: a nova guerra contra os fatos em tempos de fake news. Tradução de Carlos Szlak. Barueri: Faro Editorial, 2019, p. 68.

em particular, são capazes de 'revisar' sua autoridade precária e legitimidade através da 'luta contra o risco'. A preocupação com a segurança e a exploração política do medo permitem aos estados apelar para instituições globais e seus requisitos para violar as liberdades individuais sem medo de protestos ou protestos. Isso leva a uma 'globalização interna' da política nacional de risco.[38]

Parece utopia pensar em uma iniciativa globalista coesa e capaz de mudar, em pouquíssimo tempo, o atual cenário da pandemia instalada pela Covid-19. Diferenças políticas, culturais, econômicas e jurídicas impedem iniciativas dessa estirpe de se materializar com brevidade. Nesse contexto, como registra Nelson Rosenvald, "[o] sistema de responsabilidade civil não pode manter uma neutralidade perante valores juridicamente relevantes em um dado momento histórico e social."[39]

A despeito disso, adverte Mafalda Miranda Barbosa:

> (...) a responsabilidade civil não será apta a repor o equilíbrio quebrado em muitas situações. Ela só poderá intervir quando o sujeito, como o seu comportamento, aumente o risco conatural a uma pandemia, por um lado, e, por outro lado, deve ficar circunscrita ao âmbito de proteção dos deveres preteridos, surjam eles por força do princípio da responsabilidade pessoal (pelo outro), resultem eles de normas legais aplicáveis à situação.[40]

Se a Internet pode ser utilizada para a proliferação de bons comportamentos e para o fomento à prevenção, quando utilizada para outros fins (ilícitos[41], ainda que inadvertidos), como a propagação de informações inverídicas e o anúncio irresponsável de pretensas curas, ter-se-á o acirramento dos riscos inerentes à própria situação de pandemia. Nas linhas do excerto acima transcrito, correta a constatação de que, preteridos deveres, a responsabilidade pessoal pelo outro poderá desencadear efeitos a serem solucionados pela responsabilidade civil, em sua tradicional função reparatória.

---

38. BECK, Ulrich. *World at risk*. Tradução do alemão para o inglês de Ciaran Cronin. Cambridge: Polity Press, 2007, p. 175-176, tradução livre. No original: "Here we again encounter the law of the production of political added value in the global era: transnational cooperation is the precondition for successful national and local risk management. Not by insisting on local autonomy and national sovereignty but, on the contrary, only by expressly violating them could the sum of capabilities be mobilized that ultimately made it possible to find the shortest route to solutions to regional problems via global detours. (...) Health risks mutate into threats to the national economy (job losses, loss of wealth, etc.), which in turn jeopardize political and civil basic rights, with the result that authoritarian states in particular are able to 'overhaul' their precarious authority and legitimacy through the 'struggle against risk'. The preoccupation with security and the political exploitation of fear enable states to appeal to global institutions and their requirements to violate individual liberties without any fear of outcry or protest. This leads to an 'internal globalization' of national risk policy."
39. ROSENVALD, Nelson. *As funções da responsabilidade civil*: a reparação e a pena civil. São Paulo: Atlas, 2013, p. 79. E prossegue: "No estágio da cultura do Brasil da segunda dezena do terceiro milênio, a responsabilidade civil pode se prestar a um papel preventivo de grande importância, sem qualquer demérito à técnica compensatória. A par de rígidos esquemas formais na base do *all or nothing*, em determinadas circunstâncias particularizadas (...) haverá a necessidade do ordenamento jurídico agir de forma pragmática e flexível para mensurar bases de ponderação entre o acolhimento de interesses merecedores de tutela das vítimas com a consciência de que o critério distributivo de danos para outros sujeitos, em sede de imputação objetiva, eventualmente não poderá desprezar a importância do desestímulo ao agente causador do dano."
40. BARBOSA, Mafalda Miranda. Covid-19 e responsabilidade civil: vista panorâmica. *Revista de Direito da Responsabilidade*, Coimbra, ano 2, p. 250-279, 2020, p. 278.
41. Na Índia, por exemplo, já se cogita de consequências criminais para a disseminação de *fake news* relacionadas à pandemia: JAIN, Khushbu; SINGH, Brijesh. View: Disinformation in times of a pandemic, and the laws around it. *Economic Times*, 3 abr. 2020. Disponível em: https://economictimes.indiatimes.com/news/politics-and-nation/view-disinformation-in-times-of-a-pandemic-and-the-laws-around-it/articleshow/74960629.cms. Acesso em: 25 set. 2020.

4. UMA MITIGAÇÃO DIFUSA DE RISCOS E DANOS É VIÁVEL?

Se a Internet pode propiciar impactos positivos e negativos, não há dúvidas de que a regulação será necessária para parametrizar *standards* quanto ao bom uso da rede para a propagação de conteúdos. Para Michael Scott Henderson, deve ser incumbência dos tribunais a delimitação, frente ao caso concreto, dos comportamentos esperados na veiculação de conteúdos digitais.[42]

Noutro norte, sendo a ciência a fonte mais confiável de conhecimento que se tem até o momento, como explica Harari[43], deve-se destacá-la em festejo à realização de uma 'função ética' da informação.[44] Para isso, algumas hipóteses merecem comentário mais específico. É o que se fará nos tópicos seguintes.

4.1 O papel dos provedores e o controle dos conteúdos gerados por terceiros

O verdadeiro filtro quanto aos conteúdos veiculados na rede passará, essencialmente, pelos provedores, capazes de diagnosticar "bolhas de conteúdo"[45] e de adotar providências para prevenir a veiculação da desinformação.

Isso já ocorreu como consequência da pandemia da Covid-19. No Reino Unido, o escritor David Icke se tornou um alvo dos algoritmos da plataforma de vídeos YouTube por supostamente defender ideias conspiracionistas de que a propagação do vírus estaria relacionada à infraestrutura 5G; com o alarde gerado na Internet após os vídeos de Icke atingirem um público de dezenas de milhares de pessoas, novas regras foram estabelecidas para uso da plataforma e os vídeos relacionados ao tema passaram a ser excluídos.[46] No

---

42. HENDERSON, Michael Scott. Applying tort law to fabricated digital content. *Utah Law Review*, Salt Lake City, v. 5, p. 1145-1168, dez. 2018, p. 1168. Explica: "These individuals will be able to rely on several common law torts – such as defamation, misappropriation, false light, and intentional infliction of emotional distress – to recover against the creators of fabricated media. However, the actual malice standard, applicable to public persons, will make it difficult for some plaintiffs to recover against non-creator publishers of such fabricated media. To limit the dissemination of fabricated digital media content, by publishers, courts should adopt the "responsible publisher" standard when analyzing cases by public persons against publishers."
43. HARARI, Yuval Noah. *21 lições para o século 21*. Tradução de Paulo Geiger. São Paulo: Cia. das Letras, 2018, p. 302. Anota: "Obviamente, a ciência tem suas limitações e se envolveu com muitas coisas erradas no passado. Ainda assim, a comunidade científica tem sido nossa fonte mais confiável de conhecimento, durante séculos. Se você acha que a comunidade científica está errada quanto a alguma coisa, isso é bem possível, mas pelo menos conheça as teorias científicas que está rejeitando, e apresente alguma evidência empírica que sustente sua alegação."
44. Sobre a ética da informação, explica Floridi: "Understanding the nature of IE [information ethics] ontologically, rather than epistemologically, modifies the interpretation of its scope and goals. Not only can an ecological IE gain a global view of the whole life-cycle of information, thus overcoming the limits of other microethical approaches, but it can also claim a role as a macroethics, that is, as an ethics that concerns the whole realm of reality, at an informational level of abstraction. (...) As a social organization and way of life, the information society has been made possible by a cluster of ICT-infrastructures. And as a full expression of 'techne', the information society has already posed fundamental ethical problems. Nowadays, a pressing task is to formulate an information ethics that can treat the world of data, information, and knowledge, with their relevant life-cycles, as a new environment, the infosphere, in which human beings, as informational organisms, may be flourishing." (FLORIDI, Luciano. *The ethics of information*. Oxford: Oxford University Press, 2013, p. 27-28.)
45. PARISER, Eli. *The filter bubble*: what the Internet is hiding from you. Nova York: Penguin, 2011, *passim*.
46. KELION, Leo. Coronavirus: YouTube tightens rules after David Icke 5G interview. *BBC News*, 7 abr. 2020. Disponível em: https://www.bbc.com/news/technology-52198946. Acesso em: 25 set. 2020.

Brasil, vídeos de Olavo de Carvalho foram removidos da mesma plataforma por abordarem a temática relacionada ao coronavírus, insinuando que seria uma farsa.[47]

Exemplos assim ilustram a premência da discussão proposta neste breve ensaio e, ao mesmo tempo, acionam os alertas para eventuais excessos praticados em verdadeira afronta à liberdade de expressão.

O tema certamente não é novo na literatura jurídica, já tendo sido enfrentado por Nigel Warburton, que traça uma distinção terminológica entre *free speech* e *freedom of expression*, explicando que esta última seria mais adequada para se referir à subjetividade daquele que comunica um fato a determinado público.[48]

Estudos relacionados ao tema, no Brasil, percorrem a dinâmica relacionada ao regime de responsabilidade civil dos provedores no Marco Civil da Internet (Lei nº 12.965/2014)[49] e, com grande frequência, se nota a efervescência do tema, a ponto de se discutir a constitucionalidade do principal dispositivo da lei a versar sobre a responsabilização dos provedores por conteúdos gerados por terceiros.[50] Segundo João Victor Rozatti Longhi:

> A questão das Fake News é lida em conjunto com a contextualização do ambiente do uso em massa de perfis falsos, muitas vezes criados, mantidos e administrados por robôs programados para produzir conteúdo atendendo a um determinado propósito. Via de regra, como meio para inflar o consumo de determinada marca ou serviço, apoio a determinada personalidade pública – amiúde políticos – ou causas político-ideológicas.[51]

Para este breve estudo, importa ressaltar que, mais do que nunca, esta será uma discussão pungente, uma vez que mais provedores estarão incumbidos do controle dos conteúdos veiculados na rede. Por vezes, este cenário – ilustrado pelos exemplos mencionados alhures – abrirá espaço a críticas, revoltas e a um sentimento de injustiça, mas

---

47. MATTOSO, Camila. YouTube tira do ar vídeo em que Olavo de Carvalho diz que coronavírus não existe. *O Tempo*, 23 mar. 2020. Disponível em: https://www.otempo.com.br/politica/youtube-tira-do-ar-video-em-que-olavo-de--carvalho-diz-que-coronavirus-nao-existe-1.2315206. Acesso em: 25 set. 2020.
48. WARBURTON, Nigel. *Free speech*: a very short introduction. Oxford: Oxford University Press, 2009. p. 5.
49. Para uma rica abordagem sobre o tema, consulte-se: LONGHI, João Victor Rozatti. Marco Civil da Internet no Brasil: breves considerações sobre seus fundamentos, princípios e análise crítica do regime de responsabilidade civil dos provedores. *In:* MARTINS, Guilherme Magalhães; LONGHI, João Victor Rozatti (Coords.). *Direito digital*: direito privado e internet. 3. ed. Indaiatuba: Foco, 2020, p. 115 *et seq*; TEFFÉ, Chiara Spadaccini de; SOUZA, Carlos A. P. Responsabilidade civil de provedores na rede: análise da aplicação do Marco Civil da Internet pelo Superior Tribunal de Justiça. *Revista IBERC*, Belo Horizonte, v. 1, p. 1-28, 2018. Confira-se, ainda, com relação ao contraste do assunto com a liberdade de expressão: BENTIVEGNA, Carlos Frederico Barbosa. *Liberdade de expressão, honra, imagem e privacidade*: os limites entre o lícito e o ilícito. Barueri: Manole, 2020; TEFFÉ, Chiara Spadaccini de. Marco Civil da Internet: considerações sobre a proteção da liberdade de expressão, neutralidade da rede e privacidade. *In:* BECKER, Daniel; FERRARI, Isabela. (Org.). *Regulação 4.0*: Novas tecnologias sob a perspectiva regulatória. São Paulo: Revista dos Tribunais, 2019. Ademais, analisando mais especificamente as interações do MCI com a questão das *fake news*, leia-se: MARTINS, Guilherme Magalhães; LONGHI, João Victor Rozatti. Fake news e vazamentos de dados: a fratura exposta do Marco Civil da Internet no Brasil. *Jota*, 09 abr. 2018. Disponível em: https://www.jota.info/opiniao-e-analise/artigos/fake-news-e-vazamento-de-dados-09042018. Acesso em: 25 set. 2020.
50. Defendendo a inconstitucionalidade, tem-se: MARTINS, Guilherme Magalhães. Artigo 19 do Marco Civil da Internet gera impunidade e viola a Constituição. *Consultor Jurídico*, 21 nov. 2019. Disponível em: https://www.conjur.com.br/2019-nov-21/guilherme-martins-artigo-19-marco-civil-internet-gera-impunidade. Acesso em: 25 set. 2020.
51. LONGHI, João Victor Rozatti. *Responsabilidade civil e redes sociais*: retirada de conteúdo, perfis falsos, discurso de ódio e fake news. Indaiatuba: Foco, 2020, p. 167

a quem caberá a palavra final quanto a eventuais abusos ou omissões? Sem dúvidas, a responsabilidade civil será a última fronteira capaz de responder a tais questionamentos.

4.2 A proteção de dados pessoais e sua imprescindibilidade

Aspecto derradeiro a se considerar no contexto do realce à informação em períodos de quarentenas e *lockdowns* concerne às já mencionadas práticas de vigilância de dados (ou *'dataveillance'*), que, como foi dito, já fora implementada no Reino Unido por ocasião da pandemia da *Influenza H1N1* e que voltou a ser analisada, inclusive no Brasil, em razão da pandemia da Covid-19. Sobre isso e, ressaltando a importância de marcos regulatórios para a proteção de dados pessoais, aduz Danilo Doneda:

> Estando a proteção de dados vocacionada à proteção do cidadão, a sua disciplina compreende dispositivos capazes de legitimar a utilização de seus dados pessoais em situações nas quais o seu interesse ou o da sociedade é prioritário, como ocorre em situação como a que estamos passando. (...) Este elemento fundamental que é a legitimação para o uso em situações de emergência não é, de forma alguma, uma carta em branco fornecida pelas legislações de proteção de dados para o emprego irrestrito de dados pessoais: assim como em outras situações, o seu tratamento deve respeitar direitos e garantias individuais (...) somente para a estrita finalidade de conter a emergência, a minimização de riscos através da utilização de um conjunto mínimo de dados possível, a anonimização e pseudonimização sempre que possível, o emprego das medidas de segurança necessárias.[52]

A Lei Geral de Proteção de Dados brasileira (Lei nº 13.709/2018) ainda está em período de *vacatio legis* – e, possivelmente, terá esse prazo prorrogado[53] –, mas diversos de seus dispositivos poderiam contribuir positivamente para que se tenha maior clareza quanto aos impactos da coleta e do tratamento de dados nesses tempos de confinamento e isolamento social. A despeito disso, novamente se nota um 'gargalo' capaz de produzir abusos ou omissões e, consequentemente, deflagrar a necessidade de responsabilização na esfera civil.

5. CONSIDERAÇÕES FINAIS

Com essas brevíssimas considerações, procurou-se trazer luz a um dos elementos centrais da mudança social promovida pela pandemia da Covid-19: o papel da Internet na produção de impactos positivos e negativos, a desafiar o instituto jurídico da responsabilidade civil à solução de diversas novas contingências.

Conclui-se que: (i) o entrelaçamento do 'real' e do 'virtual' já representam uma realidade para mais da metade da população adulta do planeta, em fenômeno denominado por Luciano Floridi como *"Onlife"*, razão pela qual a Internet não pode ser desconsiderada em qualquer análise relativa à pandemia da Covid-19; (ii) a desinformação e a

---

52. DONEDA, Danilo. A proteção de dados em tempos de coronavírus: a LGPD será um elemento fundamental para a reestruturação que advirá após a crise. Jota, 25 mar. 2020. Disponível em: https://www.jota.info/opiniao-e-analise/artigos/a-protecao-de-dados-em-tempos-de-coronavirus-25032020. Acesso em: 25 set. 2020.
53. GONZAGA, Eduardo. Senado aprova PL 1179/2020: Entre as alterações propostas está a prorrogação de dispositivos da Lei Geral de Proteção de Dados (LGPD). *Jota*, 3 abr. 2020. Disponível em: https://www.jota.info/legislativo/senado-aprova-pl-1179-2020-03042020. Acesso em: 25 set. 2020.

disseminação de *fake news* em períodos de pós-verdade preocupam, uma vez que 'curas milagrosas' e possíveis novas vacinas são anunciadas sem qualquer controle, podendo levar a mortes totalmente evitáveis; (iii) em alguma medida, os controles exercidos pelos provedores de aplicações na Internet serão ainda mais necessários para evitar a disseminação de conteúdos inverídicos e potencialmente danosos; (iv) abusos ou omissões certamente acarretarão responsabilidade civil, e caberá, ao fim e ao cabo, ao Judiciário o controle casuístico de ações que tenham extrapolado os limites de previsibilidade e razoabilidade; (v) a prevenção pela responsabilidade civil, visualizada sob a lente de suas funções reparatória (quanto aos danos) e precaucional (quanto aos riscos) poderá ser atingida pelo bom uso da Internet, com a propagação de alertas e orientações e para a conscientização geral da população quanto aos méritos que certas medidas – como as quarentenas e *lockdowns* – podem representar para a mitigação difusa do número de óbitos nesse período de pandemia.

6. REFERÊNCIAS

ABERNATHY, David Ray. *Using geodata and geolocation in the social sciences*: mapping our connected world. Londres: Sage Publications, 2017.

BADIC, Biljana; DREWES, Christian; KARLS, Ingolf; MUECK, Markus. *Rolling out 5G*: use cases, applications, and technology solutions. Nova York: Apress, 2016.

BARBOSA, Mafalda Miranda. Covid-19 e responsabilidade civil: vista panorâmica. *Revista de Direito da Responsabilidade*, Coimbra, ano 2, p. 250-279, 2020.

BARRY, John M. *The Great Influenza*: the epic story of the greatest plague in history. Nova York: Viking Press, 2004.

BECK, Ulrich. *Risk society*: towards a new modernity. Tradução do alemão para o inglês de Mark Ritter. Londres: Sage Publications, 1992.

BECK, Ulrich. *World at risk*. Tradução do alemão para o inglês de Ciaran Cronin. Cambridge: Polity Press, 2007.

BENTIVEGNA, Carlos Frederico Barbosa. *Liberdade de expressão, honra, imagem e privacidade*: os limites entre o lícito e o ilícito. Barueri: Manole, 2020.

BIKUS, Zach. Internet access at new high worldwide before pandemic. *Gallup*, 8 abr. 2020. Disponível em: https://news.gallup.com/poll/307784/internet-access-new-high-worldwide-pandemic.aspx. Acesso em: 25 set. 2020.

BONNA, Alexandre Pereira. A crise ética da responsabilidade civil: desafios e perspectivas. *Quaestio Iuris*, Rio de Janeiro, v. 11, n. 1, p. 365-382, jan./jun. 2018.

CAPRA, Fritjof; MATTEI, Ugo. *A revolução ecojurídica*: o direito sistêmico em sintonia com a natureza e a comunidade. Tradução de Jeferson Luiz Camargo. São Paulo: Cultrix, 2018.

CHEN, Chang; HUANG, Jianying, YIN, Ping *et al.* Favipiravir versus Arbidol for COVID-19: A Randomized Clinical Trial. *medRXiv Preprints*, 8 abr. 2020. Disponível em: https://doi.org/10.1101/2020.03.17.20037432. Acesso em: 25 set. 2020.

COCKERELL, Isabel. The campaign to promote a mysterious Soviet-era drug as a coronavirus miracle cure. *Coda*, 2 abr. 2020. Disponível em: https://www.codastory.com/waronscience/arbidol-fake-coronavirus-cure/. Acesso em: 25 set. 2020.

COOK, Michael. Iran's coronavirus disaster compounded by fake remedy. *BioEdge*, 5 abr. 2020. Disponível em: https://www.bioedge.org/mobile/view/irans-coronavirus-disaster-compounded-by-fake-remedy/13393. Acesso em: 25 set. 2020.

D'ANCONA, Matthew. *Pós-verdade*: a nova guerra contra os fatos em tempos de fake news. Tradução de Carlos Szlak. Barueri: Faro Editorial, 2019.

DAL PIZZOL, Ricardo. *Responsabilidade civil*: funções punitiva e preventiva. Indaiatuba: Foco, 2020.

DE LA GARZA, Alejandro. How social media is shaping our fears of – and response to – the coronavirus. *Time*, 16 mar. 2020. Disponível em: https://time.com/5802802/social-media-coronavirus/. Acesso em: 25 set. 2020.

DONEDA, Danilo. A proteção de dados em tempos de coronavírus: a LGPD será um elemento fundamental para a reestruturação que advirá após a crise. Jota, 25 mar. 2020. Disponível em: https://www.jota.info/opiniao-e-analise/artigos/a-protecao-de-dados-em-tempos-de-coronavirus-25032020. Acesso em: 25 set. 2020.

DONEDA, Danilo. *Da privacidade à proteção dos dados pessoais*: elementos da formação da Lei Geral de Proteção de Dados. 2. ed. São Paulo: Thomson Reuters Brasil, 2019.

EHRHARDT JÚNIOR, Marcos. Apontamentos para uma teoria geral da responsabilidade civil no Brasil. *In*: ROSENVALD, Nelson; MILAGRES, Marcelo (Coords.). *Responsabilidade civil*: novas tendências. 2. ed. Indaiatuba: Foco, 2018.

FARIAS, Cristiano Chaves de; ROSENVALD, Nelson; BRAGA NETTO, Felipe Peixoto. *Curso de direito civil*: responsabilidade civil, v. 3. Salvador: Juspodivm, 2019.

FLORIDI, Luciano. Introduction. *In*: FLORIDI, Luciano (Ed.). *The onlife manifesto*: being human in a hyperconnected era. Cham: Springer, 2015.

FLORIDI, Luciano. *The 4th Revolution*: how the infosphere is reshaping human reality. Oxford: Oxford University Press, 2014.

FLORIDI, Luciano. *The ethics of information*. Oxford: Oxford University Press, 2013.

GONZAGA, Eduardo. Senado aprova PL 1179/2020: Entre as alterações propostas está a prorrogação de dispositivos da Lei Geral de Proteção de Dados (LGPD). *Jota*, 3 abr. 2020. Disponível em: https://www.jota.info/legislativo/senado-aprova-pl-1179-2020-03042020. Acesso em: 25 set. 2020.

HARARI, Yuval Noah. *21 lições para o século 21*. Tradução de Paulo Geiger. São Paulo: Cia. das Letras, 2018.

HENDERSON, Michael Scott. Applying tort law to fabricated digital content. *Utah Law Review*, Salt Lake City, v. 5, p. 1145-1168, dez. 2018.

IMPERIAL COLLEGE LONDON. *COVID-19 Reports*. Disponível em: https://www.imperial.ac.uk/mrc--global-infectious-disease-analysis/covid-19/. Acesso em: 25 set. 2020.

JAIN, Khushbu; SINGH, Brijesh. View: Disinformation in times of a pandemic, and the laws around it. *Economic Times*, 3 abr. 2020. Disponível em: https://economictimes.indiatimes.com/news/politics-and-nation/view-disinformation-in-times-of-a-pandemic-and-the-laws-around-it/articleshow/74960629.cms. Acesso em: 25 set. 2020.

KAPLAN, Juliana; FRIAS, Lauren; McFALL-JOHNSEN, Morgan. A third of the global population is on coronavirus lockdown – here's our constantly updated list of countries and restrictions. *Business Insider*, 9 abr. 2020. Disponível em: https://www.businessinsider.com/countries-on-lockdown-coronavirus-italy-2020-3. Acesso em 10 abr. 2020.

KELION, Leo. Coronavirus: YouTube tightens rules after David Icke 5G interview. *BBC News*, 7 abr. 2020. Disponível em: https://www.bbc.com/news/technology-52198946. Acesso em: 25 set. 2020.

LIU, Angus. Top COVID-19 aspirants chloroquine, AbbVie's Kaletra and a flu drug disappoint in clinical tests. *FiercePharma*, 24 mar. 2020. Disponível em: https://www.fiercepharma.com/pharma-asia/top-covid-19-aspirants-chloroquine-abbvie-s-kaletra-and-a-flu-drug-disappoint-clinical. Acesso em: 25 set. 2020.

LONGHI, João Victor Rozatti. Marco Civil da Internet no Brasil: breves considerações sobre seus fundamentos, princípios e análise crítica do regime de responsabilidade civil dos provedores. In: MARTINS, Guilherme Magalhães; LONGHI, João Victor Rozatti (Coords.). *Direito digital*: direito privado e internet. 3. ed. Indaiatuba: Foco, 2020.

LONGHI, João Victor Rozatti. *Responsabilidade civil e redes sociais*: retirada de conteúdo, perfis falsos, discurso de ódio e fake news. Indaiatuba: Foco, 2020.

MARTINS, Guilherme Magalhães. Artigo 19 do Marco Civil da Internet gera impunidade e viola a Constituição. *Consultor Jurídico*, 21 nov. 2019. Disponível em: https://www.conjur.com.br/2019-nov-21/guilherme-martins-artigo-19-marco-civil-internet-gera-impunidade. Acesso em: 25 set. 2020.

MARTINS, Guilherme Magalhães; LONGHI, João Victor Rozatti. Fake news e vazamentos de dados: a fratura exposta do Marco Civil da Internet no Brasil. *Jota*, 09 abr. 2018. Disponível em: https://www.jota.info/opiniao-e-analise/artigos/fake-news-e-vazamento-de-dados-09042018. Acesso em: 25 set. 2020.

MARTINS, Guilherme Magalhães; LONGHI, João Victor Rozatti; FALEIROS JÚNIOR, José Luiz de Moura. A pandemia da covid-19, o "profiling" e a Lei Geral de Proteção de Dados. *Migalhas*, 28 abr. 2020. Disponível em: http://s.migalhas.com.br/S/E42739. Acesso em: 25 set. 2020.

MATTOSO, Camila. YouTube tira do ar vídeo em que Olavo de Carvalho diz que coronavírus não existe. *O Tempo*, 23 mar. 2020. Disponível em: https://www.otempo.com.br/politica/youtube-tira-do-ar-video-em-que-olavo-de-carvalho-diz-que-coronavirus-nao-existe-1.2315206. Acesso em: 25 set. 2020.

McLUHAN, H. Marshall. *Os meios de comunicação como extensões do homem*. Tradução de Décio Pignatari. São Paulo: Cultrix, 2007.

MOURA, Laura. Pacientes denunciam falta de cloroquina em Teresina e conselho diz que farmácias estão sendo reabastecidas. *G1 Piauí*, 24 mar. 2020. Disponível em: https://glo.bo/2VxbPAL. Acesso em: 25 set. 2020.

NOGAROLI, Rafaella. Breves reflexões sobre a pandemia do coronavírus (Covid-19) e alguns reflexos no direito médico e da saúde. *Revista dos Tribunais*, São Paulo, v. 1015, maio 2020.

OXFORD, John S.; LAMBKIN, Robert; SEFTON, Armine *et al*. A hypothesis: the conjunction of soldiers, gas, pigs, ducks, geese and horses in Northern France during the Great War provided the conditions for the emergence of the "Spanish" influenza pandemic of 1918–1919. *Vaccine*, Londres: Elsevier, v. 23, p. 940-945, 2005.

PAGALLO, Ugo. Good onlife governance: on law, spontaneous orders, and design. In: FLORIDI, Luciano (Ed.). *The onlife manifesto*: being human in a hyperconnected era. Cham: Springer, 2015.

PARISER, Eli. *The filter bubble*: what the Internet is hiding from you. Nova York: Penguin, 2011.

ROSENVALD, Nelson. *As funções da responsabilidade civil*: a reparação e a pena civil. São Paulo: Atlas, 2013.

SANTOS, Romualdo Baptista dos. *Responsabilidade civil por dano enorme*. Porto: Juruá, 2018.

SÃO PAULO. *Sistema de Monitoramento Inteligente*. https://www.saopaulo.sp.gov.br/planosp/simi/. Acesso em: 25 set. 2020.

SCHILLER, Herbert I. The communications revolution: who benefits? *Media Development*, Nova York, v. 30, n. 4, p. 18-20, 1983.

SOARES, Flaviana Rampazzo; DADALTO, Luciana. Responsabilidade médica e prescrição off-label de medicamentos no tratamento da Covid-19. *Revista IBERC*, Belo Horizonte, v. 3, n. 2, p. 1-22, maio/ ago. 2020.

SUNSTEIN, Cass R. *How change happens*. Cambridge: The MIT Press, 2019.

SINELSCHIKOVA, Yekaterina. China to treat coronavirus with a Soviet drug that even Russia has doubts about. *Russia Beyond*, 21 fev. 2020. Disponível em: https://www.rbth.com/lifestyle/331736-china--coronavirus-russian-arbidol. Acesso em: 25 set. 2020.

TEFFÉ, Chiara Spadaccini de. Marco Civil da Internet: considerações sobre a proteção da liberdade de expressão, neutralidade da rede e privacidade. *In:* BECKER, Daniel; FERRARI, Isabela. (Org.). *Regulação 4.0*: Novas tecnologias sob a perspectiva regulatória. São Paulo: Revista dos Tribunais, 2019, v. 1.

TEFFÉ, Chiara Spadaccini de; SOUZA, Carlos A. P. Responsabilidade civil de provedores na rede: análise da aplicação do Marco Civil da Internet pelo Superior Tribunal de Justiça. *Revista IBERC*, Belo Horizonte, v. 1, p. 1-28, 2018.

TILSTON, Natasha L.; EAMES, Ken T.D.; PAOLOTTI, Daniela *et al*. Internet-based surveillance of Influenza-like-illness in the UK during the 2009 H1N1 influenza pandemic. *BMC Public Health*, Londres, v. 10, p. 650-659, 2010.

TREW, Bel. Coronavirus: Hundreds dead in Iran from drinking methanol amid fake reports it cures disease. *The Independent*, 27 mar. 2020. Disponível em: https://www.independent.co.uk/news/world/middle--east/iran-coronavirus-methanol-drink-cure-deaths-fake-a9429956.html. Acesso em: 25 set. 2020.

VENTURI, Thaís G. Pascoaloto. *A função preventiva da responsabilidade civil*. São Paulo: Malheiros, 2014.

WATANABE, Phillipe; PAMPLONA, Nicola. Pacientes que usam hidroxicloroquina já não acham o remédio em farmácias. *Folha de S. Paulo*, 19 mar. 2020. Disponível em: https://folha.com/drmc2z8f. Acesso em: 25 set. 2020.

ZIEBUHR, John. Preface. *In:* ZIEBUHR, John (Ed.). *Coronaviruses*. Advances in virus research, v. 96. Cambridge: Elsevier/Academic Press, 2016.

O CORONAVÍRUS E OS SEUS EFEITOS NA RESPONSABILIDADE PARENTAL[1]

Renata Vilela Multedo

Professora Titular de Direito Civil do Grupo IBMEC e dos cursos de pós-graduação da PUC-Rio. Advogada e Mediadora. Doutora e Mestre em Direito Civil pela UERJ – Universidade do Estado do Rio de Janeiro. MBA em Administração de Empresas pela PUC-Rio. Membro do IBERC, IAB, IBDFA, IBPC e IBDCivil.

Diana Poppe

Advogada. Autora do livro *Manual do Bom Divórcio*. São Paulo: Editora Globo, 2017.

"(...) tenho a impressão de que a família é eterna, que ela não está em perigo, sua riqueza se deve ao mesmo tempo à sua ancoragem numa função simbólica e na multiplicidade de suas recomposições"

Elizabeth Roudinesco

Sumário: 1. Introdução – 2. Autoridade parental, convivência compartilhada e corresponsabilidade – 3. A potencialidade dos métodos adequados de solução de conflitos e dos pactos extrajudiciais – 4. Considerações finais.

1. INTRODUÇÃO

A dificuldade de se viver no isolamento social se mostra presente em todas as famílias, seja qual for o nível de instrução, a classe social e a forma de composição da entidade familiar. Perigo de contaminação de grupo de risco, impedimento de convivência de filhos com um dos pais e avós, risco de falência e desemprego, falta de recursos para a manutenção dos filhos nas mesmas condições, quebra de rotina, são apenas exemplos dos principais conflitos entre pais separados e casados que se apresentam em tempos de incertezas e exceções. Isso sem falar na pavorosa estatística já registrada do aumento de 50% dos casos de violência doméstica.

Nesse cenário, seriedade, dever e autoria até poderiam ser elencados como alguns dos sinônimos do vocábulo responsabilidade, mas quando se fala em responsabilidade parental a palavra engloba um significado que não só abarca todos esses sinônimos, como necessita de um preenchimento de seu conteúdo de forma bem mais precisa. Quando

---

1. Parte das ideias aqui apresentadas constitui aspectos desenvolvidos no âmbito dos livros *Liberdade e Família*: limites para a intervenção do Estado nas relações conjugais e parentais (1.ed, Rio de Janeiro: Editora Processo, 2017 e 2.ed. no prelo.), de Renata Vilela Multedo e *Manual do bom divórcio*, (1.ed,São Paulo: Editora Globo, 2017), de Diana Poppe.

nasce um filho, nasce também o que hoje se chama de autoridade parental,[2] exercida naturalmente pelos genitores independente de entre eles existir uma relação conjugal, afeto, desafeto, ou mesmo um vínculo biológico com o filho.

Qualquer que seja a história dos pais que os tenha levado a gerar ou reconhecer um filho comum e qualquer que seja a história que irão construir a partir do nascimento desse filho e da parentalidade, nada é mais relevante do que a responsabilidade pessoal e intransferível de cada um como pais. Porém, quando há um par parental, o que acontece na grande maioria das vezes, por mais individualizada que seja essa experiência, ela é vivida por duas pessoas ao mesmo tempo: uma mãe não se torna mãe sem que um pai tenha se tornado pai e vice-versa.[3] Esse encontro não significa necessariamente parceria. Par parental é condição. Parceria parental é construção.

Essa construção acontece para pais casados e não casados e, como se sabe, tudo será um grande aprendizado que terá uma porção individual e intransferível mas, também uma porção a ser experimentada a dois porque é um poder dividido. E como se divide um poder por dois?

Poder, segundo Max Weber, seria: "toda oportunidade de impor a sua própria vontade, no interior de uma relação social, até mesmo contra resistências, pouco importando em que repouse tal oportunidade". Dois poderes, duas vontades, duas imposições e uma criança sobre a qual deverá repousar a oportunidade de ser cuidada. Parece impossível, mas não é.

Culturalmente, a função do pai como cuidador foi historicamente negligenciada no Brasil e é recente a mudança desse comportamento. Entretanto, como responsável, o pai reinou por muitos anos como o único detentor do Pátrio Poder. Em 2012, o Código Civil acabou com essa distinção e dividiu por ambos a autoridade parental. Faz pouco tempo que o pai começou a assumir, além da responsabilidade inerente ao cargo, também seus cuidados e responsabilidades, sendo imprescindível destacar que enquanto as mães vêm a largos passos acumulando com a função parental responsabilidades e

---

2. Optou-se pela adoção do termo "autoridade parental" em vez de "poder familiar", adotado pelo legislador infraconstitucional, por se entender mais adequado com a axiologia constitucional. Sobre a diferenciação de nomenclatura, remete-se à TEIXEIRA, Ana Carolina Brochado. *Família, guarda e autoridade parental*. Rio de Janeiro: Renovar, 2005, p. 3-7.

3. Adotou-se para simplificar a ideia de parentalidade a expressão par parental, ainda que as autoras reconheçam a possibilidade da mutiparentalidade no direito brasileiro. Sobre o tema da filiação, vale sinalizar a existência de três critérios que evidenciam o vínculo da parentalidade: "a verdade jurídica, a verdade biológica e a verdade afetiva", sem hierarquia entre eles, abstratamente considerados. A intervenção positiva do julgador, que reconhece a situação de fato do filho prestigiando a sua verdade, "representa a consagração dos direitos a liberdade, respeito e dignidade", concretizando o princípio do melhor interesse da criança e do adolescente. (LÔBO, Paulo Luiz Netto. Direito de família e os princípios constitucionais. In: PEREIRA, Rodrigo da Cunha (Org.). *Tratado de direito das famílias*. Belo Horizonte: IBDFAM, 2015, p. 119.) Fazer coincidir a filiação com a origem genética é transformar aquela, de fato cultural e social, em determinismo biológico, incapaz de completar suas dimensões existenciais. Opera-se, portanto, a superação da ideia clássica de parentalidade que vigorou por anos, expressão de um silogismo simplório que conferia somente aos genitores os atributos de pai e mãe. Essa superação, por si só, não é a grande novidade, uma vez que a parentalidade por pessoas que não os ascendentes consanguíneos é juridicamente reconhecida há muito tempo no instituto da adoção. Hoje, porém, diferentemente da adoção, em que há o desligamento dos vínculos com a família biológica e o início de uma nova relação com a família adotiva, a tendência que se consagra nas relações familiares é a relativização da verdade biológica somente após a verificação da existência de relação socioafetiva, bem como da multiparentalidade.

importantes papéis de gestão nos espaços públicos, os pais ainda ocupam timidamente os espaços privados, ou seja as responsabilidades nas funções domésticas e as atreladas às responsabilidades parentais.

Por ser novidade, ainda que muito boa, há a natural necessidade de adaptação e de compreensão do real significado do que é ser responsável, do significado do que é cuidar, mas lentamente novos espaços vêm sendo ocupados também pelos pais e pelas mães, de forma que a parceria parental possa vir a ser vivenciada, definitivamente, de forma equilibrada, no melhor interesse dos filhos.

Considerando que o exercício da parentalidade está diretamente atrelado à observância das premissas já mencionadas de cuidado e responsabilidade dos pais em benefício de seus filhos, e a parceria parental deverá ser construída com o equilíbrio e em prol dos interesses das crianças e adolescentes, é natural supor que não deveria fazer nenhuma diferença no exercício da autoridade parental e na convivência dos pais com filhos, como disposto em lei, o fato de estarmos vivenciando uma de pandemia.

Mais do que nunca as circunstâncias não alteram as premissas, embora possam vir a exigir a flexibilização dos acordos de forma temporária, em casos excepcionais que coloquem a criança ou o adolescente e/ou os adultos que o cercam em verdadeiro risco. De toda forma, qualquer alteração deverá igualmente ser reformulada sob os mesmos critérios: cuidado, responsabilidade e equilíbrio no exercício da parentalidade e da convivência.

Como se sabe, embora doutrina jurídica, a psicologia e a literatura sejam vastas no sentido de aconselhar a formação, o fortalecimento e a preservação da parceria parental, ressaltando sua inestimável importância para o desenvolvimento saudável dos filhos, sabemos que, na prática, ainda nos deparamos com verdadeiras "quedas de braço" quando o assunto é o que é melhor ou quem é mais apto para preservar o melhor interesse dos filhos.

Situações inéditas e inesperadas como a pandemia atual abrem espaço para mais erros, mas também para mais acertos. Com efeito, diante do medo e do risco a parceria parental pode se fortalecer ou pode se fragilizar dependendo da forma como os pais irão se alinhar com o objetivo de garantir que sigam próximos de seus filhos, ainda que distantes, protegendo, não só e principalmente às crianças, mas também aos familiares que os cercam.

Momentos como o que vivenciamos hoje permitem profundas reflexões, pincipalmente no resgate do sentido do que é família, conjugalidade e parentalidade. Institutos, muitas vezes banalizados por logísticas, rotinas, disputas e conflitos que hoje potencialmente podem retroceder todos os seus atuais significados. É justamente diante de uma ameaça real e imprevista como a COVID-19 que são pertinentes questionamentos como: o que é realmente importante? O que parecia importante, mas deixou de ser diante da necessidade de se preservar a vida de quem devemos cuidar e de quem também cuida de quem devemos cuidar? Mais do que nunca, a participação, a convivência e a corresponsabilidade parental se mostram essenciais.

As respostas parecem fáceis mas ainda que esse caminho seja claro e esteja apontado com placas e setas fincadas sob um percurso de pedras amarelas, é surpreendente a facilidade com que os pais, as famílias e a sociedade se perdem. Eis o que vai escrito nas placas: 1) Não briguem diante de um filho; 2) Decidam juntos pela melhor solução, sempre que uma nova circunstância se apresentar e mesmo que essa decisão possa partir de discussões inflamadas. Não há problema algum, desde que ambos estejam capazes de exercer uma escuta ativa abertos para o verdadeiro diálogo e também capazes de ceder ou de mudar de opinião. 3) Comuniquem ao filho a decisão tomada e que ele deverá acatar. 4) Os filhos precisam saber que os pais estão alinhados, que são os adultos e eles as crianças da relação, que são parceiros em sua criação.

Parece fácil, são apenas quatro informações fincadas em uma estrada de pedras amarelas, cercada de setas que piscam apontando a direção. Será possível errar o caminho? Infelizmente sim. Evite subestimar Weber, um poder dividido, vontades querendo ser impostas, equilíbrio de forças, de resistências e, principalmente, o real significado de parceria parental.

Embora não pareça haver grandes mistérios acerca do correto a se fazer, parece claro que o fato de ser o caminho certo não significa ser um caminho fácil, e é fundamental, neste momento, que se fale sobre os possíveis perigos a serem enfrentados nessa estrada, nesses novos tempos, porque quanto mais informação e reflexão, menor o risco de se perder. E o mais importante a se registrar nesse momento é que ainda que se tome o caminho errado, sempre é possível voltar, acertar o rumo, ser parceiro e cuidar.

É sob essa perspectiva, que se pretende nessas breves linhas refletir sobre os institutos da autoridade parental e da preservação com segurança da convivência dos pais com os filhos em um estado de pandemia; a importância da preservação da autonomia existencial da criança e do adolescente nesse momento, a potencialidade da adoção dos métodos consensuais de resolução de conflitos e dos pactos extrajudiciais na situação atual e, por fim, perquirir sobre o papel da intervenção do Estado, tanto judicial como legislativa, para maiores salvaguardas em prol da tutela dos vulneráveis quando, na situação concreta, esta se mostrar realmente necessária.

2. AUTORIDADE PARENTAL, CONVIVÊNCIA COMPARTILHADA E CORRESPONSABILIDADE

Na passagem da estrutura à função[4], a família deixou de ser unidade institucional, para tornar-se núcleo de companheirismo[5], sendo hoje lugar de desenvolvimento da pessoa no qual se permitem modalidades de organização tão diversas, desde que estejam finalizadas à *promoção* daqueles que a ela pertencem.[6] A axiologia constitucional recente tornou possível a propositura de uma configuração democrática de família, na qual não há direitos sem responsabilidades nem autoridade sem democracia.[7]

---

4. Ver, por todos, BOBBIO, Norberto. *Da estrutura à função:* novos estudos de teoria do direito. São Paulo: Manole, 2007. Na definição de Luiz Edson Fachin (2015, p. 49), "a travessia é a da preocupação sobre *como o direito é feito* para a investigação *a quem serve o direito*".
5. VILLELA, João Baptista. *Repensando o direito de família*. Disponível em: <http://jfgontijo.com.br/2008/artigos_pdf/Joao_Baptista_Villela/RepensandoDireito.pdf>. Acesso em: 3 fev. 2016.
6. PERLINGIERI, Pietro. *O direito civil na legalidade constitucional*. Rio de Janeiro: Renovar, 2008, p. 972.
7. BODIN DE MORAES, 2013, p. 591-593.

Nota-se que o reconhecimento da criança/adolescente enquanto sujeito de direito de igual dignidade contribuiu para alterar a estrutura organizacional da família que, graças à incidência marcante dos princípios constitucionais da igualdade e da liberdade nas relações intrafamiliares se conforma sob as bases de um modelo democrático.[8] Em crise,[9] o pátrio poder cedeu espaço a uma corresponsabilidade parental cujo fim primordial é o de promover o desenvolvimento do filho, por meio de um feixe de posições jurídicas,[10] nas quais a soma dos deveres é superior a dos poderes e a ideia de responsabilidade se sobrepõe a de autoridade voluntarista.[11]

A autoridade parental representa uma situação subjetiva complexa que conjuga poderes e deveres que devem ser exercidos sempre em favor dos filhos menores.[12] Para garantir o *bem-estar* das crianças e dos adolescentes, reconhecidamente vulneráveis,[13] a tutela especial que lhes é deferida pode se estender até mesmo em face dos seus pais, nas hipóteses de eventual malversação do poder familiar.[14]

Assim, "na concepção contemporânea, a autoridade parental não pode ser reduzida nem a uma pretensão juridicamente exigível em favor dos seus titulares nem a um instrumento jurídico de sujeição (dos filhos à vontade dos pais)".[15] Ela tem a finalidade precípua de promover o desenvolvimento da personalidade dos filhos, respeitando sua dignidade pessoal.[16] Ao assumir essa função, a autoridade parental não significa mais somente o cerceamento de liberdade ou, na expressão popular, a *"imposição de limites"*, mas, principalmente, a promoção dos filhos em direção à emancipação. A estes devem ser conferidas as escolhas existenciais personalíssimas para as quais eles

---

8. BODIN DE MORAES, Maria Celina. A Família democrática. In: BODIN DE MORAES, Maria Celina. *Na Medida da Pessoa Humana*. Estudos de direito civil constitucional. Rio de Janeiro: Renovar, 2010, p. 209.
9. PERLINGIERI. Pietro. *Perfis de direito civil*. Rio de Janeiro: Renovar, 2007, p.259.
10. LEBRUN. Jean-Pierre. *Um mundo sem limites*. Rio de Janeiro: Companhia das Letras, 2006, p.25.
11. MENEZES, Joyceane. VILELA MULTEDO, Renata. A autonomia ético-existencial do adolescente nas decisões sobre o próprio corpo e a heteronomia dos pais e do Estado no Brasil. A&C – Revista de Direito Administrativo & Constitucional, Belo Horizonte, janeiro/março – 2016.
12. Ib. idem.
13. Heloisa Helena Barboza destaca que a vulnerabilidade é, na verdade, característica ínsita do ser humano: "Considerada que seja a cláusula geral de tutela da pessoa humana, constata-se que a vulnerabilidade se apresenta sob múltiplos aspectos existenciais, sociais, econômicos. Na verdade, o conceito de vulnerabilidade (do latim, vulnerabilis, 'que pode ser ferido', de vulnerare, 'ferir', de vulnus, 'ferida') refere-se a qualquer ser vivo, sem distinção, que pode, eventualmente, ser 'vulnerado' em situações contingenciais. Trata-se, portanto, de característica ontológica de todos os seres vivos." (BARBOZA, Heloisa Helena. 'Vulnerabilidade e cuidado: aspectos jurídicos'. In: PEREIRA, Tânia da Silva; OLIVEIRA, Guilherme. *Cuidado & Vulnerabilidade*. Atlas: São Paulo, 2009, p. 110). Complementa Thaís Sêco que a referência a uma "vulnerabilidade que tende à extinção" no caso da criança e do adolescente, portanto, é à vulnerabilidade específica da doutrina da tutela integral, e não à vulnerabilidade geral, a qual fundamenta até mesmo os próprios direitos humanos e fundamentais como um todo, além de ramos específicos como o direito do trabalho e o direito do consumidor.
14. BODIN DE Moraes, Maria Celina. Danos morais em família? In: *Na medida da pessoa humana*, p. 448.
15. Assim, complementa Gustavo Tepedino, a "interferência na esfera jurídica dos filhos só encontra justificativa funcional na formação e no desenvolvimento da personalidade dos próprios filhos, não caracterizando posição de vantagem juridicamente tutelada em favor dos pais" (TEPEDINO, Gustavo. A disciplina jurídica da guarda e da autoridade parental. *Revista Trimestral de Direito Civil*, v. 17, n. 5, p. 40-41, jan./mar. 2004).
16. MENEZES, Joyceane Bezerra de; BODIN DE MORAES, Maria Celina. Autoridade parental e a privacidade do filho menor: o desafio de cuidar para emancipar. *Revista Novos Estudos Jurídicos*, v. 20, n. 2, p. 504, mai./ago. 2015.

demonstrem o amadurecimento e a competência necessários. O desafio está justamente em encontrar a medida entre cuidar e emancipar.[17]

O exercício conjunto da autoridade parental conta atualmente com imposição legal da guarda compartilhada aos casos que não entram nas exceções previstas em lei para seu exercício. Para sua observância basta que haja um filho comum cujos interesses e direitos devam ser resguardados pelos detentores da autoridade parental que não coabitam. A convivência entre pais e filhos dependerá da dinâmica e possibilidades de cada família, mas a expectativa dos avanços legais recentes é de que aos filhos seja franqueado amplo convívio com seus genitores para maximizar o exercício pleno da autoridade parental. Isso porque a autoridade parental não deve ser simplesmente imposta hierarquicamente aos filhos, mas naturalmente reconhecida por eles em razão da participação efetiva dos pais em suas vidas. Quanto mais próximos e cientes da realidade enfrentada e vivenciada pelos filhos estiverem os responsáveis, mais qualificadas serão suas intervenções e orientações.

Ademais, as responsabilidades inerentes ao exercício da autoridade parental, como visto, são previstas pelo Estado de Direito. A relevância das obrigações e deveres a serem cumpridas pelos responsáveis quando assumidas de forma unilateral acaba por eximir um dos corresponsáveis do exercício de suas obrigações. Da mesma forma, para a criança, contar com a parceria de seus genitores e o convívio com a família extensa de ambos na determinação de seus cuidados amplia o universo de suas possibilidades em razão da junção de diferentes pontos de vista e de, no mínimo, duas certamente distintas experiências de vida.

É nesse momento que entra em cena o equilíbrio de forças e vontades já mencionados e que tornam extremamente delicado o exercício prático e pleno do que se pode denominar: coautoridade parental. Nesse sentido, sempre que possível, o tempo dos pais com os filhos será dividido da forma mais equilibrada possível, e cada família deverá se adaptar a essa orientação, ainda que de forma progressiva, como se tem verificado na prática e como determinam as conquistas já positivadas em lei.

A circunstância da COVID-19 impôs uma mudança de rotina em função da preservação da vida de todos. A princípio falava-se dos mais vulneráveis como sendo os idosos mas a verdade é que a pandemia não tem poupado jovens, nem crianças, e o universo ainda é obscuro com diretrizes sendo reavaliadas constantemente pelas autoridades competentes.

O cenário é de incertezas e justamente por isso está para ser aprovado um Projeto de Lei[18] que deverá regulamentar diretrizes relativas ao Direito de Família e Sucessões e que, certamente, tratará desse importante tema relativo à convivência de pais com filhos diante da pandemia. E nesse sentido, é importante que o Estado observe:

---

17. MENEZES, Joyceane. VILELA MULTEDO, Renata. A autonomia ético-existencial do adolescente nas decisões sobre o próprio corpo e a heteronomia dos pais e do Estado no Brasil. A&C – Revista de Direito Administrativo & Constitucional, Belo Horizonte, janeiro/março – 2016.
18. Projeto de Lei n. 1627 de 2020, que dispões de regime jurídico emergencial e transitório das relações jurídicas de Direito de família e sucessões no período da pandemia causada pelo coronavírus SARS-COV2 (COVid-19).

a) que como regra, se evite mudanças na convivência dos pais com os filhos, salvo comprovada situação excepcional que verdadeiramente coloque em risco a vida dos filhos e dos adultos que o cercam;

b) a necessidade de manter e viabilizar a participação ampla e efetiva dos responsáveis na vida dos filhos priorizando a manutenção dos acordos de convivência já firmados, orientando que em ambas as residências sejam respeitadas as regras de cuidado e prevenção estabelecidas pelos órgãos responsáveis;

c) que se afaste iniciativas de abuso do exercício da autoridade parental;

d) que coíba movimentos alienatórios valendo-se das circunstâncias atuais;

e) que resguarde o sustento e manutenção dos filhos;

f) que não sendo possível o contato físico, determine o amplo convívio telepresencial.

Na relação parental contemporânea, não há dúvida de que as regras estão a serviço da proteção da criança e do adolescente, cujos melhores interesses devem sempre ser amplamente resguardados pelo Estado, pela sociedade e pela família em si. "Convivem, portanto, no direito de família, o público e o privado, não sendo possível demarcar fronteiras estanques"[19], sendo justificável, como já mencionado, a interferência do Estado para maiores salvaguardas em prol da tutela dos vulneráveis quando, na situação concreta, esta se mostrar realmente necessária.

3. A POTENCIALIDADE DOS MÉTODOS ADEQUADOS DE SOLUÇÃO DE CONFLITOS E DOS PACTOS EXTRAJUDICIAIS

Como se percebe no caminho até aqui percorrido, na seara do direito de família, não têm sido poucas as dificuldades enfrentadas para erguer todo um renovado arcabouço jurídico com vistas a proteger não mais apenas o patrimônio dos sujeitos, mas sim, e hoje muito mais relevante, a autonomia e o protagonismo das pessoas na realização de seus próprios projetos de vida, o qual inclui os projetos familiar e parental.

Observa-se que no que se refere à guarda e convivência de responsáveis com filhos comuns, o que se verificou nos últimos anos foram movimentos ousados, mas propositais e extremamente necessários à evolução do papel social dos genitores em prol da convivência equilibrada e da corresponsabilidade parental e, consequentemente, favoráveis ao saudável desenvolvimento dos filhos.

Com efeito, ao dividir por dois a autoridade parental, ampliou-se o poder decisório materno em detrimento da outrora irrestrita autoridade do pai. Ao mesmo tempo, retirou da mãe o papel quase exclusivo de cuidados e entregou ao pai a oportunidade de assumir e participar igualmente de inúmeras tarefas do dia a dia de seus filhos. Com isso, todos saíram de suas zonas de conforto e se veem não só assumindo novas responsabilidades e papéis como desapegando de antigas atitudes que já não fazem sentido na sociedade atual.

---

19. BODIN DE MORAES, Maria Celina; TEIXEIRA, Ana Carolina Brochado. Comentário ao artigo 226. In: CANOTILHO, José Joaquim Gomes et al. (Coords.). *Comentários à Constituição do Brasil*. São Paulo: Saraiva/Almedina, 2013, p. 2119.

Tantas novidades têm sido objeto de frequentes demandas judiciais, pois a mudança de cultura costuma provocar alvoroço até que as perdas e os ganhos sejam assimilados. Evidentemente, a reformulação dos papéis sociais trouxe e ainda traz inquietude, aprendizados, erros e acertos, no exercício pleno da autoridade parental, mas fato é que as diretrizes são claras no sentido de delegar aos pais a assunção de seus papéis como par parental e, mormente como parceiros parentais.

É de se comemorar a iniciativa do Estado de mudar as regras do jogo. As transformações impostas reduzem intencionalmente a ingerência do Estado na vida privada das famílias, ao passo que encorajam o exercício da autoridade parental, reservando-se ao direito de agir tão somente quando verificado seu mau uso. Nesse novo contexto, conta-se hoje com vasta gama de opções alternativas ao litígio para enfrentamento e solução de impasses familiares. Os pactos em direito de família, embora tradicionalmente utilizados como instrumentos tipicamente patrimoniais, a exemplo dos pactos antenupciais, têm se mostrado potenciais espaços para a promoção de valores existenciais e de resolução de conflitos.

A promoção dos métodos não adversariais de resolução de conflitos, como a mediação, os círculos restaurativos e a própria advocacia colaborativa, são eficientes para o resgate da relação e a real auto implicação e responsabilização das partes envolvidas, visto que, em tais métodos, resgata-se o protagonismo e responsabilização das partes no conflito no qual estão inseridas, transformando-as de meros expectadores do litígio conduzido pelos advogados e pelo magistrado, a atores essenciais, protagonistas e autores no processo de construção do consenso.

As limitações de uma decisão por meio do processo judicial são evidentes ao se considerar que, por mais preparados e cuidadosos que tenham sido os agentes judiciais envolvidos, a decisão é sempre tomada por um terceiro estranho às partes, que por elas decide, muitas vezes, com pouco conhecimento sobre as particularidades daquele contexto familiar.

Desde 2010, quando editada a Resolução 125 do CNJ de 2010, o Brasil adotou uma política judiciária nacional de tratamento adequado dos conflitos, pela qual criou-se um novo sistema de Justiça multiportas, tal como ocorrido nos Estados Unidos a partir da década de 1970. Em 2015, tanto a Lei de Mediação quanto o novo Código de Processo Civil concretizaram essa possibilidade de mudança cultural. E não são poucos os dispositivos previstos nas novas leis.[20]

Cabe agora aos operadores do direito se utilizarem de todo esse arcabouço jurídico para construírem com seus clientes, acordos que atendam aos interesses e as necessidades financeiras e emocionais das partes, na medida do possível e da realidade concreta e de forma duradoura, flexível e que promova a funcionalidade e sustentabilidade do par parental.

A conscientização da sociedade e não só do meio jurídico se mostra fundamental para essa mudança de paradigma. Não devem ser mais os advogados representantes de

---

20. Como os artigos 168, 190, 694, 784, III e 911 do Código de Processo Civil, dentre outros.

seus clientes, mas sim assessores e facilitadores que têm como função a condução responsável no processo de construção do consenso.

Já há algum tempo, no âmbito dos conflitos familiares e sociais, diversos países promovem políticas públicas efetivas para a promoção e utilização de métodos não adversariais como Canadá, França e Estados Unidos.[21] A nova legislação brasileira, embora bastante comemorada, demanda ainda grande empenho para que se implemente uma efetiva mudança cultural, não só dos intérpretes e dos aplicadores do direito, mas da sociedade como um todo. A necessidade de se terem credibilidade e consciência dos reais benefícios trazidos pelos métodos adequados de solução de conflitos por toda a comunidade é essencial para a construção de um novo modelo de justiça cooperativa, colaborativa e democrática.

Tais diretrizes se tornam ainda mais prementes quando se trata do caro e específico tema relativo à guarda e convivência entre pais e filhos tendo em vista que nessa relação há uma parte indiscutivelmente vulnerável e que merece todo cuidado e toda proteção.

4. CONSIDERAÇÕES FINAIS

Em tempos como o que enfrentamos não se pode deixar de ter em conta que em família tudo é mais abrangente e complexo do que pode parecer e há crescimento, descobertas e limites a serem reconhecidos, vencidos e, também, respeitados para que os aprendizados aconteçam e promovam dias melhores.

Os exemplos a serem transmitidos às crianças de hoje que serão os pais e os adultos de amanhã têm importância fundamental na formação e evolução saudável de uma sociedade. Terceirizar soluções que deveriam ser tomadas naturalmente pelo exercício da autoridade que o próprio Estado delegou aos pais é um contrassenso nos dias de hoje, tão inconveniente como se recusar um presente. Representa, além do desperdício da oportunidade de usufruir e fazer bom uso da coparentalidade que lhes foi conferida, seu desmerecimento.

---

21. No Canadá e na França, onde a prática é desenvolvida há bastante tempo, a mediação não objetiva o acordo em si, este é uma consequência lógica da transformação do conflito pelas mãos dos mediandos, sob o olhar atento e imparcial do mediador (ANDRADE, Gustavo. Mediação familiar. In: ALBUQUERQUE, Fabíola Santos et al. (Coords.). *Famílias no direito contemporâneo*: estudos em homenagem a Paulo Luiz Netto Lôbo. Salvador: JusPDIVM, 2010, p. 494). A presidente da Comissão de mediação do IBDFAM, Águida Arruda Barbosa, destaca que, "na França, onde a mediação está no plano de excelência tanto de fundamentação teórica como na organização da prática social, as pessoas já conhecem e reconhecem este meio de acesso à justiça e procuram os centros privados de prestação desse serviço especializado. Já houve mudança de comportamento dos jurisdicionados que buscam a justiça doce, como costumam qualificar a mediação" (BARBOSA, Águida Arruda. *Educação para mediar; não mais para litigar*. Disponível em: <http://www.ibdfam.org.br/?boletim&artigo=293>. Acesso em: 10 nov. 2018). Nos Estados Unidos e no Canadá, a mediação e a advocacia colaborativa são voltadas predominantemente para a resolução de um conflito estabelecido, com vistas a evitar uma demanda judicial e cumprir seu papel de método adequado de resolução de conflitos, objetivando a construção de acordos sustentáveis.

A RESPONSABILIDADE CIVIL EM TEMPOS DE COVID-19: REFLEXÕES SOBRE A PROTEÇÃO DA PESSOA IDOSA

Heloisa Helena Barboza

Professora Titular de Direito Civil da Faculdade de Direito da Universidade do Estado do Rio de Janeiro (UERJ). Diretora da Faculdade de Direito da Universidade do Estado do Rio de Janeiro (UERJ). Doutora em Direito pela UERJ e em Ciências pela ENSP/FIOCRUZ. Especialista em Ética e Bioética pelo IFF/FIOCRUZ. Procuradora de Justiça do Estado do Rio de Janeiro (aposentada). Árbitra, parecerista e advogada.

Vitor Almeida

Doutor e Mestre em Direito Civil pela Universidade do Estado do Rio de Janeiro (UERJ). Professor Adjunto de Direito Civil da Universidade Federal Rural do Rio de Janeiro (ITR/UFRRJ). Professor dos cursos de especialização do CEPED-UERJ, PUC-Rio e EMERJ. Vice-diretor do Instituto de Biodireito e Bioética (IBIOS). Membro do Instituto Brasileiro de Estudos de Responsabilidade Civil (IBERC). Pós-doutorando em Direito Civil pela Universidade do Estado do Rio de Janeiro (UERJ).

Sumário: 1. Considerações iniciais: potencial e cotidiano pandêmicos do novo coronavírus (Covid-19) e os riscos da política do "limpa-velhos" – 2. A proteção constitucional da pessoa idosa – 3. A responsabilidade civil pelo descumprimento do dever de cuidado com o idoso – 4. Conclusão – 5. Referências.

1. CONSIDERAÇÕES INICIAIS: POTENCIAL E COTIDIANO PANDÊMICOS DO NOVO CORONAVÍRUS (COVID-19) E OS RISCOS DA POLÍTICA DO "LIMPA-VELHOS"

Em tempos de pandemia, a crise transborda o contexto médico-sanitário e impacta, a um só tempo, o ambiente econômico, político e social, bem como provoca uma verdadeira ruptura em todo o tecido da sociedade a partir de um cotidiano que requer isolamento e novas práticas sociais. Conflitos sociais e resistências à intervenção e à medicalização são constantes em períodos pandêmicos[1]. No contexto jurídico, a excep-

---

1. "Geralmente, as epidemias desencadeiam distúrbios sociais e políticos como forma de reação da população aos estritos controles e regulamentos impostos pelas autoridades, e pela carga de preconceitos embutidos nas formas de lidar com essa reação (Evans, 1992). [...] Historicamente, epidemias e ideologias se difundem da mesma forma, proporcionando o aparecimento de conflitos sociais e de resistência ao intervencionismo e às tentativas de medicalização da sociedade. A classificação de um estado como doença não é um processo socialmente neutro, e, na administração de saúde, torna-se uma linha tênue entre legitimação e estigma. Ao mesmo tempo, o impacto causado pela doença epidêmica sobre a sociedade podia transformar-se em fator de legitimação da intervenção do governo, por meio de uma legislação que estabeleceria uma forma de controle social, reformulando as relações entre indivíduos e entre indivíduos e as instituições (Augé e Herzlich, 1995)". GOULART, Adriana da Costa. Revisitando a espanhola: a gripe pandêmica de 1918 no Rio de Janeiro. In: *História, Ciências, Saúde – Manguinhos*, v. 12, n. 1, p. 101-42, jan./abr. 2005, p. 102.

cionalidade e a emergência do momento pandêmico forçam a refletir sobre os fins do Direito, em especial seu papel na proteção dos vulneráveis, em resistência às pressões políticas, mercadológicas e posturas individualistas. Nesse cenário, a sociedade global tem se deparado com um cotidiano pandêmico de um vírus de baixa letalidade, mas com potencial de transmissão ainda desconhecido e sem tratamento ou cura cientificamente comprovados. O chamado novo coronavírus (SARS-CoV2) surgiu em Wuhan, China, no final de 2019, tendo se espalhado rapidamente para todas as províncias chinesas e hoje alcança inúmeros países. Em 11 de março de 2020, a Organização Mundial de Saúde (OMS) classificou como pandemia a enfermidade que já contaminou grande parte do mundo e continua a se alastrar.[2]

Esforços para conter o vírus estão em andamento em todo mundo, em especial o chamado distanciamento social, que tem forçado parcela da sociedade a se manter em suas casas. No entanto, dada as muitas incertezas quanto à transmissibilidade de patógenos e virulência, a eficácia desses esforços ainda é desconhecida. A fração de casos não documentados, mas infecciosos, é uma característica epidemiológica crítica que modula o potencial pandêmico de um vírus respiratório emergente[3]. Essas infecções não documentadas geralmente apresentam sintomas leves, limitados ou inexistentes e, portanto, não são reconhecidas e, dependendo de sua contagiosidade e número, podem expor uma parcela muito maior da população ao vírus do que ocorreria de outra maneira, principalmente as pessoas do chamado grupo de risco como as pessoas idosas, imunodeprimidas, cardiopatas, diabéticas, hipertensos, com doenças pré-existentes crônicas respiratórias, na quais as taxas de letalidade são bem maiores[4]. A velocidade de propagação do vírus é uma preocupação da comunidade médica diante de escassos recursos e insumos de saúde disponíveis e da estrutura hospitalar deficitária.

De acordo com o Plano de Contingência Nacional para Infecção Humana pelo novo Coronavírus (COVID-19), há "muitas incertezas no modo exato de transmissão e

---

2. Anteriormente, em 30 de janeiro, a OMS já havia declarado que o surto do novo coronavírus constitui uma Emergência de Saúde Pública de Importância Internacional (ESPII) – o mais alto nível de alerta da Organização, conforme previsto no Regulamento Sanitário Internacional. No Brasil, o Decreto n. 7.616, de 17 de novembro de 2011, dispõe sobre a declaração de Emergência em Saúde Pública de Importância Nacional – ESPIN. Nos termos do seu art. 2°, a "declaração de Emergência em Saúde Pública de Importância Nacional – ESPIN ocorrerá em situações que demandem o emprego urgente de medidas de prevenção, controle e contenção de riscos, danos e agravos à saúde pública". A declaração de ESPIN será efetuada pelo Poder Executivo federal, por meio de ato do Ministro de Estado da Saúde, conforme determina o seu art. 4°. A Portaria MS n. 188, de 3 de fevereiro de 2020, declara Emergência em Saúde Pública de Importância Nacional (ESPIN) em decorrência da Infecção Humana pelo novo Coronavírus (2019-nCoV). A Portaria MS n° 188 também estabeleceu o Centro de Operações de Emergências em Saúde Pública (COECOVID-19) como mecanismo nacional da gestão coordenada da resposta à emergência no âmbito nacional, ficando sob responsabilidade da Secretaria de Vigilância em Saúde (SVS/MS) a gestão do COE-COVID-19.
3. LI, Ruiyun *et al*. Substantial undocumented infection facilitates the rapid dissemination of novel coronavirus (SARS-CoV2). In: *Science*, 10.1126/science.abb3221, mar., 2020. Disponível em: <https://science.sciencemag.org/content/early/2020/03/24/science.abb3221>. Acesso em 26 mar. 2020.
4. "A proporção de mortes por casos de covid-19, a doença causada pelo novo coronavírus, é maior entre a população com mais de 70 anos de idade, segundo dados do Centro para a Prevenção e Combate a Doenças da China, país de origem do vírus e com mais casos registrados até agora (mais de 80 mil). Dados compilados pelo órgão até 11 de fevereiro apontam que 14,8% dos casos do novo coronavírus com chineses com mais de 80 anos resultaram em morte. Já 8% dos casos da covid-19 envolvendo a população na faixa dos 70 anos acabaram em falecimento". Disponível em: <https://noticias.uol.com.br/saude/ultimas-noticias/redacao/2020/03/13/idosos-mortes-letalida-de-coronavirus-china-estudo.htm>. Acesso em 09 abr. 2020.

os possíveis reservatórios. As taxas de letalidade, mortalidade e transmissibilidade não são definitivas e estão subestimadas ou superestimadas. As evidências epidemiológicas e clínicas ainda estão sendo descritas e a história natural desta doença está sendo construída"[5]. Tais incertezas causam dúvidas na população e vulnera ainda mais os integrantes do grupo de risco e as populações vulnerabilizadas por questões sociais como moradores de comunidades carentes, pessoas idosas em asilos e presos.

O isolamento domiciliar e barreiras sanitárias em aeroportos e locais com maior número de infectados tem sido as medidas adotadas para tentar achatar a curva de transmissão e permitir que os governos reforcem seus sistemas públicos de saúde para evitar o colapso. Busca-se, com essas medidas, permitir que os serviços de saúde se estruturem dentro de suas possibilidades para atender a um maior número de pacientes, sobretudo aqueles que apresentem sintomas mais fortes como desconforto respiratório e precisem de respiradores por emergência respiratória.

Em razão do desconhecido potencial epidêmico do novo coronavírus, intervenção legislativa se faz necessária para restringir a liberdade individual em prol da solidariedade social[6], uma vez que o distanciamento, o isolamento e a quarentena são as medidas de combate mais eficazes até o momento. Desse modo, foi promulgada, a Lei 13.979, de 06 de fevereiro de 2020[7], que dispõe sobre as medidas para enfrentamento da emergência de saúde pública de importância internacional decorrente do coronavírus responsável pelo surto de 2019. Sob o argumento de proteção da coletividade (art. 1º, § 1º), a Lei prevê de forma exemplificativa medidas de enfrentamento como o isolamento[8], a quarentena[9], a determinação de realização compulsória de exames médicos, testes laboratoriais, coleta de amostras clínicas, vacinação, tratamentos médicos específicos, estudo ou investigação epidemiológica, exumação, necropsia, cremação e manejo de cadáver, bem como restrição excepcional e temporária por rodovias, portos ou aeroportos, segundo

---

5. BRASIL. *Plano de Contingência Nacional para Infecção Humana pelo novo Coronavírus – COVID-19*. Centro de Operações de Emergências em Saúde Pública. Ministério da Saúde, Secretaria de Vigilância em Saúde. Brasília/DF, fevereiro de 2020. Disponível em: <https://portalarquivos2.saude.gov.br/images/pdf/2020/marco/25/Livreto--Plano-de-Contingencia-5-Corona2020-210x297-16mar.pdf>. Acesso em 09 abr. 2020.
6. Segundo Thamis Dalsenter: "Especialmente em tempos de crise na saúde, o princípio da solidariedade reconfigura os limites da liberdade para resguardar a dignidade da pessoa humana, exigindo de pessoas físicas e jurídicas certo grau de sacrifício individual em prol da coletividade. Finalmente, é necessário ressaltar que todas as restrições à liberdade individual devem ser guiadas pela razoabilidade e pela necessidade de proteção dos vulneráveis, jamais devem resultar do pânico coletivo fomentado pelo medo exacerbado e pela desinformação". DALSENTER, Thamis. *Direito à saúde entre a liberdade e a solidariedade*: os desafios jurídicos do combate ao novo coronavírus – COVID-19. Coluna Migalhas de Vulnerabilidade. Disponível em: https://www.migalhas.com.br/coluna/migalhas-de-vulnerabilidade/321211/direito-a-saude-entre-a-liberdade-e-a-solidariedade-os-desafios-juridicos-do-combate-ao-novo-coronavirus-covid-19. Acesso em 08 abr. 2020.
7. A Lei já sofreu modificações por força das Medidas Provisórias ns. 926, 927 e 928, respectivamente de 20, 22 e 23 de março de 2020,
8. Art. 2º Para fins do disposto nesta Lei, considera-se: I – isolamento: separação de pessoas doentes ou contaminadas, ou de bagagens, meios de transporte, mercadorias ou encomendas postais afetadas, de outros, de maneira a evitar a contaminação ou a propagação do coronavírus".
9. Art. 2º Para fins do disposto nesta Lei, considera-se: [...] II – quarentena: restrição de atividades ou separação de pessoas suspeitas de contaminação das pessoas que não estejam doentes, ou de bagagens, contêineres, animais, meios de transporte ou mercadorias suspeitos de contaminação, de maneira a evitar a possível contaminação ou a propagação do coronavírus.

recomendação técnica da Agência Nacional de Vigilância Sanitária (ANVISA)[10]. A Portaria Interministerial n. 5, de 17 de março de 2020, dispõe sobre a compulsoriedade das medidas de enfrentamento da emergência de saúde pública previstas na Lei n. 13.979, de 06 de fevereiro de 2020, e estabelece a responsabilização civil, administrativa, penal e, no caso de servidores públicos, administrativa disciplinar dos agentes infratores pelo descumprimento das medidas de saúde apontadas (art. 3º).

Os limites ao intervencionismo e restrições à liberdade individual em prol da coletividade é tênue, eis que a adesão voluntária às medidas de combate indicadas pelas autoridades competentes com base em informações seguras, claras e objetivas seria o ideal. No entanto, à luz da legalidade constitucional, o princípio da solidariedade social não permite limitações ao agir individual que não sejam calcadas em critérios científicos seguros e transparentes, bem como a adoção de medidas razoáveis e que visem a proteção dos vulneráveis, sob pena de violação da dignidade da pessoa humana. Além disso, ações voltadas às práticas higienistas e discriminatórias são de todo proibidas no Direito brasileiro.

Os efeitos sistêmicos do novo coronavírus (Covid-19) e seus impactos na área econômica tendem a aprofundar ainda mais as desigualdades sociais no Brasil e desafiam a proteção dos vulneráveis, em especial, diante do acesso aos serviços de saúde, ao saneamento básico, à possibilidade de ficar confinado em casa, entre outros. O desconhecimento em relação à doença da Covid-19 provoca ainda estigma e discriminação em face das pessoas contaminadas e dos membros do grupo de risco, o que evidencia a incompreensão da população diante dos acontecimentos. A crise sanitária descortina, portanto, a necessidade de enfrentamento epidemiológico de forma estratégica pelas autoridades de saúde e uma atuação do Estado no sentido de proteger as camadas mais vulneráveis da população, de modo a evitar medidas sanitárias discriminatórias ou estigmatizantes.

Em breve mirada histórica, a pandemia de gripe espanhola em 1918[11-12] que assolou também o Brasil guarda algumas similaridades com o atual período de gripe pandêmica do novo coronavírus vivenciada em 2020. Registra-se que "enquanto, na Europa, a espanhola se disseminava, no Rio de Janeiro, capital da República, as notícias sobre o mal

---

10. A portaria n. 356, de 11 de março de 2020, do Ministério da Saúde, dispõe sobre a regulamentação e operacionalização do disposto na lei nº 13.979, de 6 de fevereiro de 2020, que estabelece as medidas para enfrentamento da emergência de saúde pública de importância internacional decorrente do coronavírus (covid-19).
11. "Durante a Primeira Guerra Mundial, em meados de agosto e início de setembro de 1918, algumas pequenas notícias sobre um estranho mal começaram a aparecer nos jornais da capital federal, sem contudo despertar grande atenção das autoridades públicas e da população em geral. Desde o mês de maio, a Europa e a África eram assoladas por uma doença epidêmica, cujo diagnóstico era incerto. Inicialmente, ela acabou sendo confundida com diversas outras doenças, tais como cólera, dengue e tifo. Somente no final do mês de junho, vinda de Londres, obteve-se a informação de que se tratava de gripe ou influenza, e que já teria se alastrado por vários pontos da Europa. Percorreria o mundo em oito meses, matando entre cinquenta e cem milhões de pessoas e tornando-se o maior enigma da medicina". GOULART, Adriana da Costa. Op. cit., p. 102.
12. "A alcunha de espanhola provinha do fato de que em terras da Espanha não se fazia segredo dos estragos feitos pela epidemia, ao contrário de muitos países que buscaram suavizar o impacto do mal reinante sobre suas sociedades (Kolata, 2002; D'Avila, 1993). A explicação para a imputação do nome espanhola tem raízes políticas, devendo-se também à posição de neutralidade da Espanha durante a Primeira Guerra Mundial, assim como às demonstrações de simpatia por parte de uma facção do governo espanhol pelos alemães, fazendo com que a alcunha atribuída à moléstia – espanhola – ganhasse mais amplitude política, principalmente por iniciativa da Inglaterra (D'Ávila, 1993). A ideia de 'esconder' a doença foi sustentada no início da epidemia por instituições de prestígio, como a Royal Academy of Medicine de Londres. Mas, em meados de setembro de 1918, poucos ainda acreditavam em sua suposta origem espanhola". GOULART, Adriana da Costa. Op. cit., p. 102.

reinante eram ignoradas ou tratadas com descaso e em tom pilhérico, até mesmo em tom de pseudocientificidade, ilustrando um estranho sentimento de imunidade face à doença"[13]. Nesse cenário, a população demonstrava medo e preocupação com as possíveis medidas sanitárias e, em atitude de descaso, imperou-se "a visão de que se fazia muito alarde por causa de uma doença corriqueira". Como a doença incidia mais sobre a população idosa ficou popularmente conhecida como uma simples gripe de "limpa-velhos". No entanto, o "índice de mortalidade e de morbidade apresentados pela influenza de 1918, o rápido período de incubação e o elevadíssimo número de óbitos foram alguns fatores que fizeram da 'gripe espanhola' um acontecimento *sui generis* em todos os sentidos".[14]

Alguns registros históricos da epidemia da gripe espanhola são importantes para a compreensão do caos que se instalou, especialmente na cidade do Rio de Janeiro, então capital da República. Em primeiro lugar, a postura de descaso das autoridades da administração sanitária não cogitou de nenhuma estratégia de combate à moléstia, o que evidenciou a falência das estruturas sanitárias e de saúde e a revolta da população. Conforme relato histórico, "pouco a pouco, as ruas da cidade se transformaram em um mar de insepultos, pela falta de coveiros para enterrar os corpos e de caixões onde sepultá-los". O autoritarismo das medidas de quarentena e isolamento incendiavam a sociedade que se voltava contra a excessiva restrição às liberdades civis e criava empecilhos de ordem política e econômica[15]. Por fim, a crise instaurada com a pandemia da "gripe espanhola" desencadeou a revalorização do conhecimento sanitário, como vital para o bem-estar social e o progresso da sociedade.[16]

Em particular, esse cenário é revelador para fortalecer a proteção com as pessoas idosas, especialmente atingidas pela pandemia. Segundo notícias ventiladas na mídia, na Itália, país mais afetado pela pandemia, o Departamento de Defesa Civil do Piemonte teria preparado um documento no qual recomendaria a negativa de atendimento para pacientes com mais de 80 anos ou que apresentassem más condições de saúde em unidades de terapia intensiva (UTIs)[17]. Itália, Espanha e França registram centenas de mortes de idosos em asilos. Em muitos casos, os corpos são descobertos dias depois do óbito por militares.

---

13. "Tal ordem de sentimento denunciava, por um lado, a total desinformação e o desconhecimento da sociedade sobre o problema que a ameaçava; e, por outro, escondia o medo da população, que via nas medidas sanitárias um pretexto para a revitalização daquelas consideradas coercitivas. Tal ordem de medidas, muitas críticas rendeu à figura do sanitarista Oswaldo Cruz, em sua gestão na Diretoria Geral de Saúde Pública, durante o governo de Rodrigues Alves (1902-1906), instaurando uma tirania sanitária que deu origem a grandes tensões sociais e desencadeou a conhecida Revolta da Vacina (Sevcenko, 1984; Benchimol, 1992)". GOULART, Adriana da Costa. *Op. cit.*, p. 104.
14. GOULART, Adriana da Costa. *Op. cit.*, p. 105.
15. "Havia também a dificuldade de contornar toda uma gama de empecilhos sociais, políticos e econômicos, que se traduziam em exigências de quarentenas e isolamentos e que decretavam a inviabilidade de uma sociedade moderna, urbanizada e industrializada que encarava tais estratégias como antinaturais". GOULART, Adriana da Costa. *Op. cit.*, p. 106-108 e 110.
16. "Se, de um lado, a epidemia acarretou uma série de insatisfações com a atividade política das elites governantes e com suas políticas sociais, de outro, tornou possível um maior controle sobre a medicina oficial, acabando por transformar esse grupo de higienistas nos únicos atores capazes de encontrar uma solução para a crise instaurada pelo evento. Este acabou por desencadear uma revalorização do conhecimento sanitário. Assim sendo, a colaboração desses homens de ciência seria mais uma vez requisitada pelas elites dominantes, em seus projetos políticos e administrativos, visto que o grupo em questão detinha um capital político e social necessário para lidar com os problemas então desencadeados". GOULART, Adriana da Costa. *Op. cit.*, p. 135-136.
17. Disponível em: https://istoe.com.br/italia-teria-planos-de-deixar-idosos-com-coronavirus-morrerem-diz-jornal/. Acesso em 09 abr. 2020.

Torna-se gravíssima a situação dos idosos em asilos em razão da rápida propagação do vírus e da maior taxa de letalidade entre eles[18]. Relatos de solidão de pessoas idosas por causa das medidas de isolamento social se proliferam e o distanciamento dos familiares agrava ainda mais a situação de vulnerabilidade, ainda que vital para sua sobrevivência.

Diante desse cenário, a pessoa idosa encontra-se extremamente vulnerada e o dever de cuidado e o direito prioritário à saúde[19], com base em seu melhor interesse[20], é fortemente desafiado em tempos da pandemia do novo coronavírus (Covid-19).

O presente trabalho busca analisar o atual estágio de proteção das pessoas idosas no direito brasileiro, com fundamento no princípio do melhor interesse (art. 230, CR), de índole constitucional, com espeque no fortalecimento das suas decisões autônomas no âmbito da área da saúde, declaradas ou não por meio de diretivas antecipadas, a depender da efetiva e concreta possibilidade de exprimir sua vontade, de forma a reforçar sua autonomia existencial. Em especial, é necessário refletir sobre os efeitos no campo da responsabilidade civil, especialmente no que respeita ao cumprimento do dever de cuidado com as pessoas idosas, de todo importante no momento em que há grave ameaça à vida dessas pessoas, em razão da pandemia do novo coronavírus (Covid-19).

2. A PROTEÇÃO CONSTITUCIONAL DA PESSOA IDOSA

É recente a preocupação com o envelhecimento populacional e a posição do idoso na sociedade. Em âmbito internacional, em 1982, foi elaborado pela Organização das Nações Unidas (ONU), o Plano de Ação para o Envelhecimento, que ensejou a posterior adoção de uma Carta de Princípios da ONU para as Pessoas Idosas, em 1991, e a consagração do Ano Internacional do Idoso em 1999[21]. Em 15 de junho de 2015 foi aprovada a Convenção Interamericana sobre a proteção dos direitos humanos das pessoas idosas pelos Estados membros da Organização dos Estados Americanos (OEA), sendo que o Brasil – conjuntamente com a Argentina, Chile, Costa Rica e Uruguai – foi o primeiro país signatário do documento, que se destaca por ser o primeiro instrumento internacional juridicamente vinculante voltado à proteção e à promoção dos direitos humanos e liberdades fundamentais das pessoas idosas, em igualdade de condições.[22]

---

18. Disponível em: https://internacional.estadao.com.br/noticias/geral,coronavirus-devasta-asilos-de-idosos-na-europa,70003245767. Acesso em 09 abr. 2020.
19. Cf. BARLETTA, Fabiana Rodrigues. A pessoa idosa e seu direito prioritário à saúde: apontamentos a partir do princípio do melhor interesse do idoso. In: *Revista de Direito Sanitário*, v. 15, p. 119-136, 2014.
20. Cf. BARBOZA, Heloisa Helena. O princípio do melhor interesse da pessoa idosa: efetividade e desafios. In: BARLETTA, Fabiana Rodrigues; ALMEIDA, Vitor (Orgs.). *A tutela jurídica da pessoa idosa*: 15 anos do Estatuto do Idoso: melhor interesse, autonomia e vulnerabilidade e relações de consumo. Indaiatuba/SP: Editora Foco, p. 3-20, 2020.
21. Vale destacar, ainda, a Declaração Política e o Plano de Ação Internacional de Madri sobre o Envelhecimento (2002), bem como os instrumentos regionais, tais como a Estratégia Regional de Implementação para a América Latina e o Caribe do Plano de Ação Internacional de Madri sobre o Envelhecimento (2003), a Declaração de Brasília (2007), o Plano de Ação da Organização Pan-Americana da Saúde sobre a Saúde dos Idosos, Incluindo o Envelhecimento Ativo e Saudável (2009), a Declaração de Compromisso de *Port of Spain* (2009) e a Carta de San José sobre os direitos do idoso da América Latina e do Caribe (2012).
22. Ainda não foi internalizada pelo Brasil. O processo de internalização iniciou-se em 2017 por meio do Projeto de Decreto Legislativo de Acordos, tratados ou atos internacionais n. 863/2017.

Com o aumento da expectativa de vida da população brasileira nas últimas décadas, a situação do idoso chamou a atenção do Constituinte e, com isso, a Constituição de 1988 introduziu direitos específicos para essa parcela da população, definindo responsabilidades, entre as gerações, para a família, o Estado e a própria sociedade[23]. No âmbito infraconstitucional, a Lei n. 8.842/1994 estabeleceu a Política Nacional do Idoso[24], que foi efetivada, na área de saúde, pela Política Nacional de Saúde do Idoso[25]. Posteriormente, em 2003, foi promulgado o Estatuto do Idoso (Lei n. 10.741/2003), que regula os direitos assegurados às pessoas idosas, estabelece prioridades nas políticas públicas e prevê mecanismos para o exercício da cidadania. Conforme estabelece seu art. 2º, a pessoa idosa "goza de todos os direitos fundamentais inerentes à pessoa humana, sem prejuízo da proteção integral de que trata esta Lei, assegurando-se-lhe, por lei ou por outros meios, todas as oportunidades e facilidades, para preservação de sua saúde física e mental e seu aperfeiçoamento moral, intelectual, espiritual e social, em condições de liberdade e dignidade".

Com base na sua proteção integral, abalizada doutrina tem proclamado o princípio da prioridade do idoso, que lhe assegura o "atendimento em primeiro plano das garantias fundamentais, dada a sua condição de fragilidade que a vida reserva para todos nós"[26]. Tal orientação é extraída da proteção integral determinada pelo constituinte, bem como da garantia de prioridade assegurada no art. 3º do Estatuto do Idoso, que determina que é "obrigação da família, da comunidade, da sociedade e do Poder Público assegurar ao idoso, com absoluta prioridade, a efetivação do direito à vida, à saúde, à alimentação, à educação, à cultura, ao esporte, ao lazer, ao trabalho, à cidadania, à liberdade, à dignidade, ao respeito e à convivência familiar e comunitária". Indispensável, por conseguinte, afirmar que, nessa linha de raciocínio, considera-se como "implícito no preceito constitucional o princípio do melhor interesse do idoso, como expressão da proteção integral que lhe é devida com absoluta prioridade", que se revela como "de inegável valia como critério hermenêutico, diante da complexidade da situação existencial do idoso".[27]

O reconhecimento do princípio do melhor interesse do idoso procura "efetivar a proteção integral devida ao idoso, em razão da sua situação de vulnerabilidade potencializada pelas contingências existenciais, especializando a cláusula geral de tutela da pessoa humana, na linha já adotada para a criança e o adolescente e o consumidor"[28]. Em

---

23. "Art. 229. Os pais têm o dever de assistir, criar e educar os filhos menores, e os filhos maiores têm o dever de ajudar e amparar os pais na velhice, carência ou enfermidade"; "Art. 230. A família, a sociedade e o Estado têm o dever de amparar as pessoas idosas, assegurando sua participação na comunidade e defendendo sua dignidade e bem-estar e garantindo-lhes o direito à vida".
24. A Política Nacional do Idoso foi regulamentada inicialmente pelo Decreto n. 1.948/1996. Atualmente, o Decreto nº 9.921, de 18 de julho de 2019, consolida atos normativos editados pelo poder executivo federal que dispõem sobre a temática da pessoa idosa e revogou o Decreto anterior.
25. Portaria n. 1.395/GM, de 10 de dezembro de 1999. Atualmente, após a entrada em vigor do Estatuto do Idoso, foi editada nova portaria pelo Ministério da Saúde, Portaria n. 2.528/GM, de 16 de outubro de 2006.
26. TEIXEIRA, Ana Carolina Brochado; SÁ, Maria de Fátima Freire de. Fundamentos principiológicos do estatuto da criança e do adolescente e do estatuto do idoso. In: *Revista Brasileira de Direito de Família*, Porto Alegre: Síntese/IBDFAM, v.1, n. 1, abr./jun., 1999, p. 28.
27. BARBOZA, Heloisa Helena. O princípio do melhor interesse da pessoa idosa: efetividade e desafios. In: BARLETTA, Fabiana Rodrigues; ALMEIDA, Vitor (Orgs.). *A tutela jurídica da pessoa idosa*: 15 anos do Estatuto do Idoso: melhor interesse, autonomia e vulnerabilidade e relações de consumo. Indaiatuba/SP: Editora Foco, p. 3-20, 2020, p. 20.
28. BARBOZA, Heloisa Helena. *Op. cit.*, p. 20.

especial, o princípio do melhor interesse concretiza o direito personalíssimo ao envelhecimento, conforme consagrado no art. 8º do Estatuto do Idoso. Tal direito assegura, a rigor, o chamado "envelhecimento ativo", definido como "o processo de otimização das oportunidades de saúde, participação e segurança, com o objetivo de melhorar a qualidade de vida à medida que as pessoas ficam mais velhas"[29]. Tal compreensão permite que seja assegurado às pessoas idosas o bem-estar físico, psíquico e social ao longo do curso da vida, com a garantia de plena participação social em igualdade de condições de liberdade e dignidade de cordo com suas necessidades, desejos e vontades, sem abandonar o cuidado, segurança e proteção vitais na fase do envelhecimento.

Nessa senda, o *cuidado* emerge como valor que assegura, em toda sua dimensão, o livre exercício do direito ao envelhecimento. O cuidado representa o rompimento com a tradição assistencialista e de infantilização do idoso, e que não atende toda extensão das suas complexas e diversificadas necessidades. O cuidado, ao lado da solidariedade, viabiliza o "envelhecimento ativo" como direito personalíssimo assegurado no Estatuto do Idoso.[30]

Diante da intrínseca vulnerabilidade da pessoa idosa potencializada pelas contingências existenciais naturais do processo de senescência, o direito prioritário à saúde emerge como instrumento indispensável para a promoção da proteção integral e do melhor interesse à luz do princípio da dignidade da pessoa humana. Desse modo, há de se cumprir o disposto no art. 15 do Estatuto do Idoso, que assegura o direito à saúde de modo integral, incluindo, inclusive, atenção especial às doenças que afetam preferencialmente os idosos.[31]

Fabiana Rodrigues Barletta pontua que "o direito à saúde na terceira idade seja concedido em ordem de prioridade, para salvaguarda do princípio constitucional da dignidade humana do qual emana o princípio do melhor interesse do idoso nas contingências especialíssimas da velhice"[32]. Indispensável afirmar a efetividade do direito prioritário à saúde da pessoa idosa, de envergadura constitucional, decorrente do princípio do melhor interesse e do dever de cuidado e respeito à sua autonomia existencial[33], que devem ser realçados e promovidos, inclusive, em tempos de pandemia do novo coronavírus, na qual as taxas de letalidade atingem mais severamente a população idosa[34], além de provocar solidão e aprofundar as suas vulnerabilidades.

---

29. WORLD HEALTH ORGANIZATION. Envelhecimento ativo: uma política de saúde. Tradução Suzana Gontijo. Brasília: Organização Pan-Americana da Saúde, 2005, p. 15. Disponível em www.portal.saúde.gov.br. Acesso em 16 mai. 2007.
30. BARBOZA, Heloisa Helena. *Op. cit.*, p. 18.
31. "Art. 15. É assegurada a atenção integral à saúde do idoso, por intermédio do Sistema Único de Saúde – SUS, garantindo-lhe o acesso universal e igualitário, em conjunto articulado e contínuo das ações e serviços, para a prevenção, promoção, proteção e recuperação da saúde, incluindo a atenção especial às doenças que afetam preferencialmente os idosos".
32. BARLETTA, Fabiana Rodrigues. A pessoa idosa e seu direito prioritário à saúde: apontamentos a partir do princípio do melhor interesse do idoso. In: *Revista de Direito Sanitário*, v. 15, p. 119-136, 2014, p. 134.
33. Cf. ALMEIDA, Vitor; PINTO, Deborah Pinto dos Santos. Reflexões sobre o direito à autodeterminação existencial da pessoa idosa. In: BARLETTA, Fabiana Rodrigues; ALMEIDA, Vitor (Orgs.). *A tutela jurídica da pessoa idosa*: 15 anos do Estatuto do Idoso: melhor interesse, autonomia e vulnerabilidade e relações de consumo. Indaiatuba, SP: Foco, 2020, *passim*.
34. De acordo com pesquisa da Fundação Getúlio Vargas (FGV), "pessoas idosas e pessoas que apresentaram condições médicas delicadas anteriores ao contato com o vírus se mostraram mais propensas a desenvolver um quadro severo da doença, consequentemente, estando ambos sujeitos a uma maior taxa de letalidade. Em particular, as

É, portanto, com base na proteção integral e prioritária, iluminada pelo princípio do melhor interesse, que emerge o dever de cuidado, especialmente nas situações limítrofes, o qual deve ser cumprido sem prejuízo da autonomia da pessoa idosa.

3. A RESPONSABILIDADE CIVIL PELO DESCUMPRIMENTO DO DEVER DE CUIDADO COM O IDOSO

De acordo com o art. 5º, do Código Civil, a menoridade cessa aos dezoito anos completos, momento em que a pessoa passa a estar habilitada à prática de todos os atos da vida civil, vale dizer, torna-se plenamente capaz de, por si própria, reger sua pessoa e bens. Esta plena capacidade civil somente se extingue com a morte, mas pode sofrer restrições quanto ao exercício de alguns direitos, nos casos taxativamente indicados no Código Civil, configurando uma situação de incapacidade relativa. Em tal hipótese, a pessoa será impedida de praticar determinados atos, através do processo de "interdição" (art. 747, do CPC), sendo-lhe nomeado um curador, para assisti-la na vida civil.

Nessa linha, todas as pessoas maiores de dezoito anos são juridicamente capazes de decidir sobre questões existenciais e patrimoniais, relativas a si mesmas, e apenas por força de sentença podem sofrer uma restrição de sua capacidade de exercer pessoalmente seus direitos, passando a depender da assistência de um curador.

Não obstante as pessoas capazes tenham sua autonomia plenamente reconhecida, na prática cotidiana, é corriqueira a exigência de um "responsável" pela pessoa plenamente capaz, como ocorre nos casos de internação em clínicas e hospitais. Ao "responsável", não raro, é atribuído poder de escolha, de decisão, havendo por vezes disputa pelo "cargo" entre familiares. Cabe indagar, todavia, quem é o "responsável" por uma pessoa juridicamente capaz, não curatelada? Essa figura não se identifica com nenhuma outra constante das previsões legais, nem naquelas que acolhem situações de fato, como a da gestão de negócios ou do mandato verbal. Não há propriamente uma representação, porque, na maioria das vezes, se não na sua totalidade, o "representado" não é sequer consultado. Observe-se que não se deve confundir esse "responsável" com o denominado "contato", pessoa indicada para receber meras comunicações, informações ou recados.

Indispensável chamar a atenção para o fato de que, após a Lei 13.146/2016 (Lei Brasileira de Inclusão-Estatuto da Pessoa com Deficiência), a curatela é medida excepcional, restrita a questões patrimoniais (art. 85). Isto significa que, mesmo as pessoas com deficiência mental ou intelectual, tem plena capacidade, são senhoras de si, no que respeita ao próprio corpo, à sexualidade, ao matrimônio, à privacidade, à educação, à saúde, ao trabalho e ao voto (art. 85, § 1º).[35]

---

taxas de letalidade naqueles com 80 ou mais anos de idade são 13 vezes o valor daquela na faixa de 50 a 55 anos e 75 vezes àquelas na faixa de 10 a 19 anos de idade". NERI, Marcelo. Onde estão os idosos? Conhecimento contra o covid-19. FGV Social. Centro de Políticas Sociais. Disponível em: <https://www.cps.fgv.br/cps/bd/docs/Sumario-Executivo-Covidage-FGV-Social-Marcelo-Neri.pdf>. Acesso em 10 abr. 2020.

35. Cf. BARBOZA, Heloisa Helena; ALMEIDA, Vitor. Artigo 85. In: BARBOZA, Heloisa Helena; ALMEIDA, Vitor (coords.). *Comentários ao Estatuto da Pessoa com Deficiência à luz da Constituição da República*. Belo Horizonte, MG: Fórum, 2018, p. 298-300.

Por outro lado, é preciso enfatizar que o envelhecimento, por si só, não afeta a capacidade. Nos termos do Estatuto do Idoso (Lei 10.741/2003), como acima referido, o envelhecimento é um direito personalíssimo (art. 8º) e a sua proteção um direito social. Merece destaque o contido no art. 17, da mesma Lei, que assegura ao idoso o direito de optar pelo tratamento de saúde que lhe for reputado mais favorável. Somente no caso de o idoso não ter condições de proceder à opção e de não haver curador já designado, é que os familiares serão convocados, se este não puder ser contactado em tempo hábil. A opção caberá ao médico quando ocorrer iminente risco de vida e não houver tempo hábil para consulta ao curador ou família. A decisão do médico quando não houver curador ou familiar conhecido, deverá ser comunicada ao Ministério Público (art. 17, I a IV).

O art. 17, após as alterações promovidas no regime de capacidade do Código Civil pela Lei Brasileira de Inclusão (LBI), particularmente na vocação emancipatória implementada pela nova lei, está a exigir adequada interpretação, tendo em vista que: não há mais incapacidade absoluta para maiores de 16 anos e que a curatela, como acima ressaltado é medida excepcional e se restringe a relações patrimoniais, devendo ser adequada a cada caso.

A identificação de um "responsável" tem direta repercussão para fins de responsabilização civil. A pessoa que exerce a representação convencional, que se dá, por exemplo através da outorga de mandato, ou de diretivas antecipadas de vontade, deve atender à vontade do representado. Por sua vez, o curador, quando tem poderes de representação[36], fica restrito ao contido na sentença que o tiver designado. Mas para além dos casos de representação, deve se considerar que há pessoas que tem deveres para com outras, expressamente atribuídos por lei e que não implicam necessariamente restrição de sua capacidade civil. Como destacado, os filhos maiores têm o dever de ajudar e amparar os pais na velhice, carência ou enfermidade, e a família, portanto não apenas os filhos, a sociedade e o Estado têm o dever de amparar as pessoas idosas, garantindo-lhes o direito à vida. Esse dever constitucional (art. 229 e 230 da CR), que pode ser traduzido como o dever de cuidado[37], seria letra morta ou mera recomendação, se não houvesse consequências decorrentes do seu não cumprimento. Uma das formas de se conferir eficácia a esse mandamento constitucional, que não é norma programática, se dá através da responsabilização civil das pessoas que não cumprirem as determinações contidas na Lei Maior.[38]

Nessa linha, os familiares, especialmente os filhos que não ajudarem ou ampararem os pais na velhice, carência ou enfermidade, podem ser responsabilizados civilmente. Com maior razão, devem ser responsabilizados se os deixarem ao abandono, fato lamen-

---

36. O enunciado n. 637 prescreve que "admite-se a possibilidade de outorga ao curador de poderes de representação para alguns atos da vida civil, inclusive de natureza existencial, a serem especificados na sentença, desde que comprovadamente necessários para proteção do curatelado em sua dignidade".
37. V. BARBOZA, Heloisa. Perfil Jurídico do cuidado e da afetividade nas relações familiares. In: PEREIRA, Tânia da Silva; OLIVEIRA, Guilherme de; COLTRO, Antônio Carlos Mathias (orgs.). *Cuidado e Afetividade*. Projeto Brasil/Portugal – 2016-2017. São Paulo: Atlas, 2016, p. 175-191.
38. O presente artigo não comporta a discussão sobre a natureza punitiva ou não da responsabilização no caso em estudo.

tavelmente que não raro se verifica. O abandono já foi tratado pelo direito penal, ainda com vinculação a ideia de incapacidade[39], havendo aumento de pena se a vítima for idosa.

No caso de ameaça ou violação dos direitos de pessoa idosa, o Estatuto do Idoso prevê seu encaminhamento à família ou curador, mediante termo de responsabilidade. Nada estabelece, contudo, sobre a forma de responsabilização dos responsáveis, o que indica a aplicação das normas gerais de responsabilidade civil.

Em que pese sua importância, a análise da responsabilização civil em tais caso, em razão de sua complexidade, escapa dos estreitos limites deste trabalho.

Permita-se, por fim, insistir que a proteção constitucional da pessoa idosa, que se orienta no sentido de sua emancipação, encontra no dever de cuidado e na responsabilidade civil instrumentos valiosos para sua efetividade.

4. CONCLUSÃO

É desafiador o futuro da proteção da pessoa humana em tempos de pandemia e de escassez de leitos e respiradores para todos os pacientes em estado grave em razão do ainda desconhecido potencial pandêmico do vírus e do precário e limitado sistema de saúde brasileiro público e suplementar. Mas há também a escassez de humanidade, na medida em que a falta de solidariedade social e o descompromisso com justiça intergeracional revelam uma sociedade mais preocupada com as demandas mercadológicas e econômicas do que com a crise de existência que vivemos.

Permitir a supremacia das demandas de mercado, a seletividade do isolamento social, o desrespeito com os direitos das pessoas em grupo de risco, especialmente as pessoas idosas, afronta nosso projeto de solidarismo constitucional e coloca em xeque toda a construção recente de um Direito mais humano e solidário. Indispensável afirmar, mais uma vez e sempre, que a condição humana requer a proteção dos mais vulnerados na sociedade, que são aqueles que mais sofrem em tempos de escassez de bens, acesso à serviços essenciais e, acima de tudo, de humanidade. O enfrentamento jurídico à pandemia do novo coronavírus impõe uma postura metodológica e interpretativa enérgica e sem margem para exceções à afirmação da proteção da pessoa humana na medida das suas vulnerabilidades. Cabe ao Direito impor uma tutela ainda mais enérgica em prol da proteção dos vulnerados de modo a afastar todas as medidas de desprezo aos membros do grupo de risco, em especial às pessoas idosas, sob pena de retorno à uma política de "limpa-velhos" não compatível com um ordenamento ancorado na dignidade da pessoa humana.

5. REFERÊNCIAS

ALMEIDA, Vitor; PINTO, Deborah Pinto dos Santos. Reflexões sobre o direito à autodeterminação existencial da pessoa idosa. In: BARLETTA, Fabiana Rodrigues; ALMEIDA, Vitor (Orgs.). *A tutela jurídica da pessoa idosa*: 15 anos do Estatuto do Idoso: melhor interesse, autonomia e vulnerabilidade e relações de consumo. Indaiatuba, SP: Foco, 2020.

---

39. Código Penal, arts. 133 e 134.

BARBOZA, Heloisa Helena. O princípio do melhor interesse da pessoa idosa: efetividade e desafios. In: BARLETTA, Fabiana Rodrigues; ALMEIDA, Vitor (Orgs.). *A tutela jurídica da pessoa idosa*: 15 anos do Estatuto do Idoso: melhor interesse, autonomia e vulnerabilidade e relações de consumo. Indaiatuba/SP: Editora Foco, p. 3-20, 2020.

BARBOZA, Heloisa Helena; ALMEIDA, Vitor. Artigo 85. In: BARBOZA, Heloisa Helena; ALMEIDA, Vitor (coords.). *Comentários ao Estatuto da Pessoa com Deficiência à luz da Constituição da República*. Belo Horizonte, MG: Fórum, 2018.

BARBOZA, Heloisa. Perfil Jurídico do cuidado e da afetividade nas relações familiares. In: PEREIRA, Tânia da Silva; OLIVEIRA, Guilherme de; COLTRO, Antônio Carlos Mathias (orgs.). *Cuidado e Afetividade*. Projeto Brasil/Portugal – 2016-2017. São Paulo: Atlas, 2016, p. 175-191.

BARLETTA, Fabiana Rodrigues. A pessoa idosa e seu direito prioritário à saúde: apontamentos a partir do princípio do melhor interesse do idoso. In: *Revista de Direito Sanitário*, v. 15, p. 119-136, 2014.

GOULART, Adriana da Costa. Revisitando a espanhola: a gripe pandêmica de 1918 no Rio de Janeiro. In: *História, Ciências, Saúde – Manguinhos*, v. 12, n. 1, p. 101-42, jan./abr. 2005.

NERI, Marcelo. Onde estão os idosos? Conhecimento contra o covid-19. FGV Social. Centro de Políticas Sociais. Disponível em: <https://www.cps.fgv.br/cps/bd/docs/Sumario-Executivo-Covidage-FGV--Social-Marcelo-Neri.pdf>. Acesso em 10 abr. 2020.

TEIXEIRA, Ana Carolina Brochado; SÁ, Maria de Fátima Freire de. Fundamentos principiológicos do estatuto da criança e do adolescente e do estatuto do idoso. In: *Revista Brasileira de Direito de Família*, Porto Alegre: Síntese/IBDFAM, v.1, n. 1, abr./jun., 1999.

WORLD HEALTH ORGANIZATION. Envelhecimento ativo: uma política de saúde. Tradução Suzana Gontijo. Brasília: Organização Pan-Americana da Saúde, 2005, p. 15. Disponível em www.portal.saúde.gov.br. Acesso em 16 mai. 2007.

O APOIO ÀS PESSOAS COM DEFICIÊNCIA EM TEMPOS DE CORONAVÍRUS E DE DISTANCIAMENTO SOCIAL

Raquel Bellini de Oliveira Salles

Professora-Associada de Direito Civil da Faculdade de Direito da Universidade Federal de Juiz de Fora. Mestre e Doutora em Direito Civil pela Universidade do Estado do Rio de Janeiro. Especialista em Direito Civil pela Università di Camerino, Itália. Coordenadora do projeto de extensão "Núcleo de Direitos das Pessoas com Deficiência" da UFJF. Advogada. E-mail: raquel.bellini@ufjf.edu.br.

"Houve no mundo tantas pestes, como as guerras. E, contudo, as pestes, como as guerras, encontram sempre as pessoas igualmente desprevenidas."
(Albert Camus, A Peste, 1947)

Sumário: 1. Introdução: a realidade das pessoas com deficiência no contexto da pandemia – 2. O sistema de apoios às pessoas com deficiência em face da Covid-19: antigos desafios em novo cenário – 3. Considerações finais: a adversidade como oportunidade – 4. Referências.

1. INTRODUÇÃO: A REALIDADE DAS PESSOAS COM DEFICIÊNCIA NO CONTEXTO DA PANDEMIA

O presente trabalho propõe-se a levantar reflexões sobre o sistema de apoios às pessoas com deficiência em tempos de coronavírus e de distanciamento social, partindo de percepções da realidade brasileira e de constatações baseadas em relatos de pessoas com deficiência, seus familiares, profissionais assistentes e organizações da sociedade civil.[1]

Por ocasião da pandemia do vírus A – H1N1, há alguns anos, adveio o alerta para o fato de que

> O mundo está diante das primeiras 'pestes globalizadas', cuja velocidade de contágio, sem precedentes, é inversamente proporcional à lentidão da política do direito. A aceleração do trânsito de pessoas e de mercadorias reduz os intervalos entre os fenômenos patológicos de grande extensão em número de casos graves e de países atingidos, ditos pandemias. Assim, tratar a pandemia gripal em curso como um espetáculo pontual é um grande equívoco.[2]

---

1. Registra-se especial agradecimento às pessoas e instituições que, com seus relatos, contribuíram para o presente trabalho em parceria com o projeto de extensão "Núcleo de Direitos das Pessoas com Deficiência" da UFJF, entre elas o Grupo de Apoio a Pais e Profissionais de Pessoas com Autismo – Gappa JF, Instituto Aviva, Instituto Bruno Vianna, Alae – Associação de Livre Apoio ao Excepcional, Grupo Brasil de Apoio ao Surdocego e ao Múltiplo Deficiente Sensorial e Associação dos Cegos de Juiz de Fora.
2. DALLARI, Sueli e VENTURA, Deisy, in A era das pandemias e a desigualdade, disponível em: https://www1.folha.uol.com.br/fsp/opiniao/fz3107200908.htm, acessado em: 09.04.2020. Vale ainda transcrever a seguinte reflexão das citadas especialistas, que serve também ao momento presente: "(...) A pandemia pode trazer, ainda, a estigmatização de grupos de risco ou de estrangeiros, favorecendo a cultura da insegurança, pois o medo é tão contagioso quanto a doença. Por tudo isso, urge revisar o papel da OMS no sistema internacional e retomar o debate sobre a

A pandemia do novo coronavírus, porém, vem impondo ao mundo a necessidade de enfrentamento de desafios nunca antes imaginados. As particularidades da Covid-19 incitam a medicina e as políticas públicas a lidarem com a significativa facilidade de contágio e rapidez da disseminação, a inexistência de vacina ou medicamento curativo, a evolução de muitos casos para a síndrome respiratória aguda grave, a insuficiência de aparelhos de ventilação mecânica e de leitos hospitalares de tratamento intensivo e a alta letalidade entre os mais vulneráveis, sobretudo idosos e pessoas com doenças de base ou crônicas.

As medidas de precaução e de distanciamento social recomendadas pela ciência médica e pela Organização Mundial de Saúde[3], ratificadas por ações governamentais amplamente adotadas[4], impactaram profundamente na rotina, no trabalho, nas fontes de renda, na circulação de pessoas e coisas, no mercado e na dinâmica social como um todo. Para as pessoas com deficiência, que já vinham enfrentando dificuldades para a efetivação do modelo social inclusivo[5] preconizado pela Convenção das Nações Unidas de 2007[6] e pela Lei Brasileira de Inclusão de 2015[7], a situação mostra-se ainda mais grave em face das barreiras sociais, que já impunham às pessoas com deficiência certa forma de "quarentena", no sentido que afirma Boaventura de Sousa Santos:

> Têm sido vítimas de outra forma de dominação, além do capitalismo, do colonialismo e do patriarcado: o capacitismo. Trata-se da forma como a sociedade os discrimina, não lhes reconhecendo as suas necessidades especiais, não lhes facilitando acesso à mobilidade e às condições que lhes permitiriam desfrutar da sociedade como qualquer
>
> outra pessoa. De algum modo, as limitações que a sociedade lhes impõe fazem com que se sintam a viver em quarentena permanente. Como viverão a nova quarentena, sobretudo quando dependem de quem tem de violar a quarentena para lhes prestar alguma ajuda? Como já há muito se habituaram a viver em condições de algum confinamento, sentir-se-ão agora mais livres que os «não-deficientes» ou mais iguais a eles? Verão tristemente na nova quarentena alguma justiça social?[8]

criação de um verdadeiro sistema de vigilância epidemiológica no Brasil, apto a regular a eventual necessidade de restrições a direitos humanos e a organizar a gestão das pandemias com a maior transparência possível".
3. Cf. https://www.who.int/emergencies/diseases/novel-coronavirus-2019, acessado em: 09.04.2020.
4. No Brasil, a Lei n. 13.979, publicada no D.O.U. em 07.02.2020, estabeleceu medidas de distanciamento social para enfrentamento da emergência de saúde pública, e o Decreto Legislativo n. 6, publicado no D.O.U. em 20.03.2020, reconheceu, para os fins do art. 65 da Lei Complementar n. 101, de 04.05.2000, a ocorrência do estado de calamidade pública.
5. Fazendo uma contraposição com os modelos anteriores, Heloisa Helena Barboza e Vitor Almeida afirmam, in BARBOZA, H. H.; ALMEIDA JUNIOR, V. de A. Reconhecimento, inclusão e autonomia da pessoa com deficiência: novos rumos na proteção dos vulneráveis. In: BARBOZA, H. H.; MENDONÇA, B. L. de; ALMEIDA JUNIOR, V. de A. (Coords.). O Código Civil e o Estatuto da Pessoa com Deficiência. Rio de Janeiro: Editora Processo, 2017, p. 17-23: "O primeiro, se não o mais importante, efeito da adoção do modelo social consiste em promover a inversão da perspectiva na apreciação da deficiência, que deixa de ser uma questão unilateral, do indivíduo, para ser pensada, desenvolvida e trabalhada como relação bilateral, na qual a sociedade torna-se efetivamente protagonista, com deveres jurídicos a cumprir. (...) Depreende-se, portanto, que o desafio na tutela integral das pessoas com deficiência reside na ineficácia social das normas que decorre em boa medida de sua invisibilidade e não reconhecimento, eis que desde a década de 1980 já existe legislação específica, mas a situação pouco avançou na defesa dos direitos desse grupo vulnerável".
6. Referida Convenção foi ratificada pelo Brasil em 2008 e entrou em vigor em agosto de 2009 por força do Decreto nº 6.949 de 25 de agosto de 2009, disponível em: http://www.planalto.gov.br/ccivil_03/_ato2007-2010/2009/decreto/d6949.htm, acessado em: 29.09.2018.
7. Lei n. 13.146 de 6 de julho de 2015, disponível em: http://www.planalto.gov.br/ccivil_03/_ato2015-2018/2015/lei/l13146.htm#art127, acessado em: 29.09.2018.
8. SANTOS, Boaventura de Sousa. A cruel pedagogia do vírus. Coimbra: Almedina, 2020.

Afinal, como promover a inclusão num contexto de quarentena ou isolamento social? A questão que ora se coloca é a necessidade de se assegurar às pessoas com deficiência condições de adotarem os cuidados de que precisam para evitar a contaminação sem deixar de atentar para as especificidades que tocam suas realidades, que não podem jamais ser olvidadas nesse cenário emergencial, como inclusive alerta a Organização das Nações Unidas.[9] Com efeito, incumbe aos Estados garantir os mecanismos de apoio de uma maneira segura no período da pandemia, levando em consideração o fato de que medidas mais severas de distanciamento podem ser impossíveis para aqueles que necessitam de suporte tanto para o mais elementar, como comer, higienizar-se, vestir-se e comunicar-se, quanto para acessar mídias, tecnologias, bens e serviços.

Por outro lado, há que se levar em conta que as pessoas com deficiência correm um risco maior de contrair Covid-19. Segundo a Organização Mundial de Saúde, essa vulnerabilidade deve-se a diversos fatores[10]: obstáculos para empregarem medidas básicas de higiene, dificuldades para manterem o distanciamento social por dependerem de suporte ou por estarem internadas, necessidade de tocarem objetos para obter informação do entorno ou para apoiarem-se fisicamente e, ainda, entraves para acessarem orientações de saúde pública. Ademais, pessoas com deficiência correm um risco maior de apresentar casos mais graves de Covid-19 quando contraem a infecção, pois muitas apresentam insuficiências que desfavorecem sua condição geral de saúde para responderem à doença.[11] Pessoas com deficiência também podem ter quadros agravados devido à especial dificuldade de acesso aos serviços de saúde e a outros serviços essenciais de que dependam, a exemplo do serviço de transporte. Nessa perspectiva, apesar de nem todas as pessoas com deficiência apresentarem comorbidades que possam fragilizá-las ainda mais perante o vírus, certo é que, devido aos outros fatores elencados, em maior ou menor grau, a depender do nível de dependência e de comprometimento de sua funcionalidade[12], as pessoas com deficiência demandam medidas de proteção específicas e até prioritárias para que igualmente tenham condições de enfrentar a pandemia, mesmo que não se enquadrem nas definições oficiais[13] de "grupo de risco"[14], que abrangem idosos e portadores de determinadas doenças crônicas.

---

9. Cf. Catalina Devandas, Relatora Especial de direitos das pessoas com deficiência da ONU, in COVID-19: ¿Quién protege a las personas con discapacidad?, disponível em: https://www.ohchr.org/SP/NewsEvents/Pages/DisplayNews.aspx?NewsID=25725&LangID=S, acessado em: 09.04.2020.
10. Cf. Organização Mundial de Saúde, in Consideraciones relativas a la discapacidad durante el brote de COVID-19, disponível em: https://www.who.int/docs/default-source/documents/disability/spanish-covid-19-disability-briefing.pdf?sfvrsn=30d726b1_2, acessado em: 09.04.2020.
11. Exemplifica-se com o fato de que muitos cegos expõem-se a um risco maior por apresentarem diabetes, que é causa comum de cegueira.
12. Para uma referência sobre este conceito, a Organização Mundial da Saúde (OMS), em 2001, aprovou o que se denomina de Classificação Internacional da Funcionalidade, Incapacidade e Saúde (CIF), considerando a funcionalidade como um termo que contempla as funções e estruturas do corpo, bem como as atividades e participação do indivíduo, relacionando-os aos fatores ambientais.
13. Cf. *site* do Ministério da Saúde, disponível em: https://coronavirus.saude.gov.br/sobre-a-doenca#transmissao, acessado em: 09.04.2020, e relatório da Organização Mundial de Saúde, in Coronavirus disease 2019 (COVID-19) - Situation Report – 51, disponível em: https://www.who.int/docs/default-source/coronaviruse/situation-reports/20200311-sitrep-51-covid-19.pdf?sfvrsn=1ba62e57_10, acessado em: 09.04.2020.
14. Observa-se que, dadas as especificidades de certas deficiências, o conceito de "grupo de risco" vem sendo empregado na prática por organizações da sociedade civil com o intuito de fortalecerem recomendações de cuidados especiais a serem tomados por pessoas com deficiência em face da pandemia, a exemplo das pessoas com surdocegueira,

Há que se considerar também as consequências particulares do distanciamento social para muitas pessoas com deficiência. Se dita medida de contenção, apesar de inequivocamente recomendável, mostra-se naturalmente difícil para qualquer pessoa, já que repercute quebra de rotina e restrição da liberdade de ir e vir e de conviver, é bem verdade que, para diversas pessoas com deficiência, tal pode ser extremamente nocivo à sua estabilidade emocional, ensejando com mais frequência e intensidade crises de ansiedade, pânico, agressividade e depressão, além de prejudicar a construção de vínculos, o processo de aprendizagem, a continuidade e sucesso de terapias, pois a falta de estímulos, ainda que temporária, pode acarretar a perda ou redução de avanços, inclusive com agravamento de dificuldades respiratórias, de deglutição, de locomoção e de comunicação. Essa realidade coloca em voga uma maior atuação dos cuidadores e familiares, não raro sem o preparo, capacitação e suporte satisfatórios para lidar com a situação, fator que pode levar a conflitos domésticos e a uma maior suscetibilidade a agressões, maus tratos e abusos.

Não por acaso as estatísticas apontam para o aumento dos casos de violência doméstica contra mulheres no período de afastamento social.[15] A propósito, as Nações Unidas emitiram relatório[16] acerca do impacto da pandemia sobre os avanços alcançados ao longo de décadas em termos de igualdade de gênero e do risco de reversão de conquistas sobre os direitos das mulheres. Em relação às pessoas com deficiência, os dados não se mostram menos preocupantes, tendo sido registrado no Brasil, antes mesmo da pandemia, um número expressivo de casos de agressão nos últimos anos[17], sendo que a

---

"devido à necessidade de maior contato físico", cf. orientação da Associação Brasileira de Surdocegos - ABRASC, disponível em: https://www.grupobrasilscdum.org/alerta-coronavirus-surdocegueira, acessado em: 09.04.2020. Em Portugal, também o Instituto Nacional para a Reabilitação – INR, responsável pelo planejamento, execução e coordenação das políticas nacionais destinadas a promover os direitos das pessoas com deficiência, considera dentro do grupo de risco para a Covid-19 as pessoas com deficiência que venham a apresentar "dificuldades nos cuidados pessoais" (disponível em: http://www.inr.pt/covid-19, acessado em: 09.04.2020).

15. O serviço de plantão judiciário do Rio de Janeiro registrou em março de 2020 um aumento de 50% dos casos de violência doméstica, principalmente devido ao confinamento das pessoas como medida preventiva em face da pandemia, cf. https://g1.globo.com/rj/rio-de-janeiro/noticia/2020/03/23/casos-de-violencia-domestica-no-rj--crescem-50percent-durante-confinamento.ghtml, acessado em: 08.04.2020. Também o serviço Disque 180, da Ouvidoria Nacional de Direitos Humanos, registrou um aumento das denúncias de violência contra mulheres, cf. https://agenciabrasil.ebc.com.br/direitos-humanos/noticia/2020-04/denuncias-de-violencia-contra-mulher-cresceram-9-diz-ministra, acessado em: 08.04.2020. Também na Europa as estatísticas apontam para o aumento dos casos de violência doméstica, cf. https://www1.folha.uol.com.br/mundo/2020/04/europa-adota-remedios-de-e-mergencia-para-epidemia-de-violencia-domestica.shtml, acessado em: 25.04.2020.
16. Cf. Organização das Nações Unidas, in Policy Brief: The Impact of COVID-19 on Women, disponível em: https://www.un.org/sites/un2.un.org/files/policy_brief_on_covid_impact_on_women_9_april_2020.pdf, acessado em: 09.04.2020.
17. Conforme balanço emitido em janeiro de 2019, o Disque 100, serviço de denúncias do Ministério da Mulher, da Família e dos Direitos Humanos, registrou 11.752 casos de violência contra pessoas com deficiência em 2018. Os dados apontam que os irmãos são os que mais cometem a violência (19,6%), seguidos por mães e pais (12,7%), filhos (10%), vizinhos (4,2%), outros familiares (20,7%) e pessoas com relações de convivência comunitária (2,3%). O balanço registrou mais denúncias de violência contra pessoas do sexo feminino (51%). De acordo com a faixa etária, a maior incidência é entre pessoas de 18 anos a 30 anos (24%), seguidas daquelas de 41 anos a 50 anos (23%), 51 anos a 60 anos (21%), 61 anos ou mais (1%) e de 0 a 17 anos (0,6%). As vítimas com a faixa etária não informada somam 6,8%. O maior índice de violação foi em desfavor de pessoas com deficiência mental (64%), seguidos de deficiência física (19%), intelectual (7,9%), (4%) visual (4%) e auditiva (2,5%). O ambiente infrafamiliar permanece como o principal local onde ocorrem as violações. A casa da vítima aparece com maior volume (74%), seguida da casa dos suspeitos com (9%), outros locais (6,7%), rua (5%), órgãos públicos (3,4%) e

maior parte é proveniente de condutas dos próprios familiares, contra mulheres e dentro da própria residência.

A tornar ainda mais grave o quadro, tem-se a realidade de que o distanciamento social imposto pela Covid-19 acarretou a perda de milhões de postos de trabalho, sendo que grande parte das pessoas com deficiência são dependentes e outras tantas terão que continuar lutando, com limitações ainda maiores, pela conquista de restritas oportunidades no mercado, as quais tendem a desaparecer, pelo menos a curto prazo, ante o crescente índice de desemprego dos últimos meses.[18] Tal situação torna-se ainda mais alarmante ao se considerar que cerca de 60% das mulheres em todo o mundo trabalham na economia informal[19] e correm grande risco de cair na miséria[20] ao mesmo tempo em que precisam abraçar redobradas responsabilidades no cuidado e sustento de crianças, idosos e pessoas com deficiência. Sob outra perspectiva, como num círculo vicioso, ao terem que assumir mais atribuições domésticas devido às medidas de afastamento, muitas mulheres acabam por ficar impedidas de trabalhar sem poder contar com escolas aptas a acolher seus filhos com deficiência ou com a prestação de serviços socioassistenciais por força da suspensão das atividades presenciais de grande parte das instituições de apoio. Observe-se que tais dificuldades permanecem mesmo diante do parcial relaxamento das medidas de distanciamento nos locais onde foi ultrapassado o cenário mais crítico dos primeiros meses após a deflagração da pandemia, pois, enquanto não houver a imunização da população mediante vacinação em massa, persistirá muita insegurança, a determinar a dominância de escolhas pelo não retorno de atividades acadêmicas e socioassistenciais em caráter presencial.

Nessa marcha, o que se constata é que a pandemia vem intensificando as desigualdades sociais vivenciadas por aproximadamente um bilhão de pessoas com deficiência em todo o mundo[21], fato que demonstra a necessidade de respostas mais inclusivas por parte das medidas de enfrentamento em curso. A realidade que se apresenta serve a evidenciar o agravamento do estado de vulneração[22] das pessoas com deficiência no

---

hospitais (1,5%). (Disponível em: https://agenciabrasil.ebc.com.br/direitos-humanos/noticia/2019-06/mais-de--117-mil-pessoas-com-deficiencia-sofreram-violencia-em-2018, acessado em: 09.04.2020).

18. Cf. dados divulgados pelo IBGE, disponíveis em: https://agenciadenoticias.ibge.gov.br/agencia-noticias/2012-agencia-de-noticias/noticias/27260-desemprego-aumenta-para-11-6-no-trimestre-encerrado-em-fevereiro, acessado em: 08.04.2020.
19. Cf. Organização das Nações Unidas, in Policy Brief: The Impact of COVID-19 on Women, disponível em: https://www.un.org/sites/un2.un.org/files/policy_brief_on_covid_impact_on_women_9_april_2020.pdf, acessado em: 09.04.2020.
20. Um levantamento da Ação Social para Igualdade das Diferenças (ASID Brasil), em 172 instituições de seis Estados, identificou 326 famílias de pessoas com deficiência diretamente afetadas pela pandemia do coronavírus. De acordo com a organização, a população encontrada está em situação de miserabilidade absoluta e não tem recursos para obter itens de alimentação, higiene ou medicamentos. (Disponível em: https://jornaldebrasilia.com.br/brasil/coronavirus-grupo-identifica-mais-de-300-familias-de-pessoas-com-deficiencia-em-situacao-de-miseria/, acessado em: 09.04.2020).
21. A observação é de António Guterres, Secretário-Geral da ONU, por ocasião da emissão do Relatório de 06 de maio de 2020, Policy Brief: a Disability-Inclusive Response do Covid-19, disponível em: https://unsdg.un.org/resources/policy-brief-disability-inclusive-response-covid-19, acessado em: 07.05.2020.
22. Para melhor entender o significado dos termos vulnerabilidade e vulneração, Schramm assevera: "Historicamente, um princípio moral de proteção está implícito nas obrigações do Estado, que deve proteger seus cidadãos contra calamidades, guerras etc., chamado também de Estado mínimo. Entretanto, poderia muito bem ser chamado de Estado protetor, pois parece intuitivamente compreensível que todos os cidadãos não conseguem se proteger sozinhos contra tudo e todos, podendo tornar-se suscetíveis e até vulnerados em determinadas circunstâncias. Mas, neste caso, devemos distinguir a mera vulnerabilidade – condição ontológica de qualquer ser vivo e, portanto,

cenário pandêmico, onde as barreiras sociais já existentes se reforçam e outras se criam, por força do distanciamento que se faz contingencialmente necessário. E, ainda que esse distanciamento possa ser paulatinamente mitigado na medida em que o cenário emergencialmente mais crítico seja aos poucos superado, o fato é que, diante das incertezas que se apresentam, poderá ele persistir por tempo indeterminado e oscilar em intensidade, conforme a realidade de cada local. Com efeito, se, de um modo geral, pode-se dizer que todas as pessoas são em alguma medida vulneráveis, sobretudo no contexto de uma pandemia como a da Covid-19, é indubitável que as pessoas com deficiência colocam-se numa posição[23] particular, a merecer, por força dos imperativos constitucionais da isonomia e da igualdade substancial, um cuidado especial e um enfrentamento específico de suas dificuldades, de forma muito atenta à complexidade e à diversidade do universo das deficiências. É, pois, justamente essa posição particular, de vulneração agravada, que justifica uma tutela específica, no sentido que assevera Heloisa Helena Barboza:

> Justificam-se por mais essa razão, plenamente, a *tutela geral* (abstrata) da pessoa humana, ontologicamente vulnerável, não só nas relações econômicas, como as de consumo, mas em todas as relações, especialmente as de natureza existencial, e a *tutela específica* (concreta), de todos os que se encontrem em situação de desigualdade, por força de circunstâncias que potencializem sua vulnerabilidade, ou já os tenham vulnerado, como forma de assegurar a igualdade e a liberdade, expressões por excelência da dignidade humana.[24]

Importa lembrar que, à luz do modelo preconizado pela Convenção das Nações Unidas e pela Lei Brasileira de Inclusão[25], a deficiência é uma questão social, de modo que a superação das barreiras[26], portanto, deve ser levada a efeito primeiramente pela

---

característica universal que não pode ser protegida – da suscetibilidade ou vulnerabilidade secundária (por oposição à vulnerabilidade primária ou vulnerabilidade em geral). Ademais, os suscetíveis podem tornar-se vulnerados, ou seja, diretamente afetados, estando na condição existencial de não poderem exercer suas potencialidades (*capabilities*) para ter uma vida digna e de qualidade. Portanto, dever-se-ia distinguir graus de proteção de acordo com a condição existencial de vulnerabilidade, suscetibilidade e vulneração, o que pode ser objeto de discussões infindáveis sobre como quantificar e qualificar tais estados existenciais". (SCHRAMM, Fermin Roland. Bioética da Proteção: ferramenta válida para enfrentar problemas morais na era da globalização. Revista Bioética, v. 16, n. 1, 2008, p. 20, disponível em: http://revistabioetica.cfm.org.br/index.php/revista_bioetica/article/view/52/55, acessado em: 14.12.2018).

23. Segundo Bjarne MELKEVIK, Vulnerabilidade, Direito e Autonomia. Um ensaio sobre o sujeito de direito, in Rev. Fac. Direito UFMG, Belo Horizonte, n. 71, 2017, p. 643, disponível em: https://www.direito.ufmg.br/revista/index.php/revista/article/view/1877/1779, acessado em: 14.12.2018, ser "'vulnerável' não é ter alguma 'fraqueza'. Mais do que um ser atingido por uma tal 'deficiência', o emprego do termo serve para qualificar um ser que se encontra em uma situação ou posição".
24. BARBOZA, Heloisa Helena. Vulnerabilidade e cuidado: aspectos jurídicos. In: PEREIRA, Tânia da Silva; OLIVEIRA, Guilherme de (Coord.). *Cuidado e vulnerabilidade*. São Paulo: Atlas, 2009, p. 111.
25. Segundo ao art. 2º da Lei Brasileira de Inclusão, "considera-se pessoa com deficiência aquela que tem impedimento de longo prazo de natureza física, mental, intelectual ou sensorial, o qual, em interação com uma ou mais barreiras, pode obstruir sua participação plena e efetiva na sociedade em igualdade de condições com as demais pessoas".
26. De conformidade com o art. 3º da Lei Brasileira de Inclusão, consideram-se: "IV - barreiras: qualquer entrave, obstáculo, atitude ou comportamento que limite ou impeça a participação social da pessoa, bem como o gozo, a fruição e o exercício de seus direitos à acessibilidade, à liberdade de movimento e de expressão, à comunicação, ao acesso à informação, à compreensão, à circulação com segurança, entre outros, classificadas em: a) barreiras urbanísticas: as existentes nas vias e nos espaços públicos e privados abertos ao público ou de uso coletivo; b) barreiras arquitetônicas: as existentes nos edifícios públicos e privados; c) barreiras nos transportes: as existentes nos sistemas e meios de transportes; d) barreiras nas comunicações e na informação: qualquer entrave, obstáculo, atitude ou comportamento que dificulte ou impossibilite a expressão ou o recebimento de mensagens e de informações por intermédio de sistemas de comunicação e de tecnologia da informação; e) barreiras atitudinais:

sociedade, sendo este o verdadeiro sentido de inclusão, inclusive em estados de calamidade como o que ora se experimenta.

2. O SISTEMA DE APOIOS ÀS PESSOAS COM DEFICIÊNCIA EM FACE DA COVID-19: ANTIGOS DESAFIOS EM NOVO CENÁRIO

A normativa internacional e nacional[27] vigentes determinam ao Estado, à sociedade e à família o dever de assegurar às pessoas com deficiência os seus direitos, conformando um amplo sistema de apoios. Em tempos de pandemia, contudo, incumbe às três esferas mencionadas atentar para certos cuidados e medidas a serem priorizadas.

Primeiramente em matéria de saúde, destacam-se como referência as orientações da Organização Mundial de Saúde voltadas à realidade das pessoas com deficiência[28], entre elas: observar medidas de higiene e de distanciamento que se fizerem possíveis para evitar o contágio[29], devendo-se propiciar as adequações, adaptações ou suportes necessários nos espaços, privados e públicos, e nas rotinas, domésticas e laborais, para que tais medidas possam ser efetivamente implementadas; planejar ações para assegurar a continuidade de assistência em caso de dependência de cuidadores, contando com a possibilidade de cuidadores adoecerem ou precisarem ficar em isolamento, de modo que não se tenha situações de abandono; preparar os familiares ou cuidadores sobre as providências a serem tomadas em caso de suspeita de contágio pela pessoa com deficiência e sobre a necessidade de isolamento daqueles que lidam com a mesma se forem acometidos pela Covid-19; assegurar o uso de equipamentos de proteção individual pelos cuidadores e prestadores de serviços; e assegurar que as informações e serviços de saúde sejam acessíveis, exequíveis e inclusivos, o que abrange viabilizar consultas e atendimentos em domicílio, por telefone, mensagens de texto e videoconferências.[30]

Seguindo essa orientação, visando no Brasil à garantia dos direitos e da proteção social das pessoas com deficiência e de seus familiares, o Conselho Nacional de Saúde

---

atitudes ou comportamentos que impeçam ou prejudiquem a participação social da pessoa com deficiência em igualdade de condições e oportunidades com as demais pessoas; f) barreiras tecnológicas: as que dificultam ou impedem o acesso da pessoa com deficiência às tecnologias".

27. Estabelece o art. 8º da Lei Brasileira de Inclusão: "É dever do Estado, da sociedade e da família assegurar à pessoa com deficiência, com prioridade, a efetivação dos direitos referentes à vida, à saúde, à sexualidade, à paternidade e à maternidade, à alimentação, à habitação, à educação, à profissionalização, ao trabalho, à previdência social, à habilitação e à reabilitação, ao transporte, à acessibilidade, à cultura, ao desporto, ao turismo, ao lazer, à informação, à comunicação, aos avanços científicos e tecnológicos, à dignidade, ao respeito, à liberdade, à convivência familiar e comunitária, entre outros decorrentes da Constituição Federal, da Convenção sobre os Direitos das Pessoas com Deficiência e seu Protocolo Facultativo e das leis e de outras normas que garantam seu bem-estar pessoal, social e econômico".

28. Cf. Organização Mundial de Saúde, in Consideraciones relativas a la discapacidad durante el brote de COVID-19, disponível em: https://www.who.int/docs/default-source/documents/disability/spanish-covid-19-disability-briefing.pdf?sfvrsn=30d726b1_2, acessado em: 09.04.2020.

29. Cf. Organização Mundial de Saúde, em: https://www.who.int/es/emergencies/diseases/novel-coronavirus-2019/advice-for-public, acessado em: 09.04.2020.

30. O que já é possível verificar em algumas localidades, cf. noticiário Curitiba leva videoconsulta em Libras à rede pública para surdos com sintomas de covid-19, disponível em: https://brasil.estadao.com.br/blogs/vencer-limites/curitiba-leva-videoconsulta-em-libras-a-rede-publica-para-surdos-com-sintomas-de-covid-19/, acessado em: 25.04.2020.

emitiu a Recomendação nº 19, de 06 de abril de 2020[31], para que o Ministério da Saúde em articulação com o Ministério da Cidadania, o Ministério da Justiça e Segurança Pública e o Ministério da Mulher, da Família e dos Direitos Humanos apresentem medidas de proteção às pessoas com deficiência em residências terapêuticas e inclusivas; priorizem as pessoas com deficiência em suas ações, como a vacinação contra gripe, considerando a condição de, muitas vezes, imunodepressão dessa população, e os impactos da mudança abrupta de rotina às pessoas com deficiência intelectual, autismo e outras condições que afetam a autonomia na comunicação em seu sistema imunológico; apresentem fluxos e alternativas ao acesso de medicamentos e demais itens necessários para manutenção da vida de pessoas com deficiência durante o período de isolamento social; construam protocolos de atendimento às pessoas com deficiência e, em caso de internação, permitam o acompanhamento de seus cuidadores; garantam o direito ao acesso a informações de prevenção e proteção à Covid-19 em todas as campanhas de informação pública, através de recursos de audiodescrição, libras, legendas, documentos em meios e formatos acessíveis e a linguagem simples; apresentem medidas efetivas às pessoas com deficiência em situação de rua ou privadas de liberdade; e apresentem alternativas às pessoas com deficiência em caso de adoecimento de cuidadores. Referida Recomendação posteriormente foi complementada pela Recomendação nº 31, de 30 de abril de 2020, apontando outras medidas emergenciais que visam à garantia dos direitos e da proteção social das pessoas com deficiência no contexto da Covid-19.[32]

Das medidas elencadas vislumbra-se o enorme e urgente desafio da acessibilidade, tanto dos espaços físicos quanto dos veículos de comunicação em geral, pois a superação das barreiras nesse campo, nos setores público e privado, dependem de ações urgentes, reformas e contratações rápidas, profissionais especializados e gastos provavelmente não incluídos no orçamento por não terem sido priorizados antes.

Em contrapartida, a possibilidade que se abre para o uso mais amplo de assistência à distância pode repercutir facilidades e redução de custos, desde que, obviamente, não seja comprometida a qualidade e a ética na prestação dos serviços. Nessa linha, observa-se no Brasil que conselhos de profissionais vêm admitindo expressamente tal prática[33], ao

---

31. Disponível em: https://conselho.saude.gov.br/recomendacoes-cns/1095-recomendacao-n-019-de-06-de-abril--de-2020, acessado em: 25.04.2020.
32. Disponível em: http://conselho.saude.gov.br/recomendacoes-cns/1146-recomendacao-n-031-de-30-de-abril--de-2020, acessado em: 05.05.2020.
33. A exemplo do Conselho Federal de Psicologia – CFP, conforme Resoluções n. 11/2018 e n. 4/2020, e do Conselho Federal de Medicina - CFM, conforme Resolução n. 1.643/2002 (disponível em: https://sistemas.cfm.org.br/normas/visualizar/resolucoes/BR/2002/1643, acessado em: 10.04.2020), art. 37 do Código de Ética Médica – Resolução CFM n. 2.217/2018 (disponível em: https://sistemas.cfm.org.br/normas/visualizar/resolucoes/BR/2018/2217, acessado em: 25.04.2020), e Ofício CFM n. 1756/2020, de 19 março de 2020, remetido ao Ministério da Saúde (disponível em: http://portal.cfm.org.br/images/PDF/2020_oficio_telemedicina.pdf, acessado em: 10.04.2020), o qual, ainda que de forma restrita, pois "em caráter de excepcionalidade e enquanto durar a batalha de combate ao contágio da covid-19", reconheceu a possibilidade e a eticidade da utilização da telemedicina além do disposto na Resolução CFM n. 1.643/2002, admitindo as seguintes modalidades de serviço médico a distância: "6. Teleorientação: para que profissionais da medicina realizem à distância a orientação e o encaminhamento de pacientes em isolamento; 7. Telemonitoramento: ato realizado sob orientação e supervisão médica para monitoramento ou vigência à distância de parâmetros de saúde e/ou doença. 8. Teleinterconsulta: exclusivamente para troca de informações e opiniões entre médicos, para auxílio diagnóstico ou terapêutico". Cabe ressaltar que já haviam sido reguladas a telepatologia (Resolução nº 2.264/2019 do CFM) e a telerradiologia (Resolução nº 2.107/2014 do CFM).

menos nesse contexto excepcional[34], sendo que a Agência Nacional de Saúde já emitiu orientação no sentido de que a telessaúde é um procedimento que tem cobertura obrigatória pelos planos[35], estando resguardada por lei a contraprestação financeira pelo serviço prestado, inclusive no âmbito do Sistema Único de Saúde, conforme Lei n. 13.989, de 14 de abril de 2020.[36]

De acordo com Declaração de Tel Aviv sobre Responsabilidades e Normas Éticas na utilização da Telemedicina, a telemedicina é o "exercício da medicina à distância, cujas intervenções, diagnósticos, decisões de tratamentos e recomendações estão baseadas em dados, documentos e outra informação transmitida através de sistemas de telecomunicação".[37] No momento atual, a telemedicina, assim como a robótica e a inteligência artificial, mostram-se mecanismos até mesmo necessários para o diagnóstico, tratamento e contenção da expansão da Covid-19.[38] A Portaria nº 467 do Ministério da Saúde, de 20 de março de 2020[39], que "dispõe, em caráter excepcional e temporário, sobre as ações de Telemedicina", prevê a possibilidade de interação a distância mediante atendimento pré-clínico, de suporte assistencial, de consulta, monitoramento e diagnóstico, por meio de tecnologia da informação e comunicação, no âmbito do Sistema Único de Saúde, bem como na saúde suplementar e privada, e orienta quanto à necessária garantia de sigilo dos dados do paciente, ao registro em prontuário, aos elementos que devem conter os receituários e atestados realizados por meio eletrônico e ao consentimento livre e esclarecido do paciente. Não obstante a normativa mencionada, dúvidas ainda surgem no exercício da prática médica, sendo fundamental que médicos e pacientes zelem pelo cumprimento do recíproco dever de informar e pelo diálogo transparente.[40]

No caso das pessoas com deficiência em particular, releva considerar que qualquer serviço a distância evidentemente invoca a necessidade de capacitação específica e/ou apoio para o manejo de recursos tecnológicos e de tecnologias assistivas, cujo acesso é, aliás, também um direito preconizado pela Lei Brasileira de Inclusão.[41] E parece nunca ter

---

34. A exemplo do Conselho Federal de Fisioterapia e Terapia Ocupacional – COFFITO, conforme Resolução n. 516, de 20 de março de 2002, permitindo a teleconsulta, o telemonitoramento e a teleconsultoria (disponível em: https://www.coffito.gov.br/nsite/?p=15825, acessado em: 10.04.2020).
35. Cf. notícia disponível em: http://www.ans.gov.br/aans/noticias-ans/coronavirus-covid-19/coronavirus-todas-as-noticias/5459-combate-ao-coronavirus-ans-define-novas-medidas-para-o-setor-de-planos-de-saude, acessado em: 10.04.2020.
36. A Lei n. 13.989/2020 estabelece no art. 5º que "A prestação de serviço de telemedicina seguirá os padrões normativos e éticos usuais do atendimento presencial, inclusive em relação à contraprestação financeira pelo serviço prestado, não cabendo ao poder público custear ou pagar por tais atividades quando não for exclusivamente serviço prestado ao Sistema Único de Saúde (SUS)", disponível em: http://www.planalto.gov.br/ccivil_03/_Ato2019-2022/2020/Lei/L13989.htm, acessado em: 25.04.2020.
37. Adotada pela 51ª Assembleia Geral da Associação Médica Mundial em Tel Aviv, Israel, em outubro de 1999, disponível em: http://www.dhnet.org.br/direitos/codetica/medica/27telaviv.html, acessado em: 25.04.2020.
38. Nesse sentido, cf. NOGAROLI, Rafaella. Breves reflexões sobre a pandemia do coronavírus (covid-19) e alguns reflexos no direito médico e da saúde. Revista dos Tribunais, vol. 1015/2020, Maio 2020, DTR\2020\3950.
39. Disponível em: http://www.planalto.gov.br/CCIVIL_03/Portaria/PRT/Portaria%20n%C2%BA%20467-20-ms.htm, acessado em: 25.04.2020.
40. Nesse sentido, PEREIRA, Paula Moura Francesconi de Lemos, Os avanços da telemedicina com o novo coronavírus, disponível em: https://www.meioambienterio.com/os-avancos-da-telemedicina-com-o-novo-coronavirus/, acessado em: 25.04.2020.
41. Especificamente no campo da saúde, estabelece a Lei Brasileira de Inclusão: "Art. 24. É assegurado à pessoa com deficiência o acesso aos serviços de saúde, tanto públicos como privados, e às informações prestadas e recebidas, por meio de recursos de tecnologia assistiva e de todas as formas de comunicação previstas no inciso V do art. 3º

sido tão necessária a inclusão digital[42], o que se aplica a todos os setores, destacando-se que, na área da educação, as plataformas de que se valem as instituições de ensino para suprir o período sem atividades presenciais igualmente precisam ser acessíveis e associadas, sobretudo em relação a alunos com deficiência, à execução dos planos de desenvolvimento individuais (PDIs), com o apoio de professores especializados em educação especial. Os centros de atendimento educacional especializado (AEE) devem, portanto, buscar qualificação e inovação de recursos para que seu trabalho possa continuar sendo desempenhado a distância, o que pode ser até salutar após decorrido o período de crise. Tal se aplica também ao teletrabalho[43], devendo-se apoiar e viabilizar, nas esferas pública e privada, meios para que as pessoas com deficiência também possam se proteger sem estagnar, aspecto que igualmente, após a emergência da pandemia, pode resultar em ganhos para as relações laborais e reforçar a empregabilidade das pessoas com deficiência.[44]

Cabe observar, no que tange à assistência social, a importância de se viabilizar, quanto possível, as visitas domiciliares, conforme prevê o Conselho Nacional de Assistência Social[45], e de se cogitar meios de atendimento individualizado especializado, preferencialmente multidisciplinar[46], em domicílio, resguardadas as medidas de prevenção contra a doença, e a distância, mediante uso de tecnologias de comunicação, envolvendo a participação e capacitação da família e dos cuidadores para o enfrentamento das dificuldades que podem surgir em períodos de confinamento, de modo a contribuir para a organização de rotinas, hábitos e referências, propiciando segurança, evitando a ociosidade e a exacerbação do uso de medicamentos tranquilizantes. Observa-se que o sucesso de iniciativas de organizações da sociedade civil aponta para a viabilidade do

---

desta Lei. (...) Art. 3º. Para fins de aplicação desta Lei, consideram-se: (...) V - comunicação: forma de interação dos cidadãos que abrange, entre outras opções, as línguas, inclusive a Língua Brasileira de Sinais (Libras), a visualização de textos, o Braille, o sistema de sinalização ou de comunicação tátil, os caracteres ampliados, os dispositivos multimídia, assim como a linguagem simples, escrita e oral, os sistemas auditivos e os meios de voz digitalizados e os modos, meios e formatos aumentativos e alternativos de comunicação, incluindo as tecnologias da informação e das comunicações;".

42. Segundo informações disponíveis em: https://brasil.estadao.com.br/blogs/vencer-limites/coronavirus-isolamento-reforca-importancia-da-acessibilidade-digital/, acessado em 25.04.2020, "No Brasil, de acordo com a Pesquisa Nacional por Amostra de Domicílios (PNAD), 57% dos cidadãos com deficiência usam com frequência a internet. Dados do World Wide Web Consortium Escritório Brasil (W3C Brasil) mostram que nosso País tem aproximadamente 14 milhões de websites, mas somente 100 mil com algum tipo de acessibilidade. Isso representa apenas 0,7% de páginas que podem ser acessadas por pessoas com deficiência, principalmente deficiências severas, além dos indivíduos com pouca prática no uso da tecnologia, grupo no qual estão muitos idosos que vivem sozinhos".
43. A Lei n. 13.467/2017, que alterou a Consolidação das Leis do Trabalho, passou a prever no respectivo artigo 75-B o teletrabalho como "a prestação de serviços preponderantemente fora das dependências do empregador, com a utilização de tecnologias de informação e de comunicação que, por sua natureza, não se constituam como trabalho externo". Para a compreensão das condições do teletrabalho no contexto do coronavírus, cf. PESSOA, André; MIZIARA, Raphael. Teletrabalho à luz da Medida Provisória nº 927 de 2020 (covid-19): um breve guia para empresários, trabalhadores e profissionais. Revista dos Tribunais, vol. 1017/2020, Jul 2020, DTR\2020\6821.
44. A reforçar esse entendimento, cf. BUBLITZ, Michele Dias. Pessoas com deficiência e teletrabalho: um olhar sob o viés da inclusão social. In: BARBOSA-FOHRMANN, Ana Paula; BARRETO, Gustavo Augusto Ferreira (Coords.). A vida dos direitos humanos: reflexões sobre questões atuais. Rio de Janeiro: Gramma, 2016.
45. Cf. Resolução n. 109/2009, disponível em: http://www.mds.gov.br/webarquivos/legislacao/assistencia_social/resolucoes/2009/Resolucao%20CNAS%20no%20109-%20de%2011%20de%20novembro%20de%202009.pdf, acessado em: 08.04.2020.
46. É, aliás, a proposta do Plano Nacional dos Direitos da Pessoa com deficiência – Viver sem Limite, nos termos do Decreto n. 7.612/2011, disponível em: http://www.desenvolvimentosocial.sp.gov.br/a2sitebox/arquivos/documentos/633.pdf, acessado em: 09.04.2020.

apoio a distância a pessoas com deficiência e até para a possibilidade de ampliação e otimização de atividades mediante o uso de tecnologias.[47]

A assistência social, especialmente para a pessoa com deficiência de baixa renda, consubstancia um direito social fundamental, na medida em que lhe possibilita condições para a vida em sociedade e para o desenvolvimento de suas potencialidades. No caso, a efetivação da dignidade da pessoa humana está, pois, intrinsecamente relacionada à prestação de serviços assistenciais, essenciais à garantia do mínimo existencial. E essa garantia deve se dar tanto por meio de uma atuação negativa do poder público, impossibilitando a subtração de direitos ao indivíduo, e positiva, propriamente na promoção e execução de medidas assistenciais[48], inclusive num cenário pandêmico. É preciso adotar mecanismos de controle para coibir retrocessos, para o que pode se fazer necessária a atuação do Ministério Público e a intervenção judicial. Ressalta-se, como cláusula constitucional, o princípio da proibição do retrocesso social, que guarda relação tanto com o princípio da segurança jurídica, consagrado no *caput* do artigo 5º da Constituição Federal - na medida em que se deve tutelar a proteção da confiança do indivíduo na ordem jurídica, resguardando-se a estabilidade do direito, quanto com o dever de realização progressiva dos direitos sociais, segundo previsto no artigo 2º do Pacto Internacional de Direitos Econômicos Sociais e Culturais, ratificado pelo Brasil.[49]

As medidas mencionadas, evidentemente, devem ser associadas a políticas públicas que lhes favoreçam e incentivem, o que abrange medidas econômicas e fiscais, concessão ou aumento de benefícios para assegurar a sustentabilidade financeira das pessoas[50], realocação de recursos públicos caso necessário, mudança ou criação de procedimentos administrativos, flexibilização de burocracias e incentivos para a continuidade ou aprimoramento da prestação de serviços de apoio às pessoas com deficiência, tanto pela rede pública quanto privada.

---

47. Conforme noticiário Acolher, crianças com deficiência intelectual durante o isolamento, segundo o qual "ONG promove encontros presenciais de jovens voluntários com crianças que têm autismo, síndrome de Down, paralisia cerebral e outras condições ou síndromes. Instituição precisou remodelar atividades por causa da pandemia do coronavírus. Visitas foram substituídas por encontros virtuais. Sucesso da iniciativa ampliou rede de beneficiados e apoiadores", disponível em: https://brasil.estadao.com.br/blogs/vencer-limites/acolher-criancas-com-deficiencia-intelectual-durante-o-isolamento/, acessado em: 21.04.2020.
48. SARLET, Ingo Wolfgang; MARINONI, Luiz Guilherme; MITIDIERO, Daniel. Curso de direito constitucional. 6. ed. São Paulo: Saraiva, 2017.
49. Promulgado pelo Decreto n. 591/1992, disponível em: http://www.planalto.gov.br/ccivil_03/decreto/1990-1994/d0591.htm, acessado em: 09.04.2020.
50. No Brasil, vale destacar o incremento do Benefício de Prestação Continuada (BPC) em favor da pessoa com deficiência, nos termos da Lei n. 13.982, de 02 de abril de 2020, disponível em: http://www.planalto.gov.br/ccivil_03/_Ato2019-2022/2020/Lei/L13982.htm#art1, acessado em: 09.04.2020. Ressalta-se na referida lei a possibilidade de ampliação do critério de aferição da renda familiar per capita de 1/4 para 1/2 do salário mínimo, de acordo com "I – o grau da deficiência; II – a dependência de terceiros para o desempenho de atividades básicas da vida diária; III – as circunstâncias pessoais e ambientais e os fatores socioeconômicos e familiares que podem reduzir a funcionalidade e a plena participação social da pessoa com deficiência candidata ou do idoso; IV – o comprometimento do orçamento do núcleo familiar (...)". Todavia, por força de liminar deferida em 03 de abril de 2020 pelo Ministro Gilmar Mendes do Supremo Tribunal Federal nos autos da Arguição de Preceito Fundamental – ADPF n. 662, foi suspensa a eficácia do art. 20, parágrafo 3º, da Lei n. 8.742/1993 (LOAS), na redação dada pela Lei n. 13.981/2020, que previa o aumento de ¼ para ½ salário mínimo o limite da renda familiar mensal per capita para idosos e pessoas com deficiência para concessão do Benefício de Prestação Continuada (BPC).

No cotidiano das pessoas com deficiência e de suas famílias, as dúvidas a serem respondidas são muitas, postas sob diversos vieses: em tempos de pandemia em que se faz necessário repensar a dinâmica social e restringir a circulação das pessoas no ensejo de diminuir a disseminação do vírus, como garantir o que é essencial às pessoas com deficiência? Como proteger, de fato, pessoas que se enquadram na população de risco, como aquelas que necessitam de cuidadores ou equipes de *home care*, pessoas com autismo sindrômico e outras pessoas com deficiência que apresentam comorbidades? Com a suspensão de todas as redes de apoio que otimizavam muitas das demandas das pessoas com deficiência, como garantir a manutenção/acesso às consultas médicas? Como otimizar o processo de entrega de medicação para aqueles que fazem uso contínuo? Como conseguir receitas com validade ampliada? Como realizar a retirada de medicamentos tendo em vista a necessidade de reduzir o trânsito pelas ruas? Como os responsáveis, que são também as pessoas que cuidam e acompanham muitas das pessoas com deficiência nas atividades de vida diária, podem receber auxílio nessa questão, dos órgãos municipais de saúde, sem que seja necessário sair de casa? Com a suspensão dos acompanhamentos/atendimentos, como manter a orientação aos pais? Os protocolos de cuidados atendem de fato à diversidade dos públicos? As informações chegam a todos de forma clara? As pessoas com Transtorno do Espectro Autista e com deficiência intelectual, que muitas vezes não conseguem expressar ou explicar o que estão sentindo, tiveram seus responsáveis efetivamente orientados a conduzirem maior observação?[51]

Por certo, sem políticas públicas[52] eficientes, mostra-se inviável a superação das barreiras que se colocam às pessoas com deficiência, mormente no contexto atípico de pandemia. Como afirma Luciana Poli, "a plena aceitação das pessoas com deficiência como parte da diversidade humana e da humanidade depende da adoção de políticas públicas que preservem a igualdade de oportunidades".[53] Noutros termos, a concretização dos direitos fundamentais em jogo, quanto mais nesse momento crítico, a fim de se garantir a dignidade e o mínimo existencial das pessoas com deficiência, depende de um efetivo sistema de apoios, que, por sua vez, carece de políticas públicas sensíveis, ora ainda mais emergenciais, que realmente favoreçam trâmites e rotinas elementares para o acesso aos serviços essenciais, construídas mediante envolvimento, diálogo e parceria com as pessoas que delas necessitam, bem como com seus familiares, cuidadores e instituições de assistência.[54]

---

51. A perguntas foram suscitadas por integrantes do Grupo de Apoio a Pais e Profissionais de Pessoas com Autismo - Gappa JF, sobretudo por Anna Christina Ferreira Del Lhano Lamha, mãe de autista e professora de AEE no CAEE Oeste/Sudeste de Juiz de Fora, e Ariene Pereira Menezes, também mãe de autista, em entrevista realizada pelo Núcleo de Direitos das Pessoas com Deficiência em 09.04.2020.
52. Em julho de 2020, o Governo Federal lançou o Plano de Contingência para Pessoas Vulneráveis, prevendo diversas pautas com a finalidade unir esforços para agregar iniciativas de diversos órgãos e entidades federais destinadas a proteger a vida e assegurar o sustento dos segmentos mais suscetíveis às consequências negativas da pandemia.
53. POLI, Luciana Costa. Lei brasileira da pessoa com deficiência: análise sob a ótica da teoria do reconhecimento em Honneth. In: FIUZA, César (Org.). Temas relevantes sobre o Estatuto da Pessoa com Deficiência. Salvador: Editora JusPodivm, 2018, p. 153.
54. A reforçar a premente necessidade de ações governamentais focadas nas especificidades das pessoas com deficiência e não só dos idosos, vale remeter ao comunicado emitido pela Federação de Associações Portuguesas de Paralisia Cerebral (FAPPC), com recomendações importantes para garantir uma resposta adequada às pessoas com deficiência no âmbito da crise atual relacionada com a COVID-19, disponível em: http://oddh.iscsp.ulisboa.pt/index.php/pt/mediateca/eventos/item/449-covid_2, acessado em: 09.04.2020.

Nessa perspectiva, a Comissão Interamericana de Direitos Humanos, da Organização dos Estados Americanos (OEA), emitiu a Resolução nº 1/2020, com orientações para que as medidas de emergência e de contenção adotadas para enfrentamento da Covid-19 tenham como preocupação central o respeito aos direitos humanos, conclamando os Estados a prestarem especial atenção às necessidades e ao impacto diferenciado de tais medidas nos direitos dos grupos historicamente excluídos ou em situação especial de risco.[55] No que toca às pessoas com deficiência, consideradas como um dos "grupos em situação de especial vulnerabilidade", a Resolução recomenda que seja assegurada assistência médica preferencial, sem discriminação, inclusive em casos de racionamento de recursos médicos[56], a participação das pessoas com deficiência no desenho, implementação e monitoramento das medidas adotadas, entre outras ações afetas à acessibilidade, à comunicação e ao oferecimento de apoios.[57] Em conexão com os aspectos levantados pela Comissão, outras questões, tanto de política pública quanto de direito e de ética, devem ser pensadas, pois, em tempos de pandemia, como assegurar o atendimento prioritário[58] ante a disseminação da doença em larga escala, inclusive considerando que a prioridade é também assegurada a outros vulneráveis, como os idosos?[59] Quais escolhas e critérios devem orientar o racionamento de equipamentos de saúde quando insuficientes?[60]

---

55. A exemplificar realidades que clamam por uma tutela emergencial de direitos humanos no caos da pandemia, tem sido verificadas situações graves de abandono a pessoas em situação de risco, cf. o noticiário Coronavírus: idosos abandonados são encontrados mortos em asilos na Espanha, disponível em: https://www.bbc.com/portuguese/internacional-52025727, acessado em: 09.04.2020.
56. Destaque-se sobre este ponto o pronunciamento de Catalina Devandas, Relatora Especial de direitos das pessoas com deficiência da ONU, no sentido de que as pessoas com deficiência devem ter a garantia de que sua sobrevivência é considerada uma prioridade, recomendando aos Estados estabelecer protocolos para emergências de saúde pública a fim de garantir que, quando os recursos médicos sejam limitados, não se discrimine as pessoas com deficiência no acesso à saúde, incluindo as medidas para salvar vidas, in COVID-19: ¿Quién protege a las personas con discapacidad?, disponível em: https://www.ohchr.org/SP/NewsEvents/Pages/DisplayNews.aspx?NewsID=25725&LangID=S, acessado em: 09.04.2020.
57. Cf. Resolução disponível em: https://www.oas.org/es/cidh/decisiones/pdf/Resolucion-1-20-es.pdf, acessado em: 09.04.2020.
58. Vale observar que, segundo a Lei Brasileira de Inclusão, no art. 9º, § 2º, "nos serviços de emergência públicos e privados, a prioridade conferida por esta Lei é condicionada aos protocolos de atendimento médico".
59. A respeito da prioridade assegurada aos idosos, Heloisa Helena Barboza e Vitor Almeida afirmam, in A proteção das pessoas idosas e a pandemia do covid-19: os riscos de uma política de "limpa-velhos", disponível em: https://www.migalhas.com.br/coluna/migalhas-de-vulnerabilidade/324904/a-protecao-das-pessoas-idosas-e-a-pandemia-do-covid-19-os-riscos-de-uma-politica-de-limpa-velhos, acessado em: 25.04.2020: "Buscando a proteção integral da pessoa idosa, abalizada doutrina tem proclamado o princípio da prioridade do idoso, que lhe assegura o atendimento em primeiro plano dos direitos fundamentais, dada a sua condição de vulnerabilidade existencial intrínseca. Tal orientação é extraída da cláusula geral de proteção da pessoa humana inscrita no texto constitucional, bem como da garantia de prioridade assegurada no art. 3º do Estatuto do Idoso. Reconhece-se, portanto, como "implícito no preceito constitucional o princípio do melhor interesse do idoso, como expressão da proteção integral que lhe é devida com absoluta prioridade".
60. A questão, polêmica e extremamente delicada, é abordada no noticiário do New York Times, Who Should Be Saved First? Experts Offer Ethical Guidance, disponível em: https://www.nytimes.com/2020/03/24/upshot/coronavirus-rationing-decisions-ethicists.html, acessado em: 09.04/2020, e também em estudos divulgados pelo The New England Journal of Medicine, in EMANUEL, Ezekiel J. et al, Fair Allocation of Scarce Medical Resources in the Time of Covid-19, disponível em: https://www.nejm.org/doi/full/10.1056/NEJMsb2005114, acessado em: 09.04.2020, e in RANNEY, Megan L. et al, Critical Supply Shortages — The Need for Ventilators and Personal Protective Equipment during the Covid-19 Pandemic, disponível em: https://www.nejm.org/doi/pdf/10.1056/NEJMp2006141?articleTools=true, acessado em: 09.04.2020.

Como assegurar condições de prevenção dentro das penitenciárias atentando-se para as particulares dificuldades das pessoas com deficiência?[61]

Também visando à proteção de direitos humanos, uma vez que se tornam mais recorrentes os desgastes emocionais, os conflitos, abusos e agressões no âmbito doméstico em tempos de isolamento[62], o Estado também deve assumir o papel de assegurar a integridade psicofísica das pessoas, algo mais necessário ainda para aqueles que, por força de deficiências ou condições debilitadas de saúde, não tiverem meios de se defender ou de realizar denúncias.

Coloca-se, enfim, não apenas a necessidade de maior cuidado por parte das famílias, mas também de políticas públicas que assegurem a atenção e acessibilidade dos serviços sociais, dos conselhos tutelares, dos órgãos de proteção, das delegacias e dos canais públicos de denúncias, e que incentivem a atuação do terceiro setor, de modo a prover, tanto quanto possível, suporte, inclusive aos cuidadores e familiares, orientações e acompanhamento das situações de maior risco. É fundamental, também, que seja assegurado o direito à convivência, apesar do distanciamento que se impõe, ainda que para tanto sejam colocadas temporariamente em prática outras formas de relacionamento, com recursos tecnológicos por exemplo, de modo a coibir que o motivo da pandemia seja utilizado como justificativa para o abandono afetivo ou para a alienação parental.[63]

3. CONSIDERAÇÕES FINAIS: A ADVERSIDADE COMO OPORTUNIDADE

Sem a pretensão de esgotar todas as questões que se apresentam às pessoas com deficiência, tem-se que o cenário da pandemia tornou gritante o que já era urgente, impondo, impreterivelmente, a necessidade de reconhecimento[64] de tais pessoas, bem como de qualificação e engajamento[65] da sociedade a fim de se superar a dramática invisibilidade e discriminação estrutural que ainda enfrentam, em que pese a ampla normativa protetiva.

Conscientização geral e políticas públicas eficientes são o único caminho possível tanto para efetivar quanto para prevenir lesões a direitos fundamentais, inclusive e sobretudo num cenário emergencial em que as desigualdades subjacentes à realidade social se acentuam.

---

61. A possibilidade de prisão domiciliar é discutida na ADPF 347, em trâmite perante o Supremo Tribunal Federal.
62. A propósito, cf. SABADELL, Ana Lucia. A privacidade "tóxica" da violência doméstica e seus reflexos em período de corona-vírus. Revista dos Tribunais, vol. 1017/2020, Jul. 2020, DTR\2020\6818.
63. Nesse sentido, EHRHARDT JR., Marcos, Primeiras impressões sobre os impactos do distanciamento social nas relações privadas em face da pandemia do COVID-19, disponível em: https://marcosehrhardtjr.jusbrasil.com.br/artigos/824475025/primeiras-impressoes-sobre-os-impactos-do-distanciamento-social-nas-relacoes-privadas-em-face-da-pandemia-do-covid-19?ref=serp, acessado em 10.04.2020.
64. Segundo HONNETH, Axel, "os sujeitos humanos devem sua identidade à experiência de um reconhecimento intersubjetivo", in Luta por reconhecimento: a gramática moral dos conflitos sociais. São Paulo: Editora 34, 2009, p. 125.
65. Sobre a apontada qualificação e engajamento social, seja consentido remeter a SALLES, Raquel Bellini, PASSOS, Aline Araújo, e ZAGHETTO, Nina Bara, A experiência extensionista do "Núcleo de Direitos das Pessoas com Deficiência" e necessidades prementes para a efetividade da lei brasileira de inclusão, in SALLES, Raquel Bellini et al (Orgs.), Direito, Vulnerabilidade e Pessoa com Deficiência, Rio de Janeiro, Editora Processo, 2019.

De tudo, todavia, pode ser que algo positivo se desdobre no futuro pós-pandemia. Que as medidas porventura adotadas, ainda que nascidas a fórceps, possam contribuir para a aquisição de novos hábitos e para a construção de um mundo mais inclusivo.

4. REFERÊNCIAS

ARAUJO, André Eduardo Dorster; DONEGÁ, Priscilla Carrieri. MP 936/20 e as relações de trabalho. *Revista de Direito do Trabalho*, vol. 211, mai-jun 2020.

BARBOZA, Heloisa Helena; ALMEIDA, Vitor. *A proteção das pessoas idosas e a pandemia do covid-19: os riscos de uma política de "limpa-velhos"*. Disponível em: https://www.migalhas.com.br/coluna/migalhas-de-vulnerabilidade/324904/a-protecao-das-pessoas-idosas-e-a-pandemia-do-covid-19-os-riscos-de-uma-politica-de-limpa-velhos, acessado em: 25.04.2020.

BARBOZA, Heloisa Helena; ALMEIDA JUNIOR, Vitor de A. Reconhecimento, inclusão e autonomia da pessoa com deficiência: novos rumos na proteção dos vulneráveis. In: BARBOZA, H. H.; MENDONÇA, B. L. de; ALMEIDA JUNIOR, V. de A. (Coords.). *O Código Civil e o Estatuto da Pessoa com Deficiência*. Rio de Janeiro: Editora Processo, 2017.

BARBOZA, Heloisa Helena. Vulnerabilidade e cuidado: aspectos jurídicos. In: PEREIRA, Tânia da Silva; OLIVEIRA, Guilherme de (Coord.). *Cuidado e vulnerabilidade*. São Paulo: Atlas, 2009.

MENEZES, Joyceane Bezerra de (Org.). *Direito das pessoas com deficiência psíquica e intelectual nas relações privadas*. Rio de Janeiro: Editora Processo, 2016.

BUBLITZ, Michele Dias. Pessoas com deficiência e teletrabalho: um olhar sob o viés da inclusão social. In: BARBOSA-FOHRMANN, Ana Paula; BARRETO, Gustavo Augusto Ferreira (Coords.). *A vida dos direitos humanos*: reflexões sobre questões atuais. Rio de Janeiro: Gramma, 2016.

MELKEVIK, Bjarne. Vulnerabilidade, Direito e Autonomia. Um ensaio sobre o sujeito de direito, in *Rev. Fac. Direito UFMG*, Belo Horizonte, n. 71, 2017, disponível em: https://www.direito.ufmg.br/revista/index.php/revista/article/view/1877/1779, acessado em: 14.12.2018.

DALLARI, Sueli; VENTURA, Deisy, in *A era das pandemias e a desigualdade*, disponível em: https://www1.folha.uol.com.br/fsp/opiniao/fz3107200908.htm, acessado em: 09.04.2020.

EHRHARDT JR., Marcos, *Primeiras impressões sobre os impactos do distanciamento social nas relações privadas em face da pandemia do COVID-19*, disponível em: https://marcosehrhardtjr.jusbrasil.com.br/artigos/824475025/primeiras-impressoes-sobre-os-impactos-do-distanciamento-social-nas-relacoes-privadas-em-face-da-pandemia-do-covid-19?ref=serp, acessado em: 10.04.2020.

EMANUEL, Ezekiel J. et al, *Fair Allocation of Scarce Medical Resources in the Time of Covid-19*, disponível em: https://www.nejm.org/doi/full/10.1056/NEJMsb2005114, acessado em: 09.04.2020.

HONNETH, Axel. *Luta por reconhecimento: a gramática moral dos conflitos sociais*. São Paulo: Editora 34, 2009.

MONTEIRO FILHO, Carlos Edison do Rêgo; ROSENVALD, Nelson; DENSA, Roberta. *Coronavírus e responsabilidade civil* (Coords.). Indaiatuba, SP: Editora Foco, 2020.

NOGAROLI, Rafaella. Breves reflexões sobre a pandemia do coronavírus (covid-19) e alguns reflexos no direito médico e da saúde. *Revista dos Tribunais*, vol. 1015/2020, Maio 2020, DTR\2020\3950.

PEREIRA, Paula Moura Francesconi de Lemos. *Os avanços da telemedicina com o novo coronavírus*, disponível em: https://www.meioambienterio.com/os-avancos-da-telemedicina-com-o-novo-coronavirus/, acessado em: 25.04.2020

PESSOA, André; MIZIARA, Raphael. Teletrabalho à luz da Medida Provisória nº 927 de 2020 (covid-19): um breve guia para empresários, trabalhadores e profissionais. *Revista dos Tribunais*, vol. 1017/2020, Jul 2020, DTR\2020\6821.

POLI, Luciana Costa. Lei brasileira da pessoa com deficiência: análise sob a ótica da teoria do reconhecimento em Honneth. In: FIUZA, César (Org.). *Temas relevantes sobre o Estatuto da Pessoa com Deficiência*. Salvador: Editora JusPodivm, 2018, pp. 135-156.

RANNEY, Megan L. et al, *Critical Supply Shortages* – The Need for Ventilators and Personal Protective Equipment during the Covid-19 Pandemic, disponível em: https://www.nejm.org/doi/pdf/10.1056/NEJMp2006141?articleTools=true, acessado em: 09.04.2020.

SABADELL, Ana Lucia. A privacidade "tóxica" da violência doméstica e seus reflexos em período de corona-vírus. *Revista dos Tribunais*, vol. 1017/2020, Jul. 2020, DTR\2020\6818.

SALLES, Raquel Bellini; PASSOS, Aline Araújo; ZAGHETTO, Nina Bara. A experiência extensionista do "Núcleo de Direitos das Pessoas com Deficiência" e necessidades prementes para a efetividade da lei brasileira de inclusão. In: SALLES, Raquel Bellini et al (Orgs.), *Direito, Vulnerabilidade e Pessoa com Deficiência*. Rio de Janeiro: Editora Processo, 2019.

SANTOS, Boaventura de Sousa. *A cruel pedagogia do vírus*. Coimbra: Almedina, 2020.

SARLET, Ingo Wolfgang; MARINONI, Luiz Guilherme; MITIDIERO, Daniel. *Curso de direito constitucional*. 6. ed. São Paulo: Saraiva, 2017.

SCHRAMM, Fermin Roland. Bioética da Proteção: ferramenta válida para enfrentar problemas morais na era da globalização. *Revista Bioética*, v. 16, n. 1, 2008, disponível em: http://revistabioetica.cfm.org.br/index.php/revista_bioetica/article/view/52/55, acessado em: 14.12.2018.

CORONAVÍRUS E MISTANÁSIA: A MORTE INDIGNA DOS EXCLUÍDOS E A RESPONSABILIDADE CIVIL DO ESTADO

Adriano Marteleto Godinho

Professor dos cursos de graduação e pós-graduação *stricto sensu* (Mestrado e Doutorado) da Universidade Federal da Paraíba. Doutor em Ciências Jurídicas pela Universidade de Lisboa. Mestre em Direito Civil pela Universidade Federal de Minas Gerais. E-mail: adrgodinho@hotmail.com.

Sumário: 1. Notas introdutórias – 2. Morte digna e morte indigna: a necessária contextualização do debate – 3. Eutanásia, ortotanásia, distanásia e mistanásia: conceitos e distinções – 4. A mistanásia e a responsabilidade civil do Estado – 5. Considerações finais – 6. Referências.

1. NOTAS INTRODUTÓRIAS

A calamitosa situação sanitária de diversos países do mundo, inaugurada a partir da profusão do novo coronavírus (Covid-19) em escala global, passou a demandar não apenas medidas eficazes a serem adotadas por autoridades constituídas, mas também reflexão aguçada por parte da sociedade civil acerca dos impactos da crise no cotidiano dos indivíduos direta ou indiretamente afetados.

A comunidade jurídica, naturalmente, não pode passar ao largo dos debates: se não cabe aos juristas apontar soluções para a contenção e mesmo para a cura do coronavírus, cumpre estabelecer diretrizes que permitam bem equacionar os diversos dilemas e conflitos que esta crise vem desencadeando, em particular, no Brasil.

O propósito destas linhas será, em termos jurídicos, o de debater acerca da noção de morte digna – para, a partir dela, alcançar também a ideia de morte indigna, mormente a partir da conceituação da figura da mistanásia – e de tracejar, muito em particular, possíveis respostas para um problema singular: caberia imputar responsabilidade civil ao Estado em razão da morte de incontáveis indivíduos, notadamente os desvalidos, sobretudo no Brasil, país sabidamente marcado por acentuadas e históricas desigualdades econômico-sociais?

Este texto foi originariamente apresentado para publicação entre o fim de março e o início do mês de abril de 2020, quando os efeitos do coronavírus se faziam sentir de forma mais drástica em países como China e Itália, e começavam a afetar de maneira mais incisiva a população brasileira, já em boa parte reclusa em seus lares. Ao tempo em que se redigem estas notas para a segunda edição desta obra, em setembro de 2020, vivenciamos o ápice dos casos de óbitos no Brasil, e os efeitos da pandemia ainda podem provocar, ao menos em algumas localidades, um potencial colapso do sistema de saúde (pública e privada). Por isso, não há tempo mais oportuno para estabelecer debates sobre o tema: impõe-se, afinal, estipular de plano os parâmetros que permitam refletir prudentemente a respeito da aludida pandemia e de seus potenciais reflexos em termos de mortalidade de indivíduos que tenham padecido ou ainda venham a falecer sem a devida assistência sanitária.

2. MORTE DIGNA E MORTE INDIGNA: A NECESSÁRIA CONTEXTUALIZAÇÃO DO DEBATE

Seres humanos, de todas as raças, credos e origens, compartilham entre si uma certeza: a finitude de sua existência. Somos seres mortais, e cada passo que avançamos significa mais um passo rumo à morte.

O processo de morrer, todavia, pode ser significativamente distinto, a depender das condições em que se encontrem os indivíduos. Naturalmente, pessoas que tenham melhores condições econômicas, ou acesso facilitado a sistemas públicos de saúde funcionais, se encontrarão em circunstâncias mais favoráveis, no termo final de suas vidas, que aquelas que vivem em situação precária e sequer têm acesso a medicamentos ou cuidados médicos mais elementares.

Para além da morte, há um outro conceito, de norte jurídico, que une todas as pessoas: o primado da dignidade da pessoa humana, princípio-valor que acompanha os indivíduos em toda a sua existência, inclusive no momento da sua morte. Mas o que significaria, afinal, morrer com dignidade?

A resposta à questão formulada tomará por base a situação de pessoas enfermas, cuja morte se anuncia – descartando-se, aqui, o óbito de indivíduos que falecem em decorrência de causas súbitas ou que são vítimas de homicídio, entre outras circunstâncias. Em relação aos seres humanos já acometidos de doenças que fatalmente os conduzirão à morte, em especial, é que cumpre projetar a noção de um processo digno de morrer.

Ao tempo em que são redigidas estas linhas, ainda não há vacina capaz de eliminar o coronavírus. Muito embora para a maioria das pessoas infectadas os sintomas não sejam notórios ou, quando aparentes, não se revelem graves, assemelhando-se aos de uma simples gripe, diversas pessoas desenvolvem sintomas crônicos, passando a necessitar de cuidados médicos intensivos. Em diversos casos já ocorridos no Brasil e em outros países, o propagar do novo coronavírus se mostrou implacável.

Em relação aos pacientes acometidos de enfermidades graves e incuráveis – e isto vale não apenas para os casos mais drásticos de infectados com o coronavírus, mas para qualquer outro mal que não possa ser remediado –, não há medida que possa impedir sua morte em tempo breve. Surgem, pois, três caminhos a percorrer: prolongar a vida destes pacientes, mediante o uso intenso de medicamentos e aparelhos, ainda que isto signifique prorrogar também o seu sofrimento (o que corresponde, como se verá, à prática da distanásia); interromper a vida destes pacientes, abreviando-se o processo de morrer, (ato que caracteriza a prática da eutanásia); ou ministrar-lhes cuidados paliativos, aplacando-se a dor, sem que sejam adotadas quaisquer medidas protelatórias, tendentes a retardar a morte, permitindo-se então que ela sobrevenha naturalmente.[1] Esta última alternativa – *cuidar* do paciente, quando já não será mais possível *curá-lo* – corresponde à prática da ortotanásia, reconhecendo-se que, cessado dever de tentar curar, emerge o dever de assistência e cuidado com o paciente.

Embora os conceitos das figuras referidas deva ser objeto de análise ponderada, que se dará no tópico seguinte, cabe antecipar a existência de uma abissal distinção entre o ato de provocar a morte de alguém, típico da eutanásia, e a conduta de permitir que a morte ocorra, sem que se lance mão de instrumentos desproporcionados e inúteis. No primeiro caso, põe-se termo à vida de uma pessoa a quem não se reconheça uma existência marcada por uma noção de "qualidade de vida"; no segundo, caberá ao doente, no momento em que a morte lhe bate à porta, manter um franco diálogo com a equipe médica, a fim de evitar seu sofrimento inútil e o controle de sua dor e conferir-lhe a prerrogativa de saber sobre seu estado de saúde e de escolher as medidas médicas que lhe pareçam convenientes, afastadas todas as práticas excepcionais ou desproporcionadas no estágio terminal, que só tendam a prorrogar inutilmente a morte do moribundo.[2]

Muito se discute sobre o sentido a atribuir à expressão "morte digna". Afinal, morrer dignamente significa atribuir ao enfermo o direito de escolher o momento de sua morte? Ou será, em sentido oposto, facultar que a morte dos doentes terminais sobrevenha naturalmente, cercada de amparo e conforto?

O propósito destas linhas não é o de ingressar nos méritos deste debate. Ainda assim, algumas premissas se impõem. A morte digna se refere ao *modo* de morrer:[3] é inequívoca a ideia de que morre em condições indignas a pessoa que sequer tem acesso a tratamentos médicos basilares. É esta perspectiva que dá abertura para o surgimento de um outro conceito, o de *mistanásia*, que terá como vítimas, em particular, os miseráveis, os desvalidos, aqueles que morrem à margem dos cuidados sanitários que, à partida, deveriam ser postos ao dispor de todo e qualquer ser humano.

3. EUTANÁSIA, ORTOTANÁSIA, DISTANÁSIA E MISTANÁSIA: CONCEITOS E DISTINÇÕES

Inauguradas algumas premissas no tópico anterior, cumpre, enfim, estabelecer os conceitos e distinções de quatro fundamentais figuras que dizem respeito à noção de morte (in)digna: eutanásia, ortotanásia, distanásia e, finalmente, mistanásia.

A origem de expressão *eutanásia* deriva da conjunção, proveniente do grego, de *eu* (bem) e *thanatos* (morte), indicando, pois, a ideia de "boa morte", "morte piedosa" ou "morte suave". Atualmente, a eutanásia assume um sentido mais específico, implicando necessariamente o *encurtamento da vida* de quem, por mais que esteja em situação de intenso sofrimento físico ou psíquico, não morreria em virtude da moléstia de que pade-

---

1. VILLAS-BÔAS, Maria Elisa. *Da eutanásia ao prolongamento artificial: aspectos polêmicos na disciplina jurídico-penal do final de vida*. Rio de Janeiro: Forense, 2005, p. 37.
2. VILLAS-BÔAS, Maria Elisa. *Da eutanásia ao prolongamento artificial: aspectos polêmicos na disciplina jurídico-penal do final de vida*. Op. cit., p. 464.
3. BLANCO, Luis Guillermo. *Muerte digna: consideraciones bioético-jurídicas*. Buenos Aires: Ad-Hoc, 1997, p. 50.

ça; tira-se a vida de um indivíduo, assim, para privá-lo de uma dolorosa morte natural,[4] mediante a libertação misericordiosa de um sofrimento incurável. Trata-se de medida que tende a atingir o *"fim libertador de padecimentos intoleráveis e sem remédio, a petição de um sujeito"*,[5] por meio de conduta que consiste na verdadeira causa da morte; nesta perspectiva, age-se sobre a morte, antes que se deixe a morte agir.[6]

Apesar de não haver dúvidas quanto a certos caracteres da eutanásia – medida que pressuporá sempre uma ação ou omissão deliberadamente tendente a encurtar a vida de uma pessoa, motivada por um sentimento de compaixão –, são indeterminados os contornos precisos da figura. Pendem dúvidas, em especial, sobre se a eutanásia apenas se configura quando um médico provoca a morte de um paciente, ou se qualquer pessoa poderia praticá-la; se apenas haverá eutanásia quando houver pedido expresso do próprio paciente para que lhe tirem a vida, ou se caberia extrair tal consentimento dos seus representantes ou mesmo presumi-lo ou dispensá-lo em determinadas situações; e se seria necessário que a pessoa de quem se tira a vida se encontre em situação de terminalidade, ou se bastaria, para a caracterização da eutanásia, pôr fim à sua dor ou sofrimento, ainda que não se trate de doença incurável e de quadro clínico que pende iminente e irreversivelmente para a morte. A averiguação de tais critérios não é despicienda, pois permitirá qualificar ou não como eutanásicas certas condutas, como a de provocar a morte de uma pessoa que padeça de doença que lhe pareça insuportável ou que tenha sofrido a amputação de partes do seu corpo, de matar uma pessoa que afirma preferir a morte à agonia da sua vida (ainda que não haja diagnóstico médico de situação de terminalidade), ou de suprimir o suporte vital de pessoas que se encontrem em estado vegetativo persistente, com a intenção de matá-las, por se julgar ser indigno viver em tais condições.

Em princípio, somente se poderia falar em eutanásia quando a conduta de privar a vida, atendendo-se a um pedido do paciente, vier a ser executada por um médico, profissional tecnicamente capaz de realizar a ação eutanásica de forma a atenuar dores e sofrimentos intoleráveis, mediante a ministração de substâncias e medicamentos, e de avaliar as condições de saúde de um indivíduo e o prognóstico da sua enfermidade, que, à partida, deve ser incurável e terminal. Entretanto, a amplitude de significados que o termo assumiu pode eventualmente conduzir a outra solução: afinal, se a eutanásia consiste em tirar a vida por misericórdia do sofrimento de que padece uma pessoa, seria discutível a caracterização de sua prática, por exemplo, o ato de um indivíduo disparar arma de fogo contra seu cônjuge, que contraiu câncer, por não suportar ouvir suas súplicas para pôr fim a tamanha angústia.[7]

Em sentido drasticamente oposto, que emerge a noção da *distanásia*, que significa *"a morte lenta e sofrida, prolongada, distanciada pelos recursos médicos, à revelia*

---

4. COLE, Sheila Schiff; SHEA, Marta Sachey. *Voluntary euthanasia: a proposed remedy*. Albany Law Review, n. 39, 1975, p. 826.
5. ASÚA, Luis Jiménez. *Libertad de amar y derecho a morir: ensayos de un criminalista sobre eugenesia y eutanasia*. 7. ed. Buenos Aires: Depalma, 1992, p. 339.
6. BAUDOUIN, Jean-Louis; BLONDEAU, Danielle. *Éthique de la mort et droit à la mort*. Paris: Presses Universitaires de France, 1993, p. 99.
7. MARTIN, Leonard. *Aprofundando alguns conceitos fundamentais: eutanásia, mistanásia, distanásia, ortotanásia e ética médica brasileira*. In: PESSINI, Léo. *Eutanásia: por que abreviar a vida?* São Paulo: Loyola, 2004, p. 205-206.

do conforto e da vontade do indivíduo que morre".[8] Trata-se de medida que se tornou mundialmente conhecida como *encarniçamento terapêutico*, pois implica a obsessão pela adoção de medidas médicas excessivas, pautadas pelo solitário critério da "quantidade" da vida, mediante o investimento de todos os recursos cabíveis para prolongá-la ao máximo.[9] A distanásia corresponde, portanto, a um processo de infrutífera tentativa de refrear a morte, quando tal já não se revela possível e sequer conveniente. Nesta perspectiva, o conceito de saúde supervaloriza a "biologia" – a natureza física – e deixa à margem a "biografia" – a história, valores e opções de vida de uma pessoa.[10]

Enfim, a distanásia "*não prolonga a vida propriamente dita, mas o processo de morrer*",[11] o que somente contribui para tornar sombrios os instantes finais.[12] A distanásia torna-se, então, um sinônimo de morte derivada de tratamentos fúteis, que prolongam de forma dolorosa o momento final da existência.[13]

A distanásia é, na realidade, fruto de uma autêntica desfiguração da arte médica,[14] que "*reduz a vida à sua dimensão biológica*", isto é, "*físico-corporal*", ao "*encarar a morte como inimiga*" e negar "*a dimensão da mortalidade e da finitude, características dos seres humanos*".[15] Aqui, finalmente, torna-se correta a invocação de uma noção adequada para a "qualidade de vida" que ostenta um paciente: diante de situações extremas, é possível inferir que *morrer dignamente* acaba por ser uma decorrência do preceito da dignidade da pessoa humana. A dimensão biológica da vida não pode ser analisada à margem da discussão sobre a qualidade de vida (e de morte) do indivíduo; atentar para este critério "*significa estar a serviço não só da vida, mas também da pessoa*".[16]

Sujeitar alguém à degradante situação de se submeter a uma sobrevida mantida à custa de tratamentos dolorosos, fúteis e desproporcionados é um atentado à qualidade de vida que se deve reconhecer e atribuir a toda e qualquer pessoa. Interpretar a finalidade da ciência médica como o propósito de manter a sobrevivência dos pacientes a todo custo é um equívoco que deve ser rechaçado, para evitar a submissão dos enfermos a verdadeiros "bombardeios químicos",[17] traços marcantes de uma espécie de "imperialismo médico"[18]. Teme-se até mesmo que a distanásia se torne um instrumento de prolongamento da vida para finalidades meramente econômicas, pois a manutenção da vida de pacientes incu-

---

8. VILLAS-BÔAS, Maria Elisa. *Da eutanásia ao prolongamento artificial: aspectos polêmicos na disciplina jurídico-penal do final de vida.* Op. cit., p. 74.
9. PESSINI, Léo. *Eutanásia: por que abreviar a vida?* São Paulo: Loyola, 2004, p. 220.
10. PESSINI, Léo. *Distanásia: até quando prolongar a vida?* São Paulo: Loyola, 2001, p. 333.
11. PESSINI, Léo; BARCHIFONTAINE, Christian de Paul de. *Problemas atuais de bioética.* 5. ed. São Paulo: Loyola, 2000, p. 263.
12. RODRIGUES, Paulo Daher. *Eutanásia.* Belo Horizonte: Del Rey, 1993, p. 65.
13. SERTÃ, Renato Lima Charnaux. *A distanásia e a dignidade do paciente.* Rio de Janeiro: Renovar, 2005, p. 32.
14. FARAH, Elias. *Eutanásia, ortotanásia e distanásia: reflexões básicas em face da ciência médica e do direito.* In: Revista do Instituto dos Advogados de São Paulo: Nova Série, v. 14, n. 28, jul./dez. 2011, p. 151.
15. PESSINI, Léo. *Distanásia: até quando prolongar a vida?* Op. cit., p. 332.
16. SÁ, Maria de Fátima Freire de. *Direito de morrer: eutanásia, suicídio assistido.* 2. ed. Belo Horizonte: Del Rey, 2001, p. 59-60.
17. FERNANDO NIÑO, Luis. *Eutanasia – morir con dignidad: consecuencias jurídico-penales.* Buenos Aires: Universidad, 1994, p. 227.
18. DIJON, Xavier. *Le sujet de droit et son corps: une mise a l'epreuve du droit subjectif.* Bruxelas: Larcier, 1982, p. 527.

ráveis, internados nas unidades de tratamento, sobretudo em redes privadas de cuidados médicos, poderá se revelar fonte de notável lucro para médicos e hospitais.

Em contraposição radical à perspectiva da distanásia, cumpre situar o ser humano como o valor central da medicina. Nesta concepção, a medicina e os avanços tecnológicos são instrumentos que se prostram diante da vida, da saúde e da dignidade do paciente. Abandonam-se os excessivos tecnicismos, a ganância e a visão de que a medicina é um fim em si mesma, tudo em prol dos cuidados que devem ser dedicados ao enfermo, o que escancara as portas para o medrar de uma nova concepção sobre o sentido de vida e de morte: a *ortotanásia*.

A ortotanásia – nomenclatura oriunda dos radicais gregos *orthos* (correto) e *thanatos* (morte) – indica a morte no seu tempo, isto é, a morte cuja ocorrência não é antecipada nem adiada. Não há o atuar no sentido de provocar a morte (conduta tipicamente eutanásica) nem de postergar indefinidamente a sua ocorrência (comportamento correspondente à distanásia), mas a adoção de uma postura intermediária: deixar que a morte certa e inevitável se manifeste, seja pela não oferta de um novo tratamento ou pela descontinuidade daquele que já tivesse sido iniciado, preservando-se, em favor do paciente, todos os cuidados básicos com a sua saúde.[19] Assim, a ortotanásia, medida tendente a humanizar o processo de morte, ao evitar o prolongamento abusivo da vida pela aplicação de meios desproporcionais,[20] significa o morrer no tempo ideal, segundo um juízo de prognose médica que revele estar o paciente incurso em um processo que o conduzirá irremediavelmente à morte.[21] Com a ortotanásia, a morte não se busca (pois o que se pretende é a humanização do processo de morrer, sem prorrogá-lo abusivamente) e nem se provoca (porque resulta da enfermidade de que padece o indivíduo),[22] mas se aceita como o fim natural de todas as pessoas, que, inevitavelmente, são "*seres para a morte*".[23]

Pode-se dizer que a ortotanásia é uma medida que se situa a meio caminho entre a eutanásia (não sendo, portanto, espécie dela) e a distanásia. A eutanásia traduz um comportamento que significa apressar a morte; a distanásia é o ato de retardá-la. Figura intermédia, a ortotanásia representará a conduta de se propiciar meios para que o paciente morra dignamente, quando a hora da morte se anunciar; nesta hipótese, não se provoca a morte de quem quer que seja.

Por fim, categoria que merece consideração especial para os fins deste texto é a da *mistanásia*, expressão derivada da conjugação dos vocábulos gregos *mis* (infeliz) e *thanatos* (morte). Induz a ideia de uma morte miserável, que alcança aqueles que, em virtude sobretudo de carência de recursos, sequer têm acesso aos serviços médicos mais elementares, ou, quando o têm, se tornam vítimas fatais, ora da má qualidade

---

19. VILLAS-BÔAS, Maria Elisa. *Da eutanásia ao prolongamento artificial: aspectos polêmicos na disciplina jurídico-penal do final de vida*. Op. cit., p. 73.
20. GAFO FERNÁNDEZ, Javier. *10 palavras-chave em bioética: bioética, aborto, eutanásia, pena de morte, reprodução assistida, manipulação genética, AIDS, drogas, transplantes de órgãos, ecologia*. São Paulo: Paulinas, 2000, p. 91.
21. SANTOS, Maria Celeste Cordeiro Leite. *Contornos atuais da eutanásia e da ortotanásia: bioética e biodireito. A necessidade do controle social das técnicas médicas*. In: Revista da Faculdade de Direito da Universidade São Paulo, n. 94, jan./dez. 1999, p. 269.
22. BLANCO, Luis Guillermo. *Muerte digna: consideraciones bioético-jurídicas*. Op. cit., p. 31-32.
23. COSTA, José de Faria. *O fim da vida e o direito penal*. Coimbra: Ed. Coimbra, 2003, p. 760.

na prestação de tais serviços, ora de condutas deliberadamente voltadas para causar a morte. São vítimas da mistanásia, então, as pessoas que sequer chegam a ser pacientes e não conseguem acesso aos medicamentos ou falecem nas filas de hospitais, à espera de atendimento médico; indivíduos que conseguem ser pacientes, mas são vítimas de atendimento insuficiente ou de erro médico; e os pacientes que simplesmente têm suas vidas ceifadas por razões políticas, econômicas ou sociopolíticas, havendo relatos de pessoas que são vítimas de autênticos homicídios com o fito de remoção dos seus órgãos para fins de transplante.[24] Por isso mesmo, a mistanásia é também conhecida – ainda que indevidamente – como *eutanásia social*, pois, em circunstâncias gerais, elimina as vidas dos desvalidos, dos "fardos humanos",[25] daqueles que mais sofrem com a ausência do Estado.[26]

Não se pode, entretanto, confundir a mistanásia com a verdadeira eutanásia. A mistanásia não corresponde a uma conduta de deliberado encurtamento da vida humana por motivo de piedade ou compaixão; as vítimas da mistanásia são, na realidade, as pessoas que pouco ou nada têm para prover o próprio sustento e velar por sua saúde.

Os indivíduos desvalidos, excluídos e marginalizados do acesso aos mais comezinhos direitos sociais e fundamentais – entre eles, naturalmente, o direito à saúde – nada escolhem quanto ao processo de morrer; pelo contrário, suas vozes, se e quando porventura ouvidas, terminam por ser ignoradas, em razão de uma impiedosa negligência com os cuidados e tratamentos médicos que se lhes deveriam ser facultados, como devem sê-lo em favor de qualquer cidadão. Por isso mesmo, afirma-se que a mistanásia é uma questão mais de políticas públicas que propriamente de tipos penais.[27]

É sobre esta derradeira figura – a mistanásia – que cumpre refletir nos tempos que correm. Este texto, escrito originariamente no mês de março de 2020 e revisado em setembro do mesmo ano, tenciona debater sobre os efeitos da morte de indivíduos que sejam vítimas da falta de assistência médica devida.

4. A MISTANÁSIA E A RESPONSABILIDADE CIVIL DO ESTADO

Verificada a escalada dos casos de pessoas infectadas pelo coronavírus nos Estados brasileiros, ao longo de todo o ano de 2020, atingiu-se um número de óbitos, até setembro de 2020, superior a 130 mil indivíduos.

Em outros países, como China, Itália, Índia e Estados Unidos, também se contam aos milhares as vítimas do novo coronavírus.

O exemplo italiano, aliás, já trazia à tona duros relatos, antes mesmo que a pandemia atingisse seu ápice no Brasil. Naquele país europeu, um padre diagnosticado com o

---

24. MARTIN, Leonard. *Aprofundando alguns conceitos fundamentais: eutanásia, mistanásia, distanásia, ortotanásia e ética médica brasileira*. Op. cit., p. 210; 217.
25. FRISO, Gisele de Lourdes. *A ortotanásia: uma análise a respeito do direito de morrer com dignidade*. In: Revista dos Tribunais, São Paulo, v. 98, n. 885, jul. 2009, p. 136.
26. SANTORO, Luciano de Freitas. *Morte digna: o direito do paciente terminal*. Curitiba: Juruá, 2010, p. 127.
27. VILLAS-BÔAS, Maria Elisa. *Da eutanásia ao prolongamento artificial: aspectos polêmicos na disciplina jurídico-penal do final de vida*. Op. cit., p. 76.

novo coronavírus, que estava internado em Bergamo, Itália, faleceu no dia 24 de março de 2020, após doar voluntariamente o respirador que usava na UTI para um paciente mais jovem, que também estava acometido com o mesmo vírus.[28] Este exemplo, a um só tempo dramático e tocante, revela um cenário desolador de insuficiência de instrumentais hospitalares para o salvamento de todos os infectados. O padre, no caso, decidiu morrer como mártir; inúmeros outros indivíduos, na Itália ou no Brasil, padeceram ou padecerão do mesmo mal, sem, contudo, sequer terem a oportunidade de ser atendidos.

Diante desta perspectiva, cabe inquirir, enfim, se o Estado – aí entendida a expressão, claro, para abarcar as pessoas jurídicas de direito público, tais como a União, os Estados e os Municípios – poderia ser civilmente responsabilizado pela eventual verificação de casos de mistanásia, em que incontáveis indivíduos podem se ver constrangidos a um fim de vida doloroso e solitário, sem acesso ao devido acompanhamento médico e hospitalar.

À partida, não caberia de plano imputar o dever de responder por danos ao Estado, pois a situação de calamidade sanitária decorre de um evento imprevisível e extraordinário, a caracterizar autêntico caso fortuito. Este argumento, em princípio, afastaria a responsabilidade civil do ente público, em razão da inexistência de conduta a ser-lhe imputada e que tenha, de algum modo, contribuído para causar ou agravar os potenciais danos aos enfermos que não conseguirem acesso apropriado a cuidados de saúde.

Este quadro, todavia, pode ser alterado, sobretudo em virtude da possível negligência quanto à adoção de medidas proativas, de cunho preventivo, que possam ao menos abrandar os efeitos do novo coronavírus na sociedade brasileira. A invocação desta tese, a propósito, poderá vingar caso se demonstre, por exemplo, que a adoção oportuna de medidas profiláticas, como a imposição de períodos forçados de quarentena, a determinação do fechamento de fronteiras e o cancelamento de voos, sobretudo internacionais, teria sido suficiente para evitar ou ao menos mitigar um quadro drástico de mistanásia.

A cogitação da responsabilidade civil do Estado demanda, assim, a comprovação de que houve omissão quanto à observância de medidas necessárias para minimizar os efeitos nefastos da pandemia. Naturalmente, não apenas a demonstração da conduta omissiva se faria imprescindível, como também a existência de liame causal entre tal comportamento desidioso e a contaminação em massa, a provocar óbitos que poderiam ter sido evitados. A eventual prova da correlação entre a negligência estatal e um lastimável contingente de vítimas de mistanásia, alijadas do acesso a cuidados médicos intensivos e indispensáveis à sua sobrevivência, implicaria a verificação do nexo de causalidade necessário para caracterizar a possível responsabilização do ente público.

Para que se dê a caracterização de conduta omissiva do Estado, aliás, é crucial averiguar o modo como os agentes públicos vêm reagindo à crise. Neste domínio, o pronunciamento do Presidente da República, realizado já no dia 24 de março – muito antes, portanto, do auge da pandemia no país –, foi repudiado por autoridades e entidades nacionais e internacionais, não apenas por contrariar as orientações do próprio Ministério da Saúde, como também por afrontar as campanhas maciçamente patrocinadas pela OMS.

---

28. UOL. *Padre com coronavírus morre após doar respirador para paciente jovem*. Disponível em https://noticias.uol.com.br/internacional/ultimas-noticias/2020/03/24/padre-com-coronavirus-morre-apos-doar-respirador-para-paciente-jovem.htm. Acesso em 25 de março de 2020.

Em seu discurso, o Presidente do Brasil minimizou as consequências da contaminação pelo coronavírus e solicitou à sociedade o "retorno à normalidade", inclusive mediante críticas à suspensão das atividades escolares, eis que, de acordo com seu entendimento, apenas as pessoas maiores de 60 anos se encontrariam no denominado grupo de risco, isto é, estariam mais suscetíveis a consequências mais drásticas, notadamente o óbito.

A fala da autoridade máxima do país já contradizia, na origem, as estatísticas verificadas mundo afora: não apenas há diversos relatos de vítimas fatais do coronavírus que não eram idosas, como também não se pode ignorar que, no ambiente escolar, se ocorrer a transmissão do coronavírus para dezenas ou centenas de crianças e adolescentes – cabendo lembrar que muitos deles manifestariam quadros assintomáticos e, assim, sequer teriam ciência de terem sido infectadas –, estes poderiam, por sua vez, transmitir o vírus às pessoas (inclusive idosas) com quem mantenham contato mais próximo, nomeadamente os familiares.

Recusando cumprir as diretivas presidenciais, diversos Governadores e Prefeitos brasileiros fizeram cumprir, em seus Estados e Municípios, as diretrizes médicas emanadas de autoridades nacionais e internacionais de saúde. Esta se mostrou ser, de fato, a medida mais sensata, não apenas para evitar a propagação ainda mais intensa do coronavírus, como também para mitigar seus efeitos e evitar que os entes públicos devam responder civilmente, enfim, pelos graves danos decorrentes de um perigoso e alarmante cenário de mistanásia.

Consoante já exposto, o número de mortos no Brasil é contado às dezenas de milhares. Doravante, a possível imputação de responsabilidade civil ao Estado demandará a averiguação da ocorrência de casos de mistanásia; em sendo o caso, cumprirá verificar de que modo reagiram Municípios, Estados, União e seus agentes. A depender das circunstâncias que sejam comprovadas, cumprirá ao Estado assumir a responsabilidade de arcar com os inumeráveis danos, não por ter, naturalmente, propiciado a chegada do coronavírus ao Brasil – fato que se tinha por inevitável –, mas por ter evitado a propagação de seus nefastos efeitos.

5. CONSIDERAÇÕES FINAIS

O Brasil, assim como um sem número de países ao redor do globo, passa por um outrora inesperado período de turbulência. O surto do novo coronavírus, que já acomete e atinge fatalmente milhares de indivíduos, impôs e continua a impor medidas extremas de prevenção, a fim de evitar que os efeitos maléficos desta pandemia continuem a se alastrar.

No país, o colapso do sistema de saúde poderia gerar, como sombria decorrência, um tétrico cenário de potenciais e incontáveis vítimas que sequer consigam acesso a atendimento médico adequado.

Talvez os indivíduos mais abastados economicamente consigam atendimento e internação prioritários em hospitais privados, mas mesmo as pessoas mais ricas podem sofrer os efeitos da mistanásia – isto é, de uma morte miserável, solitária até –, em decorrência de um possível esgotamento do número de leitos e de profissionais aptos a ministrarem tratamentos intensivos. Indubitavelmente, todavia, um quadro de colapso hospitalar sempre faz vítimas, em particular, entre as pessoas mais pobres, que somente têm alguma chance de tratamento em instituições hospitalares públicas.

Não há dúvidas de que a morte de pessoas enfermas, que sequer tenham acesso aos tratamentos sanitários adequados, corresponde categoricamente à noção de morte indigna, circunstância que, dada a atual situação de pandemia em âmbito mundial, não decorre de ato próprio do Estado. Todavia, a depender do modo como se comportaram e continuam a se comportar autoridades e entes públicos no país, será possível vislumbrar a existência de nexo causal entre condutas – ativas e, em especial, omissivas – do Estado e os danos que podem sobrevir às vítimas de um indesejável quadro de mistanásia. A ser este o caso, surgirá, ainda, um novo e complexo problema: em meio à crise econômica que se apresenta, como poderá o ente público reparar e compensar integralmente todas as vítimas (ainda que pela via reflexa, como se dará em relação aos familiares de pessoas falecidas) de mistanásia?

Tempos difíceis exigem ponderadas reflexões. Há incontáveis dilemas que podem decorrer do estado atual de pandemia, sendo a mistanásia um dos mais drásticos entre eles. Espera-se que as linhas traçadas neste escorço sirvam para contribuir com o debate e, sobretudo, que a sociedade seja capaz de superar esta crise com o menor impacto possível.

6. REFERÊNCIAS

ASÚA, Luis Jiménez. *Libertad de amar y derecho a morir: ensayos de un criminalista sobre eugenesia y eutanasia*. 7. ed. Buenos Aires: Depalma, 1992.

BAUDOUIN, Jean-Louis; BLONDEAU, Danielle. *Éthique de la mort et droit à la mort*. Paris: Presses Universitaires de France, 1993.

BLANCO, Luis Guillermo. *Muerte digna: consideraciones bioético-jurídicas*. Buenos Aires: Ad-Hoc, 1997.

COLE, Sheila Schiff; SHEA, Marta Sachey. *Voluntary euthanasia: a proposed remedy*. Albany Law Review, n. 39, 1975.

COSTA, José de Faria. *O fim da vida e o direito penal*. Coimbra: Ed. Coimbra, 2003.

DIJON, Xavier. *Le sujet de droit et son corps: une mise a l'epreuve du droit subjectif*. Bruxelas: Larcier, 1982.

FARAH, Elias. *Eutanásia, ortotanásia e distanásia: reflexões básicas em face da ciência médica e do direito*. In: Revista do Instituto dos Advogados de São Paulo: Nova Série, v. 14, n. 28, jul./dez. 2011.

FERNANDO NIÑO, Luis. *Eutanasia – morir con dignidad: consecuencias jurídico-penales*. Buenos Aires: Universidad, 1994.

FRISO, Gisele de Lourdes. *A ortotanásia: uma análise a respeito do direito de morrer com dignidade*. In: Revista dos Tribunais, São Paulo, v. 98, n. 885, jul. 2009, p. 130-153.

GAFO FERNÁNDEZ, Javier. *10 palavras-chave em bioética: bioética, aborto, eutanásia, pena de morte, reprodução assistida, manipulação genética, AIDS, drogas, transplantes de órgãos, ecologia*. São Paulo: Paulinas, 2000.

GAZETA DO POVO. *Brasil tem 78% dos leitos de UTI ocupados. O país aguentará o pico do coronavírus?* Disponível em https://www.gazetadopovo.com.br/republica/leitos-de-uti-coronavirus-brasil/. Acesso em 25 de março de 2020.

MARTIN, Leonard. *Aprofundando alguns conceitos fundamentais: eutanásia, mistanásia, distanásia, ortotanásia e ética médica brasileira*. In: PESSINI, Léo. *Eutanásia: por que abreviar a vida?* São Paulo: Loyola, 2004, p. 201-226.

PESSINI, Léo. *Distanásia: até quando prolongar a vida?* São Paulo: Loyola, 2001.

PESSINI, Léo. *Eutanásia: por que abreviar a vida?* São Paulo: Loyola, 2004.

PESSINI, Léo; BARCHIFONTAINE, Christian de Paul de. *Problemas atuais de bioética.* 5. ed. São Paulo: Loyola, 2000.

RODRIGUES, Paulo Daher. *Eutanásia.* Belo Horizonte: Del Rey, 1993.

SÁ, Maria de Fátima Freire de. *Direito de morrer: eutanásia, suicídio assistido.* 2. ed. Belo Horizonte: Del Rey, 2001.

SANTORO, Luciano de Freitas. *Morte digna: o direito do paciente terminal.* Curitiba: Juruá, 2010.

SANTOS, Maria Celeste Cordeiro Leite. *Contornos atuais da eutanásia e da ortotanásia: bioética e biodireito. A necessidade do controle social das técnicas médicas.* In: Revista da Faculdade de Direito da Universidade São Paulo, n. 94, jan./dez. 1999.

SERTÃ, Renato Lima Charnaux. *A distanásia e a dignidade do paciente.* Rio de Janeiro: Renovar, 2005.

UOL. *Padre com coronavírus morre após doar respirador para paciente jovem.* Disponível em https://noticias.uol.com.br/internacional/ultimas-noticias/2020/03/24/padre-com-coronavirus-morre-apos-doar-respirador-para-paciente-jovem.htm. Acesso em 25 de março de 2020.

VILLAS-BÔAS, Maria Elisa. *Da eutanásia ao prolongamento artificial: aspectos polêmicos na disciplina jurídico-penal do final de vida.* Rio de Janeiro: Forense, 2005.

VACINAÇÃO OBRIGATÓRIA: ENTRE O INTERESSE INDIVIDUAL E O SOCIAL A POSSIBILIDADE DE RESPONSABILIZAÇÃO CIVIL EM CASO DE RECUSA À IMUNIZAÇÃO

Fernanda Schaefer

Pós-Doutorado pelo Programa de Pós-Graduação *Stricto Sensu* em Bioética da PUC-PR, bolsista CAPES. Doutora em Direito das Relações Sociais na Universidade Federal do Paraná, curso em que realizou Doutorado Sanduíche nas Universidades do País Basco e Universidade de Deusto (Espanha) como bolsista CAPES. Professora e Coordenadora da Pós-Graduação *Lato Sensu* em Direito Médico e do Curso de Pós-Graduação em Direito Civil e Processual Civil EAD do UniCuritiba. Advogada em Curitiba-PR.

Sumário: 1. Introdução – 2. Vacinação obrigatória e vacinação compulsória: uma distinção necessária – 3. Vacinar é preciso – 4. Interesse social e vacinação obrigatória – 5. Considerações finais – recusa à vacinação e responsabilidade civil – 6. Referências.

1. INTRODUÇÃO

Imunizar é capacitar "um organismo para identificar e eliminar organismos estranhos"[1]. As vacinas constituem um tipo de imunização, ou seja, são formas de auxiliar o sistema imunológico de pessoas saudáveis a reconhecer agentes agressores e a eles reagir. São, portanto, uma das principais medidas de intervenção para controle e prevenção de doenças.

Então, vacinar "é criar artificialmente e sem riscos, um estado de proteção contra determinadas doenças infectocontagiosas"[2]. As vacinas "são substâncias biológicas, preparadas a partir dos microorganismos causadores das doenças (bactérias ou vírus), modificados laboratorialmente, de forma a perderem a sua potência de provocar a doença"[3].

As vacinas, uma vez aplicadas, estimulam o organismo a produzir anticorpos necessários ao combate da doença. Por esse motivo, são consideradas, do ponto de vista epidemiológico, uma "tecnologia médica com excelente custo-benefício e altíssimo grau de resolutividade para a saúde pública"[4] e, por isso, rapidamente tornaram-se o objeto de desejo número um no combate à pandemia provocada pelo coronavírus Sars-Cov-2.

---

1. ROTHBARTH, Renata. *Vacinação*: direito ou dever? A emergência de um paradoxo sanitário e suas consequências para a saúde pública. USP. Faculdade de Saúde Pública, dissertação de Mestrado, 2018, 153p., p. 11.
2. PNI. Ministério da Saúde. Disponível em: <http://www.saude.gov.br>. Acesso em 07 abr. 2020.
3. PNI, loc. cit.
4. PNI, loc. cit.

As vacinas podem ser classificadas como 'de necessidade médica' quando são a única defesa conhecida, viável e eficaz contra uma doença; ou podem ser classificadas de 'necessidade prática' que são aquelas que possuem outras alternativas preventivas[5], não sendo utilizadas por um número significativo de pessoas[6]. Essa distinção pode ser importante para definição sobre a obrigatoriedade ou não da vacinação em políticas públicas.

As vacinas são, portanto, meios seguros e eficazes de prevenir e proteger o organismo contra doenças infectocontagiosas, estimulando-o a produzir os necessários anticorpos[7]. Têm, por isso, um evidente viés utilitarista: erradicar uma doença de determinado território, dificultando a contaminação entre indivíduos.

No entanto, embora os programas de imunização façam parte das políticas públicas de saúde no Brasil desde a década de 70[8] e seus resultados positivos sejam expressivos, os benefícios da imunização parecem não ser tão óbvios para uma população cada vez mais crescente de pessoas que recusam[9] a vacinação pelos mais diferentes motivos, o que pode afetar diretamente o efeito rebanho (*herd immunity*[10]), colocando em risco a saúde coletiva e a erradicação de doenças (que embora não seja definitiva, são importantes conquistas para a saúde pública)[11].

Nota-se, portanto, que três premissas estão estabelecidas: a vacinação para ser obrigatória ou compulsória em um sistema público deve estar baseada na necessidade médica; inserida no programa de imunização, a informação à população sobre seus benefícios e riscos é essencial para garantir a ampla adesão; a vacinação obrigatória e a compulsória têm fundamento na proteção da saúde coletiva impondo justo motivo (técnico-jurídico) para sua adoção.

A partir dessas premissas, o presente trabalho, por meio de revisão bibliográfica, apontará a distinção entre vacinação compulsória e obrigatória e as possíveis justificativas para adoção dessa como política pública. A partir dessa diferença se estudará o fundamento utilitarista da vacinação obrigatória, contrapondo interesse social e interesse particular, para investigar, ao final, a possibilidade de responsabilização daquele que se nega, sem justo motivo, a se imunizar.

---

5. ROTHBARTH, Renata, op. cit., p. 11.
6. Idem, 2018, p. 11.
7. *Relatório OMS*. Disponível em: <https://vizhub.healthdata.org/sdg/>. Acesso em 10 jan. 2018
8. O Programa Nacional de Imunizações (PNI) foi criado em 1973 e atualmente conta com 35 mil salas de vacinação em todo o Brasil (PNI, loc. cit.).
9. Vide motivações em: SCHAEFER, Fernanda. Autonomia parental e vacinação obrigatória. *In:* TEIXEIRA, Ana Carolina Brochado; DADALTO, Luciana (Coords.). *Autoridade parental.* São Paulo: Foco, 2019, p. 245-261.
10. A Organização Mundial da Saúde (OMS) estabelece que o ideal para considerar uma população imunizada é que 95% dela seja vacinada (*herd immunity*/imunidade de rebanho). Segundo estudo do Instituto de Métricas e Avaliação de Saúde (IHME) da Universidade de Washington o Brasil está entre os países com maior taxa de imunização da população-alvo, alcançando 99,8% em 2017, sendo reconhecido internacionalmente pela amplitude do Programa Nacional de Imunização (PNI) que oferece vinte e sete vacinas gratuitamente pelo Sistema Único de Saúde (SUS) (*Relatório OMS*, loc. cit.).
11. Dados alarmantes do Ministério da Saúde apontam queda expressiva na cobertura vacinal em todo país, chegando a alcançar apenas de 50% a 60% da imunização infantil, o que pode, inclusive, ser fruto de uma dicotomia interessante: a queda decorre do próprio sucesso do Programa, pois à medida que as pessoas deixam de conviver com doenças como poliomielite e sarampo, acreditam não precisar mais vacinar. Vide mais em: https://antigo.saude.gov.br/saude-de-a-z/vacinacao/. Acesso em 08 de out. 2020.

2. VACINAÇÃO OBRIGATÓRIA E VACINAÇÃO COMPULSÓRIA: UMA DISTINÇÃO NECESSÁRIA

A História humana[12] é tomada por episódios de classificação e discriminação em razão de doenças ou uso indevido de dados clínicos, sendo muitos desses episódios frutos da falta ou de ausência de informação sobre a enfermidade e de estudos sem nenhum caráter ou subsídio científico. A História das imunizações não é diferente.

Os chineses foram os primeiros a documentar técnicas de imunização contra a varíola, que assolou a Europa e o Oriente entre os séculos X e XVIII[13]. Partindo de técnicas rudimentares (vacinologia), a variolização (inoculação de varíola benigna) foi utilizada pela China e pela Índia a partir do século XI, mas só chegou à Europa (e com muita desconfiança) a partir do século XVII[14].

Os primeiros estudos de imunização, como conhecemos hoje, foram desenvolvidos apenas a partir de 1796 pelo médico inglês Edward Jenner, que buscava desenvolver métodos de prevenção contra a varíola. Só em 1801 (e depois de muita resistência) a vacina por ele criada foi implantada em boa parte dos países europeus.[15]

Em 26 de outubro de 1885 a imunologia ganhou forma com a divulgação, por Louis Pasteur, da descoberta de uma forma de imunização contra a raiva, chamando-a oficialmente de vacina em homenagem ao médico inglês. A evolução das vacinas nos séculos XIX e XX, em conjunto com programas nacionais (e globais) de vacinação da população permitiram que a varíola fosse considerada erradicada pela OMS em 1980, sendo tida como a única doença que o homem conseguiu 'extinguir' por meio de sua intervenção direta[16].

No entanto, para imunizar, é preciso antes informar adequadamente. A Revolta da Vacina[17] (ou Quebra-Lampião) no Rio de Janeiro, em novembro de 1904, representa bem esse contraponto: ausência de informação, compulsoriedade das medidas (vaci-

---

12. Doença sempre esteve intimamente ligada ao contexto social, com significados que vão além de suas características biológicas e são, sobretudo, fruto de um fenômeno cultural. A história das doenças revela muito sobre as crenças, os costumes, as identidades, as organizações social e política, além da moral, e, por isso, a compreensão da doença tem sido cada vez mais ampliada para além do discurso médico-científico. 'Assim como a história, a doença como fenômeno social, também é uma construção'. E esta construção inicia-se a partir do momento em que a doença surge como um problema e, como tal, exige uma explicação (BARATA, G. O 'fantástico' apresenta a AIDS ao público. In: NASCIMENTO, D.R.; CARVALHO, D.M.; MARQUES, R.C. (Orgs.). *Uma história brasileira das doenças*. Rio de Janeiro: Mauad X, 2006. p. 116).
13. PINTO, Flávia Cristina Morone; PIVA, Teresa Cristina. A história das vacinas: das técnicas à revolta. *Scientiarum Historia II*. Encontro Luso-Brasileiro de História das Ciências, 28 a 20 out. 2009. Disponível em: <http://www.hcte.ufrj.br/downloads/sh/sh2/Artigos/079.pdf>. Acesso em 07 abr. 2020.
14. TOLEDO JUNIOR, Antonio Carlos de Castro. *Pragas e epidemias*. Histórias de doenças infecciosas. Belo Horizonte: Folium, 2006, p. 18-24.
15. Antonio Carlos de Castro TOLEDO JUNIOR, loc. cit.
16. Antonio Carlos de Castro TOLEDO JUNIOR, loc. cit.
17. Outros episódios semelhantes: na conquista de Argel pela França em 1830 o exército estabeleceu a vacinação compulsória contra a varíola o que também gerou revolta popular. No Egito, em 1825 também houve revolta social com implantação de vacinação compulsória contra a varíola, episódios que especialmente deixam claro "o senso de observação da população diante da ineficácia esporádica da vacina, as dificuldades da conservação e da transferência braço a braço" e a ausência de informações prévias (MOULIN, Anne Marie. A hipótese vacinal: por uma abordagem crítica e antropológica de um fenômeno histórico. In: *História, Ciências, Saúde*. Manguinhos, Rio de Janeiro, v. 10 (suplemento 2):499-517, 2003. p. 501).

nação contra a varíola[18]), péssimas condições sanitárias e diversos problemas sociais que assolavam a Capital brasileira. O resultado foi a explosão de uma revolta popular que durou oito dias, inflamada por diversos discursos com viés político, inclusive de Rui Barbosa que afirmava ser a vacinação compulsória uma violação à liberdade individual[19]-[20].

Desses breves relatos pode-se identificar uma diferença importante na condução de políticas de imunização que podem estabelecer a vacinação compulsória, a vacinação obrigatória e a vacinação facultativa.

Por compulsória entende-se aquela sobre a qual não resta nenhuma margem de autonomia, o indivíduo deve se submeter à imunização, independente de querer a ela aderir, o que admitiria inclusive, coação sob vara (o uso da coação física, como ocorreu na Revolta da Vacina). Já a vacinação obrigatória permite uma certa dose de exercício da autonomia porque não conduz à submissão forçada, embora leis possam trazer restrições a liberdades e ao exercício de diversos direitos caso a pessoa não se submeta à imunização. E a vacinação facultativa é aquela que decorre da livre adesão, sendo ampla a autonomia em se imunizar ou não.

Atento a essas diferenças, o Brasil estabeleceu o Programa Nacional de Imunizações (PNI) na Lei n. 6.259/75 (regulamentada pelo Decreto n. 78.231/76 que criou o Sistema Nacional de Vigilância Epidemiológica). O PNI organiza toda a política nacional de vacinação, tendo por missão controlar, erradicar e eliminar doenças imunopreveníveis. Entre as diretrizes estabelecidas está o calendário de vacinação obrigatória para crianças, considerado umas das principais ações de saúde pública do Brasil e componente da atenção básica da saúde.

---

18. Afirma a Fundação Oswaldo Cruz que a vacina contra a varíola já era obrigatória para crianças desde 1837 e para adultos desde 1846. Mas apenas em 1884 a norma começou a se tornar eficaz em razão da sua produção em escala industrial. Com a crise sanitária da Capital, Oswaldo Cruz teria influenciado o governo a retomar a obrigatoriedade, o que foi determinado pelo então Presidente Rodrigues Alves (A Revolta da Vacina. Disponível em: <https://portal.fiocruz.br/noticia/revolta-da-vacina-2>. Acesso em 07 abr. 2020).
19. "A Revolta da Vacina [...] é um bom exemplo das dificuldades de se ter um julgamento absoluto sobre os fundamentos racionais da vacinação e do inter-relacionamento do social e do científico. De um lado, os cientistas e higienistas armados de certezas, apoiando-se em números de morbidade e mortalidade que eram, a seu ver, a vergonha do Brasil. De outro lado, um povo, uma comunidade urbana – oprimida por inúmeras medidas das quais percebe principalmente a forma autoritária e a negação de justiça e igualdade[...]" (MOULIN, Anne Marie, op. cit., p. 501).
20. Hoje, no meio da discussão e da grande polarização sobre eventual (digo eventual porque no momento em que esse artigo é redigido ainda não há vacinas disponíveis no mercado e nos sistemas de saúde) vacinação para combater a Covid-19, já se fala em possibilidade uma nova revolta da vacina no Brasil, o que seria inimaginável em pelo século XXI. Fato é que o excesso de informação (ou desinformação) permite que a questão seja tratada a partir de vieses ideológicos, arbitrários e acientíficos que levam à tomada de posicionamentos extremos e que, infelizmente, podem conduzir a uma situação de baixa adesão à imunização, colocando em risco a própria saúde coletiva.
No momento em que esse artigo está sendo escrito segundo dados da Organização Mundial da Saúde, estão em pesquisa 165 vacinas, dessas 31 estão em fase de testes em humanos, sendo que apenas oito estão na Fase 3 que valida a segurança e eficácia da vacina e é a última antes da autorização de emergência. Vide: **Draft landscape of covid-19 candidate vaccines**. Disponível em: https://www.who.int/publications/m/item/draft-landscape-of-covid-19-candidate-vaccines. Acesso em 13 ago 2020. Estão na Fase 3: University of Oxford/AstraZeneca; Sinovac; Wuhan Institute of Biological Products/Sinopharm; Beijing Institute of Biological Products/Sinopharm; Moderna/NIAID, CanSino Biologics, Murdoh Children's Research Institute e BioNTech/FOsun Pharma/Pfizer.

No Brasil, país com o maior número[21] de vacinas ofertadas gratuitamente à população, a regra é a vacinação obrigatória[22] de crianças e adolescentes (sem espaço para o exercício da autonomia parental em razão da defesa do melhor interesse[23]) e nas demais situações a adesão é facultativa, embora estimulada por diversas campanhas publicitárias.

Não há dúvidas, portanto, que a imunização é parte importante das políticas públicas de saúde e, como tal, deve ser tratada especialmente no caso de epidemias evitáveis por meio da vacinação porque "uma epidemia, entendida como fenômeno social, mobiliza comunidades a revelar comportamentos que incorporam e reafirmam valores sociais e modos de compreensão do evento"[24].

As epidemias evidenciam as respostas políticas, sociais, morais, jurídicas e científicas diante das diversas ameaças à saúde humana, revelando a necessidade de se analisar essas questões como fatos contínuos[25], que apontam erros e acertos na condução de políticas públicas e análise de dados clínicos populacionais, bem como, estabelecem as mais diversas responsabilidades.

3. VACINAR É PRECISO

De fato, a vacinação compulsória não encontra mais espaço em Estados Democráticos de Direito, não há base legal que a fundamente. No entanto, há espaços legais que autorizariam a adoção de vacinação obrigatória, inclusive para adultos, especialmente se o interesse social assim o exigir (como em casos de pandemia) e, no Brasil, a escolha deve ser determinada pelo Ministério da Saúde, responsável pelo Programa Nacional de Imunizações.

Destaca-se aqui que a Lei n. 13.979, de 06 de fevereiro de 2020 ao dispor sobre as medidas de enfrentamento da emergência sanitária, estabeleceu em seu art. 3º., III, 'd´, que as autoridades poderão adotar, no âmbito de suas competências a determinação da realização compulsória de vacinação e outras medidas profiláticas (acredita-se que aqui tenha havido uma falha de técnica ao se utilizar o termo compulsória ao invés de obrigatória), estabelecendo ainda o art. 3º, §7º, que as medidas previstas neste artigo poderão ser tomadas pelos gestores locais de saúde.

---

21. O Programa Nacional de Imunizações brasileiro oferta 45 diferentes imunobiológicos para toda a população, totalizando em torno de 330 milhões de doses anuais (PNI, loc. cit.).
22. O art. 27, do Decreto n. 78.231/76, dispõe que "serão obrigatórias, em todo o território nacional, as vacinações como tal definidas pelo Ministério da Saúde, contra as doenças controláveis por essa técnica de prevenção, consideradas relevantes no quadro nosológico nacional". O calendário de imunizações obrigatórias é definido bianualmente pelo Ministério da Saúde.
    Art. 29, do Decreto n. 78.231/76, estabelece que "é dever de todo cidadão submeter-se e aos menores dos quais tenha guarda ou responsabilidade à vacina obrigatória. Parágrafo único. Só será dispensada da vacinação obrigatória a pessoa que apresentar atestado médico de contraindicação explícita da aplicação da vacina".
23. Mais sobre o assunto, vide: Fernanda SCHAEFER, 2019, p. 245-261.
24. MARQUES, Maria Cristina da Costa. Saúde e poder: a emergência política da Aids/HIV no Brasil. *História, Ciências, Saúde* – Manguinhos, Rio de Janeiro, v. 9 (suplemento), 2002, p. 42.
25. A descontinuidade histórica, afirma Eric Hobsbawn, permite que os fatos não sejam corretamente analisados e que os erros não sejam completamente identificados (HOBSBAWM, Eric. O presente como história: escrever sobre a história de seu tempo. *Novos Estudos*, São Paulo, CEBRAP, 1995, n. 43, p. 103-12).

Embora seja da União, por meio do Ministério da Saúde, estabelecer o Programa Nacional de Imunizações (PNI), a própria Lei n. 6.259/75 aponta as responsabilidades dos demais entes federativos para garantir o acesso às vacinações consideradas obrigatórias de modo sistemático e gratuito.

A polêmica então se centra em se saber se a competência para estabelecer a vacinação obrigatória de prevenção da Covid-19 é do Ministério da Saúde, devendo os demais entes, de acordo com sua competência, garantir o acesso a essas vacinas, podendo estabelecer limitações a liberdades individuais caso entendam serem necessárias na sua realidade local ou se poderiam os demais entes federativos definir, a partir de sua realidade a obrigatoriedade ou não da vacina.

A controvérsia estabelecida exige reflexão sobre os seguintes pontos: 1) não parece que a Lei n. 13.979/20 quis revogar ou alterar a competência quanto ao PNI, apenas autoriza aos demais entes a adoção de medidas para garantir a vacinação (algo já determinado na Lei n. 6.259/75), o que, inclusive estaria de acordo com o art. 23, II, da CF que determina que a competência para o cumprimento de normas de da assistência à saúde é comum a todos os entes federativos e o art. 24, XII, CF, que determina que é de competência concorrente dos entes federativos a produção de normas de assistência à saúde; 2) entendendo-se que há conflito entre as leis e, pelo critério da especialidade, prevaleceria a liberdade dos entes federativos em razão da autorização dada pela Lei n. 13.979/20; 3) em abril de 2020 o STF ao julgar a ADI 6341 garantiu a autonomia dos Estados, Distrito Federal e Municípios para delineamento de suas políticas públicas de saúde de combate à Covid-19, observando-se as necessidades locais.

Assim, por exemplo, a partir da leitura das leis mencionadas e da decisão tomada pelo STF podem os Estados aderirem a acordos para fabricação e aquisição de vacinas, o que vem sendo feito, especialmente pelos Estados de São Paulo e Paraná. Já com relação à obrigatoriedade ou não da vacinação parece que a decisão final será do próprio STF, que por decisões pretéritas parece indicar que manterá a autonomia dos Estados para definirem a escolha.

No momento em que esse artigo é redigido ações importantes sobre o tema foram propostas por partidos políticos junto ao STF: a ADI 6586 proposta pelo PDT (Partido Democrático Trabalhista) que requer ao STF a confirmação da competência sobre a escolha da obrigatoriedade ou não da vacinação por Estados e Municípios. A ADPF 756 proposta pelo PCdoB (Partido Comunista do Brasil), PSOL (Partido Socialismo e Liberdade), PT (Partido dos Trabalhadores), PSB (Partido Socialista Brasileiro) e Cidadania que requer a determinação de que o Presidente da República seja obrigado a adotar todos os procedimentos administrativos indispensáveis para que a União possa, com segurança (científica, técnica e administrativa) providenciar a aquisição de vacinas e medicamentos (independente da origem), devendo o governo federal apresentar o programa de vacinação e respectivos cronogramas. A ADPF 754 proposta pelo REDE Sustentabilidade que requerer que o governo federal assine o protocolo de intenções de compra das 46 milhões de doses previstas da Coronavac e que apresente o plano de aquisição das vacinas conforme a viabilidade de cada uma. O PTB (Partido Trabalhista Brasileiro) ainda ajuizou a ADI 6587 requerendo a declaração de inconstitucionalidade do art. art. 3º., III, 'd´, da Lei n. 13.979/20, pleiteando que se reconheça o Ministério da Saúde como órgão competente para estabelecer o PNI.

A judicialização do assunto surge em um momento de alta politização em que a técnica e a ciência têm sido constantemente deixadas de lado por pretensos argumentos de autoridade (que nada mais são do que opiniões pessoais sem qualquer valor científico). No entanto, o que por ora precisa restar claro é que qualquer decisão tomada deve ser fundamentada em critérios técnicos e científicos, além do próprio interesse social que se pretende proteger, em especial, diante de uma pandemia. Para além da definição quanto à obrigatoriedade o país precisa desde já estabelecer as prioridades, ou seja, que grupos irão receber as primeiras doses e qual a forma de melhor alcançá-los[26], discussão ainda marginalizada e que não pode deixar para ser feita quando as doses já estiverem disponíveis. A inércia do Ministério da Saúde em apresentar o plano de vacinações acaba gerando um desgaste desnecessário e uma judicialização indevida do tema.

4. INTERESSE SOCIAL E VACINAÇÃO OBRIGATÓRIA

De fato, os discursos que invocam a absoluta sobreposição de interesses sociais a interesses individuais na área da saúde sempre foram muito sedutores porque o apelo emocional é forte e não é diferente nesse momento em que o mundo enfrenta uma nova pandemia (provocada pelo SARS-CoV-2 ou Covid-19). No entanto, é preciso reconhecer que há diversos valores que precisam ser ponderados em situações de emergência sanitária, destacando-se, para fins desse trabalho a eventual imposição de vacinação obrigatória em face de direitos fundamentais como privacidade e integridade do corpo.

A nova configuração dada ao Biopoder, obriga a repensar o próprio direito à saúde que agora se encontra fortemente influenciado por um poder agenciador de demandas informado por quem detém, desenvolve e comercializa produtos e serviços biotecnológicos. É a natureza Biopolítica do poder contemporâneo que permite a estruturação de um Biopoder ajustado perfeitamente às necessidades mercadológicas que disseminam angústias inquietantes sobre a saúde presente e futura das pessoas, cenário que se agrava em momentos de emergência sanitária e de brigas comerciais entre países (e que estão a afetar gravemente as relações internacionais).

O Biopoder, então, para além de promover uma gestão baseada em cálculos e estatísticas por parte do Estado (instrumentos da Biopolítica), revela-se como "agencia-

---

26. Segundo a OPAS (Organização Pan-Americana de Saúde) "quando as vacinas estiverem disponíveis, o mecanismo COVAX, convocado pela GAVI, Coalizão para Inovações de Preparação para Epidemias (CEPI) e OMS, 'proporcionará aos países de nossa região a melhor oportunidade de acelerar o acesso às vacinas contra a COVID-19 e reduzir o impacto da pandemia na vida das pessoas e em nossas economias. O mecanismo oferece acesso a um portfólio de 15 possíveis vacinas'" (Disponível em: https://www.paho.org/bra/index.php?option=com_content&view=article&id=6289:opas-pede-que-paises-planejem-vacinacao-contra-a-covid-19-antecipadamente-para-reduzir-mortes&Itemid=812. Acesso em 29 out. 2020).

Em 18 de outubro de 2020 (após meses de injustificado silêncio) o Brasil aderiu à Covax Facility (Medida Provisória n. 1.003, de 24 de setembro de 2020), programa internacional para o desenvolvimento e acesso às vacinas contra a Covid-19. O Convênio reúne mais de 10 países que terão acesso garantido ao portfólio mundial de vacinas candidatas, o que significa que comprovada a eficácia da vacina, os países aderentes terão a garantia de acesso a doses que possam cobrir 20% das suas populações.

mento simbólico das técnicas a serviço da saúde por parte da empresa biotecnológica"[27], manifestando-se, portanto, na 'sutileza' dos sedutores e refinados discursos de consumo e não apenas no autoritário e normatizante controle por parte do Estado, embora esse, por muitas vezes, ainda se apresente.

Esse deslocamento nas políticas públicas de saúde da centralidade da assistência para a convocação de todos os indivíduos para a gestão dos cuidados de sua própria saúde permite a difusão de "uma medicina que dispensa a figura do médico"[28], pois conclama o conjunto da sociedade para o cuidado privado do corpo e da saúde, promovendo um ideal de saúde 'criado' pelas grandes empresas de biotecnologia (com a ajuda da mídia por meio de elaboradas campanhas publicitárias), diluindo, dessa forma "as fronteiras entre doentes e supostamente saudáveis"[29] e criando um sistema de escolhas baseado nas ideias de prudência e responsabilidade de cada um sobre sua própria saúde presente e futura.

Por isso, o movimento utilitarista vem ganhando adeptos já que realiza um discurso que sustenta ser valorizador da vida em comunidade, cujo um dos pilares é a vida saudável construída por meio de procedimentos de 'autovigilância' e práticas 'autodisciplinares' que estabelecem o novo imperativo da saúde: "dever de cada um e objetivo de todos"[30]. "Agora, cada cidadão precisa tornar-se um ativo parceiro na condução da saúde, aceitando sua responsabilidade de garantir seu próprio bem-estar"[31] e de influenciar na construção do bem-estar coletivo.

Assim, para não ingressar na discussão entre interesse público e privado, a escolha utilitarista foi promover um discurso que se apresenta em favor do bem comum (disseminação do princípio da solidariedade) e da vida sadia: promessas de novos e poderosos fármacos personalizados, procedimentos médicos revolucionários, terapêuticas totalmente novas e menos invasivas. Criando essa 'necessidade de consumo'[32] a supervalorização do consentimento como algo destinado a proteger o indivíduo é relativizada pelo próprio portador das informações que aceita fornecê-las sonhando um dia ter acesso aos medicamentos e aparatos que delas puderem ser obtidos, realizando, assim, um ato que considera ser de cidadania[33] ou ainda abrindo mão de sua integridade física em nome do bem-estar coletivo.

---

27. JUNGES, José Roque. Direito à saúde, biopoder e bioética. *Interface* – Comunicação, Saúde, Educação, Botucatu, v. 13, n. 29, abr./jun. 2009, p. 290.
28. NOGUEIRA, Roberto Passos. Da medicina preventiva à medicina promotora. In: Arouca, A.S.S. *O dilema preventivista*: contribuição para a compreensão e crítica da medicina preventiva. Rio de Janeiro: FIOCRUZ, 2003. p.179.
29. FERREIRA NETO, João Leite; KIND, L.; BARROS, J.S.; AZEVEDO, N.S.; ABRANTES, T.M. Apontamentos sobre promoção da saúde e biopoder. *Saúde e Sociedade*, São Paulo, n. 18, v. 3, jul./set. 2009, p. 457.
30. FOUCAULT, Michel. *Microfísica do poder*. 6ª. ed. Rio de Janeiro: Graal, 1986. p. 197.
31. ROSE, Nikolas. *The politics of life itself*: biomedicine, power and subjectivity in the twenty-first century. Oxford, Reino Unido: Princeton University Press, 2007.p. 63.
32. Os produtos e aparatos colocados à disposição de médicos e pacientes são comercializados por meio de um forte marketing simbólico que "produz a subjetividade dos usuários em saúde, apresentando o consumo desses produtos como uma necessidade e pleiteando o acesso a eles como um direito exigível juridicamente" (José Roque JUNGES, op. cit., p. 286). O que obviamente também gera grandes impactos nas contas públicas e permite a difusão por meio de discursos sociais e políticos de um suposto 'dever' de saúde imposto indistintamente e individualmente a todos.
33. Nikolas Rose e Carlos Novas denominam esse fenômeno de 'cidadania biológica' fundada em uma 'economia da esperança' que aprisiona a vida numa economia destinada à geração e proteção da saúde (ROSE,

Fixados os ideais de 'saúde perfeita' e com o desenvolvimento do tecnocapitalismo[34] parece inevitável compreender que a vacinação obrigatória para prevenir doenças que podem levar a grandes epidemias encontra um *locus* perfeito em momentos como os hoje vividos, em que todos estão submersos em uma rede de saberes e de poderes.

É nesse contexto, em que se promove uma suposta autonomia para os indivíduos e para as coletividades no ideal de criarem normas e realizarem livres escolhas para conduzir sadiamente suas próprias vidas, que se pretende o resgate do princípio da dignidade da pessoa humana e a retomada de certas responsabilidades estatais no que se refere à saúde. Parte-se, então do pressuposto que

> Se todos os seres humanos compõem a humanidade, é porque todos têm essa mesma qualidade de dignidade no 'plano' da humanidade; dizemos que são todos humanos e dignos de sê-lo. Colocada no centro de uma ordem jurídica a humanidade, em vez de ordenar uma identificação, instrui um reconhecimento. Em duas palavras: se a liberdade é a essência dos direitos humanos, a dignidade é a essência da humanidade. [...]. 'O homem não é livre para renunciar à sua qualidade de homem'[35].

Assim, embora impregnado de indiscutível conteúdo ético (dimensão axiológica) o princípio da dignidade da pessoa humana deve ganhar uma nova dimensão para além daquela individualista que está em sua raiz, uma vez que a pessoa "não pode mais ser vista como um dado formulado pelo sistema (mero sujeito abstrato de relações jurídicas) [...], mas como dado pré-normativo, que é composto pelo valor que a pessoa representa em sua dignidade como tal"[36]. A dignidade deve ser pensada como algo supraindividual que remete sempre e indissociavelmente ao gênero humano e daí estaria verificado o fundamento para a imposição da vacinação obrigatória.

É, portanto, necessário reconstruir a humanidade para que seja possível ao ser humano, reconhecendo-se na comunidade em que está inserido, proteger a si e aos seus semelhantes partindo-se para uma verdadeira construção social e não de necessidades individuais criadas por quem está no poder (econômico ou político). Reconhecer no princípio da dignidade da pessoa humana o ponto de equilíbrio entre privacidade e interesses sociais é importante, especialmente em momentos pandêmicos quando a solidariedade tem sua manifestação máxima.

Não se trata aqui, no entanto, de defender a exacerbação do coletivo, porque isso poderia gerar injustiças, programas de saúde autoritários, seletivos ou excludentes, implementando desarmonia social baseada em critérios classificatórios de saúde e de doença. Estabelece-se a premissa de que o interesse público não é sinônimo de prevalência

---

Nikolas; NOVAS, Carlos. *Biological citizenship*. Disponível em <http://www2.lse.ac.uk/sociology/pdf/RoseandNovasBiologicalCitizenship2002.pdf>. Acesso em 29 dez. 2009. p. 24).

34. Expressão cunhada por Hermínio Martins que se traduz em maximizar a sobreposição entre conhecimento e capital por meio da crescente capitalização do conhecimento (MARTINS, Hermínio. *The informational transfiguration of the world*. Lisboa, Portugal: Universidade de Lisboa, 2005. p.14).
35. Edelman *apud* Laymert Garcia dos SANTOS (SANTOS, Laymert Garcia. Invenção, descoberta e dignidade humana. In: CARNEIRO, F.; EMERICK, M.C. (Orgs.). *Limite* – A ética e o debate jurídico sobre acesso e uso do genoma humano. Rio de Janeiro: Fiocruz, 2000. p. 62).
36. MEIRELLES, Jussara Maria Leal. Repersonalização, transindividualidade, relativização: a subjetividade revista em prol de um desenvolvimento juridicamente sustentável. In: CONRADO, M.; PINHEIRO, R.F. (Coords.). *Direito privado e constituição* – ensaios para uma recomposição valorativa da pessoa e do patrimônio. Curitiba: Juruá, 2009. p. 42.

absoluta sobre o direito à privacidade, mas às vezes será justificador da sua quebra, uma vez que os interesses se intercruzam na área da saúde.

5. CONSIDERAÇÕES FINAIS – RECUSA À VACINAÇÃO E RESPONSABILIDADE CIVIL

As doenças sempre serão um problema humano (quando não criado pela própria humanidade!), uma vez que afetam diretamente a harmonia social em suas diversas dimensões. Assim, quando se buscam novos valores éticos para dar conta das novidades biotecnológicas é preciso tomar certos cuidados para que essa diligência não provoque o relativismo excessivo desses valores, tornando o Direito mero legitimador das práticas científicas.

Por isso, a pessoa humana deve ser considerada em si como um valor e é a partir desse valor que o ser humano agora deve ser pensado como um ente plural (integrado por várias dimensões que continuamente interagem entre si) ao mesmo tempo individual e coletivo, ser que possui uma existência única, mas que é partícipe do mundo.

A pessoa, para além do homem considerado normal ou padrão, deve ser tida como parte de uma coletividade que exige tanta proteção quanto a pessoa considerada em si, devendo estas realidades estarem perfeitamente equilibradas, não se podendo afirmar absolutamente a prevalência de uma sobre a outra. Livre em suas escolhas, autônomo em suas decisões, mas consciente de que a saúde não deve ser um mero objeto de atuação individual, mas sim, algo a ser promovido e que possibilitará o resgate da harmonia social.

Por isso, é possível afirmar que, estabelecidos programas de vacinação obrigatória, que buscam preservar a saúde coletiva de doenças que podem causar epidemias graves, a pessoa que sem justo motivo se recusa a se imunizar está a praticar ato que coloca em risco a coletividade e, como tal, assume os riscos de um mal resultado e suas consequências jurídicas.

Ao se recusar à vacinação e transmitindo (ou gerando o risco de transmitir) a doença a outras pessoas não só estão presentes diversos ilícitos penais (arts. 132, 267, 268, 330, CP), mas também, um ilícito civil[37] que pode justificar a responsabilidade civil. Talvez, as duas formas de tutela, em situações de pandemia, sejam remédios inúteis ou inidôneos se pensados a partir apenas da punição ou da reparação, no entanto, têm por principal objetivo prevenir condutas de risco e reprimi-las na medida do possível, buscando a maximização da proteção da saúde coletiva.

---

37. Vale aqui a ressalva de Rosenvald: "o contraste entre a vontade do particular e a vontade da norma imperativa evidencia o ilícito. Mas, a doutrina se limita a se referir ao ato ilícito para caracterizar a responsabilidade civil e o efeito desfavorável da reparação de danos, desconhecendo a recorrência de um ilícito não danoso. A relação entre o ilícito e a responsabilidade civil é de gênero e de espécie. A obrigação de reparar danos patrimoniais ou morais é uma das possíveis eficácias do ato ilícito. Em sua estrutura, o ilícito demanda como elementos nucleares a antijuridicidade (elemento objetivo) e a imputabilidade (elemento subjetivo) do agente. O dano não é elemento categórico do ilícito, mas a ele se acresce como fato gerador de responsabilidade civil (art. 927, CC). Assim, de forma equivocada e míope, substitui-se uma noção ampla e indiscriminada de ilícito por um conceito restrito de ilícito danoso, que descuida da decisiva consideração de que a intervenção do direito se realiza no sentido de tornar possível uma reação a uma situação de contraste entre aquilo que foi estatuído e um certo comportamento, prescindindo da causa que determinou o ilícito. Portanto, a noção de ilícito se estende a uma série de *fattispecies*, nos quais a proibição de determinados atos gera a aplicação de uma sanção em sentido amplo, de forma a infligir um mal ao transgressor" (ROSENVALD, Nelson. *O ilícito omissivo parental*: as três travessias. Disponível em: <https://docs.wixstatic.com/ugd/d27320_47adb680219640af8c1ac8ad9be76f5b.pdf>. Acesso em 02 jan. 2018).

Por isso, para além de pensar a responsabilidade civil a partir do clássico dogma da reparação, deve-se pensá-la a partir da premissa da precaução, responsabilizando-se o agente que se nega à vacinação obrigatória pelo apelo à prudência e ao cuidado. Nesse sentido, "a responsabilidade mantém a sua vocação retrospectiva – em razão da qual somos responsáveis pelo que fizemos -, acrescida de uma orientação prospectiva, imputando-nos a escolha moral pela virtude, sob pena de nos responsabilizarmos para o futuro"[38]. Portanto, seria possível afirmar a responsabilidade do agente que transmite a doença (responsabilidade pelo dano), assim como, pelo risco de transmissão (responsabilidade independente de dano).

O nexo de causalidade também seria outro desafio uma vez que a prova da contaminação e de que aquele agente causou a proliferação da doença seria bastante complexa. Segundo Bisneto e Simão,

> A solução da temática é ainda dificultada pelo acolhimento, no direito brasileiro, segundo parcela doutrinária, da subteoria da necessariedade, construção evolutiva da teoria da causalidade direta e imediata, desenvolvida por Agostinho Alvim e aparentemente acolhida pelo STF no julgamento do RE 130.764, julgado em 1992, e que teve como relator o Ministro Moreira Alves. Trata-se, em verdade, de construção teórica que não oferece critérios seguros e objetivos de aplicação, permitindo a utilização, pelo magistrado, de forma intuitiva, da tese que, escolhida de antemão, melhor atenda à sua percepção pessoal[39].

Questiona-se, portanto, se as teorias da clássicas da causalidade dariam conta dessas situações ou se o caso concreto autorizaria outras formas de imputação, como por exemplo, o simples tipo de perigo decorrente automaticamente de comportamentos que violam o paradigma da prevenção (violação de ordens administrativas como a quarentena ou isolamento ou da própria recusa a se submeter a uma vacinação obrigatória capaz de deter o avanço da doença). Não se está aqui a afirmar a possibilidade de dano de risco[40], mas sim, da imputação de responsabilidade decorrente de efetivo perigo, de responsabilizar aquele que conhecendo ou não podendo ignorar o perigo de contágio, expõe outras pessoas ao risco de contrair a doença ou que efetivamente a transmite.

Deve-se lembrar que o especial objeto tutelado aqui é a saúde individual e coletiva e, portanto, pouco importa se houve vontade dolosa ou não em transmitir a doença, o que importa é que as condutas do agente decorrem da sua assunção de risco, de condutas e comportamentos reais que geram ofensas mensuráveis na saúde de outrem ou na ordem coletiva. Não se trata, frise-se, de estabelecer o combate ao doente, mas sim, de fazer com que todos entendam a sua quota de responsabilidade pela saúde coletiva.

---

38. FARIAS, Cristiano Chaves; BRAGA NETTO, Felipe Peixoto; ROSENVALD, Nelson. *Novo tratado de responsabilidade civil*. São Paulo: Atlas, 2015. p. 58-59.
39. BISNETO, Cícero Dantas; SIMÃO, José Fernando. *Responsabilidade civil nos casos de transmissão coletiva do coronavírus*. Disponível em: <https://www.conjur.com.br/2020-abr-06/direito-civil-atual-responsabilidade-civil-transmissao-coletiva-coronavirus>. Acesso em 08 abr. 2020.
40. Segundo Bisneto e Simão, "não há falar, assim, em "dano de risco", na hipótese de determinada pessoa ter tido contato com um indivíduo infectado, sem ter sido alertada, em razão do temor de ser portadora da doença. Tal circunstância, por si só, não caracteriza dano indenizável. Em casos de indivíduos portadores de doenças graves ou de idade avançada, integrantes do grupo de risco letal, o aludido dano decerto não se identifica com o risco, mas advém, neste caso, da violação contundente de direito da personalidade, mais especificamente a integridade psicológica da vítima, não se afigurando necessária a construção de uma responsabilidade *ex ante* a fim de justificar, na hipótese mencionada, o dever de reparação" (*Idem*, 2020, [s.p.]).

Portanto, se de fato a vacinação compulsória talvez não encontre mais lugar nos dias de hoje, a vacinação obrigatória traz consigo a reflexão sobre o papel de cada um na sociedade, sobre a própria saúde e sobre a saúde do próximo, uma vez que, o direito à saúde[41] como direito fundamental resulta da convergência de interesses públicos e privados, havendo prevalência de um ou de outro conforme a situação assim o exigir e a dignidade da pessoa humana assim o autorizar. Afinal, se a humanidade é capaz de resistir às formas de poder e de criar ininterruptamente subjetividades, deve também ser capaz de compreender sua transcendência, a dimensão de seus atos e a sua verdadeira esfera de liberdade.

Por isso "o potencial de comprometimento de direitos humanos e liberdades civis pode ser mitigado pelo desenvolvimento e aperfeiçoamento de legislações de saúde que estabeleçam proporcionais e graduadas abordagens de indução à vacinação, em variadas formas"[42]. Não se está aqui a afirmar que a submissão à imunização obrigatória deva ser cegamente obedecida, mas se está afirmando que, respeitado o direito à informação, o interesse da coletividade deve prevalecer sobre concepções baseadas em teorias sem qualquer comprovação científica ou crenças religiosas. Está-se afirmando que sim, os riscos devem ser considerados, mas que a autonomia está limitada em virtude de princípios maiores como a solidariedade social e a própria dignidade da pessoa humana.

6. REFERÊNCIAS

A REVOLTA da Vacina. Disponível em: <https://portal.fiocruz.br/noticia/revolta-da-vacina-2>. Acesso em 07 abr. 2020.

BARATA, G. O 'fantástico' apresenta a AIDS ao público. In: NASCIMENTO, D.R.; CARVALHO, D.M.; MARQUES, R.C. (Orgs.). *Uma história brasileira das doenças*. Rio de Janeiro: Mauad X, 2006. p. 116-146.

BARROSO, Luís Roberto. O Estado contemporâneo, os direitos fundamentais e a redefinição da supremacia do interesse público. *In*: SARMENTO, D. (Org.). *Interesses públicos versus interesses privados*: desconstruindo o princípio de supremacia do interesse público. Rio de Janeiro: Lumen Juris, 2007. p. VII-XVIII.

BISNETO, Cícero Dantas; SIMÃO, José Fernando. *Responsabilidade civil nos casos de transmissão coletiva do coronavírus*. Disponível em: <https://www.conjur.com.br/2020-abr-06/direito-civil-atual-responsabilidade-civil-transmissao-coletiva-coronavirus>. Acesso em 08 abr. 2020.

FARIAS, Cristiano Chaves; BRAGA NETTO, Felipe Peixoto; ROSENVALD, Nelson. *Novo tratado de responsabilidade civil*. São Paulo: Atlas, 2015.

FERREIRA NETO, João Leite; KIND, L.; BARROS, J.S.; AZEVEDO, N.S.; ABRANTES, T.M. Apontamentos sobre promoção da saúde e biopoder. *Saúde e Sociedade*, São Paulo, n. 18, v. 3, jul./set. 2009, p. 456-466.

FOUCAULT, Michel. *Microfísica do poder*. 6ª. ed. Rio de Janeiro: Graal, 1986.

---

41. O direito à saúde como direito social, não há dúvidas: compõe o interesse público primário do Estado, sendo dele indissociável, pois se identifica como um interesse geral da coletividade. Mas, também, é fato gerador de arrecadação (por meio de diversos impostos, taxas, contribuições) e despesas e, por isso, componente também do interesse público secundário (interesse particular do Estado) que, no entanto, não poderá jamais, se sobrepor àquele, uma vez que se trata de parâmetro de todas as relações jurídicas e sociais. *"O interesse público primário desfruta de supremacia* [que não é absoluta] *porque não é passível de ponderação. Ele é o parâmetro de ponderação"* (BARROSO, Luís Roberto. O Estado contemporâneo, os direitos fundamentais e a redefinição da supremacia do interesse público. *In*: SARMENTO, D. (Org.). *Interesses públicos versus interesses privados*: desconstruindo o princípio de supremacia do interesse público. Rio de Janeiro: Lumen Juris, 2007. p. XV-XVI).

42. Nelson ROSENVALD, ob. cit., [s.p.].

HOBSBAWM, Eric. O presente como história: escrever sobre a história de seu tempo. Novos Estudos, São Paulo, CEBRAP, 1995, n. 43, p. 103-12.

JUNGES, José Roque. Direito à saúde, biopoder e bioética. *Interface* – Comunicação, Saúde, Educação, Botucatu, v. 13, n. 29, abr./jun. 2009, p. 285-295.

MARTINS, Hermínio. *The informational transfiguration of the world*. Lisboa, Portugal: Universidade de Lisboa, 2005.

MARQUES, Maria Cristina da Costa. Saúde e poder: a emergência política da Aids/HIV no Brasil. *História, Ciências, Saúde* – Manguinhos, Rio de Janeiro, v. 9 (suplemento), 2002, p. 41-64.

MEIRELLES, Jussara Maria Leal. Repersonalização, transindividualidade, relativização: a subjetividade revista em prol de um desenvolvimento juridicamente sustentável. In: CONRADO, M.; PINHEIRO, R.F. (Coords.). *Direito privado e constituição* – ensaios para uma recomposição valorativa da pessoa e do patrimônio. Curitiba: Juruá, 2009. p. 49-60.

MOULIN, Anne Marie. A hipótese vacinal: por uma abordagem crítica e antropológica de um fenômeno histórico. In: *História, Ciências, Saúde*. Manguinhos, Rio de Janeiro, v. 10 (suplemento 2):499-517, 2003.

NOGUEIRA, Roberto Passos. Da medicina preventiva à medicina promotora. In: Arouca, A.S.S. *O dilema preventivista*: contribuição para a compreensão e crítica da medicina preventiva. Rio de Janeiro: FIOCRUZ, 2003. p.175-182.

OPAS. **OPAS pede que países planejem vacinação contra a COVID-19 antecipadamente para reduzir mortes**. Disponível em: https://www.paho.org/bra/index.php?option=com_content&view=article&id=6289:opas-pede-que-paises-planejem-vacinacao-contra-a-covid-19-antecipadamente-para-reduzir-mortes&Itemid=812. Acesso em 29 out. 2020.

PINTO, Flávia Cristina Morone; PIVA, Teresa Cristina. A história das vacinas: das técnicas à revolta. *Scientiarum Historia II*. Encontro Luso-Brasileiro de História das Ciências, 28 a 20 out. 2009. Disponível em: <http://www.hcte.ufrj.br/downloads/sh/sh2/Artigos/079.pdf>. Acesso em 07 abr. 2020.

PNI. Ministério da Saúde. Disponível em: <http://www.saude.gov.br>. Acesso em 07 abr. 2020.

RELATÓRIO OMS. Disponível em: <https://vizhub.healthdata.org/sdg/>. Acesso em 10 jan. 2018.

ROSE, Nikolas. *The politics of life itself*: biomedicine, power and subjectivity in the twenty-first century. Oxford, Reino Unido: Princeton University Press, 2007.

ROSE, Nikolas; NOVAS, Carlos. *Biological citizenship*. Disponível em <http://www2.lse.ac.uk/sociology/pdf/RoseandNovasBiologicalCitizenship2002.pdf>. Acesso em 29 dez. 2009.

ROSENVALD, Nelson. *O ilícito omissivo parental*: as três travessias. Disponível em: <https://docs.wixstatic.com/ugd/d27320_47adb680219640af8c1ac8ad9be76f5b.pdf>. Acesso em 02 jan. 2018.

ROTHBARTH, Renata. *Vacinação*: direito ou dever? A emergência de um paradoxo sanitário e suas consequências para a saúde pública. USP. Faculdade de Saúde Pública, dissertação de Mestrado, 2018, 153p.

SANTOS, Laymert Garcia. Invenção, descoberta e dignidade humana. *In*: CARNEIRO, F.; EMERICK, M.C. (Orgs.). *Limite* – A ética e o debate jurídico sobre acesso e uso do genoma humano. Rio de Janeiro: Fiocruz, 2000. p. 55-64.

SCHAEFER, Fernanda. Autonomia parental e vacinação obrigatória. *In:* TEIXEIRA, Ana Carolina Brochado; DADALTO, Luciana (Coords.). *Autoridade parental*. São Paulo: Foco, 2019, p. 245-261.

TOLEDO JUNIOR, Antonio Carlos de Castro. *Pragas e epidemias*. Histórias de doenças infecciosas. Belo Horizonte: Folium, 2006, p. 18-24.

WHO. *Draft landscape of covid-19 candidate vaccines*. Disponível em: https://www.who.int/publications/m/item/draft-landscape-of-covid-19-candidate-vaccines. Acesso em 13 ago 2020.

CORONAVÍRUS E RESPONSABILIDADE CIVIL NO CONDOMÍNIO

Diego Brainer de Souza André

Mestre em Direito Civil pela UERJ. Professor de Direito Civil do ISECENSA. Ex-Professor Substituto da UFRJ. Procurador do Município de Paraty. Advogado.

Sumário: 1. Introdução – 2. Prerrogativas e deveres do síndico, dos condôminos e do condomínio no período da pandemia de COVID-19 – 3. A responsabilização civil como instrumento de regulação dos riscos no condomínio – 4. Conclusão – 5. Referências.

1. INTRODUÇÃO

Muito se discute atualmente sobre os rumos da responsabilidade civil no Brasil e no mundo. A sociedade de risco[1] impõe novas formas de pensá-la em uma perspectiva funcionalizada à proteção das vítimas, voltada, dentro de seus limites, à regulação dos perigos hauridos da convivência social, cada vez mais globalizada.[2]

As incontáveis crises pelas quais de maneira cíclica costuma passar a responsabilidade civil são fundamentais para a contínua evolução da matéria, permitindo sua adaptação aos novos costumes e valores sociais.[3] Há que se ter o cuidado permanente, porém, para não descaracterizá-la, atribuindo-lhe desideratos que não são característicos da disciplina.

A ordem atual dos fatos nos coloca novamente em uma situação amplamente sensível. As alarmantes proporções da pandemia da COVID-19, causada pelo novo coronavírus (variante SARS-CoV-2), seguem assustando a sociedade mundial, impondo

---

1. O termo em questão foi cunhado na Alemanha, pelo sociólogo Ulrich Beck, que publicou, em 1986, a *Sociedade de Riscos (Risikogesellschaft)*, um dos livros mais influentes da última parte do séc. XX e referência do problema do risco global. Trata-se, em linhas gerais, da sociedade da era industrial, acrescida das inovações científicas e tecnológicas, cujos efeitos são imprevisíveis.
2. Muitas são, pois, as qualificações atribuídas às sociedades ocidentais – e a que a responsabilidade civil deve fazer frente com seu arquétipo estrutural e funcional –, a exemplo da sociedade globalizada, midiática, de consumo, da informação, do espetáculo, dentre outras.
3. Os institutos jurídicos são contingenciais, construídos para lidar com situações fáticas de determinados contextos – o que, por certo, não impede sua evolução. Por isso, parte da doutrina aduz que a finalidade do instituto é estabelecida pela sociedade na qual inserido, não se cogitando daquela sem a devida contextualização no tempo e no espaço. Daí se falar em historicidade e relatividade dos institutos (PERLINGIERI, Pietro. *O direito civil na legalidade constitucional*. Trad. Maria Cristina De Cicco. Rio de Janeiro: Renovar, 2008, p. 142). Ver, ainda, quanto ao tema, KONDER, Carlos. Nelson. Apontamentos iniciais sobre a contingencialidade dos institutos de direito civil. In: Carlos Edison do Rêgo Monteiro Filho; Gisela Sampaio da Cruz Costa Guedes; Rose Melo Vencelau Meireles. (Org.). *Direito Civil*. 1ª ed., 2015, pp. 31-48; e HESPANHA, António Manuel. *Panorama histórico da cultura jurídica europeia*, Lisboa: Publicações Europa-América, 2ª ed., 1998.

desafios crescentes aos instrumentos jurídicos disponíveis nos mais diversos setores para lidar com a crise.[4]

Nessa perspectiva, no que toca ao direito civil propriamente, almeja-se discutir no presente trabalho como os atores que compõem a dinâmica condominial devem pautar sua atuação nesses tempos em que o cuidado e a solidariedade impõem-se incisivamente, em cotejo com o arquétipo estrutural e as funções que a responsabilidade civil deve assumir na novel conjuntura narrada. *In casu*, tudo direciona à assunção de prerrogativas e de deveres que, acaso não observados, podem ensejar responsabilização.

Com efeito, deve-se enxergar o contexto condominial, bastante representativo em virtude do elevado número de condomínios, como *locus* problemático em um momento de pandemia viral, ante o seu natural espaço de convívio próximo entre as pessoas, com compartilhamento constante de áreas e bens de titularidade comum aos condôminos. Isso porque, sem a adoção de medidas adequadas, o local pode se tornar âmbito de ampla propagação da doença.

Todavia, perscrutados os limites de atuação dos condôminos, do síndico e do próprio condomínio,[5] podem-se dessumir tanto exercícios disfuncionais de prerrogativas por parte do síndico e do condomínio, que, no afã de proteger excessivamente a coletividade, findam por aniquilar direitos injustificadamente, quanto violações ao ordenamento em atenção aos deveres parcelares que normatizam a convivência condominial. Esse, pois, é o tópico que, em linhas gerais, nos impõe no presente exame.

Pululam, atualmente, coadunadas com as discussões sobre distanciamento social eficazes para salvar vidas e eficientes em seus custos, debates tipicamente condominiais como as restrições de acesso à edificação, a interdição de áreas comuns não essenciais, as obrigações de proteção e informação incidentes, a realização de assembleias virtuais, entre outras. Dessa maneira, o que se pretende é discutir, em suma, (i) as prerrogativas e deveres do síndico, dos condôminos e do condomínio no período da pandemia de COVID-19; e (ii) como a responsabilidade civil pode funcionar nessas questões.

2. PRERROGATIVAS E DEVERES DO SÍNDICO, DOS CONDÔMINOS E DO CONDOMÍNIO NO PERÍODO DA PANDEMIA DE COVID-19

O condomínio edilício, segundo sua acepção tradicional, conceitua-se como a reunião orgânica e indissolúvel da propriedade exclusiva sobre a unidade autônoma com a copropriedade sobre as partes comuns.[6] Há, então, verdadeira simbiose entre a área a

---

4. Em 11 de março de 2020, a Organização Mundial da Saúde (OMS) anunciou a classificação da COVID-19 como pandemia, declarando-se Emergência de Saúde Pública de Importância Internacional (ESPII, o mais alto nível de alerta da OMS).
5. A despeito de haver certa controvérsia no ponto, entende-se que o condomínio não possui personalidade jurídica própria, e sim apenas capacidade processual.
6. Ver, nesse sentido, por todos, PEREIRA, Caio Mário da Silva. *Instituições de direito civil*, vol. IV, Rio de Janeiro: Forense, 2016, p. 166. O conceito legal, por sua vez, consta no art. 1.331 do Código Civil, de acordo com o qual "[p]ode haver, em edificações, partes que são propriedade exclusiva, e partes que são propriedade comum dos condôminos".

privativa e a de uso coletivo,[7] estando esta funcionalizada a potencializar a utilidade da unidade de fruição independente (art. 1.331, §1°, do CC).

Por determinação legal, a unidade autônoma é parte inseparável das áreas comuns do prédio, uma não podendo ser, *a priori*, apartada da outra.[8] Tanto assim que o art. 1.335, do Código Civil, assegura conjuntamente que "[s]ão direitos [básicos] do condômino: (i) usar, fruir e livremente dispor das suas unidades; (ii) usar das partes comuns, conforme a sua destinação, e contanto que não exclua a utilização dos demais compossuidores".

Da estrutura *retro* extrai-se a dualidade de regimes próprios do condomínio edilício, separadas pelos incisos transcritos. À unidade autônoma, aplicam-se os preceitos próprios da propriedade exclusiva, podendo o titular usar e gozar da coisa sem interferências diretas dos demais condôminos, isto é, na acepção legal *livremente*. No tocante à propriedade comum, a limitação advém pelo igual direito dos demais coproprietários quanto às instalações úteis ou necessárias a todos.

Dessume-se do apontado, logicamente, que a propriedade comum não possui o mesmo modo de exercício das unidades autônomas. Tal constatação, todavia, não autoriza que se afastem normas de direito de vizinhança no condomínio edilício. Dessa forma, conquanto haja patente distinção de extensão entre uma e outra, não se autoriza que o direito de propriedade da unidade autônoma seja verdadeiramente ilimitado, a ponto de prejudicar a saúde, o sossego e a segurança dos demais condôminos.[9]

Nesse mesmo sentido, os chamados deveres negativos, previstos no art. 1.336, II, III e IV, do Código Civil, assim nomeados ante as inevitáveis intercorrências recíprocas existentes entre as unidades autônomas, impõem abstenções aos condôminos, como "não realizar obras que comprometam a segurança da edificação", "não alterar a forma e a cor da fachada, das partes e esquadrias externas" e "dar às suas partes a mesma destinação que tem a edificação, e, notadamente, não as utilizar de maneira prejudicial ao sossego, salubridade e segurança dos possuidores, ou aos bons costumes".

Note-se que, com isso, resta garantido o exercício pleno da propriedade exclusiva, havendo a possibilidade de aplicação de multa a quem não cumprir os supramencionados deveres, de grandeza não superior a cinco vezes a monta das contribuições mensais, independentemente das perdas e danos que se apurarem (art. 1.336, §2°, CC).[10] Em continuidade, para os casos de descumprimento reiterado dos deveres, isto é, quando as sanções ordinárias não são capazes, *per se*, de reprimir o comportamento reprovável,

---

7. De acordo com Carlos Maximiliano, as partes comuns são as "coisas de uso coletivo, as instalações úteis e necessárias a todos" (MAXIMILIANO, Carlos. *Condomínio*, Rio de Janeiro: Freitas Bastos, 1961, p. 147).
8. Em conformidade com o art. 1.331, § 3°, do Código Civil, dispõe-se que: "a cada unidade imobiliária caberá, como parte inseparável, uma fração ideal no solo e nas outras partes comuns, que será identificada em forma decimal ou ordinária no instrumento de instituição do condomínio".
9. Destaca-se, no ponto, o art. 1.277, ao dispor que "[o] proprietário ou o possuidor de um prédio tem o direito de fazer cessar as interferências prejudiciais à segurança, ao sossego e à saúde dos que o habitam, provocadas pela utilização de propriedade vizinha".
10. Em conformidade com o dispositivo legal, [n]ão havendo disposição expressa, caberá à assembleia geral, por dois terços no mínimo dos condôminos restantes, deliberar sobre a cobrança da multa.

aplica-se o art. 1.337, sem prejuízo mesmo da possibilidade de exclusão do condômino antissocial.[11]

Nesse sentir, é perceptível que o condomínio umbilicalmente liga-se à comunhão, seja de interesses jurídicos, em que concorrem na mesma situação jurídica proprietária mais de uma titularidade dominical, seja no aspecto da imanente convivência entre os atores condominiais, que devem ser reguladas para garantir o interesse de todos. Todavia, *in casu*, para os fins do presente trabalho, a natural proximidade que há entre as unidades autônomas com a imanente necessidade de compartilhamento de áreas e bens comuns fazem com que os condomínios hajam que se preocupar sobremaneira com eventual disseminação viral.

Não perfaz novidade, notadamente em convenções condominiais mais antigas, perceber cláusulas sobre doenças infectocontagiosas. Essa preocupação, vale frisar, que por muito tempo se fez presente, findou por ser deixada de lado em razão dos avanços em pesquisas hábeis a propiciar precaução de doenças. Hoje, em verdade, verifica-se um aparente limbo jurídico no que diz respeito às posturas que devem adotar os atores sociais no enfretamento de situações de emergência sanitárias.

Na presente senda, portanto, nada obstante o progresso científico, encontramo-nos em momento de completa ressignificação espacial quanto ao convívio, havendo todos os indivíduos que assumirem novas e imperiosas responsabilidades perante outros, sobretudo em atenção à solidariedade social imposta constitucionalmente. Com efeito, tudo leva a crer que a pandemia de COVID-19, durante seu curso e mesmo após o cenário de pico, imporá uma nova dinâmica de interação social, mormente entre os integrantes do condomínio. Vejamos, pois, a estrutura de organização condominial.

No tocante às partes comuns, devido à relevância que possuem para a completa fruição de cada propriedade exclusiva, determina-se a comunhão necessária dos proprietários das unidades autônomas sobre elas, sendo deles a responsabilidade de administrá-las em conjunto, de acordo com o interesse de todos e em conformidade com a fração ideal prevista no instrumento de instituição do condomínio. Na convenção condominial, por sua vez, constará a forma de administração do condomínio, com as atribuições do síndico.[12]

---

11. Transcreve-se o art. 1337, de acordo com o qual, *ipsis litteris*: "[o] condômino, ou possuidor, que não cumpre reiteradamente com os seus deveres perante o condomínio poderá, por deliberação de três quartos dos condôminos restantes, ser constrangido a pagar multa correspondente até ao quíntuplo do valor atribuído à contribuição para as despesas condominiais, conforme a gravidade das faltas e a reiteração, independentemente das perdas e danos que se apurem". Além disso, o parágrafo único do mesmo ditame determina que "[o] condômino ou possuidor que, por seu reiterado comportamento antissocial, gerar incompatibilidade de convivência com os demais condôminos ou possuidores, poderá ser constrangido a pagar multa correspondente ao décuplo do valor atribuído à contribuição para as despesas condominiais, até ulterior deliberação da assembleia. Mister enfatizar, ainda, a solução preconizada pela doutrina de expulsão do condômino antissocial, adotada no Enunciado 508 do Conselho da Justiça Federal, *in verbis*: "Verificando-se que a sanção pecuniária mostrou-se ineficaz, a garantia fundamental da função social da propriedade (arts. 5º, XXIII, da CRFB e 1.228, § 1º, do CC) e a vedação ao abuso do direito (arts. 187 e 1.228, § 2º, do CC) justificam a exclusão do condômino antissocial, desde que a ulterior assembleia prevista na parte final do parágrafo único do art. 1.337 do Código Civil delibere a propositura de ação judicial com esse fim, asseguradas todas as garantias inerentes ao devido processo legal".
12. Remete-se ao art. 1.334, II, do Código Civil, que estabelece o seguinte: "Além das cláusulas referidas no art. 1.332 e das que os interessados houverem por bem estipular, a convenção determinará: (...) II – sua forma de administração".

Do mesmo art. 1.334, em seu inciso V, extrai-se que a convenção condominial deve, ainda, estabelecer o regimento interno, com a função de servir de documento próprio a reger as regras do cotidiano do condomínio, tal qual a forma de utilização das áreas comuns e, em menor grau, das unidades autônomas, a fim de evitar prejuízos aos demais condôminos. A esse respeito, segundo o Enunciado 248 da III Jornada de Direito Civil, entende-se doutrinariamente que "o quórum para alteração do regimento interno do condomínio edilício pode ser livremente fixado na convenção".[13]

A par de tais disposições, ao síndico, cujas atribuições precípuas constam do art. 1.348 do Código Civil, cumpre representar a coletividade determinável de condôminos, podendo vincular cada um dos proprietários nos atos que pratica em favor da coletividade[14] e, além disso, administrar o condomínio, sendo dele a responsabilidade de colocar em prática as regras previstas na convenção e no regulamento interno. Se, porém, o síndico desrespeitar tais desideratos, pode lhe ser aplicada a destituição, na forma do art. 1.349 da legislação civil.[15-16]

Do cotejo dos ditames *supra*, chega-se à conclusão de que cabe ao síndico fiscalizar o dever inerente aos condôminos de não prejudicar a saúde dos demais, especialmente no que tange ao uso de bens e espaços comuns, sem descurar da possibilidade de o próprio titular fazer cessar interferências prejudiciais aos seus interesses, na forma do regramento de vizinhança. A atuação condominial, contudo, tratando da contenção de uma pandemia, deve sempre respaldar-se em fundamento biomédico, preferencialmente de ato do Poder Público.[17]

Isso porque, levando em conta que muitas medidas provavelmente restringirão os condôminos de seus poderes dominiais, mostra-se imperativo que as ações possuam justificativas técnicas e que atendam ao Princípio da Proporcionalidade. Na presente situação da COVID-19, há clara determinação estatal para que se evitem aglomerações de pessoas em quaisquer nichos e que os sujeitos permaneçam, ao máximo possível, em sua unidade domiciliar, bem como que sejam adotadas posturas acauteladoras quanto ao contágio.

Nesse diapasão, nada obstante inexistam determinações específicas aos condomínios, muitas são as atitudes que vem sendo tomadas, em vista das vicissitudes de cada

---

13. Em caso de omissão, exige-se aprovação pela maioria dos condôminos.
14. O síndico, por óbvio, não pode satisfazer seus próprios interesses pessoais ou de cada um dos condôminos, quando da representação, e sim o interesse da coletividade, emanado da assembleia geral, da convenção ou do regulamento interno. Ao extrapolar tais limites, contudo, pode ser responsabilizado pessoalmente.
15. Art. 1.348. Compete ao síndico: I – convocar a assembleia dos condôminos; II – representar, ativa e passivamente, o condomínio (...); III – dar imediato conhecimento à assembleia da existência de procedimento judicial ou administrativo, de interesse do condomínio; IV – cumprir e fazer cumprir a convenção, o regimento interno e as determinações da assembleia; V – diligenciar a conservação e a guarda das partes comuns e zelar pela prestação dos serviços que interessem aos possuidores; VI – elaborar o orçamento da receita e da despesa relativa a cada ano; VII – cobrar dos condôminos as suas contribuições, bem como impor e cobrar as multas devidas; VIII – prestar contas à assembleia, anualmente e quando exigidas; IX – realizar o seguro da edificação.
16. Art. 1.349. A assembleia, especialmente convocada para o fim estabelecido no § 2 o do artigo antecedente, poderá, pelo voto da maioria absoluta de seus membros, destituir o síndico que praticar irregularidades, não prestar contas, ou não administrar convenientemente o condomínio.
17. *Ad exemplum*, mencionam-se as regras da Agência Nacional de Vigilância Sanitária (Anvisa), os decretos expedidos pelos Estados e Municípios, bem como as orientações técnicas da Organização Mundial de Saúde (OMS).

unidade de comparticipação, como, por exemplo, a não convocação de reuniões e assembleias, ou sua realização virtual, a criação de óbices ao acesso à edificação (determinar que os elevadores não circulem lotados), a interdição ou limitação para áreas comuns não essenciais (salões de festas, churrasqueiras, espaços de convivência, academias e quadras poliesportivas).[18]

Veja que não são poucas as providências que vem sendo adotadas pelas administrações dos condomínios, algumas delas, por certo, em virtude de sua amplitude, bastante controvertidas juridicamente, por resvalar, de certa forma, no esvaziamento do conteúdo proprietário.[19] De todo modo, não só aos condomínios e a seus administradores a pandemia tem ensejado o aumento no espectro obrigacional para com os coproprietários.[20]

Os cuidados que anteriormente eram comuns devem, por ora, ser redobrados, sendo inafastável, em meio a uma contaminação viral de ordem global em que todos são responsáveis pelo controle da disseminação, que entre os atores que compõem a dinâmica condominial haja ampla observância da solidariedade social, mormente nos atributos que desembocam na boa-fé objetiva. Aqui, ganham revelo os preceitos de informação, proteção, cuidado e alteridade, que, se descumpridos, podem ter consequências jurídicas.

Um doente resfriado não diagnosticado, com efeito, deve evitar circular pelas áreas de comum acesso, ou fazê-lo tomando precauções. Além disso, mostra-se de bom tom que, confirmado o quadro viral da COVID-19, informe a administração do condomínio para que sejam sobejadas as cautelas, adotando o pleno isolamento por, no mínimo, 14 (quatorze) dias. Ademais, os moradores que não puderem evitar situações de exposição, por razões profissionais, hão de redobrar as recomendações aplicáveis.

Com efeito, vistos estruturalmente os poderes e os deveres dos atores que compõem a dinâmica condominial, inclusive os extraídos da boa-fé objetiva, cumpre-nos, a partir

---

18. Podem ser mencionadas diversas outras diligências perpetradas pelos gestores condominiais, como, sem se pretender qualquer rol exaustivo, a organização de *delivery*, isto é, serviços de entrega aos condôminos, com o menor risco de contaminação possível, uma vez que aumentam a rotatividade e fluxo de pessoas nas portarias; a colocação de *dispensers* de álcool gel em áreas estratégicas, como porta dos elevadores, portarias e acessos principais; a utilização, na limpeza geral, de alvejantes, álcool ou produtos com hipoclorito de sódio; a higienização redobrada de maçanetas, botoeiras, corrimãos, elevadores e halls comuns, bem como todos os bens coletivos; a disponibilização de equipamentos de proteção aos empregados; estímulo a solidariedade entre os condôminos e a prestação de serviços simples, sem custos, principalmente a idosos e outras pessoas consideradas do grupo de risco.
19. Tramita hoje no Senado Federal o projeto de lei que versa sobre o regime jurídico emergencial e transitório das relações jurídicas de direito privado (RJET). Consta do PL 1.179/2020, no que interessa aos fins da presente pesquisa, que as normas extraordinárias então almejadas também deverão regular as relações em condomínios residenciais. O síndico, segundo o projeto, terá poderes emergenciais para restringir o uso de áreas comuns; limitar ou proibir a realização de reuniões, festas, uso de estacionamentos, inclusive privativos, por terceiros como parte da estratégia para evitar a disseminação do coronavírus. Na redação então aprovada diz-se, contudo, que há de ser "respeitado o acesso à propriedade exclusiva dos condôminos", bem como que é "vedada qualquer restrição ao uso exclusivo pelos condôminos e pelo possuidor direto de cada unidade". Ademais, a assembleia condominial presencial e a respectiva votação dos itens de pauta poderão acontecer, em caráter emergencial, por meio virtual, também até 30 de outubro deste ano.
20. Discussão que vem chamando atenção diz respeito à viabilidade de o síndico, por ato próprio, tomar medidas que entender adequadas para resguardar a saúde dos ocupantes do condomínio. Note-se que, em se tratando de uso de áreas comuns, a competência para se criar regras é da assembleia, apenas o síndico executando as suas determinações. Dessa forma, via de regra, em atenção às necessidades de evitar a proliferação da pandemia no ambiente condominial, deve-se preferencialmente efetuar a convocação de assembleia geral extraordinária, de caráter emergencial, para deliberar quais medidas de proteção à saúde dos moradores devem ser tomadas.

de tais considerações, perquirir em casos concretos hipotéticos e noticiados na mídia, de que forma a responsabilidade civil, como instrumento de regulação de riscos, pode tutelá-los. Isto é, em quais momentos seus pressupostos essenciais, em vista de suas funções precípuas, podem se fazer presentes para gerar o dever de reparação.

3. A RESPONSABILIZAÇÃO CIVIL COMO INSTRUMENTO DE REGULAÇÃO DOS RISCOS NO CONDOMÍNIO

Muitas são as hipóteses de ameaças na sociedade contemporânea e para as quais o ordenamento jurídico deve oferecer resposta. A esse respeito, os modelos de ajustes das ameaças por intermédio do Direito Privado representam, há algum tempo, temática relevante no bojo da disciplina.[21] O sistema da responsabilidade civil perfaz um desses instrumentos, ancorado, a partir de seus elementos estruturantes, na imprescindível necessidade de verificarem-se seus três pilares: conduta, nexo causal e dano.

Diferentemente de outras épocas, que lidaram com outros perfis sociais, as questões hodiernas podem colocar em xeque toda a sociedade. Cumpre-nos, pois, no cenário de pandemia de COVID-19 investigar, a par da independência da disciplina, o papel da responsabilidade civil dentro do sistema global de gestão de perigos, refletindo sobre a temática sem descurar de funções próprias de outras searas cíveis ou do Direito, como o Direito Administrativo e o Direito Penal.[22]

No tocante especificamente à pandemia pelo novo coronavírus, o descumprimento das regras mencionadas no item anterior do presente, ou seja, daquelas que visam proteger a saúde dos ocupantes, submetem-se à incidência de multas condominiais, desde que seja observada a forma apropriada para a sua previsão, ou outras medidas judiciais de urgência. Outrossim, relevante relembrar que são crimes contra a saúde pública propagar doenças e descumprir determinações do poder público para evitar propagação de doença contagiosas.[23]

---

21. Como exemplo, menciona-se o projeto *"Regulating Risk through Private Law"*, promovido pelo Trinity College da Universidade de Cambridge, por meio do professor Mattew Dyson. No mesmo sentido, remete-se ao tema central, da jornada de 2016, do Congresso Europeu de Responsabilidade Civil, em Viena, sobre a responsabilidade civil por riscos desconhecidos – *liability for unknown risks*, ou causa ignota –, debatida nos contextos da Europa Continental, *common law* e *law and economics*. Entende-se, aqui, que a artificiosa classificação entre direito privado e direito público atende tão somente a fins didáticos, dentro do que se concebe na linha metodológica do direito civil-constitucional. Sobre os confins das disciplinas, ver GIORGIANNI, Michele. *O direito privado e as suas atuais fronteiras*. In: Revista dos Tribunais, n. 747, 1998, p. 38.
22. A respeito do papel da responsabilidade civil nas regulação de riscos sociais em cotejo com o direito penal e o direito administrativo, remete-se a BRAINER ANDRÉ, Diego. O papel da responsabilidade civil na regulação de riscos: uma análise do chamado risco do desenvolvimento. In: *Controvérsias atuais em responsabilidade civil: estudos de direito civil-constitucional*. Coord: Eduardo Nunes de Souza e Rodrigo da Guia Silva. São Paulo: Almedina, 2018, pp. 297-331.
23. Vejam, quanto ao ponto, os dispositivos pertinentes do Código Penal, *in verbis*: "Art. 267 – Causar epidemia, mediante a propagação de germes patogênicos: Pena – reclusão, de dez a quinze anos. § 1º – Se do fato resulta morte, a pena é aplicada em dobro. § 2º – No caso de culpa, a pena é de detenção, de um a dois anos, ou, se resulta morte, de dois a quatro anos"; "Art. 268 – Infringir determinação do poder público, destinada a impedir introdução ou propagação de doença contagiosa: Pena – detenção, de um mês a um ano, e multa. Parágrafo único – A pena é aumentada de um terço, se o agente é funcionário da saúde pública ou exerce a profissão de médico, farmacêutico, dentista ou enfermeiro".

O desenrolar célere dos fatos, contudo, não acompanhado pelo Estado,[24] faz com que a responsabilidade civil tenha que, mesmo na medida de suas potencialidades funcionais, fazer frente, muitas vezes sozinha, a esses novos desafios, notadamente quando a origem da disseminação da doença ou a sua propagação seja levada a efeito por conduta ilícita de um portador do vírus. Ocorre, porém, para o momento em apreço, que a responsabilidade civil não se mostra como o instrumento mais adequado para solucionar parte das demandas.[25]

Isso porque, conquanto se fale que a disciplina se consubstancie mais efetiva e útil pela fato de que a quantia em pecúnia arbitrada servirá como reparação pelos prejuízos materiais e extrapatrimoniais experimentados pela vítima, os elementos do nexo de causalidade e do dano in casu são quase intransponíveis quando cotejados com as especificidades de uma contaminação viral. Na prática, portanto, raramente servirá para indenizar os contaminados, menos ainda para desestimular práticas que sejam nocivas.

A uma pela limitação da fixação do liame causal, porquanto adotada no Brasil a teoria da causalidade direta e imediata, especificamente a subteoria da necessariedade,[26] de sorte que a relação entre o comportamento dos infratores e os danos ocasionados nem sempre será perceptiva. A duas porque, havendo a responsabilidade civil função estritamente reparatória, faz-se necessário que haja o dano consolidado, e não apenas a exposição a risco, como ocorreria se a disciplina incorporasse os princípios da precaução e prevenção.[27-28]

---

24. O direito administrativo e do direito penal atuam somente em logica de tipicidade fechada, no sentido da vinculação ao princípio da legalidade (em sentido amplo), isto é, apenas na medida permitida por lei, lógica contrária ao direito civil. Não obstante nada impedir a aplicação concomitante das responsabilidades civil e penal, ambas possuem campos específicos. A última, em teoria, ficou reservada aos bens jurídicos de maior gravidade, considerados essenciais à luz da sistemática constitucional.
25. Ver, sobre o ponto, *Responsabilidade civil nos casos de transmissão coletiva do coronavírus*, de autoria de José Fernando Simão e Cícero Dantas Bisneto, publicado no sítio eletrônico Consultor Jurídico em 06/04/20. Ver mais em: <ttps://www.conjur.com.br/2020-abr-06/direito-civil-atual-responsabilidade-civil-transmissao-coletiva-coronavirus. Acessado em 09/04/2020.
26. Ver, nesse sentido, o RE 130.764, julgado em 1992, relatado pelo Ministro Moreira Alves. Convém aludir, ainda, às críticas levadas a efeito por TEPEDINO, Gustavo. Notas sobre o nexo de causalidade. In: *Temas de direito civil*, tomo II. Rio de Janeiro: Renovar, 2006.
27. A doutrina discute a respeito de três funções da responsabilidade civil: (i) função reparatória: única pacífica doutrinariamente, fundamentada no princípio da reparação integral dos danos sofridos; (ii) função dissuasória: aparece através de indenizações punitivas ao autor do dano (teoria dos *punitive damages*), com caráter de pena privada; e (iii) função preventiva: engloba os princípios da prevenção e da precaução, pelos quais haveria a antecipação dos riscos e dos danos, muito mais vocacionados a instâncias de controle administrativo e a utilização de técnicas processuais inibitórias e coletivas. Frise-se que as funções explicitadas não excluem outras, como a chamada função promocional da responsabilidade civil, ainda em seus primeiros passos de elaboração doutrinária (ver JÚNIOR, Antônio dos Reis. Por uma função promocional da responsabilidade civil. In: *Controvérsias atuais em responsabilidade civil: estudos de direito civil-constitucional*. Coord: Eduardo Nunes de Souza e Rodrigo da Guia Silva. São Paulo: Almedina, 2018, pp. 573-603). Destaca-se, ainda, que a função punitiva da responsabilidade civil é, há algum tempo, ponto de grande debate acadêmico, notadamente a respeito de seu fundamento jurídico (se existente ou não), com críticas bastante contundentes sobre a falta de cautela na tentativa de internalização do modelo norte-americano (teoria dos *punitive damages*) ao Brasil, cujos sistemas jurídicos destoam sobremaneira.
28. Resultado diverso poderia ser encontrado se fosse adotada a nomeada "responsabilidade sem dano". Bastaria, pois, o dano-evento, com a consequente violação potencial a direitos. Haveria, então, a divisão em dois subgrupos: o direito das condutas e o direito dos danos. De acordo com essa proposta, sem prejuízo de suas funções tradicionais, seria imperioso que a responsabilidade passasse a disciplinar *ex ante* os próprios eventos danosos, de forma a preveni-los e não apenas ressarci-los. Aqui, a mera ameaça de um dano desenfreada pela conduta do sujeito permitiria a aplicação de sanções jurídicas. Paralelamente, muitos autores começaram a afirmar que isso acabaria

Nessa perspectiva, um condômino que deixe de adotar as posturas indicadas pela coletividade condominial, como não acessar o prédio por determinado local, não adentrar área comum fora dos limites de restrição propostos, ou que não tome as precauções de higiene recomendadas, dificilmente será responsabilizado civilmente. Isso porque não passaria de simples suposição que a contaminação da vítima haveria ocorrido diretamente de tais condutas. Ademais, a simples exposição a risco não se coaduna com a certeza do dano.

Igual sorte socorrerá o condomínio que não adotar medidas de disseminação da COVID-19, que, a título exemplificativo, convoque assembleia presencial, sem disponibilização de equipamentos de proteção, ou não efetue qualquer limitação de aglomerações em suas áreas comuns não essenciais. Isso, pois, de tais condutas, inclusive algumas delas passíveis de serem obstadas judicialmente – notadamente as omissivas – seria árduo constatar o nexo causal com alguma contaminação de ocupante, mesmo que massivas.

Veja que, a simples exposição pelo descumprimento de deveres condominiais dessas montas, *a priori*, não são hábeis a contemplar os pressupostos da responsabilização civil. Tal constatação, todavia, não faz com que os deveres mencionados fiquem desprotegidos. Todos esses casos são bem solucionados com penalidades condominiais, de origem convencional, sempre em atenção às vicissitudes de cada condomínio. A penalização, com efeito, seria na medida exata do previsto pela assembleia, tudo isso apenas fiscalizado pelo síndico.[29]

Por outro lado, excepcionalmente, podem-se dessumir situações passíveis de resvalar em responsabilização civil. Cogita-se, nesse viés, do condômino que, contaminado pelo vírus, em nome da boa-fé objetiva que regem as relações civis, comunica a doença ao condomínio, mas finda por ter sua identidade divulgada ostensivamente, sem qualquer autorização, em patente violação ao seu direito de privacidade; ou na situação em que o condomínio, a respeito de informado da presença do vírus em uma das unidades de uso privativo, não toma medidas recomendadas para salvaguardar a saúde dos condôminos.

Note-se que, para uma simples atitude omissiva do síndico, bastaria destituí-lo. A responsabilização, pois, apenas decorreria de omissão qualificada do próprio condomínio, quando, defrontado com risco iminente, não observa diretriz técnica. Mister aduzir também que há problemáticas condominiais noticiadas pela mídia e que podem caminhar para o mesmo destino da responsabilização, por deles se extraírem posturas expositivas possivelmente discriminatórias de grupos determinados de pessoas.

Em um caso, segundo relatado, restou fixado na área social do edifício, aviso oficial comunicando aos moradores que a limpeza dos elevadores está sendo feita "*com maior*

---

  por desfigurar a responsabilidade civil, deixando-a irreconhecível, uma vez que incluiria na disciplina elementos que histórica e epistemologicamente sempre lhe foram excluídos de maneira reiterada. Seria possível, por meio dela, sancionar qualquer conduta, e não apenas as condutas que gerassem danos, colocando em evidência a função normativa.

29. Há autores que vem falando em um "poder de polícia" do síndico. Ocorre que tal atributo é tipicamente do Estado, inconfundível com os deveres do síndico de apenas implementar as vontades dos coproprietários que compõem o condomínio, volição esta implementada na assembleia.

frequência", pois "*temos moradores que são pilotos e comissários*"[30]. No outro, houve a divulgação de informe estipulando condicionantes à circulação de pessoas de origem chinesa em suas dependências, onde havia uma sociedade empresária de origem oriental. O caso ocorreu após a epidemia do coronavírus, que teve origem na cidade de Wuhan, na China.[31]

Lado outro, ficaram conhecidos os casos em que uma advogada e influenciadora digital com COVID-19 diz ter tossido nas portas de vizinhos[32] e as situações que envolveram Ministro do Governo Federal[33] e jornalista e ex-apresentadora de programa televisivo[34] que, segundo seus vizinhos, não cumpriram o período de isolamento imposto pelo Poder Público e foram notados livremente passeando pelos seus condomínios.

Ora, os casos narrados *supra* revelam situações das quais se vislumbra possível exsurgir aos condôminos, principalmente no tocante aos portadores de doenças graves ou de idade avançada, integrantes do grupo de risco letal do coronavírus, violações a seus substratos da dignidade humana, mormente a integridade psicofísica.[35] Indubitavelmente o dano aqui não se confundiria com o risco, ou simples ameaças, e sim se materializaria na própria lesão imaterial.[36]

No intento de proteção dos condôminos, muitas vezes o condomínio pode extrapolar em seus desideratos, praticando atos ilícitos, seja em sua vertente estrita quanto também na forma do abuso de direito.[37] Discussão acalorada que vem sendo levantada diz respeito aos limites de restrição à plena fruição dos poderes dominiais no âmbito condominial, seja no tocante à unidade exclusiva ou às partes comuns. A esse respeito, além de levar em conta critérios estritamente epidemiológicos[38] e as especificidades es-

---

30. Ver mais em: <https://www.uol.com.br/nossa/noticias/redacao/2020/04/01/discriminacao-solidao-e-medo-a-vida-dos-comissarios-de-bordo-pos-covid-19.htm>. Acessado em 05/04/2020.
31. Previa-se, na situação, conforme se extrai do comunicado divulgado, o uso de máscaras cirúrgicas, utilização apenas de um elevador privativo pelos chineses e a disponibilização de higienização das mãos com álcool gel. Ver mais em <https://vejasp.abril.com.br/cidades/coronavirus-predio-comunicado-restringindo-circulacao-chineses-berrini/> Acessado em 07/04/2020.
32. Para mais informações sobre o caso bem como sobre a atuação do Ministério Público do Paraná na espécie, remete-se aos seguintes endereços eletrônicos: <https://www.migalhas.com.br/quentes/322878/advogada-tosse-em-macaneta-de-vizinhas-para-largarem-de-ser-idiotas-mp-pr-denuncia> e <https://www.conjur.com.br/2020-mar-26/mp-denuncia-advogada-tossido-porta-vizinhas>. Acesso em 10/04/2020.
33. Ver mais em <https://www.sindiconet.com.br/informese/ministro-com-covid19-noticias-convivencia> e <https://g1.globo.com/politica/noticia/2020/03/29/heleno-saiu-antes-de-isolamento-do-coronavirus-por-engano-de-medicos-diz-assessoria.ghtml>. Acesso em 10/04/2020.
34. Ver mais em <https://gazetaweb.globo.com/portal/noticia/2020/03/com-covid-19-mariana-ferrao-revolta-vizinhos-ao-quebrar-isolamento_101033.php>. Acesso em 10/04/2020.
35. Segundo Maria Celina Bodin de Moraes, quanto ao dano moral, "não será toda e qualquer situação de sofrimento, tristeza, transtorno ou aborrecimento que ensejará a reparação, mas apenas aquelas situações graves o suficiente para afetar a dignidade humana em seus diversos substratos materiais, já identificados, quais sejam, a igualdade, a integridade psicofísica, a liberdade e a solidariedade familiar ou social, no plano extrapatrimonial em sentido estrito". MORAES, Maria Celina Bodin de. *Danos à pessoa humana: uma leitura civil-constitucional dos danos morais*. Rio de Janeiro: Renovar, 2003, p. 188.
36. A depende da hipótese, não se pode descurar, ademais, da possibilidade de reconhecimento de dano moral coletivo. Isso porque as condutas dos lesantes podem ser hábeis a afetar bens jurídicos de toda a coletividade.
37. *Art. 187. Também comete ato ilícito o titular de um direito que, ao exercê-lo, excede manifestamente os limites impostos pelo seu fim econômico ou social, pela boa-fé ou pelos bons costumes.*
38. Em curioso caso, uma administradora de 125 condomínios divulgou informação errada sobre o COVID-19. Na mensagem, aconselhava-se os condôminos a tomarem água a cada 15 (quinze) minutos, pois "*o vírus morre no estômago*". Óbvio que, o simples consumo de água não faz, *per se*, que alguém sofra qualquer. De toda forma, há

paciais do local para a adoção de medidas preventivas, faz-se necessário que a limitação seja razoável e justificada.

Várias são as posturas restritivas praticadas, havendo todas elas de guardarem consonância com o estágio de evolução viral, sempre em vista de compor a menor limitação possível com a máxima eficiência para evitar contágio. Nesse viés, proibir que visitantes adentrem o condomínio quando autorizados pelo proprietário da unidade, salvo hipótese extrema, como uma quarentena rígida imposta pelo Poder Público, parece descabida. Do mesmo modo, vedar totalmente as áreas comuns pode ser excessivo, sendo preferível a regulamentação, como permitir que cada bloco ou unidade divida-as temporalmente.[39]

Nesse contexto, atividades que aumentem a rotatividade de pessoas e que não sejam estritamente necessárias também podem ser obstadas, como hospedagens via plataformas digitais para grandes grupos, festas – inclusive em áreas exclusivas, para as quais o poder dominial é maior –, a realização temporária de obras e, de forma mais ampla, limitar o próprio barulho, porquanto muitas pessoas estão realizando trabalho domiciliar, na estrutura de *home office*. Tudo, ao fim e ao cabo, deve passar por juízo ponderativo e de merecimento de tutela à luz dos interesses casuisticamente considerados. Caso, todavia, as restrições não possuam causa legítima, mostra-se possível a responsabilização civil pela privação do uso.[40]

4. CONCLUSÃO

À luz do exposto, a pandemia de COVID-18 vem assustando a comunidade mundial e impondo desafios crescentes ao Direito. Na dinâmica condominial, não poderia ser diferente. Por se caracterizar como espaço de natural aglomeração de pessoas, os condomínios vem enfrentando desafios crescentes. No presente ensaio, chegou-se à conclusão de que a dimensão do direito obrigacional dos atores condominiais cresceu demasiadamente e, em paralelo, que na maior parte dos casos a responsabilidade civil não perfaz o melhor instrumento para a tutela das situações daí advindas.

Quer-se dizer com isso que, nada obstante o surto pelo coronavírus exija posturas da coletividade condominial, o melhor remédio jurídico, ante as limitações intrínsecas da responsabilidade civil (funcionais e estruturais), perfaz a aplicabilidade da própria normativa condominial, com a incidência de penalidades a quem adotar posturas desviantes. Logo, à luz das condições fáticas e do entendimento da coletividade representada em assembleia, cumpriria ao síndico apenas a fiscalização.

Observe-se que, diante disso, não se concebe converter o síndico em xerife local, erroneamente como se possuísse poder de polícia tipicamente de Estado. A ele cumpriria tão somente o dever de diligenciar para que os condôminos cumpram o regulamento

---

uma necessidade no momento de apenas divulgar informações de órgãos oficiais, para que se evitem problemas no condomínio. Ver mais em: <https://politica.estadao.com.br/blogs/estadao-verifica/administradora-de-125-condominios-divulga-informacao-errada-de-protecao-contra-coronavirus/>. Acessado em 10/04/20.

39. Muitas pessoas, até por necessidade médica, precisam praticar atividades físicas, mas cada caso deve ser analisado topicamente, com avaliação proporcional do tamanho do ambiente.

40. Sobre o tema, ver SILVA, Rodrigo da Guia. Danos por privação do uso: estudo de responsabilidade civil à luz do paradigma do dano injusto. Revista de Direito do Consumidor, São Paulo, n. 25, v. 107, p. 89-122, set./out. 2016.

condominial e não prejudiquem a salubridade, a segurança, a saúde e o sossego dos demais, especialmente no que tange ao uso de bens e espaços comuns, preceitos estes preferencialmente especificados em normativas condominiais para o tempo de pandemia pela COVID-19.

Veja que não se trata de impedir que o síndico atue, por ato próprio, em situações de urgência supervenientemente fundamentada, sem a convocação de assembleia.[41] A bem dizer, deve-se atribuir total preferência às decisões assembleares, até para reduzir riscos de responsabilização (em qualquer instância do Direito) do síndico, a depender da grandeza das posturas que leve a efeito. Vale frisar, ainda, que as reuniões e assembleias, em situação de urgência, podem ser realizadas sem todas as formalidades adjacentes, inclusive por meios eletrônicos, hodiernamente bastante facilitados.[42]

Isso não quer dizer, porém, que a responsabilidade civil não vá atuar em situações excepcionais. Quando presentes todos os seus elementos, isto é, conduta, nexo causal e dano, os dois últimos de difícil demonstração ante as especificidades de uma contaminação viral, certamente funcionará em sua função reparatória. Contenda mais árdua, contudo, perfaz o controle da juridicidade das restrições à utilização de bens e espaços comuns e que podem, sem causa legítima, ensejar responsabilização civil por danos oriundos de privação a uso.

Quanto ao ponto, constatou-se que cada situação deve ser valorada individualmente, sem forjar abstrações, a partir de juízo de merecimento de tutela com todas as especificidades levadas em consideração, sejam espaciais do condomínio ou em vista do avanço da doença (há locais em que sequer há casos confirmados pela COVID-19 e outros que se materializam nos principais centros de contaminação de um vírus que já matou mais de 100 (cem) mil pessoas no mundo).[43] Ou seja, o controle há de ser feito ponderando a necessidade de tutela da saúde coletiva e de máxima fruição dos poderes dominiais, paralelamente.

Conquanto a juridicidade possa variar a depender das condições, parece razoável que uma restrição não criteriosa, seletiva ou preconceituosa não se vislumbra possível. Nesse viés, vedar uma área comum essencial, impossibilitando direito de acesso, também não, porquanto um dos vínculos mais essenciais do condomínio se compõe na indissociabilidade entre propriedade exclusiva com a propriedade condominial.[44] Por sua vez, restrições e regulamentações podem ser bem-vindas, seja nas partes comuns ou exclu-

---

41. Ora, se o síndico pode, na forma do art. 1.341, §2º, proceder unilateralmente em situação de urgência a obras e reparos necessários, desde que, importando em despesas excessivas, dê ciência à assembleia, com muito mais razão poderá estabelecer limitações de uso e fruição de espaços e bens comuns, em havendo patente justificativa para tanto. Isso claramente em virtude da sobreposição de interesses existenciais em nossa ordem jurídica. De todo modo, contrariamente à *ratio* no ditame na questão das benfeitorias, parece-nos que a assembleia pode divergir do síndico, sustando seus atos.
42. Ver, no ponto, a posição de Rodrigo Toscano de Brito, com a qual se concorda, no seguinte link: <https://flaviotartuce.jusbrasil.com.br/artigos/822957142/coronavirus-limitacoes-ao-uso-de-areas-comuns-no-ambito-do-condominio-edilicio>. Acessado em 10/04/2020.
43. Ver mais em: <https://g1.globo.com/bemestar/coronavirus/noticia/2020/04/10/mortes-por-coronavirus-no-mundo-chegam-a-100-mil.ghtml>. Acessado em 10/04/2020.
44. Sobre a perspectiva funcional do condomínio, remete-se a MONTEIRO FILHO, Carlos Edison do Rego; RENTERIA, Pablo. In: Gustavo Tepedino (Org.). *Fundamentos do Direito Civil*. 1ª ed., Rio de Janeiro: Forense, 2020, pp. 243 e ss.

sivas[45] desde que justificadas.[46] A medida disso é tão permeável quanto a necessidade de evolução do direito e das categorias postas da responsabilidade civil, sempre com o cuidado para não desnaturá-la.

5. REFERÊNCIAS

BECK, Ulrich. *Sociedade de risco*: rumo a uma outra modernidade. São Paulo: Editora 34, 2011.

BODIN DE MORAES, Maria Celina. A caminho de um direito civil-constitucional. *Na medida da pessoa humana*: estudos de direito civil. Rio de Janeiro: Renovar, 2010.

BODIN DE MORAES, Maria Celina. Danos à pessoa humana: uma leitura civil-constitucional dos danos morais. Rio de Janeiro: Renovar, 2003.

BODIN DE MORAES, Maria Celina. Risco, solidariedade e responsabilidade objetiva. *Na medida da pessoa humana*. Rio de janeiro: Renovar, 2010.

BRAINER ANDRÉ, Diego. O papel da responsabilidade civil na regulação de riscos: uma análise do chamado risco do desenvolvimento. In: Controvérsias atuais em responsabilidade civil: estudos de direito civil-constitucional. Coord: Eduardo Nunes de Souza e Rodrigo da Guia Silva. São Paulo: Almedina, 2018.

GIDDENS, Antonhy. *As consequências da modernidade*. São Paulo: UNESP, 1991.

GIORGIANNI, Michele. O direito privado e as suas atuais fronteiras. In: Revista dos Tribunais, n. 747, 1998.

HESPANHA, António Manuel. Panorama histórico da cultura jurídica europeia, Lisboa: Publicações Europa-América, 2ª ed., 1998.

JÚNIOR, Antônio dos Reis. Por uma função promocional da responsabilidade civil. In: Controvérsias atuais em responsabilidade civil: estudos de direito civil-constitucional. Coord: Eduardo Nunes de Souza e Rodrigo da Guia Silva. São Paulo: Almedina, 2018.

JUNQUEIRA, André Luiz. Limites e responsabilidades do condomínio em relação ao coronavírus. Consultor Jurídico. <https://www.conjur.com.br/2020-mar-18/andre-luiz-junqueira-responsabilidade-condominio-coronavirus> Acessado em 09/04/2020.

KONDER, Carlos Nelson. Apontamentos iniciais sobre a contingencialidade dos institutos de direito civil. In: Carlos Edison do Rêgo Monteiro Filho; Gisela Sampaio da Cruz Costa Guedes; Rose Melo Vencelau Meireles. (Org.). Direito Civil. 1ª ed., 2015.

LOPEZ, Teresa Ancona. Responsabilidade civil na sociedade de risco. *Revista da Faculdade de Direito da Universidade de São Paulo*, vol. 105. São Paulo: USP, 2010.

---

45. Deve-se preferir medidas de cautela que basicamente extirpam a possibilidade de contágio, como a disponibilização de álcool gel, máscaras e a realização de desinfetação das áreas, ou mesmo limitação temporal para usar bens comuns por unidade do que proibir pura e simplesmente. Outras, porém, pelo período excepcional podem levar a efeito medidas mais drásticas. Limitar quantidade de pessoas estranhas, uma proibição de festas dentro do condomínio, tudo isso pode ser razoável. Deve-se atentar que sua realização, contudo, não geraria, *per se*, dano reparável. Porém, o condomínio poderia punir o condômino, na forma de seu regulamento, sem prejuízo de repercussões administrativas e até mesmo criminais.
46. A não utilização de critério científico, dentro de um padrão de razoabilidade, pode levar a situações inusitadas. Segundo relato jornalístico, um condomínio instalou um tanque na portaria do prédio e determinou que todos que adentrarem o edifício lavem as mãos. Disse um morador, porém, que "estão todos lavando as mãos com o mesmo sabão, abrindo e fechando a torneira e enxugando na roupa", e que "é constrangedor, tanto para os moradores quanto para o porteiro que precisa orientar e vigiar toda pessoa que entra no local". Ver mais em: <https://www.otempo.com.br/cidades/edificio-jk-instala-tanque-para-que-moradores-lavem-as-maos-antes-de-entrar-1.2312902>. Acessado em 10/04/2020.

MAXIMILIANO, Carlos. Condomínio. Rio de Janeiro: Freitas Bastos, 1961.

MONTEIRO FILHO, Carlos Edison do Rego; RENTERIA, Pablo. In: Gustavo Tepedino (Org.). Fundamentos do Direito Civil. 1ª ed., Rio de Janeiro: Forense, 2020

PEREIRA, Caio Mário da Silva. Instituições de direito civil, vol. IV, Rio de Janeiro: Forense, 2016.

PERLINGIERI, Pietro. O direito civil na legalidade constitucional. Trad. Maria Cristina De Cicco. Rio de Janeiro: Renovar, 2008.

RODRIGUES JUNIOR, Otavio Luiz (Org.). *Sociedade de risco e direito privado*: desafios normativos, consumeristas e ambientais. São Paulo: Atlas, 2013.

ROSENVALD, Nelson. *Uma reviravolta na responsabilidade civil*, dia 27/11/2017. <"https://www.nelsonrosenvald.info/single-post/2017/11/27/Uma-reviravolta-na-responsabilidade-civil> Acesso em 05/04/2020.

SCHREIBER, Anderson. *Novos paradigmas da responsabilidade civil*: da erosão dos filtros da reparação à diluição dos danos. São Paulo: Atlas, 2009.

SCHREIBER, Anderson. Direito civil e Constituição. *Direito civil e Constituição*. São Paulo: Atlas, 2013.

SILVA, Rodrigo da Guia. Danos por privação do uso: estudo de responsabilidade civil à luz do paradigma do dano injusto. Revista de Direito do Consumidor, São Paulo, n. 25, v. 107, p. 89-122, set./out. 2016.

SIMÃO, José Fernando. BISNETO, Cícero Dantas. *Responsabilidade civil nos casos de transmissão coletiva do coronavírus*. Consultor Jurídico. Ver mais em: <ttps://www.conjur.com.br/2020-abr-06/direito--civil-atual-responsabilidade-civil-transmissao-coletiva-coronavirus. Acessado em 09/04/2020.

TEPEDINO, Gustavo. Notas sobre o nexo de causalidade. In: Temas de direito civil, tomo II. Rio de Janeiro: Renovar, 2006.

TOSCANO DE BRITO, Rodrigo. Coluna do Professor. Flávio Tartuce. Coronavírus: limitações ao uso de áreas comuns no âmbito do condomínio edilício. <https://flaviotartuce.jusbrasil.com.br/artigos/822957142/coronavirus-limitacoes-ao-uso-de-areas-comuns-no-ambito-do-condominio--edilicio>. Acessado em 10/04/2020.

A TUTELA COLETIVA E A RESPONSABILIDADE CIVIL PELAS AFETAÇÕES DA PANDEMIA DA COVID-19 NO BRASIL: AÇÃO POPULAR, AÇÃO CIVIL PÚBLICA, AÇÃO DE IMPROBIDADE ADMINISTRATIVA E AÇÃO COLETIVA

Elton Venturi

Visiting Scholar na Universidade da Califórnia – Berkeley Law School. Visiting Scholar na Universidade de Columbia – Columbia Law School. Estágio de pós-doutoramento na Universidade de Lisboa. Doutor e Mestre em Direito pela Pontifícia Universidade Católica de São Paulo. Professor adjunto dos cursos de graduação e de pós-graduação do Faculdade de Direito da Universidade Federal do Paraná. Procurador Regional da República.

Thais G. Pascoaloto Venturi

Visiting Scholar na Fordham Law School – New York. Doutora e Mestre em Direito pela Universidade Federal do Paraná. Professora da Universidade Tuiuti do Paraná. Mediadora extrajudicial titulada pela Universidade da Califórnia – Berkeley. Mediadora judicial certificada pelo Conselho Nacional de Justiça. Advogada.

Sumário: 1. Introdução – 2. A COVID-19 e a afetação de direitos difusos, coletivos e individuais homogêneos – 3. A ação popular – 4. A ação de improbidade administrativa – 5. A ação civil pública – 6. A ação coletiva para tutela dos direitos individuais homogêneos e a COVID-19 – 7. Conclusão – 8. Referências.

1. INTRODUÇÃO

A pandemia provocada pela COVID-19 assombra o mundo, induzindo o isolamento social de milhões de pessoas e a suspensão de atividades não essenciais ao redor do planeta, dentre outras medidas tendentes a conter a dispersão da doença e diminuir ao máximo o número de vítimas.

Sob o ponto de vista jurídico – e mais especificamente no que diz respeito ao direito da responsabilidade civil -, as causas e as consequências da tragédia da pandemia COVID-19 proporcionam ambiente profícuo para relevantes discussões sobre a viabilidade e limites da ativação das funções reparatória, punitivo-pedagógica e preventiva.[1]

---

1. A respeito das funções da responsabilidade civil e da internalização da prevenção e da precaução no instituto, VENTURI, Thaís G. Pascoaloto. *Responsabilidade civil preventiva: a proteção contra a violação dos direitos e a tutela inibitória material*. São Paulo: Malheiros, 2014.

Contudo, ao lado das questões a respeito da imputabilidade da obrigação de ressarcimento, da natureza dos danos sofridos por vítimas e sucessoras e das medidas preventivas ainda porventura cabíveis, há ainda que se especular sobre os instrumentos processuais que o ordenamento jurídico brasileiro disponibiliza para que referidas pretensões sejam adequadamente levadas ao sistema de justiça.

O presente artigo busca explorar, sintética e topicamente, de que formas o sistema de ações coletivas existente no Brasil oferece adequada instrumentalização para a proteção das diversas *dimensões coletivas* dos danos ou ameaças de danos acarretados pela pandemia, a partir da qualificação dos diferentes grupos ou categorias sociais potencialmente afetados.

2. A COVID-19 E A AFETAÇÃO DE DIREITOS DIFUSOS, COLETIVOS E INDIVIDUAIS HOMOGÊNEOS

Desde o ano de 1990, com a vigência do código de defesa do consumidor, o Brasil passou a contar com uma definição legal expressa a respeito de quais interesses ou direitos são passíveis de fundamentar a propositura das ações coletivas – assim compreendidas, em ampla acepção, aquelas que tenham por objeto a tutela de interesses ou direitos *difusos, coletivos* e ou *individuais homogêneos*. As consequências da COVID-19, como não é difícil compreender, podem representar *danos ou ameaças de danos a qualquer uma ou a todas essas dimensões*. Daí o amplo campo de atuação das ações coletivas tendo como objeto a prevenção ou o combate às consequências da pandemia.

Deixando de lado as complexas discussões acadêmicas subsistentes quanto à própria concepção de tais categorias[2], os danos causados pela COVID-19 são suportados, ainda que potencialmente, indistintamente por todos os seres humanos. Na medida em que *pessoas indeterminadas ou indetermináveis* correm o risco, por meras circunstâncias de fato, de contrair essa mais recente mutação do coronavírus e sofrer consequências lesivas, estão todas elas inclusas, sem qualquer exceção, na universalidade do grupo social titular de um *direito ou interesse difuso*.

Assim, a transindividualidade e a indivisibilidade do interesse ou direito de não ser exposto à COVID-19, ou de se obter uma compensação pecuniária coletiva tendo por base a potencial contaminação de todo o grupo social envolvido, conduz a pretensões de tutelas jurisdicionais em benefício de todos, com eficácia *erga-omnes*. Para tanto, prestam-se, por excelência, as medidas judiciais inibitórias, específicas e as condenações ao pagamento de quantia certa, que integralizarão fundos sociais de compensação pelos danos transindividuais suportados pela sociedade como um todo.

---

2. A respeito do conceito de interesses ou direitos difusos, vide, dentre outros: CAPPELLETTI, Mauro. Appunti sulla tutela giurisdizionale di interesse collettivi o diffusi. *Le azioni a tutela di interessi collettivi*. Pádua: CEDAM, 1976, VIGORITI, Vincenzo. *Interessi collettivi e processo – La legittimazione ad agire*. Milão: Giuffrè Editore, 1979, PISANI, Andrea Proto. Appunti preliminari per uno studio sulla tutela giurisdizionale degli interessi collettivi (o più esattamente superindividuali) innanzi al giudice civile ordinario. *Le azioni a tutela di interessi collettivi*. Pádua: CEDAM, 1976; GRINOVER, Ada Pellegrini. *A tutela dos interesses difusos*. São Paulo: Max Limonad, 1984 e WATANABE, Kazuo. Tutela jurisdicional dos interesses difusos: a legitimação para agir. *A tutela dos interesses difusos*. São Paulo: Max Limonad, 1984; VENTURI, Elton. *Processo civil coletivo*. São Paulo: Malheiros, 2007.

Por outro lado, é possível também inferir que ameaças ou danos ligados à dispersão da COVID-19 afetem *pessoas determinadas ou determináveis*, mas somente enquanto integrantes de grupos, classes ou categorias de indivíduos que possuam relações jurídicas entre si ou com o ofensor do direito ou interesse social. Trata-se, nessa hipótese, de afetação a *interesses ou direitos coletivos em sentido estrito*.

Exemplificativamente, os profissionais de saúde (médicos, enfermeiros e auxiliares de enfermagem) de uma específica rede hospitalar que não lhes disponibilize adequado equipamento de proteção individual (EPI), sujeitando-os à contaminação. Todos esses profissionais são identificáveis, na medida em que possuem vínculos públicos ou privados de emprego com a parte demandada, viabilizando, assim, a dedução de pretensões de tutelas transindividuais e indivisíveis, destinadas a beneficiar o específico grupo, classe ou categoria representada na ação coletiva.

Por fim, qualquer pessoa (física ou jurídica) que consiga demonstrar lesão à sua esfera patrimonial ou extrapatrimonial individual, conexa a uma *origem comum* relacionada à violação de deveres ou obrigações inerentes à contenção da dispersão da pandemia, qualifica-se como titular de um *direito individual homogêneo* ao ressarcimento pelos danos sofridos (conforme preconiza o art. 81, par. único, III do CDC). Essa qualificação se presta, em resumo, à autorização para eventual propositura de uma ação coletiva (nos termos dos artigos 91 e seguintes do CDC), objetivando o ressarcimento dos danos causados a cada um dos diversos indivíduos representados em juízo por uma entidade legitimada à ativação da demanda coletiva, a partir da obtenção de uma sentença condenatória genérica.

Para cada dimensão afetada (difusa, coletiva ou individual homogênea), o sistema brasileiro de tutela coletiva prevê diferentes tipologias de ações, aptas, em tese, à consecução das medidas processuais adequadas à multifuncionalização da responsabilidade civil.

3. A AÇÃO POPULAR

Primeira ação coletiva prevista no ordenamento jurídico nacional,[3] a iniciativa da ação popular é autorizada a qualquer cidadão, objetivando a proteção de direitos ou interesses difusos ligados ao patrimônio público, à moralidade administrativa, ao meio ambiente e ao patrimônio histórico e cultural (art. 5º, LXXIII da CF). Trata-se de ação vocacionada não apenas à "anulação de ato lesivo" a algum dos direitos difusos referidos pelo texto constitucional, mas à obtenção de quaisquer espécies de tutelas jurisdicionais predispostas à sua mais adequada proteção.

Em se tratando da epidemia provocada pela COVID-19, poder-se-ia cogitar de hipóteses de ajuizamento de ação popular para inibir ou suspender a prática de atos administrativos atentatórios à moralidade administrativa e em prejuízo do erário.

Imagine-se, por hipótese, agentes públicos das diversas esferas da Federação adotando práticas administrativas contrárias às diretrizes e normatizações oficiais rela-

---

3. Sobre o tema, MOREIRA, José Carlos Barbosa. A ação popular do Direito brasileiro como instrumento de tutela jurisdicional dos chamados 'interesses difusos'. *RePro* 28/7-19, out.-dez., São Paulo, RT, 1982.

tivas aos planos de combate à dispersão da epidemia, tal como o isolamento social ou a suspensão de todas as atividades comerciais consideradas não essenciais. Tais práticas, por sua autoria, conteúdo e objetivo, em tese, poderiam constituir objeto de demanda popular inibitória voltada contra sua prática, manutenção ou reiteração, desde que fundada, imediatamente na tutela da moralidade administrativa ou do patrimônio público.[4]

Aliás, notícias de que o governo federal estaria prestes a lançar campanha publicitária, a um custo milionário, incentivando a sociedade civil a desobedecer a uma política pública de isolamento social já predefinida pela própria Administração Pública Federal, já conduziram ao ajuizamento de ação civil pública com pretensões inibitórias.[5] Os mesmos fundamentos e pretensões poderiam ser deduzidos por via da ação popular, na medida em que assumiria instrumental função protetiva dos valores constitucionalmente atribuídos à tutela da demanda.

Mais delicada, por outro lado, se revela a análise do cabimento da ação popular como meio de imposição jurisdicional de realocação de verbas públicas para atender às necessidades de combate à COVID-19. Sobre o tema, algumas ações populares foram ajuizadas pretendendo a realocação de parte do fundo eleitoral para a área da saúde.[6]

O grande desafio, em tais casos, parece residir na necessidade de se fundamentar a pretensão na tutela da moralidade administrativa ou do patrimônio público, de modo a não se autonomizar a função da ação popular exclusivamente para a proteção da saúde pública. Não se inserindo a pretensão de tutela dentre os direitos ou interesse difusos elencados no texto constitucional como fundamentos da demanda popular, dificilmente a ação subsistirá ao filtro de admissibilidade judicial.

Em que pese sua relevância política e social, a antiga história do uso da ação popular brasileira tem demonstrado sua restrita eficiência, dentre outros motivos: *i)* pelos poucos ou nulos incentivos em benefício de seus autores; *ii)* pelas dificuldades inerentes à assimetria informacional presumivelmente existente entre o cidadão autor e o Poder Público; *iii)* pela inexistência de filtros adequados à contenção de demandas populares

---

4. Entretanto, é necessário enfatizar que a ação popular não é instrumento de tutela imediata da saúde pública, como recentemente reiterou o TJ/PR, extinguindo, sob tal fundamento, ação popular que visava anular Decreto Municipal que determinava a retomada de atividades industriais e comerciais no Município (Processo: 0016183-30.2020.8.16.0000, 5ª Câmara Cível, Rel. Des. Leonel Cunha, j. 04/04/2020). Acessado em 07.4.2020.
5. O Ministério Público Federal ajuizou ação civil pública deduzindo pretensão inibitória contra a União Federal, no sentido de que se abstenha de veicular "peças publicitárias relativas à campanha 'O Brasil não pode parar', ou qualquer outra que sugira à população brasileira comportamentos que não estejam estritamente embasados em diretrizes técnicas, emitidas pelo Ministério da Saúde, com fundamento em documentos públicos, de entidades científicas de notório reconhecimento no campo da epidemiologia e da saúde pública" (https://static.poder360.com.br/2020/03/acao-MPF-contra-campanha-OBrasilNaoPodeParar.pdf). Acessado em 08.4.2020.
6. Uma das ações populares noticiadas pretendeu remanejar 50% do fundo eleitoral para utilização no combate à COVID-19. A tutela antecipatória foi liminarmente deferida, determinando o bloqueio de 1 bilhão de reais (https://agenciabrasil.ebc.com.br/justica/noticia/2020-04/juiz-decide-que-dinheiro-de-partidos-deve-ir-para-combate--ao-covid-19). Embora admissível a discussão da tese invocada por via da ação popular, a efetiva existência de ilegalidade, imoralidade ou o prejuízo ao patrimônio público necessitam de demonstração concreta, sob pena de se transformar a demanda coletiva em ilegítima autorização para o exercício de escolhas políticas pelo Poder Judiciário. Ademais, aparentemente a noticiada ação estaria sendo indevidamente admitida (por força de provável litispendência), na medida em que outra ação popular, com idêntico objeto, fora ajuizada anteriormente na Justiça Federal do Rio de Janeiro (https://www.jota.info/justica/trf2-suspende-liminar-fundo-eleitoral-covid-19-01042020). Acessado em 07.4.2020.

intentadas com má-fé e; *iv)* pela submissão da demanda às inconformidades do procedimento comum do código de processo civil brasileiro – de todo insatisfatório para o adequado processamento de qualquer demanda de índole coletiva.

Para piorar, a *interpretação restritiva* que grande parte do Poder Judiciário nacional tem emprestado à garantia constitucional da ação popular – ignorando a necessidade de se interpretar sistemática e teleologicamente o direito processual de acordo com as inerências das pretensões de direito material coletivas por ele instrumentalizadas -, acaba por desestimular ainda mais o emprego do modelo pioneiro de tutela coletiva nacional.

4. A AÇÃO DE IMPROBIDADE ADMINISTRATIVA

Prevista pelo texto constitucional de 1988 e implementada por obra da Lei nº 8.429/92, a ação de improbidade administrativa representou um importante marco não apenas de fortalecimento do sistema brasileiro de tutela coletiva mas, antes de tudo, de proteção ao interesse público de adequado enfrentamento de atos administrativos ilegais e imorais que causem enriquecimento ilícito, prejuízo ao erário e ou violação aos princípios constitucionais da administração pública.

Trata-se de ação coletiva de natureza civil, proponível pelo Ministério Público ou pela pessoa jurídica de direito público interessada que, para além de instrumentalizar as funções da responsabilidade civil, também se presta à aplicação de verdadeiras punições[7] a todos aqueles que, por comissão ou omissão dolosa ou gravemente culposa,[8] lesarem o interesse ou direito *difuso* relacionado à *probidade administrativa*.

Na medida em que se trata de demanda coletiva *essencialmente punitiva*, seu cabimento está condicionado à imputabilidade a algum agente público[9] da prática de ato qualificável como de improbidade administrativa. Sem tal qualificação estrita, que fundamenta sua especial função de aplicação das sanções punitivas típicas previstas no art. 12 da LIA, não se autoriza o conhecimento da demanda, ainda que outras tutelas de índole coletiva porventura tenham sido cumuladas na inicial.

É possível conceber o emprego da ação de improbidade envolvendo, como fundamento, dolo ou culpa grave de agentes públicos e terceiros por atos ou omissões administrativas relativas à dispersão da pandemia de COVID-19.

---

7. A ação de improbidade administrativa, aliás, notabiliza-se precisamente pela aplicabilidade, no todo ou em parte, a depender do grau de culpabilidade do réu, das punições expressamente mencionadas no art. 12 da Lei nº 8.429/92, dentre as quais se destacam a suspensão temporária dos direitos políticos e da possibilidade de contratação com o Poder Público ou recebimento de subsídios públicos, a perda do cargo ou função pública e a aplicação de multas civis, sem detrimento da condenação ao ressarcimento do erário ou devolução dos bens ou valores indevidamente incorporados ao patrimônio do demandado.
8. Firmou-se o entendimento jurisprudencial segundo o qual, para os atos de improbidade previstos exemplificativamente nos artigos 9 e 11 da LIA, é necessária a demonstração de dolo por parte do agente. Por outro lado, com relação aos atos de improbidade exemplificados no art. 10 (que causam lesão ao erário), é possível a imputação desde que demonstrado o dolo ou, quando menos, a culpa grave por parte do agente público e ou terceiro beneficiado.
9. A caracterização de *agente público*, segundo a LIA, é bastante ampla, como prevê o art. 2º: "Reputa-se agente público, para os efeitos desta lei, todo aquele que exerce, ainda que transitoriamente ou sem remuneração, por eleição, nomeação, designação, contratação ou qualquer outra forma de investidura ou vínculo, mandato, cargo, emprego ou função nas entidades mencionadas no artigo anterior".

Tome-se, como exemplo, a hipótese de agentes públicos oficialmente responsáveis pelo combate ao coronavírus propagando, pelas redes sociais ou em entrevistas oficiais, notícias reconhecidamente falsas – ou, quando menos, desprovidas de razoável fundamento científico – a respeito da existência de determinado medicamento pretensamente eficaz para evitar ou curar a doença. Imagine-se, ainda, que posteriores investigações conduzam à descoberta de que referidos agentes públicos, na verdade, tinham interesses econômicos escusos na projeção das vendas desse específico medicamento, seja por terem participação acionária, seja por receberem doações para campanhas eleitorais diretamente da empresa farmacêutica produtora do remédio ou por via de seus sócios.

Para além das diversas imputações criminais cabíveis, certamente aí encontraríamos terreno fértil para a qualificação de conduta de improbidade administrativa que, a um só tempo, gera o enriquecimento ilícito do agente público e de terceiros[10], e viola diversos princípios constitucionais da administração pública.[11]

Ainda, a decretação de estado de emergência por parte de administradores públicos pelo país afora em decorrência da pandemia da COVID-19 não constitui *cheque em branco* para que regras e princípios fundamentais que regem a aquisição de bens e serviços imprescindíveis ao seu combate sejam simplesmente inobservadas. Nesse sentido, a ação de improbidade certamente pode instrumentalizar tutelas inibitórias e ressarcitórias decorrentes de possíveis fraudes à licitação.[12]

À aplicação de eventuais punições aos agentes públicos responsáveis pelas práticas ímprobas, por via da demanda de improbidade ainda é possível somar-se a condenação de todos aqueles que, mesmo não se enquadrando como agentes públicos, induzam, concorram ou se beneficiem do ato de improbidade.[13] Essa ampla sujeição passiva à ação de improbidade viabiliza a plena funcionalização do sistema de responsabilidade civil, incluindo possível condenação solidária dos réus ao pagamento de danos morais coletivos.[14]

5. A AÇÃO CIVIL PÚBLICA

Dentre as ações que compõem o microssistema de tutela coletiva dos direitos, a ação civil pública notabiliza-se por sua ampla versatilidade. Isto porque é a única espécie de

---

10. Conforme o art. 9º da Lei nº 8.429/92, "Constitui ato de improbidade administrativa importando enriquecimento ilícito auferir qualquer tipo de vantagem patrimonial indevida em razão do exercício de cargo, mandato, função, emprego ou atividade nas entidades mencionadas no art. 1º desta lei, e notadamente: I – receber, para si ou para outrem, dinheiro, bem móvel ou imóvel, ou qualquer outra vantagem econômica, direta ou indireta, a título de comissão, percentagem, gratificação ou presente de quem tenha interesse, direto ou indireto, que possa ser atingido ou amparado por ação ou omissão decorrente das atribuições do agente público".
11. "Art. 11. Constitui ato de improbidade administrativa que atenta contra os princípios da administração pública qualquer ação ou omissão que viole os deveres de honestidade, imparcialidade, legalidade, e lealdade às instituições (...).
12. Sobre o tema: LACERDA, Caroline Maria Vieira. Os impactos da pandemia de covid-19 nas ações de improbidade administrativa à luz das alterações da lei de introdução às normas do direito brasileiro). https://www.migalhas.com.br/depeso/323740/os-impactos-da-pandemia-de-covid-19-nas-acoes-de-improbidade-administrativa-a-luz-das-alteracoes-da-lei-de-introducao-as-normas-do-direito-brasileiro). Acessado em 07.4.2020.
13. Conforme o art. 3º da LIA, "As disposições desta lei são aplicáveis, no que couber, àquele que, mesmo não sendo agente público, induza ou concorra para a prática do ato de improbidade ou dele se beneficie sob qualquer forma direta ou indireta".
14. Nesse sentido: STJ, 2ª T., REsp 1666454/RJ, Rel. Min. Herman Benjamin, j. 27/06/2017, DJe 30/06/2017.

ação coletiva capaz de veicular, cumulativamente, pretensões de tutela transindividual (difusa ou coletiva em sentido estrito) e a tutela individual homogênea.

Desta forma, diante das possíveis afetações provocadas pela pandemia da COVID-19 no Brasil, a ação civil pública pode ser (e já está sendo, como adiante destacamos) utilizada como instrumento para a obtenção das mais diversas proteções preventivas e repressivas de antijuridicidades ou de danos de qualquer dimensão.

Tome-se como exemplo, mais uma vez, a sonegação aos agentes de saúde dos equipamentos de proteção individual (EPI) considerados indispensáveis à segurança da saúde dos profissionais e dos pacientes. Trata-se de típico caso de assunção, pelos administradores, de um risco gravíssimo da produção de danos irreparáveis ou de difícil reparação que enseja, segundo reiterada orientação do Superior Tribunal de Justiça, a imputação do regime de responsabilidade objetiva.[15]

Tal fato pode ensejar uma ação civil pública cuja sentença de procedência é apta, inicialmente, ao tratamento de tutelas tipicamente *transindividuais*.[16] Assim, *v.g.*, a título de tutela coletiva em sentido estrito, é possível imaginar a imposição ao administrador de obrigação de fornecer EPI's a todos os profissionais de determinado hospital.

---

15. Tratou-se de pretensões ressarcitórias fundadas na responsabilidade objetiva do Estado pela contaminação de pacientes com os vírus HIV e HCV (hepatite C), em procedimentos de hemodiálise na rede pública de saúde: REsp. 768.574/RJ, 2ª T., Rel. Min. Castro Meira, DJ 29.3.2007; REsp 1.299.900/RJ, Rel. Min. Humberto Martins, DJe 13.3.2015 e ARESP 657893, Rel. Min. Napoleão Nunes Maia Filho, 1ª T., DJE 29.11.2019. Neste último julgado, destacou o relator: "[...] 'o Estado possui o dever de mitigar ou evitar os efeitos de pandemias e epidemias conhecidas. No início dos anos 80, já era conhecido que a nova doença, denominada AIDS, poderia ser transmitida mediante transfusões de sangue. Considerando tal fato, a questão da imprevisibilidade já seria suprimida. Em relação à irresistibilidade, mesmo em caso de dúvida ou incerteza, deveriam as autoridades governamentais adotar todas as providências cabíveis para evitar o agravamento do número de casos de AIDS no território brasileiro. A ausência de certeza científica não pode justificar atitudes negligentes da Administração Pública. Aplica-se, nesse caso, o princípio da precaução.'[...]". "Desta forma, percebo todos os elementos para a aplicação do princípio da precaução. O risco potencial era o aumento da propagação da AIDS. Havia conhecimento, na época, de que a doença poderia ser transmitida por transfusão de sangue. Denota-se que o dano era previsível. A ausência de certeza científica acerca do vírus transmissor da doença, portanto, não afastava a obrigação de a Administração Pública (seja na esfera federal, seja na esfera estadual) adotar as medidas cabíveis para tentar mitigar o dano."[...] "a lide se amolda perfeitamente aos casos em que, segundo a moderna doutrina civilista, seria aplicável a teoria da responsabilidade sem culpa, ou objetiva, segundo a qual se desloca o fundamento da reparação do dano da noção de culpa para a ideia de risco, mais profundamente ligado ao sentimento de solidariedade social. Repartem-se, assim, com maior dose de equidade, os efeitos dos danos sofridos por alguns indivíduos entre todos os demais membros da sociedade, minorando o sacrifício que viria a ser injustamente suportado por aquele pequeno grupo de lesados. Em verdade, a culpa como fundamento da responsabilidade civil se tornou insuficiente, pois deixava sem reparação danos sofridos por pessoas que não conseguiam provar a falta do agente. Nesse contexto, passou-se a indagar se, ante uma perda econômica, qual dos dois patrimônios deveria responder, se o da vítima ou o do causador do prejuízo. E, na resposta à indagação, inclinou-se o Direito por fazer recair o ônus sobre este último, uma vez que, dentre ambos, em sendo possível evitar o dano, somente a ele seria dado esse poder. No campo objetivista, portanto, situa-se a teoria do risco, segundo a qual o que importa, para a caracterização da responsabilidade civil, é a causalidade entre o mal sofrido e o fato causador, por influxo do princípio segundo o qual toda pessoa que cause dano a outra está sujeita à sua reparação, sem necessidade de se cogitar do problema da imputabilidade do evento à culpa do agente". [...]. "Veja-se que a ideia de justiça social contida na teoria do risco administrativo vem sendo, cada vez mais, prestigiada pela jurisprudência pátria quando se trata de julgamentos envolvendo a responsabilidade estatal em temas relacionados à saúde pública'[...]".

16. Registre-se, nesse sentido, ação civil pública proposta pelo Ministério Público de São Paulo objetivando a proibição da realização de missas e cultos presenciais no estado para conter a dispersão da contaminação pelo coronavírus (Processo nº 2055157-26.2020.8.26.0000).

Ainda, pode a sentença condenar a entidade demandada a ressarcir *dano difuso* causado a pessoas indeterminadas, que foram expostas ao contágio pelos profissionais de saúde desprovidos de EPI's. Nessa hipótese, eventual quantia executada deve ser remetida, a princípio,[17] a fundos reparatórios estaduais ou federal, na forma determinada pelo art. 13 da LACP.

Por fim, a fixação da responsabilidade civil pelos danos causados pelo réu (*an debeatur*) por via da sentença de procedência da ação civil pública presta-se também à tutela individual homogênea. Muito embora não tenha sido esse o papel historicamente idealizado para essa ação, a integração dos sistemas processuais da Lei nº 8.078/90 e da Lei nº 7.347/85 acabou por estender à ação civil pública referida funcionalidade.[18] Por tal motivo, na hipótese acima imaginada, todo e qualquer profissional da saúde da rede hospitalar demandada na ação civil pública pode, a partir da sentença condenatória, habilitar-se à liquidação e execução de indenização pessoal, desde que demonstrados o nexo causal e os danos individuais.

Contudo, a destacada versatilidade da ação civil pública acaba por gerar, paradoxalmente, seus principais problemas de admissibilidade e julgamento. Isso acontece, com mais evidência, quando ela é proposta para o fim de compelir o Poder Público a implementar políticas públicas de toda ordem, inclusive no campo da saúde.

Em que pese o fato da jurisprudência das Cortes Superiores estar consolidada no sentido da possibilidade da judicialização das políticas públicas,[19] constitui lugar comum a conclusão da insuficiência (senão imprestabilidade) do clássico modelo adjudicatório para a resolução adequada dos complexos conflitos que delas resultam. A técnica da sentença condenatória – e mesmo da sentença mandamental -, porque baseadas no *tudo ou nada* e na imposição de comandos judiciais ao Poder Público ordenando-lhe que, por

---

17. Muito embora a destinação de valores pecuniários obtidos pela lesão a bens transindividuais seja a regra, não raras vezes outras soluções acabam sendo engendradas entre as entidades condutoras da ação civil pública e o Poder Judiciário. Tal solução é respaldada pelo §1º do art. 5º da Resolução nº 179 do Conselho Nacional do Ministério Público (CNMP): "também é admissível a destinação dos referidos recursos a projetos de prevenção ou reparação de danos de bens jurídicos da mesma natureza, ao apoio a entidades cuja finalidade institucional inclua a proteção aos direitos ou interesses difusos, a depósito em contas judiciais ou, ainda, poderão receber destinação específica que tenha a mesma finalidade dos fundos previstos em lei ou esteja em conformidade com a natureza e a dimensão do dano".

18. Conforme autoriza o art. 103, §3º da Lei nº8.078/90, "Os efeitos da coisa julgada de que cuida o art. 16, combinado com o art. 13 da Lei nº 7.347, de 24 de julho de 1985, não prejudicarão as ações de indenização por danos pessoalmente sofridos, propostas individualmente ou na forma prevista neste código, mas, se procedente o pedido, beneficiarão as vítimas e seus sucessores, que poderão proceder à liquidação e à execução, nos termos dos arts. 96 a 99."

19. O Supremo Tribunal Federal assim expressa-se sobre o assunto: "Esta Corte já firmou a orientação de que o Ministério Público detém legitimidade para requerer, em Juízo, a implementação de políticas públicas por parte do Poder Executivo, de molde a assegurar a concretização de direitos difusos, coletivos e individuais homogêneos garantidos pela Constituição Federal, como é o caso do acesso à saúde. 2. O Poder Judiciário, em situações excepcionais, pode determinar que a Administração Pública adote medidas assecuratórias de direitos constitucionalmente reconhecidos como essenciais, sem que isso configure violação do princípio da separação de poderes" (AI-AgR 593676, 1ª T., Relç Min. Dias Toffoli, j. 28.02.2012). O Superior Tribunal de Justiça possui entendimento similar consolidado de que, na hipótese de demora do Poder competente, o Poder Judiciário pode determinar, em caráter excepcional, a implementação de políticas públicas de interesse social, sem que haja invasão da discricionariedade ou afronta à reserva do possível. Nesse sentido: AREsp 1.069.543/SP, Rel. Min. Benedito Gonçalves, 1ª T., DJe 2/8/2017; REsp 1.586.142/SP, Rel. Min. Humberto Martins, 2ª T., DJe 18.4.2016; AgInt no REsp 1.304.269/MG, Rel. Min. Og Fernandes, 2ª T., DJe 20.10.2017.

passe de mágica, imediatamente suprima históricas e graves omissões quanto à garantia do mínimo existencial dos cidadãos, acabam por se revelar pragmaticamente pouco eficientes, ainda que garantam retóricas e sofisticadas fundamentações da sentença de procedência.[20] Nesse sentido, perceba-se, não se trata exatamente de um problema *da ação civil pública em si*, mas, antes, do próprio modelo de prestação da tutela jurisdicional.

Apenas a título de ilustração, destaquemos uma exemplar ação civil pública recente e diligentemente proposta em litisconsórcio formado pelo Ministério Público Federal, Ministério Público do Trabalho e Defensoria Pública da União contra a União Federal, o Estado do Amazonas e o Município de Manaus, objetivando medidas para assegurar dignidade e proteção à população em situação de rua (aproximadamente 2.000 pessoas, segundo a inicial), no contexto da pandemia da COVID-19.[21]

As pretensões de tutela deduzidas por essa ação civil pública, quanto ao mérito, parecem irretocáveis.[22] Todavia, a efetividade da implementação dos comandos judiciais, na hipótese de procedência dos pedidos, inexoravelmente esbarrará (como de costume) não apenas nos pragmáticos aspectos relacionados à reserva do possível como, também, nas amarras da burocracia das administrações públicas demandadas e, porque não dizer, nas do próprio Poder Judiciário – ele mesmo não acostumado a fazer valer concretamente suas próprias decisões.

Por esse motivo, debates sobre a necessidade de estruturação dos procedimentos judiciais e extrajudiciais de resolução de conflitos envolvendo a implementação de políticas públicas no Brasil vêm se disseminando, tanto em âmbito jurisprudencial[23] como doutrinário,[24] revelando a crescente preocupação em se criar condições para um *diálogo processual institucional entre os Poderes Públicos* para a melhor solução dos conflitos sociais complexos e adequada tutela dos direitos fundamentais.[25]

---

20. Sobre o tema, ver, por todos, MARINONI, Luiz Guilherme. *Técnica processual e tutela dos direitos*. 1ª ed. São Paulo: Revista dos Tribunais, 2004, p. 72 e seguintes.
21. Ação civil pública nº 1006056-69.2020.4.01.3200, distribuída à 3ª Vara Cível da Seção Judiciária do Amazonas em 05.4.2020. Inicial disponível em http://www.mpf.mp.br/am/sala-de-imprensa/docs/AoMPFMPTDPU.pdf (acesso em 07.4.2020).
22. Dentre os pedidos formulados pela ação, destacam-se as seguintes injunções que, se descumpridas, sujeitariam pessoalmente os administradores públicos a multas coercitivas diárias de R$50.000,00: disponibilização de estruturas para a alocação imediata de aproximadamente 2000 pessoas em situação de rua; disponibilização de EPI's a todos os servidores, terceirizados e demais colaboradores que atendam a população em situação de rua; a vacinação contra gripe dos usuários e funcionários dos equipamentos socioassistenciais; a disponibilização de pontos de água potável e banheiros ou sanitários nos locais de maior concentração de população em situação de rua, com a presença de vigilante em cada um deles; a coibição de aglomerações das pessoas em situação de rua no momento da distribuição de alimentos; a determinação da elaboração de um plano conjunto entre os réus voltado à população em situação de rua, de combate a pandemias e situações de calamidades/emergências, em diálogo com a sociedade civil, no prazo de 90 dias e a condenação do Estado e do Município ao pagamento de 2 milhões de reais por danos morais coletivos.
23. STJ, 2ª T., RESP 1733412 2017.02.41253-0, Rel. Min. Og Fernandes, DJE 20/09/2019.
24. Dentre todos, vide: ARENHART, Sérgio e JOBIM, Marco Félix. *Processos Estruturais*. Salvador: Juspodium, 2017; COSTA, Susana Henriques da, WATANABE, Kazuo e GRINOVER, Ada Pellegrini. *O processo para solução de conflitos de interesse público*. Salvador: Juspodium, 2017.
25. A respeito da preocupação contra intervenções judiciais em tema de COVID-19 que desprezem a necessidade desse diálogo interinstitucional, expressou-se o Ministro Luiz Fux: "Em todas as instâncias, ações judiciais proliferam em relação às medidas governamentais de contenção à pandemia. Está na ordem do dia a virtude passiva dos juízes e a humildade judicial de reconhecer, em muitos casos, a ausência de expertise em relação à Covid-19. É tudo novo para a ciência, quiçá para o Judiciário. Nesse contexto, impõe-se aos juízes atenção para as consequências das

6. A AÇÃO COLETIVA PARA TUTELA DOS DIREITOS INDIVIDUAIS HOMOGÊNEOS E A COVID-19

A primeira ação coletiva para tutela de direitos individuais homogêneos foi prevista no Brasil em 1989, por via da Lei nº 7.913, sob a designação de "ação civil pública de responsabilidade por danos causados aos investidores no mercado de valores mobiliários".

Contudo, foi a Lei nº 8.078/90 que autorizou sua propositura para quaisquer casos envolvendo pretensões indenizatórias individuais decorrentes de *origem comum*, regulando-lhe procedimento próprio (artigos 91 a 103) notabilizado pela adoção de determinadas técnicas especiais. Dentre elas, destacam-se a necessidade de publicação de editais assim que proposta a demanda, a restrita discussão sobre a imputação do dever de reparação (fixação do *an debeatur*) e a busca pela *sentença condenatória genérica* – com base na qual vítimas e sucessores podem se apresentar para, provando nexo causal e dano pessoal, liquidá-la e executá-la.

Infelizmente, contudo, a tutela individual homogênea no Brasil está muito longe de propiciar efetiva reparação às vítimas – ao menos se compararmos sua destacada serventia no sistema norte-americano das *class actions for damages*.

Em primeiro lugar, dentre outros motivos, isso ocorre pelas evidentes dificuldades de acessibilidade ao sistema de justiça para o processamento das liquidações e execuções individuais que, a depender da pouca consistência da origem comum que autoriza a ação coletiva, as torna extremamente complexas. Em segundo lugar, diferentemente do modelo norte-americano – no qual as *class actions* são ajuizadas objetivando essencialmente os acordos, o modelo adjudicatório que envolve o processamento da ação coletiva brasileira (aí incluídas, perceba-se, invariavelmente três fases distintas relativas à cognição, liquidação e execução individual), representa promessa quase certa de lentidão, insegurança e pouca efetividade.

É por isso que, para o adequado e promissor manuseio da ação coletiva de tutela de direitos individuais homogêneos, é imprescindível a identificação e a delimitação de conexões (questões comuns), de fato e de direito, tão fortes quanto possível. Se assim for, abrem-se interessantes oportunidades para que, por exemplo, sejam dispensados procedimentos individualizados de liquidação e execução ou, quando necessários, *coletivizados*, gerando a possibilidade de se ultrapassar o modelo da sentença condenatória genérica a fim de viabilizar sempre que possível, condenações já líquidas e certas, por valores mínimos ou médios, a serem desde já pagos diretamente às vítimas ou sucessores.[26]

---

suas decisões, recomendando-se prudência redobrada em cenários nos quais os impactos da intervenção judicial são complexos, incalculáveis ou imprevisíveis. Antes de decidirem, devem os juízes ouvir os técnicos, porque uma postura judicial diversa gera decisões passionais que desorganizam o sistema de saúdes, gerando decisões trágicas e caridade injusta". FUX, Luiz. Justiça Infectada? A hora da prudência. *O Globo* (online). Disponível em: <shorturl.at/clCOT >. Acesso em 30 mar. 2020.

26. Sobre a possibilidade de superação do modelo da sentença condenatória genérica, o STJ possui julgado paradigmático no sentido de dispensar, sempre que possível, a liquidação e execuções individuais de julgamentos em demandas coletivas de tutela individual homogênea: 'PROCESSUAL CIVIL. AÇÃO CIVIL PÚBLICA. EFICÁCIA DA SENTENÇA. PROVIMENTO DE CARÁTER MANDAMENTAL. LIDE MULTITUDINÁRIA. ADMISSIBILIDADE. I – Na petição inicial da Ação Civil Pública em causa, proposta pela APADECO contra o Banco do Brasil, visando a diferenças de correção monetária de valores depositados em caderneta de poupança, o pedido formulado possui

Aproximando o tema da tutela individual homogênea dos reflexos lesivos da atual pandemia, nos Estados Unidos da América e nos demais países que contam com sistemas de ações coletivas (Inglaterra, Europa continental, Canadá, Austrália e Nova Zelândia, dentre outros), tem-se observado momento de destacada euforia no ajuizamento de *class actions for damages*, fundadas em responsabilidades pelas mais diferentes afetações lesivas decorrentes da COVID-19.

Essas ações estão sendo propostas, sobretudo, em benefício de acionistas minoritários de empresas de capital aberto, trabalhadores, consumidores e até mesmo de empresários. De fato, em rápida pesquisa nos deparamos com casos envolvendo: acionistas de companhia acusada de divulgar notícias falsas a respeito da pandemia no intuito da valorização das ações[27]; consumidores que acusam empresa de turismo pela omissão de informações relevantes quanto aos males causados pela doença com o objetivo de preservar suas vendas[28]; consumidores que acusam companhia por violação da privacidade e compartilhamento não autorizado de seus dados pessoais com outras empresas[29]; consumidores processando empresa de revenda de ingressos por quebra contratual decorrente da não devolução de ingressos de atrações canceladas por força da pandemia[30]; empresários que processam companhias seguradoras pela negativa de pagamento de seguro por perdas econômicas derivadas da COVID-19.[31]

A tutela individual homogênea, contudo, apesar de representar uma opção à ação individual – sobretudo para as vítimas que experimentam danos a partir de uma origem comum e não dispõem de efetivo acesso à justiça pela via individual –, não se revela o meio mais apropriado quando as razões de fato ou de direito que qualificam a *origem comum* não forem suficientemente fortes, a ponto de se apresentar como mais *numerosas* e *superiores* do que as questões individuais que afetam particularmente cada uma das vítimas.[32]

---

nítido caráter mandamental. Essa característica se refletiu no título judicial que se formou. II – Nos termos do pedido inicial e do Acórdão, devidamente transitado em julgado, válida a determinação para que a execução de sentença de Ação Civil Pública se realize mediante depósito direto em conta pelo próprio Banco dos valores devidos aos clientes. III – A providência, além de autorizada pela natureza do título executivo, torna efetiva a condenação e evita o assoberbamento do Poder Judiciário com incontáveis execuções individuais que, em última análise, constituem subproduto dos sucessivos planos econômicos ocorridos na história recente do país IV – Recurso Especial a que se nega provimento". (RESP 7677412005.01.19893-7, 3ª T., Rel. Min. Sidnei Beneti, DJE 24/08/2010).

27. *Class action* proposta contra a *Inovio Pharmaceuticals* (https://www.dandodiary.com/wp-content/uploads/sites/893/2020/03/inovia-complaint.pdf). Acesso em 06.4.2020.
28. *Class action* proposta contra a *Norwegian Cruise Lines* (https://www.dandodiary.com/wp-content/uploads/sites/893/2020/03/norwegian-cruise-lines-complaint.pdf). Acesso em 06.04.2020.
29. Na c*lass action* ajuizada na Califórnia contra a empresa Zoom Video Communications, alega-se ter havido o indevido compartilhamento (inclusive com o Facebook) de informações sobre a identidade do usuário logado em videoconferências realizadas através do aplicativo, do modelo e da identificação do aparelho utilizado. (https://www.cbsnews.com/news/zoom-app-personal-data-selling-facebook-lawsuit-alleges). Acesso em 06.4.2020.
30. *Class action* ajuizada na Corte Distrital do Wisconsin contra a empresa de revenda de ingressos StubHub, pela qual se pleiteia uma condenação de 5 milhões de dólares por quebra de contrato, em função de a empresa estar se negando a reembolsar milhares de consumidores pela compra de ingressos para eventos esportivos (da NHL) cancelados por força da epidemia do coronavírus, oferendo, em troca, cupons no valor de 120% do valor da compra a serem utilizados na compra de outros ingressos (https://www.billboard.com/articles/business/legal-and-management/9352530/stubhub-5-million-class-action-lawsuit-coronavirus-refund-policy). Acesso em 06.4.2020.
31. Disponível em https://www.insurancebusinessmag.com/ca/news/breaking-news/national-class-action-lawsuit--launched-against-insurers-refusing-to-pay-coronavirusrelated-claims-218959.aspx. Acesso em 06.4.2020.
32. Segundo o art. 23 (a), das Federal Rules of Civil Procedure dos EUA, "One or more members of a class may sue or be sued as representative parties on behalf of all members only if: (1) the class is so numerous that joinder of all

É o que dificulta sobremaneira, muitas vezes, o cabimento de ações coletivas de tutela individual homogênea tendo como fundamento a COVID-19.

Assim, v.g., o fato de indivíduos adquirirem ou estarem expostos ao contágio pelo coronavírus em decorrência de uma alegada omissão ou insatisfatoriedade de políticas públicas preventivas por parte do Poder Público,[33] ou a demora da divulgação do início da epidemia pelo governo chinês,[34] ao menos em princípio, parecem não constituir fundamentos promissores a viabilizar um tratamento coletivo para pretensões indenizatórias individuais reunindo inúmeros casos para os quais poderiam ter concorrido causas ou concausas das mais diversas. Nesses casos, a melhor aposta continua a ser a propositura de ações individuais.

De toda sorte, ainda que nenhuma liquidação ou execução individual derive da sentença condenatória genérica fixada na ação coletiva, ainda assim, como sustentamos há muito tempo,[35] seria obrigatória a imposição ao demandado da integralização de uma espécie de *fluid recovery*, prevista pelo par. único, do art. 100 do CDC, com a função de evitar seu locupletamento, com destinação aos fundos reparatórios sociais antes mencionados. Nesse particular, a *class action brasileira* não deixa de se prestar, ainda que reflexamente, também à tutela de interesses ou direitos difusos.

7. CONCLUSÃO

Seja qual for a afetação lesiva que se possa imaginar a partir da pandemia da COVID-19, é possível afirmar que o sistema de justiça brasileiro está instrumentalizado por um especial modelo de ações que promete proteger coletiva, preventiva e repressivamente interesses da sociedade civil como um todo, interesses de grupos, classes ou categorias específicas e interesses individuais.

Toda essa instrumentalidade prometida pelas ações coletivas, todavia, não consegue esconder graves entraves à sua plena operacionalidade, que não se resumem à insuficiência ou inoperância de técnicas processuais propriamente ditas. Os maiores problemas, na

---

members is impracticable; (2) there are questions of law or fact common to the class; (3) the claims or defenses of the representative parties are typical of the claims or defenses of the class (...)".

33. Como a *class action* ajuizada nos EUA contra o Estado do Alaska, pela qual cerca de 8000 servidores públicos requereram a expedição de ordem judicial impondo à Administração Pública que os deixasse trabalhar por via remota (*home office*) em função da desídia na adoção de providências que os protegesse dos riscos à sua saúde e segurança (https://www.newsweek.com/covid-19-class-action-lawsuits-1496027). Acesso em 07.4.2020. Na Áustria, noticia-se o ajuizamento de *class action* representativa de aproximadamente 2.500 esquiadores contra autoridades da província do Tyrol, pela forma negligente como teriam gerenciado a contenção da epidemia do coronavírus em um resort, apontado como gerador de inúmeros casos de contaminação pela Europa afora (https://www.abc.net.au/news/2020-04-06/coronavirus-law-class-action-negligence/12113220). Acesso em 07.4.2020.

34. Uma *class action* (Caso n.º 1:20-cv-21108-UU) foi ajuizada na Flórida contra a República Popular da China e outros, representativa de pessoas físicas e jurídicas de todos os Estados Unidos da América, buscando indenizações por danos acarretados pelos réus em decorrência da pandemia da COVID-19. Sustenta-se que os demandados agiram com negligência inescusável e intencional, imputando-se-lhes responsabilidade estrita pela realização de atividades ultra perigosas e por perturbação da ordem pública, por conta das quais teriam provocado danos emocionais e materiais para todos os membros da classe. Apesar de o valor dado à causa ter sido de 5 milhões de dólares, os pedidos indenizatórios poderiam, acaso procedentes, chegar a cifras bilionárias (https://www.foxnews.com/politics/class-action-suit-seeks-to-make-china-pay). Acessado em 07.4.2020.

35. VENTURI, Elton. *Execução da tutela coletiva*. São Paulo: Malheiros, 2000, p. 154.

verdade, têm mais a ver com as consequências econômicas, políticas e ideológicas que esse sistema é capaz de gerar.

Pelo mundo afora, falar-se em *tutela coletiva dos direitos* ou de *tutela de direitos coletivos* constitui uma inegável subversão do modelo clássico (e, porque não dizer, *cômodo*) de atuação de um Poder Judiciário acostumado a solucionar conflitos intersubjetivos de interesses, até então apenas admissíveis enquanto qualificáveis como *individuais*.

O tratamento coletivo de lesão ou de ameaças de lesão a direitos impõe uma ressignificação da atuação jurisdicional do Estado e, por via de consequência, do dogma da separação dos poderes.[36]

A tragédia social representada pela pandemia da COVID-19, não fosse por muitos outros motivos, deveria demarcar um excelente ponto de partida para que a tutela coletiva fosse levada mais a sério no Brasil.

8. REFERÊNCIAS

ARENHART, Sérgio e JOBIM, Marco Félix. *Processos Estruturais*. Salvador: Juspodium, 2017.

CAPPELLETTI, Mauro. Appunti sulla tutela giurisdizionale di interesse collettivi o diffusi. *Le azioni a tutela di interessi collettivi*. Pádua: CEDAM, 1976.

COSTA, Susana Henriques da; WATANABE, Kazuo e GRINOVER, Ada Pellegrini. *O processo para solução de conflitos de interesse público*. Salvador: Juspodium, 2017.

FUX, Luiz. Justiça Infectada? A hora da prudência. *O Globo* (online). Disponível em: <shorturl.at/clCOT >. Acessado em 08.4.2020.

GRINOVER, Ada Pellegrini. *A tutela dos interesses difusos*. São Paulo: Max Limonad, 1984.

LACERDA, Caroline Maria Vieira. Os impactos da pandemia de covid-19 nas ações de improbidade administrativa à luz das alterações da lei de introdução às normas do direito brasileiro. (https://www.migalhas.com.br/depeso/323740/os-impactos-da-pandemia-de-covid-19-nas-acoes-de-improbidade-administrativa-a-luz-das-alteracoes-da-lei-de-introducao-as-normas-do-direito-brasileiro). Acessado em 07.4.2020.

MARINONI, Luiz Guilherme. *Técnica processual e tutela dos direitos*. 1ª ed. São Paulo: Revista dos Tribunais, 2004.

MOREIRA, José Carlos Barbosa. A ação popular do Direito brasileiro como instrumento de tutela jurisdicional dos chamados 'interesses difusos'. *RePro* 28/7-19, out.-dez., São Paulo, RT, 1982.

SILVA, Ovídio Baptista da. *Processo e ideologia*. Rio de Janeiro: Forense, 2006.

VENTURI, Elton. *Processo civil coletivo*. São Paulo: Malheiros, 2007.

VENTURI, Elton. *Execução da tutela coletiva*. São Paulo: Malheiros, 2000.

VENTURI, Thaís G. Pascoaloto. *Responsabilidade civil preventiva: a proteção contra a violação dos direitos e a tutela inibitória material*. São Paulo: Malheiros, 2014.

WATANABE, Kazuo. Tutela jurisdicional dos interesses difusos: a legitimação para agir. *A tutela dos interesses difusos*. São Paulo: Max Limonad, 1984.

---

36. Como enfatizava o saudoso processualista gaúcho, "Todos sabem que o ideal político da separação dos poderes é impraticável na sociedade contemporânea. Mas o Direito – referimo-nos ao direito processual civil – ainda não absorveu este fato político. Para ele a história parou no século XIX". SILVA, Ovídio Baptista d *Processo e ideologia*. Forense: Rio de Janeiro, 2006, p. 318.

DANOS SOCIAIS NA DESOBEDIÊNCIA AOS DECRETOS DE SUSPENSÃO DAS ATIVIDADES EMPRESARIAIS EM RAZÃO DA COVID-19

Clayton Reis

Pós-doutor em Responsabilidade Civil pela Universidade de Lisboa. Mestre e Doutor em Direito das Relações Sociais pela UFPR. Magistrado aposentado do Tribunal de Justiça do Paraná. Professor universitário e advogado.

Guilherme Alberge Reis

Mestrando em Direito das Relações Sociais pela UFPR. Bacharel em Direito e Relações Internacionais pelo UNICURITIBA. Especialista em Direito Processual Civil pelo Instituto Romeu Felipe Bacellar e Direito Empresarial pelas Faculdades da Indústria. Advogado.

Rafaella Nogaroli

Pós-graduanda em Direito Médico pelo Centro Universitário Curitiba (UNICURITIBA) e em Direito Aplicado pela Escola da Magistratura do Paraná (EMAP). Especialista em Direito Processual Civil pelo Instituto de Direito Romeu Felipe Bacellar. Bacharel em Direito pelo UNICURITIBA. Coordenadora do grupo de pesquisas em "Direito da Saúde e Empresas Médicas" (UNICURITIBA), ao lado do prof. Miguel Kfouri Neto. Assessora de Desembargador no Tribunal de Justiça do Estado do Paraná.

Sumário: 1. Introdução. 2. Competência dos entes federados para editarem decretos para restrição da circulação de pessoas. 3. Danos sociais em tempos de pandemia. 4. A metodologia de quantificação da indenização por danos sociais. 5. Conclusão. 6. Referências.

1. INTRODUÇÃO

A pandemia da COVID-19 trouxe situações jamais vivenciadas pela humanidade na era moderna: um vírus novo, para o qual o ser humano não possui imunidade, infectará e levará a óbito talvez milhões de pessoas. Mas não é só: os rápidos contágio e propagação da doença trazem a possibilidade dos sistemas de saúde entrarem em colapso, devido à incapacidade de prestarem assistência médica a vários cidadãos ao mesmo tempo.

Diante desse calamitoso cenário, não restou outra alternativa, conforme recomendação da Organização Mundial da Saúde (OMS), seguida por praticamente todos os países ocidentais, senão a determinação de quarentena domiciliar e/ou distanciamento social, a fim de retardar a disseminação do vírus e, com isso, possibilitar que os hospitais possam atender a todos os doentes, especialmente aqueles em estado mais grave.

Seguindo essa recomendação, estados e municípios do Brasil restringiram a circulação de pessoas em seus territórios, a fim de mitigar o trânsito dos infectados e consequente contágio de terceiros. Determinou-se o fechamento de uma parte considerável de fábricas, lojas e atividades de lazer (como estádios de futebol), sempre com o intuito de evitar aglomerações.

Esses entes federados editaram decretos, detalhando quais são as atividades essenciais e que, portanto, devem permanecer abertas. A imprescindibilidade de algumas atividades não gera dúvidas sobre a necessidade de continuarem em funcionamento. O fornecimento de alimentos em mercados e medicamentos em farmácias, os próprios serviços de saúde (hospitais e postos de saúde), o abastecimento de água e energia elétrica, a coleta de lixo e o transporte de mercadorias são alguns exemplos de serviços essenciais. Por outro lado, há certa margem interpretativa em dadas situações, pois alguns entes federados consideraram igrejas como atividades essenciais, permitindo a continuidade dos cultos, mesmo diante do elevado potencial de gerar aglomerações e propagação do contágio da COVID-19.

Muito se tem discutido que a consequência indireta da pandemia será uma crise econômica mundial sem precedentes – apesar da gravidade deste quadro, não pretendemos analisá-lo no presente estudo. Não se discutirá, destarte, o acerto ou desacerto dos decretos de suspensão de atividades não essenciais, especialmente quanto às consequências econômicas geradas.

Por outro lado, teceremos importantes reflexões jurídicas sobre a violação às determinações de suspensão das atividades por parte dos estabelecimentos comerciais e a possibilidade disso gerar o dever de indenização, sobretudo pela exposição da coletividade a graves riscos, ainda que abstratos. Ademais, pretendemos demonstrar uma nova modalidade de dano indenizável – denominada "dano social" –, bem como a sua metodologia de quantificação. Sobre tais questões, pretendemos tecer breves comentários no presente trabalho, sem qualquer pretensão de esgotar esta complexa temática.

2. COMPETÊNCIA DOS ENTES FEDERADOS PARA EDITAREM DECRETOS PARA RESTRIÇÃO DA CIRCULAÇÃO DE PESSOAS

A pandemia que bate à porta de todos os brasileiros gera, na maioria, preocupações com relação à própria saúde e de familiares que se encontram em grupos de risco, nos quais as taxas de mortalidade são sensivelmente maiores. Com isso, diante do fechamento de estabelecimentos comerciais não essenciais, a fim de evitar a disseminação da doença, surge uma intuitiva conclusão à qual a doutrina constitucionalista já havia chegado: os direitos à saúde e à vida têm primazia sobre outros importantíssimos preceitos constitucionais, como o direito à livre iniciativa e à livre circulação.

Diante de tais observações, "a inviolabilidade do direito à vida" está prevista no art. 5º, *caput*, da Constituição da República, ao passo que o direito à saúde encontra-se insculpido no *caput* do art. 6º da Carta Maior, no rol de direitos sociais. Não há dúvidas de que nossa Constituição enumerou exaustivamente diversos outros direitos e que, por vezes, há um choque entre princípios, cabendo ao Poder Judiciário definir quais devem prevalecer.[1]

A partir da necessidade de proteção da vida e da saúde, em tempos de pandemia da COVID-19, promulgou-se a Lei n. 13.979/2020, que dispõe sobre "as medidas para enfrentamento da emergência de saúde pública de importância internacional decorrente do coronavírus responsável pelo surto de 2019". Entre as medidas previstas encontram-se o isolamento social e a quarentena domiciliar, contanto que resguardados "o exercício e o funcionamento de serviços públicos e atividades essenciais" (art. 3º, §8º).

A Presidência da República, por sua vez, editou, por meio dos Decretos n. 10.282 e 10.292/2020, todas as atividades e serviços públicos considerados como "essenciais", entre os quais incluiu "atividades religiosas" e "casas lotéricas", que vêm sendo objeto de inúmeras críticas e questionamentos em demandas ajuizadas pelo Ministério Público Brasil afora.

Diante da relutância da União na edição de decretos que restrinjam de forma mais enfática a circulação de pessoas – seguindo as orientações da Organização Mundial de Saúde (OMS) e a tendência de praticamente todos os países do mundo –, governos estaduais e municipais têm editado normas, enumerando de forma discricionária as atividades consideradas essenciais e que podem continuar em funcionamento sem restrições. As atividades de empresas que não se encontrem neste rol devem ser suspensas.

Embora surjam questionamentos quanto à legitimidade de cada ente para regular a matéria, assim como quanto aos limites da discricionariedade, não nos debruçaremos exaustivamente sobre tal análise, que fatalmente ficará a cargo de nossa Corte Maior.

Quanto ao assunto, o que temos, no momento, é uma decisão do Ministro Marco Aurélio, do STF, reafirmando a competência concorrente entre os entes federados no que tange à saúde, sustentando que "as providências não afastam atos a serem praticados por Estado, o Distrito Federal e Município considerada a competência concorrente na forma do artigo 23, inciso II, da Lei Maior".[2] Em igual sentido, o Ministro Alexandre de Moraes reconheceu e assegurou "o exercício da competência concorrente dos governos estaduais e distrital e suplementar dos governos municipais, (...) para a adoção ou manutenção de medidas restritivas (...), tais como o distanciamento/isolamento social, quarentena, suspensão das atividades, (...) independentemente de superveniência de ato federal em sentido contrário".[3]

Aliás, mesmo a lei federal que instituiu a possibilidade de decretação de quarentena e/ou isolamento, prevê que, em alguns casos, as medidas poderão ser adotadas "pelos gestores locais de saúde" (art. 3º, §7º, II e III, da Lei n. 13.979/2020).

Em razão da diversidade socioeconômica e demográfica de nosso país, é salutar que se permita uma certa dose de discricionariedade aos entes federados no momento de decidir acerca da adoção de medidas mais drásticas de distanciamento social. É natural

---

1. CANOTILHO, José Joaquim Gomes. *Direito constitucional e teoria da constituição*. Lisboa: Almedina, 2002. p. 1257.
2. STF, ADI 6.341, rel. Min. Marco Aurélio, j. 24/03/2020.
3. STF, ADPF 672/DF, rel. Min. Alexandre de Moraes, j. 08/04/2020.

que o vírus encontre terreno mais fértil para propagação na cidade de São Paulo, cuja economia é globalmente conectada e possui elevada densidade demográfica, do que em uma pequena cidade do interior do Amazonas. Por evidente, medidas distintas que previnam a circulação de pessoas podem e devem ser adotadas conforme a realidade local, cabendo à população se sujeitar a tais regras, visto que completamente justificáveis.

O que se extrai de relevante para o presente estudo é que a edição de normas instituindo restrições ao funcionamento de determinadas atividades enquanto durar a pandemia, por qualquer ente federado, além de ser legal e legítima, gera um dever de obediência, sujeitando aqueles que as descumprirem, para além de eventuais sanções de ordem administrativa, à responsabilidade civil decorrente do ato ilícito praticado.

As empresas que se sintam lesadas, ou que interpretem que sua atividade é essencial, podem buscar seus direitos judicialmente, como é o caso de posto de combustível que pleiteou sua reabertura no Paraná. O E. TJPR entendeu que "considerando as atividades entendidas pelo Poder Executivo Municipal como essenciais, dentre elas mercados e supermercados, possível compreender que os estabelecimentos comerciais de lojas de conveniências do referido impetrante também se enquadram nesta categoria".[4] Como visto, o Judiciário terá relevante papel ao promover o equilíbrio, como poder moderador, entre a edição desses decretos pelo Executivo e a realidade fática.

Por mais que nos solidarizemos de forma sincera aos prejuízos econômicos que serão experimentados por tais empresas cujas atividades foram suspensas, o momento é o de privilegiar a vida e a saúde. Eventual descumprimento aos decretos de suspensão das atividades, portanto, como já exposto, implicará na desobediência de uma série de normas de nosso Ordenamento Jurídico, gerando danos potenciais e concretos que poderão ser, sem qualquer dúvida, objeto de reparação civil.

3. DANOS SOCIAIS EM TEMPOS DE PANDEMIA DA COVID-19

Diante do quadro exposto, um bar, restaurante ou igreja que desobedeça à determinação de suspensão de suas atividades, além de ser inequívoca sua responsabilidade administrativa, também ficará sujeito à indenização por danos extrapatrimoniais. Isso porque, o descumprimento implica em graves consequências e expõe não apenas seus frequentadores a riscos, passando uma mensagem errônea a toda sociedade, no sentido de desrespeito às normas destinadas à contenção da propagação da COVID-19.

Poder-se-ia questionar se um dano apenas surgiria diante da confirmação de que um dos hipotéticos frequentadores do estabelecimento se encontrava infectado pela COVID-19, transmitindo-o aos demais presentes. Contudo, entendemos que a mera desobediência às normas de suspensão de atividades por parte dessas pessoas jurídicas enseja o pagamento de indenização por danos sociais, modalidade que se adéqua perfeitamente ao hipotético caso mencionado, conforme explicaremos a seguir. Cabe,

---

4. Disponível em <https://www.amapar.com.br/noticia-rss/item/covid-19-desembargadora-defere-pedido-para-loja-de-conveni%C3%AAncias-de-posto-de-combust%C3%ADvel-funcionar-em-maring%C3%A1.html>. Acesso em 04/04/2020.

num primeiro momento, fazer breve digressão sobre a origem e o fundamento de tal modalidade de dano.

O art. 193 da Constituição Federal preceitua que "a ordem social tem como base o primado do trabalho, e como objetivo o bem-estar e a justiça sociais". É certo, portanto, que a ordem constitucional deve privar pela qualidade de uma vida digna e tudo aquilo que se mostre necessário para que se atinja tal objetivo, não havendo margem por parte de pessoas físicas ou jurídicas para violação ao bem-estar coletivo.

O art. 5º, § 1º, da Carta Maior determina, por sua vez, que as normas que instituem direitos e garantias fundamentais têm aplicação imediata, defendendo, ainda, a melhor doutrina que a aplicação também é horizontal.[5] Diante disso, o art. 1º, III, da CF define a proteção da dignidade humana como fundamento da República Federativa do Brasil. A exposição de pessoas a riscos à saúde ou à vida de forma completamente desnecessária durante a pandemia do novo coronavírus, assim, é conduta de extrema gravidade que enseja a reparação da coletividade a danos sociais.

Essa é a construção constitucional que levou, em resumo, à conclusão da existência dessa modalidade de dano, plenamente passível de reparação. Não há como se falar de danos sociais sem citar seu idealizador, Antônio Junqueira de Azevedo, para quem esses danos representam "lesões à sociedade, no seu nível de vida, tanto por rebaixamento de seu patrimônio moral – principalmente a respeito da segurança – quanto por diminuição na qualidade de vida".[6]

Imprescindível pontuar que os danos sociais se diferenciam dos danos morais coletivos, na medida em que os primeiros são capazes de gerar danos materiais e extrapatrimoniais.[7] A conduta ilícita do estabelecimento que viola decretos de suspensão das atividades também expõe o Poder Público a prejuízos de ordem material, já que pode se ver obrigado a custear, por intermédio do SUS, o tratamento de potenciais infectados, além de exames para averiguar se da reunião de pessoas decorreram contaminações.

Outra característica dos danos sociais é que, de forma geral, não é necessário que sejam individualizados para que sejam devidos, ou seja, é dispensável que tenha ocorrido um prejuízo concreto a uma pessoa física para que sejam admitidos. Nada impede, entretanto, que o cidadão que se sinta lesado pleiteie indenização por danos materiais e morais.

Destaque-se que os danos sociais não são apenas construção doutrinária, sendo há muito tempo admitidos por nossos tribunais, ao se observar o Enunciado 456 da V Jornada de Direito Civil: "a expressão 'dano' no art. 944 abrange não só os danos individuais, materiais ou imateriais, mas também os danos sociais, difusos, coletivos e individuais homogêneos a serem reclamados pelos legitimados para propor ações coletivas".[8]

---

5. FACHIN, Luiz Edson. *Direito civil*: sentidos, transformações e fim. Rio de Janeiro: Renovar, 2015. p. 61.
6. AZEVEDO, Antônio Junqueira de. *Por uma nova categoria de dano na responsabilidade civil*: o dano social. In: FILOMENO, José Geraldo Brito; WAGNER JÚNIOR, Luiz Guilherme da Costa; GONÇALVES, Renato Afonso (Coord.). *O Código civil e sua interdisciplinaridade*. Belo Horizonte: Del Rey. p. 376.
7. TARTUCE, Flávio. *Manual de direito civil*. Rio de Janeiro: Forense; São Paulo: Método, 2015. p. 505. Para melhor compreensão sobre a tendência à coletivização dos da responsabilidade civil e os danos de consequência coletiva e difusa, cf.: BAPTISTA DOS SANTOS, Romualdo. *Responsabilidade civil por dano enorme*. Porto: Juruá, 2018.
8. Disponível em <https://www.cjf.jus.br/enunciados/enunciado/403>. Acesso em 01/04/2020.

Ademais, o Superior Tribunal de Justiça entende que é possível a cumulação dos danos sociais com outras modalidades de dano.[9]

Há algumas ressalvas feitas pelas Cortes Superiores para admissibilidade dos danos sociais: além da obrigatoriedade de serem expressamente pleiteados, devem respeitar os termos do Tema/Repetitivo n. 472 sobre legitimidade passiva, pois "é nula, por configurar julgamento *extra petita*, a decisão que condena a parte ré, de ofício, em ação individual, ao pagamento de indenização a título de danos sociais em favor de terceiro estranho à lide".[10] No caso concreto, que deu origem ao enunciado, um banco tinha sido condenado ao pagamento de cinco mil reais, por descontos indevidos na conta corrente do autor da demanda, além de dez mil reais adicionais, a título de danos sociais, os quais foram revertidos em favor do Conselho da Comunidade de Minaçu, que, vale destacar, não integrava a lide. Deve haver, portanto, pedido expresso para condenação ao pagamento de danos sociais, o que não ocorreu no caso analisado pelo STJ.

Com isso, trazendo tal problemática ao contexto da pandemia de COVID-19, levantam-se questionamentos quanto à legitimidade para propositura de ação de indenização por danos sociais, que tenha por objeto a exposição da população a riscos em razão da violação a determinações de suspensão das atividades não essenciais.

Entendemos que os legitimados são os mesmos do art. 5º da Lei 7.347/85, que "disciplina a ação civil pública de responsabilidade por danos causados ao meio-ambiente, ao consumidor, a bens e direitos de valor artístico, estético, histórico, turístico e paisagístico", ou seja, o Ministério Público, a Defensoria Pública, os entes federados e associações que cumpram os requisitos legais. Para além, nada impede que um sindicato de determinada categoria de atividade não essencial, cujos funcionários tenham sido obrigados a trabalhar durante o período de distanciamento social, ajuíze ação indenizatória por danos sociais em face do empregador.

Nesse sentido, destaque-se que o Ministério Público do Trabalho em Mogi das Cruzes (SP) ajuizou ação cautelar contra empresa de telemarketing, por "expor seus funcionários ao risco desnecessário de contaminação pelo coronavírus".[11] A empresa mantinha aproximadamente 500 funcionários em ambientes fechados, sem atender à determinação de quarentena estabelecida pelo governo estadual e, ainda, não aderiu às medidas determinadas por um decreto municipal de emergência. Numa situação como a narrada, em que os empregados foram expostos a risco de saúde, mesmo diante do grave quadro pandêmico existente, entendemos que é plenamente cabível reparação por danos sociais, sem prejuízo da incidência de danos morais ou materiais, especialmente na ocorrência de efetiva contaminação do empregado.

Em tais demandas – ajuizadas em razão do potencial que a exposição de pessoas a riscos de contaminação gera –, defendemos que o produto da indenização deva ser destinado preferencialmente a entidades hospitalares ou, ainda, fundos assistenciais instituídos com o objetivo de mitigar os efeitos (inclusive econômicos) causados pela pandemia. Ademais,

---

9. REsp 1293606/MG, rel. Ministro Luís Felipe Salomão, 4ª Turma, j. 02/09/2014.
10. STJ, Rcl 12.062-GO, rel. Min. Raul Araújo, j. 12/11/2014.
11. Disponível em: <https://www.redebrasilatual.com.br/trabalho/2020/03/coronavirus-ministerio-publico-do-trabalho-recebe-denuncias/>. Acesso em 07/04/2020.

destaque-se que os danos sociais possuem um caráter indubitavelmente inibitório (e não compensatório, o que ocorrerá em demandas ajuizadas para preservar direitos individuais), a fim de garantir a eficácia[12] aos decretos que restringem as atividades empresariais.

O dano social, como se pode presumir neste ponto da leitura, é *in re ipsa*. Desse modo, basta que o demandante demonstre que o requerido descumpriu determinação pública e vigente de suspensão de suas atividades, durante o período de pandemia em que durarem as restrições. Não é necessário, pois, que sejam demonstrados danos em concreto, como a efetiva contaminação de algum dos envolvidos.

Por evidente, se restar demonstrado que houve algum infectado, à parte de eventuais dificuldades probatórias, deverá ocorrer majoração do *quantum* indenizatório, além de habilitar o indivíduo que tenha sido contagiado pela doença a pleitear compensação para si.

Nesta toada, embora o foco deste estudo seja o dano social abstrato, que emana do descumprimento dos decretos de suspensão das atividades por parte de pessoas jurídicas, cabe tecer breve comentário sobre a hipótese de indivíduos efetivamente afetados por uma situação de contaminação.

Um trabalhador infectado em uma empresa que descumpriu decreto de suspensão de suas atividades começaria por enfrentar uma grande dificuldade probatória[13]: seria seu ônus demonstrar que a contaminação se deu dentro do ambiente laboral. Em outros casos, como em uma igreja onde há contaminação de diversos fiéis que compareceram a um culto em determinado dia, ou de frequentadores de uma casa noturna infectados em massa, seria mais fácil demonstrar o nexo de causalidade entre a conduta ilícita e o dano.

De toda sorte, supondo que sejam superadas essas dificuldades probatórias e o nexo de causalidade seja inequívoco, emana igualmente o dever de indenizar, ainda que já tenha sido intentada ação em benefício da coletividade.

Em qualquer dos casos, ao demandado não caberá apontar a pandemia em sua defesa como força maior, pois sua invocação como causa exonerativa de responsabilidade pressupõe uma situação anterior, desconhecida. E, ao violar decreto de suspensão das atividades, por evidente que o estabelecimento tinha ciência do potencial danoso e altamente contagioso do agente invisível circulante.

Estabelecidas as premissas que enquadram a ocorrência de dano social na verificação de desobediência aos decretos de suspensão de atividades, resta tecer observações acerca do *quantum* indenizatório a ser arbitrado em tais casos.

4. A METODOLOGIA DE QUANTIFICAÇÃO DA INDENIZAÇÃO POR DANOS SOCIAIS

Na quantificação dos danos sociais por descumprimento dos estabelecimentos às determinações de suspensão de suas atividades e às medidas de quarentena domiciliar e

---

12. ROSENVALD, Nelson. *As funções da responsabilidade civil*. São Paulo: Atlas, 2014. p. 40.
13. Sobre a complexidade da prova da contaminação pela COVID-19, bem como da fixação do liame causal entre o comportamento dos infratores e os danos ocasionados, cf. texto de Cícero Dantas Bisneto e José Carlos Simão: https://www.conjur.com.br/2020-abr-06/direito-civil-atual-responsabilidade-civil-transmissao-coletiva-coronavirus#author. Acesso em 08/04/2020.

distanciamento social, em tempos de pandemia da COVID-19, parte-se, inicialmente, da aplicação da regra geral insculpida no art. 944 do Código Civil, *in verbis*: "a indenização mede-se pela extensão do dano". Nesse sentido, o indivíduo que seja infectado por uma conduta ilícita por parte de estabelecimento, que continuou normalmente com suas atividades, encontra-se habilitado a pleitear danos compensatórios, independentemente de pedido coletivo por danos sociais. Porém, há casos graves da doença, que levam à morte, e outros infectados que são assintomáticos.

A indenização de uma pessoa contaminada, mas assintomática, ficaria provavelmente restrita ao caráter extrapatrimonial, tomando por base o desgosto gerado pela doença, especialmente da quarentena obrigatória, que gera inequívoca angústia, ao privar o sujeito do convívio até mesmo com pessoas residentes do mesmo local.

Por outro lado, a reparação daquele doente com graves sintomas, que ficou internado durante longo período devido à contaminação, será diversa. Nesse caso, há direito não apenas à indenização por danos morais, como também lucros cessantes e danos emergentes.[14] Caso reste demonstrado que a atividade profissional da pessoa contaminada não seria afetada pela crise – diante da possibilidade de trabalho remoto –, e que o período de afastamento gerou prejuízos financeiros, não há dúvidas acerca do dever de indenização por lucros cessantes. De igual sorte, caso tenha havido despesas com o internamento, seriam perfeitamente reembolsáveis os danos materiais.

Quanto aos danos extrapatrimoniais incidentes, haveria que se avaliar diversos fatores para quantificá-los apropriadamente: a) o período de internamento; b) a gravidade dos sintomas; c) a existência de sequelas; d) se outras pessoas próximas foram contaminadas. Embora se trate de *danum in re ipsa*, ou seja, que decorre do próprio fato, se houver elementos probatórios que indiquem a gravidade das consequências, proporcionalmente maior deverá ser o *quantum debeatur*. A morte em razão da COVID-19, por óbvio, habilitaria os familiares a pleitear compensação pelos prejuízos de ordem material e moral sofridos, além de pensão alimentícia se houver dependência econômica.

Em contrapartida, os danos sociais que emanam à coletividade diante da mera exposição da população a riscos de contágio, quando da desobediência de determinação de suspensão temporária de atividades não essenciais, têm evidente caráter inibitório. Nessas hipóteses, para arbitramento do *quantum* indenizatório, deve-se questionar: a) a publicidade do descumprimento – quanto mais pessoas impactadas, maior o dano; b) o potencial de atingir um número maior de pessoas (um pequeno bar sujeita menos pessoas a riscos do que um show em praça pública); c) se houve ou não infectados em razão do ato ilícito (presumindo que tenham sido superadas as dificuldades probatórias), assim como a quantidade deles; d) o grau de culpabilidade do agente; dentre outros fatores que se apresentem na situação concreta.

---

14. Sobre a reparação específica da lesão extrapatrimonial, Cícero Dantas Bisneto aduz que "não conduz à restauração completa e plena das coisas ao seu estado anterior, ainda que o bem ou direito da personalidade afrontado possa ser, até certo ponto, recomposto. Certo é que, uma vez ultrajado o interesse existencial, as medidas empreendidas buscarão, dentro das limitações inerentes à esfera não patrimonial, reparar parcialmente o bem jurídico malferido e, de forma complementar e subsidiária, compensar a vítima". (*Formas não monetárias de reparação do dano moral*. Uma análise do dano extrapatrimonial à luz do princípio da reparação adequada. Florianópolis: Tirant Lo Blanch, 2019, p. 167)

No que tange ao grau de culpabilidade, para além de ser gravíssima a exposição da saúde e da vida das pessoas, há uma pressão indireta ao erário público, já que quanto maior o número de doentes, maior será o ônus sobre a saúde pública. De igual maneira, no caso hipotético de uma Igreja, neste quesito também se deve avaliar que haveria meios alternativos para disponibilizar seus cultos online, tal como agiu o Papa recentemente, ao realizar missa na famosa Praça de São Pedro, com transmissão ao vivo e sem nenhum fiel presente. Um restaurante também poderia dar continuidade às suas atividades sem receber clientes no salão, por meio da entrega em domicílio. Em resumo, vislumbra-se a importância da análise pormenorizada desses fatores, pois acabam por agravar a culpa do estabelecimento.

Vale destacar que já houve condenações ao pagamento de indenização por danos sociais em razão do descumprimento das regras de isolamento social por indivíduos com COVID-19. Embora o caso concreto não trate de condenação de estabelecimento comercial, objeto deste artigo, a análise da *ratio decidendi* é imprescindível para ilustrar o posicionamento que defendemos.

Em União da Vitória, no Paraná, um homem foi condenado ao pagamento de indenização por danos sociais no montante de R$15.000,00 (quinze mil reais), destinado ao Fundo Municipal de Saúde. É relevante destacar que já havia decisão liminar da justiça determinando o isolamento social em razão da suspeita de contágio, posteriormente confirmada por exame clínico, o que agrava o grau de culpabilidade do agente. Como se não bastasse, mesmo infectado, o homem viajou a outra cidade na companhia de dois amigos que não sabiam de sua condição de saúde[15].

O magistrado, que deu integral procedência à demanda ajuizada pelo Ministério Público do Paraná, bem fundamentou que "o direito individual de ir e vir deve ceder ao direito coletivo à saúde no contexto da pandemia", complementando em seguida que "a inobservância dessas orientações pode vir a ensejar o perecimento integral do direito à saúde de toda a coletividade, seja pela potencial possibilidade de infecção comunitária, seja porque parte desses potenciais infectados podem vir a óbito"[16].

Outro ponto de destaque da decisão é que, tal como defendido neste artigo, o entendimento foi que o ato ilícito independe da demonstração da efetiva infecção de terceiros, sendo suficiente com a mera desobediência às orientações sanitárias e sujeição da coletividade a riscos de infecção. O réu interpôs recurso de apelação, pendente de julgamento pelo TJPR à época do fechamento desta edição.

Para ilustrar a valoração do *quantum* indenizatório a título de danos sociais, fazemos alusão a um acórdão emblemático do E. TJSP, que condenou a Operadora de Saúde Amil ao pagamento de indenização por danos sociais, embora não relacionado à pandemia da COVID-19. O montante de um milhão de reais foi fixado em razão da negativa recorrente de cobertura de tratamentos de saúde, com a reversão dos valores em favor do

---

15. Disponível em <https://mppr.mp.br/2020/09/23002,11/Homem-com-coronavirus-acionado-pelo-MPPR-por-descumprir-isolamento-em-Uniao-da-Vitoria-e-condenado-a-pagar-R-15-mil-por-danos-sociais.html>. Acesso em 05/11/2020.
16. Autos n. 0004295-27.2020.8.16.0174, Magistrado Luís Mauro Lindenmeyer Eche, 1ª Vara da Fazenda Pública de União da Vitória/PR.

Hospital das Clínicas de São Paulo.[17] Diversos fatores foram levados em consideração na quantificação da indenização, em especial a enorme frequência com que era negado atendimento a obrigações contratuais evidentes, com a interposição de sucessivos recursos a fim de protelar o cumprimento de obrigações, prejudicando, assim, um sem número de beneficiários.

Em outro caso, que trata de ação civil pública promovida pelo Ministério Público, o E. TJSP condenou particular ao pagamento de indenização por dano social em razão do despejo de entulho em local indevido. Decidiu-se que não havia dano ambiental, em razão do material ter sido prontamente retirado do terreno – contudo, a mera atitude de despejar material em local proibido gera dano social, já que "o fato de haver acúmulo de entulho em determinado lugar provoca nas pessoas a sensação de que é permitido o depósito de resíduos naquele local, gerando um círculo vicioso que não pode ser tolerado, autorizando o reconhecimento da existência de danos sociais indenizáveis"[18]. Apesar disso, em razão de se tratar de conduta isolada, com menor potencial ofensivo e praticada por particular, a indenização arbitrada foi de apenas R$ 1.250,00, revertidos em favor do Fundo Municipal do Meio Ambiente.

Nos três julgamentos supracitados, a *ratio decidendi* em muito se assemelha à postura que se defende no presente trabalho: a mera conduta de desobedecer decretos de suspensão de atividades durante a pandemia expõe a coletividade a inúmeros prejuízos e, ainda que não concretizados, não podem ser tolerados, gerando o dever de indenização por danos sociais. O *quantum*, conforme observamos, varia de acordo com a extensão do dano e o grau de culpabilidade do agente, levando-se em consideração critérios estipuláveis nas particularidades do caso concreto.

5. CONCLUSÃO

No presente estudo, defendemos a incidência de danos sociais diante da desobediência das pessoas jurídicas aos decretos de suspensão de atividades, em tempos de pandemia, tecendo observações acerca da metodologia de cálculo do *quantum* indenizatório arbitrado em tais casos. O descumprimento implica em graves consequências, ao expor os frequentadores de estabelecimentos – bares, restaurantes, igrejas – a riscos, como também passa uma mensagem errônea a toda sociedade, no sentido de desrespeito às normas destinadas à contenção da exponencial propagação da COVID-19. A conduta ilícita do estabelecimento que viola decretos de suspensão das atividades também gera prejuízos de ordem material ao Poder Público, já que pode se ver obrigado a custear, por intermédio do SUS, o tratamento de potenciais infectados, além de exames para averiguar se da reunião de pessoas decorreram contaminações. Ainda no contexto de empregados expostos a risco de saúde, porque a empresa não atendeu à determinação de quarentena, mesmo diante do grave quadro pandêmico existente, compreendemos ser

---

17. TJSP, Apelação Cível 0027158-41.2010.8.26.0564, rel. Des. Teixeira Leite, 4ª Câmara de Direito Privado, j. 18/07/2013.
18. TJSP, Apelação Cível 1009189-52.2018.8.26.0196, rel. Des. Luis Fernando Nishi, 2ª Câmara Reservada ao Meio Ambiente, j. 12/12/2019.

plenamente cabível reparação por danos sociais coletivos, sem prejuízo da incidência de danos individuais, especialmente na ocorrência de efetiva contaminação do empregado.

Em linhas gerais, trouxemos importantes discussões sobre os danos sociais na pandemia da COVID-19, incluindo a questão de serem *in re ipsa*, bastando que se prove o descumprimento da determinação pública de suspensão das atividades. Não é necessária a demonstração de danos em concreto, como a efetiva contaminação de algum dos envolvidos. Por fim, frise-se que o produto da indenização deve ser destinado preferencialmente a entidades hospitalares ou, ainda, fundos assistenciais instituídos com o objetivo de mitigar os efeitos (inclusive econômicos) causados pela pandemia.

6. REFERÊNCIAS

AZEVEDO, Antônio Junqueira de. Por uma nova categoria de dano na responsabilidade civil: o dano social. *In*: FILOMENO, José Geraldo Brito; WAGNER JÚNIOR, Luiz Guilherme da Costa; GONÇALVES, Renato Afonso (Coord.). *O Código Civil e sua Interdisciplinaridade*. Belo Horizonte: Del Rey.

BAPTISTA DOS SANTOS, Romualdo. *Responsabilidade civil por dano enorme*. Porto: Juruá, 2018.

CANOTILHO, José Joaquim Gomes. *Direito Constitucional e Teoria da Constituição*. Lisboa: Almedina, 2002.

COELHO, Fábio Ulhoa. *Curso de direito civil*. Volume 2: obrigações: responsabilidade civil. São Paulo: Saraiva, 2010.

DANTAS BISNETO, Cícero. *Formas não monetárias de reparação do dano moral*. Uma análise do dano extrapatrimonial à luz do princípio da reparação adequada. Florianópolis: Tirant Lo Blanch, 2019.

FACHIN, Luiz Edson. *Direito civil*: sentidos, transformações e fim. Rio de Janeiro: Renovar, 2015.

GOMES, José Jairo. *Responsabilidade civil e eticidade*. Belo Horizonte: Del Rey, 2005.

REIS, Clayton. *Dano moral*. São Paulo: Revista dos Tribunais, 2019.

ROSENVALD, Nelson. *As funções da responsabilidade civil*. São Paulo: Atlas, 2014.

SCHREIBER, Anderson. *Manual de direito civil contemporâneo*. São Paulo: Saraiva, 2018.

SCHREIBER, Anderson. *Novos paradigmas da responsabilidade civil*. São Paulo: Atlas, 2012.

STOCCO, Rui. *Tratado de responsabilidade civil*: doutrina e jurisprudência. 10. ed. rev. atual. e reform. com acréscimo de acórdãos do STF e STJ. São Paulo: RT, 2014.

STOCCO, Rui. *Questões diversas sobre o dano moral*. Coleção doutrinas essenciais: dano moral; v4. São Paulo: RT, 2015.

TARTUCE, Flávio. *Manual de direito civil*. Rio de Janeiro: Forense; São Paulo: Método, 2015.

VENOSA, Silvio de Salvo. *Direito civil*: responsabilidade civil. São Paulo: Atlas, 2012.

CRIMES ECONÔMICOS EM TEMPOS DE COVID-19. DIÁLOGO ENTRE A RESPONSABILIDADE CIVIL E PENAL E BOAS PRÁTICAS DE *COMPLIANCE* PARA A TUTELA DE DIREITOS FUNDAMENTAIS COLETIVOS

William Garcia Pinto Coelho

Promotor de Justiça em Minas Gerais. Mestre em Estudos Anticorrupção pela Academia Internacional Anticorrupção na Áustria e Especialista em Inteligência de Estado pela Fundação Escola do Ministério Público de Minas Gerais.

Rodrigo Antônio Ribeiro Storino

Promotor de Justiça em Minas Gerias. Mestrando em Direitos Fundamentais e Processo Coletivo pela Universidade de Itaúna. Professor de Direito do Consumidor na Fundação Escola Superior do Ministério Público de Minas Gerais. Professor de Direito Civil na Faculdade do Alto do São Francisco.

Sumário. 1. Introdução – 2. *Compliance* corporativo em momentos de crise – 3. Ilícitos contra a ordem econômica e a resposta penal do Estado – 4. Responsabilidade Integral: necessidade de conjugação da responsabilidade penal individual e responsabilidade civil multifuncional na tutela do ilícito contra a coletividade – 5. Conclusão – 6. Referências.

1. INTRODUÇÃO

Em tempos de COVID-19, o dever de solidariedade de todos e a função social da empresa ganham destaque. São colocados a prova os programas de *Compliance*, notadamente das empresas que atuam no fornecimento de serviços ou na produção e disseminação de bens que direta ou indiretamente relacionam-se com as medidas sanitárias adotadas pelo Estado para contenção da curva de crescimento epidemiológico. A (des)conformidade com as novas diretrizes normativas pode impactar significativamente a efetividade das políticas públicas sanitárias, afetando a concretização do direito coletivo à saúde.

O desenvolvimento de um Programa de *Compliance* eficiente pressupõe a prevenção como principal vetor programático. Ao invés de uma visão retrospectiva, que parte da conduta corporativa ilícita e se reporta para o passado, o objetivo deve ser a proteção anterior ao ilícito – *ex ante* à lesão -, visando a consolidação de uma perspectiva funcional, preventiva e precaucional. No caso da COVID-19, para além de deveres impostos pelas autoridades sanitárias, somam-se incentivos humanísticos que podem reforçar uma cultura de integridade nas organizações.

Entretanto, na prática, percebe-se a proliferação de antigas e o surgimento de novas atuações empresariais ilícitas, como o aumento abusivo de preços, desde equipamentos de proteção individual (luvas e máscaras) e itens de higiene pessoal (álcool em gel) até equipamentos médico-hospitalares utilizados para pacientes graves (ventiladores mecânicos pulmonares). Agentes econômicos oportunistas se aproveitam das novas vulnerabilidades decorrentes da pandemia.

O objetivo geral do artigo é investigar e propor análise crítica do papel do direito como instrumento indutor de boas práticas nas relações massificadas. Para tanto, será estudado o modo de formatação da responsabilidade integral para que a ciência jurídica seja capaz de oferecer respostas proporcionais a defesa da sociedade brasileira, conjugando as espécies da responsabilidade penal e civil.

Justifica-se a abordagem da temática sob o ponto de vista prático, pois tais ilícitos representam alta lesividade social, eis que amplificados na Era da Informação e em tempos de COVID-19. A internet das coisas e o isolamento social, potencializam o desenvolvimento de relações jurídicas on-line, as quais nem sempre fornecem a segurança necessária e esperada, abrindo margem para a massificação de atuações em descompasso ao direito que vulneram os consumidores e criam distorções de mercado.

Justifica-se ainda o estudo sob a ótica teórica e científica na busca de verificar, a partir de análise econômica dos institutos jurídicos, a capacidade de estimular práticas empresariais que impactem positivamente a coletividade, a partir da modulação de abordagens com múltiplos vetores. Soma-se ao argumento humanitário (*purposive incentive*) a necessidade de outros incentivos. No jargão econômico, o termo "*carrot and stick*" é uma metáfora para o uso da combinação de mecanismos de recompensa e punição para induzir um comportamento desejado, onde "*carrot*" (cenoura) simboliza a recompensa aliciante – a partir da imagem figurada de um animal que persegue o alimento colocado a sua frente – e o "*stick*" (bastão) simboliza a retaliação, visando a induzir um comportamento pelo medo da punição.

Diversas práticas abusivas são objeto de resposta pelo Direito Penal Econômico, eis que se amoldam a tipos penais que tutelam a higidez da própria ordem econômica, de aspecto metaindividual difuso. Entretanto, a política criminal adotada no Brasil limita a responsabilidade penal aos funcionários ou gestores da empresa, ainda que atuem em benefício dela, o que pode representar resposta sancionatória insuficiente do direito, sem a capacidade de desestimular a prática de crimes e outros ilícitos que atinjam a coletividade.

Para além de argumentos humanísticos, questiona-se neste artigo científico se a responsabilidade penal individual (Direito Penal Econômico) integrada a responsabilização civil das empresas pela prática de atos abusivos que causam danos a coletividade pode representar incentivo para eficiência preventiva de programas de *Compliance* em tempos de crise.

2. *COMPLIANCE* CORPORATIVO EM MOMENTOS DE CRISE

Em um mercado global interconectado, complexo e difusamente regulado, muito mais do que uma tendência ou exigência normativa, a adoção de práticas eficientes de

Compliance se tornou um pressuposto de sobrevivência para as empresas. Corporações multinacionais alocam vultosos recursos humanos e financeiros para manter departamentos destinados unicamente a desenvolver procedimentos eficientes para que a organização atue em conformidade com diversos parâmetros regulatórios pré-estabelecidos.

Os antecedentes remotos de tais exigências se identificam com o crescimento de agências reguladoras centralizadas nos Estados Unidos, notadamente no início do século XX, que impuseram regulações nacionais para a proteção da concorrência e da coletividade. O incremento das regulações bancárias e financeiras também foi determinante para o desenvolvimento internacional do tema, sobretudo a partir da criação do Banco para Compensações Internacionais (*Bank for International Settlements* – BIS) na década de 1930, na Suíça, num cenário pós Primeira Guerra Mundial. Na década de 1960, a *Securities and Exchange Commission* – SEC fomentou significativa ampliação das práticas de conformidade nos Estados Unidos, a partir da orientação para que empresas contratassem *compliance officers*. Mas foi com a edição da legislação norte-americana de combate à corrupção de funcionários públicos estrangeiros (*Foreign Corrupt Practices Act* – FCPA) que se popularizou internacionalmente a ideia de impor às empresas o dever por manter controles internos para prevenir transgressões corporativas.

A partir de uma análise retrospectiva, é possível identificar um traço comum na gênese de parte das normas que reforçam a necessidade de programas de *Compliance*. Representam uma reação do Estado a situações de grave crise (política, econômica, financeira, institucional, etc.). O FCPA, por exemplo, surge em um contexto mundial polarizado por duas potências, com intensa disputa por zonas de influência geopolítica, econômica e ideológica. No final da década de 1970, escândalos de corrupção envolvendo o governo e empresas norte-americanas (Caso *Watergate* e Caso *Lockheed*) afetaram a reputação dos Estados Unidos, sendo utilizados pela União Soviética como argumento para enfraquecer a confiança nas práticas capitalistas.[1] O FCPA representou, na sua origem, uma tentativa de (re)afirmação dos valores democráticos (*moral statement*) e da política de mercado (*political statement*) norte-americanos.[2]

No Brasil, recentes casos de grande corrupção corporativa e política foram seguidos pela edição da Lei n.º 12.846/2013 (Lei Anticorrupção de Empresas), que reforçou a tendência mundial de estimular e avaliar a efetividade dos programas de *Compliance*, sobretudo de grandes corporações.

O caráter reativo do desenvolvimento histórico do *Compliance* demonstra que parte da resposta Estatal para situações de grave crise consistiu em estimular o fortalecimento de Culturas Organizacionais voltadas para a conformidade regulatória e refratárias à prática de ilícitos. Trata-se de um viés eminentemente preventivo do *Compliance* e excepcionalmente de detecção, punição e remediação de ilícitos, tendo como um dos pilares o comprometimento da alta cúpula.

---

1. Os escândalos *Watergate* e *Lockheed*, que envolveram diversas empresas norte-americanas admitindo pagamentos ilegais para funcionários públicos estrangeiros, políticos e partidos políticos, foi o pano de fundo dos debates legislativos para a edição do FCPA. Vide KOEHLER, Mike. The Story of the Foreign Corrupt Practices Act. Ohio State Law Journal 73, no. 5 (2012): 929-1013, https://ssrn.com/abstract=2185406.
2. Vide NOONAN JR, John T. Bribes. Nova Iorque: Macmillan, 1984.

A desejada eficácia preventiva pode ser alcançada através abordagens inovadoras. Em notório estudo sanitário desenvolvido em vilas do Vietnam, ao invés de buscar apenas o diagnóstico dos indivíduos doentes, pesquisadores focaram em identificar as práticas adotadas pelas famílias saudáveis (desvios positivos) e replicá-las na comunidade pesquisada, sendo alcançados resultados positivos na diminuição de doenças e desnutrição.[3] Estudos sugerem que a abordagem a partir da identificação de desvios positivos (*Positive Deviance Approach* – PDA) pode lançar luzes sobre soluções corporativas improváveis para problemas de conformidade que parecem de difícil resposta.[4]

Em texto da década de 1850, Abraham Lincoln reconheceu que existia "uma vaga crença popular de que advogados são necessariamente desonestos", mas sugeriu um senso de dignidade moral, para que o jovem profissional "resolva ser honesto em qualquer situação; e se no seu julgamento você não pode ser um advogado honesto, resolva ser honesto sem ser advogado".

Pode parecer ingênuo em alguns contextos corporativos pretender que apenas argumentos humanitários e filosóficos sejam suficientes para a assimilação cultural de preceitos éticos nas organizações. Mas de forma pragmática, um estudo organizado pelo Instituto Ponemon, em Michigan, apresenta um argumento econômico racional importante para despertar um genuíno interesse corporativo no fortalecimento uma cultura de *Compliance* que vá além dos códigos de ética de papel. A partir de uma análise referencial de 46 Corporações Multinacionais, o estudo concluiu que os custos da não conformidade (*non-compliance costs*) podem ser quase três vezes maiores do que os investimentos em atividades de conformidade (*compliance costs*).[5]

No atual contexto de profunda crise sanitária internacional, associada com uma crescente crise econômica, financeira e concorrencial, o ordenamento jurídico brasileiro deve oferecer respostas que representem incentivos legítimos para que empresas decidam agir em conformidade com as normas específicas editadas para o enfrentamento dos múltiplos impactos da pandemia.

As normas relativas ao *Compliance* e à resposta sancionatória do Estado para ilícitos econômicos não devem constituir obstáculos intransponíveis ou excessivamente penosos para a busca de objetivos corporativos legítimos. Mas, por outro lado, os custos potenciais da atuação em desconformidade com os marcos regulatórios devem ser proporcionais e suficientes para impactar a análise de custo/benefício e a escolha racional dos agentes econômicos, estimulando o incremento de Culturas Organizacionais éticas e programas de *Compliance* eficientes.

---

3. Vide PASCALE, Richard T., STERNIN, Jerry e STERNIN, Monique. The power of Positive Deviance. How unlikely innovators solve the world's toughest problems. Boston: Harvard Business Press, 2010.
4. HOROWITZ, Bruce. Bridge Ogres, little fishes and positive deviants. One-on-one deterrence of Public Functionary Extortion Demands. Quito, 2006.
5. Pomenon Institute. The true cost of compliance. A benchmark study of Multinational Organizations. Traverse: Ponemon Institute, 2011. Disponível em: <https://www.ponemon.org/local/upload/file/True_Cost_of_Compliance_Report_copy.pdf> Acesso em 07/04/2020.

3. ILÍCITOS CONTRA A ORDEM ECONÔMICA E A RESPOSTA PENAL DO ESTADO

Após a declaração de Emergência em Saúde Pública de Importância Internacional (ESPII)[6] e Nacional (ESPIN)[7] em decorrência da infecção humana pelo novo Coronavírus, foram editadas leis e atos normativos federais, estaduais e municipais. A Lei Federal n.º 13.979, de 6 de fevereiro 2020, norma paradigma para o enfrentamento do Coronavírus no Brasil, foi aprovada e publicada em poucos dias, sendo regulamentada logo em seguida pela Portaria n.º 356/2020 do Ministério da Saúde. Planos de Contingência foram articulados em todos os níveis da Federação, visando a fortalecer o diálogo interfederativo e estruturar os fluxos do Sistema Único de Saúde[8]. Diversos entes ainda declararam Estado de Calamidade Pública[9].

Na era da Informação, o controle comunitário através de redes sociais potencializa o impacto de curto prazo na reputação de empresas, o que tem sido também levado em consideração na tomada de decisão. Em resposta à pandemia do Coronavírus, diversas corporações buscam adotar práticas socialmente responsáveis, ainda que tenham que suportar prejuízos financeiros de curto prazo, desde a manutenção do pagamento da remuneração de seus empregados e a adaptação de rotinas de trabalho no período de isolamento social, até a disponibilização gratuita de conteúdo educacional e de entretenimento ou o oferecimento de doações, benefícios ou linhas de crédito para pequenas empresas.[10]

Entretanto, ao tempo das primeiras políticas públicas sanitárias, foram noticiadas práticas ilícitas que impactam negativamente no enfrentamento da pandemia, dificultando a adoção da estrita observância de medidas preventivas individuais que podem auxiliar na contenção da curva epidemiológica e até mesmo dificultando o acesso à equipamentos essenciais para o tratamento de pacientes diagnosticados com COVID-19, em situação grave e com risco de morte. A percepção de potencial escassez pode levar ao medo, que, por sua vez, pode produzir irracionalidade. Assim, as novas situações de vulnerabilidade na pandemia podem levar pessoas e entidades a se submeter às práticas abusivas. Dois casos hipotéticos ilustram a gravidade dos ilícitos.

No primeiro caso, imaginemos que uma pequena farmácia oferecia regularmente à população luvas, máscaras e álcool em gel. Após o incremento da demanda pelos itens de proteção individual e higiene pessoal em razão da COVID-19, imaginemos que o responsável pela farmácia aumente artificialmente os preços dos produtos, passado a

---

6. Em 30 de janeiro de 2020, a Organização Mundial da Saúde declarou Emergência em razão do potencial do COVID-19 para se espalhar por diversos países.
7. Em 03 de fevereiro de 2020, através da Portaria MS n.º 188/2020 (BRASIL, 2020), o Ministério da Saúde declarou emergência de importância nacional.
8. O sistema possui diretriz descentralizada, mas com direção única em cada esfera de governo. Nos casos de serviço de vigilância epidemiológica, cabe a direção estadual a coordenação e a direção municipal a execução dos serviços (artigos 17, IV, "a" e 18, IV, "a", ambos da Lei n.º 8.080/1990).
9. O Congresso Nacional reconheceu o estado de calamidade pública através do Decreto Legislativo n.º 6, de 20 de março de 2020. No âmbito do Estado de Minas Gerais, o Decreto nº 47.891/2020 também decretou calamidade pública.
10. Disponível em: https://www.complianceweek.com/ethics-and-culture/for-some-companies-in-the-age-of-coronavirus-ethics-pays/28625.article. Acesso em: 09 abr. 2020.

oferecer aos consumidores os mesmos itens por preços três vezes superior. Ampliando a lesividade da prática ilícita hipotética, imaginemos que o gestor de uma grande rede de farmácias, atento às primeiras notícias internacionais sobre a potencial pandemia mundial, se antecipe ao movimento de mercado no Brasil e, valendo-se do poder econômico, compre o estoque disponível nas fábricas e distribuidores de sua região e ainda adquira os itens estocados por pequenas farmácias. Garantido o amplo controle no fornecimento dos produtos, o gestor orienta aos responsáveis por cada filial da rede que aumente desproporcionalmente os preços, oferecendo ao mercado as luvas, máscaras e álcool em gel por valores 10 vezes superiores aos praticados antes da pandemia. Além disso, imaginemos que a rede de farmácias decida anunciar os produtos através de plataformas de venda on-line, expandindo o alcance mercadológico.

Em um segundo caso, imaginemos que uma grande empresa fornecedora de equipamentos médico-hospitalares ofereça regularmente ventiladores mecânicos pulmonares, desenvolvidos para o monitoramento e tratamento de pessoas com insuficiência respiratória. Os sintomas dos pacientes infectados com COVID-19 variam. De acordo com publicação da Organização Mundial da Saúde[11], "os dados sugerem que 80% das infecções são leves ou assintomáticas, 15% são infecções severas, demandando oxigênio e 5% são infecções críticas, necessitando de ventiladores". Nesse cenário, a demanda por atendimento médico em razão de infecções críticas decorrentes de COVID-19 superou a capacidade instalada em diversos países. Por conseguinte, ocorreu uma verdadeira corrida para aquisição de ventiladores para equipar unidades de tratamento intensivo. Aproveitando a extrema necessidade do Poder Público e de Hospitais Privados, suponhamos que a referida empresa decida aumentar abusivamente seus preços, passando oferecer ventiladores mecânicos pulmonares por valor 10 vezes superior ao praticado antes da pandemia.

Os casos hipotéticos descritos podem ser analisados sob a ótica da responsabilidade penal. As condutas dos gestores ou funcionários das empresas, nos dois casos, podem se amoldar, em tese, ao artigo 2º, inciso IX, da Lei de Crimes contra a Economia Popular (Lei n.º 1521/1951), que tipifica o crime de "obter ou tentar obter ganhos ilícitos em detrimento do povo ou de número indeterminado de pessoas mediante especulações", cominando abstratamente a pena de detenção, de 6 (seis) meses a 2 (dois) anos, e multa. Não se trata de tabelamento/congelamento de preços mediante intervenção drástica do Estado na ordem econômica, mas de evitar práticas ilícitas que se aproveitam da crise sanitária para obter ganhos desproporcionais e desequilibrar artificialmente o mercado.

A própria ordem econômica é o bem jurídico tutelado pela norma penal. O crime constitui lesão ou exposição à perigo ao sistema econômico previsto constitucionalmente, sendo necessária a intervenção do Estado para salvaguardar direitos fundamentais, garantir a eficácia prática de políticas públicas e evitar afetação da estabilidade que causem distorções de mercado em casos de calamidade pública. A danosidade social pode comprometer o fluxo de produtos/equipamentos e o fornecimento de serviços de saúde, atingindo um número indeterminado de pessoas e minando as políticas sanitárias que

---

11. World Health Organization. Coronavirus disease 2019 (COVID-19). Situation Report – 46. Genebra: World Health Organization, 2020.

dependem da adesão coletiva para atingir a eficácia pretendida. A analogia com tempos de Guerra tem sido utilizada por diversos líderes mundiais. E nesta "Guerra Sanitária", repetindo o termo utilizado pelo Presidente da França Emmanuelle Macron, liquidez pode ser considerada uma importante munição, que não deve ser ilegalmente subtraída impunemente.

Apesar da dinamicidade do Direito Penal Econômico, marcado pela adaptabilidade ao contexto econômico nacional através de normas penais em branco e elementos normativos dos tipos, a resposta penal do Estado é limitada ao indivíduo. No Brasil, apesar da excepcional autorização constitucional (Art. 175, § 5º) o legislador infraconstitucional ainda não tipificou os crimes contra a ordem econômica praticados por pessoas jurídicas.

Dessa forma, o resultado da análise econômica de relação custo/benefício pode sugerir que os benefícios corporativos do ilícito superam os custos. A limitação de responsabilidade penal ao indivíduo pode representar incentivo para que a macrocriminalidade corporativa encontre alternativas para concretizar práticas abusivas economicamente lucrativas, admitindo que indivíduos nos níveis hierarquicamente inferiores da empresa, dispostos ou não a correr o risco, responderiam sozinhos à eventuais ações penais. Surgem espaços para laranjas ou bodes expiatórios. E mais, considerando a pena máxima abstratamente cominada ao delito, pode-se afirmar que na prática, dificilmente o indivíduo que praticou crime contra a ordem econômica ficaria efetivamente preso por um dia sequer, considerando o modelo normativo de política criminal brasileiro.

Assim, a responsabilidade penal adotada de modo isolado, ao invés de representar desincentivo eficaz, pode gerar um estimulo à prática de ilícitos por agentes racionais que avaliam os riscos de suas decisões, em razão dos elevados ganhos econômicos e baixos custos corporativos e pessoais associados.

4. RESPONSABILIDADE INTEGRAL: NECESSIDADE DE CONJUGAÇÃO DA RESPONSABILIDADE PENAL INDIVIDUAL E RESPONSABILIDADE CIVIL MULTIFUNCIONAL NA TUTELA DO ILÍCITO CONTRA A COLETIVIDADE

Diante da insuficiência da resposta do direito penal aos dois casos propostos, busca-se fomentar o diálogo entre aquela espécie de responsabilidade (criminal) e a responsabilidade civil, de modo a estabelecer uma responsabilização integral que efetivamente induza a modificação do vetor de decisões dos agentes no mercado, incentivando assim políticas corporativas que favoreçam uma maior eficiência dos programas de *Compliance*.

Para tanto, necessário ter como premissa que a responsabilidade é um ramo autônomo do direito advindo da sua teoria geral, o qual se modifica de modo extremamente dinâmico em decorrência das necessidades sociais.

Na esteira da doutrina de Andrea Zoppini[12], o ilícito era inicialmente conglobado, não havendo separação formal entre os ilícitos civil e penal, servindo a responsabilidade como resposta uníssona às condutas contrárias ao direito, possuindo as multifunções de reparar o lesado, punir o autor do ilícito e prevenir a prática de condutas semelhantes.

---
12. ZOPPINI, Andrea. *La pena contratuale*. Milano: Giuffrè, 1991, p. 20.

No período arcaico do direito romano operou-se a dicotomia entre a responsabilidade civil e penal. Delegou-se a responsabilidade civil a tutela do dano, com a função reparatória à vítima que comprovasse ter sofrido prejuízo. De outro lado, a responsabilidade penal foi delegada a tutela do crime, com a função punitiva (e preventiva) aplicada pelo Estado.

A responsabilidade civil prevista no Código Civil de 2002 ainda reflete essa dicotomia, concedendo a este ramo do direito a função meramente reparatória. Este perfil individualista da responsabilidade civil não mais reflete os anseios da contemporânea sociedade brasileira. Do ponto vista sociológico, partindo dos ensinamentos de Ulrich Beck[13], a responsabilidade civil apenas reparatória remete a sociedade industrial – estratificada, calcada na certeza científica e marcada pelo sentimento "fome" -, enquanto atualmente vivemos em uma sociedade de risco – global, calcada na falibilidade científica e marcada pelo sentimento "medo" -, que exige respostas mais abrangentes e coletivas do direito para afastar/minimizar as incertezas que permeiam nosso cotidiano, em especial em tempos de pandemia.

Nesta nova lógica – global, tecnológica e massificada – a ciência jurídica tem o desafio de agregar valores – existenciais/patrimoniais – e interesses – individuais/coletivos -, sem aniquilar nenhum deles. O direito é reflexo da sociedade, deixando de ser compartimentado, passando a plural. De um lado, mantida a necessidade do direito tradicional de responsabilizar os que insistem em descumprir as normas; porém, de outro lado, surge o direito de incentivos com o fim de fomentar política de integridade nas relações jurídicas.

A responsabilidade adequadamente balanceada ocupa papel central no alcance dos objetivos da ciência jurídica de induzir boas práticas no trato coletivo. Levando-se em conta o cenário fático causado pela COVID-19 que intensifica o contexto de incertezas já vivenciado cotidianamente, propõem-se que a busca de respostas adequadas e proporcionais às violações ao ordenamento jurídico. Para tanto, desenvolve-se o conceito de Responsabilidade Integral, compreendida como a atuação articulada e integrada entre a responsabilidade civil e penal capaz de oferecer respostas jurídicas que incentivem a eficiência preventiva de programas de *Compliance*.

Para que a responsabilidade civil ofereça resposta proporcional e efetiva para ilícitos em massa e atenda de forma equilibrada à proteção dos direitos fundamentais coletivos e individuais é necessário o reconhecimento em conjunto das suas funções[14]. A responsabilidade com função meramente reparatória é asséptica e insuficiente, representando reduzido risco de prejuízo para o agente econômico que decide praticar ilícitos em massa e não atuar em conformidade os marcos regulatórios. Noutro giro, a responsabilidade multifuncional conjuga o interesse individual do lesado de reparação do dano com o

---

13. BECK, Ulrich. Sociedade de risco: rumo a uma outra modernidade. Tradução de Sebastião Nascimento. 2. ed. São Paulo: Editora 34, 2011, p. 55-57.
14. A função reparatória tem como objetivo fulcral proporcionar ao lesado o retorno ao estado anterior ao dano. A função preventiva tem a finalidade precípua de dissuadir a prática de ilícitos (*deterrence*), estruturando-se de modo geral em mecanismos processuais conhecidos por tutelas inibitórias. Já a função punitiva soma a finalidade dissuasória (*deterrence*) a imposição de uma sanção pecuniária (*punitive damages*), quando verificada atuação ilícita, com dolo ou culpa grave do agente.

interesse coletivo de prevenir ilícitos e punir proporcionalmente quem dolosamente ou por culpa grave insiste em cometê-los.

A atual normatização da responsabilidade civil brasileira adota expressamente as funções reparatória[15] e preventiva[16]. Em relação à função punitiva, há intensa controvérsia doutrinária quanto a possibilidade de utilização no ordenamento jurídico brasileiro[17]. Por sua vez, a jurisprudência brasileira reconhece o caráter punitivo do dano moral[18], utilizando o dano moral coletivo e o *disgorgement* como mecanismos para adequar a resposta jurídica a casos em que a função meramente reparatória aplicada isoladamente seja insuficiente.

Em consonância com a dinamicidade da responsabilidade civil, a jurisprudência se utiliza de soluções criativas para reaproximar o valor justiça da resposta oferecida pela ciência jurídica. Nesse sentido já se posicionou Nelson Rosenvald[19] para quem o dano moral coletivo não possui verdadeira natureza de dano extrapatrimonial, não passando "de peculiar espécie de pena civil criativamente desenhada no ordenamento brasileiro". Da mesma forma utiliza-se do instituto do *disgorgement*[20], que apesar de se basear na vedação do enriquecimento sem causa – tecnicamente fora do campo da responsabilidade civil -, consubstancia-se em ação restituitória do lucro ilicitamente obtido na prática da conduta abusiva, atuando em complementaridade a responsabilidade reparatória, na tentativa de conferir maior eficácia ao direito extrapenal.

Postas estas premissas quanto ao atual perfil da responsabilidade civil no Brasil, passa-se a análise dos casos hipotéticos propostos neste artigo, os quais refletem condutas abusivas praticadas durante a pandemia.

No panorama da normatização posta, interessa-nos neste ponto ressaltar que tanto a Lei Federal 13.979/20[21], quanto o seu regulamento feito na Portaria do Ministério da Saúde 356/2020[22], nada dispuseram de modo específico com referência a responsabilização em caso de descumprimento das determinações de combate a pandemia. Ou seja, a

---

15. Artigo 944 do Código Civil.
16. Artigo 6º, inciso VI, do Código de Defesa do Consumidor.
17. Em resumo, os argumentos contrários a aplicação do *punitive damages* ao direito brasileiro são: 1) Mecanismo jurídico que inviabiliza economicamente o mercado; 2) Exigência de lei estrita, prévia e específica, para instituição da função; 3) Gerador de loteria forense; 4) Gerador de enriquecimento sem causa ao lesado. De outro lado os argumentos favoráveis são: 1) Ausência das disfunções sistêmicas – *overcompensation* e *overdeterrence*; 2) Não viola o princípio da legalidade estrita, pois este aplicado somente a tutela da liberdade no direito criminal; 3) Não gera loteria forense em função da conformação do Poder Judiciário brasileiro; 4) Não há enriquecimento sem causa do lesado, em especial na seara coletiva devido a destinação pública das penas.
18. Os Tribunais brasileiros, inclusive os Superiores, firmaram entendimento a mais de uma década de que o dano moral possui dupla função: compensatória e punitiva. Cita-se, como exemplo, julgados do Supremo Tribunal Federal no Agravo de Instrumento 455.846-RJ (Rel. Min. Celso de Mello. DJe, Brasília, 11/10/2004) e do Superior Tribunal de Justiça no REsp 295.175/RJ (Rel. Min. Sálvio de Figueiredo Teixeira. DJe, Brasília, 29/10/2001).
19. ROSENVALD, Nelson. As funções da responsabilidade civil: a reparação e a pena civil. 2.ed. São Paulo: Atlas, 2014, p. 229.
20. O Superior Tribunal de Justiça reconheceu o *disgorgement* no Brasil e traçou o seu perfil no precedente do REsp n. 1.698.701-RJ (Rel. Min. Ricardo Villas Bôas Cueva, 3º Turma, DJe, Brasília 08/10/2018), o qual recomenda-se a leitura para aprofundamento no tema.
21. Artigo 3º, § 4º, da Lei n.º 13.979/2020.
22. Artigo 5º da Portaria n.º 356/2020 do Ministério da Saúde.

inflação de normas especiais para o enfrentamento da COVID-19 se socorre das normas gerais de responsabilidade como resposta as violações daquelas.

Por esta linha de raciocínio, no primeiro caso relatado de aumento abusivo de preços nas relações de consumo – caso das farmácias -, verifica-se a atuação do fornecedor de produtos em prática abusiva a ensejar a sua responsabilização civil, devendo realizar a reparação integral dos danos – materiais e morais -[23] causados aos consumidores prejudicados determinados e a coletividade de consumidores potencialmente atingida pela conduta ilícita. Esta responsabilização civil – individual e coletiva[24] – não é afastada e nem mesmo afasta a incidência da responsabilização penal e administrativa pelo mesmo fato[25].

O segundo caso – empresa que negocia ventiladores mecânicos pulmonares com hospitais públicos e privados[26]-, deve ser analisado separadamente sob o ponto de vista público e privado. Sob a perspectiva pública, há possibilidade de responsabilização da sociedade empresária mediante ação civil pública, com pretensão de pagamento de danos morais e materiais coletivos causados em decorrência da conduta abusiva violadora da dignidade coletiva, do direito fundamental a saúde de todos e do prejuízo ao ente público na compra com sobrepreço. O pedido, em tese, poderia ainda ser cumulado com ação restituitória (*disgorgement*), no intuito de concretizar a restituição e destinação a fundos públicos de todo o lucro ilicitamente obtido pela empresa a partir de sua atuação abusiva, em especial se comprovada a insuficiência da indenização obtida na ação de responsabilização civil, representando tal iniciativa função de dissuasão econômica/jurídica de ilícitos semelhantes futuros. Já na ótica privada, há possibilidade de alegação de lesão no contrato celebrado, o que configura defeito no negócio jurídico resultante na sua anulabilidade ou reequilíbrio financeiro[27]; podendo ainda o comprador optar em buscar a responsabilização do vendedor por sua conduta abusiva, pleiteando a indenização pelos danos materiais e morais sofridos[28].

---

23. Responsabilização baseada nos artigos 39, incisos V e X, cumulados com o artigo 6º, incisos I, IV e VI, todos do Código de Defesa do Consumidor. Acrescente-se que o Ministério Público de Minas Gerais, através da Recomendação n.º 04/2020, fixou posicionamento de que a elevação sem justa causa dos preços no período da pandemia ocorre quando houver aumentos injustificados em patamar superior a 20% do preço original.
24. Possibilidades de responsabilização conforme o artigo 6º, inciso VI, do Código de Defesa do Consumidor. Ressalte-se que na seara coletiva é possível ainda a cumulação da ação de responsabilidade civil para a imposição de danos morais coletivos com a ação restituitória do lucro ilícito obtido com as vendas efetivadas (*disgorgement*), como forma de atuação articulada tendente a desestimular danos em massa.
25. Sanções administrativas previstas no artigo 56 do Código de Defesa do Consumidor.
26. O Superior Tribunal de Justiça fixou a adoção da teoria finalista mitigada a caracterização das relações de consumo. Contudo, a jurisprudência na matéria é oscilante, havendo relativizações casuísticas que dificultam uma definição precisa e genérica destas específicas relações. Assim, para fins didáticos, presume-se no exemplo dado a ausência de vulnerabilidade do hospital que realizou a compra, o que parece afastar a incidência do Código de Defesa do Consumidor. Ressalte-se ainda, que em perspectiva macro, o direito privado comporta distintas relações específicas, sendo elas: de consumo, civil propriamente dita e empresariais. Nas relações de consumo, presume-se a assimetria entre as partes, eis que maior a restrição da autonomia negocial. Já nos demais contratos – civis e empresariais -, ainda que em densidades distintas, parte-se do pressuposto de partes simétricas, pelo que há maior a autonomia privada entre os sujeitos que negociam. A retomada da densificação da autonomia privada é aferida como necessária na atual sociedade para a maximização da economia em rede, já produzindo reflexos normativos, como por exemplo a edição da lei da Declaração de Direitos de Liberdade Econômica (Lei 13.784/2019).
27. Artigo 157, *caput* e parágrafo 2º combinado com o artigo 171, inciso II, ambos do Código Civil.
28. Artigo 187 combinado com o artigo 927, ambos do Código Civil.

5. CONCLUSÃO

Agentes econômicos oportunistas, estimulados pela possibilidade de benefícios de curto prazo, podem decidir praticar ilícitos com potencial para impactar negativa e significativamente a eficácia das políticas públicas sanitárias para enfrentamento de COVID-19. Tais ilícitos tem potencial para causar lesão em massa, com proporções exponenciais e ainda não completamente mensuráveis diante do ineditismo da pandemia mundial.

É necessária e adequada a Responsabilização Integral desses agentes econômicos para que a resposta do direito seja proporcional a gravidade das violações e tenha efetivo poder dissuasivo. Nesse sentido, a responsabilidade civil deve ser aplicada em suas múltiplas funções, na densidade suficiente para garantir efetiva proteção de direitos coletivos e impactar o cálculo de custo/benefício de agentes racionais.

Deste modo, a aplicação articulada e integrada da responsabilidade penal individual (Direito Penal Econômico) e da responsabilização civil nas suas múltiplas funções representa incentivo para eficiência preventiva de programas de *Compliance*, desestimulando que as empresas pratiquem atos abusivos que causem danos a coletividade.

6. REFERÊNCIAS

BECK, Ulrich. *Sociedade de risco: rumo a uma outra modernidade*. Tradução de Sebastião Nascimento. 2. ed. São Paulo: Editora 34, 2011.

HOROWITZ, Bruce. *Bridge Ogres, little fishes and positive deviants. One-on-one deterrence of Public Functionary Extortion Demands*. Quito, 2006.

KOEHLER, Mike. The Story of the Foreign Corrupt Practices Act. *Ohio State Law Journal* 73, n. 5 (2012): 929-1013.

PASCALE, Richard T., STERNIN, Jerry e STERNIN, Monique. *The power of Positive Deviance. How unlikely innovators solve the world´s toughest problems*. Boston: Harvard Business Press, 2010.

LOURENÇO, Paula Meira. Os danos punitivos. *Revista da Faculdade de Direito da Universidade de Lisboa*. v. 43, n. 02, p. 1019-1111, 2002.

NOONAN JR, John T. *Bribes*. Nova Iorque: Macmillan, 1984.

POMENON INSTITUTE. *The true cost of compliance. A benchmark study of Multinational Organizations*. Traverse: Ponemon Institute, 2011.

ROSENVALD, Nelson. *As funções da responsabilidade civil: a reparação e a pena civil*. 2.ed. São Paulo: Atlas, 2014.

WORLD HEALTH ORGANIZATION. *Coronavirus disease 2019 (COVID-19). Situation Report – 46*. Genebra: World Health Organization, 2020.

ZOPPINI, Andrea. *La pena contratuale*. Milano: Giuffrè, 1991.

COVID-19: POR QUE A MEDIAÇÃO DE CONFLITOS SERÁ A SAÍDA MAIS ADEQUADA PARA OS CONFILTOS GERADOS PELA DISSEMINAÇÃO DO VÍRUS

Roberta Teles Cardoso

Doutora pelo Programa de Pós-Graduação em Direito Constitucional da Universidade de Fortaleza. Mestre em Direito Constitucional pela Universidade Federal do Ceará. Professora do Curso de Direito da Universidade de Fortaleza.

Sumário: 1. Introdução – 2. A mediação como instrumento mais adequado para solução de conflitos de danos gerados pela disseminação do vírus – 3. Conclusão – 4. Referências.

1. INTRODUÇÃO

O cenário é dramático e na atualidade é forçoso reconhecer que o Mundo está doente. Muitas são as teorias que buscam justificar os acontecimentos e encontrar culpados para o caos. As pessoas estão em pânico, as instituições públicas demonstram incapacidade de atender às demandas sociais, os mercados de capitais enfrentam forte volatilidade e as empresas em geral desmoronam, e com elas os empregos. Os grandes líderes mundiais hesitam nas suas decisões, alguns admitem erros de estratégia e a briga política se acentua. Mas, no íntimo, todos querem a mesma coisa: a paz social, o reestabelecimento do *status quo ante*, a promoção de uma sociedade livre, justa e solidária.

Os profissionais da área jurídica estão gerando conteúdo, especialmente nas redes sociais, na busca de apresentar soluções para os problemas que se proliferam junto com o vírus e já são objeto de decisões judicias de impacto. Esse movimento, embora salutar pelo conhecimento que produz e divulga, aumenta a angústia daqueles que não conseguem enxergar soluções para seus problemas individuais e cria expectativas de que estes sejam resolvidos naquele formato, o que certamente não atenderia a todos os interesses.

Os danos gerados pela conjuntura atual são imensuráveis. Some-se a eles os inúmeros problemas decorrentes da edição de instrumentos legislativos, muitos deles de altíssimo impacto, alguns com dispositivos passíveis de questionamento judicial, e totalmente desprovidos de sentido e de viabilidade. O Sistema Judiciário brasileiro, assim como o sistema de saúde, não dará conta de tantos problemas, sendo urgente, portanto, que cada um também procure contribuir para a solução dos conflitos.

As soluções extrajudiciais podem ter relevantíssimo papel no enfrentamento dos conflitos gerados pelo alastramento da COVID-19, podendo ser aplicadas para os problemas de danos materiais e morais com grande possibilidade de êxito. Muito embora essa aplicação na seara dos danos extrapatrimoniais ainda seja inexpressiva no Brasil, suas técnicas podem ser adotas em âmbito extrajudicial para a solução de danos, com grande chance de eficácia ante a voluntariedade dos envolvidos para a resolução do problema.

A melhor compreensão das estratégias de mediação favorece a maior utilização do instituto, contribuindo para que este se torne a saída mais adequada para os conflitos gerados pela disseminação do novo coronavírus, nas mais diversas relações (familiares, consumeristas, trabalhistas, danos etc.), que sem dúvidas se multiplicarão dada a sua ampla dimensão.

Sem dúvida, o movimento gerado pela COVID-19 contribuirá para a exacerbação do individualismo, o que é contraproducente para a solução dos conflitos pela via extrajudicial. Além disso, a incerteza dos cenários poderá postergar a busca por uma saída para a contenda, o que contribuiria para aprofundar o desentendimento das pessoas envolvidas.

Assim, o objetivo deste breve texto é ilustrar como as técnicas de solução consensual de conflitos podem ser vantajosas nos casos de danos gerados pela COVID-19, no intuito de mostrar sua utilidade nesse difícil panorama. A intenção é evidenciar que a mediação é capaz de promover, de modo eficaz, o reestabelecimento dos danos sofridos pelas pessoas que foram e que ainda serão atingidas nas suas economias, nas suas relações pessoais e até na sua dignidade, gerando mais estabilidade nas relações parentais, sociais ou negociais.

2. A MEDIAÇÃO COMO INSTRUMENTO MAIS ADEQUADO PARA SOLUÇÃO DE CONFLITOS DE DANOS GERADOS PELA DISSEMINAÇÃO DO VÍRUS

A instabilidade das relações se acentua sobremaneira em um período de pandemia, adoecendo as relações obrigacionais juntamente com as pessoas. Embora a busca da paz social por meio da gestão consensual dos conflitos não seja algo tão imediatista (quanto se espera nesse momento), a utilização destes pode contribuir para uma maior harmonia entre os cidadãos e para um modelo ideal de justiça.[1]

Este ideário é sustentando pelo princípio constitucional da solidariedade (art.3º, I, CF/88), que busca a harmonização da sociedade, a igual distribuição da justiça e dá a garantia de equilíbrio nas suas relações intersubjetivas e negociais, sendo suporte tanto para as soluções pacíficas dos conflitos e quanto para a responsabilidade civil.

A solidariedade é, pois, um imperativo que deverá ser considerado em todas hipóteses de aplicação do direito e, nos casos dos danos (prementemente nos decorrentes da pandemia), deve-se abandonar a visão individualista associada tradicionalmente ao direito privado e voltar-se para a leitura do problema também sob o ponto de vista do outro e da sociedade. A adoção deste princípio valoriza a técnica de consenso pois centra-se na perspectiva de cooperação.

Este aspecto de cooperação inserido na conjuntura da solidariedade é destacado por Maria Celina Bodin de Morais quando afirma que o objetivo deste princípio "contraria a lógica da competição desmedida e do lucro desenfreado, presentes em situações jurídicas

---

1. DE MORAIS SALES, Lilia Maia. *Justiça e mediação de conflitos*. Belo Horizonte: Del Rey, 2004, p.33-34.

subjetivas de cunho patrimonial". A autora considera que a perspectiva solidarista da Constituição Federal brasileira de cooperação, de igualdade e de justiça social advertiu e impôs limites à liberdade individual, não para desconsiderá-la, mas para colocá-la no contexto da convivência harmônica dos homens.[2]

Para a realização de uma justiça distributiva, que se coaduna com a desejada estabilidade das relações, não restam dúvidas quanto ao dever do Estado de agir promocionalmente no sentido de resguardar os aspectos econômicos que, em grande medida, são fatores de superação das desigualdades. Todavia, a promoção dos valores constitucionalmente previstos não é incumbência apenas do Estado, sendo os membros da sociedade e sua mudança comportamental elementos essenciais para a estabilização das relações.

Muito embora neste momento, por questões afeitas à própria sobrevivência, muitos se voltem às suas questões individuais, é de ser destacar que, não é de hoje, o direito privado abandonou o seu caráter individualista. As idiossincrasias particulares deverão ser sim levadas em consideração, mas sempre em análise conjunta e indissociável com a posição da parte adversa e do momento social e econômico vivenciado. Não é hora de fincar posição, sob pena de que todos dentro daquela relação percam.

Os estudos sobre as possibilidades de transformação dos conflitos por meio das soluções extrajudiciais mostram que as mudanças na forma de ver os problemas possuem relevante valor para as partes (liberdade) e para a sociedade (solidariedade). O domínio das partes e a conscientização dos seus reais objetivos permitem que elas tomem as suas próprias decisões,[3] sendo imprescindível a análise da situação no contexto de pandemia.

A título exemplificativo, e embora não se conheça o caso profundamente, neste momento não se pode considerar incoerente uma decisão que autoriza restaurante a pagar apenas 30% do aluguel integral. Provavelmente, uma negociação sem a participação do Judiciário, mas mediada por um profissional do direito de confiança de ambas as partes, pudesse ter levado a um meio termo que trouxesse maior satisfação para as partes (ganha-ganha). Em outro plano, poderia ser resolvido o contrato de locação do restaurante e aquele locador ficar com seu imóvel sem nenhuma renda por um longo período (perde-perde). Ambos suportariam da pior forma os danos decorrentes da pandemia.

Embora não se conheça o caso profundamente, neste momento não se pode, por exemplo, considerar incoerente a decisão do Juiz de Direito da 22ª Vara Cível de São Paulo que autorizou restaurante a pagar 30% do valor do aluguel durante a pandemia. Mas não se pode olvidar que o locador, que é pessoa natural, foi prejudicado e poderá vir a ter dificuldade de honrar suas contas, caso contasse com o recurso que não será auferido. Eventualmente, uma negociação sem a participação do Judiciário, sem animosidade entre as partes e mediada por um profissional do direito de confiança de ambas as partes, pudesse ter levado a um meio termo que trouxesse maior satisfação para as partes (ganha-ganha). Em outro plano, poderia ser resolvido o contrato de locação do restaurante e aquele locador ficaria com seu imóvel sem nenhuma renda por um algum

---

2. MORAES, Maria Celina Bodin. Na medida da pessoa humana. Rio de Janeiro: Renovar, 2010, p. 264.
3. FOLGER, Joseph P.; BUSH, Robert A. Barush. *Mediação transformativa e intervenção de uma terceira parte: 10 características de uma abordagem transformativa para a prática.* Mediation Quarterly. 1994 p.74-89, p.75.

período, além do locatário perder sua atividade empresarial (perde-perde), caso em que ambos suportariam da pior forma os danos decorrentes da pandemia.

Este é o propósito transformador da mediação! Não visa resolver o conflito individual da pessoa, mas o conflito relacional. Para esta autonomia e convicção decisória é necessário também se colocar no lugar do outro e respeitá-lo.[4] Estas variações na forma de ver os conflitos podem ser significativas para uma solução amigável de danos patrimoniais ou extrapatrimoniais. Warat afirma que "quase todos os muros são construídos em função da maneira como os parceiros respondem aos conflitos".[5]

A obrigação de empatia, no entanto, não deve ser artifício que leve à insatisfação de uma das partes na celebração do acordo, pois poderia perder a curto prazo a eficácia pretendida e a adesão não teria sido voluntária, mas motivada pelo sentimento de compaixão ou pena. Criar opções de ganhos mútuos, normalmente expressado como "ganha-ganha", é uma das importantes lições dos métodos consensuais que podem ser trazidos para a solução de litígios de danos.

Ury retrata a importância do princípio da dignidade da pessoa humana quando afirma que "para respeitar o outro não é preciso aprovar o comportamento da outra parte, nem mesmo gostar das pessoas. Apenas precisamos fazer a escolha de tratar todo mundo com a dignidade que é direito inato de todos os seres humanos".[6] Quando o autor considera não ser necessário aprovar o comportamento da outra pessoa, nem mesmo gostar da mesma, ressalta a importância de "separar as pessoas dos problemas" nas práticas negociais. Isto é relevante nos casos dos danos porque o nível de relacionamento tende a se embaralhar com o problema.[7] Neste ponto é perceptível, por exemplo, que a vítima espere receber uma indenização muito maior que a extensão do dano sofrido em razão do poderio econômico do ofensor, o que seria incompatível com a função compensatória da responsabilidade civil.

É necessária, ainda, atenção para alguns pontos: a concentração nos reais problemas, o abandono das posições, a busca por interesses múltiplos ou até mesmo comuns, a melhoria da comunicação e o respeito ao que o outro valoriza. Estes pontos são condicionantes para um bom acordo[8] e não mudam em tempos de pandemia.

Nesses casos, o condutor da sessão de mediação deverá ir muito além de buscar construir o diálogo entre as partes: sem interferir na autodeterminação dos envolvidos, fará uma orientação qualificada, utilizando estratégias que permitam às partes entender quais a reais chances de êxito da demanda no judiciário, sem esquecer que estas pessoas deverão ser empoderadas para resolver seus problemas pelo diálogo direto e deverão ser estimuladas a re-significar os valores. [9]

---

4. URY, William. *Como chegar ao sim com você mesmo*. Tradução Afonso Celso da Cunha. Rio de Janeiro: Sextante, 2015, p.91.
5. WARAT, Luis Alberto. *Surfando na pororoca: O ofício do mediador*, cit., p.85-90.
6. URY, William. *Como chegar ao sim com você mesmo*, cit., p.91.
7. URY, William. *Como chegar ao sim com você mesmo*, cit., p.51.
8. FICHER, Roger, URY, William, PATTON, Bruce. *Como chegar ao sim – como negociar acordos sem fazer concessões*. Trad. Ricardo Vasques Vieira. 3 ed. Rio de Janeiro: Salomon, 2014, p.39-69.
9. DE MORAIS SALES, Lilia Maia. *Mediação facilitativa e "mediação" avaliativa–estabelecendo diferença e discutindo riscos*. Novos Estudos Jurídicos, v. 16, n. 1, 2011.

A mediação avaliativa consiste em examinar de maneira aprofundada a questão conflituosa, o que envolve análise prévia dos documentos e relatórios apresentados pelas partes, sessões conjuntas e sessões privadas. Em seguida, o mediador utiliza referências de julgados anteriores, situações mercadológicas e sua experiência pessoal para iniciar o diálogo expondo o que, na sua opinião, é o melhor a se fazer.[10] Vários fatores devem fazer parte desta análise, inclusive os gastos com honorários advocatícios e outras despesas para o acompanhamento do processo e, ainda, o tempo de tramitação processual – um problema sério na justiça brasileira.

A mediação avaliativa guarda pequena semelhança com a sistemática tradicional da conciliação praticada no Brasil, que se destaca especialmente no âmbito dos conflitos judicializados, pois considera a possibilidade de análise pelo Juiz. Entretanto, a identificação aí se encerra, pois, os preparativos que antecedem a mediação avaliativa não estão entre as práticas conciliatórias ocorridas no âmbito judicial, sendo possível reconhecê-la nas sessões que são conduzidas em escritórios de advocacia especializados.

Deve-se considerar que a mediação avaliativa ou a conciliação podem, a depender da forma com que forem conduzidas, prejudicar a autodeterminação das partes, elemento essencial na mediação. Mas com a prática e o amadurecimento das técnicas no Brasil, pode-se cogitar a possibilidade de um sistema que se inicie com uma mediação e, caso não haja acordo, siga para uma conciliação/mediação avaliativa.[11]

No Brasil, as formas mais usuais de condução das sessões são a conciliação e a mediação; por ser muito tênue a linha que as separa, o mais importante para a prática colaborativa é considerar que mediadores e conciliadores devem ter formação interdisciplinar que os permita desenvolver a sua atribuição compreendendo a complexidade que a atividade requer.[12]

É forçoso reconhecer que no Brasil essas práticas ainda são superficiais e que, no âmbito judicial, mesmo com os ditames do Código de Processo Civil e das metas estabelecidas pelo Conselho Nacional de Justiça para enfrentamento da alta demanda de processos, as conciliações não têm conseguido atingir seus reais objetivos. Mesmo estando previsto no art.18 da Lei de Mediação, é bem incomum se ver a marcação de uma segunda sessão de mediação, ou de sessões individuais.

Além disto, via de regra, antes das sessões não há uma apreciação do caso: os processos entram em pauta para as sessões e são folheados superficialmente pelo mediador/conciliador, enquanto o escrivão está adiantando a ata da sessão e relatando as partes presentes. O tempo destinado às sessões são também incompatíveis com a proposta do instituto, os envolvidos não são ouvidos, limitando-se o condutor a perguntar se existe a possibilidade de acordo. Em sendo negativa a resposta, lavra-se o termo. Não é incomum o juiz afirmar em audiência que analisará os documentos presentes nos autos caso não haja acordo.

Os conflitos gerados a partir da pandemia são de altíssima complexidade, pois não obstante o caos econômico e social, podem estar ligados a relações permanentes ou

---

10. DE MORAIS SALES, Lilia Maia. *Ob. cit*, p.25.
11. DE MORAIS SALES, Lilia Maia. *Ob. cit*, p.25-28
12. DE MORAIS SALES, Lilia Maia. *Ob. cit*, p.20.

continuadas como as questões envolvendo relações de trabalho ou relações contratuais como, por exemplo, problemas com planos de saúde.[13] Deve-se considerar, ainda, que alguns danos atingem também interesses públicos; outros, repercutem na ordem econômica de uma região, podendo atingir direitos difusos e coletivos, como os problemas surgidos em pequenas localidades que vivem exclusivamente do turismo, por exemplo. Nesta senda, não é incomum encontrar polos adversariais com posturas e poder econômico bem diversos, e ainda com propensões distintas, um lado com questões pessoais, o outros com interesses estritamente comerciais, como nos casos das companhias aéreas em relação aos consumidores e das indústrias em relação aos empregados.

Nessas circunstâncias, de grande complexidade, iniciar com a mediação facilitativa é adequado, pois necessita-se de uma discussão moderada na qual as pessoas consigam identificar os reais problemas para que a solução seja eficaz e estimule a pacificação. Ressalta-se, no entanto, que as partes precisam estar bem assessoradas por advogados que garantam uma orientação jurídica qualificada e sejam adotadas estratégias que as permitam entender quais a chances de êxito da demanda no judiciário, sem esquecer que estas pessoas deverão ser capazes de participar diretamente do diálogo, para construir a melhor solução. O advogado assegurará aos clientes a informação dos direitos e deveres, as orientações jurisprudenciais sobre o caso e todas as demais informações necessárias para que, no processo de construção de um consenso, a participação das pessoas seja consistente.

A impossibilidade de pagar um advogado não é óbice para o exercício da mediação, pois existem estruturas bem organizadas para viabilizar esse diálogo de forma gratuita, tanto presencialmente, por meio das Defensorias Públicas, como virtuais, como por exemplo a plataforma consumidor.gov.br, serviço público e gratuito que viabiliza a interlocução entre os consumidores e as empresas participantes para solução alternativa de conflitos de consumo pela internet.

A mediação de conflitos realizada de forma correta traz a possibilidade de buscar soluções justas e céleres para os conflitos, que atendam o real objetivo de reparação desejado pela parte lesada. A atual visão da responsabilidade civil, não obstante vise a função tradicional compensatória, visa promover soluções que se adequem aos valores constitucionais da solidariedade e da justiça social.

A mediação é a saída mais adequada para a solução de conflitos envolvendo danos decorrentes da pandemia, devendo ser prática incentivada às pessoas envolvidas em danos de qualquer natureza, devendo ser tais processos feitos, a priori, na via extrajudicial, assessorados pelos advogados das partes e intermediados por mediador neutro, todos trabalhando de forma colaborativa e contextualizada com o que se pode tocar da realidade.

3. CONCLUSÃO

A mentalidade de uma coletividade se transforma significativamente em situações como as que estamos vivenciando. São interessantíssimos os relatos daqueles que vive-

---

13. Riskin (1996) reconhece 4 níveis: 1) questões litigiosas(*litigationissues*); 2) interesses "comerciais" (*business interests*); 3) questões pessoais/profissionais e relacionais (*personal/professional/relationalissues*); 4) interesses da comunidade (*comunityinterests*). DE MORAIS SALES, Lilia Maia. *Ob. cit.*, p.23.

ram momentos de superação na época do nazismo e da Segunda Guerra Mundial, assim como são ricas as falas daqueles que viveram a época da Ditadura no Brasil ou mesmo os períodos de hiperinflação e de desabastecimento.

A pandemia do coronavírus já deixa, mesmo em tão pouco tempo, o seu legado, seja em um reforço aos hábitos de higiene que reverberará em saúde a médio e longo prazo, como em solidariedade na sua acepção mais simples e que, ao mesmo, tempo é a mais encantadora. A noção de solidariedade no direito fortifica a necessidade de se adotar a justiça colaborativa e deverá também ser um diferencial nas soluções de conflitos gerados por essa efemeridade epidêmica.

A adoção mais incisiva dos métodos consensuais nos casos de danos será de grande contributo nesse contexto, com esforços para uma indenização mais justa, mais equilibrada, menos onerosa e, principalmente, mais rápida. As pessoas com danos neste surto endêmico se multiplicaram de forma expressiva, especialmente nas relações consumeristas, e, na busca pela indenização pelo dano sofrido, deseja-se que não sejam envolvidas em mais uma situação de risco, de incerteza, e porque não dizer, de desgaste.

O contexto indica para a necessidade de mais esforços no sentido de buscar nas soluções consensuais as respostas para as demandas envolvendo danos, em razão da sua celeridade, do seu baixo custo, mas, especialmente, em razão do seu potencial caráter transformador.

A sugestão é adotar maximamente no momento da pandemia um modelo que possa unir colaboração e celeridade em âmbito extrajudicial, desonerando o sistema judiciário e proporcionando resultados favoráveis à expectativa de estabilidade que se faz premente.

4. REFERÊNCIAS

DE MORAIS SALES, Lilia Maia. Justiça e mediação de conflitos. Belo Horizonte: Del Rey, 2004.

DE MORAIS SALES, Lilia Maia. Mediação facilitativa e "mediação" avaliativa–estabelecendo diferença e discutindo riscos. Novos Estudos Jurídicos, v. 16, n. 1, p. 20-32, 2011. Disponível em:https://siaiap32.univali.br//seer/index.php/nej/article/viewFile/3267/2049 Acesso em: 25 set. 2017.

FICHER, Roger, URY, William, PATTON, Bruce. Como chegar ao sim – como negociar acordos sem fazer concessões. Trad. Ricardo Vasques Vieira. 3a. ed. Rio de Janeiro: Salomon, 2014.

FOLGER, Joseph P.; BUSH, Robert A. Barush. Mediação transformativa e intervenção de uma terceira parte: 10 características de uma abordagem transformativa para a prática. Mediation Quartely. 1994 p.74-89.

MORAES, Maria Celina Bodin. Na medida da pessoa humana. Rio de Janeiro: Renovar, 2010.

URY, William. Como chegar ao sim com você mesmo. Tradução Afonso Celso da Cunha. Rio de Janeiro: Sextante, 2015

WARAT, Luis Alberto. Surfando na pororoca: O ofício do mediador. Florianópolis: Fundação Boiteux, 2004.

NOTAS SOBRE ENDIVIDAMENTO CRÍTICO E PANDEMIA DA COVID-19: A CONSTRUÇÃO DE UMA SAÍDA PARA RECUPERAÇÃO PATRIMONIAL DA PESSOA HUMANA

Daniel Bucar

Professor Direito Civil do IBMEC/RJ. Doutor e Mestre em Direito Civil (UERJ). Procurador do Município do Rio de Janeiro. Advogado.

Caio Pires

Mestre em Direito Civil (UERJ). Advogado.

Rodrigo da Mata

Mestrando em Direito Civil (UERJ) Advogado.

Sumário: 1. Introdução – 2. Renegociação singular e coletiva – 3. O patrimônio da pessoa humana e responsabilidade patrimonial – 4. O triplo castigo à pessoa humana: a pandemia, o endividamento crítico e o golpe de misericórdia da insolvência civil – 5. A benevolência egocêntrica: a generosa impenhorabilidade de bens à brasileira – 6. A saída (tímida) lateral: O superendividamento do consumidor – 7. Uma esperança e uma alternativa possível – 8. Conclusão – 9. Referências.

1. INTRODUÇÃO

Os acentuados reflexos econômicos ocasionados pela pandemia da COVID-19 já são uma realidade. As medidas sanitárias indicadas pela ciência médica e, em sua maior parte, tomadas pela Administração Pública refletem uma profunda retração na cadeia de circulação de bens e serviços. Excetuados os denominados bens e serviços essenciais, os demais atores da economia sofrem, em variada medida, o revés da paralisação social.

A crise bate à porta e os problemas jurídicos dela decorrentes se manifestam em variadas disciplinas jurídicas. Especificamente no campo do direito civil, da teoria geral ao direito das sucessões, são diversas as consequências, a ponto de o atento legislador buscar fórmulas pontuais para pacificar certas situações no período de exceção[1].

---

1. Neste sentido, o Projeto de Lei 1179/20, cujo escopo é adaptar regras do Código Civil para a situação excepcional. Ao tempo de fechamento desta edição, o Projeto já havia sido aprovado pelo Senado Federal e seguia em análise pela Câmara dos Deputados.

No entanto, ante os acentuados problemas patrimoniais originários da crise, um em especial merece atenção: o endividamento crítico de atores econômicos, notadamente o da pessoa humana. É em torno deste tema que estas notas buscarão discorrer.

2. RENEGOCIAÇÃO SINGULAR E COLETIVA

O pontual desequilíbrio das prestações ocasionado pela pandemia em certos contratos tem instado a civilística a produzir notável debate em torno das consequências daí originadas e de seus respectivos remédios, entre os quais se destacam a revisão, a resolução e o dever de renegociar[2-3].

A problemática ali enfrentada repousa no vínculo binário de uma única relação jurídica afetada pela crise sanitário-econômica, tal como um contrato de locação, um contrato de fornecimento ou um contrato de transporte aéreo. Seja durante o momento atual, ou em um tempo em que não se cogitava da crise sanitário-econômica global, parte dos autores vinculam o cabimento do uso destes remédios à modificação a base objetiva do negócio. Outro grupo, embora não se filie expressamente à teoria da base objetiva, utiliza exemplos elucidativos relacionados ao dever de renegociar, em que o objeto do contrato é afetado diretamente[4],

---

2. Em caráter geral, não destinado apenas ao tempo de crise decorrente da pandemia, vide SCHREIBER, Anderson. *Equilíbrio contratual e dever de renegociar*. São Paulo: Saraiva Educação, 2018.
3. Especificamente a respeito dos impactos do COVID-19 no direito dos contratos: SCHREIBER, Anderson. Devagar com o andor: coronavírus e contratos – Importância da boa-fé e do dever de renegociar antes de cogitar de qualquer medida terminativa ou revisional. *Migalhas contratuais*, 23 mar 2020, disponível em: https://www.migalhas.com.br/coluna/migalhas-contratuais/322357/devagar-com-o-andor-coronavirus-e-contratos-importancia-da-boa-fe-e--do-dever-de-renegociar-antes-de-cogitar-de-qualquer-medida-terminativa-ou-revisional, acesso em: 09/04/2020; SOUZA, Eduardo Nunes; SILVA, Rodrigo da Guia. Resolução contratual nos tempos do novo coronavírus. *Migalhas contratuais*, 25 mar 2020, disponível em: https://www.migalhas.com.br/coluna/migalhas-contratuais/322574/resolucao-contratual-nos-tempos-do-novo-coronavirus, acesso em: 09/04/2020; PIANOVSKY, Carlos Eduardo. A força obrigatória dos contratos nos tempos do coronavírus. *Migalhas contratuais*, 26 mar 2020, disponível em: https://www.migalhas.com.br/coluna/migalhas-contratuais/322653/a-forca-obrigatoria-dos-contratos-nos-tempos-do-coronavirus, acesso em: 09/04/2020; TARTUCE, Flávio. O coronavírus e os contratos – Extinção, revisão e conservação – Boa-fé, bom senso e solidariedade. *Migalhas contratuais*, 27 mar 2020, disponível em: https://www.migalhas.com.br/coluna/migalhas-contratuais/322919/o-coronavirus-e-os-contratos-extincao-revisao-e-conservacao-boa-fe-bom-senso-e-solidariedade, acesso em: 09/04/2020; TERRA, Aline Miranda Valverde. Covid-19 e os contratos de locação em shopping center. *Migalhas contratuais*, 20 mar 2020, disponível em: https://www.migalhas.com.br/depeso/322241/covid-19-e-os-contratos-de-locacao-em-shopping-center, acesso em: 09/04/2020.
4. Neste sentido: "Examine-se, a título de exemplo, caso concreto que envolveu, de um lado, uma companhia do setor de petróleo e, de outro, uma companhia de navegação que lhe prestava serviços de apoio, no âmbito de um contrato com prazo de dez anos de vigência, renovável por igual período. Após oito anos de fiel cumprimento do contrato e ótima relação negocial, a companhia de navegação informou, por carta, à sua cliente que o contrato havia se tornado desequilibrado por uma série de acontecimentos que elevaram o custo da navegação no Brasil, entre os quais acordos coletivos de natureza trabalhista e mudanças da 18legislação brasileira que permitiram a concorrência de embarcações estrangeiras em águas nacionais, resultando no aumento dos salários dos trabalhadores do setor marítimo. Argumentava a companhia de navegação que o contrato havia se tornado "excessivamente oneroso", na medida em que, nos últimos anos, o custo da operação teria sido majorado em proporção muitas vezes maior que aquela esperada à luz da média histórica de aumento de custo do setor. Pleiteava, assim, um reajuste no valor do seu contrato. A carta nunca foi respondida. Novas cartas se seguiram, com solicitação de reuniões para debater o tema, mantendo-se o silêncio. O contrato foi cumprido por mais dois anos, tendo a companhia de navegação informado, então, à sua cliente que não desejava a renovação do prazo de vigência. Nesse momento, foi chamada para renegociar os termos do seu contrato" (SCHREIBER, Anderson. Construindo um dever de renegociar brasileiro. *Revista Interdisciplinar da Faculdade de Direito de Valença*. V. 16, n. 1, p. 13-42, jan/jun, 2018, p. 17-18.

ou defendem, ainda, que a revisão depende da prova de um sacrifício econômico superior ao originalmente previsto[5-6].

Porém, sem descartar a incontestável relevância do campo de incidência e da própria argumentação, certo é que, em um grande número de casos, a dificuldade do adimplemento da obrigação não encontra fundamento nas alterações ocorridas no sinalagma de um único contrato, singularmente considerado. Há duas outras situações diversas.

Em algumas ocasiões, a patologia está em uma categoria de contratos de certa atividade, para a qual, sob pena de privilegiar alguns contratantes em detrimento de outros, impõe-se uma renegociação dentro daquelas específicas relações contratuais. Basta pensar na hipótese de determinada indústria contratar diversos fornecedores de um mesmo insumo e escolher apenas um deles para impor uma renegociação. A boa-fé objetiva que demanda a renegociação é a mesma que, com lealdade, determina o chamamento à revisão coletiva daquela específica coletividade de contratos[7].

Mas em outras tantas situações, o que se verifica já não é o problema de uma relação jurídica em si. A questão patológica está à parte do objeto da relação. Ou nem mesmo no objeto. Está na própria garantia do vínculo, isto é, no patrimônio das pessoas envolvidas. Se o problema transborda, portanto, a visão binária de uma única relação jurídica ou de relações jurídicas equivalentes, sua solução requer, também, a superação dos remédios destinados a um único vínculo. Será, portanto, indispensável distanciar a lente daquele específico objeto para análise de algo maior, isto é, o próprio patrimônio da pessoa.

3. O PATRIMÔNIO DA PESSOA HUMANA E A RESPONSABILIDADE PATRIMONIAL

Pelo artigo 91 do Código Civil, extrai-se que o patrimônio é o complexo de relações jurídicas, de uma pessoa, de valor econômico[8]. Um dos atributos desta massa, composta

---

5. Sob esta perspectiva, Eduardo Nunes de Souza e Rodrigo da Guia Silva: "Por fim, em um terceiro grupo, cogite-se do agravamento do sacrifício econômico originalmente imposto pelo contrato a um dos contratantes, diante do cenário de difusão da COVID-19 (...) Chega-se ao terceiro grupo de hipóteses fáticas, a saber, aquelas em que uma das partes passa a sofrer sacrifício patrimonial muito superior ao originalmente previsto" SOUZA, Eduardo Nunes; SILVA, Rodrigo da Guia. Resolução contratual nos tempos do novo coronavírus. *Migalhas contratuais*, 25 mar 2020, disponível em: https://www.migalhas.com.br/coluna/migalhas-contratuais/322574/resolucao-contratual-nos-tempos-do-novo-coronavirus, acesso em: 09/04/2020).
6. Sem adentrar especificamente as dificuldades teóricas do tema da base objetiva, ressalte-se a opinião anterior à pandemia de RODOVALHO, Thiago. O dever de renegociar no ordenamento jurídico brasileiro. *Revista Jurídica Luso-Brasileira*, ano 1, n° 6, p. 1597-1638, 2015. p. 1613-1625, disponível em: http://www.cidp.pt/revistas/rjlb/2015/6/2015_06_1597_1638.pdf, acesso em: 09/04/2020. Mais recentemente, SIMÃO, José Fernando. "O contrato nos tempos da covid-19". Esqueçam a força maior e pensem na base do negócio. *Migalhas contratuais*, 3 abr 2020, disponível em: https://www.migalhas.com.br/coluna/migalhas-contratuais/323599/o-contrato-nos-tempos-da-covid-19--esquecam-a-forca-maior-e-pensem-na-base-do-negocio, acesso em: 09/04/2020.
7. Aliada à boa-fé objetiva, este dever de renegociação coletiva afasta a incidência do art. 163 do Código Civil, na hipótese de insolvência superveniente do devedor. Isto porque, a manutenção das bases iniciais de uma relação contratual, sem se submeter à revisão que os demais contratantes de uma relação equivalente pactuaram, indicará diminuição da garantia geral do patrimônio do devedor insolvente e, portanto, uma possível fraude contra credores.
8. A relevância contemporânea das dívidas que gravam o patrimônio determina a necessidade, portanto, de inclusão nesta massa dos débitos e crédito BUCAR, Daniel. *Superendividamento: reabilitação patrimonial da pessoa humana*. São Paulo: Saraiva, 2017. p. 47-80. Em sentido diverso, OLIVA, Milena Donato. *Patrimônio separado: herança,*

por ativo e passivo, é que, salvo especialíssimas exceções[9], cada pessoa só pode ser titular de um único patrimônio. É esta unicidade que converge todas as relações econômicas de uma pessoa, seja esta relação derivada de um aspecto de direito público ou de direito privado[10].

Da mesma forma, é neste único bloco econômico que está a garantia geral dos credores da pessoa que o titulariza, pois, em eventual inadimplemento, é do patrimônio que serão extraídos meios para restituição do estado anterior e/ou receber indenização decorrente de eventuais danos.

Ao lado da garantia geral do patrimônio, disposta nos artigos 391 do Código Civil e 789 do Código de Processo Civil, a disciplina da responsabilidade patrimonial ainda é complementada pelo pilar do concurso de créditos, na hipótese de endividamento crítico, bem como, no que toca à pessoa humana, do patrimônio de dignidade[11].

A despeito da relevância técnica que o patrimônio e suas funções representam na sustentação de uma economia capitalista, o ordenamento jurídico brasileiro cuida da matéria de forma difusa e assistemática. Se para a atividade empresária conta com razoável regramento, ainda que, por vezes, aplicado de forma imprecisa, o endividamento crítico para os demais atores econômicos parece padecer de estado calamitoso perene. E o pior: diante de uma pandemia sanitária com reflexos agudos em diversas áreas da economia, a crise daí decorrente desarruma o que é, já de muito, desalinhado.

O cenário, de toda forma, inspira cautela. As adversidades que a crise sanitário--econômica ocasionará na teoria patrimonial no Brasil não podem se apresentar como obstáculo instransponível para sua superação. Com rigor técnico, é possível delinear soluções que, de algum modo, busquem atender aos interesses coletivos que incidem sobre um patrimônio endividado.

Quanto à atividade empresária, o ordenamento jurídico oferece, como dito, soluções jurídicas para os patrimônios destacados ao empreendimento nesta seara[12]. Contudo, embora fosse salutar o tratamento da matéria da forma mais unitária possível, até porque na contemporaneidade houve o movimento de democratização do crédito entre todos os atores econômicos[13], o estudo dos efeitos da crise ainda requer uma divisão e nestas

---

massa falida, securitização de créditos imobiliários, incorporação imobiliária, fundos de investimento imobiliário, trust. Rio de Janeiro: Renovar, 2009. p. 165.

9. Em exceção à regra mencionada, o ordenamento autoriza, por exemplo, que a pessoa jurídica que realize a atividade de incorporação (incorporadora) titularize mais de um patrimônio de afetação desde que esteja realizando mais de uma incorporação imobiliária(art. 31-A Lei 4.591/64 ou Lei do Patrimônio de Afetação).
10. Portanto, a superação da dicotomia público-privado também deve produzir efeitos na teoria do patrimônio. Sobre este paradigma do direito contemporâneo, o escrito, já clássico, de MORAES, Maria Celina Bodin de. A caminho de um direito civil constitucional. Revista de Direito Civil, Imobiliário, Agrário e Empresarial. v. 65, ano 17, julho-setembro, p. 21-32, 1993, p. 24-27, disponível em: http://www.direitocontemporaneo.com/wp-content/uploads/2018/03/BODIN-A-caminho-de-um-direito-civil-constitucional.pdf, acesso em: 10/04/2020.
11. Para esta divisão sistemática do patrimônio da pessoa humana, BUCAR, Daniel. *Superendividamento: reabilitação patrimonial da pessoa humana.* São Paulo: Saraiva, 2017. p. 47-80.
12. Atualmente, vigora da Lei 11.101/05 (Lei de Recuperação Judicial e Falência) e já tramita na Câmara dos Deputados novo projeto de atualização do sistema (Projeto de Lei 10.220/18).
13. KILBORN, Jason. Two decades, three key questions, and evolving answers in European consumer insolvency law: responsibility, discretion and sacrifice. In: NIEMI, Johanna; WHITFORD, William C. (Org.). Consumer credit, debt & bankruptcy: comparative and international perspectives. Oxford (UK): Hart, 2009. p. 308-309.

notas serão abordados unicamente os seus efeitos sobre o endividamento crítico da pessoa humana.

4. O TRIPLO CASTIGO À PESSOA HUMANA: A PANDEMIA, O ENDIVIDAMENTO CRÍTICO E O GOLPE DE MISERICÓRDIA DA INSOLVÊNCIA CIVIL

Se não bastasse o dramático panorama psicofísico que a pandemia traz à pessoa humana, os efeitos sobre o patrimônio de boa parte da população poderão ser devastadores. Somado a este quadro, encontra-se a ausência, no ordenamento jurídico brasileiro, de um remédio, ainda que amargo, para o tratamento do patrimônio superendividado da pessoa. A ela, destina-se o impiedoso processo de insolvência, regulamentado pelos artigos 748 a 786-A do Código Civil de 1973[14], cujo procedimento simplesmente se esqueceu que por trás dele haveria uma pessoa humana e viva.

Com efeito, não há um processo coletivo de renegociação de débitos da pessoa humana, pelo que o ordenamento jurídico não lhe concede autonomia para tratar de forma universal suas dívidas com seus credores. Quando muito, resta-lhe a utilização de expedientes processuais para revisar, por vezes sem fundamento, determinadas dívidas e, desta forma, valer-se da morosidade do Poder Judiciário para "girar" o passivo (parcelar o pagamento ou prorrogá-lo até o momento em que haja ativos disponíveis para tanto)[15].

À falta de um procedimento legal expresso de tratamento do endividamento patrimonial crítico, resta à pessoa humana o castigo da insolvência, cuja execução coletiva (a) retira-lhe a autonomia negocial (o insolvente se torna a pessoa, senão um morto civil, um incapaz[16]), (b) é regulada por um concurso de credores arcaico[17], (c) mas que, de toda sorte e após o tortuoso trâmite, é concedida a graça da irrestrita extinção de suas obrigações[18]. A bancarrota do próprio processo de insolvência é patente: são pouquíssimas pessoas que a ele se submetem e, dado o seu caráter deliberadamente sancionatório, seu manejo acaba por ter como real objetivo uma vingança pessoal do credor, nas raras vezes em que o procedimento é encontrado.

---

14. Única parte ainda em vigor do antigo Código de Processo Civil, conforme artigo 1052 do Diploma vigente.
15. Não se desconhece do favor legal previsto no art. 916 do Código de Processo Civil, o qual, conforme se diz em doutrina gera uma moratória legal. Desta forma, o dispositivo autoriza ao executado, desde que deposite trinta por cento do valor executado, acrescido de custas e honorário do advogado, reconheça a dívida, além de não opor embargos à execução, pagar o valor do débito em seis parcelas, somadas à correção monetária e à juros de 1% ao mês, TARTUCE, Flávio. O coronavírus e os contratos – Extinção, revisão e conservação – Boa-fé, bom senso e solidariedade. *Migalhas contratuais*, 27 mar 2020, disponível em: https://www.migalhas.com.br/coluna/migalhas-contratuais/322919/o-coronavirus-e-os-contratos-extincao-revisao-e-conservacao-boa-fe-bom-senso-e-solidariedade, acesso em: 09/04/2020. Contudo, para um endividamento crítico, tal solução, por ser pontual e destinada a uma dívida cobrada por certo credor, não se presta ao tratamento coletivo do patrimônio..
16. Ao que toca a gerência de sua vida patrimonial o devedor insolvente sofre restrições severas, segundo os artigos 761, inciso I, e 763 a 767, CPC 73. Para a crítica, BUCAR, Daniel. *Superendividamento: reabilitação patrimonial da pessoa humana*. São Paulo: Saraiva, 2017. p. 85-87.
17. Os artigos 957 e 958 do Código Civil replicaram, em quase sua integralidade, os artigos 1557 e 1558 do Código de 1916, cujo texto sequer cogitava, pois não integrava a realidade social da época, dívidas oriundas, por exemplo, de quotas condominiais e pensão alimentícia.
18. Art. 780 do Código de Processo Civil de 1973.

5. A BENEVOLÊNCIA EGOCÊNTRICA: A GENEROSA IMPENHORABILIDADE DE BENS À BRASILEIRA

Por outro lado, reconhecendo o caráter sinuoso do processo da insolvência civil, cujo objetivo final é a extinção das dívidas do devedor, parece que o legislador resolveu, de forma oblíqua, oferecer a certas pessoas uma proteção diferenciada, concedendo-lhe um generoso conjunto de bens impenhoráveis, formador de um patrimônio dignidade, que não responde por boa parte dos débitos contraídos pelo devedor.

A benevolência do legislador se faz evidente em dois aspectos da impenhorabilidade de bens. O primeiro diz respeito à ausência de limite de valor impenhorável (à grande parte de obrigações do devedor[19]) para o bem de família legal (artigo 832, Código de Processo Civil c/c artigo 1º da Lei 9009/90). Não se tenha dúvida: o Brasil conta com a mais larga proteção no mundo ocidental para o bem de família. Não importa o valor do único bem imóvel de determinada pessoa – ou daquele, entre os de sua propriedade, em que reside –, é ele impenhorável. O segundo aspecto que denota a prodigalidade do ordenamento jurídico é o alto valor impenhorável[20] da remuneração, quantificada em cinquenta salários mínimos (artigo 833, IV e §2º, Código de Processo Civil). Mais uma vez, o ordenamento brasileiro se apresenta como excessivo protetor – e neste aspecto – da remuneração. Embora seja altamente louvável a defesa de um patrimônio dignidade, o seu exagero, conjugado à inexistência de um tratamento razoável do patrimônio endividado com vistas à extinção dos débitos, apresenta um quadro problemático.

Primeiramente, uma crise sanitário-econômica requer um esforço solidário da sociedade. Neste cenário, a exclusão ampla de ativos (a generosa impenhorabilidade brasileira) da garantia geral de créditos retira de circulação importante parcela de riquezas que poderia servir aos credores que suportam, em prol do mercado, o sacrifício de receber seus créditos parcialmente.

Em segundo, a tortura da insolvência civil desencoraja aqueles que efetivamente já não possuem meios[21] para promover o pagamento de seus débitos ingressar com o procedimento para haver a extinção do passivo pelo art. 780 do Código de Processo Civil de 1973.

6. A SAÍDA (TÍMIDA) LATERAL: O SUPERENDIVIDAMENTO DO CONSUMIDOR

A dificuldade de se encontrar uma solução para esta complexa problemática, que já desponta em função de crises econômicas passadas, encorajou a doutrina consumerista buscar uma saída de emergência para o tratamento do que chamaram de consumidor superendividado. A proposta encontra-se em tramitação no Congresso Nacional[22], mas, no entanto, suas medidas mostram-se objetiva e subjetivamente acanhadas. Além de não tratar universalmente o endividamento crítico, pois se resume a débitos oriundos

---

19. Exceções à impenhorabilidade estão descritas no art. 3º da Lei 8009/90.
20. Excetuada a dívida de alimentos, conforme primeira parte do § 2º do artigo 833 do Código de Processo Civil.
21. Nem mesmo aqueles generosos bens impenhoráveis.
22. O projeto de atualização do Código de Defesa do Consumidor, que cuida do superendividamento, já foi aprovado pelo Senado Federal e atualmente tramita perante a Câmara dos Deputados (Projeto de Lei 3515/215).

de consumo (aspecto objetivo), cria uma limitação a consumidores, dele excluindo, por exemplo, profissionais liberais (aspecto subjetivo). O problema desta setorização, reside na corriqueira simultaneidade do exercício, pela pessoa, da atividade econômica de consumidora, empregadora, tomadora de financiamentos[23], prestadora de serviços e contribuinte.

Sob a perspectiva do tratamento do superendividamento do consumidor, o seu patrimônio, que é único e garantidor geral de todos os créditos, passaria a atender determinados credores, de modo distinto em relação a outros (o fisco, o alimentando, o empregado, o condomínio, o locador, etc.). Em outras palavras, apenas os credores de uma relação de consumo seriam contemplados com o esforço do devedor para ver seus créditos pagos[24]. Já os demais, que sustentam, inclusive, posição preferencial para receber no ordenamento brasileiro (alimentando, fisco, condomínio), deveriam continuar procurando a excussão individual ou optar pelo defasado procedimento de insolvência.

Embora a iniciativa seja louvável, pois traz à tona a problemática, a solução não parece satisfatória, vez que ofende a (i) proteção prioritária de credores não preferenciais e (ii) e não consegue obter uma solução universal, contrariando, assim, as bases axiológicas de tratamento unitário do patrimônio, sem resolver o problema global do devedor [25].

Em um momento em que o patrimônio da pessoa humana certamente sofrerá acentuado golpe – seja daquelas que exercem suas atividades no denominado mercado informal, seja daquelas que poderão ser alvejadas pela perda de emprego ou pela redução do salário[26] – o tratamento de endividamento crítico merece uma especial atenção.

7. UMA ESPERANÇA E UMA ALTERNATIVA POSSÍVEL

Uma alternativa possível ao grave panorama é estender à pessoa humana o tratamento conferido a patrimônios criticamente endividados e destinados à atividade empresarial. Ora, se o ordenamento jurídico brasileiro tem no valor da pessoa humana o seu fundamento (art. 1º, III, Constituição da República), uma leitura axiológica do artigo 52 do Código Civil ("*Aplica-se às pessoas jurídicas, no que couber, a proteção dos direitos da personalidade*") permite aferir que é lícito e recomendável aplicar às pessoas humanas, no que couber, as garantias programadas para a pessoa jurídica empresária, especialmente àquelas atinentes à recuperação judicial dispostas na Lei 11.101/05.

Aliás, neste sentido, é alvissareiro o Projeto de Lei 1397/20[27], produzido em caráter emergencial para lidar com questões de recuperação judicial e falência no âmbito da crise sanitário-econômica. Com efeito, pela primeira vez, prevê-se a aplicação de regras pró-

---

23. Entre tantos, cheque especial, crédito direto ao consumidor, cartão de crédito, por exemplo.
24. Por parcelamento e pagamento descontado à vista, entre outras possibilidades.
25. A crítica completa do projeto de lei a respeito do superendividamento e a análise da alegação de que ele seria influenciado pelo modelo francês, além da demonstração das diferenças com este ordenamento, encontra-se em BUCAR, Daniel. Superendividamento: reabilitação patrimonial da pessoa humana. São Paulo: Saraiva, 2017. p. 118-126.
26. Conforme art. 7º da Medida Provisória 936/20.
27. Proposta altera regras de recuperação judicial de empresas durante pandemia, *Câmara dos Deputados, Economia*, 06 abr 2020, disponível em: https://www.camara.leg.br/noticias/651472-proposta-altera-regras-de-recuperacao--judicial-de-empresas-durante-pandemia/, acesso em: 10/04/2020.

prias de tratamento coletivo de débitos para pessoa natural que desempenhe *"atividade econômica em nome próprio, independentemente de inscrição ou da natureza empresária de sua atividade"*[28]. Ora, pessoa natural que exerça atividade econômica em nome próprio é qualquer pessoa que participe do processo econômico de uma sociedade[29]. Neste sentido, o projeto parece comtemplar todos que passem por grave endividamento patrimonial.

No contexto do referido Projeto de Lei, também seria bem-vindo o instituto da Negociação Preventiva. Por meio dele, faculta-se ao devedor, que tenha sofrido redução de 30% ou mais na sua receita (art. 5°, §2°), requerer a instauração de um procedimento de jurisdição voluntária (art. 5°, *caput*). Em suma síntese, este se desenvolve a partir de rodadas de negociação com todos seus credores, durante o período máximo de sessenta dias (art. 5°, incisos II, III e IV), as quais podem contar com o auxílio de um negociador, ou não, a depender da escolha do requerente (art. 5°, inciso II).

De toda forma, até a aprovação do referido Projeto de Lei ou outro semelhante, há que ser encorajado o tratamento do patrimônio superendividado da pessoa humana de forma coletiva, afastando-o da falência/insolvência civil. É perfeitamente plausível, portanto, um processo em que se submetam todos os credores da pessoa humana a uma renegociação coletiva de suas dívidas, sem comprometimento de seu patrimônio de dignidade – necessário à sua sobrevivência -, tampouco da faculdade de administrar os próprios bens, mas, ao mesmo tempo, visando à extinção dos débitos.

Caso se chegue a um pacto definitivo e destinado ao pagamento das dívidas, nem mesmo se exige homologação judicial para que ele produza efeitos. A única obrigação a ser cumprida pelo devedor, ou negociador, se houver, é de informação ao Juízo: será necessário, para a devida publicidade, discriminar-lhe o resultado das negociações e apresentar relatório sobre os trabalhos desenvolvidos (art. 5°, inciso V do Projeto de Lei 1397/20).

Contudo, até o Projeto de Lei (ou texto semelhante) ser aprovado, uma leitura da Lei de Recuperação Judicial e Falência à luz do valor da pessoa humana já auxilia o tratamento de patrimônio criticamente endividado.

Neste sentido e em linhas gerais[30], levando-se em conta que o patrimônio garantidor de débitos (sem os bens impenhoráveis) é o limite de excussão para os credores, ao devedor é lícito pleitear a recuperação, de cujo pedido devem constar documentos que comprovem a causa de sua situação de crise econômico-financeira e a própria situação crítica de seu patrimônio (quem são seus credores, ou qual é o seu passivo, e que bens possui, ou qual seu ativo), conforme preleciona o art.51, incisos I a X da Lei 11.101/05. Verificada adequação da petição inicial a tais exigências, nomear-se-ia administrador judicial (art. 52, inciso I, Lei 11.101/05), cuja função é auxiliar tecnicamente o Juízo na gestão da recuperação, e apresentar-se-ia o plano de recuperação. Este instrumento

---

28. Art. 1° do Projeto de Lei 1397/20.
29. Haveria diferenças entre pessoais naturais que exercem atividade econômica como profissionais liberais, regulamentados ou não, e outras, que trabalham em regime celetista, quando ambas enfrentam dificuldade de realizar seus pagamentos? A resposta, não se tenha dúvida, é negativa.
30. Para uma exposição mais detalhada, consinta-se remeter a BUCAR, Daniel. *Superendividamento: reabilitação patrimonial da pessoa humana*. São Paulo: Saraiva, 2017. p. 180-200.

deve explicar (i) os meios de recuperação utilizados (prazos e condições especiais de pagamento, venda de ativos, dentre outros, reunidos de forma não taxativa, no art. 50, incisos I a IX, Lei 11.101/05), (ii) demonstrar que o planejamento traçado é viável economicamente e (iii) ser acompanhado de laudo econômico-financeiro de avaliação dos bens do devedor, assinado por profissional (art. 53, inciso I e III, Lei 11.101/05).

Em regra, a aprovação do plano depende ou de unânime aprovação ou, ao menos, por uma maioria dos credores (art. 45 da Lei 11.101/05) para posterior aprovação judicial (artigo 58, Lei 11.101/05). Porém, faculta-se ao juiz determinar compulsoriamente que se prossiga a recuperação judicial e o cumprimento do plano não aprovado nestes ditames, aplicando-se o chamado *cram down* (espécie de imposição judicial do plano – art. 58, §1º, Lei 11.101/05). Apenas no insucesso do plano, por não cumprimento do devedor, ou discordância dos credores sem *cram down* determinado pelo juízo, será realizada liquidação patrimonial, com desalijo do devedor da administração de seus bens.

Nestes termos, é notável a importância das ferramentas oferecidas pela Lei de Recuperação Judicial e Falência no tratamento da insolvência da pessoa física, sobretudo no atual cenário de crise sanitário-econômica. Não só os institutos da referida legislação, mas as orientações jurisprudenciais firmadas, ao menos em suas linhas gerais, são de utilização recomendável, no tratamento deste patrimônio em crise.

8. CONCLUSÃO

Em que pese os bons avanços que o ordenamento jurídico empreendeu para o tratamento coletivo de débitos do patrimônio em crise da atividade empresária, olvidou-se de destinar, como tantos outros países já o fizeram, uma atenção à pessoa humana endividada. Legislar de afogadilho, em um momento crítico como o da pandemia, requer cautela.

De toda forma, enquanto não editado regramento específico de tratamento de débitos destinado à pessoa humana, nada há de obstar – senão uma interpretação obtusa e desfavorável ao valor personalista constitucional – a aplicação simplificada da Lei 11.101/05 a patrimônios criticamente endividados de pessoas naturais não empresárias, notadamente naquilo que toca à quanto à positiva recuperação judicial.

9. REFERÊNCIAS

BUCAR, Daniel. *Superendividamento: reabilitação patrimonial da pessoa humana*. São Paulo: Saraiva, 2017.

MORAES, Maria Celina Bodin de. A caminho de um direito civil constitucional. Revista de Direito Civil, Imobiliário, Agrário e Empresarial. v. 65, ano 17, julho-setembro, p. 21-32, 1993, p. 24-27.

OLIVA, Milena Donato. *Patrimônio separado: herança, massa falida, securitização de créditos imobiliários, incorporação imobiliária, fundos de investimento imobiliário, trust*. Rio de Janeiro: Renovar, 2009.

PIANOVSKY, Carlos Eduardo. A força obrigatória dos contratos nos tempos do coronavírus. *Migalhas contratuais*, 26 mar 2020, disponível em: https://www.migalhas.com.br/coluna/migalhas-contratuais/322653/a-forca-obrigatoria-dos-contratos-nos-tempos-do-coronavirus, acesso em: 09/04/2020;

SCHREIBER, Anderson. *Equilíbrio contratual e dever de renegociar*. São Paulo: Saraiva Educação, 2018.

SCHREIBER, Anderson. Devagar com o andor: coronavírus e contratos. Importância da boa-fé e do dever de renegociar antes de cogitar de qualquer medida terminativa ou revisional. *Migalhas contratuais*, 23 mar 2020, disponível em: https://www.migalhas.com.br/coluna/migalhas-contratuais/322357/devagar-com-o-andor-coronavirus-e-contratos-importancia-da-boa-fe-e-do-dever-de-renegociar-antes-de-cogitar-de-qualquer-medida-terminativa-ou-revisional.

SCHREIBER, Anderson. Construindo um dever de renegociar brasileiro. *Revista Interdisciplinar da Faculdade de Direito de Valença*. V. 16, n. 1, p. 13-42, jan/jun, 2018, p. 17-18.

RODOVALHO, Thiago. O dever de renegociar no ordenamento jurídico brasileiro. *Revista Jurídica Luso-Brasileira*, ano 1, nº 6, p. 1597-1638, 2015. p. 1613-1625, disponível em: http://www.cidp.pt/revistas/rjlb/2015/6/2015_06_1597_1638.pdf, acesso em: 09/04/2020.

SIMÃO, José Fernando. "O contrato nos tempos da covid-19". Esqueçam a força maior e pensem na base do negócio. *Migalhas contratuais*, 3 abr 2020, disponível em: https://www.migalhas.com.br/coluna/migalhas-contratuais/323599/o-contrato-nos-tempos-da-covid-19--esquecam-a-forca-maior-e-pensem-na-base-do-negocio, acesso em: 09/04/2020.

SOUZA, Eduardo Nunes; SILVA, Rodrigo da Guia. Resolução contratual nos tempos do novo coronavírus. *Migalhas contratuais*, 25 mar 2020, disponível em: https://www.migalhas.com.br/coluna/migalhas-contratuais/322574/resolucao-contratual-nos-tempos-do-novo-coronavirus.

TARTUCE, Flávio. O coronavírus e os contratos – Extinção, revisão e conservação – Boa-fé, bom senso e solidariedade. *Migalhas contratuais*, 27 mar 2020, disponível em: https://www.migalhas.com.br/coluna/migalhas-contratuais/322919/o-coronavirus-e-os-contratos-extincao-revisao-e-conservacao-boa-fe-bom-senso-e-solidariedade.

TERRA, Aline Miranda Valverde. Covid-19 e os contratos de locação em shopping center. *Migalhas contratuais*, 20 mar 2020, disponível em: https://www.migalhas.com.br/depeso/322241/covid-19-e-os-contratos-de-locacao-em-shopping-center.

CORONAVÍRUS E SUSPENSÃO DO PRAZO PRESCRICIONAL NAS PRETENSÕES INDENIZATÓRIAS

Atalá Correia

Mestre e Doutor em Direito Civil pela Faculdade de Direito da Universidade de São Paulo. Professor no Instituto Brasiliense de Direito Público – IDP. Juiz de Direito no TJDFT.

Sumário: 1. Introdução – 2. Contextualização – 3. *Contra non valentem agere* – 4. Caso fortuito e força maior como causas de suspensão da prescrição – 5. Conclusão – 6. Referências.

1. INTRODUÇÃO

Há muito não se via o que a sociedade contemporânea passou com a pandemia conhecida como Covid19. Um terço da população global chegou a estar sob isolamento.[1] Contabilizam-se milhões de pessoas contaminadas e incontáveis mortes. Os impactos econômicos ainda estão para ser medidos. As consequências mais evidentes da calamidade estão associadas a dois fatores, a saber, grande mobilização de esforços para a área de saúde e tratamento dos doentes e, para além disso, paralização maciça de forças produtivas. Crescem os números do endividamento público e privado, assim como das falências e do desemprego.

Os juristas têm voltado seus olhos para os impactos que essa realidade produz no contexto que lhes é próprio. Nesse campo, é natural que floresçam revisões de teorias clássicas, a abranger o caso fortuito e as teorias de onerosidade excessiva, mas também análises mais recentes, como o problema do superendividamento.

O presente artigo tem por objetivo investigar quais influências podem advir para o tema da prescrição. Esse talvez seja um ponto menos óbvio das atenções, mas visitá-lo proporciona reflexões interessantes e nos faz questionar sobre a adequação do direito positivo para o enfrentamento de situações análogas. Há quem diga que, após a crise, não voltaremos a ser os mesmos[2] e, nesse sentido, pode haver aprimoramentos das regras relativas à prescrição.

Assim, a questão que permeia esse estudo é a de saber se as dificuldades inerentes a uma pandemia podem interferir na fluência do prazo prescricional. Imagine-se, por exemplo, o comerciante que não pode realizar a cobrança de cheque que recebeu em

---

1. Disponível em https://www.em.com.br/app/noticia/internacional/2020/03/24/interna_internacional,1132089/um-terco-da-populacao-mundial-esta-isolada-por-pandemia-de-coronavirus.shtml, acesso em 2.4.2020.
2. Disponível em https://www.updateordie.com/2020/03/23/jamais-seremos-os-mesmos-novamente/, acesso em 2.4.2020. https://voidnetwork.gr/2020/03/18/were-not-going-back-to-normal-social-distancing-is-here-to-stay--by-gideon-lichfield/, acesso em 2.4.2020.

pagamento, pois não tem acesso a protestos ou ao distribuidor judicial. O obstáculo é ainda mais relevante quando o prazo está prestes a vencer e, assim, as proibições administrativas impedem o credor de exercer a sua pretensão.

O problema exige inicialmente uma contextualização mais específica, que faremos a seguir.

2. CONTEXTUALIZAÇÃO

O instituto da prescrição não deve ser visto de forma isolada. Em primeiro lugar, a prescrição é apenas um dos institutos que refletem os efeitos do tempo sobre as posições jurídicas. Em segundo lugar, as regras relativas à prescrição não devem ser tomadas pontualmente.

O tempo impõe preclusões às posições jurídicas. Por meio da prescrição, a passagem do tempo extingue, ou paralisa, a pretensão, impedindo que um direito subjetivo prestacional seja exercitado. Dentro da tradição brasileira, os direitos potestativos podem estar sujeitos a prazo decadencial. A usucapião extingue a propriedade, fazendo-a que seja adquirida originariamente por outrem. Há direitos prestacionais que podem ser exercidos até seu termo. No campo do processo, há preclusões temporais diversas, para a prática de atos processuais e mesmo para que o autor se valha de determinados procedimentos, como é o caso do mandado de segurança e da ação popular. Admite-se também que a *suppressio* extinga posições jurídicas diversas quando a reiterada inação do titular de uma posição jurídica gera a confiança de que as coisas assim permanecerão. Há, por fim, o não-uso que atinge certos direitos reais, como a servidão e o usufruto.

Esses prazos, de modo bastante geral, podem correr independentemente de quaisquer outras considerações, não obstante a fruição das faculdades inerentes à posição jurídica, ou, por outro lado, podem sancionar a inércia reiterada do seu titular. É, assim, portanto que a propriedade a termo extingue-se apesar do reiterado uso da coisa, que as marcas e patentes extinguem-se por decurso do prazo. Há situações, contudo, em que o prazo pressupõe a inação do titular da posição jurídica, como ocorre mais fortemente na decadência e na prescrição.

Vale dizer que as questões trazidas por uma pandemia global surgem mais intensamente no campo de incidência daquele que pode ser considerado o mais trivial dos prazos, o prescricional. Nada impede, contudo, que esses problemas existam, com mesma ou maior intensidade, em prazos de outra natureza, que sancionem a inércia do titular, pois aquilo que a pandemia pode afetar é justamente a possibilidade do exercício da posição jurídica.[3] Ocorre que não seria possível fazer um exame preciso desses efeitos da

---

3. O Senador Antonio Anastasia apresentou ao Senado Federal o Projeto de Lei n. 1179, de 2020, dispondo sobre o Regime Jurídico Emergencial e Transitório das relações jurídicas de Direito Privado (RJET) no período da pandemia do Coronavírus (Covid-19). Referido Projeto foi transformado na Lei Ordinária nº 14.010, de junho de 2020, mantendo o texto original, em seu artigo 3º e parágrafos, onde institui o impedimento e suspensão dos prazos prescricionais e decadenciais:
Art. 3º Os prazos prescricionais consideram-se impedidos ou suspensos, conforme o caso, a partir da vigência desta Lei até 30 de outubro de 2020. § 1º Este artigo não se aplica enquanto perdurarem as hipóteses específicas de impedimento, suspensão e interrupção dos prazos prescricionais previstas no ordenamento jurídico nacional.

epidemia considerando as variáveis próprias de cada uma dessas preclusões temporais. Dessa forma, conquanto se possa extrapolar para outras situações análogas os desafios aqui enfrentados, o que deve ser objeto de análise pormenorizada, isso não se insere no escopo aqui proposto.

Ao se voltar mais especificamente para o tema da prescrição, é necessário asseverar que as regras que lhe são próprias devem ser consideradas de modo orgânico e harmonioso. A prescrição pressupõe a existência de uma pretensão exercitável, exige, do ponto de vista operacional, conhecer o seu termo inicial, as hipóteses de impedimento, suspensão e interrupção e, além disso, o lapso temporal pertinente.

É comum vermos doutrina e jurisprudência debater sobre a justiça de uma solução legal específica, como a que está relacionada à prescritibilidade da pretensão de reparação. Discutiu-se se, ao interpretar o art. 206, §3º, V, CC, se esse prazo, nas relações contratuais, é decenal ou trienal. A justiça de uma solução ou outra não pode ser claramente visualizada sem perguntar, para além da duração temporal propriamente dita, qual o termo inicial aplicável, quais as hipóteses de suspensão e interrupção. É necessário, ademais, articular a conclusão daí advinda com ponderações sistemáticas (*e.g.*, o prazo para a reparação é coerente com a natureza do bem juridicamente protegido? É coerente com as demais pretensões que decorrem do contrato, como a de haver execução específica?). Com isso, um prazo trienal poderia se revelar justo se correr de um termo inicial subjetivo (desde o momento em que o lesado conhece a extensão do dano), mas injusto se corre desde um termo inicial objetivo (desde o momento do ato ilícito), ainda que o lesado não se saiba lesado.[4]

A articulação das regras próprias da prescrição toma em consideração quatro princípios diversos, que podem ser comparados a forças físicas, que puxam a solução prática para lados diversos.

O primeiro princípio relevante pretende expressar a noção de que a violação de um direito revela grave injustiça e que, dessa forma, o incorreto não se converte em correto pela passagem do tempo. Essa é a noção que guia as imprescritibilidades.

Por outro lado, o segundo princípio lembra-nos que temos dificuldades inafastáveis de cognição, memória e documentação dos fatos da vida e que, assim, o tempo embota nosso discernimento. Dessa forma, na tentativa de corrigir um erro, é comum que se cometam injustiças, cuja probabilidade de ocorrer aumenta com o passar do tempo. Esse segundo princípio, amplamente aceito, diz-nos que é melhor esquecer o que passou, colocando, de uma vez por todas, uma pá de cal sobre velhos litígios, tudo em prol da pacificação social. Essa noção guia as prescritibilidades.

Conquanto haja prazos prescricionais que fluam de modo objetivo, é comum que as regras prescricionais tomem em consideração a conduta do credor, flexibilizando a flu-

---

§ 2º Este artigo aplica-se à decadência, conforme ressalva prevista no art. 207 da Lei nº 10.406, de 10 de janeiro de 2002 (Código Civil).

4. ELIAS DE OLIVEIRA, Carlos Eduardo. *Termo inicial da prescrição: necessidade de clareza jurisprudencial diante do cenário de litigiosidade potencial em tempos de coronavírus (covid-19)*. Disponível em https://www.migalhas.com.br/coluna/migalhas-contratuais/323410/termo-inicial-da-prescricao-necessidade-de-clareza-jurisprudencial-diante-do-cenario-de-litigiosidade-potencial-em-tempos-de-coronavirus-covid-19, acesso em 3.4.2020.

ência quando o titular da pretensão, por um motivo ou outro, não pode agir. O legislador pode considerar relevante sancionar a incúria do credor, e não apenas atribuir efeitos para a passagem do tempo. O sancionamento da inércia faz com que, em situações específicas, o prazo só flua quando o credor, de fato, pode agir, pois conhece a violação a seu direito, o seu autor e pode agir reivindicando a salvaguarda a que faz jus. Eventualmente, essa premissa informa o estabelecimento de uma regra de impedimento ou suspensão do prazo prescricional, vale dizer, o termo inicial é objetivo, correndo desde a ocorrência do dano ou do ato ilícito, mas a concomitância ou superveniência da ignorância do credor, não deixa que o prazo flua[5]. Essas situações são bem expressas pelo brocardo *contra non valentem agere, nulla currit praescriptio*.[6]

Por fim, e de um modo marginal para os fins aqui propostos, a equidade exige que às situações mais graves sejam asseguradas estruturas prescricionais com ampla flexibilidade ou, de modo mais simples, com prazo mais amplo. No mais das vezes, graves violações à vida ou à integridade física de uma pessoa contam com longos prazos prescricionais, e não com prazos curtíssimos. A vítima de um estupro, por exemplo, raramente se encontra em condições de conhecer a autoria do crime e de se recuperar emocionalmente em três anos desde o ilícito. Aplicar esse prazo para extinguir a pretensão da vítima, desde um ponto inicial objetivo, seria absolutamente injusto. A situação, na legislação brasileira, é aplacada porque, nos termos do art. 200, CC, a prescrição não flui no curso da investigação criminal.

Com isso, é possível perceber que o problema proposto nesse estudo insere-se, mais precisamente na avaliação da regra *contra non valentem agere*. Pode ocorrer em situações determinadas que a atual pandemia impeça a constatação que há inércia do credor. De fato, se o titular da pretensão não a exerce, porque não pode ir ao encontro de seu advogado ou porque este não pode distribuir sua petição inicial, não há reprovabilidade na sua inércia, que decorre pura e simplesmente de força maior. A situação é efetivamente mais grave quando a força maior dura meses e afeta um prazo anual, mas o problema é menor quando o impedimento afeta dias de um prazo trintenal. O próximo tópico dedica-se com mais vagar a analisar esta situação.

3. *CONTRA NON VALENTEM AGERE*

Na elegante definição de Carpenter, a suspensão dos prazos se manifesta pela ocorrência de circunstâncias duradouras, que têm o efeito de fazer parar o curso da prescrição, e não inutiliza "o prazo decorrido antes do acontecimento da suspensão, se é que antes desse acontecimento já havia decorrido qualquer fração desse prazo de prescrição". Por

---

5. Ver Súmula n. 278 do Superior Tribunal de Justiça (STJ): "O termo inicial do prazo prescricional, na ação de indenização, é a data em que o segurado teve ciência inequívoca da incapacidade laboral". Por mais que esteja falando de incapacidade laboral, por meio dessa Súmula do STJ fica claro que o termo inicial do prazo prescricional deve considerar a ciência da violação, chamada de "actio nata" na vertente subjetiva.
6. Em tradução livre: a prescrição não corre contra aqueles que não podem agir.

outro lado, a interrupção ordinariamente se caracteriza por eventos pontuais, mas cuja relevância "inutiliza, destrói qualquer prazo decorrido antes dela".[7]

Do ponto de vista histórico, o sistema de suspensões e interrupções surge com clareza por volta do século III d.C. no contexto de aplicação da *longi temporis praescriptio*. A preocupação prática subjacente era evitar que a prescrição corresse contra o credor que não pudesse exercer a *actio*. As regras, de construção pretoriana e eventualmente legislativa, impediam o início do prazo, que sequer começava a correr, ou, se iniciado este, impunham a sua suspensão. Dessa forma, as causas que impedem o início da fluência do prazo também justificam que se suspenda a sua contagem caso esta já tenha se iniciado anteriormente.

As premissas que informam as regras de prescrição geralmente impõem uma articulação quanto a operabilidade desse instituto. Dessa forma, prazos curtos coadunam-se bem com hipóteses mais amplas de suspensão. Prazos longos convivem melhor com hipóteses mais restritas de suspensão. Com isso, o rigor próprio dos prazos curtos não impõe a perda da pretensão a quem não teve oportunidade de exercê-la. Os prazos longos, por sua vez, trazem implícita a assunção de que o titular da pretensão pode ter tido algumas dificuldades pontuais, mas também teve ampla oportunidade de exercê-la, justificando-se seu caráter peremptório.

As situações mais comuns de suspensão favoreciam, na origem do instituto, o credor que, sem poder agir por si próprio ou procurador, estava preso, capturado por inimigos, a serviço do Estado em região longínqua, retido em lugar remoto em razão do mau tempo, dentre outras situações análogas.[8] No período de Theodosio, está claro que a citação interrompia a prescrição.[9] Com Justiniano, o reconhecimento de certas dívidas passa a ter força interruptiva.[10] Por força da tradição, esses fatos, próprios da realidade romana, foram mantidos nas diversas legislações ocidentais como justificativa para que se prolongue o prazo prescricional.

Bartolo é fonte mais remota apontada por diversos doutrinadores, como aquele que teve a primazia de articular a ideia de que não corre prescrição contra aqueles que não podem agir,[11] embora não a tenha postulado de modo geral.

De qualquer forma, o Código Civil de 1916 não recepcionou uma regra ampla a impedir que a prescrição corresse contra quem não poderia agir. Ao contrário, as hipóteses de afetação do curso da prescrição foram organizadas em dois grandes blocos. De um lado, estão as causas que ensejam impedimento e suspensão, dispostas em três artigos. O primeiro trata das condições pessoais do credor com relação ao devedor, notadamente em razão de afeição e confiança, como é comum em direito de família. São as suspensões

---

7. CARPENTER, Luiz F. *Da prescrição*. v. I. Atualizada por Arnold Wald. 3. ed. Rio de Janeiro: Editora Nacional de Direito, 1958, p. 358.
8. D, 44, 3,1. C, 2, 18 (19), 8 (9); C, 7, 35, 1; C, 7, 35, 2; C, 7, 35, 3; C, 7, 35, 4;
9. C.Th. 4, 14, 1; C. Th. 4, 14, 2.
10. C, 7, 39, 7, 5.
11. *Primo cafu, aut pediment fupuenit añ action pet t , añ, ñ val ti agere n currit præfcriptio, vt l.j.in fi. De ann. exc.* (SAXOFERRATO, Bartoli a. *Commentaria*. 6. Ed. Veneza, 1590, Tomvs privs, 40, Lex 16, d, p. 129).

subjetivas bilaterais.[12] Não corre a prescrição, por exemplo, entre cônjuges na constância do matrimônio e, mais especificamente, na constância da sociedade conjugal.[13] O segundo artigo cuida da situação pessoal do credor, o que envolve a guerra, o serviço público e a incapacidade absoluta. São ditas suspensões subjetivas unilaterais.[14] O terceiro artigo tem em consideração as características do crédito, se pende condição suspensiva ou termo, por exemplo. São as suspensões objetivas ou materiais.[15] De outro lado, estão as hipóteses de interrupção, que, em regra, exteriorizam-se por um fato superveniente, instantâneo, com efeitos imediatos. Essas podem ser interpelativas, quando o credor promove a cobrança, ou recognitivas, quando o devedor reconhece a dívida.[16]

Apesar de ter reduzido de forma ampla os prazos prescricionais, o Código Civil de 2002 inovou pouco no cenário nas suspensões e interrupções.[17] Do que aqui dissemos, fica claro que, com prazos prescricionais bem mais curtos, era de se esperar que o legislador, em 2002, fosse mais generoso com as hipóteses de suspensão e interrupção, ampliando-as, para contrabalançar a rigidez do lapso temporal.[18]

Essa situação tem levado a doutrina contemporânea a postular que as causas de suspensão estão previstas em rol como meramente exemplificativo. Argumentam que está implícita em nosso sistema uma cláusula geral de *contra non valentem agere non currit praescriptio*.[19] A favor desse postulado estão as inúmeras situações de injustiça concreta que se cristalizam em prazos curtos correndo contra quem não pode agir. No entanto, a visão mais tradicional postula que as hipóteses são taxativas.[20] Nesse sentido, Carper-

---

12. Art. 168, CC/1916. Não corre a prescrição: I. Entre cônjuges, na constância do matrimônio. II. Entre ascendentes e descendentes, durante o pátrio poder. III. Entre tutelados ou curatelados e seus tutores ou curadores, durante a tutela ou curatela. IV. Em do credor pignoratício, do mandatário, e, em geral, das pessoas que lhes são equiparadas, contra o depositante, o devedor, o mandante e as pessoas representadas, ou seus herdeiros, quanto ao direito e obrigações relativas aos bens confiados à sua guarda.
13. O Enunciado nº 296, IV Jornada, CJF, estabelece que "a prescrição não corre contra companheiros na constância da união estável".
14. Art. 169, CC/1916. Também não corre a prescrição: I. Contra os incapazes de que trata o art. 5. II. Contra os ausentes do Brasil em serviço público da União, dos Estados, ou dos Municípios. III. Contra os que se acharem servindo na armada e no exército nacionais, em tempo de guerra.
15. Art. 170, CC/1916. Não corre igualmente: I. Pendendo condição suspensiva. II. Não estando vencido o prazo. III. Pendendo ação de evicção.
16. Art. 172, CC/1916. A prescrição interrompe-se: I. Pela citação pessoal feita ao devedor, ainda que ordenada por juiz incompetente. II. Pelo protesto, nas condições do número anterior. III. Pela apresentação do título de crédito em juízo de inventário, ou em concurso de credores. IV. Por qualquer ato judicial que constitua em mora o devedor. V. Por qualquer ato inequívoco, ainda que extrajudicial, que importe reconhecimento do direito pelo devedor.
17. Uma visão detalhada das inovações pode ser vista em GODOY, Cláudio Luiz Bueno. Prescrição e decadência no novo Código Civil. RDL – *Revista de Direito e Legislação*, 2005, p. 17-28.
18. LEONARDO, Rodrigo Xavier. A prescrição no Direito Civil Brasileiro (ou o jogo dos sete erros). *Revista da Faculdade de Direito da UFPR*, 2010, p. 116.
19. FARIAS, Cristiano Chaves; ROSENVALD, Nelson. *Curso de Direito Civil*: Parte Geral e LINDB. Vol. I. São Paulo: Atlas, 2019, p. 812-813
20. Pontes de Miranda é enfático ao afirmar que "não se podem, a pretexto de decorrerem da natureza das coisas, ou da equidade, criar espécies de interrupção, ou de suspensão, que não constem do Código Civil, ou de textos de lei", exemplificando com a suspensão de funcionamento do judiciário (*Tratado de direito privado*: Parte Geral. Tomo V. Atualizado por Marcos Bernardes de Mello e Marcos Ehrhardt Jr. São Paulo: RT, 2013 p. 317, §676). Do mesmo modo, CARPENTER, *op. cit.*, p. 305-310. Com maior atualidade, vide FACCHINA PODVAL, M. L. de O.; e TOLEDO, C. J. T. O impedimento da prescrição no aguardo da decisão do juízo criminal. *In*: CIANCI, Mirna. *Prescrição no Código Civil*: uma análise interdisciplinar. São Paulo: Saraiva, 2005, p. 112-137, em particular p. 115-116. Em sentido mais flexível, Humberto Theodoro Júnior afirma que "(...) doutrina e jurisprudência estão acordes em que as causas pessoais de suspensão da prescrição são taxativas, ou seja, restringem-se apenas às

ter menciona que, no passado, a jurisprudência criou tantas hipóteses de aplicação da máxima *contra non valentem agere*, a abranger ignorância, pobreza, insolvência, força maior, guerra, "fraquezas do sexo", pestes, dentre outros, a tal ponto que o instituto da prescrição parecia anulado.[21] Esta foi a razão histórica do seu abandono quando da elaboração do Código Civil de 1916.

4. CASO FORTUITO E FORÇA MAIOR COMO CAUSAS DE SUSPENSÃO DA PRESCRIÇÃO

Em um sistema de prazos longos, de 30 ou 20 anos, tal como sucedia no Código Civil de 1916, era natural que as causas de impedimento e de suspensão dos prazos prescricionais fossem mais restritas. Não há injustiça se aquele que poderia exercer sua pretensão permaneceu inerte por 19 anos, 11 meses e 29 dias, mas que, no último dia do prazo, se vê impossibilitado de ajuizar uma ação judicial porque inundação o impediu de chegar ao fórum. Ao final, gozou de amplo prazo para encaminhar sua pretensão, mas quedou-se essencialmente inerte. Vista a questão por outro lado, se no primeiro dia, o credor viu seu direito violado, mas então a inundação lhe impediu acesso ao fórum durante vinte e quatro horas, nada justifica que seu prazo seja suspenso, porque ainda tem duas décadas para fazer valer o seu direito.

Como é fácil perceber, a situação muda de configuração quando os prazos são sensivelmente menores. Como o legislador não alterou, essencialmente, as hipóteses de impedimento e suspensão, a doutrina vem sendo impelida a admitir exceções mais ou menos amplas, guiada pelo sentido concreto de justiça. Se isso é bom em situações específicas, ao longo do tempo as exceções vão se ampliando ao ponto de que os prazos não cheguem nunca ao seu fim, perdendo-se o sentido de justiça inerente à limitação temporal das posições jurídicas.

A pandemia que vivemos é propícia à rediscussão dessas regras. Posto que muitos fóruns permaneçam abertos para questões urgentes e ao peticionamento eletrônico,[22] a maior parte das pessoas encontra-se em isolamento em suas casas enquanto escrevemos essas linhas, sem saber, ao certo, se a situação persistirá por mais tempo. Quanto maior a necessidade de isolamento e menor a chance de acesso a documentos e advogados, também cresce a injustiça associada ao decurso objetivo do prazo, sem consideração sobre a possibilidade de ação prática do credor.

A Covid19 pode, sem dificuldades, ser classificada como caso fortuito ou de força maior (sem adentrarmos aqui nas distinções que a doutrina sugere para cada uma dessas

---

hipóteses enumeradas na lei. Já as objetivas podem ser ampliadas, analogicamente, para compreender, também, aquele que se encontre absolutamente impedido de exercer a pretensão por fato não pessoal, como, por exemplo, a força maior capaz de inibi-lo de agir" (THEODORO JÚNIOR, H. *Prescrição e decadência*. Rio de Janeiro: Forense, 2018, p. 114)

21. CARPENTER, op. cit., p. 305-310.
22. O art. 2º, §1º, da Resolução n. 330, 2020, do Conselho Nacional de Justiça, estabeleceu regime excepcional de trabalho nos Tribunais e Fóruns, mas ressalvou que "os tribunais definirão as atividades essenciais a serem prestadas, garantindo-se, minimamente: I – a distribuição de processos judiciais e administrativos, com prioridade aos procedimentos de urgência (...)"

figuras). Trata-se de circunstância inevitável, por imprevisibilidade e inafastabilidade, que retira, em medida maior ou menor, conforme as restrições de circulação e acesso ao judiciário sejam mais rígidas, a possibilidade de exercício das pretensões. O art. 393, par. único, CC, lembra-nos que "o caso fortuito ou de força maior verifica-se no fato necessário, cujos efeitos não era possível evitar ou impedir".

Diferentemente do que ocorre em outros sistemas, a rigidez do modelo brasileiro não prevê sequer o caso fortuito como hipótese de suspensão do prazo prescricional. Em Portugal, o art. 321, do Código Civil de 1966, dito Vaz Serra, estipula que "a prescrição suspende-se durante o tempo em que o titular estiver impedido de fazer valer o seu direito, por motivo de força maior, no decurso dos últimos três meses do prazo". O BGB, no seu §206, igualmente estabelece que há suspensão enquanto durar, nos últimos seis meses do prazo, a força maior que impeça o credor de exercer seus direitos.[23] De modo similar, na Argentina, o art. 2550, do Código Civil y Comercial de la Nación, diz-nos que "el juez puede dispensar de la prescripción ya cumplida al titular de la acción, si dificultades de hecho o maniobras dolosas le obstaculizan temporalmente el ejercicio de la acción, y el titular hace valer sus derechos dentro de los seis meses siguientes a la cesación de los obstáculos". O art. 2234, do Código Civil francês, de modo mais amplo, assevera que "la prescription ne court pas ou est suspendue contre celui qui est dans l'impossibilité d'agir par suite d'un empêchement résultant de la loi, de la convention ou de la force majeure"

O caso fortuito e a força maior representam, assim, uma causa de suspensão do prazo prescricional aceita pela maior parte dos ordenamentos ocidentais. Os esforços de direito comparatístico e formulação de leis-padrão, conhecidos como "Principles of European Contract Law"[24] e "Draft Common Frame of Reference"[25] evidenciam que o consenso, para essas situações, é que o caso fortuito ou de força maior só seja considerado nos seis meses finais do prazo, e não em momentos anteriores.

Entre nós, sem uma regulamentação expressa do tema, restaria a aplicação pura e simples da lei, com a preclusão temporal consumando-se apesar das dificuldades próprias do momento, ou o recurso ao *contra non valentem agere*, com as dificuldades inerentes

---

23. § 206 Hemmung der Verjährung bei höherer Gewalt. Die Verjährung ist gehemmt, solange der Gläubiger innerhalb der letzten sechs Monate der Verjährungsfrist durch höhere Gewalt an der Rechtsverfolgung gehindert ist.

    Na versão em inglês, tem-se: Section 206. Suspension of limitation in case of force majeure. Limitation is suspended for as long as, within the last six months of the limitation period, the obligee is prevented by force majeure from prosecuting his rights.
24. Art. 14:303, PECL. Suspension in Case of Impediment beyond Creditor's Control. (1) The running of the period of prescription is suspended as long as the creditor is prevented from pursuing the claim by an impediment which is beyond the creditor's control and which the creditor could not reasonably have been expected to avoid or overcome. (2) Paragraph (1) applies only if the impediment arises, or subsists, within the last six months of the prescription period.
25. Art. 7:303, DCFR. Suspension in case of impediment beyond creditor's control (1) The running of the period of prescription is suspended as long as the creditor is prevented from pursuing proceedings to assert the right by an impediment which is beyond the creditor's control and which the creditor could not reasonably have been expected to avoid or overcome. (2) Paragraph (1) applies only if the impediment arises, or subsists, within the last six months of the prescription period. (3) Where the duration or nature of the impediment is such that it would be unreasonable to expect the creditor to take proceedings to assert the right within the part of the period of prescription which has still to run after the suspension comes to an end, the period of prescription does not expire before six months have passed after the time when the impediment was removed. (4) In this Article an impediment includes a psychological impediment.

dessas escolhas.[26] Sem uma solução, o que provavelmente se verá é uma profusão de decisões em ambos os sentidos, até que haja uniformização jurisprudencial.

Assim, na tentativa de mitigar os efeitos que a pandemia projeta no plano jurídico, grupo de juristas e juízes apresentou, oportunamente e com espírito público, ao Senador Antonio Anastasia proposta de lei de vigência temporal limitada, para valer enquanto durar a pandemia. A proposta redundou no Projeto de Lei n. 1179, de 2020, para instituir Regime Jurídico Emergencial e Transitório das relações jurídicas de Direito Privado (RJET) no período da pandemia da Covid-19. A proposta esteve claramente inspirada naquilo que se viu pouco antes na Alemanha, que aprovou Lei para Amenização dos Efeitos da Pandemia da COVID-19 no Direito Civil, Falimentar e Processual Penal.[27] Com a aprovação da proposta, a Lei Ordinária nº 14.010, de junho de 2020 teve o inegável mérito de, no começo da crise, estabelecer balizas para a conduta futura nas relações civis, mas, diferentemente do que se viu em seu país de origem, entre nós foram incluídas regras para tratar da suspensão e impedimento da prescrição.

Esse estado de coisas, com lei brasileira a suspender e impedir o curso da prescrição e lei alemã a silenciar sobre o tema, pode ser explicado por aquilo que aqui temos apontado: sem termos entre nós uma regra de vigência ordinária como a que se vê no §206, do BGB, é necessário estabelecer um regime extraordinário.[28]

Era de se esperar, no entanto, que a Lei contemplasse regra tal como aquela que se vê em Portugal, Alemanha, Argentina e em diversos outros países, com uma suspensão

---

26. Aline de Miranda Valverde Terra e Daniel Bucar sugerem que o prazo prescricional pode ser negociado entre as partes, apesar da vedação expressa do art. 192, CC (VALVERDE TERRA, Aline de Miranda e BUCAR, Daniel. *Prescrição e covid-19: o que pode ser feito em relação aos prazos prescricionais?* Disponível em https://politica.estadao.com.br/blogs/fausto-macedo/prescricao-e-covid-19-o-que-pode-ser-feito-em-relacao-aos-prazos-prescricionais/, acesso em 4.4.2020). A proposta apresenta dificuldades práticas inegáveis, qual seja, de se obter um acordo entre as partes durante a pandemia ou após. Teoricamente, os autores postulam a inversão de premissas adotadas pelo nosso legislador e, ainda que possam ser úteis nessa situação, enterram a sistematicidade na interpretação das outras regras de prescrição. Assim, a proposta só pode ser aceita *de lege ferenda*.
27. Sobre esse ponto, vide RODRIGUES JUNIOR, Otávio Luis. *Alemanha aprova legislação para controlar efeitos jurídicos da Covid-19*. Disponível em https://www.conjur.com.br/2020-mar-25/direito-comparado-alemanha-pre-para-legislacao-controlar-efeitos-covid-19, acesso em 4.4.2020. NUNES FRITZ, Karina. *Lei alemã para amenização dos efeitos do coronavírus altera temporariamente o direito de locação*. Disponível em https://www.migalhas.com.br/coluna/german-report/323138/lei-alema-para-amenizacao-dos-efeitos-do-coronavirus-altera-temporariamente--o-direito-de-locacao, acesso em 4.4.2020
28. Na Espanha, o Real Decreto 463/2020, de 14.3.2020, que declarou o estado de emergência para gestão da crise Covid19, estipulou que "los plazos de prescripción y caducidad de cualesquiera acciones y derechos quedarán suspendidos durante el plazo de vigencia del estado de alarma y, en su caso, de las prórrogas que se adoptaren", o que é absolutamente razoável em vista do caráter lacônico que o Código Civil daquele país (Real Decreto de 24 de julio de 1889) empresta às hipóteses de suspensão. Na França, apesar do teor do art. 2234, do *Code*, a Ordonnance n. 2020-306, de 25 de março de 2020, estabelece que "les dispositions du présent titre sont applicables aux délais et mesures qui ont expiré ou qui expirent entre le 12 mars 2020 et l'expiration d'un délai d'un mois à compter de la date de cessation de l'état d'urgence sanitaire déclaré dans les conditions de l'article 4 de la loi du 22 mars 2020 susvisée" (Art. 1º, I). O artigo segundo, por sua vez, é expresso com relação à prescrição: "Tout acte, recours, action en justice, formalité, inscription, déclaration, notification ou publication prescrit par la loi ou le règlement à peine de nullité, sanction, caducité, forclusion, prescription, inopposabilité, irrecevabilité, péremption, désistement d'office, application d'un régime particulier, non avenu ou déchéance d'un droit quelconque et qui aurait dû être accompli pendant la période mentionnée à l'article 1er sera réputé avoir été fait à temps s'il a été effectué dans un délai qui ne peut excéder, à compter de la fin de cette période, le délai légalement imparti pour agir, dans la limite de deux mois. Il en est de même de tout paiement prescrit par la loi ou le règlement en vue de l'acquisition ou de la conservation d'un droit".

que só produza efeitos quando o caso fortuito atinge o prazo em seus meses finais. Assim, poderia ter estipulado que a pandemia suspende o prazo prescricional quando este estiver prestes a vencer.

Ocorre que a proposta, convertida em Lei, tomou em consideração regra mais ampla: "os prazos prescricionais consideram-se impedidos ou suspensos, conforme o caso, a partir da vigência desta Lei até 30 de outubro de 2020" (Art. 3º, da Lei n. 14.010, de junho de 2020). Essa formulação traz consigo o benefício da simplicidade com operabilidade singela.[29] Isso evita discutir, por exemplo, se deveria haver suspensão para aqueles que foram surpreendidos pela pandemia sete meses antes do vencimento de seu prazo prescricional.[30] Entretanto, a norma favorece de modo injustificado até mesmo o credor que, tendo o seu direito violado, terá longos 10 anos pela frente para o exercício de sua pretensão. Ademais, a lei precisará ser ajustada caso os efeitos da pandemia persistam por mais tempo.[31]

Deve-se avaliar, contudo, se a regra modelo no cenário internacional é imprópria. Para tanto, tomaremos duas situações, propondo comparações. Na primeira delas, imaginaremos que a regra de suspensão da Lei é válida; na segunda, que o legislador optasse por uma regra semelhante àquela que se vê no §206, BGB.

Se determinado credor precisa exercer sua pretensão, mas o prazo prescricional vence no dia seguinte à entrada em vigor da Lei n. 14.010, de junho de 2020, nesse caso, ele deverá ajuizar sua ação no primeiro dia útil subsequente ao 30 de outubro de 2020.[32] Embora não nos pareça ser essencial, é necessário destacar que, para evitar uma corrida aos fóruns nesse primeiro dia subsequente, o art. 7:303, (3), DCFR,[33] nessas situações, concede um prazo adicional. Essa regra complementar pode-se revelar interessante em algumas situações concretas. Entretanto, sob os efeitos de uma regra que siga o padrão alemão, a consequência seria a mesma, pois a pandemia ocorreu nos seis meses finais do prazo.

O cenário é outro se mudarmos o exemplo. Consideremos agora que alguém goza de 3 anos para exercer a sua pretensão, sendo que a publicação da lei se deu no 29º mês do prazo. Nessa circunstância, por força da regra prevista na lei em discussão, o prazo suspende-se e, após 30 de outubro, o credor ainda terá 7 meses para ajuizar sua pretensão. Com regra similar à alemã, a suspensão não se dá neste momento, mas apenas se a pandemia persistir até o 30º mês do prazo, quando, então suspenderá a prescrição, restando, ao final, 6 meses para o credor exercer sua pretensão.

---

29. A elogiar esta solução, vide: "Por outro lado, pela dimensão da crise não é mais o caso de sujeitar tal impedimento a uma comprovação individualizada. Ela deve, sim, salvaguardar a todos indistintamente. Por fim, é de se registrar que, como não poderia ser diferente, vale a mesma regra para a usucapião (art. 14)." (ROCHA LIMA, Tiago Asfor e CÂMARA CARRÁ, Bruno Leonardo. *Projeto de Lei 1.179 ou de como tempos inusitados requerem medidas atípicas*. Disponível em https://www.conjur.com.br/2020-abr-03/direito-civil-atual-pl-117920-tempos-requerem--medidas-atipicas, acesso em 4.4.2020).
30. Com alguma discussão sobre as dificuldades de solução pontual, vide MAZZEI, Rodrigo e AZEVEDO, Bernardo. *Prescrição*: "o direito não socorre aos que dormem". E aos que se isolam? Disponível em https://www.migalhas.com.br/coluna/migalhas-contratuais/323091/prescricao-o-direito-nao-socorre-aos-que-dormem--e-aos-que-se--isolam, Acesso em 4.4.2020.
31. O que parece provável dentro do cenário que se apresenta quando o autor revisava este artigo para a segunda edição desta obra.
32. Caso se trate de prazo decadencial, ele terá que exercer seu direito potestativo no dia 31.10.2020, um sábado.
33. Conforme nota 23 supra.

5. CONCLUSÃO

O Congresso Nacional ouviu a comunidade em geral e inúmeros juristas, munindo-se de subsídios para apresentar solução adequada para a situação que vivemos. Dentre os modelos sob discussão, há méritos diversos na proposta consolidada na Lei n. 14.010, de junho de 2020, sendo melhor acolhê-la do que deixar a situação para decisões casuísticas perante o Judiciário. Pensamos que a adoção de uma regra semelhante ao §206, BGB, atingiria a mesma finalidade, sem grandes dificuldades de operabilidade e, para além disso, sem o inconveniente de se suspender os prazos em seu início. Para além disso, a norma transitória forneceria experiência suficiente para que, em momento adequado, fosse introduzida regra análoga em caráter definitivo, ampliando-se o tradicional elenco de causas de suspensão e interrupção da prescrição.

Assim, o que nos parece injustificável é que não haja uma reforma mais ampla nas regras de prescrição, para ajustá-las à realidade em que vivemos. A maior parte dos sistemas ocidentais convive com um rol restrito de hipóteses de suspensão e decadência, sem recurso a cláusulas tão amplas quanto o *contra non valentem agere,* mas que tampouco recusa eficácia dos casos fortuitos sobre a fluência dos prazos.

O aprendizado que se tira dessas circunstâncias extremas em que vivemos é que o esforço comum e a solidariedade levam-nos adiante. E, além disso, nunca é tarde para aprimorarmos nossas regras.

6. REFERÊNCIAS

CARPENTER, Luiz F. *Da prescrição.* v. I. Atualizada por Arnold Wald. 3. ed. Rio de Janeiro: Editora Nacional de Direito, 1958.

ELIAS DE OLIVEIRA, Carlos Eduardo. *Termo inicial da prescrição: necessidade de clareza jurisprudencial diante do cenário de litigiosidade potencial em tempos de coronavírus (covid-19).* Disponível em https://www.migalhas.com.br/coluna/migalhas-contratuais/323410/termo-inicial-da-prescricao-necessidade-de-clareza-jurisprudencial-diante-do-cenario-de-litigiosidade-potencial-em-tempos-de-coronavirus-covid-19, acesso em 3.4.2020.

FACCHINA PODVAL, Marina Luciana de Oliveira; e TOLEDO, Carlos José T. O impedimento da prescrição no aguardo da decisão do juízo criminal. In: CIANCI, Mirna. *Prescrição no Código Civil:* uma análise interdisciplinar. São Paulo: Saraiva, 2005, p. 112-137

FARIAS, Cristiano Chaves; ROSENVALD, Nelson. *Curso de Direito Civil:* Parte Geral e LINDB. Vol. I. São Paulo: Atlas, 2019.

GODOY, Cláudio Luiz Bueno. Prescrição e decadência no novo Código Civil. RDL – *Revista de Direito e Legislação,* 2005.

LEONARDO, Rodrigo Xavier. A prescrição no Direito Civil Brasileiro (ou o jogo dos sete erros). Revista da Faculdade de Direito da UFPR, 2010.

MAZZEI, Rodrigo e AZEVEDO, Bernardo. *Prescrição: "o direito não socorre aos que dormem". E aos que se isolam?* Disponível em https://www.migalhas.com.br/coluna/migalhas-contratuais/323091/prescricao-o-direito-nao-socorre-aos-que-dormem--e-aos-que-se-isolam, Acesso em 4.4.2020

NUNES FRITZ, Karina. *Lei alemã para amenização dos efeitos do coronavírus altera temporariamente o direito de locação.* Disponível em https://www.migalhas.com.br/coluna/german-report/323138/

lei-alema-para-amenizacao-dos-efeitos-do-coronavirus-altera-temporariamente-o-direito-de-locacao, acesso em 4.4.2020

PONTES DE MIRANDA, Francisco Cavalcanti. *Tratado de direito privado*: Parte Geral. Tomo V. Atualizado por Marcos Bernardes de Mello e Marcos Ehrhardt Jr. São Paulo: RT, 2013.

ROCHA LIMA, Tiago Asfor e CÂMARA CARRÁ, Bruno Leonardo. *Projeto de Lei 1.179 ou de como tempos inusitados requerem medidas atípicas*. Disponível em https://www.conjur.com.br/2020-abr-03/direito-civil-atual-pl-117920-tempos-requerem-medidas-atipicas, acesso em 4.4.2020

RODRIGUES JUNIOR, Otávio Luis. *Alemanha aprova legislação para controlar efeitos jurídicos da Covid-19*. Disponível em https://www.conjur.com.br/2020-mar-25/direito-comparado-alemanha-prepara-legislacao-controlar-efeitos-covid-19, acesso em 4.4.2020.

SAXOFERRATO, Bartoli a. *Commentaria*. 6ª Ed. Veneza, 1590, Tomvs privs.

THEODORO JÚNIOR, Humberto. *Prescrição e decadência*. Rio de Janeiro: Forense, 2018, p. 114).

VALVERDE TERRA, Aline de Miranda e BUCAR, Daniel. *Prescrição e covid-19: o que pode ser feito em relação aos prazos prescricionais?* Disponível em https://politica.estadao.com.br/blogs/fausto-macedo/prescricao-e-covid-19-o-que-pode-ser-feito-em-relacao-aos-prazos-prescricionais/, acesso em 4.4.2020